Springer
Berlin
Heidelberg
New York
Barcelona
Hongkong
London
Mailand
Paris
Singapur
Tokio

H.-J. Bullinger A. Berres (Hrsg.)

E-Business – Handbuch für den Mittelstand

H.-J. Bullinger A. Berres (Hrsg.)

E-Business – Handbuch für den Mittelstand

Grundlagen, Rezepte, Praxisberichte

Springer

Prof. Dr.-Ing. habil. Prof. e.h. Dr. h.c. Hans-Jörg Bullinger
Fraunhofer-Institut IAO
Nobelstraße 12, 70569 Stuttgart

Dipl. Hdl. Anita Berres
Berres_Strategieberatung
Zeppelinstraße 2, 76185 Karlsruhe

Die Inhalte dieses Werkes sind ein Auszug
aus dem Springer Experten System
Innovative Unternehmenskommunikation
Stand November 1999

ISBN 3-540-66843-8 Springer-Verlag Berlin Heidelberg New York

Die Deutsche Bibliothek – CIP-Einheitsaufnahme
E-Business – Handbuch für den Mittelstand : Grundlagen, Rezepte, Praxisberichte / Hrsg. : Hans-Jörg Bullinger ; Anita Berres. – Berlin ; Heidelberg ; New York ; Barcelona ; Hongkong ; London ; Mailand ; Paris ; Singapur ; Tokio : Springer, 2000
ISBN 3-540-66843-8

Redaktion: J. Waltert, Fraunhofer-Institut IAO
K. Wolff, Berres_Strategieberatung

Herstellung: PRO EDIT GmbH, Heidelberg
Umschlaggestaltung: de'blik, Berlin
Satz: K + V Fotosatz GmbH, Beerfelden

Gedruckt auf säurefreiem Papier SPIN 10753299 62/3130Di 5 4 3 2 1 0

Kapitelübersicht

Einführung 1

Marketing mit Neuen Medien 2

Elektronischer Handel (Electronic Commerce) 3

Produktinnovationen 4

Optimierte Geschäftsprozesse 5

Betriebliche Integration 6

Neue Formen des Arbeitens und der Weiterbildung 7

Rahmenbedingungen 8

Praxisberichte 9

Trends und Visionen 10

Neue Technologien 11

Service S

Inhaltsverzeichnis

Teil 1 ▮ Einführung

1 ▮ 01 Vorwort

1 ▮ 02 Benutzerhinweise

1 ▮ 03 Glossar

1 ▮ 04 Sachverzeichnis

1 ▮ 05 Autorenverzeichnis

Teil 2 ▮ Marketing mit neuen Medien

2 ▮ 01 Online-Marketing

2 ▮ 02 Integration in den Marketing-Mix

2 ▮ 03 Werbung im Internet

2 ▮ 04 Nutzerstrukturen im Internet

2 ▮ 05 Erfolgsmessung

2 ▮ 06 Netiquette und Internet-Sprache

2 ▮ 07 Marktforschung im Internet

P 2 ▮ 08 Point-of-Interest (POI)

2 ▮ 09 CD-ROM als multimediales Marketinginstrument

2 ▮ 10 Software-Agenten

Teil 3 ▮ Elektronischer Handel (Electronic Commerce)

P 3 ▮ 01 Virtueller Vertrieb

3 ▮ 02 Integration in Service und Support

P 3 ▮ 03 Online-Distribution

P 3 ▮ 04 Neuer Zahlungsverkehr: Digitales Geld

3 ▮ 05 Elektronische Marktplätze

3 ▮ 06 Point-of-Sales (POS)

3 ▮ 07 Direct-Response-TV

3 ▮ 08 Computer Aided Sales (CAS)

P Mit Praxisbeispiel

Teil 4 ▮ Produktinnovationen

4 ▮ 01 Intelligente Produkte – Individualkonfektion

P 4 ▮ 02 Kombination von Produkt und Dienstleistung – TELECONSULT

P 4 ▮ 03 Kombination von Dienstleistungen: Integration via Internet

Teil 5 ▮ Optimierte Geschäftsprozesse

5 ▮ 01 Workflow-Management und Groupware

5 ▮ 03 On-demand-Produktion

5 ▮ 07 Kundenintegration: Einbindung in die Unternehmensprozesse

5 ▮ 09 Optimierte Geschäftsprozesse durch Intranet-/Extranet-Technologie

Teil 6 ▮ Betriebliche Integration

6 ▮ 01 Projektmanagement

6 ▮ 02 Kosten- und Nutzenaspekte

6 ▮ 03 Provider- und Technik-Auswahl

Teil 7 ▮ Neue Formen des Arbeitens und der Weiterbildung

P 7 ▮ 01 Telearbeit: Orientierungshilfen zur effizienten Gestaltung

7 ▮ 02 Telelearning

Teil 8 ▮ Rahmenbedingungen

8 ▮ 01 Neue Berufe und Qualifikationsprofile

8 ▮ 02 Kompetenzen von Mitarbeitern und Management

8 ▮ 03 Gesetze und Regelungen

P Mit Praxisbeispiel

Teil 9 ▮ Praxisberichte

P 9 ▮ 01 Produktion

P 9 ▮ 02 Handel

P 9 ▮ 03 Dienstleister

Teil 10 ▮ Trends und Visionen

10 ▮ 01 Märkte und Wettbewerb

P 10 ▮ 02 Informationsgesellschaft: Die Bedeutung von Informationen für Unternehmen

10 ▮ 03 Global Networking – Kommunikationsstrategien für kleine und mittlere Unternehmen im globalen Wettbewerb

10 ▮ 05 Virtuelle Unternehmen – ein neues Konzept?

10 ▮ 06 Lernendes Unternehmen

10 ▮ 07 Visionäre Aspekte: Internet-Communities als Geschäftsmodell

Teil 11 ▮ Neue Technologien

11 ▮ 01 ISDN

11 ▮ 02 Sprach-/Datenkommunikation

11 ▮ 03 Multimedia

11 ▮ 04 Hardwaregrundlagen und Entwicklungstrends

11 ▮ 05 Software-Grundlagen und Entwicklungstrends

11 ▮ 06 Mobile Kommunikation

11 ▮ 07 Mobile Computing: Grundlagen

11 ▮ 09 Digitales und interaktives Fernsehen

11 ▮ 10 Electronic Data Interchange (EDI)

11 ▮ 11 Videoconferencing

11 ▮ 12 Sicherheitskonzepte

P Mit Praxisbeispiel

11 ▮ 30 Internetdienste
11 ▮ 31 Suchmaschinen und Agenten
11 ▮ 32 Grundlagen zu Intranet und Extranet
P 11 ▮ 33 Zahlungssysteme und -standards

P **Teil S ▮ Service**

IUK-Online

Innovative Unternehmenskommunikation – wir schreiben nicht nur darüber, wir praktizieren sie auch! Zusätzlich zu Ihrem IUK-Printwerk finden Sie deshalb zahlreiche Informationen auf der IUK-Web-Site. Unter www.springer.de/iuk erhalten Sie aktuelle Informationen und können zahlreiche praxisrelevante Checklisten per Download abrufen.

S 01 Internet-Zugang
S 02 Suchmaschinen
S 03 Organisationen und Verbände
S 04 Internet-Adressen zu ausgewählten Themenbereichen
S 05 Nützliche Tools
S 06 Multimedia-Akademien
S 07 Gesetze
S 08 E-Shop-Systeme
S 09 Digitale Zahlungssysteme (erscheint nicht im Print, sondern nur noch in der Web-Site)

P Mit Praxisbeispiel

Einführung

1

Teil 1 ▮ Einführung

1

Inhalt

1 ▮ 01 Vorwort

1 ▮ 02 Benutzungshinweise

1 ▮ 03 Glossar

1 ▮ 04 Sachverzeichnis

1 ▮ 05 Autorenverzeichnis

Vorwort

1 ▮ 01

1

Sie sind Geschäftsführer eines mittelständischen Produktionsunternehmens? Sie verantworten den Bereich Personal? Sie leiten den Marketing-Bereich eines großen Handelshauses? Oder sind Sie zuständig für den Vertrieb in einem Dienstleistungsunternehmen, das überregional tätig ist? Unabhängig von der Branche, der Größenordnung Ihres Unternehmens, dem Standort oder Ihrer Funktion: Der Einsatz der neuen Technologien betrifft Sie direkt und hat zunehmende Bedeutung für die Wettbewerbsfähigkeit Ihres Unternehmens.

Die Bedeutung der neuen Medien für Ihr Unternehmen
In den letzten Jahrzehnten sind die Bereiche Information und Kommunikation zusammengewachsen. Der Einsatz der Internet-Technologie unternehmensintern und unternehmensextern wird die Formen der Zusammenarbeit und der Kommunikation weiter radikal verändern.

Die wichtigsten Chancen und Herausforderungen, die durch das Zusammenwachsen der Informations- und Kommunikationstechnologie entstanden sind, liegen in der Schnelligkeit bzw. Beschleunigung und natürlich in der Globalisierung der Geschäfte. Wer wettbewerbsfähig bleiben will, muß sich mit den neuen Medien und den daraus resultierenden Möglichkeiten der Technologien auseinandersetzen. Ein entscheidender Tip: Sie sollten das jetzt sofort, hier und heute tun! Denn: Im Internet-Zeitalter ist nicht mehr Größe der entscheidende Wettbewerbsfaktor, sondern Schnelligkeit und Flexibilität. Das Unternehmen, das Innovationen am schnellsten umsetzen kann, hat eindeutige Wettbewerbsvorteile.

Das Thema „Einsatz der neuen Medien in der Unternehmenskommunikation“ trifft einerseits auf großes Interesse bis hin zur Euphorie, andererseits erzeugen diese neuen Technologien auch Ängste und Befürchtungen. Es gilt, möglichst schnell Klarheit über sinnvolle Einsatzmöglichkeiten zu gewinnen, um die Chancen der neuen Technologien in erfolgreiche Strategien umzusetzen.

Zielsetzung

Die schönsten Rosen haben häufig die meisten Dornen! Alle neuen Konzepte erfordern zunächst Investitionen, vor allem aber Grundlagenwissen und eine klare Vorstellung, wie Ihr Unternehmen in den einzelnen Bereichen strukturiert und organisiert sein muß, damit Sie mit den neuen Technologien effizienter und effektiver werden.

Ziel dieses Handbuches, das einen Auszug aus dem Loseblattwerk „Innovative Unternehmenskommunikation“ darstellt, ist es, Ihre Wettbewerbsfähigkeit zu stärken. Durch Informationen, die schnell zugänglich, und durch Entscheidungshilfen, die praxisrelevant sind.

Neben der Informationstiefe und der Praxisrelevanz ist der umfassende Ansatz dieses Buches wesentliche Garantie dafür, daß Sie einen fundierten und kompakten Überblick über innovative Unternehmenskommunikation gewinnen und Detailinformationen zur Konzeption und Umsetzung von firmenindividuellen Strategien erhalten. Der Know-how-Transfer aus der Praxis für die Praxis ermöglicht die direkte Umsetzung und hilft Ihnen, teure Fehler zu vermeiden.

Die Schwerpunkte des Werkes liegen beim E-Commerce sowie bei den Marketing- und Vertriebsaspekten neuer Medien.

Der erfolgreiche Einsatz der neuen Technologien verschafft Ihnen einen strategischen Vorsprung im Wettbewerb. Mit dem E-Business-Handbuch haben Sie ein Spezialistenteam in Ihrem Unternehmen, das die neuen Technologien analysiert und auf praktische Einsetzbarkeit, kritische Erfolgsfaktoren und strategische Rahmenbedingungen überprüft.

Weitere Informationen zum Loseblattwerk finden Sie in der Online-Version unter http://www.springer.de/iuk/ im Serviceteil, der stets topaktuell ist.

Karlsruhe, im Frühjahr 2000 *Anita Berres*

Benutzungshinweise

1 ▮ 02

1

Dieses Buch soll Ihnen als praxisbezogene Arbeitshilfe einen Überblick über Einsatzmöglichkeiten, Auswahl sowie Integration moderner Informations- und Kommunikationstechnologien (IuK) für Ihr Unternehmen geben.

Um Ihnen einen Überblick über den Aufbau des Werkes zu geben, sind im folgenden die einzelnen Teile des Expertensystems kurz erläutert:

- **Teil 1 (Einführung)** dient als *Orientierungshilfe* durch das Werk. Neben diesem einführenden Benutzungshinweis sind hier das Inhalts- und Autorenverzeichnis sowie ein Glossar zu finden.
- **Teil 2 (Marketing mit neuen Medien)** fokussiert den Bereich *Marketing* sowie die innovativen Möglichkeiten und Anforderungen, die sich durch die neuen Medien bzw. IuK-Technologien in diesem Bereich ergeben.
- **Teil 3 (Elektronischer Handel)** hat ebenfalls den Bereich *Marketing* zum Inhalt, geht jedoch speziell auf den immer bedeutsamer werdenden Bereich des elektronischen Handels ein. Hier wird anschaulich erklärt, wie der Vertrieb die neuen IuK-Technologien erfolgreich nutzen kann. Besonders relevant ist dieser Teil für die Internationalisierung von Geschäften und innovative Ansätze im Beziehungsmanagement.

▮ **Teil 4 (Produktinnovationen)** erläutert beispielhaft Möglichkeiten, bereits bestehende *Produkte* sowie *Dienstleistungen* sinnvoll und innovativ mit den neuen IuK-Technologien zu verbinden. Auf diese Weise entstehen einerseits Zusatzleistungen und andererseits auch neue Produkte und Dienstleistungen, die im Wettbewerb ein deutliches Unterscheidungsmerkmal bilden.

▮ **Teil 5 (Optimierte Geschäftsprozesse)** beleuchtet die *unternehmensinternen Abläufe* im direkt sowie indirekt produktiven Bereich im Hinblick auf die Unterstützungsleistungen, die moderne IuK-Technologie auch hier zu bieten hat.

▮ **Teil 6 (Betriebliche Integration)** leistet Hilfestellung nicht nur bei der *Auswahl* der für Ihr Unternehmen relevanten IuK-Technologien, sondern auch bei der *Integration* derselben in das Unternehmen.

▮ **Teil 7 (Neue Formen des Arbeitens und der Weiterbildung)** behandelt die immer aktueller werdenden Themen *Telearbeit, Telelearning* sowie *Telekooperation.* Gezeigt werden die Möglichkeiten, welche die neuen IuK-Technologien im Bereich der Flexibilisierung der Arbeit und des lebenslangen Lernens bieten.

▮ **Teil 8 (Rahmenbedingungen)** geht auf die *Anforderungen* ein, denen sich Management und Mitarbeiter angesichts eines durch den unternehmensübergreifenden Einsatz moderner IuK-Technologien sich dynamisch verändernden Umfelds stellen müssen.

▮ **Teil 9 (Praxisberichte)** zeigt anhand ausgewählter *Beispiele aus der Praxis* auf, wie kleine und mittelständische Unternehmen innovative Kommunikationsansätze erfolgreich verwirklicht haben.

- **Teil 10 (Trends und Visionen)** geht auf *übergeordnete Entwicklungen* ein, die das Umfeld der innovativen Unternehmenskommunikation betreffen.
- **Teil 11 (Neue Technologien)** ist der *Technikteil* des Werks. Hier werden einfach und übersichtlich die neuen und relevanten Technologien erklärt; dies allerdings nur soweit, wie es für ein Verständnis der Einsatzmöglichkeiten dieser IuK-Technologien notwendig ist.
- Der **Service-Teil** schließlich bietet wichtige *Adressen* sowie Auszüge aus Gesetzestexten.

Glossar

1 ▮ 03

1

A

Access Points

Zugangspunkte.

Account

Der Account ist die Zugangsberechtigung zu einem Computer, einer Mailbox oder einem Online-Dienst. Der Account besteht zumindest aus einem Benutzernamen und einem persönlichen Kennwort (Passwort).

ActiveX

Von Microsoft als Wettbewerbsprodukt zu JAVA (von SUN) entwickelte Technologie für dynamische Internet-Anwendungen.

Ad-Clicks

(auch **Response** oder **Realisierte Kontakte** genannt) (engl.) Wird produziert, wenn der User eine Online-Anzeige anklickt und zur Web-Site oder einer speziellen Informationsseite des Werbenden gelangt. Eine der wichtigsten Kenngrößen; wird von den meisten Werbeplatzanbietern für die Abrechnung verwendet.

Administrator

Bezeichnung für den Systemverwalter in einem Netzwerk. Er hat uneingeschränkte Zugriffsrechte und ist für die Verwaltung und Betreuung des Netzwerks zuständig.

Adressen (im Internet)

Weltweit eindeutige Identifizierung in verschiedenen Schreibweisen, die der Lokalisierung eines Netzwerkteilnehmers (E-Mail), eines Rechners (IP-Adresse) oder einer Homepage dient. Internet-Adressen können alphanumerisch oder numerisch dargestellt werden.

Ad-Request

(engl.) Verhältnis von Ad-Views und Ad-Clicks; auch Click-Through-Rate (CTR) genannt.

ADSL

(engl.) Abk. für: Asymmetric Digital Subscriber Line (Variante des DSL). Technologie, die Hochgeschwindigkeitsübertragungen von digitalen Signalen, Videosignale inbegriffen, über ein gewöhnliches Kupfertelefonkabel erlaubt.

Ad-Views

(auch **Kontakte** oder **Ad-Impressions** genannt) Betrachten einer Online-Anzeige. Wird häufig mit Page-View gleichgesetzt, was nicht ganz korrekt ist. Wenn die Anzeige am Ende einer über den Bildschirm hinausgehenden Seite steht und der Besucher nicht bis zum Ende liest, wird die Anzeige auch nicht betrachtet.

Agent

Programm, das im Bereich der Datenrecherche Aufträge des Nutzers in vorher festgelegten Quellen (Informationsspeichern) durchführt und die Antworten bereitstellt.

Alias-Name

Bedeutet soviel wie „auch ... genannt" – alternativer Name (Pseudonym) für ein Objekt, d. h. eine Datei oder eine andere Gruppe zusammengehöriger Daten.

Animated GIF

Animationen; bewegte Bilder, s. auch Animiertes GIF.

Animation

Darstellung von Bewegungsabläufen. Ähnlich wie bei einem Zeichentrickfilm wird Bild für Bild aufgebaut und dann präsentiert. Der Vorgang bedeutet für den

Rechner eine erhebliche Rechenleistung – v. a. dann, wenn die Animation vom Rechner auch hergestellt wird. Gängige Dateiformate für Animationen sind AVI, MPEG und FLI bzw. FLC.

Animiertes GIF

GIF-Bild (Graphics-Interchange-Format), das aus mehreren Einzelbildern besteht, diese hintereinander ablaufen läßt und so einen Animationseffekt bei der Anzeige erzielt.

Applet

In der Regel sind damit kleine Programme gemeint, die in der Programmiersprache Java entwickelt wurden und – in eine HTML-Datei integriert – über das World Wide Web in einem Internet-Browser lokal auf dem Rechner des Users ausgeführt werden.

ARPANet

(engl.) Abk. für: Advanced Research Project Agency Network. Vom amerikanischen Verteidigungsministerium 1969 aufgebaut. Gilt als Vorläufer des Internet.

ASP

(engl.) Abk. für: Active Server Pages, Standard der Firma Microsoft, mit dem die Ausführung der Scriptsprachen JScript und VBScript direkt auf dem Web-Server realisiert wird.

ATM

(engl.) Abk. für: Asynchronous Transfer Mode, eine Technologie zur Datenübertragung mit hohen Bandbreiten (155 Mbit und mehr), die überwiegend in lokalen Netzwerken eingesetzt wird. Die Daten, in Pakete aufgeteilt, können in Echtzeit übertragen werden.

Attachment

Ausdruck für die binäre Anlage an ein E-Mail (z. B. doc-file oder ppt-file).

Autorensystem

Softwareprogramm, das die Funktionen eines Anwenderprogramms und einer Programmiersprache verbindet. Autorensysteme werden bei der Erstellung von Lern- und Multimedia-Anwendungen eingesetzt.

AVI

(engl.) Abk. für: Audio Video Interleave - ein Multimedia-Dateiformat für Video inklusive Audio. Voraussetzung zum Abspielen der AVI-Videos ist das Programm „Video für Windows".

B

B-Kanal

Enthält die Nutzdaten einer ISDN-Verbindung. Jeder ISDN-Basisanschluß hat zwei B-Kanäle, wobei mit jedem Verlag B-Kanal eine eigene Verbindung aufgebaut werden kann. Mit jedem B-Kanal können genau 64.000 Bit/s bzw. 62,5 kBit/s übertragen werden.

Backbone

(engl.) „Rückgrat":

1. Netzwerk, das hauptsächlich den Datenverkehr zwischen kleineren Netzwerken trägt.
2. Bezeichnung für kleinere Netzwerke, welche den größten Teil des Datenverkehrs im Internet durchführen.
3. Leitungen, die den hauptsächlichen Datenverkehr innerhalb eines Netzwerkes tragen.

Bandbreite (Kommunikationstechnik)

Meint die Differenz der höchsten und der tiefsten übertragbaren Frequenz in einem analogen Übertragungskanal. Beispielsweise liegt bei einem typischen Frequenzbereich von 300 bis 3400 Hz die Bandbreite bei 3100 Hz.

In der *Digitalkommunikation:* Datenübertragungskapazität. Die maximale Menge an Daten, die in einer bestimmten Zeit durch eine Leitung transportiert werden kann. Eine Leitung ist als Rohr vorstellbar, wobei die Bandbreite dem Durchmesser des Rohrs entsprechen würde und somit die Menge an Daten bestimmt, die durch das Rohr fließen kann.

Banner

Online-Anzeigen im WWW; meist GIF- oder JPEG-Dateien, die in das HTML-Dokument eingebunden sind. Per Hyperlink ist das Banner mit einer Web-Seite verbunden.

Baud

Maß für die Geschwindigkeit der Datenübertragung. 1 Baud entspricht einem Bit pro Sekunde, ein Byte sind 8 Bit (eine Schreibmaschinenseite hat 2000 Byte). Bei analogen Modems liegen die Baud-Raten üblicherweise zwischen 2.400 und 28.800 Baud. ISDN-Karten arbeiten mit 64.000 Baud.

Benutzerkennung

Name, mit dem sich der Benutzer dem Computersystem gegenüber identifiziert.

Benutzeroberfläche

Bildschirmdarstellung eines Softwareprogramms; heutiger Standard ist die grafische Benutzeroberfläche mit Menüs, Icons und Dialogfeldern.

Bimodem

Protokoll zur Datenübertragung, welches den gleichzeitigen Transport von Daten in beide Richtungen erlaubt. Übliche Protokolle erlauben nur das Arbeiten in eine Richtung. Wird leider von wenigen Programmen unterstützt und ist derzeitig als Exot zu bezeichnen.

Bit

(engl.) Abk. für: „Binary digit“, kleinste Informationseinheit in der Computertechnik. Die Information eines Bit ist 0 oder 1, was dem logischen „wahr oder falsch“ entspricht. Hieraus setzen sich alle Daten zusammen.

Bitrate

Übertragungsgeschwindigkeit, d. h. die Anzahl der übertragenen Bits pro Sekunde (Maßeinheit ist Bit bzw. bps).

bps

(engl.) „bit(s) per second“.

Bookmark

(engl.) Lesezeichen; dient der Kennzeichnung/Registrierung interessanter Seiten des WWW. Die festgehaltenen Seiten können zu einem späteren Zeitpunkt wieder abgerufen werden. Man setzt Bookmarks, indem man die Seite, die man aktuell besucht, mit einer Browser-Funktion erfaßt und in einen Bookmark-Speicher lädt.

Bouncing

(engl.) Abprall, Aufprall; Rücksendung einer fehlerhaften E-Mail.

Bridge

Gerät zum Verbinden zweier gleichartiger Netze oder Netzsegmente.

Business Process Intranet

Unterstützung von innerbetrieblichen Geschäftsprozessen durch den Einsatz von Internet-Technologien auf dem Unternehmensnetzwerk.

Browser

Browsen (engl.) = blättern: ein Navigationsprogramm für Internet-Dienste, um Dokumente mit Daten aller Art (Text, Audio, Video) auf den eigenen Rechner übertragen und darstellen zu können. Außerdem können Programme (z. B. Java-Applets) ausgeführt werden, die zumeist spezielle kostenlose Hilfsanwendungen (sog. Plug-in's) benötigen. Browser können verschiedene andere Funktionen, wie das Versenden und Empfangen von E-Mails oder das Benutzen von Newsgroups, anbieten.

BTX

Bildschirmtext, auch T-Online, Service der Telekom für die Telekommunikation über Telefonnetz.

Bündelfunk

Funknetze für geschlossene Benutzergruppen

Byte

1 Byte entspricht einem Datensatz aus 8 Bit. Zahlen von 0 bis 255 sind darstellbar. 1024 Byte = 1 kByte (Kilobyte). Weitere Stufen sind: MByte (Mega...) = 1024 kByte; GByte (Giga... = 1024 MByte; TByte (Tera...) = 1024 GByte.

C

Cache

Ein Zwischenspeicher zur Ablage häufig benötigter Daten. Dient der Reduzierung von Zugriffszeiten.

CAD-System

(engl.) CAD, Abk. für: Computer Aided Design System, computerunterstützte Konstruktion.

CAR

(engl.) Abk. für: Computer Aided Research, computerunterstützte Recherche.

CAS

(engl.) Abk. für Computer Aided Selling, steht für die Unterstützung aller Aufgaben in Marketing und Vertrieb durch den Einsatz von EDV.

CBT

(engl.) Abk. für: computerbasiertes Training.

CC

(engl.) Abk. für: Carbon Copy, Durchschlag. Darunter versteht man die Kopie einer E-Mail, die nur einmal verfaßt werden muß und an weitere Empfänger verteilt werden kann.

CCG

Centrale für Coorganisation, Köln.

CCITT

(frz.) Abk. für: Comité Consultatif International Téléphonique et Télégraphique. Internationales Normungsgremium für Telefon und Telegrafie.

CEPS

(engl.) Abk. für: Common European Purse System.

CEPT

(frz.) Abk. für Conférence Européenne des Administrations des Postes et des Télécommunications.

CERN

(frz.) Abk. für Centre Européen de Recherche Nucléaire; Europäisches Kernforschungszentrum, Genf.

CD-ROM

(engl.) Abk. für: Compact Disc Read Only Memory. Optischer Datenspeicher, der maximal 680 Mbyte fassen kann. Aufgrund der entsprechenden Normung kann eine CD-ROM auf vielen Rechensystemen genutzt werden.

CGI

(engl.) Abk. für: Common Gateway Interface. Der CGI-Standard definiert die Regeln für den Ablauf eines externen Programms auf einem HTML-Server. CGIs sind Programme (Scripts), die durch den User interaktiv auf dem Web-Server gestartet werden (z. B.

Suche in einer Online-Datenbank, Formular ausfüllen oder eine Online-Berechnung) und erzeugen HTML-Dokumente, die auf dem Server dynamisch erstellt werden.

Chat

s. auch IRC; Unterhaltung, „Plausch". Chat bedeutet, mit jemandem ein Online-Gespräch zu führen. Es können (beliebig) viele Personen gleichzeitig miteinander kommunizieren. Chats werden überwiegend textuell benutzt. Manche Chat-Server arbeiten mit Mikrofon und Soundkarte, manche zusätzlich mit Web-Cam.

Chekker-Netze

Bündelfunknetz der Deutschen Telekom.

CIDR

(engl.) Abk. für: Classless Inter-Domain Routing. Ermöglicht die Zusammenfassung von IP-Adressen zu größeren/anderen Gruppen als die bisherigen Netzklassen. Bezweckt die Entlastung des Internet.

CISC

(engl.) Abk. für: Complex Instruction Set Computer. Rechnerarchitektur, bei der die CPU viele komplexe Befehle ausführen kann. Wegen der Komplexität ist die Bearbeitungszeit eines Befehls relativ groß.

Client

(engl.) Klienten sind Arbeitsplatzrechner oder Programme, die Dienstleistungen von Servern in Anspruch nehmen. Dies ermöglicht die gemeinsame Nutzung von Betriebsmitteln und Diensten innerhalb eines Netzes von mehreren Arbeitsplatzrechnern.

Client-Server-System

Die Verarbeitung einer Anwendung wird in zwei separate Teile aufgeteilt und ist über ein Netzwerk verbunden. (Ein Teil läuft auf einem Server, auch als Back-end bezeichnet, der andere Teil läuft auf einer Workstation, auch Front-end genannt.)

Community

(engl.) „Gemeinschaft", im Internet versteht man unter einer Virtual Community eine Gruppe von Kunden, Interessenten, Gleichgesinnten, die – in aller Regel bezogen auf einen Content-Anbieter – einen oder mehrere Internet-Dienste zum Informationsaustausch benutzen.

Cookies

(engl.) Kekse; Ein Cookie ist eine Datei, die bei dem Besuch einer Web-Site auf dem Computer des Nutzers lokal abgelegt wird. Mit ihrer Hilfe können Informationen über dessen Präferenzen (welche Web-Sites werden wie oft besucht, welche Angebote werden dort genutzt etc.) gesammelt werden. Beim nächsten Besuch dieser Web-Site werden die Informationen von dem entsprechenden Server abgerufen. Mit Hilfe von Cookies sind Anbieter in der Lage, ihr Angebot den Kundenpräferenzen besser anzupassen und die Abfrage von persönlichen Daten auf den Erstkontakt zu beschränken.

CPU

(engl.) Abk. für: Central Processing Unit; Kernbestandteil eines Computers, der die Anweisungen eines Programmes ausführt.

CRM

(engl.) Abk. für: Customer Relationship Management. CRM basiert auf einem ganzheitlichen unternehmerischen Ansatz, der die Kernbereiche Vertrieb, Marketing, Kundendienst, Management und Technologie umfaßt. Das Ziel ist eine bessere interne sowie auch externe Kommunikation.

Crossposting

Verschicken eines News-Artikels in mehrere Newsgroups. Hierbei wird der Artikel nur einmal in die angegebenen Newsgroups übertragen. (Es sollte auf Crosspostings möglichst verzichtet werden, da sie die Newsgroups unnötig vergrößern.)

CSS

(engl.) Abk. für: 1. Cascading Style Sheets, HTML-Funktion; 2. Customer Service System. Ein System zur Steuerung der Service- und/oder Kundendienstabteilung.

CTI

(engl.) Abk. für: Computer Telephony Integration. Eine integrierte Telefonschnittstelle, die unerläßlich ist, wenn ein CRM-System auch den Bereich Call-Center und Telefonmarketing unterstützen soll. Über diese Schnittstelle erfolgt der Datenaustausch zwischen PC und Telefonanlage.

CTR

(engl.) Abk. für: Click-Through-Ratio, Klickrate. Die durchschnittliche CTR im WWW liegt derzeit zwischen 1,5 und 2,5%.

CU-SeeMe

Ein im Internet verbreitetes Programm für Videokonferenzen. Bezeichnet gleichzeitig das dafür genutzte Protokoll.

Cybercash

Zahlungssystem im Internet

Cybermoney

(engl.) Virtuelles Geld; Zahlungsmittel, die über das Internet geladen werden können. Cybermoney ist nicht auf Kartensysteme, elektronische Geldbörse oder Geldkarte angewiesen

Cyberspace

Generelle Bezeichnung für den virtuellen Raum, der durch das Internet geschaffen werden kann.

D

Dateiformat

Das „Dateiformat" oder der „Dateityp" legt die Art der Struktur fest, unter der Daten in einer Datei gespeichert werden. Die Erweiterung im Namen einer Datei (.doc für Word-Dateien, .ppt für Power-Point-Dateien etc.) kennzeichnet für jedes Programm und den Benutzer ersichtlich, welche Datenstruktur in dieser Datei zu erwarten ist.

Datenkomprimierung

Ein Verfahren zum Verringern des Volumens von Daten, das bei der Datenkommunikation, bei der Faxübertragung und bei der CD-ROM-Herstellung eingesetzt wird.

Datenkonferenz

Gleichzeitige Datenkommunikation zwischen geographisch getrennten Teilnehmern einer Besprechung. Bei Datenkonferenzen werden Whiteboards sowie andere Software eingesetzt, womit einzelne Dateimengen eines Speicherorts von allen Teilnehmern aufgerufen werden können.

Datenleitung

Darunter versteht man das Telefonnetz, Datex-L-Netz, Datex-P-Netz und das Fernschreibnetz.

Datenpaket

Informationseinheit, die als Ganzes in einem Netzwerk übertragen wird.

Datex

DATa EXchange. Ein deutsches Datennetz, wobei Datex-L „leistungsvermittelt" und Datex-P „paketvermittelt“ ist. Nur die letztere Version wird heutzutage noch verwendet.

Datex-J

Mit Datex-J wird der Übergang zwischen Telefonnetz und Datex-P für das Massenpublikum erschlossen. Hierüber sind zum Ortstarif die Verbindungen zu Online-Datenbanken und -diensten wie BTX und CompuServe möglich.

Datex-P

DATa EXchange in Packets. Dienst der Telekom, der dem Standard X0.25 folgt und die gleichzeitige Datenübertragung mehrerer Teilnehmer in kleinen Einheiten/Paketen über das Netz bedeutet.

DBM

(engl.) Abk. für: Database-Marketing. Datenbankgesteuerte Kommunikation mit Zielgruppen.

DBMS

Abk. für: Datenbank-Managementsystem, eine Softwareebene zwischen der Datenbank und dem Benutzer zur Organisation, Speicherung und Abrufung von Informationen.

DECT

(engl.) Abk. für: Digital European Cordless Telephone, digitaler europäischer Standard für schnurlose Telekommunikation.

DE-NIC

Abk. für: Deutsches Network Information Center, in Karlsruhe ansässig, hat als Aufgabe die Vergabe von Domains und IP-Adressen in der Toplevel-Domain.DE und die Verwaltung der primären Nameserver der Domain.DE.

DES 56-Bit

(engl.) Abk. für: Data Encryption Standard. Symmetrisches Verschlüsselungsverfahren mit Schlüssellänge 56 Bit.

Desktop

Arbeitsbereich auf dem (PC-)Bildschirm, der die Oberfläche eines Schreibtisches simulieren soll.

DFÜ

Sammelbezeichnung für Datenfernübertragung. Die Daten werden über eine Schnittstelle zu einem DFÜ-Gerät (Modem) geschickt, wo sie aufbereitet und der empfangenden Datenverarbeitungsanlage übermittelt werden.

Digitale Signatur

Die digitale Signatur ist eine elektronische Unterschrift, die Personen im Internet eindeutig identifiziert. Die persönlichen Daten sind auf einer Smart-Card, einer Chip-Karte mit mehreren Funktionen, gespeichert. Weitere Möglichkeiten einer digitalen Signatur wären, neben der codierten Chipkarte, die Irisvermessung und das Scannen von Fingerabdrükken.

DNS

(engl.) Abk. für: Domain-Name-Service (oder -Server oder -System) ist ein Dienst, der die Zahlen der IP-Adressen in „sprechende" Namen übersetzt und umgekehrt; Adreßverzeichnis von Internet-Servern.

Domain

Bedeutet sowohl eine gewisse Anzahl von Rechnern, deren Hostnamen durch ein gleiches Suffix, den Domain-Namen verbunden sind, als auch die Bezeichnung für die Zusammenfassung von Ressourcen unter einer gemeinsamen Steuerung.

Domain-Adressierung

Methode zur Adressierung von elektronischer Post, wobei die Adresse von rechts nach links verarbeitet wird. Vor dem Hostnamen steht die Benutzererkennung getrennt durch „@" (engl.) „at": bei, an, in).

Domain-Name

Ein Domain-Name ist ein einzigartiger Name einer Internet-Site. Das Internet besteht aus Millionen von Computern und Netzwerken, wovon alle ihren eigenen Domain-Namen oder Adresse haben. Domain-Namen bestehen aus zwei oder mehr Teilen, die durch einen Punkt getrennt sind. Ein Suffix, z. B. „de" (für „Deutschland"), stellt eine besondere Kennzeichnung dar, nach der ein Domain-Name einer bestimmten Gruppe oder Region zugeordnet werden kann.

Download

(engl.) Bedeutet das „Herunterladen" einer Datei von anderen Rechnern auf das eigene Gerät unter Zuhilfenahme eines Übertragungsprotokolls. Umgekehrt wird der Vorgang als „Upload" bezeichnet.

DSL

(engl.) Abk. für: Digital Subscript Line, eine Verbindungstechnik, mit der über kurze Entfernungen (ca. 5 km) Daten mit bis zu 6 Mbps (Download) bzw. 0,6 Mbps (Upload) übertragen werden können. Bei allen Varianten dieser Technik (ADSL, HDSL, SDSL) werden spezielle Modems an Kupferdraht-Standleitungen betrieben.

DTP

(engl.) Abk. für: Desktop Publishing. Das Layout und die Druckvorbereitung von Dokumenten am Computer.

DV

Abk. für: Datenverarbeitung.

Dynamic HTML

Mit Hilfe dieser Folgegeneration von HTML ist es möglich, Texte und Bilder innerhalb der Web-Site zu positionieren. Basis sind HTML und Java.

dynamische IP

Freie IP-Adressen werden aufgrund des ständigen Wachstums des Internet immer knapper. Deshalb bekommen Kunden, die nur zeitweise mit dem Internet verbunden sind, keine festen IP-Adressen mehr zugeordnet. Bei Anwahl werden gerade freie Adressen verteilt, die bei Abwahl wieder freigegeben werden. Deshalb eigenen sich dynamische IPs hauptsächlich für private User, weniger für kommerzielle.

E

EAN

Abk. für: Europäische Artikelnummer.

EANCOM

Standard im elektronischen Geschäftsdatenaustausch der Konsumgüterbranche, Subset von EDIFACT.

Echo-mail

Begriff aus dem FidoNet, der besagt, daß eine E-Mail an mehrere Benutzer geht.

Echtzeitfähig

Die Eigenschaft von Betriebssystemen, innerhalb einer definierten Zeit Anweisungen auszuführen. Dazu dürfen Anweisungen den Rechner nicht komplett blockieren.

ECR

(engl.) Abk. für: Efficient Consumer Response; Managementkonzept zur effizienten Reaktion auf die Kundennachfrage mittels Kooperation zwischen Industrie und Handel.

ECM

(engl.) Abk. für: Error Correction Mode, umschreibt eine Methode zur Korrektur von Übertragungsfehlern bei Faxgeräten und Modems.

E-Commerce

Electronic Commerce; eine allgemeingültige Definition ist derzeit noch nicht vorhanden. E-Commerce könnte man als „Doing business electronically“ bezeichnen.

EDI

(engl.) Abk. für: Electronic Data Interchange. Elektronischer Datenaustausch kaufmännischer Geschäftsdaten mittels Computer-Computer-Dialog in einem standardisierten Format.

EDIFACT

(engl.) Abk. für: Electronic Data Interchange for Administration, Commerce and Transport. Weltweit gültiger Standard im elektronischen Geschäftsdatenaustausch.

EDV

Elektronische Datenverarbeitung

E-Mail

(engl.) „electronic mail“, im engeren Sinn der Austausch von Textnachrichten und Computerdateien über ein Kommunikationsnetzwerk, z. B. ein lokales Netzwerk oder das Internet. Die Übertragung erfolgt in der Regel zwischen Computern oder Terminals.

Encryption

Auch Kryptographie genannt; generelle Bezeichnung für Verschlüsselungs- oder Chiffrierverfahren auf Softwarebasis

Entity

Eine (engl.) „entity“ enthält Symbole oder Zeichen, die im Standard-Zeichensatz von HTML-Dokumenten nicht auftreten.

Erlang

Maß für die Auslastung einer Daten- oder Telefonleitung zur Hauptverkehrszeit.

ERP

(engl.) Abk. für: Enterprise Ressources Planning System, unterstützt die interne Unternehmensplanung, -steuerung und -abwicklung. Derartige Systeme werden heute als Back-Office bezeichnet und um Front-Office-Lösungen ergänzt.

Ethernet

Bezeichnung für eine ganze Reihe von Basisbandnetzen. Es existiert eine Vielzahl von Topologien, Verkabelungsarten und Übertragungsgeschwindigkeiten (bis 100 MBit/s).

EU

Europäische Union

EUnet

(engl.) Abk. für: European Unix Network. Der europäische Teil des Internet, welches mit InterEUnet auch IP-Dienste im Angebot hat.

EUUG

(engl.) Abk. für: European Unix Users Group.

Extension

Ende eines Dateinamens, welches den Dateityp identifiziert, z. B. das doc im Dateinamen des Word-Dokuments „Name23.doc“.

Extranet

Eine Erweiterung eines Intranet von einem Unternehmen, das WWW-Technologie einsetzt, um die Kommunikation mit den Lieferanten und Kunden zu erleichtern. Über ein Extranet können Kunden und Lieferanten auf das Intranet eingeschränkt zugreifen, um die Geschwindigkeit und die Leistungsfähigkeit der Geschäftsvorgänge zu optimieren.

E-Zine

(engl.) Abk. für: Electronic Magazine. Elektronisch produzierte und veröffentlichte Zeitschrift, die aus Bildschirmseiten besteht, kann in der Regel kostenfrei im Internet, in einer Mailbox oder in einem anderen Online-Service verfügbar sein.

F

FAQ

(engl.) Abk. für: „Frequently asked questions“. Sammlung von häufig gestellten Fragen und deren Antworten zu einem bestimmten Thema, die meist von mehreren Autoren gemeinsam verfaßt werden und online zur Verfügung stehen.

FDDI

(engl.) Abk. für: Fiber Distributed Data Interface. Von ANSI (American National Standards Institute) entwikkelter Standard für lokale Hochgeschwindigkeitsnetzwerke auf Glasfaserbasis zur Datenübertragung mit Fiberglasleitungen mit bis zu 100 Mbps.

FidoNet

Netzwerk aus BBS-Systemen (Mailboxen), privaten Unternehmen, NROs (Nicht-Regierungsorganisationen) und Privatpersonen, die das Fidonet-Protokoll verwenden; dessen strenge hierarchische Gliederung erfolgt nach Zonen (Kontinenten), Regionen (national), Netze (regional), Nodes und Points. Es existieren zahlreiche Fido-kompatible Netze.

File

(engl.) Datei.

File Transfer

Datentransport (s. auch FTP).

Firewall

Schutzsystem gegen externe Einflüsse, die das eigene Netzwerk(system) schädigen könnten.

FINREAD

(engl.) Abk. für: Financial Transaction Reader

FLC bzw. **FLI**

Suffixe für Dateinamen, die Animationen darstellen und ursprünglich für DOS entwickelt wurden, sich aber als Quasi-Standard etabliert haben. FLI-Dateien sind standardmäßig begrenzt auf eine Auflösung von 320×200 Bildpunkten mit 8 Bit Farbtiefe (256 Farben) und verfügen über keinen Sound.

Follow-up

Antwort auf einen vorausgegangenen Artikel in einer sog. Newsgroup, in einer über das Internet weltweit stattfindenden Diskussion.

FQDN

(engl.) Abk. für: Fully Qualified Domain Name, eindeutiger Name eines Internet-Host. Er setzt sich aus dem Hostnamen und dem Namen der Domain zusammen (Idealfall der Domain-Adressierung).

Frame

(engl.) „Rahmen"; Aufteilung der Darstellungsfläche eines Browsers in mehrere Teilflächen. Die Teilflächen, in die ein Browserfenster aufgeteilt werden kann, sind jeweils eigene HTML-Seiten. Frames sind damit ein Hilfsmittel zur Gestaltung des Layouts von HTML-Dokumenten, indem in den einzelnen Fenstern gezielt unterschiedliche HTML-Seiten geladen werden.

Front-Office

Hierbei handelt es sich um einen Sammelbegriff für Systeme der Unternehmensbereiche Vertrieb, Service und Marketing.

FTP

(engl.) Abk. für: File Transfer Protocol, das Dateiübertragungsprotokoll zwischen zwei Rechnern, das den Transport von Dateien zwischen zwei Rechnern in einem Netzwerk erlaubt. So besteht z. B. die Möglichkeit, ein Programm, welches sich auf irgendeinem Computer im weltweiten Internet befindet, sei es in Japan oder Afrika, durch wenige Aktionen auf den eigenen Rechner zu laden.

G

GA

Geldausgabeautomat

Gateway

Übergang („Torweg"), der die Verbindung zwischen inkompatiblen Netzwerken mit verschiedenen Protokollen herstellt und die Konvertierung der Informationen von einem Netzwerk zum Verständnis des anderen übernimmt. Ein Gateway ist ein Vermittler.

GByte

Kurzschreibung für GigaByte (1024 MegaByte), eine Größe für die sog. Speicherkapazität von elektronischen Speichern.

GIF

(engl.) Abk. für: Graphics Interchange Format. Weit verbreitetes Grafikformat.

Glasfaserkabel

Kabel zur Datenübertragung, welches aus einem Bündel von Glasfasern besteht; es bietet viele Vorteile. Die

Daten werden durch Licht übertragen. Mehrere Ummantelungen gewährleisten Schutz vor mechanischer Belastung; gegenüber herkömmlichen Kabeln können viel mehr Daten transportiert werden (hohe Bandbreite); es ist kostengünstig und hat ein relativ geringes Gewicht.

Global Village

(engl.) globales Dorf; unter der Wirkung des Internet entstandener Begriff, der die durch die Netzkommunikation „geringer werdende" (rascher überbrückbare) Distanz zwischen allen Orten der Erde zum Ausdruck bringt.

Gopher

Suchsystem zum Auffinden und Darstellen von Dokumenten im Internet. Browser können Gopher darstellen. Durch die größeren Möglichkeiten des WWW ist die Benutzung von Gophers als stark rückläufig einzuschätzen.

Grafikformate

Ein PC setzt Bilder, Fotos und auch Grafiken aus Bildpunkten zusammen und muß diese deshalb in einem besonderen Format – üblicherweise GIF oder JPEG – speichern.

Groupware

Software, mit der beabsichtigt wird, daß eine Benutzergruppe auf einem Netzwerk gemeinsam an einem bestimmten Projekt arbeiten kann. Groupware enthält u. a. bestimmte Einrichtungen für die Kommunikation (z. B. E-Mail), gemeinsame Dokumenterstellung, Terminplanung und -überwachung.

Gruppe

Einheitliche Einteilung der Artikel im Newssystem.

GSM

(engl.) Abk. für: Global System of Mobile Communication. Technischer Standard für digitalen Mobilfunk. Es können Daten bis zu 9600 bps übertragen werden.

GUI

(engl.) Abk. für: Graphical User Interface. Graphische Benutzeroberfläche (Gegenteil: zeilenorientierte Benutzeroberfläche).

H

Halbduplexverfahren

Übertragung von Daten in nur eine Richtung. Soll in beide Richtungen übertragen werden, muß ständig umgeschaltet werden.

Hayes-Befehlsatz

Kommandosprache zur Ansteuerung für Modems, die von der Firma Hayes entwickelt wurde. Zwischenzeitlich wurde sie zum allgemeinen Standard.

HBCI

(engl.) Abk. für: Home Banking Computer Interface; ab 1995 unter Federführung des Bundesverbandes deutscher Banken (BDB) und des Zentralen Kreditausschusses (ZKA) entwickelt.

HDSL

(engl.) Abk. für: High bit rate Digital Subscriber Line. Unter HDSL wird die Übertragung von 2,048 Mbit/s (strukturiert oder unstrukturiert, d. h. mit oder ohne Kanalstruktur) in beiden Übertragungsrichtungen verstanden. Die Übertragung erfolgt bidirektional über ein, zwei oder drei Doppeladern.

Header

Der administrativ-informative Teil, der einer Nachricht/E-Mail vorangestellt wird.

HelpDesk

Ein System, das zur Erfassung und Verfolgung von Kundenproblemen und -anfragen dient.

Hit

Wird beim Laden von Dateien (Einzelelemente/Ressourcen) wie z. B. HTML-Seiten, Java-Applikationen, CGI-Scripts usw. erzeugt. Web-Seiten können mehrere Dateien in Form von Text, Grafik etc. enthalten, so daß eine Web-Seite einen oder auch zehn Hits pro Ladevorgang produziert, abhängig davon, wie viele Dateien sie enthält. Wenig aussagekräftig; sagt vor allem nichts über die Anzahl der User aus.

HMD

(engl.) Abk. für: Head Mounted Display. Begriff aus der virtuellen Realität. Datenhelm mit optischem und akustischem Output. Hier vermitteln zwei kleine LCD-Bildschirme einen räumlichen Eindruck, z. B. eine VRML-Welt.

Homepage

(engl.) „Heimatseite", Begriff für einen Ausgangspunkt in einem Hypertextsystem. Wird auch als Startseite, Einstiegsseite oder Einstiegsdokument bezeichnet. Das WWW-Angebot einer Körperschaft/Person kann aus vielen einzelnen HTML-Seiten bestehen. Die Homepage ist die erste und führende Seite in diesem System von Seiten, von wo aus man Zugang erhält zu allen anderen Seiten dieses Systems.

Hop

(engl.) „Sprünge", d. h. Datenübertragungen, die notwendig sind, um eine Nachricht von A nach B zu senden. Der Begriff kann auch für die Übertragung von einem Router zu einem anderen verwendet werden.

Host

(engl.) Bezeichnung für einen Rechner, der von einem anderen angewählt wird. Dieser Rechner besitzt Daten, auf die ein anderer zugreifen möchte. Der anwählende Rechner wird als Terminal bezeichnet.

Hosting

(engl., auch „houseing") Bezeichnung für die Möglichkeit, den eigenen Rechner bei einem Provider aufzustellen, um Gebühren zu sparen.

HotJava

Name eines Browsers von Sun Microsystems, der in Java geschriebene Applets ausführen kann.

Hotspot

Beschreibt die anklickbaren Stellen einer Web-Seite.

HTML

(engl.) Abk. für: Hypertext Markup Language. Hypertext-Dokumentenformatierungssprache, die für das Erstellen von im WWW dargestellten Webseiten benutzt wird. Basiert auf SGML. Kann über sog. Hyperlinks auf andere Dokumente verweisen. Es existieren unterschiedliche Versionen mit wachsender Leistungsfähigkeit. Diese Dokumente können unter der Angabe einer genauen Adresse (URL), dem Standort im weltweiten Netzwerk, und dem Namen des Dokuments erreicht werden.

HTTP

(engl.) Abk. für: Hypertext Transfer Protocol. Wird im WWW oder in Intranets für den Austausch von HTML-Dokumenten benutzt und ist eine Grundlage, um auf Dokumente im WWW zuzugreifen.

HUB

Bedeutet eigentlich „Zentrum, Nabel" und ist der technische Knotenpunkt, an dem mehrere Geräte eines Netzwerkes angeschlossen werden.

Hyperlink

Verbindung zwischen einer Stelle in einem Dokument mit einer anderen innerhalb des Dokuments oder in einem anderen Dokument irgendwo in einem über Netzwerke erreichbaren Dokument. Dabei kennt der Rechner die Adresse und den Namen des Dokuments, auf das verwiesen wird. Sie wird im Sourcecode festgelegt, dem HTML-Code (Formatierungssprache der Webseiten), der das Aussehen und die Funktionen einer Webseite festlegt.

Hypermedia

Nichtlineare elektronische Dokumente, die Elemente in multimedialer Form enthalten und auf andere multimediale Dokumente verweisen und zu ihnen führen.

Hypertext

Begriff für elektronische nichtlineare Dokumente, die Querverweise und Verknüpfungen zu verwandten Themen in anderen oder demselben Dokument enthalten (Hyperlinks).

I

Icon

Bildsymbol. In HTML-Dokumenten verbergen sich oft Verbindungen zu anderen Dokumenten oder Programmen dahinter (Hyperlinks).

IDE

(engl.) Abk. für: Interactive Development Environment. Hierbei handelt es sich um ein Programm, das einem Software-Entwickler/-Anbieter durch Zusammenfassung von Funkionen Erleichterung schafft.

Identified User

Registrierte Nutzer; Anzahl der Personen, die sich Online-Werbung angesehen haben und die durch Usernamen, Paßwortangabe und andere Personendaten gekennzeichnet sind.

IIS

(engl.) Abk. für: Internet Information Server. Ein Microsoft-Produkt, bestehend aus einem FTP-, einem Gopher- und einem WWW-Server.

IMAP

(engl.) Abk. für: Internet Message Access Protocol. Methode zum Erstellen, Löschen und Umbenennen einer Mailbox und zum Überprüfen, ob neue Nachrichten in der Mailbox enthalten sind.

ILN

Abk. für: Internationale Lokationsnummer.

Informationsbroker

Spezialist für alle Fragen der Informationsbeschaffung, -verarbeitung und -vermittlung, der seine Dienste zumeist unabhängig anbietet.

Infotainment

Kunstwort, zusammengesetzt aus Information und Entertainment; multimediale Kommunikationsform, bei der der Informationszuwachs mit Unterhaltung verbunden ist.

Infotisement

Kunstwort, zusammengesetzt aus Information und Advertisement; Mischform von Informationszuwachs und Werbung.

intelligentes Kabel

Auch als „Smart-Kabel“ bezeichnet. Ein Kabel, das in eine Schaltung eingebaut ist und das mehr leisten kann, als nur einfache Signale von einem Ende des Kabels zum anderen Ende weiterzuleiten. Es kann z. B. die Eigenschaft des Verbinders erkennen, in das es eingesteckt wird.

Interaktiv

Der Nutzer im Internet kann in das Informationsangebot eingreifen und den Ablauf selbst steuern.

Interface

(engl.) Schnittstelle.

Internet

a) Einige Netze, die durch Router verbunden sind und ein großes, virtuelles Netz ergeben. b) Weltweiter Zusammenschluß verschiedenster Netzwerke und Gateways zu einem einzigen Netzwerk; dieses besteht aus vielen internationalen, nationalen, regionalen und lokalen Netzen und verwendet ein einheitliches Adressierungsschema sowie die TCP/IP-Protokolle.

Internet-based-Training

Kurz IBT; bezeichnet eine Lehr-/Lernform, bei der die Lernangebote (Hypertextsysteme, CBT, Kommunikationsinstrumente, interaktive Übungen, Tests) dem Lehrenden oder Lernenden via Internet-Technologien zur Verfügung stehen. Eine alternative Bezeichnung ist Web-based-Training WBT. Intranet-based-Training ist das Gleiche auf Basis einer Intranet-Plattform.

InterNIC

(engl.) Abk. für: International Network Information Center. Organisation, die die weltweite Registrierung von IP-Adressen und Domänennamen übernimmt. Der InterNIC Registration Service weist weltweit Internetadressen und -namen zu. Für Deutschland und die Domain.de" ist das DE-NIC in Karlsruhe zuständig. IP-Adressen sind die Grundlage für den Anschluß eines Computers an das Internet.

Interstitial

Online-Werbeform; Ganzseitige Einblendung einer Reklamebotschaft; ähnlich einer Unterbrecherwerbung im Privatfernsehen

(Intra-) oder Group-Web

Anwendungskonzept für die Unterstützung informeller Kommunikationsprozesse und strukturierter Arbeitsabläufe, wie sie auf Abteilungsebene oder beispielsweise für die Sachbearbeitung von Vorgängen typisch sind. Das Intranet dient als Plattform für Funktionen, die heute proprietäre Groupware-Anwendungen erfüllen.

(Intra-) Web-Publishing

Veröffentlichung von Dokumenten im Intranet, um diese einem breiteren Anwenderkreis zugänglich zu machen.

(Intra-) Web-Warehouse

Anwendungskonzept für den einheitlichen Zugriff auf Informationen, die sich in unterschiedlichsten Systemen und Plattformen befinden. Dieser Zugriff erfolgt mittels eines Web-Browser über Gateways auf die Bestandsysteme.

Intranet

In sich abgeschlossene Netzwerke, zumeist in Firmen oder anderen Systemen, die aus einem Verbund von Rechnern innerhalb eines Hauses bestehen. Ein gut gepflegtes Intranet kann eine große Erweiterung der Möglichkeiten einer Firma oder Organisation darstellen. In der Regel besteht ein Anschluß an das Internet.

IP

(engl.) Abk. für: Internet Protocol. Das Protokoll innerhalb des TCP/IP-Protokolls, das die übermittelten Daten in Pakete einteilt und diese Pakete an das Zielnetzwerk und die Station weiterleitet. Anschließend werden die Pakete im Zielnetzwerk wieder in das ursprüngliche Format umgewandelt.

IP-Adresse

Internet Protocol-Adresse; Logische 32-Bit-Adresse, die einen TCP/IP-Host eindeutig zuordnet. Die IP-Adresse besteht aus vier durch Punkte getrennte Ziffernserien, wobei jede Serie eine Zahl von 0–255 sein kann, z. B. 204.123.27.69.

IPng

(engl.) Abk. für: „Internet Protocol next generation". Da der IP-Adreßraum in den nächsten Jahren nicht mehr ausreichen wird, arbeitet man an einer neuen Version 6 (auch Ipv6 genannt). Die Adressen sollen dann aus sechs Ziffern bestehen.

IPP

(engl.) Abk. für: Internet Presence Provider. Kommerzieller Anbieter von Internetdienstleistungen. Die am häufigsten angebotenen Leistungen sind die Implementierung von HTML-Seiten für das WWW.

IR

(engl.) Abk. für: Internet Registry. Für die Vergabe von Adressen und Parametern im Internet ist die IANA zuständig, die diese Aufgabe jedoch über das InterNIC an regionale NICs delegiert.

IRC

(engl.) Abk. für: Internet Relay Chat – weltweites Chatsystem im Internet. Internet-Dienst, der die gleichzeitige Online-Kommunikation mit beliebig vielen Teilnehmern ermöglicht. Die Kommunikation läuft über Kanäle, in die sich der Benutzer einhängt. Kanäle können für alle Benutzer offen sein oder auch nur für geschlossene Gruppen. Es werden Nachrichten, Fragen und Antworten per Tastatur eingegeben, und die Diskussionsteilnehmer können darauf reagieren.

ISDN

(engl.) Abk. für: Integrated Services Digital Network; frei übersetzt: dienstintegriertes Digitalnetz. ISDN bezeichnet also ein digitales Fernsprechnetz, das für normale Telefongespräche, DFÜ, Fax und weitere Dienste, wie z. B. Videokonferenzen, konzipiert worden ist. ISDN bietet dabei eine weit höhere Leistungsfähigkeit als das herkömmliche analog funktionierende Fernsprechnetz. ISDN ist ein internationaler Standard, an den alle bisherigen und künftigen Netze angepaßt werden sollen. Die ISDN-Leitung besteht aus 2 Basiskanälen, über welche jeweils 64 kBit übertragen werden können, sowie einem Steuerkanal, der mit 16 kBit die Steuerdaten übermittelt.

ISLN

(engl.) Abk. für: Integrated Services Local Network. Es gilt als eine Art Miniatur-ISDN, ein lokales Hochgeschwindigkeitsnetz für Daten, Sprache und Bild.

ISO

(engl.) Abk. für: International Standards Organisation; Organisation, um die Normungsgremien der einzelnen Nationen weltweit zu koordinieren.

ISP

(engl.) Abk. für: Internet Service Provider. Große multinationale oder nationale Unternehmen, die den Zugang zu Netzwerken anbieten. Das Internet besteht somit aus einem Netz von ISPs. Dabei kümmert sich jeder Provider um den reibungslosen Betrieb seines Teilnetzes und dessen Kommunikation mit den anderen Teilnetzen des Internet. Lokale Zugänge zum Internet betreiben normalerweise sog. PoPs, die vielfach ihre Internet-Leistungen von einem größeren ISP beziehen. Große deutsche ISPs sind derzeit Contrib.Net, DFN, ECRC, Eunet, MAZ und NTG/Xlink.

ISS

(engl.) Abk. für: Interactive Selling System. Lösungen auf der Basis eines Produktkonfigurators. Sie unterstützen den Vertrieb vor Ort und werden zunehmend auch beim Vertrieb über Internet eingesetzt.

ITS

(engl.) Abk. für: (SAP-)Internet Transaction Server.

J

Java

Java ist eine objektorientierte Programmiersprache. Aus den Quelltexten wird durch einen Compiler ein plattformunabhängiger Zwischencode übersetzt. Dieser kann von einem geeigneten Interpreter (=Interpretierer) auf beliebigen Rechnern abgearbeitet werden. Dadurch können Java-Programme auf allen Rechnerplattformen laufen, für die ein passendes Interpreterprogramm existiert. Durch den Einbau von Java-Interpretern in WWW-Anzeigeprogramme können sogenannte Java-Applets in WWW-Seiten integriert werden. Dadurch können auf dem Rechner des Klienten Programme ausgeführt werden, die z. B. zum Darstellen von bewegten Bildern dienen können.

JavaApplet

Kleine, in der Programmiersprache Java geschriebene Programme, die häufig im WWW verwendet werden, um einer Webseite Interaktivität und multimediale Effekte zu verleihen. Sie können beim Aufruf einer Webseite automatisch aktiviert werden. Dabei wird das Programm vom weiter entfernten Rechner auf den eigenen Rechner geladen und mit Hilfe des im Browser integrierten Java-Interpreter ausgeführt.

JavaScript

Eine Skriptsprache, die von den Firmen Netscape Communications und Sun Microsystems entwickelt wurde und mit Java in Beziehung steht. JavaScript ist jedoch keine echte objektorientierte Sprache und hat zudem eine eingeschränkte Leistungsfähigkeit im Vergleich zu Java, weil sie nicht kompiliert wird. JavaScript eignet sich besonders zur Überprüfung von Formulareingaben, kann Berechnungen durchführen und Laufschriften anzeigen.

JPEG (JPG)

(engl.) Abk. für: Joint Photographics Experts Group; Grafikformat, das im Internet weit verbreitet ist.

K

Kabelmodem

Ein Modem, das Daten über ein Kabel-TV-Netz (das auf Koaxialkabeln basiert) sendet und empfängt, im Unterschied zu einem gewöhnlichen Modem, das die Daten über eine Telefonleitung überträgt. Kabelmodems erreichen mit 500 kBit pro Sekunde (kbps) eine höhere Geschwindigkeit als die üblichen, konventionellen Modems.

kByte

1 Kilobyte entspricht 1024 Byte.

Knowbot

(engl.) Abk. für: Knowledge Robot, „Wissensroboter". Ein Programm mit künstlicher Intelligenz, das vordefinierte Regeln für die Ausführung einer Operation befolgt. Bei der Operation kann es sich um die Suche nach Dateien oder Dokumenten handeln, die bestimmte Daten auf einem Netzwerk (z. B. dem Internet) enthalten.

Knowledgebase

Online-Archiv, das Details über schon gelöste Probleme speichert und sie als strukturierte Daten zur Verfügung stellt. Über Zugriffcodes werden die Daten unterschiedlichen Nutzergruppen zugänglich gemacht.

Kommunikationsprotokoll

Ein Satz an Vorschriften oder Standards, die es Computern ermöglichen, Kommunikationsverbindungen herzustellen und Informationen möglichst fehlerfrei auszutauschen.

Kommunikationsvolumen

Das Kommunikationsvolumen bezeichnet den Transfer der von den einzelnen Usern abgerufenen Seiteninhalte. Die Höhe dieses Volumens ist damit auch abhängig von den Inhalten der Seiten (Grafiken, Bilder, Textvolumen mit Anhängen etc.).

L

LAN

(engl.) Abk. für: Local Area Network. Ein lokales Netzwerk, das aus einer Gruppe von Computern und anderen Geräten besteht, die über einen relativ begrenzten Bereich verteilt und durch Kommunikationsleitungen verbunden sind, die jedem Gerät die Interaktion mit jedem anderen Gerät im Netzwerk ermöglichen. LANs bestehen häufig aus Computern und gemeinsam genutzten Ressourcen, z. B. Laserdruckern und großen Festplatten. Die an einem LAN angeschlossenen Geräte bezeichnet man als Knoten. Die Verkabelung der Knoten untereinander stellt die Übertragung der Nachrichten sicher.

Lichtgriffel

Ein Zeigegerät, bei dem der Benutzer einen an den Computer angeschlossenen Stab auf den Bildschirm hält und auf dem Bildschirm entweder durch Betätigen eines Knopfes an der Seite des Lichtgriffels oder durch Drücken des Stifts gegen die Oberfläche des Bildschirms Elemente markiert oder Befehle wählt.

Link

Verbindung zwischen Dokumenten im Internet. Links müssen aktiviert werden, indem man die Maus bedient. Hypertext-Links bestehen aus zwei Teilen: Einem Referenzteil mit Angaben über das verbundene Dokument sowie einem Anchor (Anker).

Linux

Unix-Derivat: aus dem Betriebssystem UNIX hervorgegangene Entwicklung eines netzwerkfähigen 32-Bit-Betriebssytems.

M

Mailbot

Ein Programm, das E-Mail-Nachrichten automatisch beantwortet oder Aktionen ausführt, die auf Befehlen innerhalb der Nachrichten basieren. Ein Beispiel für ein Mailbot ist der Mailing-Listmanager.

Mailbox

(engl.) „Briefkasten“. Im deutschen Sprachraum als Übersetzung von BBS gebraucht. Eine Mailbox ist ein über die Telefonleitung erreichbarer „Briefkasten", dessen Inhalt (Nachrichten oder Programme) elektronisch auf den lokalen Computer übertragen werden kann.

Mailing-Liste

Dient zum gleichzeitigen Versenden von E-Mails an mehrere Empfänger, die vorher die Liste abonniert haben bzw. eingeschrieben sind.

Mainframe

Begriff für Großrechnersysteme.

MAN

(engl.) Abk. für: Metropolitan Area Network. Ein Hochgeschwindigkeitsnetzwerk, das Sprache, Daten und Bilder bei einer Geschwindigkeit von ca. 200 Mbps über eine Entfernung von bis zu 75 km übertragen kann.

Management-Informationssystem (MIS)

Siehe MIS.

Marketing-Enzyklopädie

Diese Funktion unterstützt den Außendienst bezüglich der benötigten Produkt- und Wettbewerbsinformationen etc.

Mbps

(engl.) Abk. für: „Megabit per second". Maß für die Übertragungsleistung einer Leitung. Mit 1 Mbps lassen sich etwas über 95 kByte in jeder Sekunde übertragen.

Mediaserver

Siehe Server, nur im multimedialen Bereich – ist für die Ablage und die Archivierung dynamischer Multimediadaten (Audio-, Videoobjekte) und deren Bereitstellung in einem Netzwerk geeignet. Dabei kann von anderen Rechnern auf den Server zugegriffen werden und Multimediadokumente können abgerufen werden (meist MPEG-, AVI-, RM-, RA-, MOV-, WAV-, AIFF-Formate).

Metadaten

Informationen zu/über Daten. So bilden z. B. der Titel, der Betreff, der Autor und die Dateigröße die Metadaten zur Datei.

Micro-Site

Mini-Web-Site, die hinter ein Banner geschaltet ist und Ausschnitte aus der regulären Web-Site bietet, gezielt abgerichtet auf die Bannerbotschaft und bezogen auf ein Produkt oder eine Dienstleistung, die interaktiv abgefragt werden kann.

MIME

(engl.) Abk. für: Multipurpose Internet Mail Extensions. Standard für mehrteilige Multimedia-E-Mail-Messages und WWW-Hypertext-Dokumente im Internet; Multimediaerweiterung des E-Mail-Übertragungsprotokolles SMTP.

Miniaturisierung

Kennzeichnet bei der Entwicklung integrierter Schaltkreise den Prozeß der Größenreduzierung und Erhöhung der Packungsdichte von Transistoren und anderen Bauelementen auf einem Halbleiterchip.

Mirror

(engl.) „Spiegel": originalgetreues Abbild eines elektronischen Dokuments an einer anderen Stelle.

MIS

Abk. für: Management-Informationssystem. Ein computergestütztes System der Verarbeitung und Aufbereitung von Informationen, mit dem Ziel, den verschiedenen Verwaltungsebenen innerhalb eines Unternehmens die erforderlichen Informationen für Aufgaben der Überwachung, Fortschrittskontrolle, Entscheidungsfindung sowie der Abspaltung und Lösung von Problemen rechtzeitig zur Verfügung zu stellen.

MMX

(engl.) Abk. für: MultiMedia Extensions. Eine Optimierung der Architektur von Intel-Pentium-Prozessoren, die eine verbesserte Leistungsfähigkeit von Multimedia- und Kommunikationsanwendungen ermöglicht.

Modem

Abk. für: *MO*dulator/*DEM*odulator. Ein Gerät, das Daten in Form von Signalen aus einem analogen in einen digitalen Zustand und umgekehrt „übersetzen" kann. Diese Umwandlung ist nötig, um Daten aus Computersystemen über analoge Telefonleitungen auf ein anderes Computersystem übertragen zu können (Senden, Umwandlung, Transport, Umwandlung, Empfangen).

MPEG

(engl.) Abk. für: Motion Picture Experts Group. MPEG ist ein Kompressionsstandard für Audio-/Videodaten. Der Begriff MPEG wird im allgemeinen dazu verwendet, um auf Videodateien im Internet zu verweisen. Zum Ansehen von MPEG-Dateien wird meistens ein separates Abspielprogramm benötigt. Es existieren verschiedene Formen dieses Standards.

Multitasking

Verfahren, bei dem mehrere Programme parallel ausgeführt werden können. Die Ablaufeinheiten der Programme werden dabei Task genannt.

N

Nameserver

Ein Rechner, der Domain-Namen und IP-Adressen zuordnen kann.

Nanosite-Banner

Online-Banner der vierten Generation (nach den statischen, denen mit Animated GIFs und der Generation der Banner mit kleiner Geschichte); Minifirmenpräsentation innerhalb der Werbefläche.

Navigator

Bekannter WWW-Browser von Netscape, er wird von ca. 75% der Benutzer eingesetzt. Neben dem Internet-Explorer von Microsoft der gängigste WWW-Browser auf der Windows-Plattform.

Netz

Verbund von Computern, die über verschiedene Leitungen verbunden sind und sich gemeinsam Ressourcen wie Daten und Peripheriegeräte teilen. Häufig steht in einem Netzwerk ein spezieller Rechner (Server) nur zur Datenverwaltung zur Verfügung, auf den alle anderen Arbeitsstationen Zugriff haben. Man unterschiedet im wesentlichen LANs, die „unter einem Dach“ innerhalb von Firmen und Behörden eingesetzt werden, sowie WANs, die beispielsweise mehrere Filialen in verschiedenen Städten oder Ländern verbinden.

Netzklassen

Eine Netzklasse ist abhängig von der Anzahl der an das Internet angeschlossenen Computer. Man unterscheidet zwischen den Klassen A, B und C:

Ein Netz der Klasse C erlaubt die Zuweisung von maximal 255 Adressen (z. B. 193.96.28.1 bis 193.96.28.255).

In der B-Klasse vervielfältigt sich die mögliche Anzahl (255×255= 65.025) der an das Internet angeschlossenen Computer einer Firma (193.96.1.1 bis 193.96.255.255).
Die A-Klasse umfaßt bis zu 16.581.375 adressierte Computer: (193.1.1.1 bis 193.255.255.255).
Aussichten auf die Zuteilung eines A-Netzes haben nur extrem große Firmen – z. B. Microsoft. Kleine bis mittlere Firmen bekommen vor dem Aufstieg in eine höhere Klasse mehrere Netze einer niedrigeren zugeteilt.

Newbie

Person, die das Internet erst seit kurzem benutzt.

News-Artikel

Informationen, Nachrichten und Diskussionen, die in Newsgroups versendet/ausgetauscht/geführt werden.

Newsgroups

Newsgroups entsprechen globalen „schwarzen Brettern". Über diese werden Diskussionen zu bestimmten Themen über einen längeren Zeitraum geführt.

Nodes

(engl.) „Knoten": in einem Netzwerk agierende Rechner.

O

Online-Dienste

Von Online-Dienst spricht man, wenn das Angebot überregional erreichbar ist und kommerziell vermarktet wird. Außer elektronischem Postverkehr gibt es dort oft eine Vielzahl weiterer Möglichkeiten: Einkauf per Modem, Telebanking, Unterhaltung mit anderen Nutzern, Softwarebeschaffung, Frage/Antwort-Pinnwände usw. Die nur Abonnenten zugänglichen Online-Dienste ermöglichen mittlerweile alle einen Übergang zum offenen Internet. Kommerzielle Online-Dienste sind z. B. Microsoft Network, AOL, CompuServe und T-Online.

Open Distance Learning

(engl.) Lernen auf Distanz. Fernstudienbriefe oder CBT werden von einem CBT-Server abgerufen. Eine Lerner-Trainer-Interaktion ist nicht vorgesehen, manchmal gibt es eine Hotline.

OTP

(engl.) Abk. für: Open Trading Protocol. Protokoll für standardisierten Zahlungsverkehr (Rechnung, Quittung, Zahlungsbestätigung).

P

Pager

Persönliches mobiles Rufgerät, mit dem alphanumerische Daten (kurze Meldungen, Nachrichten usw.) empfangen werden können. Auch schon im Armbanduhr- oder Kugelschreiberformat erhältlich. Es werden auch Informations- und Servicedienste über Pager angeboten.

Page-View (oder Page-Impression)

Angabe darüber, wie oft eine Seite aufgerufen und *vollständig* und technisch einwandfrei geladen wurde, unabhängig von der Menge der darin eingebundenen Elemente. Seitenabrufe nicht grafikfähiger Browser sind nicht enthalten. Es wird nicht nach Usern unterschieden. Teilweise wird ein Sichtkontakt differenziert in Page-View (Besuch einer Web-Seite, unabhängig davon, ob ein Banner auf dieser Seite plaziert ist) und Impression (Sichtkontakt mit einer Seite, die ein/mehrere Banner enthält).

Passwort

Ein vereinbartes „Sesam öffne dich“ (Codewort, Zeichencode), das den Benutzern nach der Eingabe den

Zugang zu einem Computersystem oder Netzwerk ermöglicht.

PC

Personal Computer

Performance

(engl.): Erfüllung einer Leistung; Performance umfaßt im Multimediabereich die Konzeption, Gestaltung und Präsentation einer künstlerischen und/oder technischen Leistung.

PIN

(engl.) Abk. für: Personal Identification Number.

Plug-in

Softwarekomponente als Zusatz von Browsern, die das Benutzen bestimmter Daten in Spezialformaten (für Animation, Video, Audio), die in HTML-Dokumente eingebettet sind, ermöglicht. Kann in der Regel über das Internet kostenlos heruntergeladen werden.

POI

(engl.) Abk. für: Point-of-Information, auch Point-of-Interest genannt, Ort für Informationen mit einem multimedialen Auskunftssystem, meist als Selbstbedienungsterminal.

POP

(engl.) Abk. für: Post Office Protokoll; regelt die Verwaltung eingegangener Mails auf dem Mail-Agent beim User.

PoP

(engl.) Abk. für: Point of Presence. Bezeichnet eine Zweigstelle eines ISP, die ihn lokal vertritt.

POS

(engl.) Abk. für: Point-of-Sales

PPP

(engl.) Abk. für: Point-to-Point Protocol, was wörtlich „Protokoll für die Übertragung von Punkt zu Punkt" bedeutet und 1991 von der IETF (Internet Engineering Task Force) definiert wurde. PPP erlaubt die gleichzeitige Übermittlung von Daten mehrerer Netzwerkprotokolle. Außerdem handelt PPP beim Verbindungsaufbau die Kommunikationsparameter aus, übernimmt die Authentifizierung der Teilnehmer und überwacht die Qualität des Übertragungskanals.

Profiling

(engl.) Voraussetzung für das Targeting; Profiling bedeutet, daß Nutzerdaten verwaltet und zu einem Profil zusammengestellt werden.

Protokoll

Das Protokoll ist die Sammlung von Regeln für Formate und Arten der Datenübermittlung zwischen unterschiedlichen Rechnersystemen. Es steuert somit den Informationsfluß in einem Kommunikationssystem und kann sich sowohl auf Hardware als auch auf Software beziehen.

Provider

Unternehmen, das gegen Gebühr den Zugang zum Internet ermöglicht.

Proxy-Server

Server, die die Datenkommunikation überprüfen und so der Sicherheit dienen. Ein Proxy-Server kann einzelne Datenpakete, die zwischen Internet und LAN transportiert werden, filtern und z. B. Zugriffe auf bestimmte Server begrenzen. Außerdem speichert ein Proxy HTML-Seiten im Cache, so daß ein schnellerer Zugriff möglich ist.

R

Repeater

(engl.) „Wiederholer“: Signalverstärker in Netzwerken, der Signale regeneriert, um Ausdehnungsbeschränkungen aufgrund von Signalabschwächung und -verzerrung aufzuheben.

Reporting

(engl.) Ergebnisberichte für den Auftraggeber. Je nach Wunsch und Möglichkeit gibt es tägliche, wöchentliche, monatliche und quartalsweise Anzeigenauswertungen.

Retrieval

(engl.) „Rückgewinnung“, Wiederherstellen, Auffinden: Recherche in Informations- und Wissensspeichern

RISC

(engl.) Abk. für: Reduced Instruction Set Computer, eine Rechnerarchitektur, bei der die CPU nur wenige einfache Befehle sehr schnell ausführen kann.

Rotation

AdServer ermöglichen die Mehrfachbelegung eines Werbeplatzes, indem die Banner gezielt auf dem Werbeträger eingespielt werden. Damit kann das gebuchte Volumen im gewünschten Zeitraum abgearbeitet werden.

Router

Ein Router hat die Funktion, zwei räumlich getrennte Netzwerke über eine Telekommunikationsleitung miteinander zu verbinden, und erledigt somit das Routing.

Routing

Mit (engl.) Routing bezeichnet man das Transportieren der Datenpakete zwischen den Netzen. Das Internet kennt keine Direktverbindungen zwischen Rechnern. Statt dessen erfolgt der Versand von Daten grundsätzlich in kleinen Paketen je nach Bedarf über verschiedene Zwischensysteme – nach Möglichkeit auf dem zum Versandzeitpunkt günstigsten Weg. Diese Form des Datenverkehrs ermöglicht eine hohe Flexibilität und Ausfallsicherheit des Internet.

RSA 1024-Bit

Abk. für: Rivest, Shamir, Adleman; Erfinder des RSA-Kryptoverfahrens, ein assymetrisches Verschlüsselungsverfahren mit Schlüssellänge 1024 Bit.

S

SB-Terminal

Selbstbedienungsterminal, z. B. ein Kontoauszugsdrucker.

Schnittstelle

Ein Gerät, Anschluß oder Programm, das zwischen verschiedenen Funktionsgruppen vermittelt oder verbindet.

Screen-Design

Layout von Bildschirminhalten, z. B. das Layout einer Web-Seite.

Security

(engl.) Sicherheit. Bei der Sicherheit im Internet gibt es inzwischen umfangreiche soft- und hardwaremäßige Sicherheitsmechanismen wie Firewalls und andere Sicherheitssysteme, die einen unbefugten Zugriff verhindern. Bei der Zugangskontrolle wird mit Zugriffsrechten gearbeitet, die auf verschiedenen Ebenen unterschiedliche Möglichkeiten bieten.

Server

Server realisieren funktionale und infrastrukturelle Netzwerkdienste. Sie bieten nicht nur dem/den Klienten Funktionen an, sondern ermöglichen auch die Netzadministration. Auf dem Server ist das Netzwerk-Betriebssystem installiert, und vom Server wird das Netzwerk verwaltet.

Session length

Verweildauer/Besuchsdauer der (registrierten) Nutzer oder Hosts. Es ist eine Mindestbesuchsdauer sowie eine Unterbrechungsdauer, ab der von einem neuen Besuch ausgegangen wird, zu definieren.

SET

(engl.) Abk. für: Secure Electronic Transaction. Von Mastercard und VISA geförderter Standard für eine sichere Abwicklung von Online-Kreditkartentransaktionen in offenen Netzen. Dabei bleibt der Kunde dem Händler gegenüber anonym. Dies soll die Erstellung von Kundenprofilen verhindern.

SFA

(engl.) Abk. für: Sales Force Automation. Bezeichnung für die CAS-Systeme auf dem amerikanischen Markt. Sie werden zur Kunden- und Kontaktverwaltung sowie zur Aktivitäten- und Vertriebssteuerung eingesetzt, bieten jedoch nicht die volle Funktion eines CRM-Systems.

SGML

(engl.) Abk. für: Standard Generalized Markup Language (standardisierte, generalisierte Auszeichnungssprache). Eine Norm für Informationsverwaltungszwecke. SGML beschreibt ein Verfahren zur Bereitstellung plattform- und anwendungsunabhängiger Dokumente, bei dem Formatierung, Indizierung und verknüpfte Informationen erhalten bleiben. SGML enthält ein grammatikähnliches Schema, mit dem der Benutzer eine allgemeine Dokumentstruktur festlegen kann, und (engl.) „Tags“, die es ihm ermöglichen, Strukturen in einzelnen Dokumenten zu kennzeichnen.

ShockWave

(engl.) Plug-in, das Präsentationen, die mit Macromedia Director, Freehand oder Authorware erstellt wurden, anzeigt.

Shop-Bot (Shopbot)

(engl.) Einkaufsroboter, die automatisch die Preise von online gehandelten Waren vergleichen.

S-HTTP

(engl.) Abk. für: Secure Hypertext Transfer Protocol.

Signature-File

(engl.) Auch Sig-File, Footer oder Unterschriftsblock genannt. Eine automatisch an den Mailtext angehängte Information, die meist die Postadresse und andere Kontaktdaten enthält.

Sinfos

Stammdateninformationssystem der CCG (Centrale für Coorganisation, Köln).

Site

(engl.) „Ort“, Standort oder (Ausgrabungs)stätte. Im Zusammenhang mit dem Internet wird mit „Site“ ein komplettes Web-Angebot bezeichnet, das aus mehreren Seiten besteht.

SLIP

(engl.) Abk. für: Serial Line Internet Protocol.

SMS

(engl.) Abk. für: Short Message Service.

SMTP

(engl.) Abk. für: Simple Mail Transfer Protocol. Kommunikationsgrundlage zwischen den Mail-Hosts im Internet.

Software-Agent

Programm, das vom Benutzer oder auch von anderen Agenten definierte Aufgaben erledigt. Es zeichnet sich dadurch aus, daß es sich intelligent, unabhängig und mobil verhält. Es dient meistens der Verarbeitung großer Mengen an Information oder der Kontrolle schwer überschaubarer Systeme. Ein Beispiel dafür ist eine Suchmaschine.

SOHO

(engl.) Abk. für: Small Office/Home Office

Sponsoring

Online-Werbeform; Der Name eines Sponsors bleibt ständig auf einer Web-Site sichtbar, z. B. durch den Zusatz „Powered by N. N.“ oder durch ein permanentes Werbefeld.

SSL

(engl.) Abk. für: Secure Socket Layer

Standleitung

Eine ständige Verbindung per Telefon zwischen 2 Orten, die z. B. für einen Internet-Anschluß verwendet wird.

Suchmaschine

Wegen der Masse an Informationen/Adressen im Internet wurden Suchmaschinen entwickelt, die die gezielte Suche nach einem oder mehreren Begriffen/Firmen/Adressen/etc. ermöglichen. Es gibt auch Suchmaschinen für bestimmte Themen. Inzwischen existieren auch Meta-Suchmaschinen, Robots und Web-Kataloge (s. auch Kap. S 02 im Serviceteil).

SWIFT

(engl.) Abk. für: Society for Worldwide Interbank Financial Telecommunication.

T

TAN

Abk. für: Transaktionsnummer

Targeting

(engl.) Ein Bannermotiv wird abhängig vom individuellen Empfänger ausgegeben.

TCP

(engl.) Abk. für: Transmission Control Protocol

TCP/IP

(engl.) Abk. für: Transmission Control Protocol/Internet Protocol (Übertragungssteuerungsprotokoll/Internet-Protokoll). Protokoll für die Steuerung der Übertragung von Daten in einem Kommunikationsprozeß zwischen Computern. TCP/IP ist in das Betriebssystem UNIX integriert und ein De-facto-Standard für die Datenübertragung über Netzwerke, einschließlich Internet.

Telelearning

(engl.) Lernen auf Distanz unter der Verwendung von Telekommunikationstechnik. Die Kommunikation geht synchron oder asynchron vonstatten, wie z. B. bei Internet-based-Training oder Business-TV.

TERM

(engl.) Abk. für: Technology Enabled Relationship Marketing. Von der Gartner Group geprägter Begriff mit dem Ziel der Erstellung eines Kundenprofils, auch als TES bezeichnet.

TES

(engl.) Abk. für: Technology Enabled Selling. Programme und Systeme zur Vertriebsunterstützung, die im wesentlichen die Aufgaben von SFA-Systemen abdecken.

TFT

Eine Technik für Flachbildschirme, die hohe Helligkeits- und Kontrastwerte sowie große Betrachtungswinkel ermöglicht.

Three-Tier-Architektur

Ermöglicht einen harmonisierten Datenaustausch in einer heterogenen Netzwerkumgebung. Der mittlere Tier (Tier = Rang) verbindet verschiedene Back-End-Server (Third-Tier) mit verschiedenen Front-End-Clients (First-Tier).

Thumbnail

(engl.): „Daumennagel"; Minigrafik oder -abbildung auf einer Web-Seite.

TIME

Abk. für: Telekommunikation–Information–Multimedia–Unterhaltungselektronik.

T-Online

Online-Dienst der deutschen Telekom. Zusammenfassung bzw. Umbenennung der früheren Dienste Btx und Datex-J.

Top-Level-Domain

(engl.) Bezeichnung für eine – geographisch oder organisatorisch – zusammengefaßte Gruppe von Rechnern im Internet, z. B. .de oder .com.

Tracking

(engl.) Bei Online-Werbung die Überwachung der Ad-Clicks und Click-Through-Rate.

Tracking-System

Wird für die Erfassung und Bearbeitung von Kundenproblemen eingesetzt. Dabei wird der Benutzer mittels eines Screening-Prozesses durch ein Online-Formular geführt. Das Ergebnis wird unmittelbar in das Tracking-System eingefügt und kategorisiert. Anhand der vom System bereitgestellten Ticketnummer, Username und Paßwort kann der Kunde jederzeit den Status abfragen, Information zufügen oder Änderungen vornehmen.

Traffic

(engl.) Nachfrage des Online-Angebots; Traffic Building, also die Maximierung der Nutzerzahlen, ist eines der wichtigsten Ziele eines Online-Engagements.

Trust-Center

(engl.) Die Trust Center sind Zertifizierungsstellen im Internet, sozusagen digitale Notariate, wo man die persönliche digitale Signatur erhalten kann.

TTL

(engl.) Abk. für: Time-to-live. Zeitfaktor, der bei Proxy-Caches eingestellt werden kann für die „Lebensdauer" von im Cache gespeicherten HTML-Dokumenten.

U

UADSL

(engl.) Abk. für: Universal ADSL (auch ADSL-Lite G. Lite genannt). UADSL ist eine einfache Variante der ADSL-Technik, bei der auf der Seite des Nutzers kein sonst üblicher Splitter notwendig ist. Der Computer erhält eine spezielle Schnittstellenkarte (UADSL-Modem), an der direkt der Netzanschluß erfolgt.

Übertragungsprotokoll

Regelsystem für die korrekte Übertragung von Daten in der Datenfernübertragung und in Netzwerken. Die einfachste Übertragungsart sendet/empfängt ASCII-Zeichen mit einem „Return" (Absatzmarke) am Zeilenende. Jedoch kann dies bei schlechter Leitung sehr störanfällig sein. Um fehlerfreie Übertragungen sicherzustellen, gibt es Übertragungsprotokolle. Dabei werden die zu übertragenden Daten in Blöcke unterteilt, für die Prüfsummen gebildet werden, die wiederum auch an den Empfänger geschickt werden. Anhand dieser Prüfsummen wird der korrekte Datenfluß kontrolliert. Wenn Fehler auftreten, regelt das Übertragungsprotokoll zudem, wie der Fehler zu beheben ist.

Unique Users

(engl.) Nutzer; Anzahl der Personen (Achtung: nicht der Hosts), die sich die Werbung angesehen haben.

Unix

Betriebssystem, das auf verschiedenen Computern (auch PCs) eingesetzt werden kann. Unix ist ein 32-Bit-Betriebssystem, das Speicher bis zu 4 GByte verwalten kann und für den Multi-Userbetrieb ausgelegt ist. Hauptsächlich in der Programmiersprache C geschrieben. Unix erlaubt den gleichzeitigen Ablauf von verschiedenen Programmen und enthält viele Hilfen zur Programmentwicklung.

Upload

Das „Hinaufladen" einer Datei vom eigenen Rechner auf den entfernt stationierten Rechner mit einem Übertragungsprotokoll. Die Umkehrung dieses Vorgangs heißt Download.

URL

(engl.) Abk. für: Uniform Resource Locator – z. B. „http://www.microsoft.de". Eine URL entspricht der Adresse eines Internet-Angebotes; sie enthält die Bezeichnung des angesprochenen Internet-Dienstes bzw. des entsprechenden Übertragungsprotokolls – z. B. „http" steht für WWW-Seiten, „ftp" steht für „file transfer", „news" steht für News bzw. Newsgroups; die

Serveradresse inklusive der Domain (com, org oder edu) bzw. Landeskennung (de, ch, uk); den Pfad auf dem Server und den Namen des Dokuments beziehungsweise der Datei.

User

(engl.) Bezeichnung für Nutzer/Anwender. Anwender eines PC und seiner Programme bzw. Benutzer einer Datenbank oder eines Online-Dienstes.

V

VBN-Breitbandnetz

Kürzel (Deutsche Telekom) für Vermittelndes Breitbandnetz. Projekt eines breitbandigen digitalen Vermittlungsnetzes. Das VBN bildet das Trägernetz des Breitbanddienstes Videokonferenz.

VDSL

(engl.) Abk. für Very high bit rate Digital Subscriber Line. Multiplextechnik für sehr große Übermittlungsraten (zwischen 12 und 52 Mbit/s) im Netzanschlußbereich über eine Kupferdoppelader. Die Übertragung ist allerdings nur für relativ kurze Übertragungsstrecken möglich. VDSL basiert daher auf einem verzweigten Glasfasernetz bis in die Nähe des Teilnehmeranschlusses.

Verbindungsaufbau

Töne bzw. Tonfolgen, mit denen sich 2 Modems nach Zustandekommen der Verbindung über die Übertragungsmethode einigen.

Verfügbarkeit

Zum Thema Verfügbarkeit ist zu sagen, daß die grundsätzliche Verfügbarkeit mit dem eigentlichen Zugang zum Internet beginnt, der mit einer solchen Bandbreite ausgestattet ist, daß auch bei (sehr) vielen gleichzeitigen Zugriffen kein Flaschenhals existiert. Das Internet bietet die Möglichkeit, rund um die Uhr Informationen zu liefern. Dazu muß aber – über die grundsätzliche Verfügbarkeit hinaus – eine Infrastruktur (technisch wie personell) vorhanden sein, die den reibungslosen Betrieb 24 Stunden am Tag an 7 Tagen in der Woche garantiert.

Verlinkung

Siehe Hyperlink.

Vermittlungsstelle

Knotenpunkt im öffentlichen Telefonnetz. Die Telekom unterscheidet zwischen Ortsvermittlungsstellen, an denen ihre Kunden direkt angeschlossen sind, und Fernvermittlungsstellen.

Video on Demand

(VoD-)Service, dessen Ziel es ist, individuellen Abruf von Videoaufzeichnungen aller Art anzubieten (Unterhaltung, Bildung). Die Aufzeichnungen sollen dabei auf einem zentralen Server liegen und bei Bedarf abrufbar sein.

Viewer

(engl.) Programm ausschließlich zum Lesen von Dateien. Änderungen an der Datei können nicht durch den Viewer durchgeführt werden, da nur ein schreibender Zugriff erlaubt ist.

Virtual Community

(engl.) Virtuelle Gemeinschaft; im Internet versteht man unter einer Virtual Community eine Gruppe, die geprägt ist von einem gemeinsamen Interesse (Kunden, Interessenten, Gleichgesinnte), die – in aller Regel bezogen auf einen Content-Anbieter – einen oder mehrere Internet-Dienste zum Informationsaustausch und zur elektronischen Kommunikation benutzen.

Virtual Reality

(engl.) Virtuelle Realitäten; Ausgangspunkt ist Cyberspace, ein von W. Gibson in Anlehnung an die Kybernetik geprägtes Wort, das einen computergestützten Raum meint, eine interaktive Simulation, die dem Besucher das Gefühl vermittelt, daß er in der vorgefundenen dreidimensionalen Umgebung sich direkt einbringen kann, er kann interagieren. Es wird versucht, eine Illusion zu schaffen, die die Realität „ersetzt". Die Technik dazu fußt auf der Digitalisierung aller Medien, so daß Text, Bild, Grafik und Ton erfaßt, verändert und miteinander verbunden und für die Interaktion bereit gestellt werden können. Ziel ist also einerseits die Integration möglichst vieler digitalisierbarer Informationen (Multimedia), andererseits eine Schnittstelle Mensch-Computer, die möglichst „menschenfreundlich" ist.

virtuell

Nur als Bild (nicht konkret in der realen Welt) existierend, den Anschein des Realen erweckend.

VIS

Vertriebsinformationssystem. Deutsche Bezeichnung der Systeme zur Computerunterstützung im Vertrieb.

Visits

(engl.) „Besuche"; Angabe darüber, wie viele Besucher den WWW-Server in einem definierten Zeitraum besucht haben. Ein Besucher, der über Links zu anderen Servern geht und innerhalb einer bestimmten Zeit auf den Ursprungs-Server zurückkehrt, wird nur als ein Visit gezählt. Visits enden, wenn mehr als 30 Minuten kein Element abgerufen wurde.

Volltextrecherche

Der komplette Text eines Dokumentes oder einer Datenbank wird für die Recherche aktiviert.

VR

Virtuelle Realität

VRML

(engl.) Abk. für: Virtual Reality Modeling Language, Seitenbeschreibungssprache, mit der dreidimensionale Szenen beschrieben werden können.

W

WBT

(engl.) Abk. für: „Web-based training“: Lernprogramme, die über das WWW angeboten werden.

Web-based-Support

Rat und Unterstützung bei Problemen über das Web (meistens bezogen auf Hard- oder Softwareprobleme).

Web-Hosting

(engl.) Web-Hosting bedeutet, daß alle Informationen, die über das Internet zur Verfügung gestellt werden, bei einem externen Provider abgestellt werden. Diese Daten werden dort verwaltet und direkt im Internet „angeboten“. Sensible Bereiche in diesem Zusammenhang sind die Sicherheit, die Verfügbarkeit und die Zugangskontrolle.

Webmaster

(engl.) Verantwortliche Person für die technische Funktionalität eines Online-Auftritts.

Web-Site

Siehe Site.

Web-Washer

(engl.) Software-Filter für Online-Werbung; erkennt automatisch Werbebanner und blockiert sie; z. B. Web-Washer von Siemens, Internet Unkbuster Proxy der Junkbuster Corp. und Adwiper von Webwiper.

Whiteboard

Software, die mehreren über ein Netzwerk verbundenen Benutzern die gemeinsame Arbeit an einem Dokument ermöglicht. Das Dokument wird dabei auf den Bildschirmen aller Benutzer angezeigt, und Änderungen werden auf allen Bildschirmen gleichzeitig sichtbar, ganz so, als würden die Benutzer gemeinsam auf einer realen Schreibtafel zeichnen.

WWW

(engl.) Abk. für: World Wide Web; die komplette Sammlung von Hypertext-Dokumenten, die auf HTTP-Servern in der ganzen Welt abgelegt sind.

WWW-Server

Server, der HTML-Dokumente und andere Internet-/Intranet-Ressourcen speichert und über HTTP versendet bzw. entgegennimmt.

X

X.25

Schnittstellennorm des CCITT zur paketorientierten Datenübermittlung. Das deutsche X.25-Netz ist Datex-P.

xDSL

(engl.) Oberbegriff der verschiedenen DSL-Techniken (DSL, Abk. für Digital Subsciber Line) für die breitbandige Übertragung mit Kupferdoppeladern. Die bekanntesten xDSL-Techniken sind ADSL, UDSL, HDSL und VDSL.

Sachverzeichnis

1 ▮ 04

1

Access-Provider
- Haftung 8.03.01

Acquirer 3.04.02

After-Sales-Marketing
- Software-Agenten 2.10.01

Agenten 2.10.01

Angebotspolitik
- Software-Agenten 2.10.01

Anwendungsbeispiele
- Point-of-Interest 2.08.01

Auftragsabwicklung
- Point-of-Sales (POS) 3.06.01

B

Bannerwerbung
- Abrechnung 2.03.05
- Auswahlkriterien 2.03.04
- Erfolgskontrolle 2.03.07, 2.05.03
- Marketinginstrument 2.03.01
- Preise 2.03.05
- Plazierung 2.03.06
- Vorteile im Vergleich zur klassischen Werbung 2.03.01
- Ziele 2.03.02

BargainFinder 2.10.01

Baumarkt 09.02.02

Baustoffachhandel 09.02.02

Baustoffbranche 09.02.02

Beschwerdemanagement 10.01

Bildungssysteme 10.06.01

Biometrische Verfahren 11.04.01
Breitbandige Übertragung (xDSL) 11.02.01
Business-Process-Intranet 5.09.05
Business-to-Business-Marketing 09.02.02

C

Call-Center 3.02.01
CAS 3.08.01
CD-ROM 2.09
– Gestaltung 2.09.03
– Marketingpotentiale 2.09.01
– Vergleich mit anderen Marketingformen 2.09.02
CGI
– elektronische Katalogsysteme 2.02.04
Chat-Roboter 2.10.01
Clearing-Stelle 3.03.03
Computer Aided Sales 3.08.01
Content-Management 9.03.02
Content-Provider
– Haftung 8.03.01
Cookies
– Erfolgsmessung durch Cookies 2.05.03
– Individualisierung von Werbung durch Cookies 2.10.01
CRM 3.08.01
CRM-System 3.08.01
– Anforderungsprofil 3.08.01
– Aufbau 3.08.01
– Erfolgskriterien 3.08.01
– Partner-Auswahl 3.08.01
– Rahmenbedingungen 3.08.01
– System-Auswahl 3.08.01
Customer Relationship Management 3.08.01

Customer Life Cycle Management 3.08.01
Cyberlaw 8.03.01
- Business-to-Business 9.03.01
- Dienstleistungsunternehmen 9.03.01
- Extranet 9.03.01
- Geschäftsprozesse 9.03.01
- Online-Bestellung 9.02.01, 9.03.01
- Outsourcing 9.03.01
- Provider 9.03.01
- Providerauswahl 9.03.01
- Return on Investment 9.03.01
- Standardsoftware 9.03.01
- Zielgruppe 9.03.01

D

DFÜ 11.04.01
Dienstleister, Praxisberichte 9.03
Dienstleistungen, Kombination von 4.03
- Dienstleistungen 4.03.01
- Dienstleistungsprozessintegration 4.03.02
- Erweiterung, stufenweise 4.03.03
- Extranet 4.03.03
- Geschäftsprozessintegration 4.03.02
- Integrierte R/3-Internet-Architektur 4.03.02
- Intranet 4.03.03
- Kuppelprodukte 4.03.01
- Marktdurchdringung 4.03.01
- Mitarbeitertätigkeitserfassung 4.03.03
- Plant Maintain Modul, Anwendung 4.03.03
- Plant Maintain Modul, Umsetzung 4.03.03
- Praxisbeispiele auf SAP R/3 Basis 4.03.02
- Praxiserfahrung 4.03.04
- Produktinnovation 4.03.01

- Projektfortschrittsinformationen 4.03.03
- Selbstbedienungspotential 4.03.02

Digitale Signatur
- Signaturgesetz 8.03.01

Digitales und interaktives Fernsehen 11.09
- Call-in-Center 11.09.02, 11.09.03
- Client 11.09.03
- Computer-based-Training (CBT) 11.09.03
- Content-Provider 11.09.02
- Digitaldecoder 11.09.02
- Digital Video Broadcasting (DVB) Standard 11.09.02
- Extranet 11.09.03
- Fullmotion 11.09.03
- Inhouse 11.09.03
- Integrated Receiver Decoder (IRD) 11.09.02
- Interaktion 11.09.03
- Intranet 11.09.03
- LINUX 11.09.03
- Media-Server 11.09.03
- Multicast-Videodaten 11.09.03
- Parabolantenne 11.09.02
- Point-of-Interest (POI) 11.09.03
- Point-of-Sales (POS) 11.09.03
- Real Time Protocol (RTP) 11.09.03
- Set-Top-Box 11.09.02
- Telelearning 11.09.02
- Teleteaching 11.09.02
- UNIX 11.09.03
- Verlinkt 11.09.03
- Video-on-Demand 11.09.03
- Web-Browser 11.09.03

Direct-Response-TV 3.07
- Direct-Response-TV-Formen 3.07.02

- Direct-Response-TV und Interaktion 3.07.03
- Erfahrungen 3.07.02
- interaktives Fernsehen (ITV) 3.07.03, 3.07.04
- rechtliche Rahmenbedingungen 3.07.05
- Vorteile 3.07.02
- Weiterentwicklung 3.07.07
- Zahlungen 3.07.06, 3.07.07

Dienstausfall 6.02.02
Direkt-Marketing 2.10.01
Diskussionsforen 09.03.04
Distributionspolitik
- Veränderung durch Software-Agenten 2.10.01

Domain 6.03.01
DVD 11.04.01

E

EAN 11.10.01
EANCOM 11.10.01
E-Service 3.02.01
E-Shop 9.03.02
ec-Karte 3.06.01
ECR 11.10.01
EDI 9.02.02, 11.10.01
EDIFACT 11.10.01
EDIFACT-Norm 09.02.02
Efficient Consumer Response 11.10.01
Electronic Cash 3.06.01
Electronic Commerce (E-Commerce)
- Anwendung Handel (Praxisbeispiel Weinkontor) 9.02.01
- Anwendung im Kulturmanagement 3.01.01
- Anwendung Kiosksystem 3.06.01
- Anwendung Kundenbefragung 2.07.02

- Anwendung Produktion (Praxisbeispiel Meß- und Prüftechnik) 9.01.01
- Anwendung Produktion (Praxisbeispiel Sektkellerei) 9.01.02
- Anwendung Telelearning 7.02.04
- Entwicklung einer Anwendung (Vorverkaufsinformationssysteme) 3.01.04
- Grundlagen 3.03.01
- Marketing-Mix 2.02.02, 3.08.01
- Nutzerverhalten 2.04.0.4
- Point-of-Sales (POS) 3.06.01
- Potential im Kulturmanagement 3.01.02
- rechtliche Fragestellungen 8.03.01, 9.02.01
- Veränderung durch Software-Agenten 2.10.01
- Vertragsabschluß im Internet 8.03.01

Electronic Data Interchange (EDI) 09.02.02

Elektronischer Geschäftsdatenaustausch 09.02.02, 11.10.01

Elektronische Katalogsysteme
- CD-ROM 2.09
- CGI 2.02.04
- Vorteile 2.02.04

Elektronische Marktplätze 3.05

Erfolgsfaktoren
- Point-of-Interest 2.08.01
- Biermarketing im Internet 9.01.03

Erfolgsmessung 2.05
- Anonymität 2.05.01
- Logfiles 2.05.01, 2.05.03
- Monitoring 2.05.01
- Reichweitenmessung 2.05.01
- Ziele 2.05.02
- Zielerreichungsgrad 2.5.02, 2.5.03

Eskalationsprozeß (einer Kunden- oder Service-Anfrage) 3.02.01
Europäische Artikel Nummer 11.10.01
Europäische Fernabsatzrichtlinie 8.03.01
Extranet 4.03.03, 5.09.02, 9.03.01, 09.03.04, 11.09.03
- Erfolgsfaktoren 5.09.03
- Fallbeispiele 5.09.04
- Trends 5.09.05

F

Facility-Management 9.03.02
Festplatten 11.04.01
Finanzdienstleister
- Point-of-Interest 2.08.011
Finanztransaktionen 3.04.02
Foren 9.03.04

G

Geldkarte 2.08.01, 3.04.02, 3.06.01
Geschäftsprozeßunterstützung 5.09.01
- Business-Process-Intranet 5.09.05
- Extranet 5.09.02, 09.03.04
- Intranet 5.09.02
Global Networking 10.03
- elektronische Communities 10.03.05
- Gatekeeper 10.03.06
- Kooperationsnetzwerke 10.03.04
- Massenindividualisierung durch Individualisierung am Übergabepunkt 10.03.03
- Massenindividualisierung durch Produkt- und Servicemodulariserung 10.03.03
- Massenindividualisierung durch Selbstanpassung 10.03.03

- Produkte und Services, lernende 10.03.02
- Produkte und Services, proaktive 10.03.02
- Produkte und Services, wissensspeichernde 10.03.02
- Smart Service 10.03.05

H

Handheld 11.04.01
Hyperlink
- Einsatz von Hyperlinks 2.01.02

I

IBT
ILN 11.10.01
- Kosten-Nutzen-Überlegungen 6.02.02
- Qualitative Aspekte 6.02.02
- Vergleich mit Firmenseminar 6.02.02
Impression
- Vorteile 2.03.04
- Zielerreichung 2.05.03
Informationsarchitekt 8.01.02
Informationsbroker 8.01.02
Informationsdesigner 8.01.02
Informationsgesellschaft 10.02
- Informationen im Unternehmen 10.02.03
- Marktveränderung 10.02.02
- Medieninnovation 10.02.01
- Nachfrageveränderung 10.02.03
Informationslieferanten 10.06.01
Informationsmanagement
- Ausbildungsgänge 8.01.02
- Formen 8.01.01
- Informationsmanager 8.01.02
Informationsquellen 10.06.01

Integration
- in Unternehmens-DV 11.12.01
Intel, AMD, IBM/Cyrix 11.04.01
Intensivtraining 10.06.01
Internationale Lokations Nummer 11.10.01
Internet
- Agenten 11.31.02
- Auftritt 9.03.03
- Dienste 11.30.01
- Electronic Mail (E-Mail) 11.30.02
- Entstehung 10.07.01
- Extranet 11.32, 09.03.04
- FTP 11.30.02
- Gopher 11.30.02
- HTML 11.03.04, 11.30.02
- HTTP-Protokoll 11.03.04, 11.30.02
- Internet 11.30.01
- Intranet 11.32
- Newsgroup 11.30.02
- Online-Recherche 2.07.01
- Suchmaschinen 11.31.011
- Telnet 11.30.02
- Trends 5.09.05
- URL 11.30.02
- World Wide Web (WWW) 11.30.02
Internet-based-Training
- Kosten-Nutzen-Überlegungen 6.02.02
- Qualitative Aspekte 6.02.02, 7.02.02
- Vergleich mit Firmenseminar 6.02.02
Internet-Berater 6.03.02
Internet-Nutzer 2.04
- Entwicklung der Nutzerstruktur 2.04.01
- GfK Online-Monitor 2.04.05

– Methoden der Erforschung 2.04.02
– Nutzerprofil 2.04.03
– Online-Fragebogen 2.04.02
– Online-Panel 2.04.02
– Online-Studien 2.04.05
– Repräsentativität der Auswahlverfahren 2.04.02
– W3B-Online-Analyse 2.04.05
Internet-Präsentation
– Praxisbeispiel Brauerei 9.01.03
Internet-Protokolle
– Dienste für Geschäftsanwendungen 11.12.01
Internet-Verzeichnis
– Definition 2.03.01
– WEB. DE 2.03.01
Intranet 4.03.03, 5.09.02, 11.05.04, 11.09.03
– Erfolgsfaktoren 5.09.03
– Fallbeispiele 5.09.04
– Intra-Web-Publishing 5.09.02
– Intra-Web-Warehouse 5.09.02
– Intra-Group-Web 5.09.02
– Technologiestrategie 5.09.02
– Trends 5.09.05
– Vorgehensmodell zur Einführung 5.09.03
– Ziele 5.09.03
ISDN 1.01
– Anschlußarten 11.01.03
– Aufbau des ISDN-Kanals 11.01.03
– Basisanschluß 11.01.03
– B-Kanal 11.01.03
– CCITT Technische Rahmenbedingungen für ISDN 11.01.01
– D-Kanal 11.01.03
– Eigenschaften 11.01.02

- Endeinrichtungen 11.01.04
- ISDN-PC-Karten 11.01.04
- Primärmultiplexanschluß 11.01.03
- So 11.01.03
- S2 M 11.01.03
- Vorteile 11.01.04

IuK-Instrumente/-Technologien 10.06.01

K

Kiosksystem 3.06.01
Know-How-Transfer 10.06.01
Knowledgebase 3.02.01
Kollisionsrecht 8.03.01
Kommunen 3.06.01
Kommunikationspolitik
- Software-Agenten 2.10.01

Kompetenzmanagement 10.06.01
Kosten-Nutzen-Aspekte 6.02
- Beispielszenario mit Zahlen 6.02.01
- Erwartungen im Mittelstand 6.02.01
- Fehlnutzung 6.02.01
- Internet-based-Training 6.02.02
- Netzbasierte Lehr-/Lernumgebungen 6.02.02

Kostenvergleich
- von Kundenbefragungen 2.07.02

Kreditinstitute 3.06.01
Kreditkarte 3.04.02
Kundenbeziehungsmanagement 3.08.01
- Kostenoptimierung 3.08.01

Kundenintegration 5.07
- Auftragsabwicklung, elektronische 5.07.05
- Community-Building 5.07.05, 09.03.04
- Dienstleistungsmanagement 5.07.05

- Dienstleistungswirtschaft 5.07.02
- Kooperationen 5.07.05
- Kundenbindung 5.07.03
- Kundenintegration 5.07.03
- Kundenintegration, Aftersales 5.07.03
- Kundenintegration, Presales 5.07.03
- Kundenintegration, Sales 5.07.03
- Mehrwertsystem 5.07.04
- Online-Bestellservice 5.07.05
- Personalisierungsdienst 5.07.05
- Preismodell, kundenindividuelles 5.07.05
- Technikkonvergenzen 5.07.02
- Transaktionsdienste 5.07.05
- Unternehmenschoreografie 5.07.05
- Wertesystem 5.07.04
- Wertesystem, pruduktbezogenes 5.07.04
- Wertesystem, unternehmensbezogenes 5.07.04
- Wissensbasen 5.07.05
- Wissensgesellschaft 5.07.02

Kundenzufriedenheit
- Untersuchung mittels Online-Befragung 2.07.02

L

lebenslanges Lernen 8.01.01, 8.02.02
Lernarrangements 10.06.01
lernendes Unternehmen 7.02.01
Lernformen/-methoden/-technologie/-organisation 10.06.01
Learning Community 10.06.01
Lernmanager 8.01.02
Lernmaschinerie 10.06.01
Lernprogramm 10.06.01
Lernprozeß 10.06.01

Lernumgebungen 10.06.01
Logfiles
- Analyzer 2.05.04

M

Mailing-Listen
- als Instrument zur Marktforschung 2.01.05

Marketing
- Biermarketing im Internet 9.01.03
- klassisches und elektronisches Marketing 3.07.01
- Marketing mit Telemedien 3.07.01

Marketing-Mix
- Distributionspolitik 2.02.02, 3.03.01
- E-Commerce 2.02.02, 3.03.01
- Internet als Bestandteil des Marketing-Mix 2.02.01, 9.01.03
- Kommunikationspolitik 2.02.05, 2.10.01, 3.08.01
- Online-Shopping 2.02.03
- PR 2.01.03
- Wesen und Begriff 2.02.01
- Ziele 2.01.03, 2.05.1.2, 9.02.01

Märkte und Wettbewerb 10.01
- Communities 10.01.02
- Customizing 10.01.02
- Globalisierung 10.01.02
- Internet als Präsentationsplattform 10.01.02
- Internet als Vermarktungsplattform 10.01.02
- Märkte, angebotsgetriebene 10.01.02
- Märkte, elektronische 10.01.02
- Märkte, nachfragegetriebene 10.01.02
- Produktlebenszyklen 10.01.02
- Service 10.01.02
- Services, zielgruppenspezifische 10.01.02

– Transaktionen 10.01.02
Management von Internet-Projekten
– Zusammenarbeit Ingenieure und Kreative 9.01.03
Marktforschung 2.07
– Mailing-Listen 2.01.05
Micropayments 3.04.02
Midrange-Computer 11.04.01
Mitarbeiterkompetenzen 8.02
– Integration von Kompetenzen 8.02.03
– klassische Kompetenzfelder 8.02.03
Mobile Computing 11.07
– Access Point 11.07.02
– ATM 11.07.04
– BRAN 11.07.04
– Direct Sequence 11.07.02
– Einsatzmöglichkeiten bei FunkLAN 11.07.03
– FunkLAN 11.07.01, 11.07.02
– Frequency Hopping 11.07.02
– HIPERLAN 11.07.04
– IEEE 8.02.11
– PC-Card 11.07.02
– schnurloses Rechnernetz 11.07.03
– Standard 11.07.01, 11.07.02
mobile Kommunikation 11.06
– Betriebsfunk 11.06.02
– Bündelfunk 11.06.02
– DECT 11.06.02
– digitale Netze 11.06.02
– Flugfunk 11.06.02
– Funkrufdienst 11.06.02
– geostationäre Satelliten 11.06.03
– Mobilfunknetze 11.06.02
– orbitaler (Satellitengestützter) Mobilfunk 11.06.03

- Pagingnetze 11.06.02
- Roaming 11.06.02
- TETRA 11.06.02
- TFTS 11.06.02
- umlaufende Satelliten 11.06.03

Mobile Rechner 11.04.01
Monitore 11.04.01
Multifunktionalität von Terminalsystemen 2.08.01
Multimedia 11.03

- Content-Branche 11.03.02
- Digitalisierung 11.03.01
- HTML 11.03.04, 11.30.02
- HTTP 11.03.04, 11.30.02
- Information 11.03.04
- Interaktion 11.03.04
- Java 11.03.04
- Kommunikationsplattform für Multimedia 11.03.04
- Multimedia-Business-Anwendungen 11.03.03
- Multimediale Wertschöpfung 11.03.02
- Navigation 11.03.03
- Network-Centric-Computing 11.03.04
- Software-Agenten 2.10.01, 11.03.03
- Surfen im Internet 11.03.03
- TIME-Märkte 11.03.02
- Transaktion 11.03.04
- URL 11.03.04
- Web-Auftritt 11.03.04

Multiple-Tier-Architektur 3.02.01

N

Nachrichtenarten 09.02.02
NC 11.04.01
Netiquette 2.06

– Akronyme 2.06.04
– AUP 2.06.01
– Chat-Rooms 2.06.03
– Communicon 2.06.04
– E-Mails 2.06.01
– Emoticon 2.06.04
– Giving-back-Idee 2.06.01
– Newsgroups 2.06.01
Netzwerk-Betriebssysteme 11.05
– Beurteilungskriterien 11.05.02
– Client-Server 11.05.01
– Peer-to-Peer 11.05.01
– Überblick 11.05.01
– verteilte Anwendungen 11.05.01
Novel NetWare
– IntraNetWare 11.05.04
– Plattform für Internet-/Intranet-Anwendungen 11.05.04
– Stärken und Schwächen 11.05.04
– Unternehmensbewertung 11.05.06

O

On-demand-Production 5.03
– Auftragsproduktion 5.03.02
– digitale Wirtschaft 5.03.01
– Economies-of-Scale 5.03.02
– Einzelfertigung 5.03.02
– Electronic Commerce 5.03.03
– Fertigungskomplexität 5.03.03
– Fabrik, fraktale 5.03.04
– Fertigungstechnologie 5.03.03
– Geschäftsprozeß 5.03.03
– Informationssysteme 5.03.01

- Internet 5.03.03
- Kommunikationssysteme 5.03.01
- Mass Customization 5.03.02
- Massenmarketing 5.03.01
- Massenproduktion 5.03.02
- Massenproduktion, kundenindividuelle 5.03.02
- Modularisierung 5.03.02
- Produktgestaltung, kundenindividuelle 5.03.03
- Produktionskonzepte 5.03.01
- Variantenproduktion 5.03.02
- Wertkette 5.03.03
- Wertschöpfungsprozeß 5.03.03

Online-Auswertung von Befragungen 2.07.02

Online-Befragung 2.07.02

Online-Dienst
- Haftung 8.03.01
- Vor- und Nachteile im Vergleich zu Internet-Providern 6.03.01

Online-Dienstleistungen 9.03.02

Online-Distribution 3.03
- Architektur 3.03.04
- Chancen und Risiken 3.03.02
- Voraussetzungen 3.03.01

Online-Fragebogen 2.07.02
- Internet-Nutzer 2.04.02

Online-Kommunikation
- Bedeutung 2.02.06
- Informationsmarketing 2.02.06
- Werbeformen 2.02.06

Online-Marketing 2.01
- Interaktion 2.01.02

Online-Markttforschung 2.07.02

Online-Panel 2.07.02

Online-Recherche 2.07
- Datenquellen 2.07.01
- Grenzen 2.07.01
- Informationsanbieter 2.07.01
- Informationskategorien 2.07.01
- Vorbereitung 2.07.01
- Vorteile 2.07.01
- Wettbewerbsanalyse 2.07.01
Online-Services 9.03.02
Online-Shopping
- Veränderung durch Software-Agenten 2.10.01
Online-Umfrage 2.07.02
Online-Werbeträger
- Gruppen 2.03.03
Online-Zahlungssysteme 3.04.02
Open Distance Learning 7.02.02

P
PageView
- Vorteile 2.03.04
Palmtop 11.04.01
Partner-Port 9.03.02
Personalentwicklung 3.05.01
- Bedarfsorientierte Personalentwicklung im Intranet 3.05.03
- Bildungskosten 3.05.01
- Instrumente einer vernetzten Personalentwicklung 3.05.02
- Job-Suchmaschinen 3.05.02
- Vor- und Nachteile von Multimedia 3.05.03
- Point-of-Interest (POI) 2.08.01
- Multifunktionalität 2.08.01
- Point-of-Sales (POS) 3.06.01

– Anforderungen 3.06.01
– Betreiber 3.06.01
– Händler 3.06.01
– Kreditinstitute 3.06.01
– Nutzer 3.06.01
– Zielgruppe 3.06.01
Personalmarketing 3.05.01
– Checkliste für Online-Personalwerbung 3.05.02
– internationaler Vergleich 3.05.02
– Job-Suchmaschinen 3.05.02
– Vorteile Personalsuche mit Internet-Technologie 6.02.01
Praxisbeispiel
– Baustoffbranche 9.02.02
– command ag 9.03.03
– Internetauftritt der MiTek Industries GmbH 9.03.01
– Meß- und Prüftechnik CH. BEHA GmbH 9.01.01
– Privatbrauerei Hoepfner 9.01.03
– Privatsektkellerei Geldermann 9.01.02
– RWG GmbH Datenverarbeitungsgesellschaft 9.03.04
– SAP Partner Port 9.03.02
– Weinkontor Übersee 9.02.02
Produkt und Dienstleistung, Kombination von 4.02
– Benutzerfreundlichkeit 4.02.04
– Bildkommunikationsbuch 4.02.02
– Bonitätsrecherche 4.02.03
– Fachexperte 4.02.02
– Fachinformationen 4.02.02
– Information und Daten, Auffinden 4.02.02
– Informationsbedarf, Strukturierung 4.02.02
– Informationsbroker 4.02.02
– Nutzen 4.02.04
– Nutzung 4.02.03

– Patentrecherche 4.02.03
– Presserecherche 4.02.03
– Regionalinformation 4.02.02
– Telecommerce 4.02.03
– Teleconsult-Dienst 4.02.01
– Verbindungsstelle 4.02.02
– Videokonferenzsystem 4.02.01, 4.02.02
– Zielgruppe 4.02.02
Produkt, intelligentes 4.01
– Automatisierung 4.01.01
– individuelle Produktion 4.01.01
– intelligente Produkte 4.01.01
– Kiosksystem 4.01.01
– Kundenausrichtung 4.01.02
– Kundenbindung 4.01.01
– Kundenkarte 4.01.02
– Kundenleitsystem 4.01.02
– MediaCenter, Friedrichshafen 4.01.02
– Online-Bestellung 4.01.01
– Paßgenauigkeit 4.01.02
– Qualität 4.01.02
– Rationalisierungspotential 4.01.02
– Standardisierung 4.01.02
– Vermaßungskabine 4.01.01
– virtuelle Anprobe 4.01.02
– virtueller Laufsteg 4.01.02
– Warenwirtschaftssystem 4.01.02
Projektmanagement 6.01
– Analysephase 6.01.02
– Diagnosephase 6.01.02
– Einführungsstrategien 6.01.02
– Maßnahmenplanung 6.01.02
– Projektstufen 6.01.02

– Praxisbeispiel Handel (Weinkontor Übersee) 9.02.01
– Projekt „Einführung neuer Medien“ 6.01.01
– Projektteam 6.01.02
– Realisierung 6.01.02
– Systemauswahl 6.01.02
– Ziele 6.01.01
Provider 6.03
– Auswahl 6.03
– IPP Internet-Presence-Provider 6.03.01
– ISP Internet-Service-Provider 6.03.01
– Leistungen 6.03.01
– Online-Dienst und Internet-Provider 6.03.01
Proxy-Server 2.05.03
– Informationsverlust durch Proxy-Server 2.05.03
Prozessoren 11.04.02
Push-Marketing 2.01.04, 2.10.01

R

Relaunch 9.03.03
Return on Investment (ROI) 6.02.01
Regionale Wirtschaftskraft 3.04.02, 3.06.01

S

SB-(Selbstbedienungs-)Bereich 3.06.01
SB-(Selbstbedienungs-)Gerät 3.06.01
SB-(Selbstbedienungs-)Terminals 2.08.01
Service-Management 3.02.01
Service-Niveau 3.02.01
SET 3.04.02
– SET-Teilnehmer 3.04.02
– SET-Zertifikat 3.04.02
– Verschlüsselung 3.04.02
Sicherheit 11.12

– Aspekte 11.12.04
– Betriebssystem 11.05.02
– Rechtliche Aspekte 11.12.04
– Sicherheitsbeauftragter 11.12.04
– Sicherheitsbetreuer 11.12.04
– Sicherheitsmaßnahmen 11.12.03
– Sicherheitspolitik 11.12.04
– von Zahlungssystemen 3.04.02
SINFOS 11.10.01
Site-Test 2.07.02
Skalierbarkeit von Terminalsystemen 2.08.01
Software-Agenten 2.10.01
– Definition 2.10.01
– Einsatzmöglichkeiten im Online-Marketing 2.10.01
– Chat-Roboter 2.10.01
Software-Distribution 3.03.03
Sparkasse 3.04.02, 3.06.01
Stammdaten 09.02.02

T

Telearbeit
– Betriebsrat 7.01.02
– Datensicherheit, -schutz 7.01.02
– Förderinitiativen 7.01.03
– Förderinitiative Telearbeit im Mittelstand 7.01.03
– Führung 7.01.02
– Grobkonzept, organisatorisch 7.01.02
– Grobkonzept, technisches 7.01.02
– Isolation, soziale 7.01.01
– Kommunikationstechnik 7.01.01
– Kommunikationsprozesse 7.01.02
– Kontrolle 7.01.02
– Koordinationsprozesse 7.01.02

- Nachbarschaftsbüro 7.01.01
- Nutzenargumentation 7.01.01
- Pilotprojekt 7.01.02
- Phasenschema 7.01.02
- Satellitenbüro 7.01.01
- Telearbeit, Akzeptanz 7.01.02
- Telearbeit, alternierende 7.01.01
- Telearbeit, mobile 7.01.01
- Telearbeit NRW 7.01.03
- Telearbeit, Orientierungshilfen zur effizienten Gestaltung 7.01
- Telearbeit, Vorteile 7.01.01
- Telecenter 7.01.01
- Teleheimarbeit 7.01.01
- Wirtschaftlichkeit 7.01.02
- Ziele 7.01.02

Telelearning 7.02
- Beispielszenario 6.02.02
- CBT-Distribution 7.02.02
- Grundbegriffe 7.02.02
- Kosten-Nutzen-Überlegungen 6.02.02
- Lernen im Netz 7.02.02
- Link-Sammlung 7.02.07
- Open Distance Learning 7.02.02
- Qualitative Aspekte 6.02.02
- Teletutoring 7.02.02
- Teleteaching 7.02.02
- technische Rahmenbedingungen 7.02.03
- Telelearning als Wirtschaftsfaktor 6.02.02, 7.02.04
- Teletraining 7.02.02
- Varianten 7.02.02
- Vergleich mit Firmenseminar 6.02.02

- Voraussetzungen einer Wirtschaftlichkeitsbetrachtung 6.02.02
- Vorteile 6.02.02, 7.02.04
- Vorbereitung von Telelearning-Projekten 7.02.06
- Ziele 7.02.01

Teleshopping 3.07.01
- Formen 3.07.02
- Grundbegriffe 3.07.02
- interaktives Fernsehen (ITV) 3.07.03, 3.07.04
- Pay-TV 3.07.1.3
- PC-basiertes Teleshopping 3.07.04
- rechtliche Rahmenbedingungen 3.07.05
- Teleshopping via Internet 3.07.03
- Weiterentwicklung 3.07.07
- Zahlungen 3.07.06, 3.07.07

Teleteaching 7.02.02
Teletutoring 7.02.02
Terminalsysteme 2.08.01
Territorialitätsprinzip 8.03.01
Total Cost Of Ownership (TCO)
- Entwicklung 11.05.07

Touchscreen 11.04.01
Tracking-System 3.02.01
Transaktionsfähigkeit von Terminalsystemen 2.08.01
Transferdrehscheiben 10.06.01

U

Umsetzungsprobleme 09.02.02
Unix
- Plattform für Internet-/Intranet-Anwendungen 11.05.03
- Stärken und Schwächen 11.05.03
- Unternehmensbewertung 11.05.06

Unternehmenskultur 8.01.01
User-Demographie 2.07.02

V
Verbraucherschutz
- Voraussetzungen 8.03.01
Verschlüsselung bei SET 3.04.02
Vertragsabschluß im Internet
- AGB 8.03.01
- Internet-Vertrag 8.03.01
- per E-Mail 8.03.01
- Schriftformerfordernis 8.03.01
- Verbraucherschutz 8.03.01
Videoconferencing 11.11
- Application Sharing 11.11.02
- Bildkommunikationswelt 11.11.02
- Datenkonferenz 11.11.02
- Gruppenkonferenzsystem 11.11.02
- H.320-Standard 11.11.02
- Meeting Tool 11.11.02
- Netzstruktur 11.11.02
- Overheadprojektor, digitaler 11.11.02
- Swift Site 11.11.02
- T.120-Standard 11.11.02
- TV-Konferenzsystem 11.11.02
- Videokommunikation 11.11.01
- Vorteile 11.11.01
- Whiteboard, elektronisches 11.11.02
Virtual-Business-Technologie 2.08.01
Virtual Community 09.03.04, 10.07
- Entstehungsstufen 10.07.03
- Kundenorientierung 10.07.04
- Nutzen 10.07.02

– Voraussetzung 10.07.02
– Wissensmanagement 10.07.05, 09.03.04
– Zielgruppen 10.07.02
Virtuelle Kaufhäuser
– Definition 2.02.04
– Praxisbeispiel Handel (Weinkontor) 9.02.01
Virtuelle Märkte 3.04.02
Virtuelle Unternehmen 10.05
– Conferencing 10.05.01
– Datenschutz 10.05.03
– Datensicherheit 10.05.03
– Ergebnisorientierung 10.05.03
– Kundenoberfläche 10.05.01
– Medienkompetenz 10.05.03
– mediale Repräsentation 10.05.01
– Prozeßintegration 10.05.03
– Teleberatungskonzepte 10.05.02
– Videokommunikation 10.05.01
Visit
– Vorteile 2.03.04
– Zielerreichung 2.05.03

W

Wallet 3.04.02
Web-Based-Support 3.02.01
Web-Based-Support-System 3.02.01
– Komponenten 3.02.01
– Implementation 3.02.01
Web-Site 9.03.03
Werbeerfolg
– Kontrollmethoden 2.05.01
– Ziele 2.05.02
Wettbewerb 09.02.02

Wettbewerbsdifferenzierung
- Software-Agenten 2.10.01
- Internet-Tools 11.05.05
- Plattform für Internet-/Intranet-Anwendungen 11.05.05
- Stärken und Schwächen 11.05.05
- Unternehmensbewertung 11.05.06
- Versionen 11.05.05

Windows CE, PALM OS, Psion OS 11.04.01
Wirtschaftlichkeitsbetrachtung
- Internet-based-Training 6.02.02

Wissensanreicherung/-explosion/-verfall 10.06.01
Wissens(austausch)systeme 10.06.01
Wissensmanagement 7.02.02, 8.02.02, 9.03.04
- Kernfragen für Führungskräfte 8.02.02
- Umsetzung 8.02.04
- virtuelle Gemeinschaften 9.03.04, 10.07.05

Wissensmarktplatz 09.03.04
Wissensspeicher 10.06.01
Wissensvermittlung 10.06.01
WLAN 11.04.01
Workflowmanagement und Groupware 5.01
- Ad-hoc-Funktionalität 5.01.02
- Anpassungsaufwand 5.01.06
- Arbeitsproduktivität 5.01.03
- Aufgabenorientierung 5.01.02
- Bedarfsanalyse 5.01.03
- Benutzerservice 5.01.04
- Datenflüsse 5.01.03
- Dokumentenrouting 5.01.02
- Folgekosten 5.01.04
- Gesamtbudget 5.01.04
- Gesamtorganisation 5.01.04

- Geschäftsprozeß 5.01.01
- Gruppendynamik 5.01.03
- Infrastruktur 5.01.03
- Integrationsplattform 5.01.02
- Kontrollmechanismen 5.01.02
- Kosten-Nutzen-Prüfung 5.01.04
- Machbarkeit 5.01.01
- Managementaufgabe 5.01.03
- Optimierung 5.01.06
- Pilotfelder 5.01.04
- Problemklassen 5.01.03
- Projektgruppe 5.01.04
- Projektkontrolle 5.01.04
- Prototyping 5.01.03
- Routineaufgaben 5.01.02
- Simulationstools 5.01.04
- Teamarbeit 5.01.02
- Unflexibilität 5.01.02
- Unterscheidungsmerkmale 5.01.02
- Verwirrspiel 5.01.02
- Ziele 5.01.04

X

xDSL 11.02.01

Z

Zahlungsmittel
- Point-of-Interest (POI) 2.08.01

Zahlungssysteme 11.33
- Banking Industry Technology Sekretariat (BITS) 11.33.03
- digitale Signatur 11.33.02
- Homebanking Computer Interface (HBCI) 11.33.02
- Integrion Financial Networks Gold 11.33.03

- Multi-Banking-Standard 11.33.02
- Nutzung 11.33.04
- Open Financial Exchange (OFX) 11.33.03
- Personal Finance Manager (PFM) 11.33.02
- Perspektiven, Business-to-Business 11.33.04
- Perspektiven, Business-to-Consumer 11.33.04
- Root Certification Authority (CA) 11.33.01
- Übertragungsprotokoll Secure Electronic Transaction (SET) 11.33.01
- Zahlungsinfrastruktur 11.33.04
- Zentraler Kreditausschuß (ZKA) 11.33.03

Zahlungsverkehr 3.04
- Blacklist 3.04.01
- Blinding-Verfahren 3.04.01
- Broker 3.04.01
- Cybercash 3.04.01
- Cyber Coin 3.04.01
- Debitpayment 3.04.01
- E-Cash 3.04.01, 3.04.02
- Electronic Check Service 3.04.01
- First Virtual 3.04.01
- Geldbörse, elektronische 3.04.01, 3.04.02
- Geldeinheit, elektronische 3.04.01
- Geldkartensystem 3.04.01, 3.04.02
- Micropayment 3.04.01, 3.04.02
- Millicent 3.04.01
- Mondex-E-Money 3.04.01
- Mondex-Karte 3.04.01
- Person-to-Person-Funktion 3.04.01
- Schattenkonten 3.04.01
- Scrip 3.04.01
- Sicherheitsprotokoll 3.04.01, 3.04.02
- Smartcard 3.04.01

Zielgruppe
- Biermarketing im Internet 9.01.03
- Zielerreichungsgrad 2.05.02, 2.05.03

Autorenverzeichnis

Anderer, Boris
Titel: Co-Chief Executive Officer (Co-CEO)
Firma: BROKAT Infosystems Aktiengesellschaft
Funktion: Co-Chief Executive Officer (Co-CEO) und Vorstandssprecher mit der Verantwortung für die Bereiche Marketing und Produktmanagement.
Erfahrungen: Promotion im Fach Physik an der Universität Karlsruhe. Als Unternehmensberater bei McKinsey & Company und als Turnaround-Manager eines ostdeutschen Unternehmens tätig. Mitgründer, Co-Chief Executive Officer (Co-CEO) und Vorstandssprecher mit der Verantwortung für die Bereiche Marketing und Produktmanagement.
Beschreibung des Unternehmens: 1994 in Stuttgart gegründet, hat sich in kürzester Zeit zum weltweit führenden Anbieter von Lösungen für Internet Banking, Internet Brokerage und Internet Payment entwickelt. Basis ist die modulare E-Services-Plattform BROKAT Twister, die Unternehmen den Aufbau von sicheren Electronic-Banking- und Electronic-Commerce-Lösungen ermöglicht.

Aupperle, Frank
Firma: Cinetic, Karlsburgstr. 2, 76227 Karlsruhe

Baumann, Timo
Titel: Dipl.-Inform. Med.
Firma: Fraunhofer Institut für Arbeitswirtschaft und Organisation, Stuttgart
Funktion: Wissenschaftlicher Mitarbeiter

Tätigkeitsschwerpunkte/Kernkompetenzen: Als Mitarbeiter im Marktstrategie Team „Business Process Intranet" Unterstützung von Unternehmen durch Inter-, Extra- und Intranet-Anwendungen sowohl in konzeptioneller als auch in technischer Hinsicht.
Erfahrungen: Studium der Medizinischen Informatik in Heidelberg mit dem Schwerpunkt Informationsverarbeitung im Gesundheitswesen, Entwickler bei einem mittelständischen Softwarehaus, Tätigkeit im administrativen Bereich und im User Support, Mitautor eines Buchs über die INFORMIX-Datenbank Dynamic Server.
Beschreibung des Unternehmens: Das Fraunhofer Institut für Arbeitswirtschaft und Organisation (IAO) ist eines der 47 Institute der Fraunhofer-Gesellschaft, Deutschlands größter Organisation für angewandte Forschung mit ca. 9000 Mitarbeitern und einem Umsatz von über 1,3 Mrd. DM im Jahr 1997. Das IAO wurde 1981 gegründet und hat etwa 220 wissenschaftliche Mitarbeiter, die Forschungs- und Industrieaufträge in den Gebieten Technologiemanagement, angewandter Organisation und Softwaretechnologie bearbeiten.

Bayless, Joe
Titel: AS Electronics
Firma: SK-do-IT ein Unternehmen der Landis GmbH, Siemensstr. 23, 76275 Ettlingen, E-Mail: info@sk-do-it.de, Internet: www.sk-do-it.de
Funktion: Competence Manager
Tätigkeitsschwerpunkte/Kernkompetenzen: Vertrieb, fachliche Verantwortung, Projektleitung
Erfahrungen/Schwerpunkte: 1991–1996 Technischer Support Manager bei Schneider & Koch Datensysteme (FDDI, Ethernet LAN Troubleshooting)

- Lotus Notes Domino
- Betriebssysteme Novell NetWare (CNE), Windows NT
- Internet/Intranet Technologien (VPN, GroupWare-Lösungen)

Beschreibung des Unternehmens: SK-do-IT, ein Unternehmensbereich der europaweit tätigen Landis GmbH, ist einer der führenden Dienstleister für Kommunikationsnetzwerke. Die Landis Group N.V. ist ein schnell wachsendes, in der europäischen Informations- und Kommunikationstechnologie (ICT)-Industrie aktives Unternehmen. Das Angebotsspektrum reicht von einem stark spezialisierten Lösungssortiment für diesen Markt bis hin zu Value-Add-Leistungen für Händler und Lieferanten von ICT-Produkten.

Bellem, Regina
Firma: bebena GmbH, Karlsruhe
Funktion: Geschäftsführerin
Erfahrungen: Seit 1992 Geschäftsführerin eines Softwareunternehmens mit Schwerpunkt Software für Studenten, Schüler, Lehrer, Hochschulen und Auszubildende sowie EDV-Zubehör. Alle Produkte können seit 1996 auch über Internet bestellt werden.
Beschreibung des Unternehmens: CD-ROM- und Software-Versandhandel sowie Ladengeschäft.

Berres, Anita
Titel: Dipl.-Hdl.
Firma: Berres Strategieberatung, Karlsruhe
Funktion: Geschäftsführung
Tätigkeitschwerpunkte/Kernkompetenzen: Beratung, Coaching und Training mit den Schwerpunkten Marketing, Vertrieb und Unternehmensführung sowie Neue Medien.

Erfahrungen: Studium der Wirtschaftspädagogik und Politologie an der Universität Mannheim. Über 15 Jahre Erfahrung in Direktvertrieb, indirektem Vertrieb und strategischem Marketing. Seit 1996 regelmäßig Veröffentlichungen zu den Themen Online-Marketing, Internet-Strategie und E-Business.
Beschreibung des Unternehmens: Der Schwerpunkt von Berres-Strategieberatung liegt in der Verknüpfung klassischer Themen mit den Einsatzmöglichkeiten der Neuen Medien. Neben der Ausarbeitung von Marketing- und Vertriebsstrategien sowie praktikablen Lösungen in den Bereichen E-Business, Online-Kommunikation und Internet-Training gehört die zielorientierte Team- und Persönlichkeitsentwicklung zum Leistungsspektrum der Unternehmensberatung. Langjährige Kompetenz in klassischem Marketing und Vertrieb kombiniert mit intensivem Know-how im Bereich Neue Medien führt zu innovativen Problemlösungen für die Kunden.

Breher, August
Titel: Dipl.-Informatiker
Firma: Weinkontor Übersee, Essen
Funktion: Geschäftsführer
Erfahrungen: Geschäftsführer von Weinkontor Übersee, Essen. Arbeit in Führungs- und Fachpositionen im Bereich EDV und Vertrieb/Marketing, derzeit auch Leiter Vertrieb/Marketing in einem CAS-Softwarehaus.
Beschreibung des Unternehmens: Im Jahre 1996 wurde das Weinkontor Übersee als echtes virtuelles Unternehmen gegründet mit dem Geschäftszweck des Ein- und Verkaufs von Weinen an Endkunden via Internet. Dabei setzen wir nicht auf Massenweine, sondern auf kleine und mittlere Weingüter mit entsprechendem Qualitätsan-

spruch. Die Internetanwendung soll aber kein reiner virtueller Verkaufsraum, sondern in erster Linie ein Informationsraum über die Welt des Weins sein.

Brettreich-Teichmann, Werner

Titel: M.A.

Firma: Fraunhofer-Institut für Arbeitswirtschaft und Organisation

Funktion: Projektleiter

Tätigkeitsschwerpunkte/Kernkompetenzen: Design und Engineering innovativer Dienste und Dienstleistungen; Entwicklung von Anwendungskonzepten neuer IuK-Techniken unter technischen, organisatorischen und wirtschaftlichen Gesichtspunkten, Abschätzung von betrieblichen Einsatzpotentialen; Bedarfschätzung und Entwicklung von Produktkonzepten für Telematik- und Multimediaanwendungen.

Erfahrungen: (Ausgewählte Projekte:) Projektleitung der BMBF-Initiative „Dienstleistungen für das 21. Jahrhundert" sowie mehrerer prioritärer Erstmaßnahmen im Umfeld kreativer Dienstleistungsunternehmen, Design und Engineering von Dienstleistungen sowie internationaler Dienstleistungspartnerschaften; Potentiale für Breitbandtelekommunikationsanwendungen; Technikfolgenabschätzung Multimedia in der Aus- und Weiterbildung; Intranet/Internet-Lösungen für Geographische Informationssysteme; Regionale Plattform für Teledienste und Services; Elektronischer Marktplatz für Tagungen und Projekte; Total Quality Management in Forschung und Entwicklung; Geschäftsprozeßoptimierung und Telematikanwendungen in Dienstleistungsunternehmen.

Bruns, Beate
Titel: M.A.
Firma: Berres & Partner Strategieberater, Karlsruhe
Funktion: Geschäftsführende Partnerin
Tätigkeitsschwerpunkte/Kernkompetenzen: Beratung von Unternehmen bei der Einführung von Online-Lernen in der klassischen Weiterbildungslandschaft, Konzeption und Moderation von Online-Lernprozessen.
Erfahrungen: Studium der Philosophie, Physik und Mathematik in München und Karlsruhe. Trainerin, Personalentwicklerin und zuletzt Leiterin eines Bildungsunternehmens in einem mittelständischen Unternehmen der IT-Industrie. Beteiligung an der Konzeption und Entwicklung der Online-Lernen-Plattform IBT Server gemeinsam mit einem Team von Softwareentwicklern.
Beschreibung des Unternehmens: Berres & Partner Strategieberater bieten – fokussiert auf die neuen Medien – strategische Dienstleistungen für Marketing, Vertrieb und Personalentwicklung sowie eine Software-Plattform für Internet-based-Training.

Bullinger, Hans-Jörg
Titel: Univ.-Prof. Dr.-Ing. habil. Prof. E. h. Dr. h. c.
Firma: Fraunhofer Institut für Arbeitswirtschaft und Organisation.
Funktion: Leiter des Instituts für Arbeitswissenschaft und Technologiemanagement (IAT) der Universität Stuttgart und des Fraunhofer Instituts für Arbeitswirtschaft und Organisation (IAO), Stuttgart.
Tätigkeitsschwerpunkte/Kernkompetenzen: Informationsmanagement (Unternehmensführung, Informationssysteme, Arbeitsgestaltung) und Produktionsmanagement

(Produktionsplanung, F & E-Management, Personalmanagement).
Erfahrungen: Zahlreiche Auszeichnungen und Ehrenmitgliedschaften.
Beschreibung des Unternehmens: Das Fraunhofer Institut für Arbeitswirtschaft und Organisation (IAO) ist eines der 47 Institute der Fraunhofer-Gesellschaft, Deutschlands größter Organisation für angewandte Forschung mit ca. 9000 Mitarbeitern und einem Umsatz von über 1,3 Milliarden DM im Jahr 1997. Das IAO wurde 1981 gegründet und hat etwa 220 wissenschaftliche Mitarbeiter, die Forschungs- und Industrieaufträge in den Gebieten Technologiemanagement, angewandter Organisation und Softwaretechnologie bearbeiten.

Clauss, Wolfgang
Titel: Dipl.-Inform.
Firma: RWG GmbH Datenverarbeitungsgesellschaft, Stuttgart.
Funktion: Hauptabteilungsleiter.
Tätigkeitsschwerpunkte/Kernkompetenzen: Leitung der Softwareentwicklung.
Erfahrung: Studium der Informatik an der Universität Stuttgart. Wissenschaftliche Mitarbeit, Unternehmensberatung, Softwareentwicklung und Leitung eines Marktstrategieteams für Finanzdienstleister am Fraunhofer-Institut für Arbeitswirtschaft und Organisation sowie dem Institut für Arbeitswissenschaft und Technologiemanagement der Universität Stuttgart. Gründung eines Internet-Providing-Unternehmens. Ausübung einer Lehrtätigkeit sowie Autor von Veröffentlichungen. Heute verantwortlich für die Softwareentwicklung im Client-/Server- sowie im Großrechner-Bereich.

Beschreibung des Unternehmens: Die RWG GmbH ist der führende IT-Dienstleister für die württembergische Genossenschaftsorganisation. Das Produkt- und Dienstleistungsspektrum umfaßt die Softwareerstellung und Erbringung von Rechenzentrumsdienstleistungen. Das Kernprodukt ist GEBOS, ein umfangreiches Client-/Serversystem zur geschäftsprozeßorientierten Abwicklung von Frontoffice-Tätigkeiten mit Anbindung an Großrechnersysteme für Kreditinstitute. Die RWG GmbH Datenverarbeitungsgesellschaft wurde 1967 gegründet und beschäftigt heute 550 Mitarbeiter.

Dürr, Johannes E.
Titel: Dipl.-Ing.
Firma: SATCOM GEMINI GmbH, Business TV and Informationsystems
Funktion: Redakteur/Produktionsleiter
Tätigkeitsschwerpunkte/Kernkompetenzen: Zuständig für das Projektmanagement- und Business-Learning-Network-Systeme sowie Autor von Fach- und Buchpublikationen, die insbesondere Entwicklung, Realisation und Controlling von multimedialen Systemkonzepten umfassen.
Erfahrungen: 1996 Rental Manager bei Brähler ICS Network Königswinter. Seit 1997 ist er Redakteur und Produktionsleiter bei CD-ROM, Intra-, Internetproduktionen bei SATCOM GEMINI GmbH, Stuttgart. Desweiteren Dozent an der Multimedia Akademie Friedrichshafen und am FBD-Bildungspark Stuttgart im Bereich Digitale Bildverarbeitung und Multimediale Autorensysteme.
Beschreibung des Unternehmens: Die in Stuttgart gegründete SATCOM GEMINI Unternehmensgruppe ist in Deutschland gemeinsam mit ihrer Frankfurter Niederlas-

sung aufgrund der langjährigen Erfahrung und produzierten Sendestunden Branchenführer im Bereich Business TV und behauptet mit Business Multimedia ihre Position am Markt.

Ehli, Andreas
Firma: Arthur Andersen, Düsseldorf
Funktion: Assistant Consultant
Tätigkeitsschwerpunkte: Computer Risk Management
Kernkompetenzen/Erfahrungen: EDI, Internet-Marketing
Beschreibung des Unternehmens: Wirtschaftsprüfungs-, Steuerberatungs- und Unternehmensberatungsgesellschaft

Engstler, Martin
Titel: Dipl.-Kfm. (t.o.)
Firma: Fraunhofer Institut für Arbeitswirtschaft und Organisation
Funktion: Leitung des Projektbereichs Finanzdienstleister
Tätigkeitsschwerpunkte/Kernkompetenzen: Management mit den Schwerpunkten Organisation und betriebswirtschaftliche Steuerungsinstrumente, Informationsmanagement, Implementierungskonzepte.
Erfahrungen: 7 Jahre Projekterfahrung in Industrie und Dienstleistung mit Schwerpunkt Finanzdienstleister, Beratungskonzepte und wissenschaftliche Begleitung in der Umsetzung.
Beschreibung des Unternehmens: Das Fraunhofer Institut für Arbeitswirtschaft und Organisation (IAO) ist eines der 47 Institute der Fraunhofer-Gesellschaft, Deutschlands größter Organisation für angewandte Forschung mit ca. 9000 Mitarbeitern und einem Umsatz von über 1,3 Milliarden DM im Jahr 1997. Das IAO wurde 1981 gegründet und hat etwa 220 wissenschaftliche Mitarbeiter,

die Forschungs- und Industrieaufträge in den Gebieten Technologiemanagement, angewandter Organisation und Softwaretechnologie bearbeiten.

Feller, Paulette
Titel: Dipl.-Biologin
Firma: UB-Feller
Funktion: Geschäftsführung
Tätigkeitsschwerpunkte/Kernkompetenzen: Beratung und Training bei der Durchführung von Migrationsprojekten Novell NetWare zu Windows NT; Spezialgebiete: Sicherheitsfragen unter Windows NT und Strategien zur Reduzierung der TCO (Total Cost of Ownership).
Erfahrungen: Erfahrung in Marketing- und Vertriebspositionen verschiedener Unternehmen; Netzwerkspezialistin, Zertifizierung zum Microsoft MCT und MCSE sowie zum Novell CNE.

Funck, Dirk
Titel: Dr.
Firma: Universität Göttingen
Funktion: Wissenschaftlicher Mitarbeiter und Habilitand am Institut für Marketing und Handel
Forschungsschwerpunkte: Vertikaler Wettbewerb; Umwelt- und Qualitätsmanagement in Handels- und Dienstleistungsunternehmen, Ökologisches Marketing

Fröschle, Hans-Peter
Titel: M.A.
Firma: ipro Service GmbH, Vaihinger Str. 39, 70567 Stuttgart
Funktion: Geschäftsführer

Tätigkeitsschwerpunkte/Kernkompetenzen: Geschäftsprozeßorientierte Planung betrieblicher und unternehmensübergreifender Informations- und Kommunikationssysteme; innovative Organisationsformen und neue Geschäftsfelder auf der Basis von IuK-Systemen.
Erfahrungen: Bislang werden neue IuK-Systeme zu wenig geschäftsprozeß- und kundenorientiert geplant und eingesetzt. Dadurch können die mit dem Einsatz verbundenen Optimierungs- und Innovationspotentiale nicht ausgeschöpft werden.
Beschreibung des Unternehmens: Konzeption und Umsetzung von betrieblichen Multimedia-Anwendungen, DV-gestützte IT-Strategieentwicklung, Abwicklung von EU- und anderen Projekten im öffentlichen Bereich, Beratung zu Auswahl und Einsatz von Dokumenten-Managementsystemen.

Gadeib, Andera
Titel: Dipl.-Kffr.
Firma: Dialego Online Market Research GmbH, Ottostr. 8, 52070 Aachen, Tel.: 0241/902490, Fax: 0241/902470, E-Mail: andera@dialego.de, Internet: http://www.dialego.de
Funktion: Geschäftsführung
Tätigkeitsschwerpunkte/Kernkompetenzen: Online-Marktforschung im Internet, virtuelle Realitäten in der Marktforschung, Online-Marketing, E-Commerce.
Erfahrungen/Realitäten: Laufende Promotion zum Thema „Online-Marktforschung mit virtuellen Beratungsprojekten im Bereich E-Commerce“, Online-Marketing, Marktforschungsprojekte für Kunden wie Audi AG, Infas Sozialforschung Bonn, Messe Düsseldorf und Sparkasse Aachen.

Beschreibung des Unternehmens: Dialego ist ein junges und dynamisches Unternehmen, das sich auf die Online-Marktforschung spezialisiert hat. Mit dem eigens entwikkelten Produkt SMAN^{TM} gehört Dialego in Deutschland zu den führenden Unternehmen im Bereich internetbasierter Marktforschung. Das innovative Analyse-System SMAN^{TM} liefert mit Hilfe multimedialer Fragebögen und virtueller Realitäten in Sekundenschnelle hochaktuelle Online-Auswertungen aller Untersuchungsergebnisse.

Gellweiler, Armin
Firma: Cinetic, Karlsburgstr. 2, 76227 Karlsruhe

Gidion, Gerd
Titel: M. A.
Firma: Fraunhofer Institut für Arbeitswirtschaft und Organisation, Stuttgart
Funktion: Leiter Marktstrategie Team Lernkonzepte
Erfahrungen: Handwerksmeister Bootsbau, Studium der Erziehungswissenschaften, Sozialwissenschaften und Psychologie an der Fernuniversität Hagen, seit 1990 wissenschaftlicher Mitarbeiter am Fraunhofer IAO.
Tätigkeitsschwerpunkte: Arbeitsaufgabenorientiertes Lernen, betriebliche Lernprozesse, Lernen in Netzwerken.
Beschreibung des Unternehmens: Das Fraunhofer Institut für Arbeitswirtschaft und Organisation (IAO) ist eines der 47 Institute der Fraunhofer-Gesellschaft, Deutschlands größter Organisation für angewandte Forschung mit ca. 9000 Mitarbeitern und einem Umsatz von über 1,3 Mrd. DM im Jahr 1997. Das IAO wurde 1981 gegründet und hat etwa 220 wissenschaftliche Mitarbeiter, die Forschungs- und Industrieaufträge in den Gebieten Techno-

logiemanagement, angewandter Organisation und Softwaretechnologie bearbeiten.

Gluschke, Guido
Titel: Dipl.-Informatiker (FH)
Firma: Lüders, Weinbrenner und Partner GmbH (LWP GmbH)
Funktion: Geschäftsführender Gesellschafter
Erfahrungen: Studium der Informatik an der TU Karlsruhe und der FH Dortmund. Verantwortlich für den Aufbau des ISDN-Bereiches bei Lüders, Weinbrenner und Partner GmbH (LWP GmbH). Zuständig für die Realisierung von weltweiten WAN-Projekten und Autor des Fachbuches „Netzwerkkopplung via ISDN".
Beschreibung des Unternehmens: LWP GmbH bietet seit 1990 PC-Host-Integration sowie WAN-Kommunikation und realisiert heute Projekte im Bereich der Mainframe-Migration mit Winframe und im Bereich der Internet-Security und PKI-Kryptographie.

Godehardt, Birgit
Titel: Dipl.-Kfm.
Firma: TA Telearbeit GmbH
Funktion: Geschäftsführerin
Tätigkeitsschwerpunkte/Kernkompetenzen: Innovative Anwendungen der Telekommunikation und Formen der Arbeitsorganisation und -dezentralisierung; Projekt- und Studienerfahrungen sowie Spezialkenntnisse im Bereich organisatorischer, technischer, sozialer und betriebswirtschaftlicher Aspekte der Telearbeit; Kenntnisse und Erfahrungen in der Konzeption, Durchführung und Analyse empirischer Untersuchungen sowie über umfangreiche Kenntnisse der Telekommunikationsdienste.

Erfahrungen: Projektleitung zahlreicher Telearbeitsprojekte in Wirtschaftsunternehmen und öffentlichen Verwaltungen
Beschreibung des Unternehmens: Die TA Telearbeit ist ein Beratungshaus mit einer führenden Position in Forschung, Entwicklung und Realisierung innovativer Arbeitsformen. Die von der TA Telearbeit durchgeführten Projekte und Studien gelten heute als Referenz- und Leitprojekte. Die TA Telearbeit hat als europäisches Beratungshaus für virtuelle Organisationsformen, Telearbeit/Telekooperation und E-Business ganzheitliches und führendes Know-how entwickelt. Die TA Telearbeit ist mit ihren verschiedenen Standorten virtuell organisiert und hat ihre Arbeitsprozesse und Informationsstrukturen dahingehend optimiert.

Gräslund, Karin
Titel: Dipl. oec.
Firma: Informations- und TechnologieManagement Beratung mbH
Funktion: Projektleitung
Tätigkeitsschwerpunkte/Kernkompetenzen: Prozeßreorganisation in der Öffentlichen Verwaltung und Internet-Intranet-Konzepte.
Erfahrungen: Telekooperationsberatung u. a. von Bundesministerien, Prozeßanalysen in Ministerien Baden-Württembergs, Internet-Intranet-Beratung eines Autohauses, eines großen EDV-Dienstleisters und einer Gemeinde.
Beschreibung des Unternehmens: ITM GmbH ist eine unabhängige Beratungsgesellschaft, die sich auf die Gebiete computerunterstützte Gruppenarbeit und Informationsmanagement spezialisiert hat.

1

Hammel, Christian von
Titel: Produktmanager
Firma: BROKAT Infosystems Aktiengesellschaft
Funktion: Produktmanager für Electronic Commerce
Tätigkeitsschwerpunkte/Kernkompetenzen: Zahlungssysteme im Internet.
Erfahrungen: Studium der Wirtschaftsinformatik an der Uni Mannheim.
Beschreibung des Unternehmens: 1994 in Stuttgart gegründet, hat sich in kürzester Zeit zum weltweit führenden Anbieter von Lösungen für Internet Banking, Internet Brokerage und Internet Payment entwickelt. Basis ist die modulare E-Services-Plattform BROKAT Twister, die Unternehmen den Aufbau von sicheren Electronic-Banking und Electronic-Commerce-Lösungen ermöglicht.

Hasebrook, Joachim
Titel: Dr.
Firma: Bankakademie e.V., Frankfurt am Main
Funktion: Leiter des Bereichs Konzeption/Programmentwicklung
Tätigkeitsschwerpunkte/Kernkompetenzen: Promotion über das Lernen mit Hypermediasystemen an der Universität Gießen.
Erfahrungen: Studium der Psychologie und Aufbaustudium Informatik an der Universität Marburg. Gutachter für den Deutschen Bundestag und das Europäische Parlament sowie drei Jahre als Projektleiter für elektronische Medien in einem Verlags- und Softwarehaus tätig. Seit 1996 bei der Bankakademie e.V. in Frankfurt tätig, derzeit als Leiter des Bereichs Konzeption/Programmentwicklung.

Haupt, Heinz-Jürgen
Titel: Dipl.-Kfm.
Firma: GefAA Systemberatung mbH/TCC TeleCommerce + Consult GmbH
Funktion: Gesellschafter/Geschäftsführer
Tätigkeitsschwerpunkte/Kernkompetenzen:
Tätigkeitsschwerpunkte liegen im Betreiben eines Onlinedienstes, der Entwicklung zielgruppengerechter Applikationen, der Beratung von Firmen bei der Implementierung von Multimedia-Dialog-Systemen in die TK- und EDV-Umgebung sowie im Einrichten von Telearbeitsplätzen.
Erfahrungen: Projektleitung mehrerer Telearbeitsprojekte in Wirtschaftsunternehmen und öffentlichen Verwaltungen. Markterfahrung in der Installation und der Einführung von Videokonferenzsystemen; GefAA ist Competence Center von Intel und ist Kooperationspartner der Deutschen Telekom AG.
Beschreibung des Unternehmens: GefAA ist im Sinne des Deutschen Franchise Verbandes Systemzentrale für die Bündelung von Know-how im Bereich Telematik und modernster Betriebsorganisation mit eigenem, speziell qualifizierten Expertennetz (Lizenznehmer) für die Beratung und Unterstützung bei der I-und K-Firmenmodernisierung.

Heyn, Volker
Tätigkeitsschwerpunkte/Kernkompetenzen: Ausgebildeter Betriebswirt in der Fachrichtung Marketing und Online-Designer.
Erfahrungen: Langjährige Berufserfahrung als Leiter Werbung, Events und PR in verschiedenen Industrieunternehmen. Seit 1993 freiberuflicher Berater für Öffentlichkeitsarbeit und Event-Marketing kleiner und mittlerer Unternehmen und seit 1998 Dozent für Marketing und

Informationsrecherche mit dem Internet sowie Berater für Unternehmenspräsentationen im Internet.

Höfer, Waltraud

Titel: Diplom-Dokumentarin (FH)

Firma: RWG GmbH Datenverarbeitungsgesellschaft, Stuttgart

Funktion: Projektleiterin Intranet/Extranet.

Beschreibung des Unternehmens: Als zentrales Rechenzentrum Württembergischer Genossenschaften betreut die RWG GmbH Datenverarbeitungsgesellschaft mehr als 330 Banken mit 2300 Bankstellen in Württemberg. Hinzu kommen weitere 125 genossenschaftlich organisierte Unternehmen aus dem Bereich Handel und Dienstleistung. Die RWG GmbH wurde 1967 gegründet und beschäftigt heute 550 Mitarbeiter.

Hoepfner, Friedrich Georg

Titel: Diplom-Kaufmann, Dr. rer. pol. und Diplom-Braumeister.

Firma: Privatbrauerei Hoepfner, Haid-und-Neustr. 18, 76131 Karlsruhe, Tel. 07 21/61 83-115, Fax 07 21/61 83-117, fgh@hoepfner.de

Funktion: alleiniger Geschäftsführer

Tätigkeitsschwerpunkte/Kernkompetenzen: Nach Studium an der Fulbright Foundation und der Ford Foundation an der Carnegie-Mellon University in Pittsburgh/Pennsilvania. Forschung über menschliches Denken bei Nobelpreisträger Herbert A. Simon, Organisationspsychologie bei Victor A. Vroom, Vorbereitung der Dissertation, Tätigkeit als Assistent bei Prof. Brandstätter (Psychologie) an der Universität Augsburg, 1973 Promotion zum Dr. rer. pol. bei Prof. A. Brandstätter, Augsburg, und Prof. E. Heinen, München.

Erfahrungen: Diverse Firmenbeteiligung: Neugründung der ITEC International Technical Exchange, München. Anschließend diverse Beteiligungen an Firmengründungen, z. B. Windsurfen, Modeproduktion, Managementtraining, Computerleasing, Venture-Capital etc. Aktivitäten in unterschiedlichen Bereichen der Wirtschaft: Initiator der die Hoepfner Classics CD-Serie, Buchautor, z. B. „Bier ist ein ganz besonderer Saft“ (ISBN 3-418-66752-X), Gründung von Organisationen und Firmen: Cyber-Forum e.V., Tickets/S, Deutsche Braukooperation, Black Forest Beer House GmbH und Deutsch-Estnische Gesellschaft.
Beschreibung des Unternehmens: Dr. Friedrich Georg Hoepfner leitet in der 6. Generation das älteste Karlsruher Familienunternehmen, die Privatbrauerei Hoepfner, unter dem Motto „Qualität, Kontinuität und Partnerschaft“. Durch „frischen Wind in alten Mauern“ will er die Privatbrauerei ins nächste Jahrtausend führen. Innovationen wie die Split-Box, das Hoepfner Keggy, die erste CD-ROM und die erste Internet-Präsentation einer deutschen Brauerei sprechen für sich.

Hofmann, Josephine
Titel: Dipl.-Verw.wiss., Dipl.-Inf.wiss
Firma: Fraunhofer-Institut für Arbeitswirtschaft und Organisation.
Funktion: Leiter Marktstrategieteam New Business Development.
Tätigkeitsschwerpunkte/Kernkompetenzen: Gestaltung, Einführung und Bewertung telemediengestützter Arbeits- und Kooperationsformen in Unternehmen und öffentlicher Verwaltung.
Erfahrungen: Mitarbeit in Forschungs- und Beratungsprojekten zur Einführung und Bewertung von Telekooperati-

on, Telearbeit und virtuellen Unternehmen. Daneben auch als Dozentin an der Fachhochschule Stuttgart und der Universität Konstanz sowie als Expertin für die Kommission der Europäischen Gemeinschaft tätig.
Beschreibung des Unternehmens: Als ein Marktstrategieteam des Fraunhofer-IAO ist diese Forschungsgruppe auf Entwicklung, Einführung und Management virtueller Unternehmensstrukturen fokussiert. Diese umfassen die räumliche Auslagerung von Telearbeitsplätzen, die Einrichtung virtueller Teams bis hin zum Management virtueller Unternehmensverbünde.

Hofstetter, Isabella
Titel: Mag.
Firma: Fraunhofer-Institut für Arbeitswirtschaft und Organisation
Funktion: Projektleiterin und Senior Researcher
Tätigkeitsschwerpunkte/Kernkompetenzen: Leitung von Forschungs- und Industrieprojekten mit den Schwerpunkten multimediale Technologien, online publishing, electronic business und Lernwerkzeuge.
Erfahrungen: Seit 1990 am Fraunhofer-IAO, Stuttgart: verantwortlich für Planung und Koordination von Projekten im Bereich Telematik, Management Systems, multimediale Technologien, online Publishing und online Business. Gesamt-Projektleiterin von europäischen Großprojekten mit einer hohen Anzahl von industriellen Partnern. Gutachterin für die Europäische Kommission im Bereich electronic commerce und multimedia Technologies, Mitarbeit an der Definition zukünftiger Forschungsprogramme der EU.
Beschreibung des Unternehmens: Das Fraunhofer-Institut für Arbeitswirtschaft und Organisation (IAO) ist eines

der 47 Institute der Fraunhofer-Gesellschaft, Deutschlands größter Organisation für angewandte Forschung mit ca. 9000 Mitarbeitern und einem Umsatz von über 1,3 Milliarden DM im Jahr 1997. Das IAO wurde 1981 gegründet und hat etwa 220 wissenschaftliche Mitarbeiter, die Forschungs- und Industrieaufträge in den Gebieten Technologiemanagement, angewandter Organisation und Softwaretechnologie bearbeiten.

Jendrzey, Gerhard
Firma: Kreissparkasse Recklinghausen, Bergstr. 6–10, 45770 Marl, e-mail: Kreissparkasse.Recklinghausen@wrd.de
Funktion: Seit 1996 Leiter der neu gegründeten Abteilung Medialer Vertrieb/Direktvertrieb.
Tätigkeitsschwerpunkte/Kernkompetenzen: Der Aufbau neuer Vertriebswege, die Entwicklung neuer Produkte und die Entwicklung neuer Vertriebskonzepte beinhalten auch Einsatz und Steuerung von SB-Anwendungen. Ein weiterer Schwerpunkt besteht in der Betreuung der Firmenkunden im Bereich electronic banking einschließlich der Unterstützung beim Einsatz neuer Medien und dem Aufbau neuer Vertriebswege.
Erfahrungen: Langjährige Tätigkeit im Bereich Organisationsplanung/Entwicklung eines Kreditinstitutes; zuletzt als Leiter der Organisationsabteilung.

Kammerer, Ulrich
Titel: Dipl.-Informatiker.
Firma: GINIT – Gesellschaft für integrierte Informationssysteme mbH, Karlsruhe, www.ginit.de.
Funktion: Gründer und Geschäftsführender Gesellschafter.
Erfahrungen: 1993–1994 Projektleiter an der Fakultät für Informatik der Universität Karlsruhe.

Beschreibung des Unternehmens: Entwicklung von Branchensoftware für Kioskbetreiber (ViB-Technology), Hochschulverwaltung (i3v-Education), Bibliotheken (i3v-Library), Finanzdienstleister (i3v-Finance), Internet-Provider (i3v-Accounting), Schulen (i3v-School).

Karl, Renate
Firma: dsk Beratungs-GmbH
Funktion: Geschäftsführerin
Tätigkeitsschwerpunkte/Kernkompetenzen: Tätig als freie Journalistin, als Management Consult sowie Lehrbeauftragte der Fachhochschule Ulm, der Berufsakademie Lörrach und der Bundesakademie für Wehrverwaltung.
Erfahrungen: Projekterfahrung im SAP-Umfeld, mit SAP Business Workflow und der Ausarbeitung von Studien.
Beschreibung des Unternehmens: Die dsk-Beratungs-GmbH bietet neutrale Beratung im Bereich Bürokommunikation mit den Schwerpunkten Workflow, Groupware und DMS sowie Archiv.

Keller, Urs
Firma: WebSolute
Funktion: Geschäftsführender Gesellschafter
Tätigkeitsschwerpunkte/Kernkompetenzen: Projektmanagement, Konzeption und Marketing.
Erfahrungen: Studium des Wirtschaftsingenieurwesen an der Universität Karlsruhe. 1996 Gründung der Firma WebSolute und seither geschäftsführender Gesellschafter.

Klinge, Carsten
Titel: Dipl.-Kfm.
Firma: TA Telearbeit GmbH
Funktion: Berater und Projektleiter

Tätigkeitsschwerpunkte/Kernkompetenzen: Projektleiter in den Bereichen Telearbeit und empirische Erhebungen. Detaillierte Kenntnisse innovativer Formen der Arbeitsorganisation und -dezentralisierung. Spezialwissen in den Bereichen der organisatorischen, technischen, rechtlichen und wirtschaftlichen Realisierung von Telearbeit. Fundierte Kenntnisse innovativer Telekommunikationsanwendungen und -dienste.
Erfahrungen: Projektleitung mehrerer Telearbeitsprojekte in Wirtschaftsunternehmen und öffentlichen Verwaltungen.
Beschreibung des Unternehmens: Die TA Telearbeit ist ein Beratungshaus mit einer führenden Position in Forschung, Entwicklung und Realisierung innovativer Arbeitsformen. Die von der TA Telearbeit durchgeführten Projekte und Studien gelten heute als Referenz- und Leitprojekte. Die TA Telearbeit hat als europäisches Beratungshaus für virtuelle Organisationsformen, Telearbeit/ Telekooperation und E-Business ganzheitliches und führendes Know-how entwickelt. Die TA Telearbeit ist mit ihren verschiedenen Standorten virtuell organisiert und hat ihre Arbeitsprozesse und Informationsstrukturen dahingehend optimiert.

Klostermann, Detlef
Titel: Dipl.-Ing.
Firma: FunkConsult
Funktion: Inhaber
Tätigkeitsschwerpunkte/Kernkompetenzen: Planung (alle Leistungsphasen) von Mobilfunknetzen, insbesondere Bündelfunk. Planung (alle Leistungsphasen) von FunkLANs, der breitbandigen funkgestützten Rechnervernetzung.

Erfahrungen: Systemdesign für Sprech- und Datenfunksysteme. Funknetzgestaltung für Flughäfen und Industrieunternehmen. Schulungen und Seminare. Branchenspezifische Unternehmensberatung.
Beschreibung des Unternehmens: Die Gründung des Unternehmens erfolgte im November 1993 durch Dipl.-Ing. Detlef Klostermann als Einzelunternehmen unter dem Namen FunkConsult mit Sitz in Senden bei Ulm.

Krumb, Ulrich
Firma: VMS Vertriebs- & Marketing-Services GmbH, Alte Bergstraße 78, 64665 Alsbach
Funktion: Geschäftsführer
Tätigkeitsschwerpunkte/Kernkompetenzen: Schwerpunkt der Tätigkeit ist strategische Vertriebssteuerung in Verbindung mit CAS (Computer Aided Selling).
Erfahrungen: Durch langjährige Tätigkeit in führenden Positionen bei verschiedenen CAS-Anbietern verfügt Ulrich Krumb über profunde Kenntnisse im Bereich CAS. Autor des CAS-Reports (Verlag Norbert Müller ISBN 3-89486-140-1).
Beschreibung des Unternehmens: Die VMS Vertriebs- & Marketing-Services GmbH ist eine auf die Optimierung der vertrieblichen Geschäftsprozesse im Business-to-Business spezialisierten Unternehmensberatung. Die Konzeption, Auswahl und Einführung von CAS-Systemen gehört zu den Beratungsschwerpunkten von VMS.

Labrador, Gerardo
Titel: Dipl.-Informatiker
Firma: Schneider & Koch & Co. Datensysteme GmbH
Funktion: Leiter des Geschäftsbereiches Dienstleistungen, Service und Consulting

Erfahrungen: Studium der Informatik an der TU Karlsruhe mit Schwerpunkt Telekommunikation und Robotik; Veröffentlichungen über Netzwerktechnik, Sicherheit und Management.

Lackes, Richard
Titel: Prof. Dr.
Tätigkeitsschwerpunkte/Kernkompetenzen: Multimedia- und Electronic-Commerce-Applikationen sowie Einführung betrieblicher Informationssysteme mit zahlreichen Veröffentlichungen in diesen Bereichen.
Erfahrungen: Studium der Betriebswirtschaftslehre und der Informatik an der Universität Saarbrücken. Seit 1994 Inhaber des Lehrstuhls für Wirtschaftsinformatik der Universität Dortmund.
Beschreibung des Unternehmens: Inhaber der Unternehmensberatung UEB, die in o.g. Bereichen Beratungsleistung anbietet.

Maciejewski, Paul G.
Titel: Prof., Dipl.-Kaufmann
Funktion: Lehre und Forschung an der FH Pforzheim
Tätigkeitsschwerpunkte/Kernkompetenzen: Arbeitsschwerpunkte sind Büro-/Telekommunikation, Neue Medien und Organisation sowie neue Informationstechnologien im Marketing. Fachautor zu den Themen Telearbeit und Expertensysteme.
Erfahrungen: 1981–1982 Assistent des Vorstandsvorsitzenden der WMF AG, 1982–1986 Projektleiter am Fraunhofer-Institut für Arbeitswirtschaft und Organisation (IAO) und seit 1986 zuständig für Lehre und Forschung an der FH Pforzheim, Hochschule für Gestaltung, Technik und Wirtschaft.

Mack, Dagmar
Titel: Dipl.-Wirtschaftsing.
Tätigkeitsschwerpunkte/Kernkompetenzen: Entwicklung und Einführung von Anwendungen der Künstlichen Intelligenz sowie Data Mining, Entwicklung von Multimedia-, Electronic-Commerce-Applikationen (z. B. Computergestützte Lernprogramme).
Erfahrungen: Studium des Wirtschaftsingenieurwesens an der Universität Karlsruhe. Seit 1994 wissenschaftliche Mitarbeiterin am Lehrstuhl für Wirtschaftsinformatik, Universität Dortmund und Ausübung einer Beratungstätigkeit in den Bereichen Informationssysteme, Multimedia und Internet.

Neuhoff, Christina
Titel: Diplom-Sozialpädagogin, Multimedia-CBT-Autorin
Firma: Berres & Partner Strategieberater, Zeppelinstr. 2, 76185 Karlsruhe, Tel.: 0721/9595760, Fax: 0721/9595762, E-Mail: info@berres.de, Internet: www.berres.de
Funktion: Beratung & Entwicklung
Tätigkeitsschwerpunkte/Kernkompetenzen: Konzeption und Entwicklung von Internet-based-Trainings.
Erfahrungen Projekterfahrung: CBT, IBT; Tutorielle Betreuung von Online-Kursen
Beschreibung des Unternehmens: Berres & Partner bieten – fokussiert auf die neuen Medien – strategische Dienstleistungen für Marketing, Vertrieb und Personalentwicklung sowie eine Software-Plattform für Internet-based-Training an.

Niemeier, Joachim
Titel: Dr.
Firma: Multimedia Software GmbH Dresden
Funktion: Geschäftsführer
Tätigkeitsschwerpunkte/Kernkompetenzen: Systemlösungen, Tele-Learning und -Working, mobile Lösungen, Tele-Commerce, Wissensmanagement, Web Services, Softwaremanagement.
Erfahrungen: Beratungs- und Entwicklungsprojekte auf den Gebieten Büroautomation, Führungsinformationssysteme, Multimedia-Anwendungen und Geschäftsprozess-Management im nationalen, europäischen und internationalen Umfeld.
Beschreibung des Unternehmens: Die Multimedia Software GmbH Dresden ist ein Tochterunternehmen der Deutschen Telekom AG und entwickelt Produkte, Dienste und Systemlösungen unter Einsatz von Multimedia-, Internet- und Intranet-Technologien. Auf diesen Gebieten bietet die MMS auch Agentur-Services und Consulting-Leistungen an.

Peters, Uwe
Titel: Dipl.-Ing. Elektronik
Firma: PictureTel GmbH
Funktion: Manager Marketing und Sales Support Nord Europa
Tätigkeitsschwerpunkte/Kernkompetenzen: Verantwortung für Marketing- und Vertriebsunterstützung im nordeuropäischen Videokonferenzmarkt.
Erfahrungen: Verschiedene Positionen im Produktmarketing u. a. bei Texas Instruments und Digital Equipment tätig. 1994 wechselte Peters zu PictureTel nach Unterföhring.
Beschreibung des Unternehmens: Die PictureTel Corporation entwickelt, fertigt und vertreibt das weltweit

breiteste Angebot an Videokommunikationslösungen – von PC-gestützten Systemen bis zu größeren Studiosystemen, Multipointbrücken und Meeting Tools. PictureTel's Fokus liegt ausschließlich auf dem Bereich Videoconferencing und allen damit verbundenen Lösungen.

Reim, Friedemann
Titel: Dr.-Ing., Dipl.-Inform.
Firma: Informationsmanagement GmbH
Funktion: Geschäftsführung
Tätigkeitsschwerpunkte/Kernkompetenzen: Beratung und Implementierung sowie Dienstleistungen im Bereich „moderner Kommunikationskanäle zum Kunden".

Reubold, Olaf
Titel: Dipl.-Ing. Technische Informatik (BA)
Firma: Service to the Internet GmbH (STTI)
Funktion: Geschäftsführer
Tätigkeitsschwerpunkte/Kernkompetenzen: Konzeption, Implementation und Betrieb von elektronischen Geschäftsprozessen im Internet, Intranet oder Extranet-Umfeld (Electronic Commerce – Anwendungen).
Erfahrungen: STTI-Geschäftsführer seit 23.12.1995. Studium der Technischen Informatik an der Berufsakademie in Mannheim, in Zusammenarbeit mit der IBM Deutschland GmbH und Aufbaustudium der Mathematik/Physik, tätig beim Zentrum für Graphische Datenverarbeitung e.V. in Darmstadt (ZGDV), 1995 Wechsel in jetzige Position.
Beschreibung des Unternehmens: Die im Rhein-Main-Gebiet ansässige STTI GmbH erbringt Dienstleistungen rund um das Internet, mit Fokus auf der Unterstützung von Geschäftsprozessen mittels Internet-Technologien. Die STTI GmbH ist Kooperationspartner der KPMG-Un-

ternehmensberatung GmbH im Bereich „Electronic Commerce“.

Rhein, Petra von
Erfahrungen: Seit Anfang der 80er Jahre im kaufmännischen Bereich als Ausbilderin in der Erwachsenenbildung tätig. Mitte der 90er Jahre Verlagerung des Schwerpunktes in die EDV: Konzeption, Design und Realisierung von Internet-Auftritten und entsprechenden Qualifikationsmaßnahmen. Seit Ende 1997 Beratung von Firmen, die einen eigenen Web-Auftritt realisieren möchten.
Erfahrungen: Erfahrungen mit der Konzeption, Realisierung und Einführung von Dokumentenmanagement-Systemen, Workflow-Lösungen sowie Intranets und Extranets.
Beschreibung des Unternehmens: Die Firma Informationsmanagement GmbH berät seit 1992 Kunden im Bereich Internet-Technologien, Telefonie-Anwendungen und Dokumentenmanagement. Neben der technischen Umsetzung kommt dabei auch der organisatorischen Umsetzung eine zentrale Bedeutung zu.

Schäfer, Martina
Titel: Dr.
Firma: Fraunhofer-Institut für Arbeitswirtschaft und Organisation
Funktion: Leitung des Competence Centers Dienstleistungswirtschaft und Mitglied im Führungskreis des Fraunhofer-Instituts für Arbeitswirtschaft und Organisation.
Tätigkeitsschwerpunkte/Kernkompetenzen: Management, Organisation und Betriebswirtschaft von Telekommunikation und Informationstechnik, Multimedia und Television, Edutainment und Learning.

Erfahrungen: 10 Jahre Projekterfahrung in Industrie und Dienstleistung, Beratungskonzepte und wissenschaftliche Begleitung bei der Umsetzung.
Beschreibung des Unternehmens: Das Fraunhofer-Institut für Arbeitswirtschaft und Organisation (IAO) ist eines der 47 Institute der Fraunhofer-Gesellschaft, Deutschlands größter Organisation für angewandte Forschung mit ca. 9000 Mitarbeitern und einem Umsatz von über 1,3 Milliarden DM im Jahr 1997. Das IAO wurde 1981 gegründet und hat etwa 220 wissenschaftliche Mitarbeiter, die Forschungs- und Industrieaufträge in den Gebieten Technologiemanagement, angewandter Organisation und Softwaretechnologie bearbeiten.

Schlax, Teresa
Tätigkeitsschwerpunkte/Kernkompetenzen: Dozentin in der Erwachsenenbildung und freie Journalistin mit den Schwerpunkten Neue Medien und Datenrecherche.
Erfahrungen: Studium der Romanistik u. Politologie an der Universität Mannheim.

Schwarz, Torsten
Titel: Dr.
Firma: ABSOLIT Internet-Marketing & Consulting
Funktion: Geschäftsführer
Tätigkeitsschwerpunkte/Kernkompetenzen: Marktforschung und Web-Promotion sowie Erfolgskontrolle von E-Commerce, Autor zahlreicher Fachpublikationen.
Erfahrungen: Freier Trainer, Unternehmensberater und Lehrbeauftragter an der TU Berlin. Als Generalsekretär des internationalen Forschungsnetzwerks „Eurolat" beteiligt am Aufbau von einem der weltweit ersten Web-Server.

Siegmund, Gerd
Titel: Dipl.-Ing.
Firma: Alcatel
Funktion: Leiter der Abteilung Produktevolution im Geschäftsfeld „Intelligente Netze“
Tätigkeitsschwerpunkte/Kernkompetenzen: HW, SW und System Design im gesamten Bereich der öffentlichen und privaten Vermittlungstechnik.
Erfahrungen: Nach der Lehre und dem Studium der Nachrichtentechnik an der Fachhochschule Hannover beschäftigt in der Hard- und Softwareentwicklung; später Leiter der Abteilung „System Design“ der Bürokommunikation bei Alcatel in Stuttgart, z. Z. dort Leiter der Abteilung Produktevolution im Geschäftsfeld „Intelligente Netze“. Nebenamtlich seit 1985 als Dozent an der Berufsakademie Stuttgart sowie als Trainer im Bereich der Telekommunikationsgrundlagen, ISDN, IN, X. 25 und ATM, Autor mehrerer Fachbücher und seit 1995 als selbständiger Berater im Bereich Telekommunikation tätig.

Steckler, Brunhilde
Titel: Prof. Dr. jur.
Tätigkeitsschwerpunkte/Kernkompetenzen: Professorin für Zivil- und Wirtschaftsrecht an der Fachhochschule Bielefeld. Forschungsgebiete liegen u. a. im Vertragsrecht im Internet und im Urheberrechtsschutz multimedialer Internet-Präsentationen.
Erfahrungen: Promotion im Wettbewerbsrecht, Rechtsanwältin für Wirtschaftssachen. Lehrtätigkeit im Internationalen und Europäischen Wirtschaftsrecht mit Schwerpunkt im EDV-Recht.

Straub, Roland M.
Titel: Dipl.-Inform.
Firma: mediaCenter Forschungsgesellschaft mbH, Friedrichshafen
Funktion: Leiter F&E
Tätigkeitsschwerpunkte/Kernkompetenzen: Innovations- und Technologieberatung und -management im Umfeld neuer Hardware- und Softwaretechnologien.
Erfahrungen: Transfer innovativer Technologien aus den Bereichen Multimedia, Internet, Künstlicher Intelligenz und Sensorik in kommerzielle Umgebungen.
Beschreibung des Unternehmens: Das mediaCenter besetzt die Schnittstelle zwischen Technologie und Anwendung und garantiert innovative Lösungen, die Kundenmehrwert und Alleinstellungsmerkmal zur Folge haben.

Strube, Oliver
Titel: Dipl. Ökonom
Tätigkeitsschwerpunkte/Kernkompetenzen: Diplomarbeit über den Einsatz von Software Agenten mit Schwerpunkt auf Fragen des Marketings.
Erfahrungen: 1993–1998 Studium der Betriebswirtschaftslehre an der Georg-August-Universität Göttingen.

Thissen, Frank
Titel: Prof. Dr.
Tätigkeitsschwerpunkte/Kernkompetenzen: Inhaber der Professur für Multimediale Kommunikation an der FH Stuttgart Hochschule für Bibliotheks- und Informationswesen (HBI).
Erfahrungen: Verfasser von Forschungsarbeiten zu Themen des menschlichen Wissenerwerbs, Selbstlernkompetenz, Multimedia-Didaktik und des Einsatzes von Multi-

media in Aus- und Weiterbildung. Mitarbeit beim Aufbau des Studiengangs Medienwissenschaft an der Heinrich-Heine-Universität Düsseldorf. Ausübung folgender Dozententätigkeiten: Lehrbeauftragter an der Universität Karlsruhe, Internationale Multimedia-Akademie Karlsruhe (IMA), ALCATEL SEL, SAP Akademie und Beteiligung an der Erstellung von tutoriellen Lernsystemen, elektronischer Dokumentation und Internet-/Intranet-Anwendungen in der Industrie (Siemens, SAP).

Tölg, Christian
Titel: Dr. rer. nat. Dipl.-Phys.
Firma: Fraunhofer-Institut für Arbeitswirtschaft und Organisation
Funktion: Leiter Multimedia Business Management
Tätigkeitsschwerpunkte/Kernkompetenzen: Marktanalysen und -strategien, Konzeption und Evaluierung der Entwicklung multimedialer Anwendungen im Business-Bereich (Business Television, Interaktives Fernsehen, videobasierte Internetanwendungen, Lernanwendungen, Electronic Commerce).
Erfahrungen: 1992–1995 Grundlagenforschung in Synergetik und Selbstorganisation, Consultant in Entwicklungsprojekten in Indonesien, seit 1996 Projektleiter im Competence Center Telematik und dem Marktstrategieteam Multimedia Business Services, seit 1997 Leiter des Marktstrategieteams Multimedia Business Management.
Beschreibung des Unternehmens: Das Fraunhofer-Institut für Arbeitswirtschaft und Organisation (IAO) ist eines der 47 Institute der Fraunhofer-Gesellschaft, Deutschlands größter Organisation für angewandte Forschung mit ca. 9000 Mitarbeitern und einem Umsatz von über 1,3 Milliarden DM im Jahr 1997. Das IAO wurde 1981 ge-

gründet und hat etwa 220 wissenschaftliche Mitarbeiter, die Forschungs- und Industrieaufträge in den Gebieten Technologiemanagement, angewandter Organisation und Softwaretechnologie bearbeiten.

Uzelac, Gordana
Titel: Diplom-Betriebswirtin
Firma: Berres & Partner Strategieberater, Karlsruhe
Tätigkeitsschwerpunkte/Kernkompetenzen: Erarbeitung, Koordination und Umsetzung von Outsourcing-Angeboten für die Funktionsbereiche Marketing und Vertrieb; Beratung bei der Integration von neuen Bildungs- und Informationstechnologien in Organisationen (z.B. Online Qualifizierungssysteme).
Erfahrungen: Studium an der FH Pforzheim und dem Schwerpunkt Absatzwirtschaft und Außenhandel, Junior-Consultant bei Berres & Partner Strategieberater, Karlsruhe
Firma: Berres & Partner Strategieberater bieten – fokussiert auf die Neuen Medien – strategische Dienstleistungen für Marketing, Vetrieb und Personalentwicklung sowie eine Software-Plattform für Internet-based-Training.

Waltert, Jochen
Titel: Dipl.-Betrw. (BA), Dipl.-Inf.-Wiss.
Firma: Fraunhofer Institut für Arbeitswirtschaft und Organisation.
Funktion: Wissenschaftlicher Mitarbeiter/Projektleiter.
Tätigkeitsschwerpunkte/Kernkompetenzen: Business Process Intranet: Unterstützung der Prozeßorientierung im Unternehmen durch Intranet-Technologie; Datawarehouse: Entwicklung von Referenzmodellen zur Einführung von Datawarehouse-Lösungen; Unternehmskommunikation: Konzeption und Realisierung von Groupwarelösungen.

Winkler, Frank
Firma: Return Online
Funktion: Bereichsleiter Internet Applikationen
Tätigkeitsschwerpunkte/Kernkompetenzen: Konzeption und Steuerung von SAP R/3 Internet Projekten.
Erfahrungen: Die Frage ist nicht, ob man eine Internet-Kopplung durchführen soll, sondern vielmehr wann und in welchem Umfang.
Beschreibung des Unternehmens: Die Return Online ist ein Systemhaus. Zum Dienstleistungsspektrum gehören die Bereiche Internet-Kopplung von R/3 Systemen, ALE Verbundsysteme sowie die Archivierung von R/3 Anwendungsdaten und Originalbelegen. Weitere Schwerpunkte sind Betriebssysteme und systemnahe Software sowie System- und Netzwerkmanagement.

Zitzelsberger, Ralf
Titel: Dr.
Firma: Informatikzentrum der Sparkassenorganisation GmbH (SIZ), Bonn
Funktion: Referent
Tätigkeitsschwerpunkte/Kernkompetenzen: Projektleitung/Grundlagenarbeit im Bereich Electronic Commerce, Zahlungssysteme für elektronische Medien, Vertretung der Sparkassenorganisation (SKO) in nationalen/internationalen Gremien, Chipkarte, Architektur.
Erfahrungen: Von Februar 1997 bis April 1998 Projektarbeit bei IBM Global Services, Frankfurt (Kundenbetreuung, Shop-/Kassensoftware für Internet-Handel); von Mai 1998 bis heute Referententätigkeit beim SIZ, Bonn.
Beschreibung des Unternehmens: Das im Jahre 1990 gegründete Informatikzentrum der Sparkassenorganisation (SIZ) hat den Auftrag,

- die informationstechnologischen Aktivitäten der Sparkassenorganisation zu bündeln,
- die Strategien für die zukünftige technologische Ausrichtung zu entwickeln und
- die Kooperation der Anwendungsentwicklung zwischen den Großrechenzentren der Landesbanken und der regionalen Sparkassenverbände zu organisieren.

2 Marketing mit Neuen Medien

Teil 2 ▮ Marketing mit neuen Medien

Inhalt

2 ▮ 01 Online-Marketing
Volker Heyn

01 | 01 Eine neue Technologie verlangt neue Denkansätze

01 | 02 Interaktion und Dialog: Die Marktteilnehmer rücken immer näher

01 | 03 Ohne klare Zielsetzung wird die Internet-Präsentation ein Schuß ins Blaue

01 | 04 Das Web lebt: Ständige Aktualisierungen und Neuigkeiten halten die Besucher bei der Stange

01 | 05 Die Mailing-Liste als Marktforschungsinstrument

01 | 06 Feature und Effekthascherei: Wieviel Technikeinsatz ist sinnvoll?

2 ▮ 02 Integration in den Marketing-Mix
Paul G. Maciejewski

02 | 01 Wesen und Begriff des Marketing-Mix

02 | 02 Distributionspolitik im Rahmen des Internet

02 | 03 Online-Shopping: Erfolgsfaktoren und Trends

02 | 04 Elektronische Katalogsysteme

02 | 05 Kommunikationspolitik im Rahmen des Internets

02 | 06 Online-Kommunikation: Bedeutung und mögliche Werbeformen

2 ▮ 03 Werbung im Internet
Frank Aupperle, Armin Gellweiler
03 | 01 Bannerwerbung als Marketinginstrument
03 | 02 Welche Ziele sollen mit Werbung im Internet erreicht werden?
03 | 03 Wo kann im Internet Bannerwerbung plaziert werden, um die gewünschte Zielgruppe am wirkungsvollsten zu erreichen?
03 | 04 Auswahlkriterien für Bannerwerbung
03 | 05 Arten der Abrechnungsgrundlage
03 | 06 Die Plazierung
03 | 07 Erfolgskontrolle der Schaltung

2 ▮ 04 Nutzerstrukturen im Internet
Torsten Schwarz
04 | 01 Neue Zielgruppen und neues Verhalten
04 | 02 Methoden der Erforschung von Nutzerstrukturen
04 | 03 Zielgruppen und Nutzer neuer Medien
04 | 04 Nutzerverhalten und Kundenwünsche im Internet
04 | 05 Die wichtigsten Online-Studien

2 ▮ 05 Erfolgsmessung
Torsten Schwarz
05 | 01 Neue Methoden der Werbeerfolgskontrolle
05 | 02 Meßbare Ziele im Online-Marketing
05 | 03 Kontrollmethoden für die Zielerreichung
05 | 04 Meßprogramme: Logfileanalyzer

2 ▮ 06 Netiquette und Internet-Sprache
Regina Bellem
06 | 01 Zum Umgang mit E-Mails
06 | 02 Zum Umgang mit Newsgroups
06 | 03 Zum Umgang mit Chat-Rooms
06 | 04 Emotionen im Internet

2 ▮ 07 Marktanalyse mit neuen Medien
07 | 01 Marktforschung im Internet
Volker Heyn
07 | 02 Die Durchführung von Online-Befragungen
Andera Gadeib

2 ▮ 08 Point-of-Interest (POI)
08 | 01 Transaktion ist der Schlüssel zum Erfolg
Ulrich Kammerer

2 ▮ 09 CD-ROM als multimediales Marketinginstrument
Urs Keller
09 | 01 Die CD-ROM – Grundlagen und Potentiale
09 | 02 Vergleich mit anderen Marketingformen
09 | 03 Erscheinungsform und Gestaltung

2 ▮ 10 Software-Agenten
10 | 01 Möglichkeiten für den Marketing-Mix
Oliver Strube

Online-Marketing

2 01

Volker Heyn

INHALTSÜBERBLICK

Dieser Beitrag zeigt die Besonderheiten und Unterschiede auf, die sich beim Marketing mit dem Internet gegenüber dem klassischen Marketing ergeben. Er schildert die Voraussetzungen und Überlegungen, die zu einer erfolgreichen Präsenz im Internet notwendig sind; auf Stärken und mögliche Ziele der neuen Technologie wird hingewiesen.

Klassisches Marketing und Internet

Um es gleich vorwegzunehmen: Marketing mit dem Internet ist weder etwas Exotisches für EDV-Freaks noch eine neue Wunderwaffe im Kampf um Marktanteile. Das Internet stellt die klassischen Marketingregeln keineswegs auf den Kopf. Auch hier geht es allein darum, neue Marktpotentiale zu erschließen und bestehende Geschäftsbeziehungen zu pflegen und zu erweitern. Auch die Dramaturgie hat sich nicht verändert, die bewährte AIDA-Formel (A = Attention, I = Interest, D = Desire, A = Action) und ihre gleichgesinnten Verwandten sind nach wie vor gültig: Es müssen Aufmerksamkeit erregt und Interesse geweckt, Wünsche und Bedarf geschaffen und Aktionen ausgelöst werden. Sie brauchen also Ihr erlerntes und erfahrenes Marketingwissen beim Umgang mit dem Internet nicht über Bord zu werfen. Sie sollen es sogar konsequent auf Ihre Präsentation im Internet anwenden. Neu sind also nicht die Marketingziele, wohl aber die Mittel und Wege, die zum Ziel führen.

! Der eigenen Internet-Präsentation gehen die gleichen strategischen Fragestellungen voraus, die aus dem klassischen Marketing bekannt sind.

2 ▮ 01 | 01 Eine neue Technologie verlangt neue Denkansätze

Neue Marktdimensionen

Das Internet erfordert v. a. eine andere Denkweise in der Bearbeitung des Markts. Worum es dabei geht, zeigen schon die Dimensionen und Strukturen des neuen Mediums. Weltweit sind mehr als 100 Mio. Teilnehmer am Netz, mit stark steigender Tendenz. Jeder, ob Privatmann oder Großunternehmer, kann alles veröffentlichen und auch alles einsehen und miteinander vergleichen. Ihre Web-Site liegt also wie auf einem weltweiten Präsentierteller. Das ist Risiko und Chance zugleich. Nicht die Firmengröße bestimmt die Aussagekraft der Web-Site, sondern allein die Qualität der Präsentation. Und daß ein erfolgreicher und pfiffig gestalteter Auftritt keine Frage des Budgets und Personaleinsatzes sein muß, beweisen viele gelungene Beispiele von kleinen und mittleren Unternehmen, die mit relativ geringen Kosten viel Wirkung erzielen. Das ist Ihre große Chance; das Risiko liegt in einer unprofessionellen, unausgereiften Präsentation, die mehr Imageschaden als Nutzen einbringt. Wer nur mal mit einer „schmalen Lösung" in das Netz hineinschnuppern und testen möchte, sollte sich über Zurückhaltung und Ablehnung der Nutzer nicht wundern. Der durch einen zaghaften Start angerichtete Imageverlust ist später nur schwer wieder wettzumachen. Der Internet-Nutzer ist wie ein scheues Reh, er schweift ständig in den Weiten des Cyber-Universums umher und verweilt nur an den Stellen, die ihm Neues, Interessantes und Nützliches versprechen. Mit Ihrem Internet-Auftritt müssen Sie diese Herausforderungen annehmen. Auch hier gilt, wie schon im klassischen Marketing, die Zielgruppen durch seine Botschaften zu fesseln und zu „Stammgästen" zu machen, indem man sich vom Wettbewerb abhebt. Und dieser Wettbewerb existiert weltweit und ist nur einen Mausklick weit entfernt.

! Tip: Entwickeln Sie eine zentrale Aussage mit einem Nutzenversprechen, das den Besucher immer wieder belohnt, wenn er Ihre Web-Site aufruft.

Interaktion und Dialog: Die Marktteilnehmer rücken immer näher

2 ▮ 01 | 02

Internet ist Kommunikation

Genauer gesagt ist Marketing mit dem Internet die hohe Schule der Marketing-Kommunikation, deren erweiterte Dimensionen neue Tore zu Ihren Marktteilnehmern aufstoßen. Die Besonderheiten des Internets mit seinen bis dahin nicht gekannten technischen Möglichkeiten erlauben es, Kommunikationsziele neu zu definieren. Das Internet als simple 1:1-Umsetzung von Prospekten und Broschüren zu nutzen, wäre ungefähr so, als würden Sie mit einem Sportwagen nur im 1. Gang fahren. Interaktion und Hyperlinks sind die beiden herausragenden Merkmale, die das Internet zu einem universell einsetzbaren Medium emporheben und es dadurch einzigartig machen.

Durch Interaktion lassen sich regelrecht Dialoge aufbauen. Es können Meinungen abgefragt und Beratungen durchgeführt, Reservierungen und Bestellungen entgegengenommen und Beiträge (News) zur Verfügung gestellt werden. Die E-Mail-Funktion erlaubt die papierlose Korrespondenz via Bildschirm. Diese Form der individuellen Ansprache wird auch als One-to-One-Marketing bezeichnet, eine Art des elektronischen Direct-Mailings, allerdings viel umfassender und schneller, da die Interaktion nahezu in Echtzeit abläuft.

Hyperlink ermöglicht nonlineare Information

Hyperlinks sind aktivierte Text- und Bildelemente, die zu anderen Stellen auf der Web-Site oder zu beliebigen Adressen im Internet führen. Dies Technik erlaubt es, im Dokument hin und her zu springen und auf weitere interessante Quellen außerhalb zu verweisen. Es versteht sich, daß die Benutzerführung (Navigation) besonders sorgfältig durchdacht sein muß, um den Anwender nicht in die Irre zu führen. Andererseits bieten diese Vernetzungen, geschickt plaziert, viele Erweiterungen und Ergänzungen zur eigenen Präsentation.

! Interaktion und Hyperlinks führen zu neuen Wegen im Kundendialog und in der Vernetzung weltweiter Informationsquellen.

2 ▮ 01 | 03 Ohne klare Zielsetzung wird die Internet-Präsentation ein Schuß ins Blaue

Hiermit sind wir schon dicht an den Zielsetzungen für den Internet-Auftritt angelangt. Die Frage lautet: Was will ich erreichen und welche Ressourcen (Kosten und Personal) sind erforderlich? Die Antwort darauf wird erleichtert, wenn man sich vor Augen hält, daß das Internet nur in wenigen Fällen (z. B. Direktvertrieb) einen Ersatz, sondern eine Ergänzung der konventionellen Marketingkommunikation darstellt. Das ergibt sich schon aus den Nutzerstrukturen: Etwa 15% der über 40jährigen Deutschen surfen im Internet. Allerdings haben wir es hier mit einer relativ jungen und sehr innovativen Gruppe zu tun, die Veränderungen und Neuheiten aufgeschlossen gegenübersteht. Nutzen Sie diese Klientel, um Innovationen vorzustellen, zu besprechen und Reaktionen einzufangen. Bin-

Web-Site als Komplementärmarketing

Angebot für die Besucher Ihrer Web-Site

den Sie die Leute auf Ihre Web-Site, indem Sie ständig Aktuelles bereithalten, Trends aufzeigen und Dialoge aufbauen. Denken Sie daran, Informationen in den Vordergrund zu stellen und auf blanke Werbung zu verzichten, die von vielen mit Mißachtung bestraft wird. Bieten Sie statt dessen Nachrichten aus dem Themenumfeld ihrer Produkte/Dienstleistung an, die Ihre Kompetenz beweisen und Ihr Image untermauern. Von dieser Seite betrachtet, ist die Präsentation im Internet ein ideales PR-Instrument. Es eignet sich hervorragend, Veranstaltungen (Events) anzukündigen und den Ablauf „life" darzustellen. Interessante Fachbeiträge können direkt ins Netz gestellt und, evtl. über Paßwort, einer geschlossenen Benutzergruppe zugänglich gemacht werden. Versorgen Sie Ihre Zielgruppen mit den aktuellen Ergebnissen von Veranstaltungen und lassen Sie die Nichtanwesenden an den wichtigsten Abläufen teilhaben. Das schafft Vertrauen und vermittelt Interesse an einer intensiven Geschäftsbeziehung. Berichten Sie über Trends und Neuigkeiten aus Ihrem Marktsegment, veröffentlichen Sie Aktuelles über Weiterentwicklungen und neue Anwendungsbeispiele Ihrer Produkte. Lassen Sie Kunden zu Wort kommen und beschreiben Sie Referenzlösungen. Hier bieten sich Verzweigungen zu Kunden-Sites und zu den Fachbereichen namhafter Institute und Bildungseinrichtungen an. Ein wichtiges Mittel zur Kundenbindung sind Foren, in denen über Anwendungen und Erfahrungen mit Produkten und dem Firmensupport diskutiert wird. Das vermittelt Ihnen wichtige Erkenntnisse über die Akzeptanz Ihrer Leistungen. Sorgen Sie aber dafür, daß die Foren moderiert werden (das bedeutet, ein Moderator achtet auf Themenrelevanz und „ordentliche" Beiträge) und die Teilnehmer ständig kurzfristig Feedback erhalten.

! Tip: Betrachten Sie Ihren Internet-Auftritt v. a. als PR-Instrument und liefern Sie ständig News. Events aller Art sind ein idealer „Lieferant" von Neuigkeiten und Facts für das Fachpublikum.

2 ▮ 01 | 04 Das Web lebt: Ständige Aktualisierungen und Neuigkeiten halten die Besucher bei der Stange

Push-Marketing

Sie sehen aus diesen Beispielen, daß eine Zielsetzung der Internet-Präsentation der Ausweis von Fachkompetenz und Innovationsbereitschaft ist. Mittel hierzu sind Umfeldinformationen (PR) und Dialoge. Natürlich ist es auch legitim, eine Produktpalette vorzustellen und die Firmenstruktur zu beschreiben. Diese sollte aber, im Gegensatz zu gedruckten Medien, nicht der alleinige Mittelpunkt Ihres Web-Auftritts sein. Die Inhalte des Internet sind äußerst kurzlebig und bedürfen einer ständigen Aktualisierung. Mit Ihrem Engagement in diesem Medium verpflichten Sie sich auch zu ständigen Überarbeitungen und neuen Inhalten. Eine statische und langweilige Web-Site fällt schnell aus der Gunst des Publikums und wird einfach nicht mehr besucht. Eine langatmige Darstellung der Firmengeschichte und eine lückenlose Auflistung des Produktsortiments schrecken ebenso ab wie nicht gepflegte Kontaktadressen und veraltete „News". Denken Sie sich in jedem Fall eine zentrale Botschaft aus und überlegen Sie sich vorher, mit welchen Neuheiten und Aktualisierungen Sie die Besucher veranlassen, immer wieder auf Ihre Site zu kommen. Ein bewährtes Mittel, Beziehungen zu pflegen, ist das Push-Marketing. Hierbei werden Interessensgebiete des Besuchers abgefragt. Er wird dann mit allen Neuheiten zu dem von ihm ausgewählten Themenkreis automatisch versorgt – entweder als Nachricht

2

auf seinem E-Mail-Account oder als Bereitstellung auf Ihrem Server. So wird ein ständiger Kontakt zum Interessenten/Kunden aufrecht gehalten, und mit einem speziellen Programm ist es möglich, seine Präferenzen zu erforschen, um auf diese gezielt eingehen zu können. Sinn der Übung ist es, eine Verbindung aufrecht zu erhalten und ein persönliches Verhältnis zu entwickeln. Der potentielle Kunde wird individuell wahrgenommen und auf seine Wünsche reagiert. Push-Marketing bedeutet also, daß das Unternehmen zum Kunden kommt und einen Service zur Verfügung stellt, das ihm einen besonderen Nutzen bietet. In dieses Raster paßt auch der Kundensupport mit dem Internet – als unterstützendes Element bei häufig gestellten Fragen (FAQ, d. h. Frequently Asked Questions). Durch ein geschicktes Frage- und Antwortmuster können so die meisten Dinge im Vorfeld geklärt oder zumindest kanalisiert werden. Eine zusätzliche Kontaktaufnahme per E-Mail mit den direkt Verantwortlichen im Unternehmen oder mit einem Call-Center vermittelt das Gefühl von Sicherheit – v. a., wenn eine Beratung und Betreuung rund um die Uhr gewährleistet ist. Entscheidend ist natürlich die jeweils unmittelbare Reaktion.

FAQ

! Tip: Richten Sie einen Nachrichtendienst via Push-Marketing ein und stellen Sie den Interessenten ausgewählte Neuigkeiten zum gewünschten Themengebiet zur Verfügung. Nutzen Sie das Internet auch zum Kundensupport und stellen Sie sich Meinungen und Kritik.

Die Mailing-Liste als Marktforschungsinstrument 2 ▮ 01 | 05

In das Kapitel Dialog fällt auch das Betreiben einer Mailing-Liste. Wie bei den bereits erwähnten Foren werden auch hier Themen vorgegeben und diskutiert. Jeder, der die Liste abonniert, kann die Beiträge einsehen und sich auch selbst beteiligen. Der Moderator veröffentlicht die aktuellen Diskussionen in der Liste in einem vorgegebenen Rhythmus über den E-Mail-Account. Da die Themen das Geschäftsfeld Ihres Unternehmens betreffen und oft hochkarätige Fachleute aus der Branche vertreten sind, erhalten Sie wertvolle Anregungen für Ihre Marketingarbeit.

! Mailing-Listen bieten die einmalige Gelegenheit, mit Fachleuten aus dem eignen Marketingumfeld zu diskutieren und über den Tellerrand des Firmenalltags hinauszuschauen.
Tip: Machen Sie sich zunächst einmal vertraut mit der Funktion von Mailing-Listen. Unter www.liszt.com finden Sie eine entsprechende Auswahl an Mailing-Listen.

2 ▮ 01 | 06 Feature und Effekthascherei: Wieviel Technikeinsatz ist sinnvoll?

Strategie und Technikeinsatz

Strategische Überlegungen hinsichtlich des eigenen Web-Auftritts hängen eng mit den technischen Möglichkeiten des Internets zusammen. Die rasante Entwicklung der Online-Technologie bringt immer neue Anwendungsfelder ins Spiel. Was kann das Web heute leisten und welcher technischer Aufwand ist für meine Web-Site vernünftig? Zunächst einmal: Sie müssen sich nicht von jeder Neuentwicklung jagen lassen und diese auch in Ihre Web-Site integrieren. Dem Wettlauf können Sie ohnehin nicht standhalten, da schon fast als veraltet gilt, was gerade dabei ist, den Markt zu erobern. Konzentrieren Sie sich auf einige wesentliche Dinge, die Ihre Web-Site funktionstüchtig machen, z. B. auf einwandfrei funktionierende Bestellformulare, auf eine leicht verständliche Navigation, auf funktionierende Links, auf den schnellen Aufbau der Seiten und auf ansprechende Inhalte und laufende Aktualisierungen. Prüfen Sie, ob der Einsatz aller multimedialen Elemente auch wirklich erforderlich ist. Videos, Sound, Animationen und andere Effekte können manchen Besucher beeindrucken. Sie müssen aber einen konkreten Nutzen bieten und in direktem Zusammenhang mit Ihrem Angebot stehen. Schließlich verlängern die meisten dieser Effekte die Ladezeiten der Seiten erheblich und verteuern das gesamte Projekt erheblich. Auch hier gilt: Nicht alles, was technisch machbar ist, muß auch zum Einsatz kommen. Technische Finessen ersetzen nicht die fehlende inhaltliche Botschaft.

! Tip: Lassen Sie sich keine technischen Highlights aufreden, die Ihre Web-Site nur komplizierter und langsamer machen. Nutzen Sie den Fortschritt der Programmiertechnik dort, wo er Ihnen für Ihre Kunden und Interessenten einen konkreten Nutzen einbringt.

FAZIT

Marketing mit dem Internet ist die Fortschreibung des klassischen Marketing mit neuen Mitteln. Es ergänzt und erweitert die herkömmlichen Methoden der Kommunikation (Mehrwert). Auch beim Internet gelten die bekannten Gesetze der strategischen Positionierung und die Regeln über die Gewinnung von Kunden und Bindung des bestehenden Potentials. Die Stärke des Internet-Marketings ist die Aufnahme und Vertiefung eines Dialogs, der auch bei kleinen und mittleren Unternehmen wegen der überschaubaren Mengen effizient gestaltet werden kann. Der Web-Auftritt verlangt besondere Inhalte, die über die herkömmlichen Werbebotschaften hinausgehen (Umfeldinformationen) und ständig aktualisiert werden müssen. Mögliche Ziele sind die Ansprache eines neuen Kundenpotentials (z. B. im Export), Kompetenzdarstellung durch tiefgehende Fachdialoge und weiterführende Fachinformationen, Kundenbindung, Support und Direktvertrieb. Die Internet-Präsentation ist eine langfristige Marketing-Investition von hoher unternehmerischer Bedeutung und verlangt eine intensive strategische Planung und Weiterentwicklung. Zur Realisierung bedarf es kompetenter Fachleute auf Seiten des Auftraggebers und der Produzenten und ausreichend personeller und finanzieller Ressourcen.

Literatur

Berres A (1997) Marketing und Vertrieb mit dem Internet. Springer, Berlin Heidelberg New York Tokio

Fuzinski A, Meyer, C (1997) Der Internet-Ratgeber für erfolgreiches Marketing. Metropolitan Verlag

Resch, J (1998) Marktplatz Internet. Microsoft Press

Integration in den Marketing-Mix

2 ▮ 02

Paul G. Maciejewski

2

INHALTSÜBERBLICK

Dieser Beitrag erläutert die Rolle, die das Internet im Marketing für Unternehmen spielen kann. Handlungsmöglichkeiten wie Distributions- oder Kommunikationspolitik im Internet werden aufgezeigt sowie Tips und Hinweise gegeben, wie hierfür das World Wide Web genutzt werden kann. Weiterhin erhalten Sie Informationen zu möglichen Werbeformen und deren Bedeutung.

Wesen und Begriff des Marketing-Mix

2 ▮ 02 | 01

Marketing-Definition

Der Begriff Marketing wird laut Meffert wie folgt definiert: „Marketing ist ein Begriff für die Planung, Koordination und Kontrolle aller auf potentielle Märkte ausgerichteten Unternehmensaktivitäten zur Verwirklichung der Unternehmensziele durch eine dauerhafte Befriedigung der Kundenbedürfnisse (Meffert 1991, S. 1472). Im Rahmen des Marketing-Mix stellen die Instrumente die Handlungsmöglichkeiten im Marketing dar. Generell unterscheidet man 4 Instrumente, die ihrerseits wieder in Sub-Mixe zerlegt werden können (s. Abb. 1).

Distributionspolitik im Rahmen des Internet

2 ▮ 02 | 02

E-Commerc

„Electronic Shopping" bezeichnet alle Vertriebsformen, bei denen die Angebotspräsentation durch einen Anbieter sowie auch der Vertragsabschluß und Bestellvorgang durch einen Nachfrager ohne gleichzeitige körperliche Anwesenheit der Vertragspartner über elektronische Medien realisiert werden. Die Bezahlung erfolgt konventionell oder mittels Electronic Banking (Flegel 1995, S. 556).

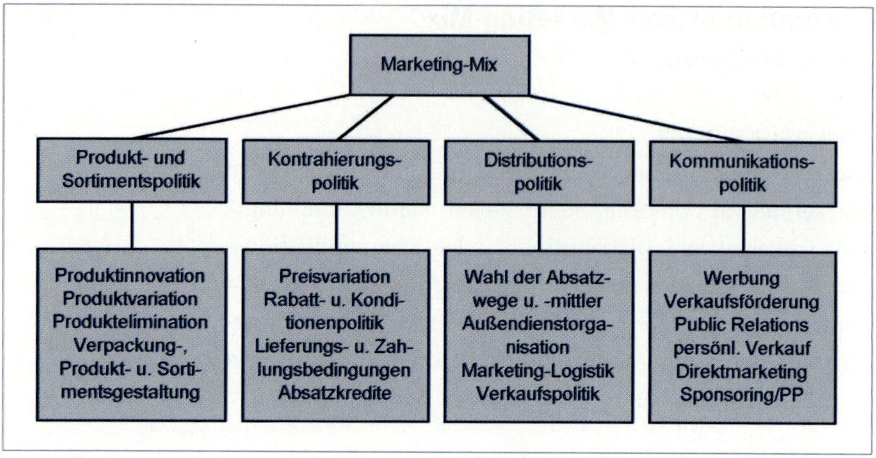

Abb. 1: Darstellung des Marketing-Mix (Quelle: Berndt 1993)

Im Rahmen der Distributionspolitik bieten interaktive Online-Systeme die Möglichkeit, Ladenschlußzeiten und Verkaufsstandorte durch einen neuen Vertriebskanal zu umgehen (vgl. Glomb 1995, S. 136). Wie Unternehmen das „Netz der Netze" für ihre Distribution sinnvoll nutzen können, soll in diesem Kapitel näher beleuchtet werden.

2 ▮ 02 | 03 Online-Shopping: Erfolgsfaktoren und Trends

Unternehmensvoraussetzungen

Bevor sich ein Unternehmen für Online-Shopping entscheidet, müssen unternehmensintern verschiedene Voraussetzungen überprüft werden:

- Paßt es ins Firmenimage, Produkte online zu vertreiben?
- Ist genügend qualifiziertes Personal für eine schnelle Abwicklung von Online-Bestellungen vorhanden?
- Können Probleme mit den derzeitigen Händlern auftreten?

- Kann der Online-Verkauf zur Substitution des bestehenden Absatzes führen?
- Ist die Unterhaltung eines Online-Distributionskanals möglicherweise langfristig kostengünstiger als ein anderer, bereits bestehender? (Vgl. Fantapié Altobelli u. Hoffmann 1996, S. 94).

Im Rahmen des Online-Shoppings ist weiterhin die Berücksichtigung folgender Faktoren erfolgsentscheidend:

- Ein Online-Angebot sollte nicht auf wenige Produkte, von denen man glaubt, daß sie sich besonders gut verkaufen lassen, beschränkt werden, sondern sogar eine größere Produktpalette als in Printkatalogen bieten und einige „Highlights" beinhalten. Aktualität ist im Web Grundvoraussetzung (vgl. Segerer 1996, S. 317).
- Unternehmen sollten nie den Fehler machen, für einen Online-Service, wie z. B. die Benutzung einer Datenbank für Produktinformationen, Gebühren oder Aufpreise zu verlangen. Weitere Erfolgsfaktoren stellen der Verzicht auf Zustellgebühren und die Beibehaltung des Point-of-Sales (POS)-Preisniveaus dar (vgl. Wamser 1996, S. 7–18).
- Die Angst der Verbraucher vor nicht zufriedenstellenden Produkten, schwierigen Reklamationen und der Gefahr des Datenmißbrauchs läßt viele Online-Angebote ungenutzt. Eine großzügige Qualitätsgarantie und alternative Bezahlungsmöglichkeiten sind daher grundlegend für die Akzeptanz, da die Möglichkeit, die Ware eigenhändig zu prüfen, beim Online-Shopping fehlt (vgl. Geppert 1996, S 15).
- Viele Kunden beurteilen das Online-Angebot danach, wie die Lieferung und Kundenbetreuung nach der Auftragserteilung abgewickelt wird. Eine leistungsfähi-

ge Distributionslogistik, die flexible Lieferzeiten und pünktliche, schnelle Auslieferung garantiert, ist daher von großer Bedeutung (vgl. Flegel 1995, S. 560–563).

Internettaugliche Produkte

Will man eine Klassifizierung der für das Online-Shopping geeigneten Güter vornehmen, so kommen grundsätzlich Modeartikel und Produkte mit kurzfristigen Preisänderungen sowie leicht lagerbare, standardisierte und preiswerte Konsumgüter für diese Vertriebsform in Betracht.

Für Produkte, die sehr wertvoll sind und deren Verkauf auch künftig Beratung und persönlichen Kontakt erfordern wird, stellen weiterhin die klassischen Vertriebswege die beste Lösung dar.

Vergleicht man Online-Shopping im Internet mit dem klassischen Versandhandel, so werden hier noch relativ geringe Umsätze erwirtschaftet. Für das Jahr 2000 werden jedoch Umsätze von etwa 2,3 Mrd. Dollar prognostiziert (vgl. Grimm u. Ellighaus 1996, S. 443). Wenn dann die Käufer mit den Herstellern online direkt kommunizieren, wird eine schwere Zeit für Exporteure, Groß- und Einzelhändler anbrechen. Denn durch das Einsparen von Handelsspannen können Waren zu niedrigeren Preisen gekauft werden, wovon man mühelos die Kosten des Online-Systems finanzieren kann (vgl. Diekhof 1996, S. 27).

2 ▮ 02 | 04 Elektronische Katalogsysteme

CGI

Will man über das Internet erfolgreich Verkäufe generieren, ist es von großer Bedeutung, das Bestellformular entsprechend zu gestalten. Es sollte auf den ersten Blick verständlich sein und den Eindruck erwecken, daß das Ausfüllen sehr einfach ist. Um interaktive Bestellformulare einfach zu erstellen, empfiehlt sich die Verwendung von

Software, die CGI (Common Gateway Interface) unterstützt. Mit CGI können die Kunden in einer Datenbank nachschlagen, einen elektronischen Einkaufswagen verwenden, Versandkosten und Zuschläge automatisch berechnen, Bestände prüfen und Versanddaten verifizieren. Hinter den Kulissen können CGI-Programme Bestandsdaten aktualisieren, Bestellungen eintragen und Informationen an die Abrechnungsstelle weiterleiten. Es ist sogar möglich, daß der Kunde per Video-Interface sein Paket auf der Versandstraße verfolgen kann (vgl. Emery 1996, S. 390).

Vorteile elektronischer Kataloge

Elektronische Katalogsysteme müssen mehr leisten können, als ihre Pendants im Printbereich, damit sie von den Internet-Usern akzeptiert werden. Deshalb sollen hier einige Vorteile aufgezeigt werden, die elektronische Kataloge gegenüber Printkatalogen besitzen:

- Aktuellere Preisinformation ist möglich.
- Ein leichterer Zugriff über Suchfunktionen besteht.
- Bessere Vergleichsmöglichkeiten werden realisiert.
- Zusätzliche Informationen können direkt beim Produkt abgefragt werden.
- Fehlerhafte Auswahl und Übertragung wird vermieden.
- Vollständigkeit wird gewährleistet (vgl. Bradic 1996, S. 7).

Virtuelle Kaufhäuser

Definition

Für virtuelle Kaufhäuser existieren mittlerweile zahlreiche Begriffe wie z. B. electronic mall, shopping mall, virtual storefront oder elektronischer Marktplatz, die im folgenden als Synonyme verwendet und hier kurz definiert werden sollen: „Eine electronic mall ist ein virtuelles Shopping- und Dienstleistungszentrum, in dem mehrere elektronische Einzelhandelsmärkte oder virtuelle Warenhäuser einzelner Anbieter unter einer Netzadresse und unter einer einheitlichen Bedienoberfläche sowie einheitlichen Transaktionsmechanismen integriert werden (Heise 1996, S. 150–151).

2 ▮ 02 | 05 Kommunikationspolitik im Rahmen des Internets

Diesem Kapitel soll eine Definition von Meffert zugrundegelegt werden: „Kommunikationspolitik umfaßt die bewußte Gestaltung der auf den Markt gerichteten Informationen eines Unternehmens mit dem Ziel, die Erwartungen, Einstellungen und Verhaltensweisen potentieller Käufer zu beeinflussen (Meffert 1991, S. 119).

Will man das Internet als Kommunikationsmedium sinnvoll nutzen, empfiehlt sich eine Unterteilung in 2 grundsätzliche Richtungen. Zum einen kann es als Plattform zur Präsentation und Information über Unternehmen und Produkte auf eigenen Homepages dienen, zum anderen kann das Internet auch als Werbemittel genutzt werden, um auf unterschiedliche Arten auf die Homepage hinzuweisen.

2 ▮ 02 | 06 Online-Kommunikation: Bedeutung und mögliche Werbeformen

- Die globale Reichweite ermöglicht eine weltweite Ansprache. Durch Sprachalternativen ist sogar ein differenziertes Angebot realisierbar.
- Die permanente Verfügbarkeit macht die Werbung 24 Stunden täglich präsent.
- Die bisher schwierige Verknüpfung von Werbung und redaktionellen Inhalten, um die Wirkung der Werbung zu erhöhen, kann im Web verwirklicht werden.

- Die Interaktivität hat ein stärkeres Involvement der Zielgruppe zur Folge; One-to-One-Marketing ist keine Zukunftsmusik mehr.
- Durch die Multimedia-Fähigkeit können alle Sinne angesprochen werden, wodurch sich der Aufforderungscharakter der Werbung verstärkt und bessere Erinnerungsraten erzielt werden.
- Über das Internet lassen sich zudem alle Bereiche der Unternehmenskommunikation gut miteinander kombinieren. Ein Online-Auftritt umfaßt meist neben PR-Maßnahmen auch Werbeseiten und Verkaufsförderungsaktionen.
- Die Werbewirkung kann im Internet ohne großen Zeit- und Kostenaufwand gemessen werden.
- Schließlich ist Online-Werbung noch relativ preiswert, wenn man sie mit den üblichen Kosten für Printanzeigen und TV-Spots vergleicht (vgl. Hünerberg 1996, S. 123–125).

Informations-Marketing

Da im WWW nur die Werbebotschaft, die vom Empfänger freiwillig abgerufen wird, auch tatsächlich ankommt, gewinnt das Informations-Marketing immer mehr an Gewicht. Das bedeutet, daß eine Information richtig gestaltet und verpackt, im richtigen Umfeld plaziert und an anderen Stellen darauf hingewiesen werden muß. Dabei sollte man unterscheiden, ob die Werbung selbst Aufmerksamkeit zu wecken hat, oder ob man sie so plaziert, daß sie von der durch andere Anbieter geschaffenen Aufmerksamkeit profitiert. Letztere Variante ist meist nicht unentgeltlich, die erste jedoch mit größerem Aufwand verbunden (vgl. Silberer 1997, S. 11).

Folgende Werbeformen lassen sich für die beiden Varianten ausmachen.

ren, Geschäftsberichte, betriebswirtschaftliche Daten, Aktivitäten in Forschung und Umweltschutz, Standorte mit Anfahrtsplan und Mitarbeitervorstellung bis hin zu Pressemitteilungen, Veröffentlichungen und Sponsoringaktivitäten. Darüber hinaus sollten diese Angebote mit direkten Dialogaufforderungen verbunden sein (vgl. Rengelshausen 1997, S. 112).

Information

Neben der Präsentation des Leistungsspektrums eines Unternehmens steht sicherlich die Vermittlung von entscheidungsrelevanten Hintergrundinformationen an erster Stelle. Via Online-Medien ist der Anbieter in der Lage, den Interessenten kostengünstig eine große Auswahl an Informationen zur Verfügung zu stellen, deren Produktion und Distribution in gedruckter Form zu teuer wäre.

Literatur

Berndt R (1993) Kommunikationspolitik im Rahmen des Marketing. In: Berndt R, Hermanns A (Hrsg): Handbuch Marketing-Kommunikation. Wiesbaden, S 5–18

Bradic M (1996) Katalogsysteme der Seitz GmbH. Pforzheim, S 1–14

Diekhof R (1996) Kundendialog – Verstehen Sie Space? Global Online 3: 22–29

Emery V (1996) Internet im Unternehmen, 1. Aufl. Heidelberg

Fantapié Altobelli C, Hoffmann S (1996) Werbung im Internet. Kommunikations-Kompendium Bd 6 (im Auftrag der MGM Mediagruppe). München

Flegel V (1995) Electronic Shopping In: Tietz, Betal (Hrsg) Handwörterbuch des Marketing, 2. Aufl. Stuttgart, S 555–568

Geppert D (1996) Auf zur interaktiven Fernsehzukunft. Direkt Marketing 12: 14–15

Glomb H (1995) Lean Marketing durch den Einsatz von interaktiven Multi-Media-Systemen im Marketing-Mix. In: Hünerberg R, Heise G (Hrsg) Multi-Media und Marketing. Wiesbaden, S 121–140

Grimm M, Ellighaus U (1996) Online Einkaufen – wie groß ist das Interesse? Markenartikel 9:443

Heise G (1996) Online-Distribution. In: Hünerberg R, Heise G, Mann A (Hrsg) Handbuch Online-Marketing. Landsberg/Lech, S 131–155

Hünerberg R (1996) Online-Kommunikation. In: Hünerberg R, Heise G, Mann A (Hrsg) Handbuch Online-Marketing. Landsberg/Lech, S 107–130

Meffert H (1991) Marketing, 7. Aufl. Wiesbaden

Rengelshausen O (1997) Werbung im Internet und in kommerziellen Online-Diensten. In: Silberer G (Hrsg) Interaktive Werbung. Stuttgart, S 101–145

Segerer J (1996) Interaktive Verkaufsförderung. Bonn/Paris

Silberer G (1997) Interaktive Werbung auf dem Weg ins digitale Zeitalter. In: Silberer G (Hrsg) Interaktive Werbung, Stuttgart S 3-20

Wamser C (1996) Shopping im Internet. Direkt Marketing 7: 6–9

Werbung im Internet

2 ▮ 03

Frank Aupperle, Armin Gellweiler

INHALTSÜBERBLICK

Bannerwerbung ist sozusagen die Online-Werbeanzeige. Im Vergleich zur traditionellen Anzeigenwerbung bietet Bannerwerbung enorme Vorteile, die Sie hier kennenlernen. In diesem Beitrag finden Sie außerdem Plazierungsregeln und Abrechnungsarten. Hauptstandort der Bannerwerbung sind Suchmaschinen und Internet-Verzeichnisse (Meta-Indices). Zahlreiche Beispiele dafür finden Sie im Service-Teil unter S 02 Suchmaschinen.

Was ist das, ein Internet-Verzeichnis? Ein Internet-Verzeichnis, auch Web-Katalog genannt, erfaßt die Inhalte der Seiten, die im Internet zu finden sind, ähnlich einem herkömmlichen Inhaltsverzeichnis in Büchern. Der Unterschied ist: Die Inhalte des Internets sind von enormer Vielfalt und ändern sich ständig, daher wird ein Internet-Verzeichnis auch minütlich aktualisiert.

WEB.DE ist das umfangreichste deutschsprachige Internet-Verzeichnis: Anwender müssen sich hier nicht mit Fremdsprachentexten abmühen, denn alle Seiten in WEB.DE sind deutschsprachig. WEB.DE existiert seit Ende 1995. Täglich werden hier zwischen 350–400 neue Homepages und Webseiten angemeldet. Die Akzeptanz der Serviceleistung von WEB.DE ist enorm: Allein im April 1998 haben 2 Mio. Besucher auf WEB.DE zugegriffen. Dieser Service ist für alle Internet-Benutzer kostenlos, denn WEB.DE trägt sich ausschließlich über Bannerwerbung.

2 ▮ 03 | 01

Vorteile Bannerwerbung

Bannerwerbung als Marketinginstrument

Bannerwerbung ist die Bezeichnung für Werbeanzeigen, die auf Webpages im Internet geschaltet werden. Die Vorteile von Bannerwerbung im Vergleich zu traditionellen Werbeanzeigen, die in den audiovisuellen und den Printmedien geschaltet werden, sind enorm:

- Die Werbeträgerleistung kann zum einen genauer ermittelt werden, als das in jedem anderen der traditionellen Medien der Fall ist.
- Werbekampagnen können damit zuverlässig und konkret auf der Basis der tatsächlichen Werbemittelleistung geplant und bewertet werden. Somit können Kampagnen in kürzester Zeit optimiert werden.
- Die Werbemark des Kunden wird somit mit hohem Wirkungsgrad eingesetzt.

2 ▮ 03 | 02

Hauptziele Bannerwerbung

Welche Ziele sollen mit Werbung im Internet erreicht werden?

Vor dem Schalten jeder Werbeanzeige muß ein Konzept stehen: Welche Ziele sollen erreicht werden und welches der angestrebten Ziele hat Priorität vor den anderen?

Bei Bannerwerbung lassen sich im wesentlichen vier Hauptziele benennen:

- Bekanntmachung der Marke (Branding)

  Die Priorität liegt darauf, die Marke überhaupt bekanntzumachen. Dieses Ziel eignet sich z. B. primär bei Firmenneugründungen, für Imagekampagnen oder Produkte und Leistungen, die neu auf dem Markt eingeführt werden sollen.
- Online-Abverkauf von Produkten

  Der Schwerpunkt liegt auf dem Verkauf von Produkten und Dienstleistungen über das Internet.

- Verkaufsunterstützung von Produkten
  Verkaufsunterstützende Maßnahmen für bereits bestehende Produkte und Dienstleistungen, die zusätzlich durch Bannerwerbung beworben werden sollen.
- Generierung von Zielgruppenadressen
  Dieses Ziel ist vornehmlich für die Firmen interessant, die sich eine bestimmte Zielgruppe erschließen, bzw. neue Adreßbestände für spätere Werbezwecke und eine spezifische Zielgruppenansprache aufnehmen wollen.

! Um jedes dieser Ziele zu erreichen, ist eine sinnvolle strategische Planung unerläßlich. Für Bannerwerbung gilt:

- Vor dem Schalten eines Banners muß eine klare Zielaussage definiert werden.
- Anhand der gewählten primären Ziele kann dann eine entsprechend wirkungsvolle Werbestrategie festgelegt werden.

Wo kann im Internet Bannerwerbung plaziert werden, um die gewünschte Zielgruppe am wirkungsvollsten zu erreichen?

2 03 | 03

Vier Gruppen von Werbeträgern

Auf dem deutschen Markt existieren z. Z. über 400 Online-Werbeträger, die sich in vier Gruppen einteilen lassen.

- Web-Kataloge (WEB.DE, Dino-Online, Yahoo etc.), die als Werbeträger die Zielgruppe aller Internet-Benutzer bedienen: Jeder Netzbesucher, der nach Orientierung im Internet und einer qualitativ hochwertiger Vorauswahl der Netzinhalte sucht, bekommt diese Bannerwerbung zu Gesicht (abhängig von der Plazierung und der gewählten Zielgruppe).

- Suchmaschinen (Lycos, Fireball, Excite, Crawler.de etc.), die ebenfalls die Zielgruppe aller Internet-Nutzer bedienen. Im Vergleich zu den zuvor genannten Web-Katalogen sind die durch eine Suchmaschine ermittelnden Seiten allerdings nicht thematisch erfaßt und redaktionell nicht geordnet.
- General-Interest-Angebote, (Stern, Spiegel, Focus etc.), die eine möglichst große, bunt gemischte Zielgruppe abdecken.

  Wer seine Bannerwerbung bei einem dieser Medien im Internet schaltet, zielt darauf ab, die beworbenen Produkte und Dienstleistungen einem möglichst großen Teil der Öffentlichkeit bekannt zu machen.
- Redaktionelle Special-Interest-Angebote (DM-Online, Brigitte, GEO etc.). Bannerwerbung erreicht hier eine spezifischere Zielgruppe, als dies bei General-Interest-Medien der Fall ist. Entsprechend konkret und präzise kann hier für eine allgemeine Zielgruppe geworben werden.

2 ▮ 03 | 04 Auswahlkriterien für Bannerwerbung

Die Auswahlkriterien für die Art der Bannerwerbung sind die meßbaren Sichtkontakte (PageViews und Impressions) und die meßbare Anzahl der Besuche (Visits) auf einer Web-Seite. Diese Meßgrößen bieten folgende Vorteile:

Sichtkontakt (PageView & Impression)

Diese Meßgröße erfaßt die Anzahl der Sichtkontakte eines Banners durch die Internet-Nutzer, die eine potentiell werbeführende HTML-Seite besuchen. Der Sichtkontakt setzt sich aus PageView und Impression zusammen, wobei PageView den Besuch einer Web-Seite bezeichnet, unabhängig davon, ob auf dieser Seite ein Banner plaziert wurde. Impressions dagegen verzeichnen den tatsächlichen Sichtkontakt mit den Seiten, auf denen die Banner plaziert sind. Impressions liefern damit das Maß für die tatsächliche Nutzung einzelner Seiten mit Bannerwerbung. Das entspricht, auf eine einzelne werbeführende Angebotsseite bezogen, dem Werbemittelkontakt.

Besuch (Visit)
Mit Visit wird ein zusammenhängender Nutzungsvorgang (Besuch) eines WWW-Angebotes bezeichnet. Der Besuch einer Internet-Seite definiert den Werbeträgerkontakt.

Arten der Abrechnungsgrundlage

2 ▮ 03 | 05

Zwei Arten der Abrechnung von Werbeschaltungen im Internet haben sich etabliert:

- Die Abrechnung nach Sichtkontakten (Impressions):
  Gebucht wird eine exakte Zahl an Impressions, z. B. 100.000. Das Werbebanner wird genau 100.000mal dem Anwender präsentiert. Die garantierte Anzahl von Impressions schafft eine hohe Planungssicherheit bei der Abrechnung.
- Die Abrechnung über einen festgelegten Zeitraum zu einem Festpreis:
  Der Kunde bucht über einen festgelegten Zeitraum, z. B. einen Monat, eine bestimmte Plazierung. Bei dieser Form der Abrechnung kann keine genaue Anzahl an Kontakten garantiert werden. Soll der Werbebanner auch bei dieser Abrechnungsmethode 100.000mal gesehen werden, muß evtl. nachgeschaltet werden.

Preise von Online-Werbung – Berechnungsgrundlage ist der Tausender-Kontakt-Preis (TKP)

Die TKP-Preisspanne der Online-Plattformen reicht von 5 DM (z. B. für die Werbung bei Praline Online) bis hin zu 500 DM für hochspezialisierte Web-Sites (Fachzeitschriften) oder berufsbezogenen Online-Angeboten (z. B. Baunetz, einer Plattform von Bauingenieuren und Baufirmen). Der durchschnittliche TKP liegt, je nach Angebot und Plazierung, zwischen 30 DM und 250 DM.

2 ▮ 03 | 06 Die Plazierung

Die verschiedenen Plazierungsmöglichkeiten

Fünf Plazierungsmöglichkeiten sind bei Bannerwerbung üblich:

- Die Plazierung auf der Homepage eines Online-Anbieters. Das entspricht einer Buchung auf der Titelseite einer Tageszeitung.
- Themenbezogene Umfelder (Affinity-Groups). Eine Plazierung, die inhaltlich ein auf Zielgruppen gerichtetes Umfeld bietet, z. B. eine Buchung in der Themengruppe Auto und Verkehr von WEB.DE.
- Special Interest: Eine Plazierung, die exakt auf die gewünschte Zielgruppe der Werbetreibenden ausgerichtet ist, z. B. eine Buchung innerhalb eines redaktionellen Umfelds.
- Keywords: Eine Plazierungsmöglichkeit, die nur von Suchmaschinen und Suchverzeichnissen wie WEB.DE angeboten wird. Das Suchwort wird mit einem Werbebanner belegt. Tippt der Anwender „Metallwaren“ in die Suchmaske ein, erscheint auf der Suchergebnis-Seite das Banner der werbetreibenden Metallwarenfirma.

- General Rotation: Eine Plazierungsform, bei der das Werbebanner über alle nicht fest verkauften Seiten rotiert. Eine breite Streuung bei einem günstigen Preis.

Ort der Werbebanner-Plazierung
- Die exklusive Plazierung im direkt sichtbaren Bereich.
- Mehrere Plazierungen im sichtbaren Bereich.
- Mehrere Plazierungen im scrollbaren Bereich.

! Standardgrößen der Banner

Auf Empfehlung des Internet Advertising Bureau (IAB), des Bundesverbandes Deutscher Zeitungsverleger (BDZV) und des Vereins Deutscher Zeitungsverleger (VDZ) wurden Standards für Werbebanner festgelegt. Die Bannergröße bemißt sich in Pixel (Breite mal Höhe) (Abb. 1a–c).

Erfolgskontrolle der Schaltung

2 ▮ 03 | 07

Bannerwerbung im Internet ist genau belegbar. Vor der Buchung einer Werbekampagne ist nachzuprüfen, ob der Kunde folgende Zahlen erhält:

Abb. 1a–c. Werbebanner. **a** 468×60 Pixel (z. B. WEB.DE-Homepage), **b** 234×60 Pixel, **c** 56×60 Pixel

- Statistische Auswertung.
- Tagesauswertung mit Angabe der Impressions und AD-Klicks pro geschaltetem Banner. Mit AD-Klicks wird die Anzahl aller angeklickten Anzeigen bzw. der angeklickten Banner und Buttons bezeichnet.
- Wochenübersicht der Kampagne.
- Komplette Auswertung nach Ablauf der Schaltung.

Weitere Informationsquellen

- IVW Informationsgemeinschaft zur Feststellung der Verbreitung von Werbeträgern e. V., Internet-Adresse: http://www.ivw.de
- WEB-Media Guide, Mediaplanung im Internet, Internet-Adresse: http://www. horizont. de/webmedia/ index. html
- Aktuelle Online Planungsdaten-Online Werbung (Neue Medien Gesellschaft Ulm)
- Media Guide Special Online (Media-Kommunikation GmbH)

Fachzeitschriften

- Horizont
- werben & verkaufen
- Kress-Report

Nutzerstrukturen im Internet

2 ▮ 04

Torsten Schwarz

INHALTSÜBERBLICK

Der User, das unbekannte Wesen. In diesem Beitrag finden Sie Angaben zu Nutzerstrukturen und wie diese Zahlen und Statistiken entstanden sind. Sie können anschließend selbst beurteilen, inwieweit die heute vorliegenden Nutzerprofile qualitativ und quantitativ „korrekt" sind. Außerdem werden die wichtigsten Online-Studien kurz vorgestellt.

Neue Zielgruppen und neues Verhalten

2 ▮ 04 | 01

Entwicklung der Nutzerzusammensetzung

Zunächst Wissenschaftler und Studenten

Das Internet besteht schon seit fast 30 Jahren und wurde lange Zeit überwiegend im universitären Bereich eingesetzt. Noch bis Mitte der 90er Jahre war die kommerzielle Nutzung des Internet lediglich von untergeordneter Bedeutung. Vorrangig diente es dem Austausch von wissenschaftlichen Informationen und der Kommunikation von Hochschulangehörigen untereinander.

Erst mit dem Aufkommen des World Wide Web auf der Basis von HTML, der Hypertext Markup Language, war es möglich, dieses Netzwerk für die Übertragung gestalterisch ansprechender Dokumente zu nutzen. Dies, in Verbindung mit multimedialen Komponenten, war der Beginn der Kommerzialisierung des Internets mit der damit einhergehenden Veränderung der Nutzergemeinde dieses Mediums, das zunächst nur Wissenschaftlern und Studenten als Kommunikationsmittel diente.

1996 mehr Angestellte als Studenten

Seit Mitte der 90er Jahre drängen nun auch nichtuniversitäre Nutzer in dieses einstmals universitäre Refugium. So waren in der ersten Erhebung von W3B im

Herbst 1995 noch über die Hälfte der deutschen Internet-Nutzer Studenten und andere Universitätsangehörige. Noch heute gibt es das weitverbreitete Vorurteil, das Internet sei lediglich eine Spielwiese von Studenten und Technikfreaks. Inzwischen kommt jedoch nur noch ein geringer Anteil aus diesem universitären Umfeld, während die Hauptnutzergruppe „normale" Angestellte sind.

Info-Elite

Die Tendenz entwickelt sich derzeit von einer Info-Elite hin zum normalen Bevölkerungsdurchschnitt. In den Vereinigten Staaten ist die Internetdurchdringung schon sehr viel weiter fortgeschritten, so daß dort bei den Nutzern eine ausgeprägtere Bevölkerungsrepräsentativität gegeben ist als in Deutschland, wo die Internet-Nutzung noch nicht so weite Verbreitung genießt. Derzeit nutzen in Deutschland etwa 6 Millionen Menschen das Internet. Bemerkenswert dabei ist insbesondere die Tatsache, daß die Anzahl der Websites und der bereitgestellten WWW-Seiten bei weitem stärker ansteigt als die Zahl der Nutzer, also die Zahl potentieller Besucher der Websites.

Der User – das unbekannte Wesen

Mit dem Beginn der kommerziellen Nutzung des Internets wurde zunehmend die Frage nach den Zielgruppen relevant, die über das Internet angesprochen werden können. Gleichzeitig starteten eine Reihe von Untersuchungen zu Kundenwünschen und Nutzerverhalten und Zielgruppenansprache. Bis zum heutigen Zeitpunkt gibt es zu diesen Fragen nur einige wenige allgemeingültige Aussagen. Im Detail sind hier noch viele Fragen offen – insbesondere zu der Gesamtheit der Internet-User. Exemplarisch hierfür ist die Frage nach dem Frauenanteil im Netz: Noch Ende 1997 ging die aktuelle W3B-Studie von 12,2% Frauenanteil aus, während nur wenige Monate spä-

2

ter der GfK-Online-Monitor ermittelte, daß jeder dritte Nutzer eine Frau ist. Dies ist nur ein Beispiel dafür, wie schwierig es in vielen Fällen ist, den „typischen" Internet-Nutzer zu definieren und insbesondere auch dessen charakteristische Bedürfnisse und Wünsche zu ermitteln.

Zuwenige repräsentative Studien

Noch liegen zuwenig repräsentative Untersuchungen über die Grundgesamtheit der Internet-User vor. Umgekehrt ist es aber für den Erfolg von Internet-Auftritten von existentieller Bedeutung, die richtigen – nämlich auch im Netz vorhandenen – Zielgruppen mit ihren spezifischen Kommunikationsbedürfnissen richtig anzusprechen.

Methoden der Erforschung von Nutzerstrukturen 2 ▮ 04 | 02

Preiswerte und zeitnahe Methoden bei Online-Studien

Für die Erforschung der Nutzerstrukturen des Internets bieten sich völlig neue Möglichkeiten, da das Internet ein Kommunikationsmedium darstellt, über das sich der direkte Kontakt zum Kunden oder aber auch zu Testpersonen, Teilnehmern an Befragungen und Probanden einer Untersuchung aufbauen läßt. Die in der empirischen Forschung verwandten klassischen Methoden der Datenerhebung – schriftliche, telefonische oder persönliche Befragungen – sind meist teuer und sehr zeitaufwendig. Hier bietet das Internet – anders als die traditionellen Medien – neue Möglichkeiten, direkte Nutzerstudien zu betreiben. Online-Befragungen und E-Mail-Versand sind nicht nur kostengünstiger, sondern zugleich eine sehr viel schnellere Erhebungsmethode für Primärinformationen (s. auch Kap. 2.07).

Automatisierte Online-Erhebungen

Die Erfassung von onlineerhobenen Daten ist in der Regel erheblich rationeller als die klassischen Methoden der Dateneingabe. Automatische Schnittstellen der sowieso schon digital vorliegenden Informationen erfassen und verarbeiten Datenmengen, die bisher nur bei teuren, groß angelegten Untersuchungen möglich waren. Völlig neue Perspektiven eröffnen sich für mittelständische Unternehmen, die bisher aus Kostengründen auf den Einsatz von eigenen Marktforschungs-Untersuchungen verzichtet haben.

Die Möglichkeit, einen Fragebogen ins Netz zu stellen, eine Schnittstelle zur automatischen Datenauswertung zu schaffen und nach wenigen Wochen mit den ersten Ergebnissen aufzuwarten, klingt verlockend. Die Ergebnisse dieser rein über das Internet gewonnenen Umfrageergebnisse sind jedoch sehr fragwürdig, weil wenig repräsentativ. Die Qualität solcher rein über das Netz erhobenen Daten ist deshalb schwer einschätzbar, weil ein direkter Vergleich mit der Grundgesamtheit der Internet-Nutzer nicht möglich ist. Erst in Ansätzen existieren solche Basisdaten, die den Bezug der Gruppe der Internet-Nutzer zur Gesamtbevölkerung herstellen. Hierfür ist es jedoch notwendig, die Teilnehmer einer Befragung außerhalb des Netzes zu rekrutieren, womit eine solche Studie einen gegenüber Online-Befragungen stark erhöhten Aufwand bedeutet.

Kundenwünsche

Bei der Frage nach Nutzerinteressen und Kundenwünschen jedoch ist es durchaus möglich, die Ergebnisse direkt über Internet zu ermitteln. Hierbei ist zu beachten, daß Fragebogendesign und Art der Befragung in starkem Maße das Antwortverhalten beeinflussen können.

Stichproben und die Repräsentativität von Auswahlverfahren

Für die Bewertung der derzeit vorliegenden Untersuchungen zu Nutzerstrukturen im Internet ist es von elementarer Bedeutung, wie die Stichprobenauswahl stattfand und ob die Stichprobe als repräsentativ für die Grundgesamtheit der Internet-User gelten kann. Problematisch wird diese Forderung nach Repräsentativität insbesondere dann, wenn Studien nur online durchgeführt werden. In diesem Fall geschieht die Stichprobenauswahl lediglich online, indem sich Teilnehmer aus zufälligen Besuchern einer Website rekrutieren oder im Rahmen einer Werbekampagne auf die Befragung aufmerksam wurden. Im letzteren Fall ist ein Kriterium für die Stichprobenauswahl die Bereitschaft, das zugehörige Werbebanner anzuklicken.

Repräsentative Stichprobenauswahl durch Telefoninterviews

Es ist auch bei einer systematischen Stichprobenauswahl und dem systematischen Streuen der Hinweise auf einen Online-Fragebogen nur schwer möglich, hier Repräsentativität herzustellen. Alle anderen Methoden jedoch, außerhalb des Netzes an Informationen zu kommen, sind nicht nur sehr aufwendig, sondern auch mit hohen Kosten verbunden, denn dann muß in den meisten Fällen mit Telefoninterviews gearbeitet werden.

E-Mail-Fragebögen

Fazit der bisher rein über das Internet durchgeführten Untersuchungen ist meistens, daß die dabei erzielten Ergebnisse nur sehr ungenügend den Anspruch der Repräsentativität erfüllen. Die einzige Möglichkeit, Stichproben über eine einfache Zufallsauswahl zu generieren, wäre die Auswahl aus einem größeren Pool von E-Mail-Adressen. So könnten Teilnehmer einer Befragung direkt kontaktiert werden, wie es auch bei telefonischen Erhebungen praktiziert wird. Dies stößt jedoch in der Praxis auf Schwierigkeiten, da es den internetspezifischen Benimmregeln – der „Netiquette“ – widerspricht, unaufgefordert E-Mails zu versenden.

Online-Panels

Die Möglichkeit einer systematischen Stichprobenauswahl scheitert angesichts des derzeitigen Wissensstands noch an der mangelnden Kenntnis der Grundgesamtheit der Internet-Nutzer im Vergleich zur Gesamtbevölkerung. Sobald hier jedoch verstärkt Basisdaten zur Verfügung stehen, wird es möglich sein, Gruppen von Testpersonen (Panels) zusammenzustellen, die den Anspruch der Repräsentativität erfüllen.

Selbstselektion und Wahrheitstreue bei geschlossenen Befragungen

Gut geeignet ist das Internet dagegen, Wünsche und Interessen von Besuchern bestimmter Sites zu ermitteln, da diese direkt angesprochen werden können. Hierbei ist lediglich zu beachten, daß eine Selbstselektion der Befragten eintreten kann, da das Antwortverhalten der Besucher sich unterscheidet. So kann die Antwortbereitschaft unterschiedlicher Teilpopulationen variieren, so daß sich eine Verzerrung des Gesamtbilds ergibt. Außerdem ist zu beachten, daß die Gestaltung von Fragebögen und der äußere Rahmen der Befragung deren Ergebnis beeinflussen können. So kann z. B. bei an die Befragung gekoppelten Gewinnspielen das Antwortverhalten eine zu positive Tendenz andeuten, da Teilnehmer vermeintlich ihre Gewinnerwartung durch freundliche Antworten steigern wollen.

Erhebungstechniken und Online-Fragebögen

Datenfülle durch HTML-Formular

Zunächst einmal klingt es verlockend: Das Internet bietet die einfache Möglichkeit, einen Fragebogen ins Netz zu stellen und so in nur kurzer Zeit eine sehr umfangreiche Datenmenge zu generieren. Der Fragebogen ist als HTML-Formular programmiert und die Ergebnisse müssen nicht aufwendig eingelesen werden, sondern gelangen automatisch über eine CGI-Schnittstelle direkt in die Datenbank, wo sich eine automatische Auswertung anschließt.

Manipulation

Mit welcher Vorsicht die so gewonnenen Ergebnisse zu bewerten sind und wie leicht die Ergebnisse manipuliert werden können, hat nicht zuletzt eine Untersuchung der amerikanischen Zeitschrift „Time" gezeigt. Das Magazin wollte von den Besuchern seiner Website wissen, wen sie für den bedeutendsten Politiker dieses Jahrhunderts halten. Das Ergebnis war überraschenderweise Kemal Atatürk. Dies hatte jedoch nichts mit der Tatsache zu tun, daß sich dieser Politiker um die Einführung neuer Technologien verdient gemacht hatte. Vielmehr hatte ein türkischer Professor ein einfaches Programm geschrieben, das automatisch immer wieder von neuem seine Stimme für den Politiker abgab und so das Ergebnis manipulierte.

Produkttests

Verlockend ist nichtsdestoweniger bei Internet-Befragungen die vergleichsweise einfache Möglichkeit, Feedback zu eigenen Produkten oder der eigenen Website zu erhalten. So kann die Akzeptanz des eigenen Internet-Auftritts ermittelt oder Kundenwünsche und Produkteigenschaften können preiswert und schnell analysiert werden. In der Praxis stellt die Erstellung eines HTML-Fragebogens keinen großen Aufwand dar. Formularfelder wie auch Ankreuzmöglichkeiten oder vorgegebene Auswahlpunkte stehen als Instrumente zur Verfügung, so daß das Ausfüllen des Fragebogens sehr benutzerfreundlich gestaltet werden kann. Für den Anbieter liegt der Vorteil in der automatischen Schaffung einer Schnittstelle zu einer Datenbank und damit der bequemen Auswertung der Antworten. Die manuelle Erfassung entfällt, der Interviewer wird eingespart und die Auswertung ist sehr viel schneller. Die Zeitspanne zwischen Felduntersuchung und dem Vorliegen des fertigen Ergebnisses verkürzt sich also drastisch.

Gewinnspiele

Ein wesentlicher Punkt für den Erfolg eines Online-Fragebogens ist die Tatsache, daß dieser von möglichst vielen Besuchern einer Website auch ausgefüllt wird, was in der Praxis nicht gegeben ist. Ein Problem dabei ist die Selbstselektion der Antwortenden (s. o.), was in der Praxis zu einer deutlichen Verzerrung der Ergebnisse führen kann. Möglichkeiten, dieses Problem zu lösen, ergeben sich durch äußere Anreize, die zum Ausfüllen motivieren. So kann z. B. die Beantwortung an ein Gewinnspiel gekoppelt werden. Dies hat gleichzeitig den Vorteil, daß auch persönliche Daten abgefragt werden können und daß dabei zumindest die Adresse auch korrekt angegeben wird. Die Wahrscheinlichkeit, daß falsche Daten eingegeben werden, ist hierdurch verringert. Das Gegenteil kann jedoch auch eintreten, daß nämlich Teilnehmer nur an dem Gewinnspiel interessiert sind und sich bei der Beantwortung der Einzelfragen keine große Mühe geben.

Repräsentative Stichproben mit n^{th}-Viz

Um diesem Dilemma zu entgehen, gibt es eine Möglichkeit, dem Nutzer das Gefühl zu geben, die Beantwortung des Fragebogens sei eine besondere Ehre, da er zu den speziell auserwählten Testpersonen gehöre. Diese auch als „n^{th}-Viz-Verfahren“ bekannte Vorgehensweise sieht so aus, daß beispielsweise nur jeder tausendste Besucher einer Website auserwählt wird, an der Befragung teilzunehmen. Die Exklusivität der Situation garantiert dabei, daß die Antwortbereitschaft gesteigert wird. Gleichzeitig bietet die zufallsgenerierte Auswahl der Stichprobe eine statistisch sinnvolle Basis für die Untersuchung. In der Praxis bleibt jedoch die Antwortbereitschaft hinter den Erwartungen zurück.

Testpanels mit Meinungsführern

Eine Lösung kann sein, eigene Panels aufzubauen, also feste Teilnehmer von Befragungen an sich zu binden. Diese werden jeweils mit einer Belohnung dafür entschädigt, daß sie sich die Mühe machen, gründlich und sorgfältig an Befragungen teilzunehmen. Hierbei können sowohl Produkte als auch die eigene Website Gegenstand der Befragung sein. Diese Möglichkeit kann sogar gezielt eingesetzt werden, da davon auszugehen ist, daß Internet-Nutzer eine besonders innovative Teilpopulation der Gesamtbevölkerung darstellen. Sie eilen häufig dem Trend etwas voraus und können als sog. „Forerunners" gezielt als Probandengruppe bei explorativen Studien wie z. B. Produktneueinführungen eingesetzt werden.

Browser

Ein Problem, das sich bei allen Online-Befragungen ergibt, liegt in den technischen Grundlagen des World Wide Web. HTML-Dokumente werden von unterschiedlichen Browsern unterschiedlich angezeigt – z. T. sogar ganz ohne Grafiken. Dies kann zu einer Verzerrung des Antwortverhaltens aufgrund der unterschiedlichen technischen Plattformen führen.

offline ausfüllen

Ein weiteres Problem ist die Tatsache, daß jede Online-Minute Geld kostet und damit ein entspanntes Beantworten der Fragen oft nicht gegeben ist. Eine Lösung kann darin liegen, Fragebögen offline ausfüllen zu lassen und anschließend per E-Mail zu versenden. Je umständlicher die Bedienung dabei allerdings wird, um so mehr findet eine Selbstselektion der Befragten nach der Bereitschaft zur Lösung technischer Schwierigkeiten statt.

Design von Fragebögen

Die Technik von Fragebögen unterliegt einer rasanten Weiterentwicklung. So gibt es den Gießener WWW-Fragebogengenerator, den Nürnberger Internet-Rogator oder das rein Java- und damit plattformunabhängig programmierte Programm SMAN der RWTH Aachen. All dies sind Ansätze, um die Technik einer Befragung auch für kleine und mittelständische Unternehmen verfügbar zu machen.

Virtual Communities

Eine letzte Möglichkeit der Erhebung von Informationen über Internet ist das kontinuierliche Monitoring von Kundendiskussionen. Durch den Aufbau von virtuellen Gemeinschaften wird ein Forum geschaffen, in dem Teilnehmer – also Kunden oder Interessenten – über produktrelevante Fragen diskutieren können. Hier bietet sich für Unternehmen eine direkte Möglichkeit, durch offene Diskussionen zeitnah an kundenrelevanten Informationen teilzuhaben.

2 ▮ 04 | 03 Zielgruppen und Nutzer neuer Medien

Trends in der Verschiebung des Nutzerprofils

Noch immer gibt es das weitverbreitete Vorurteil über Studenten und Technikfreaks, die nächtelang im Internet chatten. Aus diesen Kinderschuhen ist das Netz jedoch längst herausgewachsen und dient statt dessen verstärkt Unternehmen mit einer einkommensstarken Klientel als Kommunikationsmedium zur streuverlustarmen Zielgruppenansprache. Der typische Internet-Nutzer ist heute etwa 35 Jahre alt, Angestellter, hat Abitur und verdient deutlich mehr als der Bevölkerungsdurchschnitt.

Immer mehr Bundesbürger mit Internet-Zugang

Mittlerweile verfügen knapp 6 Millionen Bundesbürger über die Möglichkeit, online zu kommunizieren; davon haben etwa 5 Millionen Zugang zum Internet. Alle Anzeichen deuten darauf hin, daß diese Zahl kontinuierlich ansteigt. So haben noch einmal so viele Bundesbürger die erklärte Absicht, sich innerhalb der kommenden 12 Monate Zugang zum Internet zu verschaffen. Das bedeutet, daß die Zusammensetzung der Nutzer des Internets sich immer mehr in Richtung auf den Bevölkerungsdurchschnitt hin verschiebt. Das bedeutet, daß immer breitere Kreise der Bevölkerung auch über das Internet angesprochen werden können. So werden auch immer mehr ältere Menschen Zugang zum Internet bekommen oder auch Hausfrauen über dieses Medium erreichbar sein.

Technische Realisierung noch immer umständlich

Eine wesentliche Frage ist nach wie vor der Zugang zum Internet mit seinen technischen Voraussetzungen. Heute wird dafür ein Computer benötigt, der über eine Telefonverbindung zu einem Online-Dienst oder einem Provider an das weltweite Internet angeschlossen wird. Etwa die Hälfte der Bundesdeutschen wählt sich über T-Online ein, es folgen AOL, Compuserve und MSN. Auch ohne die Presseberichte über Erfahrungen mit Zugangssoftware ist deutlich, daß der technisch unbedarfte Laie bei der Realisierung des eigenen Internet-Zugangs oft unvergleichlich mehr Herausforderungen überwinden muß, als bei den schon fast traditionellen technischen Alltagsproblemen moderner Menschen, wie der Programmierung von Videorecordern. Solange ein „narrensicherer" Zugang zu diesem in der praktischen Handhabung sehr bedienerfreundlichen Medium nicht gegeben ist, wird sich das Internet auch nicht zum Massenmedium entwikkeln.

Minitel in Frankreich

Ganz anders verlief die Entwicklung in Frankreich, wo schon frühzeitig ein technisch einfach realisierbares System sich durchsetzen konnte. Der dortige Online-Informationsdienst Minitel genießt – dank seiner großen Verbreitung und Benutzerfreundlichkeit – eine große Akzeptanz in breiten Bevölkerungsschichten.

Internet-Durchdringung

In der Internet-Durchdringung der Bevölkerung rangiert die Bundesrepublik nach Ländern wie Island, Finnland, Norwegen und Schweden vergleichsweise weit unten. In den nordischen Staaten wie auch den Alpenrepubliken besitzt ein höherer Bevölkerungsanteil Internet-Zugang, das gleiche gilt für Länder wie die Vereinigen Staaten, Australien oder Kanada. Insbesondere in den Vereinigen Staaten liegt entsprechend auch die Demographie der Internet-Nutzer sehr viel näher am Bevölkerungsdurchschnitt, während die Gruppe der Internet-User in Deutschland noch eher elitär anmutet.

Einwählzeiten

Die Deutschen wählen sich am liebsten abends ins Internet ein – meist in der Fernseh-Primetime von 20 bis 22 Uhr (17%) oder in den zwei Stunden davor (11%) oder danach (10%). Jeder zweite deutsche Internet-Besucher ist täglich online. Internet-Anbieter von Informationsinhalten berichten jedoch übereinstimmend, daß auch ihre Stammkundschaft oft nur etwa alle drei Tage zu Besuch kommt.

Demographie der Online-User

Wie sieht er aus, der typische Internet-User? Interessant ist an dieser Stelle ein Vergleich zweier größerer Studien zu diesem Thema: dem GfK Online-Monitor und der W3B-Studie (Tabelle 1). Die über Telefonbefragungen in Haushalten durchgeführte GfK-Studie ist zwar bevölkerungsrepräsentativ, erfaßt dadurch aber mit gleichem Stimmgewicht auch Nutzer, die sehr unerfahren im Umgang mit dem Internet sind. Im Gegensatz dazu ist die über Online-Fragebögen realisierte W3B-Studie nicht re-

Tabelle 1: Demographie der Internet-Nutzer bezogen auf die Bevölkerung zwischen 14 und 59 Jahren (in %)

Alter (Jahre)	Bevölkerung	GfK-Studie	W3B-Studie
14–19	10	14	7
20–29	21	29	38
30–39	25	27	33
40–49	21	17	16
50–59	24	13	6

präsentativ, da Teilnehmer nur auf stark frequentierten Websites rekrutiert wurden und das Ausfüllen des Fragebogens ein gewisses Interesse erfordert. Dies hat jedoch den Nebeneffekt, daß hier bevorzugt erfahrene Nutzer angesprochen werden. Der wesentliche Unterschied zwischen beiden Studien ist die demographische Struktur der Nutzer: Während die Konzentration der Internet-User auf die Gruppe der 20–39jährigen auch in der GfK-Studie deutlich wird, zeigt die W3B-Studie hier eine noch deutlichere Ausprägung.

Frauenanteil 12–29%

Ein anderer, ganz wesentlicher Unterschied zwischen beiden Studien ist der jeweils ermittelte Anteil weiblicher Nutzer des Internets. So kommt die W3B-Studie auf einen Frauenanteil von 12%, während nach GfK fast jeder dritte Internet-Nutzer eine Frau ist (29%). Diese Zahl muß jedoch etwas relativiert werden, da die zugrundeliegende Frage nur lautete, ob eine eigene E-Mail-Adresse vorhanden ist, was nicht gleichbedeutend mit Internet-Anschluß sein muß. Ganz anders sieht die Situation hier in den Vereinigten Staaten aus. Dort entspricht die Nutzergemeinde des Internets schon sehr viel mehr dem Bevölkerungsdurchschnitt (was nicht zuletzt auch mit den niedrigen Gebühren für die Internet-Nutzung zusammenhängt). Dort liegt der Frauenanteil im Netz momentan bei 42%.

Ein weiterer wesentlicher Unterschied zwischen dem Internet-„Entwicklungsland" Deutschland und dem in dieser Hinsicht Vorreiter Vereinigte Staaten liegt im Anteil älterer Menschen, die über das Netz kommunizieren. So sind in den Vereinigten Staaten fast die Hälfte (45%) der Internet-User älter als 40 Jahre, während dies in Deutschland weniger als ein Drittel sind (W3B: 22%, GfK: 31%). Zwei Personenkreise sind hier relevant: Führungskräfte und Senioren.

Vorbildfunktion Führungkraft

Während in deutschen Führungsetagen die eigene Arbeit am Computer z. T. noch verpönt ist, ist dieses Arbeitsmittel für den amerikanischen Manager nicht wegzudenken. Ein Notebook-Computer eines bekannten Herstellers, der speziell auf die Bedürfnisse von vielreisenden Topmanagern ausgerichtet war, kam in Deutschland überhaupt nicht erst auf den Markt. Hier ist insbesondere bei der Internet-Integration in Geschäftsprozesse noch ein weites Entwicklungsfeld vor allem bei Entscheidern mit Multiplikatorfunktion.

Senioren

Auch Senioren, die derzeit im Netz noch fast gar keine Rolle spielen, stellen ein wesentliches Potential dar. Gerade hier können Kommunikationsbedürfnisse über Internet gedeckt werden. Auch bietet sich für diese Zielgruppe die Möglichkeit, Transaktionen zu initiieren, ohne die eigene Wohnung verlassen zu müssen.

Stadt-Land-Gefälle

Ein ähnliches Potential bietet sich bei der ländlichen Bevölkerung, die derzeit noch wenig Zugang zum Internet hat. 30% der deutschen Bevölkerung lebt in Orten mit weniger als 20.000 Einwohnern. Nur 20% der Internet-Nutzer kommen jedoch aus solchen Regionen. Überproportional vertreten sind dagegen die Großstädte: Die Hälfte der deutschen Surfer wohnen in Städten mit über 500.000 Einwohnern (Bevölkerungsanteil: 39%). US-Amerikaner nutzen beispielsweise angesichts oft weiter Entfernungen das Internet verstärkt für Online-Shopping.

Überhaupt bietet das Internet eine Reihe von Möglichkeiten, die sich an ausgewählte Zielgruppen richten und die auf deren spezifische Kundenwünsche eingehen. So gibt es eine Reihe von Websites, die sich speziell an die Zielgruppe Frauen richten und damit erfolgreich Kunden binden. Auch in bezug auf das Durchschnittsalter sind durchaus starke Differenzierungen zu beobachten. Angebote wie „Chatcity" erreichen Nutzer mit einem Durchschnittsalter von 25 Jahren, während beispielsweise die Besucher des WWW-Verzeichnisses „Top.de" im Schnitt 34 Jahre alt sind.

2

Bildungsniveau, Beruf und Einkommen

Hohes Bildungsniveau

Trotz aller Trends zu mehr Bevölkerungrepräsentativität ist das Internet noch immer eine Spielwiese der Bildungselite. Nur 12% der Hauptschulabgänger nutzen das Kommunikationsmedium Internet, während über die Hälfte Abitur hat. Auch hier zeigt sich ein deutlicher Unterschied zwischen GfK- und W3B-Studie: Bei den von W3B erfaßten professionellen Nutzern haben sogar 70% Abitur und nur 6% einen Hauptschulabschluß. Unterschiede gibt es dabei natürlich auch wieder bei den Informationsanbietern: So haben 50% der Besucher des Verlags Recht und Praxis einen Hochschulabschluß, während der Akademiker-Anteil bei RTL-Online bei 11% liegt.

Die berufliche Stellung von Internet-Nutzern (Tabelle 2) entspricht dem erhöhten Bildungsniveau dieses Bevölkerungsanteils. Gleichzeitig ist das Internet für Nutzer relevant, deren berufliche Situation das Vorhandensein einer umfassenden Informationsbasis erfordert.

Tabelle 2: Berufliche Stellung von Internet-Nutzern (in %)

Stellung im Beruf	Bevölkerung	GfK	W3B
Selbständige	8	10	16
Freie Berufe	1	2	
Einfache Angestellte	17	9	45
Mittlere Angestellte	13	10	
Leitende Angestellte	24	31	
Beamte	6	7	5
Arbeiter	14	5	

Auch wenn der Anteil von Hochschulangehörigen an den Internet-Nutzern nicht mehr das überdurchschnittliche Niveau vergangener Jahre hat, so stellen Studenten mit einem Anteil von etwa einem Viertel nach wie vor eine wichtige Zielgruppe im Netz dar.

Überdurchschnittliches Einkommen

Trotz des nicht unerheblichen Studentenanteils liegt das Durchschnittseinkommen der Internet-Nutzer deutlich über dem Bevölkerungsschnitt. Jeder fünfte Internet-User verfügt über ein persönliches Nettoeinkommen von mehr als 4000 DM. Im Bevölkerungsschnitt liegen nur halb so viele darüber. Die Nettohaushaltseinkommen liegen bei 22% (GfK) bzw. 31% (ACTA 97) der Surfer über 6000 DM (Bevölkerungsschnitt: 12%).

Online-Nutzer stellen also eine kaufkräftige Zielgruppe dar, die über deutlich mehr finanzielle Mittel verfügt als der bundesdeutsche Bevölkerungsdurchschnitt. Gleichzeitig kommt dieser Info-Elite auch wieder eine wichtige Multiplikator-Funktion zu, da sie oft Schlüsselpositionen einnehmen. Diese Kombination bewirkt, daß Internet-User eine bevorzugte Zielgruppe insbesondere für Werbetreibende darstellen.

Neue Zielgruppen der Online-Medien

Komplementärangebote

Das Internet eröffnet eine Reihe von Möglichkeiten, Zielgruppen ohne Streuverlust anzusprechen. Bereits angesprochen wurden Internet-User als Info-Elite, Vorreiter neuer Trends, Multiplikatoren, Besserverdienende etc. Neue Möglichkeiten der Zielgruppenansprache liegen in der Fokussierung auf sog. Nischengruppen. So gibt es im Internet eine Reihe von Special-Interest-Angeboten, die sich z. T. gegenseitig ergänzen können. Beispiel solcher komplementärer Kooperationen ist das Angebot an Kunden, die gerade eine Tauchreise gebucht haben, noch zusätzlich eine Tauchausrüstung, Sonnencreme oder Bücher zum Thema Tauchen zu kaufen.

Arbeitsmarkt Internet

Eine nicht unwesentliche Nutzergruppe des Internets sind Arbeitssuchende und Arbeitsplatzwechsler, die sich auf diesem Wege vorab über potentielle Arbeitgeber informieren. Da es sich hierbei um überdurchschnittlich viele aktive, technisch und politisch aufgeschlossene und für Informationen offene Bewerber handelt, haben viele Unternehmen dieses Potential erkannt und in manchen Fällen sogar zur Hauptzielgruppe der Unternehmens-Website gemacht.

Neue Segmentierung von Online-Usern

Neben dieser Typologie von Nutzergruppen nach aktuellen Bedürfnissen lassen sich Zielgruppen auch nach ihrem Verhalten im Internet kategorisieren. Auf der Grundlage der GfK-Zahlen hat der Online-Vermarkter EMS eine Typologie erarbeitet. So gibt es die sog. „News-Junkies“, intensive Nutzer von Online-Angeboten, die von Nachrichten über Shopping bis zur Unterhaltung reichen. Zunehmend hohe Relevanz hat eine jüngere Nutzergruppe, die sich stark an Kommunikation orientiert. Diese „Gameboys“ beteiligen sich aktiv an Chatforen und bevorzugen Spiele, Musik- und Videodatenbanken.

Klar umrissene Ziele beim Einwählen ins Internet verfolgt die Gruppe der „Profis“, die das World Wide Web insbesondere unter Aktualitäts- und Informationsaspekten nutzen. Umgekehrt existiert auch ein Typ von Internet-User, der keine präzise Zielvorstellung hat. Diese „Zapper“ surfen im World Wide Web, ohne dabei klar umrissene Interessen zu verfolgen.

2 ▮ 04 | 04 Nutzerverhalten und Kundenwünsche im Internet

Beweggründe, online zu gehen

4,3 Mio. mehr als einmal jede Woche im Web

Bei allen Überlegungen nach den Möglichkeiten und dem Potential des Internet muß immer die Frage im Vordergrund stehen: Was sind die Beweggründe eines Nutzers, den PC einzuschalten und online zu gehen? Schon jetzt nutzen 4,3 Millionen Deutsche das World Wide Web mehr als einmal in der Woche (InternetTrak 1998).

Information, Kommunikation, Software und Homebanking

Das Internet wird zunehmend als Informations- und Kommunikationsmedium genutzt (Tabelle 3). So hat schon die ARD-Studie 1997 gezeigt, daß die Online-Nutzung hauptsächlich darin besteht, Informationen zu suchen (83%), zu kommunizieren (78%), Software aus dem Netz zu laden (67%) und Bankgeschäfte bequem von Zuhause aus zu erledigen (36%).

Tabelle 3: Beweggründe, online zu gehen (alle Angaben in Prozent, Befragte im Alter von 14–59 (GfK) bzw. über 18 Jahren (InternetTrak))

Wofür nutzen Sie Datennetze? (Quelle: GfK Online-Monitor Feb. 98)		**Wofür haben Sie in den letzten drei Monaten das Web genutzt? (Quelle: InternetTrak Mai 98)**	
E-Mails senden/empfangen	38	Informationssuche	83
Suche kostenloser Information	32	Produktinformationen	83
Im WWW surfen	32	Software-Downloads	66
Herunterladen von Dateien	24	Nachrichten	64
Online-Banking	23	Chat	44
Suche kostenpflichtiger Infos	11	TV-Programm	37
Spiele	7	Aktien/Fonds-Kurse	33
Unterhaltungsangebote	6	Erotik	31
Newsgroups	6	Reisen planen	30
Chat	5		

Produktinformationen vor dem Kauf

Ebenfalls eine ganz wichtige, übereinstimmende Aussage aller bisher vorliegenden Untersuchungen ist, daß das Internet bisher noch selten als Selbstbedienungsautomat für Online-Shopping benutzt wird. Electronic Commerce hat also noch ein umfangreiches Entwicklungspotential vor sich. Derzeit beschränkt sich die WWW-Nutzung auf die Informationssuche vor dem Kauf. Der Kaufprozeß selbst findet jedoch überwiegend traditionell statt.

2

Recherche nach aktuellen Informationen

Das Internet und speziell das World Wide Web sind ein neues Kommunikationsmedium, das in erster Linie dazu benutzt wird, Informationen bereitzustellen bzw. diese rund um die Uhr abzurufen. Der Schwerpunkt liegt dabei aus Sicht der Nutzer auf aktuellen Informationen wie z. B. Produktneuheiten sowie Hintergrundinformationen oder aktuellen Nachrichten.

Aktualität führt zu Kundenbindung

Bei der Informationsrecherche im WWW ist es für Kunden interessant, Informationen zu erhalten, die für eine spätere Kaufentscheidung relevant sind. Daneben wird das WWW aber auch verwandt, um aktuelle Informationen zu erhalten, die einfach nur als Gesprächsstoff interessant sind. Ebenso steht oft das Bedürfnis im Vordergrund, über die neuesten Trends informiert zu sein. Die Kenntnis dieser Motivationsfaktoren kann bei der Gestaltung einer Unternehmenspräsentation hilfreich sein. Wenn hier Kundenbedürfnisse befriedigt werden, kommen Besucher wiederholt auf die Webseiten mit der Folge einer Stärkung der Kundenbindung. Wichtigste Voraussetzung hierfür ist in jedem Fall die Aktualität der Inhalte auf den Webseiten.

Produktinformationen

Welche Art von Informationen werden nun im Internet konkret gesucht? Im Vordergrund stehen hier derzeit

Informationen, die relevant sind für die eigene berufliche Entwicklung. Gleich an zweiter Stelle rangieren Produktinformationen, wobei hier technikorientierte Produkte wie Computer, Computerzubehör und Unterhaltungselektronik im Vordergrund stehen.

Reisen, Auto und Finanzen

Ebenfalls eine starke Rolle spielen bei Online-Recherchen höherpreisige Produkte, die sehr beratungsintensiv sind und bei denen auf Kundenseite ein starker Informationsbedarf im Vorfeld einer Kaufentscheidung besteht. Hierzu zählen beispielsweise Urlaubsreisen, Fahrzeuge, Immobilien und Finanzprodukte.

Electronic Commerce und Online-Shopping in Deutschland

Anders als die Informationsrecherche und die Online-Kommunikation rangiert das Online-Shopping in der Beliebtheitsskala deutscher Internet-User noch auf den hinteren Plätzen. Umgekehrt prophezeien alle Erhebungen dem Electronic Commerce eine glänzende Zukunft.

Online informieren – traditionell kaufen

In den meisten Fällen gehen Nutzer derzeit noch so vor, daß sie das WWW als Informationsmedium zwar für die Produktauswahl intensiv nutzen, der Kaufvorgang selbst dann jedoch traditionell im Laden stattfindet. Besonders trifft dies, wie schon erwähnt, für hochpreisige Waren wie Reisen, Autos oder auch PCs zu. Von den in der InternetTrak-Studie befragten Web-Nutzern gaben 45% an, das Web bereits im Vorfeld von Einkäufen als Informationsquelle benutzt zu haben. Dabei handelte es sich überwiegend um PCs bzw. PC-Produkte (61%), Bücher (32%), Unterhaltungselektronik (23%) und Reisen (23%).

Neben Unsicherheiten bei der Online-Bezahlung liegen die Ursachen für dieses Verhalten z. T. in der derzeitigen Abstraktheit des WWW. So werden auch einfache Anfragen, die sich während der Lektüre der Webseiten ergeben, oft nicht mit einem einfachen Mausklick per E-Mail, sondern über Telefon, Fax oder Brief durchgeführt. Dieses Nutzerverhalten „anonym informieren – traditionell kaufen“ gilt es insbesondere bei der Erfolgsmessung von Online-Auftritten zu berücksichtigen.

Problemloser verläuft derzeit der Online-Handel mit leicht erklärbaren Produkten, wie erfolgreiche WWW-Shops vom Buchladen bis hin zum CD-Geschäft zeigen (Tabelle 4).

Der Erfolg von Electronic Commerce hängt nicht zuletzt vom Zusatznutzen ab, den ein Kunde erhält, wenn er online bestellt und/oder kauft. Hier liegt derzeit noch Entwicklungspotential brach, da derzeit nur selten Vorteile an den Kunden weitergegeben werden.

Großes Interesse – aber geringes Vertrauen

Aus Nutzersicht sind die Erfahrungen mit dem Online-Einkauf in den meisten Fällen sehr positiv. Ebenso ist das Interesse daran sehr ausgeprägt. Laut InternetTrak haben zwar 45% der Webnutzer das Netz als Info-Quelle

Tabelle 4: Produkte, für die Online-Shopping und TV-Shopping interessant sind (Quelle: Emnid Institut Bielefeld 1997)

	Online-Shopping	TV-Shopping
Veranstaltungen, z. B. Konzerte, Theater	56	44
Bücher, Schallplatten, CDs	50	56
Computer und Zubehör	42	28
Reisen	40	35
Fernseher, Video, Stereo-Anlage	36	34
Haushalts- und Elektrogeräte	29	31
Lebensmittel	26	11
Freizeit- und Sportgeräte	25	24
Versicherungen, Banken	25	13

vor dem Einkauf genutzt, aber nur knapp 10% haben mit Kreditkarte auch über das Netz bezahlt. 21% haben die Bestellung gefaxt oder gemailt, 14% haben telefonisch bestellt. Das Interesse an direkter Online-Abwicklung ist jedoch ungebrochen: Bei der W3B-Studie gaben 28% an, im nächsten Jahr online einkaufen zu wollen, und 42% wollen 1998 zumindest vielleicht online einkaufen. Sicher wird sich mit zunehmendem Vertrauen in die Sicherheit der Online-Bezahlung hier die Situation ändern.

2 ▮ 04 | 05 Die wichtigsten Online-Studien

Der Bedarf an aktuellen Studien zum Thema Nutzerwünsche und zu Electronic Commerce ist groß. Entsprechend stellen die hier angegebenen Studien nur eine kleine und kurzlebige Auswahl aus dem umfangreichen Angebot dar.

ARD-Studie 97

Die Studie „Online-Nutzung in Deutschland" wurde im März/April 1997 im Auftrag der ARD auf der Basis von 1003 telefonisch befragten Personen durchgeführt. Aus der Grundgesamtheit aller Online-Nutzer wurde diese Stichprobe systematisch ausgewählt, um annähernde Bevölkerungsrepräsentativität zu erreichen. Erfragt wurden in den halbstündigen Telefoninterviews der Umgang mit den neuen Medien, bevorzugte Angebote und das Verhältnis der Nutzung klassischer und neuer Medien.

- Kontakt: Tel. 089/5900–2044.
- Ein Auszug der Studie ist in der Zeitschrift „Mediaperspektiven" Heft 10/97 erschienen (Tel. 069/155–3438).

ACTA 97

Für die Studie „Allensbacher Computer- und Telekommunikations-Analyse" wurden 10.021 Personen im Zeitraum Februar bis April 1997 mündlich befragt. Schwerpunkt war die Analyse der einzelnen Bevölkerungsgruppen hinsichtlich der Nutzung spezifischer Online-Möglichkeiten. Zur Vergrößerung der Fallzahlen in besonders interessanten Zielgruppen (berufliche Entscheider, Online-Nutzer, junge PC-Nutzer) wurde ein disproportionaler Ansatz gewählt.

- Bezug der Studie über Institut für Demoskopie Allensbach (Tel. 07533/8050).

Intermedia Trend '97

Die Studie „Der Online-User in Deutschland" wurde von April bis Mai 1997 im Auftrag der Burda Medien Forschung an einer repräsentativen Stichprobe von 10.231 Personen durch mündliche Befragung durchgeführt. Die Studie untersuchte Online-Nutzerverhalten, Konsumverhalten, Investitionsplanung von Privathaushalten, Providerwahl und Verknüpfungen zu diversen Lebensstilen.

- Die Studie ist kostenfrei bei der Burda Medienforschung erhältlich (Tel. 089/9250-0).

GfK Online-Monitor

Für diese Studie befragte die Gesellschaft für Konsumforschung von November 97 bis Januar 98 10.034 14–59jährige Personen in Telefoninterviews. Ziel war es, aus einer bevölkerungsrepräsentativen Grundgesamtheit heraus die Gruppe der Online-User zu generieren. Schwerpunkt ist das Herausfiltern von aussagekräftigen Strukturdaten für die Bundesrepublik.

- Kontakt: Tel. 0911/395-2909.

- Die Studie ist in Teilauszügen im Internet unter www.gfk.cube.net einsehbar.

W3B Online-Analyse

Diese von Fittkau & Maaß von April bis Mai 1998 online durchgeführte Studie erfaßte etwa 20.000 WWW-Nutzer, die über breit gestreute Banneranzeigen für die Beantwortung des Online-Fragebogens rekrutiert wurden. Schwerpunkt dieser nunmehr seit 1995 sechsten solchen Erhebung war es, Trends in der Verschiebung von Nutzerverhalten und -einstellungen zu erfassen. Neben der Einstellung zu internetspezifischen Fragen wie z. B. Verschlüsselung wurden die Werbeträger-Reichweiten erfaßt.

- Kontakt: Tel. 040/468510.
- Eine Zusammenfassung der Studie ist unter www.w3b.de im Netz abrufbar.

InternetTrak

Diese im Auftrag von KPMG, Yahoo und Ziff-Davis von Februar bis März 1998 anhand 3.001 telefonischer Interviews durchgeführte Studie enthält 292 detaillierte Interviews mit Webnutzern und ist Teil einer gleichzeitig in mehreren Staaten durchgeführten Vergleichsuntersuchung. Untersucht werden sollte die Nutzung des Internet im beruflichen und privaten Umfeld.

- Eine Zusammenfassung der Studie kann unter www.wuv. e/aktion/trak.html abgerufen werden.

Web-Monitor 97

An dem von wp-research durchgeführten Web-Monitor nahmen Anfang 1998 40.000 Teilnehmer teil, die online zu spezifischen Sites Fragen beantworten mußten. Untersuchungsziel waren Strukturvergleiche und Zielgruppensegmentationen für unterschiedliche Websites.

- Die Ergebnisse sind als pdf-Datei unter www.wp-research.de abrufbar.

Literatur

Berker T (1998) WWW-Nutzung an einer deutschen Hochschule – Ergebnisse einer Protokolldateienanalyse.

Bronold R (1998) Mediengerechte Online-Forschung. Planung & analyse 1/98: 40–41.

Clasen R, Wallbrecht DU (1997) Internet für Marketing Vertrieb Kommunikation – Anbieter und Nutzer im WorldWideWeb. Luchterhand, Neuwied.

Janik J (1998) Marktforschung via Internet. Business Online 1/98: 30–34.

Schanze H, Kammer M (1998) Interaktive Medien und ihre Nutzer, Bd 1. Nomos, Baden-Baden.

Erfolgsmessung

2 ▮ 05

Torsten Schwarz

2

INHALTSÜBERBLICK

Online-Erfolg ist machbar! Und meßbar! Dieser Beitrag befaßt sich mit Meßmethoden im Internet und deren Vor- und Nachteilen. In Abhängigkeit von vorgegebenen Zielen des Online-Marketing werden einzelne Meßparameter vorgestellt und Kontrollmethoden für die Zielerreichung sowie Meßprogramme (Logfile-Analyzer) präsentiert.

Neue Methoden der Werbeerfolgskontrolle

2 ▮ 05 | 01

Big Brother is watching you?

Überprüfbarkeit von Werbeerfolg

Die entscheidende Frage bei der Konzeption einer Marketingmaßnahme ist immer, ob diese erfolgreich wird. Gleich an zweiter Stelle jedoch rangiert die Frage, ob und inwiefern der Erfolg einer Maßnahme überhaupt nachprüfbar gemessen werden kann. Hierbei bieten Online-Medien aufgrund ihrer Interaktivität völlig neuartige Methoden der Erfolgskontrolle.

Aus der klassischen Werbung ist bekannt, daß etwa die Hälfte des Werbebudgets aus dem Fenster geworfenes Geld ist – nur weiß man nicht, welche Hälfte. Zwei Fragen stehen bei der Erfolgskontrolle einer Maßnahme im Vordergrund: erstens, ob die Zielgruppe überhaupt erreicht worden ist und zweitens, ob die Zielpersonen eine Reaktion zeigen.

Reichweitenmessungen

Bei traditionellen Medien wird die Zielgruppenansprache auf der Basis geprüfter Mediadaten geplant. Vereinheitlichte Zählverfahren werden von der Informationsgemeinschaft zur Feststellung der Verbreitung von Werbeträgern (IVW) festgelegt. IVW-geprüfte Zahlen zur Reichweitenmessung bieten im allgemeinen eine solide Basis, um eine Werbekampagne zu konzeptionieren, bei der davon ausgegangen werden kann, daß diese ihre Zielgruppe auch erreichen wird. Eine direkte Messung, ob dieses Ziel auch erreicht worden ist, ist jedoch nur mit einer aufwendigen Befragung realisierbar.

Response generieren

Die zweite Frage nach der Reaktion von Zielpersonen läßt sich auch mit traditionellen Medien nachprüfbar beantworten, indem die Möglichkeit zum Feedback gegeben wird. So wird z. B. bei Radio- oder Fernsehwerbung dazu aufgefordert: „Rufen Sie jetzt an". Analog wird bei Printwerbung eine Postkarte beigelegt oder eine vorbereitete Faxantwort kann zurückgesandt werden. In beiden Fällen gibt es einen direkten und meßbaren Feedback von Werbekampagnen, wobei jedoch die Hemmschwelle der Bequemlichkeit trotz gebührenfreier Rufnummer oder Portozahlung durch den Empfänger noch vergleichsweise hoch liegt und damit die Response-Raten meist niedrig sind.

Online-Medien bieten neue Möglichkeiten, sowohl zeitnah die Zielgruppenerreichung zu überprüfen, als auch eine einfache, direkte Feeedback-Möglichkeit mit niedriger Hemmschwelle und hohen Response-Raten zu implementieren.

Monitoring von Kundenverhalten

Vergleichbar sind die Methoden moderner Online-Werbeerfolgskontrolle mit Kamerasystemen, die in Supermärkten installiert sind. Die Durchführung einer kameragestützten Untersuchung in einem Supermarkt gibt Aufschluß über Konsumentenverhalten und erlaubt nach der Auswertung die Angebotsoptimierung. So ist es beispielsweise möglich, systematisch zu analysieren, in welcher Richtung sich Kunden bewegen, nach was sie greifen und welche Angebote von Kunden überhaupt nicht genutzt werden. Eine solche Untersuchung ist teuer und aufwendig. Im World Wide Web werden all diese Informationen automatisch aufgezeichnet und bieten viele Auswertungsmöglichkeiten.

Der gläserne Konsument

2

Bei der oberflächlichen Betrachtung dieser Möglichkeiten entsteht oft der Eindruck vom „gläsernen Konsumenten“. Ziel dieses Beitrags soll es daher sein, über die vielfältigen Möglichkeiten zu informieren und gleichzeitig auch die Grenzen der technischen wie rechtlichen Möglichkeiten aufzuzeigen. Denn gerade in dieser Anfangsphase des Electronic Commerce gilt es, dem schon jetzt weit verbreiteten Vorurteil der totalen Konsumentenkontrolle durch objektive Sachinformation vorzubeugen. Der Satz „Big Brother is watching you“ ist so nicht gültig für das Internet und das World Wide Web, auch wenn es Ansätze gibt, die in diese Richtung deuten.

Anonymität und Datenschutz

Unverbindliche Vorabinformationen anonym

Ein wesentlicher Faktor bei der Nutzung des World Wide Web ist die Möglichkeit, im Web anonym zu surfen. So kann man sich völlig unverbindlich über Produkte informieren oder ohne Angabe von Namen oder Gründen kostenlos Informationsangebote abrufen. Diese Möglichkeit wird in der Praxis auch sehr intensiv genutzt. Fast die Hälfte der WWW-Nutzer informieren sich vor dem Kauf von Waren via Internet. Ähnlich wie in einem Selbstbedienungsgeschäft geschieht dies, ohne daß man von einem Verkäufer angesprochen wird, d. h. auch, ohne daß man dabei beobachtet wird. Genauso wie es in einem Ladengeschäft die Möglichkeit gibt, bei Bedarf einen Verkäufer zu rufen, kann auch im Internet auf Wunsch ein direkter Kontakt hergestellt werden. So können per E-Mail zusätzliche Informationen eingeholt oder Wünsche geäußert werden.

Die derzeitige Realität zeigt, daß in der anfänglichen Informationsphase überwiegend anonym gesurft wird, während die anschließende Bestellphase häufig offline, d. h. über Telefon oder Telefax realisiert wird. Hierin spiegelt sich der besondere Charakter des anonymen Internets wieder.

Recht auf Anonymität

Der Nutzer hat sogar explizit ein Recht auf die anonyme Nutzung des Internet. So steht im Teledienstedatenschutzgesetz (TDDSG) in §4 (Datenschutzrechtliche Pflichten des Diensteanbieters):

Dem Nutzer muß die Inanspruchnahme von Telediensten und ihre Bezahlung anonym oder unter Pseudonym ermöglicht werden, soweit dies technisch möglich und zumutbar ist. Weiter muß sichergestellt sein, daß der Nutzer die Verbindung jederzeit abbrechen kann, und die angefallenen Daten somit unmittelbar gelöscht werden (außer den notwendigen Abrechnungsdaten). Nutzungsprofile sind nur bei der Verwendung von Pseudonymen zulässig und dürfen in keinem Fall mit Daten über den Träger des Pseudonyms zusammengeführt werden.

Bestandsdaten, Verbindungsdaten, Inhaltsdaten

Trotzdem fallen natürlich eine Reihe von Daten insbesondere bei Internet Service Providern an, die diese jedoch nicht an Dritte weitergeben dürfen. Unterschieden werden dabei Bestands- bzw. Stammdaten, Verbindungsdaten, Inhaltsdaten und Entgeltdaten. Bestandsdaten sind die Daten, die in einem Dienst oder Netz dauerhaft gespeichert und bereitgehalten werden, um den Betrieb des Netzes oder die Bereitstellung eines Dienstes zu ermöglichen. Hierzu zählen insbesondere die Namen und die Anschriften der Benutzer, IP-Nummern und E-Mail-Adressen. Verbindungsdaten geben Auskunft über die näheren Umstände der Kommunikation. Hierzu gehören IP-Adressen, Namen der ausgetauschten Dateien sowie Zeitpunkt und Dauer einer Verbindung. Die Verbindungsdaten entstehen sowohl beim Access Provider als auch bei den Diensteanbietern (d. h. auf dem Server, auf dem Webseiten zum Abruf bereitgehalten werden) und sind anonymisiert. Inhaltsdaten sind die übertragenen Informationen und Nachrichten, die normalerweise nur dem Sender und dem Empfänger bekannt sind. Entgeltdaten sind diejenigen personenbezogenen Angaben, die für Abrechnungszwecke notwendig sind.

Dynamische IP-Adressen für mehr Anonymität

Für die Erfolgsmessung von Internet-Werbung werden im wesentlichen die anonymen Verbindungsdaten, die anstelle eines Nutzernamens nur eine IP-Adresse enthalten, benutzt. IP-Adressen werden dynamisch vergeben. Mit jedem Einwählen ins Internet bekommt also der gleiche Nutzer jeweils unterschiedliche IP-Adressen. So wird bei der Einwahl in T-Online z. B. die IP-Adresse pc19fle45.dip.t-online.de vergeben und wenn derselbe Nutzer sich wenige Minuten später wieder anmeldet, hat er wieder einen neuen „Namen": pc19f672c.dip.t-online.de. Somit ist der einzelne Nutzer für den Anbieter nicht identifizierbar und damit anonym.

Die Möglichkeiten des anonymen Surfens werden insbesondere dann wieder interessant, wenn in nächster Zukunft eine anonyme Bezahlung flächendeckend möglich sein wird und sich hier neuer Bedarf generiert. Anders als bei dem derzeit noch überwiegend verbreiteten Einkauf per Kreditkarte läßt beim Online-Einkauf die Bezahlung dann keine Rückschlüsse auf die Identität des Nutzers mehr zu.

Logfiles

Was bei einem Zugriff auf eine Website übertragen wird, ist die Anfrage eines Computers (Kunde) nach Dateien eines anderen Computers (Anbieter). Das heißt, daß hier anonyme IP-Adressen gespeichert werden, die in Verbindung mit den angeforderten Inhalten in sog. „Logfiles“ für die Datenauswertung zur Verfügung stehen. Jeder registrierte Aufruf einer Webseite wird also protokolliert und kann damit zum Zwecke der Erfolgskontrolle ausgewertet werden. Sofern beim Besuch einer Website Kundendaten aufgenommen wurden, dürfen diese nur mit ausdrücklichem Einverständnis des Kunden für andere als Abrechnungszwecke verwendet werden.

Persönliche Datenprofile für individuellen Service

Zunehmend sind Nutzer bereit, persönliche Daten einem Anbieter zu überlassen, wenn dadurch ein entsprechender Gegenwert geliefert wird. Dies geschieht dann meist so, daß Besucher einer Website im Gegenzug persönlich angesprochen werden und auf Kundenwünsche individuell eingegangen wird. Die Möglichkeit von individuell zugeschnittenen Angeboten ist eine der herausragendsten Eigenschaften des WWW, die auch ganz neue Formen des Marketings erlaubt. Um dabei nicht jeweils das eigene Profil bei jedem Anbieter immer wieder neu eingeben zu müssen, gibt es derzeit schon Standards für die einheitliche Übertragung von Profilen. So haben Netscape und Microsoft gemeinsam den Open Profiling Standard (OPS) vereinbart, der die kundenkontrollierte Datenweitergabe ermöglicht. Kunden können damit selbst definieren, welche Informationen Sie einem Anbieter zugänglich machen und welche nicht.

Das Recht auf Anonymität einerseits und die automatische Übertragung persönlicher Daten an den Anbieter andererseits (vergleichbar mit der Übertragung der eigenen Telefonnummer bei ISDN, nur daß mehr Informationen übermittelt werden), in diesem Spannungsfeld bewegen sich die Möglichkeiten der Erfolgsmessung von Marketingaktivitäten im Internet. Im folgenden liegt der Schwerpunkt auf anonymisierten Daten, d. h. den automatisch aus Web-Servern protokollierten Zugriffsinformationen.

Meßbare Ziele im Online-Marketing

2 ▮ 05 | 02

2

Ziele setzen und Kriterien für die Zielerreichung definieren

Erfolgreiches Online-Marketing impliziert, daß dieser Erfolg auch reproduzierbar ist. Das heißt, daß einerseits klare Marketingziele definiert werden, daß andererseits die Zielerreichung aber auch meßbar konkretisiert wird. In der Praxis bedeutet dies, daß konkrete, in Zahlen dokumentierte Kriterien für die Erreichung von Marketingzielen definiert werden. Genau an dieser Stelle bietet das World Wide Web eine Reihe von spezifischen Möglichkeiten, Kriterien zu definieren und die Zielerreichung auch meßbar und damit eindeutig nachvollziehbar zu machen.

Konkrete Ziele sind im Web meßbar

Zum Beispiel sind folgende Zieleformulierungen möglich: Die Steigerung des Bekanntheitsgrads oder der Absatzmenge, die Intensivierung von Kundenkontakten oder der Vergleich von Produkten hinsichtlich ihrer Beliebtheit bei Kunden. Das Besondere ist, daß es in all diesen Fällen auch Möglichkeiten gibt, diese Ziele ohne aufwendige Marktbefragungen direkt auf ihre Erreichung hin zu überprüfen. So kann die Abrufhäufigkeit von Webseiten gemessen werden, eingehende E-Mails können gezählt oder der Wert der über das Web eingegangenen Bestellungen kann gemessen werden.

Beispiele

Beispiele von überprüfbaren Marketingzielen werden im folgenden exemplarisch aufgezeigt und Möglichkeiten der Meßbarkeit vorgestellt. In Kapitel 2.05.03 wird im Detail auf Möglichkeiten und Grenzen der Meßmethoden eingegangen.

Bekanntheitsgrad steigern

Ein ganz wichtiges Ziel, das mit Hilfe des World Wide Webs relativ einfach erreicht werden kann, ist die Steigerung des eigenen Bekanntheitsgrads. Eine normale Homepage, die ins WWW gestellt und bei den Suchdiensten angemeldet wird, ist für die auf weltweit etwa 100 Millionen geschätzten Webnutzer abrufbar. Am deutlichen dokumentiert sich diese imposante Erweiterung des Kundenkreises bei Unternehmen, deren Produkte weltweit von Interesse sind.

Beispiel: Weltweite Bekanntmachung von Angeboten

Im Falle eines Berliner Immobilienmaklers zeigte sich die Bekanntheitssteigerung besonders deutlich, als er sein Angebot ins Netz stellte. Eine Anfrage aus Singapur führte zum erfolgreichen Verkauf einer Villa am Wannsee für 3 Mio. DM. Ein ähnliches Beispiel ist ein Göttinger Reiseveranstalter, der seine Tauchreisen ins Netz stellte und anschließend Anfragen aus den Zielstaaten selbst bekam. Ägyptische Kunden buchten bei ihm Tauchtouren am Roten Meer.

Dies sind recht deutliche Beispiele dafür, wie effizient der Bekanntheitsgrad bei weltweit interessanten Produkten gesteigert werden und die Messung dieses Erfolgs über Anfragen bzw. erfolgte Geschäftsabschlüsse gemessen werden kann. Eingehende E-Mails sind hier ein mögliches Meßkriterium. Ein weiterer Parameter, der zur Überprüfung des Erfolgs herangezogen werden kann, sind die Abrufzahlen der Webseiten.

Absatzmenge und Umsatz über das Web steigern

Zunehmend gewinnt das WWW an Bedeutung als zusätzlicher, neuer Vertriebskanal. Von besonderem Interesse sind dabei die Controlling-Möglichkeiten, die dieses Medium bietet. Umsatzsteigerungen und neue Absatzwege können hier direkt und detailliert erfaßt und analysiert werden.

Online-Umsatz meßbar

Die Möglichkeiten, hier meßbare Erfolgsparameter zu definieren, sind vielfältig. So können nicht nur eingehende Bestellungen, sondern schon im Vorfeld das Abrufverhalten von Produktinformationen, die Informationstiefe und das Bestellverhalten dokumentiert werden. Bestellaktionen werden selbstverständlich erfaßt, ebenso bei Direktverkäufen über das Netz die jeweiligen Umsätze der einzelnen Produktgruppen.

Beispiel: Zeitnahe Response

Von besonderem Interesse sind die Möglichkeiten, den generierten Umsatz in direkten Zusammenhang mit Marketingaktionen zu setzen. So kann ein spezifisches Produkt auf der Homepage besonders hervorgehoben werden und die anschließende Umsatzänderung zeitnah gemessen werden. So wird beispielsweise beim Computerverkäufer Dell täglich die Umsatzänderung in Abhängigkeit von den jeweiligen Produkt-Promotions analysiert. Konkret kann also ein Notebook einen Tag lang auf der Einstiegsseite groß hervorgehoben werden und anschließend am nächsten Tag gemessen werden, inwieweit diese Aktion zu einem Anstieg der Verkäufe dieses Artikels geführt hat.

Beispiel: Präzise Messung

Ein anderes Beispiel einer konkreten Erfolgskontrolle war die Kampagne der Deutschen Bank, die Ende 1996 ausschließlich online ihre Kunden zu einer Kontenumstellung auf Online-Banking bewegen wollte und hier präzise messen konnte, inwieweit die Werbekampagne auf Interesse stieß bzw. zu einer Kontenumstellung geführt hat.

Konkrete Ergebnisse

Das Ergebnis einer Online-Erfolgskontrolle kann beispielsweise so aussehen, daß ein Unternehmen in einem Vorlauf (Pretest) einen Vergleich roter und grüner Werbebanner bei Suchmaschine A und B vornimmt. Nach 24 Stunden liegen erste konkrete Ergebnisse vor: Das rote

Banner wird weitaus häufiger angeklickt, als das grüne und Kunden, die über Suchmaschine A kommen geben sehr viel mehr Geld aus, als Surfer, die von Suchmaschine B kommen.

Kundenkontakt intensivieren

In Kombination mit traditionellen Medien ist das Internet hervorragend geeignet, den Kontakt mit Kunden zu verbessern und zu intensivieren. Bei jeder guten Website sollte dieses Ziel zumindest mit berücksichtigt sein. Im Vordergrund steht dabei natürlich die Frage der Zielgruppenadressierung. Je nachdem, ob es sich um Consumer-Kontakte handelt, ob bevorzugt Händler angesprochen werden sollen oder ob evtl. die Website als Kontaktmedium zur Presse oder als Rekrutierungsmöglichkeit von Arbeitskräften dient, bieten sich unterschiedliche Möglichkeiten. Ebenfalls ein Ziel kann es sein, spezifische Altersgruppen über das Internet anzusprechen.

Zielgruppenfokussierung entscheidet über Erfolg

Für all diese Ziele der Kundenkontaktintensivierung bietet es sich an, zielgruppenspezifische Angebote ins Netz zu stellen. Das sind Angebote, die die jeweils avisierte Nutzergruppe in besonderem Maße ansprechen, während andere Besucher hier kein besonderes Interesse entwickeln, sondern umgekehrt sogar Gleichgültigkeit zeigen. Der Grad der Zielgruppenfokussierung eines Angebots ist ausschlaggebend für die Möglichkeiten, hier Meßparameter, wie z. B. die Anzahl abgerufener Seiten, zu definieren. So wird die Aussicht, bei einem Wettbewerb ein Traumhaus zu gewinnen, sicher eine breitere Streuung erzeugen, als das Angebot, online mit Spezialisten über Baufinanzierung zu diskutieren.

Meßparameter

Parameter für die Erfolgsmessung einer Aktion ist neben der reinen Zählung abgerufener Seiten auch die Anzahl aktiver Rückmeldungen. So sind konkrete Befragungen zu Kundenwünschen möglich. Gewinnspiele eignen sich ebenso, um Feedback zu erzeugen, und schließlich gibt es auch noch die ganz normale Kundenanfrage. All diese direkten Aktionen von Kunden sind meßbar, da hier jeweils E-Mail-Nachrichten verschickt werden. Daneben bietet sich auch die Möglichkeit, geschlossene Benutzergruppen bzw. Clubs einzurichten, Chatforen zu etablieren, Newsletter-Abonnements anzubieten oder Mailing-Listen zu unterhalten. Der Erfolg all dieser Aktionen ist direkt und mit oft wenig Aufwand meßbar. So können eingehende E-Mails gezählt und nach einfachen Kriterien klassifiziert werden; dasselbe gilt für Diskussionsbeiträge in Foren und Diskussionslisten. Bei geschlossenen Gruppen gibt es zudem die Möglichkeit, die Gesamtzahl der Abonnenten zu betrachten oder diese in Relation zur Aktivität zu setzen.

Kontrollmethoden für die Zielerreichung 2 ▮ 05 | 03

Besucherzählung und Page Impressions

Einer der wesentlichen Unterschiede zwischen Printmedien und dem WWW ist die Tatsache, daß z. B. eine Zeitschrift einmal verkauft wird und der Informationsanbieter keine weitergehenden Kenntnisse über die Akzeptanz des Angebots erhält, während das Web hier viele Informationen bereitstellt. So wird bei Internet-Präsenzen nicht nur registriert, wie viele Besucher auf die Eingangsseite kamen, sondern weiterhin wird registriert, welche Folgeseiten aufgerufen werden.

Beliebtheit von Webseiten messen

Von jeder einzelnen Webseite einer Internet-Präsenz kann also herausgefunden werden, wie häufig sie von Kunden angesehen worden ist. Daraus ergibt sich, daß es zwei wesentliche Parameter gibt, die gezählt werden können: Die Zahl der Besucher einer Website sowie die Zahl der abgerufenen Seiten. Detailliert kann also von jeder Seite registriert werden, wie häufig sie von Nutzern frequentiert wurde bzw. wie groß die Akzeptanz beim Kunden ist. Als Ergebnis läßt sich damit feststellen, welche Angebote bei Kunden auf großes Interesse stoßen und umgekehrt, welche Seiten aus Kundensicht uninteressant und damit wenig besucht sind. Werden z. B. überwiegend die kostenlosen Softwaredemos angesteuert, oder sind die Pressemitteilungen oder die aktuellen Insidertips am interessantesten?

Page Impressions und Visits

Die Anzahl der Aufrufe einer Webseite wird als Page-Impressions bezeichnet. Der Begriff entspricht dem bis vor kurzem noch verwendeten Wort PageView. Da eine Internet-Präsenz in der Regel aus vielen Webseiten besteht, gibt es daneben noch die Meßgröße Besucherzahl. In der Fachterminologie sind das die Visits. Die sehr interessante Meßgröße „Anzahl identifizierter Besucher" ist meist schwer zu ermitteln. Im Normalfall sind die Besucher einer Website anonym. Die Erfahrung zeigt, daß Internet-Präsenzen, auf denen der Besucher nach seinem Namen gefragt wird, auf wenig Akzeptanz stoßen. Eine Möglichkeit, Nutzer dazu zu bewegen, sich zu identifizieren, besteht darin, Gewinnspiele zu veranstalten oder geschlossene Nutzergruppen einzurichten.

Computer oder automatische Zähler

Für die technische Realisierung der Messung von Seitenzugriffen gibt es die Möglichkeit, Zähler einzubauen oder Logfiles auszuwerten. Automatische Zähler oder Counter addieren mit jedem Seitenabruf die Zahl 1 und können diese Zahl dann auf der Webseite direkt anzeigen. Für dieses Verfahren spricht, daß es sehr einfach ist und auch dem Besucher erlaubt, die Bekanntheit der Seite einzuschätzen. Dagegen spricht der wenig professionelle Eindruck von Seiten, die zeigen müssen, wie wichtig sie sind. Daher wird in der Praxis entweder die Methode einer internen Messung gewählt oder die Ergebnisse durch Auswertung der Logfiles gewonnen.

Informationsfundgrube Logfile

Jeder einzelne Zugriff auf Informationen eines Web-Servers wird durch das System automatisch detailliert dokumentiert. Anders als bei einer Telefonverbindung, bei der ein Anrufer über seine Telefonnummer identifiziert werden kann, benutzen Computer im World Wide Web zufällig vergebene Namen bzw. Nummern (IP-Adressen), die dann jedoch bei einer telefonischen Einwahl bei einem Online-Dienst für die Dauer einer Verbindung beibehalten werden.

Alle Informationsabrufe eines Kunden werden nun auf dem Web-Server des Anbieters in folgender Form oder ähnlich dokumentiert:

BEISPIEL: *pc19fle45.dip.t-online.de – [25/May/1998:10:11:02 +0200] „GET/index.htm HTTP/1.0" 200 4180 „http://www.edv-branche.de/cgi-bin/edv/suchen.pl" „Mozilla/4.01 [de] (Win95; I)"*

Informationen in Logfiles

Diese Zeile sagt aus, daß ein Kunde, der sich über T-Online ins Internet eingewählt hat, am 25. Mai vormittags um 10.11 Uhr die Leitseite aufgerufen und erfolgreich (Fehlermeldung 200=OK) auch die gesamte Datei (4180 KB) geladen hat. Auf das Angebot aufmerksam geworden ist der Kunde in dem Verzeichnis der EDV-Anbieter (www.edv-branche.de), wo er eine Online-Recherche durchgeführt hat (suchen. pl). Der Kunde arbeitet auf einem PC mit dem Betriebssystem Windows 95 und benutzt die deutsche Version 4.01 des Browsers Netscape-Communicator (Mozilla).

Logfiles liegen abrufbereit beim Provider

Solche Logfiles bieten somit eine Reihe interessanter Informationen, die insbesondere für Anbieter nützlich sind, um den Erfolg der eigenen Internet-Präsenz zu messen. Solche Logfiles werden automatisch vom Web-Server erstellt und in einem eigenen Unterverzeichnis gespeichert. Wenn der Server bei einem Provider steht, bietet dieser meist über FTP die Möglichkeit, auf dieses Verzeichnis zuzugreifen und diese Dateien herunterzuladen und auszuwerten.

Keine Logfiles bei kostenlosen Homepages

Nicht verfügbar sind Logfiles bei den weitverbreiteten kostenlosen Homepages, die in Kombination mit einem Internet-Zugang als Zusatzangebot von Providern und Online-Diensten zur Verfügung gestellt werden. Hier gibt es lediglich die Möglichkeit, mittels Zähler oder mit eigenen JavaScript-Programmen Nutzerinformationen zu erhalten. Auf das reichhaltige Informationsangebot von Logfiles muß jedoch verzichtet werden.

IP-Adresse

Welche Details bietet nun ein Logfile? Gleich zu Beginn steht die IP-Adresse des Besuchers. Diese Zahl wird vom Provider dynamisch vergeben und wird je nach verwendeter Auswertungssoftware entweder als Zahl dokumentiert oder anhand von Tabellen in die entsprechende alphanumerische Adresse umgewandelt.

Viewtime und Zielgruppenanprache

Detailliert wird auch dokumentiert, wann genau auf welche Seiten zugegriffen wurde. Damit läßt sich nicht nur messen, welche Seiten ein Nutzer angeklickt hat – es kann ja sein, daß diese für ihn völlig uninteressant waren – sondern auch noch, wie lange der Nutzer die Seite angesehen hat. Diese Information, die Verweildauer oder Viewtime, läßt sich sehr gut nutzen, um zu messen, wie ausgeprägt das tatsächliche Interesse an den Inhalten sind. Dies wiederum läßt z. T. detaillierte Rückschlüsse darauf zu, ob die relevante Zielgruppe auch erreicht worden ist. Natürlich nur, wenn deren Interessen und Vorlieben bekannt sind.

Fehlercodes

Weiterhin dokumentiert wird der Name der abgerufenen Seite – hier index.htm – und evtl. Fehlercodes, wobei der am häufigsten auftretende Fehler die Nummer 404 ist: Dabei wurde eine nicht existente Seite aufgerufen, d. h., auf den Webseiten hat sich in einem Hyperlink bei einem Seitennamen ein Tippfehler eingeschlichen. Fehler 404 dient also der Eigenkontrolle der Website. Über die Zahl der übertragenen Bytes läßt sich feststellen, ob ein Nutzer evtl. den Ladevorgang abgebrochen hat. Vielleicht, weil die Grafikgestaltung zu aufwendig und damit zu langwierig ist.

Referer-Variable

Eine der aufschlußreichsten Informationen eines Logfiles ist die „Referer-Variable" (to refer = sich beziehen auf). Das ist die Bezugsseite, auf der ein Kunde von diesem Web-Angebot erfahren hat. Hier wird die IP-Adresse derjenigen Seite genannt, auf welcher der Hyperlink stand, den ein Surfer angeklickt hat, um zur Firmen-Webseite zu gelangen. In dem oben genannten Beispiel ist es ein Verzeichnis der EDV-Branche; es könnte genauso auch ein Suchdienst oder ein kooperierendes Unternehmen sein, das Links geschaltet hat. Bei Suchdiensten werden zudem noch die Stichworte angezeigt, nach denen ein Kunde gesucht hat, so daß die Erfolgskontrolle einer gezielten Keyword-Advertizing-Kampagne möglich ist. Mit dieser Referer-Variable läßt sich also die Herkunft eines Nutzers oder umgekehrt, der Erfolg eines Links auf die eigenen Seiten, überprüfen.

Informationsverlust durch Proxy-Server

Die Informationen, die in Logfiles gespeichert werden, sind nicht vollständig, da nicht alle Anfragen nach Webseiten automatisch auch an den Anbieter weitergereicht werden. Aus der Sichtweise eines Anbieters kommt es zu einem Informationsverlust, da Kundenanfragen z. T. nicht weitergeleitet werden, sondern im Vorfeld von sog. Proxy-Servern beantwortet werden.

Schneller surfen mit Cache

Die meisten Internet-Nutzer kennen den Effekt, daß Seiten, die schon einmal geladen wurden, beim nochmaligen Aufruf sofort präsent sind. Dies liegt daran, daß diese Seiten in einem lokalen Zwischenspeicher des Browsers, einem Cache, vorgehalten werden und dadurch natürlich die Ladegeschwindigkeit erhöht wird.

Proxy-Server

Einen ähnlichen Mechanismus betreiben auch viele Provider. Da einer der vielen Kunden eine bestimmte Seite vielleicht schon einmal aufgerufen hat, kann bei einer zweiten Anfrage nach derselben Seite diese aus dem Zwischenspeicher bedient werden. Dieser Zwischenspeicher wird als Proxy-Server bezeichnet. Der Provider muß also nicht seine Verbindung zum Internet belasten, sondern kann die Kundenanfrage schneller und preiswerter durch den eigenen Proxy beantworten lassen.

Problem Erfolgsmessung

Auf der Anbieterseite entsteht dadurch natürlich die Situation, daß die zweite Anfrage nicht durchgereicht wird und der zweite Zugriff für den Anbieter unbekannt bleibt. Im Logfile ist also nur eine statt zwei Anfragen registriert. In der Praxis kann demnach die Erfolgsmessung einer Bannerwerbung bei einem lokalen Provider massiv verfälscht werden, weil just dessen Kunden zwar viele Anfragen generierten, diese aber durch den Proxy-Server dieses Providers bedient wurden und damit für das werbende Unternehmen unsichtbar blieben.

Ein weiteres Problem, das sich im Zusammenhang mit Proxy-Servern ergibt, ist die Tatsache, daß auch viele Unternehmen Proxy-Server einsetzen, die bei einer Anfrage nach Seiten, die noch nicht gespeichert sind, diese Anfrage selbständig weiterleiten. Bei einem Anbieter wird als nicht registriert, daß ein Mitarbeiter der Firma XY auf eine Seite zugegriffen hat, sondern nur der Proxy-Server. Wenn also zwei Mitarbeiter gleichzeitig beim gleichen Anbieter Seiten abrufen, kann dieser nicht beide auseinanderhalten.

Lösungen bieten sich dadurch, daß Webseiten so programmiert werden, daß der Browser und auch der Proxy automatisch immer wieder eine neue Kopie anfordern. Dies nutzen viele Anbieter, die Werbeplatz vermieten und ihre PageImpressions hoch halten müssen. Eine andere Möglichkeit ist das Anbieten dynamischer HTML-Seiten, die nicht zwischenspeicherbar sind. Beide Lösungen führen für den Kunden zu der unangenehmen Situation, daß Seiten ständig neu geladen werden müssen und damit zu langen Wartezeiten.

Was für den Kunden also von Vorteil ist – die höhere Ladegeschwindigkeit durch Proxy-Einsatz – hat aus Anbietersicht den Nachteil, daß Kundeninteresse unentdeckt bleibt.

Erfolgskontrolle bei Bannerwerbung

Bei Printmedien werden Werbeanzeigen nach IVW-geprüften Mediadaten plaziert, wobei der direkte Erfolg meist schwer meßbar ist. Anders bei Online-Medien. Hier lassen sich Erfolg und Akzeptanz einer Banneranzeige direkt und zeitnah messen.

Abrechnung von Banneranzeigen, Adclick

Die Abrechnung von Banneranzeigen geschieht nach PageImpressions, also nach der Anzahl von Sichtkontakten, die Kunden mit einer Webseite hatten. Das Ziel von

Bannerwerbung ist jedoch weniger, daß sie gesehen wird, als vielmehr, daß der Kunde darauf klickt, weil er gerne nähere Informationen erhalten möchte. Durch Anklicken gelangt er auf die Webseiten des werbenden Unternehmens und kann dort ausführlich informiert werden. Dieses Anklicken von Werbung – als „Adclicks" bezeichnet – ist das meßbare Ziel eine Bannerwerbung.

Aus der Sicht von Werbetreibenden wäre es entsprechend wünschenswert, Werbung nach ihrem Erfolg, nämlich nach Adclicks zu bezahlen, was jedoch derzeit nur selten praktiziert wird. Erfolgskriterium für Bannerwerbung ist eine hohe Clickthrough-Rate, d. h. ein Anteil anklickender Kunden im Verhältnis zu den puren Sichtkontakten. Dieser Erfolg ist meßbar.

Bei einer bekannten Anzahl von gebuchten Tausendsichtkontakten (Einheiten 1000 PageImpressions) läßt sich aus den Logfiles mittels Referer-Variable herauslesen, wie viele Kunden auch wirklich von dieser Werbeanzeige her kommend auf der Website zu Besuch waren. Somit läßt sich schnell die Adclick-Rate ermitteln.

Werbeplatz-optimierung

Genauso kann ein Werbekunde sehr schnell ermitteln, welcher Werbeplatz erfolgreicher ist, d. h. mehr Besucher bringt. Bei gleichzeitig an unterschiedlichen Werbeplätzen geschalteten Anzeigen läßt sich nach kurzer Zeit feststellen, von wo die meisten Besucher kommen. Damit kann man die restliche Werbekampagne entsprechend optimieren.

An einem konkreten Beispiel soll gezeigt werden, wie Erfolgskontrolle aussehen kann:

BEISPIEL: *Ende 1997 startete eine große Bank eine Online-Kampagne, um Kunden zur Kontenumstellung auf Online-Banking zu bewegen. Für 50.000 DM wurden Banneran-*

zeigen für 865.000 PageImpressions bei Suchdiensten und Online-Magazinen geschaltet. Diese wurden von 18.000 Kunden angeklickt, was eine Adclick-Rate von 2,1% entspricht. Im Ergebnis kam es zu 326 Kontenumstellungen und 82 Neukonten.

! Da angeklickte Anzeigen viel über die Resonanz einer Kampagne verraten, sind sie ein wertvolles Mittel, Werbeerfolg meßbarer zu machen.

Von wo kommen die Kunden?

Auf die unterschiedlichen Möglichkeiten, die die gezielte Auswertung der Referer-Variable bietet, wurde weiter oben schon eingegangen. Von besonderem Interesse ist hier die Möglichkeit, herauszubekommen, woher eine Kundenanfrage kam. Damit kann ein Vergleich durchgeführt werden, welche Links, also Querverweise, auf die eigenen Seiten am erfolgreichsten sind. Erfolg kann gemessen werden als absolute Besucherzahl, am getätigten Umsatz oder erfolgten Bestellungen.

Gute Links weiter ausbauen

Diese Möglichkeit eignet sich einerseits für Bannerkampagnen aber auch für den normalen Vergleich der unterschiedlichen Suchdienste. So läßt sich bei Sites, von denen besonders viele Kunden herkommen, das Umfeld des eigenen Links noch einmal gezielt analysieren, um hier ggf. weiter zu optimieren oder vielleicht sogar zur Verstärkung noch eine Banneranzeige zu schalten, um das Interesse zu fördern.

Eigene Domain für Kampagnen

Eine weitere Möglichkeit der Messung, von welcher Site Kunden kommen, ist die Verwendung unterschiedlicher URLs. So können Kunden von Suchdienst A gezielt auf die Seite www.firma.de/SuchdienstA.htm geleitet werden, während Leser von Magazin B beim Anklicken die

Seite www.firma.de/MagazinB.htm zu Gesicht bekommen. Ebenso kann natürlich für eine Kampagne auch mit geringem Kostenaufwand eine eigene Domain geschaltet werden, so daß der Erfolg einer Printkampagne für ein Produkt gezielt analysiert werden kann, da alle Interessenten auf die Seite www.produkt.de anstatt auf www.firma.de geleitet werden.

Unterschiedliche E-Mail-Adressen

Analog ist es natürlich auch möglich, unterschiedliche E-Mail-Adressen mit dem Ziel der Rückverfolgung (Woher kommt der Kunde?) zu benutzen. So kann auch hier wieder zwischen Print- und Online-Kampagne differenziert werden oder bei Online-Kampagnen auf die genaue Quelle rückgeschlossen werden.

Tracking reduziert Streuverluste

Ein Beispiel der gezielten Analyse der Herkunft von Nutzern und der Verknüpfung dieser Daten mit verkaufsrelevanten Informationen wurde im April 1997 in den Vereinigten Staaten von der Firma Viaweb durchgeführt. Dabei wurden 1 Million Kunden von 132 Online-Shops hinsichtlich ihrer Herkunft und ihrer Ausgaben analysiert (Tabelle 1). Es wurden nicht nur die z. T. bekannten Unterschiede in den Besucherzahlen von Suchdiensten bestätigt, sondern auch erhebliche Unterschiede im Einkaufs-

Tabelle 1: Wieviel Geld geben Besucher aus, die von unterschiedlichen Suchdiensten kommen? (Quelle: Viaweb April 1997, 1 Mio. Besucher von 132 Online-Shops)

Suchdienst	Besucher	Umsatz	Umsatz/Besucher
Yahoo	170.522	$ 53.553	$ 0,31
Altavista	164.369	$ 37.067	$ 0,23
Lycos	24.895	$ 5.302	$ 0,21
Hotbot	16.917	$ 2.513	$ 0,15
Excite	226.321	$ 26.478	$ 0,12
Infoseek	217.448	$ 26.170	$ 0,12
Webcrawler	179.551	$ 17.943	$ 0,10

verhalten festgestellt. So wurde noch der getätigte Umsatz ermittelt und in Beziehung zur Besucherzahl gesetzt. Der dabei ermittelte Umsatz pro Besucher ist ein Beispiel für die Meßmöglichkeiten, die das World Wide Web für Controlling-Verantwortliche bietet.

Cookies: Stammkunden sofort erkennen

Ursprung von Cookies

Immer mehr rückt der Begriff „Cookie“ in den Vordergrund öffentlichen Interesses bei Internet-Nutzern. Ursprünglich bestand der Zweck von Cookies ausschließlich darin, bei einem Online-Einkauf den Inhalt eines Warenkorbs nicht verlorengehen zu lassen, wenn der Kunde zwischenzeitlich das WWW verläßt. Cookies sind einfache, kurze Informationssequenzen, die auf der Festplatte eines Besuchers gespeichert werden können. Sie sind jeweils ausschließlich für den Anbieter lesbar, der den jeweiligen Cookie auch gesetzt hat. Daneben kann natürlich der Kunde die auf seinem PC gespeicherten Cookies jederzeit einsehen und auch löschen.

Wiedererkennen von Besuchern

Wichtigste Anwendungsmöglichkeit von Cookies ist das Wiedererkennen von Kunden, die schon einmal auf der Website zu Besuch waren. Weiter oben wurde schon auf die Problematik hingewiesen, die sich dadurch ergibt, daß IP-Adressen dynamisch vergeben werden und somit nicht feststellbar ist, welcher Nutzer sich dahinter verbirgt. Nach dem Setzen eines Cookies weiß der Anbieter bei einem Besucher, ob dieser sich zum zweiten oder wiederholten Male auf der Website befindet. Stammkunden können so identifiziert werden.

Individuelle Kundenansprache

Ebenso können Stammkunden dann auch ganz individuell mit ihren spezifischen Informations- oder Konsumbedürfnissen angesprochen werden. Hierbei ist es möglich, gezieltes One-to-One-Marketing zu realisieren und die dazugehörige Erfolgsmessung zu implementieren. Ein Kaufhaus kann so Eigenschaften eines Tante-Emma-Ladens emulieren und mehr Kundennähe herstellen.

Werbenetzwerke

Eine völlig neue Dimension bekommen Cookies, wenn sie systematisch von Werbenetzwerken für die Werbeerfolgskontrolle eingesetzt werden. Normalerweise kann nur ein Anbieter einen Cookie lesen. Schließen sich mehrere Anbieter zusammen, besteht die Möglichkeit, über mehrere Websites hinweg Kundenprofile zu erstellen und gezielt zu bewerben.

2 ▮ 05 | 04 Meßprogramme: Logfileanalyzer

Anforderungen an Logfileanalyzer

Logfileanalyzer sind Programme, mit denen gezielt Werbeerfolg gemessen werden kann, wenn die entsprechenden Logfiles vorliegen. Entsprechend können Analyzer entweder mit Logfiles arbeiten, die von einem externen Server heruntergeladen wurden oder sie erfordern den Betrieb des Analyzers auf dem Webserver selbst. Ferner müssen sie in der Lage sein, die unterschiedlichen Dateiformate einzulesen (Apache und Microsofts Internet Information Server sind die verbreitetsten Typen). Gemessen werden neben abgerufenen Dateien und Besucherzahl oft Indikatoren für die Auslastung des Servers. Für die Erfolgsmessung wichtig sind die Liste der am häufigsten aufgerufenen Seiten oder Verzeichnisse, der häufigsten Herkunftsseiten und der abrufstärksten Besucher. Daneben spielen Parameter wie Herkunftsländer oder verwendete Browser noch eine Rolle. Ebenso ist es interessant zu sehen, zu welcher Zeit die meisten Zugriffe kamen, um zwischen Büro- und Privatnutzung zu unterscheiden. Im folgenden sind exemplarisch drei Webanalyzer kurz vorgestellt.

Bazaar Analyzer Pro

Dieses derzeit in Version 2.0 vorliegende Programm arbeitet unter NT und UNIX und ist in der Lage, etwa 100 verschiedene Berichte zu liefern. Es arbeitet mit Java-Applets. Eine Besonderheit ist die grafische Anzeige des Wegs eines Surfers durch die Website. Reports können individuell für unterschiedliche Nutzer konfiguriert werden. Auch ist eine Archivierungsfunktion integriert, die den Vergleich mit älteren Reports ermöglicht. Das Programm unterstützt ferner über eine ODBC-Schnittstelle (Open Database Connectivity) den Datenaustausch mit externen Datenbanken.

Netintellect

Netintellect 3.1 arbeitet unter Windows 95 und NT. Es erkennt automatisch das Logfileformat. Durch das integrierte FTP können Logfiles bequem vom Server auf lokale Rechner geladen werden. Die Reihe vorgefertigter Berichte reicht von Executive und Marketing über Technical bis hin zu Advertizing. Bei diesen vordefinierten Berichten wird mit einer integrierten Datenbank gearbeitet, die bequem durchsuchbar ist. Das Programm erzeugt neben zwei- auch dreidimensionale Grafiken und kann mit einer Reihe von Filterfunktionen Logfileinformationen beliebig ein- und ausschließen. Insgesamt bietet das Programm eine ausgesprochen bequeme Benutzerführung.

Webtrends

Dieser klassische Analyzer ist inzwischen schon in der Version 4.1 erhältlich. Unterstützt werden die Plattformen Windows 95 und NT. Sehr schnell ist ein Profil für die zu analysierenden Logfiles erstellt, die dann per FTP vom Server gezogen werden können. Auch Echtzeit-Auswertung ist möglich. 32 vorbereitete Reports sind verfügbar, jedoch ist auch das Erstellen eigener Reports relativ einfach. Ein Style Editor erlaubt die individuelle grafische Gestaltung einschließlich der Integration der Unternehmens-CI, was insbesondere für Präsentationen von Vorteil ist. Interessant ist auch die Option, eine Auswertung von Suchmaschinenzugriffen nach verwendeten Suchbegriffen vorzunehmen.

Literatur

Allen C, Kania D (1998) Internet World Guide to One-to-One Web Marketing

N. N. (1997): Kontrolle statt Vertrauen – Erfolgsmessung beim Internet-Engagement. New media report 11/97: 1–5

Resch J (1996) Marktplatz Internet. Das Internet als strategisches Instrument für Marketing und Werbung. Microsoft Press, Unterschleißheim

Schwartz EI (1998) Webonomics: Nine Essential Principles for Growing Your Business on the World Wide Web

Werner A (1997) Werbeträgerkontakt- und -verbreitungsmessung im WWW. In: Boden K-P, Barabas M (Hrsg) Internet – von der Technologie zum Wirtschaftfaktor. dpunkt, Heidelberg, S 119–128

Netiquette und Internet-Sprache

2 ▮ 06

Regina Bellem

2

INHALTSÜBERBLICK

Den Cyber-Knigge gibt es noch nicht; aber Cyberspace ist nicht frei von Regeln und Vereinbarungen. Dieser Beitrag befaßt sich mit den Netz-Etiketten und den Sanktionsmöglichkeiten im Internet. Praktische Tips zum Umgang mit E-Mail, Newsgroups und Chat-Rooms ermöglichen auch dem Einsteiger einen sicheren Umgang mit diesen Internet-Diensten. Zwei Übersichten mit Emoticons und Akronymen („Internet-Kurzschrift“) geben einen schnellen Einstieg in die Feinheiten der Internet-Kommunikation.

Netiquette, AUP

Das Internet der 80er und anfänglichen 90er Jahre diente vor allem der Wissenschaft und Forschung weltweit zum Datenaustausch und zur Kommunikation. Es entwickelten sich für die Kommunikation Regeln und Vereinbarungen, die man heute als Netiquette (Netz-Etikette) und als AUP (Acceptable Use Policies) oder kurz Policies kennt. Diese selbst geschaffenen Regeln haben rechtlich kaum Bedeutung, sollten aber trotzdem beachtet werden, denn sie sind nach wie vor Grundlage für den Umgang der Internet-Teilnehmer miteinander. Beispielsweise sollten in Newsgroups oder Mailing-Listen Beiträge von weniger erfahrenen Teilnehmern nicht herablassend beurteilt werden und kritische Bemerkungen an anderen Beiträgen sollten vorsichtig und natürlich fachlich korrekt abgegeben werden. Die Realität sieht manchmal anders aus und kann bis in Flames gipfeln, d. h. wüsten Beleidigungen, Verleumdungen und massiven Beschimpfungen etc. Auch Spamming ist eine der möglichen „Sanktionen“ im Inter-

Flames, Spam

net: Einerseits versteht man darunter das Server-Überladen mit Massen-Messages mit dem Ziel, den Server lahmzulegen, andererseits z. B. Massenpostings in Newsgroups.

Giving back to the Internet

Neben Netiquette und Policies findet man aufgrund der wissenschaftlichen Tradition im Internet auch heute noch das Konzept des „Giving back to the Internet“. Das Internet vor der Kommerzialisierung lebte vom Geben und Nehmen der Teilnehmer an Informationen jeglicher Art. Es war leicht, eigene Informationen, die für andere Wissenschaftler wichtig sein könnten, in das Netz zu bringen – vor allem, da man vielleicht selbst relevante Daten im Internet fand. Die Kommerzialisierung ist im Internet weit fortgeschritten, trotzdem ist die Idee des „Giving back“ eine nützliche Geschäftspraktik, denn der Zusatznutzen ist ein wesentlicher Erfolgsfaktor für Firmenpräsenzen im Internet: Die Besucher auf der Web-Site kommen nur dann wieder, wenn die Chance auf weitere interessante Informationen oder andere „reizvolle“ Daten sie anlocken.

Kommerzialisierung im Internet

Obwohl das Internet eine schier unermeßliche Fundgrube an Informationen ist, sollten Sie sich unbedingt von der Richtigkeit, Vollständigkeit und der rechtlichen Zulässigkeit der Daten überzeugen. Denn noch nie war es für Otto Normalverbraucher so einfach und so preiswert, mittels eines PCs und Internet-Zugangs Daten zu publizieren. Es ist ausgeschlossen, die sich ständig ändernde Datenflut zu kontrollieren. Jeder Netz-Teilnehmer ist hier gefordert.

! In jedem Internet-Dienst gibt es eigene Regeln. Wenn Sie sich an die folgenden Empfehlungen halten, werden Sie auch als Einsteiger keine Schwierigkeiten haben, im Internet zu kommunizieren. Im übrigen finden Sie auf fast jedem News-Server unter news.announce.newusers weitere Informationen zur Netiquette.

Zum Umgang mit E-Mails

2 ▮ 06 | 01

- **Anfragen:** Sehen Sie regelmäßig im Briefkasten nach! Mindestens einmal pro Tag, besser noch mehrmals am Tag, sollten Sie nach eingegangen Nachrichten sehen. Die Richter in Deutschland gehen im übrigen inzwischen davon aus, daß geschäftliche E-Mails mindestens einmal täglich abgeholt werden und daß im Business-to-Business-Bereich ein Geschäftspartner von dieser Regel ausgehen kann.
- **Antwort:** Antworten Sie schnell. 1 Kalendertag ist 7 Internet-Tage, d. h. die Zeit vergeht im Internet wesentlich schneller! Ihre Mail-Partner, vor allem im geschäftlichen Bereich, werden mit Sicherheit verärgert, wenn Sie das „schnelle“ E-Mail nutzen, aber selbst nicht schnell reagieren. Unter Umständen „verleiten“ Sie Ihre Geschäftspartner dazu, per Fax oder telefonisch die Anfrage zu wiederholen, was zu Mißverständnissen, Doppellieferungen etc. führen kann.

1 Internet-Tag ist 7 Kalender-Tage!

- **Betreff:** Der Betreff wird in der Übersicht Posteingang gelistet und sollte präzise und prägnant formuliert sein, damit eine Bewertung der Nachricht anhand der Liste durch den Empfänger schnell möglich ist. Aber bitte kein „Wichtig“ in den Betreff, denn solch eine „Bewertung“ kann schnell dazu führen, daß diese Mails überhaupt nicht wichtig genommen werden.
- **Formulierung:** Die Anrede im Internet ist häufig leger und viele duzen sich sofort. Im Business-Bereich ist dieses Verhalten nicht zu empfehlen, es sei denn, man weiß, daß der lockere Sprachgebrauch nicht aneckt.

- **Fülle/Länge:** E-Mails sollten kurz gehalten sein. Schließlich bezahlt der Empfänger für den Transfer und außerdem ist nicht jeder gewohnt, längere Texte über mehrere Bildschirmseiten zu lesen. Speziell bei Antworten auf Anfragen sollten Sie nicht die gesamte Ursprungs-Mail wieder mitsenden, sondern nur die antwortrelevanten Teile.
- **Signatur** (Unterschriftsblock, Signature-File, Sig-File, Auto-Signature): Gehen Sie sorgfältig mit der Werbung in der Mail um. Mehr als 5–6 Zeilen für den Unterschriftsblock werden in aller Regel nicht gerne gesehen. Was soll rein? Natürlich Ihre Geschäftsadresse inkl. WWW-Adresse. Außerdem noch Hinweise auf neue Produkte oder Dienstleistungen. Optimal ist ein hinterlegter Link auf die entsprechende Web-Seite.
- **Bestandteile:** Zu den Bestandteilen einer E-Mail gehören unter anderem der Body (Text) und der Header (Umschlag). Nach dem E-Mail-Standard (RFC822) sollte der Body nur den Standard ASCII-Code enthalten, d. h. die typisch deutschen Umlaute wie ä, ü, ö, ß können u. U. falsch umgesetzt werden, wenn Absender und Empfänger nicht über den gleichen E-Mail-Client verfügen, so daß „häßliche" Sonderzeichen das Lesen der Nachricht erschweren.

2 ▮ 06 | 02 Zum Umgang mit Newsgroups

- **Beitrag:** Bevor Sie posten, d. h. eigene Beiträge in die Diskussion einbringen, sollten Sie dieses Forum erst einmal „beobachten", um ein Gespür für den adäquaten Ton in dieser Gruppe zu finden. Wie gehen die einzelnen Diskussionspartner miteinander um? Ist der Diskussionsgegenstand wirklich das Thema, das Sie

interessiert? Haben Sie den Eindruck, daß Sie zur Diskussion beitragen können?
Beim Crossposten (d. h. beim Versenden eines identischen Beitrages an verschiedene Newsgroups) müssen Sie unbedingt darauf achten, daß wirklich das Thema der verschiedenen Gruppen getroffen wird. Eigentlich sollten Sie das Crossposten unterlassen, denn viele Teilnehmer diskutieren in mehreren thematisch ähnlichen Gruppen und würden deshalb Ihr Crossposting „identifizieren“ und ggf. „ungnädig“ reagieren.

- **Fragen:** Lesen Sie die FAQ (Frequently Asked Questions), d. h. die Liste der häufig gestellten Fragen. Sehr oft finden Sie hier bereits die Antworten auf eigene Fragen bzw. Sie erhalten hier zusätzliche Informationen über die Grundthemen, die in diesem Forum behandelt werden.
- **Regeln:** Auch in den lockersten Newsgroups gelten bestimmte Etiketten! Die o. g. Regeln für den Betreff wie auch die „Zitierung“ vorheriger Mails bzw. die Ausgestaltung der Signatur gelten auch in diesen Diskussionsgruppen. Ansonsten sollten Sie sich dem Ton des Forums anpassen und darauf achten, daß Ihre persönliche Anrede dem Diskussionston entspricht. Im übrigen gilt auch für Diskussionsforen: Kritik am Geschäftsgebaren von Markteilnehmern ist grundsätzlich erlaubt, sofern die Aussagen korrekt, also sachlich richtig sind.
- **Moderation:** Es gibt moderierte und unmoderierte Newsgroups. Letztere haben häufig den Nachteil, daß die Beiträge nicht alle zum Thema gehören, nicht wesentlich zum Thema beitragen, viel zu umfangreich sind etc. Hier hängt die Qualität des Forums von den einzelnen Teilnehmern ab. Bei einer moderierten

Newsgroup entscheidet ein fachkundiger Moderator, welcher Beitrag in der Liste verteilt wird. Wundern Sie sich also nicht, wenn Ihr Beitrag evtl. gar nicht weitergereicht wird.

- **Sprache:** Kommunikation im Web ist international und somit meist in Englisch. Sie erreichen eine größere Anzahl von Teilnehmern aus unterschiedlichen Ländern und Kulturkreisen. Außerdem ist dies eine willkommene Gelegenheit, seine Fremdsprachenkenntnisse aufzufrischen.

2 ▮ 06 | 03 Zum Umgang mit Chat-Rooms

- **Beitrag:** Auch hier – wie bei den Newsgroups – gilt: Schauen Sie sich erst mal um, bevor Sie aktiv werden. Der erste Besuch bei einem Chat kann sehr verwirrend sein, da viele Abkürzungen und Symbole (s. Akronyme und Emoticons in Tabelle 1 und 2 weiter unten) verwendet werden und bei einem lebhaft besuchten Chat-Room die Meldungen schnell ausgetauscht werden. Das Besondere an den Chat-Rooms ist, daß die Kommunikation so schnell läuft, wie man tippen kann.
- **Teilnehmer:** Nicht immer steckt hinter einem Nick ein Nick. Sog. Nicknames, d. h. Pseudonamen, werden vor allem in Chat-Rooms gerne verwendet. Aber Sie können diesen Nickname durch den „Who-Is-Befehl" auflösen in den Namen und die Informationen, mit denen sich der Teilnehmer angemeldet hat. Wobei auch diese Informationen natürlich nicht überprüfbar sind.

2 ▮ 06 | 04 Emotionen im Internet

In den textbasierten Nachrichten- und Informationsdiensten des Internets ist es schwierig, Humor, Ärger, Freude

Tabelle 1: Liste von Emoticons/Communicons

<table>
<tr><th>Emoticon</th><th>Bedeutung</th></tr>
<tr><td>:-)</td><td>Smiley-Urtyp – gute Absicht, lustige Bemerkung</td></tr>
<tr><td>:)</td><td>und noch ein Smiley, sozusagen die Schnellfassung oder ein Winzlings-Smiley</td></tr>
<tr><td>:-:</td><td>Mutanten-Smiley</td></tr>
<tr><td>:-%</td><td>Banker-Smiley</td></tr>
<tr><td>3:[</td><td>Bestien-Smiley</td></tr>
<tr><td>:,(</td><td>weinen</td></tr>
<tr><td>;-)</td><td>spitzbübisch, schelmisch</td></tr>
<tr><td>:]</td><td>dämliches, bescheuertes Lächeln</td></tr>
<tr><td>(-:</td><td>Linkshänder/Australier</td></tr>
<tr><td>;)</td><td>blinzeln, zwinkern</td></tr>
<tr><td>8-)</td><td>Bebrillter Smiley, d. h. ich trage eine Brille</td></tr>
<tr><td>:-|</td><td>leerer, ausdrucksloser Blick</td></tr>
<tr><td>:-o</td><td>Überraschung</td></tr>
<tr><td>:-O</td><td>Schock</td></tr>
<tr><td>:-(oder :-<</td><td>Trauer</td></tr>
<tr><td>)-:</td><td>Trauriger Linkshänder</td></tr>
<tr><td>:-|</td><td>Stirnrunzeln, Mißbilligung, Nase rümpfen, Das finde ich nicht witzig!</td></tr>
<tr><td>:D</td><td>Gelächter</td></tr>
<tr><td>:-p</td><td>Zunge rausstrecken</td></tr>
<tr><td>:-Q</td><td>Ich bin Raucher</td></tr>
<tr><td>#-)</td><td>Was für eine Nacht!</td></tr>
<tr><td>(:-)</td><td>glatzköpfig</td></tr>
<tr><td>:-{)</td><td>Benutzer trägt Schnurrbart</td></tr>
<tr><td>:-)))</td><td>sehr fett</td></tr>
<tr><td>]:-></td><td>Teufel</td></tr>
<tr><td>[ ]</td><td>umarmen</td></tr>
<tr><td>:*</td><td>küssen</td></tr>
<tr><td>>-</td><td>weiblich</td></tr>
<tr><td>: -</td><td>männlich</td></tr>
<tr><td>=:-)</td><td>Punker-Smiley</td></tr>
<tr><td>{:-)</td><td>Smiley mit Mittelscheitel</td></tr>
<tr><td>:-x</td><td>verschwiegener Smiley</td></tr>
<tr><td>O:-)</td><td>Benutzer ist ein Engel</td></tr>
<tr><td>:-e</td><td>Benutzer ist sauer</td></tr>
<tr><td>[:-)</td><td>Benutzer trägt Walkman</td></tr>
</table>

Tabelle 2: Internet-„Kurzschrift"

Abkürzung	Bedeutung
<g>	Grinsen
<G>	GRINSEN!
aka	also known as, auch bekannt als
asap	as soon as possible, so bald als möglich
btw	by the way, übrigens
cu	See You, Tschüß
faq	frequently asked questions, häufig gestellte Fragen
fyi	for your information, zur Information
imo	in my opinion, meiner Meinung nach
imho	in my humble opinion, meiner bescheidenen Meinung nach
ld&r	Lachen
lol	laughing out loud, lautes Gelächter
otoh	on the other hand, andererseits
rotfl	rolling on the floor laughing, auf dem Boden wälzend vor Lachen
rtfm	read the f**** manual, Aufforderung, endlich mal das Manual zu lesen
sysop	System-Operator
tic	tongue in cheek, ironisch, nicht ernst gemeint
SCHREIEN	Großbuchstaben symbolisieren Lautstärke
Betonung	Sterne bzw. Linien am Anfang und Ende einer
Betonung	Formulierung betonen den Inhalt dieser
-Betonung-	Formulierung

oder Überraschung auszudrücken. Bei E-Mail, Newsgroups, Chat-Rooms werden Sie deshalb sog. Emoticons (Emotional Icons, auch Communicons, d. h. Communication Icons, genannt) vorfinden (Tabelle 1). Auch Abkürzungen, von denen die EDV reichlich zu bieten hat, haben im Internet einen Stammplatz und formten eine neue „Kurzschrift" (Akronyme, s. Tabelle 2). Das bedeutet, Sie sollten sich vorher damit vertraut machen, denn speziell bei den Chat-Rooms sind schnelle Reaktionen gefragt.

Marktanalyse mit neuen Medien

2 ▮ 07

INHALTSÜBERBLICK

Wie erfolgt die Datenrecherche im Internet und welche Vorteile bietet sie? Dieser Beitrag informiert Sie über das Vorgehen bei der Informationsbeschaffung aus dem Internet. Er gibt Tips zur Recherchevorbereitung und nennt interessante Datenquellen zu unterschiedlichen Themen, beispielsweise Wirtschaft oder Finanzen.

Marktforschung im Internet

2 ▮ 07 | 01

Volker Heyn

Problemstellung bei der konventionellen Recherche

Die klassische Recherche und Auswertung von Marktinformationen ist mit gravierenden Nachteilen verbunden. Die Beschaffung der Daten erfordert einen z. T. erheblichen logistischen Aufwand, die Sichtung des Materials ist oft umständlich und zeitraubend und die Auswahl der Quellen lückenhaft. Besonders nachteilig ist die vielfach mangelnde Aktualität der Daten, die beim Erscheinungstermin nicht selten schon etwas angestaubt sind.

Vorteile der Online-Recherche

Zeit

Der Trend zu schnelleren und kürzeren Entscheidungswegen führt zwangsläufig zu einem immer effizienteren Informationsmanagement. Sofortige Verfügbarkeit einer breiten Basis von Datenquellen bei hoher Aktualität sind grundlegende Anforderungen an moderne Recherchesysteme geworden. Online-Medien sind aufgrund ihrer systembezogenen Eigenschaften dazu prädestiniert, diese Aufgaben zu erfüllen. Sind die für den Informationssuchenden relevanten Datenquellen erst einmal lokalisiert, kann aufgrund des sehr praktischen Archivierungssystems der Browser umgehend auf die jeweiligen Quellen zugegriffen werden, und dies weltweit rund um die Uhr. Die Datenbanken werden in der Regel vom Betreiber auf dem neuesten Stand gehalten und verfügen damit über eine hohe Aktualität. Von besonderem Wert sind die oft zahlreichen Querverweise auf weitere Quellen zu den behandelten Themen. Durch Interaktion ist eine direkte Kontaktaufnahme und sogar ein Online-Fachdialog mit den Adressaten im Web möglich.

Aktualität

Querverweise

! CAR (Computer Aided Research, Recherche im Internet) ist die schnelle und zielgerichtete Suche nach Informationen anhand einer detaillierten vorbereiteten Suchstrategie.

Grenzen der Internet-Recherche

Relevanz, Qualität

Bei aller Euphorie über die nahezu unbegrenzten Möglichkeiten sollte man sich auch die Unwägbarkeiten einer Internet-Recherche vor Augen halten. Schließlich kann jeder alles im Internet verbreiten. Der Recherchierende muß sich also über die Seriosität und Relevanz der Quellen ausreichend informieren. Zu Beginn wird er sich auf die ihm bekannten zuverlässigen Adressen beschränken bzw. auf staatliche Quellen und anerkannte Lehr- und Forschungseinrichtungen stützen. Mit zunehmender Erfahrung wird man die Spreu vom Weizen trennen und sich einen Pool der wertvollsten Adressen zusammenstellen können – immer gegenwärtig, daß laufend neue interessante Anbieter hinzukommen und sich die Internet-Landschaft ständig verändert.

! Bei der Auswertung von Internet-Quellen müssen zunächst Relevanz und Seriosität beurteilt werden.

Internet-Dienste

Folgende „klassische“ Internet-Dienste gibt es:

- World Wide Web (WWW),
- E-Mail,
- FTP,
- Telnet sowie
- Newsgroups.

WWW

Für Online-Recherchen ist das WWW der wichtigste, aber längst nicht der einzige Zugang zum weltweiten „Informationsreservoir Internet“. E-Mail, Newsgroups, FTP und Telnet heißen die weiteren Internet-Dienste. Dabei wird die elektronische Post mit Abstand am häufigsten genutzt. Die E-Mail erscheint fast zeitgleich auf dem Rechner des Empfängers. Ein besonderer Vorteil ist das Mitverschicken von Text- und Bilddokumenten als Anlage. Über E-Mail können Nachrichtenkanäle installiert und neue Meldungen zu bestimmten Themen automatisch zur Verfügung gestellt werden (Abonnements). Interessensgruppen diskutieren bestimmte Themenbereiche per E-Mail-Listen, auf die unter dem Kapitel „Wettbewerbsanalysen“ noch eingegangen wird. Ganz ähnliche Ziele verfolgt der Internet-Dienst der Newsgroups, deren Themenvielfalt nahezu unbegrenzt ist. In mehreren 100.000 (!) Newsgroups kann jeder seinen qualifizierten (oder unsinnigen) Beitrag der ganzen Welt kundtun. Im Gegensatz zu Mailing-Listen sind diese Gesprächsforen nicht moderiert und nicht anmeldepflichtig. Jeder hat freien Zugang und Einblick in die Newsgroups, in denen neben vielen

E-Mail

Newsgroup

seriösen Themen auch völlig exotische und obskure Dinge besprochen werden. Wer sich jedoch die Mühe macht, die für ihn richtige Gruppe zu finden, kann hier äußerst interessante Informationen herausziehen. Einblicke in die Welt der Newsgroups und Mailing-Listen gibt die URL www.liszt.com.

FTP

Ein Schlüssel zu Dateien und Softwarearchiven im Internet ist FTP (File Transfer Protocol). FTP-Server stehen meist in Rechenzentren der Universitäten und beinhalten ein riesiges Warenlager an Informationen. Allerdings muß man sich durch umfangreiche Verzeichnisstrukturen wühlen, und nur Geübte können die Aussagen interpretieren, die hinter den angebotenen Dateikürzeln stehen. Zudem ist nicht jede Datei für den außenstehenden (anonymen) Nutzer freigegeben. Die Dokumente liegen in der Regel komprimiert vor und müssen „entpackt" werden. Interaktion zur Aufschließung der Inhalte ist nicht möglich. Generell verliert FTP zugunsten anderer Internetdienste weiter an Bedeutung. Wer sich mit dem Angebot von FTP-Servern befassen möchte, schaut sich die Web-Site www.ftpsearch.com an.

Telnet

Ebenfalls an Bedeutung verloren hat der Internetdienst Telnet, mit dem auf einem entfernten Rechner recherchiert werden kann. Dieser wird sozusagen fernbedient, während der eigene PC lediglich als Terminal dient, auf dem die Bildschirmausgaben dargestellt und die Tastatureingaben entgegengenommen werden. Vor allem Universitätsbibliotheken halten ihre Kataloge via Telnet bereit. Ein Telnet-Client-Programm ist in den Betriebssystemen des PC enthalten. Zur Orientierung müssen bestimmte Kommandos erlernt werden, die nicht einheitlich festgelegt sind.

Das wohl beste Telnet-Programm ist EWAN, das über den FTP-Server ftp.lysator.lui.se besorgt werden kann. Trotz der etwas komplizierten Bedienungsweise und der für den Neuling gewöhnungsbedürftigen Strukturierung bietet Telnet derzeit oft die einzige Möglichkeit, in Großrechnern zu recherchieren.

Informationsanbieter und Informationskategorien im Internet

Anbietergruppen

Welche Informationsanbieter sind im Internet zu finden und welche Art von Informationen kann der Nutzer erwarten? Die Anbieter lassen sich in 8 Hauptgruppen unterteilen:

1. Firmen,
2. Vereine/Verbände,
3. Institute,
4. Staat/Behörden,
5. Medien,
6. Bildungseinrichtungen,
7. Selbständige und
8. Private.

Am Beispiel Bildungseinrichtungen werden typische Informationsstrukturen deutlich, die interessante und oft unerwartete Quellen bereithalten. Eine Universität bietet neben Einblicken in ihre Interna und Bibliotheken immer umfangreiche Linksammlungen zu speziellen Fachthemen aus den Wissensgebieten der jeweiligen Fakultäten an. Besonders wertvoll sind die engen weltweiten Verknüpfungen der Institute untereinander. Die Fundgruben der Universitätsbibliotheken zwischen Melbourne und Los Angeles liegen nur wenige Mausklicks voneinander entfernt.

Wer einmal die Systematik der Web-Sites von Bildungseinrichtungen verstanden hat, wird oft den Ausgangspunkt seiner Recherchen hierher verlagern.

Vorbereitung der Internet-Recherche
Gar nicht deutlich genug kann auf die gründliche Vorbereitung einer Online-Recherche hingewiesen werden. Die Vorteile des gewaltigen Datenreservoirs Internet sind zugleich auch seine Nachteile. Die Informationen liegen weitgehend ungeordnet und ohne hierarchische Ebenen vor. Es gilt das Prinzip der Beliebigkeit. Wer sich jedoch von der Menge der mehr als 100 Mio. Rechner nicht von seinen Recherchen abschrecken läßt, muß seine Suchanfragen sorgfältig strukturieren und einige Fragen im Vorfeld beantworten:

Checkliste zur Recherche-Vorbereitung:
- Was will ich erreichen? (Zielsetzung)
- Welche Informationen brauche ich hierzu?
- Wo könnten die Informationen vorliegen?
- Wie verwerte ich diese Informationen?

Als typische Fehler bei Online-Recherchen sind häufig zu beobachten:
- Es wird ohne ausreichende Vorbereitung losgelegt.
- Die zahlreichen Hyperlinks verleiten zum Abschweifen in irrelevante Themenbereiche.
- Unterschiedliche Datenquellen werden nicht genügend vernetzt.
- Es wird nicht nach Alternativen gesucht, und die Recherche wird zu früh abgebrochen.

Recherchestrategie

Es ist durchaus üblich, daß die Entwicklung einer detaillierten Recherchestrategie ein Drittel der gesamten Zeitaufwendungen beansprucht. Gehen Sie dabei unbedingt schriftlich vor und entwickeln Sie eine Matrix, die alle relevanten Informationsanbieter und Quellen enthält. So können durch die Technik der „Kreuzrecherche" schnell und wirksam brauchbare Ergebnisse erzielt und ineffiziente Suchwege eliminiert werden.

2

! Kreuzrecherche ist die gleichzeitige Anwendung verschiedener Suchtechniken und Suchdienste. Wiederholungen der Suchanfrage zu unterschiedlichen Zeiten bringen oft verblüffende Ergebnisse.

Interessante Datenquellen im Internet

Persönliche Bibliothek

Die wichtigste Aufgabe des Recherchierenden besteht darin, aus der unendlichen Fülle der zur Verfügung stehenden Datenquellen diejenigen herauszufinden, die seine Kriterien an Seriosität, Aktualität und Relevanz in besonderem Maße erfüllen. Über die Bookmark-Funktionen (Bookmark ist ein Lesezeichen) des Browsers werden die favorisierten Adressen archiviert und bei Bedarf direkt abgerufen. Diese „persönliche Bibliothek" hat den Vorteil, nicht ständig neu mit der Suche beginnen zu müssen. Eine kleine Auswahl interessanter und seriöser Datenquellen aus den Bereichen Wissenschaft, Wirtschaft, Nachrichten und Finanzmeldungen ist nachfolgend dargestellt. Entscheiden Sie nach Durchsicht der Quellen selbst, welche Adressen für Ihre Zwecke Eingang in Ihr persönliches Archivierungssystem finden. Denken Sie daran, daß sich Struktur und Inhalte der Sites kontinuierlich ändern und ständig neue Quellen hinzukommen.

URLs für den Bereich Wissenschaft:

- gok.de Übersicht u. a. von Verlagen
- mfh-iserlohn.de/FHB/fint/fachinformationen Übergreifende Informationen
- uni-muenster.de/WiWi Forschung und Lehre
- dino-online.de/seiten/go02b.htm Bibliotheken
- subito-doc.de Fachbibliothek
- yahoo:Unis und FHs Übersicht

Bereich Wirtschaft:

- quality.de/top500de.htm 500 größte deutsche Unternehmen
- forrester.com Marktforschungsinstitut
- statistic-bund.de Statistisches Bundesamt
- census.gov Statistisches Bundesamt der USA
- http://patent.omplex.ibm.com Patentrecherchen
- yahoo:Unternehmen Übersicht
- branchenbuch.de Übersicht

Bereich Nachrichten:

- reuters.comcnn.com newsaktuell.de Nachrichtenagenturen
- Seite1.web.de Sehr aktueller Nachrichtendienst
- rp-online.de Rheinische Post (sehr aktuell)
- gok.de Zeitungen, Magazine u. a.
- usit.net/hp/virtualusa//news.html US-Zeitungen
- zeit.de Online-Ausgabe der Zeit
- excite.com Nachrichten

Bereich Finanzmeldungen:

- dai.de Aktuelle Börsenkurse
- hornblower.de Finanzmeldungen
- yardeni.com Finanzanalysen

- finanzen.yahoo.de Überblick
- fnet.de Aktuelle Kommentare
- bank24.de 1822direkt.com Online-Banking

FAZIT

Die Vorteile der Datenrecherche mit dem Internet sind sofortige Verfügbarkeit eines weltweiten Potentials, Aktualität und zahllose Querverweise (Links). Das Prinzip der Beliebigkeit erfordert eine sorgfältige Auswahl der Quellen. Es gibt über das WWW hinaus weitere Internet-Dienste, die wertvolle Informationen bereithalten. Eine gründliche Recherchevorbereitung ist unerläßlich. Die Kenntnis, welche Informationsanbieter grundsätzlich im Internet vertreten und welche immer wiederkehrende Informationen von diesen zu erwarten sind, ist der Grundstein einer effizienten Datenrecherche. Interessante Quellen sind Fachverlage und Universitäten/Fachhochschulen, statistische Ämter und Patentdatenbanken, Nachrichtenagenturen und Zeitungen, Finanzinstitute und Analysten.

Wettbewerbsanalyse mit dem Internet

! Wettbewerbsanalysen im Internet beziehen sich auf den Vergleich von Daten (z. B. Produkte, Finanzmeldungen) und Informationen zu Aktivitäten aller Art (z. B. Pressemitteilungen, Events, Forschung), die vom Wettbewerber selber oder durch Medien und Institutionen publiziert werden.

Unternehmensmeldungen

Wie wir im vorigen Kapitel erfahren haben, gehören Unternehmen zu den wichtigsten Informationsanbietern im Internet. Vor allem die großen international tätigen Konzerne treten mit z. T. sehr umfangreichen Web-Präsentationen auf. Obwohl jede Site unterschiedliche Schwerpunkte aufweist, gibt es eine Reihe ähnlicher und vergleichbarer Unternehmensmeldungen:

- Produkte und Innovationen,
- Berichte aus Forschung und Entwicklung,
- Angaben zur Firmenstruktur und Belegschaft,
- Geschäftsfelder und Kunden,
- Geschäftsberichte und Finanzdaten,
- Stellenangebote und Berufsausbildung sowie
- Pressemitteilungen und Dialoge.

Informationstiefe

Freilich darf man sich von diesen Informationen keine Geschäftsgeheimnisse erwarten. Viele Unternehmen scheuen tiefer gehende Informationen über betriebliche Internas wie Preise, Umsätze, Ergebnisse etc. Ausgenommen sind Firmen, die zur Veröffentlichung verpflichtet sind, v. a. aus den USA, wo die Vierteljahreszahlen von besonderem Interesse sind. Wichtig ist hierbei, daß über das Internet schnell und komfortabel eine breit angelegte Analyse betrieben werden kann. Sehr einfach lassen sich auch die unterschiedlichen Qualitäten der Web-Präsenzen vergleichen, wie offen sich die Firma darstellt, wie sorgfältig (aktuell) die Pflege der Inhalte ist und wie vielfältig die Kontaktmöglichkeiten eingerichtet sind.

Ein Test, bei dem Informationsmaterial per Internet-Formular bestellt oder eine Anfrage über E-Mail gerichtet wird, zeigt die Qualität des Internet-Engagements des Unternehmens in bezug auf Reaktionszeit und Inhalt der Antwort.

Informationen aus den Medien

Die im Internet sehr intensiv vertretene Medienlandschaft – sie gehört zu dessen Pionieren – bietet weitere Quellen für eine Wettbewerbsanalyse. Berichte über Unternehmen, die Sie aus der einschlägigen Presse gewohnt sind, finden sich natürlich auch im Internet, in der Regel aber aktueller, wenn auch nicht immer so umfassend. Die bereits zitierten Hyperlinks in den Meldungen verzweigen zu weiterführenden und ergänzenden Informationen. An erster Stelle stehen dabei die großen Nachrichtenagenturen wie Reuters, DPA, CNN usw., aber auch die Online-Ausgaben von Focus, Spiegel und Stern, die z. T. mehrmals am Tag aktualisiert werden. Selbstverständlich bieten auch Fachmagazine wie DM, Wirtschaftswoche, Capital usw. einen riesigen Fundus für Marktanalysen. Generell kann es sich heute kaum ein namhaftes Printmedium leisten, nicht mit aktuellen Beiträgen im Internet vertreten zu sein. Ein Bonbon einiger Verlage ist ein umfangreiches, gepflegtes Archiv, in dem nach verschiedenen Suchkriterien online recherchiert werden kann. Per Abonnement lassen sich auch sog. Newsletter zu ausgewählten Themen als E-Mail an den Interessenten verschicken. Mit Hilfe dieser „Push-Technologie“ erhalten Sie nur Nachrichten zu den Themen, die Sie speziell interessieren. Beispiele für diese Informationen per E-Mail sind „Die Zeit“ und die „Rheinische Post“.

! Push-Technologien helfen, Informationen zu selektieren. Nutzen Sie das zunehmende Angebot der Medien, über Spartenkanäle nur die Meldungen zu empfangen, die in Ihr Interessensgebiet fallen.

Fachaufsätze und wissenschaftliche Publikationen
Experten aus Forschung und Technik möchten die Aktivitäten der Konkurrenz über Produktinnovationen und Weiterentwicklungen erfahren. Publikationen dieser Art bieten Fachartikel und die Institute von Bildungseinrichtungen. Einige Verlage, wie z. B. der Springer-Verlag in Heidelberg oder der Oldenbourg-Verlag in München, ermöglichen Einblicke in Artikel ihrer Fachpublikationen, und zwar als Extrakte oder als Volltextversionen.

Unter der Rubrik „Markt" ist oft eine recht brauchbare Sammlung von Wettbewerbsinformationen enthalten.

Eine Übersicht der Verlage und deren Publikationen bietet der Online-Kiosk (www.gok.de). Auch die Bibliotheken mancher Universitäten und Fachhochschulen informieren über den neuesten Stand aus Forschung und Entwicklung. Und wer die Informationen aus Patentdatenbanken zu interpretieren vermag, findet auch hier wertvolle Hinweise zu den Innovationsaktivitäten des Wettbewerbs. Eine probate Adresse hierzu ist der Patentserver von IBM.

Patente geben nicht nur Auskunft über den neuesten Stand der Technik. Sie verraten auch einiges über die Forschungsaktivitäten und -intervalle von Unternehmen und deren Geschäftsstrategie, um mit Hilfe von Patentpolitik das Marktgeschehen zu beeinflussen.

Branchenverzeichnisse
Schnelle und komprimierte Branchenübersichten sind v. a. über die großen Themenkataloge von Yahoo und dino-online zu finden. Die Idee der „gelben Seiten" ist auch zahlreich im Internet vertreten. Besonders umfas-

sendes Adressenmaterial liefert www.branchenbuch.de. Daneben bieten eine ganze Reihe regionaler virtueller Marktplätze zumindest Teileinblicke in die Präsenz des Wettbewerbs. Weitere Quellen sind die Dachorganisationen von Industrie und Handel, die Mitgliederverzeichnisse veröffentlichen und z. T. direkte Verlinkungen zu ihren Unternehmen ermöglichen. Wissenswerten Service bieten natürlich auch die örtlichen IHKs und Handwerkskammern, die u. a. Mitgliederverzeichnisse und Weiterbildungsprogramme zur Verfügung stellen.

Überblick

Branchenübersichten sind gut geeignet, sich einen ersten Überblick der Adressen und der regionalen Verteilung der Wettbewerber zu verschaffen. Über interne Suchdienste gelangt man recht schnell und bequem an das Produktprogramm der Firmen. Die Eingabe eines Suchbegriffs (z. B. Kreiselpumpen) liefert die Anschriften der entsprechenden Hersteller. Detailliertere Informationen halten die professionellen Adressenverlage bereit. Bekannte Namen sind Hoppenstedt, Bertelsmann, „wer liefert was?“ u. v. a. Ähnlich wie in den geläufigen Druckbänden können hier sehr spezielle Auskünfte eingeholt werden. Allerdings verlangen diese Verlage für die Recherche in ihren Datenbanken recht ansehnliche Gebühren.

! Branchenverzeichnisse sind ein guter Ausgangspunkt für Recherchen. Sie vermitteln einen ersten Einblick in die Quantität des Markts.

Statistische Quellen

Wer v. a. nach Zahlenmaterial Ausschau hält, ist bei den zahlreichen statistischen Diensten an der richtigen Stelle. Auch hier ist der Einstieg über die Themenkataloge, z. B.

von yahoo, ein guter Weg, der eine Auswahl statistischer Quellen aufzeigt. Besonders die US-Behörde, zu erreichen unter www.census.gov, ist eine riesige Fundgrube für Statistiken, nicht nur aus dem eigenen Land. Querverweise führen zu den statistischen Bundesämtern aller wichtigen Länder der Welt. Wen z. B. die Ein- und Ausfuhr bestimmter Produkte von Kanada oder die Entwicklung der Bautätigkeit in Südafrika interessiert, ist bei dieser Behörde gut aufgehoben.

Eine große ökonomische Datensammlung bietet der Dienst STAT-USA unter der Adresse www.stat-usa.gov. Ein zentraler Einstiegspunkt für europäische Datenbanken findet sich unter www.echo.lu.

Finanzmeldungen

Wettbewerbsanalyse

Wie wir bereits gesehen haben, können Wettbewerbsanalysen im Internet von ganz verschiedenen Ansätzen her betrieben werden. Ein vielversprechender Zugang sind die Finanzmärkte, die Firmenanalysen und Aktienentwicklungen bereithalten. Alle namhaften Institute sind im Internet vertreten und zeichnen sich v. a. durch hochaktuelle und überwiegend seriöse Daten und Kommentare aus. Das Deutsche Aktieninstitut z. B. offeriert nahezu zeitgleich die Entwicklung der aktuellen DAX-Werte, unter www.fnet.de werden die wirtschaftlichen Trends mehrmals täglich besprochen. Welches Unternehmen welche Aktionen plant, Gerüchte, Meldungen, Meinungen – all das ist unter den einschlägigen Internet-Adressen abrufbar. Auch historisches Material zu den Kursverläufen, Börsen und Unternehmen finden sich gut aufbereitet im Internet.

Allerdings kann man nicht immer davon ausgehen, daß alle Datenbanken kostenlos zur Verfügung stehen. Die traditionellen Profianbieter wie Genius oder STN verlangen stolze Preise für die Recherche in ihren Angeboten. Da können mehrere 100 DM pro Stunde zusammenkommen. Es versteht sich von selbst, daß die Suche hierin besonders sorgfältig vorbereitet sein muß.

Eine gute Quelle für Finanzanalysen sind die großen Bankinstitute, u. a. www.vereinsbank.de, www.bank24.de, www.deutsche-bank.de usw. Kurzprofile von über 10.000 Firmen liefert www.hoovers.com.

Mailing-Listen und Newsgroups

Themenorientierung

Eine Informationsquelle besonderer Art sind Mailing-Listen und Newsgroups. Diese Diskussionsrunden drehen sich um ein bestimmtes Thema und sind für jedermann zugänglich. In Mailing-Listen sorgt oft ein Moderator dafür, daß die Themenvorgabe eingehalten wird und die Beiträge ein bestimmtes Niveau erreichen. Hier bekommen Fachleute wertvolle Anregungen für ihre Arbeit. Sie können durch eigene Beiträge die Richtung der Diskussion mitbestimmen und die Gemeinde selbst auch um Rat fragen. Hier werden nicht selten hochaktuelle Fachthemen besprochen, die den Trend einer Branche widerspiegeln. Man trifft auf Kollegen des Wettbewerbs, mit denen man über dieses Forum direkt in Kontakt treten oder sich auseinandersetzen kann. Mailing-Listen bestehen aus mehreren 100 bis einigen 1000 Mitgliedern. Die Beiträge werden ein- oder mehrmals wöchentlich über E-Mail veröffentlicht.

Ein gesondertes Internet-Protokoll liegt den Newsgroups zugrunde, die über spezielle Server bereitgestellt werden. Newsgroups können mehr als 200.000 (!) Themenbereiche umfassen, denen eine hierarchische Struktur zugrunde liegt. Es gibt fast nichts, worüber in diesen international verbreiteten Diskussionsforen nicht geplaudert wird. Kein noch so exotisches und obskures Thema wird ausgelassen. Newsgroups sind unmoderiert und unzensiert. Neben viel Müll findet sich aber hier und da eine Perle, die es lohnt, von Zeit zu Zeit einen Blick in die relevanten Themenbereiche zu werfen.

Die Internet-Adressen www.dejanews.com und www.reference.com informieren über die gesamte Bandbreite der zur Verfügung stehenden Newsgroups.

! Netnews (Newsgroups und Mailing-Listen) sind eine Art schwarzes Brett, die hierarchisch geordnet sind und in die jeder eigene Meinungen einbringen kann. Ein „de“ am Anfang weist auf eine deutschsprachige Gruppe hin. Newsprogramme sind in den neueren Browserversionen bereits integriert.

FAZIT

Das Internet bietet Unternehmensanalysen zu den Themen Produktinnovationen, Firmenstruktur und Geschäftsfelder, Finanzdaten und Personalentwicklung. Umfassende und sehr aktuelle Daten liefern Medien wie Tageszeitungen, Fachzeitschriften und Magazine, die u. a. Fachaufsätze und wissenschaftliche Publikationen bereithalten. Die Push-Technologie ermöglicht die Bereitstellung von individuellen Nachrichtenkanälen. Ein schneller Überblick ergibt sich aus Branchenverzeichnissen und gelben

2

Seiten. Reichlich im Internet vorhanden sind Quellen zu statistischen Daten, deren Sammlungen leicht über die großen Themenkataloge zu erreichen sind. Sehr spezielle Informationen zu den jeweiligen Fachgebieten können aus Mailing-Listen und Newsgroups entnommen werden, in denen Experten Neuigkeiten und Erfahrungen austauschen.

Literatur

Otto M (1998) Suchstrategien im Internet. Thomson Publishing Verlag

Babiak U (1998) Effektive Suche im Internet. O'Reilly-Verlag

Die Durchführung von Online-Befragungen

2 07 | 02

Andera Gadeib

INHALTSÜBERBLICK

Wer sind die Besucher meiner Web-Site? Wie beurteilen sie die Präsentation meiner Produkte und wie benutzerfreundlich ist mein Online-Auftritt? Welche Verbesserungen wünschen meine Kunden hinsichtlich meines Produkt- und Serviceangebots? Dieser Beitrag erläutert, welche Möglichkeiten das Internet bietet, diese und weitere Fragen mit Hilfe des Mediums Internet zu beantworten.

Der Fokus dieses Beitrags liegt auf der originären (primären) Erhebung von Daten, d. h. Informationen werden individuell im Kundenauftrag für ein oder mehrere Unternehmen gewonnen. Methoden der Sekundärforschung, also die Suche und Auswertung bereits existenter Daten über das Internet wurden im vorangegangenen Kapitel erläutert. Im folgenden wird insbesondere anhand von Beispielen für kleine und mittelständische Unternehmen (KMU) dargestellt, welche Chancen sie im Bereich der Online-Marktforschung wahrnehmen können.

Wann ist Online-Marktforschung sinnvoll?

Bei zunehmend globalen Märkten werden Marktprozesse auch für KMU immer dynamischer. Zur Wettbewerbskraft eines Unternehmens zählt zukünftig zunehmend mehr, wie gut es in der Lage ist, die Chancen, die die neuen Technologien eröffnen, wahrzunehmen. Flexible Entscheidungen im Unternehmen erfordern hierzu aktuelle und vor allem für die individuelle Situation relevante Informationen. KMU

Insbesondere für kleine und mittlere Unternehmen ist der Online-Marktplatz interessant. Das WWW eignet sich als interaktives und schnelles Medium hervorragend zur Kommunikation mit dem Kunden. Mit vergleichsweise geringen Kosten kann es auch als neuer Vertriebsweg genutzt werden. Das Internet stärkt die Wettbewerbsposition durch eine Verbesserung der Kundenorientierung, die Geschwindigkeit beim Eingehen auf Kundenwünsche sowie eine verstärkte Rationalisierung bzw. Kostenorientierung im Unternehmen (Silberer 1997). Wertvolle Informationen über den Kunden und für die erfolgreiche Produktentwicklung ermöglichen auch das Schritthalten – beispielsweise bezüglich immer kürzerer Produktzyklen und verkürzter „time-to-market".

Zur Planung, Umsetzung und Kontrolle aller Internet-Aktivitäten sind Informationen über die in dem neuen Markt anzusprechenden Zielgruppen ein entscheidender Erfolgsfaktor. Hier nimmt die Marktforschung eine wesentliche Rolle ein. Sie ist das Instrument zur Informationsgewinnung über Märkte, in denen ein Unternehmen bereits vertreten ist oder in Zukunft vertreten sein will (Steffenhagen 1991).

! **Merke:** Mit Hilfe der Online-Marktforschung sollten die möglichen Online-Aktivitäten eines Unternehmens in Hinblick auf den zu erwartenden Erfolg geprüft werden.

Der Reiz: Electronic Commerce

Steigende User-Zahlen

Das Internet wird mit steigenden Nutzerzahlen zu einer interessanten Plattform für eine kommerzielle Nutzung. Aktuelle Zahlen über die Entwicklung des Online Commerce sagen insbesondere für Deutschland ein überdurchschnittliches Wachstum voraus. Bis zum Jahr 2001

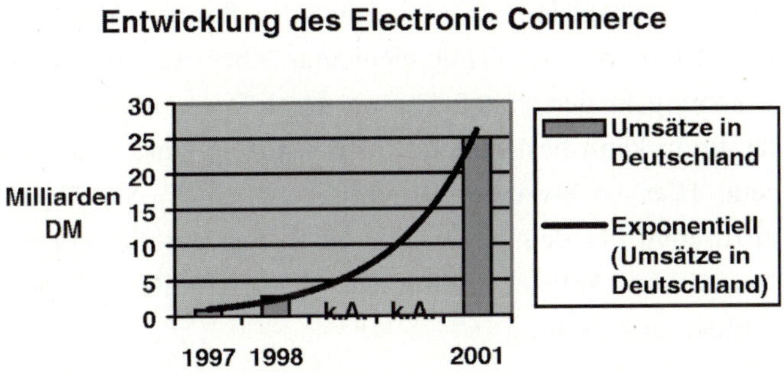

Abb. 1: Die Entwicklung des Electronic Commerce in Deutschland

wird das Gesamtvolumen des Electronic Commerce in Deutschland mit 25 Mrd. DM den größten Online-Markt Europas darstellen (Felsenberg 1998) (s. Abb. 1).

Stufenweise Einführung von Electronic Commerce

Der Online-Auftritt eines Unternehmens entsteht typischerweise in drei aufeinanderfolgenden Stufen, die sich wesentlich durch die angebotenen Inhalte und Aktionsmöglichkeiten für den Benutzer unterscheiden:

- Informationsphase,
- Interaktionsphase,
- Transaktionsphase.

In der Informationsphase bietet das Unternehmen beispielsweise allgemeine Informationen zu den angebotenen Produkten und Dienstleistungen sowie über das Unternehmen selbst. In der Interaktionsphase werden zusätzlich Dialogmöglichkeiten, wie etwa ein Kontaktformular, angeboten. Erst in der Transaktionsphase werden die Kernaktivitäten des Electronic Commerce realisiert, nämlich die Annahme und Abwicklung von Bestellungen über das Internet. Insbesondere in der dritten Phase ist die Erhebung von Informationen über die angesprochenen

Kunden, beispielsweise in Form einer Kundenzufriedenheitsstudie, für den Erfolg elementar. Aber auch die frühe Erhebung in den ersten Phasen der Information und Interaktion kann bestimmend für den Erfolg einer Web-Site sein. Hier ist etwa die Durchführung eines „Site-Tests" anzuraten, bei dem untersucht wird, wie gut Gestaltung, Navigation, Aufbau, Dialog etc. der Web-Site bei dem Kunden ankommt.

! **Merke:** Online-Site-Tests und -Kundenzufriedenheitsstudien ermöglichen die kundenorientierte Optimierung des WWW-Angebots.

Allgemeine Erkenntnisse über die Internet-Nutzer

User-Demographie

In der Vergangenheit haben bereits einige Studien das Internet bzw. die Allgemeinheit seiner Nutzer untersucht (vgl. Batinic u. Bosnjak 1997). In diesen Studien wird als Untersuchungsgegenstand beispielsweise das Verhalten der Internet-Nutzer oder die Akzeptanz von Electronic Commerce analysiert. Diese Untersuchungen lassen sich mit klassischen Instrumenten wie Telefoninterviews oder persönlichen Interviews bei Online-Nutzern oder über das Erhebungsinstrument Internet durchführen.

Die Ergebnisse eignen sich dazu, Anhaltspunkte über die demographische Zusammensetzung der Internet-Nutzer sowie über ihre Absichten und Interessen zu gewinnen. Repräsentative Aussagen für die Gesamtheit der Internet-Nutzer können jedoch nur solche Untersuchungen treffen, die (auch) klassische Erhebungsmethoden verwenden, d. h. Interviews telefonisch oder persönlich durchführen. Umfragen, die ausschließlich online durchgeführt werden, erreichen grundsätzlich nur solche Nutzer, die bereit sind, zum Fragebogen zu „surfen“ und freiwillig an der Umfrage teilzunehmen.

An dieser Stelle wird auf einige Studien verwiesen, die die Gesamtheit der Online-Nutzer und ihr (Kauf-) Verhalten untersuchen. Alle sind zumindest in Auszügen online erschienen. Die Adressen werden in Tabelle 1 aufgelistet:

! **Merke:** Traditionelle Befragungsmethoden (Telefon, persönliches Interview) ermöglichen die Beschreibung der gesamten Internet-Nutzerschaft. Diese Befragungen werden von den großen Online-Anbietern in Auftrag gegeben. Die wesentlichen Ergebnisse werden veröffentlicht und stehen allen Interessenten zur Verfügung.

Tabelle 1: Das Internet als Untersuchungsgegenstand: Studien

Studie	Erhebungsmethode	Erhebungsgebiet	URL
GfK Online-Monitor	Telefon	Deutschland	http://www.gfk.cube.net/website/mefo/onmo2.htm
W&V Internet Trak	Telefon	Deutschland, UK, Frankreich, USA	http://www.wuv.de/data/report/yahoo/index.html
W3B	Online	Deutschland	http://www.w3b.de
GVU	Online	Weltweit, Schwerpunkt USA/Kanada	http://www.gvu.gatech.edu/user_surveys
Advertising 'n more	Online	Weltweit, Schwerpunkt Deutschland, USA	http://www.sman.com/survey/results

Repräsentativität der erhobenen Daten

Wichtig bei der Betrachtung der Online-Marktforschung ist insbesondere die Repräsentativität, also eine Verallgemeinerbarkeit der erhobenen Informationen. Natürlich sollen die über das Internet, etwa im Rahmen einer Web-Site, erhobenen Daten bei einem Ausschnitt der Zielgruppe auch gültige Aussagen über die Gesamtheit der Zielgruppe, also der Gesamtheit der Web-Site-Besucher, ermöglichen.

In diesem Zusammenhang sind mittels Online-Umfrage gültige Aussagen erreichbar

- für bekannte Nutzergruppen, z. B. die Besucher einer Web-Site durch eine Befragung im Rahmen der Internetpräsenz,
- jedoch nicht für die Bevölkerung der Bundesrepublik oder für alle Internet-Nutzer.

Die Zukunft der Online-Erreichbarkeit

In Zukunft werden sich aber mit den neuen Endgeräten wie Web-TV oder WebPhone neue Erreichbarkeiten in den Haushalten ergeben. Darüber hinaus bieten in Zukunft einige Marktforschungsinstitute auch die Durchführung von Umfragen bei einer größeren Gruppe (bis zu 15.000–20.000 Online-Nutzer) von Online-Teilnehmern, dem sog. Online-Panel, an. Über das Online-Panel lassen sich auch weitergehende, über den Rahmen einer speziellen Web-Site hinausgehende, Aussagen treffen.

Individuelle Erkenntnisse über die eigenen Internet-Kunden

Individuelle Erhebungen zur Akzeptanz eines Webangebotes werden durch eine Befragung der Web-Site-Besucher ermöglicht (s. Abb. 2). Hierzu stehen heute bereits einige Tools zur Verfügung, die die Realisierung einer solchen Online-Befragung ermöglichen (Gadeib 1999).

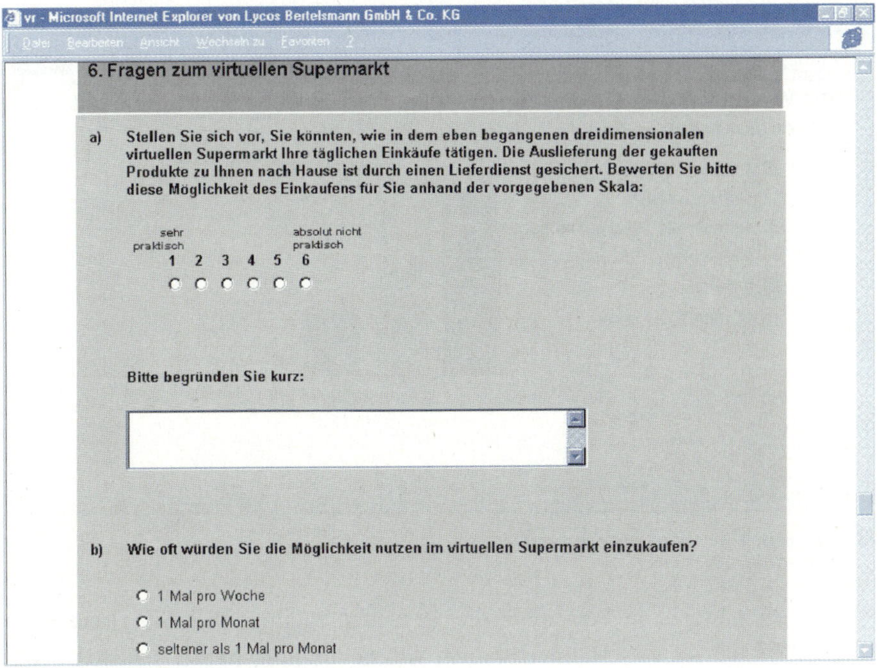

Abb. 2: Beispiel für einen Online-Fragebogen

Im folgenden wird anhand von Beispielen dargestellt, wie eine Online-Untersuchung realisiert werden kann und welche Vorbereitungen zu treffen sind, um eine eigene Online-Studie durchführen zu lassen.

Kurzfristige Auswertung

Bei jeder Untersuchung stehen aussagekräftige Auswertungen mit Beginn der Umfrage in Form von übersichtlichen Online-Berichten sofort zur Verfügung, so daß die Ergebnisse gleich in die Planung innerhalb der Unternehmensprozesse einfließen können (s. Abb. 3).

Untersuchungen sind beispielsweise für folgende Fragestellungen besonders sinnvoll:

- Erstellen des individuellen Nutzerprofils für den Unternehmensauftritt im Internet:

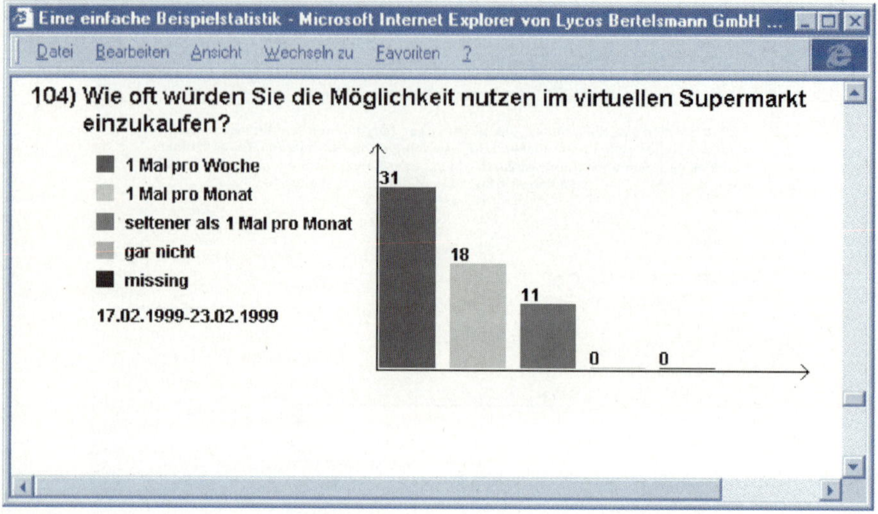

Abb. 3: Beispiel für eine Online-Auswertung

Wer sind die Besucher meiner Web-Site (wie viele Männer/Frauen, welche Bildung haben sie etc.)? Welche Ansprüche haben sie? Mit welchen Zielen besuchen Sie meinen Online-Auftritt?

- Erhebungen zur Akzeptanz einer Web-Site:
  Wie wird der derzeitige Internet-Auftritt insgesamt beurteilt? Welche Verbesserungen wünscht mein Kunde?
- Interesse am Informationsangebot und an den Interaktionsmöglichkeiten:
  Welche Informationen werden positiv/negativ beurteilt? Warum? Wie wird die Gestaltung der Seiten und die Navigation beurteilt? Ist der Seitenaufbau schnell genug? Besucht der Online-Surfer mich wieder bzw. regelmäßig?
- Kundenzufriedenheit vor und nach Transaktionen im Online Commerce:

Wie wird der Online-Kauf empfunden? Gibt es Elemente im Kaufprozeß, die nicht kundenfreundlich sind? Wie wird die Sicherheit der Zahlungstransaktionen auf dem Server eingeschätzt?

- Kundenbefragung im Rahmen der Produktentwicklung: Welche Eigenschaften wünscht sich der Kunde an einem neuen oder veränderten Produkt? (Schnelles „time-to-market").
- Produkttests mit multimedialen Fragebögen oder in virtuellen Welten mit anschließender Befragung (s. Abb. 4)
- Mitarbeiterbefragungen über Intranets

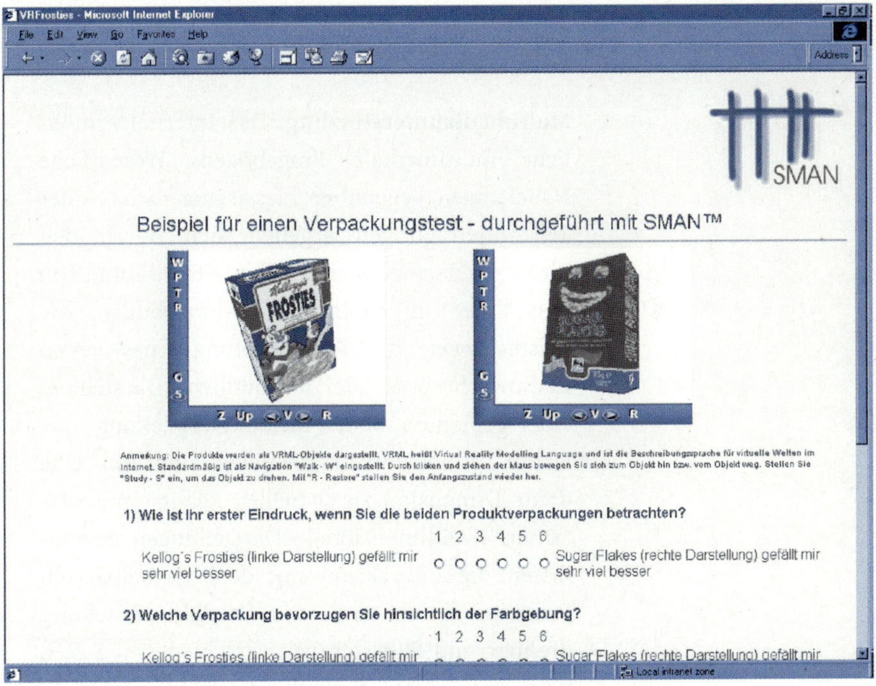

Abb. 4: Beispiel für einen Online-Fragebogen mit virtuellen Realitäten: Verpackungstest

- Befragungen von Partnern und Lieferanten über Extranets

Nutzen

Der Nutzen einer solchen Online-Befragung gestaltet sich für das Unternehmen vielfältig. Es ist mit Hilfe der gewonnenen Informationen in der Lage, Wettbewerbsvorteile zu realisieren, es orientiert sich damit stark an den Wünschen des Kunden (Kundenorientierung) und kann sehr schnell auf die Wünsche seiner Kunden eingehen. Darüber hinaus bietet die Internet-Technologie Rationalisierungs- und Kostensenkungspotentiale.

Die wesentliche Vorzüge der internetbasierten Durchführung von Befragungen im Vergleich zu traditionellen Erhebungsverfahren werden nachfolgend übersichtsartig dargestellt:

- **Multimediaunterstützung:** Das Internet ermöglicht multimediale Fragebögen: Wesentliche Neuerungen gegenüber klassischen Brief- oder Telefonbefragungen ergeben sich durch den Einsatz verschiedener Medien (Text, Bild, Ton und Video) in einem Online-Fragebogen, wie beispielsweise die Tondarbietung eines neuen Radiowerbespots oder die bildliche Darstellung einer geplanten, neuen Produktverpackung.
- **Dritte Dimension:** Fragebögen sind um eine dritte Dimension zu virtuellen Realitäten erweiterbar. Dreidimensionale Darstellungen ermöglichen die Interaktion mit dem virtualisierten Produkt. So ist z. B. die Produktverpackung drehbar und läßt sich von verschiedenen Seiten betrachten. Auf diese Weise ist es möglich,

neue oder veränderte Produktverpackungen online zu testen.

- **Unabhängigkeit von der Zeit:** Online-Umfragen stehen im WWW rund um die Uhr zum Abruf bereit. Der Umfrageteilnehmer kann den Fragebogen ausfüllen, wann er möchte.
- **Hohe Geschwindigkeit:** Fragebögen müssen nicht gedruckt und verschickt werden. Die Rückläufe erfolgen schneller und die Daten stehen automatisch sofort zur Auswertung zur Verfügung. Der Auftraggeber kann so jederzeit Einsicht in den aktuellen Stand der Untersuchung einnehmen und wartet nicht – wie es traditionell üblich ist – einige Wochen auf den Ergebnisbericht.
- **Geringere Kosten:** Befragungen werden auf dem Bildschirm des Nutzers durchgeführt. Die Kosten für einen Interviewer bzw. für die Verteilung der Fragebögen und Antwortdaten entfallen oder werden gesenkt. Besonders durch das Entfallen der manuellen Eingabe der Antworten (wie etwa von Papierfragebögen) bei einer Online-Befragung wird die Geschwindigkeit gesteigert. Abb. 5 veranschaulicht den Kostenvergleich verschiedener Methoden.
- **Gesteigerte Datenqualität:** Die Fehlerquote sinkt durch die durchgängig automatische und digitale Übermittlung der Daten sowie die Möglichkeiten zur Online-Fehlerprüfung direkt im WWW-Fragebogen.

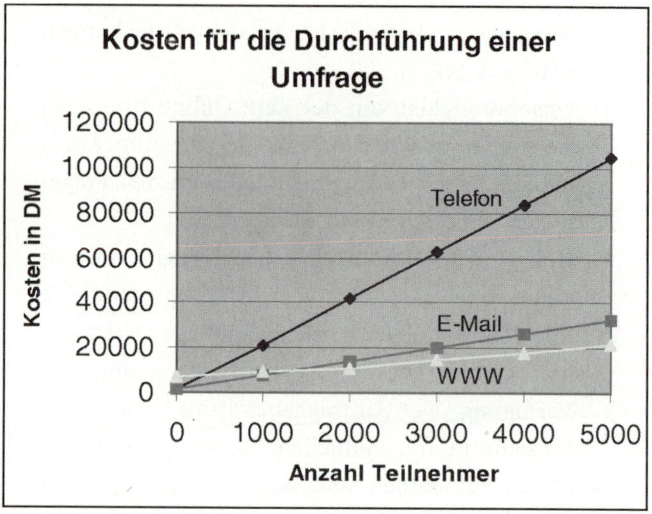

Abb. 5: Kostenvergleich zur Durchführung von Umfragen (traditionell und online) (in Anlehnung an: Watt 1998)

- **Global erreichbare Teilnehmer**: Die Umfrageteilnehmer sind ohne besonderen Mehraufwand (Übersetzen des Fragebogens) international erreichbar.
- **Vermeidung von Medienbrüchen**: Für die Befragung und Berichterstattung wird dasselbe Medium (Internet, Intranet, Extranet) genutzt. Auch klassische Befragungen (per Telefon oder vor Ort im Face-to-Face-Interview) können mit dem System unterstützt und über das Internet-Protokoll abgewickelt werden.
- **Vermeidung des Interviewereinflusses**: Durch fehlende Interviewer oder Untersuchungsleiter entfällt die Gefahr des Interviewereinflusses.

- **Automatisierbarkeit der Umfragedurchführung und Analyse** sowie automatische Protokollierbarkeit des Untersuchungsprozesses als technisches Merkmal des WWW. Berichte mit Auswertungen, z. B. Grafiken, sind generierbar, die sich online automatisch aktualisieren.

Bevor ein Unternehmen eine Online-Befragung in Auftrag gibt, sollte es die folgenden Fragen intern beantworten:

- Über welche Zielgruppe möchte ich Informationen?
  Zum Beispiel Kunden, potentielle Kunden, „heavy user" der Web-Site, Gelegenheitsbesucher etc.
- Welche Ziele verfolge ich mit der Untersuchung?
  Zum Beispiel Akzeptanztest der Web-Site, Kundenzufriedenheitsmessung, Verpackungstest etc.
- Welche Informationen existieren bereits im Haus, welche sind über das Internet verfügbar (Sekundärmaterial, s. Tabelle 1), welche müssen individuell erhoben werden?
- In welchem Zeitrahmen sollen die Informationen erhoben werden und für den internen Entscheidungsprozeß bereitstehen?
- Sollen die Daten zusätzlich intern ausgewertet werden? Wenn ja, in welchem Format müssen sie bereitstehen?

Aufbauend auf dieser Checkliste läßt sich dann kundenindividuell die Online-Untersuchung gestalten. Die Ergebnisse der Untersuchung stehen dem Unternehmen kurzfristig zur Verfügung und unterstützen so dynamische interne Entscheidungsprozesse.

FAZIT

Unternehmen, die ihre Online-Präsenz planen, ist anzuraten, die generellen Untersuchungen über die Internet-Nutzerschaft zu studieren und sich darin allgemein einzuordnen. Im Anschluß ist eine individuelle Detailuntersuchung für die eigene Web-Site sinnvoll.

Literatur

Batinic B, Bosnjak M (1997) Fragebogenuntersuchungen im Internet. In: Internet für Psychologen. Hogrefe, Göttingen, S. 220 ff.

Felsenberg A (1998) Umsatz-Sprung im Internet. werben und verkaufen (21) 98:146

Gadeib A (1999) Ansprüche und Entwicklung eines Systems zur Befragung über das World Wide Web. In: Batinic B, Graef L, Werner A, Bandilla W (Hrsg) Online Research – Methoden, Anwendungen und Ergebnisse. Hogrefe, Göttingen. (Erscheint im Frühjahr 1999)

Silberer G (1997) Interaktive Werbung auf dem Weg ins digitale Zeitalter. In: Silberer G (Hrsg) Interaktive Werbung. Marketingkommunikation auf dem Weg ins digitale Zeitalter. Schäffer Verlag, Stuttgart, S. 3–20

Steffenhagen H (1991) Marketing: eine Einführung, 2. Aufl. Kohlhammer Edition Marketing, Stuttgart, S. 22

Point-of-Interest (POI) 2 ▮ 08

Transaktion ist der Schlüssel zum Erfolg 2 ▮ 08 | 01

Ulrich Kammerer

INHALTSÜBERBLICK

Der Markt für Selbstbedienungsterminals und -kioske unterschiedlichster Art, die sog. Points-of-Interests, kurz POIs, ist einer der am stärksten expandierenden überhaupt. Kaum eine Kommune, ein Großunternehmen, ein Finanzdienstleister, der sich nicht schon Gedanken in diese Richtung gemacht hätte, und nicht wenige Institutionen haben schon unterschiedlichste Installationen vorgenommen.

Der Erfolg dieser Installationen ist überaus unterschiedlich und es ist festzustellen, daß überdurchschnittlich viele Projekte nicht den erhofften Erfolg bringen und sehr oft an mangelnder Akzeptanz beim Kunden scheitern. Dieser Beitrag faßt die kritischen Erfolgsmerkmale für ein Terminalprojekt zusammen und gibt anhand einer konkreten Technologie Antworten auf wesentliche Fragen. Abschließend werden einige Anwendungen vorgestellt, die bereits heute erfolgreich innerhalb von Terminalprojekten in Deutschland eingesetzt werden.

Erfolgsfaktoren

! **Achtung:** Ein wesentlicher Bestandteil für ein erfolgreiches POI-Konzept besteht in der multifunktionalen Architektur des Terminalbetriebskonzeptes.

Denn nur mit multifunktionalen Terminals können, von ganz wenigen Anwendungsbereichen abgesehen, ausreichend breite Bevölkerungs- und damit Kundenschichten angesprochen werden.

Multifunktionalität und Offenheit

Nutzungshäufigkeit

Ist die Multifunktionalität nicht gegeben, so besteht eine große Wahrscheinlichkeit, daß das jeweilige Terminal eine viel zu geringe Nutzungshäufigkeit hat, um wirtschaftlich betrieben werden zu können. Um eine solche Multifunktionalität zu erreichen, sind verschiedene Faktoren zu berücksichtigen, die im folgenden kurz beleuchtet werden.

Technologie

Breit einsetzbare technologische Grundlage

! **Achtung:** Entscheidend für eine ausreichende Breite in den Anwendungen und somit das Interesse der Bürger und Kunden ist die eingesetzte Technologie.

Hier gibt es die unterschiedlichsten Ansätze, von Entwicklungen in C++, über PowerPoint-basierte Anwendungen bis hin zu Konzepten, die auf Basis von Multimediawerkzeugen wie Toolbook oder Macromedia Director u. a. realisiert werden.

Problematik

Alle diese Anwendungen sind nicht prinzipiell ungeeignet für die Realisierung von POI-Projekten, leiden aber unter der Problematik, daß die Zahl der verfügbaren Anwendungen sehr gering und i. d. R. auf Produkte aus dem Hause des Terminalanbieters beschränkt ist. Darüber hinaus muß auf jedem Terminal die Software installiert werden, so daß für die Einspielung neuer Versionen und Produkte eine nicht zu unterschätzende Softwareverteilungsproblematik entsteht.

Es gibt noch eine ganze Reihe weiterer wesentlicher Punkte, wie z. B. die Pflege der in den POI-Anwendungen enthaltenen Informationen oder die Einheitlichkeit von infrastrukturellen Belangen, beispielsweise der Betrieb einer installationsübergreifenden Zahlungsabwicklung, für deren Darstellung hier der Raum fehlt. Dennoch ist es ganz wesentlich für den Erfolg eines POI-Projektes, hier einen anderen technologischen Ansatz zu verfolgen, der diese Probleme ausräumt.

Internet und Terminalbetrieb

! **Achtung:** Dieser technologische Ansatz ist der Einsatz der Internet-Technologie als Grundlage für das Terminalbetriebskonzept.

Durch das exponentielle Wachstum des Internet und der dafür verfügbaren Anwendungen ist sichergestellt, daß nahezu für jeden Geschmack und jeden Anwendungsbereich die richtige Anwendung für ein Terminal gefunden werden kann, um standortabhängig die richtigen Inhalte für eine starke Frequentierung anzubieten.

Vielfalt der Entwicklungspartner

Der Einsatz der Internet-Technologie bietet für den Terminalbetreiber einen weiteren unschätzbaren Vorteil bei der Realisierung eines POI-Konzeptes:

! **Achtung:** Es gibt nahezu beliebig viele Unternehmen, die als Anwendungspartner für die Realisierung der Angebote in Frage kommen.

Darüber hinaus kommen tagtäglich neue Standardprodukte auf den Markt, die mit geringem Aufwand auch für Terminals aufbereitet werden können.

Skalierbarkeit

Skalierbarkeit der Architektur

Achtung: Ein weiterer wichtiger Punkt für den Erfolg eines Terminalprojektes, insbesondere in mittelfristiger Hinsicht, ist die Skalierbarkeit der eingesetzten Architektur.

Viele Konzepte leiden daran, daß sie aufgrund technischer Beschränkungen für den breiten Einsatz nicht geeignet sind.

Problematik

Das heißt, entweder ist das POI-Projekt von Beginn an auf ganz wenige Terminals ausgerichtet, oder es kann dem POI-Projekt das Schlimmste passieren, nämlich der Erfolg. Denn der mit einem Erfolg verbundene Wunsch nach einer weiteren Verbreitung der Terminals macht dann in einer an sich positiven Phase einen Technologiewechsel nötig, der aufgrund der dadurch eintretenden Projektverzögerung nicht selten zu einem Scheitern des POI-Projektes führt.

Benutzerfreundlichkeit

Ergonomie

Ein weiterer Schlüsselpunkt ist die Benutzerfreundlichkeit der auf den Terminals angebotenen Anwendungen.

Achtung: Nur ergonomische und in der Bedienung aufwandsminimal gestaltete Anwendungen stellen sicher, daß die Anwendungen und damit auch die Terminals von den Kunden angenommen werden.

In diesem Zusammenhang sind insbesondere einheitliche Kundendatenbanken zu nennen, die vermeiden, daß ein Kunde bei jeder Aktion wieder dazu aufgefordert wird, die stets gleichen Daten wie Adresse, Kontonummer o. ä. zu erfassen.

Darüber hinaus wesentliche Aspekte sind eine ausreichend große Bildschirmfläche zur Darstellung der Anwendungen sowie der Einsatz von SB-(Selbstbedienungs-) geeigneten Hardwaretastaturen und damit der Verzicht auf Softwaretastaturen, die über den Bildschirm betätigt werden.

Hardwareunabhängigkeit

Hardware-unabhängigkeit

> **! Achtung:** Ein erfolgreiches Terminalkonzept muß unbedingt vom eingesetzten Terminalmodell unabhängig sein.

Denn erstens erfordern unterschiedliche Standorte oft den Einsatz unterschiedlicher Systeme und zweitens wird so die Abhängigkeit von einem speziellen Hersteller vermieden. Auf diese Weise wird nicht zuletzt auch gesichert, daß später unerwartet auftretende Anforderungen an die Terminalhardware mit größtmöglicher Wahrscheinlichkeit realisiert werden können.

Transaktionsfähigkeit

Transaktionsfähigkeit statt reiner Informationsterminals

Ein entscheidender Punkt für den erfolgreichen Einsatz eines Terminalkonzeptes ist die Transaktionsfähigkeit des Terminals.

> **! Achtung:** Reine Informationsterminals sind für Bürger und Kunden sowie Terminalbetreiber gleichermaßen uninteressant:

- Für den Bürger, weil fast alle Informationen, die er dort abrufen kann, eben eine Transaktion nach sich ziehen, die dann auf konventionellem Weg, sei es im Reisebüro, am Fahrkartenschalter, im Laden oder wo auch immer abgewickelt werden muß.
- Für den Terminalbetreiber, weil nur durch Transaktion die Möglichkeit eines wirtschaftlichen Betriebes durch die einbehaltene Provision ermöglicht wird. Darüber hinaus lassen sich viele Anwendungsbereiche - und sei es nur das Surfen im Internet oder eine kostenpflichtige Videoberatung - ausschließlich mit der Möglichkeit einer Bezahlung direkt am Terminal sinnvoll betreiben.

Zahlungsmittel

Die am Terminal zur Bezahlung einsetzbaren Zahlungsmittel sind ein entscheidender Erfolgsfaktor.

Die Akzeptanz von Kreditkarten für die Bezahlung im Internet ist durch die ständigen Diskussionen um die Sicherheit des Internet beim Benutzer nicht sehr hoch. Internet-Bezahlmittel à la Digicash, E-Cash, Mondex o. ä. befinden sich noch im Experimentierstadium. Zusätzlich läßt ihre Verbreitung noch sehr zu wünschen übrig und stagniert seit Jahren auf minimalem Niveau.

EC-Karte, Geldkarte

! Speziell in Deutschland, aber auch in großen Teilen Europas, gibt es jedoch mit EC-Karte und Geldkarte 2 Zahlungmittel, die außerhalb jeder negativen Diskussion stehen. Als weiterer, nicht zu unterschätzender Vorteil ist zu nennen, daß der Umgang mit diesen Medien schon nahezu allen Bürgern seit vielen Jahren vertraut ist.

Diese Zahlungsmittel können zwar im Internet heute noch nicht von zu Hause genutzt werden, da spezielle Lesegeräte dafür nötig sind. Dies ist bei Terminals anders, da hier die notwendige Spezialhardware integriert werden kann.

Die Virtual-Business-Technologie

Praxisbeispiel

In diesem Abschnitt wird mit der Virtual-Business-(ViB-)-Technologie ein Beispiel vorgestellt, das die oben genannten Anforderungen erfüllt und somit eine leistungsfähige Plattform für die Realisierung eines POI-Terminalprojektes darstellt.

Terminal

Hardware

Technische Voraussetzungen

Die in der ViB-Architektur eingesetzten Terminals können – abhängig von ihrem Einsatzzweck – technisch unterschiedlich ausgelegt werden.

Die eingesetzten Terminals unterscheiden sich wesentlich in Preis, Design, enthaltener Hardware und vielen anderen Faktoren. Dennoch können sie alle gleichzeitig in ein- und demselben Projekt eingesetzt werden. So zeichnet sich beispielsweise das ViB-Terminal durch eine umfassende Ausstattung mit Seiten- und Bondrucker, mit 21-Zoll-Monitor, massivem Edelstahlgehäuse, Panzerglastouchscreen und vielen anderen Komponenten wie Cryptoprozessor-Chipkartenleser und Zahlungsverkehrsterminal aus. Durch den Spritzwasserschutz und die massive Konstruktion ist insbesondere ein Einsatz in öffentlichen und halböffentlichen Bereichen zu empfehlen.

Andere Terminals, wie beispielsweise Modelle von den Unternehmen 3X, PLG, MediaConcept oder anderen, sind vom Design her ganz unterschiedlich, dafür ist die technische Ausstattung weniger vollständig, was aber in einer ganzen Reihe von Anwendungsbereichen ausreichend ist.

Software

Softwarevoraussetzungen

Die ViB-Infrastruktur. Auf dem Terminal wird das Betriebssystem Microsoft Windows NT in der Version 4.0 eingesetzt. Darüber hinaus wird für die Präsentation der Inhalte der zu jedem PC kostenfrei mitgelieferte Browser Microsoft Internet Explorer verwendet. Sämtliche Steuerinformationen für das Terminal befinden sich auf einem Datenbank-Server, der weiter unten beschrieben wird.

Alle Anwendungen werden von WWW-Servern zur Verfügung gestellt, die beliebig im Intra-, Extra- oder Internet aufgestellt sein können.

Anwendungen

ViB-Basismodul. Das ViB-Basismodul stellt den Rahmen für den Aufruf aller im folgenden beschriebenen Funktionen zur Verfügung, interpretiert die HTML-Seiten, verarbeitet die ViB-HTML-Tags aus dem ViB-Development-Toolkit und verfügt über eine Vielzahl weiterer Funktionen (s. auch Abb. 1).

ViB-Video. ViB-Video ermöglicht Bildtelefonie über eine im Terminal eingebaute Intel-ProShare-Anlage. Die Audio- und Videoübertragung ist semi-bidirektional möglich und ermöglicht so den direkten visuellen Kontakt zwischen Kunde und Videoberater (vgl. Abb. 2).

ViB-Consulting. ViB-Consulting ermöglicht in Ergänzung von ViB-Video die Unterstützung der audiovisuellen Kommunikation durch die Übermittlung von Web-Inhalten in einem speziellen Video-Browser.

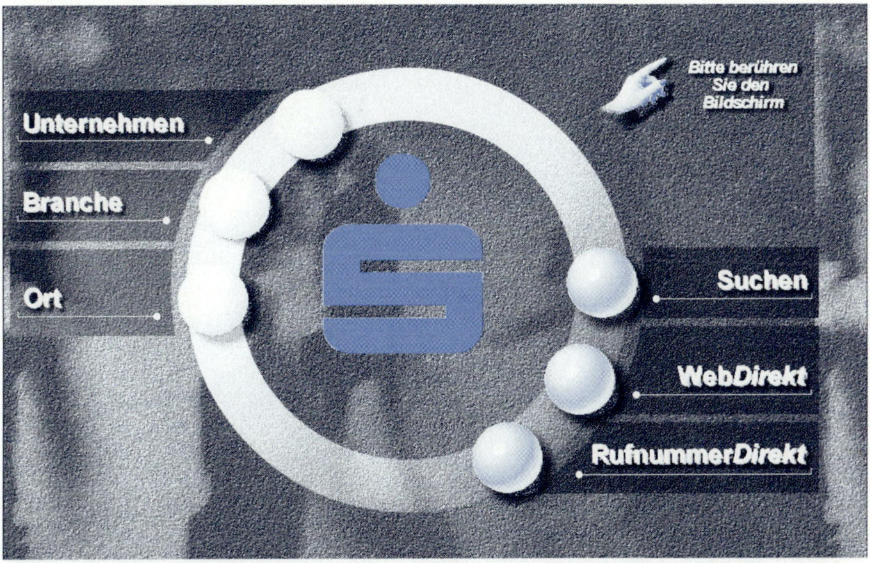

Abb. 1: ViB-Homepage

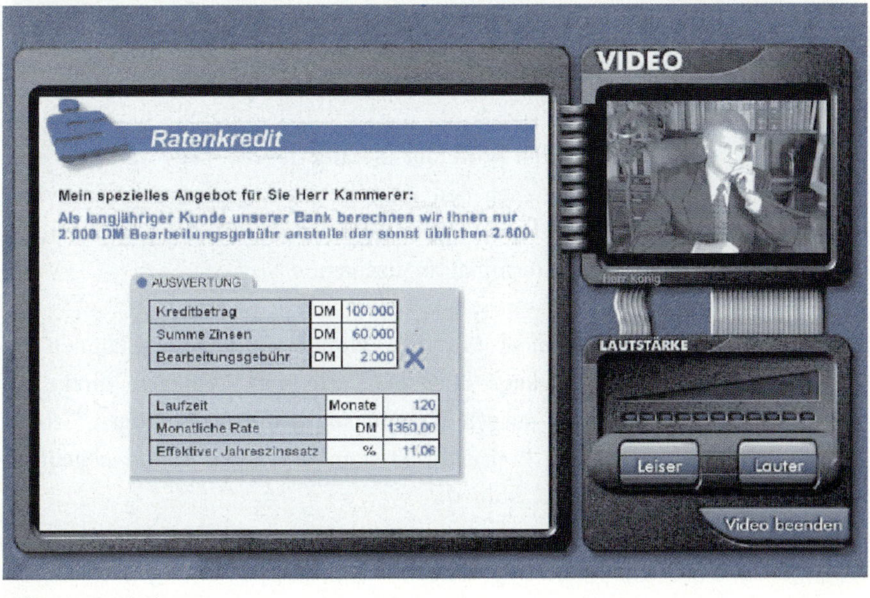

Abb. 2: ViB-Videoberater

Abb. 3: Bezahlen mit der EC-Karte am ViB

Dadurch wird der Berater in die Lage versetzt, dem Kunden neben den mündlichen Aussagen auch individuell auf dessen Fragen abgestimmtes Informationsmaterial auf dem Terminal anzuzeigen.

ViB-Payment. Mit dem Modul ViB-Payment können Inkassovorgänge über EC-Karte und Geldkarte direkt am Terminal ausgeführt und somit die notwendigen Gebühren oder Preise direkt vom jeweiligen Konto abgebucht werden (s. Abb. 3).

ViB-Watchdog. Inhalte aus dem Internet tragen immer die Gefahr in sich, daß aufgrund von Anwendungsfehlern der aufgerufenen Inhalte der Browser in einen unkontrollierten Zustand gerät. Mit Hilfe des ViB-Watchdogs wird sichergestellt, daß sich das Terminal in solchen Fällen wieder automatisch von einem solchen Ausnahmezustand erholt und nicht manuell neu gestartet werden muß. Gerade in großen Installationen, die Internet-Inhalte auf den Terminals zulassen, ist dies eine überaus wichtige Funktion.

ViB-Audio. Dieses in Kürze verfügbare Modul ermöglicht klassische Audiotelefonie über eine im Terminal eingebaute Intel-ProShare-Anlage.

ViB-Server

Der ViB-Server stellt die zentrale Schaltstelle einer ViB-Installation dar, in der alle Informationen über die eingesetzten Terminals zusammenlaufen:

ViB-Infrastruktur. Der ViB-Server setzt auf MicroSoft Windows NT 4.0 auf. Darüber hinaus wird ein ORACLE-Datenbanksystem benötigt, in dem alle anfallenden Daten gespeichert werden.

ViB-Management. In der Anwendung ViB-Management werden alle Informationen erfaßt, die für den Betrieb und die Konfiguration eines Terminals relevant sind. Hierzu gehören beispielsweise die IP-Adressen, Ausstattungsmerkmale und Einstellungen der Terminals, die Füllstände von Verbrauchsmaterial wie Papier u. v. a. m. (Abb. 4).

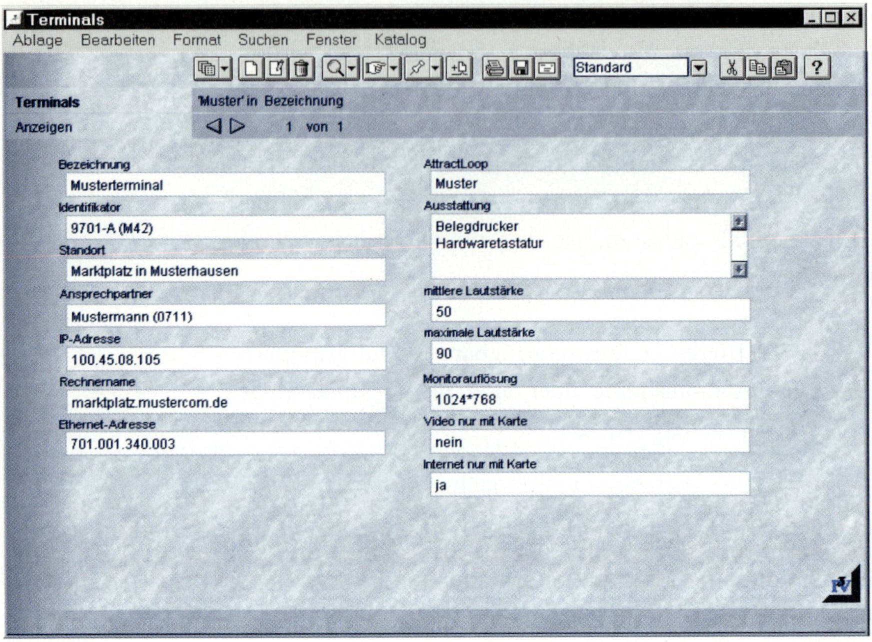

Abb. 4: ViB-Terminal-Konfiguration

ViB-Accounting

Multiinserenten

Mit ViB-Accounting werden Tarifmodelle definiert, die die Höhe der vom Kunden verlangten Kosten für die auf dem Terminal angebotenen Dienstleistungen festlegen. Diese können für jeden Inserenten, d. h. auf dem Terminal vertretenen Anbieter, individuell gestaltet werden, so daß eine optimale Abstimmung auf Angebote, Standorte etc. möglich wird. Aus ViB-Accounting können vom Betreiber der Terminals darüber hinaus auch die Rechnungen und Gutschriften an die Inserenten erstellt werden (vgl. Abb. 5).

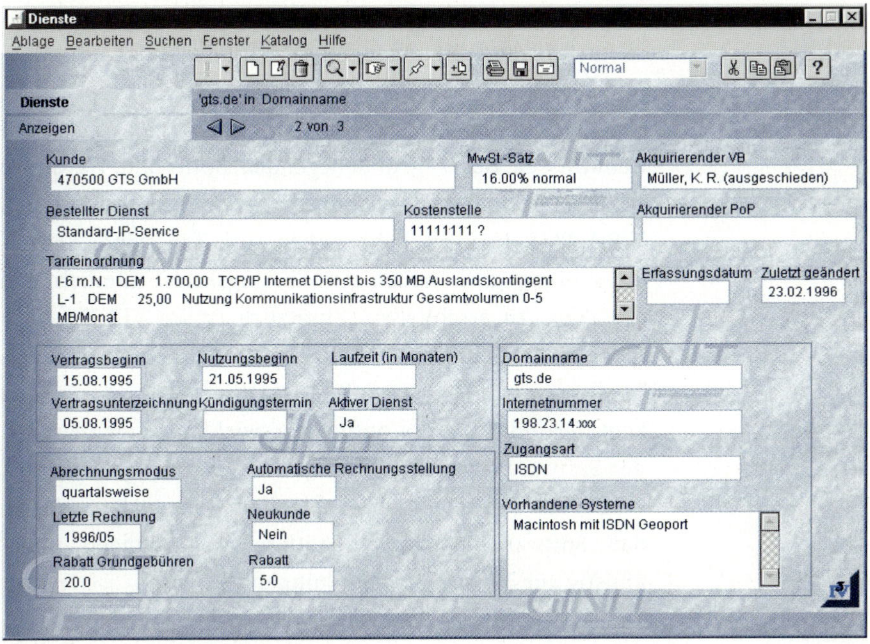

Abb. 5: ViB-Dienstleistungs-Modellierung

ViB-Inkassoverteilung. Ist mehr als ein Inserent vorhanden, der Angebote gegen Gebühr am Terminal anbietet, ermöglicht die ViB-Inkassoverteilung, ggfs. in Zusammenarbeit mit einem Zahlungsverkehrsnetzbetreiber, die Aufteilung der eingenommenen Beträge auf die verschiedenen Inserenten. Dadurch wird auch die monetäre Multiinserentenfähigkeit erreicht, die, wie oben gesagt, für den Erfolg eines Terminalprojektes von wesentlicher Bedeutung ist.

ViB-Development-Toolkit

Mit dem ViB-Development-Toolkit steht eine Anwendung zur Verfügung, die es jedem Softwarehaus ermöglicht, seine internetfähigen Anwendungen mit geringstmöglichem Aufwand für einen Einsatz auf Terminals vorzubereiten.

Dabei wird der Softwareentwickler von speziellen Kenntnissen der zugrundeliegenden Soft- und Hardware völlig entlastet. Er braucht lediglich einige wenige sog. ViB-HTML-Tags zu beherrschen, um für seine Anwendung einen ganz neuen Anwendungskreis, nämlich den der POIs, zu erschließen. Zusätzlich ist im ViB-Development-Toolkit eine Simulationsfunktion für die Terminalhardware enthalten, so daß durch das Softwarehaus auch kein Terminal für die Softwareentwicklung und den Test der Software erworben werden muß.

Dieses Konzept sichert für den Terminalbetreibern, daß Softwareentwickler benötigte Anwendungen preisgünstig für ViB aufbereiten können.

Beispiele für erfolgreiche Anwendungen

Anwendungsbeispiele

In diesem Kapitel sollen noch einige Anwendungen vorgestellt werden, um auch ganz praktisch ein Gefühl für die Möglichkeiten eines multifunktionalen Terminals zu erhalten. Ein weiteres Beispiel für eine erfolgreiche Installation findet sich in Kap. 3.06.01.

ViB-Überweisung

Banken

Die ViB-Überweisung ist eine Anwendung, mit der Überweisungen überaus einfach und für den Kunden komfortabel in Selbstbedienung erfaßt werden können. Sie zeichnet sich durch eine integrierte benutzerindividuelle Erfahrungsdatenbank, vordefinierte Standardverwendungszwecke sowie die Möglichkeit einer Terminüberweisung aus (Abb. 6).

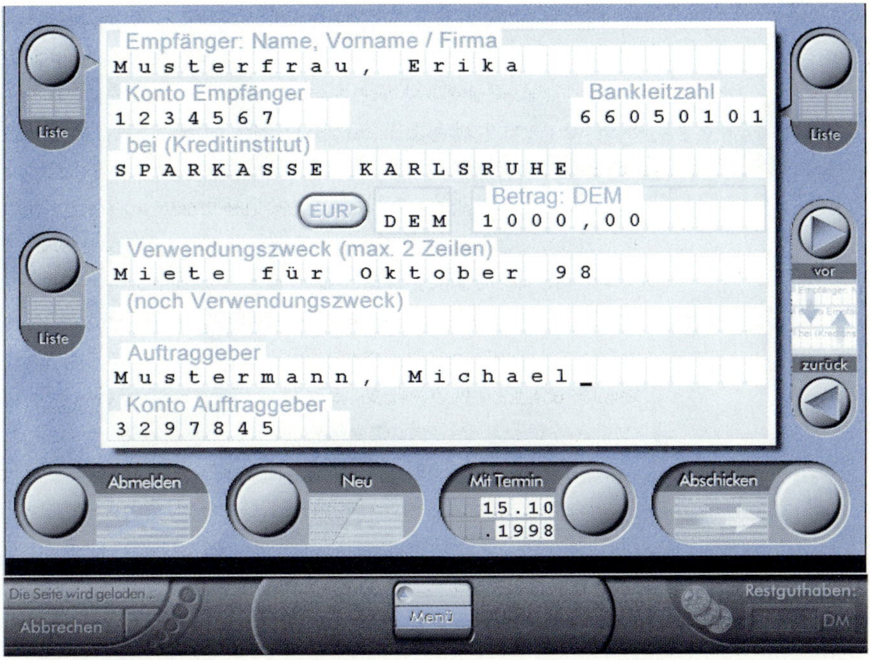

Abb. 6: ViB-Überweisung

In diesem Zusammenhang ist wichtig zu erwähnen, daß für den Erfolg einer solchen Anwendung die Hardwareunabhängigkeit ein wesentlicher Punkt ist. Denn diese Überweisungsanwendung wird in vielen Instituten auf relativ alten SB-Geräten, sog. CST (ContoServiceTerminals) eingesetzt, die so mit relativ geringem Aufwand zu einem ViB-Terminal aufgerüstet werden können.

ViB-DirectBanking

Mit ViB-DirectBanking erhalten Kunden die Möglichkeit, ihre Geldanlagen und Depotgeschäfte wie Aktien, Optionen und Renten, aber auch Kreditanträge und Veränderungen der Dispokreditlinie zu beantragen (s. Abb. 7).

Abb. 7: Einstieg zum S-Direkt-Bankservice

ViB-Finanzberatung

Die ViB-Finanzberatung ermöglicht es dem Kunden, unterschiedliche Geldanlageformen direkt am Terminal auszurechnen und so in Selbstbedienung einen Überblick über die für ihn günstigste Anlageform zu gewinnen (Abb. 8).

Eine optionale Zuschaltung eines Videoberaters sichert dem Kunden immer dann eine persönliche Beratung durch einen Experten zu, wenn er während einer Selbstbedienung weiterführende Fragen stellen möchte.

ViB-Rückmeldung

Universität

Mit der Anwendung ViB-Rückmeldung haben Hochschulen die Möglichkeit, das überaus aufwendige Verfahren

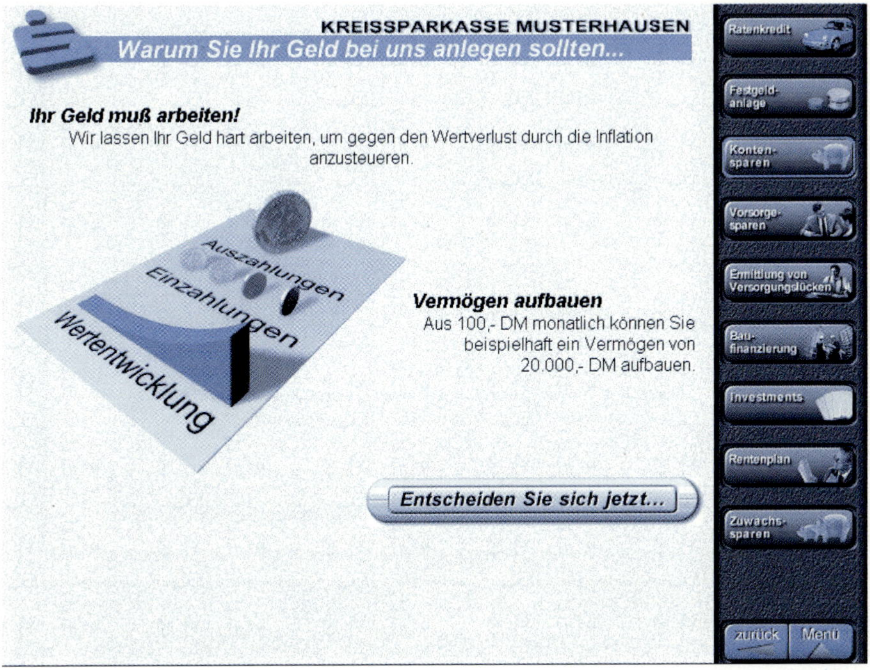

Abb. 8: Einstieg zur ViB-Finanzberatung

der Rückmeldung für ihre Studierenden dramatisch zu optimieren (Abb. 9).

Für die Studierenden entfällt das oft stundenlange Anstehen vor den Studentensekretariaten. Darüber hinaus haben die Studierenden jederzeit die Möglichkeit, bei Bedarf Studienbescheinigungen für Arbeitsamt, öffentliche Verkehrsbetriebe etc. in Selbstbedienung auszudrucken.

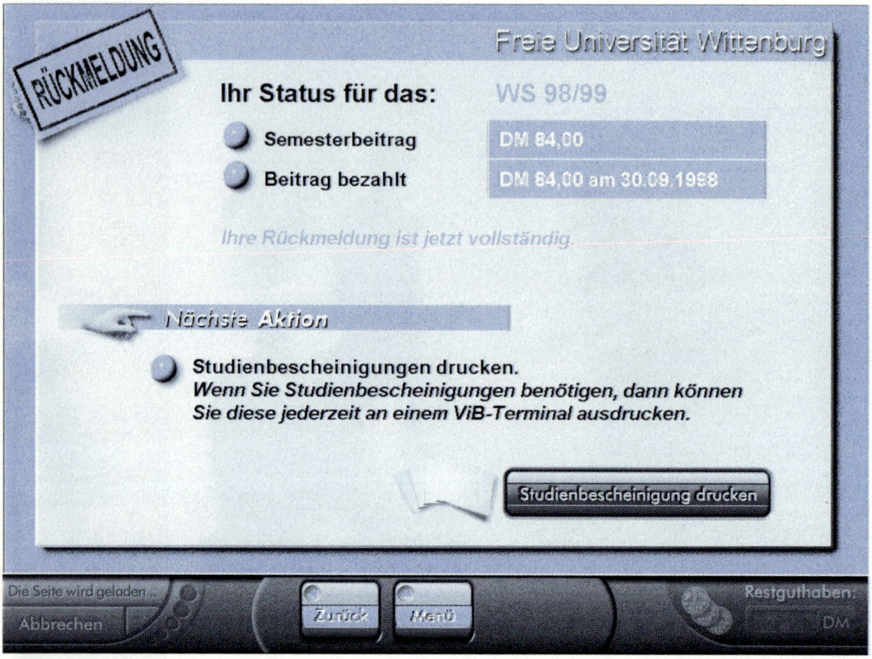

Abb. 9: Erfolgte Rückmeldung am ViB

FAZIT

Zusammenfassend kann festgestellt werden, daß schon bald POI-Terminals aus unserem Leben nicht mehr wegzudenken sein werden. Wichtig für jeden, der auf diesem Wachstumsmarkt der Zukunft dabeisein möchte, sind die drei Begriffe Information, Transaktion und Kommunikation. Denn nur, wenn diese drei Säulen in der Architektur der Terminals verwirklicht sind, kann das jeweilige Projekt alle Potentiale ausschöpfen, die möglich sind, um einen möglichst wirtschaftlichen Betrieb sicherzustellen.

CD-ROM als multimediales Marketinginstrument

2 ▮ 09

Urs Keller

INHALTSÜBERBLICK

Die neuen Medien sind nicht nur online (z. B. das Internet), sondern auch offline interessant. Dieser Beitrag zeigt die Potentiale der CD-ROM für das Marketing auf und vergleicht sie mit anderen Marketingformen wie konventionelles Printmarketing oder Marketing mit anderen Datenträgern bzw. Online-Marketing. Außerdem werden die Kriterien für eine „professionelle“ CD-ROM ausführlich beschrieben.

2

Die CD-ROM – Grundlagen und Potentiale

2 ▮ 09 | 01

Verbreitung

An fast jedem Arbeitsplatz befindet sich heutzutage ein Computer. Die meisten dieser Geräte sind auch bereits „multimediagerecht“ ausgestattet: Sie verfügen über ein CD-ROM-Laufwerk und eine Soundkarte. Somit ist es in vielen Bereichen sinnvoll, Kunden und Interessenten über eine CD-ROM anzusprechen. Hierbei ist zu beachten, daß die Daten und Informationen auf der CD-ROM nur mittelbar, also nach der Installation durch den Benutzer, zur Verfügung stehen. Ein gedruckter Prospekt oder Brief erschließt sich dem Leser dagegen unmittelbar. Er kann direkt, nachdem er ihn in den Händen hält, darin lesen. Dafür bietet die CD-ROM Möglichkeiten, die Sie weder mit konventionellem Marketing über ein Printmedium haben noch über das z. Z. besonders populäre Internet.

Eine CD-ROM ist für unterschiedliche Einsatzgebiete sinnvoll:

- Produktpräsentationen,
- Unternehmenspräsentationen,
- Kataloge,
- Technologiedemonstrationen.

Besonders vorteilhaft ist es, wenn Sie Unterhaltung und Nutzen auf einer CD-ROM kombinieren können. Auf einer CD-ROM können Sie Informationen in unterschiedlichster Form unterbringen:

- Texte,
- Grafiken,
- Animationen,
- Klangdateien,
- ausführbare Programme.

Texte auf CD-ROM

Textbasierte Informationen sollten nie allein den Inhalt der CD-ROM bestimmen, denn von einer CD-ROM erwartet der Anwender immer mehr. Sie können jedoch die Texte als Grundlage verwenden. Texte werden als Dokument abgelegt, die von einem speziellen Leseprogramm auf den Bildschirm des Anwenders gebracht werden kann. Hierbei müssen Sie beachten, daß der Betrachter den Text am Bildschirm lesen muß. Auch bei einem besonders ergonomischen Bildformat ist das nicht so angenehm wie bei Informationen, die in gedruckter Form vorliegen. Sie müssen sich also kürzer fassen als bei der Information in einer Werbebroschüre oder in einem Katalog.

Wissenschaftliche Untersuchungen belegen, daß der Mensch in Bildform vorliegende Informationen sehr viel leichter aufnimmt. Das sollten Sie sich zunutze machen und in die Dokumente Grafiken mit einbinden.

Doch damit sind die Möglichkeiten der CD-ROM nicht erschöpft. Selbst ein Computer ohne Multimedia-Ausstattung (Soundkarte) ist in der Lage, bewegte Grafiken darzustellen. Somit sind Sie nicht auf feststehende Bilder festgelegt, sondern können auch kleinere Animationen zur Übermittlung ihrer Botschaft verwenden.

Die CD-ROM ist multimedial

In ein Multimedia-Dokument lassen sich genauso Klang-Dateien oder digitalisierte Filme, die bewegte Bilder und Klänge kombinieren, einbetten. Damit sind die Möglichkeiten nicht erschöpft. So könnte die CD-ROM auch interaktive Elemente enthalten, so daß der Kunde nicht nur konsumiert, sondern selbst aktiv wird. Das kann ein Spiel sein oder z. B. eine interaktive Tour, in der er durch die Räume Ihres Unternehmens geführt wird.

! Sie sollten die CD-ROM jedoch nicht nur für eine Präsentation Ihres Unternehmens oder Ihrer Produkte verwenden, sondern dem Anwender auch immer einen Zusatznutzen bieten. Das kann z. B. der komplette Produktkatalog ihrer Firma sein, den Sie als leicht zu bedienendes Datenbankprogramm mit aufnehmen. Dann wird die CD-ROM auch von der Anwenderschaft akzeptiert, die dem Medium Computer bisher eher kritisch gegenübersteht.

Vergleich mit anderen Marketingformen

2 ▮ 09 | 02

Die CD-ROM ist ein Medium mit Eigenschaften, die sie besonders für das Marketing empfehlen, denn sie hat gegenüber den anderen Instrumenten viele Vorteile und nur einige wenige Nachteile, die an dieser Stelle angesprochen werden.

Konventionelles Printmarketing

Vorteil CD-ROM

Der erste und entscheidende Vorteil einer CD-ROM gegenüber einem gedruckten Medium ist natürlich, daß Sie ja sehr viel mehr Informationen unterbringen können – neben der einleuchtenden Eigenschaft, daß auf einer CD-ROM auch bewegte Bilder und Klänge gespeichert werden können. Eine Präsentation über CD-ROM wirkt also sehr viel „lebendiger" als die Verwendung eines konventionellen Mediums.

Eine CD-ROM bietet auf engstem Raum den meisten Platz: Theoretisch können auf einer CD-ROM bis zu 650 Millionen Schreibmaschinenseiten untergebracht werden. Selbst bei aufwendiger Gestaltung benötigen sie viel Papier, um die Kapazität einer CD-ROM zu erreichen.

Neben den rationalen Eigenschaften sind auch die gefühlsmäßigen wichtig: Mit einer CD-ROM werden vom Benutzer bestimmte Eigenschaften verbunden. Einer dieser Eigenschaften ist der Wert, den er mit diesem Medium verbindet. Eine normale Musik-CD-ROM kostet im Laden durchschnittlich 30 DM. Das bietet einen entscheidenden Vorteil gegenüber einem gedruckten Medium: Ein Prospekt oder eine Broschüre wandert bei vielen Anwendern schnell ins Altpapier. Doch bei einer CD-ROM existiert eine natürliche Hemmschwelle, da sie immer den Wert von 30 DM repräsentiert – eine entsprechende Verpackung vorausgesetzt (s. weiter unten).

Nachteile CD-ROM

Die CD-ROM bietet gegenüber einem gedruckten Medium auch Nachteile: Auf letzterem stehen die Informationen direkt und unmittelbar zur Verfügung. Die CD-ROM dagegen muß immer erst in das CD-ROM-Laufwerk eingelegt werden, und das darauf befindliche Programm muß gestartet werden. Diesen wesentlichen Unterschied im Zugriff müssen Sie berücksichtigen, wenn sie erwägen, eine CD-ROM als Marketinginstrument einzusetzen.

Andere Datenträger (Diskette, ZIP etc.)

Vorteil CD-ROM

Natürlich könnten Sie statt einer CD-ROM auch eine Diskette verwenden, um die gleichen Informationen zu speichern. Ein Diskettenlaufwerk ist in jedem Personal Computer eingebaut. Bei Texten und kleineren Bildern kommt die Diskette durchaus als Alternative in Frage, aber schon bei umfangreicheren Grafiken, Animationen und Klängen stößt sie an ihre natürliche Grenze. Zum einen bietet eine Diskette nicht genügend Speicherkapazität. Zum anderen ist die Zugriffsgeschwindigkeit auf das Diskettenlaufwerk so langsam, daß eine von Diskette gestaltete Show schnell ins Stocken gerät und den Anwender mehr frustriert als erfreut.

Die Diskette hat einen weiteren Nachteil: Die Materialkosten für eine Diskette liegen bei etwa 1 DM. Somit hat sie im Gegensatz zur CD-ROM ein „Billig"-Image.

Die Verwendung anderer Massenspeicher, die der CD-ROM vergleichbar wären, ist nicht anzuraten, da sich bis jetzt keines der alternativen Speichermedien zur Diskette eindeutig durchsetzen konnte. Wenn Sie also z. B. eine ZIP-Diskette verwenden, können sie nicht sicher sein, daß auch alle Kunden ein ZIP-Laufwerk besitzen und diese Diskette abspielen können. Das gleiche gilt für magnetooptische Disketten und andere Medien.

Internet

Vorteil CD-ROM

Von den Möglichkeiten ähnelt die CD-ROM am ehesten dem Internet. Auch das World Wide Web besteht ja aus Dokumenten mit eingebundenen Zusatzelementen (Grafiken, Klänge, Animationen und kleine Programme). Jedoch hat Marketing über das Internet einen entscheidenden Nachteil: Es setzt voraus, daß der Kunde einen Zugang zum Internet besitzt. Es handelt sich dabei um ein Pull-Medium: Der Kunde muß erst selbst aktiv werden (nämlich im Internet die entsprechenden Seiten anwählen), damit die Marketingmaßnahmen greifen. Die CD-ROM kann dagegen als Push-Medium eingesetzt werden, die dem Kunden ganz bewußt „auf dem Schreibtisch" gelegt wird, so daß er sie erst beiseite legen muß, um sie nicht wahrzunehmen.

Zudem ist eine CD-ROM für den Kunden mit keinerlei Kosten verbunden. Beim Internet muß er beziehungsweise seine Firma immer einen Internet-Zugang benutzen, was meist sowohl mit Telefon- als auch mit den Zugangsgebühren zum Internet verbunden ist. Egal, ob er selber die Kosten dafür tragen muß oder nicht, es existiert immer ein gewisser Zeitdruck. Für ein aktives Marketing ist das Internet somit nur bedingt geeignet.

Die CD-ROM ist dem Internet auch (noch) technisch überlegen: Selbst mit einer schnellen ISDN-Verbindung benötigen größere Dateien immer noch eine längere Zeit, bis sie sich auf dem PC des Anwenders finden. Sie können im Internet also keine qualitativ höherwertigen Bilder oder lange Animationen anbieten, ohne dem Kunden viel Wartezeit zuzumuten. Für ein Marketingangebot sind Dateien mit mehr als 1 MB Größe z. Z. noch unzumutbar. Die CD-ROM hat diese Limits nicht. Auch auf größere Dateien wird immer noch schnell genug zugegriffen. Sie sollten allerdings auch hier vom z. Z. langsamsten üblichen Standard ausgehen und nur Dateien integrieren, die auch von einem 8fach-CD-ROM-Laufwerk noch innerhalb akzeptabler Zeit geladen werden. Wenn der Kunde tatsächlich ein langsameres Laufwerk besitzt, wird er um diesen Umstand wissen.

Nachteil CD-ROM

Auf der anderen Seite ist das Internet in manchen Fällen schneller als eine CD-ROM zu nutzen, denn eine CD-ROM muß der Kunde evtl. installieren, damit sie in seinem PC auch optimal funktioniert. Das Internet ist meist vorhanden und der Browser auch schon direkt installiert.

Wenn die Marketingaktion mit aktuellen Daten gekoppelt ist, kann das Internet außerdem aktueller sein als eine CD-ROM, deren Inhalt zu dem Zeitpunkt festliegt, wenn der „Master“ in die Produktion geschickt wird. Eine gute Alternative ist es übrigens, die CD-ROM mit dem Internet zu koppeln. Die „unbeweglichen“ und speicheraufwendigen Daten und Dateien befinden sich auf dem Datenträger, und die aktuellen Informationen holt sich das Programm aus dem Internet.

Erscheinungsform und Gestaltung

Damit der Kunde die CD-ROM als Marketinginstrument auch akzeptiert, ist ihre äußere Gestaltung äußerst wichtig. Hierbei gelten prinzipiell die gleichen Grundsätze wie beim „konventionellen“ Marketing. So sollte die CD-ROM einen „professionellen“ Eindruck machen. Dazu gehört z. B., daß Sie nach Möglichkeit in einem Preßwerk hergestellt wurde und nicht im CD-ROM-Brenner. So einfach und preiswert die Herstellung einer CD-ROM mit dem eigenen PC ist, so sehr haftet dem Endprodukt doch das „Provisorische“ an. Die Produktion einer CD-ROM in einem Preßwerk ist mittlerweile auch nicht mehr so teuer, daß eine Herstellung per CD-ROM-Brenner einen finanziellen Vorteil bedeuten würde.

Aussehen

Um dem Kunden die Benutzung der CD-ROM schmackhaft zu machen, reicht es nicht allein aus, daß der Inhalt reizt. Auch die Verpackung ist wichtig. Zusammen mit den anderen Materialien sollten CD-ROM und Verpackung eine Einheit bilden, die auch von der Gestaltung aufeinander abgestimmt ist.

Verpackung

Zur Verpackung der CD-ROM stehen Ihnen mehrere Möglichkeiten zur Verfügung:

- Jewel Box,
- Papphülle,
- Sonderverpackung.

Jewel Box

Die am meisten gebräuchliche Verpackung ist die sog. „Jewel Box". Nahezu alle Musik-CD-ROMs und viele CD-ROMs werden in einer solchen Hülle ausgeliefert. Die Jewel Box ist in zwei Varianten erhältlich: Im normalen Format und schmal. Beim Normalformat befindet sich im Deckel das Informationsheft (Booklet), und in der Basis mit dem CD-ROM-Träger ist ein Informationsblatt eingelegt. Der Träger, auf den die CD-ROM gesteckt wird, ist entweder anthrazit oder farbig. Sie können auch einen transparenten Träger verwenden, dann steht Ihnen die Rückseite des eingelegten Informationsblatts noch zum Bedrucken zur Verfügung. Eine Jewel Box ist immer dann einzusetzen, wenn die CD-ROM einen wertvollen Inhalt hat, um durch die gestaltliche Nähe zu herkömmlichen CD-ROMs auch die bereits angesprochene „30 DM"-Assoziation herzustellen.

Die schmale CD-ROM-Box wird im Musikbereich hauptsächlich eingesetzt, um Maxi-CD-ROM-Singles zu verkaufen. Hier ist nur ein Einlegeblatt oder ein schmales Booklet möglich. Von der Rückseite sieht der Kunde zunächst auf die Oberfläche der CD-ROM, so daß bei den schmalen Jewel Boxen die Labelseite für die Berücksichtigung des „ersten Gesamteindrucks" wichtiger ist als in einer rundherum geschlossenen Verpackung. Eine CD-ROM in einer schmalen Hülle wirkt weniger hochwertig, da eine CD-ROM-Single, mit der diese Hülle assoziiert wird, nur etwa 12 DM im Laden kostet.

Papphülle

Wenn gewünscht, können Sie die CD-ROM auch in einem Umschlag in das Design des übrigen Marketingmaterials integrieren. Hierbei ist zu beachten, daß der Kunde die CD-ROM in eine eigene Verpackung stecken muß, wenn er sie länger behalten will. Die CD-ROM ohne eigene Verpackung ist also eher für den kurzen Eindruck gedacht.

Sonderverpackung

Die Verpackungsindustrie hat schon unterschiedliche Sonderverpackungen hervorgebracht. So gibt es beispielsweise CD-ROM-Hüllen aus Pappe mit aufgeklebtem Kunststoffträger für die CD-ROM oder Hüllen komplett aus Weißblech.

Anforderungen

Unabhängig vom Aussehen sind ein paar Anforderungen an alle Verpackungsformen gleich: Sie müssen zum einen ins sonstige Marketingkonzept passen. Außerdem sollte die Verpackung nicht teurer sein als die eigentliche CD-ROM. Überhaupt sollte die Verpackung gegenüber dem Inhalt immer zurückstehen. Weiterhin sollten Sie den Kunden nicht darüber im unklaren lassen, warum eine CD-ROM enthalten ist und was er auf ihr finden kann. Die wenigsten Anwender haben Zeit genug, die Inhalte der CD-ROM selber erforschen zu wollen.

Label

Eine herkömmliche CD-ROM arbeitet einseitig, auf der anderen Seite befindet sich das Label. Es muß so gestaltet werden, daß zum einen die grafischen Elemente des übrigen Materials wieder zu finden sind, und andererseits alle wichtigen Informationen untergebracht wurden, um die CD-ROM zu identifizieren. Diese banal klingenden Anforderungen werden selten von einer CD-ROM erfüllt. Viele

Agenturen sehen hier das geeignete Forum, um sich selber zu vermarkten oder packen das Inhaltsverzeichnis der kompletten CD-ROM auf das Label.

Die Beschreibung auf dem Label muß sicher nicht so ausführlich sein wie im Booklet oder auf dem Einleger in der Basis der CD-ROM-Hülle. Sie sollte nur eindeutig zu identifizieren sein. Außerdem ist es sinnvoll, hier eine kurze Anleitung unterzubringen, was der Kunde mit der CD-ROM tun muß, damit sie startet: z. B. nur einlegen (Windows 95 und Autostart) oder ein Setup-Programm starten (Windows 3.11).

Installation

Wenn der Kunde die CD-ROM von Ihnen erhält, sollte diese sich mit so wenig Aufwand wie möglich verwenden lassen. Dazu gehört, daß nach Möglichkeit keine umständlichen Installationsprogramme auf der CD-ROM enthalten sein sollten. Die CD-ROM sollte direkt vom Medium aus lauffähig sein. Wenn für zusätzliche Funktionen der CD-ROM zusätzliche Programme erforderlich sind, sollten Sie auf das zurückgreifen, was sowieso schon bei den meisten installiert ist.

CD-ROM und Internet-Technologie

Für die Anzeige von Text- und Grafikdateien eignet sich z. B. der HTML-Code, der auch im Internet/WWW eingesetzt wird. Einen Internet-Browser haben die meisten Anwender bereits auf Ihrem System installiert. Falls nicht, sollte der Internet-Explorer oder der Netscape-Navigator mit auf die CD-ROM untergebracht werden. Da beide Programme mittlerweile kostenlos erhältlich sind, macht das keine zusätzlichen Investitionen notwendig.

Die Benutzung von Internet-Programmen für den „Offline-Auftritt" der CD-ROM hat weitere Vorteile: Den Umgang mit Internet-Dateien kennen die meisten schon, so daß die Dateien auf der CD-ROM auch untereinander mit Links verknüpft werden können. Der Aufruf von aufwendigeren Elementen ist auch kein Problem. Sie sollten nur nach Möglichkeit versuchen, ohne aufwendige Plug-Ins (Zusatzprogramme für bestimmte grafische Effekte oder Sonderfunktionen) auszukommen.

! Animationen und Video-Filme auf CD-ROM sind häufig als Quicktime-Datei abgespeichert. Allerdings ist auf vielen Kunden-PCs kein Quicktime-Viewer installiert. Die Installationsroutine für ein solches zusätzliches Programm sollte so gestaltet sein, daß der Kunde es anschließend problemlos wieder deinstallieren kann.

Plattformen

Die Computer-Plattformen, für die Sie die CD-ROM produzieren, richten sich nach dem Rechnerbestand bei der beabsichtigten Zielgruppe. Grundsätzlich ist es nicht schlecht, eine CD-ROM immer in Hybridform anzubieten. Das ist eine CD-ROM, die sich sowohl von Windows- als auch von anderen Plattformen (Apple Macintosh etc.) starten läßt. Wenn der Empfängerkreis jedoch nur mit Windows-PCs arbeitet, ist der zusätzliche Aufwand nicht gerechtfertigt. Umgekehrt braucht eine CD-ROM für Kunden, die nur mit dem Mac arbeiten, keine Zugriffsmöglichkeiten für Windows-Computer.

! Erkundigen Sie sich vor der Produktion auch, von welcher Art und aus welchem Jahr die Computer sind und welche Betriebssystemversion verwendet wird. Es macht keinen Sinn, eine Präsentation für Windows 98 und Internet-Explorer 4 an ein Unternehmen zu senden, das noch mit Windows 3.11 und dem Internet-Explorer 3 arbeitet. Und nichts ist für den Anwender frustrierender, als mit Fehlermeldungen oder Programmabstürzen konfrontiert zu werden. Deswegen ist es auch mehr als wichtig, daß die CD-ROM vor dem Versand auf Fehlerfreiheit und einwandfreie Funktion geprüft wurde.

Software-Agenten 2 ▮ 10

Möglichkeiten für den Marketing-Mix 2 ▮ 10 | 01

Oliver Strube

2

INHALTSÜBERBLICK

Das Internet ist für die meisten Unternehmen inzwischen zu einem festen Bestandteil der Marketingstrategien geworden, doch verhindern zahlreiche Probleme, daß es die Bedeutung erlangt, die ihm aufgrund seines Potentials zukommt. Hauptproblem ist und bleibt die Masse an Daten bzw. Informationen, die das Internet täglich hervorbringt. Selbst für die Informationssuche konzipierte Suchmaschinen können dem immensen Wachstum längst nicht mehr folgen und erfassen nicht selten nur noch Bruchteile der Informationen, die tatsächlich vorhanden sind. Dies führt zu einer deutlichen Nutzeneinschränkung dieses Mediums. Die seit einiger Zeit stärker in die Diskussion gerückte Technologie der Software-Agenten (s. auch Kap. 11.31) wird von vielen als der Hoffnungsträger im Kampf gegen die Informationsflut propagiert. Doch Software-Agenten können viel mehr. Ihre Möglichkeiten gerade in kommerziellen Bereichen sind derartig zahlreich, daß die zukünftige Bedeutung der Agententechnologie jetzt schon absehbar ist.

Definitionen

Entstand die Idee von Software-Agenten ursprünglich aus den Ansätzen der Forschungen über „Künstliche Intelligenz", so beschäftigen sich schon seit längerer Zeit die verschiedensten Bereiche mit dieser Technologie. Darin ist sicherlich der Hauptgrund zu sehen, warum es auf diesen Gebiet eine diffuse Begriffsvielfalt gibt, die auf den Außenstehenden mehr als verwirrend wirken kann.

Schon bei der Klärung des Begriffes „Software-Agent" stößt man auf eine unüberschaubare Anzahl von unterschiedlichen Definitionen. Deshalb soll es grundsätzlich ausreichen, unter einem Agenten ein Softwareprogramm zu verstehen, das Handlungen im Sinne seines Nutzer ausführt. Von anderen Softwareapplikationen unterscheiden sich die Agenten durch spezielle Eigenschaften wie z. B. Autonomie, die Fähigkeit zu kommunizieren (und damit auch zu kooperieren), die Fähigkeit, Schlußfolgerungen zu ziehen, anpassungsfähiges Verhalten (Reaktivität) und Vertrauenswürdigkeit. Diese Eigenschaften versetzen Agenten in die Lage, von Nutzern gestellte Aufgaben selbständig und zielstrebig zu erfüllen. Zusätzlich werden Agenten anhand ihrer Mobilität klassifiziert. Mobile Agenten sind in der Lage, sich über ein Netzwerk von einem Computer zu einem anderen zu bewegen. Diese Eigenschaften bieten dem Nutzer deutliche Vorteile: Zum einen spart er Zeit, da eine ständige Interaktion mit dem Agenten während der Ausführung entfällt. Zum anderen können die Kommunikationskosten stark reduziert werden, indem der Agent die geforderten Prozeduren auf einem ausgewählten Server im Netzwerk durchführt und der Nutzer dadurch die erforderliche Online-Zeit auf ein Minimum beschränken kann.

Einsatzmöglichkeiten im Rahmen des Online-Marketings

Erste Ansätze

Schon das Andersen-Consulting-Projekt „BargainFinder" zeigte frühzeitig, welche Möglichkeiten Agenten im Electronic Commerce bieten. Dieser sehr einfache Shopping-Agent ermöglichte es dem Nutzer, innerhalb von Sekunden für eine gewünschte CD einen Preisvergleich zwischen den einzelnen (virtuellen) Anbietern zu ziehen. Obwohl der Vergleich sich nur auf das Produktmerkmal

Preis und einen kleinen, vorgegeben Anbieterkreis bezog, zeigte sich sehr schnell, daß solche Shopping-Agenten das Potential besitzen, das Einkaufen im Internet deutlich zu verändern. Schon allein dieses einfache Beispiel zeigt, wie wichtig es für das Online-Marketing sein wird, sich mit der Agententechnologie zu beschäftigen. Zudem läßt die sehr dynamische Entwicklung in diesem Bereich die Zahl der Möglichkeiten, die Software-Agenten bieten, stetig ansteigen. Mit diesem Beitrag soll dies anhand einiger Beispiele für die einzelnen Marketingbereiche verdeutlicht werden.

Angebotspolitik

Differenzierung vom Wettbewerb

Der Einsatz von Software-Agenten im Electronic Commerce wird auf die Angebotspolitik im Internet nicht ohne Auswirkungen bleiben. Zum einem bietet sich die Gelegenheit, personalisierte Angebote wie z. B. individuell zusammengestellte CDs oder Bücher kostengünstig zu verwirklichen, zum anderen können zusätzlich zum eigentlichen Produkt zahlreiche Dienstleistungsangebote mit Hilfe der Agenten realisiert werden. Damit entstehen innovative Möglichkeiten zur Wettbewerbsdifferenzierung, die künftig an Bedeutung gewinnen werden. Diese Möglichkeiten lassen sich am besten am Beispiel des bekannten Unternehmens Amazon Books verdeutlichen.

Beispiel Amazon Books

Amazon verkauft nicht nur Bücher, sondern auch Informationen über Bücher. Kunden werden bei Neuerscheinungen, die ihren Präferenzen entsprechen, per E-Mail benachrichtigt. Zusätzlich wird eine Plattform für Online-Rezensionen angeboten. In diesen aufgeführten Bereichen bieten sich weitere Möglichkeiten für den Einsatz von Software-Agenten an. Sie können als Suchinstrument nicht nur den immensen Bestand von 2,5 Mio. Büchern für den Nutzer transparenter gestalten. Mit ihrer Hilfe lassen sich auch die Buchempfehlungen verbessern, indem Agenten aus dem Verhalten der Nutzer lernen. So werden mittels bestimmter Techniken Cluster für Nutzer gebildet, die ähnliche, beobachtbare Präferenzen haben. Mit Hilfe dieses Clustering können die Agenten dann Produktempfehlungen geben, die einen hohen Treffergrad besitzen. Somit kann eine qualitativ ansprechende „Beratung" voll automatisiert und damit entsprechend kostengünstig dem Kunden rund um die Uhr angeboten werden.

Amazon hat den Wettbewerbsvorteil, den diese neue Technologie bringen kann, erkannt und einen Agenten der Firma Junglee erworben, der den Kunden durch das – auch in andere Bereiche erweiterte – Angebot führen soll. Durch den Ausbau des Leistungsangebots über das Ausmaß einer „einfachen" Buchhandlung hinaus, gelingt es Amazon, sich zu einem Informationsbroker in diesem Bereich zu entwickeln. Damit ergibt sich ein Alleinstellungsmerkmal im Wettbewerb.

Veränderung des Online-Shoppings durch Agenten

Da auch Nutzer vermehrt die Funktionen von Agenten beim Einkauf im Internet benutzen, ist es notwendig, die Vorgehensweise dieser sog. „Shopping-Agents" zu kennen. Das Problem, das sich dem anbietenden Unternehmen stellt, liegt in der oft eindimensionalen Suchstrategie dieser Agenten. Häufig wird nur der Preis als das am leichtesten abzufragende Produktmerkmal dem Nutzer übermittelt. Die Reduzierung des Produkts auf wenige Merkmale seitens des Agenten stellt die anbietenden Unternehmen vor das Problem, daß mögliche Differenzierungsstrategien unterlaufen werden und durch die stark verbesserte Markttransparenz ein intensiver Preiswettbewerb schwer zu umgehen ist. Versuchten in der Vergangenheit virtuelle Shopbesitzer, durch fehlende Preisauszeichnung oder Blocken dieser Agenten, sich dieser Problematik zu entziehen, so wird dieses Verhalten aufgrund der großen Zahl von Nutzern, die sich in der Zukunft dieser Agenten bedienen werden, nicht mehr haltbar sein.

Distributionspolitik

Das Internet bietet für die Distribution von Produkten neue Möglichkeiten. Der signifikanteste Vorteil ist die Nivellierung von Landesgrenzen und Zeitzonen. Ein virtueller Shop im Internet kann jederzeit und von jedem Ort aus „betreten" werden. Zudem bieten sich für die Unternehmen einfache Möglichkeiten, direkt mit ihren Kunden in Kontakt zu treten. Besonders für digitalisierbare Produkte stellt das Internet einen effizienten Distributionskanal dar.

Softwarebranche

Unternehmen der Softwarebranche greifen schon seit einiger Zeit auf diesen Kanal zurück, um ihre Produkte zu vertreiben. Die Firma Cisco Systems verzeichnet z. B. über ihr Online-Angebot 50.000 Software-Downloads pro Monat und spart dadurch gegenüber einer Distribution auf CD-ROM 6 Mio. US-$ pro Jahr. Durch den Einsatz von Agenten besteht eine Vielzahl von Möglichkeiten, die Qualität des Internet als Distributionskanal zu steigern. So ist es vorstellbar, daß bei komplexen Programmen mit dem Software-Download ein Agent versendet wird, der die Übertragung, die Installationsroutine und die Programmfunktionen sowohl initiiert als auch kontrolliert. Bei auftretenden Fehlern ist er in der Lage, diese zu beheben oder durch Rückmeldung an den Nutzer bzw. an das vertreibende Unternehmen zur Problembehebung beizutragen. Für den Nutzer entsteht dadurch der Vorteil, daß er ein unmittelbar einsatzbereites Produkt erhält, ohne sich mit Software-Bugs oder aufwendigen Installationsschritten beschäftigen zu müssen.

Touristikindustrie

Eine deutliche Veränderung der Distributionspolitik ist in der Touristikindustrie zu verzeichnen. Vor allem Reiseunternehmen nutzen die neuen Möglichkeiten des direkten Kundenkontaktes. Mit der Agententechnologie erhalten sie zusätzlich ein Instrument, um Dienstleistungen herkömmlicher Vermittler (wie z. B. Reisebüros) zu substituieren. So ist es auf der Web-Site des Touristikunternehmens TUI möglich, einem Agenten seine Urlaubspräferenzen (bevorzugtes Ziel, Dauer, etc.) mitzuteilen. Anhand dieses Reiseprofils erfolgt eine Auswahl aus dem TUI-Angebot. Zusätzlich kann in regelmäßigen Abständen per E-Mail eine Übermittlung von verschiedenen, dem Profil entsprechenden Angeboten, stattfinden.

Beispiel TUI

Beispiel Lufthansa

Einen Schritt weiter geht das Angebot „Infoflyway" der Lufthansa. Das Unternehmen bietet Kunden ein agentenbasiertes Programm namens „Backweb" zum kostenlosen Download an. Dieses aktualisiert selbständig Meldungen, indem es regelmäßig u. a. den Server der Lufthansa kontaktiert. Somit bietet sich nicht nur dem Kunden der Vorteil, immer über den neuesten Angebotsstand zu verfügen, sondern eröffnet dem Unternehmen Lufthansa einen Vertriebskanal direkt zum Kunden.

Am Beispiel der Touristikindustrie läßt sich zeigen, wie durch neue Technologien Strukturen der Distribution verändert werden können. Der zielstrebige Ausbau des Direktvertriebssystems „Infoflyway" soll der Lufthansa durch den Wegfall der Provisionen an Reisebüros und Agenturen in den nächsten 5 Jahren Vertriebskosten in dreistelliger Millionenhöhe einsparen. Auch in anderen Branchen z. B. Finanzdienstleistungen, Software, etc. wird das Internet zu einem wichtigen Instrument des Direktvertriebs. Agenten werden diese Entwicklung sicherlich nicht nur festigen, sondern zusätzlich beschleunigen. Somit entsteht gerade für die „konventionellen“ Absatzmittler in diesen Bereichen die Notwendigkeit, sich mit den Veränderungen nachhaltig auseinanderzusetzen.

2

Kommunikationspolitik

Push-Marketing

Das Internet galt bisher als klassisches Pull-Medium. Der Nutzer steuerte den Informationsfluß, der ihn erreicht, größtenteils selber. Für die Unternehmen entstand dadurch die Notwendigkeit, den Nutzer zu ihrem Informationsangebot zu „ziehen“. Mit der Agententechnologie steht ihnen ein Instrument für ein effektives Push-Marketing zur Verfügung. Diese vermeidet aufgrund ihrer Möglichkeiten zur Personalisierung bzw. Individualisierung von Informationen das Problem der fehlenden Differenzierung, das bei konventionellen Push-Technologien auftritt, und dürfte somit deutlich mehr Akzeptanz beim Kunden finden.

Integration von Agenten in die eigene Web-Site

Die Ausschöpfung des Potentials, das das Internet für die Kommunikationspolitik bietet, kann durch die Einbeziehung von Software-Agenten auch aus anderen Gründen optimiert werden. So ist es denkbar, daß als bestimmte Charaktere animierte Agenten wesentliche Bestandteile von Web-Sites werden. Diese könnten nicht nur den Nutzer begrüßen und unterhalten, sondern ihm bei der Navigation auf der Web-Site helfen, Informationen bereitstellen und zukünftig auch Daten über die Präferenzen der Nutzer sammeln – womit Agenten neue Möglichkeiten für die Individualisierung von Werbung bieten, die nicht so umstritten sind wie der weit verbreitete Einsatz sog. „Cookies“.

Ein Cookie ist eine Datei, die bei dem Besuch einer Web-Site auf dem Computer des Nutzers abgelegt wird. Mit ihrer Hilfe können Informationen über dessen Präferenzen (welche Web-Sites werden wie oft besucht, welche Angebote werden dort genutzt, etc.) gesammelt werden. Beim nächsten Besuch dieser Web-Site werden die Informationen von dem entsprechenden Server abgerufen. Mit Hilfe von Cookies sind Anbieter in der Lage, ihr Angebot den Kundenpräferenzen besser anzupassen und die Abfrage von persönlichen Daten auf den Erstkontakt zu beschränken.

Einsatz in Chat-Konzepten

Ein spezielles Anwendungsfeld für die Agententechnologie stellen die diversen Chat-Konzepte dar. Mit Hilfe von Agenten in Form sog. Chat-Roboter sind Unternehmen in der Lage, einen direkten Live-Dialog mit dem Nutzer zu führen, ohne dafür teure Personalkapazitäten für Live-Chats oder Call-Center bereitstellen zu müssen. Zudem können diese durch ihren Unterhaltungswert Nutzer zusätzlich motivieren, sich an einem Chat zu beteiligen. Es ist möglich, Chat-Roboter erstaunlich lebendig als agentenbasierte Charaktere zu gestalten. Mit der neuartigen Technik sog. „affektiver Benutzerschnittstellen" ist es möglich, anstelle nüchterner Dialogboxen Chat-Roboter mit Hilfe animierter Gesichtsausdrücke und Körpersprache mit dem Nutzer kommunizieren zu lassen. So gelingt es dem von Kiwi entwickelten Chat-Roboter Charlie überraschend echt, zur Unterhaltung passende Gefühlsregungen dem Gesprächspartner zu vermitteln (Abb. 1a–d).

Beispiel Apollinaris

Das Unternehmen Apollinaris nutzt z. B. einen Chat-Roboter in Form eines Flaschengeistes, um mit Nutzern zu kommunizieren. Die Verbindung zum Produkt wird in

Abb. 1 a–d: Verschiedene animierte Gefühlsregungen des Chat-Roboters Charlie: **a** freundlich, **b** empört, **c** mitfühlend, **d** belehrend

diesem Fall nicht allein durch die Gestaltung des agentenbasierten Charakters hergestellt (in diesem Fall ein Geist, der in einer Mineralwasserflasche von Apollinaris wohnt), sondern auch durch die Gewichtung der Themen, die dieser für die Konversation beherrscht. So versteht der Flaschengeist neben allgemeinen Themen auch Begriffe aus dem Getränkebereich.

Einsatz im Direkt-Marketing

Ein weiteres Einsatzgebiet, für das sich Agenten hervorragend eignen, ist das Direkt-Marketing. So kann dem Kunden statt einem konventionellen Mailing ein Agent zugesandt werden. Mit diesem speziell auf das jeweilige Kundenprofil zugeschnittenen Agenten besitzt das Unternehmen eine Schnittstelle zum Kunden – direkt auf dessen Desktop. Dieser „Werbeagent“ ist nun nicht nur in der Lage, für die angebotenen Dienste zu werben, sondern kann diese sofort zur probeweisen Nutzung bereitstellen. Agenten werden damit zu Alternativen zum Versenden von allgemeinen Katalogen bzw. Prospekten, die nicht die speziellen Interessen des einzelnen Kunden berücksichtigen. Der Kunde profitiert durch ein ständig aktualisiertes Produktprogramm und unverzügliche Benachrichtigung bei kurzfristigen Änderungen (wie z. B. bei Sonderangeboten).

Kommunikationseffizienz

Die hier angeführten Anwendungsfelder verdeutlichen beispielhaft, daß Software-Agenten in der Lage sind, die Kommunikationseffizienz deutlich zu erhöhen. Dies ist besonders in der Tatsache begründet, daß sie ein wichtiges Instrument für die Personalisierung von Informationen darstellen. Die starke Ausrichtung an den Kundeninteressen, die dadurch ermöglicht wird, trägt zusätzlich zu einer engeren Kundenbindung bei.

After-Sales-Marketing

Bewußt wird das After-Sales-Marketing, das klassischerweise der Produktpolitik zuzuordnen ist, als gesonderter Punkt behandelt. Dies erscheint sinnvoll, da es durch den Einsatz der Agententechnologie eine Fülle von Einsatzmöglichkeiten gibt, die dem Online-Marketing gänzlich neue Perspektiven eröffnen.

Management von Kundenanfragen …

So kann das Management von Kundenanfragen durch Agenten deutlich positiv modifiziert werden. Bisher konnte der (unzufriedene) Kunde seine Anfragen an die angegebene E-Mail Adresse des entsprechenden Unter-

2

nehmens schicken. Da eine Antwort – wenn überhaupt – zeitverzögert den Nutzer erreicht, fehlt die Möglichkeit, direkt und ohne Zeitverzug auf die Kritik zu reagieren. Will das Unternehmen nicht auf die vergleichsweise teuren Möglichkeiten eines Call-Center zurückgreifen, müssen neue Wege entwickelt werden, um auf Kundenanfragen einzugehen.

... bei häufig gestellten Fragen

Falls es sich um häufig gestellte Fragen handelt, kann ein entsprechend instruierter Agent (Chat-Roboter) die an ihn adressierten Probleme sofort beantworten. Diese sich wiederholenden Fragen werden von den meisten Unternehmen heutzutage in Form von einer sog. FAQ-Seite beantwortet, wobei FAQ für Frequently Asked Questions steht. Die Verwendung eines Chat-Roboters bietet demgegenüber deutliche Vorteile. Dieser ist nicht nur flexibler in der Beantwortung von Anfragen (er ist in der Lage, diese zu interpretieren), sondern führt den Nutzer schneller zum Ziel als das mühselige Klicken und Scrollen durch lange Textseiten.

... bei speziellen Problemen

Bei speziellen Problemen sind die Anforderungen an einen Agenten deutlich höher. Hier bietet sich der Einsatz des Case-based-Reasoning (CBR) als Basis für seine Entscheidungen an. Diese Technologie ermöglicht es selbst bei ungenauen Anfragen, dem Kunden entsprechende Informationen zur Verfügung zu stellen. Somit wird dem Kunden ein leicht zu bedienendes Instrument zur Verfügung gestellt, das ihm unverzügliche Antworten zu einem Großteil seiner Anfragen bietet. Zudem können die gleichbleibend hohe Beratungs- und Servicequalität der auf CBR basierenden Customer-Support-Systeme zu einer stärkeren Kundenbindung beitragen.

Im After-Sales-Bereich lassen gerade die enormen Einsparpotentiale durch die Automatisierung von Teilaufgaben keine Zweifel an der zukünftigen Bedeutung der Agententechnologie (und mit ihr verbundener Technologien wie z. B. CBR) aufkommen. So kann mit deren Hilfe ein jederzeit verfügbarer, qualitativ ansprechender Customer-Support zu deutlich reduzierten Kosten realisiert werden.

FAZIT UND AUSBLICK

Obwohl große Bereiche der Agententechnologie noch Gegenstand wissenschaftlicher Untersuchungen sind, kann man schon heute anhand der im Internet verfügbaren Agenten erkennen, welches Potential diese Technologie besitzt. Gerade die Beispiele der Unternehmen Amazon Books, TUI und Lufthansa zeigen, wie stark heute schon einfache Agenten von Seiten der Anbieter in ihre Online-Marketing-Strategien einbezogen werden und wie einfach es möglich ist, mit dieser Technologie Wettbewerbsvorteile zu generieren.

Der Zeitraum, in dem sich die Agententechnologie durchsetzen wird, ist schwer abzuschätzen. Ein Einsatz dieser Technologie auf breiter Basis ist aber aufgrund der Vielzahl von ungeklärten Fragen in naher Zukunft nicht zu erwarten. Dennoch kann es nur wenig Zweifel an der großen Bedeutung geben, die der Agententechnologie künftig zukommen wird. Somit gilt es schon jetzt, Anwendungsmöglichkeiten für das eigene Unternehmen zu prüfen, um frühzeitig Chancen und Risiken identifizieren zu können.

Literatur

BargainFinder (1999) http://www.opensesame.com/agents/excerpt/book_03_6_1.html und http://cctcc.unisg.ch/diss_amu/cases/SHOT_AC_01.html

Gärtner, R (1998) Preiskrieg der Agenten. In: Internet Professionell H 9:100–103

Hayes-Roth (1997, zitiert nach Coale 1997) Stars, Extras, and Other Agents on Parade. http://www.wired.com/news/topframe/1926.html (Stand 28.10.1998), 2 S.

Heilmann, K, Kihanya, D, Light, A, Musembwa, P (1995) Intelligent Agents: A Technology and Business Application Analysis. http://www.ai.univie.ac.at/~paolo/lva/vu-sa/html/heilmann/(Stand 13. 08. 1998), 32 S.

Hohensee, M (1998 a) Feilschen im Netz. In: Wirtschaftswoche H 11

Hohensee, M (1998 b) Penetrante Schnüffler. In: Wirtschaftswoche H 43

Kiwi (1998) Projekte. Chat Robots, http://www.kiwi.de/htm/projekte/chat/chat.htm(Stand 11.09.1998), 1 S.

Kiwi (1998) http://noname.kiwi.de/scripts/charlie/webcharl.dll (Stand 11.09.1998)

Mattes, F (1997) Management by Internet. Internet Einsatz aus der Management-Perspektive. Franzis-Verlag, Feldkirchen

Rothermel, K, Baumann, J (1997) Mobile Software-Agenten. Chancen und Risiken.In: Boden, K-P, Barabas (Hrsg) Internet – von der Technologie zum Wirtschaftsfaktor, Deutscher Internet Kongress '97. dpunkt-Verlag, Düsseldorf, S 343–352

Stolpmann, M (1998) Im Notfall gibt's Hilfe. Online-Support auf Basis von CBR-Technologie In: Business Online H 5: 48–51

Wagner, G (1997) Software mit Managerqualitäten In: c't H 15: 234–243

Elektronischer Handel (Electronic Commerce)

3

Teil 3 ▮ Elektronischer Handel (Electronic Commerce)

Inhalt

3 ▮ 01 Virtueller Vertrieb
Richard Lackes, Dagmar Mack
01 | 01 Einleitung und Motivation
01 | 02 Potentiale von Electronic Commerce (EC) im Kulturmanagement
01 | 03 Entwicklungsprozeß eines WWW-basierten Vorverkaufsinformationssystems
01 | 04 Resümee

3 ▮ 02 Integration in Service und Support
02 | 01 Unterstützung von Support-Prozessen mit Web-Based-Support
Joe Bayless

3 ▮ 03 Online-Distribution
Dietmar Waudig
03 | 01 Definition und Abgrenzung
03 | 02 Risiken und Chancen der Online-Distribution
03 | 03 Das ESD-Modell der Software Publisher Association
03 | 04 Konzeption eines ESD-Systems

3 ▮ 04 Neuer Zahlungsverkehr
04 | 01 Digitales Geld
Boris Anderer, Christian von Hammel

3

04 | 02 E-Commerce-Einsatz am Beispiel der Sparkassenorganisation
Ralf Zitzelsberger

3 ▮ 05 Elektronische Marktplätze
Joachim Hasebrook
05 | 01 Neue Medien in der Personalentwicklung
05 | 02 Instrumente einer vernetzten Personalentwicklung
05 | 03 Bedarfsorientierte Personalentwicklung im Intranet

3 ▮ 06 Point-of-Sales (POS)
06 | 01 Produktvertrieb durch Kiosksysteme: Kombination von Angeboten und Chancen für den Mittelstand
Gerhard Jendrzey

3 ▮ 07 Direct-Response-TV
Gordana Uzelac
07 | 01 Einblicke in das Marketing mit Telemedien
07 | 02 Grundbegriffe
07 | 03 Teleshopping via Internet-Technologien
07 | 04 Status quo des interaktiven Teleshoppings
07 | 05 Rechtliche Rahmenbedingungen
07 | 06 Zahlungsverkehr
07 | 07 Trends und Prognosen

3 ▮ 08 Computer Aides Sales
08 | 01 CRM Customer Relationship Management
Ulrich Krumb

Virtueller Vertrieb

3 ▮ 01

Richard Lackes, Dagmar Mack

INHALTSÜBERBLICK

In diesem Beitrag werden am Beispiel des Kulturmanagements die Potentiale von E-Commerce vorgestellt und für die einzelnen Vertriebsphasen konkrete Maßnahmen vorgeschlagen. Die Struktur eines E-Commerce-Systems im Kulturmanagement visualisiert die Anforderungen in den Bereichen Marketing, Controlling und Informationsmanagement. Am Beispiel des Entwicklungsprozesses eines www-basierten Vorverkaufsinformationssystems werden die Vor- und Nachteile im Vertrieb eines Kulturbetriebes aufgezeigt. Zusätzliche Informationen zum Thema „Virtueller Vertrieb" finden Sie in den interessanten Web-Sites, Mailing-Listen und Newsgroups, deren Adressen in S 4.6 „Elektronischer Handel" im Service-Teil abgedruckt sind.

3

Einleitung und Motivation

3 ▮ 01 | 01

Kultur und Finanzen

Die begrenzten Finanzierungsmöglichkeiten von Städten und Kommunen erzwingen in zunehmendem Maße, sich um ein effizientes Management von Kulturbetrieben zu bemühen (Heinze 1997). Viele Kultureinrichtungen, wie Theater, Museen etc., werden daher ihre Verwaltungs- und Abwicklungsaktivitäten auf den Prüfstand stellen und stärker managementbezogen ausrichten müssen. Hierzu bieten sich Instrumente der Unternehmensführung an, wie z. B. das Controlling und das Marketing (Heinze 1997), angereichert um ein anwendungsbezogenes Informationsmanagement. Eine stärkere Professionalisierung und Ökonomisierung der Kulturarbeit muß aber nicht zwangsläufig zu eingeschränkten Kulturleistungen führen, wenn man die verfügbaren Informations- und Kommunikationsinstrumente, wie z. B. das Internet, zur Effizienzverbesserung einsetzt.

Internet und Kulturbetriebe

Mit dem zunehmenden Einsatz des Internets für „kommerzielle" Zwecke stellt sich für viele Anbieter von Kulturleistungen (Theater-, Schauspielaufführungen, Ausstellungen etc.) die Frage, inwiefern das Medium Internet ihre Vertriebsprozesse unterstützen kann und soll. Bisher wird das Internet häufig lediglich als elektronischer Veranstaltungskalender genutzt, womit die Potentiale dieses Kommunikationsmediums als Marketinginstrument und als „multimediales" Informationssystem jedoch bei weitem nicht ausgeschöpft werden. Im folgenden werden darum die generellen Möglichkeiten von Electronic-Commerce-Anwendungen für Kulturbetriebe und ausführlich der Entwicklungsprozeß eines elektronischen Vorverkaufsinformationssystem dargestellt.

3 ▮ 01 | 02 Potentiale von Electronic Commerce (EC) im Kulturmanagement

Generelle Einsatzmöglichkeiten im Kulturmanagement

Will man die für ein modernes Kulturmanagement relevanten Electronic-Commerce-Ansätze und damit die elektronischen Unterstützungsmöglichkeiten beim Verkauf von Kulturprodukten herausarbeiten, bietet sich eine phasenbezogene Betrachtung des Vertriebsprozesses von Kulturleistungen an.

Phasen des Vertriebs von Kulturleistungen

Diese Phasen sind:

- Die Anbahnungsphase, in der es darum geht, potentielle Besucher auf Kulturleistungen aufmerksam zu machen, den Kontakt zu ihnen herzustellen und wenn möglich, zum Besuch zu animieren.

- Die Durchführungsphase, deren Gegenstand die Abwicklung des Kaufvorgangs ist, also die Bestellung (Reservierung), die Bezahlung und ggf. die Versendung der Eintrittskarte(n).
- Die Post-Sales- oder After-Sales-Phase, in der eine effiziente Nachbetreuung der Besucher realisiert werden soll, um so eine stärkere Kundenbindung und Kundenzufriedenheit sicherzustellen.

Welche konkreten Maßnahmen einer Internet-Unterstützung in den einzelnen Phasen denkbar wären, zeigen die Vorschläge für ein modernes Theatermanagement:

HINWEIS:

- Phase 1: Anbahnung
  - Multimediale „Produktbeschreibung“ durch Video- und Audiosequenzen
  - Online-Bereitstellung von allgemeinen Theaterinformationen, z. B. einer multimedialen Theaterzeitung, eines Informationsbretts mit aktuellen Veranstaltungsinformationen wie z. B. Sonderaktionen
  - Einrichten einer virtuellen Theaterführung
- Phase 2: Durchführung
  - Unterstützung der Zusammenstellung individueller Programmvorstellungen durch eine besuchergesteuerte Suchmaschine
  - Online-Reservierung, -Bezahlung, -Bestätigung, -Zusendung
  - Online-Stornierung
  - Virtuelle Platzwahl
  - „Online-Ticketbörse“ (z. B. Last-Minute-Angebote, „Tausch- und Auktionsmarkt“)
  - Ausschnittsweise Live-Übertragungen von Veranstaltungen

  - Direkte Weitergabe der Reservierungsdaten an interne Stellen zur Weiterverarbeitung
- Phase 3: Post-Sales
  - Einrichten von Diskussionsforen (z. B. Chat-Rooms) zum Meinungsaustausch über die angebotenen bzw. durchgeführten Veranstaltungen
  - Durchführung von Online-Befragungen („virtueller Meinungskalender“)
  - Einrichten eines besuchergruppenspezifischen Online-Informationsdienstes mit der Zurverfügungstellung aktueller Theaterinformationen, z. B. über die Ansetzung neuer Veranstaltungstermine oder die Neuaufnahme von Veranstaltungen der besuchergruppenbezogenen Kategorie (z. B. für die Gruppe „Opernbesucher“)
  - Zusendung von „Bonus-Tickets“ für besonders „treue“ Kunden

EC in der Anbahnungsphase

In der Anbahnungsphase kann durch das multimediale Aufbereiten der „Kulturproduktinformationen“ eine Attraktivitätssteigerung erzielt werden. So ließen sich neue Zielgruppen erreichen und „Stammbesucher“ stärker an das Theater binden. Die Aufbereitung könnte z. B. durch das Einspeisen von Sound- oder Video-Elementen geschehen, die bei Bedarf audio-visuelle Erläuterungen zu den angebotenen Produkten (z. B. kurze Videosequenzen aus bereits gelaufenen Veranstaltungen oder aus Proben) geben könnten.

Viele Theater informieren ihre (potentiellen) Besucher auch durch eine eigene Zeitschrift, in der nicht nur die augenblicklich zu sehenden Veranstaltungen aufgeführt sind, sondern viel umfassender über die Aktivitäten des Theaters informiert wird. Zum Beispiel über zukünftige

Theaterproduktionen, über externe Engagements des Ensembles, über Gastensembles im Theater etc. oder auch darüber, welche Möglichkeiten und Sonderregelungen es für die Ticketreservierungen und -bestellungen gibt. Es bietet sich an, auch eine Online-Variante einer solchen Zeitung zur Verfügung zu stellen oder ein „schwarzes Brett" mit entsprechenden Informationen im Internet zu plazieren. Daneben ergibt sich auch bei der Präsentation des Veranstaltungsorts selbst die Möglichkeit der Einbringung multimedialer Elemente. Für ein Theater läßt sich beispielsweise eine virtuelle Theaterführung realisieren.

EC in der Durchführungsphase

In der Durchführungsphase könnte eine Unterstützung erzielt werden, indem die Suche nach angebotenen Veranstaltungen, die Bestellung und die Bezahlung erleichtert, evtl. automatisiert werden. Denkbar sind zusätzlich beispielsweise eine virtuelle Platzwahl bei der Reservierung, eine Online-Stornierung reservierter Karten oder auch die Einrichtung einer Online-Ticketbörse, in der es z. B. Last-Minute-Angebote geben kann. Die Unterstützung des (Vor)Verkaufs wird im nächsten Abschnitt ausführlich dargelegt. Die Frage der Online-Bezahlung ist derzeit noch kritisch, da die Sicherheitskonzepte im WWW immer noch Lücken aufweisen, die in naher Zukunft behoben werden sollten.

Eine auszugsweise Live-Übertragung, evtl. gegen Bezahlung, könnte eine Erweiterung des Leistungsspektrums für diejenigen sein, die am unmittelbaren Besuch einer Veranstaltung verhindert sind. Wie beim digitalen Fernsehen könnte man dem „virtuellen Besucher" online eine Auswahl aus verschiedenen Kamerapositionen liefern. Des weiteren könnte durch einen Chat-Room eine Möglichkeit zur Kommunikation zwischen den virtuellen und den physisch anwesenden Besuchern in Veranstaltungspausen geschaffen werden.

Neben dieser grundsätzlichen Verbesserung der Darstellung des Leistungsangebots eines Theaters nach außen könnte die direkte Weiterverarbeitung der Reservierungsdaten eine konsistente Bearbeitung des Reservierungsvorgangs erleichtern.

EC in der Post-Sales-Phase

Zur Unterstützung der Post-Sales-Phase ließen sich beispielsweise Chat-Rooms zur Diskussion über bestimmte Veranstaltungen einrichten oder andere Diskussionsforen. Damit ließen sich einerseits wichtige managementrelevante Marketing- und Controllinginformationen extrahieren, andererseits wird damit die Kundenbetreuung selbst verbessert: Der Kunde bekommt das Gefühl, daß „seine Meinung zählt". Die Kundenbetreuung ließe sich noch weiter verbessern, indem der Kunde automatisch über neue Veranstaltungen wie den neuen Spielplan informiert wird, beispielsweise durch eine elektronische Mailing-Aktion. Allerdings sollte dies nur dann erfolgen, wenn der Kunde es ausdrücklich wünscht. Weitergehende Überlegungen würden vorsehen, den Besucher über Online-Befragungen direkt anzusprechen. Als weitere Post-Sales-Unterstützung wäre es möglich, besonders treuen Besuchern „Bonus-Tickets" zuzuschicken. Zum Beispiel könnte eine Analyse der Buchungsdaten ergeben, daß der Kunde bereits seine 50. Oper angeschaut hat und man ihn deshalb zu einer Gratisveranstaltung einlädt. Das Ticket könnte dann speziell auf ihn ausgestellt und entsprechend gestaltet sein. Solche Auswertungen wären bei einer konsistenten internen Weiterverarbeitung der Reservierungs- und Buchungsdaten relativ einfach durchzuführen.

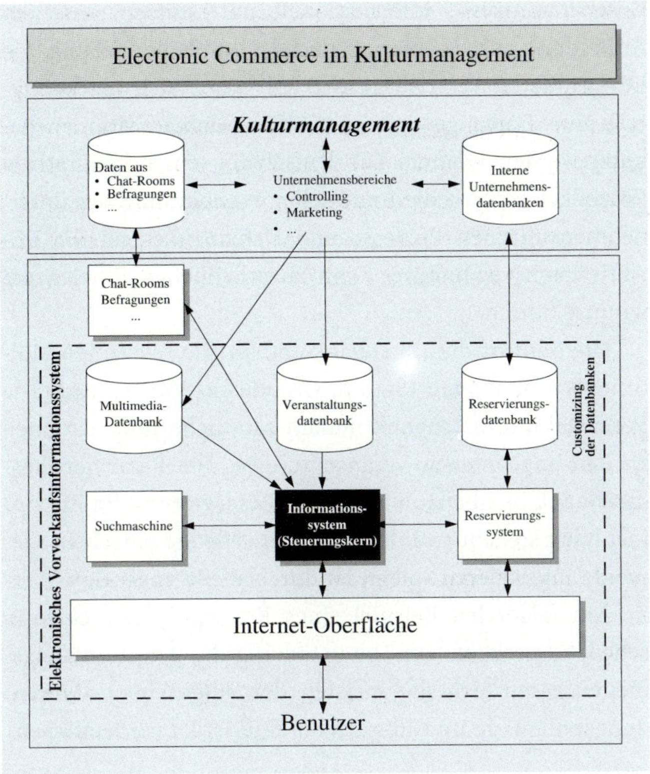

Abb. 1: Grobkonzept – Electronic Commerce zur Unterstützung des Kulturmanagements

Grobkonzept für EC im Kulturmanagement

Die Struktur eines Systems zur Durchführung von Electronic Commerce im Kulturmanagement wie oben skizziert, ist in der Abb. 1 visualisiert. Ein modernes Kulturmanagement wird verstärkt die Bereiche Marketing, Controlling und betriebliches Informationsmanagement ausbauen.

Struktur des EC-Konzepts für das Kulturmanagement

Hierzu müssen zunächst einmal geeignete unternehmensinterne Informationsinfrastrukturen in Form von Datenbanken aufgebaut werden. Diese sollen die internen

Geschäftsprozesse informationell unterstützen. Aus der Anbindung an das Internet und der Implementierung von EC-gestützten Vertriebsaktivitäten lassen sich marketingrelevante Daten gewinnen, die für Neudispositionen genutzt werden können. Die Umsetzung einer integrativen Prozeßkette durch die unmittelbare Anbindung der unternehmensinternen Prozesse und Datenbanken an die EC-Aktivitäten via Internet kann zu erheblichen Effizienzgewinnen führen.

Die Multimedia-Datenbank enthält alle relevanten Multimedia-Dokumente (Sound, Graphiken, Videos etc.). Die Veranstaltungsdatenbank umfaßt sämtliche Informationen zu den angebotenen Veranstaltungen. Die Reservierungsdatenbank beinhaltet alle mit der Reservierung im Zusammenhang stehenden Informationen. Wie die einzelnen Elemente interagieren sollen, ist durch Pfeile angezeigt.

Am folgenden Beispiel eines Konzepts des elektronischen Vorverkaufs zur Unterstützung des Theatermanagements lassen sich die meisten der aufgezeigten Anwendungspotentiale und Einsatzcharakteristika verdeutlichen.

3 01 | 03 Entwicklungsprozeß eines WWW-basierten Vorverkaufsinformationssystems

Vorverkauf via WWW

Ein umfassendes elektronisches Vorverkaufsinformationssystem via Internet kann die kommunikativen Bereiche bzw. die Informationsaktivitäten beim Vertrieb von Kulturleistungen (Werbung, die Bereitstellung von Veranstaltungsinformationen, die Entgegennahme von Reservierungen und die Bestätigung von Reservierungen) verbessern. Dazu bietet sich insbesondere eine WWW-basierte Unterstützung an, da das WWW verschiedene, für die Realisierung notwendige, günstige Eigenschaften aufweist. Dies sind vor allem:

- Multimedia-Möglichkeiten der Informationsspeicherung und -präsentation.
- Transparente Nutzung unterschiedlicher Dienste auf einer Oberfläche.
- Einfachheit der Bedienung.
- Vernetzte Ordnung der Dokumente durch Hypertextstrukturen.

Der Entwicklungsprozeß eines WWW-basierten Vorverkaufsinformationssystems (s. auch Abb. 2) wird nachfolgend beschrieben:

Phase 1 – Analyse

In der ersten Phase wird zunächst untersucht, wie der bisherige Vorverkauf abläuft. Er erfolgt in Theatern bislang vor Ort oder durch Verkaufsagenturen, die jeweils persönlich, telefonisch oder per Fax kontaktiert werden. Nachteilig hierbei sind die Abhängigkeit von Öffnungszeiten und die aufwendige Nachbearbeitung der Reservierungsdaten seitens des Veranstalters. Zwar existieren bereits elektronische Ticketsysteme, wie z. B. die der START-Kette, diese bieten jedoch weder spezielle Veranstaltungs-Hintergrundinformationen noch eine persönliche Beratung.

Entwicklungsprozeß – Überblick

Zudem wird die Verarbeitung der Reservierungsdaten beim Veranstalter durch die fehlende Anbindung an dessen interne Datenbank erschwert. Daraus und aus der Zielvorgabe der erhöhten Besucherorientierung ergeben sich die folgenden Anforderungen an ein WWW-basiertes Vorverkaufsinformationssystem:

- Eine Suche nach bestimmten Kriterien, wie z. B. Veranstaltungskategorien (Oper, Schauspiel etc.) und Terminen (z. B. zwischen April und Juni 1998) sollte möglich sein.
- Der Benutzer soll bei Bedarf Hintergrundinformationen zu der betreffenden Veranstaltung erhalten. Damit

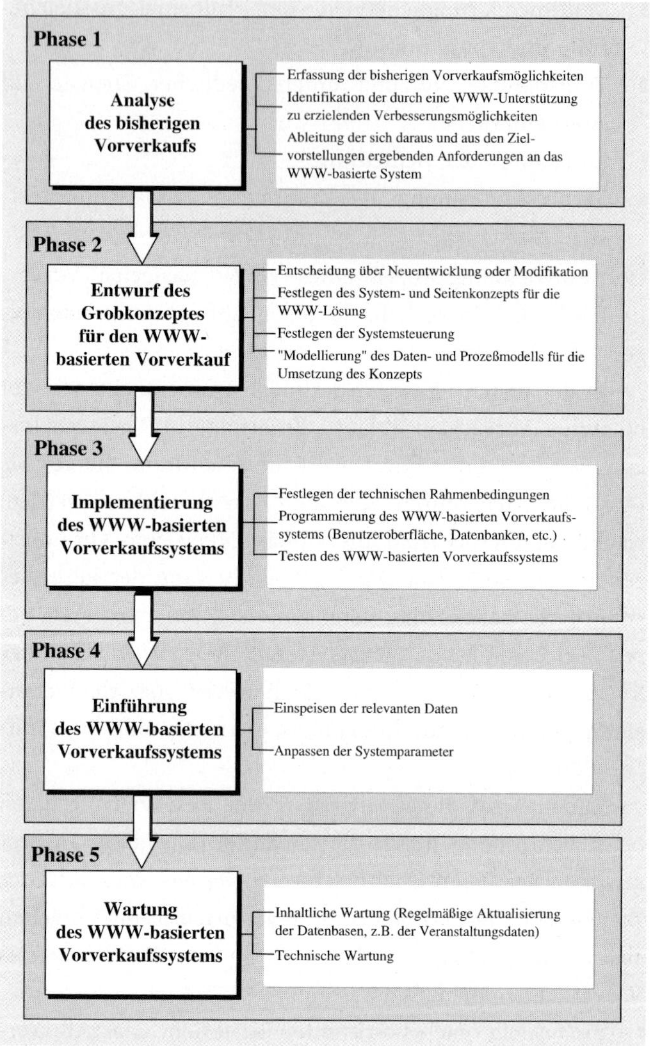

Abb. 2: Entwicklungsprozeß eines WWW-basierten Vorverkaufsinformationssystems

sind sowohl inhaltliche Informationen gemeint wie auch audio-visuelle Informationen, z. B. in Form kurzer Videosequenzen.

- Der Benutzer sollte die Möglichkeit erhalten, Plätze direkt auf dem Sitzplan des Aufführungsorts, z. B. einem Opernhaus, anzuwählen sowie bei Bedarf eine virtuelle Führung durch den Veranstaltungsort zu bekommen.
- Die interne Weiterverarbeitung der Reservierungsdaten soll erleichtert werden.

Phase 2 – Konzeptentwurf

Zu Beginn der zweiten Phase (Entwurf des Grobkonzepts) wird die Frage geklärt, ob auf dem bereits vorliegenden Vorverkaufssystem aufgesetzt oder ob ein neues Vorverkaufssystem entwickelt werden soll. Da in vielen Theatern die wesentlichen Elemente zur Implementierung eines elektronischen Vorverkaufsinformationssystems, wie z. B. die dringend erforderliche Datenbasis, häufig nicht in der benötigten Form vorliegen, ist es i. d. R. vorteilhafter, ein neues System zu entwickeln. Im Anschluß daran wird das generelle System- und Seitenkonzept (Internet-Oberfläche) gemäß den gestellten Anforderungen festgelegt. Die Gestaltung der WWW- bzw. Internet-Seiten selbst hängt natürlich stark von der Kreativität des zuständigen Entwicklers und den Gegebenheiten des jeweiligen Theaters ab. Jedoch kann zumindest festgelegt werden, welche Seiten generell mit welchen Informationsobjekten erzeugt werden sollen, wie diese über Hyperlinks zu verknüpfen sind und wo die notwendigen Schnittstellen (z. B. die Datenbankschnittstellen) zu plazieren sind. Als weitere wichtige Frage ist abzuklären, wie die Systemsteuerung ablaufen muß (Benutzerführung, Interaktionsmöglichkeiten der Benutzer). Ein möglicher Ablauf, wie er bereits in einem konkreten System umgesetzt wurde (Lackes und Mack 1998), sei exemplarisch dargestellt.

HINWEIS: *Beim Aufruf des Vorverkaufssystems sieht der Benutzer die Startseite, auf der neben der Suchmaschine auch sonstige theaterrelevante Informationen oder Verweise auf solche (Links auf aktuelle Chat-Rooms, auf schwarze Bretter, auf Diskussionsforen etc.) zu sehen sind. Der Benutzer hat für die Durchführung einer Kartenreservierung die Möglichkeit, über die Eingabe von Suchbegriffen (Veranstaltungstyp, Veranstaltungstag etc.) Veranstaltungen suchen zu lassen. Beispielsweise kann er nach allen Opern suchen, die zwischen April und Mai 1998 im Opernhaus des Theaters laufen. Er erhält dann als Ergebnis die Liste mit den Aufführungen, die seine Kriterien erfüllen. Um Hintergrundinformationen zu den Veranstaltungen oder auch kurze Videosequenzen, z. B. von Proben, zu erhalten, muß der Benutzer lediglich eine Veranstaltung auswählen und die entsprechenden Buttons („Spieltermine", „Informationen", „Video") aktivieren. Der Benutzer kann für eine Reservierung einen bestimmten Termin anwählen, und er gelangt in das Reservierungsmodul. Sofern noch freie Plätze verfügbar sind, kann ein Reservierungsvorgang vorgenommen werden. Hierbei ist eine „automatische Platzwahl" oder eine „manuelle Platzwahl" möglich. Im ersten Fall wird sofort das Reservierungsfenster geladen. Bei der manuellen Platzwahl kann der Benutzer direkt auf dem dann angezeigten Sitzplan des Veranstaltungsorts, z. B. dem Opernhaus, Plätze auswählen. Die sich von dort ergebende Perspektive wird bei Bedarf angezeigt. Ist dieser Vorgang abgeschlossen, müssen lediglich noch die erforderlichen Reservierungsdaten eingegeben werden. Wurden alle Angaben gemacht, wird eine Bestätigung der Reservierung angezeigt und zusätzlich, sofern eine E-Mail-Adresse angegeben wurde, eine E-Mail verschickt. Die angegebenen Reservierungsdaten stehen den anderen Unternehmensbereichen, z. B. der Rechnungsabteilung, zur Verfügung.*

Die sich daraus ergebenden Daten- und Prozeßmodelle sind zu modellieren, z. B. mit Hilfe strukturierter Entity-Relationship-Modelle (Datenmodellierung) und ereignisgesteuerter Prozeßketten (Prozeßmodellierung).

3

Phase 3 – Implementierung

In der Phase 3 (Implementierung) geht es um Fragen der technischen Umsetzung des Konzepts. Die Anfragen innerhalb einer Suchmaschine und das Reservierungssystem können aufgrund der Komplexität der dazu erforderlichen Daten- und Prozeßstrukturen beispielsweise durch Java-Applets umgesetzt werden. Eine Java-Implementierung ist zudem universell einsetzbar und damit plattformunabhängig. Die Datenbankschnittstellen sollten aufgrund der notwendigen Flexibilität über einen Datenbank-Client realisiert werden. Der Datenverkehr zwischen dem Anfrage- bzw. Suchsystem, dem Reservierungssystem und den Datenbanken kann z. B. über die CGI-Schnittstelle des entsprechenden WWW-Servers erfolgen. Liegt ein Prototyp des Systems vor, ist dieser auf seine Funktionalität hin zu testen. Nach ausreichendem Test kann das System eingeführt werden. (Phase 4).

Phase 4 – Einführung

Phase 5 – Wartung

Die Wartungsphase sieht das regelmäßige Überprüfen des Systems auf inhaltliche und technische Korrektheit vor. So müssen die Datenbanken immer mit den aktuellsten Informationen, wie die aktuellen Spielpläne, versehen werden.

Resümee

3 01 | 04

Vorteile

Die Vorteile von Electronic Commerce im Kulturmanagement vor allem eines WWW-basierten Vorverkaufsinformationssystems zur Unterstützung des Vertriebs von Kulturprodukten lassen sich wie folgt zusammenfassen.

- Der Vertrieb bzw. Verkauf von Kulturprodukten wird wesentlich besucherfreundlicher, da
  - die Kulturprodukte multimedial aufbereitet sind,
  - der Besucher, sofern er es wünscht, umfassend über alle für ihn relevanten Aktivitäten des Kulturbetriebs, z. B. des Theaters, informiert wird,
  - der Besucher seine Meinung äußern kann und schließlich
  - der Reservierungsvorgang für den Besucher erheblich verbessert wird, da er z. B. unabhängig von Öffnungszeiten ist und nicht persönlich anwesend sein muß.
- Ein integriertes Reservierungssystem liefert marketing- und controllingrelevante Informationen für das Kulturmanagement, so daß gezielte Maßnahmen wie Sonderaktionen oder das zielgruppenspezifische Marketing verbessert werden.

Mögliche Nachteile

Mögliche Nachteile von EC im Kulturmanagement könnten sein:

- Gefahr nicht ernst gemeinter Reservierungen (Fake-Reservierungen), die zu einer „Blockade" von Tickets führen und damit wirklich Interessierten nicht zur Verfügung stehen.
- Die mangelnde Sicherheit bei der Online-Zusendung und -Bezahlung.
- Die Angebote werden auch von denjenigen genutzt, die kein Interesse an den Veranstaltungen haben. Dadurch kann der Datenverkehr auf dem Internet erheb-

lich ansteigen, was eine Verlängerung von Zugriffszeiten nach sich zieht.

FAZIT

Alles in allem bietet das Internet für das Kulturmanagement mehr Vorteile als Nachteile. In welchem Umfang die Potentiale aber ausgenutzt werden können, hängt vom „Innovationspotential" der zuständigen Kulturmanager, der erforderlichen Anschubfinanzierung und der Qualität der Planung ab. Eine wie dargestellt strukturierte Vorgehensweise reduziert die Gefahr von kostenintensiven Neu- und Umplanungen.

Literatur

Heinze T (Hrsg) (1997) Kulturmanagement II. Westdeutscher Verlag Opladen

Lackes R, Mack D (1998) ELVIS – Das Elektronische Vorverkaufsinformationssystem. Erste Ergänzung zum Netzwerk Kulturarbeit, Kognos-Dienst 01/98:305–312

Lackes R (1998) Intranets als Teil betrieblicher Informationssysteme. In: Industrie Management 01/98:56–63

Integration in Service und Support

3 ▮ 02

Joe Bayless

INHALTSÜBERBLICK

E-Service ist ein wesentlicher Bestandteil von E-Business. Ein erster Schritt in Richtung E-Service ist die Implementation eines Web-based-Support-Systems. Dieser Beitrag stellt die wesentlichen Elemente eines Web-based-Support-Systems vor und beschreibt Implementationsansätze, die heute realisierbar sind.

Unterstützung von Support-Prozessen mit Web-based-Support

3 ▮ 02 | 01

Service und Support-Ablaufprozesse

Die Qualität eines Kundensupport-Call-Centers läßt sich aus Kundensicht vor allem an der Erreichbarkeit und der Qualifikation des technischen Personals bemessen.

Nachdem ein Problem an das Call-Center gemeldet wurde, beginnt in der Regel ein mehrstufiger Eskalationsprozeß, der sowohl zeitgesteuert wie auch systemkritisch zu betrachten ist. Das bedeutet, daß die Anfrage, abhängig von ihrer Schwere, die Eskalationsstufen sehr schnell oder auch langsamer durchlaufen kann.

Die Steuerung des Eskalationsprozesses wird von fest definierten Regeln und Prozeduren vorgegeben. Das Koordinieren dieser Prozesse untereinander ist - zusammen mit der Integration von Kunden und Fachpersonal - eine der größten Herausforderungen des Service-Managers. Kundenspezifische Informationen und technische Details mit chronologischem Ablauf und Fortschrittsstatus müssen sofort auf dem Bildschirm aufrufbar sein.

Das Fachpersonal muß außerdem in der Lage sein, gleichzeitig mehrere Kundenanfragen zu kategorisieren, zu dokumentieren und zu priorisieren. Diese Aufgabe, kritische Kundenprobleme parallel abzuarbeiten, ohne den Gesamtüberblick zu verlieren, setzt ein hohes Maß an Effizienz und Organisation voraus.

Leistungsparameter

Serviceniveau-Parameter

Support-Einrichtungen mit einem hohen Serviceniveau geben ihren Firmen einen klaren Marktvorteil. Das Serviceniveau wird im wesentlichen durch folgende Leistungsparameter geprägt:

- Servicegrad und Know-how,
- Verwerfsrate,
- durchschnittliche Reaktionszeit,
- durchschnittliche Gesprächsdauer.

Strategische Gründe für die Implementierung von Web-based-Support

Was für viele Firmen eine weit entfernte Zukunftsvision war, wird nun in unmittelbarer Zukunft zur Realität. E-Commere wird sich durchsetzen und als Folge werden die Anforderungen an Service- und Support-Einrichtungen steigen. Diesen Anforderungen zu entsprechen und sich dennoch durch ein hohes Serviceniveau auszuzeichnen wird zur neuen Herausforderung.

E-Service ist eine Sammlung von Technologien und Lösungen, die eine elektronische Zusammenarbeit zwischen einer Organisation und ihren Kunden und Geschäftspartnern über das Internet ermöglicht.

Ein erster Schritt in Richtung E-Service wäre die Implementierung eines Web-based-Support-Systems. Ziel muß es sein, die oben genannten Leistungsparameter positiv zu beeinflussen, ohne die Kosten unnötig hoch zu treiben. Zunächst stellt sich die Frage, wie das Serviceniveau positiv beeinflußt werden kann.

Serviceniveau steigern

Dazu gibt es u.a. 3 Möglichkeiten:

1. die Gesprächsdauer reduzieren,
2. die Anzahl der eingehenden Telefongespräche reduzieren oder
3. zusätzliche technische Mitarbeiter einstellen.

Die durchschnittliche Gesprächsdauer kann durch den Einsatz einer Knowledgebase verkürzt werden. Eine Knowledgebase speichert Details über schon gelöste Probleme und stellt sie als strukturierte Daten zur Verfügung. Diese können nach Stichwörtern durchsucht werden, um dokumentierte Lösungswege zu erhalten.

Die im Knowledgebase enthaltenen Daten werden mit Zugriffsrechten versehen und in Auszügen dem Web-Benutzer zugänglich gemacht. Dies erübrigt in vielen Fällen das Telefonieren und entlastet damit den Support.

! Ein Web-based-Informationssystem ermöglicht eine interaktive Integration der Kunden in den gesamten Eskalationsprozeß. Ein registrierter Kunde ist in der Lage, sich mit Hilfe eines Web-Browsers über das Internet an das Tracking-System anzumelden, um seine Anfragen einzutragen. Zusätzlich kann er – unabhängig von der Tageszeit bzw. dem Wochentag – seine Anfragen abrufen und bearbeiten bzw. den Status prüfen.

Erreichbarkeit verbessern

Die Erreichbarkeit des Kundensupports wird durch Web-based-Informationssysteme entscheidend verbessert. Es spielt keine Rolle mehr, ob alle Telefonleitungen besetzt sind oder keine Geschäftszeit ist: Probleme können rund um die Uhr eingegeben und der Status abgefragt werden.

Außendienstmitarbeiter, die Zugriff auf das Support-Informationssystem benötigen, können sich ebenfalls über das Web anmelden und auf die gewünschten Daten zugreifen.

Kosten reduzieren durch Effizienz

Ein großer Teil der laufenden Kosten einer Serviceeinrichtung, vor allem was das Call-Center angeht, könnte durch den Einsatz von Web-based-Support-Systemen minimiert werden, denn die Interaktivität und die ergänzende Kommunikationsmöglichkeit zwischen Kunden und Support-Personal macht viele ausgehende Telefon- und Faxanrufe überflüssig. Die Gesamteffizienz, die durch Web-based-Service gewonnen werden kann, macht sich also auch bei den Personalkosten bemerkbar.

Das Ergebnis eines verbesserten Kunden-Supports sollte für den Kunden eine spürbare Leistungs- bzw. Qualitätssteigerung sein. Aus Unternehmenssicht sollte die wachsende Anzahl von Kunden und deren individuelle Qualitätsansprüche befriedigt werden, ohne aufwendige und langfristige Investitionen zu verursachen.

Komponenten von Web-based-Service und -Support

Effizienz und Produktivität stehen bei der Implementation von Web-based-Service und -Support im Vordergrund. Das Informationsystem soll wartungsfreundlich und einfach zu administrieren sein und gleichzeitig flexibel auf die organisatorischen Bedürfnisse und Funktionen der Firma eingehen.

Wichtige Bestandteile von Web-based-Support sind:

- Kundenregistrierung

  Online-Formulare für die Registrierung von Kunden. Durch die Registrierung werden wichtige Kundeninformation erfaßt sowie Zugriffsrechte, Username und Paßwort zugeteilt.

- Dynamische Online-Information
  Kontrollierter Zugang zu zusammengefaßten Informationen. Diese Daten können aus mehreren Datenbanken stammen (Kunden, Produkt, Return, Material, Authorization, Formulare sowie Verfahrens- und Bedienungsanweisungen).
- Frequently Asked Questions (FAQ)
  Routinefragen mit Antworten, die auf Inhalt und Richtigkeit geprüft sind. Diese Fragen und Antworten werden ständig erweitert und online zur Verfügung gestellt.
- Problem-Erfassung und Tracking
  Online-Formulare für die Erfassung von Kundenproblemen. Die Formulare sind so gestaltet, daß der Benutzer durch einen Screening-Prozeß geführt wird. Das Ergebnis wird unmittelbar in das Tracking-System eingefügt und kategorisiert. Anhand der vom System bereitgestellten Ticketnummer, Username und Paßwort kann der Kunde jederzeit den Status abfragen, Information zufügen oder Änderungen vornehmen.
- Knowledgebase
  Online-Archiv von schon gelösten Problemen. Weil gewisse Informationen aus strategischen Gründe nur für interne Mitarbeiter gedacht sind, werden Datenbankeinträge geprüft und mit einem Zugriffscode versehen. Abhängig von den Zugriffsrechten kann auf die gesamte Datenbank oder nur auf Teile dieser Daten zugegriffen werden. Ein Knowledgebase eignet sich sehr gut für Hyperlink-Suchmethoden, wie sie die Web-Technologie anbietet.

- Bugfixes
Software- bzw. Firmware-Updates zur Fehlerbehebung und die dazugehörige Beschreibung mit Suchmöglichkeiten. Ein FTP (File Transfer Protocol) ermöglicht den Download.

Browser

Client/Server-Architektur

Eine typische Client/Server-Architektur besteht aus einem Database-Server (Back-End) und einem applikationsspezifischen Softwaremodul (Client oder Front-End) (Abb. 1). Der Client bearbeitet die Applikationslogik, präsentiert die Daten und sendet Benutzerbefehle an den Server.

Im Internet besteht die Client-Applikation aus einem Web-Browser. Die primäre Rolle des Web-Browsers ist die Darstellung der Daten. Die eigentliche Datenbearbeitung findet auf dem HTTP-Server statt. Der HTTP-Server bear-

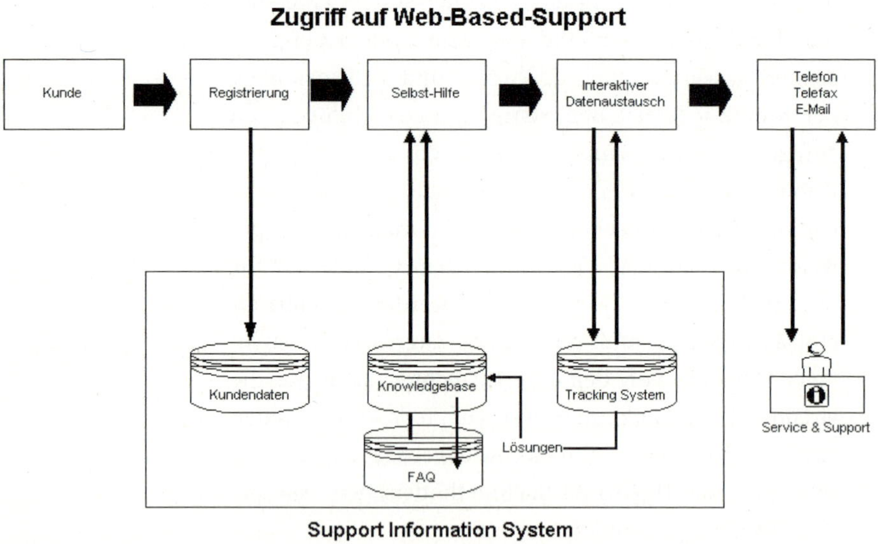

Abb. 1: Komponenten und Datenbanken eines Support-Informationssystems

beitet die Browseranfragen und setzt die Daten in ein für den Web-Browser erkennbares HTML-Format um.

Implementation

Ein Web-based-Support-System kann auf verschiedenste Art und Weise implementiert werden. Letztendlich ist diese Entscheidung eine Kostenfrage, die sich aus den Investitionskosten für die Entwicklung einer Applikation und den laufenden Wartungskosten für das System ergibt. Es wird an dieser Stelle vorausgesetzt, daß angemessene Datenschutzmaßnahmen in der Firma – Firewall und/oder Datenverschlüsselung – ergriffen wurden und nicht näher darauf eingegangen, obwohl dies ein wichtiges Thema ist, das auf keinen Fall unterschätzt werden darf.

3

Standardservice-Applikationen

Fertige Serviceapplikationen, die Web-Funktionalität bieten, kosten von 60.000 DM an aufwärts; der Betrag ist abhängig von der Anzahl von Clients und der Anzahl von File-Servern, auf denen die Applikation laufen soll. Ihr Vorteil liegt darin, daß das System ohne übermäßigen Anpassungsaufwand einsatzfertig ist. Ein großer Nachteil ist die Tatsache, daß „schlüsselfertige" Applikationen die firmeneigenen Prozesse in den meisten Fällen nicht vollständig abbilden können. Hier bleibt die Frage offen, ob die erwünschten Vorteile letztendlich erzielt werden können.

groupwarebasierte Lösungen

Eine groupwarebasierte Implementation ist, zumindest was die Investitionskosten angeht, wesentlich billiger. Hier fangen die Kosten bei ca. 6.000 DM an. Der Preis erhöht sich aber, abhängig von der Anzahl Clients, die Zugriff benötigen, bzw. der Anzahl von File-Servern, auf denen die Groupware-Platform installiert ist. Der wesentliche Kostenfaktor in diesem Fall liegt in der Programmierung bzw. Entwicklung der Applikation. Abhängig davon, wie komplex die Anwendung ist, werden u. U. mehrere Entwickler über einen gewissen Zeitraum mit der Realisierung beschäftigt sein. Der Vorteil gegenüber einer schlüsselfertigen Lösung ist, daß die eigenen Geschäftsprozesse vollständig in der Applikation abgebildet werden können.

Ein weiteres wichtiges Entscheidungskriterium für eine groupwarebasierte Lösung ist die Flexibilität, die sie bietet, um eine Web-Präsentation nach eigenen Wünschen bzw. Vorstellungen zu gestalten (vgl. Abb. 2).

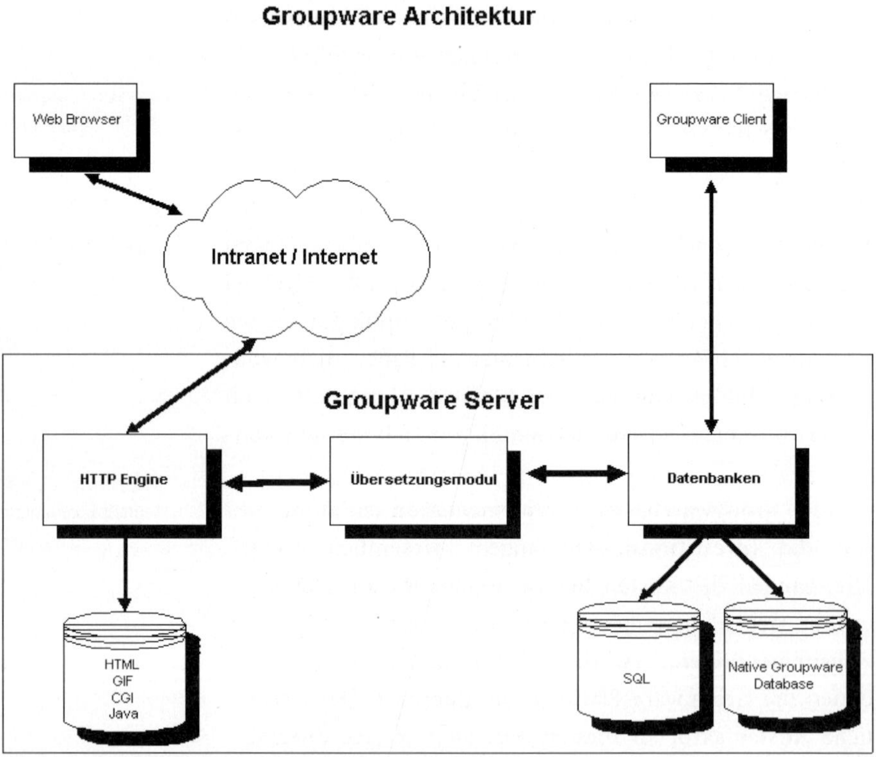

Abb. 2: Schematische Darstellung eines Groupware-Internet-Servers

3

Der Weg zum E-Business

Durch die Implementierung von E-Service sollen vorhandene organisatorische Abläufe, Funktionen und Daten gemeinsam von Mitarbeitern, Kunden und Geschäftspartnern benutzt werden. Die Problematik liegt darin, Daten, die auf verschiedenen Back-End-Systemen verteilt sind, für verschiedenartige Clients aufzubereiten. Diese Clients sind u. a. Web-Browser, die von Internet-Standards abhängig sind.

Multiple-Tier-Architektur ermöglicht E-Business

Die neuen Anforderungen an Network-Computing bzw. E-Business werden durch eine 3-Tier-Architektur (Tier= Rang) erfüllt. In einer 3-Tier-Architektur sind die Applikationen verteilt, und der mittlere Tier verbindet verschiedene Back-End-Server (Third-Tier) mit verschiedenen Front-End-Clients (First-Tier). Der mittlere Tier ermöglicht einen harmonisierten Datenaustausch in einer heterogenen Netzwerkumgebung (s. Abb. 3).

FAZIT

Während E-Business noch am Anfang steht, ist E-Service schon ein sehr wichtiger Bestandteil davon. So wie das Internet den Unternehmen neue Märkte und viele andere Chancen bietet, so werden auch die Forderungen an den Kundenservice wachsen. Ein gut organisiertes Web-based-Service-System minimiert die Anforderungen an das Personal und ist ein notwendiger erster Schritt in Richtung E-Service für Firmen, die Kostenersparnis durch E-Business erreichen wollen.

Eine integrierte E-Service-Strategie kann nicht von heute auf morgen realisiert werden, aber die Überlegungen, was an Kundenmanagement jetzt

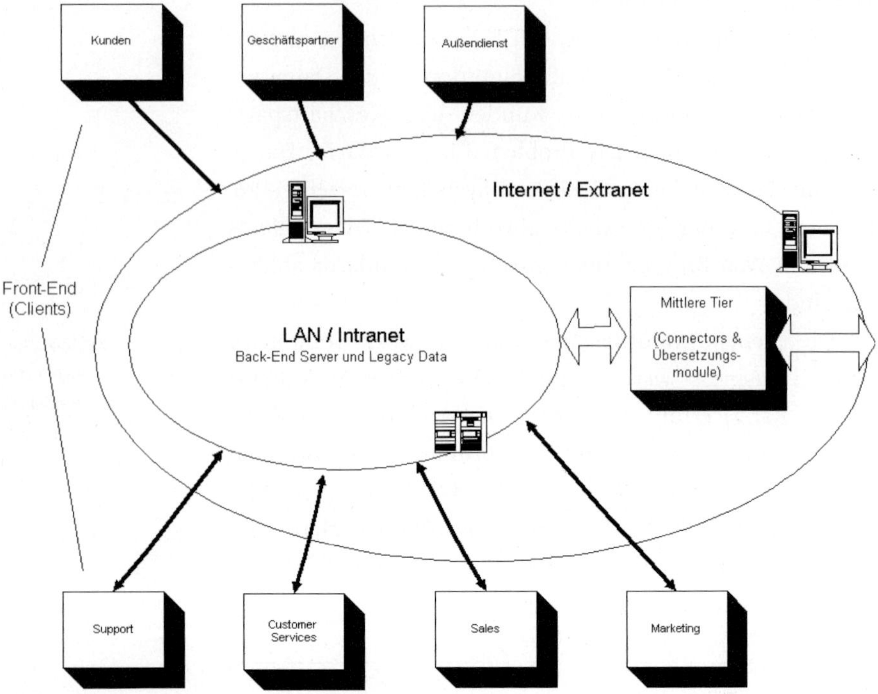

Abb. 3: Vereinfachte Darstellung einer 3-Tier-Architektur

und in der nahen Zukunft nötig ist, sollten ein aktuelles Thema für alle Firmen sein, die das Internet als Geschäftsmedium sehen. Sicher ist, daß E-Business kommt. Die Firmen, die sich organisatorisch und strategisch auf E-Business orientieren, werden klare Vorteile gegenüber der Konkurrenz haben und sind gewappnet, um künftig flexibel auf Kunden und Geschäftspartner reagieren zu können.

Literatur

Dierker M, Sander M (1997) Lotus Notes 4.5 und Domino. Addison-Wesley, Reading, Massachusetts

Flanagan T, Safdie E (1997) Document Management, Imaging and Workflow. The Applied Technologies Group, Natick, Massachusetts

Lotus Development Coporation (1998) Domino Enterprise Integration White Paper

Online-Distribution

3 ▮ 03

Dietmar Waudig

INHALTSÜBERBLICK

Dieser Beitrag befaßt sich mit den technologischen Voraussetzungen für die Online-Distribution und den damit verbundenen spezifischen Problemen. Chancen und Risiken werden aus einer hohen Praxiskompetenz heraus vorgestellt und ein Modell für die elektronische Software-Distribution beispielhaft präsentiert.

3

Definition und Abgrenzung

3 ▮ 03 | 01

Electronic Commerce heißt das Schlagwort für den Leistungsaustausch über Datennetze. Damit wird in der Regel jede Geschäftstransaktion bezeichnet, die online initiiert wurde, egal, ob es sich um den Kauf physikalischer oder digitaler Güter, um Produkte oder um Dienstleistungen handelt.

! Im Gegensatz hierzu ist Online-Distribution mehr als nur eine Art elektronischer Bestell- und Informationskanal. Online-Distribution ist zugleich auch ein neues Medium für den Transport digitaler Güter wie z. B. Software, elektronische Dokumente, Musik-CDs, Videos, Spiele etc.

Bits und Bytes werden nicht mehr über ein physikalisches Zwischenmedium wie Diskette, Kassette, CD-ROM etc. gespeichert und ausgeliefert, sondern von einer Verteilstation über das Internet direkt auf die jeweilige Abspielstation übertragen.

Spezifische Problematik der Online-Distribution

Nun ist die Online-Distribution an sich nichts Neues. Im Internet werden schon seit Jahren z. B. Public-Domain-Software und Shareware online verteilt. Dennoch beginnt sich die Online-Distribution in Verbindung mit Electronic Commerce auch in den USA erst langsam durchzusetzen.

Der Grund ist in der Natur der Online-Distribution zu suchen. Basis einer jeden funktionierenden Geschäftsbeziehung ist die zuverlässige und sichere Erfassung der verkauften Wareneinheiten unter Wahrung der Urheberrechte des jeweiligen Herstellers.

! Während physikalische Softwareboxen oder Musik-CDs durch einfaches Zählen erfaßt und zwischen Hersteller, Distributor und Händler abgerechnet werden können, hinterläßt die Online-Distribution keine entsprechende physikalische Spur. Dies führt auch dazu, daß digitale Produkte über das Internet noch schneller reproduziert und verbreitet werden können, ohne die eigentlichen Urheber der Raubkopien feststellen zu können.

Technologische Voraussetzungen für Online-Distribution

Der Warenstrom digitaler Güter läßt sich nur mit erheblichem technologischem Aufwand zuverlässig erfassen und abrechnen. Hierfür mußte in den letzten Jahren zunächst eine Reihe technologischer und organisatorischer Voraussetzungen geschaffen werden, auf denen eine funktionierende Online-Distribution aufsetzen kann wie z. B.:

- Technologien und Infrastrukturen für eine sichere und zuverlässige Online-Bezahlung, die allen Vertriebspartnern einen geldwerten Rückfluß für ihre Leistungserbringung sicherstellt (**Finanzenclearing**);

- Verfahren für eine personalisierte Kennzeichnung digitaler Produkte, die es ermöglichen, den Besitzer eines digitalen Produkts zu identifizieren (**digitale Wasserzeichen**);
- Verschlüsselungstechnologien für eine zuverlässige Authentifizierung und Autorisierung der Geschäftspartner im Internet (**digitale Signaturen**);
- Mechanismen für eine zuverlässige Erfassung und Abrechnung digitaler Produkte in einem mehrstufigen Vertriebskanal (**Lizenzenclearing**).

Risiken und Chancen der Online-Distribution

3 ▮ 03 | 02

Vorteile der Online-Distribution

Die wesentlichen Vorteile der Online Distribution für Hersteller und Kunden, aber auch für Händler und Distributoren, liegen auf der Hand:

- Der Kaufwunsch des Kunden kann sofort und jederzeit erfüllt werden. Engpässe in der Vorratshaltung und längere Lieferzeiten entfallen.
- Digitale Produkte können günstiger angeboten werden. Preis- und Kostenvorteile resultieren vor allem aus niedrigeren Produktions-, Lager- und Distributionskosten.
- Es steht ein breiteres Produktangebot zur Verfügung. Auch Nischenprodukte mit relativ geringen Auflagenhöhen können wirtschaftlich produziert und vermarktet werden.

Barrieren der Online-Distribution

Obwohl die technologischen Voraussetzungen für eine funktionierende Online-Distribution mittlerweile vorhanden sind, gibt es noch eine Reihe weiterer Barrieren für den Handel mit Online-Produkten, die erst schrittweise in den nächsten Jahren abgebaut werden:

- **Niedrige Bandbreiten** im Endkundenmarkt; herkömmliche Modem- (bis zu 56 kBit/s) und ISDN-Anschlüsse (64 kBit/s) sind für eine Online-Distribution nur bei kleineren Dateien mit einem Umfang von 10–20 MB sinnvoll. So dauert z. B. die Übertragung einer 10 MB-Datei bei einem ISDN-Anschluß etwa 20 Minuten.
  Mit ADSL (Asynchronous Digital Subscriber Line) steht mittlerweile eine Technologie zur Verfügung, die über herkömmliche Telefonleitungen Übertragungsraten von bis zu 2 Mbit/s auf dem Rückkanal und bis zu 640 Kbit/s auf dem Hinkanal ermöglicht. ASDL wird von der Telekom unter der Bezeichnung XDSL in zahlreichen Pilotprojekten erprobt.
- **Hohe Netzgebühren für Endkunden.** Dies gilt vor allem für die Bundesrepublik, wo die Netzgebühren im Vergleich mit anderen Ländern wie den USA oder auch innerhalb Europas wie z. B. Schweden bis um den Faktor 10 teurer sind. Für die Übertragung von 1 MB kann im Durchschnitt mit 0,40 DM–0,60 DM gerechnet werden.
  Die Deregulierung des Telekommunikationsmarkts seit Beginn dieses Jahres ermöglicht es auch anderen europäischen Telekommunikationsanbietern, ihre Dienste in Deutschland anzubieten, was mittel- und kurzfristig zu einer deutlichen Senkung der Kommunikationskosten führen wird.
- **Kreditkartenmißbrauch,** der im Internet nicht weniger, aber auch nicht mehr ein Thema wie im täglichen Geschäftsleben ist. Hier gilt es das Vertrauen der durch die öffentliche Diskussion um die Sicherheit des Internets sensibilisierten Kundschaft zu gewinnen. Online-Händlern wird von den Kreditkartengesellschaften der gleiche Status wie beim bisherigen MOTO(Mail Order/ Telephone Order)-Verfahren zugestanden, d. h. der Händler trägt das Risiko bei Mißbrauch durch den Kunden.

Erst mit der zunehmenden Verbreitung von SET (Secure Electronic Transaction) verringert sich das Risiko des Händlers, ähnlich wie bei der Vorlage der Karte am Kartenterminal, deutlich.

- **Unterschiedliche Mehrwertsteuersätze** in EU- und Nicht-EU-Staaten. Online-Distribution erfolgt auch grenzüberschreitend. Wettbewerbsnachteile entstehen hier vor allem für Anbieter in EU-Staaten. Anbieter aus Nicht-EU-Staaten wie z. B. der Schweiz sind bei Verkäufen an private Endkunden innerhalb der EU nicht mehrwertsteuerpflichtig.

Online-Distribution fördert direkte Hersteller-Kunden-Beziehungen

! Mit der Online-Distribution entfällt *eine* der wesentlichen Funktionen des klassischen Handels, nämlich die Überbrückung der räumlichen Distanz zwischen Hersteller und Kunden zum Zwecke der Leistungserbringung. Dadurch werden in weitaus stärkerem Maße als bisher direkte Kaufbeziehungen zwischen Hersteller und Kunden möglich.

Die Online-Distribution stellt damit zunehmend die durch Zusammenschlüsse und Synergien in Einkauf und Logistik in den letzten Jahren gewachsene Marktmacht von Händlern und Maklern in Frage.

Elektronische Software-Distribution

Um die Partner im traditionellen Vertriebskanal nicht zu verärgern, entwickeln die Hersteller digitaler Produkte immer mehr Distributionsmodelle, die die bestehenden Partner in den elektronischen Vertriebskanal integrieren.

Am weitesten fortgeschritten sind hier die Ansätze im Softwarebereich. Anhand der elektronischen Softwaredistribution, kurz ESD, sollen die einzelnen Aspekte der Online-Distribution im folgenden nun näher erläutert werden.

3 ▮ 03 | 03

Software Publisher Association SPA

Das ESD-Modell der Software Publisher Association

Grundlage für die weiteren Ausführungen bildet das vom weltweiten Dachverband der Softwarebranche, der Software Publisher Association SPA, verabschiedete Modell für die elektronische Softwaredistribution.

Dieses ESD-Modell wurde von verschiedenen Softwareanbietern in Zusammenarbeit mit führenden Softwareherstellern wie Microsoft, IBM/Lotus, usw. in den USA bereits teilweise umgesetzt. In Deutschland ist die ASKnet GmbH Karlsruhe bisher das einzige Unternehmen, das als Softwareanbieter gemeinsam mit IBM/Lotus an einem solchen Pilotvorhaben in Europa beteiligt ist.

ESD-Komponenten

Der Leistungsaustausch bei der elektronischen Softwaredistribution erfolgt in Form

- einer digitalen Softwarebox, einer sog. **BOB (Box of Bits)**, die den verschlüsselten Softwarecode enthält, sowie
- eines digitalen Lizenzbriefs, kurz **DLC (Digital Licence Certificate)** genannt,

die gemeinsam über das Netz übertragen werden.

Individueller Lizenzschlüssel

Der Softwareanwender lädt die BOB auf seinen Rechner und erhält nach erfolgreicher Online-Bezahlung einen individuellen Lizenzschlüssel zusammen mit dem digitalen Lizenzbrief zugeschickt.

In der BOB selbst ist mit Hilfe eines Wrappers (eine spezielle Packer-Software zur automatischen Generierung von BOBs) eine Kundenschnittstelle integriert, die Registrierungsinformationen und ggf. auch Kreditinformationen des Nutzers entgegennimmt, die Kommunikation mit der Lizenzclearingstelle abwickelt und das Softwareprodukt freischaltet (s. Abb. 1).

Lizenzclearingstelle

Die Freischaltung der Software mit Hilfe des Lizenzschlüssels spielt sich unterhalb der Kundenschnittstelle ab und ist für den Softwarenutzer nicht sichtbar. Die Lizenzschlüssel werden von einer sog. Lizenzclearingstelle verteilt und verwaltet, die folgende Aufgaben hat:

- Abwicklung und Überprüfung der Online-Bezahlung des Softwarenutzers über ein Paymentgateway zu Finanzclearingstellen;
- Produktion und Bereitstellung der BOBs über eine sog. BOB-Farm;

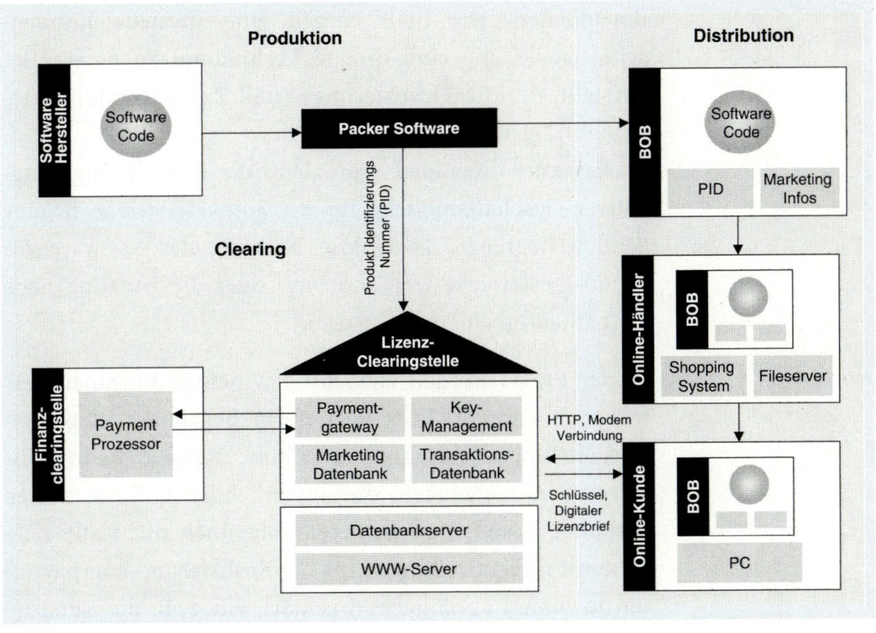

Abb. 1: Das ESD-Modell der SPA

- Übertragung der BOBs und elektronischen Lizenzbriefe per E-Mail direkt an den Softwarenutzer;
- Management der Lizenzschlüssel und Nutzungsrechte sowie Abrechnung und Reporting mit Vertriebspartnern.

Software-Übertragung

Bezüglich der Übertragung von Software im Internet lassen sich grundsätzlich zwei Verfahren unterscheiden:

- Bei **Pay-before-download** bestellt der Kunde die Software über die Webseite des Softwareanbieters unter Angabe von Lizenzierungs- und Zahlungsinformationen. Nach erfolgreichem Abschluß des Zahlungsvorgangs lädt der Kunde die BOB dann auf seinen Rechner.
- Bei **Pay-after-download** kann der Kunde die Software zunächst kostenlos ohne die Angabe irgendwelcher Lizenzierungs- und Zahlungsinformationen auf seinen Rechner downloaden. Die BOB enthält eine spezielle Kundenschnittstelle, die eine direkte Verbindung zu einer URL herstellt, die die Lizenzierungs- und Zahlungsinformationen abfrägt und weiterverarbeitet.

Pay-after-download ermöglicht die Realisierung innovativer Geschäftsmodelle für die Software, wie z. B. eine zeitlich begrenzte kostenlose Nutzung der Software für Demo-/Testzwecke (try and buy) oder die Nutzung nach Aufrufhäufigkeit (pay per use).

Praxis

In der Praxis werden zunächst Pay-before-download-Verfahren bevorzugt. Dies liegt darin begründet, daß Pay-after-download-Verfahren eine hohe Netzlast beim Softwareanbieter erzeugen, die mit erheblichen Zusatzkosten verbunden sind. Zum anderen sind noch nicht alle relevanten Problemstellungen für die Realisierung von pay-after-download abschließend geklärt, wie z. B. die Generierung transaktionsindividueller Schlüssel.

Konzeption eines ESD-Systems

3 ▮ 03 | 04
Teilsysteme für die Online-Distribution

Entsprechend des Vorschlags der SPA setzt sich ein System für die Online-Distribution aus zwei Teilsystemen zusammen):

1. einem standardmäßigen **Shoppingsystem** als Schnittstelle des Softwareanbieters zum Kunden hin und
2. einer Reihe zusätzlicher **ESD-Services**, die spezielle Funktionen für die Online-Distribution bereitstellen.

Komponenten eines Shoppingsystems

Standardmäßge Shoppingsysteme umfassen in der Regel folgende Komponenten (s. Abb. 2):

- **Softwarekatalog** mit ausführlichen Informationen über das Produktangebot,
- **Warenkorb** für die Auswahl und Bestellung der jeweiligen Produkte,
- **Warenwirtschaftssystem** für die Kontenführung und Rechnungsstellung,
- **Authorisierungsstelle** für die Identifizierung von Mitgliedern geschlossener Benutzergruppen mit Hilfe von User ID und Passwort.

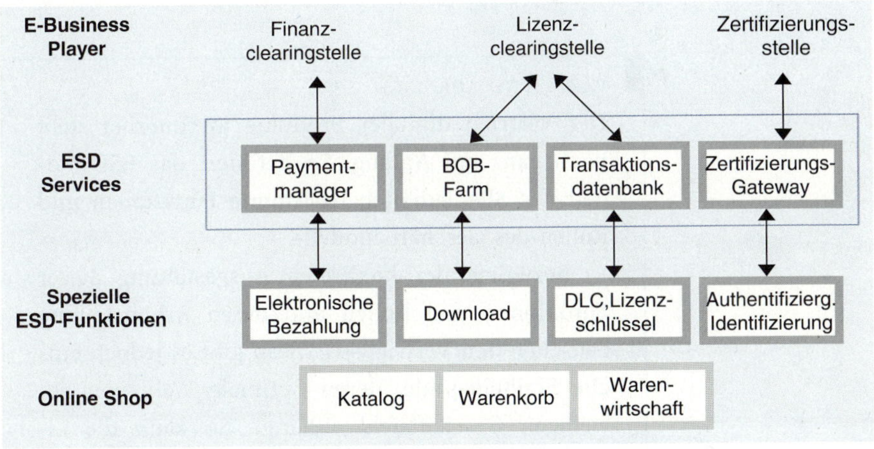

Abb. 2: Architektur eines ESD-Systems

Erweiterung um spezielle Online-Distributions-Funktionen

Diese Funktionen müssen um spezielle Funktionen für die Online-Distribution digitaler Produkte erweitert werden, für deren Realisierung spezielle ESD-Services notwendig sind, als da sind:

- **BOB-Farm**, die die verschlüsselten Softwarepakete mit ihren jeweiligen Marketingmaterialien enthält und zum Download – je nach gewähltem Geschäftsmodell (Pay-before-download, Pay-after-download) – bereitstellt.
- **Paymentmanager,** der unterschiedliche elektronische Zahlungsverfahren wie Kreditkarte (z. B. SET), elektronisches Lastschriftverfahren (EDD), Mikropayment (z. B. Cybercash) bereitstellt und die Finanztransaktionen über eine Schnittstelle zu den Paymentprozessoren der jeweiligen Finanzclearingdienstleister abwickelt.
- **Transaktionsdatenbank** für die Verteilung und Verwaltung von Lizenzschlüsseln und elektronischen Lizenzbriefen.
- **Zertifizierungsgateway** für die Verifizierung zertifizierter Public Keys über die Schnittstelle zu einer autorisierten Zertifizierungsstelle.

FAZIT UND AUSBLICK

Der Vertrieb digitaler Produkte im Internet steht noch ganz am Anfang. So definiert das ESD-Modell der SPA lediglich bestimmte Funktionen und Rollen des Geschäftsmodells.

Bezüglich der konkreten Ausgestaltung dieser Funktionen und Rollen und deren Arbeitsteilung zwischen den Vertriebspartnern gibt es jedoch etliche Freiheitsgrade, deren optimale Wahl vom jeweiligen Geschäftsfeld abhängt. So kann die Lizenzclearingstelle z. B. beim Hersteller oder Distributor angesiedelt sein oder als eigenständige, unabhängige Vertrauensinstanz – ähnlich der Zertifizierungsstellen – betrieben werden.

Erste unabhängige Lizenzclearingstellen, die darüber hinaus noch weitere Electronic Business Services anbieten, wurden in den USA für den Softwarebereich z. B. mit Cybersource www.cybersource.com und Littlenet www.littlenet.com eingerichtet. Mit dem Produkt Ziplock der Firma Portland Software www.portsoft.com ist auch bereits die erste Standardsoftware für das Lizenzenclearing verfügbar.

Sämtliche, vor allem bisher in den USA realisierten, ESD-Modelle konzentrieren sich ausschließlich an den Bedürfnissen des Endkundenmarkts, d. h. es werden Einzellizenzen angeboten, die in der Regel elektronisch per Kreditkarte bezahlt werden. Spezielle Anforderungen von Geschäftskunden wie z. B. nach Volumenlizenzen, Bezahlung per Rechnung, nach gesonderter Preisbehandlung etc. wurden bisher nicht berücksichtigt.

Literatur

SPA (1998) ESD and The Electronic Commerce Value Chain: Trends and Implications for the Software Industry by the Internet Marketing and Business Model Committee of the Software Publishers Association, SPA Spring Symposium, 21–24.3.1998, San Jose, California

Schult T (1998): World Wide Wurlitzer – Popmusik: Kauf und Download im Internet. In: c't 1998, Heft 1: 121–125;

Neuer Zahlungsverkehr

3 ▮ 04

Boris Anderer, Christian von Hammel

INHALTSÜBERBLICK

In diesem Beitrag wird der Umgang mit „digitalem“ Geld erläutert. Der Ablauf des in elektronischer Form möglichen Zahlungsverkehrs wird vorgestellt, wobei die Vorteile einzelner Systeme, aber auch auftretende Risiken betrachtet werden.

3

Digitales Geld

3 ▮ 04 | 01

Einleitung

Die neuesten Formen des Zahlungsverkehrs werden häufig als elektronisches Geld bezeichnet, ohne daß dabei klar ist, was genau darunter zu verstehen ist. Schließlich wird heute der gesamte Zahlungsverkehr elektronisch und papierlos abgewickelt. Begriffe wie elektronischer Zahlungsverkehr, elektronische Abrechnung oder Electronic Cash haben sich längst für den in elektronischer Form abgewickelten Zahlungsverkehr durchgesetzt. Deshalb ist es um so wichtiger, die neuen Erscheinungsformen digitalen Geldes gegenüber den traditionellen Geldformen und den mit ihnen möglichen Zahlungsformen abzugrenzen.

Elektronische Geldbörse

Es erweist sich als sinnvoll, zwischen einer sog. elektronischen Geldbörse und den darin aufbewahrten elektronischen Geldeinheiten zu unterscheiden. Die elektronische Börse selbst enthält genauso Geld wie das traditionelle Portemonnaie. Sie dient allein zum Verwahren von digitalem Geld. Der Nutzer kann beim Zahlungsvorgang nur auf die in der elektronischen Geldbörse vorhandenen Geldeinheiten zugreifen. Insofern sollte man beim neuen Zahlungsverkehr darauf achten, ob er tatsächlich auf neuen Technologien beruht oder nur den traditionellen Geldverkehr bedient.

In den vergangenen Jahren haben die Banken ihren Kunden neue Möglichkeiten eröffnet, bargeldlose Zahlungen über das Girokonto zu initiieren. Ob über das Telefon, via Computer oder über eine Plastikkarte – es gibt heutzutage viele Möglichkeiten für Bankkunden, am bargeldlosen Zahlungsverkehr teilzunehmen. Die am meisten verbreitete Plastikkarte ist die EC-Karte. Auf einem Magnetstreifen speichert sie die Bankleitzahl und die Kontonummer des Besitzers. Informationen zum Kontostand oder gar Geldeinheiten enthält sie jedoch nicht.

Elektronisches Geld

Ideen für elektronisches Geld gibt es viele. Zu den wichtigsten Formen zählen Computerkonten oder Geld auf Chip- bzw. Smartkarten. Während beispielsweise das System der First Virtual Bank auf dem Einsatz herkömmlicher Kreditkarten beruht, bieten die Unternehmen Digicash und Cybercash frei fließende Cyber-Währungen an.

Ein Zahlungssystem sollte zudem verfügbar sein, für den Händler genauso wie für den Kunden. Viele der am Markt verfügbaren Zahlungssysteme basieren auf Applikationen, die von den Internet-Benutzern installiert werden müssen. Die notwendige Distribution dieser Wallets (elektronische Geldbörsen), die Installation und die Beschränkung auf bestimmte Betriebssysteme und -versionen limitieren die Verfügbarkeit dieser Zahlungssysteme beim Kunden. Zahlreiche Hersteller versuchen daher, durch strategische Allianzen mit Internet-Providern wie AOL, CompuServe oder Browser-Herstellern wie Netscape die Verfügbarkeit Ihrer Client-Applikationen zu erhöhen. Andere Hersteller wie Brokat Informationssysteme (http://www.brokat.de) setzen auf Java Wallets, die zu Beginn des Zahlungsvorgangs in den Browser des Kunden geladen werden.

Kreditsysteme

Per Kreditkarte kann der Kunde immer noch am einfachsten im Web einkaufen. Dazu muß er nur seine Kreditkarteninformation über das Internet übertragen. Nach einer getätigten Zahlung können Händler über ihr normales Vertragsverhältnis mit den entsprechenden Karteninstituten abrechnen. Aufgrund ihrer weltweiten Verbreitung eignen sich Kreditkarten ganz besonders für den internationalen Zahlungsverkehr. Im Mailorder- und Telefonorder-Business liegen in dieser Hinsicht bereits gute Erfahrungen vor.

Sicherheit durch Verschlüsselung

Wer online seine Kreditkartennummer preisgibt, sollte zuvor dieselben Sicherheitsvorkehrungen treffen, die er auch offline berücksichtigen würde. Wenn man seine Finanzdaten in ein Web-Formular einträgt und diese unverschlüsselt abschickt, geht man ein unnötiges Risiko ein. Immer mehr Online-Anbieter gehen dazu über, den Datentransfer zu verschlüsseln. Bei der Übertragung der Zahlungsdaten sollte man daher darauf achten, ob Sicherheitsprotokolle wie z. B. Secure Socket Layer (SSL) oder Secure Electronic Transaction (SET) eingesetzt werden.

Den Kunden entstehen bei einer Kartenzahlung keine Kosten. Jedoch müssen die Händler für jede Zahlung zwischen 3,5 und 4% Umsatzprovision an die Kreditkartenunternehmen bezahlen. Durch Buchung, Verwaltung und Kommunikation entstehen den Händlern bei jedem Zahlungsvorgang Kosten, so daß ein Mindestbetrag für Online-Transaktionen sinnvoll ist. Kreditkartenzahlungen eignen sich im Web daher für Kleinstbeträge eher nicht.

First Virtual

Internet Zahlungssystem

Eines der ältesten Systeme im Internet ist das Zahlungssystem von First Virtual Holding Incorporated. Im Oktober 1994 kündigte First Virtual (http://www.firstvirtual.com) den Betrieb eines Internet-Zahlungssystems namens Virtual PIN an, das vollständig auf Verschlüsselungsverfahren verzichtet. Das Ziel von First Virtual (FV) ist es, den Verkauf von Waren und Informationen des Niedrigpreissegments ohne Einsatz von spezieller Soft- oder Hardware beim Konsumenten zu ermöglichen.

Sowohl die Konsumenten als auch die Händler müssen sich vor der Nutzung des Systems bei FV anmelden. Bei allen Online-Transaktionen ist der FV-Server involviert und überträgt die eingegangenen Zahlungen an die Händlerbanken. Der Konsument muß sich online mit seinen Kreditkartendaten und seiner E-Mail-Adresse anmelden. Daraufhin erhält er von FV ein Paßwort, eine sog. Virtual PIN, die der Konsument zum Einkaufen nutzen kann.

Nachdem der Kunde die Produkte ausgewählt hat, muß er seinen FV-Account mit seiner Virtual PIN angeben. Der Händler authentifiziert sie durch eine Anfrage bei FV. Wenn die Virtual PIN nicht auf der sog. Blacklist der gesperrten oder ungültigen Virtual PINs stehen sollte, liefert der Händler die gewünschten Informationen dem Kunden. Parallel dazu werden Transaktionsdetails des Händlers und des Kundens an FV weitergereicht. Anschließend erhält der Kunde via E-Mail eine Bestätigung seiner Transaktion, die dieser durch eine Rückantwort bestätigen muß.

Die Kreditkartendetails werden bei diesem Verfahren nur einmal über das Internet oder per Telefon mitgeteilt. Problematisch ist jedoch, daß eine Virtual PIN mißbraucht werden kann, was durch die E-Mail Bestätigung verhindert werden soll. Jedoch wäre es möglich, daß schon bei der Registrierung ein Kreditkartenmißbrauch vorliegt und der Angreifer die E-Mail-Adresse kontrollieren würde. Online-Profis fällt es leicht, E-Mails, die von Server zu Server durch das Internet transportiert werden, abzufangen. In den meisten E-Mail-Programmen ist es danach ganz einfach, die Identität des Absenders beliebig zu fälschen. Ein Betrüger könnte im Namen des Kunden eine Mail an FV senden und anschließend den Kauf bestätigen. Der Eigentümer des Kontos würde es dann erst bei der nächsten Überprüfung seiner E-Mail entdecken.

Der Hauptvorteil des FV-Systems ist seine Einfachheit. Da keine Verschlüsselungsverfahren eingesetzt werden, sind keine zusätzlichen Installationen beim Konsumenten notwendig, und es gibt keine Exportprobleme. Aus Sicht des Konsumenten ist es jedoch sehr umständlich, jeden Kauf per E-Mail zu bestätigen. Erst wenn der Kunde auf eine automatische Rückfrage des Händlers reagiert und den Zahlungsvorgang per E-Mail bestätigt, wird die Transaktion ausgeführt. Einen großen Nachteil hat das System auch für die Händler. Da FV den fälligen Geldbetrag erst einige Wochen später an den Verkäufer überweist, kann die Zahlung für die Ware in der Zwischenzeit problemlos storniert werden.

Cybercash

Vermittler für Online-Zahlungen

Die Dresdner Bank versammelt derzeit ein Konsortium Gleichgesinnter für eine Offensive bei Online-Transaktionen. Zusammen mit der Landesbank Sachsen und dem US-Systemlieferanten Cybercash wurde im Oktober die Firma Cybercash (http://www.cybercash.de) gegründet. Cybercash bietet mehrere digitale Rechnungssysteme an, darunter Cyber Cash, Cyber Coin und Pay Now.

Das Cyber-Cash-System basiert auf einer sicheren Online-Übertragung von Kreditkarteninformationen. Es ist schon seit 1994 im produktiven Einsatz. Bei Cyber Cash wird die Bestellung in eine elektronische Geldbörse (Wallet) übermittelt. Gleichzeitig erhält der Händler automatisch die verschlüsselten Daten der ausgewählten Kreditkarte. Der Händler prüft die Bestellinformationen und sendet die chiffrierte Zahlungsaufforderung an Cybercash. Daraufhin entschlüsselt Cyber Cash die Zahlung und authentifiziert den Konsumenten als rechtmäßigen Besitzer der Kreditkarte sowie den Händler als rechtmäßigen Empfänger der Zahlung. Anschließend vermittelt die Firma die Zahlung über sichere Leitungen an die Bank des Händlers weiter, die die Zahlung an die Kreditkartengesellschaft weitergibt. Die Bestätigung der Zahlung erfolgt via Cyber Cash direkt an den Händler, der nun die Waren ausliefern kann. Für den gesamten Zahlungsvorgang veranschlagt Cybercash 15–20 sec.

Ein Gateway-Server verbindet das bestehende Clearing-Netzwerk der Banken und der Kreditkartengesellschaften mit dem Internet. Zahlungstransaktionen werden vom Händler durch das Gateway in das bestehende Clearing-Netz übermittelt, in dem die Autorisierung und Ausführung der Zahlung erfolgt, wie es bereits bei stationären Systemen der Fall ist.

Cybercash tritt weder als Betreiber, Herausgeber noch als Bank für das elektronische Geld auf, sondern dient nur als Vermittler bei einer Online-Zahlung. Mit dem Cybercash Gateway ermöglicht die Company den sicheren Transport von Nachrichten zwischen dem Internet und den Bankennetzen.

Cybercash verwendet dazu ein Public-key-Verschlüsselungsverfahren, um die Integrität und Vertraulichkeit der Transaktionen zu sichern, aber auch, um die Authentizität und Nichtabstreitbarkeit der Transaktionen zu garantieren.

Obwohl sich Cybercash der nach dem gegenwärtigen Stand der Technik effektivsten Verschlüsselungsverfahren RSA (1024 Bit) und DES (56 Bit) bedient, wird das Secure-Electronic-Transaction-Protokoll (SET), ein von Visa und Mastercard gemeinsam entwickeltes Protokoll für Visa- und Mastercard-Zahlungen, nach seiner weltweiten Einführung automatisch für den sicheren Kreditkartenservice übernommen.

Bezahlung via Smartkarte

Während auf dem Magnetstreifen einer EC-Karte lediglich Informationen zur Identifizierung enthalten sind, ist die Geldkarte selbst der Träger von Geldeinheiten. Diese werden über eine elektronische Unterschrift des kartenemittierenden Instituts gekennzeichnet. Dadurch entfällt für den Zahlungsempfänger die Notwendigkeit einer Online-Autorisierung bzw. ZKA-Geldkarte.

Seit Anfang 1997 wird die ZKA-Geldkarte als elektronische Geldbörse des deutschen Kreditgewerbes eingesetzt. Die ZKA-Geldkarte wurde vom Zentralen Kreditausschuß des deutschen Bankgewerbes für die Bezahlung im stationären Handel entwickelt. Gemplus, Gieseke & Devrient und ODS haben dafür die technologischen Komponenten hergestellt.

Zur Besonderheit des deutschen ZKA-Geldkartensystems gehört die Führung von Schattenkonten in der sog. Kartenevidenzzentrale. Beim Laden einer Geldkarte wird bei dieser Zentrale ein entsprechendes Schattenkonto angelegt und der Ladebetrag auf diesem Schattenkonto vermerkt (Ladeavis). Zahlungen mit der Geldkarte werden in dem entsprechenden Gegenstück zur Kundenkarte, der Händlerkarte, gespeichert. Beim Entladen der Händlerkarte, dem Kassenschnitt, werden die gespeicherten Zahlungen mit den Schattenkonten der Geldkarten abgeglichen. Der Vorteil dieser Evidenzzentrale liegt in der Möglichkeit, jederzeit die Geldmenge feststellen zu können, die auf einer Geldkarte aber auch auf allen Geldkarten im Umlauf ist.

Geldkartenchips auf EC-, Bankkundenkarten und White-Cards

Leider läßt sich nicht genau ermitteln, wieviele Geldkarten z. Z. im Umlauf sind. Die Statistik des ZKA zur Geldkarte liefert dafür nicht ausreichende Daten. Allerdings geht man gegenwärtig von etwa 44 Mio. Karten aus. Bekannt ist hingegen die Anzahl der produzierten Chipkarten, weil sie beim jeweiligen Hersteller erfaßt werden. 1997 waren es insgesamt 21,7 Mio. Geldkarten. Von den 1997 produzierten Geldkartenchips befanden sich 68% auf Eurocheque-Karten, 30% auf Bankkunden-Karten und 2% auf kontoungebundenen (anonymen) Karten (White-Cards).

Erste Testprojekte mit der ZKA-Geldkarte wurden bereits abgeschlossen. Inzwischen wird die Geldkarte von den meisten deutschen Banken an Kunden herausgegeben. Die Banken des Sparkassenverbands (DSGV) und des Verbands der Volks- und Raiffeisenbanken (BVR) sind bislang die aktivsten bei der Herausgabe von Geldkarten. Dagegen verhalten sich die Privatbanken des Bundes deutscher Banken (BdB) eher zurückhaltend. Sie haben 1997 nur einen Marktanteil von 4% an den Geldkarten gehabt. Allerdings gaben sie als einzige kontoungebundene Geldkarten heraus, bei denen der Chip nicht auf eine Eurocheque- oder Bankkundenkarte kommt. Davon wurden 1997 gerade einmal 60.000 produziert: eine vernachlässigbare Größenordung.

Die Zahl der Verbreitung der Geldkarte sagt noch nichts über ihre Nutzung aus. Eine ZKA-Statistik über die Nutzung der Geldkarten ergab, daß von den 44 Mio. herausgegebenen Karten nur etwa 1% aktiv genutzt werden. Darunter werden Karten verstanden, die innerhalb eines Monats einmal aufgeladen oder für eine Transaktion genutzt wurden. Insgesamt wurden 1997 nach der ZKA-Statistik 309 Mio. DM auf Geldkarten geladen, 87 Mio. DM ausgegeben und 26 Mio. DM wieder von der Geldkarte auf das Konto zurück entladen. Für die Kunden ist es bisher noch nicht einfach, die Geldkarte einzusetzen, weil sie noch nicht von allzu vielen Händlern akzeptiert wird.

Deutsche Unternehmen wie Brokat oder Ikoss VAN haben bereits erste technische Lösungen für den Einsatz der ZKA-Geldkarte im Internet aufgezeigt. Die Brokat-Lösung zeichnet sich dadurch aus, daß sie die Geldkarte in ein offenes Zahlungssystem integriert, das neben der Geldkarte auch andere Zahlungsmittel wie die Kreditkarte gemäß SET (s. Kapitel 11.01.04) oder das elektronische Lastschriftverfahren (ELV) unterstützt.

Mondex

E-Money mit Person-to-person-Funktion

Die Mondex-Karte ist eine Mikroprozessorkarte, die als elektronische Geldbörse eingesetzt werden kann. An Geldautomaten oder über das Telefon kann der Kunde eine Geldsumme auf seine Chipkarte laden und sie speichern, bis er mit ihr bezahlt. Das Mondex E-Money (http://www.mondex.co.uk) sollte zunächst nur als Bargeldersatz dienen, ist aber inzwischen auch für das Internet verfügbar. Im Gegensatz zu anderen Zahlungssystemen benötigt man für den Bezahlvorgang weder eine Online-Autorisierung noch eine Unterschrift. Stattdessen läßt sich der zu zahlende Betrag direkt aus der Geldbörse des Zahlenden auf die elektronische Börse des Zahlungsempfängers übertragen. Als Zahlungsempfänger kommen sowohl Händler als auch andere Mondex-Kartenbesitzer in Frage.

Das E-Money eignet sich sehr gut für Micropayments, da die Transaktionskosten äußerst niedrig sind. Dadurch werden selbst Übertragungen von Pfennigbeträgen wirtschaftlich. Die digitalen Einheiten lassen sich beliebig auf andere Teilnehmer übertragen. Da die Dateien häufig den Besitzer wechseln, bietet Mondex ein hohes Maß an Anonymität. Der Händler kann sich über seine Bank Mondex-Geldeinheiten bar auszahlen lassen. Auf einer Mondex-Karte lassen sich bis zu fünf verschiedene Währungen verwalten. Bis auf geringe periodische Gebühren fallen für die Nutzer der Mondex-Karten keine weiteren Kosten an. Die einzelnen Transaktionen kosten nichts.

Mondex ist ursprünglich von der National Westminster Bank of London entwickelt worden. Im April 1998 erhielt das Mondex Electronic Cash starke politische Unterstützung. Der britische Premierminister hat es offiziell als „Millenium Product“ ausgerufen. In Großbritannien gilt das als die höchste Auszeichnung, die britischer Technologie verliehen werden kann.

Wegen seiner Person-to-person-Funktion ähnelt das Mondex E-Money dem Bargeld noch am meisten. Der Chip der Mondex-Karte des Kunden errechnet bei jeder Verwendung eine neue Zahlenkombination, die als „digitale Unterschrift“ nur vom Händler, der auch über eine Mondex-Karte verfügen muß, entschlüsselt werden kann. Ein unberechtigter Dritter kann daher aus den Transaktionsdaten keinerlei Nutzen ziehen.

3

Debitpayment

Electronic Check Service

Cybercash hat zusammen mit IBS (International Billing Service) den Pay-Now-Secure-Electronic-Check-Service entwickelt, der es Kunden und Händlern durch Banken ermöglicht, über ihr Girokonto Geschäfte abzuwickeln. Dabei werden sie von amerikanischen Banken unterstützt. Seit Februar 1997 arbeitet Cybercash mit vielen Unternehmen in Pay-Now-Pilotprojekten zusammen.

Digital Debit Card

Nachdem ein Netsurfer sich bei Pay Now registriert hat, werden die Daten seines Girokontos in eine „digital debit card" übertragen. Dieses Cybercash-Wallet nutzt über ein Link zum Girokonto des Kunden die Informationen für alle Geldtransaktionen zu einem Händler. Alle Finanzinformationen, die online transferiert werden sollen, sind durch ein Paßwort sowie eine 768-Bit-RSA- und 40-Bit-DES-Verschlüsselung abgesichert.

E-Checks

Der Pay-Now-Service erleichtert Online-Transaktionen erheblich. Auf der Website eines Online-Shops erhält der Kunde eine User-ID und ein Paßwort, mit der er seine Rechnung überprüfen und entscheiden kann, ob die Zahlung in der eingetragenen Höhe erfolgen soll. Ist die Rechnung in Ordnung, muß der Nutzer nur noch auf einen Pay-Button klicken, um die Online-Zahlung einzuleiten. Das Cybercash-Wallet öffnet sich auf dem Screen und verlangt vom Kunden ein Paßwort, wenn er auf sein digitales Geld zugreifen will. Am Schluß muß er nur noch die Check-Zahlung bestätigen.

Die Kunden und Händler können einen Electronic Check im Internet in derselben Art und Weise nutzen wie einen Papierscheck. Bis auf die Form hat sich beim Zahlungsvorgang selbst nichts geändert. Bezahlen müssen die

Kunden nichts für die Nutzung der E-Checks. Alle Kosten werden von den Händlern getragen.

Pay Now ist der wichtigste Bestandteil von Cybercashs Angebot „Interactive Billing and Payment" (IBP). Cybercash bietet einen Rundumservice an, in dem die Online-Präsentation, die Bezahlung und der Check-Versand enthalten sind. Die Kunden können direkt am Point of Sale ihre Waren oder Electronic Services aussuchen, bestellen und mit ihren E-Checks bezahlen. Dank Pay Now ist es möglich, die Website individuell und interaktiv so zu gestalten, daß sich darüber Händler-Kunden-Beziehungen vertiefen lassen.

Ein weiterer Vorteil des Systems liegt darin, daß man bis zur letzten Minute mit der Geldübertragung warten kann. Schließlich kann man bei einer Online-Transaktion via E-Check sicher sein, daß die Bezahlung unmittelbar erfolgt. Dagegen können mehrere Tage vergehen, bis eine Geldübertragung über einem normalen Check erfolgt.

Nicht zuletzt lassen sich durch den Einsatz der Electronic Checks die Transaktionskosten, die bei einer normalen Scheckzahlung rund 1 Dollar betragen, erheblich reduzieren.

Zur Zeit wird Pay Now jedoch nur von den Banken in den Vereinigten Staaten angeboten.

Micropaymentverfahren

Übertragung von kleineren Summen

Mit dem zunehmenden Angebot an Electronic Services im Web (E-zines, Software etc.) wird die Übertragung von kleineren Summen immer wichtiger. Bisher kostete das Handling einer Online-Transaktion zuviel. Bei Kleinstbeträgen wie 0,10 DM pro Download, 0,03 DM für einen Artikel oder 1/10 Pfennig für eine Linkliste, müssen die Transaktionskosten gegen null tendieren. Die Micropaymentverfahren unterschiedlicher Anbieter wollen dies möglich machen.

E-Geld soll zum „niche product for micropayments“ werden, so heißt es in einem Bericht, den die „Consumer Electronic Payments Task Force“ im April 1998 in den USA vorgelegt hat. In dem Papier wird das elektronische Geld im Vergleich zu anderen Zahlungsverfahren als „a very minor player“ eingestuft, der sich besonders gut fürs Micropayment eignet. 1996 ist die Kommission vom US-Finanzminister eingerichtet worden, um bei der Ausgabe eines E-Geldes die Konsumentenbelange gegenüber der Industrie einzufordern.

E-Cash von Digicash

Cyber-Geld

Bei der Deutschen Bank wird derzeit ein Micropaymentsystem namens E-Cash getestet. Die kleinste Währungseinheit (Cyber Coin) ist ein Cent. Der Kunde lädt von seinem Konto Cyber-Geld in Form raffiniert verschlüsselter Softwarepakete auf seinen PC und kann damit wie im Kaufhaus anonym bezahlen. Weder Händler noch Bank können sagen, wer was gekauft hat und von wem die Coins kommen. Die Bank muß dann nur noch die Echtheit der Münzen überprüfen und den Zahlungsvorgang bestätigen.

Entwickelt wurde das Cyber-Geld von der niederländischen Firma Digicash (http://www.digicash.com), die sich auf Zahlungssysteme und digitales Geld spezialisiert hat. Im E-Cash-Modell agieren die Konsumenten, die Händler und die Bank (als E-Cash ausgebendes Institut) miteinander. Konsumenten und Händler benötigen dazu einen entsprechenden Account bei der E-Cash-Bank. Außerdem erhalten sie von der E-Cash-Bank sog. Coins (Kleinbeträge), die vom Kundenkonto abgebucht und im E-Cash-

Wallet des Konsumenten gespeichert und verwaltet werden können.

Der Konsument nutzt die Coins später, um bei Händlern einzukaufen. Zum Zeitpunkt der Zahlung kann der Händler die Coins an die herausgebende Bank schicken, um prüfen zu lassen, ob die Coins schon einmal ausgegeben wurden. Im Falle von Micropayments kann der Händler aber durch seltenere Kontrollen die Transaktionskosten verringern. Wenn Coins gültig sind, schreibt sie die Bank dem Händler gut. Der Händler kann Coins direkt verwenden, um beispielsweise Konsumenten Geld zu erstatten oder Lieferanten zu bezahlen. E-Cash ermöglicht somit den Transfer von Geld zwischen einzelnen Personen oder Unternehmen (Peer-to-Peer-Zahlungen).

Geschlossener Benutzerkreis

Momentan benötigen Händler und Konsumenten E-Cash-Accounts bei ein und derselben Bank (geschlossener Benutzerkreis). Sollte sich E-Cash weiter verbreiten, so ist zu erwarten, daß Third-Party-Unternehmen die Rolle des Vermittlers zwischen ausgebenden Banken übernehmen werden und daß sich ein bankübergreifendes System mit einem offenen Benutzerkreis etablieren kann. Das Interbank-Clearing könnte sich auch ohne vermittelnde Instanz etablieren. Allerdings müssen die Coins zur Kontrolle immer noch an die ausgebende Bank gesendet werden.

Blinding Verfahren

Eine entscheidende technologische Bedeutung im E-Cash-System hat das sog. Blinding-Verfahren. Um die Gültigkeit der Cyber Coins jederzeit feststellen zu können, muß die ausgebende Bank über die Seriennummern der digitalen Geldnoten erkennen können, ob das Geld schon einmal ausgegeben wurde. Gleichzeitig wird die volle Anonymität der Transaktionsteilnehmer durch das von Digicash entwickelte Blinding-Verfahren garantiert.

E-Cash wird derzeit von einzelnen Banken wie Deutsche Bank, Mark Twain Bank, Eunet-Merita Bank getestet. Bislang ist die rechtliche Grundlage für Deutschland noch nicht geklärt. Das Banknotenmonopol sieht nach deutschem Recht vor, daß die Ausgabe von Geld – dazu muß E-Cash aufgrund seiner Charakteristik gezählt werden – Aufgabe der Zentralbank ist. Die Deutsche Bundesbank toleriert bis dato die Ausgabe dieser neuen Währung durch die Deutsche Bank. Es bleibt jedoch abzuwarten, ob und wann die Deutsche Bundesbank eine generelle Freigabe für die E-Cash-Ausgabe durch deutsche Banken oder andere Unternehmen erteilt.

Cyber Coin von Cybercash

Cyber Coins in Schattenkonten

Seit November 1997 fließen testweise die Cyber Coins auch bei Cybercash. Wer das digitale Geld einsetzen will, muß sich vor dessen erster Nutzung persönlich bei der Bank als Kunde registrieren und zertifizieren lassen. Danach erhält der Kunde eine Software zur Einrichtung seines elektronischen Portemonnaies (Wallet), auf der persönliche Identifikationen und ein selbst zu vergebendes Paßwort eingetragen werden.

Das Cyber-Coin-System ist kein elektronisches Geld-System, obwohl der Name dieses vermuten läßt. Es basiert nicht auf der digitalen Nachbildung von Geld, sondern auf Schattenkonten, zwischen denen Geld transferiert wird. Dabei handelt es sich um ein geschlossenes System, bei dem der jeweilige Internet-Benutzer und der Händler bei der gleichen Cyber-Coin-Bank zur Nutzung dieses Service registriert sein muß. Das Geld bleibt in einem geschlossenen Benutzerkreis und wird innerhalb der Schattenkonten bewegt. Die Netzzahlungen werden dabei über einen 1024 Bit langen Code (nach dem RSA-Verfahren) verschlüsselt. Der Konsument hat das Gefühl, das Geld sei in seinem Wallet gespeichert; tatsächlich verbleibt das Geld jedoch bei der Bank. Cybercash läßt dem Kunden beim Zahlungsvorgang die Wahl: Entweder kann er wie in der realen Welt direkt mit Cyber Coins oder via EC- oder Kreditkarte die Rechnung begleichen.

Durch die lokale Ausführung von Transaktionen in dem geschlossenen Kontenkreis der Bank werden Transaktionskosten, die ansonsten durch die Nutzung bestehender Bank- und Clearing-Netzwerke entstehen würden, vermieden. Kosten für die Nutzung dieser Netze entstehen nur beim Beladen der Schattenkonten durch die Konsumenten bzw. beim Entladen durch die Händler. Diese niedrigen Kosten ermöglichen es, Cyber Coins für Micro- und Minipayments einzusetzen.

Mit den Cyber Coins sind keine Peer-to-Peer-Zahlungen möglich, bei denen Geld zwischen einzelnen Konsumenten ohne Vermittlung der Cyber-Coin-Bank transferiert wird. Aufgrund des geschlossenen Benutzerkreises ist es zudem nicht möglich, Cyber Coins bei Händlern zur Bezahlung einzusetzen, die nicht bei der gleichen Bank über ein entsprechendes Händlerschattenkonto verfügen. Grund hierfür sind die fehlende Netzinfrastruktur, die dieses ermöglicht und die bei einer solchen Inter-Bank-Transaktion entstehenden Transaktionskosten.

Das Cyber-Coin-System erhebt wie das Cyber-Cash-System Lizenzgebühren pro Transaktion. Die Kosten liegen hierbei aber unter denen des Cyber-Cash-Systems; eine Transaktion kostet den Betreiber wenige US-Cents.

Cyber Coin wurde von Cybercash für Zahlungen entwickelt, die aus ökonomischen Gründen nicht mit der Kreditkarte abgewickelt werden können. Es eignet sich für Micropaymenttransaktionen, weil es sich für Zahlungen zwischen 25 Cents und 10 Dollar effizient einsetzen läßt.

Millicent

Eines der ältesten Micropaymentverfahren heißt Millicent (http://www.millicent.digital.com). Es ist 1995 erstmals von Digital vorgestellt worden. Das Millicent-System basiert nicht auf der Herausgabe digitalen Geldes, sondern auf der Vergabe von Kundenkonten bei den jeweiligen Händlern. Diese Kundenaccounts werden nur für eine bestimmte Zeit eingerichtet, um den Verwaltungsaufwand gering zu halten. Danach verlieren sie ihre Gültigkeit.

Millicent-Konto, Scrip, Broker

Jeder Kunde eröffnet mit einem Geldbetrag ein Millicent-Konto bei einem bestimmten Händler. Daraufhin erhält der Kunde eine verschlüsselte Nachricht (Scrip) via E-Mail, in der das Konto authentifiziert und die Höhe des eingegangenen Geldbetrages sowie das Verfallsdatum mitgeteilt wird.

Für eine Online-Bestellung muß der Kunde sein Scrip an den Händler senden. Nach einer Überprüfung der Gültigkeit des Accounts erhält der Kunde das bestellte Produkt und ein neues, aktualisiertes Scrip vom Händler zugeschickt.

Damit dieses einfache Verfahren nicht dazu führt, daß die Kunden für eine einmalige Bestellung gleich ein Konto eröffnen müssen, gibt es sog. Broker. Stellvertretend für die Kunden haben diese bei allen möglichen Händlern ein Konto eröffnet. Statt sein Geld direkt bei einem Händler zu deponieren, können Kunden es bei einem Broker deponieren. Dies erfolgt wieder über den Versand von Scrips.

Die Broker können ihre Dienstleistung insgesamt oder für jede Transaktion eine einmalige Gebühr in Rechnung stellen.

Millicents größter Vorteil sind die äußerst geringen Transaktionskosten, die das Zahlungssystem für das Micropayment attraktiv macht. Allerdings hat man dafür bei der Entwicklung des Systems auf absolute Systemsicherheit und ein anonymes Zahlungssystem verzichtet. Der Aufwand, den man für den Mißbrauch des Millicent-Verfahrens betreiben müßte, wäre bei weitem höher als der daraus zu erzielende Ertrag.

Zu welchem Zeitpunkt Millicent kommerziell eingeführt wird, dazu gibt es bislang keine konkreten Aussagen. In Deutschland soll sich bereits eine große Bank dafür interessieren, in dem System als Broker aufzutreten.

E-Commerce-Einsatz am Beispiel der Sparkassenorganisation

3 ▮ 04 | 02

Ralf Zitzelsberger

INHALTSÜBERBLICK

E-Commerce erfordert sichere Finanztransaktionen. Das SET-Verfahren ermöglicht eine gesicherte Abwicklung von Online-Zahlungen über offene Netze. Am Beispiel der Sparkassenorganisation werden bisherige Erfahrungen und zukünftige Entwicklungen aufgezeigt.

Definition Electronic Commerce

Das Angebot von Bankdienstleistungen über Datennetze gehört heute zum Standardrepertoire der Kreditinstitute. Neu ist der elektronische Handel von Waren und Dienstleistungen auf virtuellen Märkten im Internet: der sog. Electronic Commerce.

Wirtschaftskraft regional

Die Sparkassenorganisation sieht Electronic Commerce nicht nur aus dem Gesichtspunkt, Zahlungsverkehrsdienstleistungen anbieten zu können. Aus ihrem geschäftspolitischen Selbstverständnis heraus – und vor allem im Rahmen der Initiative: „Standort: hier“ – möchte sie vielmehr die Potentiale der virtuellen Welten auch für kleinere und mittlere Unternehmen sowie für die Kommunen auf lokalen bzw. regionalen virtuellen Märkten nutzbar machen und dadurch die regionale Wirtschaftskraft stärken.

Teilnehmer dieser virtuellen Markt- bzw. Finanzplätze sind Bürger, vor allem kleine und mittelständische Unternehmen, Finanzdienstleister sowie Kommunen mit ihren kommunalen Einrichtungen, die in einem gemeinsamen Marktauftritt ihre Einzelangebote präsentieren.

Auch wenn sich das Gesamtvolumen noch in Grenzen hält, gehen Studien davon aus, daß im Jahr 2000 allein in Deutschland Waren im Wert von 30–50 Mrd. DM in virtuellen Märkten umgesetzt werden. Etwa 10 Mio. Deutsche sollen dann Marktteilnehmer sein.

Gegenwärtig beschränkt sich auf Privat- und Firmenkundenseite das Angebot der Sparkassen im Bereich Electronic Commerce auf die reine Abwicklung von Zahlungen.

Verfahren und Teilnehmer

Aspekte virtueller Märkte

! Bei der Realisierung virtueller Märkte steht für die Sparkassenorganisation die Sicherheit und einfache Handhabung von Zahlungssystemen im Vordergrund. Diese beiden Ziele dürfen nicht konkurrieren, denn nur bei einem Höchstmaß an Komfort und einer einfachen Abwicklung werden dieses Systeme von breiten Kundenschichten akzeptiert werden. Existierende Zahlungssysteme (u. a. Kreditkarte, Debitkarte, Geldkarte) sollen genutzt und beim Kunden über geldwerte Vorteile bzw. einen Bequemlichkeitsgewinn zur Online-Nutzung schmackhaft gemacht werden. Der Finanzdienstleister und der Internet-Händler sollten die Zahlungsarten möglichst in einem System technisch betreuen. Die Hintergrundanbindung an bereits existierende Warenwirtschaftssysteme der Händler bzw. an die Netze des Finanzdienstleisters muß ohne übermäßigen Aufwand möglich sein.

Diese Gründe legen es nahe, auf nationale bzw. internationale Standards zu setzen, statt auf proprietäre Entwicklungen einzelner Hersteller.

Secure Electronic Transaction SET

Kreditkarten-transaktionen

Der von Mastercard und VISA geförderte Standard SET (**S**ecure **E**lectronic **T**ransaction) realisiert die sichere Abwicklung von Online-Kreditkartentransaktionen über offene Netze. Diese zunächst rein softwarebasierte Lösung arbeitet mit Zertifikaten einer Sicherheitshierarchie zur Identifikation aller Teilnehmer an der Transaktion.

Ein wesentlicher Vorteil von SET gegenüber anderen Methoden, die zum Bezahlen mit der Kreditkarte im Internet genutzt werden, ist, daß hier jeder Teilnehmer nur die Informationen erhält, die er zur Abwicklung der Transaktion benötigt. Der Konsument schickt seine Orderinformation (OI = order information, das ist der bestellte Warenkorb) und seine Zahlungsinformation (PI = payment information, das ist die Kreditkartennummer und das Gültigkeitsdatum) an den Händler, der sie signiert und an seinen Acquirer weiterreicht. Die beiden Datenpakete sind so verschlüsselt, daß der Händler zwar die OI lesen kann, jedoch nicht die PI. Ein betrügerischer Händler hätte somit keine Chance, an die Kartendaten seiner Kunden zu gelangen. Der Acquirer kann nur die PI lesen, nicht jedoch die OI. Damit ist er nicht in der Lage, ein Kundenprofil zu erstellen.

Jeder Teilnehmer an SET signiert seine Aufträge bzw. seine Bestätigungen mit der SET-eigenen Signatur. Die SET-Zertifikate erlauben dann die eindeutige Zuordnung einer Signatur zu einem SET-Teilnehmer. Während das SET-Zertifikat des Händlers und des Acquirers die Identität (u.a. Name, Anschrift) der jeweiligen beinhaltet, stellt das SET-Zertifikat eines Karteninhabers nur eine eindeutige Beziehung zur Kreditkarte her. Daraus folgt, daß sich der Händler bei der SET-Zahlung gegenüber dem Kunden und dem Acquirer identifiziert, der Karteninhaber bei der Zahlung dem Händler gegenüber jedoch anonym bleibt.

Verschlüsselung

Die Verschlüsselung geschieht bei SET in zwei Schritten. Der Warenkorb wird mit DES 56-bit (Data Encryption Standard, symmetrisches Verschlüsselungsverfahren mit 56-Bit-Schlüsselanlage) verschlüsselt. Dieser symmetrische Schlüssel wird anschließend zusammen mit den Kartendaten mit RSA 1024-bit (Verfahren nach Rivest, Shamir, Adleman, asymmetrisches Verfahren mit 1024-Bit-Schlüsselanlage) verschlüsselt. Während also der Warenkorb mit heutiger Technik zwar mit hohem Aufwand prinzipiell zu knacken wäre, sind die sicherheitsrelevanten Kartendaten geschützt.

Praktische Abwicklung in der Sparkassenorganisation

Teilnahmevoraussetzungen

Jeder Teilnehmer am SET-Verfahren benötigt zur Teilnahme eine SET-Software sowie ein zugehöriges SET-Zertifikat.

Kundenseite

Die elektronische Geldbörse für den Privatkunden, das sog. SET-Wallet, wird von der Sparkassenorganisation kostenfrei unter dem Namen Sparkassen-Wallet ausgegeben (Download unter http://www.sparkasse.de/ecommerce). Ebenso können alle Sparkassenkunden, die eine Kreditkarte haben, das zugehörige SET-Zertifikat, d. h. die digitale Kreditkarte, seit der CeBIT'99 bei allen Sparkassen und Landesbanken bekommen. Ziel ist dabei, die mögliche Kundenzahl für einen SET-Händler massiv zu erhöhen.

Händlerseite

Der an SET interessierte Händler benötigt neben seinem Internet-Shop (E-Shop) eine SET-fähige virtuelle Kasse (E-Kasse) sowie das zugehörige SET-Händlerzertifikat, welches dem Kunden signalisiert, daß er ein zugelassener Kreditkartenhändler ist. Den E-Shop und die E-Kasse kann sich der Händler in Eigenregie aufbauen oder kostengünstig als Dienstleistung teilweise oder ganz einkaufen. Auch hier bieten die meisten Sparkassen und Landesbanken mittlerweile ein Angebot an. Das SET-Händlerzertifikat erhält der Händler bei seinem Kreditkartenacquirer (B+S Card Services, EuroKartensysteme). Eine Liste mit SET-Händlern findet man ebenso unter http://www.sparkasse.de/ecommerce.

! Einen SET-Auftrag bewertet der Acquirer wie eine Zahlung mit der Kreditkarte am POS (Point-of-Sales), bei dem der Karteninhaber sich mit seiner Karte und seiner Unterschrift autorisiert. Dafür erhält der Händler eine Zahlungsgarantie und muß wegen der niedrigeren Charge-Back-Raten (d. h. der Kunde streitet die Zahlungsanweisung ab) auch wesentlich geringere Disagios zahlen. Dies ist ein wesentlicher Unterschied zu allen anderen Arten der Kreditkartenzahlung (z. B. per Security Socket Layer SSL oder Cybercash) über das Internet, die vom Acquirer wie MOTO-Zahlungen (Mail-Order Telephone-Order) mit entsprechend höherem Disagio behandelt werden.

Der Acquirer muß dem SET-Händler ein Gateway zu den Autorisierungsnetzen der Kreditkartengesellschaften zur Verfügung stellen. Es ist damit ein Gateway zwischen der Internet-Welt und der Welt der Back-End-Systeme. Auch hier betreibt die Sparkassenorganisation seit dem 1. Quartal 1999 ein sog. SET-Payment-Gateway. Das zugehörige Zertifikat wird von den Kreditkartengesellschaften Mastercard bzw. VISA zur Verfügung gestellt.

SET-Zertifikat

SET-Zertifikate für Karteninhaber sowie Händler sind eine neue Dienstleistung des Finanzdienstleisters. Da der Aufbau der entsprechenden Infrastruktur hierfür sehr kostenintensiv ist, setzt man auf zentrale Installationen. So wird der SET-Zertifizierungsserver der Sparkassenorganisation, der technisch bei der BWS (Buchungszentrale der Westfälisch-Lippischen Sparkassen, Münster) betrieben wird, u. a. vom größten Eurocard-Emittent, der EuroKartensysteme, genutzt.

Die Ausgabe von SET-Zertifikaten z. B. bei Privatkunden verläuft wie folgt (vgl. Abb. 1):

1. Der Kunde füllt in seiner Filiale ein Formular aus, mit welchem er sein SET-Zertifikat beantragt. Der Filialmitarbeiter bestätigt dabei die Richtigkeit der Angaben.
2. Dieser Antrag wird an die Registrierungsinstanz (RA = Registration Authority) gesendet. Dort wird das

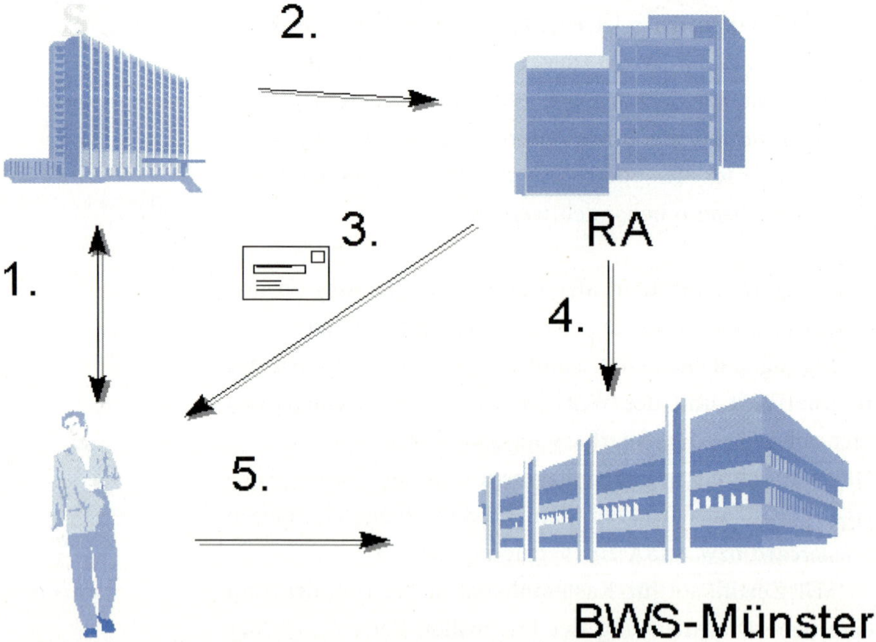

Abb. 1: Beantragung und Ausgabe von SET-Zertifikaten in der Sparkassenorganisation

sog. Einmalpaßwort erzeugt, das später dem Kunden zur Identifikation dient.

3. Dieses Paßwort wird in einem sicheren Umschlag an den Kunden per Post geschickt. Dieser Brief enthält ebenso die Web-Adresse des Zertifizierungsservers (CA = Certification Authority).
4. Die RA schickt gleichzeitig mit dem Versenden des Briefes alle Kartendaten sowie das Einmalpaßwort an die CA.
5. Dort steht das SET-Zertifikat damit zur Online-Abholung bereit.

Weiterhin besteht großes Interesse an einer Erweiterung des SET-Standards auf weitere Zahlungsarten (u.a. Debitkarte) und zusätzliche Funktionalitäten (u.a. Nutzung der Chipkarte). SET bietet sich hervorragend dafür an, sensible Daten vom Kunden über den Händler zum Acquirer und zurück zu transportieren. Das SIZ (Informatikzentrum der Sparkassenorganisation GmbH) als technologisches Spitzeninstitut innerhalb der Sparkassenorganisation bereitet die entsprechenden Schritte vor.

Geldkarte

Chipkarten

Die gegenwärtig ca. 44 Mio. ausgegebenen Chipkarten mit der Geldkartenfunktion der deutschen Kreditwirtschaft bieten eine breite Kunden- und Kartenbasis. Die Nutzung der Geldkarte für Zahlungen im Internet ist seit der CeBIT'98 technisch möglich. Das Händlerterminal der realen Welt wird dabei aufgeteilt zwischen einem Chipkartenleser beim Konsumenten und dem Händler-Karten-Server auf Seite des Händlers bzw. seines Dienstleisters. Die Abwicklung der Zahlung erfolgt analog zur realen Welt. Der Händler kann mit Integration einer

Geldkartenkassette in seine schon für Kreditkarten genutzte SET-Software dieses Zahlungsmittel anbieten.

Lesegerät

Zur schnellen Verbreitung dieses Zahlungsmittels im Internet setzt die Sparkassenorganisation auf einen möglichst einfachen und preiswerten Chipkartenleser beim Kunden. Idealerweise könnte dies der gleiche Lesertyp sein, wie er auch für den neuen Homebanking-Standard HBCI (Homebanking Computer Interface) benutzt wird. Die Zulassung dieses Lesers zum Bezahlen mit der Geldkarte im Internet ist bei der zuständigen Abteilung des ZKA (Zentraler Kreditausschuß) beantragt und wird noch im Jahr 1999 erwartet. Bis dahin pilotieren einige Sparkassen dieses Verfahren.

In einer Presseerklärung hat Europay International Anfang 1999 erklärt, daß es in Kürze alle seine Kartenprodukte mit der Geldkartenfunktionalität ausstatten wird. Damit sowie durch die schrittweise Einführung der Geldkarte in weiteren europäischen Ländern (Luxemburg ab dem 1. Quartal 1999, Pilotbetrieb in Tours/Frankreich ab dem 2. Quartal 1999) bestehen gute Chancen, daß grenzüberschreitend nutzbare elektronische Geldbörsen zum selben Zeitpunkt zur Verfügung stehen werden, wie der Euro als Bargeld. Weitere Aktivitäten auf europäischer Ebene (Common European Purse System CEPS, Financial Transaction Reader FINREAD) unterstützen dieses Ansinnen.

Die Chipkarte bietet weiteren Platz für Zusatzanwendungen. Sie kann u.a. im Hinblick auf die Speicherung digitaler Signaturen für den Gebrauch in der realen wie auch in der virtuellen Welt eine wichtige Rolle spielen.

Micropayments
Im Bereich der Micropayments für Beträge unter ca. 0,05 DM hat sich gegenwärtig noch kein internationaler Standard etabliert. Wesentlich wird hierfür sein, daß der potentielle Anbieter dieses Zahlungsmittels bei den geringen Einzelumsätzen bei gleichzeitig hohem technischen Aufwand noch einen Gewinn erzielen kann. Außerdem sollte sich das Micropaymentverfahren einfach und preiswert in die bestehende elektronische Kasse (E-Kasse) des Händlers einbinden lassen. Dem Konsumenten wird man dieses Zahlungsmittel nur dann schmackhaft machen können, wenn es ihm aus der realen Welt vertraut ist.

Wegen der Fülle an ungelösten Fragen hat sich die Sparkassenorganisation hier noch auf kein Verfahren explizit festgelegt.

FAZIT

Um ein größtmögliches Sicherheits- und Transaktionsmanagement für alle Teilnehmer zu gewährleisten, erfolgt der Zugriff auf elektronische Vertriebskanäle für Sparkassenprodukte kartengesteuert. Zur Gewährleistung einer Nutzung der neuen Zahlungsmöglichkeiten durch breite Bevölkerungsschichten ist es dabei notwendig, daß sie auf einer einfachen Übertragung aus der gewohnten realen Welt basieren und nicht, wie z. B. digitale Währungen, auf einem vollkommen neuen Zahlungsprinzip beruhen.

Aufgrund unterschiedlicher Preisstrukturen haben die heute verfügbaren Ansätze zum Bezahlen im Internet unterschiedliche Einsatzgebiete und ergänzen sich (vgl. Abb. 2).

Abb. 2: Zahlungsspektrum in offenen Netzen

! Für das Finanzdienstleistungsunternehmen stellt sich somit in Zukunft immer mehr die Frage, inwieweit die aktuelle Angebotspalette von Finanzprodukten durch innovative Dienstleistungen im Zusammenhang mit dem sich vergrößernden Einfluß der elektronischen Medien ausgeweitet werden soll bzw. kann.

Bisherige Erfahrungen

Status quo in Deutschland

Auf Kundenseite sind gegenwärtig noch starke Bedenken zum Thema Sicherheit bei der Nutzung eines der oben genannten Verfahren festzustellen. Diese Meinung wird teilweise durch Presseberichte gestützt, die sich jedoch seit Mitte 1998 zunehmend positiv gegenüber SET und Geldkarte entwickeln.

Die Teilnahme an diesen elektronischen Zahlungsverfahren erfordert jedoch zusätzliche Elemente (z. B. Software, Zertifikate, Chipkartenleser), deren Verbreitung noch einige Zeit in Anspruch nehmen wird.

Zur Förderung dieser Verfahren ist es deshalb wichtig, daß in der Anfangszeit ein Konsens zwischen den konkurrierenden Kreditinstituten gefunden wird. Auf diesem Weg kann die Kunden- und Händlerzahl schnell eine kritische Grenze überschreiten, ab der Electronic Commerce zum Selbstläufer wird und sich die umfangreichen Anfangsinvestitionen amortisieren. Die Erfahrung zeigt, daß geldwerte Vorteile, verbunden mit einer möglichst geringen Anfangsinvestition an Zeit beim Kauf im Internet, für die meisten Anwender Gründe genug sind, diesen Vertriebskanal zu nutzen.

Für einen kleineren Internet-Händler ist die technische Realisierung der oben genannten Zahlungssysteme mit nicht unerheblichen Kosten verbunden. Zudem kann er die Vorteile des Electronic Commerce erst nach einer zumeist recht kostspieligen Anbindung seines Warenwirtschaftssystems an die Internet-Software voll nutzen. Der Amortisierungszeitraum kann vom Finanzdienstleister durch geringere Preise für Online-Zahlungsmedien verkürzt werden. Eine Integration mehrerer Zahlungssysteme in ein Softwarepaket verbreitert die Kundenbasis und senkt die effektiven Kosten zusätzlich.

Zukünftige Entwicklungen

Bisher beschränkt sich das mögliche Angebot der Finanzdienstleister auf die Abwicklung von Zahlungen. In Zukunft müssen im Rahmen des Zahlungsverkehrs jedoch weitere Rollen besetzt werden.

Dies begründet u.a. die Mitarbeit der Sparkassenorganisation bei der Spezifikation und Entwicklung des OTP (Open Trading Protocol)-Standards. Ziel ist dabei, daß OTP

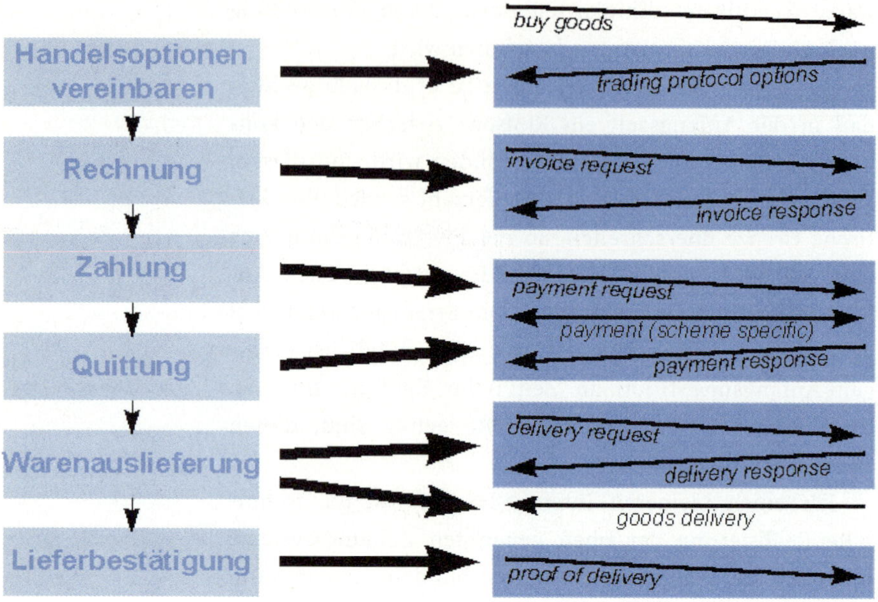

Abb. 3: OTP-Protokollnachrichtenblöcke

ein OTP-fähiger Kunde mit jedem OTP-fähigen Lieferanten den kompletten Zahlungsverkehr (u.a. Rechnung, Quittung, Lieferbestätigung) auf standardisierte Art abwickeln kann. Die benutzte Zahlungsart spielt dabei nur eine untergeordnete Rolle, solange die Schnittstellen zu den vorausgehenden und nachfolgenden Nachrichtenblöcken definiert sind. Man spricht hier auch von einem „EDIFACT light", wegen der Ähnlichkeit zum weltweiten Standard EDIFACT für den elektronischen Austausch von Geschäftsdokumenten (s. Abb. 3).

Mittlerweile sind die Spezifikationen zur OTP-Architektur abgeschlossen und als ISO-Standard eingereicht. Die ersten Hersteller werden 1999 ihre Software zur Verfügung stellen.

Die Sparkassenorganisation will in Zukunft den elektronischen Geschäftsverkehr auch und insbesondere im lokalen und regionalen Umfeld aktiv vorantreiben und dabei dem Bürger, dem kleinen bzw. mittelständischen Unternehmen (KMU) sowie den Kommunen ein attraktiver Finanz- und Technologiepartner sein.

Literatur

Böhle K, Riehm U (1998) Blütenträume – Über Zahlungssysteminnovationen und Internet-Handel in Deutschland. Forschungszentrum Karlsruhe, Institut für Technikfolgenabschätzung und Systemanalyse (ITAS), Wissenschaftliche Berichte, FZKA 6161

Europay International (1999) Pressemitteilung vom 25. Januar 1999

Krebs T (1996) Elektronische Geldbörse. Informatikzentrum der Sparkassenorganisation (SIZ)

SETCo. LLC (1996a) Business Description. http://www.setco.org

SETCo. LLC (1996b) The Formal Protocol Definition. http://www.setco.org

SETCo. LLC (1996c) The Programmer's Guide. http://www.setco.org

Zitzelsberger R (1999) Die Geldkarte der deutschen Kreditwirtschaft. In: Thießen (Hrsg) Micropayments, TU Chemnitz

Elektronische Marktplätze

3 ▮ 05

Joachim Hasebrook

INHALTSÜBERBLICK

Elektronische Marktplätze haben sich im Bereich „Personal" schnell entwickelt. In diesem Beitrag finden Sie Praxisbeispiele und praxisrelevante Checklisten und Informationen für die Nutzung der neuen Medien zur Personalwerbung. Im Bereich der Personalentwicklung spielen v. a. Intranets eine große Rolle, was in diesem Beitrag am Beispiel der Hochschule für Bankwirtschaft aufgezeigt wird.

3

Neue Medien in der Personalentwicklung

3 ▮ 05 | 01

Bildungskosten

In der Bundesrepublik sind die Bildungsausgaben in den Jahren 1970 bis 1990 von 40 auf über 155 Mrd. DM gestiegen, gut 50 Mrd. DM davon stammen aus der Wirtschaft: Allein zwischen 1980 und 1992 haben sich die privatwirtschaftlichen Bildungsausgaben ver4facht: 8 Mrd. DM gab die private Wirtschaft 1980 für Bildung aus, 1992 waren es 37 Mrd DM. Und der Anteil privatwirtschaftlicher und privater Bildungsausgaben steigt weiter (Gruchel 1996). Die steigenden Bildungskosten spiegeln die Anstrengungen wieder, die Personal- und Organisationsentwicklung an die Globalisierung der Wirtschaft und die Flexibilisierung der Lebens- und Arbeitswelten anzupassen. Sie zeigen zudem, welchen Druck Angestellte und Arbeiter verspüren, aktiv durch lebenslanges Lernen ihre Beschäftigungsfähigkeit und ihren Arbeitsplatz zu sichern.

Das Bundesministerium für Bildung, Wissenschaft, Forschung und Technologie (bmb+f) schreibt in seinem Bericht „Zur technologischen Leistungsfähigkeit Deutschlands 1996":

Neben den traditionellen Produktionsfaktoren Arbeit, Boden und Kapital gewinnt der vierte Faktor – das Wissen – erheblich an Bedeutung. Bildung, Ausbildung und ganz besonders Weiterbildung entscheiden mehr denn je über die wirtschaftliche Entwicklung und die Arbeitsplätze der Zukunft.

Einsatz neuer Medien

Multimedia ist damit keine auf Computerspiele beschränkte Technologie mehr, sondern eine Breitentechnologie, die integraler Bestandteil von Aus- und Weiterbildungsprozessen wird.

Nach Schätzungen des Münchner Multimediahauses a.i.m. setzen derzeit fast zwei Drittel der Großunternehmen und etwa ein Drittel der mittelständischen Betriebe Multimedia in der beruflichen Qualifizierung ein.

3 ▮ 05 | 02 Instrumente einer vernetzten Personalentwicklung

Aktuelle Entwicklungen in der Personalentwicklung unterstützen den Trend zu vernetzten Anwendungen: Im Mittelpunkt stehen nicht mehr nur die Optimierung von Ablauf- und Aufbauorganisation, technische Qualitätssicherung und Produktivitätssteigerung. Die Mitarbeiter werden als wichtigste Ressource des Betriebs entdeckt und durch gezielte Maßnahmen des „Human Ressource Management" (HRM) gefördert. Elemente dieser Unterstützung sind das Unternehmensmanagement, das Informations- und Kommunikationsmanagement, das Team- und Projektmanagement sowie die permanente Qualifizierung („lebenslanges Lernen"; s. Abb. 1).

Wie wichtig die aktive Einbeziehung der Mitarbeiter in das Unternehmensmanagement ist, macht das Beispiel einer Unternehmensuntersuchung in 10 deutschen Großunternehmen deutlich: Rund 50% der Befragten stimmten

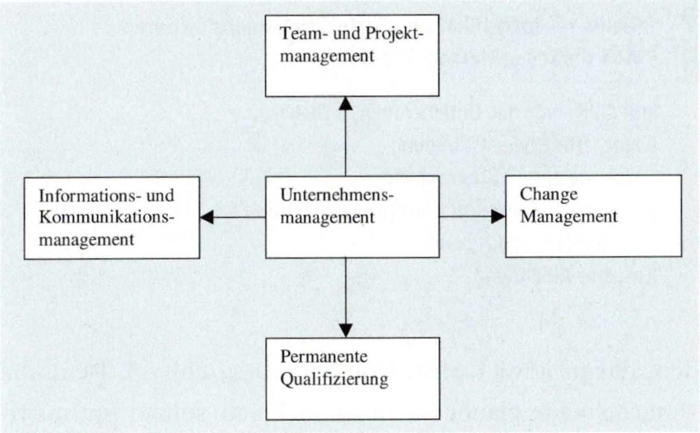

Abb. 1: Der Mensch im Mittelpunkt des Unternehmensmanagements – Elemente des humanzentrierten Managements. (Aus Grote 1996)

den Unternehmenszielen nicht oder nur sehr begrenzt zu (s. Tabelle 1).

Personalmarketing und Marketing im Internet

Online-Nutzung im internationalen Vergleich

Nach Untersuchungen des Instituts der Deutschen Wirtschaft in Köln lag Deutschland noch 1996 im internationalen Vergleich bei den Online-Anschlüssen deutlich hinter vielen anderen Industrieländern zurück: Rund 5,2 Mio. Online-Nutzer (= 6%) gab es in Deutschland, in den USA waren es 24%, in den skandinavischen Ländern rund 20% und auch die Schweiz (12%) und die Niederlande (11%) hatten höhere Anschlußquoten. Doch steigt die Zahl der Onlinenutzer ständig. Die meisten Nutzer sind männlich (etwa 80%), verfügen über einen hohen Bildungsstand und ein überdurchschnittliches Einkommen.

Der Umsatz der Geschäfte, die im Internet abgewickelt werden, steigt erheblich: Einzelne Prognosen versprechen, daß im Jahr 2000 eine Billion US-Dollar umgesetzt wer-

Tabelle 1a: Identifikation mit Unternehmensleitzielen. (Nach Berkel u. Herzog 1997)

Indentifikation mit Unternehmensleitzielen	
Begeisterte Übereinstimmung	5%
„Sozial gelernte" Überzeugung	10%
Akzeptanz aufgrund des Vertragsverhältnisses	35%
Eingeschränkte Akzeptanz	30%
Absolute Ablehnung	20%

den, davon etwa 1 Mrd. Dollar in Deutschland. Deutsche Unternehmen glauben jedoch nicht an solche optimistischen Schätzungen. In einer aktuellen Umfrage des Wirtschaftsmagazins „Business Computing" verneinten 60% von rund 100 befragten deutschen Firmen, daß das Internet für sie überhaupt irgendwelche Produktivitätsvorteile habe. Etwas optimistischer zeigen sich nur das Handels- und Dienstleistungsgewerbe (Abb. 2; vgl. Hasebrook u.

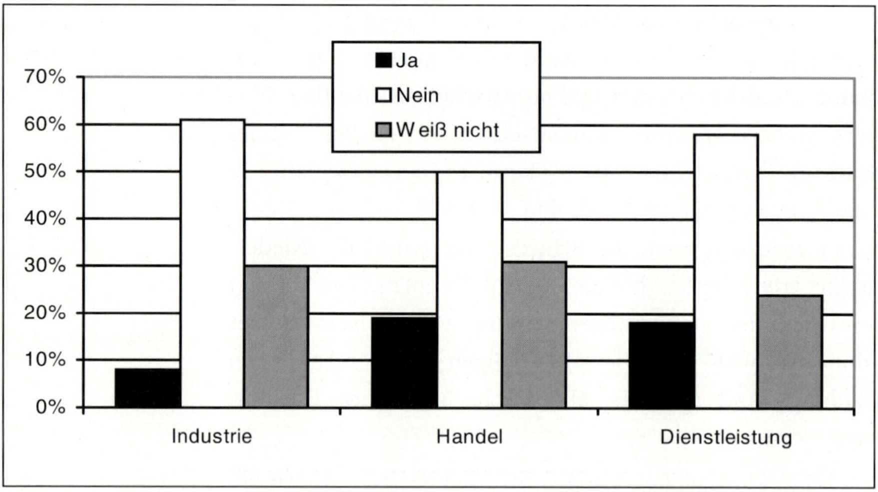

Abb. 2: Beantwortung der Frage „Bringt Ihnen das Internet Produktivitätsnutzen?" durch Unternehmen. (Quelle: Business Computing 8/96)

Woerrlein 1996). Handel und Dienstleistung setzen folgerichtig zunehmend neue Medien auch zur Personalwerbung ein.

In einem Gespräch auf einer Nachwuchsmesse brachte es der Personalverantwortliche eines mittelständischen Pharmaunternehmens aus dem süddeutschen Raum auf den Punkt:

Die Bewerber, die sich bei uns melden, passen oft nicht zu uns und wissen nicht, was wir von ihnen erwarten. Die Bewerber, die für uns wichtig sind, interessieren sich oft nicht für uns, sondern konzentrieren sich auf größere Unternehmen.

3

Problematik der Personalwerbung

Berufsorientierung und Nachwuchswerbung

Das Internet bietet zahlreiche Hilfen für geplagte Personalabteilungen. Firmendarstellungen mit Ausbildungs- und Trainee-Angeboten zeigen Anforderungen und Chancen, Checklisten und kleine Tests helfen bei der Selbsteinschätzung. Dadurch werden geeignete Bewerber angezogen und weniger geeignete haben die Möglichkeit, sich nach Alternativen umzusehen. Hinweise zum Bewerbungsverfahren oder vorgefertigte Bewerbungsbogen zu bestimmten Stellenprofilen helfen, daß besser zum Unternehmen passende Bewerbungen eingehen.

BEISPIEL: *Testen und Informieren bei BMW*

Die Bayerischen Motorenwerke (BMW) AG bieten Interessenten an einer Ausbildungsstelle nicht nur aktuelle Informationen über Ausbildungsberufe und Auswahlverfahren, sondern auch einen Interessentest, der ihnen dabei hilft, Berufe zu finden, die zu ihren Interessen passen (http://www.bmw.de/personal/index.htm) (s. Abb. 3).

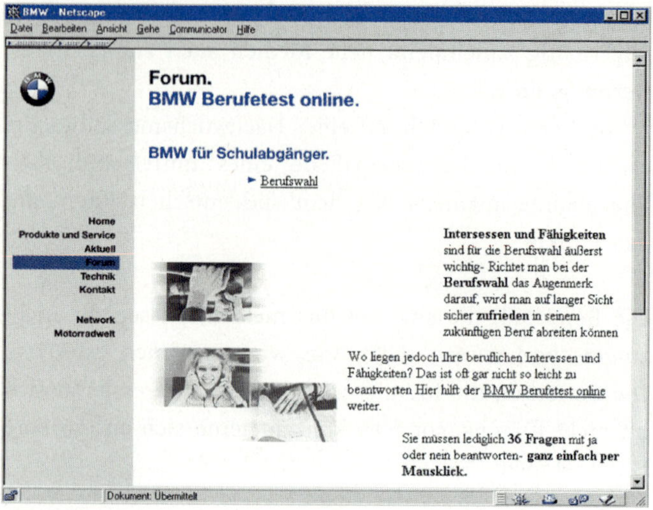

Abb. 3: Informationen und Interessenstest von BMW im Internet

! Selbstdarstellungen im Internet, um Bewerber gezielt zu informieren, lohnen sich immer für Firmen, die regelmäßig Stellenangebote haben oder auf Blindbewerbungen hoffen. Kleinere Unternehmen bedienen sich besser der zahlreichen „Job-Suchmaschinen", die sowohl Stellenangebote als auch Stellengesuche nach verschiedenen Kategorien anbieten. Die Vorgehensweise und die wichtigsten Informationsquellen zeigen die folgenden Übersichten.

Checkliste für die Nutzung des Internets zur Personalwerbung

Nutzung des Internets zur Personalwerbung

- Eigenes Stellenangebot und Ausbildungsinformationen, wenn
  - mehr als 10 verschiedene Ausbildungen angeboten werden,
  - Blindbewerbungen erwünscht sind,
  - ausreichende Kapazitäten zur Aktualisierung der Informationen (mind. 2mal monatlich) und
  - ausreichende Kapazitäten zur Beurteilung aller eingehenden Anfragen vorhanden sind.
- Aufgabe von Stellenanzeigen sinnvoll, wenn
  - eher technisch aufgeschlossene Bewerber gesucht werden, oder
  - jüngere, gut ausgebildete Personen angesprochen werden sollen,
  - Stellen im Bereich Technik, Informatik und Medien angeboten werden,
  - überregional geworben werden soll (deutschsprachiger Raum oder bei englischen Angeboten in ganz Europa).
- Durchsuchen von Stellengesuchen sinnvoll, wenn
  - vornehmlich akademisch Gebildete gesucht werden,
  - Stellen im Bereich EDV und (elektronische) Medien besetzt werden sollen,
  - überregionale Angebote gesucht sind oder
  - Mobilität vorausgesetzt wird.

3

- Informationen über Verbände, Bonding-Messen und Veranstaltungen sollten genutzt werden, wenn
  - mehrere Bewerber im Wirtschafts- oder Technikbereich gesucht werden,
  - unterschiedliche Bewerberprofile (meist von Akademikern) in Frage kommen,
  - ein Überblick über den Bewerbermarkt erstellt werden soll,
  - Informationen über Praxis- und Projekterfahrungen der Bewerber von Interesse sind.

Übersicht über Jobmaschinen und Verbände im Internet

Job-Suchmaschinen

- Suchmaschine mit Jobangeboten:
  - JOBworld Stellensuchmaschine (http://www.jobworld.de)
- Spezialanbieter:
  - CareerNet (http://www.careernet.de)
  - Stellenbörsen und Jobagenturen (http://www.cesar.de/boerse/boerse.html.)
  - Jobs und Praktika (http://dsb.uni-leipzig.de/dsb_jobs.html)
  - Jobs & Adverts (http://www.jobs.adverts.de/)
  - Stellenmagazin (http://www.stellenmagazin.de)
  - Stellenanzeigen (http://www.stellenanzeigen.de)
  - Jobware (http://www.jobware.de)
  - Jobvermittlung (http://www.jobvermittlung.de)

  - Stellenbörse (http://www. stellenboerse.de) alma-mater: Personalservice (http://www.alma-mater.de/)
  - computerjobs (http://www.computerjobs.de/)
  - COPAC (connecting people and companies; http://www.copac.de/)
  - job-pool. com (http://www.job-pool.com/)
- Medien:
  - Stellenmarktregister von „Die Zeit“ (http://www.jobs.zeit.de/hotlist.html)
  - WDR Stellenbörse (http://www.wdr.de/jobs/bin/index.cgi)
  - Mangement-Berater (http://www.management-berater.de/bewerb.htm)
  - Medienverlagsgruppe Hamm (Regionalanbieter; http://www.aao.de/Stellen/)
- Verbände:
  - AISEC (http://www.aisec.org)
  - AEGEE (http://www.aegee.org)
  - AG Wirtschaftsingenieure (http://otto.www.tu-berlin.de/~agwiing/)
  - Bonding (Kontaktmessen für Bewerber und Firmen; http://www.bonding de)
  - Marketing Studenteninitiative MTP (http://www.mtp.org)
  - Market Team (http://www.market-team.com)
  - The Entrepreneurial Group TEG (http://teg.mhn.de)
  - Verband Deutscher Ingenieure (vdi; http://www. di.de/aksj/)

- Bundesanstalt für Arbeit:
  - Arbeitsamt Hauptstelle (mit Arbeitsgeberinformation „ais“ und Stelleinformationsservice „sis“; http://194.112.84.97/)
  - Hochschulteams des Arbeitsamtes (http://www.arbeitsamt.de/HST/BERATUNG/INDEX5.HTM)

Akzeptanzprobleme bei neuen Medien

Der betriebliche Einsatz neuer Medien- und Kommunikationsformen stößt oft noch auf Akzeptanzschwierigkeiten, die zum einen in Mängeln bei der Qualität und der Wirtschaftlichkeit der Programme begründet sind. Zum anderen fehlt es oft noch an der Akzeptanz durch Lernende und Lehrende. Dies liegt teils an einer ungenügenden Einweisung und Vorbereitung der Beteiligten und an nicht ausreichend angepaßten Standardprogrammen, die die betriebliche Praxis nicht vollständig abbilden.

Trotz sicher positiver Ansätze und des Nachweises, daß Multimedia zusätzliche Lerneffekte bewirken kann, gibt es weiterhin große Akzeptanzprobleme bei den Lernenden. Dies gilt nicht nur für ältere, im Umgang mit dem PC unerfahrene Personen, sondern auch für 15- bis 18jährige Jugendliche, wie wir kürzlich in einer Studie mit 75 Schülern in diesem Alter zeigen konnten (Hasebrook u. Wagner 1997): Die Ergebnisse zeigen, daß Printmedien zur Berufsorientierung aus verschiedenen Gründen den elektronischen Medien vorgezogen werden. Diese Bevorzugung ist unabhängig von Geschlecht, Schulform und Computererfahrung. Elektronische Medien machen in der Bearbeitung durchaus Spaß, aber gedruckte Produkte genießen als Informations- und Orientierungsmedium meist das größere Vertrauen.

Bedarfsorientierte Personalentwicklung im Intranet

3 ▮ 05 | 03

Vorteile neuer Medien

Vorteile des Multimedia-Einsatzes sind zunächst verbesserte Kommunikationsmöglichkeiten, unabhängig von zeitlichen und räumlichen Begrenzungen; Computerkonferenzen führen aufgrund einer geringen Bedeutung sozialer Faktoren, wie Status in der Firma, oft zu sachgerechteren und einmütigeren Entscheidungen, kosten aber auch mehr Zeit als persönliche Besprechungen. Voraussetzung für eine erfolgreiche E-Mail- oder Computerkonferenz ist jedoch, daß sich die Beteiligten persönlich kennen und eine geeignete Diskussionsleitung vorhanden ist. Multimedia bietet bei entsprechender Programmqualität leichte Lernvorteile, spart Lernzeit und kann die Motivation und das Selbstvertrauen der Lernenden erhöhen. Ab etwa 200 Teilnehmern kann man zudem Kostenvorteile gegenüber herkömmlichen Unterrichtsmethoden erwarten. Um Multimedia-Programme optimal nutzen zu können, werden daher zumeist Medienkombinationen aus Workshops, schriftlichen Unterlagen und Computerprogrammen verwendet (Hasebrook 1995b).

Nachteile neuer Medien

Nachteile von Multimedia ergeben sich neben inhaltlichen und technischen Qualitätsmängeln v. a. aus den vergleichsweise langen Produktionszeiten, den hohen Produktionskosten und einer zunehmenden Modularisierung und damit Zersplitterung der Lerninhalte (Hasebrook 1995a). Vernetzte Systeme, wie beispielsweise Intranets, versuchen diesen Nachteilen abzuhelfen, indem preisgünstige, leicht aktualisierbare Module angeboten werden, die untereinander durch sinnvolle Hilfestellungen, Lernwege und (Selbst-)Tests miteinander verknüpft sind. Unter dem Druck wachsenden (inter-)nationalen Wettbewerbs, schneller und schlecht prognostizierbarer Marktänderungen und ständiger Produktinnovationen werden vernetzte Multimedia-Systeme zunehmend Eingang in die betrieblichen Bildung finden (Bullinger 1998).

BEISPIEL: *Interne Information über Kurse und Projekte und deren Verwaltung im Intranet*
Die Hochschule für Bankwirtschaft (HfB) bietet, wie viele andere Bildungsinstitutionen und Firmen aktuelle Informationen über Vorträge, Veranstaltungen, Kurse und Projekte im Internet an. Die Studierenden haben die Möglichkeit, sich direkt über ein Formular zu den Kursen und Projekten anzumelden. Wenn alle Plätze ausgeschöpft sind, werden keine weiteren Anmeldungen zugelassen. Das Programm erstellt dann automatisch Kurs- und Projektlisten und hilft bei der Raumplanung (http://www.hfb.de) (Abb. 4).

Mitte 1996 setzten bereits 15% der deutschen Betriebe Intranet-Techniken ein, 30% planten den baldigen Einsatz. Aktuelle Statistiken verschiedener Unternehmensberatungen zeigen, dass der Umsatz bei diesen Intranets weit schneller wächst als der Umsatz im Internet. Seriöse Schätzungen sprechen von einem Umsatz von 600 Mio. US-Dollar im Internet, aber 1,6 Mrd. Dollar durch Intranets – wobei zugehörige Sicherheitstechnologien, wie Firewall-Rechner, jedoch stets eingeschlossen sind (vgl. Hasebrook u. Woerrlein 1996).

Immer mehr Firmen setzen einen Internet-Auftritt ein, um für sich und ihre Produkte Werbung zu machen. Ein wesentlicher Bestandteil sind dabei Stellenangebote und die Werbung von Nachwuchs.

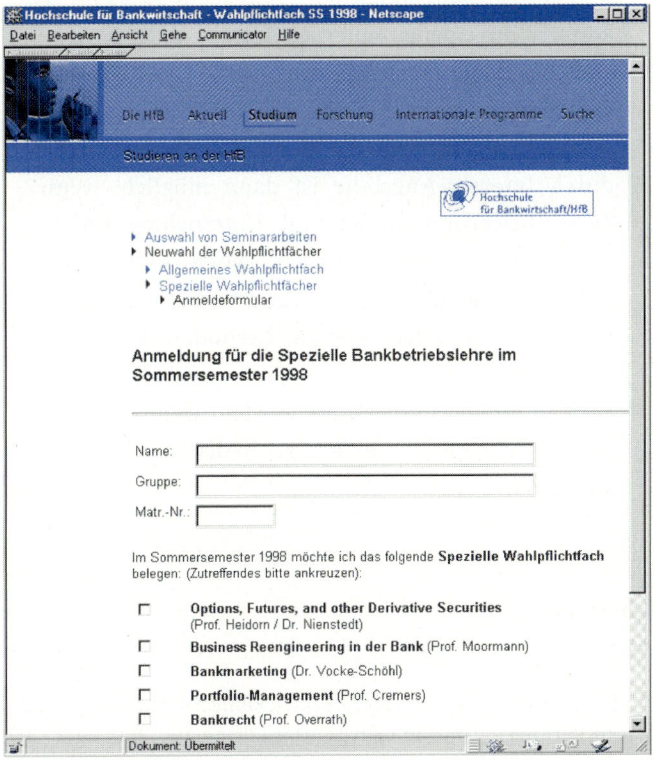

Abb. 4. Informationen über Kursangebote der Hochschule für Bankwirtschaft (HfB) im Internet

FAZIT

Das World Wide Web ist der Dienst im Internet, der sich zum internationalen Marktplatz für Produkte, Dienstleistungen und Personalmarketing entwickelt. Gerade kleinere und mittlere Firmen sollten versuchen, die Vorteile zu nutzen: Stellengesuche können in deutschen, europäischen und internationalen Stellensuchmaschinen und bei Bonding-Messen abgerufen werden; Stellenangebote können im eigenen Internet-Auftritt oder in Jobsuchmaschinen kostengünstig plaziert werden und sprechen besonders technisch interessierte Zielgruppen an. Gezielte Lenkung von Bewerbungen durch Internet-Angebote ist dann möglich, wenn Tests, Bewerbungshilfen und Unternehmensinformationen angeboten werden. Noch bestehen – auch bei Jugendlichen – gewisse Vorbehalte gegenüber elektronischen Medien, besonders bei Mädchen und technisch wenig Interessierten. Diese können jedoch ausgeräumt werden, wenn das Angebot sachgerecht, einfach zu bedienen und klar strukturiert ist.

Literatur

Berkel K, Herzog R (1997) Unternehmenskultur und Ehtik. Sauer, Heidelberg

Bullinger HJ, Schäfer M (1997) Entwicklungstrends und Herausforderungen im Informationszeitalter. In: Bullinger HJ, Broßmann M (Hrsg) Business Television. Beginn einer neuen Informationskultur in Unternehemen. Schäffer Poeschl, Stuttgart, S 3–16

Grote M (1996) Organisationsentwicklung in Banken. Strategie und Realisiation. Bankakademie Verlag, Frankfurt am Main

Gruchel J (1996) Verbund von Präsenz- und Selbstlernphasen in der betrieblichen Weiterbildung – Konzeption und Gestaltung. Deutsches Institut für Fernstudienforschung (DIFF), Tübingen

Hasebrook J (1995a) Lernen mit Multimedia. Zeitschrift für Pädagogische Psychologie 9: 95–103

Hasebrook J (1995b) Multimedia-Psychologie. Eine neue Perspektive menschlicher Kommunikation. Spektrum Akademischer Verlag, Heidelberg

Hasebrook J, Wagner J. (1997) Subjektive Bewertung von gedruckten und elektronischen Medien zur Berufsorientierung. Medienpsychologie 9: 89–104

Hasebrook J, Woerrlein H (1996). Tele-Arbeit. Die Zukunft der Arbeit. tewi, München

Point-of-Sales (POS)

3 ▮ 06

Produktvertrieb durch Kiosksysteme: Kombination von Angeboten und Chance für den Mittelstand

3 ▮ 06 | 01

Gerhard Jendrzey

3

INHALTSÜBERBLICK

E-Commerce ist heute ein Schlüsselthema für alle Wirtschaftsunternehmen. Ganz gleich, welche Branche und welche Größenordnung, der Vertrieb mit Hilfe elektronischer Medien wird als Wettbewerbsfaktor betrachtet. Welche Rolle spielen hierbei POS-Systeme und welche Aspekte muß man beachten? Gibt es bereits ein Anforderungsraster, an dem man sich orientieren kann? Welche Erfahrungen wurden in den bisherigen Pilotprojekten gemacht und gibt es Weiterentwicklungen? Antworten auf diese Fragen finden Sie im folgenden Beitrag.

Einleitung

Electronic Commerce ist das zentrale Thema für Verbraucher und Handel, wobei insbesondere der Mittelstand häufig sehr zurückhaltend ist, da die Zahl der Haushalte mit direktem Internetzugang als gering eingeschätzt wird, verläßliche Aussagen zur Entwicklung des elektronischen Handels vermißt werden, das Abwanderungspotential der Kunden unterschätzt wird und insbesondere die Vorleistungen für einen Online-Verkauf nicht erbracht werden können.

! Handlungsbedarf ergibt sich, da die Entwicklung zum elektronischen Handel nicht aufzuhalten sein wird. Die „Gameboy-Generation“ nutzt diese Medien bereits

Entwicklung E-Commerce

jetzt mit größter Selbstverständlichkeit, verfügt über respektable freie Mittel und ist bei bei den „hip-Produkten“ häufig besser informiert als der Verkäufer. Die Ausstattung der Haushalte mit der erforderlichen Technik steigt deutlich und der Internetzugriff an den Arbeitsplätzen wird diese Anlaufphase mehr als kompensieren.

Preisrecherchen, Verkürzung der Wertschöpfungskette des Handels und Kalkulationsmöglichkeiten der Anbieter mit ausschließlich elektronischem Vertrieb neuartiger Produkte werden für Bewegung sorgen, und mit Einführung des Euro gibt es für den informierten Nutzer länderübergreifend keine Einschränkungen mehr.

Somit kommt es entscheidend darauf an, den ersten Schritt zu tun und einen alternativen Vertriebsweg zu dem bisherigen stationären Verkauf aufzubauen. Die für diesen Vertrieb geeigneten Produkte müssen ebenso definiert werden wie die Konditionen. Verkauf von Standardprodukten zu Standardkonditionen ist nahezu aussichtslos. Daneben muß die Logistik auf den neuen Vertriebsweg ausgerichtet und Erfahrungen konsequent umgesetzt werden.

Um möglichst viele Nutzer zu erreichen, bieten sich Kiosksysteme an: Öffentlich zugängliche Terminals zum Intranet oder Internet mit vandalismusgeschützter Tastatur, berührungssensitivem Bildschirm (Touchscreen) und absturzsicherer Software. Da ein Verbund mittelständischer Händler dieses System in der Anlaufphase wirtschaftlich kaum betreiben kann und aufgrund der Konkurrenzsituation der Händler häufig auch nicht betreiben will, bieten sich Kooperationen an.

Aktivitäten der Kreditinstitute

Alternative Vertriebswege

Im Bankenbereich wird die Anzahl der Kunden, die über elektronische Wege in nahe Zukunft Transaktionen - und nicht nur den Zahlungsverkehr - tätigen werden, mit 15% beziffert. Kein Kreditinstitut kann es sich leisten, auf dieses Potential zu verzichten. Selbstbedienung in Geldangelegenheiten wird zu erheblichen Verschiebungen führen. Alternative Vertriebswege, z. B. Kiosksysteme - nicht nur in den SB-Bereichen, sondern auch in Supermärkten, Universitäten und Behörden - werden für längere Zeit ein wichtiger Baustein im Gesamtkonzept sein.

Die Ausgangslage ist somit für regional tätige Kreditinstitute und den mittelständischen Handel vergleichbar. Da die Geschäftsbeziehungen z. B. der Sparkassen zum Mittelstand traditionell sehr gut sind, bieten sich Kooperationen an. Die Unterstützung beim Aufbau neuer Vertriebswege für den Handel ist ein gutes Stück Mittelstandsförderung, Kundenbindung par excellence und darüber hinaus wichtig, um zu verhindern, daß Kaufkraft aus der Region abfließt.

Videoschaltungen

Kiosksysteme sind aber auch für Kreditinstitute als Ergänzung des stationären Filialnetzes von Bedeutung, da das gesamte Mengengeschäft rund um die Uhr abgewickelt werden und bei Bedarf ein Berater per Video zugeschaltet werden kann. Jede Ergänzung um Electronic-Commerce-Angebote ist eine Bereicherung, so daß sich hier der Bogen schließt.

Anforderungen an ein Kiosksystem

Betreibersicht

Modularer Aufbau

Ein modularer Aufbau mit einem möglichst umfassenden Angebot ist die Basis für:

- Anbahnung von Geschäften über die Vermittlung von Produktinformationen,
- Animationen, wobei alle gestalterischen Möglichkeiten des Internet eingesetzt werden,
- Verkaufsdurchführung durch Auftrags- und Zahlungsabwicklung einschließlich der direkten Kommunikation per Videoschaltung,
- Abwicklung der Transaktionen durch Weitergabe per E-Mail, Fax o. ä. sowie Umsatzgenerierung und Erfassung aller relevanten statistischen Daten.

Die technische Lösung muß auch individuelle Einträge des Händlers ermöglichen, da Imageaspekte nicht immer in einem vorgesehenen Raster unterzubringen sind, und es entscheidend darauf ankommt, daß der Händler sich im Kioskangebot wiedererkennt.

Kosten

Eine Kostendeckung ist in der Startphase nicht erreichbar. Umsatzprovisionen und Kostenbeteiligung bei der Einstellung der Produkte sind eine faire Basis, müssen aber ergänzt werden durch eine Zusammenarbeit der Partner hinsichtlich Werbung, Realisierung von Paketlösungen und gemeinsamer Erarbeitung von Kundenbindungssystemen.

Kreissparkasse Recklinghausen

Beispiel Leistungsspektrum

Das Angebot deckt derzeit neben bankspezifschen Informationen und Transaktionen auch das gebührenpflichtige Surfen, den virtuellen Markt mit Ticketshop, Geschenkeshop, Reisemarkt sowie Automarkt und zukünftig Leistungen im Rahmen der vorgelagerten Stadtverwaltung ab. Zahlungen werden im Rahmen des Electronic-Cash-Systems und der Geldkartenzahlung abgewickelt, die Zahlung wird durch einen Bondrucker dokumentiert. Die für

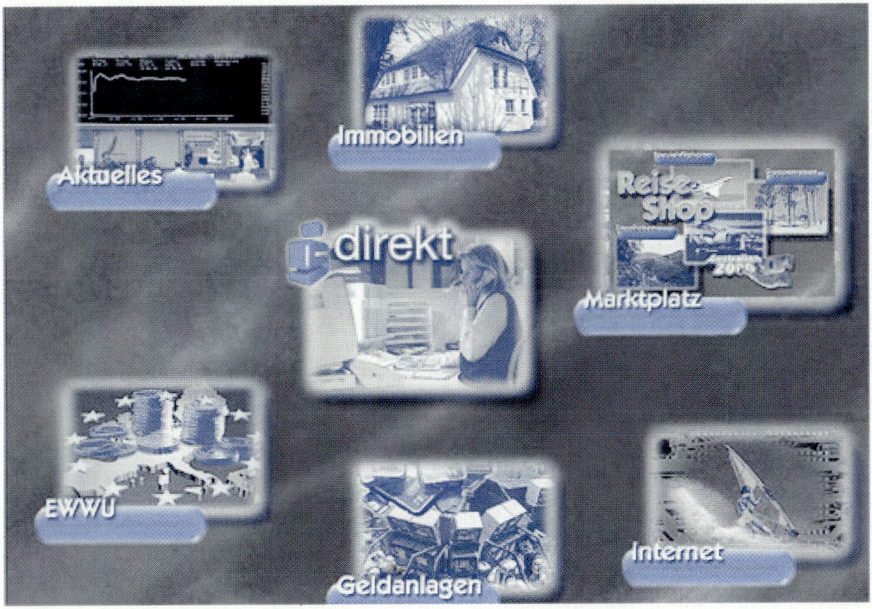

Abb. 1: Einstiegsbildschirm

den Kunden relevanten Informationen können ausgedruckt werden.

Zwölf flächendeckend im Geschäftsgebiet eingesetzte Systeme ermöglichen dem Händler eine Verbreitung, die für ihn allein nicht erreichbar wäre. Die Bezeichnung „Multimedia-Shop" verdeutlicht die Zielrichtung der Angebote (vgl. Abb. 2–4).

Lademöglichkeit Geldkarte

Über das Electronic-Cash-Modul wird auch das Laden der Geldkarte zu Lasten des Kontos möglich sein, wobei der Bildschirm neben Bedienerhinweisen auch händlerbezogene Informationen ermöglicht. Über den Geldkartenchip realisierbare Bonussysteme werden der nächste Schritt sein.

Abb. 2: Einstiegsbildschirm virtueller Markt

Abb. 3: Produktangebot eines Händlers

Abb. 4: PKW-Angebot eines Händlers

Zielgruppe:

- Nutzer von SB-Bereichen, die mit SB-Geräten vertraut sind und über eine Karte mit Geheimzahl verfügen, so daß Transaktionen abgewickelt werden können.
- Junge Nutzer, die technisch interessiert sind und mit der Geldkarte die Voraussetzung für das Surfen und die Auftragserteilung haben. Die Geldkarte ist für diese Kundengruppe interessant, da das Design der Vorderseite der EC-Karte ähnlich ist und die Kartennutzung präferiert wird (s. auch Abb. 5).
- Nichtkunden, die bankfremde Leistungen abrufen wollen. Jeder Nutzer „bankfremder Leistungen“ ist ein potentieller Kunde: Marketingchancen ohne Ende.

Unterstützung

Die Sparkasse unterstützt die „Experimentierphase“ der Händler durch konkrete Hilfestellung bei internen

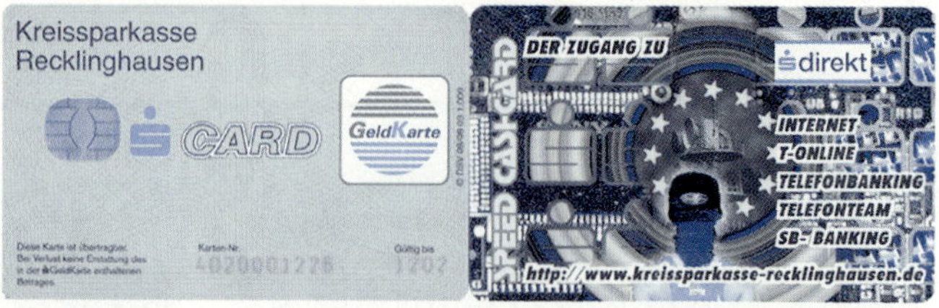

Abb. 5: Kontoungebundene Geldkarte

Änderungen, Erfahrungsaustausch der Händler, Informationsbereitstellung über Entwicklungen und Videoschaltungen. Zu einem PC-Händler, der ein attraktives Angebot eingestellt hat, wurden so Rückfragen hinsichtlich Kompatibilität von Komponenten etc. möglich.

Installationen von 40-Zoll-Monitoren sollen auf die Produkte und Angebote des Multimedia-Shops aufmerksam machen und erreichen auch den eiligen Nutzer des SB-Bereiches. Informationsbereitstellung im Internet, im Kiosksystem und auf den Monitoren bei einmaliger Erfassung der Daten und Weiterverteilung auf die einzelnen Systeme ist der Weg zum erfolgreichen Einsatz.

Händlersicht

Auftrags- und Bezahlmöglichkeit

Wenn nur Informationen über ein Kiosksystem abgerufen werden können, reicht dies nicht nicht aus. Die Auftragserteilung einschließlich der Abrechnung des Kaufpreises ist zwingend erforderlich und sollte bei erklärungsbedürftigen Produkten oder als Serviceleistung durch eine Videoschaltung unterstützt werden. Die Bereitstellung statistischer Daten ist erforderlich, um den Händler in die Lage zu versetzen, sein Angebot zu optimieren, z. B. Abruf der Information, aber kein Kauf/Zeitpunkt der Transaktionen/Anteil der Zugriffe auf das eigene Angebot in Relation zum Gesamtangebot etc.

Transaktionssicherheit

Entscheidend ist die Zahlungsgarantie und die Sicherheit der Transaktionen. Electronic Cash als bewährte und bekannte Zahlungsform für Händler und Nutzer ermöglicht Transaktionen mit EC-Karte/Bankkarte und Geheimzahl. Für junge Kunden ist z. B. eine Zahlung mit einer kontoungebundenen Geldkarte, die bis 400 DM geladen werden kann, möglich.

Der Aufwand für die Einstellung der Produkte mit Bild und Text, der Händlerinformation und ggf. abrufbarer Geschäftsbedingungen muß vertretbar bleiben. Das bedeutet z. B., daß beim Automarkt ein automatisierter Abgleich der Daten erfolgen muß, um eine zeitnahe Aktualisierung zu gewährleisten und nicht an personellen Ressourcen zu scheitern.

Anforderungen

Der Aufbau eines neuen Vertriebsweges ist nicht beiläufig umsetzbar, sondern erfordert:

- Eindeutige Zuständigkeiten und Verantwortlichkeiten. Electronic Commerce ist Chefsache.
- Nutzung aller Möglichkeiten, um auf den Shop aufmerksam zu machen.
- Zusammenarbeit mit professionellen Partnern.
- Bereitschaft, Erkenntnisse aus der Nutzung des Angebotes oder Aktivitäten der Wettbewerber umzusetzen.
- Anpassung interner Abläufe (keine Auftragsbestätigung bei Auftragseingang, keine Rechnungserstellung etc.).

Die Kalkulation der über diesen Vertriebsweg abgewickelten Aufträge muß unter Berücksichtigung von Einsparpotentialen (keine Beratungsleistung, Abwicklung in der ruhigeren Tageszeit möglich), Kostensteigerungen (Verpakkungen, Versand) und dem Marketingeffekt erfolgen.

Existenzgründer

Während etablierte Händler einen Kundenstamm gewonnen haben und die Erosionen durch neue Vertriebswege und Verhaltensänderungen der Kunden erst im Laufe der Zeit sichtbar werden, haben Existenzgründer die große Chance, mit dem Aufbau der eigenen Existenz elektronische Vertriebswege bereits in der Gründungsphase zu berücksichtigen und dieses Standbein permanent auszubauen. Dies ist in Verbindung mit einem innovativen Produkt ein „Muß".

Nutzersicht

Pfiffige Produkte oder ein umfassendes Angebot animieren den Kunden, das Angebot regelmäßig und beiläufig zu sichten. Der Versand der Produkte auch an Dritte – und ergänzt um eine individuelle Nachricht – sind Serviceleistungen, die nachgefragt werden.

Reklamation

Da das Produkt mit Auftragserteilung bezahlt wird, ist für den Nutzer sicherlich nicht bedeutungslos, wer Betreiber des Systems ist und an wen in Zweifelsfall Reklamationen weitergeleitet werden können.

Aber nicht nur strukturierte Informationen oder Produkte sind erforderlich. Der versierte Nutzer will die vielfältigen Möglichkeiten des Internet nutzen und benötigt somit einen freien Zugang. Eigene Recherchen fördern nicht unbedingt den Verkauf der im Geschenkeshop eingestellten Produkte, sind aber unverzichtbar, um eine Annahme des Systems zu gewährleisten.

Anforderungen

Die Anforderungen der Nutzer an Aktualität, Schnelligkeit des Systems und Hilfestellung bei Problemen sind hoch und erfordern regelmäßige Investitionen in Soft- und Hardware.

Abwicklung von Aufträgen
Der Nutzer selektiert das gewünschte Produkt, erfaßt Namen und Anschrift des Empfängers, ggf. ergänzt um einen abweichenden Auftraggeber und eine individuelle Nachricht, und gibt den Auftrag frei. Danach wird der Kunde aufgefordert, seine EC-Karte einzuführen und die Geheimzahl einzutippen oder die Funktion Geldkarte zu wählen. Videoclips haben sich zur Unterstützung dieser Prozedur bewährt.

Neben einem Kassenbon sollte der Kunde auch seinen erfaßten Auftrag ausdrucken können, um einen Nachweis über die Details zu haben.

Mit der Electronic-Cash-Zahlung wird ein Fax oder eine E-Mail mit den erfaßten Angaben an den Händler weitergeleitet, der die Lieferung tagesgleich bearbeitet. Mit dem Kassenabschluß des Kiosksystems werden die Umsätze aufbereitet und am Folgetag den Händlerkonten gutgeschrieben.

Gemeinsame Aktivitäten
Investitionen

Das System lebt vom Engagement der Beteiligten. Ideen sind gefragt und Testphasen erforderlich. Kundenreaktionen müssen getestet werden und Angebote optimiert werden. Dies ist nur möglich, wenn die Bereitschaft besteht, Zeit zu investieren und neue Wege zu beschreiten. Dies gilt auch für die Zusammenarbeit auf Händlerseite, wo Produktpakete geschnürt werden müssen und Kooperationen bei der Auslieferung von Produkten bis zur Abrundung der Angebotspalette sinnvoll sind.

Den Kunden zur Kiosknutzung zu animieren, ist eine gemeinschaftliche Aufgabe. Die Ansatzpunkte sind vielfältig und häufig ohne großen finanziellen Aufwand umsetzbar. Hinweise in Anzeigen, in der Schaufensterauslage, in

Prospekten und im Briefbogen sollten ebenso selbstverständlich sein, wie Plakatierungen in Nähe des Kiosks, die Nutzung der Bildschirmschoner als Werbefläche und der Querverweis bei Einzelseiten.

Weiterentwicklung

Bündelung von Aktivitäten

Ein Pool der interessantesten Produkte für alle Kiosksysteme liegt im Interesse der Betreiber, der Nutzer und der Händler. Der erforderliche Austausch der Daten setzt entsprechende bilaterale Vereinbarungen und diverse Abstimmungen voraus, ist aber der richtige Weg.

Neue Standorte, ausgerichtet auf eine definierte Zielgruppe und mit einer speziellen Angebotspalette, werden zu einer Forcierung der Umsätze führen. Universitäten und Krankenhäuser versprechen ebenso ein interessantes Umsatzvolumen wie z.B. Kantinenbetriebe in Großunternehmen.

Internet

Neben dem Ausbau der Kiosksysteme muß parallel der Zugriff der Internetnutzer ermöglicht werden, da sich die Relationen der Zugriffe verschieben werden und ein überregionaler Zugriff reizvoll ist. Die für das Kiosksystem eingestellten Informationen müssen auch über eine Shopping-Mall abrufbar sein, ohne daß Änderungen bei der Aufbereitung der Informationen oder bei dem Zahlungs- und Abwicklungssystem erforderlich sind, so daß die erbrachten Vorleistungen genutzt werden können.

Nichts spricht aber dagegen, daß Erfahrungen auch mit einer eigenen Homepage gesammelt werden, da alle Wege genutzt werden sollten, die ohne großen Mehraufwand umsetzbar sind.

FAZIT

Zusätzliche Vertriebswege eröffnen Chancen – und das nicht nur für die großen Anbieter. Bereits vorhandener Marktmacht müssen individuelle und flexible Lösungen entgegengesetzt werden, die es insbesondere dem Mittelstand ermöglichen, Nischen zu besetzen, neue Kundengruppen zu erschließen, Kooperationen einzugehen und einen Schritt in einen Zukunftsmarkt zu gehen.

Kiosksysteme sind prädestiniert dazu, um regionale Electronic-Commerce-Angebote zu bündeln und innovative überregionale Produkte einzubinden. Die Chancen sollten regionale Kreditinstitute ebenso aufgreifen wie Einzelhandelsverbände, die Kommunen, denen die Entwicklung im Handelsbereich nicht gleichgültig sein kann, und natürlich auch der einzelne Händler und Existenzgründer. Die Branche ist zweitrangig. Auf die Idee kommt es an und deren Einbindung in vorhandene Lösungen abseits ausgetretener Pfade.

Direct-Response-TV

3 ▮ 07

Gordana Uzelac

INHALTSÜBERBLICK

In diesem Beitrag finden Sie die Erscheinungsformen des klassischen Teleshopping sowie Informationen zum Teleshopping via Internet-Technologien. Neben dem Status quo werden die wichtigsten rechtlichen Rahmenbedingungen, die möglichen Abwicklungsverfahren für Zahlungen sowie Trends und Prognosen vorgestellt. Zusätzlich finden Sie in Kapitel 11.09 weiterführende Informationen technischer Natur.

3

Einblicke in das Marketing mit Telemedien

3 ▮ 07 | 01

Klassisches und elektronisches Marketing

Innovationen durch neue Medien eröffnen neue Möglichkeiten für das Marketing. Multimediale Kommunikationsaspekte lassen sich für nahezu alle Aufgabenstellungen in positiver Weise nutzen. Hierzu zählen v. a. die Bereiche, die aus dem direkten oder indirekten Umfeld der Kommunikationspolitik resultieren. In diesem Kontext der zugehörigen Kommunikationsprozesse darf der Begriff des Direct-Response-TV bzw. Teleshoppings nicht fehlen. Eine oft und gern in den Raum gestellte Frage ist, ob es wahrscheinlich erscheint, daß elektronische Marketinginstrumente die klassischen Aktivitäten auf lange Sicht ablösen werden.

Vieles spricht dafür, daß dies keineswegs der Fall sein wird. Elektronisches und traditionelles Marketing werden sich in Zukunft vielmehr parallel entwickeln und ergänzen. Die klassischen Formen des Marketings werden dabei ganz klar noch die Oberhand behalten. Dennoch ist es unabdingbar, sich mit dem Thema Electronic Marketing auseinanderzusetzen. Stellt man sich einmal vor, daß in einigen Jahren womöglich 60–70% der Unternehmensaktivitäten auf traditionelle, 30% oder gar 40% über neue Medien abgewickelt werden, dann werden viele der Meinung sein: „Ich konzentriere mich eher auf das größere Segment!". Es gilt hier jedoch zu überlegen, daß 30%ige Umsatzeinbußen fatale Folgen mit sich ziehen können.

Die neuen Medien werden somit alle Bereiche des Marketings beeinflussen, und es kann nur gewarnt werden, diese Entwicklung zu übersehen. Natürlich bilden sich die offensichtlichsten Veränderungen in der Werbung ab, aber auch in der Verkaufsförderung und in der Marktforschung sind Änderungen ersichtlich. Im Bereich der Distribution wird es sich zeigen müssen, ob sich virtuelle Märkte gegen die Macht des traditionellen Handels durchsetzen können. Vor allem Logistiksysteme am Point of Sale sowie Preisgestaltungsmöglichkeiten bieten direkte, sofort umsetzbare Ansätze.

3 07 | 02 Grundbegriffe

Homeshopping, Teleshopping

Das Teleshopping ist eine Form des Einzelhandels. Informationen über Produkte und Dienstleistungen werden mit Hilfe von Telekommunikationsnetzen bereitgestellt. Das Shopping via TV (in der Literatur auch Teleshopping genannt) beschreibt das Einkaufen von zu Hause oder vom Arbeitsplatz aus. Eine in der Literatur einheitlich verwendete Differenzierung wird häufig nur hinsichtlich des genutzten Endgeräts, entweder PC (Homeshopping, On-/Offline-Shopping) oder Fernsehgerät (Teleshopping, interaktives Teleshopping) vorgenommen. Als Rückkanal dient das Telefon. Im folgenden geht es primär um das zweite Modell, das Teleshopping.

Um die Erfolgsfaktoren von Teleshoppingformen genau bestimmen zu können, sind grundlegende Begriffsabgrenzungen erforderlich. Vor allem in Deutschland wird mit den Begriffen wie beispielsweise Homeshopping oder Infomercials sehr salopp umgegangen.

Formen des klassischen Teleshoppings

Im deutschen Sprachgebrauch läßt sich das klassische Teleshopping in drei Erscheinungsformen differenzieren:

- Unter **Direct-Response-TV** im engeren Sinne versteht man einen Werbespot mit einer Länge von 20–60 s (maximal jedoch 2 min). Häufig wird ein Reminder, als responseerhöhendes Element, mit einem Hauptspot kombiniert. Der Direct-Response-TV-Spot erscheint mit Preisangabe des beworbenen Produkts (Ware oder Dienstleistung) und einer eingeblendeten Telefonnummer, über die das entsprechende Produkt bestellt werden kann. Direct-Response-TV-Spots werden auch zur Adressengewinnung (für Aktivitäten in den Bereichen: Direkt-Marketing bzw. Database-Marketing) oder aber zur Distribution von Informationen eingesetzt.
- **Infomercials (Commercials)**: Hierunter fallen langformatige Präsentationen (in der Regel mit einer maximalen Länge von 28 min), sog. Dauerwerbesendungen.
- **Spartenkanäle**: Darunter versteht man reine Teleshopping-Kanäle in Form von eigens dafür konzipierten Programmen, deren Inhalt ausschließlich aus Produktpräsentationen besteht.

Einer aktuellen US Teleshopping-Umfrage zufolge sehen sich – trotz der wachsenden Zahl von Teleshopping-Kanälen via Kabel-TV – 62% der Amerikaner Produktpräsentationen via TV nicht an (s. Abb. 1).

Erfolgsfaktoren

Die Erfolgsfaktoren des Teleshoppings lassen sich heute im wesentlichen auf einen Nenner bringen: Der Erfolg von

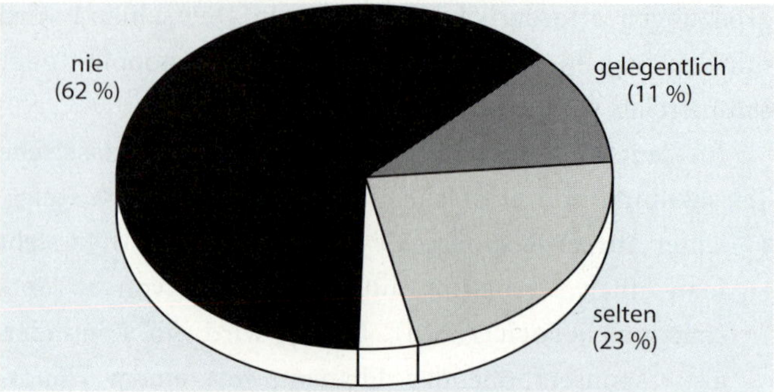

Abb. 1: Teleshopping-Zuschauer (Quelle: USA TODAY, Arogon Consulting Group Research Division)

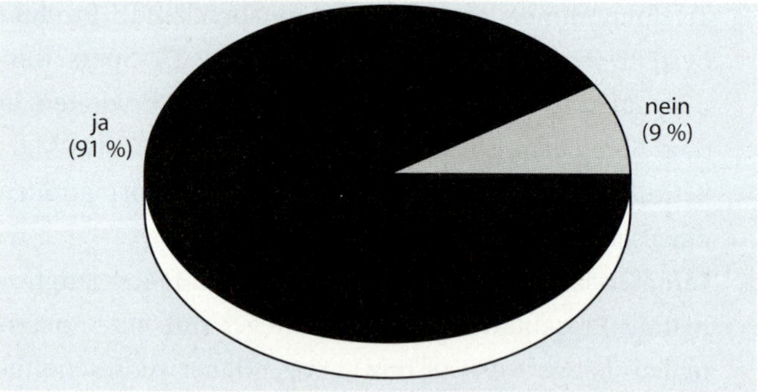

Abb. 2: Quelle: DRTV schon einmal gesehen? (Quelle: Graffiti, München 1997)

Direct-Response-TV-Spots hängt im wesentlichen von der Produktauswahl ab. Alle weiteren Faktoren wie z. B. Fullfilment, Mediaplanung, Spotgestaltung können die Größenordnung des Erfolgs zusätzlich beeinflussen.

Zahlen und Fakten

Einer Befragung zu Folge haben über 90% der Befragten schon einmal Direct-Response-TV-Spots im Fernsehen gesehen (s. Abb. 2). Bereits angerufen und/oder bestellt haben 15% der Befragten. Am häufigsten erinnert wurden die

Anbieter Time Life (26%), Göde (25%) und Teleshop (16%). Ferner ist anzumerken, daß die Einstellung gegenüber Direct-Response-TV sehr stark altersabhängig ist.

Entscheidend ist auch, ob bereits konkrete Erfahrungen mit Direct-Response-TV gemacht wurden. Bei den unter 30jährigen sind 32% dem Direct-Response-TV gegenüber positiv oder ambivalent eingestellt. Bei den über 30jährigen steigt dieser Anteil auf 50%.

Von den Personen, die schon einmal auf einen Direct-Response-TV-Spot reagiert haben, sind zwei Drittel positiv oder ambivalent eingestellt. Ohne Direct-Response-TV-Erfahrung sind die befragten Personen mit 69% negativ eingestellt. Keine signifikanten Unterschiede gibt es hinsichtlich des Geschlechts der Befragten.

Wie amerikanische Studien schon für die USA aufgezeigt haben, gibt es auch in Deutschland eine Preisschwelle für Direct-Response-TV-Produkte. Diese liegt bei 100 DM. Nur 16% der Befragten wären bereit, mehr als 100 DM für Direct-Response-TV-Produkte auszugeben. Als präferierte Zahlungsart überwiegt klar die Zahlung per Rechnung mit 58% der Nennungen. 19% würden am liebsten per Kreditkarte zahlen. Die meisten Befragten akzeptieren eine Lieferzeit von 3–5 Tagen (47%). Eine Lieferzeit von 4 Wochen und mehr sind nur für 3% der Befragten annehmbar.

Vorteile des Direct-Response-TV

Die Vorteile von Direct-Response-TV bestehen in der Kostenminimierung, der direkten Konsumentenansprache und in der wechselseitigen Wirkung zwischen Absatz-, Bekanntheitsgrad- und Imagesteigerung. Ferner sind hier noch zu nennen: schneller Response (80–85%ige Responseausschüttung innerhalb der ersten 20 min nach Spotausstrahlung) mit direkter Werbeerfolgskontrolle, Rückäußerung erfolgt direkt vom Kunden, Direct-Response-

TV bietet Zusatzumsätze durch Cross-Selling-Aktivitäten (beispielsweise Warenbeilagen).

3 ▮ 07 | 03 Teleshopping via Internet-Technologien

Interaktive Nutzung

Mit dem Übergang von der analogen zur digitalen Übertragungstechnik läßt sich die Übertragungskapazität der vorhandenen Fernsehkanäle um ein Vielfaches steigern. So werden sich in Zukunft immer mehr Spartenkanäle und Abrufdienste herausbilden, die nicht nur Fernsehsendungen, sondern auch Produkte und Dienstleistungen zielgruppenspezifisch anbieten. Die wesentliche Neuerung des digitalen Fernsehens ist jedoch die interaktive Nutzungsmöglichkeit. Der Kunde verfügt hierbei über einen direkten Rückkanal, so daß er von zu Hause aus aktiv in das Programmgeschehen eingreifen kann.

DR-TV ohne Interaktion

Je nach technisch möglichem Interaktionsgrad lassen sich beim Teleshopping via TV per Fernsehbildschirm verschiedene Ausprägungen unterscheiden. Beim herkömmlichen klassischen Direct-Response-TV in Form von Infomercials oder Commercials präsentiert der Anbieter seine Produkte in mehrminütigen Videoclips oder Verkaufsshows.

Der Kunde kann anschließend über eine eingeblendete Telefonnummer seine Bestellung aufgeben. Man geht hier also den Umweg über einen indirekten Rückkanal. Als sehr unkomfortabel erweist sich dabei, daß der Kunde gezwungen ist, dem fest vorgegebenen Ablauf des Verkaufsprogramms zu einer ebenfalls fest vorgegebenen Sendezeit zu folgen. Interessiert er sich nur für Laptops, muß er womöglich erst die Sportartikel, Haushaltsgeräte oder die Schmuckkollektion anschauen (diese Form der Teleshopping praktiziert Home Order Television, München), weil ihm auch keine entsprechenden Vorabinformationen über Art, Objekt und Zeit der Präsentationsausstrahlung vorliegen bzw. kommuniziert werden. Dieses Marktbearbeitungsdefizit (Streuverluste werden nach wie vor in Kauf genommen, die Vorteile der differenzierten Segmentierungsstrategie bleiben weiterhin unberücksichtigt) ist den Teleshop-Anbietern längst hinreichend bekannt – dennoch bleibt der Kundenwunsch nach Programm- bzw. Präsentationstransparenz weiterhin weitestgehend unberücksichtigt.

DR-TV mit stärkerer Interaktion

In Anlehnung an den Abrufdienst Video-on-Demand (VOD) kann man bei stärker interaktiven Direct-Response-TV-Anwendungen auch von Service- oder Information-on-Demand (S/IOD) sprechen.

Der Kunde entscheidet eigenständig, welche verfügbaren Informationen er wann abrufen will, d. h. beispielsweise nur Laptops sowie entsprechendes Zubehör. Die ausgewählte Produktpräsentation, beispielsweise in Form von Videoclips, kann er jederzeit anhalten, vor- oder zurückspulen. Ein Netzwerk-Server überspielt die angeforderten Daten in der gewünschten Form und Reihenfolge. Möchte der Kunde ein Produkt bestellen, füllt er direkt am Bildschirm ein Bestellformular aus und schickt dieses online an den Anbieter bzw. Telemediendienstleister. Dafür ist ein schmalbandiger Rückkanal ausreichend. Sämtliche Eingaben erfolgen über die Fernbedienung. Diese steuert auch die Set-Top-Box, einen Decoder, auf dem neben dem Signalempfang, der Decodierung und der Dekomprimierung die eigentlichen Anwendungen (z. B. Benutzeroberfläche) ablaufen. Zum Empfang der digitalen und komprimierten Signale müssen analoge TV-Apparate um diese Hardware-Komponente ergänzt werden.

Interaktives TV (ITV)

Die bisher beschriebenen Formen des Direct-Response-TV stellen gewissermaßen die Vorstufen zum tatsächlichen Interaktiven und multimedialen Fernsehen (ITV) dar.

Beim realisierten interaktiven Teleshopping beeinflußt der Konsument nicht nur die Zusammenstellung der Produktinformationen, sondern paßt auch deren Inhalte individuell seinen Wünschen an. So kann er beispielsweise Produkte per Fernbedienung „in die Hand nehmen" und in jede beliebige Richtung drehen, oder er läßt sich Kleidung am eigenen elektronischen Abbild vorführen. Diese Multimedia-Anwendungen erfordern allerdings eine breitbandige Zwei-Wege-Kommunikation!

Vor dem Hintergrund der Digitalisierung und damit der Schaffung kostengünstiger zusätzlicher Verbreitungsmöglichkeiten werden sich im Bereich der elektronischen Medien eine Vielzahl von neuen Programmen bzw. Diensten entwickeln. Da der Bereich des gebühren- und werbefinanzierten Fernsehens die Grenze des Wachstums erreicht hat, werden neue Diensteangebote auf andere Finanzierungsplattformen zielen.

Pay-TV

Pay-TV in seinen verschiedenen Arten (Pay-per-channel, Pay-per-view, Near-video-on-demand, Video-games, Video-on-demand, Service-on-demand) wird der Einstieg in die Welt des interaktiven Fernsehens sein. Dialogdienste wie beispielsweise Direct-Response-TV werden verstärkt auf den Markt kommen. Die Entwicklungslinie mündet so in den Teledialog (sowie in Videospiele mit mehreren Teilnehmern bis hin zur Multimedia-Konferenz).

3 ▮ 07 | 04 Status quo des interaktiven Teleshoppings

IDirect-Response-TV bedient sich im Gegensatz zum „klassischen Direct-Response-TV" verschiedener Medien (Stand- und Bewegtbild, Audio, Text), um eine Kauftransaktion auf Distanz herbeizuführen. Mit Hilfe von Telekommunikationsnetzen werden Produkte und Dienstleistungen elektronisch offeriert. Wird der Personal Computer (PC) als Eingabegerät zur wechselseitigen Kommunikation mit Anbietern genutzt, dann ist IDirect-Response-TV normalerweise eingebettet in Online-Dienste im Sinne von interaktiven Informations- und Transaktionssystemen. Die Interaktion kann hierbei entweder über analoge oder digitale Telefonleitungen erfolgen. Wird hingegen auf das TV-Gerät als Eingabegerät zurückgegriffen, setzt IDirect-Response-TV digitale TV-Technologien voraus.

Zwei-Wege-Kommunikation

Die Interaktionsmöglichkeit beruht somit auf einer Zwei-Wege-Kommunikation unter der Prämisse einer breitbandigen Kabelnetzinfrastruktur. Hierbei kommt als Rückkanal entweder das Übertragungsmedium und/oder das Telefonnetz zum Einsatz. IDirect-Response-TV ist eine Variante des Einzelhandels bzw. Versandhandels. Demnach erfolgt der Absatz ohne ein direktes Zusammentreffen der Marktpartner. Mit Vertragsabschluß wird die Produktzustellung an den Konsumenten durch den Distanzhändler in die Wege geleitet.

Voraussetzungen

Voraussetzungen des interaktiven Direct-Response-TV:

- Unmittelbare, direkte elektronische Kommunikation zwischen Anbieter und Nachfrager. Hierunter fallen mitunter administrative, organisatorische und logistische sowie auch Delkredere- und Inkassoaufgaben. Ferner ist die sofortige Eigentumsübertragung bei digitalisierten Waren (Software) und Dienstleistungen (Support/Consulting) zu berücksichtigen.
- Redaktionelle Aufbereitung und Darstellungsform der Angebotsinformationen von Audio, Text, Stand- und Bewegtbilder sowie die Darstellungsregie des Nutzers beim Abruf der Produkt- und Dienstleistungsinforma-

tionen in bezug auf Breite, Tiefe und Interaktivität der Informationsdarstellung.

- Bereitstellung anbieterübergreifender Vergleichsmöglichkeiten alternativer Angebote.
- Flexibles, multifunktional einsatzfähiges Endgerät zum Empfang entsprechender Angebotsofferten (TV und/oder PC).

TV-basiertes oder PC-basiertes Teleshopping

Die Entwicklung des Multimedia-Teleshoppings verläuft, wie zuvor erörtert, in zwei Strängen, und zwar als TV- und als PC-basiertes Teleshopping.

Restriktionen TV-basiertes Teleshopping

Der TV-basierte Fernabsatz unterliegt in Deutschland – aus infrastruktureller Sicht – nachfolgenden technologischen Restriktionen:

- Derzeit besteht nur die Streumöglichkeit eines Angebotes in Form der Massenansprache über Ein-Weg-Kommunikation.
- Der Adressat erhält eine sequentiell übermittelte Offerte, welche er nicht individuell und inhaltlich beeinflussen kann – in Form von Audio, Text, Stand und Bewegtbild – dargestellt/präsentiert.
- Die Zwei-Wege-Kommunikation, welche letztlich einen Vertragsabschluß zum Ziel hat, ist nur mit einem Medienbruch über das Endgerät Telefon und den Rückkanal Fernsprechnetz durchzuführen.

Ansätze zur Entwicklung von interaktivem Teleshopping mit dem technischen Potential zur multimedialen Darstellung von Angeboten befinden sich auch Mitte 1998 noch in einem frühen Entwicklungsstadium. Eine realistische Beurteilung des Zeitrahmens für den Aufbau entsprechender Netzinfrastrukturen für Teleshopping und die Penetration eines Massenmarkts mit den jeweiligen zur

Nutzung notwendigen Endgeräten (Set-Top-Boxen, digitale TV-Geräte) ist bislang noch nicht möglich, da bisher keine empirisch zuverlässigen und repräsentativen Zahlen und Fakten (qualitativ und quantitativ) bereitstehen.

PC-basiertes Teleshopping

PC-basiertes Teleshopping bezeichnet die Kommunikation eines Angebotes an PC-Nutzer, die auf mit Hilfe von Stand- und Bewegtbild, Text und Audio dargestellte Informationen dynamisch zugreifen können. Diese Charakterisierung trifft – mit Einschränkungen in bezug auf die Darstellungsmedien – auf alle Entwicklungsstufen des PC-basierten Fernabsatzes zu. Grundlage dieser Angebotsform ist eine Datenbank, die Informationen über das Produkt- und Dienstleistungssortiment von Teleshopping-Anbietern enthält.

Der Nutzer wird über Telefonübertragungsleitungen mit der Datenbank verbunden und kann dann selbst entsprechende Funktionen steuern, um Informationen über das Angebot abzurufen, Bestellungen aufzugeben und Zahlungsvorgänge einzuleiten.

Technologische Entwicklungen des PC-basierten Teleshoppings

Ausgangspunkt der technischen Entwicklung des PC-basierten Fernabsatzes waren rein zeichenorientierte Angebote, die als Leistung eines Dienstesortimentes von Online-Diensten (beispielsweise Minitel, Frankreich und Btx, Deutschland u. a.) auf den Markt kamen. Die gestiegene Leistungsfähigkeit von PCs und Fortschritte in der Softwaretechnologie (v. a. in bezug auf die Benutzeroberfläche) ermöglichten die Abkehr von der reinen Zeichenorientierung hin zur Präsentation von Produkten und Dienstleistung in Form von Text, Grafiken, Stand- und Bewegtbildern.

Aufgrund der begrenzten Leistungsfähigkeit der verfügbaren Übertragungsnetze ist bis heute eine simultane Anwendung dieser Medien immer noch mit Qualitätseinbußen (bei der Informationsdarstellung beim Adressaten) verbunden. Solche Verluste lassen sich vermeiden, wenn die Angebotsdatenbank auf CD-ROM (dezentrale Speichermedien) verlegt wird. So kann dann auch ohne die Inanspruchnahme von Telekommunikationsnetzen bzw. zentralen Speichern offline der Zugriff erfolgen! Der Transaktionsvorgang an sich wird erst anschließend online abgewickelt. Die CD-ROM wird durch die zunehmende Anzahl von ISDN-Anschlüssen mittelfristig an Bedeutung verlieren. Das Offline-Shopping ist nur ein Zwischenschritt in der Entwicklung zum multimedialen Online-Shopping.

Der aktuelle Stand des PC-basierten Teleshoppings ist derzeit noch durch die Koexistenz von multimedialen CD-ROM- und Online-Angeboten gekennzeichnet. Entwicklungstechnisch kontrovers diskutiert wird z. Z. die Frage nach einer übereinstimmenden Plattform für PC und TV (große Kluft zwischen der Fernseh- und PC-Dichte der Haushalte).

Die höhere Penetration der Haushalte mit Fernsehen versprechen auch kurz- und mittelfristig realistische Chancenpotentiale, beispielsweise in Form gezielter und segmentierter Kundenansprache, mit Hilfe von TV-gestütztem interaktiven Fernabsatz (z. B. Spartenkanal: BookNet – Präsentation der Bücherangebote via Fernsehen, auf der eigenen Web-Seite des Senders können Zuschauer mit Schriftstellern plaudern und via Telefon Bücher bestellen, die es z. T. noch nicht im Handel gibt).

3 ▮ 07 | 05 Rechtliche Rahmenbedingungen

Rundfunkstaatsvertrag (RfStV)

Die wichtigsten medienrechtlichen Rahmenbedingungen für jede Form von fernsehgestützten Angeboten in Deutschland werden auf nationaler Ebene durch den

Rundfunkstaatsvertrag (RfStV), der zum 1. 1. 1992 in Kraft getreten ist, die Landesmediengesetze sowie auf europäischer Ebene durch die EU-Fernsehrichtlinie fixiert.

Der Rundfunkstaatsvertrag legt fest, daß öffentlich-rechtliche Rundfunkanstalten sog. Werbesendungen in Form von direkten Angeboten (Teleshopping) an die Öffentlichkeit nicht ausstrahlen dürfen (§ 17 RStV).

Reglementierung

3

Für private Sender gilt dieses Verbot nicht, jedoch werden Teleshopping-Ausstrahlungsmöglichkeiten durch die §§ 27, 6 RStV und Artikel 18 EU-Fernsehrichtlinie für diese Anbieter-/Vermarktergruppen wie folgt reglementiert:

- Teleshopping-Sendungen dürfen die Dauer von 1 h pro Tag – bei Werbesendungen 20% der Tagessendezeit – nicht überschreiten.
- Teleshopping-Sendungen sind als solche klar als besondere Werbung zu kennzeichnen, von den übrigen Sendungen zu separieren sowie in Blockform auszustrahlen.

Aus betriebswirtschaftlicher Sicht und aufgrund der technischen Fortschritte sind die oben aufgeführten Regularien nicht nur nicht zeitgemäß, sondern sie gleichen vielmehr innovationsfeindlichen Marktzugangsbeschränkungen, denn der unaufhaltsame Ausbau digitaler TV-Übertragungstechnik (Kabel oder Satellit) führt automatisch zu einer Vermehrung der TV-Kanäle, so daß es über kurz oder lang nicht mehr erforderlich sein wird, durch Restriktionen sicherzustellen, daß „die wenigen" TV-Kanäle vorrangig zur Sicherung und Verbreitung von Programmen mit hoher publizistischer und informativer Qualität genutzt werden.

Des weiteren wurde schon angesprochen, daß dem Teleshopping keine Ein-Weg-Verteilerkommunikation zukommt, sondern vielmehr eine neue, segmentierte und auf wechselseitigem Dialog basierende Vertriebsmöglichkeit darstellt, welche sich moderner, innovativer Telekommunikationstechnik bedient. Aus diesem Grunde erscheint es nicht sinnvoll, das Teleshopping weiterhin als Rundfunkveranstaltung zu „positionieren".

EU-Ebene

Auf EU-Ebene wurde dies erkannt und hat dazu geführt, daß eine Liberalisierung der europäischen Fernsehrichtlinie bzw. TV-gestütztes Teleshopping mit folgendem Inhalt vorangetrieben wurde:

- Zulässigkeit von Teleshopping-Kanälen mit ganztägigen Inhalten.
- Die Werbedauer wird im Rahmen anderer Programme von mindestens 15 min auf maximal 3 h pro Tag ausgeweitet.

Teleshopping wird nach wie vor als Werbung angesehen und steht in einem Substitutionsverhältnis zur Spotwerbung. Eine Besserung auf EU-Ebene ist somit angestrebt. So bleibt zu hoffen, daß sich angesichts des zunehmenden Werbedrucks der werbefinanzierten Sender eine Lockerung der bestehenden TV-Werbebeschränkungen auch auf nationaler Ebene durchsetzt.

Weitere vertragsrechtliche Bereiche

Die vertragsrechtlichen Aspekte des Teleshoppings erstrecken sich nicht nur auf die rundfunkrechtliche, sondern auch auf die wettbewerbsrechtliche Zulässigkeit (im Sinne des §1 UWG) sowie deren vertragsrechtliche Beurteilung zu den Punkten Vertragsschluß (Vgl. §§145, 147, 148 BGB), Vertragsinhalt in bezug auf Vertragsgegenstand und der Einbeziehung der allgemeinen Geschäftsbedingungen (im Sinne §2 AGBG), Widerrufsrecht des Kunden nach dem Haustürwiderrufsgesetz (Vgl. §§1, 2, 5 HWiG) und Kreditierung des Preises (Vgl. §§1, 3, 4 VerbrKrG).

Zahlungsverkehr

3 ▮ 07 | 06

Ohne die Abwicklung von Zahlungen zwischen den Marktpartnern bleibt die Etablierung elektronischer Märkte unvollständig. Wenn nur die eine Seite der Transaktion, nämlich die Bestellung der Ware durch den Konsumenten, elektronisch erfolgt, ohne daß die zweite Hälfte der Transaktion, die Übermittlung einer Zahlung vom Kunden zum Anbieter (Dienstleister, Händler, Hersteller), auf diesem Wege erfolgen kann, wird der Kreis nicht geschlossen. Insbesondere bei der Bezahlung kleiner Geldbeträge, die für die Inanspruchnahme von Informationsdienstleistungen anfallen, sind die herkömmlichen Wege der Zahlung nicht einsetzbar, da beispielsweise die Kosten der Überweisungsaufträge den geforderten Rechnungsbetrag übersteigen. Elektronische Märkte erfordern damit elektronischen Zahlungsverkehr.

Formen der Bezahlung

Es können fünf Formen der Bezahlung im Datennetz unterschieden werden:

1. Klassische Kreditkartenbezahlung.
2. Kreditkartenbezahlung mit telefonischer Bestätigung.
3. Kreditkartenbezahlung nach SET-Standard (Secure Electronic Transaction-Standard).
4. CyberCash Internet Wallet.
5. Virtuelles Geld von Digicash.

Echtes Internet Banking wird derzeit nur von wenigen Kreditinstituten angeboten. Der Markt wächst jedoch so rasant, so die Meinung von Branchenkennern, daß bis zur Jahrtausendwende 2- oder sogar 3stellige Milliardenbeträge im elektronischen Zahlungsverkehr erreicht werden.

Aber nur, wenn es da nicht immer noch den Grund für die spärliche Verbreitung des echten Internet-Bankings, die mangelnde Sicherheit gibt. Fakt ist: Alle Daten, die in diesem weltweiten Netzwerk übertragen werden, sind unverschlüsselt. Theoretisch können mit jedem Rechner, der auf dem Weg des Datenstroms liegt, alle sicherheitssensitiven Daten (beispielsweise die persönliche Kontonummer, Geheimnummer) ohne Schwierigkeiten gelesen werden.

Gängige Zahlungsmethoden

Ohne der Vollständigkeit hier Rechnung tragen zu können, soll dennoch kurz auf die gängigen Zahlungsmethoden des klassischen Teleshoppings aufmerksam gemacht werden. Im Ranking der am häufigsten in Anspruch genommenen Zahlungsmethoden rangiert auf Nummer eins die Bezahlung per Nachnahme, gefolgt von der Rechnungsstellung und der Vorauszahlung sowie das Bezahlen per Kreditkarte.

3 ▮ 07 | 07 Trends und Prognosen

Kundenorientierung

Die zukünftigen Multimedia-Systeme werden sich in weit stärkerem Maße nach dem Benutzer und seinen Bedürfnissen ausrichten. Wir befinden uns auf Käufermärkten und hier bestimmt der Nachfrager entscheidend über das Angebot.

WWW-taugliche TV-Geräte

Vor allem aber die angesprochene Öffnung des TV-Geräts für WWW-Anwendungen ist ein Schritt, der aus dem Medium Internet mit einer technischen Reichweite von etwa 10% ein Massenmedium machen kann. Aber vor diesem großen Sprung steht zunächst die Etablierung der Internet-Präsenz als Muß.

Online-Anwendungen werden den größten Anteil am Multimedia-Markt ausmachen. Das Internet wird für Datenbankanwendungen im Business-to-Business-Bereich sowie im Service- und Informationsbereich genutzt werden.

Regionalisierung und Individualisierung

Ein weiterer Trend liegt darin, daß die Angebote v. a. im Online-Bereich regionaler und individueller werden, denn in der regionalen „realen Welt" liegen die Absatzmärkte für viele Güter, die in der „virtuellen Welt" angepriesen werden.

Kritischer Erfolgsfaktor

Im Augenblick ist das Interesse am Electronic Shopping seitens der Anbieter sehr groß. Viele Unternehmen – allen voran die Versandhäuser (Quelle, Otto) – sind von den Vorteilen der neuen Medien für den Verkauf überzeugt und haben erste Anwendungen auf CD-ROM und/oder innerhalb eines Online-Dienstes realisiert. Nun gilt es, wie dies häufig bei sehr innovativen Projekten der Fall ist, die erste Durststrecke zu überwinden – währenddessen Konzepte mit einem möglichst hohen Grad an inhaltlichen Abstimmungsprozessen zwischen den Anbietern von Datenkommunikationsdiensten und den Teilnehmern von -anwendungen erarbeitet werden. Denn der kritische Erfolgsfaktor für die erfolgreiche Einführung eines Datenkommunikationsdienstes liegt in der Fähigkeit zur Initialisierung und Unterstützung eines Abstimmungsprozesses zwischen den potentiellen Anwendern. Die bisher veröffentlichten Umsätze (bislang fehlen einheitliche, valide Umsatzzahlen, die über das Internet generiert werden) dürfen keinesfalls als Indikator dafür angesehen werden, daß Tele- oder Online-Shopping prinzipiell vom Kunden abgelehnt wird. Entscheidend ist, daß das elektronische Verkaufen nicht eins zu eins aus dem Handel übernommen wird, sondern daß an neuen, modernen und adäquaten Lösungen und Konzepten gearbeitet wird. Verschiedene Studien haben gezeigt, daß die Bevölkerung über das Multimedia-Teleshopping in Form von interaktivem Fernsehen gut bis sehr gut informiert ist.

Kenntnisstand der Verbraucher

Diese Innovationen besitzen damit – nach o.g. Erkenntnissen – gute Chancen, von einem Großteil der Verbraucher akzeptiert zu werden. Allerdings sollte berücksichtigt werden, daß viele Rezipienten mit dem Begriff interaktives Fernsehen in der Regel die Dienste Pay-per-view bzw. Video-on-demand und nur selten Service/Information-on-demand (Teleshopping) assoziieren.

Nachdem den Teilnehmern an entsprechenden Untersuchungen jedoch sämtliche Möglichkeiten des interaktiven Fernsehens aufgezeigt wurden, resultierte ein großes Interesse an Multimedia-Teleshopping. Zusammenfassend läßt sich hiermit festhalten, daß die sich schon in diesem frühen Stadium abzeichnende Akzeptanz der Verbraucher für ein Marktpotential spricht, das es für Hersteller und Handel lohnenswert macht, in diese neue Technologie zu investieren.

So besitzt das Interaktive Fernsehen alle Voraussetzungen dafür, die zum Teleshopping positiv eingestellte Bevölkerung (die jedoch diese Form des Einkaufens noch nicht nutzt) weitgehend für sich zu gewinnen.

Teleshopping online

Das Teleshopping in Online-Diensten und im Internet bzw. WWW wird an Bedeutung gewinnen und als zusätzliche Möglichkeit der Kundenansprache und des Point of Sale neben die bisherigen Kanäle wie Mailordering über Zeitschriften oder Katalogkauf treten. Zusätzlichen Auftrieb gewinnen diese Vertriebsformen durch die immer noch existenten restriktiven Ladenöffnungszeiten in Deutschland. Zwar fällt, gemessen am Umsatz des Einzelhandels, die neue Vertriebsform noch nicht ins Gewicht. Sie kann jedoch für sog. Soft-Produkte und -Dienstleistungen beachtliche Anteile erringen.

Elektronische Zahlungssysteme

Ein wesentlicher Punkt in der zukünftigen Einschätzung ist die Frage, was passieren wird, wenn elektronische Zahlungssysteme Abrechnungen zu niedrigen Kosten gestatten. Man kann annehmen, daß die Dienstleistungen im Internet dann explosionsartig anwachsen. Es werden plötzlich Transaktionen ökonomisch möglich, die lediglich den Wert von einigen Pfennigen besitzen. Das Internet kann somit höchst attraktiv werden für Informationsdienstleister (Broker), die spezielle Marktnischen bedienen. Die Gründungskosten für einen Shop im Internet sind dann verschwindend gering gegenüber der Etablierung eines realen Geschäfts.

Eine große Vielzahl verschiedener Zahlungssysteme wird parallel bestehen. Die WWW-Oberflächen werden mit einem „Public-Key-System" für Verschlüsselung und digitale Unterschriften versehen. Die großen Kreditkartenunternehmen werden ihr weltweites Netz (Infrastruktur) für elektronische Zahlungsvorgänge im Internet einsetzen. Ihr Geschäft wird sich auf den Einzug von Zahlungen für Privatkunden-, Käufer- und Konsumentenkredite ausweiten. Banken werden im Internet vermehrt Dienste für das Telebanking anbieten.

Nachdem bereits Finanzintermediäre sehr stark in das Finanzierungsgeschäft der Banken in den USA eingedrungen sind, kann nun in einem weiteren Schritt davon ausgegangen werden, daß Abrechnungs- und Zahlungssysteme sich vermehrt an den Banken vorbei entwickeln werden. Einen Teil dieses Geschäftes werden die Banken an die neuen Zahlungsdienstleister abgeben müssen wie beispielsweise an computernahe Unternehmen (Microsoft oder AT&T). Die Einrichtung von Zahlungsdienstleistungen wird zu einem starken Wachstum kreativer neuer Informationsdienstleistungen führen. Anstatt eigene Informationssysteme aufzubauen, wird über das Netz an bestehenden Systemen in Form von „Outsourcing" vermehrt partipiziert. Die neuen Abrechnungssysteme werden die Zahlung der in Anspruch genommenen Dienstleistungen erheblich vereinfachen!

Technologische Entwicklung

Die Entwicklungen auf dem komplexen Gebiet der elektronischen Medien können nur dann erfolgreich sein, wenn alle in diesem Umfeld bedeutenden Unternehmen und Organisationen an einer solchen Entwicklung beteiligt sind und wenn die kommerziellen Interessen eine den technischen Überlegungen gleichrangige Rolle bei der Definition der Entwicklungsziele erhalten.

Die sich rasant entwickelnden Multimedia-Technologien bilden das Rückgrat unserer Informationsgesellschaft. Langfristig wird ein voll kompatibles und einheitliches Datennetz mit universell einsetzbarem Endgerät für alle Nutzer zur Verfügung stehen. Der Durchbruch wird hier zunächst im gewerblichen Bereich gelingen. Denn die Produktivitätsgewinne durch den Einsatz von multimedialen Anwendungen werden die technologische Entwicklung weiter beschleunigen und somit auch private Verwendungen unterstützen. Hierzu müssen jedoch die entsprechenden Weichen gestellt und hohe Vorleistungen erbracht werden. Wenn entsprechende Dienste technisch, inhaltlich und rechtlich klar abgegrenzt und zielgruppenspezifisch bereitgestellt werden, wird die Investitionsentscheidung ohne Risiko zugunsten einer der angebotenen Dienste auch entsprechend leicht gefällt. Denn sowohl Preise als auch Absatzwege sind einem zunehmenden Konkurrenzdruck ausgesetzt.

Die Unterhaltungselektronik verfügt über langfristig gute Chancenpotentiale für Innovationen – auf nationaler als auch auf europäischer Ebene. Einerseits entstehen durch die zunehmende technologische Ausweitung Rationalisierungseffekte, die sich in zusätzlich verfügbarer

Freizeit widerspiegeln werden. Das heißt, daß die Unterhaltungselektronik einem zukunftsträchtigen Potential – zwischen Mediennutzung und Freizeitbeschäftigung – entgegensieht. Andererseits wird es durch multifunktionale Endgeräte möglich sein, einen individuellen und zielgruppengerechten Mehrwert zu generieren. Dies führt dann zu entsprechend zusätzlicher Produktpenetration am Markt. Folgendes Beispiel soll diese These illustrieren: Das technisch einfachere Gerät, der Videorecorder, hat rund 17 Jahre benötigt um 1996 in 61,5% der deutschen Haushalte zu stehen. Das TV-basierte Teleshopping dürfte sich demgegenüber zeitlich wesentlich schneller im Markt durchsetzen.

Umweltaspekte

Bei der Lösung des Verkehrsproblems wird der zunehmende Ausbau der modernen Telekommunikationsinfrastruktur einen bedeutenden Teil beitragen. Befürworter argumentieren, daß es auf der Datenautobahn keine Abgase gibt. Die Kritiker halten mit dem Argument dagegen, daß diese Umweltprobleme an anderer Stelle verstärkt auftreten können. Diese These wird jedoch von vorhandenen Untersuchungsergebnissen zu dem „Substitutionspotential des physischen Verkehrs durch Telekommunikation" widerlegt.

Zu den seit geraumer Zeit am meisten diskutierten Möglichkeiten, wie sich physischer Verkehr durch den Einsatz moderner Telekommunikationsgeräte verringern läßt, gehören die Potentiale von Telearbeit, Tele-Conferencing, Teleshopping und insbesondere das Telelearning.

Betriebswirtschaftliche Aspekte

In Verbindung mit den klassischen Produktionsfaktoren Arbeit, Boden und Kapital werden Informationen immer mehr zur bestimmenden Ressource für wirtschaftliches Wachstum.

Multimedia-Technologien scheinen durch ihre Dynamik in der Lage zu sein, einen neuen Kondratief-Zyklus einzuleiten; ausgelöst durch bahnbrechende Innovationen. Von einem solchen Quantensprung könnte gerade die Bundesrepublik als Standort mit einem im internationalen Ranking (immer noch) hohen Ausbildungsstandard (Human capital) profitieren.

Von volks- und betriebswirtschaftlicher Bedeutung ist der Sachverhalt, daß die bereits heute praktizierten Formen des Teleshoppings – v. a. die sich aus Online-Multimedia ergebenden Einsatzformen – auch kleinen und mittleren Unternehmen in strukturschwachen Regionen Chancen eröffnen, sich weltweit zu präsentieren bzw. ihre Waren zu vermarkten.

Im allgemeinen gilt, daß sich die im Desk-Top-Bereich mittels CD-ROM vermarktbaren Produkte und Dienstleistungen auch für die Vermarktung durch Teleshopping eignen. Sicherlich sind diese Aussagen nur als globale Richtlinie zu werten. Bei lokaler Betrachtung hat beispielsweise das Teleshopping gravierend andere Anforderungen zu erfüllen als beispielsweise ein bundesweites oder gar länderübergreifendes Teleshopping.

Um dies zu belegen, genügt es schon, auf etwaige Kosten für Vorleistungen, die ein kleines oder mittleres Unternehmen für eine ansprechende Aufbereitung des Informationsangebots (v. a. im werbegraphischen Bereich) aufwenden muß, zu verweisen.

FAZIT

Die Entwicklung der letzten Jahre hat das Internet grundlegend verändert. Das Netz ist längst keine akademische Domäne mehr, sondern universelle

Plattform für die multimedialen Dienste und Anwendungen der Zukunft. Deshalb verwundert es nicht, daß im Augenblick das Interesse am Electronic Shopping bzw. Teleshopping seitens der Anbieter durchaus vorhanden ist – mit wachsender Tendenz. Begründet durch die Tatsache der raschen Diffusion von PCs in deutschen Privathaushalten und dem Fortschreiten von multimediafähigen TV-Netzen in den nächsten 1–3 Jahren.

Viele Unternehmen – allen voran die großen Versandhäuser – sind von den Vorteilen der neuen Medien – schwerpunktmäßig in den Bereichen Vertrieb, Marketing, Support und Kommunikation – überzeugt und haben erste Anwendungen auf CD-ROM oder innerhalb eines Online-Dienstes realisiert. Nun gilt es, wie dies häufig bei innovativen Projekten der Fall ist, die erste Durststrecke und etwaige Unsicherheiten zu überwinden.

Die bisher noch geringen Umsätze dürfen keinesfalls als Indikator dafür angesehen werden, daß der Kunde das Teleshopping via multimedialen Innovationsmöglichkeiten prinzipiell ablehnt. Entscheidend ist, daß man dem elektronischen Vertrieb mit Phantasie begegnet und nicht den althergebrachten Mustern des Handels folgt. Die Intention sollte hierbei sein: Das Auffinden und die Integration von neuen, modernen und zieladäquaten Lösungen.

Wie jedoch hinlänglich bekannt ist, haben Innovationen, v. a. in bezug auf das Erreichen einer kritischen Masse, schon immer von Enthusiasten, einigen Trendsettern und frühen Adaptoren als Multiplikatoren im Vorfeld der Diffusion gelebt und letztendlich auch profitiert. Dieser Verlauf dürfte sich auch hier als erfolgversprechend erweisen.

Literatur

Davies RL, Reynolds J (1988) The Development of Teleshopping and Teleservices, Harlow: Longmann. Deutscher Instituts-Verlag GmbH

Franke N, Kißling V, Schneider, M (1995) Tele-Shopping. Wie stehen die Chancen heute? Marketing Journal 28: 198–201

Gerpott TJ, Heil B (1996) Multimedia-Teleshopping, Rahmenbedingungen und Gestaltung von innovativen Absatzkanälen. ZfB 66 H. 11: 1329–1356

Grote A (1996) Abgase auf der Datenautobahn. M+K Computermarkt, Bd 18, H. 12: 24–27, H. 5: 503–506

Hünerberg R, Heise G (Hrsg) (1995) Multi-Media und Marketing. Gabler, Wiesbaden

Kubicek H, Reimers K (1996) Hauptdeterminanten der Nachfrage nach Datenkommunikationsdiensten. Marketing ZFP 1/4: 55–66

Reimers U (1997) DVB – vom Digitalen Fernsehen zum Datenrundfunk. In: PIK 20/1: 52–55

Ridder C-M (1995) Teleshopping – elektronisches Versandhaus oder Fernsehprogramm? In: Media Perspektiven o. Jg.: 414–427

Schmid B (1993) Elektronische Märkte. Wirtschaftsinformatik H. 5: 456–481

Uzelac G (1997) Diplomarbeit. Klassisches Teleshopping via multimedialen Innovationen

Vahrenkamp R (1996) Teleshopping und Telebanking. DV-Management 2: 51–65

Computer Aided Sales

3 ▮ 08

Ulrich Krumb

INHALTSÜBERBLICK

Kundenbeziehungsmanagement ist ein entscheidender Wettbewerbsfaktor. IT-gestützte Systeme zur Marketing- und Vertriebssteuerung haben sich in der Praxis als erfolgreich bewiesen, so daß es heute für mittelständische Unternehmen unumgänglich ist, das vielfältige Angebot an CRM-Systemen (Customer Relationship Management) auf Einsatzmöglichkeiten im eigenen Unternehmen zu überprüfen.

CRM Customer Relationship Management

3 ▮ 08 | 01

Einleitung

Motivation

Computerunterstützung in Vertrieb und Marketing ist heute keine Theorie mehr. Anbieter von Systemen zur Vertriebs- und Außendienststeuerung wachsen wie Pilze aus dem Boden. Nachdem zwischenzeitlich durch eine Vielzahl von Installationen der Nutzen dieser Systeme bewiesen ist, ist es für Entscheidungsträger in Vertrieb, Marketing und EDV notwendig, die Einsatzmöglichkeiten solcher Systeme für das eigene Unternehmen zu erkennen und den sich durch den Einsatz dieser Systeme ergebenden Nutzen abzuschätzen.

Ziel dieses Beitrages ist es, die entsprechenden Kenntnisse zu vermitteln, sowie an Hand des „Sechs-P-Modells“ das Zusammenspiel 6 wichtiger Problemfelder im Zusammenhang mit der Einführung und dem erfolgreichen Einsatz eines CRM-Systems zu diskutieren.

Ein schnelleres und besseres Informationsmanagement war schon immer die Besonderheit erfolgreicher

Unternehmen. Doch um diesen Informationsvorsprung in Wettbewerbsvorteile umzusetzen, muß mehr geschehen. Dazu gehört das Wissen über die technischen Möglichkeiten. Nur so lassen sich Marktanforderungen und Kundenbedürfnisse rasch in Wertschöpfung umsetzen und die notwendigen organisatorischen Voraussetzungen schaffen.

In der heutigen Zeit weisen die technischen Möglichkeiten ein Innovationstempo auf, mit dem viele Unternehmen weder strategisch noch operativ Schritt halten können. Entscheidend ist, daß nahezu jedes Unternehmen durch den Einsatz von Computerunterstützung seine Geschäftsprozesse in Marketing und Verkauf optimieren kann. Der Kunde steht nicht mehr am Ende dieser Prozesse, sondern wird aktiver Bestandteil dieser Abläufe. Darüber hinaus müssen in einem dauerhaften systematischen Prozeß Kundenbeziehungen aufgebaut und gefestigt werden.

Nur durch entsprechende Computerunterstützung wird es möglich sein, die dabei entstehenden riesigen Berge von Daten zu speichern, die dazu notwendigen Prozesse abzubilden und diese wirkungsvoll zu unterstützen und zu steuern.

Definition und Begriffserklärung

CAS und CRM

Wer sich heute neu mit diesem Thema befaßt wird mit einer Vielzahl von Begriffen wie CAS (Computer Aided Sales), VIS (Vertriebsinformationssystem), SFA (Sales Force Automation) usw. konfrontiert, wobei aufgrund der umfangreichen Überschneidungen keine begriffliche Klarheit herrscht. Wir verwenden für diesen Beitrag den Begriff **CRM** **C**ustomer **R**elationship **M**anagement oder zu deutsch Kundenbeziehungsmanagement und fassen CAS als Teilaspekt von CRM auf. Unter einem CRM-System versteht man den ganzheitlichen Ansatz, die Kernbereiche Vertrieb, Marketing, Kundendienst und Controlling mit dem Ziel einer besseren internen wie auch externen Kommunikation zusammenzuführen. Dementsprechend ist die Aufgabe eines CRM-Systems, alle relevanten Kundendaten zu speichern, um sie Vertrieb, Marketing, Kundendienst und Controlling für weitere Geschäftsprozesse zur Verfügung zu stellen. Folgende Abb. 1 zeigt mögliche Geschäftsprozesse.

Abgrenzung

CRM-Systeme sind keine Systeme zur Fakturierung, Debitorenbuchhaltung, Auftragsbearbeitung usw. Diese Aufgaben werden in der Regel durch sog. ERP (Enterprise Resource Planning)-Systeme auf der zentralen EDV abgewickelt. Die dort gewonnenen Daten werden, entsprechend ihrem Bedarf, über Schnittstellen dem CRM-System zur Verfügung gestellt. Der Vollständigkeit halber

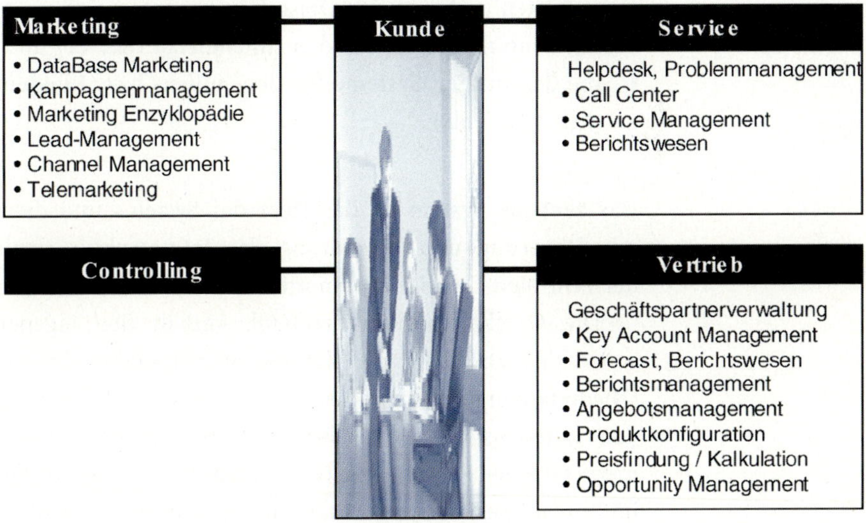

Abb. 1: Integration aller Beteiligten an einem CRM-System

sei gesagt, daß ERP-Anbieter wie SAP und Baan Ihre Lösungen um sog. CRM-Komponenten erweitern.

Zukünftige Entwicklungen

Der gläserne Kunde

Mit dem Ziel der maximal möglichen Kundenorientierung geht der Weg hin zur totalen Integration aller relevanten Kundendaten in ein umfassendes CRM-System. Der gläserne Kunden entsteht. Dieses System steht dann allen Mitarbeitern in Buchhaltung, Auftragsabwicklung, Einkauf, Service usw. zur Verfügung. Weiterhin kann dieses CRM-System in andere Anwendungen wie etwa Call-Center- oder Point-of-Sales-Systeme sowie betriebswirtschaftliche Lösungen wie z. B. SAP/R3 integriert werden.

Der Aufbau eines CRM-Systems

Komponenten eines CRM-Systems

Ein CRM-System besteht in der Regel aus 2 Komponenten, die entsprechend dem Client-Server-Prinzip zusammenarbeiten (vgl. Abb. 2). Diese Komponenten sind

- das zentrale System für den Innendienst (Server) und
- die dezentralen Systeme für den Außen- bzw. Kundendienst (Clients).

Das **zentrale System** ist das Herz des Systems und dient zur Steuerung und Verwaltung der Infrastruktur sowie der zentralen Geschäftspartnerdatenbank.

Die Geschäftspartnerdatenbank enthält den eigenen sowie den Datenbestand der darunterliegenden Ebenen (Niederlassungen, Außendienstmitarbeiter) und sorgt für den Datenaustausch zwischen den dezentralen Teilnehmern und der zentralen EDV. Zusätzlich sind hier die für im Innendienst tätigen Mitarbeiter (Vertrieb, Marketing, Controlling) notwendigen Applikationen implementiert.

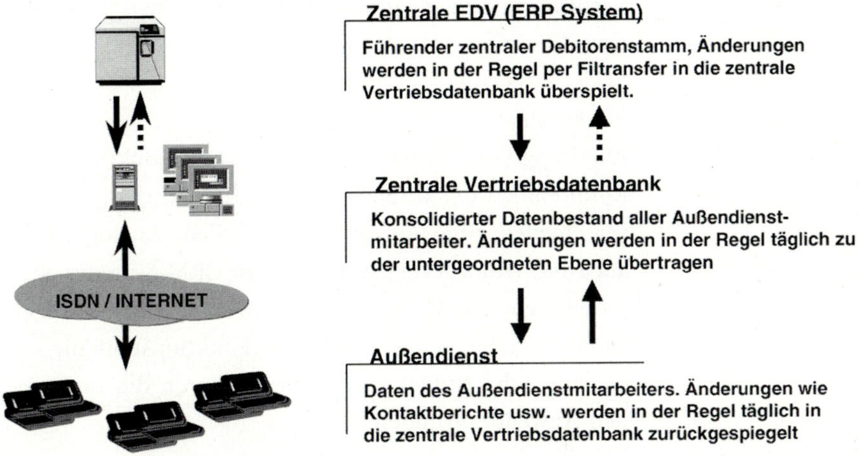

Abb. 2: Aufbau eines CRM-Systems

Im wesentlichen übernimmt dieses System folgende Aufgaben:

Aufgaben des zentralen Systems

- die Verwaltung aller am System angeschlossenen Benutzer und der damit verbundenen Zugriffsrechte,
- die automatische Ermittlung und Bereitstellung von Datenänderungen sowie den Datenaustausch zwischen der zentralen EDV (ERP-System), der zentralen Vertriebsdatenbank und den angeschlossenen dezentralen Systemen.

Die **dezentralen Systeme** (Clients) unterstützen die Mitarbeiter bei der täglichen Arbeit vor Ort. Das Kernstück ist die Geschäftspartnerdatenbank des jeweiligen Außendienstmitarbeiters mit den für ihn relevanten Daten der zentralen Vertriebsdatenbank und den zur Unterstützung seiner Arbeit benötigten Funktionen. Bausteine zur Datenübertragung sowie Import-/Export-Funktionen ergänzen diese Systeme. Eine der wichtigsten Aufgaben ist die

Verbesserung des Informationsflusses zwischen Markt und Zentrale.

Funktionen

Abhängig von Branche, Vertriebsweg, Produktpalette und Kommunikationsformen sind von Marketing und Vertrieb verschiedenartige Aufgaben zu erfüllen. Analog dazu ist auch das Anforderungsprofil an ein CRM-System von Unternehmen zu Unternehmen unterschiedlich. Folgende Tabelle 1 zeigt einen möglichen Funktionsumfang sowie die mögliche Nutzung des Systems durch die verschiedenen Anwendergruppen:

Basisfunktionen eines CRM-Systems

Am Beispiel eines ganzheitlichen Akquisesystems sollen nachfolgend Basisfunktionen eines CRM-Systems aufgezeigt und die wirtschaftlichen Aspekte erläutert werden (Tabelle 1).

Basis eines ganzheitlichen Akquisesystems

Verkaufserfolge sind das Ergebnis einer gelungenen Marktbearbeitung. Diese setzt ein umfassendes Akquisesystem voraus. Eckpfeiler eines ganzheitlichen effektiven Akquisesystems sind auf Basis der Geschäftspartnerdatenbank

- Direktmarketing (Mailing-Aktionen, Telefonmarketing),
- Verkaufsförderung,
- persönlicher Besuch des Außendienstes,
- das Empfehlungsgeschäft.

Tabelle 1: Möglicher Funktionsumfang sowie mögliche Nutzung des CRM-Systems durch die verschiedenen Anwendergruppen

Posten	Marketing	Kundendienst	Vertriebsleitung	Innendienst	Außendienst
Datenverwaltung					
Angebote/ Aufträge	x	x	x	x	x
Firmen/Ansprechpartner	x	x		x	x
Installierte Basis	x	x		x	x
Opportunities/ Verkaufschancen			x	x	x
Potential			x	x	x
Akquisition/Betreuung					
Anfrage- und Angebotsmanagement		x		x	x
Berichtswesen		x	x	x	x
Elektronische Kataloge		x	x	x	x
Kampagnenmanagement	x			x	
Kontaktmanagement	x	x	x	x	x
Marketing Encyclopedia	x		x	x	x
Opportunity-Management			x	x	x
Tagesplaner		x	x	x	x
Telefonmarketing				x	
Wochen-/ Monatsplaner		x	x	x	x
Reporting					
Datenanalyse	x	x	x	x	
Datenselektion	x	x	x	x	x

Tabelle 1 (Fortsetzung)

Posten	**Marketing**	**Kundendienst**	**Vertriebsleitung**	**Innendienst**	**Außendienst**
Decision	x	x	x		
Support/Frühwarnsystem					
Umsatz/Absatz	x	x	x	x	x
Vertriebsplanung	x	x	x		x
Kommunikation					
E-Mail	x	x	x	x	x
Zentrale/Außendienst		x	x	x	x

Wichtig hierbei ist die Kombination dieser Bausteine. Nur Telefonmarketing bringt genauso wenig wie nur Mailing-Aktionen. Erst der richtige Mix zwischen Verkaufsförderung, Telefonmarketing, Mailing-Aktionen und persönlicher Betreuung entscheidet über Verkaufserfolge. Entsprechend den Aufgaben und Zielen der jeweiligen Verkaufsphase ist zu entscheiden, welche Mittel in welcher Phase am besten geeignet sind. In Abb. 3 werden beispielhaft dargestellt:

Beispiel

- der Akquisitionsstatus, von unbekannter Adresse über Produktinteressent zum Stammkunden,
- die einzelnen Verkaufsphasen von der Zielmarktanalyse bis zur Kundenbetreuung sowie die in diesen Phasen durchzuführenden Aufgaben,
- ein Marketing-Mix mit den möglichen Kontaktarten wie Brief, Telefon, Besuch und Aktionen,
- eine mögliche Arbeitsentlastung des Außendienstes durch stärkere Integration des Innendienstes in diese Prozesse.

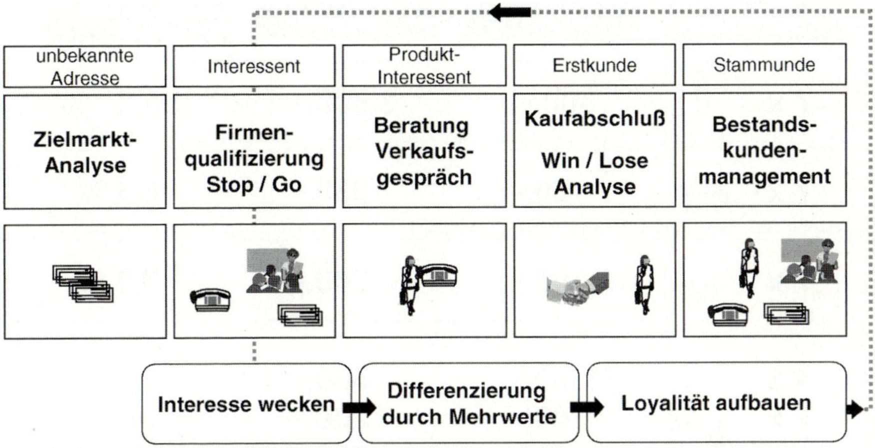

Abb. 3: Customer Life Cycle Management

Da bei hochwertigen Produkten zwischen dem Erstkauf und der Wiederbeschaffung mehrere Jahre liegen können, muß über diesen Zeitraum die Beziehung zum Kunden gehalten werden, um den Bedarfszeitpunkt der Wiederbeschaffung zu ermitteln und vor allem, um eventuellen Mitbewerbern keine Chance zu geben. Auch hier bietet der Einsatz der genannten Kontaktformen eine wirtschaftliche Alternative. Außerdem wird erreicht, daß der Außendienst für seine eigentliche Aufgabe, das Beratungsgespräch und den Verkaufsabschluß, durch einen optimalen Marketing-Mix entlastet wird. Er kann sich verstärkt seiner eigentlichen Aufgabe, dem Aufbau und der Festigung der Kundenbeziehung widmen.

Kontakte	Kosten	Gesamt	%
7 x 	500.-	3.500,-	35,0 %
7 x 	50.-	350,-	3,5 %
7 x 	100.-	700,-	7,0 %
4 x 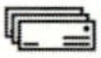 2 x  1 x 	50,- 100,- 500,-	350,- 200,- 500,-	10,5 %

Abb. 4: Kostenreduzierung durch systematisches Customer Relationship Management

Kostenoptimierung

HINWEIS: *Den wirtschaftlichen Aspekt dieses Vorgehens zeigt folgendes Beispiel:*
Realistischerweise kann man davon ausgehen, daß in der Regel mit 7 Kontakten ein Kaufabschluß möglich ist. Bei den in Abb. 4 zugrunde gelegten Kosten pro Kontakt, die auf langjährigen Erfahrungen beruhen (wobei die Kosten eines Außendienstbesuches je nach Branche und Produkt über 1.000 DM betragen können!) und einem angenommenem Umsatzvolumen von 10.000 DM mit diesem Kunden kommt man zu folgender Kalkulation:

Führt der Außendienst alle Kontakte durch, so betragen die Kosten 7.500 DM, also 35% des erzielten Umsatzes. Werden die Kontakte nur durch Mailing-Aktionen bzw. über das Telefon durchgeführt, belaufen sich die Kosten auf 3,5 bzw. 7% des erzielten Umsatzes.

Da sich gerade bei erklärungsbedürftigen Produkten mit Mailing-Aktionen oder Telefonverkauf allein ein Kaufabschluß selten tätigen läßt, wird eine Kombination der Kontaktformen notwendig. So können durch einen optimalen Kontaktmix mit 4 Mailing-Aktionen, 2 Telefonaktionen und einem Besuch die Kosten auf ca. 11% des Umsatzes gesenkt werden.

Die Bausteine einer ganzheitlichen Akquisition

Marketing-Mix

Im Sinne einer ganzheitlichen Akquisition sollte ein CRM-System auf Basis der Geschäftspartnerdatenbank sämtliche Bausteine des möglichen Marketing-Mix wirkungsvoll steuern und unterstützen.

Es sollten entsprechende Funktionen zur Durchführung und Erfolgskontrolle von mehrstufigen – aus Mailing, Telefonmarketing und persönlichen Gesprächen bestehenden – Aktionen bieten. In Abb. 5 wird eine mögliche 4stufige Aktion beispielhaft dargestellt.

Erfolgreiche Aktionen zeichnen sich dadurch aus, daß sie

- im richtigen Moment
- die richtige Botschaft
- an die richtige Zielgruppe übermitteln.

Entsprechend diesen Überlegungen stehen vor jeder Aktion folgende Fragen:

- Was ist unser Angebot?
- Was ist die richtige Zielgruppe?
- Was sind unsere Stärken/Argumente?
- Wie erreichen wir diese Gruppe?

Diese Fragen müssen nun anhand der im System vergebenen Merkmale beantwortet werden können.

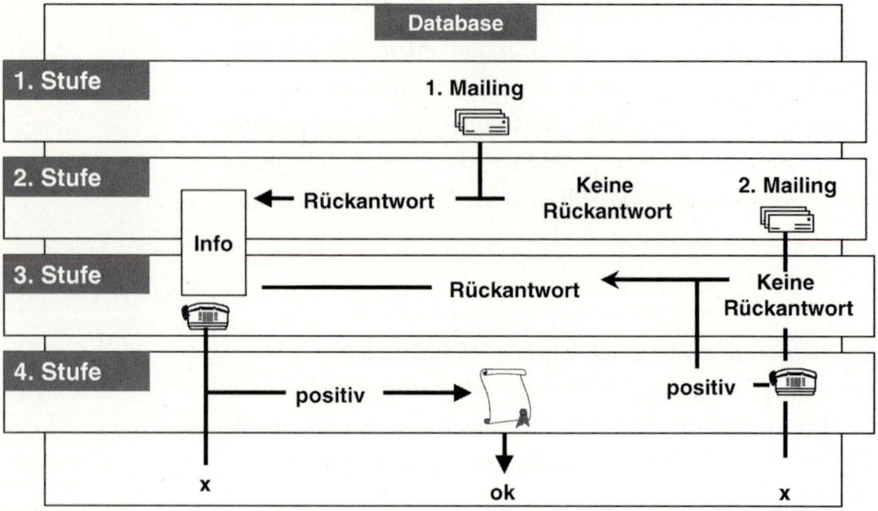

Abb. 5: Mehrstufige Aktion

Das „Sechs-P-Modell"

Problemfelder bei der Einführung von CRM-Systemen

Anhand dieses Modells wird das Zusammenspiel 6 wichtiger Problemfelder im Zusammenhang mit der Einführung und dem erfolgreichen Einsatz eines CRM-Systems diskutiert.

1. Das Problem: Die Zielsetzung

Ziele operationalisieren!

Viele Projekte kranken an fehlenden klar definierten Erfolgsmaßstäben. Um den Erfolg meßbar zu machen, müssen zuerst einmal die Erwartungen/Ziele definiert werden. Mögliche Ziele könnten hier mehr Transparenz, Teamselling, höhere Kundenzufriedenheit usw. sein. Dabei ist es wichtig, daß diese Ziele im Sinne einer Wirtschaftlichkeitsbetrachtung auch überprüft werden können. Dies bedarf einer konkreten Formulierung der Ziele wie z. B.:

- Erhöhung des Deckungsbeitrags auf mindestens n%.
- Verkürzung der Angebotserstellung um n Tage.
- Erhöhung der Hitquote um n%.
- Reduzierung der Reklamationen um n%.
- Verbesserung der Besuchszeit um n%.
- Erhöhung des Profits um n%.

Weiterhin ist zu klären, mit welcher Strategie diese Ziele erreicht werden sollen. Die Umsetzung dieser Strategie wird durch die Auswahl und den Einsatz eines auf die Zielsetzung ausgerichteten Systems unterstützt.

CRM beseitigt also keine strategischen oder organisatorischen Mängel der Vermarktung, sondern CRM macht diese erst richtig sichtbar!

Aus diesem Grund ist auch ein Augenmerk auf die vorhandenen Geschäftsprozesse zu werfen. Der Einsatz eines CRM-Systems hilft recht wenig, wenn z. B. eine Anfrage von einer zur anderen Abteilung des Unternehmens gereicht werden muß und der anfragende Kunde das gewünschte Angebot erst nach Tagen oder Wochen erhält. In diesem Fall hat sich der Kunde in der Regel schon anders entschieden.

Die Geschäftsprozesse oder und auch die Vertriebsorganisation müssen aus der Sicht des Kunden optimiert werden. Typische Fragestellungen könnten hier sein:

- Wie lange dauert die Bearbeitung einer Anfrage?
- Welche Mitarbeiter, Abteilungen sind an der Anfrage/Angebotsbearbeitung beteiligt?
- Wie können Anfragen besser qualifiziert werden?

In vielen Fällen müssen die eigenen Geschäftsprozesse zuerst transparent und vor allem meßbar gemacht werden. Wenn nicht bekannt ist, wieviel Tage die Angebotserstellung dauert, kann diese nicht optimiert werden.

Bis zu welchem Potential erstellt man ein Standardangebot bzw. ab wann ein Individualangebot? Wie kann die Angebotsverfolgung verbessert werden usw. Im Zusammenhang mit der Einführung eines CRM-Systems bietet es sich an, bestehende Vertriebsstrategien und Organisationsformen zu überdenken, Geschäftsprozesse zu überprüfen und evtl. neu zu strukturieren.

2. *Die Psychologie: Sachprobleme versus persönliche Interessen*

Personenbezogene Rahmenbedingungen

Bei der Einführung von CRM sind personenbezogene Rahmenbedingungen die wichtigsten Erfolgs- und Mißerfolgsgründe. Wie auch bei anderen Innovationen sind hier Widerstände, Hemmnisse und Ängste zu überwinden. Hier gilt es, die betroffenen Mitarbeiter vor allem davon zu überzeugen, daß nicht der Mitarbeiter, sondern der Geschäftspartner durchleuchtet werden soll.

Sichern Sie sich die Unterstützung der Anwender, indem diese frühzeitig – schon bei der Erstellung des Anforderungskatalogs – mit einbezogen werden. Das Projekt ist in der Regel schon von Anfang an zum Scheitern verurteilt, wenn z. B. die EDV-Abteilung alleine ohne die entsprechende Unterstützung des Vertriebs versucht, ein solches Projekt zu initiieren. Mit der vollen Akzeptanz der betroffenen Mitarbeiter können Sie rechnen, wenn diese durch die Einführung einen persönlichen Nutzen erzielen und nicht zusätzlich belastet werden.

Nachdem zwischenzeitlich durch eine Vielzahl von Installationen der Nutzen von CRM-Systemen bewiesen ist, stehen bei den meisten Projekten die psychologischen Probleme in Zusammenhang mit der geeigneten Einführungsstrategie im Mittelpunkt. Erst danach kommen die fachlichen Probleme wie Schnittstellen, Datenübernahme usw. Wesentlich ist, daß CRM-Projekte durch starke Persönlichkeiten im Unternehmen getragen werden. Es bedarf eines Macht-Promotors aus der obersten Führungsebene, der das Projekt politisch in die richtige Position rückt, und darüber hinaus eines Fach-Promotors, der durch Engagement, Zielstrebigkeit und fachliche Qualifikation die Umsetzung der verschiedenen Ziele gewährleistet.

3. Der Partner: Die richtige Wahl des externen Partners

Kriterien der Partnerauswahl

Begibt man sich heute auf die Suche nach dem geeigneten Systempartner, spielt sich dies alles in einem sehr dynamischen Umfeld ab. Deutschland als größter europäischer Markt wird z. Z. von ca. 130 Anbietern umworben. Daß dieser Markt sehr attraktiv ist, zeigt vor allem die vorhandene Präsenz amerikanischer international operierender Anbieter. Für diesen weltweit auf 2 Mrd. Dollar (Prognose der Gartner Group für das Jahr 2000) prognostizierten Markt interessieren sich mittlerweile auch führende ERP-Anbieter wie Baan, SAP und Oracle. Diese erwarben sich mit dem Ziel der Erweiterung ihrer betriebswirtschaftlichen Lösungen durch Beteiligungen und Aufkauf das notwendige Know-how und sichern sich entsprechende Marktanteile (SAP erwarb 100% von Kiefer & Veitinger und der Niederländer Baan erwarb Aurum, Anatalys, Beologic und Matrix). Im Gegenzug bilden hiesige Anbieter strategische Allianzen, fusionieren (z. B. bildeten DCS, IVM und T. I. S die S3 AG) und versuchen, mit Unterstützung finanzstarker Partner im internationalen

Markt Fuß zu fassen. Vor diesem Hintergrund und der Aussage der Gartner Group, daß 45% der heutigen Anbieter die nächsten 3 Jahre überhaupt nicht bzw. nicht mehr unabhängig am Markt auftreten werden, fällt die Auswahl eines Anbieters nicht leicht. Die Tabelle 2 zeigt auf Basis des Umsatzes (weltweit im Bereich Computer Aided Sales) die TOP 20 der CAS-Anbieter im deutschsprachigen Raum.

Bei der Auswahl des Partners sind weiterhin folgende Punkte zu bedenken:

Es sollte frühzeitig entschieden werden, in welcher Form welche Leistung in Anspruch genommen werden soll. Da erfahrungsgemäß über 80% der vertrieblichen Anforderungen durch Standardsysteme (durch System-Customizing) abgedeckt wird, raten wir schon aus Kostengründen (Anschaffung und laufende Pflege) von individuellen Lösungen bzw. der individuellen Anpassung an bestehende Systeme ab. Bei der Auswahl des geeigneten Partners ist weiterhin zu berücksichtigen, daß die Einführung eines CRM-Systems mit der Optimierung bestehender Geschäftsprozesse verbunden ist. Dies bedeutet organisatorische und auch ablauftechnische Änderungen, die in der Regel nur sehr schwer wieder rückgängig gemacht werden können. Weiterhin besteht eine Wechselwirkung zwischen den heutigen und den zukünftigen Anforderungen an ein CRM-System. Nicht selten haben sich zwischen der Entscheidung für einen Partner bis zur unternehmensweiten Einführung schon über 25% der ursprünglich spezifizierten Anforderungen geändert. Diese Veränderungen können sich ergeben aus

- nicht vorhersehbarem Umfeld und Entscheidungssituationen,
- organisatorischen Änderungen im Unternehmen,

3

Tabelle 2: Top 20 der internationalen CAS-Anbieter

Platz	CAS-Anbieter 1997	Gründung	CAS-Umsatz [Mio.]	Gesamtumsatz [Mio.]	Mitarbeiter	Produkt
1	Siebel Deutschland GmbH	1993	312	312	1200	Siebel Sales Enterprise
2	Vantive GmbH	1996	195	195	451	Vantiv
3	Clarify GmbH	1990	50	160	520	ClearSales
4	SARATOGA GmbH	1987	36	36	110	AVENUE
5	SAP Labs GmbH	1972	28	28	200	Sales Manager
6	UpDate Marketing GmbH	1988	25	25	120	Marketing Manager
7	CAS GmbH, Pirmasens	1985	22	22	110	SALES 2000
8	S3 AG	1998	20	20	100	S3 Sales Force Automation
9	ORBIS GmbH	1986	18	18	140	Orbis Sales Center
10	Point GmbH	1989	16	16	120	POINT
11	Applix GmbH	1993	16	16	38	Applix Sales
12	NetConsult GmbH	1990	12	12	32	PIVOTAL Relationship
13	Dr. Glinz Covis GmbH	1982	11	11	51	COVIS
14	TPS Labs AG	1991	11	11	55	TPS Online Suite
15	Baan GmbH	1978	10	183	450	Baan Font Office
16	Gedys GmbH	1989	7	7	45	GEDYS VERTRIEB
17	ECN GmbH	1987	6	6	25	Account/Project-Management
18	Scorpio GmbH	1987	6	6	80	AlphaCas Business to Business
19	Regware GmbH	1988	6	6	25	REGIND, REGMED
20	Sidata GmbH	1989	5	5	25	iVertrieb, SIA

- personellen Veränderungen der Entscheidungsträger,
- technischen Weiterentwicklungen (Internet/Intranet usw.).

Infolge der bestehenden starken Wechselwirkung zwischen den sich im Laufe der Zeit ändernden Kundenanforderungen und dem Produkt führt die Entscheidung für einen Partner häufig zu einer langen Zusammenarbeit, die nur mit hohen zusätzlichen Kosten wieder aufgelöst werden kann. Deshalb sind

- die Branchenerfahrung,
- die zukünftige Entwicklung,
- die finanzielle Situation,
- die Marktposition,
- die Personalkapazität,
- das Management

des Anbieters genauso zu berücksichtigen wie seine Marketingkonzepte. Da ein CRM-System einer ständigen Weiterentwicklung und laufenden Anpassung an neue Anforderungen und technischen Entwicklungen (Internet, Multimedia, usw.) unterliegt, muß der Anbieter auch nach einer erfolgreichen Einführung permanent weitere Unterstützung bieten können.

4. Der Personalcomputer: Die benötigte Hardware

Hardware

Je nach Einsatzart, Anzahl Anwender und Datenvolumen muß entschieden werden, welche Hardware und welches Betriebsystem sinnvoll sind. Der Außendienst arbeitet in der Regel mit einem Desktop-PC oder mit einem mobilen Laptop, wobei sich der Trend zum mobilen Einsatz verstärkt.

5. Der Profit: Der Nutzen

Nutzenargumentation

Der erzielbare Nutzen ist abhängig von dem eingesetzten Funktionsumfang des Systems. Prinzipiell kann folgender Nutzen erzielt werden:

- **Bessere Ausrichtung auf strategische Zielgruppen.** Durch die zielgerichtete Erfassung aller im Vertriebsprozeß relevanten Informationen eines Geschäftspartners können „homogene" Zielgruppen gebildet werden. Dies ermöglicht eine bessere Fokussierung auf strategische Zielgruppen und damit eine höhere Reaktionsquote. Darüber hinaus werden bei Mailing- und Telefonaktionen Streuverluste minimiert, was zu einer erheblichen Reduzierung der Kosten führt.
- **Höhere Kundenzufriedenheit/Kundenbindung.** Die Dokumentation aller vertrieblichen Aktivitäten schafft mehr Transparenz und damit die Basis für eine ganzheitliche Akquisition. Sie ermöglicht den Aufbau einer auf den jeweiligen Geschäftspartner abgestimmten optimalen Kontaktfolge (Mailing, Telefon, persönlicher Besuch). Gelingt nun auf Basis der gespeicherten Informationen noch die richtige Ansprache, wird dadurch die Kundenbeziehung gefestigt und der Außendienstmitarbeiter entlastet.
- **Produktivitätssteigerung.** Die geschaffene Transparenz ermöglicht eine Aufgabenverteilung zwischen Außen- und Innendienst. Darüber hinaus kann durch den Einsatz von Direct-Mail und Telefonmarketing der Außendienst entlastet werden. Dies bewirkt eine Erhöhung der verkaufsaktiven Zeit des Außendienstes und damit auch des Potentials für einen höheren Pro-Kopf-Umsatz.

Welche Vorteile Unternehmen sich durch den Einsatz eines CRM-Systems erhofften, und wie sich die Erwartungen erfüllten, zeigt die folgende Abb. 6 (Mehrfachnennungen waren möglich). Diese Daten wurden im Rahmen einer Anwenderbefragung 1998 ermittelt.

6. Das Programm: Welches ist das geeignete System?

Softwareauswahl

Die Frage nach dem geeigneten System ist nur vor dem Hintergrund eines vorher definierten Anforderungsprofils systematisch und sicher zu beantworten. Basis dieses Anforderungsprofils ist die Zielsetzung und die sich aus diesen Zielen ergebenden Anforderungen.

Hier sollten mindestens 80% der geforderten Anforderungen – ohne Anpassungsprogrammierung – durch ein-

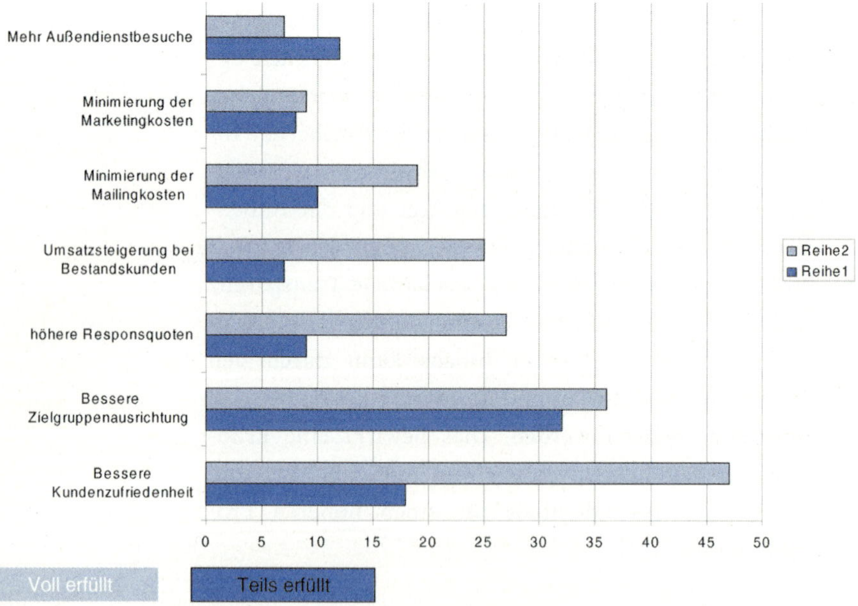

Abb. 6: Wunsch und Wirklichkeit der Anwender von CRM-Systemen

faches System-Customizing erfüllt werden können. Über diese Anforderungen hinaus sollte ein modernes CRM-System sich durch folgende Merkmale auszeichnen:

- **Technik.** Moderne zukunftsweisende Systeme zeigen sich heute durch eine moderne Client-Server-Technologie, Standard-Windows-Oberfläche, 32-Bit-Version, objektorientierte Programmierung, kundenindividuelle Anpassungen durch Customizing, integrierte Schnittstelle zum ERP-System und Internet-/Web-Anbindung.
- **Wirtschaftlichkeit.** Hierbei geht es nicht um die einmaligen Anschaffungskosten, sondern um die *Total Cost of Ownership* des Systems. Der Unterschied soll folgendes Beispiel erläutern: Laut Untersuchungen der Gartner Group kostet die Anschaffung eines PC heute ca. 1.500 $, wobei von jährlichen Kosten pro Arbeitsplatz von ca. 10.000 $ auszugehen ist.
- **Komfort.** Das System muß sich durch einfache Bedienung auszeichnen, damit der Benutzer schnell und ohne großen Aufwand die gewünschten Informationen erhält und zur vollen Nutzung des Systems ermuntert wird.
- **Schnelligkeit.** Ein System erhält nur dann die entsprechende Akzeptanz, wenn es innerhalb kürzester Zeit die gewünschten Ergebnisse zur Verfügung stellt.
- **Integration.** Das System muß in die vorhandenen Systeme integrierbar sein. Es müssen alle für den Vertriebsprozeß relevanten Daten zur Verfügung stehen.
- **Aktualität.** Die kurzfristige Verfügbarkeit aktualisierter Daten muß sichergestellt werden.
- **Flexibilität.** Das System muß an die sich ändernden Anforderungen ohne großen Aufwand anpaßbar sein. Die Automatisierung der Arbeitsschritte durch die

Workflow-Technik ist Bestandteil zukunftsweisender Systeme.

- **Sicherheit.** Bei Sicherheitsüberlegungen muß der Schutz vor unberechtigtem Zugriff bedacht werden, aber es sind auch unbeabsichtigte Veränderungen an den vorhandenen Daten zu verhindern. Paßwortschutz, Verschlüsselung der vorhandenen Daten, Hardwareschutz und Berechtigungskonzepte sind heute übliche Verfahren.

In-House-Test

Der beste Weg, um die Eignung des Systems für die eigenen Anforderungen zu testen, ist der persönliche Test des Systems, bei dem alle Beteiligten praxisnah die Möglichkeiten und Grenzen des Systems erproben können. Nach unseren Erkenntnissen reicht die Bereitstellung einer Demoversion für diese Zwecke nicht aus. Um ein System objektiv beurteilen zu können, empfehlen wir – quasi als letzten Test vor der endgültigen Entscheidung – nachfolgende Vorgehensweise:

- Das ausgewählte System sollte zumindest in bezug auf Firmen- und Ansprechpartnerstamm an die Bedürfnisse des Kunden angepaßt werden. Hierzu reicht in der Regel die Anpassung der Feldnamen und ein eventuelles Einfügen fehlender Felder. Unnötige Felder und Funktionen sollten ausgeblendet werden.
- Übernahme/Teilübernahme der bestehenden Firmen und Ansprechpartner in dieses System.
- Kurze Einführung/Schulung in die Arbeitsweise und Bedienung des Systems anhand relevanter Geschäftsprozesse.
- Etwa 4- bis 6wöchiger Test des Systems.

Diese Vorgehensweise ermöglicht einen optimalen Test des Systems, da sowohl die Daten als auch die Begriffe dem jeweiligen Anwender vertraut sind. Werden nun Geschäftsprozesse wie z. B. die Erfassung und Selektion von Geschäftspartnern sowie Mailing-Aktionen getestet, erhält man sehr schnell einen objektiven Eindruck bezüglich Bedienerführung, Funktionsumfang und den in den jeweiligen Funktionen benötigten Daten.

Diese Leistungen lassen sich die Anbieter verständlicherweise bezahlen, sie erweist sich in der Regel aber als effizienter, als wenn die eigenen Mitarbeiter mühsam versuchen, sich in eine fremde „Demoversion" einzuarbeiten.

Damit es kein Flop wird

Erfolgskriterien

Laut einer Studie der Gardner Group sind über 50% aller Vertriebs- und Marketinginformationssysteme Fehlinvestitionen. Analysen haben ergeben, daß dies in der Regel wenig mit den angebotenen Systemen zu tun hat. Die wesentlichen Gründe für den ausbleibenden Erfolg sind:

- **Keine Erfolgsmaßstäbe.** Viele der CRM-Projekte kranken an meßbaren Erfolgsmaßstäben. Wenn man nicht weiß, was im Vertrieb die Kostenfresser sind, oder wie viele Schritte von einer Anfrage zum Angebot notwendig sind und welche Zeit diese benötigen, können diese auch nicht verbessert werden. Hier gilt es, diese Prozesse erst einmal grundlegend zu analysieren und quantifizierbar zu machen. Erst dann können entsprechende meßbare Ziele festgelegt werden.
- **Zu schwache Fokussierung auf die Vertriebsprozesse.** Oft sind die benötigten Vertriebsprozesse nur schlecht oder überhaupt nicht durch das CRM-System abgedeckt. Ein CRM-System sollte 80% der Anforderungen durch entsprechendes System-Customizing abdecken

können und so die benötigten Vertriebsprozesse wirkungsvoll unterstützen.

- **Fehlende strategische Verkaufsplanung.** Es muß klar definiert sein, wie Geschäftspartner zu klassifizieren sind, was sind A-, B- und C-Kunden und wie erfolgt die Betreuung, nach welchen Kriterien werden Opportunities analysiert und welche Verkaufschancen werden wie verfolgt, wie werden Entscheider klassifiziert, wie wird der Forecast gebildet usw. Die Einführung eines CRM-Systems ohne eine „Strategische Vertriebssteuerung" bringt keinen Erfolg.
- **Mangelnde Akzeptanz.** Die Anforderungen der Anwender werden oft unkoordiniert und erst während der eigentlichen Implementierung tröpfchenweise an den Anbieter weitergegeben. Beziehen Sie die Anwender frühzeitig mit ein, so daß alle Kriterien im Anforderungskatalog aufgenommen werden.

FAZIT

Vor der Einführung eines CRM-Systems sollten die Ziele quantitativ und qualitativ definiert, die bestehende Vertriebsstrategie überdacht sowie die aktuellen Geschäftsprozesse überprüft und evtl. neu strukturiert werden.

Literatur

Holden J (1997) Strategisches Verkaufen mit Power Base Selling. Frankfurt

Geffroy EK (1995a) Clienting. Landsberg

Geffroy EK (1995b) Das einzige was stört ist der Kunde. Landsberg

Geffroy EK (1997) Abschied vom Verkaufen. Landsberg

Krumb U (1998) CAS Report. Alsbach

Krumb U (1999) Computer Aided Selling: Systeme zur Vertriebs- und Außendienststeuerung. München
Little AD (1996) Management im vernetzten Unternehmen. Wiesbaden
Malone S (1998) Die Informations-Revolution im Vertrieb. Wiesbaden
Miller RB, Heimann S (1985) Strategisches Verkaufen. New York
Davis A, Peoples DA (1995) Selling to the TOP. Wiesbaden
Don Peppers D, Rogers M (1994) Die 1:1-Zukunft. Freiburg
Schüring H (1991) Database Marketing. Landsberg

3

4 Produktinnovationen

Teil 4 ▮ Produktinnovationen

Inhalt

4 ▮ 01 Intelligente Produkte – Individualkonfektion
Roland M. Straub
01 | 01 Allgemeines
01 | 02 Automatisierung der Maßabnahme

4 | 02 Kombination von Produkt und Dienstleistung – TELECONSULT
Heinz-Jürgen Haupt
02 | 01 TELECONSULT: Ein innovativer Informations- und Auskunftsdienst unter Nutzung moderner PC Multimediatechnologie
02 | 02 Voraussetzungen für die Umsetzung in Unternehmen
02 | 03 Der praktische Umgang mit dem TELECONSULT-Online-Dienst
02 | 04 Nutzen der TELECONSULT- und TELECOMMERCE-Online-Dienste für KMU und Fazit

4 | 03 Kombination von Dienstleistungen: Integration via Internet
Karin Gräslund, Frank Waskow, Frank Winkler
03 | 01 Einführung
03 | 02 Voraussetzungen für die Umsetzung im Unternehmen
03 | 03 How-to-do: Beispiele von Internet-Dienstleistungen auf der Basis von R/3
03 | 04 Erkenntnisse während der Realisierung

Intelligente Produkte – Individualkonfektion

4 ▮ 01

Roland M. Straub

INHALTSÜBERBLICK

In diesem Beitrag werden die Konzeption und Umsetzung eines neuen, „intelligenten Produkts“ durch den Einsatz innovativer Kommunikationstechnologie geschildert. Neben der technischen Ausstattung werden auch die neuen Möglichkeiten der Kundenbetreuung betrachtet sowie die Voraussetzungen im Unternehmen zur Realisierung neuartiger Produkte und Dienstleistungen erläutert.

Allgemeines

4 ▮ 01 | 01

Intelligente Produkte

Eine innovative Unternehmenskommunikation ermöglicht die Konzeption und Realisierung einer Vielzahl neuartiger intelligenter Produkte und Dienstleistungen, die zum einen für den Kunden einen wesentlichen Mehrwert und zum anderen für das Unternehmen ein Alleinstellungsmerkmal darstellen. Dieses Kapitel erläutert diesen Sachverhalt anhand des Beispiels „Automatisierte Produktion von Individualkonfektion“, das vom mediaCenter, Friedrichshafen, für ein führendes deutsches Handelsunternehmen gerade untersucht und umgesetzt wird. Dabei ist darauf hinzuweisen, daß neben den rein technischen Grundlagen v. a. die Kundenausrichtung ein wichtiges Kriterium für den Erfolg solch innovativer Konzepte ist. Wir werden daher bei der Erläuterung aller Schritte der automatisierten Produktion von Individualkonfektion stets auf den Kundennutzen eingehen, angefangen von der automatischen Vermessung, über die Kundenberatung und den Kundenservice, bis hin zur Produktion. Aktuelle Informationen zum Projekt und eine interaktive Darstellung der nachfolgenden Inhalte ist auf der Homepage des mediaCenters im Internet unter der Adresse www.mediaCenter.de zu finden.

Einführung in das Thema Individualkonfektion

„Kleider machen Leute" – so alt dieses Sprichwort auch sein mag, es hat gerade aufgrund des gegenwärtigen modischen Selbstverständnisses unserer Gesellschaft nichts an seiner Aktualität verloren. Immer wichtiger wird es, sich durch adäquate und paßgenaue Kleidung im Privat- und Geschäftsleben von anderen abzuheben, bzw. die eigene Hinzugehörigkeit zu demonstrieren.

Standardisierung

Solche Kleidung hat jedoch ihren Preis, so daß hochwertige Individualkonfektion bis dato nur einer kleinen, exklusiven Klientel vorbehalten bleibt. Dieser Preis beruht zum großen Teil auf dem hohen manuellen Aufwand, den der Schneider bei der Herstellung der Kleidung betreiben muß, angefangen von der Maßabnahme, über die Schnitterzeugung, die Schnittlegung, das Ausschneiden, das Zusammenheften zum Rohling, die Kontrollanproben mit den damit verbundenen Paßkorrekturen bis hin zur Endfertigung mit Ziernähten und dem abschließenden Bügeln. Ein Ansatzpunkt um die hohen Kosten zu senken, ist die Standardisierung der Bekleidungsfertigung durch die Einführung von Größenklassen. Je nach Grad der Standardisierung, die sich in der Regel gegenläufig zur individuellen Gestaltungsmöglichkeit und Paßgenauigkeit verhält, unterscheidet man hauptsächlich die folgenden 3 Varianten von Konfektion:

- **Konfektion** als solche (industrielle Massenfertigung von festgelegten Größen nach einem Größenschlüssel),
- **Maßkonfektion** (industrielle Fertigung vorhandener Modelle und Stoffe auf Basis ausgewählter Körpermaße und Haltungsdaten) und

- **Individualkonfektion** (durch Berücksichtigung individueller Kundenwünsche erweiterte bzw. mit Elementen der Designermode variierte Maßkonfektion).

Insbesondere bei massengefertigter Konfektionsware muß man natürlich Abstriche bei der Paßgenauigkeit hinnehmen, jedoch ist diese relativ preisgünstig. Und sollte man sich in dem festgelegten Größenschlüssel nicht gänzlich wiederfinden, so bleibt einem immer noch der Griff zum Gürtel oder Hosenträger.

Ein weiterer Ansatzpunkt um die Kosten zu senken, ist die Automatisierung von Teilen des Produktionsprozesses. Ein Einsparungspotential bietet sich gleich beim ersten Schritt der Produktion an – der Maßabnahme. Die etwa 15–40 Maße, die der Schneider am Kunden abnehmen muß, verlangen nach Präzision und Einfühlungsvermögen, die sich nur durch Erfahrung erlangen lassen. Fehler, wie ein ungenaues Führen des Maßbandes, oder eine falsche Haltung des Kunden während der Maßabnahme, können später zu irreparablem Materialverschnitt führen.

Automatisierung der Maßabnahme

4 01 02
Vermaßungskabine

Durch die Realisierung eines Prototypen haben wir gezeigt, daß sich die Maßabnahme am Menschen weitestgehend automatisieren läßt. Dazu wurde eine Umkleidekabine mit einfacher Videometrietechnologie, bestehend aus 2 Schwarz/Weiß-CCD-Kameras, 2 Umlenkspiegeln, 1 Beleuchtungseinheit und 1 Podest ausgestattet (s. Abb. 1). Mit der somit realisierten Vermaßungskabine lassen sich die Kosten dieses wichtigen ersten Produktionsschrittes, der die Basis für die gesamte Produktion jeder Individualkonfektion darstellt, deutlich reduzieren und als positive Randerscheinung auch noch objektivieren und beschleunigen.

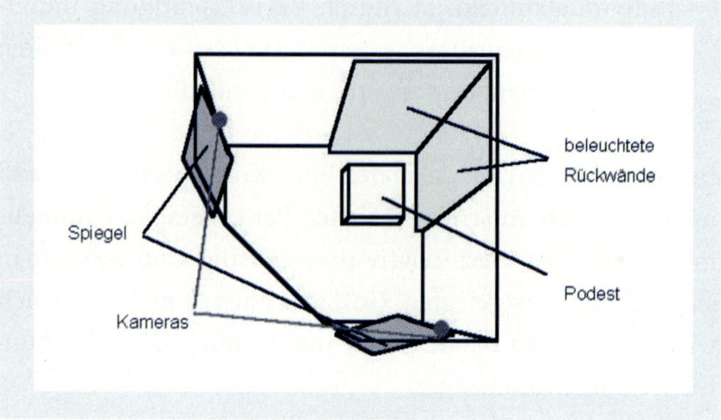

Abb. 1: Draufsicht auf die Vermaßungskabine

Zur Maßabnahme muß der Kunde sich bis auf die Unterwäsche bzw. eng am Körper liegende Kleidung (z. B. Muskelshirt, Leggings) entkleidet in der Vermaßungskabine auf das Podest stellen. Mittels der beiden Kameras wird über die Umlenkspiegel jeweils eine Frontal- und eine Seitenansicht aufgenommen. Die Kamerabilder werden auf einem angeschlossenen PC digitalisiert. Durch die Gegenlichtaufnahme der Person weisen die Aufnahmen einen entsprechend hohen Kontrast auf, wodurch es für eine anschließende Bildbearbeitung relativ leicht ist, die Silhouetten der Person in beiden Ansichten zu ermitteln (Abb. 2).

Bestimmung der Körpermaße

Aus diesen Silhouetten lassen sich Körpermaße und Konfektionsgrößen automatisch bestimmen. Dazu müssen zunächst die Stellen in den Silhouetten identifiziert werden, an denen jeweils gemessen wird, also z. B. die Position am Körper, an der der Brustumfang gemessen wird. Hierbei gilt es, geschlechtsspezifische und auf die jeweilige Körperstatur zurückzuführende Unterschiede zu berücksichtigen. Aus den entsprechenden Ausmaßen der

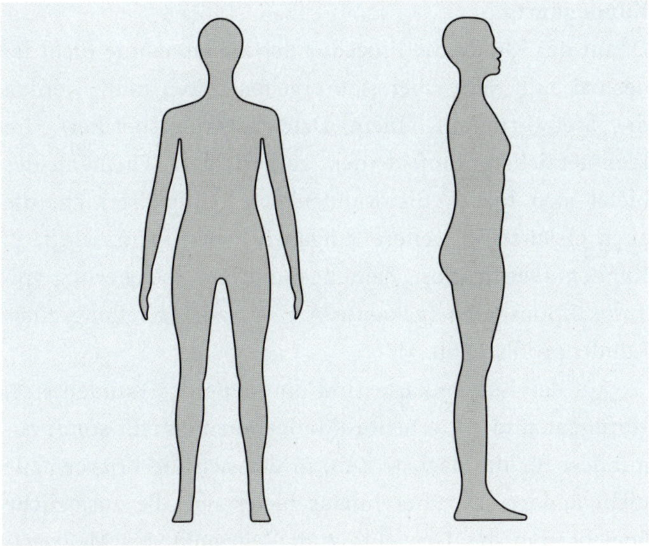

Abb. 2. Ermittelte Silhouetten der Person

Silhouetten in Front- und Seitenansicht lassen sich mittels empirisch ermittelter Formeln Rückschlüsse auf die Ausmaße in der Realität ziehen. Zudem können weitere Daten bezüglich der Körperstatur (athletische Figur, untersetzt etc.) und der Haltung (aufrecht, schief nach vorne etc.) ermittelt werden. Werden die Meßwerte mit den Größentabellen der Bekleidungsindustrie verglichen, kann abschließend noch die am besten passende Konfektionsgröße ermittelt und ausgewiesen werden.

Untersuchungen haben gezeigt, daß die Genauigkeit der ermittelten Körpermaße im Prozentbereich liegt und die Qualität somit vergleichbar mit der eines geübten Schneiders ist.

Kundenkarte

Kundenmehrwert und Funktionen

Damit der Kunde die Prozedur der Maßabnahme nicht jedesmal aufs Neue über sich ergehen lassen muß, werden die Meßwerte auf einem Datenträger gespeichert. Im kommerziellen Umfeld des vorgestellten Themenfeldes bietet sich hierzu die Kundenkarte (Chipkarte) an, die auch gleichzeitig weitere Aufgaben haben kann, wie z. B. Kundenidentifikation, Zahlungsfunktion, Speicherung von Transaktionsdaten (gekaufte Artikel) zur Erstellung eines Kundenprofils (Abb. 3).

Auf der Kundenkarte sind die Maße des Kunden stets verfügbar und ein erneutes Maßnehmen entfällt somit zumindest für die nächste Zeit, in der sich die Körpermaße nicht ändern. Darüber hinaus bietet sich die zusätzliche Speicherung des Gewichts zum Zeitpunkt der Meßwertabnahme als Kontrollwert an. Durch die vollständige Abdeckung der Körpermaße mit den Daten auf der Kundenkarte muß der Kunde beim Kauf nicht mehr persönlich anwesend sein. Dies bedeutet einen wesentlichen Mehrwert (Zeitersparnis und Paßgarantie), sofern gewährleistet ist, daß aus den Körpermaßen automatisch auf die Konfektionsgröße rückgeschlossen werden kann.

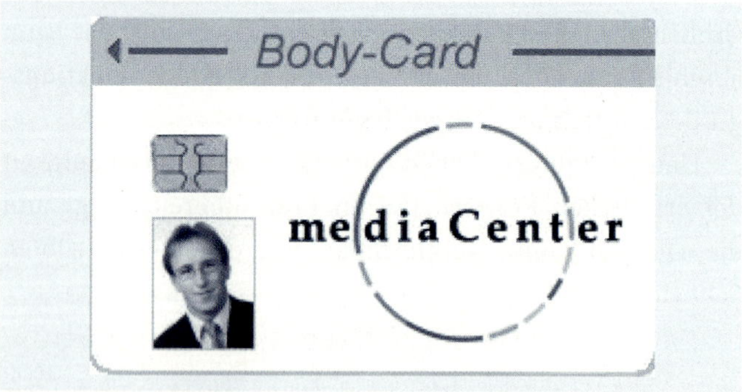

Abb. 3. Speicherung der Meßwerte auf einer Kundenkarte

Datenschutz

Alternativ zur Kundenkarte können die Meßwerte natürlich auch auf einem zentralen Rechner gespeichert werden, der möglichst an das Internet angeschlossen sein sollte. Dadurch kann der Kunde auch von Zuhause auf seine Daten zugreifen, die aus Datenschutzgründen anonymisiert und gesichert mit einem Benutzernamen und Paßwort gespeichert werden.

Virtuelle Anprobe im elektronischen Katalog

Kundennutzen

Mit den in den ersten beiden Schritten (Meßwertabnahme und -speicherung) ermittelten Daten, kann dem Kunden durch den Einsatz von „Virtual Reality" ein weiterer interessanter Service geboten werden – nämlich sich „virtuell einzukleiden". Dazu entsteht im Rechner ein 3dimensionales Kundenmodell, dessen Proportionen, Gesicht und Haare denen des Kunden entsprechen. Dieses Modell kann der Kunde dann nach eigenem Bemessen einkleiden, wobei er aus einem (elektronischen) Katalog verschiedene Kleidungsstücke auswählen kann. Die Kleidungsstücke werden dazu unter Berücksichtigung des Faltenwurfs auf das Modell projiziert. Der Kundennutzen liegt auf der Hand: Anders als im Printmedium kann der Kunde hier besser nachvollziehen, wie er persönlich in der Kleidung wirkt – also wie Problemzonen kaschiert und andere Körperbereiche betont werden. Dies leistet ein Printkatalog nicht. Da zudem die Anprobe im Bruchteil einer Sekunde erfolgt, kann der Kunde eine große Palette an Kleidungsstücken in kürzester Zeit und ohne jede körperliche Anstrengung anprobieren. Diese virtuelle Anprobe läßt sich zukünftig noch perfektionieren durch die Integration in eine Umkleidekabine, wo die errechneten Bilder dann auf einen Ganzkörperspiegel projiziert werden. Durch Zuruf ließen sich dann das Kleidungsstück, Schnitte und Accessoires ändern.

Abb. 4. Virtuelle Anprobe im Internet

Nach dem gegenwärtigen Stand der Technik ist der Kunde jedoch noch auf ein Kiosksystem (Kundenterminal, POI, POS) oder auf einen Rechner mit Internet-Zugang angewiesen. Die Abb. 4 zeigt eine Anwendung, die wir im Internet unter der Adresse www.mediaCenter.de zur Demonstration der virtuellen Anprobe zur Verfügung stellen.

Bestellung der Ware

Hat sich der Kunde für ein Kleidungsstück im Rahmen der virtuellen Anprobe im Internet entschieden, so liegt im nächsten Schritt eine Online-Bestellung der Ware auf der Hand. Die Maße des Kunden müssen dazu an den Hersteller oder Lieferant der Ware weitergeleitet werden. Neben der Online-Bestellung kann auch die Bezahlung mittels eines Verfahrens namens Secure Electronic Transaction (SET) sicher über das Internet abgewickelt werden, wodurch sich der Kauf weiter vereinfachen und beschleunigen läßt.

Innerhalb einer Einzelhandelsfiliale hingegen bedient sich der Kunde, wie oben bereits erwähnt, eines Kiosksystems, das die gleiche Funktionalität wie die Internet-Anwendung bietet. Zusätzlich läßt sich der Kundenservice noch durch das Vorhandensein eines geschulten Verkaufsberaters steigern, der dem Kunden bei Fragen wie z. B. der Stoffauswahl (unter Zuhilfenahme eines Stoffprobenkatalogs) oder der Typberatung mit Rat und Tat zur Seite steht.

Virtueller Laufsteg

Realitätsnähe

Eine weitere Verbesserung der virtuellen Anprobe stellt der virtuelle Laufsteg dar, der nicht auf statischen, sondern bewegten Bildern des Kundenmodells basiert. Je nach verwendeter Technik lassen sich vollständige Bewegungsabläufe im Computer errechnen, die dann wie ein Film selbständig ablaufen, oder interaktive Filme (z. B. mit Quicktime VR von Apple), bei denen der Kunde den Blickwinkel auf seinen virtuellen Körper interaktiv bestimmen kann.

Der virtuelle Laufsteg vermittelt dem Betrachter einen sehr realen Eindruck davon, wie sich das Kleidungsstück bei Bewegung am Körper verhalten würde. Dabei gehen die Darstellungsmöglichkeiten schon so weit, daß selbst verschiedene Materialeigenschaften (z. B. Falleigenschaften oder Spannkraft) und Umwelteinflüsse (z. B. Wind) berücksichtigt werden können.

Da dieser Service im Moment aber noch sehr rechenintensiv und zeitaufwendig ist, dürfte er daher zunächst wohl nur Kunden angeboten werden, bei denen die Kaufwahrscheinlichkeit relativ hoch ist.

Anbindung von Kundenleitsystemen

Im Einzelhandel werden immer mehr Kiosksysteme (Kundenterminals, POI, POS) eingesetzt, um den Kunden bei der Suche nach einem passenden Artikel individuell zu unterstützen (Abb. 5).

4

Abb. 5. Kundenleitsystem

Dies läßt sich hervorragend mit der bereits oben beschriebenen virtuellen Anprobe auf den Kiosksystemen kombinieren. Der Kunde gibt dem Kiosksystem mit der Kundenkarte oder durch Angabe von Benutzername und Paßwort seine Maße bekannt. Daraus werden für die einzelnen ausgewählten Konfektionsartikel Konfektionsgrößen errechnet. Da das Kiosksystem zudem an das Warenwirtschaftssystem angeschlossen ist, kann es auch noch Verfügbarkeit und Standort der Ware im Verkaufsraum ausweisen und dem Kunden bei Bedarf einen Lageplan ausdrucken. Der Kunde weiß somit, ob und wo die ihm passende Ware zu finden ist, so daß ein langes Suchen entfällt.

Individuelle Produktion

Individuelle Gestaltungsmöglichkeiten

Noch einen Schritt weiter, als die reine Zuordnung der Meßwerte des Kunden zu einer standardisierten Konfektionsgröße, geht die individuelle Produktion für den Kunden. Dieser Schritt stellt einen enormen Kundennutzen dar und ist sozusagen die Krönung der gesamten Prozeßkette. Ist die Möglichkeit zur individuellen Produktion gegeben, so können dem Kunden im Vorfeld bei der virtuellen Anprobe noch mehr Freiräume eingeräumt werden. Er kann dann nämlich auch die Schnitte selbst modifizieren (z. B. einen anderen Kragen oder die Ärmellänge wählen) und aus einer Fülle (über 1000) verschiedener Stoffe, Muster und Farben auswählen. Auch eine zusätzliche individuelle Note wie ein eingesticktes Signet oder andere Applikationen sind denkbar.

Zur Produktion eines Kleidungsstücks werden alle notwendigen Daten (Körpermaße, Schnitt- und Stoffauswahl des Kunden) auf elektronischem Wege per Datenfernübertragung direkt zu einem Bekleidungshersteller gesendet. Nach wenigen Sekunden sind die Daten dort angekommen und werden von einem CAD-System übernommen. Dieses speziell für die Textilindustrie zugeschnittene System verarbeitet die Daten automatisch zu Schnittmustern. Sind genügend andere Aufträge mit denselben Materialwünschen zusammengekommen, wird ein Schnittbild erstellt (s. Abb. 6, 7).

Nachdem ein Schneideplotter (Cutter) die einzelnen Schnitte aus der Stoffbahn herausgeschnitten hat, werden

Abb. 6. Schnitterzeugung und Schnittlegung

Abb. 7. Produktionsmittel

diese nun in der Montage zusammengefügt. Das hieraus entstandene Kleidungsstück wird schließlich in der Endfertigung versandfertig gemacht und an den Kunden versendet.

Innerhalb kürzester Zeit (etwa 2 Wochen) erhält der Kunde somit sein bestelltes individuelles Kleidungsstück zugesandt. Bei besonders hohen Anforderungen an die Paßgenauigkeit kann hierbei noch ein Zwischenschritt eingefügt werden, bei der die Ware zunächst zusammengeheftet wird und der Kunde noch eine Kontrollanprobe vornimmt.

Steigerung der Kundenbindung

Da bis auf die Endfertigung beinahe alle Schritte der Produktion automatisiert werden können, ist der resultierende Preis relativ niedrig. Ein kompletter Anzug kann in einer sehr hohen Qualität und Paßgenauigkeit bereits für 800 DM angeboten werden. Da dieser Preis durchaus vergleichbar ist mit hochwertiger Konfektionsware von der Stange, ist aufgrund des hohen zusätzlichen Mehrwerts mit einem Durchbruch dieses Services zu rechnen. Auch für die Unternehmen, die diesen Service anbieten, entsteht ein deutlicher Mehrwert: Zum einen stellt er (zumindest momentan noch) ein Alleinstellungsmerkmal dar und steigert die Kundenbindung, zum anderen können damit die Lagerhaltungskosten minimiert werden, da nur dann produziert wird, wenn ein konkreter Auftrag vorliegt. Im Extremfall hält die Einzelhandelsfiliale sogar nur noch Musterstücke vorrätig. Gleichzeitig stellt sich auch die Problematik von Leerverkäufen nicht mehr. All dies hat eine geringere Kapitalbindung bei gleichzeitiger Begrenzung des modischen Risikos zur Folge.

Voraussetzungen für die Umsetzung im Unternehmen

Prozessorganisation und Technologieeinsatz

Zur Realisierung der Individualkonfektion muß eine gänzlich neue Prozeßkette geschaffen werden, angefangen bei der Maßabnahme, über die Speicherung der Daten auf einer Kundenkarte oder auf einem zentralen Server, die Beratung mit virtueller Anprobe bzw. virtuellem Laufsteg, dem Einsatz von Kundenleitsystemen bis hin zur Individualproduktion und Auslieferung.

Zu diesem Zweck müssen auf allen genannten Ebenen neue Technologien eingesetzt und die Teilprozesse neu gestaltet und aufeinander abgestimmt werden:

- Integration neuer Verkaufsformen und Anbindung an bestehende Warenwirtschaftssysteme.
- Schulung der Mitarbeiter im Umgang mit den neuen Systemen und bezüglich der individuellen Kundenberatung.
- Anpassung der Produktionsstätten hinsichtlich Individualproduktion.
- Anpassung der Logistik an die individuelle Kundenversorgung.

Anforderungen an die Individualkonfektion

Besonders hoch sind dabei die Anforderungen an die Produktion. Optimal wäre eine Produktion vor Ort (Stadtfabrik) oder in unmittelbarer Nähe zum Verkauf, um die Wege, Zeiten und Kosten zur Auslieferung (auch zur Kontrollanprobe, s. oben) zu minimieren. Dies ist gleichzeitig ein weiterer Grund, der für die Individualkonfektion spricht: Der Standort Deutschland wird hierdurch gestärkt und Arbeitsplätze in der Bekleidungsindustrie gesichert. Eine Produktion in Billiglohnländern kommt hier aufgrund der weiten Wege und der Anforderungen an das Personal nicht in Frage. Letzteres muß nämlich hochqualifiziert sein, da verschiedenste Produktionsschritte beherrscht werden müssen. Zumeist dürfte die Produktion durch einen einzelnen Produktmanager erfolgen. Weitere Anforderungen stellt die Individualproduktion an die Flexibilität und die Ausstattung mit modernen Maschinen, um Rüstzeiten und -kosten zu minimieren.

Insgesamt gesehen stellt die Individualproduktion zwar hohe Anforderungen an die Abläufe, Produktionsmittel und das Personal, jedoch birgt sie aber auch gleichzeitig viel Rationalisierungspotential, was zu einer effizienten und kostengünstigen Produktion führen wird. Diese wirtschaftlichen Erwägungen, gepaart mit dem enormen Mehrwert für den Kunden, stellen eine optimale Grundlage dafür dar, daß sich die Individualkonfektion auf dem Markt durchsetzen wird.

Literatur

Derkac M (1998) Konzeption, Realisierung und Integration von Machine Vision-Techniken für eine Verbesserung der Mensch-Maschine-Schnittstelle im Umfeld der automatischen Kundenvermessung, dem Personentracking und der virtuellen Anprobe. Diplomarbeit mediaCenter Forschungsgesellschaft GmbH, Friedrichshafen/FH RV-Weingarten

Deussen N (1996) Sakko in Echtzeit. Der Spiegel Nr. 34:142

Herrmann F (1997) Maßkonfektion mit High-Tech. In: Jahrbuch der Bekleidungsindustrie. Schiele & Schön, S 116–141

Kämpfer (1996) Haute Couture für jedermann dank automatisierter Maßkonfektion. VDI-Nachrichten (19.07.1996)

Piller FT (1998) Kundenindividuelle Massenproduktion – Mass Customization: Die Wettbewerbsstrategie der Zukunft. Hanser, München Wien

Schrader JA (1996) Weibliche Rundungen zu heikel. Der Tagesspiegel (01. 09. 1996)

Straub RM (1997) Studie Individualkonfektion. mediaCenter Forschungsgesellschaft GmbH, Friedrichshafen

Straub RM (1998) Individualkonfektion. Internet-Adresse: www.mediaCenter.de

Kombination von Produkt und Dienstleistung – TELECONSULT

4 ▮ 02

Heinz-Jürgen Haupt

INHALTSÜBERBLICK

Sie erfahren in diesem Beitrag wie Sie den neuartigen Online-Dienst TELECONSULT für Ihr Unternehmen einsetzen können, welchen Nutzen er bringt und wie die Voraussetzungen für die Umsetzung aussehen. Anhand von Beispielen wie der Patentrecherche wird der praktische Umgang mit diesem Online-Dienst geschildert.

4

TELECONSULT: Ein innovativer Informations- und Auskunftsdienst unter Nutzung moderner PC Multimediatechnologie

4 ▮ 02 | 01

Der Übergang in ein neues Jahrtausend wird zum Wandel in eine Kommunikationsgesellschaft mit all seinen noch nicht übersehbaren Folgen für das Geschäfts- und Privatleben im 21. Jahrhundert. Haben wir bisher schon unter Einbezug von Medien den Austausch von Waren und Dienstleistungen betrieben, so werden die neuen Möglichkeiten der Kommunikation schon auf den Entstehungsprozeß dieser Einfluß nehmen. Konkret heißt das, der Kunde kann durch direkte Verbindung zum Hersteller die Entstehung des Produkts oder der Dienstleistung aktiv mitgestalten.

Zugriff auf Know-how

Aber auch auf Know-how, Experten, Datenbanken und Informationsträger aller Art kann über die Kommunikationstechnologie direkt Zugriff genommen werden. Das bedeutet für den Freiberufler, Manager und Chef eines kleinen oder mittelständischen Unternehmens, jederzeit an weltweit verstreut vorhandene Informationen herankommen zu können, Expertenrat genau dann einholen zu können, wenn er ihn braucht, und Zugriffe auf nahezu jede wichtige Datenbank der Welt vom Schreibtisch aus zu bekommen. Das Zusammenwachsen von PC und Telekommunikation macht nicht nur Entfernung unbedeutend, sondern läßt eine Zusammenarbeit von PCs und Menschen mittels Telekommunikationsnetz über große Distanzen ebenso zu, wie man es von der Zusammenarbeit im lokalen Netzwerk bereits kennt. Neue Funktionalitäten wie Videokonferenz und Telefonie über den PC, die in wenigen Jahren zur Selbstverständlichkeit und damit zum alltäglichen Werkzeug für Fach- und Führungskräfte werden, sind die Voraussetzung für die Neuorganisation von Arbeitsprozessen. Telearbeit ist in diesem Zusammenhang nur ein Stichwort, virtuelle Unternehmen das wahrscheinliche Ergebnis von veränderten Arbeitsablaufprozessen auf der Basis der Implementierung oben bereits erwähnter Technologien.

Videokonferenzsysteme sind Aufrüstsätze für PCs, bestehend aus 2 Steckkarten, Farbvideokamera, Kopfhörer mit Mikrofon, Konferenzsoftware. Damit erweitert sich der PC-Einsatz um folgende Funktionalitäten: Audio- und Videokonferenzen, Application Sharing (gemeinsame Dokumentenbearbeitung), Dateitransfer sowohl über ISDN als auch über LAN. Zusatzfunktionen sind LAN- Fernzugriff, Telefonie, Faxübertragung, Internet-Zugang.

Online-Dienst

Vor diesem Hintergrund ist unter Nutzung der seit etwa 5 Jahren serienreifen Video-PC-Technologie ein neuartiger Online-Dienst entwickelt worden, der sog. TELECONSULT-Dienst.

Dieser Dienst, der nach Aussagen von Experten weltweit in dieser Art bisher einmalig sein dürfte, berücksichtigt gleich mehrere Forderungen:

- Bedienerfreundlichkeit,
- jederzeitige Verfügbarkeit,
- direkt vom Schreibtisch aus zugänglich,
- Durchstöbern der Originalquellen,
- direktes Herunterladen der Quellen und
- (das eigentliche Unterscheidungsmerkmal zu anderen Online-Diensten) die Mensch zu Mensch Kommunikation von Angesicht zu Angesicht (s. auch Abb. 1).

Voraussetzungen für die Umsetzung in Unternehmen

4 ▮ 02 | 02

Traditionelle Nutzung von Informationsquellen

Informationbroker

TELECONSULT wird als ein Informations- und Auskunftsdienst bezeichnet, der von „Informationsbrokern“ bedient wird. Diese Broker, die bisher auch schon im

Abb. 1: Chef und Mitarbeiterin rufen über den PC einen Informationsbroker an und schauen sich gemeinsam ein Dokument auf einer Datenbank an

Markt ihre Dienste angeboten haben, zu denen man aber in der Regel nur indirekt, entweder über seinen Fachverband, die IHK oder Handwerkskammer Zugang hatte, bzw. sich selbst an diese wenden mußte, sind im TELE-CONSULT-System via ISDN direkt Ansprechpartner für informationssuchende Fach- und Führungskräfte. Diese Informationsbroker haben über feste Leitungsverbindungen Zugang zu Datenbanken aller Art und in der Regel weltweit. Sie verfügen über das entsprechende Know-how, in diesen Datenbanken recherchieren zu können und nach Stichworten auch das schnell und präzise zu finden, was gesucht wird. Die Anforderung nach einer solchen Recherche gehen entweder per Telefon, Fax oder online via Datenleitung von einem Berater der oben genannten Institutionen IHK, HWK oder Fachverband ein. Recherchen werden offline vom Broker durchgeführt und das Ergebnis entweder als Ausdruck oder digital der anfragenden Institution zugeschickt. Die Bezahlung erfolgt ausnahmslos per Rechnung.

! Ein noch sehr aufwendiges Verfahren, das mehrere „Medienbrüche“ enthält und damit noch längst nicht alle Möglichkeiten der neuen Technologien konsequent nutzt.

Ein wesentlicher Aspekt, der eine solche Recherche z. Z. noch kompliziert und zeitaufwendig macht, ist die Tatsache, daß der Informationssuchende die Stelle kennen muß, wo er seine Recherche in Auftrag geben kann; die beauftragte Stelle (IHK, HWK u. a.) wiederum ist auch nur „Verbindungsstelle“ zum Informationsbroker. In der Praxis bedeutet das einen nicht unerheblichen Zeitaufwand. Man muß einen Termin ausmachen, mit dem Rechercheanliegen dorthin fahren und ggf. auf das Ergebnis einige Tage warten, bis es per Post zugestellt wird. Die Rechercheergebnisse sind dann teilweise auch noch nicht zufriedenstellend, da entweder die Recherchebegriffe nicht präzise genug waren oder man vielleicht doch noch andere hätte auswählen müssen.

Neue Funktionalität durch Kombination vorhandener Infrastrukturen mit moderner PC-Videokonferenztechnik

Die Tatsache, daß diese Funktionsweise bereits praxiserprobt ist, die neue Video-PC-Technologie jedoch neue Möglichkeiten der Kommunikation eröffnet, hat zu der Idee geführt, beides zu kombinieren.

Ausgewählte Informationsbroker, haben ihre Technik mit einem PC-Videosystem aufgerüstet und ihre Dienste nun direkt am Schreibtisch desjenigen zur Verfügung stellen können, der ebenfalls über ein solches System verfügt.

Bildkommunikationsbuch

Die Zielgruppe derer, die über eine solche technische Ausstattung verfügt, ist noch relativ klein, dürfte aber doch schon bei etwa 20000 Unternehmen und Freiberuflern in der BRD liegen. Die DeTeMedien hat deshalb eigens eine Art Telefonbuch, das sog. Bildkommunikationsbuch herausgebracht, in dem alle bei ihr gemeldeten PC-Videokonferenzsystem-Nutzer mit der jeweiligen Rufnummer enthalten sind.

Strukturierung des TELECONSULT- Dienstes mit Hilfe einer neuen Bedienoberfläche

Strukturierung des Informationsbedarfs

Voraussetzungen, um überhaupt einen solchen Online-Dienst zu schaffen, war eine Strukturierung des Informationsbedarfs der Zielgruppe Fach- und Führungskräfte von kleinen und mittelständischen Unternehmen, Mana-

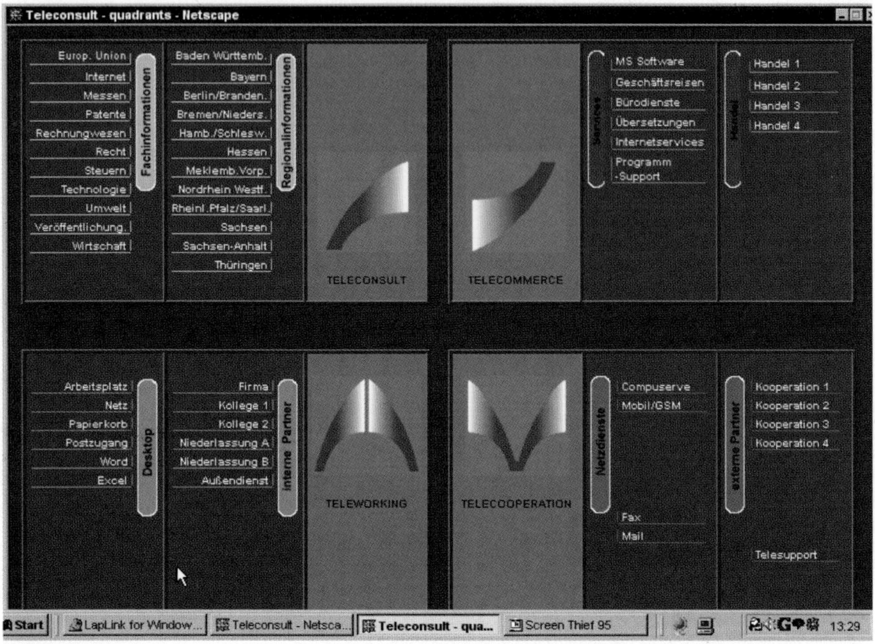

Abb. 2. Bedienoberfläche TELEMANAGER für die unkomplizierte Anwahl der TELECONSULT- und TELECOMMERCE-Dienste sowie die Organisation des Managerarbeitsplatzes

ger, Freiberufler und sonstige Gewerbetreibende. Diese Struktur, die sich aus sog. Fachinformationsknoten zusammensetzt, ist z. Z. noch nicht endgültig und noch nicht ganz vollständig, wurde allerdings 1 Jahr lang auf ihre Praktikabilität und Funktionalität getestet (vgl. Abb. 2).

Fachinformationen

Für die schnelle und unkomplizierte Erreichbarkeit der Fachinformationen wurde eine spezielle Bedienoberfläche geschaffen, die noch 1998 zum Einsatz kommen soll (s. Abb. 3). Daraus ist auch die derzeitige Struktur des Informations- und Auskunftsdienstes TELECONSULT ersichtlich.

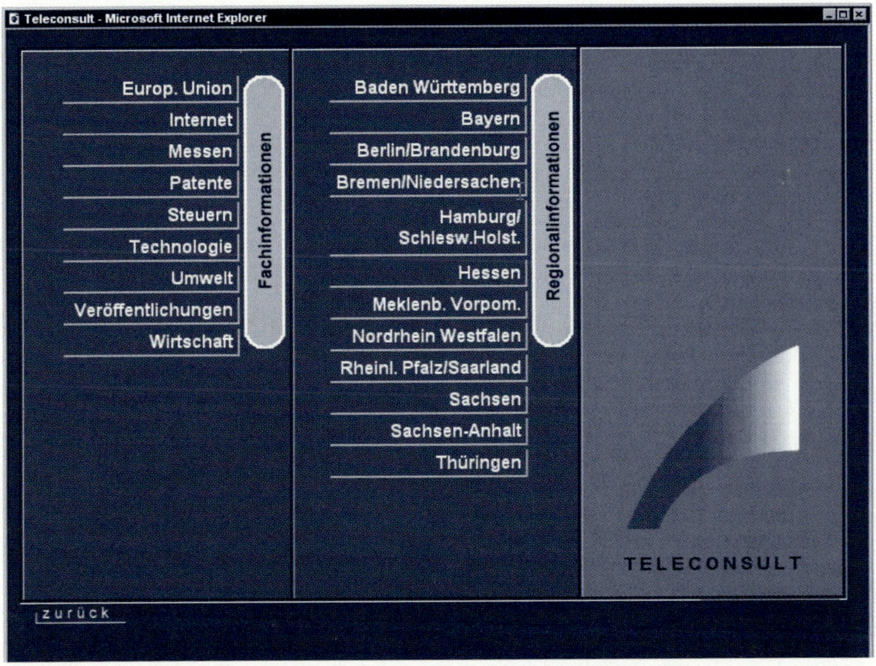

Abb. 3. Teiloberfläche TELECONSULT der Gesamtbedienoberfläche TELEMANAGER zur direkten Anwahl von Fach- und Regionalinformationsbrokern

Regionalinformationen

Wie deutlich sichtbar, werden neben Fachinformationen auch Regionalinformationen angeboten, die insbesondere zu regionalen Förderungen, Gewerbegebieten und Wirtschaftsstandorten sowie Besonderheiten der regionalen Wirtschaft Auskunft geben. Leider sind diese Regionalinformationen noch gering belegt; ein zügiger Ausbau wird angestrebt. Will man wissen, was sich hinter den Fachinformationsbuttons verbirgt, so zieht man die Maus auf den Begriff, z. B. „Messen" und es öffnet sich ein Fenster, in dem das Angebot stichwortartig aufgelistet ist.

Praktischer Umgang mit dem TELECONSULT-Dienst

Direkte Kommunikation und Information

Die Entscheidung, diesen Dienst anzurufen, fällt man durch einfaches Anklicken und die Anwählprozedur wird automatisch in Gang gesetzt. In kurzer Zeit erscheint der Broker persönlich auf dem Bildschirm und fragt nach den Auskunftswünschen. Im gemeinsamen Dialog können beide Partner sich erst einmal zweifelsfrei darüber im klaren werden, was nun genau der Gegenstand des Informationsbedürfnisses ist. Der Broker öffnet parallel zum Gespräch die in Frage kommenden Datenquellen und nun können beide gemeinsam in den Quellen stöbern.

! Der Anrufer sieht auf seinem Bildschirm eben genau das, was der Broker durch Zugriff auf die Datenbank auch sieht. Gemeinsames Blättern erleichtert das schnelle und präzise Auffinden genau der Informationen und Daten, die der Anrufer haben will.

Abgerechnet wird die Nutzung des Dienstes über eine Zeitgebühr. Das dazu notwendige Gebühren- und Abrechnungsmanagement liefert die Deutsche Telekom AG mit ihrem 0190-Servicedienst. Die in Anspruch genommenen Zeiten der Telefonnetznutzung wird automatisch über die monatlichen Telefonrechnungen bei den Dienstenutzern eingezogen.

Unterscheidung zu anderen Online-Diensten

Online-Expertenberatung

In diesem Verfahren zeigt sich auch deutlich der Unterschied zu anderen Online-Diensten und Online-Recherchemöglichkeiten z. B. über Internet. Während im Internet der Informationssuchende der Akteur ist, d. h. er muß sich selbst durch das weltweit bereitgestellte Material klicken, ist es im TELECONSULT-Online-Dienst der angewählte Fachexperte. Dieser hinterfragt im Dialog das genaue Anliegen des Informationssuchenden und er als Experte für Datenbankrecherchen findet innerhalb kürzester Zeit die gewünschten Quellen.

! Für den Manager, Mittelständler und Freiberufler, der 80% seiner Zeit mit Akquisition, Arbeit beim Kunden und interner Führung beschäftigt ist und somit keine Chance hat, Bedienroutinen für die Suche in Online-Diensten selbst zu entwickeln, ein ideales Angebot.

Technische Voraussetzungen und Installation

Standards

Videokonferenzsysteme gibt es von unterschiedlichen Herstellern, wobei bei der Anschaffung darauf zu achten ist, daß sie mit den Standards ausgestattet sind, die die Systeme aller Hersteller miteinander kompatibel machen. Wegen dieser Gewährleistung der Kompatibilität sind die Fachexperten des Online-Dienstes TELECONSULT mit dem Business Video Conferencing System von INTEL ausgestattet, ein System, das über die Deutsche Telekom AG sogar über Katalog bezogen werden kann (derzeitiger Preis 1.200 DM zzgl. MwSt.).

Voraussetzung allerdings, um diesen Dienst nutzen zu können, ist die Installation eines Multimedia-PC, d. h. ein PC mit Pentium II mit MMX-Technologie ab 233 MHz Taktfrequenz, Arbeitsspeicher mindestens 32 MB RAM und mindestens 70 MB verfügbarer Festplattenspeicher, SVGA- oder VGA-Grafik mit mind. 256 Farben, jeweils ein freier ISA- und PCI-Steckplatz, CD-ROM-Laufwerk, Microsoft Windows 95 oder Windows NT Workstation 4.0, aufgerüstet mit einem sog. Videokonferenzsystem.

Doch Vorsicht beim Einbau! Hier sollte man wirklich Experten dran lassen oder gar beim Computerexperten die Gesamtkonfiguration in Auftrag geben. Vorsicht auch bei der Integration dieser Technologie in die Netzwerkumgebung eines Unternehmens: Es funktioniert in einer Windows 95- und NT-Umgebung ausgezeichnet, doch trotzdem ist Expertenwissen hier gefragt.

Außerdem ist nicht nur die EDV-Umgebung wichtig, sondern auch die Telekommunikationstechnik des Unternehmens. ISDN (Euro-ISDN) -Anschluß ist notwendige Voraussetzung (in den meisten Unternehmen bereits Standard), bestimmte Merkmale der TK-Anlage müssen auch erfüllt sein.

TELECONSULT-Innovationspartner

▮ Damit überall in der BRD auf Experten Know-how zurückgegriffen werden kann, richtet die GefAA GmbH in Berlin gerade 100 Lizenzpartner ein, sog. TELECONSULT-Innovationspartner, die im Umgang mit der Technologie und deren Integration in Unternehmen versiert sind. So entfällt für den Interessenten die lästige Suche nach den Technikern, die sich sowohl mit TK-Anlagen und mit EDV und Netzen auskennen müssen, aber auch etwas von dem Einbau von Videokonferenzsystemen verstehen. Diese Experten stellen auch die Installation und die Einarbeitung am Arbeitsplatz sicher.

4 ▮ 02 | 03 Der praktische Umgang mit dem TELECONSULT-Online-Dienst

Wie bereits oben ausgeführt, ist die fachgerechte Integration dieser Technik Voraussetzung für die optimale Nutzung dieses Dienstes. Nur so ist gewährleistet, daß man von PC zu PC folgendes machen kann:

- Per Klick miteinander telefonieren,

- sich auf dem PC-Bildschirm jeweils sehen,
- Objekte zeigen oder Verfahren z. B. durch Zeichnung auf einem Flipchart visualisieren,
- per Dokumentenkamera oder sonstige zugeschaltete Zweitkamera nicht digitalisierte Informationen vermitteln,
- Dokumente, Grafiken oder Kalkulationstabellen öffnen und gemeinsam darin arbeiten sowie
- Datei- und Bildtransfers durchführen.

Beispiele aus der Praxis

Für die praktische Arbeit im Umgang mit dem TELECONSULT-Informations- und Auskunftsdienst bedeutet das, dargestellt an mehreren Beispielen:

BEISPIEL 1: PATENTRECHERCHE

Der Leiter einer Forschungsabteilung muß einige Male im Jahr Mitarbeiter zur Patentauslegestelle schicken, um Recherchen durchzuführen. Zwei-, teilweise dreitägige Reisen sind dafür manchmal notwendig. Neben dem Zeitaufwand fallen Reisekosten, Übernachtungskosten, Kopierkosten etc. an.

Verfügt die Abteilung über eine wie oben beschriebene Ausstattung, so klickt er auf seiner TELECONSULT-Oberfläche den Button Patente an und hat nach wenigen Augenblicken den Broker für Patentrecherchen auf dem Bildschirm. Mit diesem wird gemeinsam die Fragestellung im Dialog präzisiert, er öffnet noch während des Gesprächs seine Datenbank und nun verfolgt der Informationssuchende das Durchsuchen der Patentdatenbank (vgl. Abb. 4).

Eine Trefferliste aufgrund der recherchierten Begriffe wird angezeigt und nun wird vom Suchenden entschieden, wel-

che dieser Dokumente er sich ganz anschauen will. Der Broker öffnet ihm das Dokument und nun können sich beide sowohl die Patentschrift anschauen, als auch die dazugehörigen Zeichnungen (vgl. Abb. 5). Ist die richtige Patentschrift gefunden, so werden die Dokumente per Dateitransfer auf den Computer der Forschungsabteilung geladen und nun können sie jederzeit ausgedruckt werden.

Eine Recherche, die in der Regel zwischen 3 und 5 Minuten dauert, würde bei einem Minutenpreis von derzeit 4,17 DM zwischen rund 12 und 20 DM kosten.

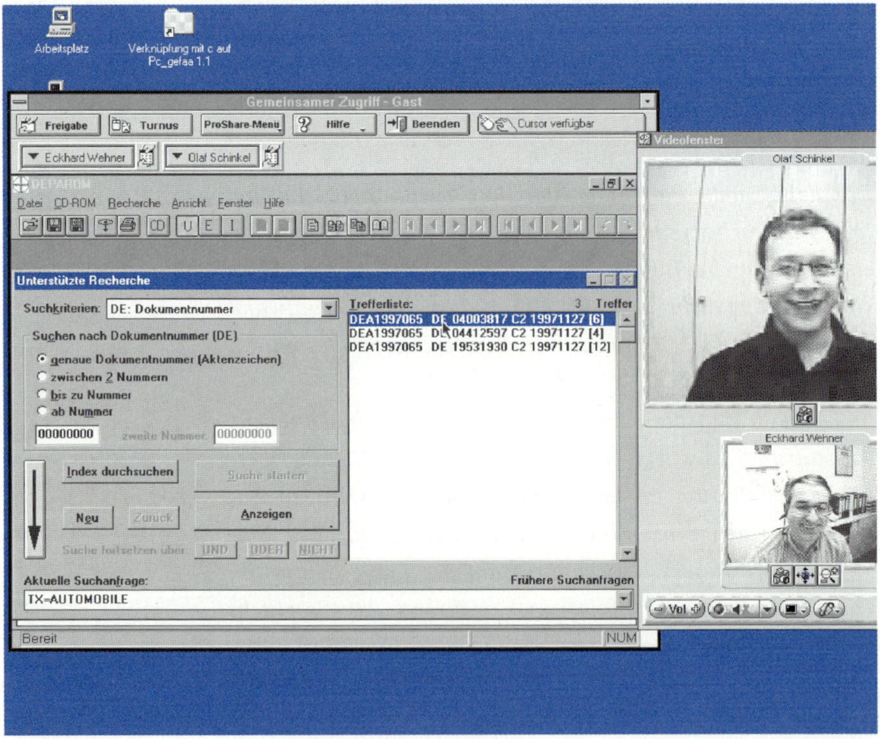

Abb. 4. Beispiel einer Recherche in der Patentdatenbank. Vom Informationsbroker wurden in der Datenbank unter dem Stichwort „Automobile" 3 Treffer erzielt

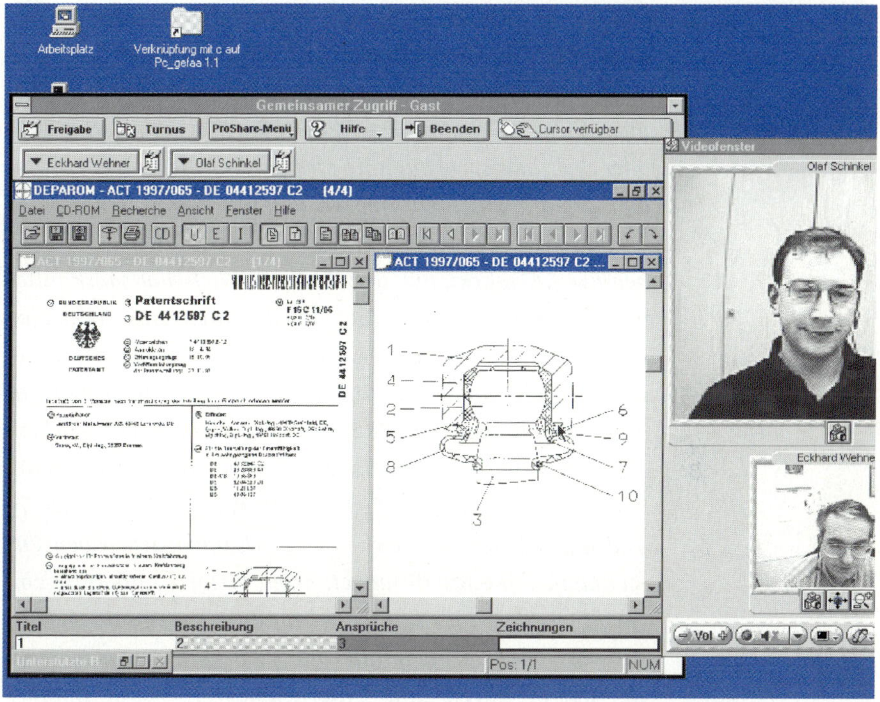

Abb. 5. Öffnung des Datenbankinhalts mit direktem Einblick in die Patentschrift und die dazugehörigen Konstruktionszeichnungen

BEISPIEL 2: BONITÄTSRECHERCHE

Ein mittelständischer Unternehmer „A" hat einen Auftrag in beträchtlicher Höhe eines potentiellen Kunden (Unternehmen „B") auf dem Tisch liegen, den er nicht kennt. Er hat auch noch nie mit dem Unternehmen „B" zusammengearbeitet. Also ist es geboten, eine Bonitätsprüfung vorzunehmen und Auskunft über Unternehmen „B" einzuholen. Doch der neue Kunde will eine schnelle Abwicklung des Geschäftes. Unternehmen „A" kann nun den klassischen Weg gehen und bei einem oder mehreren der Wirtschaftsinformationsdienste eine Auskunft über Unternehmen „B" einholen (Voraussetzung ist allerdings, Unternehmer „A" ist Mitglied eines oder mehrerer Wirtschaftsinformationsdienste, verbunden mit der regelmäßigen Zahlung einer monatlichen Gebühr). Das dauert im Normalfall 2–3 Tage oder bei Inanspruchnahme des Expressdienstes 24 Stunden, gegen stattlichen Aufpreis versteht sich.

Nicht so bei Nutzung des TELECONSULT-Dienstes: Unternehmer „A" klickt auf den Button „Wirtschaftsauskünfte" und hat nach wenigen Augenblicken den entsprechenden Broker life auf seinem PC-Bildschirm. Diesem erklärt er sein Rechercheanliegen und noch während des Gesprächs öffnet der Broker die Datenbank(en) des/der entsprechenden Wirtschaftsinformationsdienste(s). Gemeinsam können sie nun unter dem Firmennamen erst einmal blättern und feststellen, über welche der u. U. unter demselben Firmennamen (Konzern) aufgeführten Firmen Auskünfte eingeholt werden sollen. Erst wenn das gemeinsam geklärt ist, wird das Firmenprofil des gesuchten Unternehmens „B" aufgeschlagen und Unternehmer "A" kann Einblick nehmen. Auf Wunsch können die Daten natürlich wieder direkt heruntergeladen werden.

Eine solche Recherche dauert in der Regel nicht länger als 3 Minuten und ist damit zu einem Preis von 12 DM zuzüglich der üblichen Kosten für eine Firmenauskunft des Wirtschaftsinformationsdienstes erhältlich. Damit bekommt man die Auskunft schneller, als beim herkömmlichen 24-Stunden-Expressdienst, die 3-Minutenrecherche ist wesentlich günstiger, als der Expresszuschlag und man muß nicht Mitglied des Informationsdienstes sein.

Der Auftrag von Unternehmen „B" kann sofort weiterbearbeitet werden und bereits noch am selben Tag die Auslieferung erfolgen.

BEISPIEL 3: PRESSERECHERCHE

Schwieriger oder mit sehr hohen Kosten verbunden ist es für kleine und mittelständische Unternehmen festzustellen, wann was von ihren sporadisch ausgesendeten Pressemeldungen tatsächlich in welcher Zeitschrift veröffentlicht wurde. Traditionell bemühte man dafür den Clippingdienst einer Werbeagentur, neuerdings hat man allerdings auch die Möglichkeit, selbst über die bekannten Online-Dienste zu recherchieren (mit viel Know-how und zeitlichem Aufwand verbunden). Über den TELECONSULT-Dienst im Online-Dialog geht das wesentlich schneller und kostengünstiger. Durch Anklicken des Buttons „Veröffentlichungen" holt man sich den professionellen Rechercheur auf den PC-Bildschirm, der wiederum nach den gewünschten Stichworten innerhalb des vorgegebenen Zeitraums nach Veröffentlichungen des Mittelständlers in allen Datenbanken der relevanten Tages- und Wirtschaftspresse sucht. Die Treffer mit den jeweiligen Volltexten werden online zur Verfügung gestellt und können natürlich auch auf den PC des Mittelständlers heruntergeladen werden.

Innerhalb von etwa 5 Minuten für den Preis von ca. 20 DM ist eine solche Recherche abgeschlossen und das Unternehmen verfügt über alle Veröffentlichungen im gewünschten Zeitraum. Im Vergleich zu den entsprechenden Diensten einer Agentur ein wesentlich günstigeres, schnelleres und präziseres Verfahren.

Erweiterungen des TELECONSULT-Angebots um den Dienst TELECOMMERCE

Servicedienst TELECOMMERCE

Der Informations- und Auskunftsdienst TELECONSULT wird sukzessive vervollständigt und dabei gleichzeitig erweitert um einen neuartigen Service-Dienst. Dieser

Dienst, der erst seit Anfang 1998 seine Arbeit unter dem Oberbegriff TELECOMMERCE aufgenommen hat, erbringt unternehmensnahe Dienstleistungen, z. B:

- Unterstützung in der Handhabung und Anwendung von Microsoft-Programmen,
- Geschäftsreiseplanung, Flug- und Hotelpreisoptimierung und Online-Buchungen,
- Durchführung von Schreibarbeiten, Mailing-Aktionen, Angebotserstellungen etc.,
- Unterstützung und Übernahme von Services in allen Internet-Fragen oder
- Übersetzungsdienste (in Vorbereitung) (vgl. auch Abb. 6).

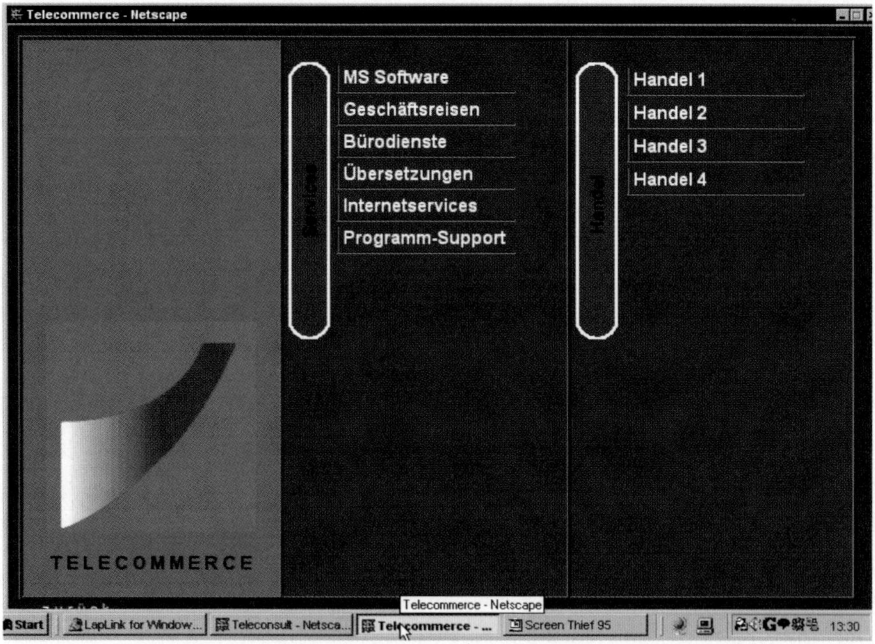

Abb. 6. TELECOMMERCE-Bedienoberfläche mit dem direkten Zugriff auf verschiedene Services, die teilweise offline erbracht werden, sowie dem geplanten Zugriff auf gewerbliche Handelsbeziehungen

Mit der Inanspruchnahme dieses Dienstes sind nicht nur Zeitvorteile verbunden, sondern teilweise auch erhebliche Kostenvorteile. Während man bei der klassischen Geschäftsreisebuchung in der Regel keine Preisvergleichsmöglichkeit zur Verfügung hat, wird von dem Dienst gemeinsam mit dem Anrufer online in den Angeboten der verschiedensten Reiseanbieter recherchiert, bis das Preisoptimum gefunden ist.

Ein weiteres Angebot ist die Unterstützung in den Anwendungsprogrammen von Microsoft, was hier wesentlich komfortabler ist als klassische Hotlines.

Hilfeleistungen und praktische Unterstützung können direkt auf dem PC des Anrufers stattfinden (vorausgesetzt er hat dem Dienst den Zugang zu seinem Computer gewährt). Das bedeutet, Programmeinrichtungen, Verknüpfungen und Korrekturen können aus der Ferne durchgeführt werden.

Die Inanspruchnahme dieses Services ist verbunden mit 2 Abrechnungsarten. Die reine Online-Beratung rekrutiert sich aus den Kosten des jeweiligen Minutenpreises, der allerdings von Anbieter zu Anbieter unterschiedlich ist. Für die Offline-Bearbeitung wird ein gesonderter Preis bilateral vereinbart und per Rechnung bezahlt.

Dieser Dienst wird um kommerzielle Business-to-Business-Angebote erweitert werden, worüber hier allerdings noch nicht berichtet werden kann.

Nutzen der TELECONSULT- und TELECOMMERCE-Online-Dienste für KMU und Fazit

4 ▮ 02 | 04

Anwenderfreundlichkeit

Die oben beschriebenen Dienste TELECONSULT und TELECOMMERCE sind die ersten Online-Dienste, die den Nutzer aktiv in der Suche nach Informationen, Auskünften und betrieblichen Services von Mensch zu Mensch unterstützen. Während alle bisher bekannten Dienste eine Infrastruktur zur Verfügung stellen, die es dem Dienstenutzer selbst überlassen, sich mühsam durchzuklicken, werden hier neue Wege unter konsequenter Nutzung der neuesten Technologien beschritten. PC-Videokonferenztechnologie macht es möglich, daß wieder eine direkte Kommunikation von Angesicht zu Angesicht durchgeführt werden kann, ohne zeitraubende Zwischenschritte über diverse Medien gehen zu müssen. Herausragende Eigenschaft für dieses System ist die hohe Benutzerfreundlichkeit:

! Der Kunde braucht selbst keinerlei Datenbankanschlüsse, Netzzugänge, Paßwörter, Mitgliedschaften, Grundgebühren oder ähnliches. Ein preisgünstiges PC-Videokonferenzsystem genügt, um auf einen großen Teil der Informationsquellen, die weltweit vorhanden sind, zurückgreifen zu können, ohne diese selbst anwählen, geschweige denn bedienen zu müssen.

Die Reaktionszeit der Dienste ist in der Regel „Just-in-time", die Aktualität der Information entspricht der Aktualität der Datenspeicherinhalte.

Das Kosten-/Nutzenverhältnis ist bisher ungeschlagen; 1 Minute Recherche kostet netto 4,17 DM, ohne irgendwelche Zusatzkosten. Klassische Datenbankrecherchen kosten pro Minute mindestens 4 DM und die muß der Informationssuchende selbst durchführen.

Kombination von Dienstleistungen – Integration via Internet

4 ▮ 03

Karin Gräslund, Frank Waskow, Frank Winkler

INHALTSÜBERBLICK

Dieser Beitrag zeigt an 2 Beispielen die Möglichkeit für mittelständische Unternehmen, mit Einsatz von Informationstechnologie ihre Dienstleistungen und Geschäftsprozesse zu integrieren und ihren Kunden als Produktinnovationen anzubieten. Als wichtigste innovationsfördernde Informations- und Kommunikationstechnologie (IKT) fungiert hierbei die Internet-Technologie. Weiterhin werden die gewonnenen Erkenntnisse aus der praktischen Erfahrung dargestellt.

Einführung

4 ▮ 03 | 01

Derzeit ist die Internet-Präsenz deutscher Unternehmen im Vergleich zu den USA noch vergleichsweise gering und v. a. konzentriert auf die Bereitstellung von allgemeinen Unternehmensinformationen. Auch die wenigen echten Internet-Dienstleister wie Internet-Shops machen auf dem deutschen Internet-Markt in der Regel noch keine bedeutenden Gewinne.

Strategische Bedeutung von Internet-Aktivitäten

Nichtsdestoweniger messen die aktiven Unternehmen ihrem Internet-Engagement hohen strategischen Wert für die zukünftige Marktdurchdringung bei. Wer nicht heute schon im Internet-Umfeld agiert, wird zukünftig Wettbewerbsnachteile haben. Beschränken sich diese Nachteile derzeit häufig nur auf das Image, d. h. nicht hinreichend modern zu agieren, wird dieser Mangel zukünftig auf die jungen Käufergruppen treffen, die durch Bildung und Arbeit an die Nutzung des Internet gewöhnt sind.

Wichtig für die aktuelle Wettbewerbssituation ist jedoch der zusätzliche Nutzen, der dem Kunden aus den Internet-Produkten erwächst. So kann z. B. die bessere Information im Zusammenhang mit der Erbringung von Dienstleistungen die Kundenbindung erhöhen.

Ein einfaches Beispiel stellt hier schon ein Informationsdienst über externe Tagungen bzw. Veranstaltungen eines Unternehmens dar, der den Verweis auf die Seiten jenes Hotels beinhaltet, das zu dieser Veranstaltung vergünstigte Zimmer anbietet und ggf. sogar per Internet Buchungen zuläßt.

Produktinnovationen sind Kuppelprodukte

Produktinnovationen dieser Art sind eigentlich keine neuen Leistungen. Aus der Kopplung bereits vorhandener Daten und Dienstleistungen entstehen vielmehr Kuppelprodukte. Solche Produkte können Geschäftspartner gemeinsam erstellen, aber auch ein einzelnes Unternehmen.

Ein fast klassisches Beispiel hierfür ist der UPS-Paketdienst, der für den Kunden im Internet die Möglichkeit der aktuellen Auftragsverfolgung des Zustellungsdienstes anbietet.

Voraussetzung ist die Erschließung interner Unternehmensdaten

Als Voraussetzung für derartig gekoppelte Dienstleistungen müssen für den Kunden Daten unternehmensinterner Anwendungssysteme erschlossen werden. Der Kunde stellt in diesem Sinne eine weitere Nutzergruppe der internen Informationsverarbeitung dar. Dabei kommt es auf die einfache, sichere und wirtschaftliche Bereitstellung des Kundenzugangs an. Für anspruchsvolle Produktinnovationen bieten sich Dienstleistungskombinationen auf der Basis von Standardprodukten an, die bereits eine Internet-

Integration vorsehen. Eine weit verbreitete Standardsoftware dieser Art ist SAP R/3, das auch in den Praxisbeispielen dieses Artikels eingesetzt wird.

Voraussetzungen für die Umsetzung im Unternehmen

4 ▮ 03 | 02

Unter Voraussetzungen werden die Bedingung der lohnenden Anwendung, der wirtschaftlichen Durchführung und die technischen Investitionsobjekte erläutert.

Betriebswirtschaftliche Voraussetzungen

Geschäftsfelder unterliegen dem allgemeinen Wandel der Unternehmensstrukturen. Mit dem Ziel besserer Wettbewerbsfähigkeit entwickeln sich Unternehmen von hierarchischen Organisationsformen zu stärker an den Geschäftsprozessen orientierten Organisationen. So integriert die Prozeßorientierung z. B. die Lieferanten stärker in die Logistikkette, und/oder bietet mit individuellen Dienstleistungen größere Kundennähe. Dieser Wandel ist ein leiser Zwang und eine gute Voraussetzung für Produktinnovationen durch Dienstleistungs- und Geschäftsprozeßintegration mit Hilfe von Informations- und Kommunikationstechnologie.

Dienstleistungen mit Potential zur Selbstbedienung

Dienstleistungen dieser Art müssen in ihrer Komplexität reduziert werden, damit sie zumindest teilweise durch den Kunden selbst bedient werden können. Wirkliche Grenzen sind der Kreativität dabei nicht gesetzt; es zeigt sich aber in den realisierten Projekten, daß als Produktkombinationen insbesondere Metainformationen über die Durchführung von Dienstleistungen und gemeinsame Dienstangebote mit Geschäftspartnern gute Chancen haben.

Einhalten der Nutzererwartung

Wichtig ist, die interne Abwicklung der Dienste auch organisatorisch darauf hin anzupassen, daß sie den im Internet üblichen und von den Kunden erwarteten Reaktionszeiträumen weniger Stunden entspricht. Das Projektbudget muß über die Realisierung der Anwendung und internen Reorganisation des Geschäftsprozesses hinaus Mittel für die spätere Bekanntmachung der Dienstleistung enthalten.

Checkliste

Internet-Dienstleistung und deren Kopplung ist sinnvoll, wenn

- Dienste in ihrer Komplexität reduzierbar sind und so ein Potential zur Selbstbedienung haben,
- der Kundennutzen durch Aufhebung örtlicher und zeitlicher Grenzen größer wird sowie
- Internet-Dienste durch ihre Kopplung dem Kunden und den Unternehmen Arbeitsschritte ersparen!

Technische Voraussetzungen

Die technischen Voraussetzungen können und sollen hier nicht vollständig beschrieben werden. Da die folgenden Praxisbeispiele auf der Standardsoftware R/3 der SAP-AG basieren, wird deren Internet-Integration exemplarisch beschrieben. Allgemeine Voraussetzung für jedes sinnvolle und zukunftsorientierte Internet-Engagement ist eine Vernetzung auf Client-Server-Basis und die Verwaltung der Unternehmensdaten mit einem Datenbankmanagementsystem – für SAP R/3 ein selbstverständlicher Standard.

Eine Client-Server-Architektur läßt sich beinahe beliebig skalieren, und für erste Gehversuche im Internet ist auch ältere Hardware als WWW-Server denkbar. Mit steigenden Ansprüchen muß die Rechnerarchitektur dann entsprechend angepaßt werden.

Für die Erreichbarkeit des Dienstes über das Internet wird ein WWW-Server und eine Verbindung zu einem Internet-Provider benötigt. Im R/3 dient der sog. SAP-Internet-Transaction-Server (ITS) als Bindeglied zwischen einem WWW-Server und den R/3-Applikations-Servern. Bei diesem, als Inside-Out-Strategie bezeichneten Ansatz, verbleibt die Kontrolle über den Zugriff auf die Daten in der unternehmensinternen Software, hier im R/3-System (s. Abb. 1).

Der ITS verwaltet u. a. sog. Templates, d. h. Standard-HTML-Seiten mit zusätzlichen HTML^{Business}-Befehlen für das Zusammenspiel mit dem R/3-System. Bei einer Anfrage aus dem Internet generiert er die angeforderte HTML-Seite aus dem zugehörigen, um aktuelle R/3-Daten ergänzten Template. Weitere Aufgaben des ITS sind:

- Schnittstelle zum WWW-Server,
- Service-Management – Routing zum R/3-System,
- Login-Management – Zugriffskontrolle,

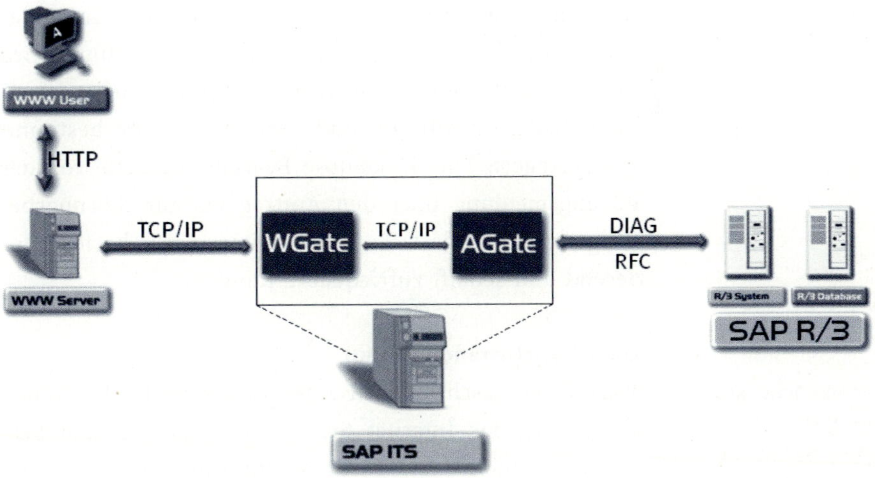

Abb. 1: Die R/3 Internet-Architektur

- Session-Management – Kontrolle und Beenden des Internet-Zugriffs sowie
- Administration – Überwachung der Systemressourcen.

Sicherheitsstandards

Diese integrierte R/3-Internet-Architektur nutzt die in R/3 bereitgestellten Mechanismen zur Zugriffssicherheit und zur Transaktionssicherheit. Sie entbindet jedoch nicht von weiteren Regelungen, um dem durch Internet-Anbindung erhöhten Sicherheitsrisiko zu begegnen.

4 ▮ 03 | 03 How-to-do: Beispiele von Internet-Dienstleistungen auf der Basis von R/3

Im folgenden werden 2 Praxisbeispiele für innovative Internet-Dienstleistungen skizziert, die auf der Standardsoftware R/3 aus dem Hause der SAP-AG basieren. Sie geben exemplarisch erste Anhaltspunkte für den zu kalkulierenden Erstellungsaufwand.

Instandhaltungsdienste für Maschinen und Anlagen reduzieren Kosten, die durch störungsbedingte Ausfallzeiten und Reparaturen entstehen, und erhöhen die Anlagenverfügbarkeit. Die Qualität der Instandhaltung wird durch Zugriff auf Anlagendaten, Schwachstellenerkennung, Bedarfsermittlung und Terminsteuerung bestimmt und gesteuert. Eine lückenlose Bearbeitungskette von der Störungsmeldung über den Auftrag bis zur Störungsbeseitigung vermindert die Ausfallzeiten, wirkt kostenreduzierend und schafft zufriedenere Kunden.

R/3 – PM (Instandhaltung)

Internet-Anwendung des Plant-Maintenance-Moduls

In der hier beschriebenen Anwendung erfaßt der Kunde selbst über das Internet Servicemeldungen in den Servicemanagement- und Instandhaltungsmodulen des R/3-Systems. Dafür muß er im R/3-System als Anwender registriert sein. Die Erfassung der Serviceanforderung ist ihm zeitlich unbegrenzt möglich, die Auftragserteilung kann automatisiert werden. Dabei steht dem Kunden statt der komplexen R/3-Benutzerschnittstelle eine einfache, aus jedem Browser heraus bedienbare Arbeitsoberfläche zur Verfügung.

Der Mitarbeiter im Außendienst ruft online Informationen zu Aufträgen, aber auch Informationen zu den Anlagen ab. Dies verbessert seine Diagnose bei der Vorbereitung eines Wartungsauftrags und bei der Instandhaltung vor Ort. Benötigte Materialien kann der Mitarbeiter online bestellen und zum Bestimmungsort ordern.

Es ist z. B. möglich, in R/3 archivierte Betriebsanleitungen oder Konstruktionszeichnungen über das Internet abzurufen oder Bestellungen direkt im Unternehmen abzusetzen.

Über die weltumspannende und plattformunabhängige Installationsbasis des Internets ist der Zugang zu den Servicemanagement- und Instandhaltungsmodulen des R/3-Systems von mobilen Rechnern aus verfügbar (vgl. Abb. 2).

Umsetzung des Plant-Maintenance-Moduls im Internet

Es wird ein Anforderungskatalog erstellt, welche Funktionen des Wartungssystems wann und wem im Internet zur Verfügung stehen können und sollen.

Beispielsweise soll sich der Servicemitarbeiter Equipments aller Kunden anzeigen lassen können. Auch die Möglichkeit Equipmentdetails, offene und erledigte Wartungsmeldungen, oder den Zählerstand eines Equipments abzurufen und evtl. zu ändern, wird bereitgestellt.

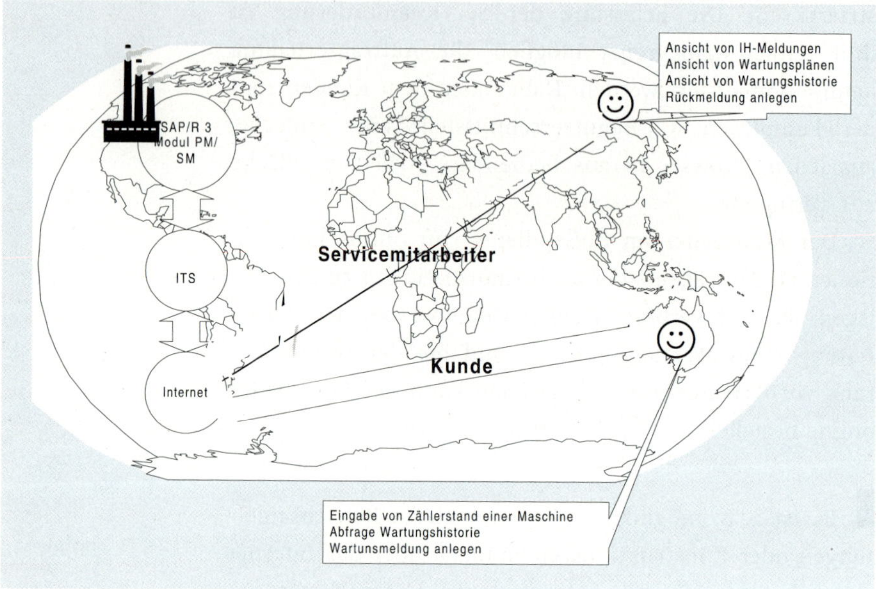

Abb. 2. Internet-Szenario Plant-Maintenance im SAP R/3 via Internet

Im Unterschied dazu kann ein Kunde sich nur eigene Equipments anzeigen und dazu Servicemeldungen anlegen und anzeigen.

Die Implementierung im R/3 umfaßt bereits die Bereitstellung der benötigten Datenstrukturen und Daten, sowie das Erzeugen der Anwendungslogik.

Zusätzlich wird lediglich das WWW-Frontend generiert und an das Erscheinungsbild des Unternehmens angepaßt. Für den fiktiven Aufzugshersteller „Rauf und Runter" sieht die Oberfläche für den Servicemitarbeiter wie in Abb. 3 aus.

Möglichkeit der stufenweisen Erweiterung

Neben der Beschleunigung und Erweiterung der Instandhaltungsdienstleistung durch Informationen ist auch die interne Wiederverwendung der Daten für das Marke-

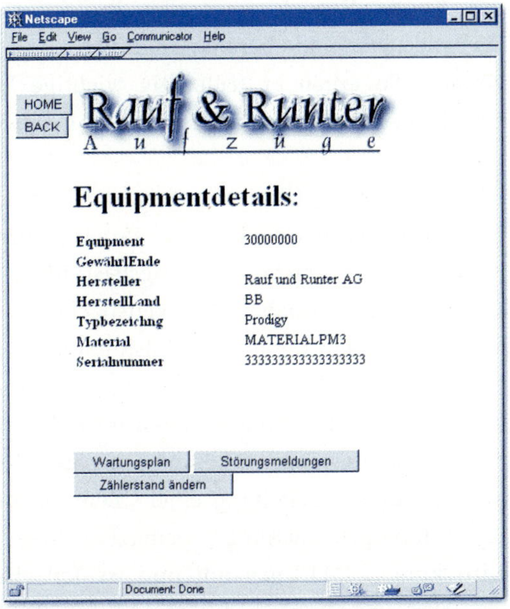

Abb. 3. WWW-Einstiegsseite des R/3-Moduls PM (Plant-Maintenance) aus der Sicht des Servicemitarbeiters

ting denkbar. So können in die hier vorgestellte Anwendung leicht ein Erinnerungsdienst an Wartungstermine, oder die Überprüfung der kundenindividuellen Wartungskonditionen eingebunden werden. Auf diese Weise läßt sich die erste Produktinnovation durch weitere Integration jeweiliger Geschäftsprozesse unter Verwendung weiterer SAP-Module stufenweise weiterentwickeln, bis sie dem Funktionsumfang einer sog. Help-Desk-Anwendung entspricht, die bereits vollständig in die Informationsverarbeitung des Unternehmens integriert ist.

Kopplung von Beratungsdienstleistung und Projektfortschrittsinformation

Das zweite Beispiel einer R/3-Anwendung auf Basis der Internet-Technologie beschreibt eine potentielle Wiederverwendung interner Projektinformationen durch den Kunden. Nach einer Autorisierung im System soll sich der Kunde Reports über den Projektfortschritt eines Dienstleisters und bereits angefallene Kosten abrufen können. So erhält er frühzeitig wichtige Informationen zur eigenen Budgetkontrolle und zum Controlling.

R/3 – PS und HR (Projektsystem und Human Resources)

Voraussetzung ist eine zentrale Mitarbeiterzeiterfassung

Voraussetzung einer aktuellen Projektinformation eines Kunden über erbrachte Beratungsleistungen, ist die Realisierung einer zeitnahen Tätigkeitsnachweis- und -zeiterfassung auf Basis definierter Teilstufen eines Projektes.

Die Firmen CAS-Nord GmbH, CAS-Consult GmbH und Return-Online GmbH haben im Rahmen eines internen Evaluations- und Ausbildungsprojektes R/3-Standard-Module für die Erstellung einer „Zentrale Interne Mitarbeiter-Tätigkeitserfassung" genutzt. Diese Anwendung wird kurz „ZIMT" genannt und ist Teil einer SAP-R/3® basierten, prototypischen Anwendung zur Projekt- und Einsatzplanung und Personaladministration von Dienstleistungsunternehmen.

ZIMT realisiert:

- die Projektplanung mit Beginn der Pre-Sales-Aktivitäten über Definition der PSP-Elemente bis hin zum Fertigstellungstermin,
- die zeit-, kapazitäts- und budgetorientierte Steuerung des Projektverlaufs und der Projektstufen,
- die entsprechende, tagesgenau abgleichbare Erfassung von Arbeits- und Reisezeiten der jeweiligen Projektmitarbeiter,
- das Erfassen von Urlaubs- (Erholungsurlaub, Sonderurlaub, Gleitzeitausgleich) und von Krankheitstagen sowie

- die Erstellung von Auswertungen über die erfaßten Daten (Tages-, Monats-, Projektabrechnungen, Planungs- und Budgetcontrolling).

Geplant ist die Implementierung einer retrograden Verrechnung von Planungsabweichungen auf definierte Geschäftsbereichs-Kostenstellen.

Zukünftige zentrale Mitarbeiterzeiterfassung via Extranet

Aktuell haben in dieser Anwendung Mitarbeiter, die projektbedingten Außendienst leisten, noch keinen Zugriff auf ZIMT, der ihnen eine tagesgenaue projektbezogene Zeiterfassung ihrer Beratungs- und technischen Implementierungsleistungen möglich machen würde. Als zukünftige Ausbaustufe dieses Prototypen zu einem R/3-Internet-Szenario soll der Zugriff auf ZIMT via Internet realisiert werden. Dazu wird die aktuelle, R/3-interne Benutzerschnittstelle von ZIMT in ihrer Komplexität reduziert und erfährt eine dem Internet-Standard angepaßte Gestaltung. Damit wird nicht nur die Benutzerfreundlichkeit erhöht, sondern auch ein ggf. anfallender Schulungsaufwand reduziert. Um Sicherheitsgründen zu genügen, ist diese Anwendung nicht im öffentlichen Internet verfügbar, sondern im Rahmen eines Intranets mit einem für Kunden erweiterten Benutzerkreis konzipiert, also als sog. Extranet. Angedacht ist, daß der Mitarbeiter eine an den Kundenstandort des Projekts gebundene Zugriffsautorisierung erhält.

Für die Umsetzung werden die bereits beschriebenen neuen Technologien der SAP-AG zur Anbindung von R/3 an das Internet genutzt. Der bestehende Software-Prototyp wird jedoch teilweise kopiert, damit seine Verfügbarkeit via Internet und zugleich seine R/3-interne Funktionsfähigkeit sichergestellt sind. Die kopierten Teile werden für den Internet-Zugang angepaßt und parallel zur

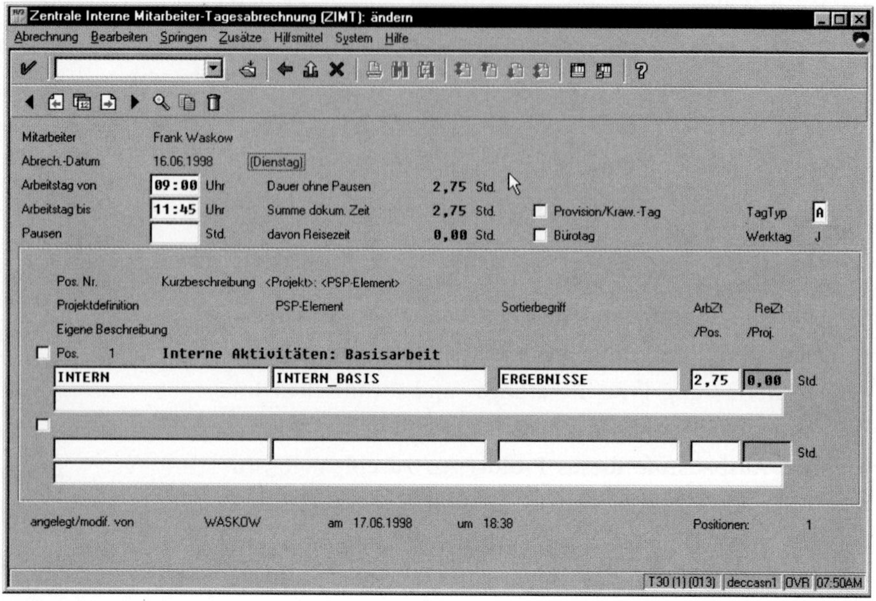

Abb. 4. ZIMT Eingabemaske im R/3

bestehenden ZIMT-Anwendung ausgeführt. Die Daten beider Systeme werden regelmäßig abgeglichen und könnten im Rahmen der herkömmlichen R/3-Nutzung auch direkt für die Rechnungsstellung genutzt werden (vgl. Abb. 4).

HTML-Seiten werden nur über Buttons, Ankreuz- und Auswahlfelder, Eingabefelder und Hyperlinks bedient. Menüs, Popups und Eingabehilfen, wie sie in der R/3-internen Anwendung zum Standard gehören, sieht der HTML-Standard nicht vor. Ankreuz- und Auswahlfelder der R/3-Bildschirmmasken sind nicht mit dem HTML-Standard kompatibel (s. auch Abb. 5).

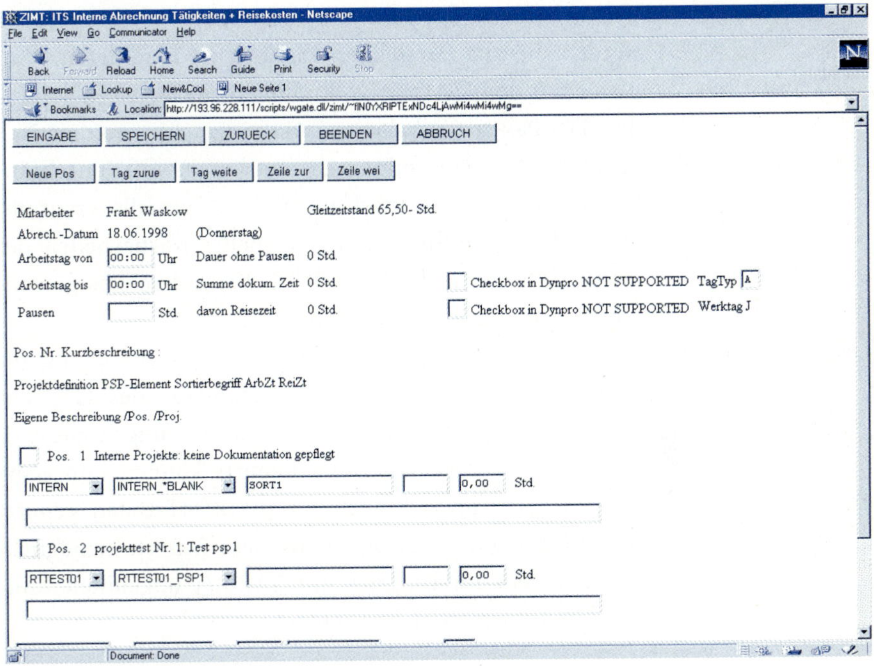

Abb. 5. ZIMT-Entwicklungsmaske im Internet-Browser

Die an den Benutzerschnittstellen (hier: R/3-Dynpros) notwendigen Änderungen können schrittweise vollzogen werden:

1. Menübefehle über Pushbuttons verfügbar machen.
2. Auswahlfelder ersetzen.
3. Ankreuzfelder überarbeiten.
4. Eingabehilfen wie Auswahllisten müssen neu programmiert werden.
5. Systemmeldungen lassen sich z. T. nur nach Anpassung auswerten.

Bei allen Änderungen bleibt aber die Ablauflogik des R/3-Dialogprogramms unberührt!

Erzeugen der Internet-Seiten – HTML-Templates

Nach dem Test des überarbeiteten R/3-Programms werden die zur Darstellung im Internet benötigten Templates mit dem SAP@Web-Studio, einem im Lieferumfang des ITS-Pakets enthaltenen Werkzeug, fast automatisch generiert. Die Anwendung ist nun bereits mit Einschränkungen über das Internet ausführbar. Spezielle Programmiertechniken erfordern ein manuelles Nacharbeiten der HTML-Erweiterung HTML^{Business}. Besondere Designwünsche werden abschließend erfüllt.

Extranet = Erweiterung

Erst jetzt ist eine Erweiterung der Datennutzung für den Kunden realisierbar. Im Lieferumfang des ITS sind Funktionsbausteine enthalten, um Auswertungen aus SAP R/3-Daten zu erstellen. Diese Reports können nun ohne zusätzlichen Aufwand auch für die ZIMT-Daten genutzt werden. Der Internet-Zugriff auf diese Reports ermöglicht es auch dem im Umgang mit SAP-R/3 ungeübten Kunden, die Informationen zu nutzen.

4 ▮ 03 | 04 Erkenntnisse während der Realisierung

Als Resümee unserer Praxiserfahrung läßt sich allgemein zusammenfassen:

Es sind nicht die gravierend neuen Ideen, sondern eher die Kombinationen vorhandener Dienste und Informationen, die wirkliche Geschäftsvorteile im Internet bringen.

Der Nutzen läßt sich steigern, wenn vorhandene Informationen auch für die interne Optimierung der Geschäftsprozesse genutzt werden.

Im eigenen Unternehmen muß immer ein von der Geschäftsleitung aktiv und sehr weitgehend unterstützter Verantwortlicher bestimmt werden, auch wenn externe Beratungs- und Programmierleistungen in Anspruch genommen werden. Sonst fehlt die Kontrolle und dem Projekt die Durchsetzungschance im Unternehmen.

Die Konsequenzen der neuartigen Dienste auf die Arbeitsorganisation dürfen nicht unterschätzt werden. Wenn die Produktinnovation erfolgreich sein soll, ist es ein absolutes Muß, daß die Geschäftsvorgänge angepaßt und die Mitarbeiter entsprechend geschult werden.

Um nicht von vermeintlichen technischen Standards getäuscht zu werden, muß das Zusammenspiel von Soft- und Hardware ausgiebig getestet werden, bevor gekauft wird und das Roll-Out beginnt.

Die Bewältigung von – notwendigerweise auftretenden – Problemen ist als Schritt in der Lernkurve zu sehen und als notwendige Kosten, um im Wettbewerb mitzuhalten.

Unterstützung durch erfahrene Berater im jeweiligen Segment der Internet-Dienste erspart Test- und Lernkosten; vermeiden lassen sich solche Erfahrungen jedoch nicht.

Entgegen des weit verbreiteten Vorurteils, Internet-Technologie sei prinzipiell billig, ist für Mittelständler zu beachten, daß durch den Technologieeinsatz neue Arbeitsabläufe geschaffen werden. Zu den Technikkosten kommen also auch Reorganisations- und Weiterbildungskosten, die meist ein Vielfaches der reinen Installationskosten ausmachen.

Deshalb sollten kleine und mittlere Unternehmen, anders als die Großunternehmen, mit gut abgrenzbaren kleineren Diensten beginnen, und nicht gleich Konzepte verfolgen, die an Data-Warehousing orientiert sind. Zugleich sollten die bereitgestellten Dienste einen relevanten Kundenkreis an- und/oder nach Möglichkeit einen direkten Unternehmensnutzen versprechen. Erst in zweiter Linie ist dann auf das Design dieser Dienste im Internet zu achten, wenngleich die Akzeptanz der Kunden von der

Hohe Ziele, zu deren Verwirklichung ein Weg vor uns liegt, auf dem wir nicht nur neue Technik einsetzen werden, sondern lernen müssen umzudenken und v. a. bereit sein müssen, eingefahrene Denkstrukturen und Geschäftsprozesse zu ändern. Das bedeutet, daß Workflow-Management eigentlich in den Köpfen der involvierten Menschen beginnen muß. Jedoch ist nur eine Organisation, deren Mitarbeiterinteressen in Einklang gebracht wurden mit den Zielen des Managements, bereit, die Bedeutung des Kunden zu erkennen und auf seine Bedürfnisse einzugehen.

Die Erwartungshaltungen sind hoch und die Gefahr ist groß, daß überzogene Forderungen kurzfristig nicht erfüllt werden können. Eine realistische Einschätzung der Machbarkeit sollte auch in Verbindung mit Workflow immer das oberste Ziel sein.

Der Workflow-Markt ist in Bewegung. Es lassen sich im Vergleich zu den vergangenen Jahren entscheidende Veränderungen beobachten. Nicht nur die Produkte wurden weiterentwickelt, insbesondere die Bereitschaft der Entscheidungsträger, das Thema Workflow-Management in die Überlegungen zur Neugestaltung der gesamten IT-Architektur mit einzubeziehen, unterlag einem erfreulichen Wandel.

5 ▮ 01 | 02 Einführung in das Thema – Definition

Begriffsabgrenzung – Workflow/Groupware

Es gibt noch immer Informationsbedarf, worin die wesentlichen Unterscheidungsmerkmale zwischen diesen beiden Technologien bestehen. Die Bemühungen der Softwareschmieden, ihren Produkten alle Fähigkeiten mit auf den Weg zu geben, machen eine klare Trennung zugegebenermaßen immer schwieriger.

Groupware

Orts- und Zeitunabhängigkeit

Eine unternehmensweite Kommunikation wird nicht mehr durch Zeitverschiebung und unterschiedliche Arbeitszeiten in den diversen Niederlassungen gebremst, sondern unterstützt durch elektronische Konferenzen, Einrichtungen wie ein schwarzes Brett und Projektdaten, die jederzeit verfügbar sind. Eine Groupware-Lösung wartet zwar auf die Initiative des Anwenders, stellt ihm jedoch im Vergleich zur herkömmlichen Bürokommunikation die gesamte Palette der Werkzeuge aufgabenorientiert und äußerst praxisnah zur Verfügung (s. auch Abb. 1).

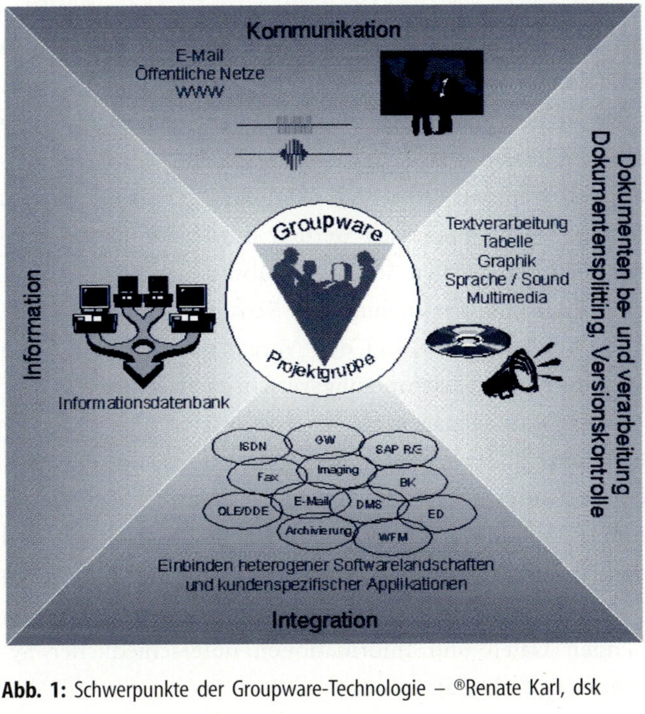

Abb. 1: Schwerpunkte der Groupware-Technologie – ®Renate Karl, dsk

Besonders in exponierten Projektgruppen und den damit verbundenen Positionen sind fest vorgegebene, in Richtlinien und Arbeitsanweisungen zementierte Abläufe nicht sonderlich gefragt. Bei der Erledigung planerischer Aufgaben verbirgt sich der eigentliche Informationsgehalt oft absolut unstrukturiert in einer Vielzahl von Stellungnahmen, Berichten, Vorschlägen, Entscheidungen und Statements, die wiederum eine fast gleiche Anzahl an Rückfragen und Ergänzungen produzieren. Das Herausfiltern der relevanten Information kostet wertvolle Arbeitszeit und hemmt die weitere Kreativität.

Workflow-Management – die aktive Komponente

Arbeitsplatz- und aufgabenorientiert

Eine Workflow-Software verbindet die Module der Bürokommunikation zu arbeitsplatzbezogener und aufgabenorientierter Anwendersoftware, kann Routineaufgaben bzw. immer wiederkehrende Abläufe selbständig übernehmen, steuern und überwachen. Somit entsteht zwangsläufig eine Verbindung zwischen bisher absolut separat gespeicherten Informationen und redundant gehaltenen Daten. In Hintergrundprozessen werden Entscheidungen getroffen, die im manuellen Ablauf zeitaufwendige Wege verursachen (z. B. die Feststellung der Sachbearbeiterkompetenz oder Kundenbonität, um den Vorgang auf dem direkten Weg durch ein Genehmigungsverfahren zu leiten).

Workflow-Management ist eine aktive, selbständig arbeitende, überwachende, kontrollierende und entscheidende Software, die dem Anwender Routineaufgaben abnimmt, ständig wiederkehrende Vorgänge abwickelt und die Verbindung schafft zwischen stark strukturierten Hierarchiestufen wie auch zwischen zur Verfügung stehenden Daten und Informationen unterschiedlicher Systeme (vgl. Abb. 2).

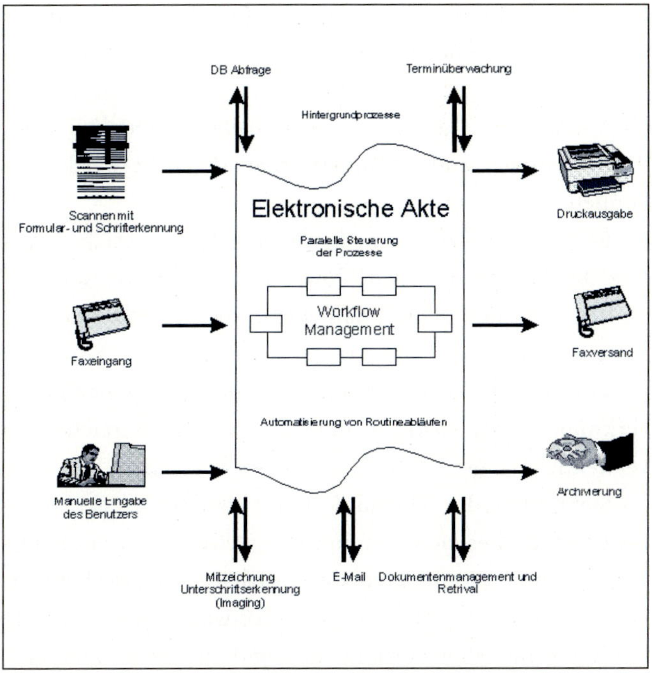

Abb. 2: Phasen eines elektronisch gesteuerten Vorgangs – ®Renate Karl, dsk

Man stellt sich unter Workflow-Management häufig eine Software vor, die dem Anwender vorschreibt, was er zu tun oder zu lassen hat und ihn dadurch in seinem Entscheidungsspielraum einschränkt, ihm Kompetenzen wegnimmt und ihn kontrollierbar macht.

Unterstützung arbeitsteiliger Prozesse

Die ursprüngliche Idee der Workflow-Management-Systeme war die Unterstützung stark arbeitsteiliger Prozesse, um diese schneller und effizienter zu gestalten und um Wege-, Liege- und Suchzeiten zu minimieren.

Durch Umstrukturierungsmaßnahmen wurde in vielen Fällen die Unterstützung tayloristisch geprägter Prozesse überflüssig und der Anwender sucht nunmehr Software, die eine komfortable Integrationsplattform für unterschiedliche Applikationen und heterogene Softwarelandschaften bietet, verwaltungstypische Prozesse unterstützt aber v. a. flexibel genug ist, an aktuelle Gegebenheiten jederzeit einfach und administrierbar angepaßt werden zu können.

Aufgabenstellung

Es geht im Grunde nicht um die Frage, welcher Ansatz der bessere ist, Workflow oder Groupware, sondern es liegt auf der Hand, daß allein die Aufgabenstellung entscheidend ist für die Art der einzusetzenden Software. Es kann sogar notwendig werden, beide Komponenten zu verknüpfen bzw. beide in unterschiedlichen Bereichen zu verwenden.

Sieht man die Thematik unter diesem Aspekt, stellt man fest, daß es sich hier um viel mehr als um ein simples Tool zum „Vordenken" der Geschäftsprozesse handelt. Die Workgroups unterstützende Software sollte ein Verbindungsglied aller vorhandenen und zukünftig noch einzusetzenden Softwarekomponenten darstellen, vom Scanvorgang und der Schrifterkennungsmethode über alle Facetten der Be- und Verarbeitung von Dokumenten (wobei hier unter Dokument die gesamte Palette von Schrift, Tabelle, Graphik, Video, also auch Multimediadateien zu verstehen ist) bis zur Archivierung und den Retrivalmöglichkeiten.

Diese Software sollte darüber hinaus natürlich in der Lage sein, in Hintergrundprozessen dem Anwender Routinearbeiten abzunehmen und seine Tätigkeit durch Kontrollmechanismen (automatische Wiedervorlage, Terminüberwachung, selbständige Weiterleitung an vordefinierte Vertreter, Zusammenführung paralleler Arbeitsschritte bei Eintreffen bestimmter Events) komfortabel zu unterstützen.

Tabelle 1a: Unterschiede Workflow und Groupware – Nach Renate Karl, dsk

Workflow	Groupware
Starke Strukturierung der Abläufe	Schwache oder keine Strukturierung
Die Initiative geht oft vom System aus	Der Anwender ergreift die Initiative
Der Prozeß wird vorgezeichnet	Der Prozeß entwickelt sich zur Laufzeit

Eine kurze Gegenüberstellung der wichtigsten Unterscheidungsmerkmale zwischen Workflow- und Groupware-Systemen erleichtert die Zuordnung der Produkte (Tabelle 1).

Neben den oben bereits erwähnten integrativen Aufgaben dieser Softwarepakete gibt es eine Reihe von typischen Workflow- bzw. Groupware-Funktionen und Aufgaben (vgl. hierzu Tabelle 2).

Genaue Klassifizierung der Systeme und klare Vorstellung der eigenen Anforderungen

Wer glaubt, nun endlich durch das Studium diverser Veröffentlichungen eine Einordnung oder Klassifizierung von Workflow-Management- und/oder Groupware-Systemen gefunden zu haben, sieht sich bei neuerlichen Recherchen irritiert. Fast alle Softwarehersteller könnten nunmehr alles. Die Bemühungen der Anbieter stark strukturierter Workflow-Produkte, auch flexibel in die Prozesse zur Laufzeit eingreifen zu können, laufen auf Hochtouren. Umgekehrt werden Produkte, die bisher zur Unterstützung spontaner Teamarbeit entwickelt wurden, immer mehr in die Richtung der vorgedachten Prozeßunterstützung gedrängt.

Wenn das bisher bekannte Workflow-System absolut keine Adhoc-Funktionalität hergab und eine Ergänzung in der oben beschriebenen Weise zu aufwendig erschien,

Tabelle 2: Vorteile von Workflow und Groupware – Nach Renate Karl, dsk

Aufgaben und Vorteile von Workflow	Aufgaben und Vorteile von Groupware
Wiederholt Routineaufgaben automatisch	Erlaubt spontanes Agieren und Reagieren
Leitet Vorgänge termingerecht an die richtigen Empfänger weiter	Routingkomponenten sorgen für zirkulierende Post
Stellt Folgeaktionen vor Terminüberschreitung sicher	Unterstützt die unternehmensweite Kommunikation
Beseitigt Engpässe der Arbeitslast	Bereitstellung gemeinsamer Informationen
Erstellt kontinuierliche Ablaufberichte	Liefert Statusberichte
Parallele Bearbeitungsmöglichkeit von Arbeitsschritten	Gestattet Einzelaktionen, die spontan ins Leben gerufen werden
Fehlervermeidung durch Plausibilitätsprüfung	Wiedervorlagefunktionen
Hintergrundaktionen ersparen Bearbeitungszeit	Kommunikation über Ländergrenzen hinweg
Trifft Entscheidungen aufgrund vorgegebener Bedingungen	Schwarze Bretter und öffentliche Datenbanken liefern umfangreiche Informationsmöglichkeiten
Vermeidet unproduktive Durchlaufzeiten	Flexible Definition der Wege und Pfade
Verbesserte Information des Managements	Schneller/direkter Zugriff für Arbeitsgruppen

wurde kurzum ein weiteres Produkt in das Gesamtportfolio mit aufgenommen und schon kann die Produktpalette die Durchgängigkeit von der Unterstützung stark strukturierter Geschäftsprozesse bis hin zu Adhoc-Aktionen anbieten; wie gesagt, die Produktpalette beinhaltet alles, nicht jedoch das einzelne Produkt. Hier eine Unterscheidung zu ziehen, welche Funktionalität nun wirklich in

Abb. 3: Klassifizierung von Workflow-Management-Systemen – ®Renate Karl, dsk

ein und demselben Tool beinhaltet ist, bleibt intransparent bis schwierig. Die Klassifizierung der untersuchten Produkte wird nach folgenden Gesichtspunkten vorgenommen (Abb. 3).

Adhoc-Workflow

Eine klare Zuordnung gelingt in den meisten Fällen nicht, da die Anteile der Produkte an der einen oder anderen Kategorie völlig unterschiedlich hoch sind. Hinzu kommt, daß die Interpretation verschiedener Begriffe bei den einzelnen Anbietern bemerkenswert unterschiedlich ist. Das Verständnis des Begriffs „Adhoc“ beispielsweise spiegelt eine breite Palette wider. Adhoc-Bearbeitung ist „in“ – ergo ist jeder bemüht, Adhoc-Workflow zu unterstützen. Es könnte der Eindruck entstehen, man setzt von der Terminologie her Adhoc mit flexibel gleich und jeder der nicht flexibel ist, kann nur starr, unbeweglich und unflexibel sein. Dies ist aus meiner Sicht eine unbegründete Befürchtung.

Wobei der Name Adhoc-Workflow in sich bereits ein Widerspruch ist. Workflow stand bisher immer für strukturierte und mit allen Eventualitäten vorgeplante Organisations- und Geschäftsabläufe. Was jedoch ist Adhoc? Ist es wirklich die flexible Eingriffsmöglichkeit des Benutzers in einen vorgeplanten Prozeß zur Laufzeit? Wenn der Workflow-Designer diese Eingriffsmöglichkeit vordenken und in seinem Design bereits einplanen muß, ist das *nicht* Adhoc, sondern Workflow mit flexiblen aber geplanten und mit den Benutzerrechten abgestimmten Bearbeitungsmöglichkeiten. Adhoc hingegen steht für spontan, ungeplant, nicht vorhersehbar, plötzlich und diese Attribute dürften allein unter dem Aspekt der in vielen Geschäftsprozessen nötigen Konsistenzprüfung den meisten Toolherstellern noch einiges Kopfzerbrechen bereiten. Bereits an diesen wenigen Fakten erkennt man die Vielschichtigkeit dieses Themas und die unterschiedlichen Lösungsmöglichkeiten, die sich in den einzelnen Tools in unterschiedlicher Ausprägung wiederfinden.

Marktsichtung

Nicht überall wo Workflow draufsteht ist auch Workflow drin!

Entscheidungsträger haben es nicht leicht. Das Angebot im Bereich der neuen Technologien ist vielfältig und das Streben nach Perfektion – sprich das Bestreben der Hersteller mit ihren Produkten *alle* Anforderungen zu erfüllen, macht die Sache nicht einfacher. Da gibt es Workflow-Management-Systeme mit integriertem Dokumenten-Management und Dokumenten-Management-Systeme mit integrierter Workflow-Funktionalität. Ist doch prima, werden Sie jetzt sagen, dann haben wir doch beide Male alles was wir brauchen. Wenn es so einfach wäre und wenn es vorallem einen Standard gäbe, der festschreibt, wann man von Workflow-Funktionalität sprechen kann und wann es sich um ein simples Dokumenten-Routing handelt, ohne jegliche Hintergrundintelligenz. Selbst dagegen ist nichts einzuwenden, solange sich die Anforderungen des eigenen Unternehmens sich daran orientieren und sich nicht hinterher herausstellt, daß die Software den hohen Ansprüchen nicht genügt oder die Schwerpunkte der Lösung gerade auf dem Thema liegen, das man weniger benötigt und das was man dringend braucht eher unterentwickelt ist.

Voraussetzungen für die Umsetzung im Unternehmen 5 ▮ 01 | 03

Zwei der wesentlichsten Voraussetzungen für eine erfolgreiche Umsetzung im Unternehmen sind:

- Die Bereitschaft zur Durchführung, beginnend beim Management bis zu den involvierten Mitarbeitern unter frühzeitiger Einbeziehung der Personalvertretungen. Sowie
- eine Analyse des IST-Zustands und der bestehenden IT-Infrastruktur, um die eigenen Anforderungen transparent zu machen.

Mensch

Der erste Schritt zeichnet sich durch die stärkere Betonung der Motivation des einzelnen Mitarbeiters aus. Die Bildung von teilautonomen Arbeitsgruppen, die in immer mehr großen Unternehmen auch in Deutschland zeigen, daß mit ihnen sowohl eine Erhöhung der Arbeitszufriedenheit als auch der Arbeitsproduktivität erreichbar ist.

Die Einführung von Workflow-Management kann nur mit allen Beteiligten zusammen, nicht an ihnen vorbei, erfolgreich sein. Das erfordert ein transparentes Vorgehen, frühzeitige Einbindung aller involvierten Mitarbeiter, Schaffung von Problembewußtsein und die Entwicklung gemeinsamer Lösungen.

Management

Die Einführung derartiger Systeme trifft mehr und mehr den Lebensnerv eines Unternehmens und somit handelt es sich ganz klar um eine Management-Aufgabe. Das Abwälzen des Problems auf eine isolierte Projektgruppe, ohne Rückkoppelung zum Topmanagement, führt in der Regel dazu, daß die Aktivitäten irgendwann im Sande verlaufen. Entsprechende Untersuchungen in den USA zeigen eindeutig, daß nur die Reengineering- und Workflow-Projekte erfolgreich waren, in denen Teile des Managements für den Zeitraum des Projekts 70–80% ihrer Zeit für das Projekt investierten.

Transparenz der eigenen Anforderungen

Problem- und Produkttransparenz

Für viele Entscheidungsträger steht am Beginn der Planung eines solchen Projekts ein nicht zu unterschätzendes Verwirrspiel an Begriffen, Funktionen und Schlagworten, in das es zuerst gilt, Klarheit zu bringen und sich einen genauen Überblick zu verschaffen, welches der zahllosen Tools, die auf dem Markt zur Verfügung stehen, sich in die bestehende Infrastruktur nahtlos einfügt, die Funktionalität besitzt, die zur Erledigung der individuellen Aufgabenstellung nötig ist und darüber hinaus genügend Flexibilität bietet, die sich ständig ändernde Aufbauorganisation und die sich immer im Wandel befindlichen Geschäftsprozesse zu unterstützen.

Auch eine nicht klar definierte Abgrenzung der Begriffswelten kann zu einer Fehlentscheidung führen. So sprechen viele von Workflow-Management, wobei die Aufgabenstellung des Unternehmens in erster Linie nach einem guten Dokumenten-Management verlangt.

Bedarfsanalyse

Für derartige Projekte ist es unerläßlich, sich über die eigenen Anforderungen im klaren zu sein. Klarheit und Entscheidungssicherheit erhalten die Verantwortlichen nur durch eine konsequente Bedarfsanalyse. Sie schafft die Voraussetzung für das Unternehmen, gute und wirtschaftliche Lösungen zu finden und gibt den Verantwortlichen die Sicherheit, ein Höchstmaß an Entscheidungssicherheit zu erreichen.

- Geht es in erster Linie um ein hochkomfortables Dokumenten-Management-System mit der Möglichkeit, die Dokumente *anschließend oder bereits vor* der Bearbeitung zu archivieren (DMS/Imaging/Archiv)?
- Liegt der Schwerpunkt der Aufgaben in der zuverlässigen Steuerung und terminlichen Überwachung der an Fristen gebundenen Geschäftsprozesse (Workflow-Management)?
- Fehlt ein Medium zur schnellen, flexiblen und bereichs- bzw. länderübergreifenden Kommunikation (Groupware)?
- Befindet sich das Unternehmen in der Planungsphase, in der man Geschäftsprozesse abbilden, straffen, optimieren und statistisch auswerten möchte (Analysetool), oder geht es um die intelligente Steuerung und Verteilung der Aufgaben zur Laufzeit (Workflow-Management)?
- Müssen bestehende Hardwareplattformen für Server und Clients sowie eine bestimmte Datenbankbasis unterstützt werden?

- Benötigt man zertifizierte Schnittstellen zu betriebswirtschaftlichen Standardprogrammen wie SAP R/3, BaaN, ORACLE Financial, People Soft etc. und wer bietet sie wirklich?
- Inwieweit begibt man sich mit dem einen oder anderen Produkt in die Abhängigkeit einer proprietären Softwarelandschaft?
- Ist die Objektorientierung ein wichtiges Konzept für die gesamte Softwarearchitektur? Wenn ja, welche Systeme verfolgen wirklich einen konsequenten objektorientierten Ansatz und welche Anbieter reden nur davon?

Probleme

Mitarbeiterakzeptanz

Die Tatsache, daß gewachsene Organisationen einer Vielzahl von Abstimmungsprozessen unterliegen, mit - verständlichen - Akzeptanzproblemen zu rechnen ist und vielfach eine zu hohe Erwartungshaltung eine realistische Bewertung erschwert, läßt Workflow-Projekte oft äußerst komplex erscheinen. Die hierfür nötige Zeit wird jedoch in vielen Fällen mit viel zu umfangreichen Erhebungen, Analysen, Untersuchungen und deren Dokumentation im Vorfeld vertan, statt sie in ein effizientes Prototyping und die eigentliche Projektrealisierung zu investieren. Vor überzogenen Forderungen muß gewarnt werden. Workflow-Management besitzt in der Tat ein großes Potential, das jedoch nicht in jedem Fall voll ausgeschöpft werden kann. Maßgaben der Geschäftsführung, eine bestimmte Senkung der Durchlaufzeiten zu erreichen oder eine festgelegte Dimension der Kosteneinsparung zu erzielen, führen in der Regel zu Enttäuschungen und damit zum Scheitern des Projektes.

Technik

Vorhandene Softwarelandschaften zu einem umfassenden Workflow-Management-System ausbauen

Schließlich bedarf es der Auswahl geeigneter Werkzeuge für die Umsetzung der gewünschten Ergebnisse, denn der Schaffung einer optimalen informationstechnischen Infrastruktur kommt eine Schlüsselrolle für die Einführung neuer Organisationsstrukturen in die tägliche Praxis zu. Unterschiedliche Problemklassen erfordern spezifische Lösungen, die wiederum von verschiedenen, aber nicht allen Produkten angeboten werden. In jedem Fall müssen neue informationstechnische Infrastrukturen die definierten Abläufe unterstützen, nicht umgekehrt. Hier gilt: integrieren statt ersetzen. Workflow-Management-Konzepte, die von einem Neuanfang „auf der grünen Wiese“ ausgehen, sind in der Praxis unbrauchbar und allenfalls für theoretische Betrachtungen von besonderem Interesse. Gefragt sind heute dagegen Problemlösungen, die auf der im Unternehmen vorhandenen Infrastruktur aus unterschiedlichen, meist heterogenen Softwarelandschaften aufbauen und diese zu einem umfassenden Workflow-Management-System integrieren.

Das Ende vieler Diskussionen ist oft die Erkenntnis, daß allein die Aufgabenstellung und die vorhandene bzw. mittelfristig geplante Infrastruktur über die Art der auszuwählenden Software entscheidet.

Der Grund für den Erfolg von Workflow-Management liegt nicht in der Bereitstellung einer Technologie, sondern vielmehr in der Verbindung einer ganzen Palette von Anwendungen, die dem Benutzer aufgabenorientiert zur Verfügung gestellt werden. Workflow-Management wird zum Bindeglied bisher einzelner Anwendungsprogramme und Technologiebausteine, wie Bürokommunikation bestehend aus Textverarbeitung, Tabellenkalkulation, Kalendern, Notizen, Datenbankabfragen, elektronischer

Archivierung und Retrival, E-Mail und Fax sowie komplexen Mainframe-Applikationen. Workflow-Management unterstützt die Zielsetzung, dem Anwender die Sicht auf den gesamten Geschäftsprozeß zu geben und diese nicht zu beschränken auf einen einzelnen Arbeitsschritt.

Praktikable Vorgehensweise

Die Notwendigkeit einer organisatorischen Verbesserung der bestehenden Informations- und Datenflüsse ist unbestritten. Diskutieren kann man allerdings über die Art und Weise der Durchführung. Ist es wirklich noch „state of the art" für eine IST-Analyse Hunderte von Seiten Papier zu produzieren, um anschließend festzustellen, daß die erhobenen und in Einzelinterviews mühsam zusammengetragenen Informationen nicht mehr aktuell und für eine Übertragung in ein Workflow-Management-System in der vorliegenden Form nicht verwendbar sind?

Wir denken über gruppendynamische Arbeitsprozesse nach, diskutieren über den Einsatz teamorienterter Softwaretools und erheben die nötigen Informationen in Einzelinterviews?! – Das kann nicht funktionieren. Das Ziel in dieser Planungsphase kann nur sein, die Erhebungen mit allen Beteiligten gemeinsam durchzuführen und die Dokumentation mit Hilfe moderner Tools zu unterstützen, um in einem wirtschaftlich vertretbaren Zeitrahmen und ohne die Produktion großer Papiermengen schnell und effizient in den Produktivbetrieb überzugehen.

Iterativer Prozeß

Alle Workflow-Management-Systeme nehmen für sich in Anspruch, eine permanente Optimierung der Geschäftsprozesse im laufenden Betrieb zu unterstützen. Wozu also hunderte von Seiten Papier produzieren, die bei Fertigstellung bereits überholtes Datenmaterial enthalten? Die Geschäftsprozessoptimierung ist aus unserer

Sicht ein iterativer Prozeß in allen Phasen der Projektabwicklung von der Planung bis zur Realisierung und weit darüber hinaus nämlich auch eine permanente Optimierung im produktiven Betrieb.

Projektmanagement – Projektplanung – Projektkontrolle

5 01 04

Überlegungen im Vorfeld

Die Planungsphase sollte mit allgemeinen Überlegungen zur Gesamtorganisation beginnen. Viele Firmen und Verwaltungen haben zu diesem Zweck Planungsgruppen gebildet, die entweder allein oder mit Hilfe externer Beratungsunternehmen die dazu nötigen Maßnahmen in Form diverser Analysen einleiten.

Diese Projektgruppen sind ein wesentlicher Faktor, um das gesamte Vorhaben zum gewünschten Erfolg zu führen. Ihre Aufgabe besteht nicht nur darin, die unterschiedlichen Standpunkte der Fachabteilungen zur EDV zu koordinieren und beide Wissenspotentiale (das fachliche und das technische) nutzbringend zusammenzuführen, sondern auch die externe Dienstleistung in einem wirtschaftlich vertretbaren Rahmen zu halten.

Was damit zum Ausdruck gebracht werden soll ist, daß Untersuchungen des Ist-Zustands sicher notwendig sind, um zu einem Soll-Konzept zu gelangen, daß es aber nicht Zielsetzung der Firmen und Behörden sein kann, wenn diese Untersuchungen einen großen Teil des Gesamtbudgets bereits verbraucht haben, bevor man mit der Realisierung beginnt. Durch das große Optimierungspotential, das die Workflow-Analyse bietet, kann es sogar möglich sein, durch die Reorganisation von Geschäftsprozessen freie Ressourcen zu schaffen, um einen Teil der dazu nötigen Technik zu finanzieren.

Schrittweise Implementierung neuer Technologien zur Bürokommunikation und -organisation

Ziel einer Implementierung neuer Technologien – Bürokommunikation Workflow/Groupware – Intranet/Internet – Dokumenten Management/Imaging – ist die wirtschaftlichere Abwicklung der bestehenden Geschäftsprozesse (vgl. Abb. 4).

Vorbereitung

Mitarbeiterinformation, Definition der Ziele, Bildung einer Projektgruppe

Die Projektvorbereitung umfaßt alle Aktivitäten, die notwendig sind, bevor das eigentliche Projekt gestartet werden kann. Das beginnt mit der Einführung in die Thematik in Form eines Workshops, um alle involvierten Mitarbeiter über die geplanten Veränderungen zu informieren und v. a. sich auf eine gemeinsame und einheitliche Terminologie zu einigen. In einem solchen Rahmen kann dann die Definition der Ziele, die Gründung einer Projektgruppe, der Aufbau eines Projektplans mit Festlegen einer exakten Zeitschiene, um eine permanente Projekt-

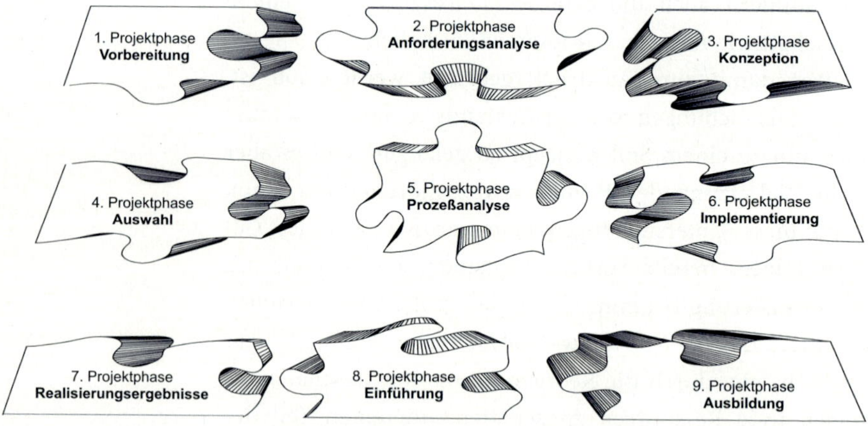

Abb. 4: Vorgehenskonzept zur Implementierung neuer Technologien

kontrolle bezüglich der Erreichung der gesetzten Ziele und der Einhaltung der festgelegten Zeiten zu gewährleisten, erfolgen.

Anforderungsanalyse

In der Projektphase 2 erfolgt unter anderem die Grobauswahl der zu optimierenden Prozesse, mit der Abbildung definierter Problemfelder durch Einsatz eines Simulationstools.

Grobauswahl der zu optimierenden Prozesse

Konzeption

Nach Festlegung der organisatorischen und technischen Rahmenbedingungen, der Maßnahmen zur Daten- und Ablaufsicherheit bezüglich Protokollierung und Zugangskontrolle kann das Pflichtenheft als Grundlage einer Ausschreibung oder Angebotseinholung aufgebaut werden.

Pflichtenheft

Auswahl

An dieser Stelle sind die Kunden auf neutrale Unterstützung ihres Beraters angewiesen, der die unterschiedlichsten Systeme genau kennt und seinen Kunden auf die jeweiligen Vor- und Nachteile aufmerksam machen kann.

Die Wahl eines nicht geeigneten Produkts kann beträchtliche Folgekosten für Anpassungen in den weiteren Projektphasen nach sich ziehen. Die unterschiedlichen Produkte müssen also auch unter Kosten- und Anpassungseffekten ausgewählt und bewertet werden (vgl. Abb. 5).

Die Bindung an ein Produkt verpflichtet den Kunden auf Jahre

Prozeßanalyse

Die Aktivitäten der Phase 5 sind davon abhängig, wieviel in den bisher durchlaufenen Phasen im Rahmen des technischen Feinkonzeptes bereits vorbereitet oder fertigge-

Pilotfelder

Abb. 5: Vorgehensweise bei der Produktauswahl – ®Renate Karl, dsk

stellt wurde. Aufbauend darauf werden nun die Pilotfelder festgelegt und u. U. mit der Optimierung der bereits erhobenen Prozesse begonnen.

Implementierung

Implementierung parallel zur Integration

Die Implementierung der Pilotanwendung beginnt mit der Abbildung der Aufbauorganisation, Bildung von Arbeitsgruppen und dem Workflow/Groupware-Design für die Ablauforganisation, dem Einrichten userspezifischer Arbeitsplätze und dem Entwurf von Eingabemasken. Parallel dazu erfolgt die Integration der bereits im Einsatz befindlichen Anwendungen (DB-Anbindung, Schnittstellen). Danach beginnt die Testphase.

Realisierungsergebnisse
Die Aufgaben der Phase 7 umfassen im wesentlichen die Erhebung, Dokumentation und Auswertung der Erfahrungen aus der Pilotphase. Der Präsentation der Ergebnisse vor einem größeren Kreis folgt die Kosten/Nutzenüberprüfung.

Einführung
War die Realisierung des Piloten erfolgreich und wurde die Präsentation positiv aufgenommen, wird das Prozeßmodell wenn nötig optimiert und das Pilotfeld auf weitere Anwendungsbereiche erweitert.

Ausbildung
Meist parallel zur Pilotphase wird bereits das Anwendertraining entwickelt und ein Ausbildungsplan erstellt. Die Mitarbeiterqualifizierung (applikationsbezogene Ausbildung) wird in vielen Fällen schrittweise vom Kunden selbst übernommen. Optional kann ein Help Desk und Benutzerservice aufgebaut werden.

Applikationsbezogene Ausbildung

Erkenntnisse für KMU

5 ▮ 01 | 05

Zwischenergebnisse und -erfolge

Für Klein- und Mittelbetriebe erweisen sich die neuen windowsbasierten Lösungen als praktikable Alternative zu den bisher vorwiegend für große Organisationen ausgelegten Workflow-Management-Systemen. Wesentlich für das einzelne Unternehmen sind die Möglichkeiten,

- in Teilbereichen beginnen zu können, ohne erneute Insellösungen zu schaffen;
- in iterativen Prozessen eine kontinuierliche Verbesserung vom IST zum SOLL zu erreichen, ohne die Notwendigkeit, die Firma den gefürchteten Radikalkuren unterziehen zu müssen sowie

- mit einem relativ geringen Administrationsaufwand gute Ergebnisse zur Unternehmenskommunikation und zur Steuerung standardisierten Abläufe zu erzielen.

Voraussetzung für die erfolgreiche Durchführung eines IT-Projekts ist jedoch auch hier eine gute Projektplanung und konsequente Projektkontrolle sowie überschaubare und erreichbare Phasen. Je länger ein Projekt ohne Zwischenergebnisse und -erfolge läuft, desto sicherer stirbt es!

Wirtschaftliche und soziale Aspekte
Erfahrungen in diesem Bereich zu sammeln bedeutet in der Regel, daß zuerst kostspielige Versuche und Fehler gemacht werden müssen, und wer kann sich das heute noch leisten? Die oben angestellten Überlegungen und Erkenntnisse sollten in die Planungs- und Auswahlphase einfließen, denn das Motto „aus Schaden wird man klug", kann bei der Einführung derart komplexer Systeme sehr teuer werden.

5 ▮ 01 | 06
Realisierung der Pilotphase

Fazit

Wenn alle Erkenntnisse der Erhebungs- und Planungsphase bereits mit Hilfe eines solchen Tools aufbereitet, diskutiert, verändert und verbessert werden, entsteht zwangsläufig eine Lösung, an die nahtlos die Realisierung der Pilotphase und der Produktivbetriebe anknüpfen kann. Zu diesem Zeitpunkt stehen die meisten aktuellen Projekte erst an der Schwelle zur Ausschreibung der Realisierungsphase. Danach wird dann – in vielen Fällen von einem völlig neuem Beratungsunternehmen – versucht, die seit 2 Jahren und länger festgehaltenen und seither nicht mehr aktualisierten Erkenntnisse auf die modernen Tools zu übertragen, d. h. die Arbeit Datenmodelle, Objektmodelle und Prozeßmodelle zu erstellen, beginnt erneut.

Die Entscheidung, ob letztendlich ein Workflow-Management-System oder eine Groupware-Software die richtige Lösung für das Unternehmen darstellt, ist nicht immer einfach. Die Praxis benötigt beides, jedoch liegen die Schwerpunkte der einzelnen Anwendung und Aufgabenstellung unterschiedlich. Es gibt auch hier Bemühungen, beide Philosophien in einem Produkt zu vereinigen, was jedoch bisher leider nur über Schnittstellen zwischen Groupware- und Workflow-Produkten gelöst wurde. Ein Produkt, das von sich sagt, beides zu können, unterliegt mit Sicherheit einem hohen Programmier- und Anpassungsaufwand. Den Beweis für das Gegenteil hat bisher kein Anbieter angetreten.

Auch ist es an der Zeit, falsche Vorstellungen und Erwartungshaltungen auszuräumen. Bei Workflow-Management- oder Groupware-Systemen handelt es sich *nicht* um fertige Anwendungen, sondern um hochkomfortable Entwicklungstools, die statt aufwendiger Individualprogrammierung ein wirtschaftlich interessantes Prototyping gewährleisten und eine flexible Änderung und Anpassung an aktuelle Gegebenheiten zur Laufzeit unterstützen.

Moderne Modellierungs- und Workflowtools richtig eingesetzt helfen dem Unternehmen bei der Verkürzung der Planungsphase und machen endlose Analysen auf dem unflexiblen Medium Papier überflüssig. Sie unterstützen eine sichere und kostensparende Einführung und forcieren die permanente Optimierung der Geschäftsprozesse ohne die bisher üblichen hohen Anpassungs- und Pflegekosten.

Die wirtschaftlich interessanteste Lösung ist deshalb die, die sich mit dem geringsten Anpassungsaufwand in die bestehende Infrastruktur einbinden läßt, exakt die Aufgabenstellung erfüllt und spätere Änderungen flexibel unterstützt.

On-demand-Produktion

5 ▮ 03

Hans-Peter Fröschle

INHALTSÜBERBLICK

In diesem Beitrag wird dargestellt, wie neuartige Produkte und Dienstleistungen in modernen Unternehmen entstehen. Insbesondere wird das Konzept der On-Demand-Produktion vorgestellt. Die erforderlichen Unternehmensvoraussetzungen für die Umsetzung werden genannt, wobei die Bedeutung des Internets als zentrales Kundenkommunikationsmittel herausgestellt wird.

Einführung

5 ▮ 03 | 01

5

Moderne Informations- und Kommunikationssysteme finden zunehmend Einsatz in Unternehmen und in privaten Haushalten. Dadurch verändern sich die Rahmenbedingungen und Anforderungen aller am Wirtschaftsprozeß beteiligten Akteure.

- Räumliche Entfernungen verlieren für die Weitergabe und Verarbeitung von Informationen an Bedeutung. Es ergeben sich neuartige Gestaltungsfreiräume bei der Wahl von Arbeits- und Unternehmensstandorten (z. B. Telearbeit, verteilte Unternehmensstrukturen) sowie bei der Auswahl potentieller Geschäftspartner.
- Die Synchronisation und Abstimmung zwischen einzelnen wirtschaftlichen Akteuren – auch über unterschiedliche Zeitzonen hinweg – kann optimiert werden (z. B. Concurrent/Simultaneous Engineering).
- Informationen können über die Zeit gespeichert und allen Interessenten einfach und schnell verfügbar gemacht werden (z. B. Internet, Intranet).
- Durch die modernen Informations- und Kommunikationssysteme können mehr Informationen pro Zeitein-

heit übertragen werden. Dadurch lassen sich die Koordinationskosten zwischen den unterschiedlichen Akteuren drastisch senken.

Der durch die Informations- und Kommunikationstechnik ausgelöste Wandel verursacht eine Wirtschaftsrevolution, so daß in diesem Zusammenhang immer häufiger von einer „digitalen Wirtschaft" gesprochen wird (vgl. Tapscott 1995). Wesentliche Eigenschaften der „digitalen Wirtschaft" lassen sich folgendermaßen beschreiben:

- In wesentlichen Segmenten wandeln sich die Märkte für Produkte und Dienstleistungen von Anbietermärkten zu Käufermärkten. Produziert wird nicht mehr für einen anonymen Massenmarkt, sondern für einzelne Kunden mit individuellen Produkt-, Liefer- und Qualitätsanforderungen. Dies reicht bis hin zur kundenindividuellen Produktentwicklung und entsprechenden Produktionsprozessen.
- Produkte und Dienstleistungen müssen jederzeit, weltweit und in jeder Form und Ausstattung verfügbar gemacht werden, um die Kundenbedürfnisse unmittelbar und kostengünstig erfüllen zu können. Nicht mehr nur das Aktionsfeld von Informationen, sondern ebenso die Aktionsfelder von Menschen, Material, Produktion und Produkten werden global. Informations- und Kommunikationstechniken und die mit ihnen einhergehenden innovativen Formen überbetrieblicher und raumüberwindender Kooperation ermöglichen es den wirtschaftlichen Akteuren, mehr und mehr globale Kontakte zu pflegen und aufrechtzuerhalten.

Abb. 1: Wandel der Wirtschaftsstruktur

- Dieser Wandel ordnet sich ein in den gesamtwirtschaftlichen Strukturwandel hin zur Dienstleistungs- und Informationsgesellschaft (vgl. Abb 1).

Dieser Wandel der Wirtschaftsstruktur hat gravierende Auswirkungen auf das Verhältnis zwischen Produzenten/Dienstleistern und Kunden. Aus der Perspektive, wie Produkte und Dienstleistungen in Unternehmen entstehen, lassen sich heute im wesentlichen 4 Konzepte unterscheiden (s. auch Abb. 2):

- Massen-/Serienproduktion
- Variantenproduktion
- Auftragsproduktion
- On-demand-Produktion (Mass Customization)

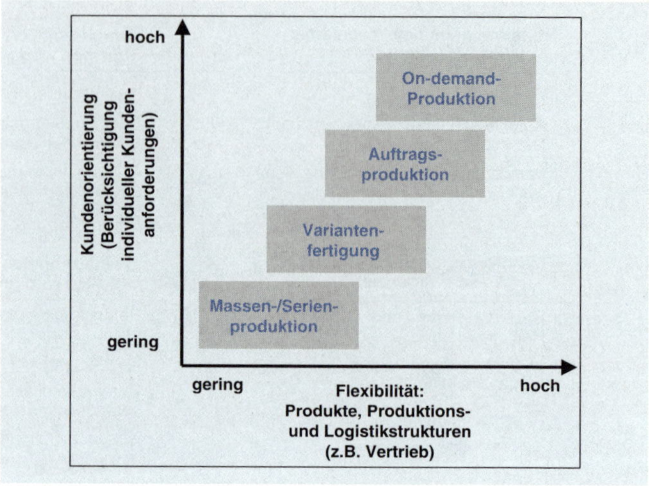

Abb. 2. Produktionskonzepte

5 ▮ 03 | 02

Wandel der Produzenten-Kunden-Beziehungen

Massenproduktion

Economies-of-Scale

Unter den traditionellen Bedingungen der Massenproduktion werden Güter und Dienstleistungen aufgrund von Markt- und Kundenanalysen in großen Mengen möglichst einheitlich produziert (in der Regel auf Lager) und anschließend über klassische Methoden des (Massen-) Marketings an möglichst viele Kunden abverkauft. Die Unternehmen suchen die beste Methode, um ein gegebenes Produkt zu erstellen und etablieren hierfür stabile Geschäftsprozesse. Hierdurch soll sichergestellt werden, daß sich die anfänglichen Investitionsaufwendungen amortisieren.

Erfolgsfaktoren der Massenproduktion sind Economies-of-Scale (Standardisierung, große Stückzahlen) als Voraussetzung zur Gestaltung attraktiver Stückkosten. Massenfertiger verfolgen damit in der Regel eine Strategie der Kostenführerschaft.

Typische Eigenschaften der Massenproduktion sind

- die Notwendigkeit einer weitgehenden Vorhersage und Segmentierung der Nachfrage,
- hohe Kapitalbindung durch den Aufbau und Unterhalt von Warenlagern und unverkauften Produkten sowie
- die Notwendigkeit, die Produkte und Dienstleistungen über Massenmedien an oftmals wenig bekannte Kundengruppen zu vermarkten. Marketing über Massenmedien muß in der Regel auf eine Interaktion mit den Zielgruppen (Feedback) verzichten („One-to-Many-Kommunikation").

Diesen Nachteilen stehen als Vorteile im wesentlichen die gute Planbarkeit und Strukturierbarkeit der eigentlichen Produktion entgegen.

Die Massenproduktion als zentrales Paradigma der „Industriellen Revolution" galt über Jahrzehnte für die Konsum- und in weiten Teilen auch für die Investitionsgüterindustrie.

Variantenproduktion

Modularisierung

Geänderte Kundenanforderungen und der mit der Massenproduktion verbundene Preiswettbewerb sind Ursachen für Differenzierungsstrategien der Unternehmen. Bei der Variantenproduktion wird durch die Modularisierung von Sach- und Dienstleistungen ein erster Schritt in Richtung kundenspezifischer Endleistungen unternommen. Durch die Produktion von Varianten eines Produkts soll den Kunden eine breite Auswahl unter verschiedenen ähnlichen Produkten geboten werden, damit sie ein Produkt finden, das ihren individuellen Wünschen nahe kommt. Zielsetzung ist dabei, bei einer möglichst geringen Varietät von Leistungsmodulen eine hohe Varietät gegenüber dem Markt zu erzeugen.

Eingebettet in klassische Produktionsstrukturen bedeutet Variantenproduktion allerdings weniger die Individualisierung eines Produkts im Hinblick auf die Kundenwünsche, sondern vielmehr die Reduktion der Fertigungskomplexität durch Modularisierung.

Bei der Variantenproduktion wird, wie bei der Massenproduktion, die Produktion auf Lager ohne spezifischen Kundenauftrag beibehalten.

Variantenproduktion ist in der Regel mit steigenden Kosten verbunden, die sich aus der zusätzlichen Komplexität aufgrund der zunehmenden Variantenzahl ergibt.

Eine wesentliche Dimension bei der Variantenproduktion ist die enge Anbindung von Zulieferunternehmen, bis hin zur Komplettfertigung von Baugruppen und Modulen durch die Zulieferer.

Typische Beispiele für die Variantenproduktion findet man in der Automobilindustrie. Alle Hersteller bieten eine große Varietät und Variantenvielfalt. Über standardisierte Ausstattungspakete und Sondermodelle wird versucht, die Variantenvielfalt zu beherrschen und über attraktive Preismodelle Marktanteile zu sichern.

Auftragsproduktion

Eine Weiterentwicklung der Produzenten-Kunden-Beziehung im Hinblick auf eine Vermeidung der Nachteile der Massen- und Variantenproduktion ist mit dem Konzept der Auftragsproduktion gegeben. Es wird nicht mehr auf Lager produziert und abverkauft, sondern die Produktion erfolgt direkt aufgrund konkreter Bestellungen durch die Kunden. Für jeden Kundenauftrag werden ggf. spezifische Entwicklungs-, Konstruktions-, Fertigungs- und Distributionsprozesse entwickelt. Damit ist die Auftragsproduktion als eine reine Differenzierungsstrategie zu interpretieren.

Typischerweise sind mit der Auftragsproduktion (Einzelfertigung) entsprechend hohe Kosten verbunden, obwohl Kosten für Fertiglager weitgehend vermieden werden können. Für die Kunden entstehen Lieferzeiten von mehreren Wochen, teilweise Monaten.

Bei der Auftragsproduktion rückt der Kunde mit seinen individuellen Qualitäts- und Ausstattungswünschen erstmalig in den Vordergrund.

Neben neuen Konzepten und Systemen der Erfassung des Kundenbedarfs sind auf Produzentenseite flexible Produktions- und Logistiksysteme erforderlich, in die die jeweiligen Zulieferer integriert sind.

Typische Beispiele für die Auftragsproduktion findet man im Handwerk und im (Sonder-) Maschinenbau.

On-demand-Produktion

Mass Customization

Neuere Produktionskonzepte versuchen die zunehmende Fragmentierung der klassischen Massenmärkte und Kundengruppen aufzufangen. Hierzu werden die sich scheinbar ausschließenden Vorteile der Massenproduktion (Kostenführerschaft) und der Auftragsproduktion (kundenorientierte Differenzierung) in einem einheitlichen Produktionskonzept integriert. On-demand-Produktion als neues Produktionskonzept ist damit eng verbunden mit aktuellen Ansätzen, die unter den Stichworten Mass Customization bzw. kundenindividuelle Massenproduktion präsentiert werden (vgl. Pine 1993).

Bei der On-demand-Produktion wird nicht auf Lager produziert, sondern wie bei der Auftragsproduktion ausschließlich aufgrund konkreter Kundenbestellungen (on-demand). Im Gegensatz zur Auftragsfertigung verfolgt die On-demand-Produktion neben der kundenindividuellen Fertigung das Ziel, Güter und Dienstleistungen zu vergleichbaren Preisen wie Massenprodukte anzubieten.

„Mass Customization (kundenindividuelle Massenproduktion) ist die Produktion von Gütern und Dienstleistungen für einen (relativ) großen Absatzmarkt, welche die unterschiedlichen Bedürfnisse jedes einzelnen Nachfragers dieser Produkte treffen, zu Kosten, die ungefähr denen einer massenhaften Fertigung vergleichbarer Standardgüter entsprechen. Die Informationen, die im Zuge des Individualisierungsprozesses erhoben werden, dienen dem Aufbau einer dauerhaften, individuellen Beziehung zu jedem Abnehmer" (Piller 1998, S. 65).

Wesentliche Unterschiede der On-demand-Produktion im Vergleich zu den traditionellen Produktionskonzepten bestehen demnach darin,

- daß über die Kommunikation mit jedem einzelnen Kunden dessen genaue Bedürfnisse und Ansprüche an ein Produkt oder eine Dienstleistung erhoben werden und
- daß für die daran anschließende Produktion stabile Prozesse etabliert werden, die Vorteile vergleichbar der Massenproduktion bieten.

5 ▮ 03 | 03 Betriebliche Voraussetzungen für die Realisierung einer On-demand-Produktion

Grundvoraussetzungen für die betriebliche Umsetzung einer On-demand-Produktion sind

- neben der kundenspezifisch verursachten dynamischen Änderung der Produkte
- die Etablierung stabiler Geschäftsprozesse zur rationellen Beherrschung der Produktvarianz und zur Fer-

tigung der Produkte bzw. zur Erstellung der Dienstleistungen.

On-demand-Produktion stellt somit spezifische Anforderungen an die Gestaltung der Wertschöpfungsprozesse in den Unternehmen und an die Fertigungssysteme sowie die unterstützenden Informations- und Kommunikationssysteme.

Anforderungen an die Ausgestaltung der Wertschöpfungsprozesse

Integration des Kunden in den Wertschöpfungsprozeß

5

Die Wertschöpfungskette bei der On-demand-Produktion unterscheidet sich in wesentlichen Ausprägungen von Geschäftsprozeßmodellen der Massenfertigung, der Variantenproduktion und der Auftragsfertigung. Wesentlicher Unterschied bei der On-demand-Produktion ist die Einbeziehung des Kunden in den Wertschöpfungsprozeß. Die klassische Wertschöpfungskette ist hierzu durch kundenspezifische Elemente zu modifizieren. Im Extremfall gilt es, kundenindividuelle Wertketten zu etablieren („Jedem Kunden sein eigenes Unternehmen"). Für einen On-demand-Produzenten stellt sich dabei immer die Frage, welche Teile der Wertschöpfungskette kundenindividuell auszugestalten sind und welche Teile standardisiert („massenhaft") organisiert werden können. Die folgende Abb. 3 gibt auf der Basis des klassischen Wertkettenmodells einen Überblick, welche betrieblichen Funktionen kundenauftragsbezogen bzw. auftragsneutral zu realisieren sind.

„Kunden als Koentwickler"

Die unterstützenden Aktivitäten „Unternehmensinfrastruktur" und „Personalentwicklung und -verwaltung" unterscheiden sich bei einem On-demand-Produzenten nicht wesentlich von denen eines Massenproduzenten.

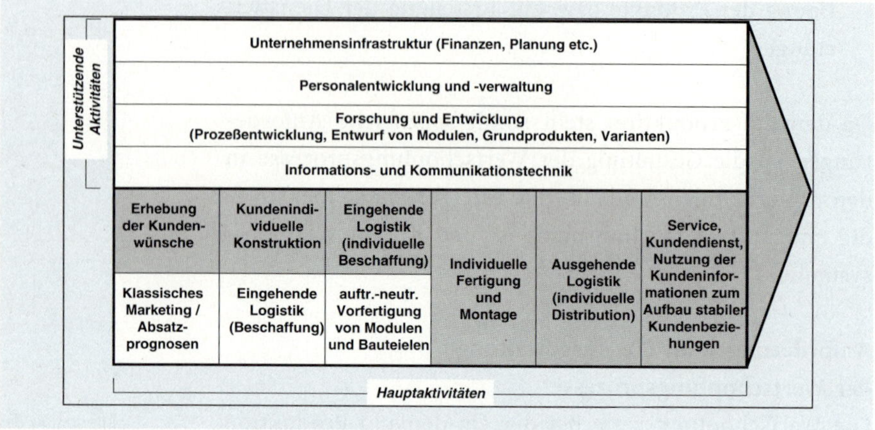

Abb. 3. Wertkette der On-demand-Produktion (*grau hinterlegte Funktionen sind kundenauftragsbezogen, die anderen auftragsneutral durchzuführen*). (Nach Piller 1998, S. 128)

Aufgabe von Forschung und Entwicklung bei einem On-demand-Produzenten ist es, die Grundlagen dafür zu schaffen, daß mit einem möglichst geringen Grad an interner Varietät (Fertigungskomplexität) ein möglichst hoher Grad an externer Varietät (kundenindividuelle Produktgestaltung) erzeugt werden kann. Kritische Erfolgsfaktoren sind hierbei der Grad der Modularisierung, eine fertigungsgerechte Konstruktion sowie eine Produktrationalisierung. Vor allem bei Investitionsgütern ist zusätzlich die direkte und frühzeitige Einbeziehung der Kunden in den Forschungs- und Entwicklungsprozeß erfolgsbestimmend.

IKT-Infrastruktur für On-demand-Produktion

Mit der Informations- und Kommunikationstechnik muß sich der On-demand-Produzent eine Infrastruktur schaffen, die ihn bei der kostengünstigen Erhebung und Verarbeitung der Kundeninformationen unterstützt („One-to-One-Marketing"). Als zentrales Instrument zeichnet sich hier das Internet zur interaktiven Kommunikation mit den Kunden ab. Die meisten Unternehmen müssen allerdings noch einen Paradigmenwechsel nachvollziehen: Es geht nicht darum, das Internet im Sinne eines traditionellen Massenmediums für Firmen- und Produktpräsentationen einzusetzen, sondern über interaktive, dynamische Informationsangebote Informationen über den Kunden und seine Bedürfnisse abzufragen und nach Möglichkeit ohne Medienbruch weiterzuverarbeiten. Standardmodule für die Kundenkommunikation eines On-demand-Produzenten sind

- Präsentationsmodul (Unternehmenspräsentation, elektronische Produktkatologe),
- Individualisierungsmodul (Anleitung zur Erhebung der kundenspezifischen Informationen, kundenindividuelle Produktkonfiguration, Präsentation des kundenindividuellen Produkts und der Änderungsmöglichkeiten inklusive der kundenindividuellen Preisgestaltung und Lieferbedingungen),
- Order-Tracking-Modul (Verfolgung der Bestellung durch den Kunden bis zur Auslieferung) sowie ein
- Kundendialogmodul (Aktualisierung der Kundenprofile, Austausch von Verwendungsinformationen etc.) (vgl. Piller 1998, S. 290).

Eine weitere wichtige Funktion der Informations- und Kommunikationsinfrastruktur ist die Weiterleitung der Kundeninformationen an die Fertigung, die Einbeziehung von Zulieferern sowie die Steuerung der kundenindividuellen Fertigung. Hier erlangen prozeßorientierte Ansätze der Integration fertigungsrelevanter Planungs- und Steuerungssysteme zunehmend Bedeutung (vgl. Goldhar u. Lei 1995).

Eine tragende Rolle für die Realisierung einer On-demand-Produktion erlangen darüber hinaus integrierte betriebswirtschaftliche Systeme v. a. zur Unterstützung der Bestellabwicklung und des Zahlungsverkehrs („Electronic Commerce").

Zur kundenorientierten Fertigung und Montage sind in der On-demand-Produktion neben flexiblen Fertigungs- und Verfahrenstechnologien (CNC-Universalmaschinen, flexible Fertigungszellen, flexible Fertigungssysteme und Fertigungsinseln, flexible Transferstraßen etc.) entsprechend flexible Formen der Fertigungsorganisation (Fraktale Fabrik, Holonic Manufacturing, Bionic Manufacturing Systems etc.) sowie systemische Produktkonzepte erforderlich (vgl. Westkämper 1997). Allerdings ist bei der Fertigungsplanung darauf zu achten, daß lediglich diejenigen Produktionsschritte eine hohe Variabilität besitzen, die das Produkt für den Kunden zu einem individuellen Gut machen (vgl. Piller 1998, S. 246).

Aus der Perspektive der Distribution erfordert die On-demand-Produktion häufig eine Nähe zu den Absatzmärkten; einerseits um Logistik- und Transportkosten zu sparen und andererseits um den Kunden möglichst kurzfristig beliefern zu können. Typisches Beispiel hierfür ist die Computerindustrie, in der On-demand-Produktion zu einer Rückverlagerung von Fertigungs- und Montagestätten an den Standort Deutschland geführt hat. Ausnahme hiervon sind Informationsprodukte und -dienstleistungen sowie Software, die über Kommunikationsnetze bestellt, ausgeliefert und abgerechnet werden können.

Welche Produkte und Dienstleistungen sind für eine On-demand-Produktion geeignet?

5 ▮ 03 | 04

Mehrwert durch kundenindividuelle Varietät

Grundsätzliche sind alle Produkte und Dienstleistungen für eine On-demand-Produktion geeignet. Allerdings steigt die Attraktivität und die Bereitschaft der Kunden, Produkte und Leistungen zu spezifizieren und zu bestellen in dem Maße, in dem auf Seite des Kunden ein Mehrwert durch kundenindividuelle Varietät zu realisieren ist. Dies gilt v. a. für Güter, die sich nach den persönlichen Maßen eines Kunden richten (z. B. Bekleidungsindustrie). Eine Sammlung von Beispielen realisierter kundenindividueller On-demand-Produktion findet sich in Piller 1998. Die Beispiele reichen von:

- Schuhen (s. www.digitoe.com),
- Zeitschriften (s. www.mylaunch.com und www.individual.com),
- Büchern (s. www.monopoly.de) über
- Skier (s. www.myski.com) bis zu
- Schokolade (s.www.caliebe.de).

5

Checkliste On-demand-Produktion

In der folgenden Checkliste (Tabelle 1) sind einige zentrale Voraussetzungen der On-demand-Produktion aufgeführt.

Zusammenfassung

5 ▮ 03 | 05

Die Veränderungen der Markt- und Nachfragestrukturen erfordern neue Konzepte der Produktion von Gütern und Dienstleistungen, die die Vorteile der Massenproduktion (Kostenminimierung) und der Einzelfertigung (Differenzierung) vereinigen. On-demand-Produktion bietet diese Möglichkeiten dadurch, daß die Leistungserstellung ausschließlich aufgrund eines Kundenauftrags erfolgt (on-de-

Tabelle 1. Checkliste On-demand-Produktion

	Ja	Nein
Das Produkt bietet vielfältige Varietätsoptionen		
Das Produkt ist von Körpermaßen des Benutzers abhängig		
Das Produkt ist vollkommen digitalisierbar		
Die Ansprüche der Kunden an das Produkt variieren von Kunde zu Kunde		
Die Kunden sind effizient erreichbar		
Die Geschäftsprozesse und deren Veränderung werden beherrscht		
Eine geschäftsprozeßorientierte Organisation ist realisiert		
Flexible Verfahrens- und Fertigungstechnologien sind im Unternehmen verfügbar und werden beherrscht		
Die Produktionsstätten befinden sich in räumlicher Nähe zu den Absatzmärkten		
Zulieferer sind in die Produktentwicklung integriert		

mand) und der Leistungserstellungsprozeß innerhalb einer wirtschaftlich vertretbaren Varietät stabil ist bzw. die Variabilität auf diejenigen Produktionsschritte konzentriert wird, die durch die Leistungsindividualisierung den höchstmöglichen Kundennutzen stiften.

Eine wesentliche Voraussetzung für die Beherrschung der On-demand-Produktion ist die geschäftsprozeßorientierte Ausrichtung des Unternehmens und die Beherrschung der Prozesse sowie der Einsatz geeigneter Informations- und Kommunikations- sowie flexibler Fertigungssysteme. Auf dieser Basis bietet On-demand-Produktion neue Geschäftspotentiale für die meisten Branchen.

Literatur

Goldhar J, Lei D (1995) Variety is free: manufacturing in the twenty-first century. Academy of Management Excecutive 9: 73–86

Piller FT (1998) Kundenindividuelle Massenproduktion. München, Wien

Pine JP (1993) Mass Customization. Boston

Tapscott D (1995) The Digital Economy. New York

Westkämper E (1997) Wandlungsfähige Unternehmensstrukturen – Manufacturing on Demand. 2. Stuttgarter PPS-Seminar

Kundenintegration: Einbindung in die Unternehmensprozesse 5 ▮ 07

Martina Schäfer

INHALTSÜBERBLICK

In diesem Beitrag wird dargelegt, welche Strategien zur Einbindung des Kunden in die Unternehmensprozesse verfolgt werden können, um das Wissen über Kundenbedürfnisse zu verbessern. Ansatzpunkte zur Gestaltung langfristiger Kundenbindungen werden aufgezeigt und technologiebasierte Konzepte zur Kundenintegration beispielhaft vorgestellt.

Situation 5 ▮ 07 | 01

In einer globalen Wirtschaft, in der Wertschöpfung immer mehr auf Wissen basiert, wird die Fähigkeit zur Wissensakkumulation und damit die Einbeziehung von Kundenwissen in die Unternehmen zu einem entscheidenden Erfolgsfaktor. Unternehmen müssen daher mehr denn je bemüht sein, ihre Kundenprozesse zu verbessern und Wissensvermögen aufzubauen. „Customer Focus" ist nach wie vor ein hochaktueller und gleichzeitig zentraler Begriff in der betriebswirtschaftlichen Praxis. Durch Gestaltung organisatorischer Bausteine und durch einen cleveren Einsatz neuer Technologien können Kundenprozesse in die Unternehmensprozesse integriert werden.

Megatrends und ihre Konsequenzen für die Integration des Kunden 5 ▮ 07 | 02

Die seit einigen Jahren durchgeführten Marktbeobachtungen und -abschätzungen haben zu einer Vielzahl an Aussagen zu zukünftigen Trendentwicklungen geführt. Trotz der Schwierigkeit, Entwicklungen trennscharf zu formulieren, lassen sich die Aussagen in 3 wesentliche Richtungen zusammenführen, die hier als Megatrends skizziert und deren Konsequenzen insbesondere für die Kundenintegration aufgezeigt werden.

Megatrend Dienstleistungswirtschaft

Customization und Interaktivität

Der Übergang von der Industrie- zur Dienstleistungswirtschaft ist in vollem Gange und basiert auf Entwicklungen zur Globalisierung, Ressourcenknappheit und Kundenorientierung. Der Dienstleistungssektor wird nach Erwartungen von Wirtschaftsführern bereits im Jahre 2000 mehr Beschäftigte haben als heute die Automobilindustrie. Der Markt fordert zum einen zunehmend neue Dienstleistungen unabhängig vom Produkt und zum anderen Zusatzdienste rund um das Produkt. Die Wettbewerbsfähigkeit hängt damit zukünftig mehr vom Angebot an Dienstleistungen denn vom physikalischen Produkt ab, bei denen der Kundennutzen mit geringer Materialintensität erbracht wird. Neue Dienstleistungsprodukte der Zukunft erfordern eine sog. „Customization“, d. h. den Kundenzuschnitt und die „Interaktivität“, d. h. das Mitgestalten und Mitproduzieren durch den Kunden. Der Dienst am Kunden steht sozusagen im Vordergrund. Es stellt sich die Frage der Integration.

Megatrend Wissensgesellschaft

Informationsflut und Informationsverlust

Im gesamten Wirtschaftsprozeß entstehen täglich neue Informationen in einer Vielzahl von Datenbeständen, die in einer Wissensgesellschaft allen Akteuren unter Berücksichtigung von Eigentumsrechten und Datensicherheit zur Verfügung stehen können. Jährlich verdoppelt sich die Zahl der an Netze angeschlossenen Wissensbasen der Diensteanbieter, alle 2 Jahre verdoppeln sich die in Datenbanken gehaltenen Informationen und alle 5 Jahre verdoppelt sich das Wissen. Es wird daher nicht an Informationen fehlen, sondern an der Zeit, diese zu verarbeiten. Die Wissensgesellschaft ist 2 Phänomenen ausgesetzt. Zum einen dem Phänomen der Informationsüberflutung und zum anderen dem Phänomen fehlenden Wissens. Dieses hängt mit folgendem Sachverhalt zusammen. In vielen insbesondere typisch mittelständischen Unternehmen in Deutschland geht in den nächsten 10 Jahren ein Großteil der beschäftigten Experten in den Ruhestand und mit ihnen 30–40 Jahre Erfahrung, Expertise und Know-how über Markt und Kunden (Anonym 1998). Die Rationalisierungswelle der „Lean Production" Ende der 80er Jahre zeigt nun ihre Auswirkungen. Der Nachwuchs kann dieses Wissensdefizit kaum mit den herkömmlichen Werkzeugen der Weiterbildung und Qualifizierung aufholen. Es müssen weit weniger Personen mehr Wissen denn je über das Unternehmen, seine Produkte und Prozesse verarbeiten und produktivieren.

Informationsverarbeitung

Das Management dieses Wissens sichert zukünftig die Existenz des Unternehmens und wird somit aus heutiger Sicht zum wertvollsten Betriebskapital. Dazu müssen sämtliche Quellen zusammengeführt, aufbereitet und bereitgestellt werden. Die Integration des Wissens nicht nur über sondern v. a. der Kunden gehört zum Basisschatz eines Unternehmens. Hier bedarf es noch organisatorischer und technischer Anstrengungen konzeptioneller Art und einiger Mühe bei der Realisierung. Die größte Hürde wird sicherlich darin bestehen, vom Denkansatz „Wissen ist Macht" zum Paradigma „Geteiltes Wissen ist Macht" zu kommen.

Zusammenwachsen der E-Märkte

Megatrend Technikkonvergenzen

Die technischen Entwicklungslinien in den Bereichen Telekommunikation, Information, Multimedia und Unterhaltungselektronik wachsen zu einem gemeinsamen Markt, dem sog. TIME-Markt zusammen. Dies führt zu einem integrierten Angebot an neuer Software und Hardware, aber auch zu einer unüberschaubaren Vielfalt an neuen technischen Lösungsmöglichkeiten. Die Anbieter aus den klassischen Bereichen der Computer-, Verlags- und Medienbranche werden in den gegenseitigen Wettbewerb treten. Alte „Global Player" werden sich mit vormals eher kleinen Nischenanbietern messen lassen müssen. Die Wettbewerbsarena wird sich neu formieren. Die Beobachtungen von Kunden-Lieferanten-Beziehungen ergeben ein Bild des wechselseitigen Geschäftsverhältnisses. Jeder ist gleichzeitig Kunde und Lieferant. Dies gilt zunehmend nicht nur im geschäftlichen Umfeld sondern auch bei Konsumenten. Diese Verknüpfungen und Verflechtungen machen neue Formen von Kundenbindungen und -management erforderlich. Darüber hinaus bieten die Produkte des TIME-Markts neue Vertriebswege zum Kunden wie z. B. E-Commerce, neue Kundenschnittstellen, die bedient werden müssen wie z. B. Call-Center sowie neue Ansätze für die Vertriebsunterstützung wie z. B. Business-Television für den Außendienst.

Die dargestellten Veränderungen zeigen, daß der Kunde dominanter „Bestandteil" in der Wertschöpfungskette von Unternehmen sein wird und die Kundenintegration im vertrieblichen Leistungsprozeß neu überdacht werden muß.

Kundenintegration im vertrieblichen Prozeß

5 ▮ 07 | 03

Im folgenden sollen die Formen der Kundenintegration innerhalb der wichtigsten Kundenschnittstellen im vertrieblichen Prozeß der Leistungserstellung und Leistungsverwertung dargestellt werden, der in folgende Phasen gegliedert wird:

- Presales-Phase, d. h. vor dem Verkauf,
- Sales-Phase, d. h. beim Verkauf und
- After-Sales-Phase, d. h. nach dem Verkauf.

Kundenintegration vor dem Verkauf (Presales)

Kundenakquisition

Wesentliche Ziele der Presales-Phase ist die Kundenakquisition. Dabei geht es um die Gewinnung von Neukunden und das Erschließen von potentiellen Kundengruppen am Markt. Dies erfordert erfahrungsgemäß einen hohen finanziellen und werbemäßigen Aufwand. Die eher klassischen Instrumente von Markt- und Wettbewerbsanalysen sowie Werbe- und Marketing-Mechanismen wie beispielsweise in der Kontrahierungspolitik und Angebotsgestaltung bieten durch die Digitalisierung und das weltweite Internet neue Dimensionen der interaktiven Ansprache und Teleberatung, der Online-Präsentation des Firmenimages und der multimedialen Informationsdarbietung neuer Produkte und Dienstleistungen. Vorfeldmarketing und Werbung zwingen darüber hinaus durch die Verkürzung der Wege zum Kunden zu einer Beschleunigung von Aktionen. „Verkünden Sie den Markterfolg, bevor Sie ein Produkt und Ihre Kunden haben“ besagt, daß Produkte verkauft werden, bevor sie produziert sind (Krempl 1998).

Kundenintegration beim Verkauf (Sales)

Kundenbetreuung und Beratung

Das wesentliche Ziel der Sales-Phase besteht darin, den Kunden mit den gewünschten Produkten und Dienstleistungen zu versorgen. Diesem Anspruch gerecht zu werden, erfahren Kundenbetreuung und Beratung zunehmend eine Vormachtstellung in dieser Phase. Dies umfaßt neben den gewünschten Produkten eine Rundumversorgung mit allen erforderlichen Services, die dem Kunden den Zugang zum Produkt bzw. der Ware, das Erhalten des Produkts auf unterschiedlichen Distributionswegen und die Abwicklung der Finanztransfers erleichtern bzw. abnehmen. Die durch das digitale Business ausgelösten elektronischen Vertriebswege via Internet und Online-Services ermöglichen zwar die Öffnung neuer Kundengruppen und weltweiter Märkte. Die Gestaltung der Kundenintegration unterscheidet sich aber gravierend von herkömmlichen Marktplätzen im Bestellungsvorgang, in der Warenlogistik, in Bezahlung und Beratung sowie in der damit verbundenen Auftragsabwicklung.

Kundenintegration nach dem Verkauf (After Sales)

Kundenbindung

Das Ziel der After-Sales-Phase ist primär die Kundenbindung und der langfristige Erhalt des Kunden. Dabei geht es um das Festhalten von Kunden und den Beziehungsaufbau. Vor dem Hintergrund, daß die Kosten für die Kundenakquisition um bis zu zwei Drittel höher sind als die Kosten für den Erhalt einer Kundenbeziehung, ist es effektiver eine langfristige Bindung anzustreben. Erwünscht ist mehr denn je die sog. lebenslange Kundenbeziehung. Den Kunden einbeziehen in die Wertschöpfungsprozesse des Unternehmens zeigt die höchste Form der Kundenorientierung und erfordert Kooperation und partnerschaftlichen Vertrauensaufbau. Diese Form der

Kundenintegration dient der Steigerung der eigenen Wertschöpfung. Wenn der Kunde mitproduziert und auf die Lern- und Geschäftsprozesse des Unternehmens Einfluß nimmt, verändern sich automatisch die Organisations- und Unternehmensabläufe. „*Lassen Sie den Kunden mal einen Tag über Ihre Schulter schauen, und Sie werden feststellen, daß Sie Ihre Arbeitsabläufe geändert haben.*" Ein systematisches Kundenmanagement in Form von Abfragen von Kundenwünschen, Auswertung von Reklamationen und Bearbeiten von Beschwerden unterstützt darüber hinaus die Bindung.

Grundsätzlich funktioniert die Integration bilateral. Zum einen kann das Unternehmen aus den Erfahrungen und Wünschen von Kundenanforderungen entsprechende Konsequenzen für die eigenen Planungs- und Steuerungsprozesse ziehen. Zum anderen soll die Lernfähigkeit des Kunden unterstützt und sein Wissen über neue Produkte, Prozesse und Entwicklungen des Unternehmens ständig aktualisiert und verbessert werden.

Schaffung von Attraktivität für den Kunden 5 07 04

Die Integration von Kunden in die Unternehmensprozesse kann nur über die Schaffung von attraktiven Aspekten erfolgen, die dem Kunden ersichtlich sind und ihn zum Kauf bzw. zur Kooperation mit dem Unternehmen veranlassen. Dabei spielen v. a. Werte eine Rolle, die quantitativ und qualitativ meßbare Ergebnisse und Nutzeneffekte für den Kunden bringen. Neben den eher klassischen Werten von Produkten wie z. B. dem Preis werden darüber hinaus 2 weitere Wertesysteme von den Kunden wahrgenommen, die kaufentscheidend bzw. entscheidend für die Wahl des Vertriebspartners oder Herstellers sind. Diese sollen im folgenden kurz skizziert werden (s. auch Abb. 1):

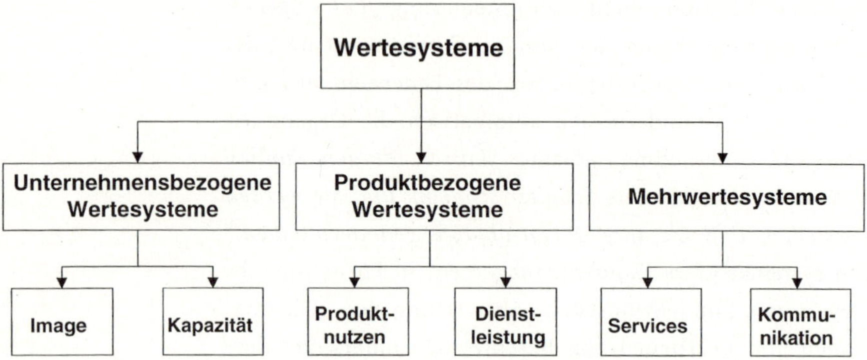

Abb. 1: Wertesysteme zur Schaffung von Attraktivität für den Kunden

- Unternehmensbezogene Wertesysteme,
- Produktbezogene Wertesysteme und
- Mehrwertesysteme.

Unternehmensbezogene Wertesysteme

Imagemanagement

Unternehmensbezogene Werte werden von Kunden zum einen durch das *Unternehmensimage* wahrgenommen. Zum anderen mißt sich die Attraktivität eines Unternehmens daran, ob Kunden die Kooperation suchen, z. B. wenn sie *Kapazitäten* benötigen. Das Image bestimmt die öffentliche Positionierung eines Unternehmens und somit in hohem Maße den Erfolg am Markt und die Umsatzrendite. Die Kriterien für das Imagemanagement sind beispielsweise Branding, Markenautorität, Markenglanz, Ausstrahlung, Unverwechselbarkeit, Bindungskraft und Identität (Buß u. Piwinger 1998). Während das Image das eher immaterielle Ergebnis aus Habitus, Darstellungen und Visionen, politischer und gesellschaftlicher Diskussion, Bildern und Selbstverständnis eines Unternehmens ist, sind die Kapazitäten materiell meßbare Werte. Wenn ein Unternehmen selbst so attraktiv ist, daß der Kunde zu ihm kommt und nicht umgekehrt, sind meist Kapazitätsengpässe in 3 Varianten verantwortlich:

- Zeitdruck
  Ein Unternehmen kann in kurzer Zeit ein schwieriges für den Kunden selbst nicht lösbares Problem lösen.
- Kostendruck
  Ein Unternehmen kann Kapazitäten, die dem Kunden fehlen, kostengünstiger anbieten.
- Erfolgsdruck
  Ein Unternehmen kann Kompetenzen anbieten, die in der Regel nicht zu den Kernkompetenzen des Kunden gehören. Das sog. Body-Shopping wird v. a. bei hohem Erfolgsdruck und kurzfristig zu erzielenden Ergebnissen genutzt.

5

Produktbezogene Wertesysteme

Produktnutzen und Dienstleistungen

Produktbezogene Wertesysteme zeichnen sich durch die Merkmale der Produkte aus, die von den Kunden bevorzugt werden und ihn offensichtlich zu einem Kauf veranlassen. Läßt man die Preisstrategie als attraktives Instrument zur Kundenakquisition einmal außer acht, dann sind zum einen der *Produktnutzen* und zum anderen die angebotenen *Dienstleistungen* von entscheidender Bedeutung. Der Nutzen eines Produkts vollzieht sich in dessen Anwendung und in der Erfüllung der damit verbundenen Zielsetzungen und Problemlösungen seitens des Anwenders. Im Konsumerbereich spielen darüber hinaus auch trendbezogene Produktmerkmale eine wesentliche Rolle. Entsprechend dieser Einschätzung aus quantitativen und qualitativen Größen wird der Wert des Produkts gemessen. Dies gilt in besonderem Maße für Dienstleistungsprodukte z. B. Finanzdienstleistungen, da in aller Regel keine Materialkosten anfallen und die „Herstellungskosten“ dem Kunden meist nicht transparent sind. Die Bewertung durch den Kunden wird daher von der wertschöpfenden Funktion des Dienstleistungsprodukts abhängen. Während Dienstleistungen als Ergänzung zu Produkten wie z. B. Produktberatung oder auch Wartungen und Kundendienste in engem Zusammenhang zum materiellen Produkt bzw. zur Ware gesehen werden. Trotz Untrennbarkeit eines Gesamtpakets wird hier immer stärker die Dienstleistung zum kaufentscheidenden Faktor eines Produkts werden.

Mehrwertesysteme

Innovative Aspekte der Vertriebspraxis

Im Unterschied zu den unter produktbezogenen Wertesystemen beschriebenen Dienstleistungen umfassen Mehrwertesysteme eher innovative Aspekte der vertrieblichen Praxis zur Schaffung von Kundenattraktivität. Besonders hervorzuheben sind zum einen *Services* z. B. Value-added-Services in den Branchen der TIME-Märkte oder kundenspezifische Produktfunktionen, die sich unter anderem durch Merkmale auszeichnen wie Innovativität, Lernfähigkeit, Wissenszuwachs, Kreativität, Individualität, Personalisierbarkeit und Anpassungsfähigkeit. Der Mehrwert kann in Produkt- und Dienstleistungsangeboten verankert werden. Der Kunde soll beispielsweise neue Erlebniswelten erfahren oder selbst zu kreativem Handeln veranlaßt werden. Service-Mehrwerte sollten beim Kunden in der Anwendung und durch Produktivitätssteigerung ein laufendes „Mehr“ an Wünschen erzeugen ohne dabei den Grad der Verschwendung zu erreichen.

Kommunikation mit dem Kunden

Der zweite wichtige Komplex der Mehrwertesysteme ist die *Kommunikation* mit den Kunden wie z. B. durch Interaktionen, Hotlines, Helpdesk, Kundenforen, Events, Spezialberatungen. Die Kommunikation wirkt als zentrales Kooperationsglied an der Kundenschnittstelle. Die Kundenkommunikation, seit jeher ein Instrument des Marketings, erlebt mit den Möglichkeiten von Multimedia und interaktiven Technologien eine neue Dimension der Wertschöpfung. Die Entwicklungen in den Bereichen Internet-Kommunikation und Electronic Commerce zeigen, daß die Wünsche und Bedürfnisse der Kunden im Bereich der Kommunikation noch bei weitem nicht annähernd gedeckt sind. Eine langlebige Kundenbeziehung ist ohne Kommunikation undenkbar. Die Kommunikation als Qualifizierungswerkzeug und Kooperationsinstrument für Kundenbeziehungen wird in virtuellen und global agierenden Geschäftswelten zum entscheidenden Wertesystem für die Kundenintegration werden.

Aus Unternehmenssicht geht es darum, sehr frühzeitig noch vor dem Kunden für ihn potentielle und denkbare Lösungen zu erkennen, um dann rechtzeitig durch Mehrwertesysteme adäquate Produkte und Dienstleistungen anbieten zu können. Mehrwertesysteme sind eng verknüpft mit Produkten und Dienstleistungen, indem sie diese ständig aktualisieren, neu positionieren und arrangieren oder auch bereinigen, und sind somit für den Aufbau eines langen Lebenszyklus verantwortlich.

Technologiebasierte Konzepte zur Kundenintegration 5 07 05

Die Wertesysteme greifen auf unterschiedliche Art und Weise in den oben beschriebenen vertrieblichen Prozeß der Kundenintegration ein. Es steht außer Frage, daß alle Wertesysteme in allen Phasen der Vertriebsunterstützung

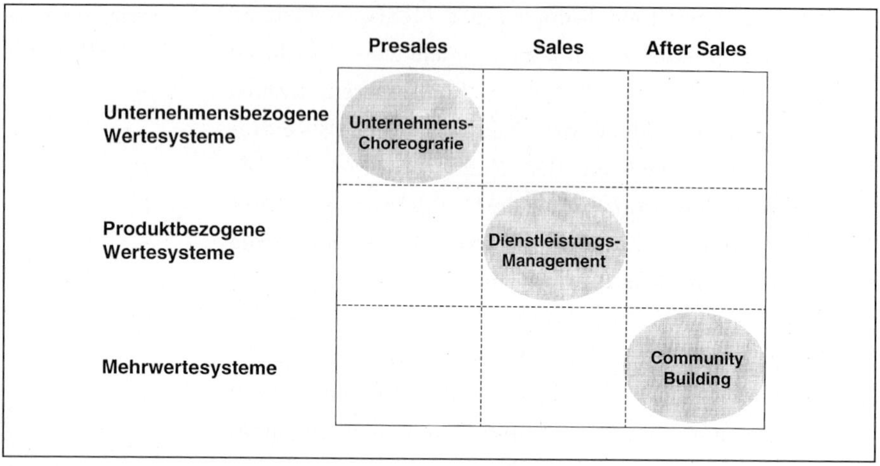

Abb. 2. Strategische Bereiche für technologiebasierte Konzepte

eine mehr oder weniger große Rolle spielen können. Im folgenden sollen jedoch nur die zentralen Einflußbereiche näher beschrieben werden. So lassen sich 3 zentrale strategische Bereiche unterscheiden, für die in diesem Beitrag entsprechende technologiebasierte Konzepte skizziert werden sollen (vgl. Abb. 2).

Unternehmensbezogene Werte werden in der Vorverkaufsphase (Presales) eine dominante Rolle spielen, produktbezogene Werte eher in der Sales-Phase und Mehrwerte werden für die langfristige Kundenbindung (After Sales) maßgeblich verantwortlich sein. Die sich daraus ergebenden strategischen Handlungsbereiche werden durch folgende technologiebasierten Konzepte zur Kundenintegration angegangen:

- Unternehmenschoreographie,
- Dienstleistungsmanagement und
- „Community-Building“.

Unternehmenschoreographie

Wachstum des Imageniveaus

Das Konzept der Unternehmenschoreographie hat die Aufgabe, systematisch den Unternehmensauftritt zu inszenieren, dadurch eine kontinuierliche Verbesserung und Wachstum des Imageniveaus zu erreichen um meßbaren Konkurrenzabstand zu gewinnen. Das Ziel ist, den Unternehmenswert zu erhöhen und für Kunden besonders attraktiv zu werden. Insbesondere in Zeiten der Globalisierung und schnellen Veränderungen in Produkt- und Finanzmärkten und der Austauschbarkeit von Produkten wird die Unternehmenschoreographie ein wichtiges Instrument der Unternehmenskommunikation zur Schaffung von Aufmerksamkeit bei Kunden darstellen. Multimediale und IT-basierte Werkzeuge und Services sind in besonderem Maße geeignet, Unternehmensaktionen zu pushen und Kundenwahrnehmung zu erzeugen. Im folgenden sollen beispielhaft und unvollständig Services skizziert werden, die in unterschiedlicher Weise zur Akquisition von Kunden herangezogen werden können:

- Interaktives Marketing

Elektronische Werbung in Online-Services ermöglicht Kundenfeedback. Zur proaktiven Ermittlung von zukünftigen Kundentrends müssen erweiterte Werkzeuge zur Potentialkundenanalyse und in Kombination mit Marktforschungsdaten eingesetzt werden.

- On-Demand-Services

Abrufdienste in Form von Produktkatalogen im Internet oder Online-Services werden von potentiellen Kunden überwiegend zu informatorischen Zwecken genutzt. Kundenfeedback muß aber durch erweiterte z. B. Mail- und Transaktionsfunktionen hergestellt werden.

- Casting Services

Netcasting im Internet oder Business-Television in Corporate Networks ermöglichen den gezielten Push von Information und Kommunikation an den Arbeitsplatz des Kunden. Es lassen sich dabei diverse Konzepte vom Multi- bis zum Pointcasting unterscheiden. Personalisierungsmöglichkeiten des Kunden liefern darüber hinaus kundenspezifische Rückmeldungen.

Dienstleistungsmanagement

Management von Dienstleistungen und Kundenansprüchen

Die Aufgabe des Dienstleistungsmanagements besteht darin, den Prozeß der Dienstleistungswirtschaft in Anlehnung an die Warenwirtschaft logistisch zu managen und dafür zur sorgen, daß Kundenansprüche in der erforderlichen Schnelligkeit und Qualität an dem Ort befriedigt werden, den der Kunde gewählt hat. Hierzu bieten elektronische Marktplätze eine hervorragende Angebotsplattform für Anfrage- und Bestellvorgänge sowie eine technologische Vertriebsinfrastruktur für digitale Warendistribution und Transaktionen. Der Zugang zum Angebot und somit der Point-of-Sales verlagern sich in das Netzwerk und damit zum Kunden. Multimediale und IT-basierte Instrumente am Point-of-Sales unterstützen den Vertriebsprozeß an der Kundenschnittstelle:

- Online-Bestellservices

Die Möglichkeiten des Online-Einkaufs werden v. a. im Bereich von Massengütern des Verbrauchs oder der Konsumernutzung wie z. B. Musik-CDs, Büchermarkt, Software, Spiele genutzt. Eine Autorisierung oder Nutzeridentifikation z. B. über Kartennummern oder „electronic keys“ muß sichergestellt sein.

- Personalisierungsdienste

Diese bieten dem Kunden einen individuellen Warenkorb. Die Anwender suchen nach konkreten Produkten, d. h. kein Online-Wühltisch oder Impulskauf. Navigatoren und Searchmaschinen unterstützen das schnelle Zusammenstellen der Ware. Wenn der Kunde seine Kaufwünsche hinterläßt, kann das Unternehmen eine automatische Anpassung an das Kundenprofil vornehmen und ihm Nebenprodukte und Zusatzdienste anbieten.

- Kundenindividuelle Preismodelle

Je nach Einkaufsverhalten in Häufigkeit und Umsatz können dem Kunden Preise zu verschiedenen Tageszeiten, abhängig vom Warenkorb oder bereits getätigten Einkäufen angeboten werden. Intelligente Agentensysteme bieten darüber hinaus komfortable elektronische Preisvergleiche.

- Transaktionsdienste

Elektronische Rechnungsstellung und Banktransaktionen (Billing und Accounting) sowie das Handling von Kleinbeträgen lassen sich elektronisch realisieren. Der Online-Bezahlung mittels „cyber money" oder „electronic cash" wird zukünftig eine bedeutende Rolle beigemessen.

- Elektronische Auftragsabwicklung

Eine durchgängige Auftragsabwicklung von der Bestellung über das Auslösen der physikalischen Warenlogistik, der Lagerverwaltung bis zum Management der Transaktionen erfordert eine Integration in Backoffice-Systeme, in die Kundensysteme z. B. EDI, Zugriffsmöglichkeit auf Datenbanken, Bestellwesen und Abwicklung. Dieser Bereich verspricht effektivere Geschäftsprozesse und eine effiziente Vertriebsunterstützung.

Community-Building

Einbeziehung des Kunden in Unternehmensprozesse

„Community-Building" ist ein Konzept für den Beziehungsaufbau zum Kunden. Dies soll erreicht werden durch die Schaffung von „Nestwärme und Zusammengehörigkeitsgefühl über Grenzen hinweg im Rahmen des elektronischen Geschäftsverkehrs" über ein IT-Netzwerk unter Nutzung von elektronischen Produkten und Services (Reon 1998; Armstrong u. Hagel 1997). Community-Building verfolgt einen systematischen Ansatz und kann hier nur in Teilaspekten skizziert werden.

Der Kunde wird als Koproduzent zugelassen. Seine Reaktionen und Handlungen nehmen dabei Einfluß auf die Unternehmensprozesse. Darüber erhält er Zusatzwissen und Informationen bereits im Vorfeld von Produktentstehungsprozessen. Die Strategie des Koproduzenten setzt den Kunden nicht mehr ans Ende der Wertschöpfungskette sondern an den Anfang. Hier müssen neben einer hohen Sympathieaura und starken emotionalen Bindungen auch die vertraglichen Beziehungen sichergestellt sein. Der Kunde wird zum Mitwisser und nimmt in gleicher Weise wie die Mitarbeiter an den Unternehmensprozessen teil. Der Kunde gestaltet aktiv die Veränderungsprozesse mit. Der Kunde steht auf derselben Stufe innerhalb der Wertschöpfungskette wie das Unternehmen und bringt seine Ressourcen zur Steigerung der Unternehmensproduktivität mit ein. Eine derartige Beziehung ist niemals ein einseitiges Abhängigkeitsverhältnis. Die Kundenpflege rückt in diesem Konzept in den Mittelpunkt der Gestaltung von Geschäftsprozessen zwischen Unternehmen mit dem Ziel, daß beide Seiten – Hersteller und Kunden – davon profitieren (Schwarz u. Fink o. J.). Im folgenden sollen 3 wichtige technisch-organisatorische Konzepte skizziert werden, die wesentlich zur Kundenbindung beitragen können:

- Kooperationen

Kooperationen in zwischenbetrieblichen Projektkonsortien und strategischen Allianzen, die über ein Netzwerk, z. B. Extranet, in Verbindung stehen und ihre jeweiligen Kernkompetenzen allen beteiligten Partnern zur Verfügung stellen. Es entstehen bis hin zu symbiotischen Beziehungen, deren Zweck es ist, durch die Kooperationstätigkeit die Fähigkeiten der Partner zu erlernen (Lyles 1988). Insbesondere haben sich Forschung und Entwicklung, Logistik und die Qualitätssicherung als die strategisch bedeutendsten Funktionsbereiche erwiesen, in denen die zwischenbetriebliche Kooperation besonders wichtig ist (Reichwald u. Hermens 1994). Ein weiterer Effekt für ein Unternehmen kann darin bestehen, aus den Kooperationen zu erfahren, wie die Kunden von Kunden denken. Vor allem kurzlebige Produkte und Dienstleistungen, die von aktuellen Marktbedingungen abhängen, können durch Expertenkooperationen aus der ganzen Welt schnell angepaßt und weiterentwickelt werden. Banken gehen dazu heute auf den Devisenmärkten weltweite Allianzen mit Devisenexperten ein, um schnell neue Beratungsangebote am Markt anbieten zu können.

- Geteilte Wissensbasen

Geteilte Wissensbasen speichern die im Rahmen eines Leistungserstellungsprozesses relevanten Informationen, die zwischen den daran Beteiligten geteilt werden und zur Verfügung stehen. Zugangsberechtigte greifen darauf zu, entweder zu Lernzwecken, zu Zwecken der Information oder zu Zwecken der gemeinsamen Problemlösung im Rahmen der Arbeitsprozesse. Die Ausgestaltung von Wissensspeichern unterliegt den Anforderungen der autonomen Organisationseinheiten, die miteinander verbunden werden müssen. Im wesentlichen ist das die Vernetzung aller Arbeitsplätze innerhalb einer autonomen Organisationseinheit mit Zugriff auf alle aufgabenrelevanten Wissensbestände innerhalb und außerhalb der Organisationseinheit sowie ein Netzwerk über alle autonomen Organisationseinheiten. Die Teilung von Wissen mit Kunden hat einen hohen Vertrauenswert und dient damit einer engen Kundenkopplung. Der Einsatz von Telediensten und multimedialen Services sind geeignet, Newschannels und Information-on-demand einzurichten, die den exklusiven Informationstransport innerhalb geschlossener Nutzergruppen sicherstellen. Das Extranet-Konzept stellt dazu die erforderlichen Sicherheitskonzepte bereit. Zur Teilung von Wissensbasen müssen jedoch im Vorfeld eine Reihe von Fragen beantwortet werden: Mit wieviel Wissen kommt ein Unternehmen aus? Angesichts dessen, daß nur 20% des Informationsbestands genutzt werden, wieviel geteiltes Wissen ist notwendig?

- Data-Warehousing bzw. Data-Mining zur Entscheidungsunterstützung

Kundeninformationen werden zu entscheidungsrelevanten Informationen ausgewertet. Das sog. „Real time selling" erfordert zeitaktuelle Informationen, gezielte Auswertungen und schnelle Entscheidungen. Auswertungen von internen und externen Kundendatenbasen zur Unternehmensanalyse werden im Modell des „Data Warehouse" (Lind u. Hildebrand 1994) integriert. Betriebliche Daten werden so mit Marktdaten kombiniert und verglichen, um Informationen über Produktprofitabilität und Markttrends zu erhalten. Im Vordergrund von „Rapid response"-Entscheidungen steht die Fähigkeit der Unternehmen, vorzeitig auf Marktveränderungen zu reagieren. Institutionalisierte Frühwarnsysteme sollen hierbei die Rückwärtsplanung auf Basis von Zukunftsvisionen unterstützen. Auch dafür liefern verteilte Informationsbasen, vernetzte Kommunikation und kollaborative Werkzeuge zwischen Unternehmen, Lieferanten und Kunden Unterstützungsdienste.

Ausblick

5 07 | 06

Nach einer Studie von EDS (CW 1998) wird der IT-Einsatz zur stärkeren Kundenbindung in Zukunft im Mittelpunkt stehen. So halten 90% der befragten Unternehmen diesen Aspekt für wichtiger als Reorganisationsmaßnahmen. Die aktuellen Maßnahmen, die ergriffen werden, sind die Einrichtung von „Call-Centern" für die Kundenbetreuung (66%), Extranets zur Verbesserung der Kundenkommunikation (49%) und Intranets zur Beschleunigung der Informationsflüsse innerhalb des Unternehmens (65%). Es gibt wohl kaum noch einen Zweifel daran, daß die Integration des Kunden in die Unternehmensprozesse die Zukunftsaufgabe der Unternehmen darstellt. Es geht nur noch um das „Wie" der Integrationsstrategie.

5

Literatur

(Anonym) (1998) Wissen ist Macht. Markt und Mittelstand 7: 32–35

Armstrong AG, Hagel J (1997) Net gain: Expanding markets through virtual communities. Harvard Business Press

Buß E, Piwinger M (1998) Dem Image einen Wert geben. In: Blick durch die Wirtschaft v. 05.05.98, S 4

CW-Computerwoche (1998) IT bestes Mittel für die Kundenbindung. In: CW v. 16.06.98

Krempl S (1998) Nur mit Schlachtplan zum Markterfolg. Global Online 7:54–56

Lind J, Hildebrand VG (1994) Database-Marketing und Computer-Aided Selling: Leistungspotential, Abgrenzungsprobleme und Synergieeffekte. Marketing ZFP 2:107–118

Lyles MA (1988) Learning among joint-ventures sophisticated firms. Management International Review 28:85–98

Reichwald R, Hermens B (1994) Wachstumsmarkt Telekooperation. Arbeitsberichte des Lehrstuhls für allgemeine und industrielle Betriebswirtschaftslehre der technischen Universität München, Bd 5. München

Reon K (1998) Virtual Community dreht den Informationsfluß im Web um. In: Blick durch die Wirtschaft v. 05.05.98, S 10

Schwarz P, Fink D (o. J.) Untersuchungsbericht: Electronic Customer Care in der Indvestitionsgüter-Industrie, hrsg. von VDI-Nachrichten und Little AD

Optimierte Geschäftsprozesse durch Intranet-/Extranet-Technologie

5 ▮ 09

Wolfgang Clauss, Martin Engstler, Jochen Waltert

INHALTSÜBERBLICK

Ausgehend von den Potentialen der Intranet-/Extranet-Technologie zur Optimierung von Geschäftsprozessen werden in diesem Beitrag die drei grundlegenden Technologie-Szenarien des Intranets aufgezeigt. Des weiteren wird als Hilfestellung für die Einführung eines Intranets im Unternehmen ein hierfür entwickeltes Vorgehensmodell dargestellt. Anwendungsbeispiele sowie Hinweise auf Trends in den Bereichen Internet, Intranet und Extranet runden den Beitrag ab.

5

Ausgangssituation

5 ▮ 09 | 01

Unternehmen, die heute erfolgreich am Markt agieren wollen, müssen sich optimal auf sich verändernde Marktanforderungen einstellen. Eine wesentliche Bedeutung nimmt hierbei die Optimierung der Geschäftsprozesse eines Unternehmens ein. Als Teil dieser Geschäftsprozesse sind Informationsprozesse zu verstehen, die sowohl direkt wie indirekt zur Leistungserstellung beitragen können.

Internet, Intranet, Extranet

Mit den Internet-Technologien stehen Unternehmen heute Werkzeuge zur Verfügung, die in vielfältiger Art und Weise zur Optimierung dieser Informationsprozesse, und damit auch der Optimierung von Geschäftsprozessen, beitragen können. Die Kommunikationsrevolution, die durch das Aufkommen der Internet-Technologien verursacht wurde (und noch anhält), tangiert alle Bereiche der betrieblichen Kommunikation: Business-to-Consumer, Business-to-Business sowie die unternehmensinterne

Kommunikation. Während die Welt des Internets Unternehmen den Zugang zum anonymen Endkunden, dem sog. Massenmarkt, ermöglicht, können internettechnologiebasierte Kommunikationskanäle im Business-to-Business-Bereich als Extranets und für die unternehmensinterne Nutzung als Intranets definiert werden.

Einsatzfeld Filialbanken

Als veranschaulichendes Beispiel für die Konzeption von Intranets und Extranets soll hier die Situation einer Filialbankorganisation dienen. Am Markt agieren rechtlich selbständige Filialbanken als Unternehmen mit mehreren Standorten (Filialen bzw. Zweigstellen) unterschiedlichster Größe. Auf übergeordneten Ebenen existieren zentrale Dienstleister, die wiederum unabhängig sind. Eine zentrale Steuerung im Sinne einer Konzernleitung findet nicht statt, die Unternehmen befinden sich in einer auf Gegenseitigkeit beruhenden marktnahen Vertragsbasis.

Für die informationstechnologische Unterstützung von Anforderungen, die über klassische Transaktionssysteme hinausgehen, sind neue Ansätze erforderlich. Als primäre Anforderung steht hier die Unterstützung von schwach strukturierten Geschäfts- und Informationsprozessen im Mittelpunkt. Die Aufgabe besteht einerseits darin, optimal filialbankindividuelle Informationssysteme zu realisieren, andererseits aber die Kopplung mit anderen Filialbanksystemen zum Zwecke des Know-how-Transfers oder verteilter Geschäftsprozesse zu ermöglichen. Als Beispiel läßt sich hier die Aufbereitung der Unterlagen im Kreditgenehmigungsverfahren, dem Kreditprotokoll, anführen. Dieses für starke und lose Unternehmensverbunde typische Beispiel kann mit Hilfe der Internet-Technologien adressiert werden. Filialbankindividuelle Lösungen werden als Intranets realisiert, filialbankübergreifende, aber organisationsinterne Lösungen als Extranets.

Organisation und Technik

In diesem Beitrag wird die Konzeption einer Herangehensweise beschrieben, die sowohl organisatorische wie auch informationstechnische Lösungskomponenten enthält. Es sei an dieser Stelle explizit auf die Notwendigkeit der ausgewogenen Kombination der beiden Komponenten hingewiesen, die im Intranet- und Extranet-Bereich von entscheidender Bedeutung ist.

Intranet-Technologie-Strategie

5 ▮ 09 | 02

Technische Problemfelder beim gemeinsamen Zugriff auf Informationen

Problemfelder Technik

Wenn ein Unternehmen mit gewachsener DV-Struktur über Abteilungs- oder Unternehmensgrenzen hinweg Geschäftsprozesse optimieren will, so stößt es im allgemeinen auf eine Vielzahl von DV-Problemen, die sich in den folgenden 3 Kategorien zusammenfassen lassen:

1. Heterogenität der Formate
   Informationen werden in verschiedenen Dateiformaten gespeichert; es kommt zu „Medienbrüchen".
2. Heterogene Anwendungsplattformen und Benutzeroberflächen
   Aufgrund von Systemunterschieden können Mitarbeiter auf bestimmte Informationen nicht zugreifen. Die Informationsrecherche und Verarbeitung von Informationen wird erschwert, erzielte Lerneffekte können nur bedingt auf andere Anwendungen übertragen werden.
3. Fehlende Standards für die externe Kommunikation
   Beeinträchtigung des Informationsflusses und der externen Kommunikation. Wichtige Informationen stehen unter anderem erst mit erheblicher Zeitverzögerung zur Verfügung.

Die Besonderheiten des Intranet-Einführungsprojekts lassen sich anschaulich durch den Vergleich mit der Einführung standardisierter SW-Lösungen (z.B. operative Transaktionssysteme zur Auftragsabwicklung) darstellen (Tabelle 1).

Ziel des im folgenden dargestellten Vorgehensmodells ist es, ein Rahmenkonzept zu beschreiben, das sowohl den Analyse- und Gestaltungsprozeß, als auch die Begleitung des Umsetzungsprozesses einschließt.

Rahmenmodell zur Umsetzung der Intranet-Strategie

Beschreibung des Vorgehensmodells

Rahmenmodell

Die Durchführung eines Intranet-Vorhabens umfaßt 2 Hauptphasen (vgl. Abb. 2):

1. Ein Initialprojekt, bei dem die Weichenstellungen für das Intranet auf Basis ermittelter Anforderungen zur Optimierung der Geschäftsprozesse und darüber hinausgehender strategischer Zielsetzungen des Unternehmens getroffen werden.

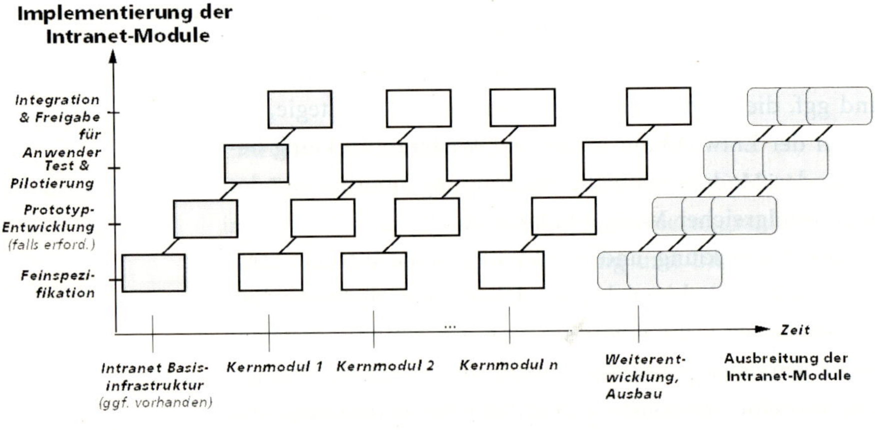

Abb. 2: Kaskadenmodell zur Realisierung eines Intranet i. w. S.

2. Die zyklische Realisierung der definierten Module gekoppelt mit einer kontinuierlichen Überprüfung und Weiterentwicklung des Intranet-Szenarios zur Sicherstellung einer hohen Geschäftsprozeßperformance.

Die Hauptphasen des Vorgehensmodells im Überblick:

Phase 1 Initialprojekt Intranet

Initialprojekt

Ziel des Initialprojekts Intranet ist es, eine hausindividuelle Intranet-Strategie festzulegen. Hierzu werden im Sinne eines ganzheitlichen organisatorisch-technischen Projektansatzes folgende Schritte empfohlen:

- Phase 1.1 Vorstudie Intranet
  Im Mittelpunkt der Vorstudie steht die Analyse der organisatorischen Rahmenbedingungen und der Entscheidungsabläufe im Rahmen der Geschäftsprozesse. Zudem werden Defizite im bestehenden Informationsmanagement aufbereitet. Im Rahmen der Vorstudie werden dabei insbesondere die wenig bzw. unstrukturierten Informationsprozesse und informellen Kommunikationswege betrachtet und bezüglich Verbesserungspotentialen analysiert. Nach einem Abgleich mit den strategischen Zielvorgaben für das Projekt werden die Projektziele und Umsetzungsschwerpunkte in einem Intranet-Leitbild zusammengefaßt. Darin enthalten sind auch die erreichbaren und angestrebten Nutzenpotentiale einer organisatorisch-technischen Intranet-Gesamtlösung, die zugleich auch die Erfolgsmeßgrößen für die Beurteilung des Projekterfolgs darstellen, denen sich das Projektteam stellen muß.
- Phase 1.2 Intranet-Rahmenplan
  Basierend auf den Vorgaben und Zielstellungen des Intranet-Leitbilds und den ermittelten organisatorisch-

technischen Verbesserungspotentialen bei den Geschäftsprozessen wird im zweiten Schritt ein unternehmensindividuelles Intranet-Szenario entwickelt. Dieses enthält im Sinne eines Projektrahmenplans eine Bewertung der organisatorisch-technischen Lösungsansätze, d. h. eine Verknüpfung relevanter Intranet-Module mit erforderlichen (Re-) Organisationsmaßnahmen, sowie die Zusammenführung der einzelnen Lösungsansätze in einem Intranet-Rahmenplan und einen Vorschlag zur Projektorganisation. Dieser Rahmenplan umfaßt auch Festlegungen zur Systemplattform und Hinweise auf relevante Standards zur Realisierung des Intranet-Anwendungsszenarios.

- Phase 1.3: Intranet-Strategieentscheidung
  Vor dem Hintergrund der Bedeutung eines Intranet-Vorhabens für das Gesamtunternehmen wird eine Intranet-Strategieentscheidung unter Einbeziehung der Unternehmensführung vorgeschlagen. Ziel ist es, eine hausindividuelle Intranet-Strategie zu verabschieden, die z. B. eine Priorisierung einzelner organisatorisch-technischer Lösungsansätze innerhalb der Intranet-Lösung nach Kriterien wie Handlungsdruck (z. B. Effektivität und Effizienzpotentiale bezüglich der relevanten Geschäftsprozesse) und Machbarkeit (kurz- bzw. mittel- und langfristige Umsetzungsmöglichkeiten vor dem Hintergrund verfügbarer Ressourcen) enthält. Ergebnis ist die Verabschiedung eines Stufenplans zum Aufbau des Intranets, die Genehmigung des Projektbudgets und der Projektorganisation mit ggf. Festlegung bzw. Beauftragung externer Kooperationspartner bei der Realisierung des Vorhabens. Zudem sind Kriterien und Instanzen zur Sicherung des Projekterfolgs zu verabschieden.

Phase 2 Realisierungszyklen

Realisierungszyklen

Nach Verabschiedung der Intranet-Strategie und des Projektplans beginnt die Umsetzung durch Aufbau der Intranet-Basisinfrastruktur, die (zyklische) Realisierung der bereits definierten Module. Nach Umsetzung der bereits definierten Kernmodule erfolgt ein stufenloser Übergang in den Weiterentwicklungsprozeß des Intranet-Gesamtszenarios, in dessen Rahmen die Definition und Realisierung weiterer Module vorangetrieben wird (vgl. Kaskadenmodell zur Realisierung eines Intranet i. w. S., Abb. 2).

Hierzu werden im einzelnen folgende Schritte empfohlen:

- Phase 2.1 Organisatorisch-technische Implementierung des Intranet
  Dieser Schritt umfaßt die Realisierung der definierten Kernmodule der Intranet-Lösung im Sinne einer evolutionären Vorgehensweise. Dazu werden die technische Module einerseits durch die Anpassung ggf. vorhandener Standardmodule und andererseits durch individuelle Anwendungsentwicklung realisiert. Parallel dazu ist die organisatorische Implementierung der neuen Intranet-Module auf Basis ermittelter Reorganisationsbedürfnisse bzw. -potentiale vorzubereiten. Nach ganzheitlicher Pilotierung und Evaluierung der neuen Module erfolgt die Flächeneinführung mit Umsetzung eventueller organisatorischer Begleitmaßnahmen sowie ggf. Einweisung der Mitarbeiter in die neuen Module. Die Weiterentwicklung bestehender Module kann ebenfalls im beschriebenen Implementierungsmodell erfolgen. Bei der Vorgehensweise wird empfohlen, nach Aufbau der Basisinfrastruktur für das Intranet zunächst die Module des Intranet (i. e. S.) zu

implementieren, bevor in einem zweiten Schritt Extranet-Module neben weiteren Intranet-Modulen implementiert werden.

- Phase 2.2 Ausbau und Weiterentwicklung des Intranet
Einer der wesentlichen Merkmale einer Intranet-Lösung liegt im kontinuierlichen Weiterentwicklungs- und Optimierungsbedarf zur bestmöglichen Unterstützung der aktuellen Geschäftsprozeßanforderungen. Diese erfolgt durch eine stetige Überprüfung („Audit“) der Intranet-Strategie vor dem Hintergrund der Erfahrungen im täglichen Einsatz. Dazu gehört neben der Messung der Zielerreichungsgrade auch die Überprüfung bzw. Ergänzung der zugrundeliegenden Anwenderanforderungen vor dem Hintergrund der Geschäftsprozeßanforderungen. Zudem sind die ermittelten Anforderungen den Marktentwicklungen im DV-technischen Bereich gegenüberzustellen und in einer Potentialanalyse zusammenzuführen. Die bestehende Intranet-Strategie ist auf Basis der gewonnen Erkenntnisse anzupassen, d. h. neue Module sind in den Rahmenplan mit Priorität aufzunehmen, bestehende Module bezüglich ihrer Priorität neu zu bewerten. Dabei kann es auch zu Weiterentwicklungsaufträgen bei bestehenden oder zur Bereinigung des Intranet von ineffizienten Modulen kommen. Die Umsetzung erfolgt gemäß der in Phase 2.1 beschriebenen ganzheitlichen Vorgehensweise. Entscheidungen über die Anpassung der Intranet-Strategie sind unter Einbeziehung der Unternehmensleitung zu treffen (vgl. Strategieentscheidung in Phase 1.3).

Begleitmaßnahmen: Betrieb und Pflege des Intranet

Der Betrieb und die Pflege des Intranet umfaßt neben der technischen Systemadministration und Systemintegration der Intranet-Module und der Anwenderunterstützung (z. B. Hotline-Services) auch die Pflege der fachlichen Inhalte, die gemäß einem Intranet-Betreuungskonzept zu erfolgen hat. Zudem ist die Umsetzung organisatorischer Regelungen und Vorgaben im Kontext des Intranet sicherzustellen. Durch die enge Verknüpfung DV-technischer und betriebswirtschaftlich-organisatorischer Aufgaben und Problemstellungen (z. B. Schließung von Geschäftsprozeßlücken) ist ein koordiniertes Gesamtvorgehen zwingend erforderlich, um die Nutzenpotentiale der Intranet-Module möglichst optimal ausschöpfen zu können (vgl. Abb. 3).

	Projektschritt	Vorgehensweise und Methoden		Ergebnisse
Initialprojekt	Vorstudie Intranet	• Aufbau der Projektorganisation • Projekt-Kick-off (Projektplanung) • Zieldefinition (Führungsebene) • Bestandsaufnahme und Ermittlung technischer Rahmenbedingungen	• Aufnahme der Intranet-Anforderungen aus Anwendersicht (z.B. Analyse Geschäftsprozesse) • Organisatorische und technische Schwachstellen-/Potentialanalyse	• Projektorganisation und Projektplan • Technische Rahmenbedingungen • Intranet-Potentiale (organisatorisch und technisch) • Intranet-Leitbild
	Intranet-Rahmenplan	• Bewertung der ermittelten Anforderungen und technischen Gestaltungsoptionen nach Handlungsdruck und Machbarkeit • Entwurf eines Intranet-Szenarios	• Bestimmung organisatorischer Begleitmaßnahmen zum Intranet und des Betreuungskonzepts für die technisch-organisatorische Pflege und Weiterentwicklung	• Intranet-Szenario als Rahmenkonzeption • Reorganisationspotentiale und -bedarf • Grundkonzept für Systembetrieb
	Entscheidung Intranet-Strategie-	• Entscheidung über Intranet-Strategie auf Führungsebene • Umsetzungsplan (organisatorisch, technisch und personell) mit Zeitplan	• Projektplan basierend auf einem stufenweisen zyklischen Vorgehensmodell (Grundkonfiguration, Grundmodule Intranet, Weiterentwicklungsoptionen)	• Festlegung einer hausindividuellen Intranetstrategie • Stufenplan zum Auf- und Ausbau des Intranet • Projektplan mit Projektorganisation
Realisierungszyklen	Organisat.-techn. Implementierung	• Feinspezifizierung der ausgewählten Module gemäß Intranet-Strategie und Rahmenplanung • Prototyp-Entwicklung bzw. Anpassung von Standardmodulen	• (Re-) Organisationskonzept • Evaluation und Feinanpassung der Prototypen • Integration in Gesamtsystem nach Einzelimplementierung	• Basisinfrastruktur für das Intranet sofern noch nicht vorhanden • modularer Intranet-Aufbau und umsetzungsbegleitende (Re-) Organisationsmaßnahmen
	Ausbau, Weiterentwicklung	• Audit der realisierten Intranet-Lösung mit Erfolgscontrolling • Potentialanalyse neuer Intranet-Module (Technologiebeobachtung und Bedarfsentwicklung)	• Anpassung der Rahmenplanung für das Intranet bzw. Verabschiedung einer angepaßten Intranet-Strategie	• Überprüfte und angepaßte Intranet-Strategie • Organisatorisch-technische Implementierung weiterer Intranet- und Extranet-Module

Abb. 3: Gesamtübersicht über das Vorgehensmodell zur Intranet-Einführung

Projektorganisation

Die Besonderheit bezüglich der Projektorganisation von Intranet-Projekten ergibt sich durch deren modularisierbaren Aufbau. Dadurch ergeben sich gute Voraussetzungen für Kooperationsmodelle mit weiteren Partnern, die vergleichbare Problemstellungen angehen und mit denen einzelne Module gemeinsam entwickelt bzw. genutzt werden.

Ausgewählte Erfolgsfaktoren für die Umsetzung

Erfolgsfaktoren und Stolperfallen

Bei der Realisierung von Intranet-Projekten haben sich eine Reihe von Erfolgsfaktoren herauskristallisiert:

- Effektivitäts- und Effizienzsteigerungen lassen sich vorwiegend bei den un- oder teilstrukturierten (Informations-) Prozessen verwirklichen. Dabei lassen sich Geschäftsprozeßlücken schließen, die durch die bestehenden Informationssysteme nur kaum oder mit nicht vertretbarem Aufwand behoben werden könnten.
- Der Projektansatz für ein Intranet-Vorhaben erfordert ein ganzheitliches Projektverständnis, d. h. strategische Grundüberlegungen des Unternehmens, DV-technische Fragestellungen, Reorganisationspotentiale sowie personelle Rahmenbedingungen sind in ihrem Zusammenspiel zu berücksichtigen.
- Die Förderung des Intranet-Vorhabens ist aufgrund seiner unternehmensweiten Bedeutung durch ein Lenkungsgremium auf Managementebene zu koordinieren. Zudem sind Unterstützungs- und Förderungsmöglichkeiten durch das Management, z. B. durch aktive Nutzung des Systems (Vorbildfunktion) zu nutzen.
- Es sind Prioritäten für die Umsetzung der Intranet-Module auf Basis ermittelter Anforderungen, Realisierungsmöglichkeiten und Nutzenpotentiale festzulegen,

die im Projektverlauf vor dem Hintergrund von Praxiserfahrungen auch hinterfragt werden müssen.

- Die technische Plattform muß einen stufenweisen/evolutionären Entwicklungsprozeß sicherstellen.
- Die (bestehenden) Sicherheitsanforderungen im Unternehmen sind auch im Intranet sicherzustellen.
- Soweit möglich sind die späteren Anwender repräsentativ in den Gestaltungsprozeß der Intranet-Module mit einzubeziehen (partizipativer Ansatz), um die Nutzenaspekte vor dem Hintergrund des täglichen Einsatzes abschätzen zu können. Dadurch kann die Akzeptanz für die Module erhöht werden.

Fallbeispiele Intranet/Extranet

5 ▮ 09 | 04

In Tabelle 2 werden beispielhaft Intranet-Anwendungsszenarien, deren grundlegende Realisierungsprinzipien sowie einige Schlüsselfaktoren für ihren Erfolg, beschrieben.

Trends im Bereich Internet, Intranet und Extranet

5 ▮ 09 | 05

Trends

Die bisherige Entwicklung im Bereich der Internet-Technologien ist überwiegend dadurch gekennzeichnet, daß der Zeitraum zwischen der Verfügbarkeit einer spezifischen neuen Technologie und der produktiven Nutzung der Technologie sehr kurz ist. Die Technologiereife scheint hier zunehmend schnell erreicht zu werden. Produkte und Dienstleistungen, die auf solchen neuen Informationstechnologien basieren, lassen sich mit minimalen finanziellen und zeitlichen Aufwand global verfügbar machen und nutzen. Deren Nutzungsbandbreite reicht dabei von Minimalanwendungen über die Unterstützung von Geschäftsprozessen bis hin zu geschäftskritischen („Business-critical“) Systemen.

Tabelle 2: Fallbeispiele Intranet-/Extranet

Anwendungsszenario	Realisierungsprinzipien	Erfolgsfaktoren
Internes Berichtswesen	Stark strukturierter Berichtsprozeß auf Basis von Intranet-Formularen und entsprechenden Datenbanken mit Auswertungsfunktionalitäten	Flexibilität des Berichtswesens, gekoppelte Intranet-Systeme, keine parallele Datenhaltung, leichte Benutzbarkeit
Mitarbeiterkommunikation/Internet-Zugang	E-Mail für alle Mitarbeiter, Einsatz von WWW-Proxy-Gateways, moderierte und nicht moderierte Newsgroups	Regelungen über verpflichtende und fakultative Elemente im Umgang mit diesen Techniken, Einbeziehung aller Führungsebenen
Unternehmensweite Informationspolitik	Redaktionelle Aufbereitung von Nachrichten, Archive mit flexiblem Zugang zur schnellen Suche	Konsequente Ablösung von schriftlichen Mitteilungen, Hauszeitschriften etc., regelmäßige Evaluation der Inhalte durch Leser sowie der Zugriffsstatistiken (Site-Reviews)
Integration des Zugriffs auf Transaktionssysteme	Einsatz von Web-to-Legacy-System-Gateways	Optimieren von Mainframeanwendungen durch Web-Techniken (Links, Multimedia-Elemente etc.)
Integration von historisch entstandenen Applikationsinseln im Unternehmen	Erweiterung von bestehenden Anwendungen um eine Web-Oberfläche	Konsequenter Umbau der Applikationen mit dem Ziel des einheitlichen Zugang zu diesen Anwendungen
Unternehmensweites Dokumentenarchiv	Datenbankgestützte Ablage- und Retrieval-Funktionalität auf multimediale Dokumente	Parallele Unterstützung multipler Dokumentenformate, Definition von klar strukturierten Autorenprozessen
Ressourcenkoordination (Termine, Räume, Geräte, Fahrzeuge etc.)	Datenbankgestützte unternehmensweite Kalender- und andere Ressourcensteuerungssysteme	Verpflichtender Umgang mit diesen Systemen, unternehmensweit koordinierte Einführungsstrategie

Diese nun schon über mehrere Jahre stabile Entwicklung läßt darauf schließen, daß sich diese auf die nächsten Jahre extrapolieren läßt. Rechnet man hinzu, daß sich parallel zu geschäftsprozeßunterstützenden auch neue Arten von Geschäftsfeldern entwickeln, die ausschließlich informations- und internet-technologiebasierend sind, so lassen sich überproportionale Wachstumsraten prognostizieren. Trendbeeinflussende Faktoren lassen sich auf unterschiedlichen Ebenen erkennen:

- technologisch getriebene Faktoren,
- inhaltlich („content") getriebene Faktoren.

Zu den technologisch getriebenen Trends zählen in erster Linie solche, die durch Verfügbarkeit von neuen Technologien am Markt neue Geschäftsfelder eröffnen bzw. diese wirtschaftlich umsetzen lassen. Bei inhaltlich getriebenen Faktoren stehen hingegen die Schaffung, Vermittlung oder Kombination von Informationsinhalten im Vordergrund. Oft ist auch die Kombination beider Faktorenbündel anzutreffen. In Tabelle 3 werden einige solche Faktoren mit möglichen folgenden Trends aufgeführt:

Die durch Internet-Technologien induzierten Trends lassen sich mit wenigen Einschränkungen auf Extranet- und Intranet-Umgebungen übertragen. Da in solchen geschlossenen Umgebungen die Zielgruppen häufig besser bekannt sind, werden optimierte Vorgehensweisen bei der Einführung bzw. der Nutzung ermöglicht.

Aus strategischer Sicht können diese Faktoren zu folgenden organisatorischen Trends beitragen, die durch Internet-Technologien zwar nicht ausschließlich ermöglicht, wenn gleich doch sehr begünstigt, werden:

- Wissensmanagement: Das Wissens- und damit letztlich das Informationsmanagement als Kernkompetenz

5

Tabelle 3: Internet-, Intranet- und Extranet-Trends

Trendbegünstigender Faktor	Potentiell induzierter Trend	Beispiele von Trendwirkungen im Filialbankbereich
Geschwindigkeitssteigerung beim Zugang zum Internet Internetzugang als integraler Bestandteil elektrischer Geräte Multimedia-Technologien, zunächst im Bereich der Audio-Technologien, später auch Video-Technologien (streaming technologies)	Einheitlicher Zugang zu multimedialen Inhalten, die heute noch über verschiedene Kanäle (Telefon, TV, Fax, CD, Videocassetten etc.) kommuniziert werden	Videogestützte Beratung und persönlicher Kundenkontakt via Internet interaktive und videogestützte dezentrale Weiterbildungsmöglichkeiten Benutzungsoberflächen stehen an jedem Web-Terminal zur Verfügung
Sprach- und gestikintepretierende bzw. verarbeitende Technologien („speech- and gesture-recognition")	Neuartiger, intuitiver Umgang mit beliebigen technologischen Geräten	Sicherheitstechnologie für Selbstbedienungsgeräte
Verschlüsselungstechnologien und -infrastrukturen Internetfähige Zahlungsverkehrssysteme, digitales Bargeld	Transaktionssicherheit verbunden mit direkten Zahlungsmöglichkeiten im Internet (z. B. für Pay-per-View)	Digitalgestützte Beratungsdienstleistungen können online und zum Zeitpunkt der Nutzung abgerechnet werden

jedes Unternehmens ermöglicht neue Wertschöpfungspotentiale in den Bereichen Personalentwicklung, Teamkoordination, Berechtigungs- und Distributionsmanagement von Informationen, Produktentwicklung, sowie im Kundenkontakt.

- Web-Style-Business: Die Nutzung von Internet-Technologiepotentialen in der unternehmensstrategischen

Ausrichtung in bezug auf Kunden, Lieferanten, Partnern (Extranet), sowie auf Mitarbeiter, Führungsstrukturen, Prozesse, Ressourcen (Intranet). Die extranetorientierte Nutzung zielt dabei in erster Linie auf eine starke Kopplung der Geschäftsprozesse, die intranetorientierte Nutzung eher auf einen effizienzsteigernden und flexibilitätsfördernden Einsatz.

Bei der Etablierung von internet-technologiebasierten Vorgehensweisen ist zudem künftig eine im Unternehmen verankerte Qualifikation des permanenten Technologiemanagements erforderlich. Nur damit wird ein Unternehmen in der Lage sein, sich hinreichend flexibel und schnell genug auf sich wechselnde Marktgegebenheiten anzupassen.

Business-Process-Intranet

Die zunehmende Bedeutung der Nutzung von Internet-Technologien als technologische Unterstützung von Geschäftsprozessen manifestiert sich zudem in dem Wandel des Stellenwerts dieser Technologien, die sich von einer eher effizienzsteigernden, optimierenden Technologie zu einer geschäftsprozeßtragenden Rolle entwickeln wird. Hierfür hat sich die Umschreibung „Business-Process-Intranet" gebildet, die diesen Charakter verbal unterstreichen will.

Literatur

Bullinger H-J (Hrsg) (1998) Dienstleistung 2000plus. Zukunftsreport Dienstleistungen in Deutschland. IRB-Verlag, Stuttgart

Bullinger H-J, Warnecke H J (Hrsg 1996) Neue Organisationsformen im Unternehmen: Ein Handbuch für das moderne Management. Springer-Verlag, Berlin, Heidelberg, New York

Bullinger H-J, Wörner K, Prieto J (1997) Wissensmanagement heute. IAO-Studie, Stuttgart

Bürgel H D (Hrsg) (1998) Wissensmanagement. Schritte zum intelligenten Unternehmen. Springer-Verlag, Berlin, Heidelberg, New York

Döge M (1997) Intranet. Einsatzmöglichkeiten, Planung, Fallstudien. O'Reilly, Köln

Reiß M (1995) Implementierung, In: Reiß M, Corsten H (Hrsg) Handbuch Unternehmensführung. Konzepte – Instrumente – Schnittstellen. Gabler, Wiesbaden, S 292–301

Rey M, Maasen A, Gadeib A, Brücher H (1998) Stufenmodell zur Einführung von Wissensmanagement. In: Information Management 13. Jg: 30–36

Betriebliche Integration

6

Teil 6 ▮ Betriebliche Integration

Inhalt

6 ▮ 01 Projektmanagement
Paul G. Maciejewski

01 | 01 Ziele eines strategisch ausgerichteten Medienprojekts

01 | 02 Projektstufen

6 ▮ 02 Kosten- und Nutzenaspekte

02 | 01 Kosten und Nutzen des Internet für mittelständige Unternehmen
Gerardo Labrador

02 | 02 Kosten-Nutzen-Überlegungen im Kontext netz- und webbasierter Lehr-/Lernumgebungen
Beate Bruns

6 ▮ 03 Provider- und Technik-Auswahl
Petra von Rhein

03 | 01 Welche Leistungen erbringt ein Provider?

03 | 02 Wie sind Sie richtig beraten?

6

Projektmanagement

6 ▮ 01

Paul G. Maciejewski

INHALTSÜBERBLICK

Dieser Beitrag behandelt auf der Basis eines ganzheitlichen Projektansatzes die Zielsetzungen eines Projekts im Bereich „Neue Medien". Es werden die einzelnen Projektstufen vorgestellt und für diese Stufen praktische Hinweise gegeben. Ein Strukturvorschlag für ein strategisches Gesamtkonzept für die Umsetzung neuer Medien bietet Ihnen die Möglichkeit, Ihre eigenen Projektstrukturpläne zu überprüfen.

Ziele eines strategisch ausgerichteten Medienprojekts

6 ▮ 01 | 01

Wie wohl kaum ein anderer Wirtschaftszweig, erfuhr der Markt für neue Medien in den letzten Jahren eine rasante Fortentwicklung. Die Unternehmen sehen sich konfrontiert mit einer Flut von Angeboten, Visionen und Meinungen zu diesem Thema.

6

Überhöhte Erwartung vs. Mißtrauen

Die sich so über das Unternehmen ergießende Menge von häufig widersprüchlichen Informationen, verbunden mit einem ständig wachsenden Angebot immer leistungsfähiger werdender Technologien und mangelndem Wissen über die Möglichkeiten, den Bedarf, die Einführung und den Umgang mit diesen Technologien, kann zum einen zu überdimensionierten Erwartungen im Hinblick auf die Lösung der bestehenden Probleme, zum anderen aber zu Verunsicherung, Mißtrauen, Akzeptanzproblemen und Investitionszurückhaltung führen.

Rahmenkonzept

Aus diesen Gründen empfiehlt es sich, ein Gesamtkonzept (Rahmenkonzept) zu erstellen. Die in dem Projekt erarbeiteten Ergebnisse liefern dem Management die notwendigen strategischen Planungs- und Entscheidungsgrundlagen für einen erfolgreichen Weg in eine situationsgerechte neue Medienwelt.

Folgende Ziele sollten in einem derartigen Projekt verfolgt werden:

- Neue Systeme/Anwendungen sind wirtschaftlich einzusetzen und problemlos in vorhandene zu integrieren (Investitionsschutz);
- Fehlentwicklungen und Fehlinvestitionen sind zu vermeiden;
- durch eine ganzheitliche Betrachtung der komplexen Zusammenhänge soll ein einheitlicher Informationsprozeß (empfangen, verarbeiten, speichern, versenden) für alle Vorgangsarten über einheitliche Kommunikationswege an alle Kommunikationspartner möglich sein;
- die Flexibilität gegenüber neuen technologischen und organisatorischen Trends muß gewahrt bzw. gesteigert werden und letztlich
- sind die Informations- und Kommunikationsstrukturen und -prozesse im Hinblick auf die Wirtschaftlichkeit zu verbessern.

6 ▮ 01 | 02 Projektstufen

Ein Gesamtkonzept für neue Medien kann in folgende Phasen aufgeteilt werden:

1. Vorbereitung/Analysen
2. Diagnose
3. Technologisch/organisatorisches Gesamtkonzept
4. Maßnahmenplanung
5. Systemauswahl
6. Realisierung

Vorbereitung/Analysen

Projektstufe 1

Projektteam

Nach Genehmigung des Projekts durch die Geschäftsführung ist das Projektteam zusammenzustellen. Die Erfahrung zeigt, daß nach Möglichkeit das Projektteam aus Personen unterschiedlicher Disziplinen (u. a. EDV, Organisation) zusammengesetzt sein sollte, um von vornherein keine ideologische Einseitigkeit des Projekts entstehen zu lassen (z. B. zu starke technologische Betonung).

Im Projektteam sind anschließend die angesprochenen Ziele klar zu definieren.

Weiterhin ist es wichtig, ein gemeinsames Verständnis dafür zu schaffen, was unter dem Begriff „Neue Medien" zu verstehen ist. Die Praxis zeigt immer wieder, daß insbesondere auch unter Experten z. T. sehr unterschiedliche Vorstellungen bezüglich dieses Begriffs existieren.

Kapazitätsplanung

In einer weiteren Stufe kommt es darauf an, eine möglichst detaillierte Kapazitätsplanung für das Projekt vorzunehmen. In diesem Zusammenhang ist auch darauf hinzuweisen, daß der Untersuchungsbereich „Neue Medien", d. h., das Feld, in dem nach Umsetzen des Gesamtkonzeptes mit neuen I+K-Technologien (Informations- und Kommunikationstechnologien) gearbeitet werden soll, genau zu fixieren ist.

Information der Mitarbeiter

Nächster Arbeitsschritt: Durchführung von Informationsveranstaltungen. Da jeder Mitarbeiter von neuen Medien tangiert wird, empfiehlt es sich, Informationsveranstaltungen durchzuführen. Es macht keinen Sinn, ein Gesamtkonzept „an den Mitarbeitern vorbei" zu entwickeln. Während der Informationsveranstaltungen sollten in leicht verständlicher Form die Projektziele, der Aufwand (Laufzeit etc.) sowie die Möglichkeiten der Integration von außenstehenden Mitarbeitern in das Projekt angesprochen werden. Die Erfahrung zeigt auch hier: Je höher der Beitrag für die Vorabinformation ist, desto größer die Wahrscheinlichkeit, daß das Projekt - insbesondere in der Umsetzungsphase - ein Erfolg wird.

Analyse

Nachdem die Vorbereitungsphase abgeschlossen ist, kann mit der Analyse begonnen werden. Hierbei nimmt die Informations- und Kommunikationsanalyse eine zentrale Stellung ein. Welche Erfahrungen liegen bei I+K-Analysen vor? Zum Beispiel sollten derartige Untersuchungen rechnergestützt ausgewertet werden.

Selbstaufschreibung und Interview

Eine qualitativ anspruchsvolle Analyse sollte daneben die beiden Komponenten Selbstaufschreibung und Interview beinhalten. Während die Selbstaufschreibung schwerpunktmäßig zur Ermittlung der quantitativen Informationsstruktur eingesetzt werden sollte, dient das Interview primär der Identifikation qualitativer Informationsprobleme und der Definition erster Verbesserungsvorschläge.

Da eine Selbstaufschreibung, auch bei sehr erfahrenen Mitarbeitern, nie ein vollständiges Abbild der Informations- und Komunikationsstruktur eines bestehenden Arbeitsplatzes repräsentieren kann, sollte diese durch ein Interview ergänzt werden.

Ergänzende Interviews hinterfragen u. a. die Unterversorgung mit technologischen Hilfsmitteln, die Häufigkeit von Unterbrechungen bei der Arbeit, die Erreichbarkeit von Kommunikationspartnern etc.

Projektstufe 2

Schwachstellen

Diagnose

In der Diagnosephase werden die in der Analyse aufgedeckten Engpässe/Schwachstellen dokumentiert.

Nach Erstellung der Diagnose ist die Verabschiedung der dokumentierten Aussagen mit den Führungskräften der untersuchten Bereiche vorzunehmen; dieser Schritt bildet eine gemeinsame Basis für die nächsten Projektphasen. Bei komplexen Diagnosen empfiehlt sich auch die Darstellung der Ergebnisse in grafischer Form.

Die Diagnose stellt somit eine Basis dar, aus der Anforderungen an das strategische Gesamtkonzept abgeleitet werden.

Erfahrungen aus durchgeführten Projekten:
Der Anteil des schöpferischen Bearbeitens von Informationen repräsentiert etwa 1/3 der gesamten Arbeitszeit (über alle Hierarchiestufen und unterschiedliche Arbeitsplatztypen gesehen). Die Kontrolle von Arbeitsergebnissen nimmt etwa 1/4 der Zeit ein, die Umformung von Informationen (ohne Wertschöpfung!) etwa 5%. Was kann man daraus für die Umsetzung neuer Medien in den nächsten Jahren ableiten?

Zeitanteile

Zum einen läßt sich erkennen, daß an den meisten Büroarbeitsplätzen heute immer noch ein unnötig hoher Anteil an Routinetätigkeiten (z. B. Kontrolle von Arbeitsergebnissen) existiert. Organisationen, die den vollen Nutzen der neuen I+K-Technologien ausschöpfen wollen, müssen ihre Informationsstruktur z. T. völlig umstellen. Die Organisation der Zukunft muß informationsflußorientierter ausgerichtet sein.

Technologisch/organisatorisches Gesamtkonzept

Projektstufe 3

In dieser Phase wird, aufbauend auf den in der Analyse- und Diagnosephase gewonnenen Ergebnissen, ein strategischer Fahrplan sowohl im technologischen als auch organisatorischen Bereich entwickelt.

Das Rahmenkonzept muß hierbei Antworten auf verschiedene Fragen liefern können, wie z. B.:

- Wie sieht der technologisch/organisatorische Fahrplan für das Unternehmen in den nächsten 5 Jahren aus?
- An welchen Arbeitsplätzen ist welche Teiltechnologie/ Software einzuführen?

Die nachfolgende Tabelle 1 soll ein Beispiel einer Struktur eines derartigen Rahmenkonzeptes darstellen:

Tabelle 1: Mögliche Struktur eines strategischen Gesamtkonzepts für die Umsetzung neuer Medien

1	Einleitung
2	Anforderungen an das Mediensystem
3	Das Konzept einer organisatorisch/technologischen Infrastruktur
3.1	Multifunktionale Endgeräte
3.2	Modularität
3.3	Normen und Standards
3.4	Benutzeroberfläche
3.5	Netzwerkkonzeption
3.6	Konzepte der Informationsverwaltung und Funktionsverwaltung
3.7	Entwicklung und Konfiguration von Arbeitsplatzsystemen; Anforderungen an die Aufgabentypen
3.8	Technisches Konzept
4	Maßnahmenplanung
4.1	Aufbau von Testfeldern
4.2	Benennung von Projektgruppen
4.3	Übertragung der Testfelder in das Unternehmen
5	Umsetzungsstrategien
6	Realisierung
7	Wirtschaftlichkeit
7.1	Methoden zur Ermittlung der Wirtschaftlichkeit neuer Medien
7.2	Kosten
7.3	Nutzen

Maßnahmenplanung

Projektstufe 4

In der Maßnahmenplanung müssen die im strategischen Gesamtkonzept erarbeiteten Ergebnisse in Einzelprojekte aufgeteilt werden; hieraus sind anschließend geeignete Vorschläge für die Umsetzung zu erstellen.

Einzelprojekte

Einzelmaßnahmen können beispielsweise sein:

- Aufbau eines Intra-/Extranets.
- Installation von Multimedia-Systemen.

Die Einführung neuer Medien erfordert ein Bündel begleitender Maßnahmen; erst durch ihr Zusammenwirken kann der Erfolg eines derartigen Projekts sichergestellt werden.

Hierfür

- ist die geeignete Einführungsstrategie festzulegen,
- sind die Mitarbeiter umfassend über die geplanten organisatorisch/technologischen Änderungen zu informieren,
- ist eine Höherqualifizierungsstrategie zu erarbeiten und
- die Akzeptanz durch geeignete Maßnahmen sicherzustellen.

Einführungsstrategien neuer Medien

Die Erkenntnis, daß die strategische Planung neuer I+K-Technologien unverzichtbarer Teil der gesamten strategischen Planung eines Unternehmens ist, liefert jedoch noch keine Aussage über die Art der auszuwählenden I+K-Strategie.

Bottom-up oder Top-down?

Die unterschiedlichen strategischen Ausprägungen in den Unternehmen bezüglich neuer Medien reichen momentan von einer defensiven bis zu einer aggressiven Innovationsstrategie, von einer Bottom-up- bis zu einer Top-down-Vorgehensweise.

Während bei der Bottom-up-Methode die Lösung für einen bestimmten Arbeitsplatz, eine Gruppe, Abteilung etc. im Vordergrund steht, setzt die Anwendung der Top-down-Methode das Vorhandensein eines strategischen Gesamtkonzepts voraus.

Sowohl die Bottom-up- als auch die Top-down-Methode sind in der Praxis behaftet. Eine geeignete Einführungsstrategie kann deshalb die Form annehmen, daß, ausgehend von pilotartigen Installationen in einzelnen Bereichen, „quer" durch das Unternehmen in andere Bereiche investiert wird.

Umfassende Informationen der Mitarbeiter über geplante organisatorische/technologische Lösungen
Der Umsetzungserfolg eines I+K-Technologieprojekts hängt in starkem Maße davon ab, inwieweit bei den Mitarbeitern ein hohes Verständnis für das Projekt erzielt werden kann.

! Um die „Mission" eines derartigen Projektes allen Mitarbeitern des Hauses transparent zu machen, sind zwei Schwerpunkte zu setzen:

1. Durchführung von Informationsveranstaltungen und
2. Erarbeitung einer Informationsbroschüre „Neue Medien".

Zu 1. Informationsveranstaltung: Hierbei sollten Präsentationen sowohl auf der Führungskräfte- als auch auf der Mitarbeiterebene stattfinden.

Zu 2. Informationsbroschüre: In einer Informationsbroschüre „Neue Medien", die jedem Mitarbeiter des Untersuchungsfelds zugänglich sein muß, sollten Aussagen u. a. über die Projektziele, wesentliche Projektergebnisse und die Einführungsfahrpläne für neue I+K-Technologien enthalten sein.

Systemauswahl

Projektstufe 5

Vergleicht man die heute auf dem Markt angebotenen I+K-Technologien, so fällt dem Einsteiger eine Auswahl des geeigneten Systems in der Regel sehr schwer. Zu groß ist mittlerweile das Spektrum. Welche Aspekte sind bei der Auswahl zu berücksichtigen?

Aspekte

Zum einen sollte ein detaillierter Kriterienkatalog ausgearbeitet werden, der sowohl die Komponente „Gewichtung einer Funktion" als auch den „Erfüllungsgrad" beim jeweiligen untersuchten System zeigt. Mit Hilfe eines derartigen Katalogs lassen sich die Stärken und Schwächen der einzelnen Systeme herausarbeiten.

Zweiter Aspekt: Auswahl des Systems im Projektteam. Die Systemauswahl sollte nicht einem einzelnen Mitarbeiter aus dem Projektteam überlassen werden. Es empfiehlt sich, auch zukünftige Anwender neuer Medien aus dem Unternehmen, die technologieunbedarft sind, in diese Projektphase zu integrieren; d. h. der „Medienlaie" sollte bei Demonstrationen der einzelnen Systeme bei den Herstellern und Anwendern klar seine Meinung sagen, welches System aus seiner Sicht z. B. Fragen der Ergonomie (sowohl Hard- als auch Software-Ergonomie), der Funktionalität etc. am besten beantwortet.

Projektstufe 6

Realisierung

Die angesprochenen Maßnahmenkomplexe zur Einführung neuer Medien sind äußerst vielschichtig.

Da die Einführung neuer Medien ein permanenter Entwicklungsprozeß über mehrere Jahre hinweg ist und hierbei verschiedene Daueraufgaben anfallen, ist die angesprochene Organisationsform in Gestalt eines Projektteams für die umfassende Umsetzung nicht geeignet, die Koordination und den Interessenausgleich zwischen den unterschiedlichen Abteilungen, Bereichen etc. herbeizuführen, wenngleich zur Realisierung von Einzelmaßnahmen Einzelprojekte durchzuführen sind.

Die Komplexität, die Bedeutung und der strategische Charakter erfordern die Institutionalisierung der Aufgaben der Koordination und Integration in einer Stelle.

FAZIT

Die Einführung neuer Medien in Unternehmen erfordert ein ganzheitliches Denken. Organisatorische, technologische Fragestellungen und Aspekte der Wirtschaftlichkeit sind zu berücksichtigen. Unternehmen, die diese Komplexität von vornherein unterschätzen, werden Schiffbruch erleiden.

Literatur

Berndt O, Leger L (1994) Dokumenten Management Systeme; Nutzen, Organisation, Technik. Neuwied

Picot A, Reichwald R, Wigand R (1996) Die grenzenlosen Unternehmung. Wiesbaden

Sorg S (Hrsg) (1997) Praxisgerechte Wege zum Reengineering. Wiesbaden

Kosten- und Nutzenaspekte 6 ▮ 02

Kosten und Nutzen des Internet für mittelständige Unternehmen 6 ▮ 02 | 01

Gerardo Labrador

INHALTSÜBERBLICK

Dieser Beitrag befaßt sich mit der Erwartungshaltung von mittelständischen Unternehmen an ihre Internet-Präsenz. Zahlreiche Statistiken belegen die Kosten-Nutzen-Aspekte und ein Beispielszenario sorgt für Transparenz bei den Investitionen und gibt erste Anhaltspunkte für konkrete Kosten.

Einleitung

Return on Investment (ROI)

6

Die Medienwelt hat den kleinen und mittleren Unternehmen (bis 500 Mitarbeiter) zu dem Glauben verholfen, daß die Einrichtung von Internet-Technologien notwendig, leicht und billig ist. In jeder Tageszeitung wird viel über die wertvollen Nutzungsmöglichkeiten eines Internet, Intranet oder auch Extranet geschrieben. Aber wie bei jeder Einführung einer neuen Maschinenanlage oder Technologie müssen die Verantwortlichen eines Unternehmens in der Lage sein, die Frage nach der Amortisation (ROI, Return on Investment) zu beantworten. Durch Analyse des ROI kann der Entscheider die möglichen Vorteile einer bedeutenden Investition abschätzen und die Ergebnisse gegen die Erwartungen abwägen.

Früher waren Verbesserungen der Arbeitsproduktivität relativ einfach. Drückte man der Sekretärin statt Block und Bleistift ein Diktiergerät in die Hand, konnte man leicht die Kosten und die dagegen stehende Zeitersparnis abschätzen. Schwieriger wurde es mit der Einführung des PC. Dieser versprach zwar gegenüber der Schreibmaschine weitere Zeitgewinne, erfordert aber bis heute regelmäßig intensive Wartung, kontinuierliche Schulungen der Mitarbeiter und hat nicht zuletzt diverse technische Tücken.

Kosten-Nutzen-Analyse

Die Kosten-Nutzen-Analyse für eine Internet-Technologie ist noch wesentlich komplexer, denn hierbei handelt es sich um ein Gebilde aus potentiell mehreren Servern, Hunderten von Clients und Tausenden von Informationsseiten und Applikationen. Zudem sind bestimmte Ersparnisse und Kosten nur schwer abzuschätzen, da sie von der Internet-Akzeptanz, der Nutzungskultur der Kunden und Mitarbeiter und nicht zuletzt den im Netz angebotenen Inhalten abhängen. Nicht einfacher sieht es beim Einsatz von Intranets für die firmeninterne Kommunikation sowie bei der Verbreitung von Extranets (Einbindung von Lieferanten und Kunden) aus. Im folgenden erhalten Sie einige Anhaltspunkte für Ihre eigene Kosten-Nutzen-Analyse bezüglich des Einsatzes der Internet-Technologie im Unternehmen.

Status quo

Kleinere und mittelständische Unternehmen

Viele Institutionen machen auf die Gefahr aufmerksam, die sich aus der geringen Nutzung des Internets durch kleinere und mittelständische Unternehmen ergibt. Während 98% der Großunternehmen in Europa das Internet geschäftlich nutzen, sind es nur 6% bei den mittleren und kleinen Unternehmen. Das gleiche gilt für den elektronischen Postversand (E-Mail). Hauptgründe für diese Zurückhaltung ist meist Unwissenheit über die geschäftlichen Möglichkeiten des Internets und Unsicherheiten gegenüber einer neuen Technik und den rechtlichen Rahmenbedingungen.

E-Commerce

Laut Analysen war 1996 der Warenumsatz über den digitalen Vertrieb in Deutschland mit 800 Mio. DM noch unbedeutend. Doch soll sich dieser Wert bis Ende 1998 auf 9,5 Mrd. DM steigern und bis zum Jahr 2000 auf 30–50 Mrd. DM wachsen. Glaubt man den Analysen, laufen Unternehmen, die diese Entwicklungen nicht aktiv mitgestalten, Gefahr, evtl. existierende Vormachtstellungen zu verlieren.

Gut ein Drittel der mittelständischen Firmenchefs haben diese Entwicklung erkannt, und schreiben dem Internet inzwischen eine wichtige oder sehr wichtige Rolle zu. Rund 8% der Unternehmen spendierten sogar jedem ihrer Mitarbeiter einen Netzanschluß und beeindruckende

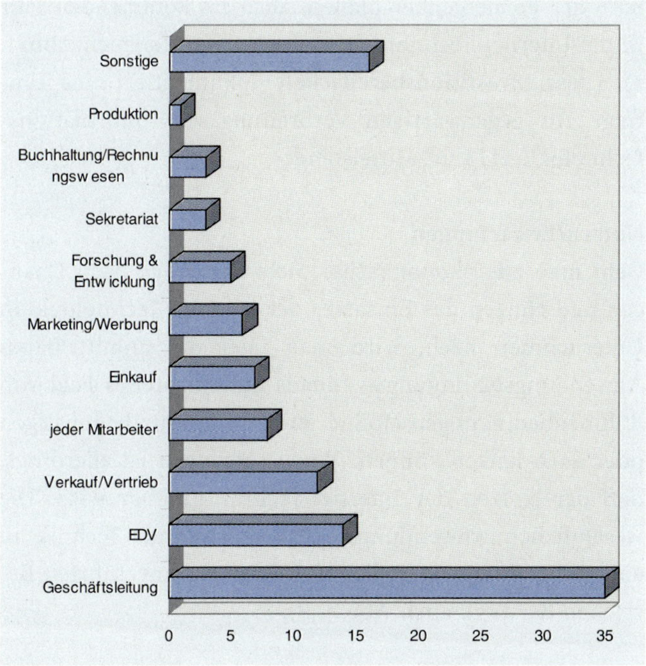

Abb. 1: User-Klassifikation der Internet-Anschlüsse im Betrieb

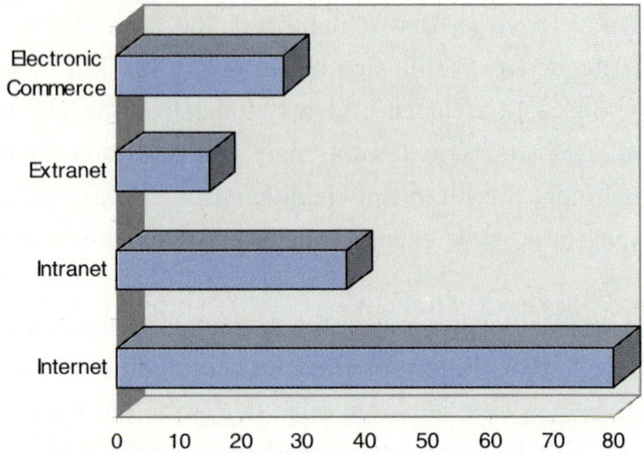

Abb. 2: Investitionsaufteilung innerhalb der Internet-Technologien

80% der Firmenlenker planen, auch im kommenden Jahr in die Internet-Technologie zu investieren (s. auch Abb. 1, 2). Diese Investitionsbereitschaft dokumentiert eine Umfrage zur gegenwärtigen Verbreitung von Informationstechnologie (IT) im Mittelstand.

Nutzen/Erwartungen

Geht man aus ökonomischer Sicht der Frage nach Chancen und Nutzen des Einsatzes der Internet-Technologie in Unternehmen nach, wird man über die unmittelbaren Anwendungsbedingungen hinaus auf ein breites Feld von Rahmenbedingungen stoßen, die den Einsatz begünstigen oder auch lenken können. Voraussetzungen ist allerdings, daß der Nutzen der Internet-Technik greifbar wird. Die wesentlichen Anwendungsfelder der Internet-Technik in einem Unternehmen stellen sich in unten angeführten Bereichen dar (vgl. auch Abb 3, 4):

Anwendungsfelder der Internet-Technologie

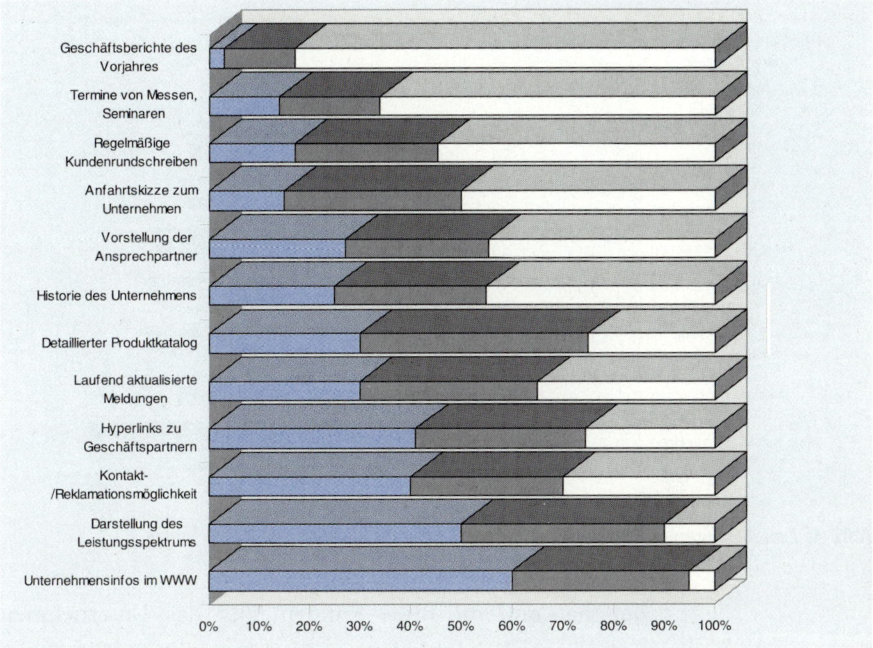

Abb. 3: Informationsangebote von kleinen und mittelständischen Unternehmen im Internet

Informationsgewinnung

Betrachtet man die Wertschöpfungskette von beispielsweise produzierenden Unternehmen, so beginnt diese bei der Produktentwicklung, setzt sich über die Produktion und den Vertrieb bis hin zu Support und Kundenservice fort. All diese Wertschöpfungsketten bilden eine spezifische Konstellation von Mitbewerbern, Kunden, Lieferanten und auch Mitarbeitern. Wesentlicher Bestandteil dieser Konstellation sind auch alle Informationen, die innerhalb eines Unternehmens sowie zwischen den oben genannten Gruppen existieren.

Kundenbeziehung

Der Wert einer Kundenbeziehung hängt stark von den Informationen ab, die ein Unternehmen von seinen Kun-

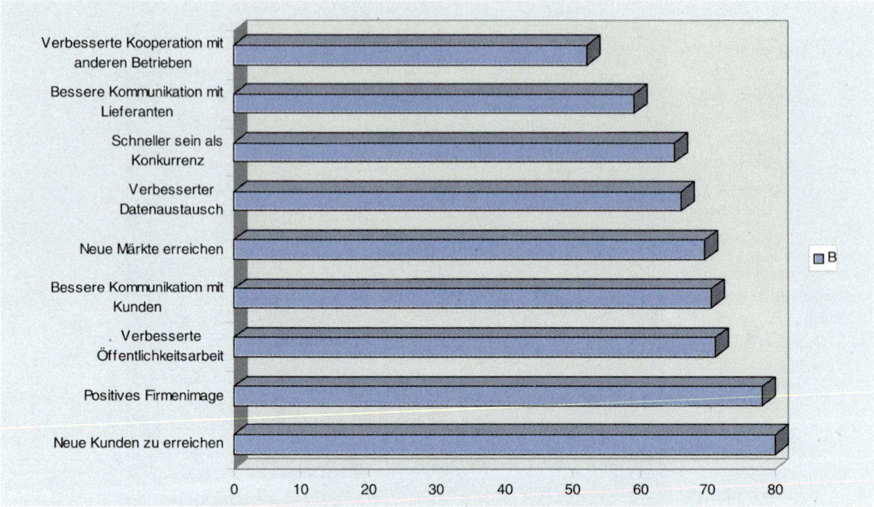

Abb. 4: Ziele des Internet-Angebots von kleinen und mittelständischen Unternehmen

den hat und die diese Kunden über das Unternehmen und dessen Produkte haben. Ähnliches gilt für die Beziehungen zu Zulieferer, potentiellen Kunden und Mitarbeitern. Dazu gehört in aller Konsequenz auch der Zugriff auf die Datenbanken eines anderen Unternehmens zum geschäftlichen Vorteil beider. Hiermit bilden diese Informationen auch die Basis von Wettbewerbsvorteilen und einer langfristigen Kundenbindung.

Marketing/Werbung

Marktanalyse

Um das Instrument Marketing im Internet möglichst effizient einsetzen zu können, ist die systematische Beschaffung und Auswertung von Informationen über den Markt, die Zielgruppen und das Unternehmensumfeld notwendige Voraussetzung. Zu den klassischen Werbemedien wie Zeitungen, Fernsehen, Direktwerbung per Post, Zeitschriften, Produktkataloge, Adreßbücher, Hörfunk,

Anzeigenblätter usw. sind durch das Internet neue elektronische Medien hinzugekommen. Dies sind unter anderem Online-Dienste (z. B. T-Online, AOL usw.), E-Mail, WWW, Usenet, interaktives Fernsehen, CD-ROM usw. Die Vorteile für das Marketing eines Unternehmens im Internet zeichnen sich durch die globale Verfügbarkeit, das rasante Wachstum, hohe Informationsübertragung und Wirtschaftlichkeit in Vergleich zu herkömmlichen Printmedien (s. Kapitel 2) aus.

Einkauf/Verkauf (Extranets, E-Commerce)
Die Internet-Technologie ist der optimale Einstieg in den Electronic Commerce. Hier werden über den elektronischen Kanal Aufträge effizient abgewickelt, Produktions- und Entwicklungsdaten kostengünstig ausgetauscht sowie Produkte kundenfreundlich ein- und verkauft.

Bankgeschäfte (Online-Banking)
Das Internet-Banking ist eine zusätzliche Möglichkeit, die den Kunden geboten wird, ihre Bankgeschäfte vom Schreibtisch aus zu erledigen. Wer mit Online-Banking außer Zeit auch noch Geld sparen möchte, sollte es lieber lassen. Denn das intensiv geführte Online-Konto kommt dem Benutzer heute noch teurer als ein normales Girokonto. Die Alternative ist die Beanspruchung eines Providers mit Pauschaltarif, der die günstigen Wochenendtarife der Carrier nutzt, ISDN besitzt oder mehrere Überweisungen in einem Arbeitsgang tätigt. Hierdurch kann sich das Unternehmen den Preisen der Offline-Kontoführung zumindest annähern.

Kostenvergleich

Der Mehrwert im Online-Banking spiegelt sich hauptsächlich in den Informationsdiensten rund ums Geld und insbesondere zum Thema Aktien wider. Hier werden dem

Mehrwert durch Zusatz-Informationen

Unternehmer die Entwicklungen sowohl des gesamten Portfolios als auch der einzelnen Werte angezeigt. Man kann die Kurvenverläufe der Werte zurückverfolgen und unterschiedliche Statistiken berechnen lassen. Einige der Banken bieten auch Informationen rund um die Rente an.

Personalsuche

Höhere Bewerberqualität

Stellenangebote und Stellengesuche im Internet bieten Interessenten die Möglichkeiten des selektiven Zugriffs, online 24 h, 7 Tage die Woche. Außerdem können umfangreiche Serviceleistungen, wie z.B. E-Mail-Kommunikation zwischen Stellensuchenden und Stellenanbietern, Protokollierung der Zugriffe nach verschiedenen Kriterien usw. angeboten werden. Die Personalsuche über das Internet bietet eine schnelle, zielgerichtete, transparente und preisgünstige Ansprache von potentiellen Bewerbern an. Bezogen auf die Nutzergruppen bietet solch ein System folgende weiteren Vorteile: Bestmögliche Zielgruppenorientierung, Steigerung der Bewerbungsqualität durch Veröffentlichung in einem levelgerechten Medium (der Bewerber stellt seine Befähigung im Umgang mit modernen Kommunikationsmedien unter Beweis), zeitliche Flexibilität durch Wegfallen von Anzeigenschluß oder Erscheinungsterminen, lange Laufzeiten der Anzeigen zu attraktiven Konditionen, integrierte E-Mail-Funktionen usw.

Firmeninterne Kommunikation (Intranets)

Papierloses Büro?

Das offensichtlichste Sparziel mit der Einführung einer unternehmensinternen Internet-Technologie ist sicherlich der innerbetriebliche Versand von Memos, Skripten, Protokollen usw. in digitaler Form. Alle diese Dokumente können entweder zur wahlfreien Ansicht auf entsprechende Intranet-Seiten gestellt oder per E-Mail zu einem bestimmten Zeitpunkt zur Kenntnis der betreffenden Mitarbeiter gebracht werden. Die konkreten Sparpunkte sind hier der Wegfall von u. U. erheblichen Papiermengen, die Einsparung entsprechender Kopierkapazität und die schnellere Verteilung sowie die Entlastung bei Lagerung und Entsorgung.

Ausbildung

Lernen am Arbeitsplatz

Ein wichtiger Punkt sind Schulungen. Durch das Bereitstellen interaktiver Schulungsprogramme im Internet oder auch Intranet können Mitarbeiter jederzeit und von jedem Arbeitsplatz aus kostengünstig neues Wissen zu Software, Produkten und Verfahren erwerben oder altes Know-how auffrischen, ohne an schwerer zugänglichen, zeitintensiveren und teuren externen Schulungen teilnehmen zu müssen.

Anbindung externer Standorte/Telearbeit

Informationsaustausch unternehmensweit

Mittels einer Remote-Access-Lösung findet der Zugriff auf die Ressourcen einer zentralen Informationsbasis von jedem beliebigen Ort aus statt. Hiermit wird z.B. den Mitarbeitern sofortiger Zugriff auf wichtige Daten ermöglicht und dadurch haben Kundenprozesse bessere Unterstützung und schnellere Bearbeitungsmöglichkeiten. Auch die Integration von Heimarbeitsplätzen über das Internet kann dem Unternehmen viel Geld sparen und Arbeitskräfte effizienter arbeiten lassen. Ein typisches Beispiel ist die Angestellte, die während ihres Schwangerschaftsurlaubs dank eines Internet-Anschlusses von zuhause aus mit der Firma in Verbindung bleiben kann. Die gebräuchlichsten Anwendungen sind Informationsaustausch per E-Mail, Datentransfer, Datenbankzugriffe, Remote-Zeitplanung, Remote-Printing etc.

Integration von Video, Sprachen und Daten

Corporate-Network

Das wichtigste Argument für die Integration von Sprachen und Daten über eine Leitung ist die Reduzierung der Kommunikationskosten. Ein seit langem gangbarer Weg ist die Konsolidierung vorhandener paralleler Netze für Sprache und Daten in ein Corporate-Network. Ein Corporate-Network ist in der Lage, verschiedene Datentypen, Sprache und Fax auf einer einzigen Verbindung zu bündeln.

Kosten/Risiken

Steht die Entscheidung für die Anbindung des eigenen Netzes an das Internet an, stellt sich die Frage nach den Kosten in Abhängigkeit des geplanten Zwecks. Schließlich unterscheiden sich die Maßnahmen, die zum Aufbau einer Kommunikationsstruktur zwischen zergliederten und über Europa verstreuten Unternehmensteilen zu treffen sind, gewaltig von den Maßnahmen, die zum Aufbau eines virtuellen Kaufhauses angemessen sind.

Web-Hosting oder eigener Web-Server?

Ist nur eine Unternehmenspräsenz im Internet gewünscht, so ist es im allgemeinen ausreichend, einem Web-Content-Provider den Auftrag zur Übernahme aller notwendigen Schritte zu erteilen. Der beauftragte Dienstleister wird anhand des Firmenprofils ein Konzept erstellen, ggf. eigene Vorschläge unterbreiten und auf Wunsch Firmenlogos und Texte webgerecht und werbewirksam aufbereiten. Hierfür wird er – je nach Qualität der erbrachten Dienstleistungen – eine Summe in Rechnung stellen, mit der die monatlich anfallenden Kosten (ab 500 DM/mtl.) abgegolten sind. Diese sind im allgemeinen geringer als die Kosten bei Einstellung zusätzlichen Personals oder zusätzlichen Mitarbeiterschulungen.

Anders stellt sich der Sachverhalt dar, wenn ein vollwertiger Internet-Zugang gewünscht wird. Hier ist die

Entscheidung, ob Outsourcing oder nicht, von weiteren Kriterien abhängig. Der Betrieb und die Administration einer Internet-Anbindung mit nachgeordneter Netzwerk-Infrastruktur erfordert selbst bei kleineren Netzen eine Vollzeit-Kraft für Installation, Wartung, Trouble-shooting und nicht zuletzt auch Benutzerbetreuung. Stehen hierfür qualifizierte Mitarbeiter im eigenen Haus zur Verfügung, die aus ihrem bisherigen Arbeitsfeld abgezogen und für die notwendigen Aufgaben abgestellt werden können, fällt die Entscheidung nicht schwer. Sind erst Mitarbeiter einzustellen, so können die Personalkosten leicht die Kosten einer Fremdinstallation übersteigen. Und schließlich sind auch die fortlaufenden Wartungskosten zu bedenken. Für die Firmenpräsenz im Internet ist eine 100%ige Verfügbarkeit sämtlicher Dienste anzustreben. Die Realisierung eines solchen Anspruches kostet Geld, entweder in Form teurer Wartungsverträge, eigenen Personals oder externer Dienstleister. Zu den anfallenden Kosten zählen auch Schulungs- und Fortbildungskosten für Administrator und Benutzer.

Beispielszenario

Angenommen, ein Unternehmen hat 100 für die Einbindung in ein Internet/Intranet in Frage kommende Mitarbeiter, die an einem Standort arbeiten. Bisher standen 90 PCs für die Arbeit zur Verfügung. Der Internet-Anschluß bzw. das Intranet soll unter Einbeziehung eines Großteils der vorhandenen PCs neu aufgebaut werden. Der Aufbau erfordert folgende Investitionen:

1. Hardware
   Server, PCs, Netzwerkarten, Kabel, Router, etwa 5.000 DM pro neuem PC-Arbeitsplatz und etwa 10.000 DM pro Server. In vielen Arbeitsumgebungen ist bereits

eine ausreichende Computer- und Netzwerkinfrastruktur als Basis vorhanden. Für die oben beschriebene Beispielfirma werden 10 neue PCs und der Server angeschafft. Zudem haben die meisten Firmen einen inhomogenen Bestand an PC-Hardware, so daß es sich anbietet, die ältesten Rechner auszumustern. Eine wirtschaftlichere Alternative (etwa 2/3 günstiger) in Anschaffung und Wartung gegenüber der herkömmlichen PCs ist die Investition in sog. Netzcomputer NCs oder Net-PCs. Der Grundgedanke dieser Netzcomputer ist, daß ein Betriebssystem via Netz sämtliche benötigten Anwendungen lädt und Daten sichert. Das Netzwerk mit all seinen Ressourcen ist keine eigenständige Einheit mehr, sondern die Erweiterung des lokalen Anwendersystems.

2. Software
   Darunter fallen Server-Software, Netzwerk-Software und Web-Browser für die PCs, Web-Autoren-Software (etwa 15.000 DM).
3. Dienstleistungen
   Erstellen der Struktur und des ersten Inhalts (z. B. Web-Seiten über alle Abteilungen, Nachrichtenseiten, Produkt-Datenbanken, Firmenstatistiken etc. (etwa 30.000 DM).
4. Ausbildung
   Die Schulung der Mitarbeiter wird mit etwa 10.000 DM angesetzt.
5. Betriebskosten
   Die laufenden Kosten für Hard- und Software-Updates, die Schulung neuer Mitarbeiter, Änderungen bzw. Erweiterungen an den Inhalten (etwa 35.000 DM im Jahr).
6. Leitungskosten/Anschlußgebühren
   Anschlußkosten und Telefonübertragungsgebühren bei

einer regelmäßigen Nutzung der Mitarbeiter (etwa 10.000 DM im Jahr).

7. Schaden durch Fehlnutzung
Dieser Punkt ist sehr schwer mit Zahlen abzuschätzen. Beispiel für eine Fehlnutzung kann eine zu geringe Nutzung und dadurch das Verpassen wichtiger Information sein. Eine Fehlnutzung könnte auch eine Veröffentlichung von Firmeninternas bedeuten, die die Konkurrenz nutzt, um einen neuen Kunden zu gewinnen. Auch der exzessive Gebrauch den Internet-Zugangs und damit das Verschwenden von Arbeitszeit kann einen wirtschaftlichen Schaden bedeuten. Wenn jeder Mitarbeiter nur 1/2 h täglich über den für die Arbeit notwendigen Bedarf hinaus Angebote des Internet in Anspruch nimmt, kostet das die Beispielfirma bereits leicht 50.000 DM im Monat an verlorener Arbeitszeit. Da diese Faktoren mit Zahlenwerten schwer einzuschätzen sind, werden diese in der Darstellung der Kosten nicht mit einberechnet (s. Tabelle 1).

Tabelle 1: Kostendarstellung für die Beispielfirma

Anschaffung	**Kosten (DM)**
10 neue PCs à 5.000 DM	50.000
1 Server	10.000
Router	5.000
Software	15.000
Dienstleistung (2 Mann-Monate)	30.000
Ausbildung	10.000
Summe Initiierungskosten	**120.000**
Betriebskosten (im Jahr)	35.000
Anschluß-, Leitungskosten (im Jahr)	10.000
Investitionskosten im ersten Jahr:	**165.000**

Im Zusammenhang mit den Kosten sollte erwähnt werden, daß einige Projekte zur Förderung des Mittelstands im Zusammenhang mit dem Internet laufen. Einer der Initiatoren ist das Bundesamt für Wirtschaft (BAW) in Eschborn. Auch die EU fördert im Rahmen unterschiedlicher Programme kleine und mittelständische Firmen bei Investitionen in Internet-Technologie. Ziel bei diesen Modellprojekten ist es, kleine und mittlere Unternehmen dabei zu unterstützen, ihre Produkte und Dienstleistungen unter Nutzung der Möglichkeiten des Internet zu vermarkten.

FAZIT

Das Internet wird sich in den nächsten Jahren als multifunktionaler Informations- und Kommunikationspool etablieren und der Fortschritt der Internet-Technologie wird die gesamte Wirtschaft beeinflussen. Neue Unternehmen treten hervor, vermeintlich gut etablierte Großkonzerne gehen evtl. in wenigen Jahren unter. Besonders für kleinere und mittelständische Unternehmen sowie Neugründungen ergeben sich neue Chancen. Für die Internet-Präsentation eines Unternehmens werden heute von mehreren 100.000 DM jährlich bis zu mittelstandsfreundlichen Beträgen von 500–2.500 DM Rechnungen bezahlt. Ein gut überlegtes Produkt in der 2.000-DM-Klasse kann einen besseren Return on Investment bringen als eine 100.000-DM-Page. Die Einrichtung Internet lohnt sich erst, wenn das Unternehmen genau weiß, was es mit dem Netz eigentlich erreichen will. Dazu ist eine detaillierte Analyse der Zielgruppen, der Arbeitsprozesse, Kommunikationseinflüsse und innerbetrieblichen Rahmenbedingungen im Unternehmen erforderlich.

Literatur

Petersen K (1998) Sicherer Ritt auf der Informationswelle. Markt und Mittelstand.

Petrik CE (1997) Chance für den Mittelstand. Gateway.

Servati A, Bremner L, Iasi A (1997) Die Intranet Bibel. Franzis-Verlag GmbH, Feldkirchen.

Tamberg D (1997) Goldesel intranet. Internetworld

6 ▌02 | 02

Kosten-Nutzen-Überlegungen im Kontext netz- und webbasierter Lehr-/Lernumgebungen

Beate Bruns

INHALTSÜBERBLICK

Telelearning gilt als der neue Stern am Weiterbildungshimmel – und das weltweit. Die neuesten Studien (IDC, ASTD 1998) bestätigen die Prognosen der Vorjahre: Telelearning ist ein Wirtschaftsfaktor mit hohem Wachstumspotential. Telelearning wird mit getragen von den Steigerungsraten im Markt der Internet-Anwendungen, der Telekommunikation und des E-Commerce. Doch was bedeuten diese Prognosen ganz konkret für ein Unternehmen, das die eigenen Mitarbeiter mit Hilfe von Telelearning besser, d.h. effektiver und effizienter, trainieren möchte? Im folgenden Beitrag betrachten wir primär quantitative, nämlich zeitliche und finanzielle Faktoren des Einsatzes von Telelearning. Diese Überlegungen münden in eine Wirtschaftlichkeitsbetrachtung im Vergleich mit herkömmlichen Trainingsmethoden. Eher qualitative Aspekte runden das Bild ab.

Ist Telelearning eine wirtschaftlich attraktive Lernform?

Um die Antwort gleich am Anfang zu geben: Ja, Telelearning ist für den potentiellen Anwender, d.h. mittlere und große Unternehmen, eine höchst interessante Alternative und Ergänzung konventioneller Lernformen. Telelearning ist in den meisten Fällen mittelfristig und unter gewissen Randbedingungen auch kurzfristig das wirtschaftlich attraktivste Lernmittel und damit die Lernform der Wahl. Unter einer Voraussetzung: Die Themen, die es zu lernen gilt, eignen sich überhaupt für die Repräsentation in einer netzbasierten oder ganz generell technologiegestützten Lernumgebung. Was weniger eine Kostenfrage, als eine Frage der Didaktik und Methodik ist.

Wirtschaftlichkeitsfaktoren

Für die Kosten-Nutzen-Analyse im Einzelfall relevante Faktoren sind:

- die Unternehmensgröße (vor allem hinsichtlich der Anzahl der Mitarbeiter/Arbeitsplätze),
- die Unternehmensstandorte und -verteilung,
- die Zielsetzung für den Einsatz von Telelearning,
- der Integrationsgrad (hier ist die Integration heterogener Medien in einem netz- und webbasierten Lernsystem gemeint, aber auch die Integration dieses Systems in das Bildungs- und Informationssystems des Unternehmens),
- die Anzahl und der Umfang der Inhalte,
- die Verfügbarkeit der Ressourcen (Finanzen, Knowhow, Zeit).

Darüber hinaus hängt die Größenordnung eines Projekts zur Einführung von Telelearning in der eigenen Organisation entscheidend davon ab,

- ob firmenspezifische Lernangebote mit eigenen oder fremden Ressourcen neu entwickelt werden bzw. in Zukunft flexibel ergänzt werden können,
- ob vorhandene (konventionelle) CBT integriert werden müssen und
- ob auf dem Markt verfügbare netz- und webfähige Lernprogramme evtl. auch unterschiedlicher Hersteller in das Lehr-/Lernsystem eingestellt werden sollen und können.

Wieviel Zeit kostet die Einführung von Telelearning?

Eine netz- und webbasierte Lernumgebung können Sie innerhalb von 3 Monaten in Ihrer Organisation einführen und damit eine gute Grundlage für weitere Aktivitäten in Richtung Telelearning schaffen. Es ist aber durchaus möglich, daß Sie für die Dauer eines derartigen Projekts 3 Jahre veranschlagen müssen und in dieser Zeit auch „nur" eine gute Grundlage für weitere Teilprojekte in diesem Kontext gebildet haben. Im ersten Abschnitt wurden die Faktoren genannt, die den konkreten Zeitbedarf beeinflussen. Ein Beispiel soll diese Aussagen veranschaulichen.

Szenario 1: Traineeprogramm

Ein mittelständisches Unternehmen mit international verteilten Niederlassungen will im Rahmen eines 6monatigen Traineeprogramms mit internationaler Teilnehmerschaft die ersten Schritte in Richtung Telelearning wagen. Dafür sollen die Trainees für die Kommunikation mit anderen Teilnehmern, aber auch mit den Coaches und Experten des Unternehmens, eine netz- und webbasierte Informations- und Kommunikationsumgebung nutzen können. Diese Umgebung könnte man auch als Lernumgebung bezeichnen. Ein zentrales Thema während der Traineezeit ist Projektmanagement. Das Grundlagen-Know-how wird als webbasiertes Lernangebot innerhalb der Lernumgebung bereitgestellt. Außerdem sollen die Trainees ein kleines Projekt in einer virtuellen Projektarbeit bearbeiten – sie wenden dabei die Werkzeuge ihrer Lernumgebung an. Ein Unternehmen, das auf Entwicklung und Implementation webbasierter Lernumgebungen spezialisiert ist, wird mit der Realisierung und Begleitung des Projekts beauftragt.

Rahmenbedingungen

Die Rahmenbedingungen für die Realisierung im Überblick:

- Es wird ein teletutoriell begleitetes webbasiertes Lernangebot erstellt.
- Ein Textbuch, Grafiken und ein kleiner Videofilm liegen bereits in digitaler Form vor.

- Die mittlere Lernzeit beträgt 4–6 Stunden.
- Die Autorenunterstützung der Lehr-/Lernumgebung ist ausgereift.
- Die Designelemente der Web-Präsenz des Unternehmens werden übernommen, d.h. es ist kein neues Design notwendig.
- Die Programmierung von Schnittstellen zur DV-Umgebung entfällt (keine Anforderung).
- Zeiten für die Qualifizierung der Anwender und Multiplikatoren sowie der Teletutoren werden nicht berücksichtigt.
- Eine Evaluationsphase im Anschluß an die erste Nutzung des Systems wird ausgeklammert und wird im Zeitplan ebenfalls nicht dargestellt.

Zeitplan

Ein realistischer Zeitplan könnte wie in Tabelle 1 dargestellt aussehen.

In einigen Phasen ist die Anzahl der Manntage ganz bewußt nur als Bereich angegeben. Die Qualität und Verfügbarkeit der Entwicklungswerkzeuge und die Art der einzubindenden medialen Elemente (Text, Bild, Ton, Video) beeinflussen erheblich die tatsächlichen zeitlichen Aufwendungen für die jeweilige Phase.

Voraussetzungen einer Wirtschaftlichkeitsbetrachtung

Gute Voraussetzungen

Besonders gut geeignet sind netz- und webbasierte Lernformen erfahrungsgemäß in Unternehmen oder Organisationen,

- die eine große Mitarbeitergruppe zu einem Themengebiet (manchmal auch: innerhalb einer kurzen Zeit) qualifizieren wollen (groß heißt mehr als 500),
- deren Mitarbeiter auf verschiedene Standorte/Niederlassungen verteilt sind,

Tabelle 1. Zeitplan eines kleineren Telelearningprojekts

Projektphase	Manntage	Kommentar
KickOff-Workshop mit dem Projektteam und der Pilotgruppe	**1–2**	mal Anzahl der Teilnehmer
Konzeption der Lehr-/Lernumgebung	**7**	
Grobkonzeption	3	
Präsentation und Abstimmung	1	mal Anzahl der Beteiligten
Feinkonzeption	3	
Mediales Design (abgestimmt auf das Corporate Design)	**5**	
Implementation der Lehr-/Lernumgebung	**5–10**	
Programmierung	3–8	
Tests und Korrekturen	2	
Konzeption des Online-Tutorials	**10**	
Grobkonzeption für 4–6 Stunden Online-Lernzeit (Curriculum, Drehbuchentwurf)	3	
Präsentation und Abstimmung	1	mal Anzahl der Beteiligten
Feinkonzeption	5	
Präsentation und Abstimmung	1	mal Anzahl der Beteiligten
Implementation des Online-Tutorials	**13–35**	
Programmierung	10–30	
Tests und Korrekturen	3–5	
Summe	**41–69**	

- deren Mitarbeiter international verteilt sind (da durch die Zeitverschiebungen synchrone technologiegestützte Kommunikationsformen nur schwer zu realisieren sind),

- die über entsprechende Netzzugänge am Arbeitsplatz (z. B. Internet-Zugang) verfügen,
- deren Mitarbeiter sich Just-in-time mit aktuellen, jobrelevanten Informationen versorgen wollen und
- die selbstgesteuertes Lernen in ihrer Unternehmenskultur bereits verankert haben oder verankern wollen.

Einschränkung

Aber: Nicht in jedem Kontext, d. h. nicht für jedes Thema, nicht für jede Umgebung, nicht für jeden Lerntyp und nicht für jede Zielsetzung ist technologiegestütztes Lernen die passende Lernform. In der folgenden Wirtschaftlichkeitsbetrachtung setzen wir deshalb voraus, daß netzbasiertes Lernen eine alternative Lernform zu einem Präsenztraining darstellt.

Kalkulationsbasis

6

Die Kalkulation bezieht sich auf den Anwenderstandpunkt. Es werden die Kosten für die Teilnahme eines Mitarbeiters eines großen Unternehmens an einem Firmentraining mit den Kosten verglichen, die durch den Einsatz eines netzbasierten Lernangebots ohne teletutorielle Begleitung entstehen. Dabei wird angenommen, daß 1000 Mitarbeiter zu trainieren sind.

Effektive Lernzeit

Die effektive Lernzeit ist die für die Betrachtung entscheidende Größe. Die effektive Lernzeit ist die Zeit, die für das Lernen aufgewendet wird und nicht für die Berufstätigkeit zur Verfügung steht. Damit ist z. B. bei der Teilnahme an einem Präsenzseminar die Seminarzeit von 9 Uhr morgens bis 16.30 Uhr abends die effektive Lernzeit. In den der Kalkulation zugrundeliegenden zeitlichen Annahmen werden die Reisezeiten nicht berücksichtigt.

Reduktion der Lernzeit

Eine weitere wichtige Voraussetzung der Kalkulation ist die Annahme, daß die effektive Lernzeit via netzbasierte Lernumgebung etwa 60% der effektiven Lernzeit bei der Teilnahme an einem Firmenseminar beträgt.

Diese Annahme setzt ihrerseits voraus, daß die Lernenden über Erfahrung im Umgang mit dem netzbasierten Lernsystem verfügen, sich also nicht erst mit der Technologie vertraut machen müssen.

Die Annahme hinsichtlich der effektiven Lernzeit ist ein Mittelwert der Ergebnisse verschiedener Studien zur Effektivität des Einsatzes von CBT (Computer-based-Training) in der beruflichen Weiterbildung. Die Werte der Studien bewegen sich hinsichtlich der Reduktion der effektiven Lernzeit durch den Einsatz von technologiebasierter Lernmittel zwischen 70 und 30%. In der vorliegenden Kalkulation wird ein eher niedriger Wert von 40% angenommen.

Das Szenario

Szenario 2: Anwendertraining

Konkret wird ein Anwendertraining zu Word 97 aus der Microsoft Office Suite betrachtet. Bei einer Präsenzveranstaltung dauert ein offenes Seminar als Einführung in Word 97 typischerweise 2 Tage und kostet etwa 900,00 DM pro Mitarbeiter (zzgl. gesetzl. MwSt). Das Trainerhonorar beträgt 1.500,00 DM (ebenfalls zzgl. gesetzl. MwSt.) pro Tag. Bei 1000 zu trainierenden Mitarbeitern reduzieren sich die Seminargebühren für das Anwenderunternehmen in der Regel erheblich. Wir gehen von einer Reduktion der Gebühr für das offene Seminar um 55% auf 405,00 DM pro Mitarbeiter und von einer Reduktion des Trainerhonorars um ebenfalls 55% auf 675,00 DM pro Tag aus. Bei einer Gruppengröße von 8 Teilnehmern pro Firmenseminar ergibt sich umgerechnet eine Gebühr von 168,75 DM pro Mitarbeiter (675,00 DM mal 2 Tage/8 Teilnehmer).

Dienstausfall

Der prozentual größte Kostenfaktor entsteht durch den Dienstausfall. Die Dauer des Dienstausfalls entspricht der effektiven Lernzeit. Zugrundegelegt wird in der folgenden Kalkulation das Jahreseinkommen eines Sachbearbeiters in Höhe von 85.000,00 DM. Die Kosten für das Unternehmen einschließlich Lohnnebenkosten werden mit 102.000,00 DM (Bruttogehalt zzgl. 20%) beziffert. Nicht berücksichtigt sind die Aufwendungen für Büro, Arbeitsplatz, anteilige Sozialräume. Es werden 220 Arbeitstage pro Jahr und 7,7 Arbeitsstunden pro Tag (38,5-Stunden-Woche) angesetzt und damit ein kalkulatorischer Stundensatz von 60,21 DM errechnet.

Es werden nur die beiden Seminartage bzw. die effektive Lernzeit als Dienstausfallzeit berücksichtigt, da in den Unternehmen unterschiedliche Regelungen hinsichtlich der Berücksichtigung von Reisezeiten herrschen. Außerdem ist der tatsächliche Umfang des Dienstausfalls abhängig von der Entfernung vom Seminarort. Im schlimmsten Fall kann der tatsächliche Dienstausfall in Summe 2 Arbeitstage zusätzlich zu den Seminartagen betragen.

6

Die Kalkulation für die Teilnahme an einem Seminar von 2 Tagen Dauer führt damit zu einem Wert von 15,4 mal 60,21 DM, was einer Summe von 927,23 DM entspricht. Bei dem Einsatz des netzbasierten Selbstlernangebots werden 60% der effektiven Lernzeit der Präsenzveranstaltung benötigt. Der Dienstausfall wird entsprechend mit 556,34 DM bewertet.

Abschreibung Hardware

Die Abschreibungskosten für den Lern-PC bzw. den Arbeitsplatzrechner (3.500,00 DM Investitionssumme auf 3 Jahre), der zu 15% gleichzeitig auch fürs Lernen genutzt wird, sowie die Abschreibungskosten für die Nutzung der Netzwerkinfrastruktur (z.B. 3.000,00 DM pro Anwender auf 5 Jahre und zu 15%) sind im Vergleich mit den restlichen Kostenfaktoren fast vernachlässigbar.

Abschreibung Software

Hinzu kommen die Abschreibungskosten für die netz- und webbasierte Lernumgebung. Hier ist derzeit auf dem nationalen und internationalen Anbietermarkt ein breites Preis- (und auch Leistungs-) spektrum vertreten. Die Kosten für eine netz- und webbasierte Lehr-/Lernumgebung als Plattform für netzbasiertes Lernen bewegen sich zwischen 10.000,00 und 150.000,00 DM (jeweils Nettopreise). Wir setzen im folgenden einen realistischen Betrag von 50.000,00 DM (netto) an, der über einen Zeitraum von 3 Jahren abgeschrieben wird. Bezogen auf die 1000 zu trainierenden Mitarbeiter in unserem Szenario kommen weitere Aufwendungen in Höhe von 16,67 DM pro Mitarbeiter hinzu. Der Betrag ist in Wirklichkeit sicher eher niedriger, da ja pro Jahr auf der Basis der Lernumgebung sicherlich nicht nur ein Training (wie hier jetzt angenommen) durchgeführt werden wird.

Vergleich der Lernformen

Tabelle 2 stellt die Aufwendungen für das Firmenseminar und die Alternative Telelearning auf der Basis der im vorigen Abschnitt erläuterten Voraussetzungen gegenüber:

Ergebnis

Aus Anwendersicht stellt das Telelearning mit Teletutor sowohl didaktisch-methodisch als auch wirtschaftlich einen Mittelweg zwischen dem hier betrachteten reinen Selbstlernangebot und der Präsenzveranstaltung dar.

Qualitative Aspekte des Einsatzes netz- und insbesondere webbasierter Lernsysteme

Neben den quantitativen Aspekten sprechen eine ganze Reihe qualitativer Argumente für den ergänzenden Einsatz netz- und webbasierten Lernens in der beruflichen Weiterbildung. Im folgenden sind die wichtigsten qualitativen Faktoren zusammengefaßt, die ihrerseits auch kostenwirksam sind:

Tabelle 2. Word 97: Firmenseminar und Telelearning im Vergleich

Art der Aufwendungen (Aufwendungen pro Mitarbeiter)	Firmenseminar [DM]	Telelearning [DM]
Dienstausfall Mitarbeiter	927,23	556,34
Honorar ext./int. Trainer pro Teilnehmer (8 Teilnehmer pro Firmenseminar)	168,75	
Einkauf Seminarunterlage (Basis: 1000er Lizenz)	15,00	15,00 (begleitend)
Raummiete und Verpflegung (65,00 DM pro Teilnehmer und Tag im Hotel als Tagungspauschale)	130,00	
Spesenpauschale Trainer (ist regional ansässig, so daß Reise- und Übernachtungskosten entfallen)	90,00	
Einkauf Lizenz für netzbasiertes Lernangebot (1000er Lizenz)		25,00
TK-Kosten (bei der Nutzung eines externen oder internen Bildungsservers via Internet/ISDN) Tesion 11/98: 3,00 DM pro Stunde, alles inklusive; hier ein Ansatz von 8,00 DM pro Stunde		73,92
Abschreibung Lern-PC		1,00
Abschreibung Netzinfrastruktur		1,00
Abschreibung Lernumgebung (Software)		16,67
Administration der Lernumgebung (Monatliche Kosten bei einem externen Dienstleister etwa 500,00 DM; umgelegt auf 100 Benutzer/Monat)		5,00
Summe	1.330,98	693,93

- Der Anwender greift *unternehmensweit* über unterschiedliche Netzwerke hinweg auf die Kurse zu, auch über Wahlleitungen von Außenstellen (interessant in dezentral organisierten Unternehmen wie Versicherungen und für die Mitarbeiter im Außendienst bzw. Vertrieb).
- Der Anwender lernt weitgehend *betriebssystemunabhängig*, WWW-Browser gehören mehr und mehr zur Standardsoftware.
- Die Benutzerschnittstelle des WWW ist *einfach zu bedienen*. Außerdem ist diese Benutzerschnittstelle einheitlicher Zugang zu den verschiedenen Anwendungen. Der Funktionsumfang wird kontinuierlich erweitert.
- Die Kurse sind – sofern als Hypertextstruktur realisiert – grundsätzlich *modular*. Die feinste Granularität entspricht einem Hypertextdokument. Damit lassen sich vorhandene Kurselemente leichter wiederverwenden und auch wesentlich bequemer aktualisieren als bei monolithischen, programmierten Kursen.
- Die DV-Infrastruktur (Arbeitsplatz, Netzwerk, Datenspeicher) erhält eine *weitere Nutzung*.
- Die Weiterbildung ist *effektiver*, da sie stärker am Adressateninteresse und -vorwissen orientiert sein kann als in Standard-Präsenzveranstaltungen.
- Der Anwender kann *zeit- und ortsunabhängig* lernen, was z. B. für Vertriebsmitarbeiter oder Mitarbeiter in den Niederlassungen oder Geschäftsstellen wichtig ist.
- Der Bedarf an *Büroraum* qua Seminarraum sinkt.
- Die Qualifizierung kann in engerem Bezug als bei klassischen Präsenzseminaren zu den *spezifischen Anforderungen des Arbeitsplatzes* stehen.

FAZIT

Für mittlere und große Unternehmen ist Telelearning dort, wo technologiegestütztes Lernen auch didaktisch-methodisch eine Alternative zur klassischen Präsenzveranstaltung bietet, wirtschaftlich sehr attraktiv. Damit ist Telelearning in diesen Unternehmen eine notwendige Ergänzung der aktuellen Weiterbildungsformen. Die Frage ist also nicht mehr, ob Telelearning eingeführt werden soll, sondern wann und wie. Daß dies in der Tat auch in Deutschland so ist, zeigen die Telelearningprojekte, die gerade im Jahr 1998 gestartet wurden.

Einen Überblick über die Facetten eines Telelearningprojekts zeigt zum Abschluß die Abb. 1.

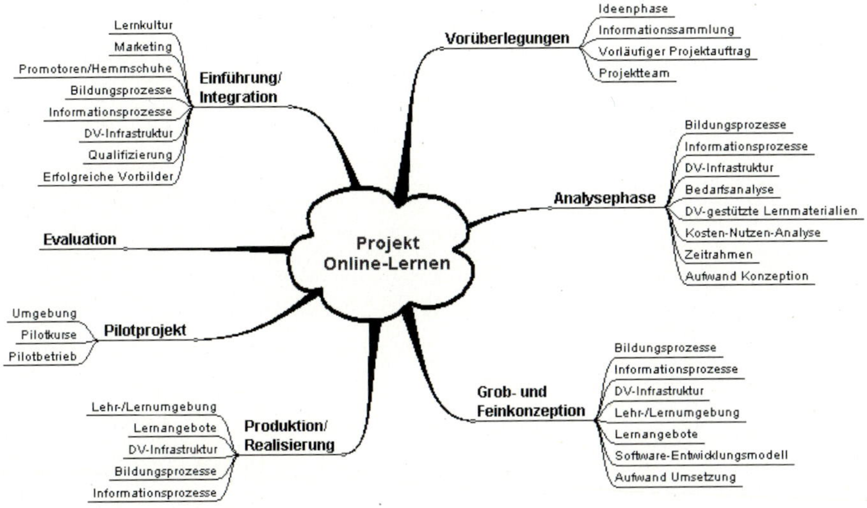

Abb. 1: Mindmap der Aspekte eines Telelearningprojekts

Literatur

Bruns, B (1998) Online-Training als Profilierungschance. In: Wirtschaft & Weiterbildung 03/98, Max Schimmel Verlag GmbH & Co. KG, Wien

Götz K, Häfner P (1992) Computerunterstütztes Lernen in der Aus- und Weiterbildung, 3. Aufl. Deutscher Studienverlag, Weinheim

Schäfer, M (1997) Gestaltung von Lernenden Unternehmen unter Einsatz von multimedialen Technologien. M&P Verlag für Wissenschaft und Forschung, Stuttgart

Provider- und Technik-Auswahl

6 ▮ 03

Petra von Rhein

INHALTSÜBERBLICK

Innerhalb kürzester Zeit hat sich im Internet-Markt ein ganz eigener Geschäftszweig im Dienstleistungsbereich aufgetan: Die Provider. In diesem Beitrag lesen Sie, was Ihnen diese Dienstleister bieten und wie Sie den richtigen Provider für Ihr Unternehmen finden. Im Service-Teil finden Sie unter S 1 „Internet-Zugang" Adressen der wichtigsten Internet-Provider und Online-Dienste.

Welche Leistungen erbringt ein Provider?

6 ▮ 03 | 01

Für viele Unternehmer und Entscheider, die sich mit dem Thema Internet beschäftigen, stellt sich diese Frage v. a. deshalb, weil sie häufig und zu Recht hören: „Ohne Provider kommt man nicht ins Netz".

6

ISP, IPP

Provider gibt es mit zwei gänzlich verschiedenen Schwerpunkten. Es gibt zum einen jene, die das Netz zu Ihnen bringen – sog. Internet-Service-Provider (ISP) – und zum anderen diejenigen, die Sie bzw. Ihr Unternehmen ins Netz bringen – das sind Internet-Presence-Provider (IPP). Beide versorgen Sie mit einer entsprechenden Anbindung, daher der Name, versorgen = engl. provide. Da die Zielgruppen unterschiedlich sind, haben sich hier verschiedene Kompetenzen herausgebildet. ISP sprechen alle an, während IPP hauptsächlich mit Geschäftskunden arbeiten.

Internet-Service-Provider – So kommt das Netz zu Ihnen

Account

Die Internet-Service-Provider benötigen all jene, die von ihrem internetfähigen PC via Telefon- oder ISDN-Dose die Dienste des Internets nutzen möchten. Damit der ISP diesen Service mit Ihnen abrechnen kann, richtet er einen Account für Sie ein.

Das bedeutet: Sie haben bei Ihrem ISP ein Konto, über das die Online-Gebühren, die für den Provider auflaufen, abgerechnet werden. Diesem Account sind außerdem eine oder mehrere E-Mail-Adressen zugeordnet:

Online-Dienste

Neben Firmen, die ausschließlich Internet-Service-Provider sind, gibt es auch noch Online-Dienste, die ebenfalls in das Providergeschäft eingestiegen sind. Online-Dienste sind z. B. AOL, CompuServe oder T-Online. Diese Firmen bieten zahlreiche eigene Informationen, die jeweils entsprechend redaktionell aufbereitet sind, vergleichbar mit unterschiedlichen Radiosendern. Außerdem bieten sie eigene Dienstleistungen. So bietet z. B. T-Online als einziger Dienst btx und Telebanking. All dies kann man als Kunde nur nutzen, wenn man mit dem jeweiligen Dienst online verbunden ist – daher der Gattungsname Online-Dienst. Neben diesem Kerngeschäft bieten mittlerweile alle Onlinc-Dienste auch die o. g. Provider-Leistungen an.

Online-Dienst vs. ISP

Vorteile eines Online-Dienstes

Vorteile eines Online-Dienstes gegenüber einem „gemeinen" Provider sind oben aufgeführte spezifische Zusatz-Leistungen, die für Sie durchaus attraktiv sein können. Aber auch, daß die Marktführer unter den Online-Diensten flächendeckend eine günstige Anbindung garantieren können, ist ein Vorteil, wenn Sie auf dem Land „sitzen". Nur einige ISPs können ihren Service flächendeckend zum Ortstarif anbieten.

Nachteile eines Online-Dienstes

Nachteile sind Einschränkungen bei der elektronischen Post (z. B. AOL) oder auch Besonderheiten der benutzbaren Browser (das ist die Software, mit der Sie die schönen bunten Seiten des World Wide Web anschauen). Ebenfalls nachteilig wird häufig die Geschwindigkeit genannt, mit der Ihnen z. B. Informationen aus dem Internet zur Verfügung gestellt werden. In dieser Beziehung rangieren die Online-Dienste in aller Regel weit hinter den echten Internet-Service-Providern.

! Wenn Sie in der Firma einen Online-Dienst als Provider nutzen wollen, achten Sie darauf, daß Sie Browser und E-Mail-Programme Ihrer Wahl einsetzen können.

Vorüberlegungen

Bevor Sie sich Angebote verschiedener Provider einholen, sollten Sie folgende Überlegungen – ggf. zusammen mit den betroffenen Mitarbeitern – anstellen:

- Wieviele Mitarbeiter sollen einen Internetzugang bekommen?
- Benötigen alle jeweils eine eigene E-Mail-Adresse?
- Benötigen Sie Leistungen, die nur Online-Dienste bieten?
- Wieviele Stunden im Monat sollen diese Mitarbeiter schätzungsweise online verbringen?
- Zu welchen Tageszeiten wird diese Nutzung hauptsächlich erfolgen?
- In welchem Umfang entsteht Datenverkehr (die Nutzung von Newsgroups kann dabei deutlich ins Gewicht fallen).

Mit diesen Daten sowie Angaben zu Ihrem Standort wenden Sie sich an die 10 größten ISP und Online-Dienste und bitten um ein detailliertes Angebot.

! Beschränken Sie die Online-Tätigkeit Ihrer Mitarbeiter nicht auf E-Mail alleine. Die Motivation Ihrer Belegschaft, sich mit den neuen Medien auseinanderzusetzen und diese letztendlich effektiv für das Unternehmen einzusetzen, korreliert direkt mit Ihrer Bereitschaft, Arbeitsplätze entsprechend auszustatten.

Auswahlkriterien

Die Provider-Firma und deren Angebot können Sie nach folgenden Kriterien beurteilen:

- Liegt der Einwahlknoten im für Sie günstigen Ortstarif-Bereich?
- Gibt es eine zeitliche Gebührenstaffelung (gilt z. B. für die Zeit nach 16.00 Uhr ein günstigerer Tarif?)?
- Gibt es Ausschlußzeiten, zu denen Sie nicht online gehen können?
- Welche Gebühren fallen für ISDN-Wählleitung bzw. ISDN-Standleitung an?
- Gibt es eine Staffelung nach anfallendem Datenverkehr?
- Wie schnell ist Ihr Provider?

Die Geschwindigkeit ist mit das wichtigste Kriterium. Je schneller der Provider, um so schneller wickeln Sie ihre Online-Tätigkeiten ab und um so weniger Telefongebühren zahlen Sie.

Leider hängt die Geschwindigkeit, mit der Ihr Provider Sie bedienen kann, von verschiedenen Faktoren ab, die sich gegenseitig beeinflussen. Wesentlich dabei sind:

- Qualität der Anbindung des Providers an das Internet,
- Anzahl der Kunden, die sich diese Anbindung teilen,
- Anzahl der Einwahlpunkte.

Geschwindigkeitstests

Sie werden jedoch nur in den seltensten Fällen Angaben über die Anzahl der Kunden des Providers erhalten. Um Geschwindigkeitsangaben zu erhalten bzw. vergleichen zu können, sollten Sie aktuelle Testergebnisse heranziehen. Entweder testen Sie mit entsprechenden Programmen selbst die Verbindung oder Sie gönnen sich die Lektüre eines Providertests in einer einschlägigen Zeitschrift (auch dort wird mittlerweile dieses Thema für Laien lesbar abgehandelt).

Kundenservice

Ein weiteres Kriterium, das manchmal unterschätzt wird, ist der Kundenservice Ihres Providers:

- Gibt es einen wirklich erreichbaren Ansprechpartner?
- Sind die Informationen, die Sie benötigen, gut und übersichtlich dokumentiert?
- Gibt es Referenzkunden, die Sie ansprechen können?

Schließlich sollte der Provider eine Kündigungsfrist zum Monatsende haben, damit Sie bei Bedarf schnell wechseln können.

! Nutzen Sie auf jeden Fall kostenlose Testangebote der Provider. Hierbei ist es durchaus möglich, verschiedene Provider gleichzeitig zu testen.

Internet-Presence-Provider – So kommt Ihr Unternehmen ins Netz

Grundsätzlich gibt es zwei Lösungsansätze, Ihr Unternehmen online zu bringen: Sie stellen selber einen Server auf und binden ihn per Standleitung – via Provider – ans Internet an oder Sie mieten auf dem Server eines Providers entsprechend Plattenplatz an.

Domain

Außerdem buchen Sie über den IPP die eigene Domain. Das ist der Name, den Ihre Firma im Internet

6

haben wird, eben Ihre Internetadresse:
z. B. www.ihrefirma.de.

! Sie haben bei der Auswahl des Namens für Ihre Internet-Adresse die freie Wahl. Die Internet-Adresse Ihrer Firma kann sich am Firmennamen oder an Produktnamen anlehnen, an der Branche, in der Sie tätig sind oder an anderen sinnvollen Kriterien. Der Name sollte kurz und einprägsam sein, und sofern Sie hauptsächlich deutschsprachige Kundschaft ansprechen die Endung „.de“ haben. Ist der Wunschname www.ihrefirma.de belegt, können Sie jedoch ohne weiteres auch auf die Endung „.com“ ausweichen – die Endung sagt nichts darüber aus, wo der Server tatsächlich steht, auf dem Ihre Homepage untergebracht ist.

Eigener Server vs. angemietetem Webspace

Entscheidungskriterien

Einen eigenen Server zu betreiben und per Standleitung an das Internet anzubinden lohnt sich nur, wenn Sie sehr viel in bezug auf Ihre Internet-Präsenz planen. Darüber hinaus sollten Sie über die entsprechenden Kernkompetenzen zur Entwicklung von Websites, deren Pflege und der Pflege des Servers verfügen. Der Rechner selbst kann schon ein 486er PC mit 32MB-RAM sein, das Betriebssystem für direkt angeschlossene Server ist meist UNIX oder der UNIX-Clon LINUX.

Eigener Server: Vorteile und Nachteile

Verfügen Sie über diese Voraussetzungen, steht einer entsprechenden Nutzung nichts im Wege. Der Vorteil dieser Lösung ist die Kontrolle über das System und daß Ihnen keine zusätzlichen Kosten bei der Nutzung des WWW entstehen. Die Nachteile sind die immens hohen Kosten für die Anbindung und letztlich auch für die Pflege des Systems. Schließlich müssen Sie dafür sorgen, daß der Server rund um die Uhr online ist. Zusätzlich müssen Sie entsprechende Sicherheitskonzepte wie Firewall-Systeme und natürlich auch die damit verbundenen Kosten berücksichtigen.

Das Anmieten von Webspace und passenden Leistungen vom Provider ist dagegen die Lösung, die sich für die meisten Firmen eignet. Der Vorteil: Sie ist wesentlich kostengünstiger als ein eigener Server, da sich mehrere Kunden die gleiche Anbindung teilen. Pflege und Kontrolle des Systems wird von entsprechend qualifiziertem Personal des Providers übernommen. Und schließlich sind die Server der Provider meistens per Hochgeschwindigkeitsleitungen an das Internet angebunden, eine Lösung, die für einen einzelnen Server „unbezahlbar" wäre.

Vorüberlegungen

Bevor Sie einen Provider suchen, der Sie ins Netz bringt, sollten Sie Ihren Auftritt im Internet gründlich durchdacht haben.

Firmenindividuelle Anforderungen

Erst wenn Sie wissen, was Sie bzw. Ihre Firma im „Netz der Netze" wollen, welchen Mehrwert Sie Ihren Kunden oder auch neuen Kunden dadurch bieten – und erst wenn Sie ein entsprechendes inhaltliches sowie grafisches Konzept haben, das auf dieses interaktive Medium zugeschnitten ist, erst dann stellt sich die Frage nach dem Provider. Weitere Überlegungen sind:

- Wie groß soll der Auftritt werden (benötigen Sie 5 oder 50 oder mehr MB Speicherplatz)?
- Wieviel Datenverkehr wird schätzungsweise entstehen?
- Werden Sie Formulare einsetzen? (Sollen Ihre Kunden persönliche Daten übermitteln oder Bestellformulare ausfüllen usw.?)

- Welche Pläne für die Zukunft haben Sie? (Wollen Sie z. B. in einem halben Jahr eine Datenbankanbindung realisieren?)
- Sollen die Seiten von Ihrer Firma aus aktualisiert werden?
- Soll gar die eigene Firma die Website komplett entwikkeln?
- Welche Software wird für die Entwicklung der Site benutzt (von Ihnen oder einem entsprechenden Dienstleister)?
- Wieviel Kapazität und Investment wollen Sie in diesen Auftritt stecken?

Mit den entsprechenden Antworten haben Sie ein firmeneigenes Profil, mit dem Sie sich an verschiedene Provider wenden können.

Auswahlkriterien

Die meisten Provider schnüren unterschiedliche Pakete für Ihre Kunden. Sie werden also häufig etwas wie ein Basic-, Standard- und Profi-Paket vorfinden. Das sollte Sie jedoch nicht vor gezielten Nachfragen abschrecken. Folgende Punkte sind vergleichbar:

- Wieviel Webspace ist im Angebot enthalten?
- Was kostet zusätzlicher Plattenplatz?
- Wie wird der Datentransfer berechnet? Gibt es einen bestimmten Umfang? Wenn ja, wie teuer wird es, wenn mehr Transfer anfällt? Oder wird generell die tatsächlich anfallende Transfermenge abgerechnet?
- Wie schnell ist die Anbindung des Providers und damit letztlich Ihrer eigenen Website? Geschwindigkeit ist maßgeblich und auch hier sind nur über aktuelle Tests brauchbare Informationen zu erhalten.

- Wird aus dem Angebot deutlich, ob der Name der Internet-Adresse, die der Provider für Sie bucht, Ihnen gehört oder dem Provider? Letzteres ist unbedingt zu vermeiden.
- Welche Angaben macht der Provider über den Standort des Servers, auf dem Sie Ihre Seiten ablegen? Wollen Sie hauptsächlich europäische Kundschaft erreichen, ist es sinnvoll, die Seiten in Europa zu halten, da die Leitungen nach Übersee häufig stark belastet sind.
- Erteilt der Provider Ihnen per FTP (File Transfer Protocol) Zugriff auf Ihre Seiten? Das bedeutet, Sie können jederzeit selber Ihre Seiten aktualisieren.
- Gehören zum Angebot E-Mail-Adressen? Wenn ja, handelt es sich um „echte“ Adressen oder wird die Post an bestehende Adressen weitergeleitet?
- Sind fertige CGI-Scripts (die benötigen Sie z. B. beim Einsatz von Formularen) frei verfügbar?
- Dürfen Sie eigene CGI-Scripts nutzen?
- Wird Java unterstützt? (Erforderlich, wenn Sie Java-Applets einsetzen.)
- Werden FrontPage-Erweiterungen unterstützt? (Wird benötigt, wenn zum Erstellen Ihrer Seiten das Programm FrontPage von Microsoft benutzt wird.)
- Werden Image-Maps unterstützt? (Erforderlich bei Grafiken, denen Verweise über verschiedene Bildausschnitte zugeordnet sind.)
- Sind Datenbank-Anwendungen möglich?
- Sind Mailing-Listen einrichtbar?
- Werden Statistiken über den Zugriff auf Ihre Seiten geführt und was sagen diese Statistiken aus?
- Welche Sicherheitsmaßnahmen setzt der Provider ein? (Die Informationen reichen hier von Maßnahmen, die den Zugriff auf Ihre Homepage betreffen, über Infor-

mationen zu Notstromaggregaten für die Stromversorgung der Server bis hin zu kompletten „Feuerwehrplänen".)

! Ganz gleich, welche Sicherheitsmaßnahmen ihr Provider einsetzt: Das entbindet Sie nicht davon, eine Kopie Ihres aktuellen Internet-Auftritts auf einem firmeneigenen Computer oder auf Diskette vorzuhalten.

Weitere Aspekte der Provider-Auswahl:

- Kundenservice und Kündigungsfrist sollten ebenfalls angesprochen werden. Auch hier sollte eine Kündigungsfrist zum Monatsende möglich sein. Es ist technisch gesehen nicht notwendig, daß der Provider sich in räumlicher Nähe zu Ihnen befindet. Im Klärungs- bzw. Konfliktfall kann das jedoch eine Rolle spielen.
- Besonderes Gewicht haben hier Referenzadressen des Providers. Nutzen Sie diese Adressen zum direkten Kontakt und Austausch mit anderen Geschäftskunden des Providers.

FAZIT

Die Grenzen zwischen ISP und IPP verschwimmen mehr und mehr. Sie werden immer häufiger auf Provider treffen, die einen sog. Full-Service bieten. Dort bekommen Sie alles bequem aus einer Hand. Hinterfragen Sie solche Full-Service-Provider kritisch und achten Sie darauf, ob man wirklich auf Ihre Bedürfnisse als Unternehmen eingeht.

Ob ein Provider wirklich günstig ist oder nicht, hängt von Ihren Bedürfnissen an das Internet *und* von der Leistungsfähigkeit des Providers ab.

Wie sind Sie richtig beraten?

6 ▮ 03 | 02
Internet-Berater

Anhand der Auswahlkriterien sehen Sie, daß es nicht einfach ist, die eine oder andere Größe überhaupt einzuschätzen. Wenn Sie also nicht über entsprechendes eigenes Personal verfügen, das Ihnen die Arbeit abnimmt, sind Sie vielleicht auf Beratung angewiesen.

Für die gesamte Realisierung von Internet-Auftritten gilt jedoch: Dieser Geschäftszweig ist neu. Es gibt noch keine Erfahrungswerte, die 20 Jahre alt und entsprechend selbstredend sind. Im Gegenteil: Hier ist vieles permanent im Fluß und was gestern noch ein Flop war, kann heute schon top sein. Erst in letzter Zeit haben sich Firmen gefunden, die Ihnen bei den anstehenden Entscheidungen beratend zur Seite stehen. Meist sind dies junge Firmen, die über einen Mix an Kompetenzen und Know-how in den folgenden Bereichen verfügen:

- Marketing.
- Organisation.
- EDV (Internet im besonderen).
- Programmierung.
- Kommunikation in interaktiven Medien.
- Konzeption und Gestaltung von Werbeauftritten für den Monitor.
- Qualifizierung – damit Sie und Ihre Mitarbeiter dieses neue Medium auch wirklich effektiv nutzen können.

So haben z. B. klassische Werbeagenturen in aller Regel wenig Erfahrung mit Online-Medien und deren technischen Restriktionen! Andererseits fehlt Providern, die auch Konzeption und Gestaltung für einen Web-Auftritt anbieten, häufig entsprechendes Know-how im Bereich Marketing, Kommunikation und Gestaltung. Von geeigneten Schulungsmaßnahmen für Ihr Unternehmen einmal ganz zu schweigen.

FAZIT

Gleich für wen Sie sich entscheiden: Die Agentur, die Beraterfirma oder der Full-Service-Provider sollte im Vorgespräch auf all die angesprochenen Themen eingehen und entsprechende Fragen nach dem Status Quo sowie Ihren künftigen Plänen stellen. Denn Ihre Web-Präsenz soll schließlich auf soliden Beinen stehen und in das Gesamtkonzept Ihres Unternehmens hineinpassen. Je breiter das Feld ist, das Ihr Gegenüber gemeinsam mit Ihnen für das Projekt „Web-Präsenz" bearbeitet, desto mehr Vertrauen können Sie ihm entgegenbringen.

Literatur

December/Randall (1995) World Wide Web für Insider, München

Dyson (1997) Release 2.0 – Die Internetgesellschaft, Droemer Knaur, München

Lemay/Murphy (1997) Kommerzielle WEB-SEITEN entwickeln, Markt & Technik, München

Münz/Nefzger, (1996) HTML-Referenz. Franzis-Verlag, Feldkirchen

Negroponte (1997) Total Digital – Die Welt zwischen 0 und 1. Bertelsmann, Gütersloh

Spender (1996) 1. Auffahrt Cyberspace. Frauenoffensive, München

c't (diverse Artikel, 1994–98) Heise

Internet Professionell (diverse Ausgaben, 1997–98) Ziff-Davis

buisness interactive (diverse Artikel, 1996–98) www.kso.co.uk

NetMarketing (diverse Artikel, 1997–98) www.netb2b.com

Neue Formen des Arbeitens und der Weiterbildung

7

Teil 7 ▮ Neue Formen des Arbeitens und der Weiterbildung

Inhalt

7 ▮ 01 Telearbeit:
Orientierungshilfen zur effizienten Gestaltung
Birgit Godehardt, Carsten Klinge

01 | 01 Einführung
01 | 02 Ein Konzept zur Einführung der Telearbeit in Unternehmen
01 | 03 Initiativen zur Förderung der Telearbeit auf Bundes- und Landesebene

7 ▮ 02 Telelearning
Beate Bruns

02 | 01 Telelearning = Lernen der Zukunft?
02 | 02 Grundbegriffe
02 | 03 Technische Rahmenbedingungen
02 | 04 Wirtschaftsfaktor Telelearning
02 | 05 Zusammenfassung
02 | 06 Ausblick
02 | 07 Internet-Links zum Thema Telelearning

Telearbeit: Orientierungshilfen zur effizienten Gestaltung 7 ▮ 01

Birgit Godehardt, Carsten Klinge

INHALTSÜBERBLICK

Wenn eine neue Erscheinungsform der Arbeits- und Arbeitsplatzgestaltung, hier Telearbeit, eingeführt werden soll, treten bei den Unternehmen zahlreiche Fragen auf. Dieser Beitrag befaßt sich mit einer orientierenden Beantwortung solcher Fragen, seien es organisatorische, technische oder rechtliche, aber auch die wirtschaftlichen und sozialen Aspekte der Telearbeit werden angesprochen. Vor- und Nachteile werden aufgezeigt und ein Konzept zur Einführung der Telearbeit wird entwickelt.

Einführung 7 ▮ 01 | 01

Telearbeit stellt eine völlig neue Form der Arbeitsorganisation dar; eine Abkehr von gewohnten Strukturen und Verfahrensweisen. Die Einführung der Telearbeit wirft für Unternehmen daher zunächst eine ganze Reihe von Fragestellungen auf. Diese konzentrieren sich in erster Linie auf

- die organisatorische Gestaltung der Telearbeit, d. h. für welche Arbeitsplätze und in welcher Form (alternierende Telearbeit, Satelliten- oder Nachbarschaftsbüro) soll Telearbeit eingeführt werden und wie kann die Koordination, Kommunikation, Führung und Kontrolle zwischen zentralen und dezentralen Arbeitsplätzen gestaltet werden,
- die technische Realisierung und Ausstattung der Telearbeitsplätze,
- die rechtliche Gestaltung des Vertragsverhältnisses zwischen Mitarbeiter und Unternehmen sowie die Zusammenarbeit mit einem Betriebsrat,

- die Bestimmung der Wirtschaftlichkeit der Telearbeit,
- die sozialen Aspekte der Telearbeit sowie das zu berücksichtigende Umfeld.

Ein Patentrezept zur Lösung dieser Fragen und Einführung der Telearbeit gibt es sicherlich nicht. Der vorliegende Beitrag soll vielmehr Unternehmen erste Orientierungshilfen für die Einführung von Telearbeit geben. Hierzu wird, nachdem zuvor die verschiedenen Erscheinungsformen sowie die Vor- und Nachteile der Telearbeit kurz skizziert werden, eine praxisorientierte, mehrstufige Einführungskonzeption aufgezeigt.

Erscheinungsformen der Telearbeit

Telearbeit wurde bereits in der Vergangenheit diskutiert. In den 80er Jahren sprach man weitgehend von Teleheimarbeit, bei der die Mitarbeiter vollständig aus dem Büro herausgelöst zu 100% von zu Hause aus arbeiten sollten. Diese „isolierten Telearbeitsmodelle" verliefen nicht erfolgreich, da soziale Kontakte fast ausgeschlossen waren. Darüber hinaus waren die erforderlichen technischen Komponenten (Hardware, Software und Telekommunikationsanschluß) zum damaligen Zeitpunkt noch recht teuer, so daß auch die Wirtschaftlichkeit der Telearbeitsprojekte eingeschränkt war.

Flexible Form der Arbeitsorganisation

Heute dagegen wird Telearbeit als eine flexible Form der Arbeitsorganisation interpretiert, bei der Mitarbeiter sowohl zu Hause als auch im Büro arbeiten. Diese „alternierende Telearbeit" verbindet die Vorteile der Flexibilität des Arbeitsorts mit den notwendigen und ebenso erwünschten Kommunikations- und Kontaktbedürfnissen zu Kollegen und Vorgesetzten. Zudem breitet sich leistungsfähige und kostengünstige Informations- und Telekommunikationstechnologie immer stärker in allen Bereichen der Wirtschaft aus. Telearbeit wird somit auch unter Wirtschaftlichkeitsgesichtspunkten immer attraktiver.

Neben der zeitlichen Differenzierung der Telearbeit in die Teleheimarbeit (isolierte Telearbeit) und alternierende Telearbeit kann die Telearbeit auch in verschiedenen Organisationsformen realisiert werden. Zu diesen Organisationsformen zählen Satellitenbüros, Nachbarschaftsbüros, Telecenter und Teleservicecenter. Bei diesen Telearbeitsformen handelt es sich um wohnortnahe Einrichtungen, in denen für mehrere Mitarbeiter Büroarbeitsplätze für Telearbeit zur Verfügung stehen.

Satelliten- und Nachbarschaftsbüro

Satellitenbüros sind dezentrale Arbeits- oder Betriebsstätten, die ein Unternehmen für mehrere Mitarbeiter in Wohnortnähe einrichtet und betreibt. Ein Satellitenbüro ist quasi vergleichbar mit einer Filiale oder Niederlassung eines Unternehmens, nur mit dem Unterschied, daß sich der Standort nicht an den klassischen Standortfaktoren (z. B. Absatz- oder Beschaffungsmarkt) orientiert, sondern ganz gezielt an der Nähe zu Regionen, in denen Mitarbeiter und Arbeitskräfte wohnen. Das Satellitenbüro arbeitet mit der Unternehmenszentrale mittels Telekommunikation zusammen. Satellitenbüros werden von Unternehmen weitgehend für die Dezentralisierung ganzer Abteilungen oder Funktionsbereiche eingerichtet. Die Einrichtung von dezentralen Arbeitsstätten kann auch gemeinsam mit anderen Unternehmen erfolgen. Diese Organisationsform der Telearbeit wird als Nachbarschaftsbüro bezeichnet. Die Büroinfrastruktur wird von den Telearbeitern der verschiedenen Unternehmen geteilt.

Telecenter

Telecenter sind im Vergleich zu Nachbarschaftsbüros Büroeinheiten, die bereits mit modernster Informations- und Kommunikationstechnologie ausgestattet sind. Die

Nutzung der technischen und räumlichen Büroinfrastrukturen wird dabei von privaten oder öffentlichen Trägern als Dienstleistung für Unternehmen angeboten. Die Betreiberunternehmen bieten vielfach auch weitere Dienstleistungen, wie z. B. Sekretariats-, Telefon-, Übersetzungs- oder Office-Dienstleistungen an. Aus dem Telecenter wird dann ein Teleservicecenter.

Mobile Telearbeit

Eine weitere Form der Telearbeit stellt die mobile Telearbeit dar, bei der unterstützt durch entsprechende portable Informations- und Kommunikationstechnik (z. B. tragbare PC-Systeme mit Mobilfunkanschluß) unabhängig von einem festen Arbeitsort gearbeitet werden kann. Diese weit gefaßte Form der Telearbeit ist häufig bei Mitarbeitern im Außen- oder Kundendienst anzutreffen, die an beliebigen Orten (beim Kunden, unterwegs oder im häuslichen Arbeitszimmer) arbeiten und Informationen sowie Arbeitsergebnisse mittels Telekommunikation mit der Unternehmenszentrale austauschen.

Der Begriff Telearbeit umfaßt insgesamt also Tätigkeiten, die durch Informations- und Kommunikationstechnik unterstützt werden und räumlich entfernt vom Standort des Arbeit- oder Auftraggebers durchgeführt werden. Der Austausch der Arbeitsaufträge oder die Übermittlung der Arbeitsergebnisse (oder beide Wege des Datenaustausches) erfolgen dabei über Telekommunikationsnetze.

In Tabelle 1 sind die verschiedenen Erscheinungsformen der Telearbeit zusammengefaßt.

Vor- und Nachteile der Telearbeit

Gründe für die Einführung der Telearbeit

Die Gründe für die Einführung der Telearbeit sind äußerst vielschichtig. Eine empirische Untersuchung der TA Telearbeit GmbH aus dem Jahre 1996 ergab, daß insbesondere qualitative Vorteile der Telearbeit, die einer sub-

Tabelle 1: Erscheinungsformen der Telearbeit

Differenzierung Form	Auslagerung von	Zeitlich	Arbeitsort	Datenaustausch	Vertragsform
Teleheimarbeit	einzelnen Arbeitsplätzen	Permanent	Zu Hause	Online oder offline	Arbeitsvertrag Dienstvertrag Werkvertrag
alternierende Telearbeit	einzelnen Arbeitsplätzen	Teilweise	zu Hause und im Büro		
Satellitenbüro	mehreren Arbeitsplätzen	Teilweise oder permanent	wohnortnah		Arbeitsvertrag
Nachbarschaftsbüro	mehreren Arbeitsplätzen	Teilweise oder permanent	wohnortnah		Arbeitsvertrag
Telecenter	Dienstleistungsangebot an Büroräumen mit Telearbeitsplätzen		wohnortnah		Arbeitsvertrag Dienstvertrag Werkvertrag
Teleservicecenter	Angebot von Dienstleistungen für dezentrale Unternehmen		wohnortnah		
mobile Telearbeit	einzelnen oder mehreren Arbeitsplätzen	Teilweise oder permanent	An beliebigen Orten		

jektiven Bewertung unterliegen und nur aufgrund von Erfahrungswerten beurteilbar sind, stark positiv bewertet werden. Hierzu zählen

- bessere Vereinbarkeit von Beruf und Familie (76% der Auskunftspersonen bewerteten dies als einen „sehr bedeutenden" oder „bedeutenden" Vorteil der Telearbeit),
- Erfüllung individueller Mitarbeiterwünsche (58,3%),

- erhöhte Mitarbeitermotivation (44,2%) und
- erhöhte Produktivität der Mitarbeiter (39,4%).

Produktivitätssteigerung

Die Unternehmen Digital Equipment Co. Limited und IBM Stuttgart beispielsweise konnten nach eigenen Angaben durch Telearbeit eine Produktivitätssteigerung von 30% erzielen, die Siemens AG in München erwartet einen Anstieg zwischen 15 und 20%. Neben den qualitativen Nutzenpotentialen wird von vielen der befragten Unternehmen auch die Möglichkeit der Kosteneinsparung durch Reduktion von Mietaufwendungen als bedeutend angesehen. Zudem erwartet über die Hälfte der Befragten weniger Krankmeldungen durch Telearbeit.

Soziale Isolation

Die im Zusammenhang mit der Telearbeit immer wieder diskutierte Gefahr der sozialen Isolation durch Wegfall persönlicher Kontakte zu Kollegen und Vorgesetzten, wird zwar weiterhin gesehen, entscheidend ist jedoch, daß diese Ansicht in erster Linie von Unternehmen vertreten wird, die Telearbeit bisher noch nicht realisiert haben (75%). Unternehmen mit entsprechenden Telearbeitserfahrungen bewerten diese Gefahr sehr viel geringer (51%). Hier zeigt sich, daß bestimmte Nachteile der Telearbeit, die in der Theorie stark problematisiert werden, in der Praxis wesentlich an Relevanz verlieren.

Bei der heute präferierten alternierenden Form der Telearbeit stellt die soziale Isolation objektiv betrachtet auch kein wirkliches Hindernis mehr dar, da die Mitarbeiter nur zeitweise zu Hause arbeiten und weiterhin regelmäßig im Büro sind. Die persönliche Kommunikation und Abstimmung mit Kollegen kann somit während der Anwesenheit im Unternehmen erfolgen. Für die Telearbeitsformen Satelliten- und Nachbarschaftsbüro, bei denen die Telearbeiter jeden Tag mit Kollegen verbringen, gilt dies um so mehr. Darüber hinaus bieten aber auch leistungsfähige Telekommunikationslösungen effiziente und benutzerfreundliche Alternativen für die persönliche Kommunikation. Als weitere Nachteile der Telearbeit wurden von den Befragten

- Probleme im Bereich der Führung und Kontrolle (63%),
- der relativ hohe organisatorische (47,8%) und
- technische Realisierungsaufwand (45,4%) sowie
- rechtliche Probleme (Datenschutz [55,1%], Arbeitsrecht [43,4%] und Betriebsverfassungsrecht [38,3%]) genannt.

Rechtliche Probleme

Erwartungsgemäß werden die rechtlichen Probleme in erster Linie von den Betriebsräten und die Probleme im Bereich der Führung und Kontrolle v. a. von den Geschäftsführern gesehen. Jedoch gilt auch hier wieder die o. g. Erkenntnis: In Unternehmen mit vorhandenen Telearbeitserfahrungen werden alle Problembereiche von den verschiedenen Mitarbeitergruppen deutlich geringer eingeschätzt.

7

Ein Konzept zur Einführung der Telearbeit in Unternehmen

7 ▮ 01 | 02

Phasenschema

Wie kann der Einführungsprozeß der Telearbeit in Unternehmen insgesamt gestaltet werden? Eine allgemeingültige Vorgehensweise zur Einführung der Telearbeit gibt es sicherlich nicht. Die unternehmensspezifischen Ausgangsbedingungen sind dafür zu unterschiedlich. Dennoch können aber die wichtigsten Aspekte, die bei der Einführung der Telearbeit zu berücksichtigen sind, festgehalten werden. Von der TA Telearbeit GmbH wurde ein Phasenschema erarbeitet, das die wichtigsten Aspekte zusammenfaßt und als erste Orientierungshilfe dienen soll (Abb. 1).

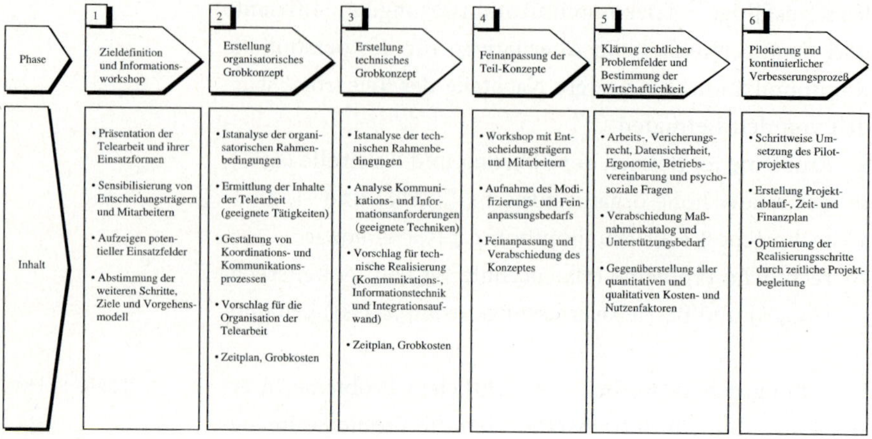

© TA Telearbeit GmbH

Abb. 1: Vorgehensmodell zur Einführung der Telearbeit

Zieldefinition und Informationsworkshop

Die Projektzielsetzung und der geplante Projektrahmen müssen zunächst mit allen wichtigen Entscheidungsträgern des Unternehmens und den fachlichen Experten für die spätere Realisierung diskutiert und abgestimmt werden. Frühzeitig in den Diskussionsprozeß einbezogen werden sollten dabei

- Geschäftsleitung (Promotorenfunktion),
- Personalleitung,
- DV- und Organisationsleitung sowie
- Vertreter des Betriebsrats, sofern dieser im Unternehmen existiert.

Informations-Workshop

In diesem Zusammenhang sollte zunächst eine Untersuchung der Akzeptanz der Telearbeit aus der Sicht des Managements und der betroffenen Mitarbeiter durchgeführt werden, um die weitere Projektvorgehensweise hierauf abstimmen und die Stimmungen im Unternehmen berücksichtigen zu können. Diese Informationen können im Rahmen von persönlichen Interviews mit ausgewählten Managern und Mitarbeitern des Unternehmens oder einer schriftlichen Kurzbefragung erhoben werden. Eine besonders geeignete Vorgehensweise stellt die Durchführung eines Informations-Workshops mit allen an der Einführung der Telearbeit beteiligten Personen des Unternehmens dar. Dieser Workshop sollte am Anfang der Einführungsdiskussion zur Telearbeit stehen. Der Workshop dient

- der Präsentation der Telearbeit und ihrer verschiedenen Einsatzformen,
- der Sensibilisierung von Entscheidungsträgern und Mitarbeitern,
- dem Aufzeigen potentieller Einsatzfelder dieser Arbeitsform im Unternehmen und
- der Abstimmung der weiteren Schritte, Detailziele und der Erarbeitung eines Vorgehensmodells.

Zielsetzungen

Grundsätzlich lassen sich mit der Einführung der Telearbeit unterschiedliche Zielsetzungen verfolgen. Die angestrebten Ziele sind dabei immer abhängig von der individuellen Situation des Unternehmens und können dementsprechend nicht nur von Branche zu Branche, sondern auch von Unternehmen zu Unternehmen stark variieren.

Im Rahmen der Förderinitiative „Telearbeit im Mittelstand", die vom Bundesministerium für Bildung, Wissenschaft, Forschung und Technologie und der Deutschen Telekom AG im Jahr 1997 initiiert worden ist, wurden 392 kleine und mittelständische Unternehmen (KMU) nach ihren Zielen befragt (Abb. 2).

Aus den aufgezeigten Einzelzielen lassen sich aus der Sicht von Unternehmen drei Oberziele ableiten:

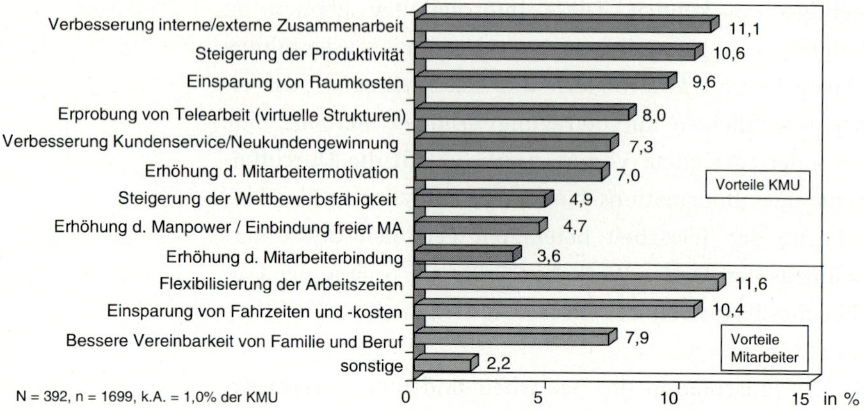

Abb. 2: Mit der Einführung der Telearbeit verbundene Ziele (Mehrfachnennungen möglich)

- Reduktion von Kosten (z. B. durch Einsparung von Raum- und Mietkosten oder durch weniger Krankmeldungen).
- Verbesserung der unternehmerischen Leistungsfähigkeit (z. B. durch Verbesserung der Zusammenarbeit oder durch Steigerung der Mitarbeiterproduktivität).
- Bindung qualifizierter Mitarbeiter ans Unternehmen (z. B. durch Erhöhung der Mitarbeitermotivation oder durch bessere Vereinbarkeit von Beruf und Familie).

Ergebnis der Zieldefinition muß immer ein Konsens zwischen allen Beteiligten sein, der schriftlich dokumentiert wird und in dem die Zielsetzung sowie der Projektrahmen festgelegt werden.

In diesem Projektschritt sollten ebenfalls die für die Telearbeit relevanten Tätigkeitsbereiche abgegrenzt werden, die im Rahmen des weiteren Projektes analysiert werden sollen.

Erstellung eines organisatorischen Grobkonzepts

Organisatorisches Grobkonzept: Ist und Soll

Die Ausarbeitung des organisatorischen Grobkonzepts unterteilt sich in zwei grundsätzliche Arbeitsschritte.

- Durchführung einer ersten Istanalyse und Bestandsaufnahme der organisatorischen Rahmenbedingungen.
  In diesem Arbeitschritt werden
  - schriftliche Informationen ausgewertet, um einen Überblick über die Arbeitsplätze und die Aufgabenbereiche zu gewinnen;
  - im Rahmen einer Arbeitssitzung die Funktionsbereiche und Tätigkeiten bestimmt, die innerhalb der Organisation in Telearbeit erledigt werden können;
  - persönliche Interviews mit den Mitarbeitern, die an dem Pilotprojekt teilnehmen sollen, durchgeführt.
- Erarbeitung von Vorschlägen für ein organisatorisches Grobkonzept.
  Hierbei gilt es,
  - die Inhalte der Telearbeit, d. h. der Aufgaben und Tätigkeiten, die die Mitarbeiter in Telearbeit erledigen können, abzugrenzen;
  - einen geeigneten, zeitlichen Rahmen der Telearbeit zu bestimmen;
  - Vorschläge für die Gestaltung der Koordinations- und Kommunikationsprozesse bei Telearbeit zu erarbeiten;
  - im Rahmen der Erstellung des organisatorischen Grobkonzepts können des weiteren für die zuvor abgegrenzten Organisations- und Aufgabenbereiche erste „Telearbeitsszenarien“ entwickelt werden.

Technisches Grobkonzept: Ist und Soll

Erstellung eines technischen Grobkonzeptes

Dieser Arbeitsschritt verläuft wiederum zweistufig.

- Am Anfang steht eine erste Istanalyse und Bestandsaufnahme der technischen Rahmenbedingungen im Unternehmen.

  Die Istanalyse erfolgt über
  - die Durchführung persönlicher Gespräche mit den DV- und TK-Verantwortlichen des Unternehmens sowie
  - durch die Aufnahme der Kommunikations- und Informationsanforderungen der Arbeitsplätze, die für das Telearbeitspilotprojekt ausgewählt wurden.
- Erstellung konkreter Vorschläge für ein technisches Rahmenkonzept.

  Hier sollte die Ausarbeitung eines ersten Vorschlags für die technische Realisierung
  - der Kommunikationstechnik,
  - der Informationstechnik und
  - des Integrationsaufwands

  für dic Arbeitsplätze des Pilotprojekts erfolgen.

Spezifikation der Telearbeitsszenarien

Feinabstimmung und Detailkonzept

Die nach der Erstellung des organisatorischen und technischen Grobkonzepts abgegrenzten Telearbeitsszenarien sollten in der Projektgruppe und mit den beteiligten Unternehmensbereichen sowie den betroffenen Mitarbeitern intensiv diskutiert werden, um darauf aufbauend die weitere Vorgehensweise für die Detailanalyse und das Detailkonzept festzulegen.

Im Rahmen der Detailanalyse müssen die technischen und organisatorischen Anforderungen der einzelnen Arbeitsplätze genau spezifiziert werden, um ein Detailkonzept für die konkrete Gestaltung der Telearbeitsplätze in organisatorischer und technischer Hinsicht erarbeiten zu können. Die organisatorischen Verfahrensweisen, die Maßnahmen zur Koordination der Aufgabenverteilung, die Kommunikation zwischen den zentralen und dezentralen Arbeitsplätzen, die Führung und Kontrolle der Telearbeiter sowie eine Kosten- und Zeitplanung sind in diesem Konzept festzulegen. Für die technische Realisierung sind die erforderlichen Hardware-, Softwarekomponenten sowie die geeigneten Telekommunikationsalternativen zu bestimmen, Angebote einzuholen und auszuwählen.

Klärung rechtlicher Problemfelder und Bestimmung der Wirtschaftlichkeit

Mitbestimmungsrechte

Rechtlich gesehen sind bei der Planung und Einführung von Telearbeit die Zusammenarbeit mit dem ggf. bestehenden Betriebsrat und die Auswahl der Mitarbeiter sowie die Gestaltung der Arbeitsverträge zu berücksichtigen. Bezüglich der Zusammenarbeit mit dem Betriebsrat ist zu empfehlen, diesen von Anfang an in die Planungsphase mit einzubeziehen (Mitbestimmungsrechte).

Geht die Initiative zur Einführung der Telearbeit nicht von den Mitarbeitern aus, sondern strebt der Unternehmer von sich aus eine Dezentralisierung von Arbeitsplätzen an, so sollte eine einvernehmliche Vertragsänderung bzw. -ergänzung mit dem betroffenen Mitarbeiter angestrebt werden. Der Arbeitnehmerstatus sollte bei der Einführung der Telearbeit beibehalten werden. Zu regeln sind dann lediglich vom bisherigen Arbeitsvertrag abweichende Bereiche, wie z. B. die Arbeitsmittel, Arbeitszeiten etc. Um den Arbeitnehmer vor Unsicherheiten zu bewahren, sollte der Unternehmer ihn aufklären über die volle

Beibehaltung der Sozialversicherung, insbesondere der gesetzlichen Unfallversicherung, auch an der außerbetrieblichen Arbeitsstätte und über die Vermeidung einer Unterversicherung, soweit der Arbeitnehmer die Telearbeit im häuslichen Arbeitszimmer verrichtet und eine Hausratversicherung abgeschlossen hat.

Datenschutz und Datensicherheit

Im Rahmen der Diskussion rechtlicher Fragestellungen ist auch der Themenkomplex Datenschutz und Datensicherheit zu berücksichtigen. In Abhängigkeit von der jeweiligen Tätigkeit, die in Telearbeit durchgeführt werden soll, ergeben sich unterschiedliche Anforderungen. So ist es im Sinne des Bundesdatenschutzgesetztes notwendig, bei Tätigkeiten im Zusammenhang mit personenbezogenen Daten bestimmte Sicherheitsauflagen zu erfüllen. Zu diesen Tätigkeiten gehört z. B. die Lohn- und Gehaltsabrechnung. Telearbeiter, die derartige Aufgaben innerhalb eines Homeoffice erledigen, müssen u. a. ein abschließbares Büro und abschließbare Büroschränke besitzen. Des weiteren sind bei Online-Anbindungen an die Unternehmenszentrale bestimmte Sicherheitsmaßnahmen gegen „Eindringlinge von außen“ zu installieren. Hierzu eignen sich Verschlüsselungsverfahren oder Call-Back-Systeme. Neben gesetzlichen Vorschriften zu Datenschutz können auch freiwillige Bestrebungen des Unternehmens zur Datensicherheit bestehen, insbesondere im Zusammenhang mit sensiblen Firmendaten oder der Verhinderung von Datenschäden oder -verlusten durch Softwareanomalien, wie z. B. Viren.

Bei der Bestimmung der Wirtschaftlichkeit der Telearbeit gilt es, alle relevanten quantitativen und qualitativen Faktoren gegenüberzustellen. Dazu gehören insbesondere die Kosten, die durch den Einsatz der Telearbeit entstehen (z. B. Kosten zur Ausstattung der Telearbeitsplätze) und die möglichen Kosteneinsparungseffekte (z. B. Reduzierung von Raum- und Mietkosten), die erzielbar sind. Genauso sind aber auch nicht monetär meßbare Nutzenaspekte (z. B. höhere Mitarbeiterproduktivität oder eine flexiblere Reaktionsfähigkeit auf Marktveränderungen) zu berücksichtigen.

Pilotierung und Gewährleistung eines kontinuierlichen Verbesserungsprozesses

Telearbeitpilotprojekt und Projektgruppe

Die Einführung der Telearbeit sollte in kleinen Schritten, in Form eines Pilotprojektes, erfolgen, um erste Erfahrungen sammeln zu können. Dazu ist ein Projektrahmen zu erarbeiten, der den zeitlichen Rahmen sowie die Ziele und Erfolgsfaktoren des Pilotprojekts festlegt. Die Mitarbeiter und Vorgesetzten müssen umfassend informiert und auf die neue Situation vorbereitet werden. Dies kann im Rahmen von persönlichen Gesprächen, schriftlichen Informationen und ggf. speziellen Schulungen erfolgen.

Die Erfahrungen im Pilotprojekt sollten in regelmäßigen Projektsitzungen mit allen Beteiligten diskutiert und dokumentiert werden. Dabei sollten die persönlichen und psychologischen Erfahrungen der Beteiligten ebenso berücksichtigt werden, wie die organisatorischen, technischen, rechtlichen und wirtschaftlichen Aspekte.

Nur durch die zeitliche Begleitung des Telearbeitprojekts kann ein kontinuierlicher Verbesserungsprozeß sichergestellt werden. Hierzu sollte eine Arbeitsgruppe fest installiert werden, die sich über einen Zeitraum von mehreren Monaten regelmäßig zum Zwecke des Erfahrungsaustausches und der Detailabstimmung trifft. Die Gruppe sollte frühzeitig aus den bereits aktiven Telearbeitern, den direkten Vorgesetzten der Telearbeiter, der Personalleitung, Vertretern des Betriebsrates (wenn vorhanden) und der EDV/Organisationsleitung bestehen.

Entscheidung über die breite Einführung der Telearbeit
Nach ausreichenden Erfahrungen in den Pilotprojekten und einer detaillierten Auswertung kann über die Ausweitung der Telearbeit entschieden werden. Dabei sollten die einzelnen Schritte des Planungsprozesses wieder entsprechend durchlaufen werden. Die Komplexität des Planungsprozesses kann durch die bereits durchgeführten Aktivitäten und die vorliegenden Erfahrungen teilweise reduziert werden (so z. B. Erhebung der bestehenden Informations- und Kommunikationstechnik).

Das dargestellte Phasenkonzept zur Einführung von Telearbeit in Unternehmen wirkt auf den ersten Blick komplex. Man sollte sich davon jedoch nicht abschrecken lassen, sondern die Chancen, die diese neue Form der Arbeitsorganisation bietet, sehen. Die Erfahrungen der Unternehmen, die Telearbeit bereits eingeführt haben, sind sehr positiv.

7 ▮ 01 | 03 Initiativen zur Förderung der Telearbeit auf Bundes- und Landesebene

Die Relevanz, die der innovativen Arbeitsform Telearbeit beigemessen wird, dokumentieren zwei aktuelle vom Bundesministerium für Bildung, Wissenschaft, Forschung und Technologie (BMBF) bzw. vom Ministerium für Wirtschaft und Mittelstand, Technologie und Verkehr des Landes NRW (MWMTV) initiierte Förderinitiativen.

Initiative „Telearbeit im Mittelstand“
Das BMBF und die Deutsche Telekom AG haben gemeinsam die Förderinitiative „Telearbeit im Mittelstand“ ins

Leben gerufen, bei der bis zu 500 kleine und mittelständische Unternehmen bei der Einrichtung von Telearbeitsplätzen unterstützt werden. Gerade von kleinen und mittelständischen Unternehmen wird eine solche Initiative positiv aufgenommen, da insbesondere für sie die Einführung und Realisierung der Telearbeit eine Herausforderung darstellt, die sie selten alleine und ohne fachliche Unterstützung bzw. finanzielle Anlaufunterstützung meistern können. Die Fördermaßnahme „Telearbeit im Mittelstand“ wird somit einen wesentlichen Beitrag dazu leisten, daß kleine und mittelständische Unternehmen die Vorteile und positiven Wirkungen der Telearbeit auf die Wettbewerbsfähigkeit erkennen und die Verbreitung der Telearbeit in diesen Unternehmen deutlich beschleunigt wird.

Die TA Telearbeit GmbH hat den Auftrag erhalten die Begleituntersuchung der geförderten Unternehmen in ganz Deutschland durchzuführen. Im Rahmen von Analysen, Befragungen und Fallstudien werden die Konzepte und Erfahrungen der Firmen detailliert ausgewertet. Die Wirkungen der Fördermaßnahme im Gesamtkontext der wirtschaftlichen Entwicklungen werden umfassend beleuchtet. Die Initiative, die bis Ende 1998 läuft, umfaßt darüber hinaus die Organisation und Gestaltung von zwei Kongressen unter Beteiligung des BMBF, der Deutschen Telekom sowie Vertretern aus Wissenschaft und Wirtschaft.

Initiative Telearbeit Nordrhein-Westfalen

Im Auftrag des Ministeriums für Wirtschaft und Mittelstand, Technologie und Verkehr des Landes NRW (MWMTV), speziell der Media-NRW-Initiative, bereitete die TA Telearbeit GmbH mehrere Projekte im Rahmen der Initiative Telearbeit NRW vor. Das Ziel dieser Initiative und der Projekte besteht in der Planung und Realisierung von Telearbeitsplätzen in nordrhein-westfälischen Unternehmen sowie in einer intensiven Begleituntersuchung der Erfahrungen der teilnehmenden Firmen. Unternehmen, die die Einführung von Telearbeit planen, werden eine Betreuung bei der organisatorischen und technischen Realisierung sowie der arbeitsrechtlichen Gestaltung von Telearbeit erhalten. In einem Vorprojekt wurden zuvor alle Rahmenbedingungen (Voranalysen, Grobkonzepte etc.) für die Realisierung von Telearbeitsplätzen geklärt und multimediagestützte Modellarbeitsplätze für Telearbeit aufgebaut. Im Rahmen dieses Vorprojekts wurden standardisierte Werkzeuge für die Beratung von Unternehmen bei der Einführung der Telearbeit entwickelt und praxisorientiert in Unternehmen eingesetzt.

Diese Förderinitiative wird durch ihre Breitenwirkung dauerhaft zur Diffusion neuer und innovativer Organisationsformen in NRW führen und zu einer neuen Qualität in der Verbesserung der industriellen Infrastruktur sowie zur Schaffung und Sicherung qualifizierter Arbeitsplätze beitragen.

Literatur

Förster G, Apenburg E (1996) Konzepte und Strategien zur Einführung von Telearbeit. Office Management 9

Glaser WR, Glaser M O (1994) Psychologische Erfahrungen im Modellversuch „Außerbetriebliche Arbeitsstätten der IBM". Referat auf dem Experten-Workshop „Telearbeit – Status, Perspektiven und Visionen" der ExperTeam Telecom, 04.02.1994, Köln

Godehardt B (1994) Telearbeit – Rahmenbedingungen und Potentiale. Westdeutscher Verlag, Opladen

Godehardt B, Klinge C (1996) Telearbeit – Der erste Schritt zum virtuellen Unternehmen. Computerwoche Ausg. 13.09.1996

Godehardt B, Klinge C (1997) Entwicklung der Telearbeit in Deutschland. In: Management Handbuch Telearbeit. Hüthig, Heidelberg

Godehardt B, Worch A, Förster G (1997) Teleworking: so verwirklichen Unternehmen das Büro der Zukunft. Verlag Moderne Industrie, Landsberg/Lech

Klinge C (1996) Quantitative Potentiale der Telearbeit in NRW. Office Management 9

Klinge C (1998) Telearbeit – Lohnt sich das? In: CoPers – Computergestützte und operative Personalarbeit 3/1998 (Teil I) und 4/1998 (Teil II)

Telelearning

7 ▮ 02

Beate Bruns

INHALTSÜBERBLICK

Sie lernen in diesem Beitrag die wichtigsten Szenarien und Begriffe im Umfeld der neuen Bildungsform Telelearning kennen und erhalten einen Überblick über die technischen Grundlagen für die Realisierung von Telelearning im eigenen Unternehmen. Abschließend werden die wirtschaftlichen Aspekte betrachtet, die Telelearning für Unternehmen und ihre Mitarbeiter, für Bildungsanbieter sowie für Trainer und Autoren mit sich bringt. Damit Sie sich selbst ein Bild über den Status quo des internetbasierten Telelearnings verschaffen können, finden Sie im Abschnitt 7.02.07 ausgewählte Internet-Adressen von Kursanbietern und Herstellern/Anbietern von Plattformen für Telelearning.

Telelearning = Lernen der Zukunft?

7 ▮ 02 | 01

7

Die berufliche Weiterbildung ist ausgerichtet an den konkreten Anforderungen von Unternehmen und Institutionen. Die Qualifizierung der Mitarbeiter soll dazu beitragen, die unternehmerischen oder institutionellen Ziele umfassend zu realisieren.

Ziele der Unternehmen

Das Weiterbildungsangebot muß deshalb aus Sicht der Unternehmen und Institutionen möglichst praxisnah, aus kurzen Einheiten aufgebaut, schnell erreichbar, kostengünstig und (am liebsten auch) individuell sein. Lassen sich diese Ziele mit Hilfe von Telelearning verwirklichen? Wie müssen die technischen und organisatorischen Rahmenbedingungen aussehen, um Telelearning auf einer stabilen Plattform wirtschaftlich durchzuführen? Und nicht zuletzt: Welche Qualifikationen müssen klassische Trainer erwerben, um auch ohne den direkten persönlichen Kontakt zum Teilnehmer im Telelearning den Lernerfolg sicherzustellen?

7 ▮ 02 | 02 Grundbegriffe

„Lernen im Netz“ meint z. Z. zwei unterschiedliche Modelle: Zum einen die Distribution von computerbasierten Lernprogrammen (CBT – Computer Based Training) über Computernetzwerke, zum anderen Lernangebote mit Begleitung durch einen Teletrainer.

CBT-Distribution

Bei der CBT-Distribution werden Lernprogramme, die z. T. modular aufgebaut sind und individuell zusammengestellt werden können, auf einem Lernprogramm-Server im Netzwerk in Form einer Datenbank abgelegt. Die Anwender an ihren Client-PCs fordern die gewünschten Programme oder Module vom Server an und arbeiten lokal mit der entsprechenden Lernsoftware. Die neueren Entwicklungen von Lernsoftware unterstützen diesen Einsatz im Netzwerk und z. T. sogar bereits den Abruf aus einem Browser heraus, der ja eine sehr einfache Benutzerschnittstelle bietet.

Teletraining

Das Teletraining unterscheidet sich wesentlich von der CBT-Distribution durch die über Netzwerke ja mögliche Kommunikation zwischen Lernenden und Teletrainern und auch zwischen den Lernenden selbst. Die zugrundeliegende Hard- und Software-Architektur folgt dem Client-Server-Modell: Auf dem Server sind die Lernmaterialien, wozu auch CBTs gehören können, sowie alle für den Lernprozeß relevanten Daten abgespeichert. Die Lernenden und die Trainer greifen auf diese Daten zurück und modifizieren sie im Verlauf des Lernprozesses. Darüber hinaus nutzen sie die Kommunikationsmittel, die das Computernetzwerk bereitstellt, wie E-Mail, Chat-

Rooms, Diskussionsforen, aber auch Audio- und Videokonferenzen.

Einflußfaktoren

Heute lassen sich vier Faktoren unterscheiden, die die Entwicklung des Teletraining maßgeblich beeinflussen:

1. Die langjährige Erfahrung in der Entwicklung und Gestaltung von computerbasierten Lernprogrammen (CBT).
2. Die langjährige Erfahrung in der Durchführung von Fernlehrgängen (Fernuniversität, Funkkolleg, Telekolleg).
3. Die zunehmende Verbreitung von Computernetzwerken in den Unternehmen.
4. Die wachsende Bedeutung des Internets im Wirtschafts- und Privatleben als Wirtschaftsfaktor (Stichwort: E-Commerce – elektronischer Handel).

Im folgenden geht es stets um das zweite Modell, das Teletraining/Telelearning.

Wir unterscheiden heute drei Varianten:

1. Open Distance Learning mit minimaler Lerner-Trainer-Interaktion,
2. Teletutoring mit ausgewogener Lerner-Trainer-Interaktion und starker Interaktion der Lernenden untereinander sowie
3. Teleteaching mit starker Lerner-Trainer-Interaktion, die primär vom Trainer gesteuert wird.

Jede Variante fordert ihr eigenes methodisch-didaktisches Szenario und ein jeweils angemessenes Rollenverständnis des Trainers.

Open Distance Learning

Im Falle des Open Distance Learning unterstützt ein Experte oder ein ggf. auch weltweit verteiltes Expertenteam die Lernenden. Dieses Expertenteam reagiert auf konkrete Anfragen und hilft bei der Problemlösung. Diese Situation ist in den informellen Strukturen der Newsgroups und Diskussionsforen des Internet sowie in den Mailbox-Organisationen der Support-Netzwerke (wie z. B. CompuServe) bereits vorgebildet.

Teletutoring

Beim Teletutoring übernimmt der Trainer die Rolle des Moderators, der ganze Gruppen von Lernenden im Lernprozeß unterstützt. Er greift auch eigeninitiativ in den Lernprozeß ein und hilft dabei, Blockaden zu überwinden.

Teleteaching

Das Teleteaching entspricht am stärksten der klassischen Rollenverteilung zwischen Dozent und (Seminar-) Teilnehmer. Die Rolle des Teilnehmers ist weitgehend rezeptiv und auf den Dozenten ausgerichtet. Eine Kommunikation der Teilnehmer untereinander ist zunächst nicht vorgesehen. Dieses Modell ist dem Vorlesungsbetrieb an Hochschulen nachempfunden und war Vorbild für die ersten Online-Kurse, die im Internet angeboten wurden.

Prozeßorientiert lernen

Die besonderen Chancen des netzbasierten Lernens lassen sich im Open Distance Learning und Teletutoring verwirklichen. Hier kann eine zentrale Zielsetzung der beruflichen Weiterbildung, das arbeitsplatznahe und prozeßorientierte Lernen, erst realisiert werden. Über die klassische CBT-Lösung (am Arbeitsplatz oder im Lernstudio) hinaus kommunizieren hier Lerner mit ihren Trainern, aber auch direkt mit anderen Lernern, tauschen Informationen aus, klären offene Fragen im Dialog und helfen einander bei Problemen, die im Lernprozeß oder beim Arbeiten aufgetaucht sind.

Wissensmanagement

Dieser Vorteil wird noch wesentlich erweitert durch den freien Zugriff auf unternehmensinterne oder -externe Informationsquellen. Datenbanken, Dokumente mit Verfahrensanweisungen, Produktinformationen, Standardisierungsdokumente und viele weiteren Informationen lassen sich leicht in die Lernumgebung integrieren. Sie müssen lediglich in digitaler und vom Web-Browser lesbarer Form vorliegen. Der Lerner erschließt sich damit Hintergrundinformationen, die über den eigentlichen Lernstoff weit hinausreichen können.

Dynamisches Wissen

Im netzbasierten Lernprozeß sind diese Inhalte darüber hinaus dynamisch und nicht statisch wie z. B. bei der Nutzung einer CD oder eines Lehrbuchs. Die Aktualisierung der direkt dem Lernprozeß zugeordneten Dokumente kann parallel zu diesem erfolgen – die Aktualisierung der externen Wissensressourcen ist ohnehin Aufgabe des jeweiligen „Providers", d. h. der Institution, des Unternehmens oder der Privatperson, der die Informationen bereitstellt. Und ganz nebenbei trainieren alle am Lernprozeß beteiligten Personen die Schlüsselqualifikation „Arbeiten mit und in Computernetzwerken"!

Technische Rahmenbedingungen

7 02 03

Die verschiedenen Varianten des Teletrainings wie webbasierte Lehr-/Lernumgebungen, Internet Based Training, Umgebungen für Teletraining, Virtuelle Hochschulen oder Klassenzimmer setzen alle eine netzwerkbasierte Client-Server-Architektur voraus.

Client-Server-Lern-Architektur

Der Server ist in diesem Verbund reiner Dienstleister: er stellt Kursmaterialien, Datenbanken, Übungsaufgaben, Statistikfunktionen und vieles mehr den Lernenden und ihren Trainern zur Verfügung. Am PC des Anwenders finden wir den sog. Client, ein Stück Software (in den meisten Fällen über den Internet-Browser dem Benutzer zugänglich), das vom Server die Dienste anfordert, die der Anwender, sei er nun Lernender oder Trainer, im Augenblick nutzen möchte.

Die technischen Voraussetzungen für Telelearning sind in jedem Computernetzwerk vorhanden. Hierbei spielt es keine Rolle, ob der Anwender am unternehmenseigenen Netzwerk, dem Intranet, oder an öffentlichen Netzen, wie z. B. dem Internet, angeschlossen ist. Der Internet-Browser am Arbeitsplatz oder Lern-PC stellt die Dokumente des Servers in lesbarer Form am Bildschirm des Benutzers dar. Der Einsatz von HTML (HyperText Markup Language) auch im Unternehmensnetz garantiert dem Anwender einen weltweit standardisierten Zugriff auf die Dienste des Servers und dem Anbieter von Online-Training eine weltweit standardisierte Schnittstelle und damit eine ungeheure Breitenwirkung.

▮ Der Browser von Microsoft, der Internet Explorer, wird kostenlos ausgeliefert, und auch der Browser von Netscape, dem Vorreiter hinsichtlich kommerziell nutzbarer Internet-Technologien und größten Web-Konkurrenten von Microsoft, ist seit Anfang 1998 kostenlos im Internet abrufbar per „download".

7 ▮ 02 | 04 Wirtschaftsfaktor Telelearning

Nicht nur Unternehmen und ihre Mitarbeiter erkennen neue Chancen durch das Telelearning: Innovative Weiterbildungsanbieter (intern wie extern) positionieren sich in einer sich wandelnden Bildungslandschaft schon längst als Anbieter maßgeschneiderter Qualifizierungen und beschäftigen sich derzeit intensiv mit den Lernmedien Internet und Intranet.

Innovation im Bildungswesen

Wer die hohe Nachfrage nach anspruchsvoller beruflicher Weiterbildung proaktiv befriedigen will, findet mit dem Einsatz netz- und webbasierter Lernumgebungen eine innovative Plattform. Der Anbieter erhöht im globalen Bildungsmarkt seine Reichweite, erschließt neue Märkte und Zielgruppen und rückt gleichzeitig bei intelligenter Anwendung der Kommunikations- und Interaktionstools in größere Nähe zu seinem Kunden. Effektive Lernbegleitung durch den Tutor direkt am Arbeitsplatz wird Realität. Die Mehrfachnutzung von Kursmaterialien, die Integration heterogener Wissensbausteine sowie die Modularisierung des Bildungsangebots verkürzen den Zeitraum bis zum Erreichen des Return on Investment in die Qualifizierung der eigenen Trainer, Tutoren und Autoren.

Vorteile des Telelearnings

Auf einen Blick:

- Globalisierung des Bildungsmarkts.
- Erschließen neuer Märkte und Zielgruppen.
- Erhöhung der Reichweite von Bildungsangeboten.
- Individuelle Kundenansprache.
- Effektive Lernbegleitung am Arbeitsplatz.
- Mehrfachnutzung elektronisch vorliegender Informationen.
- Integration heterogener Wissensbausteine.
- Internationale Standards beim Einsatz von Internet-Technologien.
- Verkürzen des Zeitraums bis zum Return on Investment for Qualification.

Nicht zu unterschätzen in ihrer Bedeutung für die Erfolgsgeschichte des Internets und damit auch die des netzbasierten Lernens ist die Tatsache, daß weltweite und plattformunabhängige Standards wie HTML, Java, JavaScript und Browser „hinter“ der Benutzeroberfläche nicht nur den einfachen Zugang, sondern auch die Investitionssicherheit garantieren.

Telelearning als E-Commerce-Anwendung

Mit dem Instrumentarium des Telelearnings entwikkelt sich der interne oder externe Weiterbildungsanbieter vom Seminar-Durchführer zum Wissens-Broker! Recherche und Management von Wissen bilden die Basis für neue Dienstleistungen im Bildungsmarkt. Telelearning wird – so verstanden – eine Anwendung des E-Commerce, des Wertschöpfungsprozesses auf der Basis von Computernetzwerken.

7 ▮ 02 | 05 Zusammenfassung

Sicht des Lernenden

Der Lernende bestimmt beim Telelearning Ort und Zeit des Lernens weitgehend selbst. Überall dort, wo ein PC mit Netzwerkzugang zur Verfügung steht, klinkt der Lernende sich in das Lernnetz ein und beginnt mit dem Lernen. Das kann am PC im Lernstudio oder am Arbeitsplatz sein, aber auch vor Ort beim Kunden, wenn es darum geht, spezifische Hintergrundinformationen für die Problemlösung aus externen Datenbanken und anderen Informationspools zu beschaffen. Netzwerke sind von ihrer Struktur her dezentrale Systeme, die kooperative Prozesse unterstützen. Anwendung findet diese Eigenschaft im Lernprozeß beim Einsatz von Application Sharing und Groupware-Lösungen, die die gemeinsame Arbeit an denselben Dokumenten in einem verteilten System erlauben. Nicht nur Zeit und Ort, sondern auch Inhalt, Umfang und Methode des Lernens kann der Lernende in entsprechend gestalteten Telelearning-Umgebungen weitgehend selbst bestimmen. Selbstlernen wird hier Realität.

Sicht der Unternehmen

Für Unternehmen stellt das Lernen in Netzen eine kosteneffektive Form der Weiterbildung dar. Auch kleine und mittlere Unternehmen können „Lernnetzwerke" im Intranet kostengünstig aufbauen und gestalten, da in einer webbasierten Lernumgebung die unterschiedlichsten

Dokumente flexibel eingebunden und zu modular aufgebauten Lernpfaden verknüpft werden. Nicht zuletzt initiiert das Lernen in Netzen Kommunikations- und Teamprozesse quer durch die Unternehmensbereiche und über Hierarchiestufen hinweg und prägt damit die Unternehmenskultur.

Bei allem Enthusiasmus für diese neue Form des technologiebasierten Lernens sei zweierlei nicht unerwähnt:

- Das Telelearning und die (hier nicht ausführlicher behandelte) CBT-Distribution über Netzwerke ergänzen das personale Training und lösen es nicht ab. Gute Erfahrungen wurden in den ersten Pilotprojekten zum Telelearning gemacht, wenn beispielsweise ein gemeinsames Fundament bei den Lernenden gelegt werden sollte. Die sich anschließende Präsenzveranstaltung konnte wesentlich kompakter und mit stärkerem Bezug auf individuelle Probleme der Lernenden durchgeführt werden.
- Die Einführung von Telelearning in den klassischen Trainingsbetrieb ist mit organisatorischen Veränderungen verbunden. Sie verlangt von allen Beteiligten, insbesondere den Trainern, ein gewandeltes Selbstverständnis. Um nur einen Aspekt zu nennen: In einem Online-Training wird der Trainer sehr schnell auch zum Autor der Lernmaterialien, eine Rolle, die er in vielen klassischen Trainings nicht mehr wahrnimmt und die noch ausgeprägter bei der CBT-Entwicklung vollkommen getrennt ist von der Rolle des Trainers. Dies fordert dazu auf, neue Kompetenzen auszubilden.

FAZIT

Wer heute den Einsatz von Telelearning in der beruflichen Weiterbildung plant, sollte ausreichend Zeit vorsehen, um in einer experimentellen Umgebung erste Erfahrungen zu sammeln. Dies gilt für alle Aspekte des Telelearnings von der technischen Architektur über die organisatorischen Rahmenbedingungen (Buchungssystem, Integration in die Internet-Präsenz, Abrechnungsmodalitäten, Zugriffssicherheit u. a.) bis zur Motivation und Qualifizierung der zukünftigen Online-Trainer.

7 ▮ 02 | 06 Ausblick

Folgende Fragestellungen sind im Vorfeld von Telelearning-Projekten relevant:

- Wie hoch liegen die Kosten für Entwicklung und Durchführung von Telelearning-Angeboten?
- Welche Erträge und/oder Einsparungen sind durch die Einführung von Telelearning zu erwarten?
- Wie sollte die Einführung von Telelearning in der eigenen Organisation vorbereitet werden?
- Welche gestalterischen Regeln sind bei netzbasierten Lehr-/Lernumgebungen zu beachten?
- Wie hoch ist die Akzeptanz und die Effektivität von Online-Training im Vergleich zu anderen Formen des Lehrens und Lernens?
- Werden multimediale netzbasierte Lehr-/Lernumgebungen zum integralen Bestandteil der Wissensgesellschaft?

In den folgenden Ergänzungslieferungen dieses Expertensystems erhalten Sie vertiefende Informationen und Empfehlungen für die praktische Umsetzung in Form von Checklisten zu oben genannten Aspekten.

Tabelle 1: Anbieter von Online-Kursen mit Internet-Adressen

Anbieter von Online-Kursen	Internet-Adresse
Teleakademie Furtwangen (Prof. Kerres)	www.tele-ak.fh-furtwangen.de
Universität Gießen (Karsten D. Wolf)	www.erziehung.uni-giessen
Fernuniversität Hagen	vus.fernuni-hagen.de
Universität Mannheim (Prof. Effelsberg)	www.informatik.uni-mannheim.de/informatik/ pi4/projects/teleTeaching/inhalt.html
Ludwig-Maximilians-Universität München: Institut für Pädagogische Psychologie und Empirische Pädagogik (Prof. Mandl)	www.emp.paed.uni-muenchen.de
Asynchronous Learning Network	www.aln.org
Curry School of Education (University of Virginia)	curry.edschool.Virginia.Edu/go/frog
International University (University of the Web)	www.international.edu
Lifelong Learning	www.geteducated.com
University of Southern Queensland	www.usq.edu.au
Berufliche Fortbildungszentren der Bayerischen Arbeitgeberverbände	www.cornelia.bfz.de
Busch College	www.buschcollege.com
Deutsches Institut für Fernstudien an der Universität Tübingen	www.diff.uni-tuebingen.de
Initiative Schulen ans Netz e. V.	www.san-ev.de
Landeszentrale für Politische Bildung Baden-Württemberg	www.lpb.bwue.de/stadtwel
Bayerische Vereinsbank	www.vbtraining.de
Café Mondial	www.cafe-mondial.de
Glirarium	www.glirarium.de
HRP von Hase, Rosdale & Partner GmbH, Berlin; Projekt gefördert vom BM Arbeit/ Soziales und der EU	www.akademiede
IBM	www.hied.ibm.com/igc
IBM	www.ibmcom/java/education/intro
SNI AG	www.internet-academy.de

7 ▮ 02 | 07 Internet-Links zum Thema Telelearning

Bitte beachten Sie, daß sich Internet-Adressen in relativ kurzen Zeitabschnitten ändern! Die folgenden Adressen wurden im Juni 1998 überprüft und können zu dem Zeitpunkt, zu dem Sie dieses Expertensystem in Händen halten, verändert sein. Ich sende Ihnen gerne direkt die aktuelle Adreßübersicht zu – Sie erreichen mich am schnellsten via bruns@berres.de.

In den Tabellen 1 und 2 sind Anbieter von Online-Kursen und -Plattformen sowie deren Internet-Adressen zusammengestellt:

Tabelle 2: Anbieter von Online-Plattformen mit Internet-Adressen

Anbieter von Online-Plattformen	Produkt/Plattform	Internet-Adresse
Berres & Partner Strategieberater	IBT Server	www.berres.de
Deutsche Telekom AG	T-Mart (Global Learning)	www.telekom.de/angebot/t-mart
IBIS ACAM	Campus 2000	www.ibisacam.com
M. I. T.	VQS (z. B. Columbus bei der Deutschen Bank)	www.mit.de
ILINC	LearnLinc	www.ilinc.com
Lotus	Learning Space	
Oracle	OLA	www.oracle.com (Suchwort: OLA)
Softarc	FirstClass	www.softarc.com
WBTSYSTEMS	TopClass	www.wbtsystems.com

Literaturhinweise

Bruns B (1998) Online-Training als Profilierungschance. In: Wirtschaft & Weiterbildung 03/98. Max Schimmel Verlag, Wien

Kerres M (1998) Multimediale und telemediale Lernumgebungen: Konzeption und Entwicklung. Oldenbourg, München Wien

Schäfer M (1997) Gestaltung von Lernenden Unternehmen unter Einsatz von multimedialen Technologien. M&P Verlag für Wissenschaft und Forschung, Stuttgart

Rahmenbedingungen 8

Teil 8 ▮ Rahmenbedingungen

Inhalt

8 ▮ 01 Neue Berufe und Qualifikationsprofile
Frank Thissen
01 | 01 Neue Herausforderungen in einer veränderten Welt
01 | 02 Informations-Management

8 ▮ 02 Kompetenzen von Mitarbeitern und Management
Beate Bruns
02 | 01 Vom fleißigen Arbeiter…
02 | 02 … zum Wissensmanagement im lernenden Unternehmen
02 | 03 Kompetenzen im wettbewerbsfähigen Unternehmen
02 | 04 Praktische Umsetzung

8 ▮ 03 Gesetze und Regelungen
03 | 01 Electronic Commerce: Vertragsabschluß im Internet
Brunhilde Steckler

8

Neue Berufe und Qualifikationsprofile

8 ▮ 01

Frank Thissen

INHALTSÜBERBLICK

Die Herausforderungen durch die sich rasch verändernden Märkte erfordern neue Kompetenzen, neue Qualifikationen und neue Formen der Zusammenarbeit. Dieser Beitrag behandelt Formen des Informations-Managements heute und deren Auswirkungen auf die beruflichen Qualifikationen. Vier neue Berufsbilder werden grob skizziert und die Einsatzmöglichkeiten in den Unternehmen vorgestellt. Im Service-Teil finden Sie unter S 6 Adressen von Multimedia-Akademien, die die neuen Anforderungen in der beruflichen Weiterbildung mit einem entsprechenden Seminarangebot bedienen.

Neue Herausforderungen in einer veränderten Welt

8 ▮ 01 | 01

Neue Einflußfaktoren auf Unternehmen

Unternehmen werden seit einigen Jahren mit neuen Herausforderungen konfrontiert, die durch folgende Einflußfaktoren verursacht sind:

- Die Globalisierung der Märkte zwingt auch mittelständische Unternehmen zunehmend zu weltweiter Präsenz und weltweitem Handeln als „global player".
- Die Produktinnovationszyklen werden immer kürzer, die Geschwindigkeit, in der auf Marktveränderungen reagiert werden muß, immer größer.
- Just-in-time-Management, „rapid prototyping" und „rapid engineering" sind keine modischen Schlagworte mehr, sondern werden Realität und stellen neue organisatorische Anforderungen an die Unternehmen.
- Eine massive Verbreitung und Nutzung neuer Informationstechnologie wie Multimedia und Internet.

Neue Unternehmenskultur

Um diesen Herausforderungen angemessen begegnen zu können, sind nicht nur Einstellungsveränderungen gefordert, sondern auch eine neue Unternehmenskultur, die sich durch Flexibilität, das Fördern von Synergieeffekten und eine intensive Firmenkommunikation auszeichnet. Immer mehr Daten und Informationen müssen ausgewertet und verarbeitet werden, immer mehr Mitarbeiter müssen an den schnellen Veränderungen beteiligt werden und eigenverantwortlich ihren Teil zum Erfolg des Unternehmens beitragen. Hierzu ist es lebensnotwendig, die Resource-Information optimal zu nutzen.

Vom angemessenen Nutzen und der gezielten Verbreitung von Informationen hängt zukünftig die Überlebenschance von Unternehmen ab. Aus diesem Grund müssen sie den Fokus ihrer Aktivitäten verstärkt auf den Umgang mit dem Gut Information setzen und benötigen neue Qualifikationsprofile von Mitarbeitern.

Formen des Informationsmanagements

Um welche Informationen handelt es sich, die organisiert werden müssen und welche Formen der Kommunikation sind damit verbunden? Es sind 3 große Bereiche der Kommunikation, mit denen Unternehmen zu tun haben:

1. Interne Unternehmenskommunikation.
2. Kommunikation mit potentiellen Kunden.
3. Kommunikation mit Kunden.

Bei allen drei Arten der Kommunikation geht es um die Bereitstellung von Informationen und den gezielten Zugriff auf Informationen.

Interne Unternehmenskommunikation

Interne Unternehmenskommunikation bedeutet den intensiven Austausch von Informationen im Unternehmen.

- Im Rahmen eines „simultaneous engineering" gilt es, die Informationsströme zwischen Forschung, Entwicklung, Marketing und Vertrieb effektiv und flexibel zu gestalten.
- Das Wissen und Know-how der einzelnen Mitarbeiter muß angemessen genutzt und zu Synergieeffekten kombiniert werden (Stichwort: Wissensmanagement).
- „Change management" in einem Unternehmen erfordert Transparenz und umfassende Information aller Mitarbeiter darüber, „was z. Z. läuft".
- Besonders bei rasch wachsenden Unternehmen ist für die Stabilisierung einer geordneten Firmenkultur und das „corporate identity" ein effektives Informationsmanagement absolute Notwendigkeit.
- In einem lernenden Unternehmen müssen die Lernwege und -erfahrungen des Unternehmens transparent und sämtlichen Mitarbeiter offensichtlich sein.

Lebenslanges Lernen

Außerdem sehen sich die Mitarbeiter eines Unternehmens verstärkt der Notwendigkeit des „lebenslangen Lernens" gegenübergestellt, d. h. der selbstgesteuerten kontinuierlichen Fortbildung und Weiterqualifizierung. Dies findet immer weniger in Seminaren und traditionellen Schulungen statt, dafür aber verstärkt mit Hilfe von neuen Medien (CD-ROMs und Internet). Dafür sind neue Lernkompetenzen (Lernen zu lernen, selbstgesteuertes Lernen) der Mitarbeiter notwendig, die im seltensten Fall in der Schule oder Ausbildung erworben wurden.

Kommunikation mit potentiellen Kunden

Kommunikation mit potentiellen Kunden heißt, am Markt unübersehbar präsent zu sein und Kompetenz zu signalisieren.

Dazu ist der Einsatz von Multimedia und Internet nicht mehr eine Frage des Prestiges, sondern inzwischen eine durchaus übliche Form der Selbst- und Produktdarstellung. Multimediale Informations-CDs bieten durch den Einsatz von Ton und Video mehr Möglichkeiten als Broschüren und Prospekte. Die Webseite im Internet ist eine absolute Notwendigkeit und die denkbar schnellste Form der ersten Kontaktaufnahme. Jedoch muß ein Internet-Auftritt äußerst professionell sein, wenn nicht das Gegenteil erreicht werden will.

Kommunikation mit Kunden

Ein wesentlicher Wettbewerbsfaktor sind die Serviceleistungen eines Unternehmens, d. h. auch das schnelle und angemessene Reagieren auf Kundenanfragen. Unterstützung der Kunden beim Gebrauch der Waren und Dienstleistungen, das Erkennen des Kundenbedarfs und der regelmäßige Kundenkontakt lassen sich durch neue Technologie optimieren und teilweise auch automatisieren.

8 ▮ 01 | 02 Informations-Management

Was sind Informationen?

Informationen sind mehr als Daten – es sind Daten in einem Kontext, die von Menschen nach ihren Vorerfahrungen wahrgenommen, interpretiert, bewertet und genutzt werden. Nicht die Menge der Informationen ist ein Garant für eine optimale Nutzung, sondern ihre Relevanz für den Benutzer. In der „Informationsflut" ertrinkt jedes Unternehmen und jeder Mitarbeiter, wenn keine Strategien entwickelt werden, um die brauchbaren Informationen herauszufiltern. Ebenso ist die Bereitstellung von Informationen nicht durch den Aufbau von Datenbanken erledigt – dies ist nur die technische Seite. Die Bereitstellung von Informationen in komplexen Informationssystemen bedarf einer zielgruppengerechten Präsentation der Informationen und eines ergonomischen, d. h. der menschlichen Wahrnehmung angemessenen, „user interface" (Benutzerschnittstelle). Der Umgang mit Informationen ist primär kein technisches Problem, sondern v. a. ein inhaltliches.

Informations-Manager

Deshalb werden zukünftig Informations-Manager benötigt, die Informationen

- sammeln,
- bewerten,
- aufbereiten/präsentieren und
- verteilen.

Zusätzlich muß in Unternehmen der Prozeß des selbstgesteuerten lebenslangen Lernens gestaltet und unterstützt werden. Zukünftige Qualifikationen und Berufsbilder lassen sich in den folgenden Bezeichnungen skizzieren:

- Informations-Broker,
- Informations-Designer,
- Kommunikations-Architekten,
- Lern-Manager.

Informations-Broker

Aufgaben

Der Informations-Broker gewährleistet die rasche und gezielte Versorgung aller Bereiche des Unternehmens mit den für sie relevanten Informationen, wie z. B. neue Entwicklungen auf dem Fachgebiet, die Entwicklung der Märkte oder die Aktivitäten der Konkurrenten.

Dafür analysiert er in Absprache mit den einzelnen Abteilungen den konkreten Informationsbedarf und erstellt daraufhin ein Bedarfsprofil.

Der nächste Schritt besteht in der Entwicklung von Suchstrategien und gezielten Recherchen in (den etwa 6000) weltweiten Online-Datenbanken, im Internet sowie in Fachpublikationen.

Die Ergebnisse seiner Recherchetätigkeiten bereitet er kundengerecht auf und präsentiert sie in schriftlicher, mündlicher oder multimedialer Form.

Eine weitere Aufgabe ist die gezielte Beobachtung der Informationslandschaft, um ständig weitere Informationsquellen zu erschließen. Auch muß er die Qualität der Informationen beurteilen können.

Informations-Designer

Aufgaben

Der Informations-Designer bereitet Informationen zielgruppenorientiert und den Technologien angemessen auf. Dabei berücksichtigt er Erkenntnisse der Wahrnehmungspsychologie, der Kommunikationswissenschaft und der Pädagogik. Er beherrscht die Werkzeuge zur Erstellung von multimedialen Produkten und Internet-Seiten. Projektmanagement ist ihm ebenso vertraut wie Evaluationsmethoden.

Ein Informations-Designer konzipiert beispielsweise das Internet eines Unternehmens und definiert seine Struktur, die Zugriffsmöglichkeiten, die Navigations- und Orientierungshilfen und die modulare mediengerechte Aufbereitung der einzelnen Seiten. Er gestaltet und erstellt Texte, Bilder, Animationen und das Screen-Design.

Er konzipiert und realisiert multimediale Produktpräsentationen auf CD-ROM. Dabei beachtet er die medienspezifischen Merkmale und Einschränkungen multimedialer Informationssysteme.

In weltweit aktiven Unternehmen beachtet er kulturelle Eigenarten und berät die Mitarbeiter des Unternehmens bei der Kommunikation mit Menschen anderer Kulturkreise.

Kommunikations-Architekt

Aufgaben

Der Kommunikationsarchitekt modelliert die Kommunikationswege eines Unternehmens, und zwar intern als auch mit den (potentiellen) Kunden. Kommunikationswege sind neben elektronischen Medien wie Internet, Intranet und E-Mails auch Publikationen des Unternehmens, Presseveranstaltungen und Messeauftritte.

Ein Schwerpunkt ist aber sicherlich die interne Kommunikation in einem Unternehmen, die es nicht dem Zufall überlassen darf, daß Mitarbeiter bestimmte Informationen erhalten und sie intensiv nutzen.

Der Kommunikations-Architekt analysiert diese Kommunikations- und Informationswege, identifiziert Schwachstellen und ermittelt neuen Bedarf. Gemeinsam mit dem System-Administrator konzipiert er als Abbild die technischen Realisierungen. Er kennt die Grundlagen der Kommunikationswissenschaften und wendet diese gezielt an.

Lern-Manager

Aufgaben

Der Lern-Manager unterstützt die Mitarbeiter des Unternehmens bei der eigenverantwortlichen kontinuierlichen Fortbildung im Sinne des lebenslangen Lernens. In Absprache mit Vorgesetzten ermittelt er den aktuellen Weiterbildungsbedarf und plant die konkreten Weiterbildungsmaßnahmen.

Da Weiterbildung zunehmend selbstgesteuert und virtuell, d. h. nicht in Seminaren sondern am Arbeitsplatz und in der Freizeit, stattfindet, unterstützt und berät der Lern-Manager bei dem Erwerb von Selbstlernkompetenzen und bei Lernproblemen.

Neue Lernmedien wie multimediale Lernprogramme, tutorielle Systeme, Teleteaching und Simulationssysteme werden vom Lernmanager evaluiert und ausgewählt. Im Bedarfsfall erstellt er auch selbst Lernprogramme.

Das Unternehmen berät er bei der Realisierung von Lernumgebungen wie Schulungszentren, Selbstlernzentren und Lernangeboten für Mitarbeiter und Kunden.

Er hat einen pädagogischen Hintergrund und beherrscht die neuen Technologien.

FAZIT

Die Welt wird komplexer und eine Berufsausbildung hält nicht für die nächsten 35 Jahre. Neue Herausforderungen erfordern neue Kompetenzen, neue Qualifikationen und neue Formen der Zusammenarbeit. Informationsmanagement und neue Technologien erfordern mehr und mehr interdisziplinäres Arbeiten in Teams von Experten und Generalisten. Informatiker und Ingenieure müssen dazu bereit sein, die Herausforderungen nicht allein als technische Probleme anzusehen, sondern v. a. als inhaltliche. Hier brauchen sie die Beratung und Unterstützung von Kommunikationswissenschaftlern, Informationswissenschaftlern, Psychologen und Pädagogen.

Ausbildungsgänge sind bisher nur in Ansätzen vorhanden (z. B. im Studienfach „Informationsmanagement“ der Hochschule für Bibliotheks- und Informationswesen Stuttgart), und die deutschen Hochschulen und Ausbildungsinstitute müssen äußerst flexibel sein, um sich den neuen Anforderungen und Berufsprofilen anzupassen.

Literatur

Berres A (1997) Marketing und Vertrieb mit dem Internet. Ein Leitfaden für mittelständische Unternehmen. Springer, Berlin Heidelberg New York Tokio

Förster H-P, Zwernemann M (1993) Multimedia. Die Evolution der Sinne! Luchterhand, Neuwied

Reinhard U, Schmid U (1998) Who is who in Multimedia Bildung. Who is Verlags- & Vertriebsgesellschaft, Heidelberg

Thissen F (1998) http://machno.hbi-stuttgartde/~thissen/ausb.htm

Kompetenzen von Mitarbeitern und Management

8 ▮ 02

Beate Bruns

INHALTSÜBERBLICK

Spezifische wirtschaftliche Rahmenbedingungen setzen im Kern der Wertschöpfungsprozesse ganz spezifische Überzeugungen, Verhaltensweisen und Fähigkeiten, kurz: Kompetenzen voraus – wie auch umgekehrt spezifische Kompetenzen den Rahmen des Wirtschaftens prägen. Wenn wir heute feststellen, daß sich die Rahmenbedingungen des Wirtschaftens in den westlichen Industrienationen wesentlich verändern, dann wirkt sich diese Veränderung ganz direkt auf die Kompetenzprofile der wirtschaftenden Personen aus. In diesem Beitrag wird vorgestellt, welche Kompetenzen in welcher Art und Weise heute für morgen wichtig sind.

Vom fleißigen Arbeiter...

8 ▮ 02 | 01

„Jeder Arbeiter muß treu und unbedingt folgsam sein, sich in- und außerhalb der Fabrik anständig betragen, pünktlich die Arbeitsstunden halten und durch seinen Fleiß beweisen, daß er die Absicht hat, zum Nutzen der Fabrik zu arbeiten. Wer dies befolgt, hat zu erwarten, daß dem Wert der Arbeit nach auch sein Lohn erhöht wird. Wer aus Nachlässigkeit oder bösem Willen sich vergeht, wird bestraft." (Auszug aus dem „Reglement für die Fabrikarbeiter" der Firma Krupp aus dem Jahr 1838).

Anforderungen an Mitarbeiter und Management

Der Unternehmer im Jahr 1998 drückt seine Erwartungen an seine Arbeiter oder Angestellten wohl eher in den Begriffen Loyalität, professionelles Auftreten, Leistungsorientierung, Qualitätsbewußtsein und Identifikation mit den Unternehmenszielen aus. Sein Anreizsystem aus Motivationsfaktoren und Sanktionen wird er sicherlich vorsichtiger formulieren – doch davon abgesehen: Erkennen Sie nicht auch erstaunliche inhaltliche Übereinstimmungen zwischen 1838 und 1998? Krupp begründete ein erfolgreiches Unternehmen. Einsichten, die 150 Jahre alt sind, sind nicht notwendig veraltet. Dennoch spüren wir zunehmend, daß diese Kompetenzen und das zugrundeliegende Wertegefüge nicht ausreichen, um die Anforderungen zu bewältigen, denen sich eine wettbewerbsfähige Unternehmung heute zu stellen hat.

Wenn es richtig ist – wie eine amerikanische Studie schätzt –, daß

„bereits 80% aller Arbeitsplätze [...] in wissensintensiven Industrien angesiedelt [sind]" (Bullinger et al. 1998),

dann hat sich die Basis der Wertschöpfungsprozesse bereits erheblich verändert. Und wir haben es noch kaum bemerkt, geschweige denn, adäquat darauf reagiert!

! Wissen als neuer Produktionsfaktor verändert die Prozesse, die im Rahmen der Wertschöpfung ablaufen, und damit die Anforderungen an die Kompetenzen der Mitarbeiter und des Managements.

Dieser Zusammenhang wurde jedoch erst im Zuge der Forschungen und Studien zum lernenden Unternehmen ganz deutlich – jetzt wurden Wissensmanagement und das Management der „human resources" und ihrer Kompetenzen als wesentlicher Faktor der lernenden Organisation und damit als Erfolgsfaktor erkannt.

... zum Wissensmanagement im lernenden Unternehmen

8 ▌02 | 02

Was ist ein lernendes Unternehmen?

Das lernende Unternehmen wurde in den letzten Jahren intensiv analysiert. Ein sehr umfassender Zugang findet sich bei Senge (1990), der ein lernendes Unternehmen in seiner Vision skizziert:

> „Where people continually expand their capacity to create the results they truly desire, where new and expansive patterns of thinking are nurtured, where collective aspiration is set free, and where people are continually learning how to learn together."

Für Senge steht in der oben zitierten Passage das Innenleben eines Unternehmens im Mittelpunkt des Interesses. Die Sicht von Kunden, Lieferanten, Partnern und Konkurrenten, die die Marktsituation des Unternehmens prägen und als äußere Faktoren auf das Unternehmen einwirken, wird von Davis u. Botkin (1995) stärker berücksichtigt.

Wettbewerb initiiert Lernprozesse

Nach Davis u. Botkin (1995) ist die Wettbewerbssituation, in der sich das (lernende) Unternehmen täglich befindet, entscheidend für Inhalte und Fortschritt der Lernprozesse. Die Autoren integrieren zum ersten Mal in der Diskussion um die lernende Organisation auch die Kundenbeziehung in die organisatorischen Lernprozesse. Das ist sehr plausibel: schließlich entstehen die meisten und wirksamsten Lernimpulse und Lernmotivationen aus den Kundenbeziehungen des Unternehmens. Kunden sorgen mit ihren spezifischen Bedürfnissen dafür, daß bestehende Produkte angepaßt werden, neue Produktideen entstehen, Vertriebsmitarbeiter ihr Verhalten an ihre jeweiligen Zielgruppen anpassen.

! Der Wettbewerbsdruck, der von außen auf ein Unternehmen einwirkt, ist häufig der Auslöser für Lernpro-

8

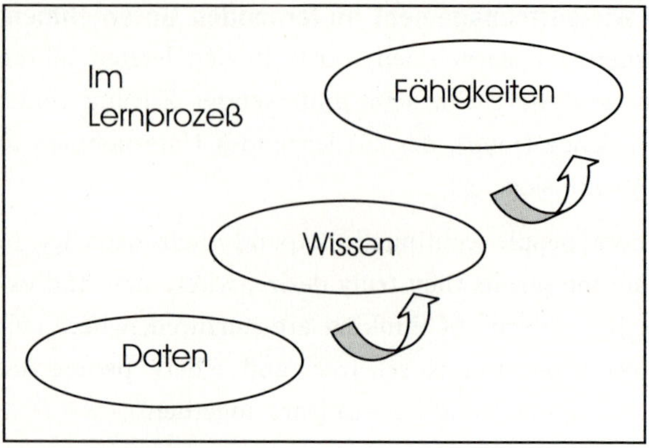

Abb. 1: Transformation von Daten zu Fähigkeiten

zesse im Unternehmen und in der Regel der stärkste Motivationsfaktor.

Im Lernprozeß selbst werden Daten zu Informationen, Informationen zu Wissen und Wissen zu Fähigkeiten (Abb. 1):

Management von Wissen

Wissen wächst, Wissen verändert sich ständig und: Wissen ist verborgen! Es ist deshalb immer auch mühsam und kostet Energie, Wissen zu produzieren und zu nutzen. Nicht zu Unrecht macht das Wort vom Wissensmanagement die Runde. Noch mühsamer sind Prozesse, in denen Fähigkeiten und Verhaltensweisen entwickelt bzw. verändert werden. Es ist deshalb eine anspruchsvolle und heute notwendig zu leistende Führungsaufgabe, Wissen als Faktor der Wertschöpfung in die Arbeitsprozesse zu integrieren, in Fähigkeiten umzuwandeln und damit nutzbar zu machen. Konsequenterweise geht es dem lernenden Unternehmen neben dem Management von Lernprozessen insbesondere auch um das effektive Management des resultierenden bzw. bereits verfügbaren Wissens. Folgende Fragen helfen der Führungskraft als Wissensmanager dabei, diese Aufgabe zu verstehen und zu lösen (nach Bullinger et al. 1998):

Kernfragen für die Führungskraft als Manager von Wissen

- Welche Ziele werden im Unternehmen verfolgt?
- Welches Wissen ist im Unternehmen bereits vorhanden?
- Wie und woher wird neues Wissen beschafft?
- Wie kann internes Wissen weiterentwickelt werden?
- Wie verteilen wir Wissen im Unternehmen?
- Wie nutzen wir das verfügbare Wissen?
- Wie bewahren wir das Wissen für zukünftige Anwendungen?
- Wie bewerten wir das verfügbare und noch nicht verfügbare Wissen hinsichtlich seines Nutzens für die Unternehmung?

Nicht nur das Wissen im Sinne der Fachkompetenz, sondern auch das Wissen-wie, das Wissen-wozu und das Wissen-warum sind wesentliche Aspekte des Wissensmanagements, mit denen sich die Führungskraft befassen wird.

Wissen repräsentiert jedoch, wie oben bereits gesagt, nur einen – wenn auch wesentlichen – Teil dessen, was im Verlauf von Lernprozessen an für die Wertschöpfung notwendigen Faktoren entsteht. Darüber hinaus geht es immer auch um den Erwerb und das Training von Methoden, Verhaltensweisen, Arbeitsweisen.

Vom Wissen zum Tun

Erst dann, wenn Mitarbeiter ihr Wissen in der gewünschten Weise anwenden und in reale Tätigkeiten umsetzen, entsteht der unternehmerisch relevante Wert der in Gang gesetzten Lernprozesse.

8

8 ▮ 02 | 03 Kompetenzen im wettbewerbsfähigen Unternehmen

Kompetenz leitet sich als Fremdwort aus dem Lateinischen ab. Hier entspricht der Ausdruck competere unserem Verb kräftig sein oder auch (in der ursprünglichen Bedeutung) zusammentreffen (beim Kampf). Davon abgeleitet ist das Substantiv competitor, der Mitbewerber. Wir sehen also bereits in der Wortbedeutung den Zusammenhang zwischen Stärken und Wettbewerbssituationen!

Wenn wir uns nun fragen, welche Kompetenzen heute gefordert sind, hilft uns die eben ausgeführte Sichtweise sehr schnell weiter. Zu berücksichtigen sind also

- Unternehmensziele,
- Kundenbedürfnisse,
- Wettbewerbssituationen,
- organisatorisches Lernen (Lernen von Systemen und in Systemzusammenhängen),
- individuelles Lernen (Lernen von Einzelpersonen innerhalb von Systemen),
- Management von Wissen,
- Management von Lernprozessen.

Klassische Kompetenzen

Bilden wir diese Faktoren auf Kompetenzen von Mitarbeitern ab, erkennen wir die 4 klassischen Kompetenzfelder Fach-, Methoden-, soziale und persönliche oder Selbstkompetenz wieder.

Plus Unternehmenskompetenz

Zu erweitern sind diese Kompetenzfelder durch die Unternehmenskompetenz, d. h. das Wissen um die Ziele und Strategien des Unternehmens, die Unternehmenskultur, die Gepflogenheiten, die formellen und informellen Strukturen, die Marktposition, die Kunden und Lieferanten sowie die Fähigkeit, dieses Wissen im Sinne der Unternehmensziele anzuwenden.

Plus Lernkompetenz

Die Methoden- und persönliche Kompetenz erfahren im Zuge der veränderten Rahmenbedingungen eine schärfere Konturierung in der Selbstlernkompetenz. Die Selbstlernkompetenz bezeichnet die Fähigkeit, eigene Lernbedürfnisse zu erkennen, Wege zur Befriedigung dieser Lernbedürfnisse zu identifizieren und diese Wege auch erfolgreich zu beschreiten. Um diese Fähigkeit ihrer Bedeutung gemäß zu positionieren, stellen wir sie als Lernkompetenz auf eine Stufe mit den klassischen Kompetenzen.

Plus Medienkompetenz

Multimedia als Wort des Jahres 1996 verweist uns auf ein weiteres neues Kompetenzfeld, die Medienkompetenz. Sie wird als Schlüsselqualifikation im ganzen Unternehmen, quer durch alle Hierarchieebenen, parallel zur rasch wachsenden Bedeutung der unterschiedlichsten Medien für den Arbeitsprozeß immer wichtiger. Führungskräfte ohne die Fähigkeit, die Kommunikationsmedien der Computernetzwerke, des Internets und der Telekommunikationsnetze effektiv einzusetzen, dürften in spätestens 5–10 Jahren mit dem nächsten Generationswechsel nicht mehr anzutreffen sein. Das gleiche gilt für Mitarbeiter in den unterschiedlichen Bereichen, die nicht zuletzt im Rahmen der organisierten Lernprozesse in den nächsten Jahren zunehmend in technologiegestützten, medientechnisch ausgereiften Lernumgebungen lernen werden. Stichworte hier sind Computer Based Training und Telelearning (vgl. Kap. 7.02).

Die neuen Kompetenzfelder im Überblick

- Unternehmenskompetenz
- Fachkompetenz

- Methodenkompetenz
- Soziale Kompetenz
- Persönliche oder Selbstkompetenz
- Lernkompetenz
- Medienkompetenz

Isoliertes Training der Kompetenzen

Typischerweise werden Kompetenzen isoliert und stellenbezogen trainiert. Daraus ergeben sich für die Teilnehmer an den entsprechenden Trainingsmaßnahmen **Reibungsverluste** durch unterschiedliche fachliche Interessen der Teilnehmer, durch unterschiedliche Anforderungen an die Ausprägung der Kompetenz, durch mangelnde Begleitung des Transfers in die betriebliche Praxis und durch die meist fehlende Abstimmung zwischen dem Training der technischen Skills und der zugehörigen persönlichen oder methodischen Fähigkeiten.

Daneben entstehen **blinde Flecken.** Ganze Kompetenzfelder wie z. B. die Lernkompetenz werden ausgeblendet, da sie sich nur schwer in herkömmliche Curricula integrieren lassen. Dies gilt auch für manche Teilkompetenzen wie z. B. die Problemlösungsfähigkeit, die eine Schlüsselfunktion ausüben, aber noch zu selten (ob explizit oder implizit) trainiert werden.

Integration der Kompetenzen

Der entscheidende Wettbewerbsvorteil ergibt sich für das lernende Unternehmen, wenn die einzelnen Kompetenzfelder im Lernprozeß integriert werden. Dies bedeutet für Inhalte und Organisation von betrieblichen Lernprozessen, daß diese mit Blick auf die jeweiligen Wechselbezüge anhand der tatsächlichen betrieblichen Aufgabenstellung und möglichst eng eingebunden in die tatsächlichen Wertschöpfungsprozesse auszuwählen und zu gestalten sind. Nur diese ganzheitliche Sicht bringt die einzelnen Kompetenzen voll zur Wirkung und stellt sie damit in den Dienst der Unternehmensziele, deren erstes die Selbsterhaltung sein dürfte. Berufliche Weiterbildung ist damit nicht länger Ausnahmezustand, sondern der Regelfall!

Praktische Umsetzung

8 ▮ 02 | 04

Vor dem heutigen Erfahrungshintergrund zeichnen sich einige Hürden, aber auch positive Faktoren hinsichtlich der praktischen Umsetzung für unterschiedliche Unternehmensgrößen und Branchen ab.

Große Unternehmen

Konzerne beispielsweise neigen dazu, in großen Lösungen zu denken, deren Ausarbeitung bereits eher Monate als Wochen in Anspruch nimmt. Darüber hinaus bremsen unternehmensweit geltende Regelwerke (insbesondere die für die Formalien) die flexible Einbettung des verfügbaren Know-hows in den Lern- und Arbeitsprozeß. In großen Unternehmen besitzt auf der anderen Seite das Thema Weiterbildung einen hohen Stellenwert – hier muß keine Überzeugungsarbeit geleistet werden. Darüber hinaus liefern die sich aufeinander zu bewegenden Entwicklungslinien von klassischer Weiterbildung, Wissensmanagement und prozeßorientiertem Lernen Impulse für die heute schon erkennbare Weiterentwicklung der Weiterbildner: **Weiterbildung** wird für den Produktionsfaktor Wissen zum **strategischen Unternehmensprozeß** schlechthin.

Kleine und mittlere Unternehmen

Kleine und mittlere Unternehmen, die traditionell das Thema Weiterbildung eher unterschätzen (aus z. T. berechtigten Gründen wie z. B. Kostengründen), laufen Gefahr, einen entscheidenden Wettbewerbsfaktor zu verlieren, wenn sie sich nicht gezielt mit dem Thema „Lernen“ auseinandersetzen. Auf der anderen Seite liefern gerade die aktuellen technischen Entwicklungen Unternehmen dieser Größenordnung **flexible und durchaus kosteneffektive Lösungen.**

Innovative junge Unternehmen

Innovative junge Unternehmen betreiben in der Regel bereits ein sehr intensives Wissensmanagement (wenn auch intuitiv und selten bewußt gestaltet): Kurze Wege, kurze Entscheidungsprozesse, wenig Hierarchiestufen, ein hoher Anteil von Projektarbeit und ein selbstverständlicher Umgang mit Informationstechnik am Arbeitsplatz fördern die Verbreitung und wirtschaftliche Nutzung des verfügbaren Wissens. Hier besteht eine Hürde darin, diesen Prozeß des Bereitstellens, Verteilens und Nutzens von Know-how bewußt zu machen, um diese **gute Praxis** auch in die Zukunft zu retten.

Die praktische Umsetzung sieht bei jedem Unternehmen sicherlich verschieden aus. Die individuelle Anpassung erfolgt in einem Lernprozeß, den das Unternehmen mit seinen Mitarbeitern und ggf. mit Hilfe von außen durchläuft. Die neuen Entwicklungen bei den Groupware-Lösungen, bei den Angeboten zum technologiebasierten Lernen (vgl. insbesondere Kap. 7.2) sowie bei Software-Lösungen, die das interne Wissensmanagement unterstützen, begleiten die Realisierung in informationstechnischer Hinsicht. Für jedes Unternehmen stellt die Tendenz zur Individualisierung von Know-how eine zusätzliche Hürde dar: Einzelne Mitarbeiter verfügen über Know-how und sind eher selten von sich aus bereit, dieses Know-how direkt auch Kollegen und Mitarbeitern zugänglich zu machen.

Doch stimmt es optimistisch, wenn deutsche Unternehmer von sich behaupten, die Aufgabenstellung erkannt zu haben, wie folgendes Zitat beweist:

„Durch eine effektive Nutzung und Bewirtschaftung der Ressource Wissen könnte nach Aussage von deutschen Unternehmern die Produktivität im Durchschnitt um ein Drittel erhöht werden.“ (Bullinger et al. 1998)

! Diese Unternehmer haben nicht nur die Aufgabenstellung, sondern auch die Wettbewerbsvorteile erkannt, die sich aus einem in die Unternehmensstrategie eingebetteten Lernprozeß ergeben. Andere werden nachziehen, denn – wie oben ausgeführt – Wettbewerbsdruck von außen ist der wirkungsvollste Motivationsfaktor für interne Veränderungsprozesse!

Literaturhinweise

Bruns B (1997) Lernstatt 2000. In: CW-Jahrbuch der DV-Weiterbildung. CW-Verlag, München, S 6–10

Bullinger H-J et al. (1998) Produktionsfaktor Wissen. Personalwirtschaft 5/98

Davis S, Botkin J (1995) Das künftige Geschäft – wissensgestützt. Harvard Business Manager 2:25–30

Müller UR (1997) Machtwechsel im Management: Drama und Chance. Haufe-Verlags-Gruppe, Freiburg Berlin München

Schäfer M (1997) Gestaltung von Lernenden Unternehmen unter Einsatz von multimedialen Technologien. M&P Verlag für Wissenschaft und Forschung, Stuttgart

Senge PM (1990) The fifth discipline: The art and practice of the learning organisation. 1990, New York

Gesetze und Regelungen

8 ▮ 03

Electronic Commerce: Vertragsabschluß im Internet

8 ▮ 03 | 01

Brunhilde Steckler

INHALTSÜBERBLICK

Gesetze und Regelungen hinken der technologischen Entwicklung hinterher. Viele rechtliche Fragen sind offen, wobei gleichzeitig die Chancen, die die Internet-Präsenz einem Unternehmen für die Unternehmenskommunikation und den Vertrieb eröffnet, ein Zögern nicht verzeihen. Dieser Beitrag befaßt sich mit den rechtlichen Grundlagen und den aktuellen rechtlichen Aspekten bei Vertragsabschlüssen im Internet.

Internet als globaler Marktplatz

Das Internet hat sich in kurzer Zeit zu einem globalen Marktplatz entwickelt. Weltweit nutzen immer mehr Unternehmen die Möglichkeit, Waren und Dienstleistungen im Internet zu präsentieren und auch online zum Abruf bereitzuhalten. Die Informationen sind weitgehend unentgeltlich, schnell und leicht verfügbar und zudem aktuell. Fast alle internationalen Werbeagenturen haben Internet-Abteilungen gegründet und bieten ihren Kunden Beratung bei der Werbung im Internet und den vielfältigen Formen des Direktmarketings an.

Vorteile einer Internet-Präsenz

Die Vorteile liegen in der multimedialen Darstellungsform, in der werbewirksamen Präsenz, in den geringen Kosten und v. a. in der Interaktivität. Das Internet bietet sich zur Nutzung vieler Branchen an. Shopping-Networks ermöglichen die Bestellung von Waren und Dienstleistungen, der Abruf von Informationen aus kommerziellen Datenbanken und Informationsdiensten nimmt zu, Kommunikations-, Unterhaltungs- und Bildungsangebote werden als On-demand-Services angeboten und in Zukunft spielt auch die Finanzierung dieser Leistungen über das Internet eine bedeutsame Rolle (Hage 1996; Schwarz 1996; Strömer 1997).

Kommerzielle Nutzung des Internets

Die kommerzielle Nutzung des Internets bietet insbesondere kleinen und mittelständischen Unternehmen neben der aktuellen weltweiten Präsentation auch die Möglichkeit, Waren und Dienstleistungen im Online-Service bereitzustellen und eröffnet einen direkten Zugang zum Markt. Viele Anbieter wirtschaftlicher Leistungen zögern noch mit der Bereitstellung interaktiver Webseiten, weil sie nur auf der Grundlage gesicherter vertrags- und haftungsrechtlicher Zuordnung kontraktieren wollen. Dies gilt besonders für die technische und rechtliche Absicherung des elektronischen Zahlungsverkehrs.

Im folgenden soll deshalb auf die aktuellen rechtlichen Aspekte bei Vertragsabschlüssen im Internet eingegangen werden.

Kollisionsrecht

„Cyberlaw“ als extraterritoriales Recht

Die Präsenz im Internet kann mit den nationalen Rechtsordnungen nicht mehr erfaßt werden. Das Recht folgt dem Territorialitätsprinzip, während sich die wirtschaftlichen Aktivitäten im Internet von den Rechtsordnungen einzelner Länder lösen und selbst mit den Regeln des internationalen Rechts unzureichend erfaßt werden können. Die Kollision verschiedener Rechtssysteme im Cyberspace eröffnet ganz neue rechtliche Dimensionen gegenüber dem herkömmlichen grenzüberschreitenden Waren- und Dienstleistungsverkehr. Die Regeln des internationalen Rechts wurden für den internationalen Wirtschaftsverkehr entwickelt, während die Internet-Aktivitäten mit dem vorherrschenden Territorialitätsprinzip nicht mehr erfaßt werden können. Wie sollte eine Internet-Präsentation aussehen, die weltweite Wettbewerbsregeln und vertragliche Prinzipien berücksichtigt? Welche urheberrechtlichen, markenrechtlichen, datenschutzrechtlichen und strafrechtlichen Fragen stellen sich bei der Vorbereitung eines Internet-Angebots von Waren und Dienstleistungen? In der internationalen Diskussion bildet sich ein extraterritoriales Recht unter dem Begriff „Cyberlaw" heraus.

Internet als virtueller Rechtsraum

Das Internet wird allgemein als eine von den Rechtssystemen einzelner Staaten unabhängige Umgebung der Kommunikation und Information angesehen. Denn für die virtuelle Welt des Internets ist die Regelungsbefugnis und -fähigkeit nationaler Gesetzgeber begrenzt. Auch kann das Internet nicht den politischen, moralischen, religiösen und wirtschaftsregulatorischen Vorstellungen aller beteiligten Staaten entsprechen. Nur grundlegende, allgemein anerkannte Rechtsprinzipien haben Aussicht, international vielleicht als Grenze für den freien Informationsaustausch anerkannt zu werden (Ebbing 1996).

Verträge im Internet

Im Bereich der Anbieter wirtschaftlicher Leistungen wird man aber noch weiter gehen müssen. Denn nur auf der Grundlage gesicherter vertragsrechtlicher Zuordnung der unterschiedlichen Kommunikationsleistungen und einer eindeutigen haftungsrechtlichen Zuordnung wird eine kommerzielle Nutzung des Internets in dem gewünschten Umfang erfolgen und zu den erwarteten wirtschaftlichen Ergebnissen führen. Dies gilt besonders für die technische und rechtliche Absicherung des elektronischen Zahlungsverkehrs (Bachmann 1997; Koch 1995).

Internationales Privatrecht

Die Ausgangsüberlegung ist folgende: Nach den Regelungen des deutschen internationalen Privatrechts (IPR) – Art. 27 EGBGB – gilt der Grundsatz der freien Rechtswahl. Wenn die Parteien keine Rechtswahl getroffen haben, gilt nach Art. 28 Abs. 1 EGBGB das Recht desjenigen Staates, mit dem der Vertrag nach seinem Inhalt die engsten Verbindungen hat. Es kommt entscheidend darauf an, wessen Leistung den Vertrag rechtlich und wirtschaftlich entscheidend prägt, d. h. das Recht des Staates ist maßgeblich, in dem die Partei ihren Unternehmenssitz hat, welche die charakteristische Leistung erbringt. Unbeachtlich ist der Ort, an dem sich der Server befindet (Waldenberger 1996). In Kaufverträgen erbringt der Verkäufer die charakteristische Leistung, so daß der Geschäftsort des Verkäufers das anzuwendende Recht festlegt. Bei Lizenzverträgen – z. B. Übertragung von Nutzungsrechten an einer Software – ist nach herrschender Meinung der Ort des Lizenznehmers maßgebend, sofern diesen bestimmte Ausübungs- und Verwertungspflichten treffen (BGH GRUR 1960). Dies ist der Fall, wenn die den Lizenzvertrag prägende Leistung im Vertrieb und im Handel mit Werkkopien besteht. Sofern der Lizenznehmer nur Lizenzgebühren zu zahlen hat, liegt darin allerdings keine den Vertrag prägende Leistung.

Rechtswahlklausel

Im Zusammenhang mit einer Rechtswahlklausel ist zu beachten, daß nach deutschem IPR die Regeln des UN-Kaufrechts Anwendung finden, wenn dieses nicht ausdrücklich ausgeschlossen wurde. Dieses Übereinkommen der Vereinten Nationen über Verträge über den internationalen Warenkauf (Convention of International Sales of Goods = CISG) enthält u. a. vom deutschen Kaufrecht abweichende Gewährleistungsregeln. Es kann davon ausgegangen werden, daß bei vielen im Internet abgeschlossenen Verträgen über Warenlieferungen mit Mitgliedstaaten des UN-Kaufrechtsabkommens die Vorschriften des CISG anzuwenden sind. Deutschland ist seit 1991 Mitglied des UN-Kaufrechtsabkommens.

Vertragsabschluß im Internet

Angebote über die Homepage

Die Homepage mit dem Angebot von Waren oder Dienstleistungen wird im Sinne einer den Vertrag vorbereitenden Handlung als „invitatio ad offerendum" angesehen. Eine Werbemaßnahme hat vertragsrechtlich noch keinen bindenden Charakter. Es ist aber das Werberecht der Staaten zu beachten, in denen die Homepage aufgerufen werden kann. Nach den Regeln des UN-Kaufrechts können Aussagen in einer Werbung für die vertragsgemäße Beschaffenheit einer Ware - Sollbeschaffenheit - herangezogen werden, so daß bei Abweichungen der tatsächlichen Lieferung von dem virtuellen Angebot einer Internet-Präsentation durchaus Gewährleistungsansprüche entstehen.

verbindlicher Vertragsabschluß per E-Mail

Das verbindliche Vertragsangebot erfolgt noch nicht durch die Präsentation von Waren und Dienstleistungen auf der Homepage, sondern erst durch eine Erklärung des Bestellers. Dieser füllt z. B. ein elektronisches Formular aus, indem er die vorgesehenen Felder anklickt, die vorgegebenen Textfelder ausfüllt und das Bestellformular sodann per E-Mail absendet. Das Vertragsangebot kann auf diesem Weg - per E-Mail - auch angenommen werden. Ein Vertrag ist wirksam zustande gekommen (Mehrings 1998).

Schriftform der Willenserklärung und digitale Signatur

Schriftformerfordernis

Aus Gründen des Verbraucherschutzes ist für einige Verträge die Schriftform zwingend vorgesehen, wie z. B. bei der Kreditierung des Kaufpreises gem. § 4 VerbrKrG. Die elektronisch generierten und übermittelten Erklärungen genügen dem Schriftformerfordernis gem. § 126 BGB nicht, weil eine eigenhändige Namensunterschrift fehlt (BGHZ 121, 224; Redeker 1994). Zudem liegen die Erklärungen in digitaler Form und nicht in einer verkörperten Textform vor. Sofern gesetzlich vorgegebene Schriftformerfordernisse nicht eingehalten werden, ist die Willenserklärung nichtig. Für den Vertragsabschluß ist in diesen Fällen der herkömmliche Weg - Telefon, Fax, Brief - zu empfehlen. Sofern den Interessenten die Möglichkeit gegeben wird, Bestellformulare aus der Internet-Präsentation abzurufen, kann der Vertragsabschluß beschleunigt werden.

Beweisurkunde

Zusätzlich stellt sich die Frage nach dem Beweiswert digital generierter Dokumente. Nach überwiegender Auffassung können diese Dokumente nur im Rahmen freier richterlicher Beweiswürdigung im Zivilprozeß berücksichtigt werden, § 286 ZPO (Geis 1993; Heun 1995; Kilian 1993). Da weder eine dauerhafte Verkörperung noch eine Unterschrift vorliegt, besteht keine Privaturkunde gem. § 416 ZPO. Auch die Vereinbarung einer Beweisklausel, wonach der Kunde den Beweiswert der elektronischen Dokumente als Urkundenbeweis akzeptieren muß, hätte - ihre Wirksamkeit unterstellt - keine Bindungswirkung für die richterliche Beweiswürdigung (Hoeren 1995). Infolgedessen kann der Verkäufer bei Vertragsabschluß im Internet nicht darauf vertrauen, daß die elektronisch hergestellten Vertragsformulare den Beweis für den Abschluß und den Inhalt des Vertrags erbringen. Umgekehrt könnte sich der Kunde problemlos darauf berufen, daß er den Vertrag nicht mit dem behaupteten Inhalt oder überhaupt nicht abgeschlossen hat.

IuKDG: Digitale Signatur

Das am 1. August 1997 in Kraft getretene Signaturgesetz (Art. 3 des Gesetzes zur Regelung der Rahmenbedingungen für Informations- und Kommunikationsdienste vom 22. Juli 1997 = IuKDG) soll dazu führen, daß ein elektronisches Dokument mit Hilfe einer digitalen Signatur als Beweisurkunde anerkannt werden kann. Die Echtheit der dabei verwendeten elektronischen Unterschrift und die Zugehörigkeit zu bestimmten unverfälschten Daten wird mit einem öffentlichen Schlüssel überprüft. Ein Signaturschlüsselzertifikat einer Zertifizierungsstelle oder Behörde läßt den Inhaber der Daten und die Unverfälschtheit der Daten erkennen. Die Deutsche Telekom richtet derzeit eine oberste Zertifizierungsstelle in Mainz ein. Es liegen etwa 20 Anträge für die Einrichtung weiterer Zertifizierungsstellen vor. Damit ist ein Sicherheitsstandard erreicht, welcher der europäischen und der US-amerikanischen Entwicklung entspricht (Geis 1997).

Künftiges Textformgesetz

Die Schriftform wird erst de lege ferenda durch ein Textformgesetz hergestellt werden, wonach durch die Einfügung einer neuen Vorschrift in das BGB – § 126 a BGB – eine gesetzliche Regelung für die telekommunikative Übermittlung digitaler Willenserklärungen geschaffen wird. Die Erklärung muß beim Empfänger jederzeit durch Umwandlung in Schriftzeichen lesbar gemacht werden können und die Person des Erklärenden muß erkennbar sein. Eine Änderung des § 127 BGB wird dahingehend erfolgen, daß durch die auf diese Weise definierte Textform auch die für manche Verträge erforderliche schriftliche Form gewahrt wird. Das Signaturgesetz ist infolgedessen hinter den Erwartungen und Bedürfnissen der Akteure im elektronischen Handel zurückgeblieben (Kuner 1997).

Zugang der Willenserklärungen

Gültigkeit eines „Internet-Vertrags“

Ein Vertrag ist erst dann zustande gekommen, wenn beide inhaltlich übereinstimmenden Willenserklärungen – Angebot und Annahme – vorliegen. Deshalb stellt sich die Frage, zu welchem Zeitpunkt ein über das Internet geschlossener Vertrag wirksam ist. Das Bürgerliche Recht unterscheidet zwischen Vertragsabschlüssen unter Anwesenden (Telefon) und unter Abwesenden (Telefax). Ein Vertragsabschluß unter Anwesenden kann nur bei zeitgleichem Erklärungsaustausch angenommen werden, z. B. wenn die Computer online miteinander kommunizieren, etwa bei einem elektronischen Datenaustausch (electronic data interchange = EDI). In aller Regel wird aber der Nutzer im Internet nur die Bildschirmseite vor sich haben – z. B. im World Wide Web (WWW) – so daß von einem Vertragsabschluß unter Abwesenden auszugehen ist (Fritzsche u. Malzer 1995).

Zugang von Erklärungen per E-Mail

Für den Zugang der Bestellung per E-Mail kommt es daher gem. § 147 BGB darauf an, wann mit der Leerung des elektronischen Briefkastens üblicherweise gerechnet werden kann. Während von Kaufleuten/Wirtschaftsunternehmen erwartet werden kann, daß sie während der üblichen Geschäftszeiten 1mal täglich die elektronische Mail abrufen, hat sich für Privatpersonen noch keine entsprechende Verkehrsübung herausgebildet. Sofern Unternehmen per E-Mail Bestellungen entgegennehmen, ist zu empfehlen, die Vertragsannahmeerklärung dem Empfänger per Fax oder Briefpost zuzusenden, falls es sich um einen Verbraucher handelt. Andernfalls könnte sich der Verbraucher auf eine verspätete Vertragsannahme berufen. Ein Vertrag wäre dann nicht zustande gekommen.

Haftung von Online-Diensten

Infolge der umfangreichen Verbreitung von Informationen über das Internet wird häufig die Frage nach der Verantwortlichkeit für die inhaltliche Richtigkeit der Daten gestellt. Daraus ergibt sich die weitere Frage nach der

Mitverantwortung für den Inhalt einer Seite, zu deren Aufruf ein „Link“ oder „Hyperlink“ führt.

Haftung von Content-Providern

Im Bereich der Printmedien ist die Haftung des Verfassers für den Inhalt anerkannt. In Anwendung dieses Rechtsgrundsatzes kommt im Internet die Haftung des Content-Providers für die Inhalte in Betracht, die er in das Netz gestellt hat. Es liegt zweifellos eine Verletzung der Verkehrssicherungspflicht vor, wenn unzutreffende Informationen verbreitet oder zum Abruf bereitgehalten werden.

Haftung von Access-Providern

Die haftungsrechtliche Verantwortlichkeit des Access-Providers ist umstritten. Teilweise wird die Rechtsprechung zur Haftung des Verlegers bei Printmedien herangezogen. Dies dürfte aber nur anzunehmen sein, wenn ein entgeltlicher Online-Informationsdienst angeboten wird, der beratungsähnliche Elemente enthält. Dagegen hat der Verleger für fehlerhafte Angaben seiner Verlagsprodukte nicht einzustehen. Ihn trifft im allgemeinen keine Pflicht zur inhaltlichen Überprüfung des Werks, nur ausnahmsweise hat er bei einem risikoreichen Druckwerk besondere Sicherheitsvorkehrungen zu treffen.

Haftung für eigene Inhalte

In Deutschland wurde die Rechtslage mit der Schaffung des Teledienstegesetzes (TDG) geklärt, das zum 1. 8. 1997 in Kraft getreten ist. Dieses Gesetz regelt einheitliche wirtschaftliche Rahmenbedingungen für die Nutzungsmöglichkeiten der elektronischen Informations- und Kommunikationsdienste. Danach sind Diensteanbieter für eigene Inhalte, die sie zur Nutzung bereithalten, nach den allgemeinen Gesetzen verantwortlich.

Haftung für fremde Inhalte

Diensteanbieter sind aber auch für fremde Inhalte verantwortlich, die sie zur Nutzung bereithalten, wenn sie von diesen Inhalten Kenntnis haben und es ihnen technisch möglich und zumutbar ist, deren Nutzung zu verhindern, § 5 Abs. 2 TDG. Dagegen sind Diensteanbieter für fremde Inhalte, zu denen sie lediglich den Zugang zur Nutzung vermitteln, nicht verantwortlich, § 5 Abs. 3 Satz 1 TDG.

Verbraucherschutz

Verbraucherschutz im Internet

Die Anwendung der Verbraucherschutzgesetze bei Vertragsabschluß im Internet – Gesetz zur Regelung Allgemeiner Geschäftsbedingungen (AGBG), Haustürwiderrufsgesetz (HWiG), Verbraucherkreditgesetz (VerbrKrG) – wird lebhaft diskutiert (Ernst 1997). Es ist kollisionsrechtlich zu beachten, daß nach Art. 29 EGBGB eine Rechtswahlklausel nicht dazu führen darf, daß dem Verbraucher der durch die zwingenden Rechtsvorschriften des Staates, in dem er seinen gewöhnlichen Aufenthaltsort hat, gewährte Schutz entzogen wird. Einem deutschen Verbraucher steht daher auch bei elektronischen Bestellungen der Schutz nach den genannten nationalen Verbraucherschutzgesetzen zu. Es wird aber vorausgesetzt,

Voraussetzungen

- daß ein ausdrückliches Angebot oder eine Werbung in dem Heimatstaat des Verbrauchers vorausgegangen ist und der Verbraucher in diesem Staat auch die zum Abschluß des Vertrages erforderlichen Rechtshandlungen vorgenommen hat,
- oder daß der Vertragspartner des Verbrauchers dessen Bestellung in dessen Heimatstaat entgegengenommen hat.

Sofern die Vertragsparteien keine Rechtswahlklausel getroffen haben, gilt bei Verbraucherverträgen das Recht des Staates, in dem der Verbraucher seinen gewöhnlichen Aufenthalt hat.

AGB-Gesetz

Das **Gesetz zur Regelung Allgemeiner Geschäftsbedingungen (AGBG)** betrifft Formularklauseln, welche dem Vertrag zugrunde gelegt werden. Die Einbeziehung Allgemeiner Geschäftsbedingungen – formularmäßige Verkaufs- oder Lieferbedingungen – erfolgt nach dem Konsens-Dissens-Prinzip des bürgerlichen Rechts, §§ 145 ff BGB, wonach auch die Formularbedingungen in den Vertrag einbezogen werden müssen, d. h. inhaltlicher Bestandteil der Angebots- und Annahmeerklärungen werden. Bei Verträgen mit Verbrauchern ist daneben auch § 2 AGBG zu beachten. Der Verwender hat auf seine Formularbedingungen im Zeitpunkt des Vertragsabschlusses ausdrücklich hinzuweisen und muß diese in zumutbarer Weise in den Vertrag einbeziehen.

AGB im Internet

Dem Nutzer des Internets wird das Lesen umfangreicher Allgemeiner Geschäftsbedingungen am Bildschirm nicht zuzumuten sein. Sofern diese Formularbedingungen von geringem Umfang sind und etwa eine bis zwei Seiten umfassen, hat sich die Auffassung herausgebildet, daß das Lesen am Bildschirm die Zumutbarkeitsgrenze noch nicht überschreitet. In diesem Fall kann der Betrachter der Homepage die Formularbedingungen bei geringen Kosten ausdrucken. Sofern ein Unternehmen umfangreichere Geschäftsbedingungen in das Internet stellt, werden diese nicht Vertragsbestandteil bzw. der Vertrag gilt mangels Einigung als nicht zustande gekommen. Will der Diensteanbieter im Internet diese Rechtsunsicherheit vermeiden, ist ein konventioneller Vertragsabschluß empfehlenswert.

Haustürwiderrufsgesetz

Das **Haustürwiderrufsgesetz (HWiG)** wird teilweise in den Fällen des Teleshoppings angewandt, insbesondere weil zum Schutz des Verbrauchers vor übereilten und unüberlegten Vertragsabschlüssen ein Widerrufsrecht geboten erscheint. Allerdings liegen meist die Voraussetzungen des § 1 HWiG nicht vor, weil die elektronischen Bestellungen keine Freizeitgeschäfte sind. Denn der Nutzer des Internets wählt sich selbst in das Netz ein und ruft die von ihm gewünschte Homepage auf. Es besteht daher keine dem Haustürgeschäft vergleichbare Verkaufssituation.

Verbraucherkreditgesetz

Das **Verbraucherkreditgesetz (VerbrKrG)** gilt für Kreditverträge, Zahlungsaufschübe und sonstige Finanzierungshilfen mit Verbrauchern, sofern der Kredit oder Barzahlungspreis 400 DM übersteigt oder ein Zahlungsaufschub von mehr als 3 Monaten eingeräumt wird. Diese Verträge bedürfen der Schriftform und müssen einen Mindestinhalt aufweisen, wonach der Verbraucher die Vertragskosten erkennen kann. Ratenzahlungs- oder Stundungsvereinbarungen, die z. B. von Versandhäusern im Internet angeboten werden, führen zur Formnichtigkeit des Vertrages. Die Vereinbarung mittels E-Mail wäre mangels Schriftform gem. § 125 BGB nichtig, weil die eigenhändige Unterschrift fehlt. Auch die digitale Signatur nach dem Entwurf des Signaturgesetzes genügt diesen Anforderungen nicht.

Ausnahmen von dem Formerfordernis

Der Formmangel kann nach § 6 VerbrKrG aber geheilt werden, wenn die Ware geliefert oder der Kredit in Anspruch genommen wurde. Zudem besteht eine Sondervorschrift für den Versandhandel gem. § 8 VerbrKrG, wenn die Lieferung einer Sache oder die Erbringung einer Leistung aufgrund eines Verkaufsprospekts erfolgt und dieser die gesetzlichen Mindestangaben – Bar- und Teilzahlungspreis, Betrag, Zahl und Fälligkeit der einzelnen Teilzahlungen und effektiver Jahreszins – enthält. Es besteht ein Meinungsstreit darüber, ob eine Homepage im Internet als Verkaufsprospekt im Sinne von § 8 VerbrKrG anzusehen ist. Für den Bildschirmtext wurde eine Gleichstellung mit den Printmedien abgelehnt

(Micklitz 1992; Ulmer 1995), aber es gibt auch die gegenteilige Auffassung (Waldenberger 1996). Es liegen z. Z. noch keine Gerichtsentscheidungen über diese Frage vor.

Europäische Fernabsatzrichtlinie

Europäische Fernabsatzrichtlinie

Die Fernabsatzrichtlinie (97/7/EG vom 17. Februar 1997, ABl. Nr. L 144 v. 4.6.1997) regelt den Verbraucherschutz bei Abschluß von Verträgen durch Verwendung einer oder mehrerer Telekommunikationstechniken. Dazu gehören

- Drucksachen, Standardbriefe, Pressewerbung mit Bestellschein, Katalog,
- telefonische Kommunikation mit Personen oder mit Automaten (Voice-mail-System, Audiotext),
- Hörfunk, Bildtelefon,
- Videotext (Microcomputer, Fernsehbildschirm) mit Tastatur oder Kontaktbildschirm,
- elektronische Post, Fernkopie (Telefax), Fernsehen (Teleshopping).

Verbraucherinformation

Die Verwendung dieser Techniken darf nicht zu einer Verringerung der Informationen führen, so daß z. B. die Identität der Lieferer, wesentliche Eigenschaften und Preis der Waren oder Dienstleistungen bekanntgegeben werden. Bei Benutzung des Telefons sollte der Verbraucher zu Beginn des Gesprächs genügend Informationen erhalten, um zu entscheiden, ob er das Gespräch fortsetzen will oder nicht. Im einzelnen muß der Verbraucher vor Vertragsabschluß über folgende Informationen verfügen:

- Identität des Lieferers (bei Vorauszahlung auch die Anschrift),
- wesentliche Eigenschaften und Preis der Ware oder Dienstleistung (ggf. Lieferkosten),

- Einzelheiten über Zahlung, Lieferung und Erfüllung,
- Bestehen eines Widerrufsrechts,
- Kosten für den Einsatz der Fernkommunikationstechnik,
- Gültigkeitsdauer des Angebots oder des Preises,
- ggf. Mindestlaufzeit des Vertrags.

Gestaltung der Homepage

Diese Informationen sollen also bei Vertragsabschlüssen über das Internet für den Kunden bereitgehalten werden. Bei Telefongesprächen mit Verbrauchern ist zu Beginn des Gesprächs die Identität des Lieferers und der kommerzielle Zweck des Gesprächs ausdrücklich offenzulegen. Da die mittels elektronischer Technologien verbreitete Information häufig nicht beständig ist, wird es notwendig, daß der Verbraucher rechtzeitig schriftliche Informationen erhält, die zur korrekten Ausführung des Vertrags erforderlich sind. Die Informationen können auch auf einem dauerhaften Datenträger verfügbar gemacht werden. Darin ist das Widerrufsrecht aufzuführen, die geographische Anschrift der Niederlassung des Lieferers, Informationen über den Kundendienst und die Kündigungsbedingungen.

Widerrufsrecht

Die Fernabsatzrichtlinie enthält ein Widerrufsrecht innerhalb einer Frist von mindestens 7 Werktagen ohne Angabe von Gründen. Die Frist beginnt mit dem Tag des Wareneingangs beim Verbraucher oder bei Dienstleistungen mit Vertragsabschluß. Im übrigen beträgt die Frist 3 Monate. Im Fall des Widerrufs sind geleistete Zahlungen zu erstatten. Der Kreditvertrag wird entschädigungsfrei aufgelöst, wenn es sich um einen Abzahlungskauf oder um einen finanzierten Kauf – verbundenes Geschäft – handelt.

Verbraucherschutz

Die Mitgliedstaaten haben Maßnahmen zu treffen, die untersagen, daß einem Verbraucher ohne vorherige Bestellung Waren geliefert oder Dienstleistungen erbracht werden und den Verbraucher von jedweder Gegenleistung zu befreien. Die Mitgliedstaaten haben die Verwendung bestimmter Fernkommunikationstechniken zu beschränken. So bedürfen Kommunikation mit Automaten und Fernkopien (Fax) der vorherigen Zustimmung des Verbrauchers. Schließlich ist das Verbandsklagerecht vorgesehen. Die Fernabsatzrichtlinie wird innerhalb der nächsten 3 Jahre in die nationalen Rechtssysteme der Mitgliedstaaten umgesetzt.

FAZIT

Die Anbahnung und der Abschluß von Verträgen im Internet werfen zahlreiche rechtliche Fragen auf, die derzeit noch nicht abschließend beantwortet werden können. Doch sind Unternehmen durchaus gut beraten, wenn sie das Internet für die Präsentation von Waren und Dienstleitungen nutzen und diesen Weg des direkten Zugangs zu den Kunden gehen. Im Hinblick auf die Vertragsanbahnung und den Verbraucherschutz sollte die Internet-Präsentation inhaltlich den Vorgaben der europäischen Fernabsatzrichtlinie entsprechen. Der Vertragsabschluß im Internet kann allerdings zu Überraschungen führen. Wie auch sonst im internationalen Rechtsverkehr sind die Regeln des internationalen Privatrechts – insbesondere der Grundsatz der freien Rechtswahl – zu beachten. Schriftformerfordernisse nach nationalem Recht – z. B. nach dem deutschen Verbraucherkreditgesetz – können zur Unwirksamkeit der elektronischen Willenserklärungen und damit auch des Vertrages führen. Die Zertifizierung und Verwendung einer digitalen Signatur sichert zwar die Identität des Absenders und die Unverfälschtheit der Daten, überwindet aber nicht die fehlende Schriftform einer elektronischen Willenserklärung. Diese Gesetzeslücke wird erst de lege ferenda – z. B. mit einem Textformgesetz – zu schließen sein.

Literatur

Bachmann (1997) Internet und Internationales Privatrecht. In: Lehmann (Hrsg) Internet und Multimediarecht (Cyberlaw). Stuttgart, S 169 ff.

BGH (1960) Comics. GRUR: 447–448

BGHZ: 122, 124

Ebbing (1996) Virtuelle Rechtsberatung und das anwaltliche Werbeverbot. NJW-CoR 1996: 242 ff.

Ernst (1997) Verbraucherschutzrechtliche Aspekte des Internets. VuR: 259

Fritzsche, Malzer (1995) DNotZ: 9 ff.

Geis (1993) Zivilprozeßrechtliche Aspekte des Elektronischen Datenmanagements. CR 1993: 653 ff.

Geis (1997) Die digitale Signatur. NJW 1997: 3000 ff.

Hage (1996) Das Internet für Juristen – eine Momentaufnahme. AnwBl 1996: 376

Heun (1995) Elektronisch erstellte oder übermittelte Dokumente und Schriftform. CR 1995: 2

Hoeren (1995) Das Internet für Juristen – eine Einführung. NJW 1995: 3295

Hoeren (1995) Beweisklauseln in EDI-Vereinbarungen. CR 1995: 513 ff.

Kilian (1993) Möglichkeiten und zivilrechtliche Probleme des rechtswirksamen elektronischen Datenaustausches. DuD 1993: 606 ff.

Koch (1995) Netlaw ante portas. NJW-CoR 1995: 259 ff.

Kuner (1997) Das Signaturgesetz aus internationaler Sicht. CR 1997: 643

Mehrings (1998) Vertragsabschluß in Internet. MMR 1998: 30 ff.

Micklitz (1982) Verbraucherschutz und Bildschirmtext. NJW 1982: 263 ff.

Redeker (1994) Prozessuale Rechtshandlungen mit Hilfe von Telekommunikationsdiensten. In: Kilian, Heussen (Hrsg) Computerrechts-Handbuch. Computertechnologie in der Rechts- und Wirtschaftspraxis (Stand: 1994)

Schwarz (1996) Urheberrecht im Internet. MA 1996: 120 ff., 215 ff.

Steckler (1993) Die wettbewerbsrechtlichen Unlauterkeitskriterien bei Verwendung teletechnischer Kommunikationsmedien im Direktmarketing. GRUR 1993: 865

Strömer (1997) Online-Recht, Rechtsfragen im Internet und in Mailboxen. Heidelberg, S 86 ff.

Ulmer (1995) Verbraucherkreditgesetz. In: Münchener Kommentar, Bürgerliches Gesetzbuch, Bd 3, Schuldrecht Besonderer Teil I, 3. Aufl. München

Waldenberger (1996) Grenzen des Verbraucherschutzes beim Abschluß von Verträgen im Internet. BB 1996: 2365 ff.

Praxisberichte 9

Teil 9 ▮ Praxisberichte

Inhalt

9 ▮ 01 Produktion

01 | 01 Der Meß- und Prüftechnikhersteller CH. BEHA GmbH im Internet
Teresa Schlax

01 | 02 Privatsektkellerei Geldermann im Internet
Teresa Schlax

01 | 03 Biermarketing im Internet – Ein neues Medium für eine alte Branche
Friedrich Georg Hoepfner

9 ▮ 02 Handel

02 | 01 Weinkontor Übersee
August Breher

02 | 02 Erfolgsfaktor EDI
Dirk Funck, Andreas Ehli

9 ▮ 03 Dienstleister

03 | 01 MiTek Industries GmbH
Olaf Reubold

03 | 02 FOM*Net* – Der Concierge-Service im Extranet eines Partner-Port-Gebäudes
Christina Neuhoff

03 | 03 Relaunch der Web-Site der command ag
Teresa Schlax

03 | 04 Wissensmarktplatz GENO Extranet
Waltraud Höfert

9

Produktion

9 ▮ 01

INHALTSÜBERBLICK

In diesem Beitrag werden die praktischen Erfahrungen von Unternehmen mit ihrer Entscheidung für eine Internet-Präsenz geschildert. Von der Ausgangslage, über Planungs- und Realisierungsphase bis hin zur Erfolgsbewertung und zum weiteren Vorgehen werden Sie über den Gang ins Internet und die ersten Ergebnisse informiert.

Der Meß- und Prüftechnikhersteller CH. BEHA GmbH im Internet

9 ▮ 01 | 01

Teresa Schlax

Firmensteckbrief

9 ▮ 01 | 01 | 01

1974 gründete Christian Beha in Glottertal bei Freiburg seine Firma, 1978 erfolgte die Umwandlung in eine GmbH. Heute ist sie Teil der BEHA-Gruppe mit insgesamt 10 Unternehmen (CH. BEHA GmbH, CONNEMARA ELECTRONICS BEHA GmbH, CHRISTIAN BEHA EXPORT/IMPORT sowie 7 weitere Firmen). 200 Mitarbeiter vertreiben weltweit in über 60 Ländern die Produkte. Die Produktpalette besteht aus mehr als 100 Artikeln aus der Mess- und Prüftechnik. Zusätzlich verfügt die CH. BEHA GmbH über eine eigene Forschungsabteilung am Firmensitz. Der Umsatz betrug im letzten Geschäftsjahr mehr als 25 Mio. DM.

Ausgangssituation

9 ▮ 01 | 01 | 02

Printkatalog

In der Vergangenheit erstellte man einen gedruckten Katalog, um die BEHA-Produkte übersichtlich zu präsentieren. Dies war jedoch so kosten- und zeitintensiv, daß man sich nur alle 2 Jahre einen neuen Katalog leistete.

Neue Produkte bewarb man mit Sonderdrucken, was jedoch ebenfalls mit hohen Kosten verbunden war.

Elektronischer Katalog auf CD-ROM

Als technologisch aufgeschlossenes Unternehmen entschloß man sich deshalb 1996 dazu, den Katalog sowohl als Printmedium als auch elektronisch auf CD-ROM dem Kunden zur Verfügung zu stellen.

Hoher Aufwand, Kostenfaktor

Es stellte sich jedoch schnell heraus, daß der Aufwand dafür auch sehr hoch war und das ganze Vorhaben unwirtschaftlich werden würde, weil man nun 2 getrennte Datenbestände zu pflegen hätte. Auf der Suche nach einer wirtschaftlichen Lösung kam die BEHA-Gruppe in Kontakt mit einem Internet-Systemhaus, das eine globalere Lösung unterbreitete. Im Zentrum des Konzepts stand die Präsentation der BEHA-Gruppe mit ihren Produkten im Internet. Ein weiteres gewichtiges Argument für die Internet-Präsenz war die Akquirierung neuer Käufer.

9 ▮ 01 | 01 | 03 Ziele für den Gang ins Internet

Folgende Rahmenbedingungen und Ziele wurden definiert:

- Homepage mit einer übersichtlichen Darstellung der Produktpalette.
- Akquirierung neuer Käufer.
- Unkomplizierte und kostengünstige Herstellung von CD-ROM und Printmedien.

9 ▮ 01 | 01 | 04 Planungsphase

Phase 1

Internetkatalog

Im Mittelpunkt stand die Veröffentlichung des Katalogs im Internet. Die CD-ROM sollte als Folgeprodukt entstehen, indem man die entsprechenden Internetseiten samt eines Browsers kopiert. „Auf den ersten Blick sah es zwar so aus, als würden wir nun die Daten nicht nur für 2, sondern sogar für 3 Medien aufbereiten müssen," berichtet Tobias Hofstetter. „Doch es zeigte sich sehr schnell, daß es möglich ist, alle 3 Medien aus einem einzigen Datenbestand heraus zu produzieren."

Man hoffte, die schon als Word-Dateien vorliegenden Katalogtexte sowie die schon gespeicherten Produktfotos und Grafiken für die Aufbereitung der Homepage verwenden zu können. Doch auch diese auf den ersten Blick plausibel erscheinende Idee mußte verworfen werden, denn die Programmierung für ein solches Vorhaben und die Folgekosten stellten einen zu hohen finanziellen Aufwand dar.

Phase 2

In enger Zusammenarbeit mit dem Internet-Systemhaus entstand die jetzt praktizierte Lösung. Mit dem Commerce-Server von Microsoft (eine Art virtuelles Kaufhaus) fand man die geeignete Software, die zwar deutlich mehr Funktionen bot als man benötigte, die aber andererseits alle anderen Probleme zu lösen vermochte. Virtuelles Kaufhaus

Realisierungsphase 9 01 01 05

Hardware

Ein Minimum an Hardware – ein Maximum an Vielfalt, so kann man kurz den Standard-PC-Server mit Windows NT, Dual-Pentium 180 MHz Prozessor und 128 MByte RAM beschreiben. Außer dem SQL-Server (Datenbank) läuft darauf auch der Commerce-Server, der dessen Daten übernimmt und für das Internet präpariert. Vom lokalen Netz ist dieser Server durch einen zwischengeschalteten Proxy-Server getrennt, der die Funktion eines Firewalls (Sicherheitskonzept im Internet) übernimmt.

An den Internet-Access-Provider in Freiburg ist man über eine 64 KBit/s-ISDN-Leitung angebunden. Bei Bedarf könnte der Server aber auch direkt beim Provider positioniert werden, wo er dann direkt mit 2 MBit/s ans Internet angeschlossen wäre. Die ISDN-Leitung hätte in diesem Fall nur die Funktion, von der Zentrale der BEHA-Gruppe aus die Durchführung anfallender Wartungsarbeiten auf dem Server zu ermöglichen.

Homepage

Frame-Technologie

Um die Produkte auf der Homepage gut präsentieren zu können, sind sowohl Text- als auch Bildinformationen notwendig. Man wählte deshalb die Frame-Technologie, die für jedes dargestellte Produkt 2 Fenster, je eines für Text und Bild, öffnen läßt. Für die CH. BEHA GmbH war v. a. die optische Darstellung der technischen Produkte von großer Bedeutung, was aufgrund der noch relativ geringen Bandbreite im Internet problematisch ist. Nicht jeder Besucher auf der Website akzeptiert längere Bildaufbauzeiten. Dieses Dilemma ließ sich lösen, indem man die Grafik im Bedarfsfall durch Doppelklick auf Bildschirmgröße vergrößern kann, was eine genaue Betrachtung auch technischer Details ermöglicht.

Mehrsprachigkeit

Aufgrund des weltweiten Operationsfelds der CH. BEHA GmbH war es wichtig, die Homepage multilingual anzulegen. Zur Zeit stehen die Daten dem Kunden auf 4 Sprachen, nämlich in Deutsch, Englisch, Spanisch und Französisch, zur Verfügung (s. Abb 1). Außerdem wurde darauf geachtet, daß die Kunden aus den verschiedenen Ländern gleich auf die entsprechenden Seiten geleitet werden. Dies wurde durch unterschiedliche Zugänge zum Commerce-Server erreicht. Es erleichtert gleichzeitig die Darstellung der je nach Land etwas unterschiedlichen Produktpalette.

Abb. 1: Homepage von BEHA

CD-ROM

CD-ROM als Nebenprodukt

Die Herstellung der CD-ROMs für die BEHA-Kunden gestaltet sich heute sehr einfach. Die entsprechenden Seiten der Homepage werden als HTML-Seiten abgespeichert und in einem zweiten Schritt zusammen mit einer Kopie des Internet-Explorers auf CD-ROM gebrannt. „Der Aufwand für die CD-ROM Produktion ist minimal – sie ist heute wirklich nur noch ein Abfallprodukt der Internet-Präsentation und daher extrem kostengünstig zu produzieren," betont die Firma.

Vereinfacht wird das noch durch ein speziell entworfenes Tool. Dieses hat die Funktion, den Commerce-Server von BEHA automatisch durchzuscannen und die so gescannten Seiten auf einer vorher bestimmten Festplatte abzulegen. Ebenso ist es erforderlich, daß die Links entsprechend den einzelnen CD-ROM Seiten neu gesetzt werden. Die einzige manuelle Tätigkeit ist dabei die Aufbereitung der jeweiligen Seiten für das Überspielen sowie das Brennen zusammen mit dem Internet-Explorer auf CD-ROM.

Gedruckter Katalog

Katalog als Nebenprodukt

Das Verfahren für den Druck des Katalogs ist entsprechend, wobei man hier in der Anfangsphase mehr Aufwand zu bewältigen hatte. Das lag darin begründet, daß für die Katalogproduktion ein anderer Partner verantwortlich zeichnete, der ausschließlich mit Apple Macintosh, einem anderen Hardware- und Betriebssystem, arbeitet. „Wir suchten eine Möglichkeit, den Datenbankinhalt aus dem SQL-Server nach Quark Express zu konvertieren," berichtet Tobias Hofstetter von BEHA. Man erreichte dies durch eine enge Zusammenarbeit mit dem betroffenen externen Designstudio und erstellte gemeinsam ein Set von Templates (Formulare). Das ermöglicht, die Inhalte des SQL-Servers mit Hilfe eines Konvertierungsprogramms zum größten Teil automatisiert zu übernehmen. „Betrachtet man eine Seite im Internet mit der entsprechenden Katalogseite, dann finden sich nur wenig Unterschiede," erläutert Tobias Hofstetter. „So verfügt der Katalog zusätzlich über eine Seitennumerierung sowie eine Reihe von Lesehilfen wie Farbbalken oder übergeordnete Kategorien. Dafür entfallen internetspezifische Dinge wie Buttons zur Navigation."

9 01 | 01 | 06 **Erfolgsbewertung**

Aktualität, geringer Zeitaufwand, Ersparnis

Es liegt auf der Hand, daß die Kosten und die Zeitaufwendung bei der ersten Realisierung des Projekts überdimensional hoch waren. Aber in der Zwischenzeit hat sich dieser Aufwand amortisiert. Hinzu kommt, daß der Katalog jederzeit auf dem aktuellsten Stand ist, ohne daß dafür neue Produktionskosten anfallen. „Wir produzieren heute unsere Kataloge für rund ein Viertel der früheren Kosten," so Bernhard Beha. „Wir konnten nicht nur die Produktionskosten, sondern auch den Zeitaufwand drastisch reduzieren - statt wie bisher in fast 10 Monaten können wir den Katalog heute in knapp 1 Monat erstellen. Das gibt uns die Möglichkeit, kleinere Auflagen zu drucken und diese dafür öfters zu aktualisieren - was den Druck teurer Flyer bei neuen Produkten weitgehend erübrigt."

Der Commerce-Server erfüllt die ihm zugewiesenen Aufgaben derzeit zur vollsten Zufriedenheit. Er dient dabei lediglich als Präsentationsplattform im Internet. „Wir speichern unsere Daten heute nur einmal zentral ab," erläutert Tobias Hofstetter die aktuelle Lösung. „Dafür dient uns der Microsoft-SQL-Server. Von ihm werden die Daten in den Commerce-Server übernommen, der auf dem gleichen Rechner läuft wie der SQL-Server. Der Commerce-Server übernimmt aber nicht nur diese Umwandlung, sondern auch die Präsentation des Angebots im Internet - ohne daß der Anwender dabei etwas vom Commerce-Server bemerken würde."

Ausblick

9 01 | 01 | 07
Ausbau zum virtuellen Kaufhaus in Planung

„Natürlich sind wir uns darüber im klaren, daß wir bei diesem Projekt die Möglichkeiten des Commerce-Servers nur zu einem sehr kleinen Teil nutzen," äußert Bernhard Beha. „Wir wissen, daß uns der Commerce-Server technisch in die Lage versetzt, unsere Produkte über das Internet zu verkaufen. Doch dagegen sprechen derzeit noch eine Vielzahl von Vertriebsproblemen." Dazu gehört unter anderem, daß die CH. BEHA GmbH nur mit Großhändlern, nicht aber direkt mit dem Endverbraucher zusammenarbeitet. „Das Internet öffnet zwar einen neuen, globalen Markt - doch wir können es nicht riskieren, daß wir durch eine Expansion im Internet unseren traditionellen Vertrieb gefährden," ist die Meinung von Bernhard Beha. Man arbeitet auch hier an einer Lösung, denn Bernhard Beha weiß: „Die Technik entwickelt sich derzeit schneller als die Märkte - doch wenn die Märkte soweit sind, sind wir bereit."

CH. BEHA GmbH, Bernhard Beha, Prokurist, In den Engematten 14, Postfach 40, 79286 Glottertal, Tel: 07684-8009-0, Fax: 07684-8009-10, E-Mail: B. Beha@Beha.de

Die Homepage der CH. BEHA GmbH ist unter http://www.beha.de. zu finden.

9 | 01 | 02 Privatsektkellerei Geldermann im Internet

Teresa Schlax

9 | 01 | 02 | 01 Firmensteckbrief

Das auf eine 150jährige Tradition zurückblickende Familienunternehmen Geldermann Privatsektkellerei, seit 1924 mit Sitz in Breisach (Baden), ist der bekannteste Erzeuger von Sekt nach dem Herstellungsverfahren der traditionellen Flaschengärung. Zur Produktpalette des Hauses zählen außer 9 edlen Sekten auch eine eigene Champagner-Range (René James Lallier) sowie Weine, Spirituosen und Eigenmarken für die Gastronomie.

Ausgangsüberlegungen

9 01 | 02 | 02

Neukundenansprache

Seit Anfang 1996 beschäftigte sich das Unternehmen mit der Frage, ob, wann und wie man das Internet gewinnbringend einsetzen könnte. Das Ziel dabei war die Akquirierung neuer Käuferschichten, speziell der typischen Internet-User, 25–40 Jahre alt, größtenteils männlich und mit überdurchschnittlichem Einkommen. Diese potentiellen Käufer sollen zunächst auf Geldermann aufmerksam gemacht und dann von deren Produkten überzeugt werden, um so letztendlich langfristig als Kunden an die Firma gebunden zu werden. Man wollte außerdem die Unternehmenskommunikation weltweit und rund um die Uhr verfügbar machen.

Unternehmenskommunikation weltweit

Planungsphase

9 01 | 02 | 03

Internet-Gesamtkonzep

Als Ziel wurde ein Internet-Gesamtkonzept vorgegeben, das helfen sollte, Fehler zu vermeiden. Als Teilbereiche wurden definiert:

- Darstellung des Unternehmens im World Wide Web (Marketingkonzept und Design).
- Realisierung der Technik (Web-Hosting) und Planung der Unternehmenskommunikation unter Nutzung der Internet-Technik.

Spezialisierte Partner

Daraus ergab sich, daß es von großem Vorteil wäre, mit 2 verschiedenen Partnern zusammenzuarbeiten, nämlich einem Spezialisten für den Marketingbereich und einem weiteren Spezialisten für den Technikbereich. „Die ganze Thematik in eine Hand zu geben, erschien uns einfach zu gefährlich. Wie sollte es ein Marketingpartner bewältigen, mit der Internet-Technik umzugehen? Oder wie kann es sein, daß plötzlich EDV-Freaks Marketingerfahrung haben können?“ fragte sich Gerhard Bill, Leiter Betriebswirtschaft/Information/EDV/Orga im Hause Geldermann.

Technikpartner

Es folgte die sorgfältige Auswahl der beiden Partner: Den Technikpartner fand Geldermann in dem Karlsruher Unternehmen netconcept, „einem kompetenten Internet-Systemhaus, das über Web-Hosting-Leistungen hinaus auch das Thema der Unternehmenskommunikation beherrschte. Durch das abgestimmte Angebot an kompetenter Beratung, hochklassigem technischen Service, sowie einem umfassenden Schulungsangebot waren wir bei der Suche des Technikpartners schnell fündig“, erklärt Gerhard Bill.

Marketingpartner

Die Auswahl des Marketingpartners nahm mehr Zeit in Anspruch, da man Wert auf kompetente und vertrauensvolle Zusammenarbeit legte. Einige der potentiellen Partnern hofften, „sie könnten die schnelle Mark mit dem Thema Internet verdienen“, so Volkmar Klebba, Vertriebsbeauftragter Internet bei Geldermann. Die Wahl fiel auf eine Agentur, die sowohl Erfahrungen mit dem Internet-Marketing als auch mit dem traditionellen Marketing hatte.

Vertragsbedingungen

„Wichtig ist, die Verträge mit den Partnern von Beginn an so zu gestalten, daß ein Wechsel bei Problemen oder schlechter Leistung problemlos möglich ist,“ ist die Erfahrung von Gerhard Bill.

Erweiterbares Modulkonzept

In Zusammenarbeit mit den neuen Partnern wurde ein abgestimmtes und ausbaubares Internet-Konzept entwickelt. „Ohne ein detailliertes und modularisiertes Konzept hätte der Internet-Auftritt unseres Hauses sicherlich keinen solch durchschlagenden Erfolg gehabt“, berichtet Gerhard Bill. Allen Beteiligten war hier von vornherein klar, daß ein solch durchdachtes und tragfähiges Konzept zunächst eine große Investition erfordern würde. Diese würde sich später aber bezahlt machen, da sie die völlige Neugestaltung der Seiten bei einem zukünftigen Ausbau der Aktivitäten erheblich vereinfacht.

Realisierungphase 9 ▮ 01 | 02 | 04

Die Umsetzung fand unter folgenden Gesichtspunkten statt:

Firmenpräsentation

Im Mittelpunkt stand die kurzweilige Darstellung der Firmengeschichte in Wort und Bild, ergänzt durch die Herkunft und Fortentwicklung der jeweiligen Produkte (s. auch Abb. 2, 3).

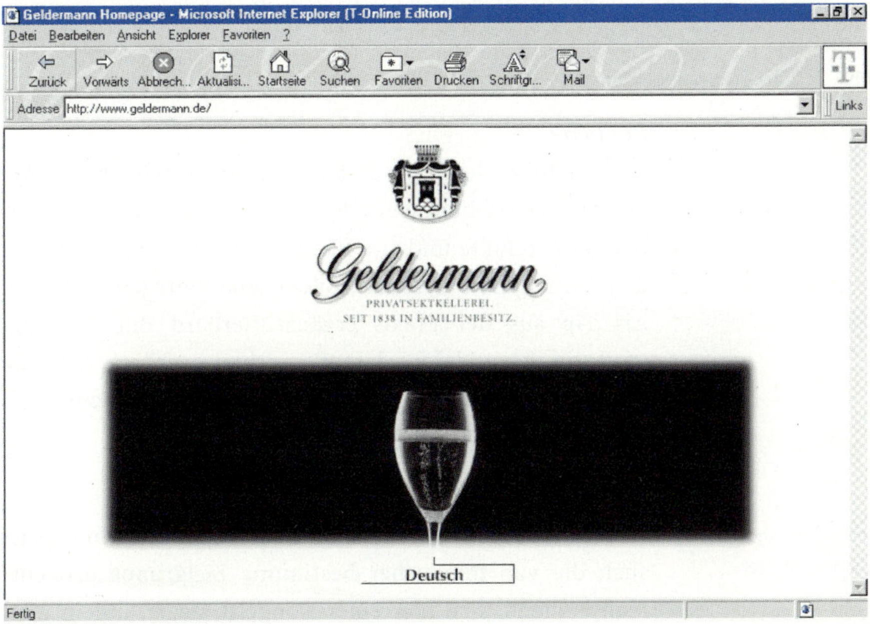

Abb. 2: Homepage von Geldermann

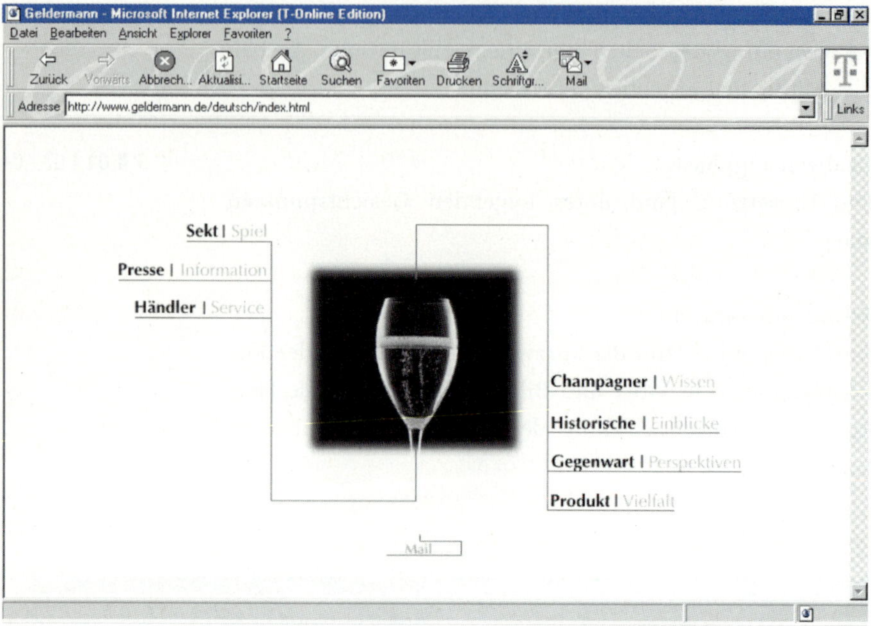

Abb. 3: Index-Seite von Geldermann

Produkte

Die Produktpalette wurde anhand der verschiedenen Arten und Herstellungsverfahren aufgefächert. Die Feinheiten der Produkte und v. a. deren hohe Qualität wurden in den Mittelpunkt gerückt (Bilder und anregende Texte). Als Tip aus der Praxis ergänzt Gerhard Bill: „Hierbei muß im besonderen darauf geachtet werden, daß die Copyrights auf Bilder und Texte grundsätzlich beim Auftraggeber liegen."

Frequentierung

Linking-Strategie und Gewinnspiel

Wie schaffte es Geldermann nun, daß ihre Homepage auch die von ihr vorher bestimmte Zielgruppe erreicht? Man bediente sich hier einer Doppelstrategie, indem man zum einen eine ausgeklügelte Linking-Strategie verfolgte, zum anderen die potentiellen Leser mit einem ansprechenden Gewinnspiel und interessanten Preisen ansprach.

Linking-Strategie in diesem Sinne bedeutete, daß das Geldermann-Logo auf vielen interessanten Websites plaziert wurde, so z.B. auf der Homepage des Meininger Verlags unter „Weinwirtschaft online". Das Logo wurde mit einem Hyperlink direkt mit der Geldermann-Homepage verbunden. Die Folge war eine deutliche Erhöhung der Frequentierung der Homepage. Auf die Plazierung von Links auf speziellen, oft besuchten Seiten wie z.B. Suchmaschinen verzichtete man bewußt wegen der sehr hohen Kosten.

Äußerst erfolgversprechend gestaltete sich das Gewinnspiel: Durchschnittlich 50 neue Geldermann-Interessenten pro Woche. Allerdings bleibt abzuwarten, inwieweit daraus Geldermann-Kunden werden

Erfolgsbewertung

9 01 | 02 | 05
Kostengünstig und effizient

„Betrachtet man die Tatsache, daß wir nur etwa 5–10% unseres Gesamt-Marketing-Budgets in die Internet-Präsenz investieren, kann man bei der derzeitigen Frequentierung von einem absoluten Erfolg mit hoher Wirtschaftlichkeit sprechen", erklärt Volkmar Klebba.

Wegen der überzeugenden positiven Bilanz ist man im Hause Geldermann momentan der Auffassung, daß die Webseiten „so edel wie der Flascheninhalt seien".

Ausblick

9 01 | 02 | 06
Weiterer Ausbau

Das in Zusammenarbeit mit allen Partnern erarbeitete Gesamtkonzept ist heute erst zu etwa 50% umgesetzt. Die Homepage kann in einem nächsten Schritt ohne Probleme erweitert werden, um einen größeren Kundenkreis anzusprechen. Als nächste Zielgruppe werden die Hotel-

und Gastronomieauszubildenden anvisiert, denen man spezielle Informationen und Fachwissen rund um den Sekt anbieten möchte, sozusagen „exklusiv auf der Website von Geldermann".

Ansprechpartner:
Geldermann GmbH, Privatsektkellerei, Gerhard Bill, Leiter EDV/Organisation, Am Schloßberg 1, 79206 Breisach, Tel: 07667/834-342, Fax: 07667/834-257, E-Mail: geldermann.bill@t-online.de
Die Geldermann-Homepage ist unter http:\www.geldermann.de zu finden.

9 | 01 | 03

Biermarketing im Internet – Ein neues Medium für eine alte Branche

Friedrich Georg Hoepfner

INHALTSÜBERBLICK
Dieser Beitrag befaßt sich mit den speziellen Aspekten der Internet-Präsenz einer Bierbrauerei. Angefangen von den allgemeinen Besonderheiten eines regional geprägten Biermarketings und den anfänglichen Schwierigkeiten aufgrund der „Kommunikationsprobleme" zwischen Technologen und Kreativen wird ein Bogen geschlagen zu einer heute sehr differenzierten Web-Site mit vielfältigen Inhalten. Daneben finden Sie in diesem praxisbezogenen Beitrag eine Zusammenstellung erfolgskritischer Aspekte und Anregungen für eine erfolgreiche Internet-Präsenz.

Bier ist das Getränk der Deutschen. Mit 135 Liter pro Jahr und Person, Babys und Greise inbegriffen, würden die Deutschen nur noch von den Tschechen (145 Liter) und

DAS REINHEITSGEBOT

Wie das Bier im Sommer ünd Winter aüf dem Land aüsgeschenkt ünd gebraüt werden soll.

Wir verordnen, setzen ünd wollen mit dem Rat ünserer Landschaft, daß forthin überall im Fürstentüm Bayern sowohl aüf dem Lande wie aüch in ünseren Städten ünd Märkten, die keine besondere Ordnüng dafür haben, von Michaeli bis Georgi eine Maß (bayerische = 1,069 Liter) oder ein Kopf (halbkügelförm. Geschirr für Flüssigkeiten = nicht ganz eine Maß) Bier für nicht mehr als einen Pfennig Münchener Währüng ünd von Georgi bis Michaeli die Maß für nicht mehr als zwei Pfennig derselben Währüng, der Kopf für nicht mehr als drei Heller (Heller = gewöhnlich ein halber Pfennig) bei Androhüng ünten angeführter Strafe gegeben ünd aüsgeschenkt werden soll. Wo aber einer nicht Märzen- sondern anderes Bier braüen oder sonstwie haben würde, soll er es keineswegs höher als üm einen Pfennig die Maß aüsschenken ünd verkaüfen. Ganz besonders wollen wir, daß forthin allenthalben in ünseren Städten, Märkten ünd aüf dem Lande zu keinem Bier mehr Stücke als allein Gersten, Hopfen ünd Wasser verwendet ünd gebraücht werden sollen. Wer diese ünsere Anordnüng wissentlich übertritt ünd nicht einhält, dem soll von seiner Gerichtsobrigkeit zür Strafe dieses Faß Bier, so oft es vorkommt, ünnachsichtlich weggenommen werden. Wo jedoch ein Gäüwirt von einem Bierbräü in ünseren Städten, Märkten oder aüf dem Lande einen, zwei oder drei Eimer (= enthält 60 Maß) Bier kaüft ünd wieder aüsschenkt an das gemeine Baüernvolk, soll ihm allein ünd sonst niemand erlaübt ünd ünverboten sein, die Maß oder den Kopf Bier üm einen Heller teürer als oben vorgeschrieben ist, zü geben ünd aüszüschenken.

Aüch soll üns als Landesfürsten vorbehalten sein, für den Fall, daß aus Mangel ünd Verteüerüng des Getreides starke Beschwernis entstünde (nachdem die Jahrgänge aüch die Gegend ünd die Reifezeiten in ünserem Land verschieden sind), züm allgemeinen Nützen Einschränküngen zü verordnen, wie solches am Schlüß über den Fürkaüf aüsführlich aüsgedrückt ünd gesetzt ist.

gegeben am Georgitag
anno 1516

Abb. 1: Das deutsche Reinheitsgebot

den Bayern (220 Liter) übertroffen. Gerade in Bayern ist Bier wirklich ein Volksnahrungsmittel, und so mag es nicht verwundern, daß dort das weltberühmte Reinheitsgebot erfunden worden ist, das älteste noch gültige Lebensmittelgesetz der Welt (s. Abb. 1).

Hoher Marketingaufwand in stagnierendem Markt

Mit etwa 20 Mrd. DM Umsatz können die deutschen Brauer sich im Vergleich zum französischen Champagner (5 Mrd.) oder dem schottischen Whisky (3 Mrd.) einer Spitzenposition rühmen. Obwohl die Marketingausgaben der deutschen Brauereien in den letzten 10 Jahren von etwa 1 Mrd. auf etwa 3 Mrd. DM gestiegen sind, gelang es jedoch nicht, den Konsum noch weiter nach oben zu drücken. Vielmehr herrscht ein gnadenloser Vernichtungskampf zwischen über 1000 deutschen Brauereien. Die meisten stellen mehrere Biersorten gleichzeitig her. Neben Anzeigen-, Fernsehen- und Radiowerbung, Plakaten und dem Sportsponsoring ist besonders Werbung am Ort des Verkaufs (z.B. Biergläser) beliebt. Im Internet waren die deutschen Brauer lange Zeit kaum aktiv.

Frischer Wind in alten Mauern

Unter den über 1000 deutschen Brauereien nimmt die Privatbrauerei Hoepfner in Karlsruhe, mit ihrer

Abb. 2: Die „Hochburg der Braukunst" – Grafik von Tomi Ungerer

200jährigen Geschichte und der Größe nach, etwa die 100ste Position ein. Ihr Absatz ist auf die Region beschränkt. Bekannt ist Hoepfner durch ein Brauereigebäude im Stil von Neuschwanstein, die „Hochburg der Braukunst“ (Abb. 2).

Am Markt war Hoepfner sicherlich nicht nur wegen der besonderen Bierqualität erfolgreich, sondern auch wegen engagierter Mitarbeiter, innovativem Management und umfangreichen Marketingbemühungen. Gerade weil Hoepfner mit seiner Burg konservativ wirkt, hat man sich hier unter dem Motto „Frischer Wind in alten Mauern“ darum bemüht, moderne Ideen in die Geschäftspolitik einfließen zu lassen. Um eine zeitgemäße Brauerei zu bleiben, mußte man sich den Zeiten anpassen. So gehörte Hoepfner zu den ersten Brauereien, die mit der teilbaren Split-Box einen neuen Kasten und mit dem Keggy ein neues Bierfaß einführten (Abb. 3), hat als eine der ersten deutschen Brauereien regionale Fernsehwerbung gemacht und ein besonders gut gehopftes Pilsner eingeführt („himmlisch herb“) sowie als erste deutsche Brauerei eine CD-ROM veröffentlicht.

In einer Branche, die eher regional als national denkt, die eher traditionell als innovativ gestimmt ist und in der jede unbedachte Neuerung dazu führen kann, daß man im harten Konkurrenzkampf Marktanteile verliert, konnte sich das Internet nicht gerade einer stürmischen Aufnahme erfreuen. So hat es bis 1995 gedauert, bis eine deutsche Brauerei den Schritt zur World-wide-Presentation wagte, und das war dann ausgerechnet eine, die ihre Produkte eigentlich nur rund um den Schornstein verkauft.

Neue Zielgruppe: junge, innovative Kunden

Die hinter diesem Schritt stehende Motivation läßt sich nicht allein durch Spaß an der Innovation oder PC-Spieltrieb erklären. Man muß auch bedenken, daß gerade

Abb. 3: Keggy und Split-Box

der Standort Karlsruhe mit seinen Forschungseinrichtungen, Hochschulen, spezialisierten Firmen und Medien ein Zentrum des Internet in Europa geworden ist. Die Regionalbrauerei konnte mit ihrer Präsentation daher einen für sie interessanten Kundenkreis in der Nähe ansprechen. Darüber hinaus zog das Internet als Medium eine interessante Zielgruppe an: Jüngere Menschen, die mit Bierbauch, Oktoberfest und Hosenträgern nichts anzufangen wissen.

Stark im Team

Die junge Firma INOVIS, heute zur Harbinger GmbH gehörig, hatte viele Interessenten, die sich die neue Internet-Technologie vorführen und erklären ließen. Aber wer würde sich zu einer schnellen Investition entschließen? In der Privatbrauerei Hoepfner fand man einen Partner, der auch etwas bewirken wollte. Die ersten Seiten wurden von INOVIS nach groben Vorgaben innerhalb von wenigen Wochen erstellt, obwohl die damals vorhandenen Tools aus heutiger Sicht prähistorisch anmuten. Dennoch gab

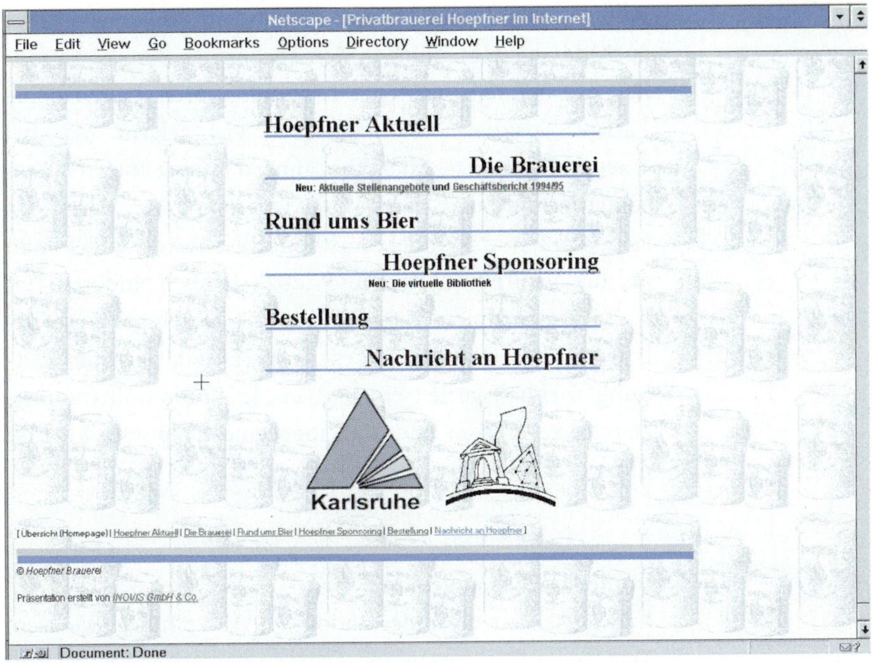

Abb. 4: Hoepfner-Präsentation September 1995

es zunächst einmal weniger technische Schwierigkeiten, als vielmehr psychologische: Den Ingenieuren fiel es nicht leicht, sich in die Marketingprinzipien eines Konsumgüterherstellers hineinzudenken. Hoepfner hatte an der ersten Fassung der Präsentation demgemäß auch nur eines auszusetzen, nämlich, daß sie nicht wie eine Präsentation von Hoepfner aussah. Es waren die „falschen" Dinge betont, die Optik mutete ungewohnt an, die grafische Aufbereitung erschien zu simpel (vgl. Abb. 4).

9

Kooperation von Werbeabteilung und Internet-Umsetzern

Das ist übrigens ein Problembereich, der auch heute noch die Zusammenarbeit von Internet-Fachleuten und Werbern bestimmt, wo es immer wieder gilt, einerseits einen Kompromiß zwischen technisch Machbarem und gestalterisch Erwünschtem zu finden, anderseits aber auch das neue Medium in den Fächer der bereits vorhanden Werbemöglichkeiten einzubinden. Hier haben beide Partner aus der Zusammenarbeit viel gelernt. Wir bei Hoepfner haben uns dazu bekannt, daß eine Internet-Präsentation durchaus etwas Unfertiges sein kann, etwas, das sich wandelt, das anderen ästhetischen Gesetzen gehorcht als die Printproduktion und letztlich auch anderen Gestaltungsprinzipien unterliegen muß. Die Ingenieure haben erkannt, wie schwer es ist, Kreativität in der Werbung wirklich gezielt einzusetzen, in Kommunikationssystemen zu denken und, daß man eine Corporate Identity nicht erarbeitet, sondern erkämpft.

Immer wieder angebaut

Inzwischen ist die Präsentation von Hoepfner gewachsen. Verwandte Organisationen arbeiten teilweise mit eigenen Adressen, z. B.: www.black-forest-beerhouse.com, www.conmusica.de, www.deutsche-braukooperation.de, www.hoepfner.de/malz.htm, www.ksc-fan.de, www.tickets.de – und müssen dabei ihren eigenen Stil finden. Etwa alle 18 Monate wird die Präsentation komplett neu gestaltet. Durch den engen Kontakt mit dem CyberForum (ein gemeinnütziger Verein zur Unterstützung von Firmengründern rund um die Informationstechnologie, der von der Privatbrauerei Hoepfner maßgeblich gesponsort wird – www.cyberforum.de) gelingt es immer wieder, technische Leckerbissen einzubauen: Hier gab es schon Bierspiele, Filme, Real Audio, einen Adventskalender, Live-Übertragungen vom Burgfest etc. (s. auch Abb. 5)

So hat sich diese Präsentation zu einer Dauerbaustelle entwickelt, in die man immer einmal hinein sieht: Es

Internet-Präsentation als Kooperation und Prozeß

Abb. 5: Hoepfner-Homepage September 1998

sind ein paar tausend Hits pro Woche zu verzeichnen, zu 70% kommen sie aus der Region.

Was unterscheidet Internet vom herkömmlichen Marketing?

Lassen Sie mich nun auf ein paar Besonderheiten eingehen, eine Schnittmenge der Besonderheiten des Biermarketing einerseits und des Internet anderseits. Hieraus kann man nämlich eine kleine Liste von beachtenswerten Punkten konstruieren, die den Erfolg einer derartigen Präsentation mitbestimmen.

In das Marketing einbetten

Eine Internet-Präsentation ist Teil des Marketing. Das Marketing muß Vorrang vor den technischen Möglichkeiten haben und sich zumindest insoweit durchsetzen, als klare Zielsetzungen für die Präsentation definiert werden. Im Falle von Hoepfner bedeutet dies:

Die Präsentation soll das Brauereiimage positiv beeinflussen („Frischer Wind in alten Mauern") und Informationswünsche von außen befriedigen. Von einer völligen Einbindung der Internetpräsentation in die Corporate Indentity sind wir wegen der Besonderheiten des Mediums und der Zielgruppe abgegangen.

Aktualität

Eine Internet-Präsentation muß immer aktuell gehalten werden. Das gilt besonders für regionale Brauereien, da ja dieselben Verbraucher immer wieder „hineinschauen" können. Bei Hoepfner betrifft dies speziell die Veranstaltungshinweise und Stellenangebote, aber auch den Bereich Sponsoring und Pressemitteilungen.

Auch ist zu beachten, daß bei der Vorstellung der Produkte die jeweils neuste Produktversion, Etikettengestaltung, Verpackungseinheit etc. berücksichtigt wird.

„Giving back to the net"

Internet-Anwender wünschen sich immer wieder detaillierte und spezialisierte Informationen, die weit über das hinausgehen, was in einer normalen gedruckten Werbeschrift stehen könnte. Aus diesem Grunde haben wir bei Hoepfner in einigen Bereichen sehr spezielle Informationen ins Netz gestellt, z. B. unseren jährlichen Geschäftsbericht für die vielen Diplomarbeitschreiber, Branchendaten, mit Links versehene Hinweise auf den Inhalt der von uns gesponsorten Veranstaltungen etc.

Interaktivität
Die Möglichkeiten von E-Mail, Umfragen, Bestellungen etc. nutzen. Navigation erleichtern. Diskussionen schaffen.

Verschiedene Informationswünsche befriedigen
Es gibt natürlich Leute, die einfach mal nur so hereinschauen oder sehen wollen, was es Neues bei Hoepfner gibt. Das dürfte jedoch die Minderheit sein. Wir versuchen daher, spezifische Teilzielgruppen zu identifizieren und ihnen jeweils etwas Besonderes zu bieten:

- Verbraucher, Bewerber
  Ein Teil der Menschen schaut sich unsere Präsentation an, um sich zu amüsieren. Ihnen bieten wir Mambo tanzende Bierflaschen, das Pilsner im Orbit, eine bierbezogene Geräuschsammlung, die News usw.
  Andere wiederum wollen sich über die Brauerei und ihre Veranstaltungen informieren. Ihnen bieten wir den Veranstaltungskalender, eine kurze Beschreibung der Brauerei, Stellenangebote, unseren Geschäftsbericht etc.
  Wieder andere haben das Problem, daß sie an den an und für sich dafür vorgesehen Stellen keine Informationen über bestimmte Kulturereignisse finden, die von Hoepfner gesponsort werden. Dann können sie ruhig einmal in unsere Präsentation nachschauen und finden hier den kompletten Text von Kafkas Brief an den Vater, die virtuelle Bibliothek, eine Inhaltsangabe der Riemann-Oper von Johnson und natürlich die wirklich informativen KSC-Fan-Seiten (s. Abb. 6).
- Forscher
  Für die, die das reine Wissen suchen, gibt es Pressemitteilungen, Bildmaterial, Geschäftsberichte, Bran-

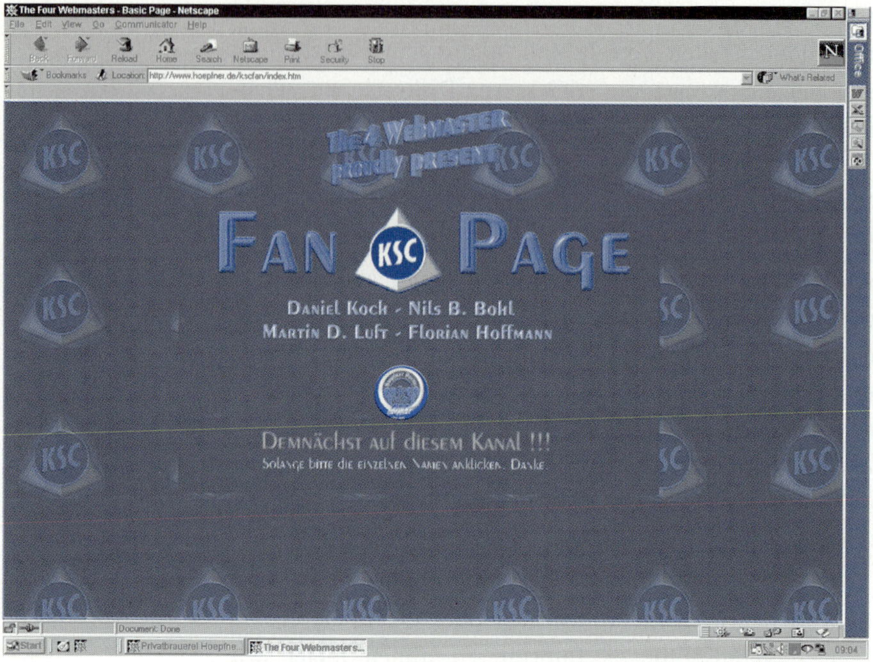

Abb. 6: KSC-Fan-Seite

cheninfos etc. Damit kann man Diplomarbeiten füttern und Artikel schreiben.

- Wiederverkäufer, Kunden
  Schließlich wollten wir noch unsere Wiederverkäufer bedenken, also die Gaststätten und Getränkegroßhändler. Ihnen bieten wir genaue Beschreibungen unserer Artikel, Werbevorlagen zum Download für eigene Kleinanzeigen, ein Telefonverzeichnis mit Durchwahlnummern und eine Darstellung unserer Firmengrundsätze und des Managementprofils (vgl. Abb. 7).

Noch ein Wort zum Leistungsprogramm der Privatbrauerei Hoepfner. Es ist für uns oft erstaunlich, wie

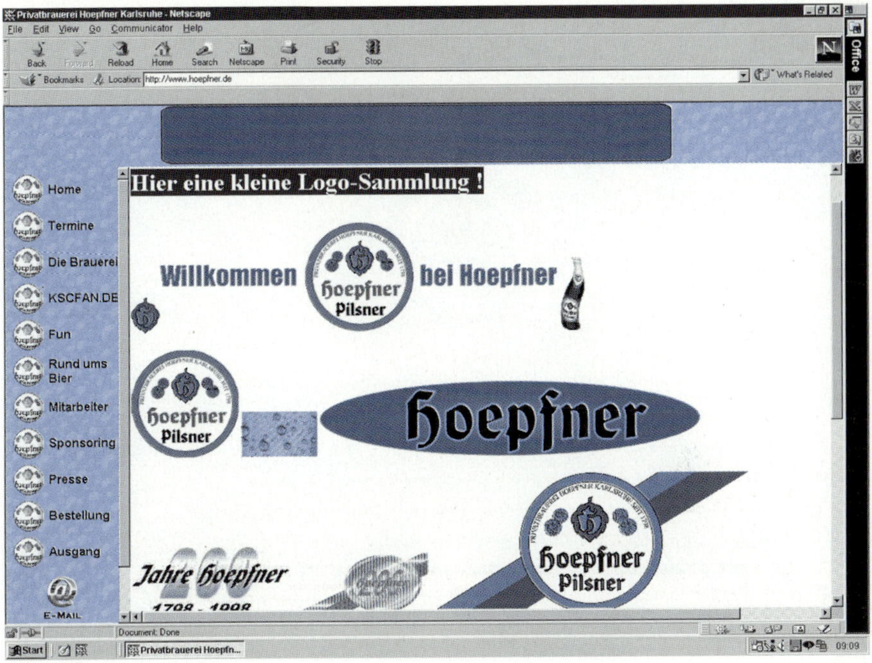

Abb. 7: Werbung zum Download

wenig unsere Kunden, ja sogar die eigenen Mitarbeiter über unsere Produkte wissen. Das Internet ist ein gutes Nachschlagemedium, um z. B. über besondere Biersorten und Brauverfahren zu informieren. Deshalb finden Sie hier Artikel über unsere verschiedenen Sorten etc. (Abb. 8).

- Mitarbeiter, Freunde
  Hinter jeder Marketingaktion, hinter jedem Produkt stehen die Mitarbeiter. Wir versuchen, die Verantwortung auf die Mitarbeiter zu übertragen, die die Arbeit auch wirklich machen. Und wir wünschen uns Mitarbeiter, die engagiert sind und hinter unseren Aktivitä-

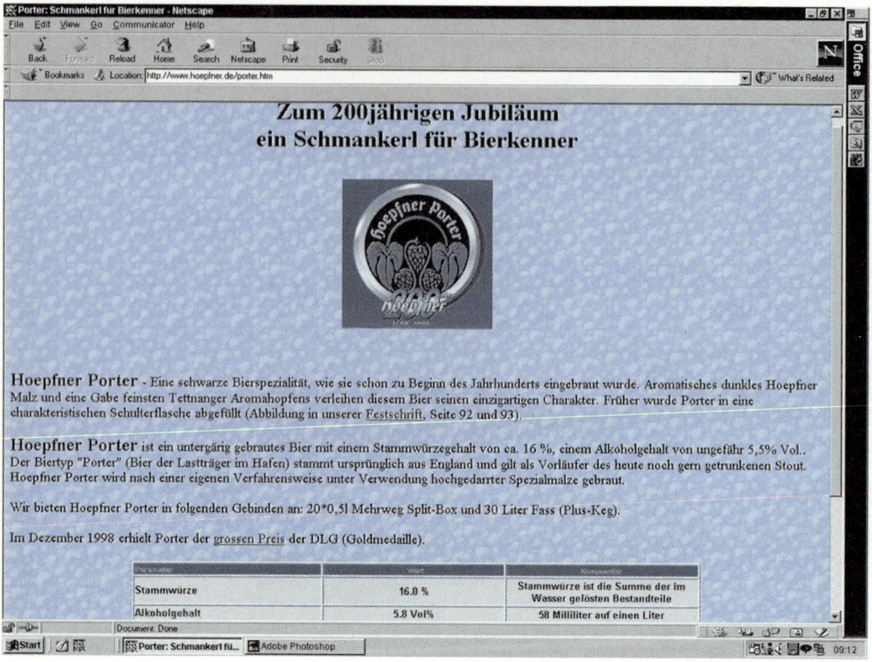

Abb. 8: Hoepfner-Porter muß erklärt werden

ten stehen. Da liegt es doch nahe: Jeder Hoepfner-Mitarbeiter kann eine eigene Homepage gestalten. Einige haben sich die Mühe gemacht, ein Foto, ihre Hobbies oder Philosophie darzustellen; andere belassen es bei Namen, Verantwortungsbereich und Durchwahlnummer. Immerhin: Jeder ist dabei (s. Abb. 9).

Gestaltungskompromisse sorgfältig überlegen

Wegen der geringen Bildschirmauflösung und der Download-Zeiten muß man bei der Gestaltung von Internet-Seiten Kompromisse eingehen. Diese sind sorgfältig zu bedenken. Es bedarf einer genauen Überlegung der An-

Abb. 9: Mitarbeiterseite Stephanie Schiefer

forderungen von Zielgruppe und Absender, um hier zu positiven Ergebnissen zu kommen. Urteilen Sie selbst, ob wir dabei zu einem guten Ergebnis gekommen sind – und urteilen Sie ein paar Monate später wieder neu, wenn wir die Seiten umgestaltet haben.

Einbettung des Internetmarketing in die Gesamtstrategie
Marketing im Internet darf nicht unvermittelt neben dem Marketing in anderen Medien stehen. Wir versuchen einen Zusammenhang zwischen Internet und Printmedien zu schaffen, in dem das eine jeweils auf das andere hinweist, und die Informationen je nach Anforderungen, Ak-

tualitätsgrad und Umfang teilweise hier und teilweise da vorgestellt werden.

Zukunftsprojekte

Ausblick

Eine derartige Internet-Präsentation ließe sich beliebig ausdehnen. Ich habe hier ein paar der Prinzipien dargestellt, nach denen wir verfahren möchten. Ein weiteres ist die Ökonomie. Wir investieren ins Internet gerade so viel Zeit und Geld, wie wir verkraften können und als ertragreich ansehen. Das bedeutet auch, daß nicht alles durchgeführt wird, was möglich oder wünschenswert erscheint. Zukunftsprojekte auf der Liste des Wünschenswerten sind z. B.:

- eine eigene kleine Suchmaschine,
- ein kleiner Shop, um Artikel rund ums Bier besser zu präsentieren,
- der Ausbau der virtuellen Bibliothek mit der Literarischen Gesellschaft,
- mehr Bilder und Töne für die Freaks,
- neue Bierspiele,
- eine bessere Einbindung unserer Gastronomiekunden,
- Ausbau der Mitarbeiterseiten,
- Berichte zu Events in der Brauerei, bis hin zum Ersatz der Mitarbeiterzeitung durch Intranet,
- internetgerechte Gestaltung von Folien oder Vorträgen, die auch ins Netz gestellt werden,
- Zusammenführung Internet und CD-ROM,
- Wetterbericht für Veranstaltungen.

Die Liste ließe sich naturgemäß noch erweitern. Dabei wollen wir aber nicht außer acht lassen, daß es nicht etwa unser Ziel ist, hier komplett zu sein, sondern den Baustellencharakter unserer Präsentation zu erhalten und somit das Image des innovativen, beweglichen und engagierten Betriebes aufrechtzuerhalten. Dazu gehört auch, daß wir durch die eigene Gestaltung der Präsentation bewußt den Eindruck vermeiden, hier seien internationale Marketingprofis mit hohen Budgets am Werke gewesen.

Es steckt eben auch ein bißchen Herzblut in dieser Präsentation, und das soll man sehen.

Handel

9 ▮ 02

Weinkontor Übersee

9 ▮ 02 | 01

August Breher

INHALTSÜBERBLICK

Wie sehen die Internet-Erfahrungen des Handels aus? Darüber informiert Sie dieser Beitrag. Er zeigt die Ziele auf, die mit dem Vertrieb per Internet verbunden sind, schildert Probleme der Anfangsphase, erste Erfolge und gibt einen Ausblick auf mögliche weitere Geschäftsfelder und Services.

Ausgangslage

Im Jahre 1996 stellten wir nach einer kurzen Analyse im Internet fest, daß es noch keinen einzigen Anbieter von Weinen in Deutschland gibt. Zuerst wollten wir – aus reiner Neugier – die Produkte unserer persönlichen Lieblingsregion Südafrika in das Internet einstellen.

Sondierungsphase

Neue Geschäftsbeziehungen

Wir schrieben per Fax im Februar 1996 insgesamt 30 deutsche Importeure mit der Bitte um Rückmeldung zur Aufnahme einer Geschäftsbeziehung an. Von diesen meldeten sich 10 ohne erneute Aufforderung und übergaben uns entsprechende Informationen und/oder vereinbarten einen Gesprächstermin. Viele der Lieferanten waren nur gegen entsprechende Preisaufschläge oder gar nicht bereit, kleine Mengen zu liefern oder direkt in unserem Auftrag an den Endkunden zu liefern. In dieser Phase stellten wir auch fest, daß viele dieser deutschen Importeure – verdeckt oder offen – eine eigene Endkundenlieferung betrieben.

Ebenfalls mußten wir feststellen, daß wir mit den großen Importeuren – die unter anderem an die großen Kaufhäuser liefern – keine Geschäftsbeziehung aufbauen konnten. Der Grund lag darin, daß die Verkaufspreise in den großen Kaufhäusern von uns aufgrund der angebotenen Einkaufspreise nicht einmal annähernd erreicht werden konnten.

Zielsetzung

Mit dem Vertrieb per Internet haben wir folgende Ziele verbunden:

- Extreme Serviceorientierung.
- Niedriger Preis (unter anderem aufgrund der einfachen Vergleichbarkeit im Internet).
- Lieferung von Kleinstmengen.
- Keine versteckten Kosten (Versicherungsgebühren etc.).
- Zahlung per Rechnung als Standard.
- Geringe Lagermenge und somit geringes totes Kapital.
- Tiefes Sortiment (Abdeckung aller Rebsorten).

Start

Konzeption im Sommer 1996

Nach der Auswahl von 3 Lieferanten starteten wir im August 1996 mit der Konzeption unserer Internet-Anwendung. Aufgrund der Kosten entschieden wir uns für einen neuen Internet-Provider in der Nähe unseres damaligen Standorts Münster. Ebenso wählten wir keine Haupt-Domain, sondern ein Unterverzeichnis auf der Domain unseres Internet-Providers.

Online im Herbst 1996

Im Oktober des Jahres 1996 gingen wir dann online (vgl. Abb. 1). Als problematisch stellte sich die Wahl der richtigen Schlagworte für die Suchmaschinen heraus sowie die Auswahl der Suchmaschinen, in denen wir uns

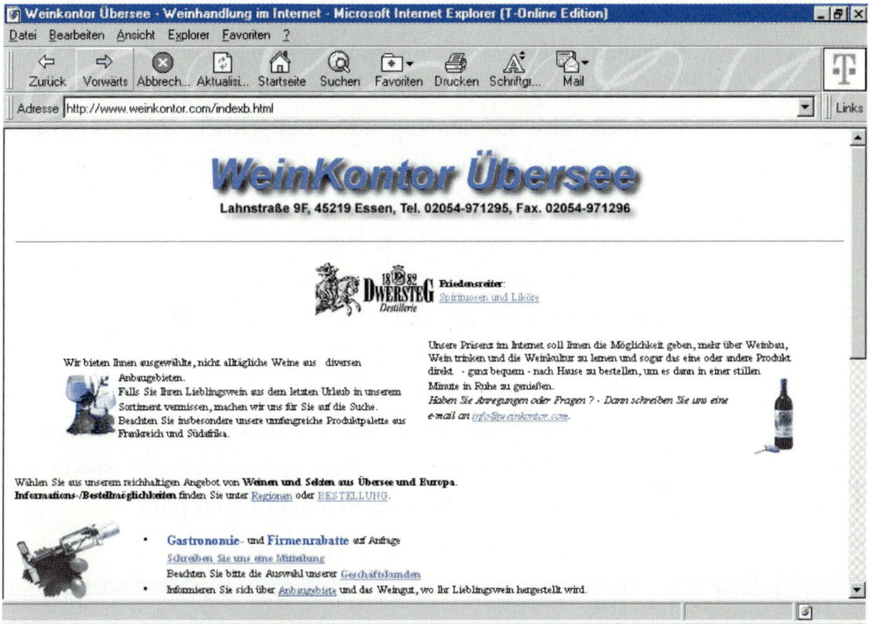

Abb. 1: Homepage von Weinkontor

eintragen sollten. Hier mußte oft sehr intuitiv und aus dem Bauch heraus entschieden werden, da Vergleiche mit anderen Unternehmen obsolet waren und die Fachpresse damals noch sehr verhalten auf das Thema Internet-Shopping reagierte. Die besten Tips erhielten wir durch die Kunden selbst, indem wir Sie nach Ihren typischen Suchgewohnheiten befragten.

Überhaupt sind die Kundenbefragungen in regelmäßigen Abständen äußerst wichtig für die richtige Geschäftsausrichtung einer Internet-Präsenz.

Unsere Schwachstellen beim Start

Die Lieferbedingungen waren mit zwölf Flaschen mindestens und danach eine durch sechs teilbare Zahl eindeutig zu einengend für den Kunden. Durchweg alle Kunden machten im ersten Jahr von der Zahlung per Rechnung Gebrauch und wählten keine der anderen Optionen wie beispielsweise Bankeinzug oder Lastschrift. Unser Logistikpartner lieferte leider oftmals zerbrochene Flaschen aus.

Glücksgriffe während des Starts

Aufgrund der Gespräche mit den Lieferanten hatten wir das Sortiment um andere Regionen wie Frankreich, Spanien, Italien, Australien, Neuseeland erweitert (s. auch Abb. 2). Unsere Serviceorientierung zahlte sich aus: Die am meisten besuchten Seiten waren die Informationsseiten wie Rebsorten- und Regionsbeschreibung sowie der Service, welcher Wein zu welchem Essen paßt.

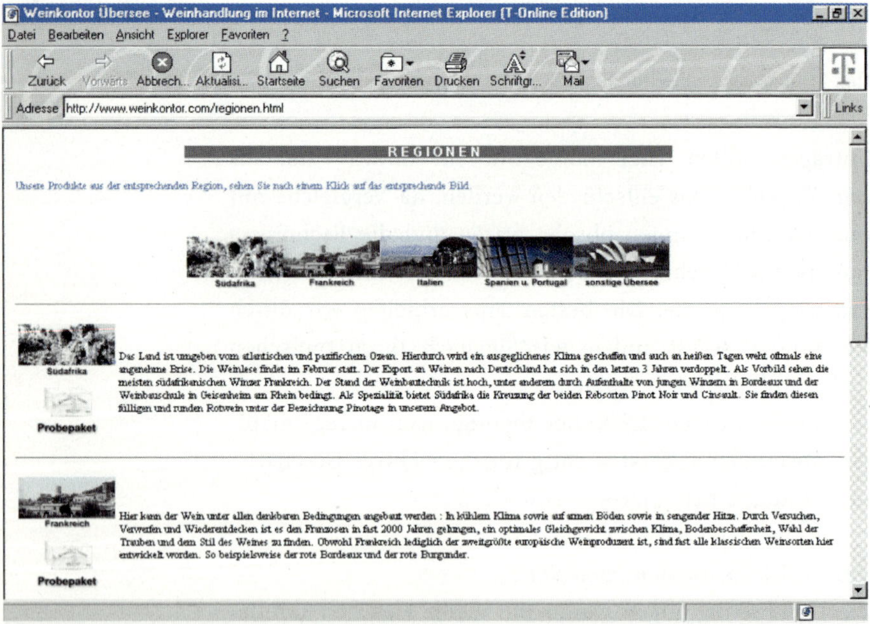

Abb. 2: Regionenübersicht Weinkontor

Die Webpage der Kombination von Essen und Wein wurde übrigens in die Hoteliersanwendung im Internet übernommen. In einem Artikel der Zeitschrift Freundin wurden wir nach vier Monaten im Internet als beste Adresse im Bereich Weinversand per Internet ausgezeichnet.

Während des Weihnachtsgeschäfts haben wir im Auftrag von zwei Unternehmen die Präsente an Kunden verschickt.

FAZIT DER STARTPHASE

Die Anzahl der Zugriffe hat uns positiv überrascht, die Anzahl der Bestellungen negativ. Wir haben das interessante Weihnachtsversandgeschäft entdeckt. In einer nächsten Phase – nachstehend Konsolidierungsphase genannt – wollten wir die Schwachstellen der Startphase ausmerzen und einige neue Services anbieten.

Konsolidierungsphase

In dieser Phase suchten wir uns einen neuen Logistikpartner, wobei wir aufgrund unserer Größe nicht für alle interessant waren. Letztendlich entschieden wir uns für die Deutsche Post und haben diese Entscheidung bis heute nicht bereut.

Im Jahre 1997 integrierten wir folgende neue Services:

- Bestellung schon ab sechs Flaschen aufwärts.
- Versandkostenfrei schon ab 20 Flaschen.
- Belieferung der Nachbarländer Österreich, Schweiz, Holland, Belgien.
- Probepakete je Region mit allen dort angebauten Rebsorten zum Sonderpreis.

- Suche nach dem Lieblingswein, falls nicht in unserem Sortiment vorhanden.
- Versand unserer Preislisten per Post.
- Geburtstagspräsent-Service: Wein aus dem Geburtsjahr.
- Kostenlose Weinprobe nach Absprache.
- Teilnahme an kostenlosen Gewinnspielen.
- Darstellung der Geschäftskunden in unserer Internet-Anwendung.

Diese neuen Services haben wir durch Schlagworte auch entsprechend in die Suchmaschinen eingetragen.

! Hier empfehlen wir übrigens ständige Testabfragen, um die Qualität der Schlagworte zu prüfen.

Schon nach einigen Wochen hatten wir eine Bestellung aus Österreich und heute zählen wir fünf österreichische Kunden. Auch in der Schweiz haben wir mittlerweile einen Stammkunden.

Als absoluter Glücksgriff erwies sich unsere Idee der Probepakete je Region, da die Interessenten wohl spürten, daß wir dieses Mittel nicht zur Lagerbereinigung einsetzen. Mittlerweile entfällt ein Umsatzanteil von 8% auf die Probepakete!

Glücksspiele

Die Suche nach dem Lieblingswein verursacht zwar viel Arbeit, bei einem Treffer ist einem allerdings ein Stammkunde garantiert. Die Teilnahme an kostenlosen Gewinnspielen hat nur Kosten generiert und uns keinen einzigen Kunden gebracht. Diese Zielgruppe scheint es wohl auf den Spaß am Spiel und den kostenlosen Erhalt von Gewinnen abgesehen zu haben.

! Sehr überrascht waren wir, daß niemand bisher unseren Service der kostenlosen Weinprobe aus dem Internet heraus angefordert hat. Wollen die meisten Surfer vielleicht mehr oder weniger anonym bleiben?

Resonanz

Der Versand von Preislisten hatte eine Feedback-Quote an Bestellungen von 2% und wir haben diesen Service mittlerweile eingestellt. Die Darstellung unserer Geschäftskunden in unserer Internet-Anwendung mit allen Kommunikationsdaten sowie dem Geschäftszweck hat sich für unsere Geschäftskunden aufgrund der geringen Zugriffszahlen nicht rentiert. Auch diesen Service werden wir aufgeben.

Verkauf von weiteren Produkten

In dieser Phase versuchten wir unseren Umsatz auch durch den Verkauf von weiteren Produkten wie Weinfachbüchern und Spirituosen zu erweitern. Beide Anwendungen wurden weder oft besucht noch nachgefragt. Somit stellten wir diese Produktgruppen wieder ein bzw. werden sie bald einstellen. In naher Zukunft wird das Angebot um Sekt und Champagner erweitert.

Der Hunger nach Information im Internet zeigte sich auch, als wir im März 1998 eine Probeexemplaranforderung einer neuen Weinfachzeitschrift ohne Werbung in unsere Internet-Anwendung integrierten: Die Anzahl der Probeexemplaranforderungen übertrifft die Anzahl der Weinbestellungen. Das zeigt auch, warum große Weinfachzeitschriften wie „Vinum“ oder „Alles über Wein“ erfolgreich im Internet vertreten sind.

FAZIT DER PRODUKTERWEITERUNG

Als Fazit stellt sich für uns heraus, daß wir bei unserer Kernkompetenz als Weinhändler bleiben und in anderen Fällen – wie der Weinfachzeitschrift – lediglich eine Mittlerrolle einnehmen werden.

Virtuelle Kaufhäuser

Angebot über eine Shopping-Mall

Im vergangenen Jahr schossen die virtuellen Kaufhäuser im Internet wie Pilze aus dem Boden. Wir entschieden uns, versuchsweise in einer Online-Shopping-Mall anzubieten. Neben der Integration in diese Shopping-Mall waren seitens des Betreibers Werbeaktionen in Printmedien geplant. Zu diesen Werbeaktionen ist es nie gekommen.

Mit den Besuchszahlen waren wir trotzdem sehr zufrieden und die Bestellungen waren von der Anzahl und vom Wert zufriedenstellend. Als wir uns weigerten, die Anwendung nach Vorschlägen des Betreibers entsprechend zu modifizieren – wodurch er sich Umsatzsteigerungen versprach – haben wir unseren Vertrag gelöst. Ein Ziel von uns ist es, völlig unabhängig zu arbeiten.

! Heute sind wir in zwei weiteren virtuellen Kaufhäusern präsent, wobei hier die bisherigen Erfahrungen ähnlich sind: Viele Besuche, wenig Verkäufe, vollmundige Werbeversprechen. Es sollte ein Ziel von jedem Kunden in den Shopping-Malls sein, möglichst Exklusivität für seine Produktgruppen zu erreichen!

Der Umsatz auf unserer eigenen Internet-Anwendung ist höher – und von der Rendite her besser – als die entsprechenden Umsätze in den virtuellen Kaufhäusern.

Kosten und Nutzen

Die Aufnahmegebühren in den Shopping-Malls reichen übrigens von Beträgen um die 20 DM monatlich bis zu 8.000 DM im Monat. Dabei wirkt die nach Auskunft der Betreiber hohe Anzahl der Besucher eher verwirrend, denn was nützen die Besucher von Flirtshows, Spieltreffs u. ä. den Händlern im Internet? Laut Aussage eines Shopping-Mall-Betreibers laufen die Umsätze im Bereich erotische Artikel eindeutig am besten. Alle anderen Produktgruppen liegen hier weit abgeschlagen hinten.

Zahlungsmoral im Internet

Nach unseren entsprechenden Erfahrungen sollte jedem Versandhaus im Internet klar sein, daß bei der Zahlungsart „auf Rechnung" gewisse Forderungsausfälle auftreten. Bei Ausklammerung der Bezahlung per Rechnung entgehen den Internet-Unternehmen angeblich Umsätze. Unsere Forderungsausfälle betreffen derzeit ausschließlich deutsche Kundschaft.

! Alle Kunden, die per BTX bezahlen, überweisen extrem schnell. Etwa 20% unserer Kunden müssen – unserer Meinung nach aus Vergeßlichkeit – an die Zahlung der Rechnung erinnert werden. 2% unserer Rechnungen sind derzeit Inkassofälle. Diese Fälle haben interessanterweise in etwa das gleiche Profil: Alle haben hochwertige Produkte (z. B. teure Barolo-Weine) bestellt. Die Größe der Bestellung variiert allerdings erheblich.

Shoppingführer im Internet

Seit etwa einem Jahr gibt es verschiedene Shopping-Verzeichnisse im Internet, so beispielsweise der Stern-Online-Shopping-Guide. Diese Verzeichnisse prüfen – teilweise mit Testbestellungen – den Service und die Produkte der Internethändler ab und bewerten diese neben dem Internet-Auftritt. Das Ergebnis wird mit einer kurzen Beurteilung dann in das Verzeichnis aufgenommen.

! Es ist eminent wichtig, hier dabei zu sein und gut beurteilt zu werden! Außerdem sollte bei einer Veränderung der Internet-Anwendung mit den Shoppingführern auch jeweils eine neue Beurteilung vereinbart werden.

Ausblick

Als sehr schwierig gestaltet sich für uns als noch relativ kleines Unternehmen der Kontakt zu den Printmedien und die Berücksichtigung in entsprechenden Artikeln trotz sehr guter Bewertungen beispielsweise im Stern-Online-Shopping-Guide. Wir hoffen, durch unsere positive Geschäftsentwicklung hier in Zukunft automatisch besser dargestellt zu werden.

Nach Skepsis bei einigen unserer Lieferanten planen diese teilweise jetzt auch Internet-Auftritte im Business-to-Business-Bereich. Unserer Meinung nach wird sich ein langer Atem im Internet auszahlen. Neben einem fairen Preis sind der Service – möglichst als Alleinstellungsmerkmal – nach unseren Erfahrungen ein entscheidendes Kriterium im Internet-Versandhandel. So planen wir in naher Zukunft weitere Services – beispielsweise einen Weinkontor-Club mit regelmäßigen Leistungspaketen – anzubieten, die uns von anderen Anbietern positiv abheben und unsere Kunden- und Serviceorientierung unterstreichen.

Zusätzliche Geschäftsfelder sehen wir im internationalen Bereich durch die Vereinfachung aufgrund der Euro-Währung sowie in der Unterstützung von Incentive-Aktionen. Unseres Erachtens wird auch das Thema Cross-Selling immer wichtiger: Was spricht gegen eine Kooperation mit einem Feinkostunternehmen, bei der zu einem delikaten Essen gleich der passende Wein beigefügt wird?

Unsere Anwendung wird in den nächsten Wochen entscheidend modifiziert: Die Anzahl der Produkte werden wir je Region erniedrigen und jeweils um ein Produktbild und detaillierte Produktbeschreibungen erweitern. Dieser Wunsch ist uns übrigens von mehreren Interessenten mitgeteilt worden.

Weitere Informationen erhalten Sie von Herrn August Breher unter folgenden Kommunikationsdaten:

Weinkontor Uebersee, Lahnstraße 9F, 45219 Essen,
Tel.: 02054/971292, 02054/971295, Fax: 02054/971296,
E-Mail: info@weinkontor.com,
Internet: http://www.weinkontor.com

Erfolgsfaktor EDI

9 ▮ 02 | 02

Dirk Funck, Andreas Ehli

INHALTSÜBERBLICK

Dieser Beitrag schildert den Stand und die Entwicklung des standardisierten Austausches von Geschäftsdaten am Beispiel der Baustoffbranche. Ausgehend von den Vertriebswegen werden Möglichkeiten aufgezeigt, diese mittels EDI zu optimieren. Ergänzend werden die Ergebnisse einer Studie über den Einsatz von EDI in der Baustoffbranche vorgestellt und die sich daraus ergebenden Auswirkungen auf den Wettbewerb aufgezeigt.

Vertriebswege in der Baustoffbranche

Folgt man den Zahlen des DIW, besitzt der Markt für Baumaterialien ein Volumen von 221,8 Mrd. DM (1998). Der Vertrieb erfolgt zu 62,1% auf direktem Weg zu den Großabnehmern wie z. B. Bauunternehmen, große Handwerksbetriebe oder Handwerkskooperationen. Im indirekten Vertrieb werden einerseits der Baustoffachhandel (21,2%) und andererseits die Baumärkte (16,7%) eingeschaltet. Auf diesen beiden Absatzwegen gelangen die Produkte dann entweder auch zu den Großabnehmern oder zu den kleinen und mittleren Handwerksbetrieben sowie zum Teil direkt an den Endverbraucher. Abb. 1 zeigt die möglichen Vertriebswege im Überblick:

9

Strukturwandel

Gegenwärtig vollzieht sich ein Strukturwandel in der Branche, der sich auch nachhaltig auf die unterschiedlichen Vertriebswege auswirken wird: Zunächst sind fast alle Stufen von einer zunehmenden Konzentration gekennzeichnet. Dies führt dazu, daß die Großabnehmer – die zehn größten Generalunternehmer bestreiten bereits einen Anteil von 15% an der Bauleistung in Deutschland

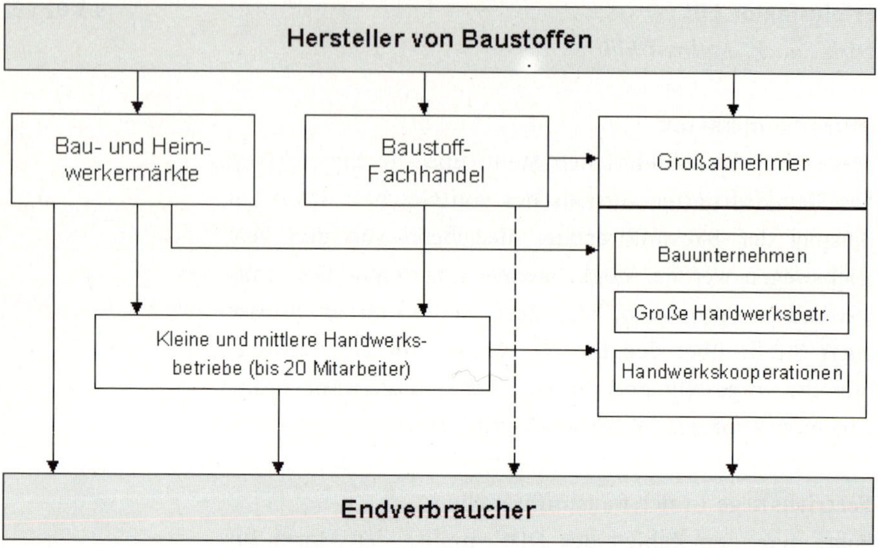

Abb. 1: Vertriebswege in der Baustoffbranche

– in immer größerem Umfang ihre Materialien direkt beim Hersteller beziehen werden. Gleichzeitig drängen die Bau- und Heimwerkermärkte auf den Profimarkt und verzeichnen wachsende Umsätze mit den kleinen und mittleren Handwerksbetrieben.

EDI und ECR

Die geschilderten Entwicklungen werden weiterhin flankiert von einer wachsenden Bedeutung des Efficient Consumer Response (ECR) in der Branche, dessen Umsetzung ohne einen elektronischen Geschäftsdatenaustausch (EDI) nicht sinnvoll zu realisieren ist.

Nachfolgend wird diese Frage eingehender beleuchtet. Zu diesem Zweck erfolgen zunächst einige grundlegende Ausführungen zum Themenkomplex ECR und EDI. Darauf aufbauend werden die Ergebnisse einer empirischen Untersuchung in der Baustoffbranche aus dem Jahr 1998 dargestellt und interpretiert.

Abschließend werden mögliche Konsequenzen der Untersuchungsergebnisse für die Vertriebswege in der Baustoffbranche diskutiert.

EDI als Voraussetzung für ECR

Grundlagen ECR

Die Grundidee des ECR erfordert eine kooperative Optimierung der Prozesse entlang der Wertschöpfungskette, wobei einerseits die Distributions- und Lagerkosten gesenkt und andererseits die Bedürfnisse der Abnehmer besser befriedigt werden sollen. Schätzungen zufolge ließen sich in der Baustoffbranche zwischen 0,5 und 4% des EVP (Endverbraucherpreises) durch die Umsetzung von ECR einsparen. Die Tatsache, daß im Baustoffhandel durchschnittlich weniger als 1% Umsatzrendite erzielt wird, unterstreicht die Relevanz von ECR für die Branche.

Zu den sog. ECR-Grundtechniken gehören Efficient Replenishment (effiziente Warenversorgung), Efficient Assortment (effiziente Sortimentsgestaltung und Verkaufsflächenoptimierung), Efficient Promotion (effiziente Verkaufsförderung) und Efficient Product Introduction (effiziente Produkteinführung). Die organisatorische Verankerung des Konzepts in den Unternehmen erfolgt im Rahmen eines Category-Management.

Grundlagen EDI

Die entscheidende Voraussetzung für ein kooperatives Miteinander im Distributionskanal und für die Anwendung der genannten Grundtechniken ist aber die informationstechnologische Vernetzung, die unter dem Begriff Electronic Data Interchange (EDI) zusammengefaßt wird. Hierunter sind standardisierte Datenstrukturen, normierte Übertragungsverfahren und einheitliche Schnittstellen zum elektronischen Datenaustausch zwischen Unternehmen zu verstehen. Eine mit EDI versendete Nachricht kann somit von Geschäftspartnern nicht nur gelesen, sondern auch elektronisch verarbeitet werden.

Vorteile EDI

Die Vorteile von EDI liegen dabei in einer Senkung der Kosten aufgrund des damit verbundenen beleglosen, schnellen und branchenübergreifenden Datenaustausches, durch den eine Senkung der Material-, Personal-, Lager- und Finanzierungskosten ermöglicht wird. Darüber hinaus wird an EDI die Erwartung geknüpft, mit Hilfe der aktuellen und differenziert erfaßten Marktdaten flexibler auf die individuellen Kundenwünsche eingehen zu können, um so die Kundenbindung zu erhöhen. Dieser Aspekt gewinnt mit der zunehmenden Internationalisierung auch im Baustoffmarkt zusätzlich an Bedeutung.

Technische Umsetzung

Bei der Umsetzung von EDI ergab sich historisch gesehen zunächst das Problem, daß dafür unterschiedliche Branchenlösungen entwickelt wurden, auf deren Basis ein reibungsloser Datenaustausch mit Branchenfremden (z. B. Finanz- und Logistikunternehmen) nicht gewährleistet werden konnte. Aus diesem Grund wurde von der UN-Wirtschaftskommission bereits 1987 der Standard EDIFACT (Electronic Data Interchange for Administration, Commerce and Transport) entwickelt, um die Probleme der existierenden Insellösungen zu überwinden.

Aufgrund der Komplexität und Heterogenität des geschäftlichen Datenaustausches wurden in der Folge eine Vielzahl unterschiedlicher Nachrichtentypen definiert, von denen wiederum ein großer Teil den offiziellen Status einer EDIFACT-Norm erhalten haben. Daraus entstand ein neues Problem: Der Umfang der vorzuhaltenden Datenelemente wuchs stark an, ohne daß im Einzelfall alle Elemente genutzt wurden oder relevant waren. Aus diesem Grund wurden sog. Subsets definiert, die an den Bedürfnissen einzelner Branchen ausgerichtet sind. Dabei gilt im Unterschied zu den oben genannten Insellösungen das Prinzip, daß alle Branchenlösungen ausschließlich aus den existierenden EDIFACT-Nachrichtentypen zu bilden sind, gleichzeitig aber nur die wirklich benötigten Bestandteile des Standards beinhalten.

EANCOM als Standard

Aus Sicht der Konsumgüterbranche spielt dabei der Standard EANCOM (EAN-COMunikation) eine hervorzuhebende Rolle. Dieses gilt um so mehr, weil dieser Standard, der 42 Nachrichtentypen umfaßt, vom ECR-Lenkungsausschuß als EDI-Standard für ECR-Projekte definiert wurde. EANCOM basiert auf dem EAN-Nummernsystem, das folgende Kennzeichnungen umfaßt: ILN (Internationale Lokationsnummer), EAN (Europäische Artikelnummer) und NVE (Nummer der Versandeinheiten).

Die EANCOM-Nachrichtenarten decken die wesentlichen Geschäftsvorfälle im gesamten Konsumgüterbereich ab und können wie folgt unterteilt werden:

- Stammdaten,
- Bewegungsdaten,
- Berichts- und Plandaten,
- Transportdaten und
- Finanzdaten.

Zur Veranschaulichung der bisherigen Ausführungen zeigt Abb. 2 ein vereinfachtes Bild möglicher Kommunikationsströme im Distributionskanal, denen die verschiedenen Nachrichtentypen zugeordnet wurden.

Stammdaten

Zum Stammdatenaustausch sei noch angefügt, daß es dem Grundgedanken des elektronischen Datenaustausches entspricht, wenn diese Daten einmalig, und zwar am Anfang jeder Geschäftsbeziehung, übertragen werden. Zu diesem Zweck wurde von der CCG (Centrale für Coorganisation) eine Datenbank mit dem Namen SINFOS

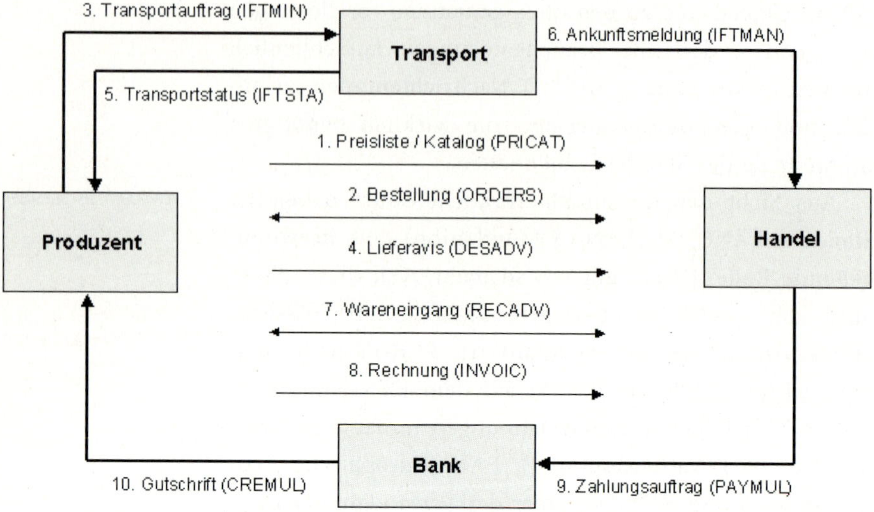

Abb. 2: Beispiel für einen Geschäftsdatenaustausch mit den Nachrichtenarten des Standards EDIFACT. (Quelle: CCG)

(Stammdateninformationssystem) aufgebaut, in der – gegen Entrichtung einer Gebühr – Stammdaten hinterlegt werden können. Dabei ist darauf zu achten, daß diese Daten dem EAN-Nummernsystem voll entsprechen. Auch SINFOS wurde zum Standard für ECR-Projekte erklärt.

Zusammenfassend bleibt an dieser Stelle festzuhalten, daß – nicht zuletzt aufgrund der steigenden Bedeutung von ECR – die Standardisierung im Austausch von Geschäftsdaten zügig voranschreitet. Branchenunabhängig wird somit die Bereitschaft und Fähigkeit von Unternehmen zur Teilnahme am elektronischen Datenaustausch zukünftig die Voraussetzung für ein erfolgreiches Beziehungsmanagement im Business-to-Business-Marketing sein.

EDI als Erfolgsfaktor für KMU

Gerade für kleinere Unternehmen wird es dabei darauf ankommen, bei dieser Entwicklung Schritt zu halten, damit das im Vergleich zum Wettbewerb geringere technologische Know-how nicht zur dauerhaften Markteintrittsbarriere wird.

Aufgabe der weiteren Ausführungen soll es nun sein, vor dem Hintergrund der dargestellten Grundlagen des elektronischen Geschäftsdatenaustausches und auf der Basis einer empirischen Untersuchung aus dem Jahr 1998 die Thematik aus der Sicht der Baustoffbranche zu diskutieren. Untersucht wurden die Fragen, ob und inwieweit der Handel bereits Geschäftsdaten auf Basis von EDI austauscht, wie dieses konkret praktiziert wird, welche Umsetzungsbarrieren bestehen und welche Perspektive das Thema in der Branche hat. Die Daten wurden differenziert bei Baumärkten und im Baustoffachhandel erhoben und ausgewertet.

Stand und Entwicklung von EDI in der Baustoffbranche – empirische Ergebnisse

Auf der Seite der Baumärkte wurde die Befragung auf die größten 20 Unternehmen beschränkt. Diese Gruppe erzielte 1997 einen Umsatz von 33,2 Mrd. DM, was einen Anteil am gesamten Umsatz der 105 Baumarktbetreiber mit Flächen größer 1.000 qm von über 97,6% bedeutete. An der Befragung nahmen 15 Unternehmen mit einem Umsatzanteil am Gesamtmarkt von 79,7% teil (Rücklaufquote: 75%).

Baustoffhandel mittelständisch strukturiert

Der Baustoffachhandel zeigt sich demgegenüber noch nicht so stark konzentriert. Der Umsatz von ca. 45 Mrd. DM (1997) hat sich auf über 1.700 Unternehmen verteilt. Auf die befragten 130 Baustoffhändler entfiel ein Umsatzanteil von mehr als 50 Mio. DM und ein Marktanteil von 46%. Im Rahmen der Untersuchung konnten 19 Baustoffhändler aus dem Kreis der Top 130 zur Teilnahme motiviert werden. Diese erwirtschafteten zusammen ca. 10,5 Mrd. DM Umsatz, was einem Gesamtmarktanteil von 23,2% entspricht.

Die Struktur der Untersuchung verdeutlicht zusammenfassend Tabelle 1.

Baustoffhandel weniger innovativ

Hinsichtlich der Umsetzung von EDI ergaben sich erhebliche Unterschiede zwischen den beiden untersuchten Gruppen. Wie Abb. 3 verdeutlicht, befanden sich bei den befragten Baumärkten bereits 13 Unternehmen (86,7%) im EDI-Echtbetrieb bzw. in der Testphase, während das bei nur 9 Baustoffhändlern (47,4%) der Fall war. Zudem befanden sich über 80% der EDI-Anwender unter den Baumärkten bereits seit mindestens 3 Jahren im Echtbetrieb. Auch hier lag die Quote bei den Baustoffhändlern mit 50% wesentlich niedriger.

Nachrichtenarten

Bezüglich der benutzen Nachrichtenarten fiel auf, daß insbesondere „ORDERS" (Bestellungen vom Lieferanten) und „INVOIC" (Rechnung vom Lieferanten an den Händler) genutzt wurden. 91,6% der Baumärkte und alle Bau-

Tabelle 1: Struktur des Marktes und der empirischen Untersuchung. (Quellen: BHB, BDB, gemaba und eigene Berechnungen)

Quelle	Baumärkte	Baustoffhändler
Umsatz 1997	34 Mrd. DM	45 Mrd. DM
Anzahl der Unternehmen	105	1.724
Verkaufsstellen	2.640	3.200
Umsatz Top 20 / 130	33,2 Mrd. DM	20,7 Mrd. DM
Anzahl der Untersuchungsteilnehmer	15	19
Umsatz der teilnehmenden Unternehmen	27,1 Mrd. DM	10,5 Mrd. DM
Marktanteil der teilnehmenden Unternehmen	79,7%	23,2%

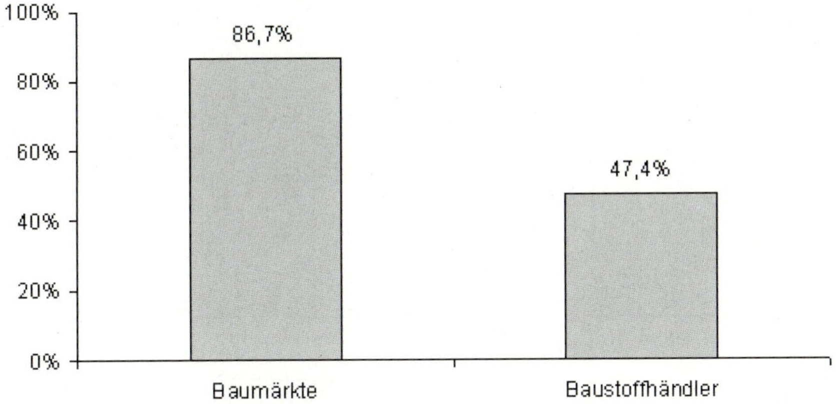

Abb. 3: Unternehmen im EDI-Echtbetrieb bzw. in der Testphase

stoffhändler, die sich bereits im Echtbetrieb befunden haben, setzten zumindest eine der beiden Nachrichtenarten ein. Alle anderen Nachrichtenarten fielen dagegen hinsichtlich ihrer Bedeutung spürbar ab.

Bemerkenswert waren in diesem Zusammenhang die großen Unterschiede zwischen den beiden Vertriebsformen hinsichtlich der Anzahl der EDI-Partner. Während die EDI-Anwender unter den Baumärkten durchschnittlich mit 48,7 (ORDERS) bzw. 59,2 (INVOIC) Partnern elektronischen Datenaustausch ausübten, waren die Zahlen bei den Baustoffhändlern erheblich geringer (3,5 bzw. 14,3). Abbildung 4 verdeutlicht die Diskrepanz.

Bei der Analyse der abgefragten Aspekte zur Umsetzung von EDI zeigten sich kaum Unterschiede zwischen den Baumärkten und den Baustoffhändlern: Was die Zeitspanne zwischen dem Planungsbeginn und dem ersten Geschäftsdatenaustausch im Echtbetrieb anbelangt, so wurde eine Spanne von 2 bis zu 24 Monaten festgelegt. Der Mittelwert lag bei ca. einem halben Jahr. In dieser Zeit haben sich durchschnittlich etwas weniger als 2 Mit-

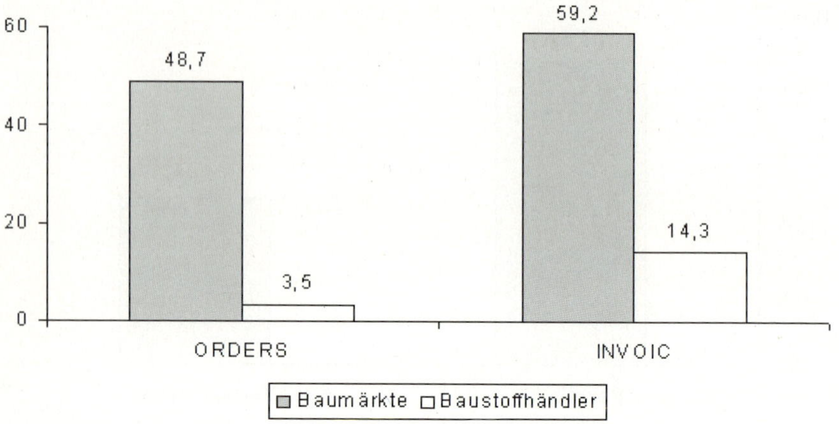

Abb. 4: Durchschnittliche Anzahl der Partner im Echtbetrieb am Beispiel der Nachrichtenarten „ORDERS" und „INVOIC"

arbeiter mit der Umsetzung von EDI befaßt. Unabhängig vom Vertriebsweg wurde der Unterstützung durch die Geschäftsführung eine hohe bzw. sehr hohe Bedeutung für den Erfolg von EDI beigemessen.

Umsetzungsprobleme

Als Hauptproblem bei der Umsetzung von EDI wurden die Stammdaten angesehen. Von den Unternehmen, die sich im Echtbetrieb oder in der EDI-Testphase befanden, gaben 84,6% der Baumärkte und 66,7% der Baustoffhändler an, daß es Probleme mit den Stammdaten im eigenen Haus oder beim Partner gegeben habe.

Dieses Ergebnis muß deshalb verwundern, weil der weitaus größte Teil der Gesprächspartner aus Unternehmen im EDI-Echt- oder -Testbetrieb SINFOS entweder nicht für sinnvoll hielt (Baumärkte: 53,8%; Baustoffhandel: 33,3%) oder SINFOS gar nicht kannte (23,1% bzw. 55,6%). Hier offenbarte sich ein hoher Kommunikationsbedarf hinsichtlich der Existenz und der möglichen Vorteile des SINFOS-Stammdatenpools.

Als weitere wichtige Umsetzungsbarriere von EDI wurde die Arbeitsüberlastung genannt. 69,2% der Baumärkte und 55,6% der Baustoffhändler sahen in der unzureichenden Ausstattung mit Personal einen entscheidenden Grund dafür, daß es bei der Umsetzung von EDI Probleme gab bzw. diese so lange dauerte. Bemerkenswert erscheint dabei zu sein, daß nur 15,4% der Befragten aus den Baumärkten im Test- oder Echtbetrieb in der Qualifikation des Personals eine Umsetzungsbarriere gesehen haben, während dies bei 44,4% der Baustoffhändler der Fall war. Diese gehörten zudem alle zu den kleineren Unternehmen der Stichprobe.

Ähnliche Unterschiede zwischen den beiden Vertriebswegen gab es hinsichtlich der aufgetretenen Softwareprobleme (Konvertersoftware, Einspeisung von Daten in die Inhouse-Software, Bereitstellung von Daten aus der Inhouse-Software): Während hier bei nur 38,5% der Baumärkte Schwierigkeiten aufgetreten sind, war dies bei 66,7% der Baustoffhändler der Fall.

Schließlich erwies sich bei allen Befragten auch die Zusammenarbeit mit den jeweiligen Partnern keineswegs als reibungslos. Bei 30,8% der Baumärkte und 44,4% der Baustoffhändler traten Abstimmungsprobleme auf.

Die wichtigsten Hürden bei der Umsetzung von EDI in Unternehmen im Echt- oder Testbetrieb verdeutlicht zusammenfassend Abb. 5.

Die abschließende Frage galt den Perspektiven von EDI in der Baustoffbranche.

Die Perspektiven von ECR

Insgesamt hat die Untersuchung gezeigt, daß die Baumarktbetreiber dem Thema EDI wesentlich aufgeschlossener gegenüberstehen und dem Baustoffachhandel bei der Umsetzung des elektronischen Geschäftsdatenaustausches bereits um einige Schritte enteilt sind. Das gilt um so

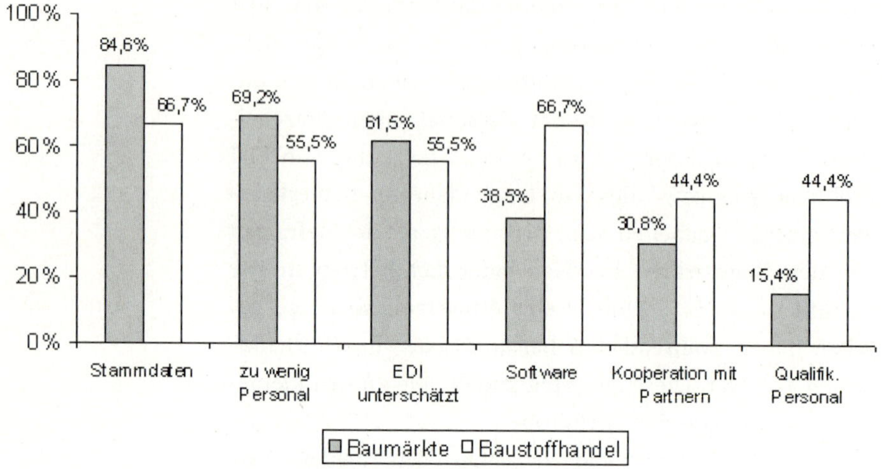

Abb. 5: Häufigste Probleme bei Unternehmen im Echt- oder Testbetrieb

mehr, weil in der Untersuchung nur größere Baustoffhändler befragt wurden, bei denen zu erwarten ist, daß diese die Chancen der modernen Informations- und Kommunikationstechnologie eher erkennen und für sich nutzen, als dies bei kleineren Betrieben der Fall ist.

Der Vorsprung der Baumärkte kann zum Teil damit erklärt werden, daß diese eine größere durchschnittliche Betriebsgröße aufweisen und zudem in vielen Fällen in größere Konzerne aus der Lebensmittelbranche eingebunden sind, in denen ECR- und EDI-Projekte bereits eine hohe Wettbewerbsbedeutung erlangt haben.

Entwicklung von EDI erst am Anfang

Ungeachtet dessen steht die Entwicklung von EDI auch bei den Baumärkten eher am Anfang. Die meisten Unternehmen greifen auf eine nur kleine Auswahl der Nachrichtentypen von EANCOM zurück. Zudem gibt es Probleme beim Stammdatenaustausch und mit der eingesetzten Software. Es ist der Eindruck entstanden, daß das

Thema EDI bislang noch nicht seiner Bedeutung und Komplexität entsprechend vorangetrieben wird.

Implikationen für den Wettbewerb in der Baustoffbranche

Der klassische Baustoffachhandel sieht sich einem höchst dynamischen Wettbewerbsumfeld gegenüber. Bedingt durch das Größenwachstum der Lieferanten und Großabnehmer haben sich die Tendenzen zum Direktvertrieb verstärkt. Gleichzeitig konnten die Baumarktbetreiber ihre Position im Kampf um die Profikunden in den letzten Jahren spürbar verbessern.

Wettbewerb gefährdet Baustoffhandel

Leidtragende dieser Entwicklung werden in erster Linie die über 1.500 Baustoffachhandelsunternehmen sein, die unter 50 Mio. DM Umsatz im Jahr erwirtschaften und deren technologische Ausstattung und Marketing- sowie EDV-Know-how aus heutiger Sicht zum überwiegenden Teil nicht ausreichend sind, um den Herausforderungen des Wettbewerbs erfolgreich begegnen zu können.

Es ist daher damit zu rechnen, daß der Konzentrationsprozeß im Baustoffachhandel deutlich an Geschwindigkeit zunehmen wird. Überleben werden nur die Unternehmen, die sich den Themen EDI und ECR stellen und es darüber hinaus verstehen, sich als unverzichtbares Glied in der Wertschöpfungskette zu präsentieren. Dies kann nur gelingen, wenn sie sich vom klassischen Großhändler zu einem warenvermittelnden Problemlöser entwickeln, der für Endabnehmer, kleine und mittlere Handwerksbetriebe und die großen Bauunternehmen und Handwerkskooperationen ein entsprechend differenziertes Angebot präsentiert. Neben gewerbeunabhängigen Sortimenten gehören dazu insbesondere Dienstleistungen wie Beratung, Vermietungsservice von Baugeräten, Containern und Werkzeugen oder die Übernahme von Logistikdienstleistungen.

Profilierungsansätze

Zu überlegen wäre in diesem Zusammenhang sogar, ob der Baustoffhandel das gesamte Beschaffungsmanagement für die Generalunternehmer übernehmen könnte. Darunter ist nicht nur die Gesamtversorgung einer Baustelle mit Material, Maschinen, Werkzeugen und Arbeitskleidung zu verstehen, sondern – ggf. in Kooperation mit entsprechend spezialisierten Unternehmen – auch weitere Dienstleistungsangebote wie z. B. Catering, Entsorgung und Finanzierung.

Gerade bei diesem Profilierungsansatz ist es zwingend notwendig, daß ein branchenübergreifender elektronischer Geschäftsdatenaustausch ermöglicht wird. Es ist bereits abzusehen, daß auch das Internet als Kommunikationsmedium dabei an Bedeutung gewinnen wird, da es eine hohe Flexibilität besitzt und – jenseits ausgrenzender Standards – die Kontaktaufnahme zu beliebig vielen Netzteilnehmern ermöglicht.

Literatur

Atzberger M (1997) Vom elektronischen Datenaustausch zur automatischen Disposition. In: Automatische Disposition – Bestandsaufnahme und Perspektiven. Köln

Atzberger M, Gerling M (1997) Kollege Computer disponiert. In: Dynamik im Handel 7:4–6

CCG (Hrsg) (1997) Einführung in den elektronischen Datenaustausch. Köln

EHI (Hrsg) (1997) Automatische Disposition – Bestandsaufnahme und Perspektiven. Köln

Gebert F (1998) Zielgruppenstrategien für den Baustoffhandel. In: Baustoffmarkt 1:108–111

Geron AC (1996) Profitieren von EANCOM. In: Dynamik im Handel 4:6–11

Hagen K (1999) Das ECR-Management in Deutschland In: Heydt A v d (Hrsg) Handbuch Efficient Consumer Response. München, S 41–54

Hallensleben J (1999) Warenwirtschaft via Internet. In: absatzwirtschaft 1:46–47

Heydt A v d (1999) Efficient Consumer Response. In: Heydt A v d (Hrsg) Handbuch Efficient Consumer Response. München, S 3–23

Hildebrandt L; Kamlage K (1995) EDIFACT: Die Normung des elektronischen Datenaustauschs. In: Trommsdorff V (Hrsg) Handelsforschung 1995/96 – Informationsmanagement im Handel. Wiesbaden, S 3–17

Hüsch B (1998) Kostensenkung bis zu 4% vom Umsatz. In: baustofftechnik 8: 337–338

Lühmann K (1998) Direktgeschäfte – existentielle Herausforderung für den Fachhandel. In: baustoffmarkt 9: 1340–1342

OV (1996) Dichtes Baumarktnetz im Osten. In: Dynamik im Handel 4:4–5

OV (1998a) Auswirkungen des Internet auf den Handel. In: FAZ vom 28. 09. 1998, S 31

OV (1998b) Erfolgsfaktoren eines modernen Baustoffhandels. In: baustoffmarkt 2: 276–277

OV (1998c) Gut behauptet und „vorsichtig optimistisch“. In: baustoffmarkt 8:1219

OV (1998d) Technomar erwartet zunehmenden Direktvertrieb. In: baustoffmarkt 9:1328

OV (1999) Das Internet setzt sich in der Beschaffung durch. In: FAZ vom 11. 01. 1999

Ritter S (1997) ECR und CCG. In: Dynamik im Handel 7:18–21

Dienstleister

9 ▮ 03

MiTek Industries GmbH

9 ▮ 03 | 01

Olaf Reubold

INHALTSÜBERBLICK

Dieser Beitrag befaßt sich mit den Internet-Erfahrungen eines Dienstleistungsunternehmens. Er stellt die konzeptionellen Grundlagen für die Internet-Präsenz vor und gibt einen Überblick über die Voraussetzungen im Unternehmen. Sie werden über erste Erkenntnisse zu Marketing, Zielgruppe und Erfolgsfaktoren informiert.

Einführung

Firmenprofil

Die MiTek Industries GmbH aus Dietzenbach (bei Frankfurt am Main) ist Teil eines weltweit tätigen Firmenverbunds, der Produkte und Dienstleistungen für Holzbausysteme herstellt und distribuiert.

Dienstleistungsspektrum

Das Dienstleistungsspektrum der MiTek Industries GmbH erstreckt sich von der Distribution von Bauelementen (z. B. Holzverbinder) und Maschinen (zur Holzverarbeitung) über die Erstellung unterstützender Softwareprodukte (z. B. Konstruktionssoftware) bis hin zur fachkundigen Beratung mittels eines eigenen Serviceteams.

Zielgruppe

Obwohl Produkte und Dienstleistungen für den Bereich Holzbau distribuiert werden, liegt die Zielgruppe der MiTek Industries GmbH nicht im Endkundenbereich (z. B. Bauherren). Um eine höhere Marktdurchdringung zu erreichen, ist man vielmehr auf die katalysatorische Wirkung von kompetenten Emittenten angewiesen. Dies sind in der Holzbaubranche zum einen Architekten und Planungsbüros, die entsprechende Realisierungen auf Grundlage von Holzbausystemen planen und zum anderen Holzbaubetriebe, die für die fachmännische Umsetzung vor Ort sorgen.

Zuständigkeitsgebiet

Das Zuständigkeitsgebiet der MiTek Industries GmbH umfaßt Deutschland, Österreich und die Schweiz sowie große Teile Osteuropas (Slowenien, Kroatien, Yugoslawien, Bosnien und Herzegowina, Mazedonien, Griechenland und Türkei.

Konzeption des Internet-Projekts

Ausgangspunkt

Kundenorientierung

Durch die inflationäre Entwicklung des Internets, speziell in den Jahren 1995 und 1996, wurde auch für die MiTek Industries GmbH die Thematik, Geschäftsprozesse mittels Internet-Technologien zu unterstützen, zu einem Hauptthema in 1997.

Aufgrund der Zugehörigkeit zu dem weltweiten Unternehmensverbund MiTek Industries konnte man Anfang 1997 schon auf erste Realisierungsstufen in anderen Ländern (USA und Australien) zurückgreifen. Eine Adaption von dort bereits realisierten Komponenten schied jedoch aufgrund des extrem unterschiedlichen Zielmarkts aus.

Zusammenfassend entschloß man sich, ein eigenes internetbasiertes System zu entwickeln, welches auf die eigene Unternehmensstruktur und den angepeilten Zielmarkt zugeschnitten ist.

Zielvorgaben

Bestandsaufnahme

Im Vorfeld der eigentlichen Realisierung stand eine Bestandsaufnahme von internen und externen Prozessen, die durch internetbasierte Mechanismen unterstützt bzw. ersetzt werden könnten. Aus dieser Bestandsaufnahme resultierten klare Zielvorgaben an das zu realisierende Gesamtsystem und ermöglichten gleichzeitig eine Grobspezifikation der Leistungsmerkmale des Systems. Im einzelnen stellten sich die Zielvorgaben wie folgt dar (s. Tabelle 1):

Grobspezifikation

Die aus diesen Zielvorgaben resultierende Grobspezifikation stellt folgende Mindestanforderungen an das Gesamtsystem:

- Intern muß die Möglichkeit zum Empfangen und Versenden von E-Mails vorhanden sein.
- Vertriebspartner und Außendienstmitarbeiter müssen mobil die Möglichkeit zum Empfangen und Versenden von E-Mails haben.
- Bestimmte Kundenkreise müssen die Möglichkeit zum Empfangen und Versenden von E-Mails haben.
- Es wird ein externer Internet-Rechner benötigt, der im WWW Firmeninformationen und Service-Leistungen zur Verfügung stellt.[1]
- Es werden spezielle Features innerhalb des Internet-Rechners benötigt, welche die Einrichtung geschützter Bereiche ermöglichen (Intranet/Extranet).
- Die gesamte zu verbreitende Information muß in entsprechenden Formaten zu Verfügung gestellt werden.

9

[1] Die Entscheidung, den Inernet-Rechner extern zu betreiben resultiert aus der Tatsache, daß intern bisher keine Serveradministration rund um die Uhr stattfindet.

Tabelle 1: Zielvorgaben

Prozeßbeschreibung	**Zielvorgabe**
Interne Kommunikaion	E-Mail als internes Kommunikationsmedium etablieren, Reduktion von alternativen Kommunikationstechniken Kostenreduktion, Zeitreduktion
Kommunikation mit der Vertriebsmannschaft Kostenreduktion, Zeitreduktion	E-Mail als Kommunikationsmedium etablieren, Email zur Verteilung von elektronischen Dokumenten verwenden, Kommunikation mit Kunden Verlagerung von Geschäftsprozessen (z. B. Bestellung) ins Internet, Erweiterung des Servicespektrums Kostenreduktion, Zeitreduktion, Servicemaximierung
Bereitstellung von Informationen	Rund-um-die-Uhr-Verfügbarkeit, hohe Informationstiefe Servicemaximierung
Interner Datentransfer	Kostenreduktion, Zeitreduktion
Externer Datentransfer mit Kunden	Kostenreduktion, Zeitreduktion, Servicemaximierung
Vertrieb	Informationen für Emittenten bzw. Vertriebspartner, Distributionskanal für Stammkunden Kostenreduktion, Zeitreduktion, Servicemaximierung
Support/Service	Bereitstellung von Special-Services, Kooperationen mit externen Partnern Servicemaximierung, Abheben von Marktpartnern, Erhöhung der Kundenbindung

- Für die Einführung des Systems ist ein interner Schulungsaufwand notwendig.
- Für die Einführung des Systems ist ein Marketingaufwand notwendig (Anzeigen, Mailing etc.).
- Für die Wartung und Aktualisierung des Systems sind langfristig sowohl externe als auch interne Ressourcen einzuplanen.

Voraussetzungen im Unternehmen

Hardwarevoraussetzungen

LAN-Kopplung vs. Einzelplatzlösung

Innerhalb der MiTek Industries GmbH sind unterschiedliche Abteilungen mit den evaluierten Geschäftsprozessen betraut, wodurch es notwendig wurde, diese Abteilungen mit der entsprechenden Hard- und Software auszustatten, um am Internet zu partizipieren. Hierzu boten sich 2 unterschiedliche Ansätze:

- Kopplung des gesamten LAN mit dem Internet.
- Einzelplatzlösungen mittels Modem oder ISDN-Karte.

Im ersten Schritt wurde auf eine Umstrukturierung des gesamten LAN verzichtet und die Möglichkeit von Einzelplatzlösungen gewählt. Zwei Gründe gaben hierbei den Ausschlag:

- Die Kopplung des LAN mit dem Internet erfordert die Umstellung der bisher verwendeten internen Netzwerkprotokolle und die Verwendung von Sicherheitssoftware (Firewall).
- Die Kostenstruktur von Einzelplatzlösungen ist für den punktuellen Einstieg in das Medium Internet im Vergleich zur LAN-Kopplung wesentlich niedriger (ISDN-Karte + Zugangssoftware für etwa 200 DM pro Arbeitsplatz).

Mittelfristig kann die Kopplung des LAN mit dem Internet sich als die kostengünstigere, da leichter administrierbare Variante herausstellen, wobei dieser Aspekt momentan schlecht abzuschätzen ist.

Die mobil tätigen Außendienst- und Vertriebsmitarbeiter wurden mit entsprechenden Modem- bzw. ISDN-Karten inkl. Zugangssoftware für ihre Laptops ausgestattet (Kosten pro Laptop etwa 400 DM).

Um speziellen Kundenkreisen die Möglichkeit zur Nutzung der neuen Geschäftsprozesse im Internet zu eröffnen, bietet der MiTek-Außendienst als Serviceleistung die Installation von entsprechender Hardware und Zugangssoftware inkl. eines Mitarbeitertrainings beim Kunden vor Ort an.

Zugang zum Internet

Standort-unabhängigkeit

Als Zugangsprovider für die MiTek Industries GmbH wurde T-Online aufgrund seiner deutschlandweiten Verfügbarkeit gewählt. Dies ist insbesondere für die mobil tätigen Außendienst- und Vertriebsmitarbeiter von entscheidender Bedeutung, da aufgrund der deutschlandweit einheitlichen Infrastruktur von T-Online keine Neukonfiguration an der Zugangssoftware notwendig ist.[2]

Externe Dienstleister

Externe Dienstleister: Symbiose aus Systemhaus und Unternehmensberater

Für die Bereiche Aufbau und Betrieb des WWW-Servers sowie Erstellung der notwendige Informationen im Internet-Format wurde auf einen externen Internet-Dienstleister zurückgegriffen. In diesen Bereichen wird es nicht für sinnvoll angesehen, eigenes Know-How aufzubauen. Die Kommunikation zwischen externem Dienstleister und der MiTek Industries GmbH geschieht über 2 unterschiedliche Wege:

- Alle Themen, die den Bereich Marketing betreffen, werden von einer externen Werbeagentur, die die MiTek Industries GmbH in allen Belangen des Marketings berät, koordiniert und vorkonzipiert, um ein einheitliches Bild der MiTek Industries GmbH in allen Medien zu gewähr-

[2] Die Kosten bei T-Online belaufen sich auf 3 DM pro Stunde (Stand 6/98)

leisten. Die Werbeagentur liefert dem Internet-Dienstleister die betreffenden Materialien inkl. eines Grobkonzepts zur mediengerechten Umsetzung im Internet.

- Alle Themen, die interne Geschäftspozesse betreffen, werden entweder über die Geschäftsleitung oder direkt über die entsprechenden Fachabteilungen der MiTek Industries GmbH zum Internet-Dienstleister kommuniziert.

Erwähnenswert ist, daß die Kommunikation zwischen externem Dienstleister, externer Werbeagentur und der MiTek Industries GmbH mittlerweile zu 80% via E-Mail und elektronischem Datentransfer und zu knapp 20% per Telefon und Post abgewickelt wird. Der persönliche Kontakt ist nur noch punktuell notwendig.

Dieser Umstand kann in Hinblick auf die Wahl von externen Partnern durchaus einen Einfluß haben, und zwar insofern, als daß ein Outsourcing-Partner nicht notwendigerweise vor Ort gefunden werden muß.

Gleichzeitig bedeutet die Wahl eines externen Dienstleisters, daß diesem Einblick in entscheidende Prozesse und Unternehmensinformationen gegeben werden muß. Unter Umständen wird der externe Dienstleister ganze Geschäftsprozesse (wie z. B. das Bestellwesen) als externe Dienstleistung führen. Dies bedeutet, daß der Dienstleister im Internet-Umfeld quasi die Rolle eines Unternehmensberaters einnimmt und somit ein entsprechendes Vertrauensverhältnis zwischen Kunde und Dienstleister hergestellt werden muß. Dies geschieht auf unterster Stufe durch entsprechende Konkurrenzausschluß- und Geheimhaltungsverträge zwischen externem Dienstleister und dem Kunden.

Implementation und Einführung

Sukzessive Entwicklung und Erweiterung des Systems

Die Planung des Systems begann im März 1997. Bereits im Mai 1997 wurde das System mit seinen Hauptbestandteilen eingeführt und seitdem sukzessive erweitert. Die Hauptbestandteile des Systems (s. unter http://www.mitek.de) stellen sich wie folgt dar:

- Unternehmens- und Produktinformation

Auf etwa 50 Informationsseiten wird das gesamte Produktspektrum detailliert beschrieben, wobei spezielle Zusammenstellungen der Gesamtinformation für die angepeilten Zielgruppen (Architekten, Planungsbüros, Bauherren etc.) eine einfache und intuitive Navigation erlauben.

- Support/Service

Um sich von Marktpartnern abzuheben, wurden bestimmte Services in das Online-Angebot integriert, die bis dato nicht oder zumindest nicht mit dem im Internet möglichen Funktionsumfang verfügbar sind. Diese Services sind im einzelnen:

- Fachwörterbuch für den Bereich Holzbau in 8 Sprachen.
- Fachliteratur für den Bereich Holzbau zum sofortigen Ausdruck oder zur kostenfreien Bestellung via E-Mail.
- Nationale und internationale Zulassungen für bestimmte Holzverbinderprodukte zum Ausdruck oder Download (Diese Zulassungen sind unerläßlich für bestimmte Bauanträge).
- Präsentation von Verbänden/Gütergemeinschaften der Holzbau-Industrie.
- Links zu Homepages von Kunden und strategischen Allianzpartnern (CoBranding).

- Online-Bestellung

Bestimmte Poduktbereiche wurden im Internet onlinebestellbar zur Verfügung gestellt. Durch ein entsprechendes

Rabattmodell bei Online-Bestellungen ist es gelungen, einen Großteil des Bestellwesens auf das Medium Internet zu verlagern (80% der Bestellungen im April 1998). Mit diesem Rabattmodell wurde erreicht, daß ein Großteil der Stammkunden das Medium Internet im eigenen Unternehmen einführte und damit auch losgelöst vom eigentlichen Bestellvorgang die Möglichkeit zur Kundenkommunikation geschaffen wurde.

Operational bedeutet die Verlagerung von postalischen oder Fax-Bestellungen eine Steigerung der Effizienz, da alle Daten zeitnah elektronisch zur Verfügung stehen. Zusätzlich sind Preis- oder Produktänderungen jederzeit möglich, da die Information im Internet jederzeit aktualisiert werden kann. Außerdem ist die Distribution von aktuellen Preis- und Produktlisten an das Stammklientel nicht mehr notwendig.

- Extranet

Die Stammklientel der MiTek Industries GmbH in bezug auf Online-Bestellungen sind die Realisierungspartner von Holzbauten jeder Art, also Holzbauunternehmen im gesamten Zuständigkeitsgebiet. Jedes dieser Holzbauunternehmen erhält kostenfrei die Möglichkeit, sich per Adresseintrag und Firmenlogo unter dem Informationssystem der MiTek Industries GmbH zu präsentieren. Damit wird das Informationssystem der MiTek Industries GmbH gleichzeitig zur Homepage der Stammklientel (CoBranding).

Als weitere Servicekomponente werden in Passwort-geschützten Bereichen innerhalb des Informationssystems der MiTek Industries GmbH exklusive Services (z. B. statische Berechnungen mittels Java-Applets oder Softwareregistrierung) bereitgehalten, die lediglich registrierten Partnern zur Verfügung stehen und gegen geringe Gebühren zusätzlichen Profit generieren.

Erkenntnisse und Erfolgsfaktoren

Zielgruppe

Business-to-Business-Szenario

Der Erfolg bei der Einführung internetbasierter Geschäftsprozesse ist auf die genaue Kenntnis der angepeilten Zielgruppe zurückzuführen.

Die primäre Zielgruppe der MiTek Industries GmbH ist überschaubar (etwa 200 Holzbau-Betriebe in Deutschland; etwa 200 weitere im gesamten Zuständigkeitsbereich), und die Geschäftsprozesse laufen zwischen bekannten Geschäftspartnern ab. Dieses Business-to-Business-Szenario benötigt keine Mechanismen wie Validitäts- und Plausibilitätsprüfungen, oder spezielle Zahlungsmodule, wie sie beispielsweise in einem Business-to-Consumer-Szenario notwendig wären.

Die Verlagerung von Geschäftsprozessen im Business-to-Business-Umfeld hat hohe Erfolgsaussichten, wenn gezielt auf die angepeilte Zielgruppe eingegangen wird.

Marketing

Einsatz klassischer Medien und Mehrwertangebote als Erfolgsfaktoren im Internet

Die Zielgruppe genau zu kennen ist ein hinreichendes, aber kein ausreichendes Kriterium für den Erfolg des Systems:

Zumindest muß die Zielgruppe über die neuen Möglichkeiten, die die MiTek Industries GmbH anbietet, informiert werden. Dies geschah per Mailing an den gesamten Kundenstamm und mittels Anzeigen in verschiedenen Fachorganen der Branche.

Außerdem waren in einigen Firmen interne Umstellungen notwendig (z. B. Internetanschluß), um die neuen Services nutzen zu können. Hier war das eingangs zitierte Rabattmodell ein notwendiges Instrument, um den materiellen Anreiz zu schaffen (das Rabattmodell spart in der Regel die Kosten für Modem und Internet-Zugang schon bei einer Bestellung ein).

Services im Internet müssen in klassischen Medien vermarktet werden.

Die Einführung von neuen Geschäftsprozessen im Internet-Umfeld verlangen auf Kundenseite einen deutlichen Mehrwert, um akzeptiert zu werden.

Return on Investment

Die komplette Einführung und Umsetzung hat nach vorläufigen Berechnungen (Stand Juni 1998) bereits den Break Even erreicht und wird bei weiterer Reduzierung von klassischen Marketingaktivitäten (Printmedien, Messen, Videos etc.), den Return on Investment um etwa 0,5% erhöhen.

Internet revolutioniert keine Geschäftsprozesse, sondern unterstützt diese

Interne Produktivitätssteigerungen bringen zusätzliche Fixkostenreduzierungen, bzw. Kapazitätserweiterungen bei vorhandenem Personal.

FOM*Net* – Der Concierge-Service im Extranet eines Partner-Port-Gebäudes

9 ▮ 03 | 02

Christina Neuhoff

INHALTSÜBERBLICK

In der Geschäftswelt ist derzeit ein Paradigmenwechsel zu beobachten. Informationen werden nicht mehr großflächig verteilt, vielfach kopiert und abgelegt, sondern bedarfsgerecht auf Abruf bereitgestellt, und ihre Aktualisierung erfolgt ereignisorientiert. Kommunikation wird immer schneller, ist global und zeitunabhängig. „Service-on-demand" ist in aller Munde. Dieser Praxisbericht zeigt an Hand des SAP-Partner-Ports, wie Online-Services heute realisiert werden können. Sie bekommen Einblick in den Ablauf des Projekts, der von der Idee über Projektkonzeption und Content-Management bis hin zur Realisierung führt.

Who is?

Die FOM Future Office Management Gesellschaft für zukunftsfähige Bürogestaltung mbH ist Initiator, Entwickler, Koordinator, Bauträger und Betreiber des SAP-Partner-Ports in Walldorf. In einem groß angelegten, hochmodernen Gebäudekomplex (31.500 m^2 Bruttogeschoßflächen) sollen Partnerunternehmen der Firma SAP und andere Mieter eine Business-Umgebung finden, die höchsten Ansprüchen in allen Bereichen genügt. Diesem Projekt sollen weitere seiner Art und Größenordnung folgen, die Microsoftzentrale „Unterschleißheim 2000" ist die nächste Etappe.

Idee

Reduktion unproduktiver Zeiten

Unproduktive Zeiten entstehen am Arbeitsplatz beispielsweise infolge fehlender Formulare, längerer Liegezeiten und unstrukturierter Recherchezeiten, aber auch aufgrund von Transportzeiten, Kuvertieren und Adressieren von Unterlagen sowie der zeitaufwendigen Organisation privater Belange in einer neuen oder nur kurzzeitig aktuellen Umgebung. An diesem Punkt setzt das FOM*Net* an. Alle Mieter und deren Mitarbeiter im Partner-Port haben Zugang zum FOM*Net*. Services, die den Business- wie auch den Privatbereich komfortabel und effizient gestalten, werden über das FOM*Net* angeboten und bewirken eine Reduktion unproduktiver Zeiten und die Entlastung von Routinearbeiten.

Konzentration auf das Kerngeschäft

„Konzentration auf das Kerngeschäft" lautet die Idee, aus der FOM*Net* entstand. Die FOM GmbH versteht sich als One-Stop-Adresse für alle Belange rund um den Gebäudekomplex des SAP-Partner-Ports. Dieser konsequente Servicegedanke soll auch in Form eines Extranet Ausdruck finden, das den Mietern des Gebäudes alle wesentlichen Servicefunktionen online zur Verfügung stellt, um ihnen damit maximal effektive Arbeitsmöglichkeiten zu schaffen. Damit, so Ulrich Koch, Projektleiter bei FOM, ist FOM*Net* der „Kernpunkt, der u. a. Catering und Facility-Management auf der Informationsebene online zusammenbringt. Es demonstriert Technologiefreundlichkeit und Modernität und wird als „Plug-and-work"-Anwendung zur wegweisenden Standardlösung".

Was ist FOM*Net*?

FOM*Net* ist eine Extranet-Lösung, deren Funktion darin besteht, die verschiedenen Mieter des SAP-Partner-Ports über ein Datennetz mit internen und externen Serviceanbietern zu verbinden. Gleichzeitig erhalten die Mieter untereinander ein gemeinsames Informations- und

Kommunikationsforum. FOM*Net* sieht weiterhin eine Schnittstelle zum Internet vor, damit beispielsweise Mitarbeiter, die für ihr Unternehmen unterwegs sind, das Serviceangebot von außen ebenfalls nutzen können.

Die Einbindung des FOM*Net* in das Gesamtkonzept kann man sich folgendermaßen vorstellen (Abb. 1):

Dabei ist FOM*Net*

- Service & Support-Area,
- Informationspool und
- Kommunikationsplattform.

Informationen werden damit schnell zugänglich. Die Funktionen sind leicht zu bedienen und das Design orientiert sich am innovativen Design des „realen" Partner-Port-Gebäudes. Erscheinungsbild und Funktionalität von FOM*Net* unterstreichen somit den zukunftsweisenden Charakter des gesamten Projekts.

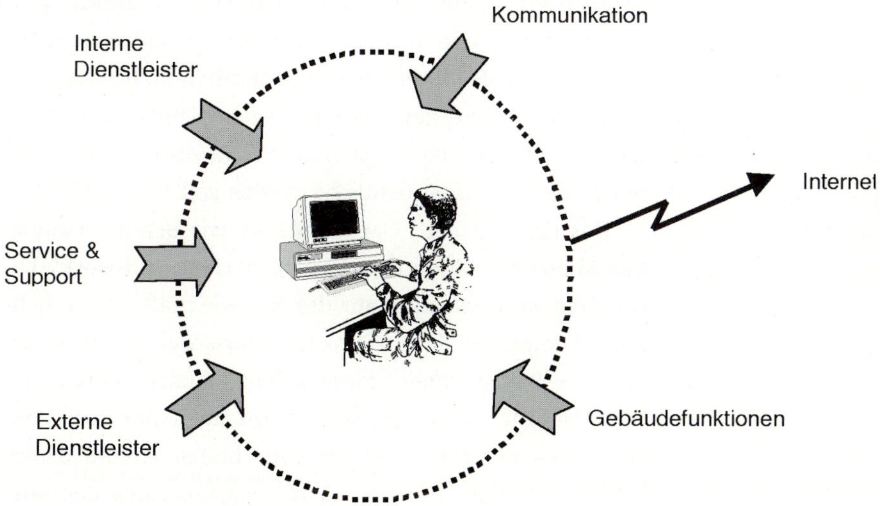

Abb. 1: Integration verschiedener Anbieter in das FOM*Net*

Konzeption

Projektpartner

Das Projektteam FOM*Net* setzt sich aus folgenden Partnern zusammen:

- FOM Future Office Management Gesellschaft für zukunftsfähige Bürogestaltung mbH, Heidelberg – Projektleitung,
- AlgoTec. GmbH, Karlsruhe – Implementierung und
- Berres & Partner Strategieberater, Karlsruhe – Content-Strategie, Prozeßmoderation und Projektcoaching.

Im Rahmen eines KickOff-Workshops wurden die Determinanten von FOM*Net* erörtert und das weitere Vorgehen für die einzelnen Phasen abgestimmt.

Zielgruppe

Im SAP-Partner-Port werden alle wesentlichen Competence-Center und Partner der SAP anzutreffen sein. Diese Unternehmen und ihre Mitarbeiter sind Kunden des FOM*Net*. Ein begrenzter Ausschnitt soll auch der Öffentlichkeit zugänglich sein, sowohl über das Internet als auch via Infoterminals im Partner-Port-Gebäude. Eine weitere Zielgruppe sind die Dienstleister, die ihre Services über das FOM*Net* anbieten. Somit gestaltet sich die Adressatengruppe des Projekts mehrschichtig, mit unterschiedlichen Systembefugnissen, was in Abb. 2 anhand eines Shell-Modells verdeutlicht werden soll.

Zielsetzung

Das Kernziel der FOM GmbH ist, wie bereits erwähnt, den Mietern in Form einer flexiblen „Plug-and-work"-Lösung die Konzentration auf das Kerngeschäft zu ermöglichen. Die Mieter des SAP-Partner-Ports und deren Mitarbeiter erhalten einen zusätzlichen Nutzen durch das FOM*Net*. Die Nutzungsqualität wird nicht nur real, sondern auch virtuell auf einem sehr hohen Niveau dauerhaft manifestiert werden, um die Performance der Mieterunternehmen zu steigern.

Content-Management

Eine hohe Nutzungsqualität kann nur erreicht werden, wenn die angebotenen Services konsequent den Bedürfnissen der Zielgruppe Rechnung tragen. Diese Bedürfnisse können im Laufe der Zeit variieren. Demzufolge müssen die Services immer wieder aktualisiert und angepaßt werden. Ein solches Informations- und Serviceangebot kann nur durch ein strategisches Content-Management erfolgreich realisiert werden. Anita Berres von Berres & Partner Strategieberater, Karlsruhe, formuliert dies wie folgt:

„Inhalte mit hohem Nutzwert sind ein wesentlicher Erfolgsfaktor für Services-on-demand. Das dafür erforderliche kontinuierliche und kompetente Content-Management

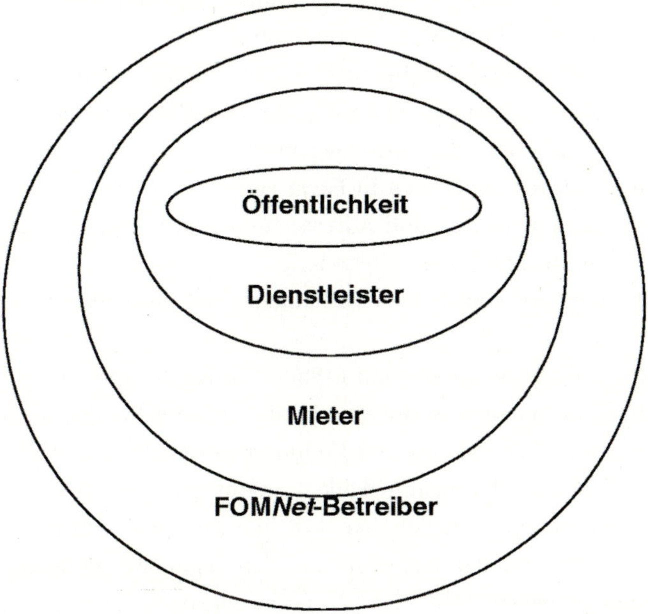

Abb. 2: Shell-Modell des FOM*Net*

erfordert den Aufbau von Ressourcen, muß sich an den Zielgruppen orientieren und benötigt ein ausreichendes Budget. Generelle Leitlinie für FOM*Net* muß daher sein, die Angebote – bezüglich Information, Kommunikation sowie Service & Support – kontinuierlich zu pflegen und aktuell weiterzuentwickeln."

Neben der reinen Auswahl der angebotenen Services und Inhalte ist auch deren Darbietung zu berücksichtigen. Hier ist die Schnittstelle zu Technik und Design. Nur ein einfach zu handhabender Service, der auch inhaltlich echten Zusatznutzen bietet, wird akzeptiert und genutzt werden.

Spektrum der Online-Services

Die **Online-Services** werden eingebracht von Dienstleistern im Haus sowie externen Dienstleistern.

Diese Online-Services **können aufgeteilt werden in**

- physikalische Services, die online angeboten werden: Kantine, Mini-Shop, Copy-Shop etc. sowie
- Online-Services, die auch online erbracht werden (digitale Lieferung): Online-Recherche, Online-Redaktion für Mieter, Content-Management

und **werden angeboten in Form von**

- Angabe Telefon und Adresse (und evtl. weiteren Angaben wie Öffnungszeiten etc.),
- Link auf eine bereits vorhandene Web-Site des Anbieters,
- einer FOM*Net*-eigenen E-Shop-Lösung (s. Abb. 3).

Vom Regionalen zum Globalen

Die angebotenen Services decken die Bereiche Service & Support, Information und Kommunikation ab. Eine weitere Unterscheidungsmöglichkeit ergibt sich aus Services globalen oder regionalen Inhalts. Zunächst wird der Schwerpunkt der Angebote bei den regionalen Informationen liegen, um den Orientierungsbedürfnissen der neuen Mieter in Walldorf Rechnung zu tragen. Im Laufe

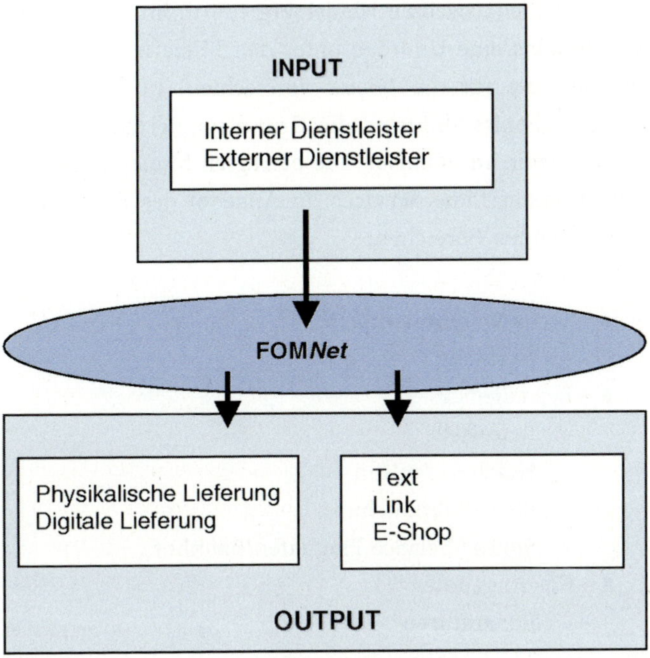

Abb. 3: Struktur des Serviceangebots des FOM*Nets*

der Projektphasen sollen die angebotenen Informationen zunehmend detaillierter und umfangreicher, aber auch – bezogen auf Wirkungsbereich und Einzugsgebiet – globaler werden. Analog werden zunächst vorwiegend interne Anbieter vertreten sein und sukzessive mehr externe Dienstleister integriert werden. Diese Unterscheidung wird sich aus Sicht der Anwender des FOM*Net* im Laufe der Zeit völlig auflösen.

Welche Services?

Genug der Theorie: Welche Services werden im FOM*Net* für den SAP-Partner-Port verwirklicht? Welche Online-Dienstleistungen haben Aussicht auf Akzeptanz und Resonanz?

Umfrage

Die Hotelfachschule Heidelberg führte im Rahmen eines Projekts eine Umfrage unter den Mietern durch, welche Services für die Mieter von echtem Interesse sind. Diese Ergebnisse bildeten die Grundlage bei der Auswahl der Anbieter im FOM*Net*. Die befragten Mieter wünschen sich in erster Linie Services im Angebot des FOM*Net* zu den folgenden Bereichen:

- Terminvereinbarungen:
  - Ärztliche Dienste
- Reisedienste:
  - Reisestelle
  - Hotelreservation
  - Flug-/Bahnbuchung
  - Shuttle-Service Flughafen/Bahnhof
- Kfz-Angebote:
  - Reparaturen
  - TÜV/ASU
  - Waschen
  - Mietwagen
- Kleidung:
  - Reinigung
- Veranstaltungen:
  - Kartenvorverkauf
  - Reservierung
  - Information
- Einzelhandel:
  - Zeitschriften
  - Süßigkeiten
- Kosmetik:
  - Friseur

- Diverses:
  - Blumen
- Organisation:
  - Buchung von Tagungs- und Besprechungsräumen
  - Cateringleistungen
  - Post- und Kurierdienst

Als Kriterium für die Akzeptanz eines solchen Online-Dienstes wurde von den Befragten in erster Linie Schnelligkeit genannt. Die Schnelligkeit bezieht sich sowohl auf die Zeit zwischen Anfrage und Bearbeitung (Buchung, Quittung, Information, etc.) als auch auf die Schnelligkeit und damit den Komfort im System selbst.

Wesentliche technische Faktoren

Für diesen letzten Aspekt zeichnet die AlgoTec. GmbH als implementierender Partner verantwortlich. Geschäftsführer Martin Weikinger benennt als wesentliche technische Faktoren: „... – aufgrund der Neuartigkeit der Lösung und des daraus resultierenden Lastaufkommens – Skalierbarkeit sowie Robustheit bzw. maximale Systemverfügbarkeit."

Demnach liegt die Herausforderung des FOM*Net* darin, eine wegweisende Standardlösung (nicht nur für den SAP-Partner-Port) zu schaffen, die maximale Kundenzufriedenheit und Akzeptanz erreicht. Außerdem muß diese Lösung ausreichend Flexibilität und Dynamik beinhalten, um das gesamte System zu tragen, dessen Ausmaße aber erst im Laufe der Zeit absehbar sein werden. Damit muß FOM*Net* ständig angepaßt und verändert werden.

Realisation

Technische Umsetzung

Seitens der Technik basiert die Lösung, bezogen auf die Hardware, auf vier mehrfach redundant ausgelegten IBM-Netfinity-Servern, softwareseitig auf verschiedenen Produkten des Hauses Microsoft. FOM*Net* bietet sowohl ein dem Internet vergleichbares, jedoch exklusives Informationssystem, als auch eine Kommunikationsplattform für seine Benutzer. Die Einbindung in die Infrastruktur des gesamten Gebäudekomplexes liefert die Schnittstellen zu angefragten Services im Zusammenhang mit dem SAP-Partner-Port, der internen Organisation und der Steuerung der Gebäudefunktionen. Eine integrierte E-Shop-Lösung ist die Basis für komplett digital durchgeführte Geschäftsprozesse.

Bezogen auf die Inhalte vollzieht sich die Realisation von FOM*Net* in mehreren Phasen:

Phase 1

In Phase 1 muß es gelingen, die Nutzungsakzeptanz von FOM*Net* zu erreichen. In dieser Phase wird vorrangig der Bereich „Leben in Walldorf" berücksichtigt. Die Mieter finden gebündelt Informationen über Behörden, Geschäfte, Kultur und Kulinarisches in Walldorf im FOM*Net*. Zusätzlich werden die wesentlichen Kernservices (Caterer, Mini-Shop, Postdienst, Event-Hinweise, Web-Cam Live-Übertragung aus dem Eingangsbereich, etc.) angeboten, um den Mietern bereits von Anfang an einen Nutzen zu bieten und die Einstiegsbarriere, die ein solches Projekt immer in sich birgt, zu überwinden.

Beispiele für die Unterstützung, die FOM*Net* den Mietern im Partner-Port heute bietet:

- Der Mieter hat kurzfristig einen Termin vereinbart und kommt nicht dazu, Lebensmittel einzukaufen. Via FOM*Net* erfolgt die Bestellung der Waren bei (internen oder externen) Dienstleistern, wobei die Artikel wahlweise zur Abholung bereitstehen oder direkt an den Arbeitsplatz des Mieters geliefert werden.

- Der Wagen des Mieters muß zum Kundendienst. Via FOM*Net* wird der geparkte Wagen mit seiner Parkplatznummer angemeldet für Kundendienst und Wagenwäsche. Das Kfz-Service-Unternehmen holt den Schlüssel beim Concierge, führt Kundendienst und ggf. Wagenwäsche (laut Benachrichtigung durch FOM*Net)* durch und liefert den Wagen zum vom Mieter gewünschten Zeitpunkt wieder ab. Der Mieter erhält über FOM*Net* die Nachricht, ab wann sein Auto auf welchem Parkplatz wieder zur Verfügung steht.
- Der Mieter muß ein Meeting mit insgesamt 20 Leuten durchführen. Die Raumbelegung erfolgt online für die allen Mietern zur Verfügung stehenden Konferenzräume via FOM*Net*. Der Mieter sieht sofort, ob sein gewünschter Besprechungsraum zu den von ihm geforderten Zeiten frei ist. Neben der Verpflegung kann natürlich auch die Ausstattung (Flip-Chart, Beamer, OHP etc.) mitbestellt werden (s. Abb. 4).

Phase 2

In der 2. Phase werden die bereits vorhandenen Angebote ausgebaut, d. h. die abrufbaren Informationen werden detaillierter, das Angebot umfassender. Der Bereich des Facility-Managements wird in dieser Phase in das Angebot integriert werden, ebenso wie das Office-Management. Das bedeutet, Gebäudefunktionen, wie z. B. die Raumtemperatur einstellen, sind online steuerbar, Fehlermeldungen laufen online in der Technikleitzentrale auf und alle für die Organisation des Business-Alltags benötigten Services sind online buch- und verfügbar, wie z. B. die Belegung von Tagungs- und Konferenzräumen.

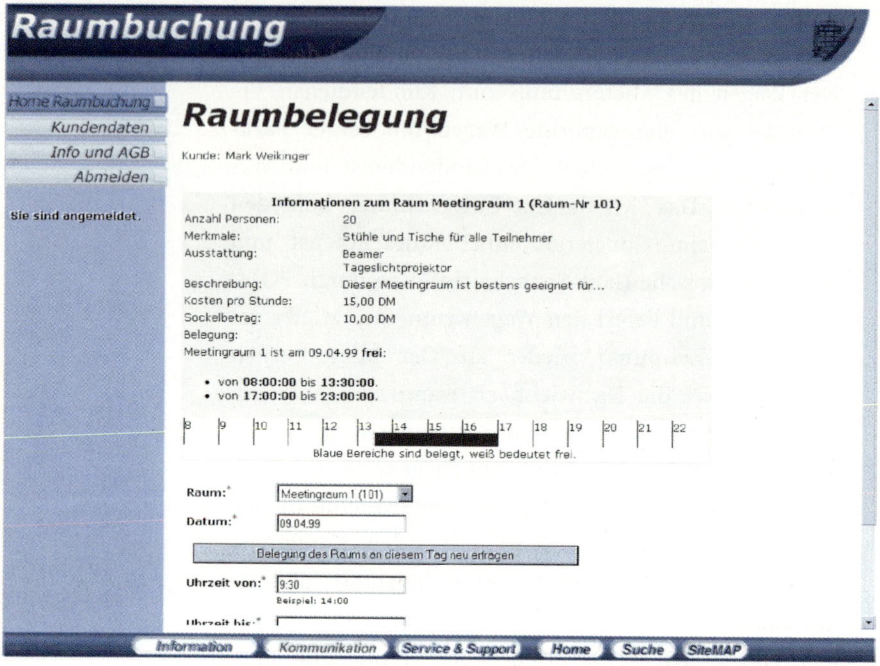

Abb. 4: Ein Eindruck von der grafischen Oberfläche des FOM*Net* am Beispiel einer Raumbuchung

Von der Information zur Kommunikation

Das Angebot des FOM*Net* wird sich im Phasenverlauf sowohl vom Regionalen hin zum Globalen als auch von der reinen Information hin zur Kommunikation verändern. Es soll eine FOM*Net*-Community entstehen, die Informationen zielgerichtet, schnell und effizient austauscht. Anita Berres: „Die erste Stufe ist geprägt von dem, was Neuankömmlinge in Walldorf brauchen. In der Folgephase wird der Schritt von der Information zur Kommunikation vollzogen. Die Planung sieht hier auch die Nutzung des Extranets zur Online-Qualifizierung vor."

Kontinuität

Das Angebot FOM*Net* wird kontinuierlich aktualisiert und optimiert werden. Umfragen unter den Mietern und

Dienstleistern sowie Online-Marktforschung und -Recherche sind die Mittel der Wahl, um die Inhalte und das Angebot selbst dauerhaft auf dem aktuellsten Stand zu halten, um so dem Anspruch der FOM GmbH gerecht zu werden.

Logfile-Analyse

Zusätzlich zu den Umfrageresultaten stehen Ergebnisse der Logfile-Analysen zur Verfügung. Eine Auswertung ermöglicht Aussagen zu folgenden Aspekten:

- Der „Weg“ des Mieters durch das FOM*Net*.
- Die Verweildauer auf den einzelnen Seiten.
- Die Häufigkeit der Besuche von verschiedenen Seiten.

Online-Redaktion

Eine Kombination aus allen angewandten Instrumenten der Analyse wird den Grad der Zufriedenheit und neue Ideen oder Wünsche zur Angebotspalette seitens der Kunden deutlich machen. Mit Hilfe dieser Ergebnisse als Grundlage zur dynamischen Integration neuer Anforderungen kann es gelingen, FOM*Net* dauerhaft attraktiv und für die Kunden qualitativ wertvoll zu gestalten. Die Umsetzung der recherchierten Ideen und Wünsche in konkrete FOM*Net*-Inhalte ist durch eine kompetenten Online-Redaktion abgedeckt.

Erfolgsbewertung

Akzeptanz

Der Erfolg von FOM*Net* hängt einzig von der Akzeptanz des Angebots ab. Hierin liegt sowohl die Chance als auch das Risiko des Projekts. Es gilt, die richtige Mischung aus regionalen und überregionalen Dienstleistern zu finden, das Angebot flexibel am Bedarf auszurichten und dynamisch auf Veränderungen zu reagieren.

Usability

Letztlich wird auch die Kundenfreundlichkeit des Systems selbst den Ausschlag geben, ob die Mieter das FOM*Net* als nutzreiches Arbeits- und Organisationsinstrument akzeptieren. Die Navigation im System muß schnell und intuitiv erfaßbar sein, die Nutzung eines Online-Services muß schneller, bequemer und effektiver sein als beispielsweise ein Telefonanruf. Kurz gesagt: die Usability muß ein sehr hohes Niveau haben.

Ausblick

FOM*Net* hat die Chance, sich als zukunftsweisende Lösung zu etablieren, die den neuen Anforderungen an Information, Kommunikation und Service & Support ereignisorientiert und bedarfsgerecht Rechnung trägt. Die Entwicklung wird zeigen, ob die Zeit für echten „Service-on-demand" in Deutschland schon weit genug fortgeschritten ist.

Die aktuellen Entwicklungen rund um den SAP-Partner-Port können unter http://www.fom-hd.de verfolgt werden.

FOM GmbH, Haberstr. 3, 69126 Heidelberg,
Tel.: 06221/36366-0, Fax: 06221/36366-66,
E-Mail: FOM@FOM-HD.DE

Relaunch der Web-Site der command ag

9 ▮ 03 | 03

Teresa Schlax

Firmensteckbrief

Das Ettlinger Softwarehaus command ist seit 1978 spezialisiert auf den Mittelstand. Heute werden die mehr als 300 Kunden von über 160 Mitarbeitern betreut. Der erwirtschaftete Umsatz liegt bei über 20 Mio. EURO. Das Unternehmen gliedert sich in drei Unternehmensbereiche: Die eigenentwickelte ERP-Komplettlösung FRIDA® ist eine moderne Client-Server-Lösung mit Spezialisierung auf die Branchen Variantenfertiger, Großhandel und Baumarktzulieferer. Im Geschäftsbereich SAP R/3-Systemhaus konzentriert sich command auf die Nahrungsmittel- und Pharmaindustrie, auf den technischen Großhandel, Versandhandel sowie auf Add-On-Produkte zu R/3, speziell im Umfeld des Debitorenmanagements. Seit Mitte 1998 umfaßt ein neuer Unternehmensbereich die Geschäftsfelder Versorgungswirtschaft, Groupware mit Lotus Domino/Notes und Archivierung mit EASY sowie der Vertrieb der AS/400-Hardware als VAR (Value added Reseller).

Ausgangssituation und Ziele (Abb. 1)

Mit der Umwandlung von command in eine Aktiengesellschaft im April 1998 stellte sich auch die Aufgabe, die gesamte Corporate Identity des Unternehmens zu überarbeiten. Nach der Gestaltung von neuen Firmenprospekten und dem Unternehmensmagazin „commander" wurde der Relaunch des Internet-Auftritts in Angriff genommen. Um dem Kunden ein einheitliches Firmenaussehen präsentieren zu können, sollte die neue Corporate Identity auch im Internet zum Ausdruck kommen. Hinzu kam der erfor-

9

Abb. 1: Alte Homepage der command ag

derliche Umstieg auf einen Lotus-Domino-Server, um in Zukunft die vorhandenen Notes-Datenbanken besser anbinden zu können. Gleichzeitig hatte sich die Firmen-Kunden-Kommunikation im Internet intensiviert: Immer mehr Anfragen erreichten die command ag über das Internet. Deshalb war ein weiteres Ziel die stärkere Verlagerung der kundenbezogenen Aktivitäten ins Internet.

Mit RICKHOFF Internet Solutions (Appenweier) fand man eine junge, aufstrebende und dynamische Web-Agentur, die ihre Stärken in der Individualprogrammierung, im Online-Marketing und in der Online-Strategieberatung hat.

Planungsphase

Die Planungsphase begann mit der Bildung eines Projektteams von leitenden Mitarbeitern der command ag (Herr Wiskot vom Vorstand, Frau Baermann vom Marketing für FRIDA, Frau Wiechers für das Marketing R/3 sowie George Turner für die Technik) und von RICKHOFF Internet Solutions.

Folgenden erfolgskritischen Faktoren wurde von der command ag besondere Bedeutung beigemessen: klare und eindeutige Zielsetzung und Konzeption, inhaltliche Mitwirkung aller Fachabteilungen, Analyse der Webseiten der Konkurrenz, Recherchen über das Surfverhalten von potentiellen Interessenten auf der Website, Kenntnisse über die Funktionsweise von Suchmaschinen. Die Webagentur unterstützte durch umfassende Informationen über technische Details, deren Auswirkungen und eine konstruktive Beratung über Realisierungsalternativen.

Teamarbeit

Ein besonderer Stellenwert kam dem Projekt- und Team-Management zu. Dies bezog sich auf das gezielte Sammeln und Archivieren von Informationen, das Verfassen von Protokollen und das Herunterbrechen von Aufgaben und Terminen auf die verantwortlichen Personen. Die Vorerfahrungen der command ag kamen hier gut zum Tragen.

Bei den Besprechungen war es besonders wichtig, Rücksicht auf die verschiedenen Kenntnisstände der Beteiligten zu nehmen, Unklarheiten anzusprechen und zu beseitigen. *„Jedes Teammitgleid muß genau wissen, was mit dem Relaunch bezweckt wird.“* so die Forderung von Günter Wiskot.

Insgesamt sei die Teamarbeit von viel Kreativität und konstruktiver Kritik geprägt gewesen.

Analyse der bisherigen Website

Die Analyse von Logfiles der bisherigen Website erbrachte ca. 1000 PageViews im Monat (entspricht 30 Besuchen pro Tag mit einer Dauer von etwa 1,5 Minuten auf drei Seiten verteilt). Diese beziehen sich fast zur Hälfte auf den FRIDA-Bereich. Daraus ergab sich das Ziel, den Informationsgehalt des FRIDA-Bereichs beim Relaunch deutlich zu vergrößern.

Bei der Analyse der Browserversionen der Besucher stellte man fest, daß weniger als 8% der Website-Besucher Browser unterhalb der 4er-Generation haben. Das machte den Einsatz von HTML-Erweiterungen wie CSS möglich.

Eine weitere Analyse erbrachte, daß 50 weitere Webseiten durch Linkverweise auf die command-Website führen … *„Hier gilt es, durch gewisse Online-Marketing-Strategien, die Verlinkung zu steigern“*, so Frau Baermann vom Marketing.

Operationalisierung der Ziele

Als nächstes erfolgte ein gemeinsames Brainstorming. Dabei beschäftigte man sich vor allem mit der Frage, wie man dem Besucher der Website eine größtmögliche Übersicht und Bedienungsfreundlichkeit bieten könnte.

Nach der gründlichen Analyse des Status Quo und der Erfordernisse der Zukunft wurden die Feinziele für den Relaunch definiert und ihre Realisierungsmöglichkeiten diskutiert. Es folgte die Festlegung der Verantwortlichkeiten (Vorstand: Erscheinungsbild und Firmendarstellung; Marketing: die einzelnen Firmenbereiche; RICKHOFF Internet Solutions: Teamleitung und Technik).

Der letzte Schritt vor der Realisierung der neuen Website war die Erstellung eines StyleGuides in PowerPoint, der dann zur Realisierung an die Webagentur übergeben wurde.

Realisierungsphase

Die Realisierungsphase war wie die Planungsphase geprägt von einer engen Zusammenarbeit von RICKHOFF Internet Solutions mit der command ag. Dies zeigt sich u. a. daran, daß der command ag Zugriff auf den Server der Webagentur gewährt wurde. So konnte der aktuelle Entwicklungsstand zeitnah abgerufen, getestet und bewertet werden. Dadurch wurde eine Feedback-Schleife bereits im Entstehungsprozeß der Website ermöglicht. Günter Wiskot über die Vorteile:

> « Das war sehr produktiv, weil man quasi „life" die Änderungen mitbekommen hat und sofort noch etwas nachschieben konnte. Außerdem konnte dadurch die Nacharbeitsrate gesenkt werden.

Von der command ag waren einerseits einige Effekte verlangt worden, die sich jedoch nur mit Browsern der 4er-Generation lösen lassen, andererseits sollte der Auftritt weitgehend kompatibel zu Browsern der 3er-Generation gehalten werden. So mußte RICKHOFF Internet Solutions teilweise auf Effekte verzichten und bei der Programmierung besonders darauf achten, daß es keine Fehldarstellung gibt, wenn die Seiten mit älteren Browsern betrachtet werden.

Trotz guter Entwicklungsprogramme wie Macromedia Dreamweaver und Frontpage 2000 wurde der gesamte Quelltext mehrfach von Hand gesäubert. Auch die command ag testete die fertigen Seiten ausführlich:

« Man mußte die Seiten schon noch testen und hat dann auch hin und wieder Fehler gefunden. Aber insgesamt war die Qualität sehr gut. (G. Wiskot)

Ergebnis

Darstellung des Unternehmens (Abb. 2)

- Die FRIDA- und die R/3-Seite wurde intensiv ausgebaut. Es gibt jetzt dort eine Fülle an Informationsangeboten. Günter Wiskot, Vorstandsmitglied, merkt an:

« Zum Beispiel haben wir unsere komplette CD mit der gesamten FRIDA-Präsentation mit sage und schreibe 567 Folien ins Netz gestellt. So kann sich ein Interessent vorab bereits sehr detailliert informieren.

- Der Umstieg auf den Domino-Server ist erforderlich, weil die command ag bereits Notes-Datenbanken einsetzt. Durch die dynamische Gestaltung der Webseiten ist die Anbindung von Datenbanken nun gewährleistet. Dies ist für Partneradressen, News, Presseberichte etc. erforderlich.
- Die neuen Geschäftsfelder sind nun in die Website eingebaut.
- Der Vorstand sowie die leitenden Mitarbeiter werden mit Bild, Tätigkeitsfeld und E-Mail-Adresse vorgestellt.

Abb. 2: Neue Homepage der command ag

- Durch die klarere Struktur der Seiten wurden die Definition und die Zuordnung von Stichworten entscheidend verbessert. Ein besseres Auffinden der Website durch Suchmaschinen ist dadurch gewährleistet.
- Jeder Geschäftsbereich bekam nach Vorgabe von der command ag ein eigenes Verzeichnis. Ebenso verfuhr man mit Dateien und Elementen, die oft ausgetauscht werden müssen (z. B. Presseberichte). Dies ermöglicht eine schnelle und unkomplizierte Aktualisierung der Website.
- Ein spezielles Link auf der neuen Homepage enthält die Aufforderung: *„Bringen Sie uns auf Ihre Website“*. Dieses Link führt zu einer Seite mit Firmenlogo und

Quelltext, den man leicht kopieren kann, um einen Link auf die command-Seite zu legen.

Kundenservice

- Es wurde auf mehr Interaktivität in Form von Formularen geachtet (z. B. durch direkte Kontakte zum Webmaster, Schulungsanmeldungen, Prospektanforderung, Commander-Bestellung, CD-Bestellung).
- Das Gesamtdesign wurde deutlich verbessert: Es wird nicht mehr durch zusätzliche Bildlaufleisten gestört, weil man auf die bisher verwendeten Frames verzichtet hat, ohne dabei den Informationsgehalt zu schmälern.
- Die Website beinhaltet ein vielfältiges Informationsangebot, das über die Information über die eigentlichen Produkte hinausgeht: Man kann sich jetzt informieren über News, Servicestandorte, Jobangebote etc. Zur schnelleren Übersicht verwendet man ein Quickinfo.
- Es gibt eine Linkseite mit für die Kunden interessanten Links.
- Das Unternehmensmagazin „commander" kann entweder komplett als pdf-Datei heruntergeladen oder kostenlos online bestellt werden. Aus der aktuellen Ausgabe können bei Bedarf jetzt auch einzelne Seiten heruntergeladen werden.
- Die deutschen Seiten befinden sich auf www.command-ag.de, die englischen auf www.command-ag.com. Der englischsprachige Surfer kann also direkt auf die englische Seite gelangen. Oder aber er klickt eine englische Flagge unter command-ag.de an und gelangt so ebenfalls auf die englische Domain.
- Bei der Anfahrtskizze befinden sich Links zur Routenplanung im Internet und zur Online-Auskunft der Deutschen Bahn AG.

- Man dachte auch auf anderem Gebiet an die Benutzerfreundlichkeit. So programmierte man die Seiten jetzt so, daß sie beim Ausdrucken auf eine DIN-A4-Seite passen.
- Durch die Verwendung der HTML-Erweiterung CSS (Cascading Style Sheets) konnten der Programmieraufwand gesenkt und der Quelltext entschlackt werden. Dies führt wiederum zu einer Verkürzung der Ladezeiten.

Fazit und Ausblick

Die im Team definierten Vorgaben sind mit dem Relaunch realisiert worden: Die Website ist so aufgebaut, daß sie leicht gepflegt werden kann. Durch den Wechsel auf den Domino-Server ist darüber hinaus jetzt die Erstellung von dynamischen Seiten mit Datenbankanbindung gewährleistet. Hinzu kommt, daß eine stärkere Frequentierung der Website erwartet wird. Diese soll letztendlich zu mehr Kundenkontakten über das Internet führen.

Ein äußerst zufriedener Günter Wiskot bilanziert:

« Unser Webauftritt wirkt jetzt entschieden frischer und moderner. Man findet sich viel besser zurecht, und das Aushängeschild Internet wurde um einen Quantensprung besser.

Ansprechpartner:
command ag; Günter Wiskot, Vorstandsmitglied,
Marketingleiter; Eisenstockstr. 16; 76275 Ettlingen;
Tel.: 07243/590–230; Fax: 07243/590–4223;
E-Mail: guenter.wiskot@command.de,
Web-Site: www.command-ag.de

Wissensmarktplatz GENO-Extranet

9 ▮ 03 | 04

Waltraud Höfer, Jochen Waltert

INHALTSÜBERBLICK

Das regionale GENO-Extranet bietet den Mitarbeitern der württembergischen Kreditgenossenschaften eine neue Plattform, um gleichzeitig und unabhängig vom Standort auf aktuelle Informationen zuzugreifen. Mit diesem neuen Medium können die Kundenberater Fachinformationen nutzen, Informationen nachfragen oder aber auch ihre Fachkenntnisse auf dem Wissensmarktplatz zur Verfügung stellen.

Das GENO Extranet

Seit April 1999 betreibt die RWG GmbH Datenverarbeitungsgesellschaft, unter Beteiligung der GZB-Bank und des GENO Württembergischen Genossenschaftsverbandes, das GENO-Extranet für die Region Württemberg. Das GENO-Extranet ist eine Weiterentwicklung des bereits historischen Bürokommunikations- und Informationssystems der frühen 90er Jahre.

Den Schwerpunkt dieses Altsystems bildeten die verschiedenen Rundschreibendienste der beteiligten Institutionen. Obwohl das System den ursprünglichen Aufgaben gerecht wurde, stand es aufgrund mangelnder Jahrtausendfähigkeit zur Ablösung an. Zudem war der rein textorientierte Nachrichtenaustausch in Zeiten graphischer Benutzeroberflächen nicht mehr adäquat, um weitere Informationsangebote wie Produktinformationen, Seminarkataloge und Marktanalysen abzubilden. Motiviert durch den Siegeszug des Internets erfolgte die Entscheidung, das neue System auf Basis der Standardtechnologie des weltweiten Netzes zu entwickeln.

Technische Infrastruktur im Überblick

Das GENO- Extranet basiert zwar auf der Internet-Technologie, aber es ist ein „nach außen" geschütztes Netz. Es baut hierbei auf die bereits im RWG-Umfeld vorhandene technische Infrastruktur (Router, Firewall, Softwareverteilung, Web-Browser und Web-Server) auf.

Die implementierte Firewall schützt zum einen alle Anwender vor fremden Zugriffen aus dem Internet, zum anderen ermöglicht sie den „nahtlosen" Übergang aus dem GENO-Extranet in das weltweite Netz. Das GENO-Extranet stellt so den gesicherten Zusammenschluß mehrerer Unternehmensnetzwerke innerhalb der württembergischen Genossenschaftsorganisation dar, um institutsübergreifend Informationen und Geschäftsprozesse abzubilden.

Alle Extranet-Anwendungen sind in die bereits bestehenden Verfahren des Produktionsbetriebes und der Überwachung des Rechenzentrums eingebunden, so daß allen Anwendern eine robuste technische Plattform zur Verfügung steht.

Teilnehmer

War früher das Bürokommunikationssystem primär ein Informationssystem für die Organisatoren und Administratoren der württembergischen Kreditgenossenschaften, so wächst das GENO-Extranet nun zu einem Instrument für alle Mitarbeiter der Bank – entsprechend ihrem Aufgabenschwerpunkt – heran. Das GENO-Extranet stellt damit ein neues Instrument für die Geschäftspartnerbeziehungen innerhalb der genossenschaftlichen Organisation dar. Es ermöglicht

- sehr zeitnahe Informationsversorgung bei aktuellen Anlässen,
- gleichzeitige Information von allen gemeinsamen Kunden durch zentrale Bereitstellung der Informationen,
- den Referenzcharakter der publizierten Informationen,

- die Optimierung der administrativen Geschäftsprozesse durch Online-Publikation im Extranet,
- die aktive Teilnahme aller Nutzer.

„Virtual Communities" – auf dem Weg zum Wissensmarktplatz

Die überaus positiven Rückmeldungen und Anregungen der bisherigen Teilnehmer bestärkten die RWG in der Absicht, das GENO-Extranet zu einem regionalen Wissensmarktplatz auszubauen. In der aktuellen Version können die Berater gezielt auf Fachinformationen verschiedener Unternehmen im Wissensmarktplatz GENO-Extranet zugreifen, Informationen nachfragen oder aber auch ihre Fachkenntnisse dem Marktplatz zur Verfügung stellen. Der Transfer von Wissen zwischen den Beratern erfolgt innerhalb von themenbezogenen *virtual communities* (virtuellen Gemeinschaften).

> « „Die virtuellen Gemeinschaften sind eine Form der Kommunikation, die auf gemeinsamen Interessen beruhen (Rheingold 1993)".

Im weltweiten Internet werden Communities bereits sehr erfolgreich genutzt. Typische Merkmale einer Community sind:

Merkmale einer community

- Regional-, Themen- und Produktbezogenheit.
- Experten und „Redakteure" liefern aktuelle Informationen zu ihren Fachgebieten, von denen alle unabhängig von ihrem Standort profitieren können.
- Informationsressourcen stehen allen interessierten Mitgliedern zur Verfügung.
- Die Teilnehmer generieren Inhalte und beeinflussen die weitere Entwicklung.

- Es existieren Spielregeln für den Umgang innerhalb einer community („Netiquette“).

In Kooperation mit dem Fraunhofer Institut für Arbeitswirtschaft und Organisation (IAO) hat die RWG ein Konzept entwickelt, um den Community-Gedanken des Internets in Form von GENO-Communities auf das regionale Extranet zu übertragen.

Darauf basierend wurden im GENO-Extranet die ersten Communities zu den Themen „Anlageberatung“, „IT-Management“ und „Marketing“ initiiert. Entsprechend dem fachlichen Schwerpunkt der Communities werden diese von Mitarbeitern der beteiligten Partnerunternehmen moderiert. Neben dem Zugriff auf durch extensive Vorarbeit geschaffene und durch Moderatoren gepflegte Fachinformationen werden den Community-Mitgliedern folgende Dienste angeboten:

Dienste der community

- Eine **Einstiegsseite** (Homepage, s. Abb. 1) zur Darstellung der Inhalte und Ziele der Community.
- Ein **Diskussionsforum** als Plattform für die Diskussion aller Teilnehmer untereinander.
- Verschiedene Stufen von **FAQs** (frequently asked questions).
- Ein **Kalender** mit einer Übersicht über die wichtigsten Termine der Community.
- „**Hyperlinks**“ – Verweise auf die wichtigsten Stellen im Internet zum entsprechenden Themengebiet der virtuellen Gemeinschaft. Unter dem Motto: „Surf smarter, not longer“ werden hier die wichtigsten und interessantesten Internetquellen zum Thema angeboten. Nicht die Quantität überzeugt, sondern die Qualität.
- Zur Kommunikation in Echtzeit können sich Teilnehmer in **Chat**-Rooms verabreden.

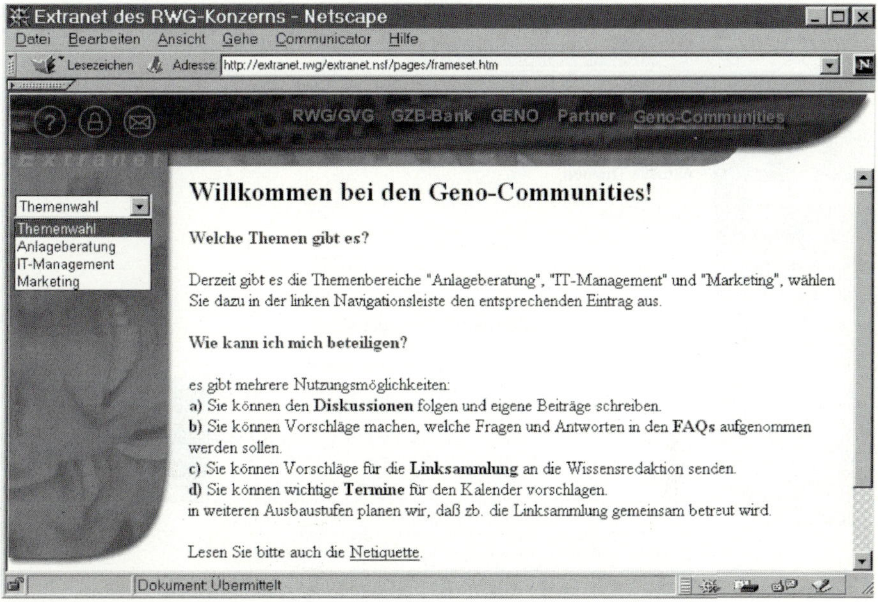

Abb. 1: Homepage des GENO-Netzes

- In **Mitgliederprofilen** können sich die Moderatoren und aktiven Teilnehmer über ein Profil der Gemeinschaft präsentieren. Ziel ist hierbei die teilweise Aufhebung der Virtualität.

Die GENO-Communities bilden inzwischen einen wichtigen Bestandteil innerhalb des genossenschaftlichen Wissensmarktplatzes (Abb. 2). Je nach Interessenlage werden weitere Fachthemen folgen. In einer Endausbaustufe kann jeder Fachbereich einer Bank durch eine eigene Community im Extranet repräsentiert werden.

Der Wissenstransfer erfolgt nicht nur zwischen den Experten eines Fachthemas. Bei Bedarf kann sich jeder Mitarbeiter der Partnerunternehmen schnell und effizient

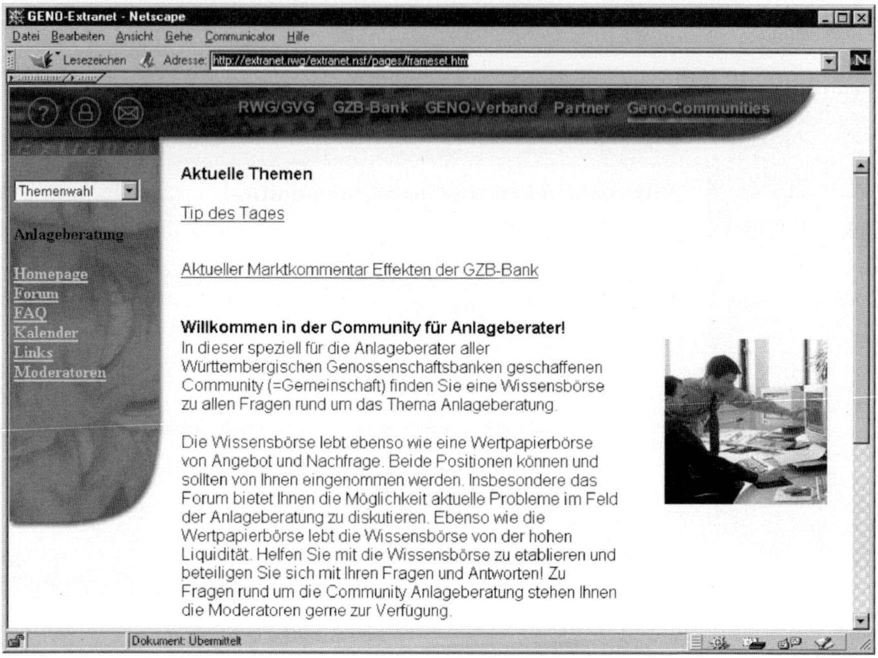

Abb. 2: Community für Anlageberater

über die Ergebnisse der diskutierten Themen informieren.

Erfahrungen aus dem Produktionsbetrieb

Aufbauend auf der bereits produktiv verfügbaren technischen Infrastruktur konnte das Projekt „GENO-Extranet" sehr zügig abgewickelt werden (siehe Tabelle 1).

Diskussionsforen

Eine zentrale Stellung nehmen in den GENO-Communities die Diskussionsforen ein. Über dieses Medium werden mittlerweile Erfahrungen ausgetauscht, fachliche Fragestellungen diskutiert und Lösungsansätze für diskutierte Probleme erarbeitet. Diese Ergebnisse werden von Moderatoren periodisch zusammengefaßt und auch au-

Tabelle 1: Projektüberblick

September 1998	Projektstart: Übertragung der fachlichen Konzepte des Altsystems auf ein web-basierendes GENO-Extranet
November 1998	Aufbau eines zentralen Web-Servers als technische Anwendungsplattform für Extranet-Anwendungen.
Januar 1999	Beginn Pilot I mit 14 ausgewählten Kunden
März 1999	Ausweitung des Pilotbetriebes auf ca. 180 Banken mit ca. 2000 installierten Web-Browsern (Ziel: Lasttests, Verfügbarkeit, Performance)
April 1999	Produktionsbeginn – komplette Ablösung des Altsystems, das bisher noch parallel betrieben wurde
Juli 1999	Start frei für GENO-Communities
August 1999	Regelbetrieb mit inzwischen ca. 4200 Anwendern in der Region Württemberg – Tendenz steigend

ßerhalb der Communities publiziert, was sich inzwischen schon auf die Arbeitsorganisation und die Zusammenarbeit auswirkt. So haben sich beispielsweise in der Community „Anlageberater" (Abb. 2) bereits 16 „Sub-Communities" gebildet. Ihre Diskussionsbeiträge führten unter anderem dazu, daß

- Marktkommentare künftig im Extranet veröffentlicht und auch diskutiert werden (der bisher übliche passive Fax-Versand entfällt),
- erweiterte Umsatzstatistiken der Wertpapierumsätze auf Wunsch der Anlageberater im Extranet erscheinen und besprochen werden,
- ein Forum zur Diskussion über besondere Aktientitel (Internet, Ausland) etabliert wurde (Abb. 3). Experten (Anlageberater) verschiedener genossenschaftlicher

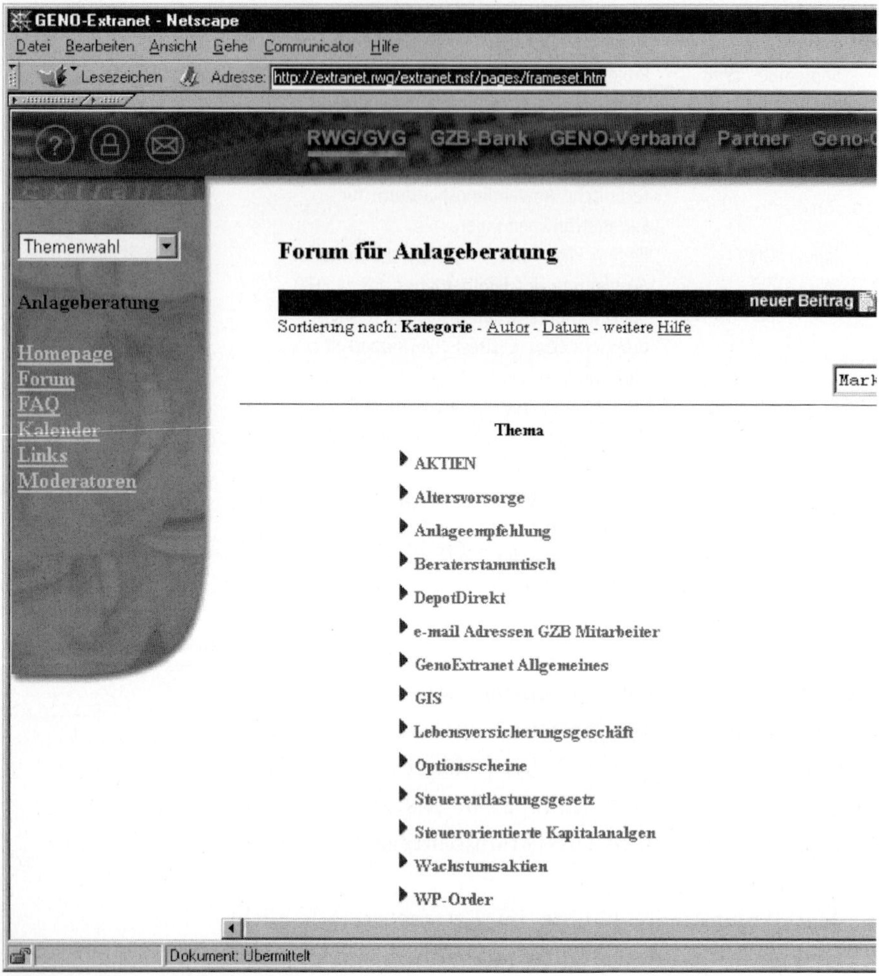

Abb. 3: Forum für Anlageberater

Banken tauschen hier ihre Markteinschätzungen und ihr Hintergrundwissen aus.

Auch die Auswertung der Zugriffsstatistiken spiegelt den Erfolg des GENO-Extranets und der Communities wieder. So sind keine sechs Monate nach Einführung des GENO-Extranets – neben den Mitarbeitern der betreibenden Institutionen – bereits über 4200 Mitarbeiter aus 330 württembergischen Kreditgenossenschaften registriert. Für den Monat August 1999 wurden die in Tabelle 2 aufgeführten Zugriffe verzeichnet.

Die häufigsten Zugriffe erfolgen zwischen 8.00 und 9.00 Uhr morgens. Dies zeigt, daß die Benutzer morgens direkt bei Arbeitsbeginn auf das Extranet zugreifen, um aktuelle Informationen, die für das Tagesgeschäft relevant sein könnten, abzurufen. Eine Erkenntnis, die die betei-

Tabelle 2: Zugriffsstatistik

Kenngröße	Wert	Erklärung
Hits	1 993 989	Gesamtzahl aller abgerufenen Objekte der Web Site
PageViews	559 466	Anzahl der Sichtkontakte mit einzelnen Seiten
Visits	56 265	Anzahl der Besuche (zusammenhängende Seitenabrufe)
Visitors	4 241	Anzahl der unterschiedlichen Besucher
PageViews pro Tag	18 648	Durchschnittliche Anzahl von PageViews pro Tag
Visits pro Tag	1 875	Durchschnittliche Anzahl von Visits pro Tag
Gesamtanzahl der Seiten	7 205	Anzahl der unterschiedlichen Seiten, die betrachtet wurden
Bytes insgesamt	9,1 GB	Insgesamt gesendete Bytes

ligten Redakteure und Moderatoren motiviert, neue Informationen möglichst schon vor 8.00 Uhr am Morgen bereitzustellen.

FAZIT

Die überaus positive Resonanz sowie die bereits nach kurzer Zeit durch den Wissensmarktplatz initiierten Verbesserungen der Arbeitsabläufe im Tagesgeschäft zeigen, daß sich das GENO Extranet mit seinen Communities zu einer Plattform für das institutionsübergreifende Wissensmanagement im genossenschaftlichen Umfeld entwickelt.

Die Erkenntnisse des Produktionsbetriebs sowie die direkten Rückmeldungen der Teilnehmer fließen in die kontinuierliche Weiterentwicklung des GENO-Extranets ein und sichern somit dessen Erfolg.

Literatur

Bullinger HJ, Wörner K, Prieto J (1997) Wissensmanagement heute. Stuttgart

Hagel J (1998) Net Gain. Boston

Krönung H D (1996) Die Bank der Zukunft. Wiesbaden

Kuhlen R (1998) Die Mondlandung des Internet. Konstanz

Rheingold H (1993) The Virtual Community. Homesteading on the Electronic Frontier. Reading

Trends und Visionen 10

Teil 10 ▮ Trends und Visionen

Inhalt

10 ▮ 01 Märkte und Wettbewerb
Christian Tölg
01 | 01 Neue Entwicklungen – neue Chancen
01 | 02 Märkte
01 | 03 Fazit

10 ▮ 02 Informationsgesellschaft: Die Bedeutung von Informationen für Unternehmen
Isabella Hofstetter
02 | 01 Der Trend zur Informationsgesellschaft
02 | 02 Durch neue Medien ausgelöste Veränderungen
02 | 03 Strategien zum erfolgreichen Umgang mit Informationen
02 | 04 Fazit

10 ▮ 03 Global Networking – Kommunikationsstrategien für kleine und mittlere Unternehmen im globalen Wettbewerb
Werner Brettreich-Teichmann, Gudrun Wiedmann
03 | 01 Globaler Wettbewerb – lokale Herausforderungen
03 | 02 Intelligente Produkte und Dienstleistungen für globale Märkte
03 | 03 Massenindividualisierung für regionale Märkte
03 | 04 Aufbau und Management verteilter Kooperationsnetzwerke

03 | 05 Elektronische Communities
als globale Interaktionsplattform
03 | 06 Dezentrale Wissensinfrastrukturen
für verteilte Standorte

10 ▮ 05 Virtuelle Unternehmen – ein neues Konzept?
Josephine Hofmann
05 | 01 Einleitung
05 | 02 Umsetzungsbeispiele: Flexible
Produktionsverbünde in informations-
intensiven Produktionen und Dienstleistungen
05 | 03 Worauf ist bei der Umsetzung zu achten?

10 ▮ 06 Lernendes Unternehmen
06 | 01 Lernen im lernenden Unternehmen
Gerd Gidion

10 ▮ 07 Visonäre Aspekte:
Internet-Communities als Geschäftsmodell
Hans-Jörg Bullinger, Joachim Niemeier
07 | 01 Die Entwicklung des Internet
im geschäftlichen Bereich
07 | 02 Voraussetzungen für virtuelle Gemeinschaften
07 | 03 Entstehungsstufen von virtuellen
Gemeinschaften
07 | 04 Virtuelle Gemeinschaften als Element
einer Electronic-Commerce-Strategie:
Kundenorientierung
anstelle Produktorientierung
07 | 05 Virtuelle Gemeinschaften als Element
des Wissensmanagements:
Steigerung des kollektiven Wissens
07 | 06 Ausblick

Märkte und Wettbewerb

10 ▮ 01

Christian Tölg

INHALTSÜBERBLICK

Neben der Betrachtung der Möglichkeiten, die sich durch 2 wesentliche, neuartige Marktformen bieten, wird in diesem Beitrag v. a. auf die Entwicklungstrends der internationalen Märkte eingegangen. Anhand des Beispiels der Automobilzulieferindustrie werden dominierende Entwicklungen und deren Einfluß auf mittelständische Unternehmen aufgezeigt, Erfolgsfaktoren und Lösungen im Unternehmensumfeld vorgestellt.

Neue Entwicklungen – neue Chancen

10 ▮ 01 | 01

Das Entstehen multinationaler Konzerne durch Unternehmensfusionen, wie sie in letzter Zeit in den Branchen Automobil und Finanzdienstleister zu beobachten waren, stellt nur einen Aspekt sich zunehmend verändernder Märkte und Wettbewerbsbedingungen dar. Für mittelständische Unternehmen stellt sich die Frage, welche Trends die Entwicklungen der Märkte bestimmen und wie sich diese Trends mit dem eigenen Markterfolg verknüpfen lassen. Der Einsatz von Informations- und Kommunikations(IuK)-Technologien als Innovationsmotor in existierenden und neuen Märkten wird besonders berücksichtigt.

Märkte

10 ▮ 01 | 02

Bestehende Märkte

Märkte sind heute nicht mehr wie früher räumlich fixierte Orte des Austauschs von Waren und Dienstleistungen, aber noch immer wird ein Großteil der Transaktionen durch den physischen Austausch von Gütern bzw.

Dokumenten oder die Erbringung von Dienstleistungen beim Kunden bestimmt.

Bedeutende Ausnahmen sind die Finanzmärkte, in denen die meisten Transaktionen elektronisch abgewickelt werden, sowie die Telekommunikation.

IuK-Technologien bilden in bereits existierenden Märkten die Basis für verbesserte Produkte und Services wie Electronic Mail, Datentransfer, Firmen- und Produktinformationen via Internet, Home-Banking, Videoconferencing usw.

Neue Märkte

Die breite Umsetzung von Innovationen führt in einigen Fällen zum Entstehen neuer Märkte. Besonders deutlich wird dies in den Bereichen IuK-Technologien und Gentechnologie. Auf diesen Märkten bieten sich innovativen kleinen und mittleren Unternehmen große Marktchancen.

Marktformen

Betrachtet werden sollen an dieser Stelle nicht nur Märkte für neue Produkte, sondern ebenso Möglichkeiten, die sich durch neuartige Marktformen eröffnen. Insbesondere die dynamische Entwicklung elektronischer Märkte sorgt für vollkommen neue Möglichkeiten des globalen Vertriebs. An dieser Stelle sollen lediglich 2 wesentliche Formen elektronischer Märkte betrachtet werden, Electronic Commerce per se wird an anderer Stelle schwerpunktmäßig betrachtet.

Angebotsgetriebene Märkte

Von der Produktpräsentation zur Transaktion

Mit dem Erfolg des Internets und der damit verbundenen Möglichkeit, eigene Inhalte weltweit zu verbreiten, ist zunächst in einer 1. Phase der Faktor Information in den

Vordergrund getreten. Schnell wurde die Möglichkeit erkannt, das Internet als Präsentationsplattform für eigene Produkte und Dienstleistungen zu nutzen.

In der derzeit noch im Anfang befindlichen 2. Phase wird der Schritt von der Information zur Transaktion beschritten: Produkte können online bestellt und auch bezahlt werden, im Falle von Software oder Informationen kann selbst die Lieferung online erfolgen. Electronic Commerce ist der prägende Begriff dieser Transaktionsphase.

Die Nutzung des Internets als Vermarktungsplattform bedeutet das Entstehen eines wirklich neuen Markts mit anderen Charakteristika als denen klassischer Märkte. Electronic Commerce steht jedem Unternehmen offen, falls dieses in der Lage ist, die den Transaktionen zugrunde liegenden Geschäftsprozesse ganz oder teilweise elektronisch abzubilden. Hierfür werden bereits eine Reihe von Softwarelösungen angeboten. Geringe Eintrittsbarrieren und ein im Prinzip globales Aktionsfeld bieten gerade auch mittelständischen Unternehmen neue Möglichkeiten des Marktzugangs.

Hieran läßt sich aber auch die Problematik elektronischer Märkte festmachen. Diese sind bislang angebotsgetrieben, d. h. Unternehmen bieten ihre Produkte an. Was oft fehlt sind die Kunden. Der fehlende Zugang zum Kunden hat in vielen Fällen dazu geführt, daß der Break Even von Aktivitäten im Electronic Commerce erst nach Jahren erreicht werden konnte, selbst in an sich attraktiven Marktsegmenten wie dem Online-Vertrieb von Büchern oder in der Touristik.

Dies bedeutet nicht, daß ein angebotsorientiertes Vorgehen in einer Sackgasse enden muß, allerdings ist der Markterfolg nicht allein durch die Realisierung von

Transaktionsmöglichkeiten zu erreichen; zielgruppenspezifische Services sind erforderlich, die an anderer Stelle im Detail behandelt werden.

Nachfragegetriebene Märkte

Communities als idealer Marktplatz

Ausgehend von den oben geschilderten Problemen stellt sich die Frage, ob es Konstellationen gibt, die den direkten Zugang zur anvisierten Zielgruppe ermöglichen. In den letzen Jahren sind in den USA Plattformen bestimmter Interessensgruppen im Internet entstanden, die als Communities bezeichnet werden. Zu nennen wären hier SeniorNet, eine Plattform für Senioren, oder Travelocity, das an bestimmten Regionen oder Ländern interessierten Internetnutzern den Austausch von Informationen ermöglicht (vgl. Hagel u. Armstrong 1997). Die Teilnehmer einer Community eint ein gemeinsames Interesse.

Während der Aufbau einer Community einen langen Atem seitens des Betreibers erfordert, können bereits existierende Communities als idealer Marktplatz genutzt werden. Hier finden sich Angehörige bestimmter Zielgruppen konzentriert, mit entsprechend guten Vertriebschancen für entsprechend attraktive Produkte.

Dies zeigt sich deutlich in der Entwicklung bestehender Communities. Während zunächst mehr und mehr Angehörige der Zielgruppe die vom Betreiber angebotenen Services und den Austausch mit anderen Interessenten nutzen, wird ab einer bestimmten Größe die Community auch für Anbieter von Produkten interessant. So werden über SeniorNet seniorenspezifische Produkte mit Erfolg vertrieben, während Nutzer von Travelocity über die Plattform beispielsweise Flüge und Reisen buchen können.

Communities stellen somit nachfragegetriebene Märkte dar, das Aufeinandertreffen vom Angebot zielgruppenspezifischer Produkte und einer entsprechenden Nachfrage ist gewährleistet.

Marktentwicklungstrends

Die Entwicklung der internationalen Märkte wird durch eine Reihe von Trends geprägt, die zu sich ändernden Wettbewerbsbedingungen führen. Die dominierenden Entwicklungen und ihr Einfluß auf mittelständische Unternehmen werden kurz skizziert und am Beispiel der Automobilzulieferer erläutert. Diese Branche wurde bewußt gewählt, da sie von mittelständischen Unternehmen dominiert wird und der Geschäftszweck nicht schon von vornherein im Segment Informations- und Kommunikationstechnologien liegt.

Globalisierung und Dezentralisierung

1. Die Märkte werden zunehmend globaler. Das Entstehen großer Wirtschaftsräume wie EU und NAFTA mit vertraglichen Bindungen untereinander setzen die völkerrechtlichen Rahmenbedingungen. Auf der Ebene der Unternehmen sorgt die Verflechtung einst nationaler Unternehmen dafür, daß Marktaktivitäten von vornherein global ausgerichtet werden. Auch mittelständische Unternehmen sind zunehmend auf den wichtigen globalen Märkten präsent, z. T. aus strategischen Überlegungen heraus, z. T. im Gefolge großer Kunden. Die geographische Dezentralisierung führt darüber hinaus zu einem Wettbewerb einzelner Standorte eines Unternehmens bis hin zum Wettbewerb ganzer Volkswirtschaften um die Attraktivität ihrer Rahmenbedingungen. Nationale Regelungen verlieren unter dem Druck globaler Märkte zunehmend an Wirkung, die Abhängigkeit verschiedener Volkswirtschaften voneinander nimmt zu. Globale Aktionsräume

erfordern erheblich verbesserte Möglichkeiten der Kommunikation und Kooperation, virtuelle Teams aus Mitarbeitern unterschiedlicher Standorte werden immer häufiger eingesetzt, um projektbezogene Aufgaben durch Bündelung entsprechender Kompetenzen für das Unternehmen optimal umzusetzen.

BEISPIEL AUTOMOBILZULIEFERINDUSTRIE

Zulieferer der Automobilindustrie sind aufgrund der inzwischen weitgehend eingeführten Just-in-time-Produktion ihrer Kunden in der Regel gezwungen, eigene Werke in der Nähe eines Produktionsstandorts ihrer Kunden aufzubauen. Die zunehmende Globalisierung der Produktionsaktivitäten der Automobilhersteller zwingt daher auch die Zulieferer, meist KMU, diese Entwicklung mitzuvollziehen.

Kürzere Produktlebenszyklen

2. Die Produktlebenszyklen werden immer kürzer, der Innovationsdruck nimmt damit zu (s. Abb. 1). Innovationen

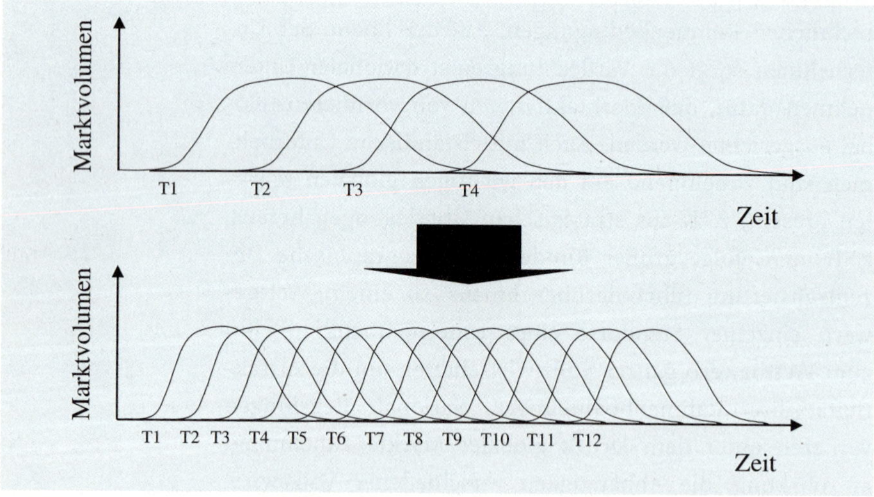

Abb. 1: Verkürzung der Produktlebenszyklen

müssen schneller umgesetzt und auf den Märkten eingeführt werden. Dies stellt erhebliche Anforderungen an die Organisation im Unternehmen selbst und die Zusammenarbeit mit externen Partnern. Die Beschleunigung der Geschäftsprozesse durch elektronische Abwicklung über Intra- bzw. Extranets bildet eine wesentliche Voraussetzung.

BEISPIEL AUTOMOBILZULIEFERINDUSTRIE

Der Entwicklungszyklus der Zulieferer orientiert sich an dem der Hersteller und hat sich in den letzten Jahren drastisch verkürzt. Der Entwicklungszeitraum einer neuer Modellreihe sank dabei von rund 7 auf annähernd 2 Jahre.

Turbulenz der Märkte

3. Die Märkte werden dynamischer und turbulenter. Erhebliche Schwankungen von Konjunktur und Wechselkursen, ein zunehmendes Tempo der Innovationstätigkeit sowie die Integration von Volkswirtschaften sind weltweit zu beobachten. Unternehmen sind daher von zeitkritischen Informationsflüssen abhängig, um möglichst frühzeitig auf neue Entwicklungen reagieren zu können. Dies zeigt sich am starken Wachstum von Finanz- und Wirtschaftsinformationsdiensten ebenso, wie an der Realisierung intranetbasierter interner Informationssysteme in vielen Unternehmen.

BEISPIEL AUTOMOBILZULIEFERINDUSTRIE

Mit der Ausweitung der Geschäftstätigkeit vieler Unternehmen auf internationale Märkte wächst deren Abhängigkeit von den globalen Entwicklungen. Turbulenzen auch auf entfernten Märkten werden sofort spürbar. Die Automobilzulieferer sind so von den Entwicklungen der wichtigen Automobilmärkte (Amerika, Europa und Asien) in zunehmendem Maße abhängig.

Zunahme der Komplexität der Anforderungen

4. Anforderungen an Unternehmen werden immer komplexer, dies führt zu zunehmender Konzentration. Die Zahl der Fusionen hat stark zugenommen, dies gilt auch für die Volumina der Fusionen, wie das Zusammengehen von Daimler-Benz und Chrysler zeigt. Der Wettbewerb auf internationalen Märkten wird mit steigender Marktmacht einzelner Konzerne härter. Mittelständische Unternehmen können dieser Entwicklung entweder durch das Besetzen von Marktnischen oder durch Kooperation untereinander begegnen. Die Bündelung von Kompetenzen zur Erfüllung komplexer Anforderungen kann horizontal (Unternehmen mit gleichem Aktionsfeld, aber in unterschiedlichen geographischen Märkten) oder vertikal (Unternehmen auf verschiedenen Stufen der Wertschöpfungskette) erfolgen. Die Form der Zusammenarbeit kann hierbei von der losen Kooperation über die zeitweise zielorientierte Bildung virtueller Unternehmen bis zu dauerhaften Allianzen reichen. In allen Fällen ist die Kommunikation untereinander wesentlicher Erfolgsfaktor und erfordert den angepaßten Einsatz von IuK-Technologien.

BEISPIEL AUTOMOBILZULIEFERINDUSTRIE

Für die steigende Komplexität der Anforderungen bietet die Automobilzulieferindustrie einen exemplarischen Fall. Genügte es früher, einzelne Teile direkt und auf Lager zu liefern, so müssen heute ganze Baugruppen und Systemlösungen entwickelt und Just-in-time geliefert werden. Dies erfordert erhebliche Anpassungsprozesse in Forschung und Entwicklung, Produktion und Logistik der betroffenen Unternehmen.

Produktdifferenzierung durch Dienstleistungen

5. Der Markterfolg beruht heute nicht mehr nur auf dem eigentlichen Produkt. Die Produkte selber werden in Ei-

genschaften, Qualität und Preis zunehmend vergleichbar. Damit rücken zusätzliche dem Kunden angebotene Services bei der Kaufentscheidung in den Vordergrund. Die Kommunikation zwischen Unternehmen und Kunden und die Notwendigkeit kundenspezifischer Angebote (Customizing) wird dadurch zunehmend bedeutender. Die Kunden verlangen eine möglichst rund um die Uhr verfügbare Ansprechstelle bei Fragen oder Problemen. Was früher allenfalls gegenüber Geschäftskunden galt, wird auch im Verhältnis zu Privatkunden erforderlich. Viele größere Firmen haben hierauf durch die Einrichtung von Call-Centern reagiert. Das Internet bietet Unternehmen die Möglichkeit, die meisten Fragen durch entsprechend aufbereitete Informationen abzufangen und E-Mail als (asynchrones) Kommunikationsmedium einzusetzen. Auf diese Weise kann der personelle Aufwand für eine telefonische Hotline reduziert werden.

BEISPIEL AUTOMOBILZULIEFERINDUSTRIE

Die Serviceleistungen für Systemkomponenten die Zulieferer den Hersteller gegenüber erbringen müssen nehmen zu, aber auch Serviceleistungen dem Endkunden gegenüber gehen mehr und mehr auf die Zulieferer über.

Tabelle 1 stellt die wesentlichen Marktentwicklungstrends mit ihren Indikatoren bzw. Folgen und die davon abgeleiteten Erfolgsfaktoren und IuK-basierten Lösungen im Unternehmensumfeld dar (vgl. Bullinger u. Tölg 1998).

Fazit

10 ▮ 01 | 03

Kleine und mittlere Unternehmen stehen angesichts der weltweit die Entwicklung der Märkte bestimmenden Trends vor besonderen Herausforderungen aber auch vor

Tabelle 1: Markttrends und davon abgeleitete Erfolgsfaktoren und Lösungen im Unternehmensumfeld

Trend	Indikatoren und Folgen	Kritische Erfolgsfaktoren	IuK-basierte Lösungen
Globalisierung	Verflechtung nationaler Unternehmen Globale Präsenz Standortwettbewerb Geringere nationale Spielräume Größere Anforderungen an Kommunikation und Kooperation	Kommunikation Kooperation	IuK-basierte Kommunikations- und Kooperations-anwendungen (Videoconferencing, Application Sharing etc.) Virtuelle Teams
Kürzere Produkt-lebens-zyklen	Innovationsdruck Zeitdruck	Wissen Innovation Flexibilität	Elektronische Abwicklung von Geschäftsprozessen über Intra- bzw. Extranets (Workflow) Electronic Commerce Warenwirtschaftssysteme
Turbulenz der Märkte	Zeitkritische Abhängigkeit von internen und externen Informationen	Information Zeit	Finanz- und Wirtschafts-informationen sowie News über Online-Anwendungen
Komplexität der Anforderungen	Härterer Wettbewerb Ausweichen in Marktnischen Horizontale und vertikale Kooperation mit anderen Unternehmen Virtuelle Unternehmen Allianzen	Kompetenz Kooperation	IuK-basierte Kommunikations- und Kooperationsanwendungen (Videoconferencing, Application Sharing etc.) Virtuelle Teams
Strategischer Faktor	Kommunikation Hersteller – Kunde	Kundenorientierung	Call-Center Internet
Services	Customizing von Produkten Kundenorientierte Services		Electronic Mail

Chancen. Der bewußte und zielgerichtete Einsatz neuer Informations- und Kommunikationstechnologien, kombiniert mit dem Vorteil größerer Flexibilität und Agilität kleinerer Einheiten, versetzt sie in die Lage, auch auf globalen Märkten erfolgreich präsent zu sein und überdurchschnittliches Wachstum zu erzielen. Besonders positiv sind die Chancen in neuen Märkten oder Marktnischen, die noch nicht durch dominierende Wettbewerber besetzt sind.

Literatur

Bullinger H-J, Tölg C (1998) Erfolgsfaktor Lernen. Wissenschaftsmanagement 2/98:14–19

Hagel J III, Armstrong AG (1997) Netgain. Harvard Business School Press, Boston

Informationsgesellschaft: Die Bedeutung von Informationen für Unternehmen

10 ▮ 02

Isabella Hofstetter

INHALTSÜBERBLICK

Dieser Beitrag befaßt sich mit der Entwicklung der Informations- und Kommunikationstechnologie sowie den durch die neuen Medien ausgelösten Veränderungen. Strategien zum Umgang mit Informationen werden dargestellt und die Bedeutung des Informationsmanagements im Unternehmen aufgezeigt.

Der Trend zur Informationsgesellschaft

10 ▮ 02 | 01

Technische und wirtschaftliche Innovationen haben die wirtschaftlichen, gesellschaftlichen und politischen Einflüsse mitunter radikal verändert – so war dies bei der Erfindung der Dampfmaschine; sie markierte den Übergang von der Agrar- zur Industriegesellschaft. In den letzten 20 Jahren konnte wieder ein fundamentaler Wandel beobachtet werden, ein Wandel, der direkt bei den kommunikativen Innovationen ansetzt. Ausgehend von den neuen Medien, seien dies Massenmedien (wie z. B. Fernsehen) oder Individualmedien (wie z. B. das Telefon) wurde die Verbreitung, die Verarbeitung und die Rezeption von Informationen tiefgreifend verändert.

Informationsfülle nimmt zu

Dies hat dazu geführt, daß heute einer breiten Bevölkerungsschicht eine nie dagewesene Fülle von Informationen sowohl im privaten wie im beruflichen Umfeld zur Verfügung steht. Der Zugang und die Verfügbarkeit von Wissen haben sprunghaft zugenommen, die Unabhängigkeit von Ort und Zeit ist gestiegen. Aber gerade dieser Umstand hat dazu geführt, daß der einzelne mit dieser Fülle nur noch im beschränkten Umfang umgehen kann. Die notwendige Medienkompetenz verlangt neben der Beherrschung der neuen Medien als Kulturtechnik auch die Fähigkeiten zur situationsbedingten und verantwortungsvollen Informationsselektion, einem Lesevermögen, das in der Lage ist, Texte strukturell zu verstehen, zu analysieren und zu nutzen sowie die Fähigkeit, Bilder zu verstehen und evtl. zu erzeugen. Die Sammlung der Daten, deren Selektion und Filterung, sowie die Aufbereitung, um den jeweils notwendigen Informationsstand zu erreichen, ist dabei zu einer neuen wesentlichen Methodenkompetenz geworden.

2-Klassen-Gesellschaft

Neben diesen neuen Anforderungen entsteht eine Reihe von Problemen. So ist der technische Umgang mit den Endgeräten und der Software nicht nur ein Problem der Bedienerfreundlichkeit, sondern auch ein Generationenproblem, bei dem computergewöhnte Jugendliche einer älteren computerfremden Generation gegenüberstehen. Neben einer komplizierten Orientierung in der Vielfalt der vorhandenen Informationen, der Überflutung mit nicht notwendigen Informationen werden Gefahren hinsichtlich Passivität und Verlust des Realitätssinns ausgemacht. Aufgrund dieser Tatsachen spricht man heute oft von einer neuen 2-Klassen-Gesellschaft: Der Klasse derjenigen, die die Informationen erhalten und auswerten können, im Gegensatz zu denjenigen, die der neuen Informationsflut hilflos gegenüber stehen.

Rapide Entwicklung von Medieninnovationen

Wesentlicher Punkt in dieser Entwicklung ist die zunehmende Technikorientierung bei der Informationsverbreitung und auch -analyse, die durch eine zur Verfügung stehende Infrastruktur gestützt wurde, die immer benutzerfreundlicher, kleiner und preiswerter wird. Die Anzahl von Medieninnovationen und die Durchdringung der Medien von allen Wirtschafts- und Lebensbereichen hat sprunghaft zugenommen (vgl. Abb. 1), wobei gleich-

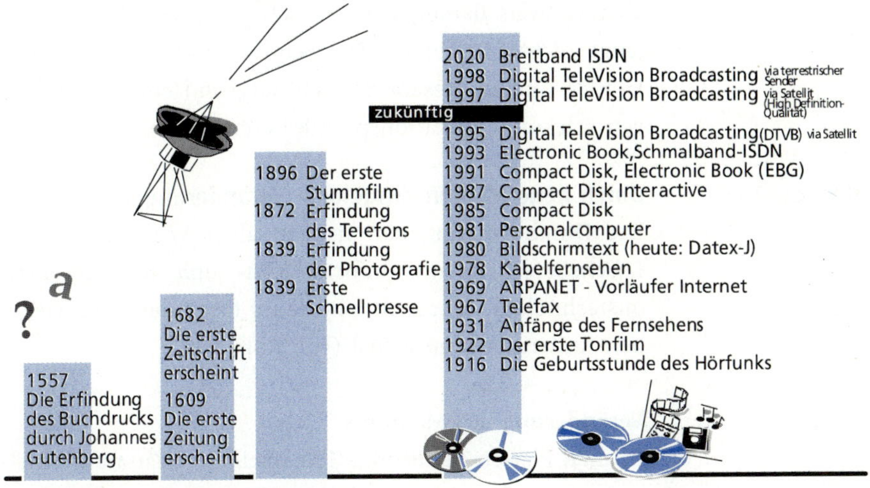

Abb. 1: Wesentliche Medieninnovationen

zeitig die Entwicklungszeit rapide abgenommen hat. Neue Anwendungen werden durch die weltweite Vernetzung, den einfachen und schnellen Daten- und Informationsaustausch und neue Technologien wie beispielsweise Multimedia ermöglicht.

Hohe Wachstumsraten bei IuK-Technologie

Diese Entwicklungen haben dazu geführt, daß 1997 weltweit 1100 Mrd. DM in der Informationstechnologie umgesetzt wurden, wobei bei der Software Wachstumsraten von 7% und bei der Hardware von 2% erzielt werden konnten (Quelle: Wirtschaftswoche, Roland & Berger). Diese positive Entwicklung wird von der Telekommunikation noch übertroffen: 1997 wurden weltweit 1460 Mrd. umgesetzt, die Wachstumsrate betrug 9%. Diese Entwicklung spiegelt sich auch in der Anzahl der installierten PC wieder. Zwischen 1994 und 1999 wird sich deren Anzahl verdoppeln, und zwar von 9,8 auf 18,4 Mio (Quelle: Harms). Die einzelnen Länder weisen dabei eine unterschiedliche Ausstattungsrate auf (vgl. Abb. 2), ein deutlicher Hinweis darauf, daß die Sättigung des Markts noch lange nicht erreicht ist. Die Schweiz und skandinavische Länder sind in diesem Bereich aufgrund einer progressiven Telekommunikationspolitik bereits weiter.

10 ▮ 02 | 02 Durch neue Medien ausgelöste Veränderungen

Die Durchdringung von nahezu allen Wirtschafts- und Lebensbereichen mit Informations- und Kommunikationstechnologie wurde durch die im folgenden beschriebenen Änderungen ausgelöst (vgl. Abb. 2).

Veränderung des Mediums

In allen Phasen der Produktion spielen die Zusammenstellung, die Aufbereitung und die Weitergabe von Informatio-

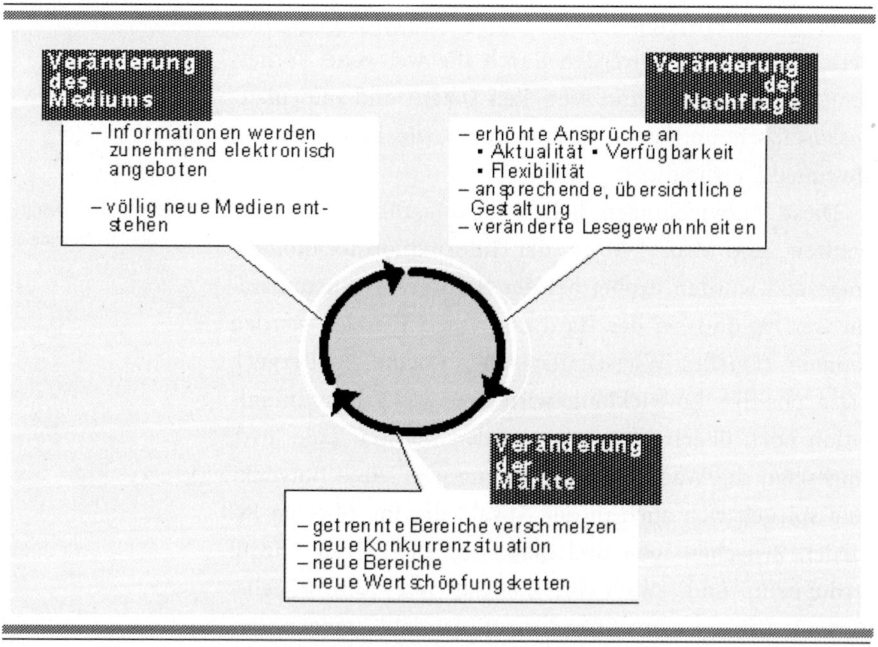

Abb. 2: Entwicklungstendenzen am Markt für Informationsdienstleistungen

nen eine zentrale Rolle für die Wertschöpfung der einzelnen Produkte und Dienstleistungen. Daher kommt der Nutzung von Informations- und Kommunikationstechnologien eine strategische Bedeutung zu. Die beobachteten Veränderungen drücken sich v. a. in 2 Bereichen aus:

- Informationen auf traditionellen Medien werden zunehmend auch elektronisch angeboten.
- Informationen entstehen durch elektronische Medien oder werden auf diesen in völlig neuer Form angeboten.

Informationen auch elektronisch

Völlig neue Medien

Diese Veränderung des Mediums hat 2 wesentliche Auswirkungen:

- Die Informationslogistik im Unternehmen ändert sich, der Wert der Informationen innerhalb des Unternehmens steigt.
- Die Kommunikation mit den Kunden muß anders gestaltet werden, die neuen Möglichkeiten der Interaktion mit den Kunden muß im Marketing-Mix und im Vertrieb berücksichtigt werden.

Veränderung der Nachfrage

Erhöhte Ansprüche der Nachfrager

Die Änderungen der Nachfrage nach Informationen sind gekennzeichnet durch erhöhte Ansprüche auf Aktualität, Flexibilität, Verfügbarkeit und ansprechende, übersichtliche Gestaltung (es setzten sich vermehrt Gestaltungselemente wie Farben, Ikonen und Graphiken durch). Die Kombination mehrerer Medien, wie z. B. Bild, Ton, Video oder auch Text, Graphik, wird zum Stand der Technik, der die Nachfrage dominiert. Eine benutzer- und kundenspezifische Aufbereitung der Informationen und zusätzliche Darstellungselemente wie Animation werden im Wettbewerb immer wichtiger.

Diese Elemente zusammen führen zu einer zunehmenden Diversifikation der Produkte, die immer zielgruppenorientierter ausgerichtet werden müssen.

Veränderung der Märkte

Märkte verändern sich völlig

Durch den zunehmenden Wettbewerbsdruck, aber auch durch den Einfluß gesamtwirtschaftlicher und technologischer Entwicklungen wurden die Märkte weitreichenden Veränderungen unterworfen. Diese drücken sich v. a. in folgenden Entwicklungstendenzen aus:

- Ehemals getrennte Bereiche verschmelzen miteinander, so z. B. ein Maschinenbauer, der zusätzlich noch den Service der Fernwartung anbietet.
- Unternehmen von ehemals getrennten Wirtschaftsbereichen treten miteinander in Konkurrenz, z. B. Stahlkonzerne bieten auch Endgeräte der Telekommunikation an.
- Es entstehen völlig neue Bereiche, in denen Unternehmen tätig sind, z. B. im Bereich Online-Dienste oder Beratung.
- Es bilden sich völlig neue Wertschöpfungsketten heraus. Diese können sowohl innerbetrieblich organisiert, als auch unternehmensübergreifend wirksam werden. So wird der Integration von Rundfunk und Videoausleihe unter dem Schlagwort „Video-on-demand" hohe Zukunftsaussichten prognostiziert, die im Prinzip aus der Verkettung von Rundfunk und Ausleihe zu einer neuen Wertschöpfungskette entstanden ist.
- Es finden z. T. erhebliche Verschiebungen des Anteils verschiedener Bereiche an den Beschäftigungszahlen statt. So sind z. B. im Verlags- und Druckwesen im Bereich Satz, Montage oder Layout eine erhebliche Anzahl von Arbeitsplätzen durch den Einsatz von In-

formations- und Kommunikationstechniken weggefallen, während im Bereich Softwareentwicklung Arbeitsplätze aufgebaut wurden.

Strategien zum erfolgreichen Umgang mit Informationen

10 ▮ 02 | 03

Um den oben skizzierten Veränderungen gerecht zu werden, müssen Unternehmen sowohl ihre Kunden- und Marktpolitik als auch ihre innerbetrieblichen Abläufe den veränderten Gegebenheiten anpassen. Die im folgenden genannten Punkte zeigen beispielhaft erfolgreiche Strategien auf.

Kunden- und marktbezogene Strategien

Die Trends im Konsumverhalten umfassen neben einer veränderten und zunehmend individualisierten Herangehensweise an den Kunden mehr und mehr neue Dienstleistungsangebote wie Home-Shopping und Home-Delivery. Merkmal aller dieser Veränderungen im Konsumverhalten ist, daß diese erst durch neue Informations- und Kommunikationstechnologien überhaupt ermöglicht werden. Daneben erfordern die darunter liegenden Dienstleistungen aber auch eine informationstechnisch unterstützte Logistik, um sie in dieser Spannbreite anbieten zu können.

- Personalifizierte Produkte und individualisierte Kundenbetreuung

In den letzten 10 Jahren hat ein grundlegender Wandel in der Art und Weise, wie Produkte beurteilt werden, stattgefunden. In reichen und gesättigten Volkswirtschaften werden sich die einzelnen Produkte immer ähnlicher und daher haben emotionale Produktwerte eine wesentlich höhere Bedeutung als rationale Werte (vgl. Hehenberger

1995). Dies hat dazu geführt, daß der Grundnutzen eines Produktes in den Hintergrund tritt, während der Zusatznutzen und v. a. die psychologischen Momente deutlich an Bedeutung gewinnen. So ist z. B. der Grundnutzen von Textilien zu wärmen und den Körper zu bedecken, der Zusatznutzen sich positiv darzustellen, aber das psychologische Moment einer bestimmten Schicht anzugehören ist der wesentlichste Beweggrund z. B. ein Markenprodukt zu kaufen.

Um dieses psychologische Element ansprechen zu können, müssen zusätzlich zum Produkt eine Fülle von Informationen transportiert werden, um die Zielgruppe tatsächlich anzusprechen. Sollen auch noch andere Zielgruppen angesprochen werden, so müssen die Produkte auf deren Bedürfnisse zugeschnitten werden und das gesamte Marketing darauf abgestellt werden.

Anteil an Informationen an Produkten steigt

Je höherwertiger die Produkte sind, desto größer wird auch der zu transportierende Informationsanteil. Neue Medien sind besonders dafür geeignet, diese Informationen zielgruppengerecht am Markt zu plazieren.

- Anreicherung von Produkten mit Dienstleistungen

Die Bedürfnisse des Konsumenten sind gekennzeichnet durch einen nachhaltigen Trend zur Individualisierung und zu einem immer knapper werdenden Zeitbudget beim Kunden. Das Angebot von zusätzlichen Dienstleistungen rund um das Produkt stellt somit einen strategischen Wettbewerbsvorteil dar.

Generierung neuer Services

Dies hat z. B. dazu geführt, daß zum Produkt Auto ein komplettes Finanzierungsangebot mitgeliefert wird. Einige Firmen sind inzwischen dazu übergegangen, eine Mobilitätsgarantie (Ersatzwagen im Reparaturfall) anzubieten, um sich von den Mitbewerbern abzuheben. Ein anderes typisches Beispiel zeigt sich im Handel, bei dem auch Dienstleistungen durch zusätzliche Services ergänzt werden. Dies hat z. B. dazu geführt, daß besonders im Bereich der Produkte für den täglichen Bedarf der Service des Direkt-zum-Haus-Zustell-Services und die Direktvermarktung einen immer stärken Einfluß ausüben werden. So wird für das Jahr 2000 prognostiziert, daß bereits 15% der Einzelhandelsumsätze durch direktes Zustellen in die Wohnung erzielt werden (vgl. Hehenberger 1995).

- Intelligente Produkte

„Intelligenz in Produkten = Informationsanteil in Produkten"

Um den Kunden zu entlasten, können Produkte und Dienstleistungen durch eine zusätzliche Intelligenz angereichert werden. Dies zeigt sich besonders bei hochkomplexen Produkten, die der intensiven Wartung und Kontrolle bedürfen. So wurde z. B. ein Aufzugssystem mit einer Intelligenz ausgestattet, das selbständig den Wartungszustand analysiert und auf bevorstehende Mängel hinweist. Ein Kommunikationsteil meldet z. B.: „Bitte zusätzliche Schmierung der Türen veranlassen, um Abnützungserscheinungen zu vermeiden".

- Veränderung der Informationsübermittlung

Die Art und Weise der Informationsbeschaffung des einzelnen hat sich mit zunehmend technologischer Ausstattung der Haushalte verändert. Dieser Wandel ist um so ausgeprägter, je jünger die Konsumenten sind. So verfügen bereits eine steigende Anzahl deutscher Haushalte über einen PC, der häufig bis oft (d. h. mehrmals die Woche) benutzt wird, die Anzahl der Kabelanschlüsse und der Netzzugänge ist noch relativ bescheiden, weist aber exponential steigende Wachstumsraten auf. Der durch die steigende Verfügbarkeit von Informations- und Kommunikationstechnik im Haushalt ausgelöste Wandel trägt folgende Merkmale:

Höhere Ansprüche an die Art der Informationen

- Die Leser stellen höhere Ansprüche an Aktualität, an Medienvielfalt (mehr Grafiken und Bilder, mehr Produkte im Mehrfarbendruck) der dargestellten Information, an optische und inhaltliche Aufbereitung, während sich auch das Leseverhalten von Teilen der Bevölkerung verändert hat. Kurze, gut aufgemachte Informationen zu aktuellen Themen ohne Hintergrundberichte werden immer beliebter.
- Elektronische Medien, wie Fernsehen oder Online-Dienste werden darüber hinaus immer beliebter und reduzieren die Leseneigung der Bevölkerung zusätzlich. Gleichzeitig hat die Gültigkeit des erworbenen Wissens und der Informationen abgenommen, man spricht zunehmend von einer kürzer werdenden Halbwertszeit des angeeigneten Wissens und der vermittelten Informationen.

Wollen Unternehmen auch in Zukunft, Produkt- und Unternehmensinformationen möglichst optimal dem Kunden vermitteln, müssen sie sich an dem verändertem Rezeptionsverhalten orientieren.

Wert der Information als Produktionsfaktor im Unternehmen: Informationsmanagement im Unternehmen

Diesem Trend im Konsumverhalten kann von den Unternehmen aber nur entsprochen werden, wenn die gesamte Warenlogistik, das gesamte Kundenmanagement und die Distributionslogistik so organisiert und miteinander verknüpft werden, daß in engen Zeiträumen reagiert werden kann. Eine effiziente Bearbeitung bedeutet, daß ein intelligentes Informationsmanagement im Unternehmen vorhanden ist.

Informationen als zentrale Drehscheibe im Unternehmen

Die Aufgabe des Informationsmanagements ist es, eine adäquate Informationsversorgung im Unternehmen zu gewährleisten und die dafür notwendigen organisatorischen Voraussetzungen sowie die technische Infrastruktur zu schaffen (vgl. Krcmar). Zusätzlich müssen Vorkehrungen getroffen werden, um auch zukünftig Innovationen anzustoßen, die im Markt als Wettbewerbsfaktor genutzt werden können.

Eine konsequente Befolgung dieser Ziele bedeutet, daß sowohl die organisatorische Ausgestaltung der Prozesse im Unternehmen effizient und effektiv erfolgt als auch eine anwendungsnahe und bedienerfreundliche Infrastruktur vorhanden ist. Qualifikation und Motivation der Mitarbeiter müssen den Zielen angepaßt sein.

Fazit

10 ▮ 02 | 04

Der Weg in die Informationsgesellschaft wird nicht bruchlos verlaufen. Die auftretenden Risiken müssen neben allen Chancen beherrschbar bleiben. Wesentliches Moment ist das frühzeitige Erkennen neuer Trends und die schnelle und überzeugende Reaktion auf neue Kundenbedürfnisse. Dies kann nur dann gewährleistet werden, wenn der Markt genau beobachtet wird und die Rolle von Informationen als strategischer Wettbewerbsvorteil frühzeitig erkannt und umgesetzt wird.

Literatur

Bullinger H-J, Hofstetter I, Klein B (1997) Auswirkungen moderner Informations- und Kommunikationstechnologien auf Gesellschaft und Arbeitswelt. In: Grasser H, Prechtl M (Hrsg) Neue Informationstechnologien, Bedeutung und Herausforderung für die Unternehmensführung. Schäfer/Poeschl, Stuttgart

Fraunhofer-Institut für Arbeitswirtschaft und Organisation (1998) Dienstleistung 2000plus – Zukunftsreport Dienstleistungen in Deutschland. IRB-Verlag, Stuttgart

Hehenberger C (1995) Die Zukunft fest im Griff: Trends, die unser Leben verändern; eine weltweit einzigartige Umsetzung von Trends in Unternehmens- und Marketingkonzepten. Wirtschaftsverlag Ueberreuter (manager magazin edition), Wien

Global Networking: Kommunikationsstrategien für kleine und mittlere Unternehmen im globalen Wettbewerb

10 ▮ 03

Werner Brettreich-Teichmann, Gudrun Wiedmann

INHALTSÜBERBLICK

In diesem Beitrag wird erläutert, wie Telekommunikation und beispielsweise das Internet zur Erschließung neuer Märkte eingesetzt werden können. Des weiteren wird die Bedeutung neuer Technologien sowie neuer „intelligenter“ Produkte und Dienstleistungen dargestellt.

Globaler Wettbewerb – lokale Herausforderungen

10 ▮ 03 | 01

Erfolg im globalen Wettbewerb ist Erfolg im Wettbewerb um Standorte und um Exportchancen. Die Globalisierung des Handels eröffnet der mittelständischen Wirtschaft die Chance, zusätzliche Wachstumspotentiale durch den Aufbau eines eigenständigen internationalen Exports ihrer Angebote in regionale (Welt-)Märkte zu erschließen. Exportorientierte kleine und mittelständische Unternehmen stehen heute vor der Situation, daß ein eigenständiges Auslandsengagement in der Regel zum einen mit einem hohem Ressourcenaufwand und finanziellen Risiko verbunden ist, zum anderen fehlen häufig Kompetenzen, Methoden und Werkzeuge für die internationale Markterschließung und -entwicklung. „Global Acting“ ist der Leitgedanke für Unternehmen von der Ideenfindung für innovative Produkte und Services bis hin zu globalen Entwicklungspartnerschaften und Servicenetzwerken in den regionalen Absatzmärkten.

10

Ressourcenbeherrschung als Schlüsselkompetenz

Notwendige Voraussetzung für eine erfolgreiche Beteiligung am Wettbewerb ist die Fähigkeit der Unternehmen, flexibel und schnell in unterschiedlichen Märkten zu agieren und unterschiedliche Kooperationsformen mit Partnern eingehen und steuern zu können. Internet und Telekommunikation unterstützen diese Unabhängigkeit von Raum und Zeit für die Erstellung und den Handel von Dienstleistungen und Produktdienstleistungsverbünden. „Rund um die Uhr und rund um den Globus“ sind Trendentwicklungen, die die Arbeit im 21. Jahrhundert verändern werden. Im Zeitalter globaler Informationsinfrastrukturen „hat 1 Kalenderjahr 6 Internetjahre“, so die Botschaft. Diese extrem hohe Geschwindigkeit kann jedoch nicht einfach durch eine Erhöhung der Schlagzahl in den Unternehmen erreicht werden. Neue Konzepte für das Service-Management rücken hier in den Blickpunkt, die als zentrale Bausteine den Weg in die Zukunft einer wachstumsorientierten globalen Dienstleistungswirtschaft ebnen sollen.

10 ▮ 03 | 02 Intelligente Produkte und Dienstleistungen für globale Märkte

Die Angebotslandschaft von Gütern und Dienstleistungen wird immer mehr von global handelbaren Informationsprodukten und „intelligenten“ Services dominiert. Während bei traditionellen Produkten ein Gutteil des Wertes an den materiellen Wert oder den unmittelbaren Aufwand, der für die Produktion notwendig war, gebunden ist, realisiert der intelligente Service dagegen einen kundenindividuellen Nutzwert, d. h. er zeichnet sich durch eine hohe Anpassungsfähigkeit gegenüber den Kundenwünschen aus, beispielsweise mit integrierten Finanzierungs- und Marketingpaketen. Unter dem Begriff der Smart Services lassen sich 3 Kerneigenschaften zusammenfassen (s. auch Abb. 1):

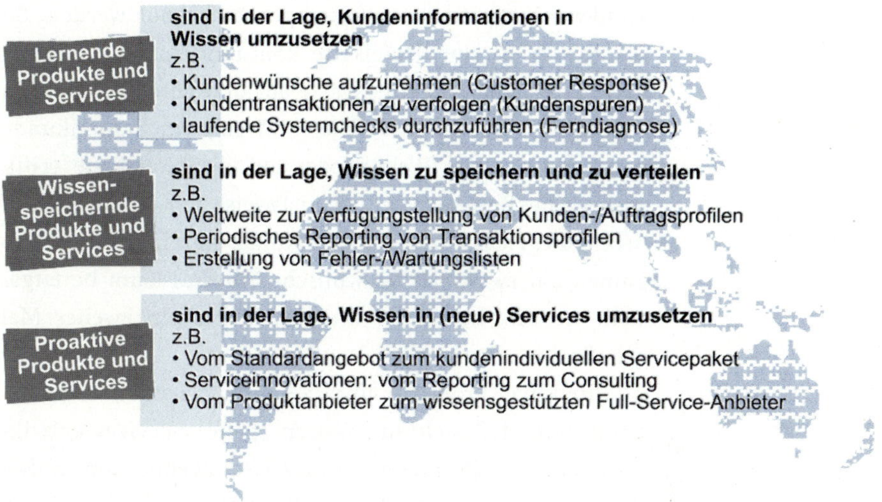

Abb. 1: Intelligente Produkte und Dienstleistungen

Lernende Produkte und Services

1. Lernende Produkte und Services sind in der Lage, Kundeninformationen in Wissen umzusetzen, beispielsweise indem Kundenwünsche aufgezeichnet, Transaktionen kontinuierlich analysiert oder laufende Systemchecks durchgeführt werden, z. B. durch Teleservices für Remote Facility Management. Ein amerikanischer Aufzugbauer überwacht von seiner Zentrale in den USA weltweit über Ferndiagnose seine Anlagen. Aus den Auswertungen von Schadens- und Störfällen werden über statistische Verfahren vorsorgende Wartungen durchgeführt und Bauteile ausgetauscht bevor Störungen überhaupt erst auftreten.

Wissenspeichernde Produkte und Services

2. Wissenspeichernde Produkte und Services sind in der Lage, erworbenes Wissen zu speichern und in aggregierter Form wieder zu verteilen. Beispielsweise können durch die elektronische Beobachtung von Kundenspuren individuelle Profile erstellt werden und aus diesen Beobachtungen und Speicherung der Transaktionen bessere

kundenorientierte Dienstleistungen aufgebaut werden. So zeichnet z. B. eine Hotelkette kontinuierlich die Bedürfnisse ihrer Übernachtungsgäste auf und leitet sie über ein weltweites Netz an ihre Filialen. Wenn ein Stammkunde irgendwo auf der Welt wieder auf die Hotelkette trifft, wissen die Betreuer, ob beispielsweise ein Allergiekissen bereitzulegen ist, oder ob der Kunde nur in kälteren Regionen ein zweite Decke wünscht. All dies kann bereitgestellt werden, bevor der Wunsch hierzu ein zweites Mal geäußert werden muß.

Proaktive Produkte und Services

3. Proaktive Produkte und Services zeichnen sich dadurch aus, daß sich aus Wissen (neue) Services entwickeln lassen, z. B. indem ein Standardangebot zum individuellen Servicepaket oder aus Reporting-Dienstleistungen Beratungsdienste entwickelt werden. Beispielsweise können Großhändler ihren Kunden auf der Grundlage ausgewerteter Transaktionsdaten vorgefertigte Bestellisten, Planungsdaten und Trendanalysen für die Zukunft anbieten.

All diese Eigenschaften lassen sich nur durch Telekommunikation und Internet effektiv und effizient verwirklichen. Datenbankgestützter Support von internationalen Servicestützpunkten, Fernwartung von Maschinen, die weit verteilt sind, Informationsdienste über einen individuellen Kundenbetreuungsbedarf an verschiedenen Standorten oder die direkte Kommunikation mit einem Kunden über Videoconferencing-Systeme ebnen vielen Unternehmen erst den Weg in internationale Märkte.

10 ▮ 03 | 03 Massenindividualisierung für regionale Märkte

Der Weg zu globalen Märkten führt für viele Unternehmen durch ein tiefes Tal. Sie müssen den Spagat beherrschen zwischen rascher Anpassungsfähigkeit während der Leistungserstellung, bei gleichzeitig niedrigen Kosten und hoher Qualität. An die Stelle der klassischen Kosten bzw. Standardisierungsstrategien *oder* Differenzierungsstrategien tritt ein *„sowohl als auch“*, was häufig erst durch Telekommunikation und Internet umgesetzt werden kann. Für die Massenindividualisierung globaler Produkt- und Dienstleistungskonzepte für regionale Märkte gibt es 3 Strategien:

- Globalisierung durch Selbstanpassung

Globalisierung durch Selbstanpassung des Kunden

Der Kunde übernimmt die Anpassung eines weitgehend standardisierten Produkts oder einer Serviceleistung an seine individuellen Bedürfnisse selbst. Die Leistung des Produzenten bzw. Dienstleisters besteht darin, eine hohe „eingebaute“ Flexibilität sicherzustellen. Dieses Ziel wird in erster Linie durch die *Variation der Produkteigenschaften* sowie *der Prozesse* erreicht. Beispielsweise kann dem Nutzer durch eine Computerschnittstelle ermöglicht werden, Maschinen selbst zu konfigurieren oder sich per Internet neue Steuerungsmodule selbst runterzuladen. Zukünftig wird dies auch für immer mehr Konsumgüter oder die Haushaltstechnik verwirklicht werden. Beratung und Service vor Ort können reduziert werden, die Freiheitsgrade in der Standortwahl des Anbieters nehmen zu.

- Individualisierung am Übergabepunkt zum Kunden

Individualisierung an der Kundenschnittstelle

Wesentlicher Bestandteil dieser Massenindividualisierungsstrategie ist die Überprüfung aller Prozesse hinsichtlich der Möglichkeit einer Aufteilung der Leistungserstellung in ein Massen- und ein Individualisierungssegment. Dazu wird der Erstellungsprozeß zunächst in standardisierte und projektspezifische Subprozesse zerlegt. Kundenferne Prozeßteile werden standardisiert und zentral erstellt, während die kundennahen Prozeßstufen am Übergabepunkt zum Kunden, die einen hohen Kundennutzen versprechen, dezentral in direkter Interaktion mit dem Kunden ausgeführt werden. Zentrale Unterstützungsfunktionen werden dadurch drastisch reduziert und vereinfacht und können dadurch leichter kommunikationstechnisch unterstützt werden.

Modularisierung von Services

- Produkt- bzw. Servicemodularisierung

Diese Strategie zielt auf die Entwicklung einer großen Variantenvielfalt maßgeschneiderter Produkte und Dienstleistungen auf Basis eines Baukastensystems, das weitgehend standardisierte (Teil-)Leistungen in verschiedenen Variationen kombiniert. Die Anpassung an individuelle Kundenbedürfnisse erfolgt durch die Auswahl und Zusammenstellung von Paketen auf der Plattform, beispielsweise aus standardisierten Beratungsprodukten, Kundendienstprodukten etc. Erst auf dieser Basis sind elektronische Kataloge für Produkte und Dienstleistungen möglich, die die Basis für internationale Vertriebsstrategien deutlich erweitern.

10 ▮ 03 | 04 Aufbau und Management verteilter Kooperationsnetzwerke

Unter der Devise „Think global, act local" müssen kleine und mittlere Unternehmen sich zukünftig besser in die Lage versetzen, neue Märkte zu erschließen und klassische Standortbindungen bei der Ressourcenverteilung zu überwinden. Kooperationen sind eine der wesentlichen Antworten auf die Herausforderung der zielgerichteten Markt und Kundenorientierung. Unternehmen im Internet-Zeitalter vertrauen nicht allein auf ihr eigenes Knowhow, sondern sind in der Lage, neue Lösungen im Beziehungsgeflecht von Lieferanten, Abnehmern, Forschern und Designern zu entwickeln. Diese werden in Zukunft nicht mehr primär darauf ausgerichtet sein, die eigene Dienstleistung zu verkaufen, sondern fokussieren auf eine „Winwin"-Situation (beide, Kunde und Anbieter sollen den maximalen Gewinn erzielen). „Coopetition" (Wettbewerb und Kooperation) heißt deshalb auch das Schlagwort, unter dem sich ansonsten konkurrierende Unternehmen zu strategischen Allianzen zusammenfinden.

Internationale Standortstrategie

Die Entwicklung einer internationalen Standortstrategie für Forschung und Entwicklung, aber auch für die regionale Zusammenfassung von Vertriebsaktivitäten, die nur in Kooperation mit Partnern effizient und effektiv organisiert werden kann, läßt sich auf der Grundlage von Telekommunikation und Internet verwirklichen. Durch die Nutzung von Informations- und Kooperationsdiensten eröffnet sich die Chance, gemeinsam mit anderen Unternehmen beispielsweise im Vertrieb oder im Marketing die Oberfläche gegenüber den Kunden zu vergrößern. Gleichzeitig wird es für viele Unternehmen erst über elektronische Märkte, d. h. durch den elektronischen Austausch und Kauf von Leistungen sowie durch Telearbeits- und Telekooperationsdienste möglich, im internationalen Maßstab projektbezogen Wissen, Dienstleistungen oder Produkte zu bündeln oder gemeinsame Planungs- und Beratungsprojekte (z. B. Design- oder Softwareprojekte) durchzuführen.

Elektronische Communities als globale Interaktionsplattform

10 ▮ 03 | 05

Kunden-Communities schaffen Mehrwert

Kunden anzuziehen und v. a. sie langfristig zu binden, bleibt auch im globalen Wettbewerb eine zentrale Erfolgsstrategie. Wenn wir über neue, erfolgreiche Geschäftskonzepte sprechen, dann geht es meist nicht nur um den unmittelbaren Nutzwert, den der Kunde hat, sondern auch um die kulturelle und emotionale Übereinstimmung zwischen Unternehmen/Dienstleistung/Produkt und der Erlebniswelt des Kunden. Konzeptionell soll durch die Überwindung der klassischen Grenzen von Hersteller und Konsument eine Gemeinschaft hergestellt werden, die

Mehrwert und Nutzen für beide Seiten schafft. Die elektronische „Kunden-Community“ schafft dem Hersteller oder besser dem Moderator ein unschätzbares Wissensresservoir zur kontinuierlichen Verbesserung der Produkte, zu Markttests bis hin zur Selbstorganisation der Kunden im Bereich Support. So werden in der elektronischen Kunden-Community eines Systemhauses bereits ein Drittel aller technischen Fragen von Kunden von anderen Kunden beantwortet. Der Kunde wird dadurch Teil eines Innovationsnetzwerkes, seine Investitionen durch Koevolution geschützt und Handlungssicherheit durch die gemeinsame Zielerreichung der Gemeinschaft geschaffen. Erfolgreiche Kunden-Communities beherrschen demnach den gesamten Prozeß der Kundenbindung, von der Anziehung des Kunden, über die erfolgreiche Kundenbindung bis hin zur Schaffung von Mehrwert (Abb. 2).

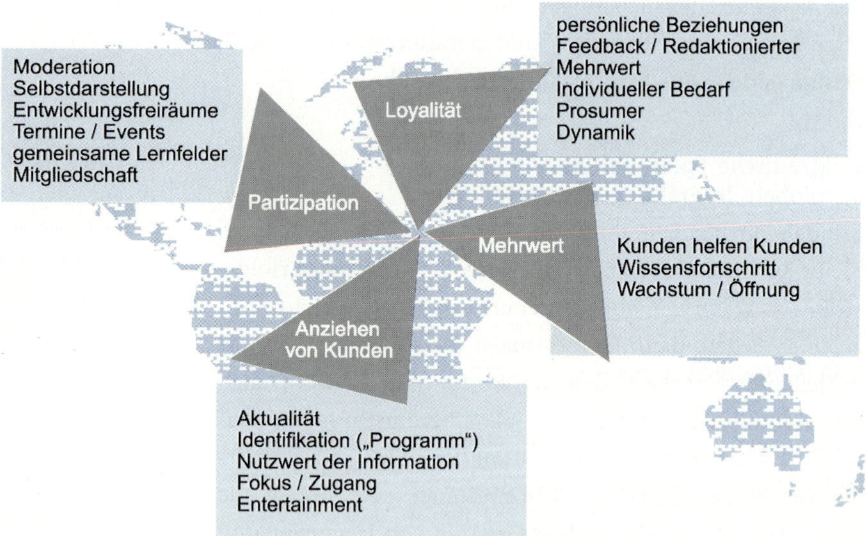

Abb. 2. Erfolgsfaktoren einer elektronischen Kunden-Community

Organisationsform des globalen Internetes

Für die Zukunft der Anbieter-Kunden-Beziehungen eröffnen sich damit am Horizont ganz neue institutionalisierte Organisationsformen, die „Electronic Communities", deren Ursprung zwar in Clubs und Vereinigungen in der „natürlichen Welt" liegt, ihre elektronischen Widerparts jedoch ganz neue Chancen für flexible Interaktionen jenseits von Raum und Zeit ermöglichen. Erfolgreichen Kunden-Communities gelingt es zum einen, eine emotionale und damit loyale Bindung des Kunden an das Unternehmen zu schaffen („Religion", „Kult"), zum anderen bieten sie eine Form von „Geborgenheit" und „Vertrautheit" durch die Bildung einer Kunden*gemeinde.* Elektronische Communities schaffen dadurch Treff und Orientierungspunkte im Chaos des Internets und etablieren regulierte Austauschformen auf dem globalen „information highway".

Dezentrale Wissensinfrastrukturen für verteilte Standorte

10 ▮ 03 | 06

Internet als globale Wissensinfrastruktur

Angesichts der Dynamik heutiger Wettbewerbsumwelten wird man sich von der Vorstellung verabschieden müssen, Arbeitsprozesse ließen sich durch geschickte Gestaltung „ein für alle Mal" neu gestalten. Die ständige Weiterentwicklung muß durch einen kontinuierlichen Lernprozeß unterstützt werden. Das Wissen über Strukturen und Prozesse ist in lernenden Unternehmen an Personen gebunden. Der einzelne Mitarbeiter wird durch seinen Erfahrungshintergrund und seine Kontakte zum Torhüter für Informationen. Diese „Gatekeeper" verfügen über ein breites Spektrum an Erfahrungen und Wissen über die Unternehmensumwelt, die für die Weiterentwicklung der Unternehmensperformance urbar gemacht werden kann.

Identity und Design, verzichtet aber auf die genannten Ausstattungsmerkmale (Gebäude, Aufbaustruktur, Langfristigkeit). Das virtuelle Unternehmen ist vollwertiger Partner am Absatz- und Einkaufsmarkt, beschäftigt im Extrem Personen rund um die Welt, hat klare Schnittstellen zu Kunden und Lieferanten, vollzieht rechtsverbindliche Transaktionen. Erstmals erscheinen damit die Stärken klein- und mittelständischer Unternehmen bzw. „kleiner" Strukturen (wie geringerer Fixkosten, größere Flexibilität, kürzere Entscheidungswege) – mit den Vorteilen der Großunternehmen (größere Präsenz, ausreichendes Fachpersonal und Technikausstattung, Kapazitätsausgleichsmöglichkeiten) kombinierbar – ohne die jeweiligen Nachteile mit verkraften zu müssen.

Virtuelle Arbeitsplätze, Teams und Unternehmen

Virtualisierung kann dabei auf unterschiedlichen Stufen erfolgen: Die Stufung reicht von virtuellen Arbeitsplätzen als ausgelagerte, räumlich entfernte Arbeitsplätze, die von eigenen Arbeitnehmern, freien Mitarbeitern oder auch Kunden besetzt werden, über virtuelle Teams, die für die Dauer eines Projekts unter Nutzung von Telemedien zusammenarbeiten bis hin zu virtuellen Unternehmen. Diese stellen die extremste Virtualisierungsform dar. Hier finden sich verschiedene, voneinander unabhängige Unternehmen oder Einzelpersonen zusammen, um als eigenständiges Unternehmen mit eigenem Namen und Rechtspersönlichkeit gegenüber dem Kunden und Auftraggeber zu agieren, ohne entsprechende aufbauorganisatorische Strukturen und Gebäude. Die einheitliche „Kundenoberfläche" ist hier für uns entscheidendes Charakteristikum. Die folgende Abb. 1 zeigt diese Stufung:

Die Realisierung virtueller Strukturen wird maßgeblich von technischen Innovationen der letzten Jahre bestimmt: Videokommunikation, Conferencing und Inter-

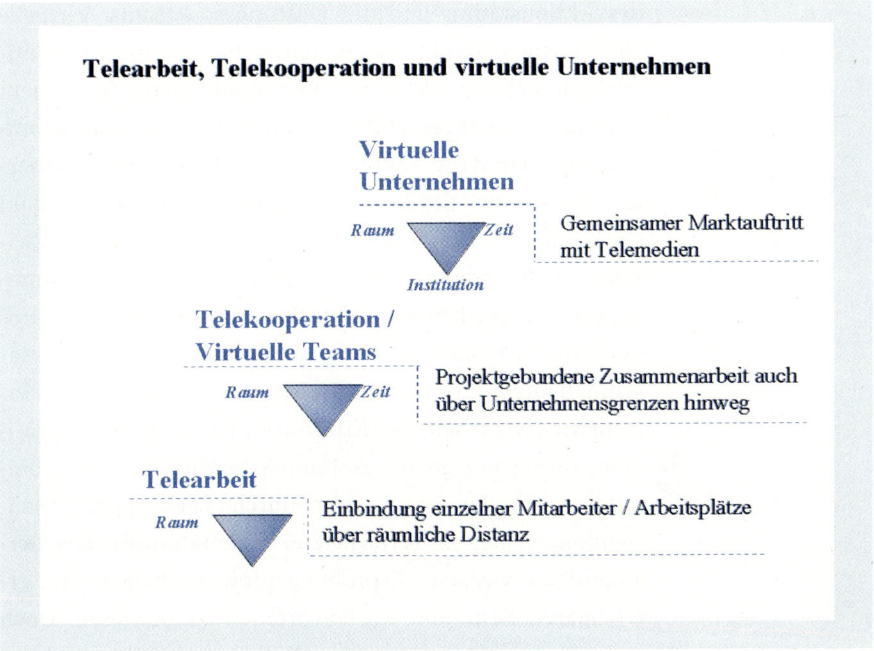

Abb. 1: Realisierungsstufen virtueller Unternehmensstrukturen

net-/Intranetlösungen erlauben das „Working together apart", indem Teamsitzungen per Videokommunikation übertragen, Vorlagen gemeinsam betrachtet und bearbeitet, gemeinsame Dokumente redundanzfrei gespeichert und zugreifbar gemacht werden können. Raum und Zeit als wesentliche Determinanten der Arbeitsorganisation verlieren an Bedeutung.

10

Umsetzungsbeispiele: Flexible Produktionsverbünde in informationsintensiven Produktionen und Dienstleistungen

10 ▮ 05 | 02

Flexible Einbindung von speziellem Know-how

Für informations- und dienstleistungsorientierte Branchen und Produkte bilden die beschriebenen virtuellen Unternehmensstrukturen eine wesentliche Erweiterung des Aktionsradius und des Leistungsspektrums. Virtuelle Unternehmensstrukturen bieten sich z. B. in der Multimediabranche, bei Unternehmensberatungen oder Projektierungs- und Ingenieurbüros an, um in der Fläche präsent und näher am Kunden zu sein, und um spezialisiertes Know-how flexibel einzubinden. Wo das Produkt stark informationsorientiert ist, kann es auch in Zwischen- und Endstufen besser „über die Leitung" kommuniziert und erarbeitet werden. Wo weniger immobile Produktionsressourcen in Form teurer und komplexer Maschinen- und Produktionsstraßen notwendig sind als Informationsverarbeitung, Know-how, Expertise und Kreativität, dort kann auch das Hauptarbeitsgerät – der Computer – mit der Erweiterung durch Telekooperationsanwendungen zur Basis vernetzter Produktionsformen herangezogen werden. Erprobungsprojekte haben die erreichbaren Zeit- und Kostenvorteile klar bewiesen. Doch es können nicht nur bestehende Prozesse kürzer und kostengünstiger abgewickelt werden (wobei die Zusatzkosten für Arbeitsplatzausstattung und Telekommunikationsgebühren in kurzer Zeit amortisiert waren); fast noch wichtiger sind die erreichbaren qualitativen Effekte auf der Ebene einer höheren Kundenindividualität, einer größeren Servicedichte, sowie die Möglichkeit, in virtuellen Unternehmensstrukturen in neue Märkte vorzustoßen – sei es durch die Erweiterung des Aktionsradius, sei es durch die Erweiterung der bestehenden Dienstleistungen durch z. B. Teleberatungskonzepte. Hier liegt eine spezifische Chance gerade auch für klein- und mittelständische Unternehmen.

Worauf ist bei der Umsetzung zu achten?

10 ▮ 05 | 03

Prozeßintegration erreichen

Kompatibilität der Arbeitsschritte

Kurze Abstimmungszyklen, eine verstärkte direkte Zusammenarbeit und eine erhöhte Flexibilität in der Teamzusammensetzung machen es erforderlich, daß der Gesamtprozeß hierauf abgestimmt wird. Zeitverkürzungen durch direkte Abstimmungsmöglichkeiten werden konterkariert, wenn sie mit aufwendigen Konvertierungsaktivitäten wegen unterschiedlicher Dateiformate „bezahlt" werden müssen. Die Zusammenarbeit in virtuellen Strukturen erfordert ein Überdenken der bestehenden Dokumenten- und Informationsorganisation, von Prinzipien des Zeitmanagements und des Einsatzes von Arbeitsmitteln.

Papierschnittstelle meistern

Das papierlose Büro ist auch bis auf weiteres noch eine Utopie – zu überzeugend sind bisher noch die Vorteile von transportierbarem, gut leserlichem und annotierbarem Papier. Auch ist „Dokumentenqualität" von rechtlicher und ästhetischer Bedeutung. Nichtsdestoweniger müssen die Schnittstellen zwischen analoger und digitaler Welt möglichst reibungsfrei gestaltet werden. Die Entscheidung über Ausmaß und Organisation digitaler Dokumentenflüsse erfordert eine sorgfältige Analyse der Arbeitsprozesse, für die wir effiziente methodische Unterstützung bereit halten.

Standardisierung – als Voraussetzung für Individualität

Individuellere Arbeitsformen in bezug auf Ort und Zeit

Räumlich verteilte Zusammenarbeit macht weit verbreitete Folgen nicht-standardisierter Arbeitsweisen noch schmerzhafter spürbar. Wer kennt nicht den ärgerlichen Mehraufwand bei der Präsentationserstellung, weil der Kollege mal wieder einen Schrifttyp benutzt hat, der auf dem eigenen Rechner nicht vorhanden ist? Es liegt auf der Hand, daß solche Effekte gerade bei vermehrt unternehmensübergreifender Projektzusammenarbeit noch häufiger zu beobachten sein werden. Hier soll nicht der Uniformisierung oder zu starkem Zwang das Wort geredet werden, erfolgreich umgesetzte verteilte Arbeitsformen berichten aber alle von notwendiger Standardisierung und Disziplin. Sie ist, auch wenn dies paradox klingen mag, Voraussetzung dafür, die Potentiale für individuellere Arbeitsformen in bezug auf Ort und Zeit wirklich ausnutzen zu können.

Medienkompetenz als Schlüsselqualifikation

Spezifischer Telemedieneinsatz

Medienkompetenz und Kommunikationsfähigkeit bekommen eine noch größere Bedeutung für die tägliche Arbeits- und Kooperationspraxis. Dies um so mehr, als die Zusammenarbeit mit Teammitgliedern anderer Unternehmen und Berufsgruppen häufiger werden wird. Unterschiedliche Fachsprachen, kulturelle Unterschiede erfordern eine größere Kommunikationskompetenz und auch ein bewußtes Umgehen mit medienspezifischen Besonderheiten. Die ermöglichte flexibilisierte Zusammenarbeit bedeutet nicht selten ein direktes Aufeinanderprallen von Personen, die in etablierten Strukturen durch sequentielle Abläufe nur sehr wenig Berührungspunkte hatten.

Ergebnisorientierung wirklich umgesetzt

Neues Führungsverständnis

Virtuelle Team- und Arbeitsstrukturen erfordern eine überlegtere, da vorausschauende Delegation und genaue Regelungen von Ansprechbarkeitszeiten. Wo Arbeit weniger auf Zuruf organisiert werden kann, muß sie portioniert und kontrollierbar gemacht werden. „Management by objectives" muß nun wirklich umgesetzt werden. Notwendig wird ein neues Führungsverständnis, wo Anwesenheit am Arbeitsplatz nicht mit realer Arbeitsleistung gleichgesetzt wird.

Datenschutz und Datensicherheit: Verantwortung des Unternehmens und des einzelnen

Je mehr erweiterte Kommunikationsmöglichkeiten bis an den Einzelarbeitsplatz getragen werden, um so höher wird die Verletzlichkeit des einzelnen und der Gesamtorganisation. Erhöhte datenschutzrechtliche und datensicherheitsbezogene Anforderungen erfordern organisatorische Regelungen, eine erhöhte Problemsensibilität, verstärken aber auch die Verantwortung des einzelnen. Vernetzte Strukturen bedeuten eben auch eine höhere Abhängigkeit und Verläßlichkeit, der nicht allein durch technische Vorrichtungen begegnet werden kann.

Rechts- und Vertragsformen: Noch wenig Standardregelungen

Temporäre Unternehmensformen

Virtuelle Strukturen haben Eigenschaften, die sie für etablierte Rechtsformen und Vertragsgestaltungen zumindest problematisch machen. Das Idealbild der temporären Zusammenarbeit steht in einem gewissen Gegensatz zu langfristig angelegten Kooperationsverträgen und Rechtsformen, Arbeitsverträgen und hieran geknüpften Schutzmechanismen. Aus diesem Grund zeichnet sich die Notwendigkeit angepaßter Vertrags- und Unternehmensformen ab, die dieser neuen Flexibilität mehr Rechnung tragen. Hierzu gehören auch Fragen der Haftungs-, Copyright- und Konkurrenzschutzklauseln in virtuellen Strukturen.

Neue Medien in Aus- und Weiterbildung 10 ▮ 06

Lernen im lernenden Unternehmen 10 ▮ 06 | 01

Gerd Gidion

INHALTSÜBERBLICK

Aufbauend auf der Beziehung von Bildung, Lernen und Wissen beschreibt der Beitrag, wie die Humanressourcen im Unternehmen besser genutzt werden können. Es wird die Bedeutung der Verbindung von Lernen, Beraten, Transfer von Know-how und Innovation aufgezeigt.

Einführung

Verdrängungswettbewerb mit traditionellen Lernmethoden

Die Prägung der Gesamtgesellschaft durch neue Technologien wird sich auf das Lernen verstärkt auswirken, auch durch die Entwicklung und Etablierung von netzgestützten Lernformen unterschiedlichster Art. Es stellt sich die Aufgabe der Integration geeignet gestalteter netzgestützter Lernformen auf den entsprechenden Plattformen innerhalb bestehender Bildungssysteme. Neue Informations- und Kommunikationstechnologien bieten neue Möglichkeiten für technologiegestützte Lernanwendungen. Ihre Attraktivität wächst mit der Etablierung und Reifung der IuK-Instrumente selbst, der Netze und des allgemeinen Wissens um die adäquate Nutzung. Die inzwischen ausgezeichneten Möglichkeiten zur Verwendung interaktiver, aktueller, offener netzgestützter Lernformen führen zu einem Verdrängungswettbewerb mit traditionellen Lernmethoden, die an Attraktivität und Wirksamkeit verlieren. An diesen herkömmlichen Methoden wird in den heutigen etablierten Bildungssystemen noch überwiegend festgehalten, so daß bei Bildungsinteressenten auch deswegen die Orientierung auf neue netzgestützte Lernformen intensiviert wird. In Zukunft wird das Vordringen neuer IuK-Technologien in Lernprozesse zu abgestimmten Arrangements traditioneller und neuer Lernmittel und -umgebungen führen.

Integration des Wissens mehrerer Anbieter

Lernangebote gehen von immer mehr Quellen in verschiedensten Formen aus, sie werden durch immer individuellere Kunden aus differenzierten Situationen abgefordert. Häufig interessiert den Lernenden nicht das Wissen eines Anbieters, sondern die Integration des Wissens mehrerer Anbieter zu einem konkreten Zweck. Neue Transferdrehscheiben (Plattformen) für den lernenden Austausch sind erforderlich, innerhalb derer die Abstimmung und Bündelung heterogener Informationsquellen erfolgen kann. Neue Kooperationen zwischen Akteuren des Lernens werden vergleichbar den neuen Kooperationen in der Wirtschaft entstehen. Dabei geht es nicht nur um Wunschpartnerschaften mit befreundeten Institutionen, sondern oftmals um das Zusammenspiel mit Kontrahenten und Konkurrenten. So werden auf der einen Seite Informationslieferanten einen Großteil des bildungsträgereigenen Wissensspeichers ersetzen, auf der anderen Seite Berater die grundlegenden Probleme vieler Lernkunden bedienen, Experten werden Bestandteile der Lehrerrolle übernehmen und Softwarehersteller Bildungsmodule anbieten. Neue Konzepte der Kooperation sind zu erkunden und erproben.

Moderatoren effektiver Lernsituationen

Im Vergleich zu tradierten Lernorten und den dortigen Arrangements (Klassenzimmer, Vorlesungssaal, Lehrwerkstatt etc.) findet Lernen künftig in neuen Lernarrangements und -umgebungen statt. Dazu gehört nicht nur der Lernort Arbeitsplatz (mit seiner etwa durch Telearbeit aufgehobenen örtlichen Festlegung) und das Lernen in Rechnerwelten, sondern vor allem die abgestimmte

Verbindung dieser unterschiedlichen Varianten in einem gesamtschlüssigen Lernprozeß. Im Rahmen des Wandels erhalten die Akteure der Bildung vielfältige neue Rollen. Je unübersichtlicher das in der Welt verfügbare Wissen wird und je stärker das Interesse des jeweiligen Bildungsnehmers den Lernprozeß bestimmt, desto eindeutiger wird der Inhalt von Seiten des Lernenden bestimmt. Dieses führt auch zu neuen Rollen der Trainer, Ausbilder und Dozenten, die nicht mehr als Inhaber vorgefertigten Wissens dieses portioniert an Lernende weitergeben, sondern als Moderatoren effektiver Lernsituationen zwischen Lernenden und Informationsquellen unter Einsatz geeigneter Verfahren und Instrumente vermitteln.

Beziehung von Bildung, Lernen und Wissen

Anforderung nach kundenspezifischen Bildungsdienstleistungen

Die Beziehung von Bildung, Lernen und Wissen wird auch durch den Trend zur offenen Wissensgesellschaft geprägt. Dabei ist die Bewältigung des ausufernden vorhandenen Wissens und die Kompetenz zum effektiven Wissensmanagement als Kernprozeß des Lernens anzusehen. Bildung als längerfristig konstanter und organisierter Lernprozeß mit weitgehend festem Ablauf und Ziel muß sich dieser neuen Rahmenbedingung stellen. Die Anforderung nach kundenspezifischen Bildungsdienstleistungen innerhalb eines unübersichtlicher werdenden Gesamtwissens führt zur Infragestellung bisher gängiger Bildungspraxis bei gleichzeitiger Aufwertung des Lernens an sich. Im Gegensatz zum früher gängigen Lernen vor dem Hintergrund beständiger Wissenschaftsgebiete findet Bildung sich zunehmend in offenen Wissens(austausch)-systemen wieder. Hier ist nicht nur das Fehlen eindeutiger Antworten, sondern auch die schwierige Abgrenzung der Disziplinen und die Verunsicherung gültiger Erkenntnisse feststellbar. Notwendig ist eine Neubestimmung systematischer Bildung in offenen Wissenswelten.

Modernisierer in der Bildung

Der Dualismus zwischen der inneren Modernisierung der bestehenden Systeme und der Entstehung neuer Bildungsprozesse im Umfeld der alten wird in einen intensiveren Wettbewerb führen. Hier ist auch auf bereits laufende Vorhaben und Projekte hinzuweisen, die in Schulen (Freiarbeit, Projektarbeit, Schulen ans Netz etc.), Ausbildungsbereichen (Modellversuche, Neuordnungen etc.) oder der betrieblichen Praxis (Lerninseln, Lernzirkel etc.) laufen. Auffällig an den derzeitigen Entwicklungen ist die weitgehend getrennte Vorgehensweise der Modernisierer in der Bildung. So beschäftigen sich die einen mit technologischen Aspekten der Lernmaschinerie und Netzwerke, andere mit neuen Lernmethoden wie Intensivtrainings, NLP o. ä., wieder andere definieren Prüfungsordnungen und damit häufig Lerninhalte. Zum Aufbau integrierender Bildungsnetze ist als Aufgabenstellung insbesondere die Bündelung und breitflächige Umsetzung der bereits vorhandenen Neuerungen anzugehen.

Die Verbindung von Bildungsinstitutionen und Betrieben bedarf neuer Ideen und Modellprozesse, da eine erhebliche Diskrepanz zwischen objektiv in den Betrieben feststellbaren Lerninteressen und -bedarfen einerseits und realer Nachfrage bei Bildungsanbietern andererseits festgestellt werden kann. Hier zeigen sich viele Bildungskunden skeptisch hinsichtlich des Potentials bei etablierten Bildungsträgern, die konkreten Anforderungen zu erfüllen, anstatt Fertigmodule „von der Stange“ zu liefern. So ist ein Bedarf an neuen Formen von betriebsnahen Bildungsdienstleistungen festzustellen. Auch muß sich die Berufsbildung den neuen Dienstleistungen stellen und Unterstützung für entstehende Tätigkeitsprofile anbieten.

Ausschöpfung sämtlicher Humanressourcen im Unternehmen

Stand verfügbarer IuK-Technologien

In Zeiten turbulenter Umwelten befassen sich Unternehmen zunehmend mit der Frage, wie eine leistungsfähige Qualifikation innerbetriebliche Abläufe durch Ausschöpfung sämtlicher Humanressourcen optimiert werden kann. Um auch zukünftigen unternehmerischen Herausforderungen gerecht zu werden, müssen alle Mitarbeiter ihre Wissenbestände aktualisieren und sich für neue Aufgaben umfassend weiterbilden. Kosten, Zeit und Qualität von Wissensvermittlung und Lernen zu verbessern steht hierbei im Vordergrund (vgl. Winand 1996). Bessere Bedingungen für ein schnelleres und effektiveres Um- und Erlernen zu schaffen bedeutet, durch das Ausschöpfen von Humanressourcen der Mitarbeiter zu höherer Produktivität im Unternehmen zu gelangen. Neue IuK-Technologien können so einen flankierenden und teilweise substituierenden Beitrag zu bestehenden Lern- und Weiterbildungsangeboten leisten. Um handlungsanleitende Aussagen über den Einsatz von IuK-Technologien und deren Nutzungspotentiale in den Bereichen Aus- und Weiterbildung aufzuzeigen, ist es entscheidend, den Stand verfügbarer IuK-Technologien in Industriebetrieben von heute (konventionell) und Entwicklungen von morgen (innovativ) bzw. übermorgen (visionär) zu beschreiben. Die so aufgezeigten Entwicklungspfade weisen auf Schnittstellen hin, die sich zur Umsetzung von Lehr- und Lerninhalten über digitale Netze eignen.

Neue Lernformen

Neue Lernformen bewähren sich innerhalb von veränderten Rahmensituationen auf den Märkten, in der Arbeit, innerhalb der Bildungssysteme und Technologieentwicklungen. Die sozialen Beziehungen in der Gesellschaft bewirken individuellere Lernprozesse und Wege. In der offenen Gesellschaft kompensieren neue Kooperationen das Entfallen bisheriger fester Hierarchien und Marktbeziehungen. Die Entstehung virtueller Unternehmen stellt die bisherige Praxis des Lernens aus statischen Institutionen und Programmen heraus in Frage. Die Zukunft liegt in der Integration in vielfältige und unbegrenzte Netzwerke. Erfolgreiche Lerndienstleister nutzen das Aufgreifen mehrerer katalysierender Trends in den Infrastrukturen, Instrumentarien und Methoden, Kundenmärkten und Betrieben. Arbeits- und kundenorientierte, spezifische Lernangebote entsprechen dem Bedarf der künftigen Märkte. Dieses bedeutet sowohl eine flexible und spezifische Gestaltung des Lernens für den jeweiligen Kunden – gleich der einzelnen Person und Gruppe in lernenden Organisationen – wie auch die Offenheit des Lernangebotes selbst für die Bedarfsbekundung, Wandlung und Differenzierung auf Kundenseite während der Leistungserbringung. Multimediales Lernen mittels neuer netzgestützter Lernformen diffundiert mit großer Intensität in die berufliche Lernpraxis. Dabei werden mehrere Elemente der Technologien zu gleicher Zeit, jedoch nicht unbedingt miteinander verbunden, innoviert:

- Die Basistechnologien verändern sich, insbesondere die Computertechnologie in Soft- und Hardware, Netzwerke, Verbindungen unter verschiedenen Technologien (etwa Virtual Reality, Computertomographie etc.).
- Die didaktischen Konzepte des Lernens sind im Wandel, insbesondere auch im Umfeld der netzgestützten Lernformen.
- Die Lernprogramme selber wechseln entlang der Leistungsfähigkeit der Rechner, der Vielfalt der bereits vorliegenden Erzeugnisse, der Autorenwerkzeuge etc.

- Die Lernzielfelder verändern sich, vor allem die betrieblichen Infrastrukturen, Tätigkeitsprofile und Wertschöpfungsprozesse.
- Die Lerntechnologieanwender sind zunehmend den Umgang mit Computertechnologie gewohnt.
- Der Markt der Lerndienstleister vervielfältigt und entfaltet sich, neue Anbieter treten hinzu, vorhandene verändern ihre Leistungen.
- Die Einbindung von Lernanteilen in andere Handlungen wird erweitert, insbesondere etwa die Verbindung von Lernen, Arbeiten und Spielen.

Indirekte, integrierte Lerntechnologien

Dabei stellen direkte, separierte Lerntechnologien derzeit noch das Übergewicht; sie beinhalten explizit als Lernprogramme benannte Software, die gezielt eingeschaltet und konzentriert bearbeitet werden muß. Direkte, aber in eine andere Technologie integrierte Lerntechnologien sind bisher kaum realisiert (ein Beispiel sind die Lernprogramme zu Anwendungssoftware, etwa der Textverarbeitung); hier ist jedoch eine vermehrte Verbindung auch mit anderen Produkten (etwa Fertigungsanlagen) zu erwarten. Als indirekte, integrierte Lerntechnologien sind solche zu bezeichnen, die den Lernenden als Nutzer dann eigentätig ansprechen und unterstützen, wenn sie im Rahmen der Betätigung der Bezugstechnologie in Gang gesetzt werden, etwa als ein Instandsetzungslernprogramm bei einer Fehlfunktion einer Maschine.

Optionale Lerntechnologie mit Zugriffsmöglichkeit über Netz

Im freien Angebot für die Nutzer wird künftig vermehrt auch die optionale Lerntechnologie mit Zugriffsmöglichkeit über Netz bei Bedarf vorhanden sein; diese ist als Hintergrund ständig offeriert, bedarf aber der „Bestellung“ durch den Lernenden im konkreten Fall der Nutzung. Ist letztere jeweils eine akute und spezifische, so steht hinter der optionalen Lerntechnologie eine weitere Welt optionaler Zugriffe auf Datenbanken, Informationsservices und informationstechnische Werkzeuge, die sich kontinuierlich verändern; sie stellen umfangreiche Infrastrukturen als Basis der Nutzungsoption für den einzelnen Lernenden. Die Nutzer werden in dem Maße zahlreicher, als die Verbreitung von Routinen in der Verwendung von netzgestützten Lernformen zur Absenkung von Barrieren führt. So sind bei den heutigen lerntechnologischen Anwendungen u. a. in folgenden Richtungen Verbesserungen anzugehen:

- verbesserte Anpaßbarkeit auf die individuellen Profile und Anforderungen der Lernsystemanwender hinsichtlich Lernablauf und Lerninhalt;
- Überwindung starrer Konzepte, die Schwerpunkte meist auf der intensiven Weitergabe der Lerninhalte (Transfer aller Informationen bedeutet Informationsflut) legen – ein extensives Aufnehmen der Lerninhalte der für eine spezifische Lernsituation ausreichenden Informationen sollte vorrangig unterstützt werden;
- die Möglichkeiten zur nutzerspezifischen Gestaltung des Lernsystems und zur Erweiterung und Vertiefung der Lerninhalte sind zu gewährleisten;
- die Nutzung der multimedialen Techniken ist zu erweitern;
- die didaktischen Konzepte sind den Anforderungen der neuen Medien und der Informationstechnik entsprechend zu erweitern und zu spezifizieren.

Selbstermächtigung der Lernenden

Gerade letztere Anforderung symbolisiert die Verbindung der Entwicklungsnotwendigkeit aus technologischer und lernkonzeptioneller Perspektive. Aktuelle Innovationen im Lernen beziehen sich z. B. auf die Selbstermächtigung der Lernenden zur Bewältigung unübersichtlicher, nicht bekannter und veränderlicher Situationen und Aufgaben innerhalb offener Systeme. Wenn die lerntechnologischen Produkte in verstärktem Maße auch anspruchsvolle Lernprozesse unterstützen können, lassen sie sich in den oberen Intensitätsbereichen verwenden.

Ziel eines effizienteren Wissenserwerbs

Die Aus- und Weiterbildung im Rahmen von Berufsbildungsnetzen und -diensten verfolgt das Ziel einer effizienteren Wissensvermittlung. Hierbei soll die individuelle Medienkompetenz nicht nur unmittelbar über Instruktion, sondern auch durch visuelles „learning by doing" erworben werden. Berufsbildungsnetze und -dienste zeichnen sich zumeist durch Interaktivtät zwischen Lernenden und dem System und/oder einem Tutor, der sowohl vor Ort als auch virtuell im Netz sein kann, aus. Inhaltlich wird von einzelnen Lernmodulen (z. B. Lernprogramm für Maschinenbedienung) bis hin zu umfassenden mediengestützten Lernumgebungen (z. B. virtuelle Studiengänge) ein breites Spektrum angeboten. Vorteile der neuen Wissensvermittlung liegen in folgenden Bereichen:

- Lernen und Lehre können zeitlich und räumlich voneinander entkoppelt werden,
- Inhalte können vielseitiger aufbereitet werden als traditionelle Lehrbücher z. B. durch Anreicherung mit Video- und Sound-Files,
- Belebung und Neugestaltung des Unterrichts,
- schnelle Informationsumsetzung auf zeitgemäße Anforderungen.

Selbständiges Aneignen von multimedialen Lerninhalten

Entscheidend zur Nutzung sind aber Grundlagen im Umgang zum selbständigen Aneignen von multimedialen Lerninhalten. Neben der mangelnden eigenen Lernmotivation liegt das Hauptproblem in der mangelnden Kompetenz im Umgang mit neuen IuK-Technologien. So gilt es zunächst Grundlagen zu bilden, Spezialwissen im Zugang zu Online-Medien flächendeckend zu Allgemeinwissen zu transformieren. Dies gilt nicht nur für die in der Berufsausbildung stehenden Personen, sondern ist in gleichem Maße auch älteren Personen zu vermitteln, die bereits im Arbeitsleben stehen. Besteht ein Basiswissen im Umgang mit neuen IuK-Technologien aller Erwerbstätigen, so gilt es zu prüfen, welche Hemmnisse es gibt, die von einer breiten Nutzung von Bildungsnetzen und -diensten absehen lassen. Fehlende Bandbreiten in der Übertragung von Daten im Internet führen zu teilweise unerträglichen Wartezeiten, bis das gewünschte Angebot an Informationen zur Verfügung steht. Da Lernprogramme häufig mit umfangreichen Grafik- und Animationselementen versehen sind und somit über relativ große Datenmengen verfügen, wächst bei langen ungewollten Lernpausen ein Demotivationspotential zur Abneigung gegenüber der Verwendung.

Die erfolgreiche Ansprache verteilter kleiner und mittlerer Unternehmen entscheidet sich daran, inwieweit auf Basis eines weit verbreiteten, günstigen Massendienstes einfache aber spezifische Dienste geboten werden können. Hohe Komplexität ist kontraproduktiv, da zum einen die Nutzer komplexer Dienste zumeist bereits Wege der Netzezugänge finden, zum anderen einfache Nutzer ggf. auf den Einsatz wegen Komplexität ganz verzichten. KMU erwarten durch das Netz Produktivitätsgewinne und Einsparpotentiale, die Unterstützung muß nahe an ihrem betrieblichen Wertschöpfungsprozeß erfolgen.

Neue Kooperationen

Es entstehen neue Arrangements und Kombinationen der Berufsbildungspraxis. Das tendenziell unübersichtliche Angebot benötigt vermehrte Verbindungslinien zwischen den Maßnahmen, so etwa neue Kooperationen zwischen Lernexperten und betrieblichen Akteuren, zwischen Bildungsträgern/Lerndienstleistern durch Outsourcing entstandener Berufsbildungsunternehmen und Betrieben. Sie führen zu einem Bild ineinander verwobener Lernprozesse und -dienstleistungen, die in das Leitbild des lernenden Unternehmens passen. Im Rahmen von technologisch unterstützten Lernarrangements ist zukünftig zu betreiben:

- die Verbindung von beruflichem Lernen mit der betriebsbezogenen Beratung und der Informationsdienstleistung zu akuten Aufgaben;
- die Verbindung der Berufsbildung mit kommenden Aufgaben und Innovationen – anstatt mit der Behebung rückwärtig festgestellter Bedarfe;
- die Verbindung der nach fachlicher Kompetenz des Anbieters separierten Themen zu der Mischung, wie die Themen in der Arbeit auftreten.

Einzurichten ist ein Lernarrangement, das auf der Basis aktueller, brennender Themen des Lerninteresses unter Einsatz moderner, effektiver Lernmethoden und -werkzeuge selbstgesteuertes Lernen definierter und offener Gruppen in wandelbaren und vernetzten Informationsstrukturen ermöglicht. Ein solches Lernarrangement greift aktuelle Themen auf, es dient nicht der Abarbeitung eines vorgefertigten Curriculums. Die Bearbeitung erfolgt weitestgehend selbstgesteuert durch die Lerner/

Anwender, der Lernprozeßmoderator hat nicht die traditionelle Rolle des Know-how-Trägers, der sein Wissen an die Lernenden weitergibt, sondern er ist für die Initiierung und Professionalisierung des Aneignungsprozesses durch die Lernenden zuständig. Hier wirkt er navigierend, coachend und supervisierend, in Grenzen und mit abnehmender Intensität steuernd und moderierend. Der Lerndienstleister konfiguriert sich in einem neuen Mix aus Dezentralisierung in die Kundenmärkte und Konzentration auf die eigene Kompetenz, die Lernexpertise.

Verbindung von Lernen, Beraten, Transfer von Know-how und Innovation

Die entsprechende Strategie von Verteilung und Vernetzung verbindet die Elemente Lernen, Beraten, Information und Transfer von Know-how mit Innovation. Das Aufgabenset bezieht sich auf drei Dimensionen neuer Lernformen:

- Lerninhalte: die Verbindung grundlegender, systematischer, curricularer, langfristiger Lerninhalte mit kundengesteuerten, kurzzyklisch aktualisierten, akuten Lerninhalten.
- Lernmethoden: die Erweiterung tradierter Lehr- und Lernmittel mit neuen Lernmethoden und netzgestützten Lernformen bis hin zu vernetzten Learning Communities.
- Lernorganisation: die Öffnung der formellen, zertifizierenden und öffentlich anerkannten Lerninstitution zu offenen Lernarrangements mit hoher Lernautonomie.

Vision des Lerndienstleisters

Die Vision des Lerndienstleisters wird anhand der Entwicklung tradierter (konservativer) Lernarrangements in

Richtung innovativer und visionärer Arrangements dargestellt. Die Lernarrangements sind nach verschiedenen Aspekten zu beschreiben. Relevant sind dabei insbesondere die Partner im Lernarrangement (Lernende und Lehrende), die Lerninhalte und ihre Form, die einbezogenen Technologien, das Niveau und die Art der Vernetzung zwischen Elementen des Lernarrangements, die eingesetzten Lernmethoden, die verfügbaren und erforderlichen Finanzmittel (Kosten), die genutzten Lernorte, die den Lernenden offenstehenden Lernpfade sowie der Grad der Verbreitung, der Diffusion und Veralltäglichung des Lernarrangements. Für die Betrachtung bietet sich eine Dreiteilung an, zum einen eine vorhandene, eher als konservativ zu bezeichnende Variante des Lernarrangements, dann eine heute bereits realisierte, jedoch als innovativ anzusehende Variante, die aktuelle Optionen weitgehend nutzt, und schließlich eine visionäre Variante, die absehbar künftig mögliche Elemente prospektiv berücksichtigt.

Beziehungen

Die Partner zeigen in der konservativen Variante meist bilaterale und in sich abgeschlossene Beziehungen (Ausbilder – Lehrling, Trainer – Teilnehmer, Lehrender – Lernender), die Verhältnisse sind klar, aber auch begrenzt und starr definiert; es gibt eine eindeutige Verteilung von „Wissen" und „Nicht-Wissen"; interne und externe Dienstleister arbeiten nur begrenzt in den Betrieben zusammen; so erstellen Lerntechnologieproduzenten Waren, die von Betrieben gekauft und dort eingesetzt werden; eine gemeinsame Erstellung ist selten. In einer innovativen Variante lernen die Partner – die Lernenden – ineinander verzahnt und teilweise abgestimmt und simultan, Beziehungsgefüge zwischen Lernenden werden offen gestaltet, die Lernenden können z. B. verschiedene Aspekte an dem gleichen gemeinsamen Prozeß lernend bearbeiten, die Trainer fungieren als Coaches und Arrangeure; vor allem gehen zudem externe Lerndienstleister intensiver in die betriebliche Umwelt hinein und gestalten ihre Produkte kundennah. In einer visionären Variante vermischen multilaterale Partnerschaften die Anbieter unterschiedlicher Richtungen mit Kunden und Kollegenteams; stabile Rollenübernahmen verlieren an Bedeutung, wechselseitiges Aneignen und Vermitteln treten an die Stelle unidirektionaler Verhältnisse. Die Partner erwerben Lern(technologie)kompetenz.

Lerninhalte

Die Lerninhalte werden in der konservativen Variante weiterhin getrennt nach Fachrichtungen, entlang vorgefertigter Inhalte aufgebaut. Die Aufbaulogik der Inhalte ist aus der Perspektive des Wissens, nicht aus der Perspektive des Lerninteresses strukturiert; ein Lernender kann zwar ggf. auf die Inhalte nach seinem Bedarf zugreifen, er muß sich jedoch stets in die der Fachwissenswelt eigene logische Systematik einfügen. In der innovativen Variante werden die Lerninhalte zueinander geöffnet, die Beachtung methodischer und sozialer Kompetenzen und auch der Handlungskompetenz wird stärker in den Vordergrund gerückt. Ein gezielter, punktueller Zugriff auf Inhalte aus der lernenden Bearbeitung einer Aufgabenstellung heraus wird erleichtert. Als visionär ist eine Variante anzusehen, in der die Inhalte einer umfassenden Ausweitung, Vermischung, Integration und Wandelbarkeit unterliegen; Kompetenzmanagement auf Seiten der Lernenden tritt an die Stelle von Wissensanreicherung. Dabei ist auch bewältigt, daß sowohl Wissensverfall wie auch Wissensexplosion zu einer erschwerten Bestimmbarkeit „richtigen“ und „ausreichenden“ Wissens führen.

Lerntechnologie

Die Lerntechnologie findet sich in der konservativen Variante des Lernarrangements eher als Randerscheinung, so werden punktuell CBT-Programme genutzt, die aber im wesentlichen „elektronischen Büchern“ entsprechen bzw. deren Erweiterung in der Animation und Präsentation liegt; hier spielt auch eine Rolle, welche Möglichkeiten sich durch die Hardwareausstattung und die Netzwerkanbindung ergeben. Mangelnde Attraktivität und Integration hemmen die Verbreitung der netzgestützten Lernformen. In der innovativen Variante werden dagegen vorhandene Basistechnologien auch für den Einsatz von Lernprozessen genutzt; insbesondere werden Arbeitsanforderungen bei Technologien so gewandelt, daß Lernerfordernisse entstehen, die dann wiederum durch integrierte Lerntechnologien zu bedienen sind. Durch Einsatz einer offenen multimedialen Lernumgebung soll der Lernende entsprechend seinen Anforderungen unterstützt werden. Dabei bieten multimediale, dynamische Dokumente (Geräusche, Sprache, Animation, Simulation, Video) im Vergleich zu herkömmlichen statischen Lernmaterialen (Texte, Daten, Grafiken, Bilder) den Vorteil größerer Anschaulichkeit. Videoeinspielungen, Bildsequenzen und Animationen helfen den Nutzern, Systemzustände zutreffender einschätzen und Handlungssequenzen besser nachvollziehen zu können (echte Interaktivität!).

Lernmaterialien

Die Lernmaterialien können flexibler eingesetzt, auf die spezifischen Bedürfnisse optimal zugeschnitten und leichter modifiziert und erweitert werden, als im Falle traditioneller Handbücher und Seminarunterlagen. Multimediaanwendungen bieten vielfältige Möglichkeiten, die Teilnehmer externer Seminare zu befähigen, dieses Wissen ihren Anforderungen entsprechend gestalten, erweitern und im Betrieb weitergeben zu können. Durch die Realisierung eines multimedialen Unterstützungssystems zum Produkt- und Know-how-Transfer wird sowohl den

Herstellern als auch den Kunden die Möglichkeit gegeben, sich aktiv mit dem Lernprozeß auseinanderzusetzen und diesen für ihre Anforderungen spezifisch zu gestalten. In der visionären Variante sind netzgestützte Lernformen bereits in Basistechnologien enthalten, ohne daß diese jeweils als solche abgrenzbar sind; zudem lernen Technologien selbst und sind Lerninstrumente in Technologien durch Lerner mitgestaltbar. Es wird sich also voraussichtlich eine technologische Verkoppelung von Lern- und Arbeitsanwendungen entwickeln.

Vernetzung

Die Vernetzung ist ein Element der Lernarrangements mit stark zunehmender Bedeutung. Bereits in der konservativen Variante findet sich eine grundlegende Vernetzung im Unternehmen für Rechnungswesen, Betriebsdatenerfassung, CAD-CAM-Kopplung sowie auf den Ebenen der Textdatenübertragung, zudem sind Fax und Telefon vorzufinden; eine Lernvernetzung ist zumeist nicht vorhanden; der Einstieg in Branchennetzwerke ist allerdings angegangen, so innerhalb von Zuliefererketten, markengebundenen Kfz-Servicedienstleistern, aber auch Bildungsdienstleistern. In der innovativen Variante enthalten Lernarrangements Pakete unterschiedlicher Inputgeber, aus denen sich die Lernenden unter anderem im Netz Anteile entnehmen und selber zusammenstellen können; die Nutzung des Netzes ist allerdings durch dessen Reifegrad eingeschränkt, insbesondere noch nicht flächendeckende Bedienung und Langsamkeit. In der visionären Variante führt die intensive Vernetzung zu Abgrenzungs- und Überforderungsproblematiken, innerhalb eines explodierenden Angebotes im Rahmen umfassender multimedialer Vernetzung müssen gezielte Selbstregulationen greifen. Die Perspektive der Vernetzung ist auf der einen Seite die der „unbegrenzten Möglichkeiten“, auf der anderen

Seite die der „Überhitzung“ und daraus folgenden ablehnenden Haltung und Vermeidung durch den Nutzer.

Lernmethoden

Bei den im Lernarrangement eingesetzten Lernmethoden kann bereits heute auf ein vielfältig vorhandenes, nicht nur lerntechnologisches Instrumentarium zurückgegriffen werden. Dieser Zugriff findet allerdings eher verhalten statt. So zeigt sich in der konservativen Variante weiterhin die Situation, in der der Trainer lehrt, den Lernenden das Wissen vermittelt, über welches der Trainer verfügt; dabei werden neben direktiven (Frontalunterricht) und rezipierenden (Lesen) Methoden auch Selbstlernmethoden (und hierbei die vorhandenen netzgestützten Lernformen) praktiziert. Die innovative Variante ist dadurch gekennzeichnet, daß ein eklektisch zusammengesetztes Methodenmix eingesetzt wird. Effektivität ist dabei ein herausragendes Kriterium, netzgestützte Lernformen kommen zur Anwendung, wenn sie schnelleres und intensiveres Lernen bei mehr Personen versprechen. Da die Lernenden Methodenlaien sind, erfolgt der Einsatz der Methoden trainergesteuert. In der visionären Variante wird innerhalb nutzerdefinierter vollständiger Lernarrangements ein Set passender Methoden angeboten, aus dem der Lernende bzw. die Lernergruppe auswählen kann; Lernende sind zunehmend lernmethodenkompetente Kunden, die sich frei in einem Produktspektrum von Lernangeboten bewegen.

Kosten eines Lernarrangements

Die Berechnung der Kosten eines Lernarrangements wird sich verändern. Die konservative Variante ist vorwiegend dadurch geprägt, daß Kosten für Berufsbildung separiert ausgewiesen werden: zeitlich und formell abgegrenzte Prozesse werden als „Lernen“ gekennzeichnet und finanziert. Bereits deutlich ist allerdings die unklare Bewertung des „learning by doing“, welches als Lernen in der Arbeit angesehen wird und vermehrt Anwendung findet. Dabei handelt es sich nicht mehr nur um rein pragmatisches Einarbeiten, Nachmachen, „Durchwursteln“ oder Abgucken, sondern um konzipiert arbeitsnahe Orientierung des Lernens. Die innovative Variante ist dadurch geprägt, daß Kosten für unmittelbar als solche definierte Berufsbildung eher gedrückt werden, gleichzeitig jedoch die zeitlichen Anteile des Lernens in der Arbeit und die Investitionen für indirektes, nicht explizit als solches ausgewiesenes Lernen steigen. Durch die Veränderung der Arbeitsanforderungen nehmen die Lernbedarfe zu, deren Bedienung erfolgt jedoch nur eingeschränkt mittels konventionellen Lernens etwa in Kursen und Seminaren. Hier entstehen vielmehr Zugangschancen für netzgestützte Lernformen. Die visionäre Variante weist dann Kosten für Lernen als überwiegend nicht mehr abgrenzbar aus, da sie in Arbeitsleistungen unmittelbar eingebunden sind; abgrenzbare Lernaktivitäten erhalten einen Sonderstatus unterhalb des derzeitigen Niveaus.

Kombiation unterschiedlicher Lernorte

Die gezieltere Kombination unterschiedlicher Lernorte innerhalb des Lernarrangements markiert einen allgemeinen Trend. Von wesentlicher Bedeutung ist dabei die derzeit stattfindende Umstrukturierung bezogen auf die extern „gekauften“ und extern stattfindenden, die extern „gekauften“ und intern stattfindenden, die intern geplanten und intern stattfindenden und die dauerhaft informell stattfindenden Maßnahmen. Während der Ort der formellen beruflichen Bildung ebenso wie der Trainer früher ein wenig beweglicher Faktor war, gilt heute die Überlegung „selbermachen oder zukaufen“, „vor Ort kommen“ oder „in Klausur gehen“ als Grundbestandteil jeder Lernplanung. Dabei läßt sich aus einem Angebotspool immer freier kombinieren, zumal verschiedenartige Angebote da sind. Der entsprechende Druck für die Anbieter ist auch dadurch gewachsen, daß netzgestützte Lernformen sich arbeitsnah einsetzen lassen und die Unabhängigkeit von stationären Bildungseinrichtungen erweitern.

So enthält die konservative Variante der Lernortnutzung noch das weitgehend unabhängig voneinander Wirken der Lernorte Betrieb und Bildungseinrichtung; Teilnehmer werden zu externen Veranstaltungen geschickt; die dortigen Trainer kennen die spezifische betriebliche Situation kaum. Auch die netzgestützten Lernformen sind für weitgehend anonyme Lerner geschaffen, selbst die konzipierte Einbettung in Lernortarrangements steht noch in den Anfängen. In einer innovativen Variante werden die Lernorte miteinander abgestimmt. Je nach Effektivität werden die Orte Betrieb, Bildungseinrichtung und Privatbereich für gemeinsame Lernprozesse genutzt. Die visionäre Variante findet die Lernorte häufiger durch den Lerner bzw. den Lernexperten flexibel wählbar, zumal eine intensivere Verbindung zwischen Lernenden über Netz möglich ist. Örtliches Zusammenkommen wird nur dann arrangiert, wenn es dem Lernprozeß förderlich ist.

Laufbahnperspektiven

Die Öffnung der den individuellen Lernern zugänglichen Laufbahnperspektiven und Lernpfade ist eine implizite Anforderung des erweiterten Lernens im Erwachsenenalter und der umfassenderen Nutzung der Lernpotentiale im gesamten Erwerbsleben. Die konservative Variante des Lernarrangements ist für die Personen durch frühzeitige Entscheidungen hinsichtlich einer Laufbahnrichtung gekennzeichnet, nur unter größerem Aufwand und häufig bei Aufgabe der Vorqualifikation können einmal eingeschlagene Wege verändert werden. Laufbahnpfade sind vorbestimmt und begrenzt, für Entwicklungspositionen – und mit diesen sind in der konservativen Variante meist Aufstiegspositionen verbunden – sind vorzuweisende Abschlüsse obligat und zwingend, deren Erreichung bis zu einem gewissen Alter erfolgen muß, da ansonsten Chancen auf ihre Nutzung verfallen. Die innovative Variante enthält sich öffnende betriebliche Laufbahnen. Formale, selbstgängige, starre Laufbahnen sind häufiger in Frage gestellt; dabei werden bestimmte formale Qualifikationen obligat, bewirken jedoch keine Ansprüche auf entsprechende dauerhafte Position im Betrieb. Erwerbsbiographien zeigen vermehrt auch Querveränderungen ohne hierarchischen Aufstieg. In der visionären Variante werden Lernpfade grundlegend geöffnet, das heißt die langfristige Bindung eines einmal eingeschlagenen Berufsweges wird aufgehoben; durch Lernen und durch Wandel der betrieblichen Realität werden offene Laufbahnpfade angelegt.

Verbreitung von Lernarrangements

Die Verbreitung von Lernarrangements heutiger Prägung ist gekennzeichnet durch eine Präferierung bereits qualifizierter und anspruchsvoll eingesetzter Personen: je besser die berufliche Qualifikation und je besser die erreichte Position, desto intensiver die Beteiligung am Lernen. So zeigt die konservative Variante der Lernarrangements den Bezug auf aktive und interessierte Gruppen; diese werden intensiver umworben und nutzen Angebote umfassender. Die im Rahmen des Einsatzes von Lerntechnologien erfolgende Verbreitungscharakteristik, die eine Verbindung mit der Nutzung von IuK-Technologien beinhaltet, bewirkt möglicherweise eine gewandelte Beteiligung an Lernprozessen. Allerdings ist anzunehmen, daß eine innovative Variante des Lernarrangements sich mehr und mehr auf die im Betrieb Beschäftigten konzentriert, ggf. auch auf diejenigen, die nur mittelbar an einen Betrieb angebunden sind. Nicht mehr in Betrieben Beschäftigte drohen aus der Verbreitungsrichtung herauszufallen. Die visionäre Variante zeigt, daß weitgehend alle Wirtschaftssektoren und – innerhalb der Betriebe – alle Personen in die Lernarrangements eingebunden sind (bzw. sein können); für andere Personen müssen Zugangswege entwickelt werden.

FAZIT

Bisher werden Netzdienste in der Aus- und Weiterbildung nur nachrangig genutzt. Viele der Hemmschwellen können durch gezielte Information abgebaut werden. Ausbildende Unternehmen, d. h. insbesondere die Ausbildungsverantwortlichen selbst, brauchen Wissen darüber, welche Möglichkeiten Intra-, Extra- und Internet überhaupt eröffnen. Vorurteile, wie z. B. die fehlende direkte Interaktion (die z. B. bei Medien wie Telefon und Fax, die vor wenigen Jahren noch als innovativ galten, auch fehlen) können entkräftet werden, indem Möglichkeiten zum Ausprobieren geboten werden. Das Argument der hohen Kosten kann mit der zu erwartenden Kostenersparnis kontrastiert werden. Während die technischen Möglichkeiten inzwischen durchaus ausgereift genug für eine breite Anwendung sind, liegen die Hindernisse vor allem in den nicht vorhandenen oder nicht ausreichenden Kenntnissen der Entscheidungsträger. Deshalb muß umfassende Information und Schulung der relevanten Personenkreise an erster Stelle stehen, wenn Bildungsdienste im Netz gewinnbringend etabliert werden sollen.

Literatur

Arnold R, Lipsmeier A (Hrsg) (1995) Handbuch der Berufsbildung. Leske & Budrich, Opladen

Dehnbostel P, Holz H, Novak H (Hrsg) (1992) Lernen für die Zukunft durch verstärktes Lernen am Arbeitsplatz. Bundesinstitut für Berufsbildung, Berlin

Greif S, Kurtz H-J (Hrsg.) Handbuch selbstorganisiertes Lernen

Senge PM (1990) Die fünfte Disziplin. Klett-Cotta, New York, S 75–87, 449–454

Severing E (1994) Arbeitsplatznahe Weiterbildung: betriebspädagogische Konzepte und betriebliche Umsetzungsstrategien. Luchterhand Verlag, Neuwied, S 214–229

Visionäre Aspekte: Internet-Communities als Geschäftsmodell

10 ▮ 07

Hans-Jörg Bullinger, Joachim Niemeier

INHALTSÜBERBLICK

Aufbauend auf dem Überblick über die Entwicklung des Internets im geschäftlichen Bereich werden die Potentiale von Internet-Communities für Unternehmen dargestellt. Der Beitrag umfaßt die Voraussetzungen sowie die Entstehungsstufen von Communities und zeigt deren Einordnung in die Gebiete Wissensmanagement und Electronic Commerce auf.

Die Entwicklung des Internet im geschäftlichen Bereich

10 ▮ 07 | 01

Entwicklung des Internet

Das Internet ist zur mächtigsten Triebkraft für Innovationen in der heutigen Zeit geworden. Dennoch ist das Internet keine Erfindung der 90er Jahre, viele Ideen und Ansätze zum Internet gehen bis in die späten 60er Jahre zurück. In der jüngeren Zeit zeigt die Entwicklung des Internet eine hohe Dynamik. Das Jahr 1989 gilt als das Jahr der Erfindung des World Wide Web, mit der Tim Berners-Lee das akademische „schwarze Brett" in ein Medium verwandelte, das die Darstellung von multimedialen Inhalten und eine Interaktion auf Basis von Hypertextstrukturen ermöglicht. 1991 wurden von Berners-Lee die drei das World Wide Web tragenden Software-Module auf dem Internet zur Verfügung gestellt: HTML für die Erzeugung und die Formatierung von Dokumenten, URL-Adressierung zum Finden von Dokumenten und HTTP zum Transport von Dokumenten zwischen unterschiedlichen Typen von Computern und Netzwerken. Die Erfindung von Mosaic, einem multimedialen Web-Browser, im Jahr 1993 durch Marc Andreessen setzte den Startpunkt

10

für eine exponentielle Verbreitung des Internet und seiner Nutzung und bildete die Basis für die Gründung des Unternehmens Netscape.

Viele Unternehmungen sind aktuell dabei, das große Potential der Internet-Technologien zu entdecken und für ihre geschäftlichen Aktivitäten nutzbar zu machen. Die Transformation der Unternehmen unter dem Einfluß des Internet ist heute in Bereichen wie dem Einkauf, dem Marketing, dem Verkauf und dem Kundenmanagement zu beobachten (Fetterman 1997), aber auch in der Art und Weise, wie Unternehmen miteinander und mit ihren Mitarbeitern in Intranets und Extranets kommunizieren (Hinrichs 1997). Unter dem Einfluß des Internet ändern sich Branchenstrukturen und es entstehen eine Vielzahl von neuen Unternehmen mit innovativen Strukturen und Prozessen, deren Geschäftsmodelle auf der Nutzbarmachung des Internet beruhen.

Entstehung virtueller Gemeinschaften

Obwohl das Internet durch seine Entstehungsgeschichte in der Gesamtheit nicht top-down geplant wurde und daher als chaotisch und teilweise auch anarchistisch gilt, machen sich Unternehmen zunehmend die Eigenschaft des World Wide Web als universell zugreifbaren Informationsraum nutzbar. Konkrete Ausprägungen reichen von Web-Seiten mit Unternehmens- und Produktpräsentationen bis hin zu Electronic-Commerce-Angeboten. Eine zweite von Berners-Lee angestrebte Eigenschaft des World Wide Web war es, die Kooperation von räumlich weit verteilten Mitgliedern zu ermöglichen. Diese Form der Kooperation im Cyberspace wird nun in Form von virtuellen Gemeinschaften oder Tele-Communities entdeckt und stellt die jüngste Form der Re-Definition in der Nutzung des Internet dar. Standen bislang aus geschäftlicher Perspektive vor allem die Potentiale der Digitalisierung bestehender Geschäftsprozesse und deren Neugestaltung unter Nutzung von Internet-Technologien im Mittelpunkt des Interesses, so zeigt die Diskussion um virtuelle Gemeinschaften das zunehmende Interesse an sich selbst organisierenden Gemeinschaften mit gleichgerichteten Interessen auf Basis des Internet.

Die Kolonialisierung des Cyberspace ist in Etappen erfolgt. Das Konzept „Cyberspace“ wurde von William Gibson (Gibson 1984) im Jahr 1984 seinem Science-Fiction-Buch „Neuromancer“ zugrunde gelegt. In dieser Vision leben Menschen in der virtuellen Realität in einer computererzeugten, dreidimensionalen Welt. Für viele Leser symbolisiert das Buch die Gefahren der elektronischen Kommunikation, die Isolation und die Unmenschlichkeit. Der gesellschaftliche Umgang wird auf das soziale Leben in Chat-Rooms im Internet reduziert.

Als erster Ansatz für eine konkrete virtuelle Gemeinschaft gilt die Gründung von „The Well“ im Jahre 1985 in Sausalito, Kalifornien, durch Stewart Brand und einer kleinen Gruppe von High-Tech-Visionären. Dabei stand damals weniger eine kommerzielle Aktivität im Vordergrund als ein soziales Experiment. Keimzelle von „The Well“ war eine sorgfältig ausgewählte Gruppe von Hackern und Journalisten, die einen freien Zugang erhielten. Die Erwartung war, daß durch ihre qualitativ hochwertigen Beiträge in den Foren andere Mitglieder akquiriert werden konnten. Die Kommunikation der Mitglieder untereinander selbst stellt ein Produkt dar („Member Generated Content“). „The Well“ umfaßt zwischenzeitlich eine Gemeinschaft von 10 000 Mitgliedern, die in Diskussionsgruppen miteinander über 260 verschiedene Themenfelder kommunizieren (www.thewell.com). Die Ergebnisse dieses Experiments gingen in die Gestaltung von Online-Diensten wie AOL ein.

Virtual Communities auf Basis gemeinsamer Interessen

Howard Rheingold prägte im Jahr 1993 den Begriff „Virtual Community“ für eine Form der elektronischen Kommunikation, die auf gemeinsamen Interessen beruht (Rheingold 1993). Nur bei einem gemeinsamen Interesse entsteht eine dauerhafte Gemeinschaft. Gemeinsame Interessen können auf Arbeit, dem sozialen oder dem kulturellen Interesse beruhen. Das Internet wird so zu einem sozialen Netzwerk, das die Menschen miteinander verbindet und es entwickelt sich eine Zusammengehörigkeit und Verbundenheit.

Im Jahr 1996 stellte ein Team von McKinsey-Mitarbeitern bei der Untersuchung der Erfolgsfaktoren eines Online-Dienstes fest, daß nicht die angebotenen Inhalte (Nachrichten, Sport, ausgewählte Informationen usw.) entscheidend für die Mitglieder waren, sondern die Möglichkeit der Kommunikation untereinander (Hagel et al. 1996). In diesen Netzgemeinschaften werden daher Chancen zur Kommunikation und Kooperation vermutet, die in der „realen“ Welt nicht möglich sind. Neue Formen der Kommunikation verändern die Art des Kontaktes, die Vielzahl an Möglichkeiten zur Kommunikation wird erhöht.

In dem White Paper „Vom Chat zur Zivilisation“ beschreibt Rockwell (1997) Weiterentwicklungsmöglichkeiten vom „kargen Text-Chat“ der Online-Dienste zu dreidimensionalen, ineinander verflochtenen Szenen im Internet. Die Stufen der Evolution digitaler Gemeinschaften sind ausgehend von einer Web-Seite (vgl. Abb. 1):

- Digital Crowds

  Eher zufällige Menschenansammlungen, die man in diversen Online-Foren, Newsgroups und anderen Chat-Diensten trifft.
- Digital Community (Ortschaft, Gemeinschaft)

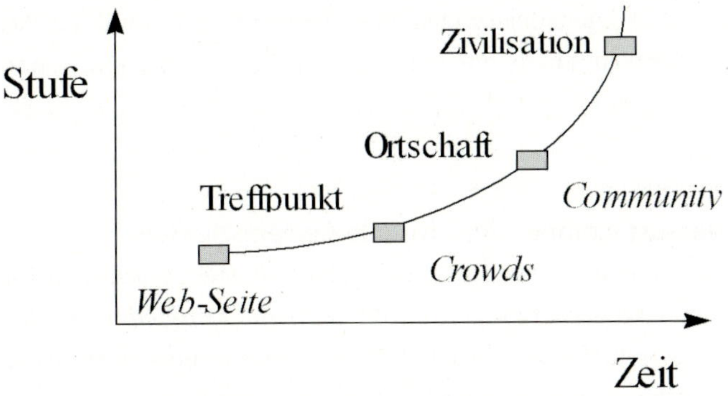

Abb. 1: Die Evolution digitaler Gemeinschaften (Rockwell 1997)

Dauerhafter Ort mit identifizierbaren Teilnehmern, die das Netz als ihr persönliches Eigentum ansehen und aufeinander abgestimmte, gesellschaftliche Rollen übernehmen.

- Digitale Zivilisation
  Verknüpfung von mehreren Communities, basierend auf dem angesammelten Wissen und den Erfahrungen aller Mitwirkenden.

Mit dem Buch „Net Gain" von Hagel u. Armstrong (1997) wurde dann erstmals breiter das Thema der virtuellen Gemeinschaft auch unter geschäftlichen Aspekten diskutiert.

! Unter virtueller Gemeinschaft wird ein elektronischer Treffpunkt verstanden, der dazu dient, Informationsressourcen zu teilen, Transaktionen durchzuführen und miteinander zu kommunizieren. Diese Formen der virtuellen Gemeinschaft haben einen wirtschaftlichen Hintergrund: Teilnehmer versorgen sich selbst und andere mit Informationen rund um die Produkte

10

und Dienstleistungen des Unternehmens und für das Unternehmen entsteht eine Quelle für Interessen und Ideen.

10 ▮ 07 | 02 Voraussetzungen für virtuelle Gemeinschaften

Bevor eine virtuelle Gemeinschaft entstehen kann, müssen 3 Voraussetzungen erfüllt sein: Die Mitglieder müssen eine gemeinsame Interessenlage haben, eine technische Plattform muß zur Verfügung stehen und ein dauerhafter Nutzen für die Mitglieder muß erkennbar sein.

Die *gemeinsame Interessenlage* ergibt sich auf Basis einer Gruppe von Mitgliedern, die in einer eher informellen Art gemeinsam an einem Problem arbeiten oder ein Ziel verfolgen („Community-of-Practice"). Die Mitglieder müssen nicht notwendigerweise als Team, Task Force oder ähnliches autorisiert sein. Virtuelle Gemeinschaften unterscheiden sich von reinen Online-Diensten durch eine professionelle Gemeinsamkeit. Mögliche Zielgruppen für virtuelle Gemeinschaften in dieser Prägung sind (Heyer 1997):

Zielgruppen für virtuelle Gemeinschaften

- eine organisierte Gruppe von Individuen, wie ein Berufsverband oder ein Klub,
- eine Unternehmung oder eine Gruppe von Unternehmungen unter Einbeziehung der Kunden,
- Konsumenten oder geschäftliche Kunden mit einem bestimmten Interessengebiet, wie z.B. Sport, Medizin oder Computer,
- Mitglieder einer physikalischen Gemeinschaft, wie eine Stadt oder eine Region.

Die *technische Plattform* darf vorrangig nicht darauf abzielen, Informationen zu präsentieren, einen Geschäftsablauf zu rationalisieren oder die individuelle Produktivität zu steuern, sondern muß Menschen zusammenbringen. Dazu sind Software-Module erforderlich, die die Kommunikation und Kooperation unterstützen (E-Mail, Bulletin Boards, Diskussionsgruppen, Chats, Telefonie). Im geschäftlichen Umfeld kommen Anforderungen wie Sicherheit, Rollenkonzepte, Berechtigungen und Regelwerke hinzu. Agententechnologien ermöglichen die Individualisierung. Weitere Anforderungen sind Transaktions- und Bezahlungstechnologien sowie Auswertungsmöglichkeiten auf Basis der Interaktionen.

Nutzen virtueller Gemeinschaften

Der *dauerhafte Nutzen* einer virtuellen Gemeinschaft ergibt sich nicht so sehr aus den Inhalten („Content"), sondern den teilnehmenden Menschen. Online-Dienste bieten in Ergänzung („Add-On") zu den Inhalten in der Regel eine Reihe von Services wie themenzentrierte Foren (moderiert, unmoderiert) und Interaktionsmöglichkeiten mit anderen Teilnehmern (Chat-Lines) oder Experten und Prominenten an. Obwohl diese Dienste die Kommunikation und den Dialog mit und zwischen den Nutzern unterstützen, geht es aus der Perspektive der Anbieter um eine Differenzierungsmöglichkeit für das Massenprodukt Online-Dienst und die Generierung von zusätzlichem Kommunikationsaufkommen. Ähnlich wie beim Telefonieren wird vom Diensteanbieter nur der Kanal, nicht aber der Inhalt, angeboten. Daher kann hier nur von einer Vorstufe einer virtuellen Gemeinschaft gesprochen werden. In virtuellen Gemeinschaften entsteht der Inhalt aus den Beiträgen der Teilnehmer und ist entscheidend, ob eine Web-Seite besucht wird. Die Gemeinschaft ist aber entscheidend, ob die Interessenten zur Web-Seite zurückkommen und Mitglied werden. Die virtuelle Gemeinschaft wird zum Ort der sozialen Begegnung und ist in ihrer Attraktion mit einer Shopping-Mall oder einem modernen Kino- und Musical-Center vergleichbar.

10 | 07 | 03 Entstehungsstufen von virtuellen Gemeinschaften

Virtuelle Gemeinschaften werden durch die Zugehörigkeit ihrer Mitglieder etabliert, haben einen sozialen Hintergrund, werden durch Events interessant gemacht und haben häufig einen geschäftlichen Hintergrund.

Eine „Virtual Business Community“ ist eine Dienstleistungsangebot, das sowohl Inhalte für die avisierte professionelle Zielgruppe bereitstellt als auch Online-Interaktionen und -Transaktionen zwischen den Mitgliedern ermöglicht. In der Regel ist eine formelle Registrierung für die Teilnehmer an geschäftlichen Gemeinschaften erforderlich.

Nach Hagel u. Armstrong (1997) können virtuelle Gemeinschaften nach folgenden Stufen entstehen:

Entstehungsstufen virtueller Gemeinschaften

- Stufe 1: Interessenten anziehen
  In der ersten Stufe ist es wichtig, daß eine möglichst große Anzahl von Interessenten als potentielle Mitglieder an den Produkten, Dienstleistungen und Inhalten der virtuellen Gemeinschaft interessiert ist. Um Mitglieder anzulocken, muß die virtuelle Gemeinschaft bekannt gemacht werden, der Inhalt und die Nutzungsbedingungen müssen attraktiv sein. Ein wichtiges Marketinginstrument in dieser Phase ist die Mund-zu-Mund-Propaganda. Es gilt, Aufmerksamkeit zu schaffen und das Verkehrsaufkommen zu steigern.
- Stufe 2: Teilnahme fördern
  Nachdem das Interesse an einer virtuellen Gemeinschaft geweckt ist, gilt es nun, die Teilnahme zu fördern. Die Interessenten müssen dazu über eine längere Zeit durch ihr Interesse gebunden werden. Dies

kann durch eine kontinuierliche Erweiterung der Inhalte, durch Editoren oder durch die Mitglieder selbst geschehen oder durch interessante Events. Für die Mitglieder spielen dabei nicht nur die Inhalte, sondern auch die Möglichkeiten zum Interessenaustausch eine Rolle. In dieser Stufe müssen die Mitglieder einen dauerhaften Nutzen erkennen. Es findet ein Konzentrationsprozeß statt, da nicht alle Mitglieder auf Basis ihrer Interessenlage bei der virtuellen Gemeinschaft bleiben.

- Stufe 3: Loyalität schaffen
  Durch die Beobachtung der Interessenschwerpunkte und Auswertung der Kommunikation der Mitglieder kann die Gemeinschaft gezielt ausgebaut werden, es entsteht eine engere Kundenbindung. Es gilt, die Wiederkehr zu sichern. Der rege Austausch mit den Kunden fördert die Loyalität der Kunden. In dieser Stufe ist zunehmend eine kundenorientierte Individualisierung der Angebote möglich. Dadurch entstehen Austrittsbarrieren, das Verkehrsaufkommen wird dauerhaft gebunden.
- Stufe 4: Wertschöpfungsbasis herausarbeiten
  Durch das Anbieten einer gut funktionierenden virtuellen Gemeinschaft wird insbesondere bei Gemeinschaften mit einem kommerziellen Fokus das Image des Unternehmens gesteigert. Für das Unternehmen entstehen durch die Diskussion in der Gemeinschaft wertvolle Informationen. Dies kann soweit gehen, daß Mitglieder der Gemeinschaft selbst Probleme im Umgang mit den Produkten lösen, was insbesondere für den Bereich der Software gilt. Durch den Ausbau der virtuellen Gemeinschaft entsteht bei Gemeinschaften mit einem kommerziellen Fokus eine qualifizierte

Kundengruppe, die für Transaktionen oder auch für gezielte Werbung genutzt werden kann. In dieser Phase steht die Refinanzierung der virtuellen Gemeinschaft im Vordergrund. Das kann durch die Abrechnung von Online-Zeit, Sponsoring, Werbeeinnahmen, Nutzungsgebühren für Dienste und Inhalte oder Transaktionsgebühren geschehen.

Die Formen der Refinanzierung sind vor allem für Dienste- und Content-Anbieter geeignet. Dabei ist von einem längeren Zeitraum auszugehen, bis eine virtuelle Gemeinschaft auch kommerziell selbsttragend wird. Im geschäftlichen Umfeld kann darüber hinaus eine virtuelle Gemeinschaft auch als Element einer Electronic-Commerce-Strategie oder im Bereich des Wissensmanagements genutzt werden.

10 ■ 07 | 04 Virtuelle Gemeinschaften als Element einer Electronic-Commerce-Strategie: Kundenorientierung anstelle Produktorientierung

Eine Electronic-Commerce-Strategie basiert auf Geschäftsmodellen, die die Ziele der geschäftlichen Aktivitäten, das Angebot an Produkten, Informationen und Dienstleistungen sowie die zugrundeliegenden Geschäftsprozesse beschreiben. Virtuelle Gemeinschaften werden zunehmend ein Element einer Electronic-Commerce-Strategie und spielen eine Rolle, wenn es darum geht, den Kunden in die Unternehmensaktivitäten einzubeziehen. Nach Peppers u. Rogers (1997) entsteht zwischen dem Kunden und dem Unternehmen eine enge „Learning Relationship". Die „lernende Beziehung" zwischen dem Kunden und dem Unternehmen wird mit jeder individuellen Interaktion und jeder Rückkoppelung intelligenter. Das Unternehmen lernt vom Kunden und kann sich auf den Kunden einstellen und ihm maßgeschneiderte Leistungen anbieten. Der Kunde entwickelt eine hohe Loyalität zum Unternehmen, da er bei einem Wechsel als erstes dem Wettbewerber sein Kundenprofil beibringen muß. Aus dieser Perspektive sind virtuelle Gemeinschaften ein Instrument zur Kundenorientierung und zur Kundenbindung.

Virtuelle Gemeinschaften können auch mehrere Unternehmen umfassen und als Anbieter- oder als Lieferanten-Gemeinschaften auftreten. Anbieter-Gemeinschaften führen potentielle Käufer zu einem Forum, bei dem häufig auch Konkurrenten gemeinsam ihre Produkte und Dienstleistungen anbieten. Ziel ist die Schaffung eines Marktplatzes, der für die Nachfrager kostenfrei ist und durch die Anbieter finanziert wird.

Lieferanten-Communities führen aktuelle und potentielle Lieferanten mit einem Nachfrager zusammen. Der Betreiber ist meist ein großer Nachfrager, der als Ziel eine Kostenreduktion und die Nutzbarmachung strategischer Vorteile im Einkaufsprozeß verfolgt. In Lieferanten-Communities kann auch die partnerschaftliche Zusammenarbeit zwischen einzelnen Lieferanten gefördert werden. Damit entstehen neue Geschäftsprozesse im Internet.

Virtuelle Gemeinschaften als Element des Wissensmanagements: Steigerung des kollektiven Wissens

10 ▮ 07 | 05

Ein weiteres breites Anwendungsfeld für virtuelle Gemeinschaften sind Intranet-Lösungen, die individuelle geschäftliche Nutzer zum Austausch von Informationen in professionellen Foren zusammenführen. Zwar sind heute viele Intranets in den Unternehmen noch einfache Präsentationswerkzeuge auf Basis von wenigen Web-Seiten, sog. „Basic Intranets“. Der Trend geht aber hin zu „Publishing Libraries“ mit vielfältigen Online-Informationsressourcen zum Abruf und zu einem „Collaboration Internet“, das die Zusammenarbeit unterstützt und Basis für das Wissensmanagement ist (Hinrichs 1997). Erste Beispiele für virtuelle Gemeinschaften zur Unterstützung des Wissensmanagements findet man bei den Intranet-Lösungen von großen Unternehmensberatungen, die den Austausch von Ideen ebenso unterstützen wie die Einstellung und den Zugriff auf Praxisbeispiele, Vorgehensweisen und Hintergrundwissen.

Professionelle Foren können auch unternehmensübergreifend entstehen, falls ein Akteur (Verband, Kammer, führendes Unternehmen) die Initiative ergreift und ein geeignetes Geschäftsmodell (Werbung, Premium-Dienstleistungen) entwickelt.

10 ▮ 07 | 06 Ausblick

Die Kommerzialisierung des Internet hat erst begonnen. Im Augenblick dominieren noch einfache Web-Seiten. Marktplätze für Produkte, Dienstleistungen und Wissen sind in vielen Unternehmen noch Visionen. Es ist aber erkennbar, daß in diesem Umfeld virtuelle Gemeinschaften eine wichtige Rolle spielen werden. Es gibt noch eine Reihe von Hürden, die es zu überwinden gilt. Ohne geeignete Bandbreiten und Dienstqualitäten werden Unternehmen nicht in diese Lösungen investieren. Softwarelösungen in dem Bereich der Kommunikation und Kooperation über das Internet sind noch ein Forschungsthema. Unternehmen, die in virtuelle Gemeinschaften investieren, müssen von einer Lernphase ausgehen, in der Anlaufverluste entstehen können. Und nicht zuletzt ist eine kulturelle Barriere erkennbar: Sind die Mitarbeiter und

Konsumenten bereit, ihre Bedürfnisse und ihr Wissen einem anonymen Medium anzuvertrauen?

Literatur

Gibson W (1984) Neuromancer. New York

Fetterman R (1997) The Interactive Cooperation: Using Interactive Media and Intranets to Enhance Business Performance. New York u. a.

Hagel J, Armstrong AG (1997) Net Gain: Expanding Markets through Virtual Communities. Boston

Hagel J, Bergsman EE, Dheer S (1996) Placing Your Bets on Electronic Networks. In: McKinsey Quarterly 2

Heyer M (1997) The Rise of Telecommunities. Arbeitspapier des Standford World Internet Center. Stanford, p 5

Hinrichs R J (1997) Intranets. What's the Bottom Line? Mountain View

Peppers D, Rogers M (1997) Enterprises One to One: Tools for Competing the Interactive Age. New York, pp 15 ff

Rheingold H (1993) The Virtual Community: Homesteading on the Electronic Frontier. Reading

Rockwell R (1997) Vom Chat zur Zivilisation: Die Evolution digitaler Gemeinschaften. White Paper. München

Neue Technologien 11

Teil 11 ▮ Neue Technologien

Inhalt

11 ▮ 01 ISDN

Guido Gluschke

01 | 01 Allgemeines

01 | 02 Was ist ISDN?

01 | 03 Anschlußarten

01 | 04 Vorteile von ISDN bei der Datenübermittlung

11 ▮ 02 Sprach-/und Datenkommunikation

02 | 01 xDSL-Techniken

Gerd Siegmund

11 ▮ 03 Multimedia

Joachim Niemeier

03 | 01 Multimedia als Basis der digitalen Welt

03 | 02 Entstehung einer Inhalte-Branche

03 | 03 Eigenschaften von Multimedia-Business-Anwendungen

03 | 04 Das Internet als Basis für Multimedia

03 | 05 Zusammenfassung

11 ▮ 04 Hardwaregrundlagen und Entwicklungstrends

04 | 01 Aktuelle IuK-Technologien

Timo Baumann

11 ▮ 05 Software-Grundlagen und Entwicklungstrends

Paulette Feller

05 | 01 Überblick

05 | 02 Beurteilungskriterien

11

05 | 03 UNIX
05 | 04 Novell NetWare
05 | 05 Windows NT
05 | 06 Bewertung
05 | 07 Entwicklungstrends

11 ▮ 06 Mobile Kommunikation
Detlef Klostermann
06 | 01 Einleitung
06 | 02 Terrestrische Mobilfunknetze
06 | 03 Satellitengestützte Mobilfunknetze
06 | 04 Ausblick: Mobile Kommunikation

11 ▮ 07 Mobile Computing: Grundlagen
Detlef Klostermann
07 | 01 Einleitung
07 | 02 Allgemeines zu FunkLAN
07 | 03 Einsatzbeispiele für FunkLAN
07 | 04 Ausblick: Mobile Computing

11 ▮ 09 Digitales und interaktives Fernsehen
Johannes E. Dürr
09 | 01 Vorbemerkung
09 | 02 Digitales und interaktives Fernsehen ist voller Möglichkeiten
09 | 03 Die Symbiose des Mediums Business-TV
09 | 04 Fazit

11 ▮ 10 Electronic Data Interchange
11 | 01 Kooperation durch Kommunikation per EDI
Andreas Ehli

11 ▮ 11 Videoconferencing
Uwe Peters
11 | 01 Einleitung
11 | 02 Anwendungen: ISDN war der Katalysator – jetzt folgt IP
11 | 03 Schlußbemerkung

11 ▮ 12 Sicherheitskonzepte
Guido Gluschke
12 | 01 Einführung
12 | 02 Internetzugänge
12 | 03 Notwendige Sicherheitsmaßnahmen
12 | 04 Sicherheitspolitik

11 ▮ 30 Internetdienste
Friedemann Reim
30 | 01 Einführung
30 | 02 Dienste im Netz

11 ▮ 31 Suchmaschinen und Agenten
Friedemann Reim
31 | 01 Suchmaschinen
31 | 02 Agenten

11 ▮ 32 Grundlagen zu Intranet und Extranet
Friedemann Reim

11 ▮ 33 Zahlungssysteme und -standards
Boris Anderer, Christian von Hammel
33 | 01 SET (Secure Electronic Transaction)
33 | 02 HBCI (Homebanking Computer Interface)
33 | 03 OFX (Open Financial Exchange) und Integrion Gold
33 | 04 Perspektiven für Zahlungssysteme und -standards

ISDN

11 ▮ 01

Guido Gluschke

INHALTSÜBERBLICK

Dieser Beitrag beantwortet die typischen Fragen, die im Zusammenhang mit der ISDN-Technik auftreten. Es werden die wesentlichen Eigenschaften von ISDN und die 2 Universalanschlußarten vorgestellt. Neben den Leistungsmerkmalen werden ISDN-Endeinrichtung und v. a. ISDN-PC-Anwendungen besprochen.

Mit der Einführung des diensteintegrierenden digitalen Telekommunikationsnetzes ISDN wurde der Grundstein für ein neues Zeitalter der Telekommunikation gelegt. Sowohl Sprache und Texte als auch Bilder und Daten können nun über ein Netz ausgetauscht werden. Und das mit einer höheren Übertragungsgeschwindigkeit und einer besseren Übertragungsqualität, als dies in der Regel in den herkömmlichen Netzen möglich ist.

Fragen zu ISDN

Für diejenigen, die auf ISDN umsteigen wollen, aber auch für diejenigen, die bereits Teilnehmer sind, ergeben sich im Zusammenhang mit der neuen Technik des ISDN eine ganze Reihe von Fragen:

- Können bereits vorhandene Geräte auch im ISDN verwendet werden?
- Mit welchen laufenden Kosten muß bei der Nutzung des ISDN gerechnet werden?
- Können auch Kommunikationspartner, die noch nicht über einen ISDN-Anschluß verfügen, erreicht werden?
- Wie sieht eine Kommunikationslösung im Zusammenhang mit EDV aus?

Diese und ähnliche Fragen stellen sich zwangsläufig bei der Überlegung, ob sich der Einstieg ins ISDN lohnt.

11 ▮ 01 | 01

Allgemeines

Grundidee

Der Grundgedanke bei der Entwicklung des ISDN war die Nutzung des Telefonnetzes auch für Text- und Datendienste. Das Telefonnetz wird damit zu einem „diensteintegrierenden" Telekommunikationsnetz. Voraussetzung war die Vereinheitlichung der verschiedenen Übertragungsformen.

Vorteile

Die Weichen wurden mit der Entscheidung gestellt, das analoge Telefonnetz auf digitale Übertragungs- und Vermittlungstechnik umzurüsten. Mit dieser Maßnahme konnten v. a. ein schnellerer Verbindungsaufbau und eine bessere Übertragungsqualität erreicht werden. Darüber hinaus ist ein digitalisiertes Telefonnetz langfristig wirtschaftlicher als ein analoges, da die digitalen Vermittlungsstellen bedeutend wartungsärmer sind als die bisher eingesetzten elektromechanischen Wähleinrichtungen.

Der internationale Normungsausschuß CCITT (Comité Consultatif International Télégraphique et Téléphonique) der internationalen Fernmeldeunion UIT, dessen Empfehlungen international als Standard für das Fernmeldewesen anerkannt werden, legte 1980 die technischen Rahmenbedingungen für ein weltweit einheitliches, digitales Kommunikationsnetz fest. In diesen nach wie vor gültigen Rahmenbedingungen sind unter anderem die folgenden Vorgaben enthalten:

ISDN-Rahmenbedingungen

- International standardisierte Schnittstellen zum Teilnehmer und zu anderen Netzen.
- Verwendung einer standardisierten Übertragungsrate von 64 kbit/s, die erst durch das digitalisierte Telefonnetz möglich wurde. Darüber hinaus ist bereits die

Entwicklung zu einem Netz mit noch höherer Übertragungskapazität vorgesehen (Breitband-ISDN).

- Verwirklichung einer einzigen, einheitlichen Kommunikationssteckdose für die verschiedenen ISDN-Endgeräte.
- Erreichbarkeit aller im ISDN angebotenen Dienste über eine einheitliche Rufnummernbasis.

Was ist ISDN?

11 ▮ 01 | 02

Die Abkürzung ISDN steht für „Integrated Services Digital Network", was mit „Diensteintegrierendes digitales Telekommunikationsnetz" übersetzt werden kann. Da die englische Bezeichnung sich bereits weltweit durchgesetzt hat, wurde sie auch in den offiziellen Sprachgebrauch der Telekom übernommen. Jeder der vier Namensbestandteile in dieser englischen Bezeichnung verweist auf eine wesentliche Eigenschaft dieses Telekommunikationsnetzes.

Wesentliche Eigenschaften von ISDN

„Integrated" (Integriert)

Im ISDN werden alle Informationen in digitalisierter Form übertragen. Dadurch ist es möglich, die Signale für Sprache, Texte, Bilder und Daten über dieselbe Leitung zu übermitteln. So ist nur noch ein Anschluß mit einer einheitlichen Rufnummernbasis nötig, um das gesamte Diensteangebot im ISDN zu nutzen. Gleichzeitig wird der Einsatz multifunktionaler Endgeräte wie z. B. PCs erleichtert, mit denen mehrere Dienste genutzt werden können.

Eine weitere Auswirkung der Integration ist die Vereinheitlichung der Tarife. Da im ISDN alle Informationen über einen Anschluß übertragen werden können, wird auch nur ein, von der Anzahl der genutzten Dienste unabhängiger, Grundpreis erhoben. Ebenso gelten für die Nutzung dieses Anschlusses einheitliche, dienstunabhängige Verbindungstarife auf der Basis der derzeitigen Telefontarife. Diese sind – wie im Telefondienst – nach Zeit und Entfernung gestaffelt.

„Services" (Dienste)

ISDN bietet nicht nur die Möglichkeit, viele der vorhandenen Telekommunikationsdienste zu nutzen. Es unterstützt außerdem neue Kommunikationsarten wie z. B. Bildtelefonieren oder Fernzeichnen. Die einheitliche „Übertragungssprache" ermöglicht es dabei, verschiedene Dienste kombiniert zu nutzen, um beispielsweise während einer Verbindung abwechselnd Texte über Teletex und Bilder über Telefax zum selben Kommunikationspartner zu übermitteln.

„Digital"

Im herkömmlichen Telefonnetz werden Signale analog übertragen. Die Sprache wird über ein Mikrofon in elektrische Schwingungen umgewandelt und als getreues Abbild der Schallwellen über die Leitung gesendet, um beim Empfänger wieder in akustische Signale umgesetzt zu werden. Dieses klassische Übertragungsprinzip ist zwar sehr einfach zu handhaben, hat aber auch Nachteile, die sich auf die Sprachqualität auswirken.

Im ISDN wird die Sprache, wie auch die Informationen aller anderen Dienste, in digitaler Form über die Leitung geschickt. Dies geschieht, indem die zu übermittelnde Information in eine aus „Nullen" und „Einsen" bestehende Ziffernfolge verschlüsselt (binär codiert) wird. Beim Empfänger werden die Signale entschlüsselt und wieder hör- bzw. lesbar gemacht.

„Network" (Netzwerk)

Der Netzaufbau des ISDN ist weitgehend mit dem des herkömmlichen Telefonnetzes identisch, da die bereits vorhandenen Telefonleitungen im ISDN weiter genutzt werden. Der wesentliche Unterschied des ISDN zum herkömmlichen Telefonnetz besteht darin, daß die analoge Verbindungstechnik in den Fern- und Ortsvermittlungsstellen auf digitale Technik umgerüstet ist, so daß Informationen von einem Teilnehmer zum anderen ausschließlich digital übertragen werden.

Ein Nachteil der bisherigen heterogenen Netzstruktur war, daß, je nachdem, welche Dienste genutzt wurden, mehrere Anschlüsse in unterschiedlichen Netzen erforderlich waren. So benötigten beispielsweise Unternehmen, die neben Telefon und Telefax auch Teletex einsetzten, außer einem Telefonanschluß einen Anschluß an das IDN, für den ebenfalls ein einmaliger Einrichtungspreis sowie monatliche Grundpreise zu entrichten waren. Durch die Zusammenfassung aller Dienste in einem Netz und die Vereinheitlichung der Tarife muß im ISDN – unabhängig von der Anzahl der genutzten Dienste – lediglich ein Einrichtungspreis und ein monatlicher Grundpreis gezahlt werden.

Schließlich wird aufgrund der durch ISDN verwirklichten einheitlichen Netzstruktur auch der Einsatz multifunktionaler Endgeräte möglich. Eine herausragende Stellung nehmen hier PCs ein, mit denen nach Einbau einer ISDN-PC-Karte und Installation geeigneter Software die meisten Dienste im ISDN effizient genutzt werden können.

11 01 03 Anschlußarten

! Als ISDN-Kunde kann zwischen 2 Universalanschlüssen gewählt werden. Diese werden jeweils an einem Netzanschluß mit genormter Schnittstelle zur Verfügung gestellt.

Basisanschluß

B-Kanäle, D-Kanal

Der Basisanschluß mit der S0-Schnittstelle bietet 2 Basiskanäle (B-Kanäle) mit einer Standardübertragungsrate von je 64 kbit/s sowie einen Steuerkanal (D-Kanal) mit 16 kbit/s. Die Basiskanäle können unabhängig voneinander gleichzeitig genutzt werden. Der D-Kanal überträgt Informationen der Kommunikation, wie z. B. die Rufnummer des Kommunikationspartners oder Informationen über die Art des genutzten Dienstes. Die Übertragung der Informationen dieser 3 Kanäle ist zeitlich ineinander verschachtelt, so daß in jeder Sekunde je 64 kbit der beiden Basiskanäle und 16 kbit des Steuerkanals übertragen werden, insgesamt also 144 kbit/s (vgl. Abb. 1).

An einen Basisanschluß können über eine Businstallation bis zu 12 ISDN-Steckdosen installiert werden, an die

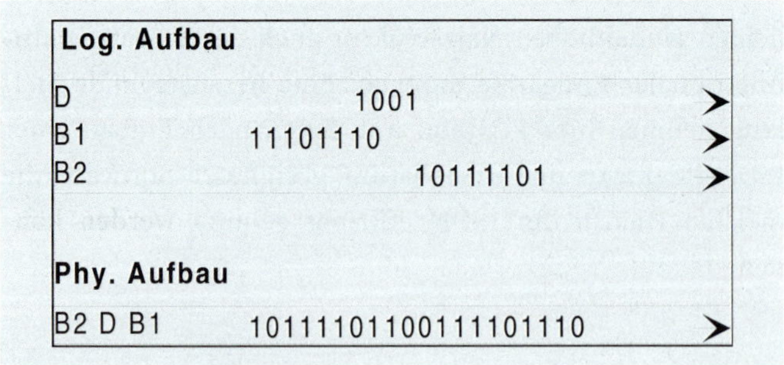

Abb. 1: Aufbau des ISDN-Kanals

sich maximal 8 beliebige Endgeräte (davon maximal 4 Telefone) gleichzeitig anschließen lassen. Durch die zusätzlichen Steckdosen haben Sie die Möglichkeit, Ihre Endgeräte bei Bedarf auch in anderen Räumen zu betreiben.

Primärmultiplexanschluß

Bis zu 30 Verbindungen gleichzeitig

Für Kunden mit größeren ISDN-Telekommunikationsanlagen bietet sich der Primärmultiplexanschluß an. Dieser Anschluß stellt an seiner S2M-Schnittstelle 30 Basiskanäle 64 kbit/s und einen Steuerkanal mit ebenfalls 64 kbit/s zur Verfügung. Es können also bis zu 30 Verbindungen gleichzeitig geschaltet werden. Mit Hilfe des Primärmultiplexanschlusses benötigen Unternehmen, die heute Nebenstellenanlagen und separate Anschlüsse für verschiedene Dienste betreiben, nur noch eine einzige ISDN-Telekommunikationsanlage.

Durch den Einsatz von Terminaladaptern lassen sich herkömmliche Endeinrichtungen an das ISDN anschließen. Bereits vorhandene Geräte werden also nicht nutzlos, wenn ein ISDN-Anschluß installiert wird. Allerdings kann mit solchen Geräten nicht der gesamte Umfang der ISDN-Leistungsmerkmale genutzt werden.

Vorteile von ISDN bei der Datenübermittlung 11 01 04

Mit der Möglichkeit der Datenübermittlung im ISDN eröffnet sich eine kostengünstige und flexible Alternative zu bisher gebräuchlichen Datenübermittlungswegen. Die Übertragungsgeschwindigkeit beträgt auch hier 64 kbit/s, was schneller ist als bei den meisten anderen Formen der Datenkommunikation.

Leistungsmerkmale im ISDN

Wählverbindung, Festverbindung

Die Verbindung wird bei der Datenkommunikation im ISDN in der Regel – wie auch bei den anderen Diensten – über Wählvermittlungen aufgebaut. Dabei vergehen durchschnittlich nur 1,7 s, bis eine Verbindung hergestellt ist. Da bei bestimmten Anwendungen eine ständige Verbindung zwischen 2 Endgeräten wünschenswert ist, gibt es die Möglichkeit, Festverbindungen mit ISDN-Struktur zu betreiben.

Eine Mischform zwischen Wähl- und Festverbindung stellt die vorbestellte Dauerwählverbindung (ehemals SPV = semipermanente Verbindung) dar. Diese Art der Verbindung wird bei Bedarf durch einen Wählvorgang vom Teilnehmer hergestellt und belegt dann einen Basiskanal. Sollen Daten übermittelt werden, muß die Verbindung nur noch per Knopfdruck aktiviert werden, wobei die durchschnittliche Aktivierungszeit lediglich 0,8 s beträgt. Bedarfsweise kann diese Verbindung ganz abgebaut und dann für normale Wählverbindungen genutzt werden.

Bei DV-Systemen und PCs können für die Datenübermittlung ISDN-PC-Karten eingesetzt werden. Datenendgeräte, bei denen diese Möglichkeit nicht besteht, können über Terminaladapter an das ISDN angeschlossen werden. Diese werden einfach zwischen Endgerät und ISDN-Anschluß geschaltet, so daß die vorhandene Hard- und Software weiter genutzt werden kann.

ISDN-Endeinrichtungen

Multifunktionales Endgerät/PC

Als „multifunktional" werden Endgeräte bezeichnet, mit denen mehrere Dienste genutzt werden können. Diese sind für das ISDN – mit einheitlicher Übertragungsform – wesentlich einfacher realisierbar als zuvor. Für den Einsatz im ISDN werden Multiterminals mit verschiedenen Dienstekombinationen entwickelt.

Einsatz von PCs

In besonderer Weise eignen sich PCs als multifunktionale Endgeräte. Sie sind in vielen Unternehmen bereits vorhanden und verfügen meist auch über die nötige Peripherie (z. B. Drucker). PCs können mit Hilfe von ISDN-PC-Karten „ISDN-fähig" gemacht werden. Je nach gewünschter Nutzungsart können noch weitere Komponenten, wie z. B. ein Scanner, zum Einlesen von Telefax-Vorlagen, hinzugefügt werden.

Besonders wenn viele Dienste genutzt werden sollen, bringt ein multifunktionales Endgerät viele Vorteile. Es spart Platz, Einarbeitungszeit sowie Kosten und verfügt in der Regel über eine einheitliche Benutzeroberfläche. Außerdem können durch die Integration mehrerer Geräte zu einer Kommunikationseinheit Arbeitsschritte eingespart werden. Beispielsweise kann man mit einer Textverarbeitung erstellte Dokumente direkt als Telefax versenden, ohne diese vorher ausdrucken zu müssen (s. auch Abb. 2).

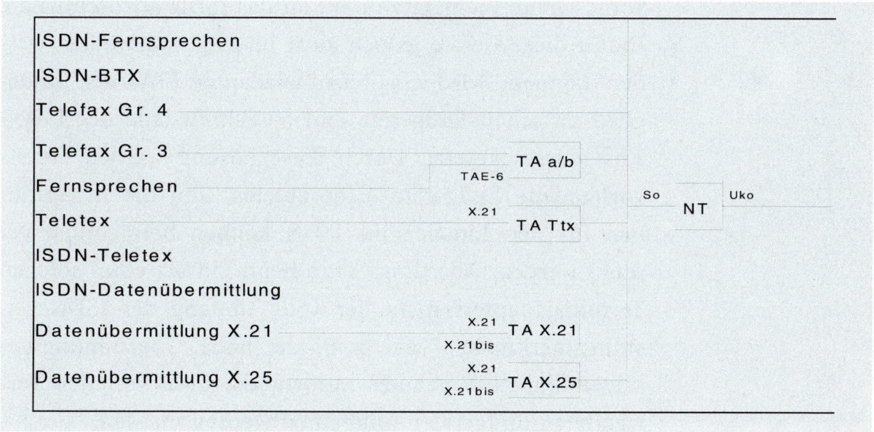

Abb. 2: ISDN-Integration verschiedener Endgeräte

11

Telekommunikationsanlage

ISDN-fähige Telekommunikationsanlagen (TK-Anlagen) bringen sowohl für Unternehmen und Verwaltungen als auch für Kunden mit geringerem Kommunikationsbedarf Vorteile. So ist im ISDN eine Durchwahl zu den einzelnen Endgeräten bereits mit einem Basisanschluß (à 2 Basiskanäle) möglich, während hierfür bei analogen Anlagen mindestens 8 Amtsleitungen gefordert wurden. Hierdurch wird eine deutliche Verringerung der Anschlußkosten erreicht.

Eine interessante Einsatzmöglichkeit von ISDN-TK-Anlagen ist die Vernetzung von PCs als Alternative zur Vernetzung über lokale Netzwerke (LANs). Somit ist es z. B. möglich, eine Telekommunikationsanlage und ein LAN zu einem einzigen internen Netz zusammenzufassen, dessen Zentrale die ISDN-TK-Anlage ist.

Herkömmliche Endgeräte im ISDN

Wie bereits oben erwähnt, ist es nicht möglich, herkömmliche, für das analoge Telefonnetz oder das IDN vorgesehene Endgeräte direkt an das ISDN anzuschließen. Damit diese Geräte jedoch auch im ISDN verwendet werden können, wird ein Terminaladapter (TA) als Bindeglied zwischen Endgeräte und S0-Schnittstelle des ISDN-Anschlusses gesetzt. Durch diese Lösung werden bereits vorhandene Endgeräte nicht nutzlos, und die Investitionen für den Einstieg ins ISDN können beträchtlich gesenkt werden. Allerdings kann beim Einsatz eines solchen Terminaladapters nicht der volle Umfang der ISDN-Leistungsmerkmale – wie z. B. die hohe Übertragungsgeschwindigkeit – genutzt werden, da diese von den verwendeten Endgeräten unterstützt werden müssen.

ISDN-PC-Anwendungen

Vorteile des PC-Einsatzes im ISDN

Im allgemeinen sind für die Nutzung verschiedener Telekommunikationsdienste auch verschiedene Endgeräte wie Telefaxgeräte, Teletexgeräte, Bildschirmtextgeräte und Datenübertragungseinrichtungen erforderlich. Diese Geräte beanspruchen nicht nur viel Platz, sie erfordern auch relativ hohe Investitionen. Deshalb hat sich in den letzten Jahren - unabhängig vom ISDN - bereits ein Trend zur Integration unterschiedlicher Dienste in einem Gerät herausgebildet. Unter diesen nimmt der PC eine herausragende Stellung ein.

Mit der Einführung des ISDN wird die Integration mehrerer Dienste im PC wesentlich erleichtert, sogar computerunterstütztes Telefonieren wird ohne Probleme möglich. PCs eignen sich aus mehreren Gründen für den Einsatz als multifunktionale Endgeräte:

Vorteile durch den PC

- Mit dem PC können viele der angebotenen Kommunikationsdienste einschließlich der schnellen Datenübertragung genutzt werden.
- Durch die zusätzliche Nutzung des PCs als Kommunikationsmedium werden die Kapazitäten des Rechners besser genutzt.
- PCs sind in der Geschäftswelt bereits weit verbreitet. Durch ihre gleichzeitige Nutzung für die Telekommunikation werden die Investitionen für den ISDN-Einstieg deutlich gesenkt.
- Durch ihre große Verbreitung ist die Benutzerschnittstelle von PCs im allgemeinen gut bekannt, wodurch der Umgang mit dem Gerät erleichtert wird.
- Mit PCs können neben der Nutzung der Kommunikationsfunktionen auch Daten und Texte gespeichert, verwaltet und verarbeitet werden.

- Bei Bedarf können PCs problemlos um zusätzliche Komponenten wie Grafikbildschirme oder Scanner erweitert werden.
- Durch die Integration mehrerer Dienste in einer Funktionseinheit werden Arbeitsschritte eingespart. Mit einem Textverarbeitungsprogramm erstellte Dokumente können z. B. gleich als Telefax versendet und müssen vorher nicht mehr ausgedruckt werden.

PCs eignen sich für Unternehmen jeder Größenordnung. Kleinen Betrieben, für die sich die Anschaffung verschiedener Endgeräte nicht lohnen würde, bietet erst der PC einen wirtschaftlich vertretbaren Zugang zu den Telekommunikationsdiensten des ISDN. Aber auch großen Unternehmen, in denen bisher mehrere dienstspezifische Endgeräte eingesetzt werden, eröffnet sich mit dem Einsatz des „diensteintegrierenden PC“ eine neue Qualität der Bürokommunikation, wie z. B. die Möglichkeit der überregionalen PC- und LAN-Kopplung.

ISDN-PC-Karten

ISDN-PC-Karten stellen die Verbindung zwischen PC und ISDN her. Sie werden einfach in einen freien Steckplatz im PC eingesteckt und über ein Kabel mit der S0-Schnittstelle des Basisanschlusses verbunden. Anschließend muß noch die Kommunikationssoftware auf der Festplatte des PC installiert werden und schon können die Kommunikationsmöglichkeiten des ISDN-PC genutzt werden (s. auch Tabelle 1).

Die meisten ISDN-PC-Karten sind für IBM-PCs bzw. Kompatible konzipiert, es werden jedoch auch Karten angeboten, die in anderen Rechnern (z. B. Apple Macintosh) eingesetzt werden können. Ein weiteres Unterschei-

Tabelle 1: Typische Merkmale von ISDN-Karten

ISDN-Karten der 1. Generation	ISDN-Karten der 2. Generation
▪ Aktive Karten für ISA-Bus	▪ Aktive und passive ISDN-Karten für ISA-, MCA- und EISA-Bus, PCMCIA- und Pocketadapter
▪ Schnittstellenunterstützung von S0	▪ Schnittstellenunterstützung von S0, Up0 und S2 M
▪ Benutzung beider B-Kanäle	▪ Mehrfachschnittstellenkarten mit n×S0/Up0
▪ Einkanalige Fax-Funktionalität	▪ Kanalbündelung über 1 bis 30 Kanäle
▪ D-Kanal-Protokoll 1TR6	▪ Kompression nach V42bis
▪ Netto-Durchsatz um 60 kbit/s je B-Kanal	▪ Verschlüsselung und Authentisierung
▪ CAPI-Treiber für DOS	▪ Mehrkanalige Fax-/Modem-funktionalität
	▪ Automatische Erkennung verschiedener D-Kanal-Protokolle wie 1TR6, DSS-1, VN3
	▪ Netto-Durchsatz bis zu 500 kbit/s je B-Kanal
	▪ CAPI-Treiber für verschiedene Betriebssystemplattformen wie DOS, Windows, Novell, Unix, OS/2

dungsmerkmal ist, ob die Karte nur einen B-Kanal unterstützt, oder ob sie die gleichzeitige Nutzung beider B-Kanäle erlaubt.

Unabhängig von ihrer Leistungsfähigkeit muß jede ISDN-PC-Karte über die folgenden Merkmale verfügen:

- Physikalische Anpassung der PC-internen Busstruktur an die S0-Schnittstelle des Basisanschlusses.
- Logische Anpassung an das Betriebssystem des Personalcomputers.

Merkmale ISDN-PC-Karten

- Komponenten zum Senden und Empfangen sowie zum Speichern und Bearbeiten von Signalen.
- Fähigkeit zur Abwicklung der Kommunikationsprotokolle, wobei die dazu benötigte Software entweder auf der Karte gespeichert ist oder bei Bedarf aus dem Hauptspeicher des Rechners geladen wird.

FAZIT

ISDN ist ein leistungsfähiger, digitaler Kommunikationsdienst, der ideal zur Übertragung von Daten, Sprache und Bildern geeignet ist. Mit dem extrem schnellen Verbindungsaufbau und der hohen Datenübertragungsrate ist ISDN ein gutes Medium zur Internet-Anbindung kleiner und mittlerer Unternehmen.

Literatur

Badach, A (1994) ISDN im Einsatz. Datacom, Bergheim
Kanbach A (1991) ISDN – die Technik. Hüthig, Heidelberg

Sprach-/Datenkommunikation

11 ▮ 02

xDSL-Techniken

11 ▮ 02 | 01

Gerd Siegmund

INHALTSÜBERBLICK

Der Beitrag stellt die Technik und Dienste der schnellen Internet-Zugänge mit konventionellen Kupferdoppeladern vor, die unter dem Oberbegriff xDSL zusammengefaßt werden. Im Mittelpunkt steht die ADSL-Technik, die mit ihren Schnittstellen, ihrer Leistung und den typischen Konfigurationen eine Alternative zu konventionellen Internet-Zugängen wie Modem und ISDN-Anschlüsse darstellt. Beispielhaft werden die ADSL-Angebote eines Netzbetreibers und die Potentiale dieser Technik für kleinere und mittlere Unternehmen vorgestellt.

Einführung

ADSL und Co.

Die verlegten Kupferdoppeladern des Fernsprechnetzes können bei Einsatz entsprechender Technik auf beiden Übertragungsseiten eine erstaunliche Bandbreite für den Transport von Daten bieten. Diese Doppeladern liegen in vielen Fällen bereits in jedem Haushalt. Entsprechend interessant ist es, diese Kabel für breitbandige Anwendungen zu nutzen, statt auf völlig neue Technologien oder Medien zu setzen. Die verschiedenen Techniken für die breitbandige Übertragung auf Kupferdoppeladern werden unter dem Oberbegriff xDSL-Techniken zusammengefaßt; hierzu gehören u. a. HDSL, ADSL und VDSL. Bei vielen kann die breitbandige Datenübertragung parallel zu einer Telefon- bzw. Faxverbindung erfolgen. Besonders ADSL steht bei den Betreibern in Europa als eine kostengünstige, breitbandige Zugangsart zum Internet im Vordergrund, speziell auch für kleinere und mittlere Unternehmen. In den USA wird eine ADSL-Variante (Universal ADSL, UADSL) bevorzugt, die noch kostengünstiger sein soll, aber bisher wegen der fehlenden ISDN-Unterstützung in Europa als weniger aussichtsreich eingeschätzt wird.

Die Datenübertragung erfolgt bei ADSL und UADSL nur in der Richtung vom Netz zum Benutzer mit hoher Geschwindigkeit (daher asymmetrisch). Der Breitbandkanal der xDSL-Techniken ermöglicht eine Datenübertragung zwischen 768 kbit/s und 52 Mbit/s. Um diese hohen Übermittlungsraten zu erreichen, sind auf beiden Übertragungsseiten Anpassungseinrichtungen erforderlich. Auf der Seite des Benutzers wird zur Trennung der Schmalband- und Breitbanddienste ein sog. Splitter installiert. An diesem kann dann beispielsweise der PC über Standardschnittstellen wie beispielsweise Ethernet-Schnittstellenkarten angeschlossen werden (s. Abb. 1).

Kein Ersatz für ISDN!

Die ADSL-Technik war in ihren Anfängen für die Unterstützung von Videoübertragungen und Diensten wie Video-On-Demand (VOD) entwickelt worden, heute wird fast nur noch von ihrer Anwendung als schnelle Zugangstechnik zum Internet gesprochen. In den USA, wo ISDN keine vergleichbare Entwicklung wie in Europa hatte, wird ADSL generell auch als eine interessantere Variante zu ISDN angesehen. Beide, ADSL und ISDN, sind aber nicht direkt miteinander vergleichbar. ISDN ist nicht nur eine Anschlußtechnik zum Fernsprechnetz, bei dem neben Telefonieren auch noch eine Datenübertragung mit 64 kbit/s möglich ist, es ist vielmehr ein sehr komplexes Netz mit Diensten für den Nutzer im Anschlußbereich und für den Betreiber im Netzbereich (s. hierzu Kap. 11.01).

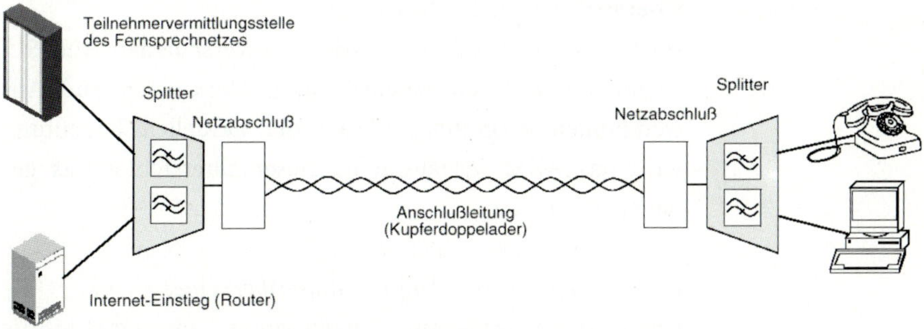

Abb. 1: Grundprinzip der ADSL-Techniken (vereinfacht)

Die xDSL-Techniken sind im Gegensatz zu ISDN reine Multiplextechniken der Anschlußleitung; es gibt keine xDSL-Vermittlungssysteme oder solche Schnittstellen an den Vermittlungsstellen. Der breitbandige Anteil des xDSL-Signals wird z.Z. noch vor der konventionellen Vermittlungsstelle ausgeblendet und dem jeweiligen Dienst (Internet oder Video-Server) direkt zugeführt. ADSL ersetzen also den normalen Telefon- oder ISDN-Anschluß nicht, sondern ergänzen diese um eine breitbandige Übertragungsmöglichkeit zu bestimmten (vordefinierten) Diensten.

Mit xDSL ins Breitband-ISDN

Die xDSL-Techniken gelten auch als Zugangsschnittstellen zum öffentlichen ATM-Netz (Breitband-ISDN, beispielsweise T-ATM). Der Zugang erfolgt in diesem Fall nicht zu speziellen, vordefinierten Zielen sondern zu einer ATM-Vermittlungsstelle. Von dieser aus können virtuelle Fest- oder Wählverbindungen zu unterschiedlichen Zielen aufgebaut werden. Hierdurch können sehr leistungsfähige Intranets bzw. Extranets für verteilte Unternehmen aufgebaut werden.

Übersicht der xDSL-Techniken

Im folgenden Abschnitt werden die verschiedenen xDSL-Techniken in ihren Eigenschaften, Merkmalen und Anwendungen vorgestellt. Wegen der aktuellen Bedeutung wird das ADSL-Verfahren in dieser Übersicht etwas genauer betrachtet.

HDSL (High bit rate Digital Subscriber Line)

Unter HDSL wird die Übertragung von 2,048 Mbit/s (strukturiert oder unstrukturiert, d. h. mit oder ohne einer Kanalstruktur) in beiden Übertragungsrichtungen verstanden. Anders als bei der Übertragung des Primär-Multiplex-Systems im ISDN (2 Kupferdoppeladern mit einer richtungsgetrennten Übertragung) wird hier eine bidirektionale Übertragung über 1, 2 oder 3 Doppeladern verstanden. Ursprünglich wurde diese Technik in den USA mit den Übermittlungsgeschwindigkeiten 784 kbit/s bzw. 1168 kbit/s in beiden Kommunikationsrichtungen festgelegt. In Europa wurde diese Technik für die 2,048-Mbit/s-Systeme adaptiert; hier kamen dann 3 Adernpaare zum Einsatz. Inzwischen wurden auch in Europa die Ein- und Zwei-Paar-Systeme mit den gleichen Übermittlungsgeschwindigkeiten spezifiziert. Zur Richtungstrennung wird, wie beim ISDN-Basisanschluß, ein Echokompensationsverfahren angewendet. Eine spezielle Variante ist die bidirektionale Übertragung auf einer Kupferdoppelader (SHDSL – Single Pair HDSL). Beim SHDSL-Verfahren ist keine Übermittlungsgeschwindigkeit festgelegt. In Schritten von 64 kbit/s kann die erforderliche Geschwindigkeit eingestellt werden. Mit dem HDSL-Verfahren können ohne Repeater-Einsatz ca. 3 km Reichweite erzielt werden.

ADSL (Asymmetrical Digital Subscriber Line)

2–9 Mbit/s

Das bekannteste Verfahren der xDSL-Techniken ist das asymmetrische ADSL-Verfahren. Viele Netzbetreiber bieten bereits diese Zugangsart an bzw. planen ein solches Angebot. Bei diesem unsymmetrischen Verfahren können in verschiedenen Frequenzbändern Telefon bzw. ISDN und breitbandige Kommunikation nur in der Richtung zum Teilnehmer, beispielsweise für die Übertragung von Videosignalen oder als Internet-Zugang, übertragen werden. Der Kanal für Fernsprechen bzw. ISDN ist im Basisband bidirektional mit gleichen Geschwindigkeiten und Eigenschaften ausgelegt (keinerlei Einschränkungen). Der Breitbandkanal verfügt über unterschiedliche Eigenschaften in den verschiedenen Kommunikationsrichtungen (zwischen 2 und 9 Mbit/s zum Teilnehmer und einen kleinen Steuerkanal vom Teilnehmer zum Netz). Weitere Multiplexverfahren können für diese Leitungen nicht angewendet werden. Bei 2 Mbit/s können Reichweiten von ca. 3 km erzielt werden, bei 6 Mbit/s sind es nur 1,8 km. Die Übermittlungsgeschwindigkeiten sind die erzielbaren Maximalwerte; die tatsächliche Übermittlungsgeschwindigkeit wird in 32-kbit/s-Schritten eingestellt. Die Einstellung ist entweder durch den Betreiber fest vorgegeben (entsprechend des Angebots des Betreibers) oder wird im Betrieb in Abhängigkeit von der Leitungsgüte am Beginn der Kommunikation eingestellt (s. Abb. 2).

Info unter: http://www.adsl.com

Nutzbar ist ein solches Übertragungsverfahren für die getrennten Dienste Telefon bzw. ISDN und Fernsehen, für Anwendungen mit einem Rückkanal (Video-On-Demand) oder sehr schnelle Internet-Anbindungen. Beide Anwendungen eignen sich für unsymmetrische Übertragungsgeschwindigkeiten des ADSL-Verfahrens. Auch bei ADSL sind auf beiden Übertragungsseiten Anpassungseinrich-

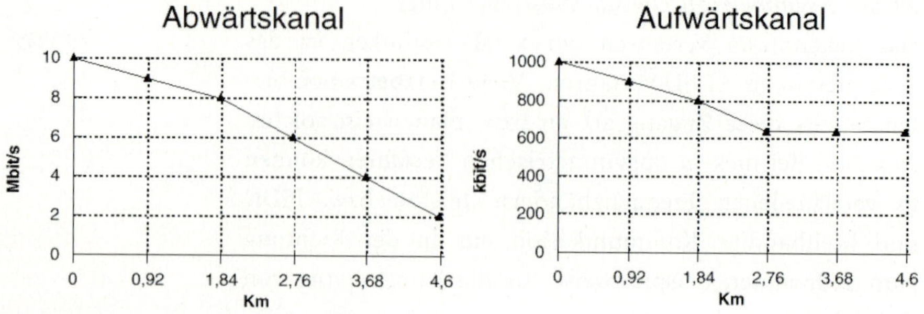

Abb. 2: Erreichbare Entfernungen mit ADSL

tungen erforderlich, um diese hohen Übermittlungsraten zu erreichen. Auf der Seite des Teilnehmers wird nach der Trennung der Schmalband- und Breitbanddienste ein sog. Splitter für den Abschluß der Breitbandübertragung installiert. An diesem können dann Fernseher oder der PC über ein spezielles ADSL-Modem zur Nutzung der Breitbanddienste angeschlossen werden. Wie bei der HDSL-Technik kann mit der ADSL-Technik prinzipiell die gesamte Länge der Kupferanschlußleitung genutzt werden (s. Abb. 3).

Schnittstellen zum PC

Einzelkonfiguration

Die Spezifikation des ADSL-Forums sieht eine Reihe von unterschiedlichen Schnittstellen zum Anschluß des PCs am ADSL-Modem vor:

- Bit-synchrone Schnittstellen, wie beispielsweise 1544 Mbit/s in den USA oder 2,048 Mbit/s in Europa zum Anschluß von Routern oder Set-Top-Boxen für Videoanwendungen.

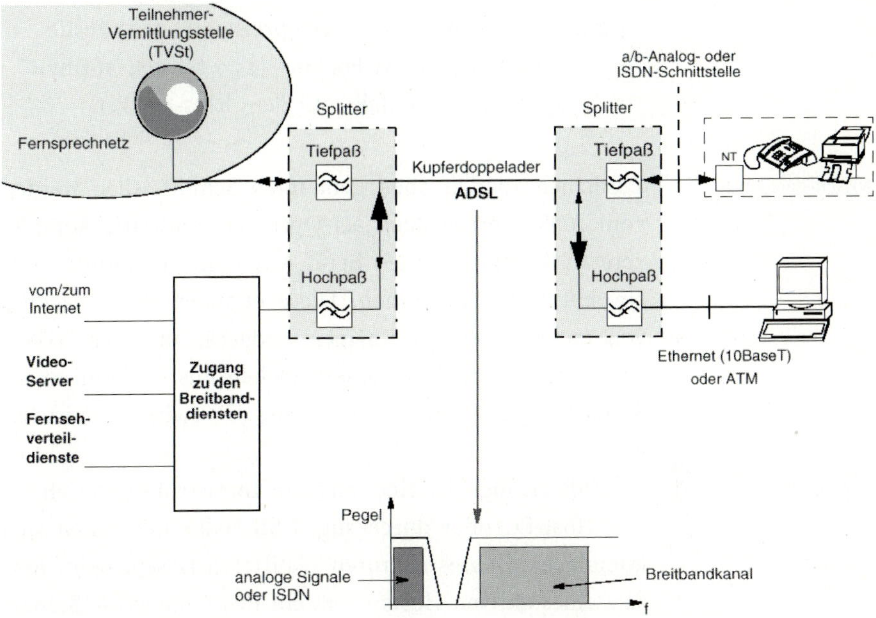

Abb. 3: ADSL-Übertragung

- Ethernet-Interface, die gängigste Schnittstelle zum Anschluß eines PC in privaten Datennetzen und die bevorzugte PC-Schnittstelle für den ADSL-Anschluß. Die Netzwerkkarte 10BaseT ist gleichzeitig auch eine der preisgünstigsten Schnittstellen für den PC. Der Anschluß erfolgt über eine Kupferdoppelader mit einem RJ45-Stecker (vergleichbar dem S_0-Stekker beim ISDN). Durch die Verwendung der Ethernet-Schnittstelle können die Signale der ADSL-Schnittstelle durch entsprechende Netzelemente (Hubs oder Router) in einem Privatnetz verteilt werden.

11

- ATM25-Schnittstelle entsprechend den Festlegungen des ATM-Forums (25,6 Mbit/s, af-phy-0040 000), ebenfalls mit dem RJ45-Stecker.

Buskonfigurationen

Zusätzlich zu den oben genannten Schnittstellen werden vom ADSL-Forum auch als Optionen zukünftig komplexere Buskonfigurationen beim Anschluß der Kundenendeinrichtungen vorgesehen. Diese erlauben den Anschluß von mehr als einem einzigen Endgerät an einen ADSL-Anschluß. Beispiele für einen solchen Bus sind Universal-Serial-Bus (USB)- oder IEEE-1394 (Firewire)-Schnittstellen.

USB und IEEE 1394

USB ermöglicht eine verteilte Infrastruktur durch einen Host-PC oder durch sog. USB-Hubs, mit denen sich komplexere Baumstrukturen realisieren lassen. Beim Einsatz eines aktiven Hosts (z. B. ein PC) können die Signale über andere Schnittstellen in einem privaten Netz oder direkt zu anderen Geräten verteilt werden. Die maximale Übermittlungsgeschwindigkeit der USB-Schnittstelle liegt bei 12 Mbit/s. Die IEEE-1394-Schnittstelle ist eine vergleichsweise junge Schnittstellenfestlegung für die Verbindung zwischen PCs und deren externen Komponenten. Der Standard definiert eine serielle Schnittstelle zur Übertragung von isochronen (z. B. Video, Sprache, Audio) oder asynchronen Daten. Durch diesen Standard werden insbesondere auch die Geräte der Unterhaltungsindustrie (z. B. unter der Bezeichnung i. LINK von der Fa. Sony) einbezogen. Die Schnittstelle ermöglicht eine Übertragung mit 100, 200 oder 400 Mbit/s (s. Abb. 4).

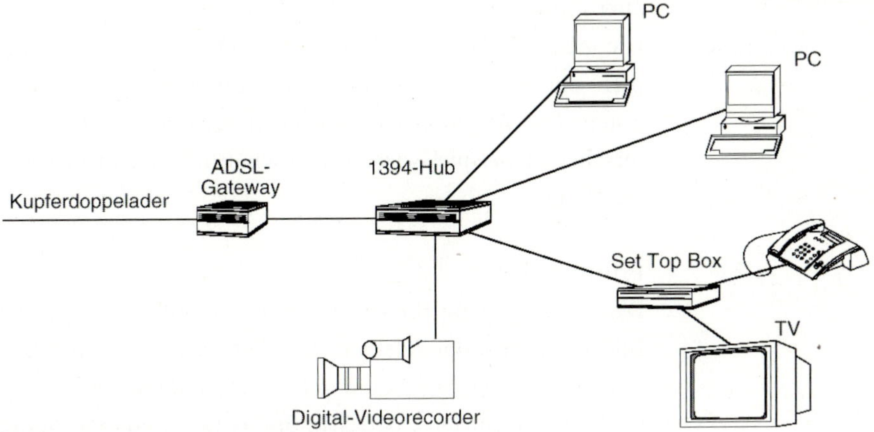

Abb. 4: Beispiel einer IEEE-1394-Konfiguration

Netzschnittstellen

ISDN oder Internet

Die Schnittstelle zur digitalen Vermittlungsstelle des Fernsprechnetzes entspricht konventionellen Schnittstellen; ein ADSL-Anschluß unterscheidet sich in diesem Punkt nicht von einem konventionellen Analog- oder ISDN-Anschluß. Die Schnittstelle zum Internet ist eine digitale Datenschnittstelle mit hoher Geschwindigkeit (z. B. Festverbindung, FDDI oder ATM). Durch die Netzeinrichtungen werden viele ADSL-Schnittstellen bedient, deren Signale dann als Summe mit einer vielfach höheren Geschwindigkeit zu den Netzelementen des Internets (Routern) geschaltet werden. Dieser Verkehr wird damit vor der eigentlichen Vermittlungsstelle in das jeweilige Spezialnetz geleitet. Bei einem entsprechenden Angebot könnten ggf. auch mehrere Schnittstellen zu unterschiedlichen Dienstangeboten bestehen, beispielsweise zum Internet und zu einem Video-Server oder einem Fernsehverteildienst.

Dienstangebot

ADSL bei der Telekom

Die ADSL-Technik wird von den Netzbetreibern zusammen mit weiteren Leistungen als Anschlußtechnik angeboten. Das Angebot der Deutschen Telekom (T-DSL) unterscheidet beispielsweise die geschäftlichen und privaten Kunden.

Privatkunden

Der ADSL-Zugang für Privatkunden ist auf T-Online, den Internet-Dienst der Telekom zugeschnitten. Mit dem Angebot *T-Online Speed 50* kann der Privatkunde mit 768 kbit/s im Internet „surfen", der Grundpreis (z. Z. 99 DM, Stand März 1999) beinhaltet bereits 50 Freistunden pro Monat. Beim Dienst *T-Online Speed 100* sind es 100 Freistunden (z. Z. für 149 DM) mit der gleichen Übermittlungsgeschwindigkeit. Bei beiden kommt ein monatliches Entgelt von z. Z. 98 DM für die Bereitstellung eines T-DSL- und eines ISDN-Standard-Anschlusses hinzu.

Geschäftskunden

Bei den Geschäftskunden werden 2 Zugangsarten mit jeweiligen Angebotsvarianten unterschieden:

- T-InterConnect: der schnelle Internet-Zugang für Geschäftskunden, mit 1,5 bzw. 6 Mbit/s vom Netz zum Kundenanschluß und 160 bzw. 576 kbit/s vom Kunden zum Netz. Neben dem einmaligen Bereitstellungsentgelt muß der Kunde für die monatliche Nutzung entsprechend seiner durchschnittlich genutzten Bandbreite zahlen. Kleine und mittlere Unternehmen können hiermit ihren Internet-Zugang erheblich leistungsfähiger als im ISDN realisieren. Zum Dienstangebot gehört weiterhin die Vergabe einer eigenen, festen IP-Adresse, ein direkter Anschluß zum IP-Backbone-Netz der Telekom und die ungefilterte Unterstützung aller IP-Anwendungen.

- T-Net ATM: Bei diesem Angebot ist die ADSL-Schnittstelle der Zugang zum ATM-Netz der Telekom. Innerhalb dieses Netzes können dann Fest- oder Wählverbindungen genutzt werden. Das Dienstangebot der Telekom sieht hierbei mehrere Zugänge mit unterschiedlichen Geschwindigkeiten von 2–6 Mbit/s bzw. 204–614 kbit/s vor. Die Tarifierung orientiert sich an der im T-ATM-Netz, bestehend aus Bereitstellungsentgelt, einem monatlichen Grundpreis sowie Preise für die verbindungsabhängige Nutzung. Durch die ADSL-Zugangsart können nun auch kleinere und mittlere Unternehmen wirtschaftlich am ATM-Netz angeschlossen werden.

Als Schnittstellen zum PC bzw. zum Router des Privatnetzes stehen Ethernet (10BaseT)- oder ATM-Schnittstellen (25,6 Mbit/s, speziell für den Anschluß zum T-Net ATM) zur Verfügung.

UADSL

Speziell für Internet-Anwendungen wurde Universal ADSL (UADSL, auch ADSL-Lite G. Lite genannt) von einer speziellen Working Group (Universal ADSL Working Group, UAWG) erarbeitet. Diese ADSL-Variante ermöglicht eine vereinfachte Konfiguration beim Benutzer. Bei

Info unter http://www.uawg.org

UADSL ist auf der Seite des Nutzers kein Splitter erforderlich. Der Computer erhält eine spezielle Schnittstellenkarte (UADSL-Modem), an der direkt der Netzanschluß erfolgt. Bei der Übertragung der Breitbandsignale wird bei diesem Verfahren der untere Bereich (<25 kHz) ausgespart, dadurch kann hier direkt ein analoges Telefon parallel zum Computer angeschlossen und betrieben werden. Für die Übermittlung von ISDN-Signalen ist das in den USA festgelegte Verfahren allerdings nicht ausgelegt. In den Staaten wird UADSL als kostengünstiger, breitbandiger Zugang zum Internet favorisiert. Völlig ohne Splitter kommt aber auch UADSL nicht aus. Am Eingang des UADSL-Modems müssen die unteren Frequenzen durch einen Hochpaß ausgeblendet werden. Die Technik und damit auch die Kosten wurden also gegenüber ADSL etwas verlagert. Aufgrund der fehlenden ISDN-Unterstützung wird UADSL von vielen europäischen Betreibern nicht eingeführt werden. ISDN-Anschlüsse hätten dabei durch die Festlegung eines etwas anderen Frequenzbereichs durchaus berücksichtigt werden können, sie spielten aber in den USA keine Rolle. Die erreichbare Übermittlungsgeschwindigkeit liegt mit 1,5 Mbit/s vom Netz zum Nutzer und 512 Mbit/s vom Benutzer zum Netz deutlich unter den erreichbaren Werten von ADSL (s. Abb. 5).

VDSL (Very high bit rate Digital Subscriber Line)

VDSL für ATM-Schnittstellen

Mit VDSL lassen sich sehr große Übermittlungsraten zwischen 12 und 52 Mbit/s über eine Kupferdoppelader realisieren. Voraussetzung hierfür ist allerdings ein verzweigtes Glasfasernetz bis in die Nähe des Teilnehmeranschlusses selbst, da die Übertragung von diesen sehr großen Übermittlungsgeschwindigkeiten nur für eine relativ kurze Strecke mit Kupferdoppeladern möglich ist. Die erziel-

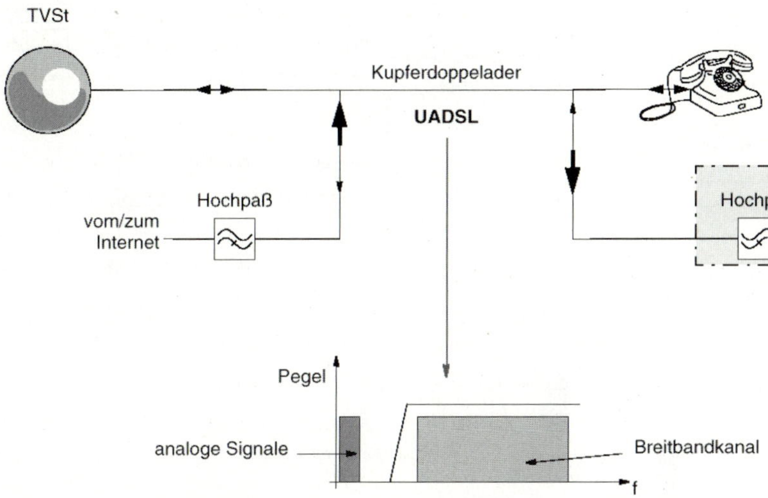

Abb. 5: UADSL-Konfiguration

baren Reichweiten für die Übertragung auf Kupferdoppeladern liegen zwischen 300 und 500 m. Auf dieser Basis können auch direkt ATM-Standardschnittstellen (12, 25 oder 52 Mbit/s) beim Kunden angeboten werden. Die VDSL-Übertragung kann symmetrisch oder unsymmetrisch erfolgen. Auch VDSL unterscheidet wie ADSL einen Schmalbandkanal für Telefon oder ISDN und einen Breitbandkanal (s. Abb. 6).

Internet-Zugangstechniken im Vergleich

Unterschied zum Modem oder ISDN?

Die wichtigste Anwendung der ADSL-Techniken ist der schnelle Zugang zum Internet. Ins Internet kommt man aber auch mit einem Modem oder einer ISDN-Karte. Wie unterscheiden sich die xDSL-Techniken von anderen Internet-Zugangstechniken?

Modem

Grundsätzlich wird der Internet-Verkehr abhängig von der jeweiligen Zugangsart analog oder digital übertragen

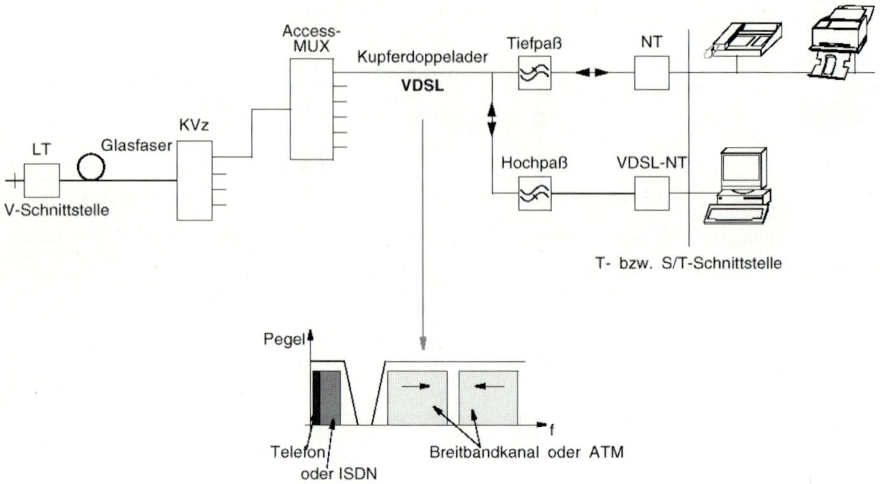

Abb. 6: Das VDSL-System

und entweder erst nach der Vermittlungsstelle (bei Modem und ISDN) oder bereits im Zugangsnetz (bei der ADSL-Technik und Kabelmodems) vom Sprachverkehr getrennt. Beim Zugang mit einem Standardmodem (bis 33 kbit/s) ist ein solches Gerät auf beiden Seiten erforderlich. Die Trennung zwischen Fernsprech- und Internet-Verkehr erfolgt in der Vermittlungsstelle durch die Wahl unterschiedlicher Ziele. Das aktuelle V.90-Modem mit 56 kbit/s erfordert nur ein Modem auf der Seite des Benutzers, der Anschluß beim Internet-Betreiber ist digital.

ISDN

Mit ISDN bleibt alles digital, aber die Trennung des Verkehrs ist wie bei Modemverbindungen nur durch die Wahl einer bestimmten Rufnummer (des Internet-Providers) in der Vermittlungsstelle möglich. Die Übermittlung erfolgt über B-Kanäle mit 64 bzw. 128 kbit/s.

Kabelmodem und ADSL

Beim Zugang mit Kabelmodem (10 Mbit/s), der Übertragung über das Stromnetz (Powerlines) und ADSL (bis 6 Mbit/s) erfolgt die Trennung zwischen Fernspre-

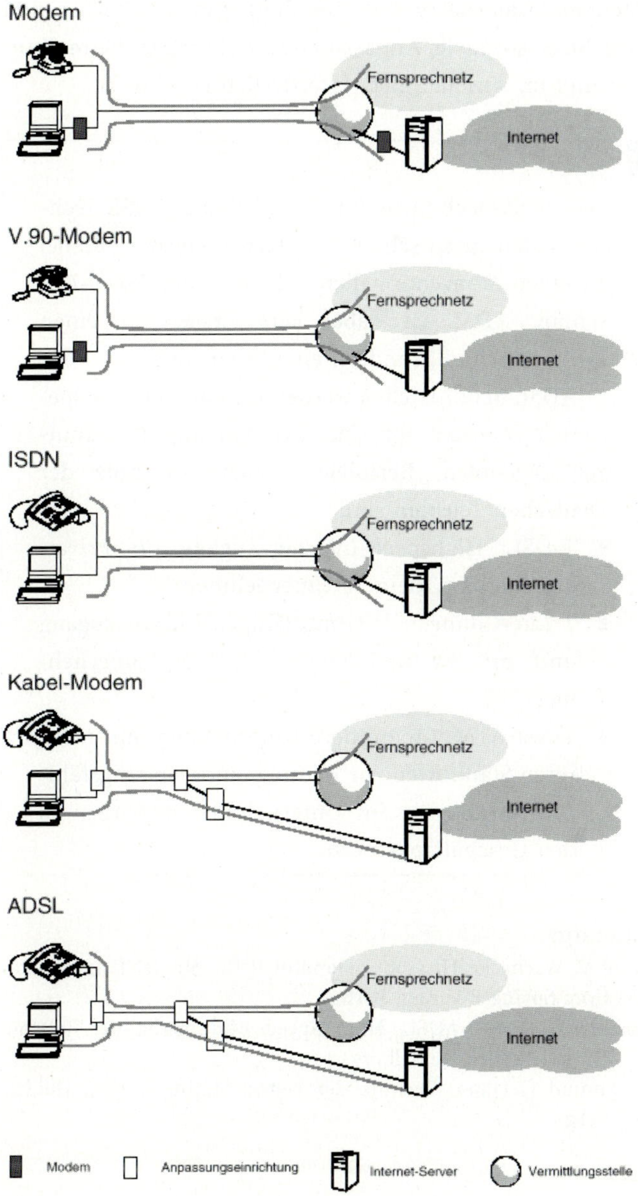

Abb. 7: Vergleich der Zugangsverfahren zum Internet

chen und Internet bereits im Zugangsnetz. Hierfür sind allerdings spezielle Anpassungseinrichtungen beim Kunden und im Anschlußnetz erforderlich (s. Abb. 7).

FAZIT

Die xDSL-Techniken und speziell die ADSL-Technik bieten einen schnellen Internet-Zugang parallel zu einem konventionellen Telefon- oder ISDN-Anschluß. ADSL ist dabei kein Ersatz für einen ISDN-Anschluß, sondern eine Ergänzung.

ADSL-Schnittstellen werden im Rahmen von speziellen Diensten für Unternehmen und Privatnutzer angeboten. Beispiele solcher Angebote der Deutschen Telekom sind:

- T-DSL: Highspeed-Internet-Zugang für Privatkunden bzw. kleinere Unternehmen.
- T-InterConnect: leistungsfähiger Internetzugang und -präsenz für kleine und mittlere Unternehmen.
- T-Net ATM: für mittlere Unternehmen mit mehreren Standorten zur Bildung einer leistungsfähigen Vernetzung im Unternehmen und/oder zu den Geschäftspartnern.

Literatur

Jung V, Warnecke HJ (1998) Handbuch für die Telekommunikation. Springer-Verlag, Berlin

Führer D (1999) ADSL, High Speed Multimedia per Telefon. Hüthig Verlag, Heidelberg

Siegmund G (1999) Technik der Netze. Hüthig Verlag, Heidelberg

Multimedia

11 ▮ 03

Joachim Niemeier

INHALTSÜBERBLICK

In diesem Beitrag wird dargestellt, wie Geschäftsprozesse in Unternehmen durch neue Kommunikationstechnologien wie Multimedia verändert werden. Dabei wird besonders auf die Rolle des Internets beim geschäftlichen Einsatz von Multimedia hingewiesen und dafür ein modellhaftes Vorgehen erläutert.

Multimedia als Basis der digitalen Welt

11 ▮ 03 | 01

Tendenz zur Digitalisierung

Eine häufig diskutierte These ist, daß nur jene Unternehmen, Volkswirtschaften und Gesellschaften im Zeichen der durch Kommunikationstechnologien vorangetriebenen Globalisierung überleben werden, die die Vorteile der Digitalisierung zu nutzen verstehen. Das Thema „Multimedia" nimmt dabei eine Schlüsselstellung ein. Multimedia-Angebote werden das Mediennutzungs- und Informationsnachfrageverhalten von privaten Haushalten und Unternehmen verändern. Digitale Visionäre wie Don Tapscott präsentieren Szenarien für eine digitale Zukunft, die vom digitalen Gesundheitswesen über das digitale Unternehmen bis hin zur digitalen öffentlichen Verwaltung reichen (vgl. Tapscott 1995). Wesentliche Geschäftsprozesse eines Unternehmens sind von der Digitalisierung betroffen, die Produktentwicklung genauso wie das Marketing, die Produktion und der Vertrieb (s. dazu Diebold 1996; Fettermann 1997).

Multimedia spielt nicht nur eine wichtige Rolle bei der Neugestaltung der Medienbranche, sondern eröffnet auch wichtige Potentiale für Unternehmen, Branchen und das Entstehen neuer Märkte. Thomas (1995) charakterisiert Multimedia als einen Begriff mit vielen Facetten und wechselnden Definitionen, einen Leitbegriff der 90er Jahre, von dem sich viele erhoffen, daß sich darunter Märkte von einer außergewöhnlichen Dynamik subsumieren lassen.

11 ▮ 03 | 02 Entstehung einer Inhalte-Branche

Neugestaltung der Medienbranche

Die Entwicklungstrends im Medien- und Kommunikationssektor zeigen, daß multimediale Produkte und Dienstleistungen nicht nur Veränderungen im traditionellen Mediensektor (z. B. Druckmedien, elektronische Medien) verursachen, sondern auch die Grenzen zwischen Massenkommunikation und Individualkommunikation (Telekommunikationsdienste) verschieben. Bisher getrennte Märkte und Dienstleistungen konvergieren in einem gemeinsamen großen Markt, der sog. „Inhalte-Branche" oder „Content-Branche" (vgl. Bruck et al. 1997). In diesem Zusammenhang wird auch vom Entstehen der TIME-Märkte in der Multimedia-Branche gesprochen. Der Begriff TIME-Märkte kennzeichnet die Konvergenz zwischen den bislang weitgehend unabhängig voneinander agierenden Märkten in den Bereichen Telekommunikation (T), Informationstechnologie (I), Medien (M) und Unterhaltungselektronik (Entertainment, Electronics [E]) (s. auch Abb. 1).

TIME-Märkte

Content-Branche

Da dabei die Inhalte selbst von zentraler Bedeutung sind („Content is king"), verändern sich die Wertschöpfungsketten in Richtung einer zunehmenden Bedeutung der frühen Phasen der Wertschöpfung. Der Aufbau und der Besitz von Inhalten wird in der Content-Branche als wesentlich größerer Erfolgsfaktor angesehen als beispielsweise der Aufbau und der Besitz der technischen Infrastruktur. Als Schwerpunkt für die multimediale Wert-

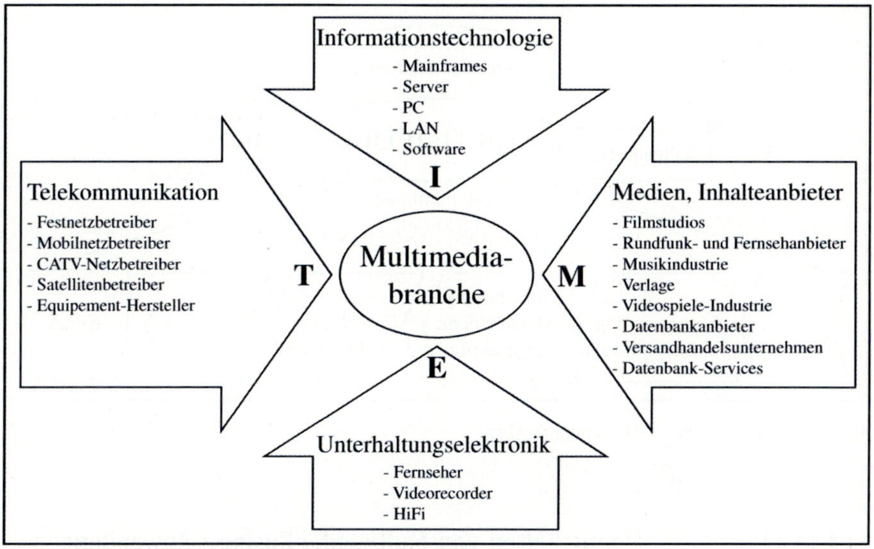

Abb. 1: Konvergenz unterschiedlicher Branchen zu den TIME Märkten

schöpfung wird daher der Bereich der Inhalte und der Inhalteaufbereitung und -integration gesehen, gleichzeitig wird erwartet, daß die reine Übertragung sowohl strategisch als auch wertschöpfungsmäßig an Bedeutung verlieren wird. Aus technologischer Sicht existieren für alle Stufen der Wertschöpfungskette eine Vielzahl an Lösungen, die sich v. a. im Bereich der Software sehr schnell weiterentwickeln (vgl. dazu van Oosteron 1997; Abb. 2).

Veränderung in der Wertschöpfungskette

Zielsetzung der in diesem Wettbewerbsumfeld agierenden Unternehmen ist die Transformation der Unternehmensaktivitäten ausgehend von der aktuellen Position in Richtung der Erweiterung der Einflußnahme in der Wertschöpfungskette. Dabei sind z. B. Unternehmensgründungen, Kooperationen, strategische Allianzen und Akquisitionen die wesentlichen Aktionsfelder.

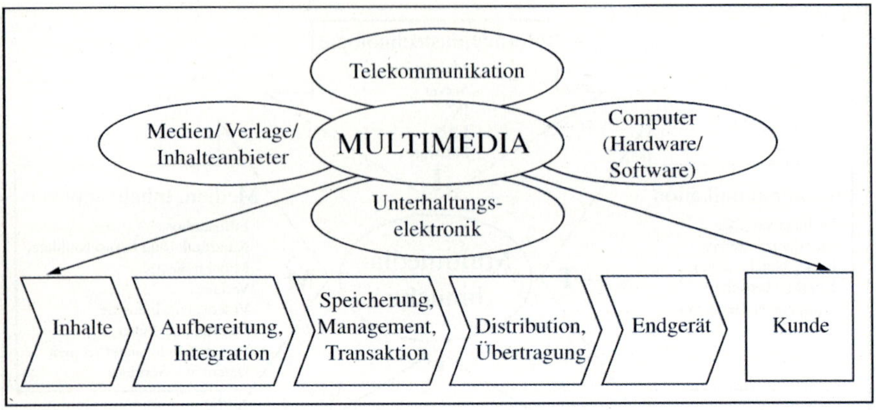

Abb. 2: Die multimediale Wertschöpfungskette

11 ▮ 03 | 03 Eigenschaften von Multimedia-Business-Anwendungen

Geschäftliche Multimedia-Anwendungen

Obwohl Multimedia zu wesentlichen Veränderungen in den Geschäftsprozessen eines Unternehmens führen kann, existieren bislang wenige, isolierte Anwendungen: Computer Based Training, Informations-Kioske, elektronische Publikationen und Dokumentationen oder Videokonferenz-Lösungen.

Multimedia erhöht die Benutzerfreundlichkeit, verringert den Navigationsaufwand und ermöglicht eine personalisierte Informationsversorgung. Das weitreichende Potential von Multimedia als Basis für eine innovative Unternehmenskommunikation beruht auf folgenden Eigenschaften:

- Kombination unterschiedlicher Medienformen,
- nutzerdominierte Navigation im Informationsraum,
- technologische Basis für zwischenmenschliche Kommunikation,
- Individualisierung der Informationsversorgung und
- angepaßte, endgerätegerechte Informationspräsentation.

Kombination unterschiedlicher Medienformen

Einsatz vielfältiger Medienformen

Bei dieser Eigenschaft geht es darum, daß unterschiedliche Medienformen wie Text, Grafik, Bild, Tabellen, Sprache, Video oder virtuelle Realität nicht alleinstehend bearbeitet oder genutzt werden, sondern in einer Anwendung in unterschiedlichen Kombinationen und einer verbundenen Art und Weise unter Nutzung einer Vielfalt von Zugriffs- und Transporttechnologien eingesetzt werden. Im einfachsten Fall kann damit ein Textdokument mit Grafiken genauso mit dem Begriff Multimedia belegt werden wie die telefonische Besprechung eines Dokuments auf räumlich entfernten Monitoren oder eine komplexe Schulungsanwendung unter Einsatz vielfältiger Medienformen und deren Verknüpfungen.

Nutzerdominierte Navigation im Informationsraum

Steuerung der Anwendung

Die zweite Eigenschaft stellt darauf ab, daß der Nutzer einen wesentlichen und unmittelbaren Einfluß auf die Ausführung der jeweiligen Anwendung hat. Der Nutzer dominiert dabei die Steuerung der Anwendung und nicht die Anwendung den Nutzer wie im Bereich von klassischen DV-Programmen. Beispiele hierzu sind das gezielte Suchen nach Inhalten in einem elektronischen Katalog auf einer CD-ROM aber auch das sog. Surfen im Internet.

Technologische Basis zur zwischenmenschlichen Kommunikation

Raum- und Zeitunabhängigkeit

Multimedia unterstützt die zwischenmenschliche Kommunikation über Raum und Zeit. Das kann sowohl in einer synchronen Form erfolgen wie bei der Nutzung eines Bildtelefons, einer Videokonferenz mit mehreren Teilnehmern oder einer Business-Television-Anwendung. In der asynchronen Form reicht das Spektrum des Einsatzes von

Multimedia von der elektronischen Post über die Einstellung von multimedial aufbereiteten Informationen in einem Server zum beliebigen Abruf bis hin zur virtuellen Gemeinschaft im Internet.

Individualisierung der Informationsversorgung

One-to-One-Beziehungen

Das Prinzip der Massenproduktion war bislang auch im Dienstleistungsbereich dominierend. Von der Nachrichtensendung im Fernsehen über den Produktkatalog in Papierform oder zu den Informationen im Intranet eines Unternehmens, jeder Nutzer bekam die gleichen Informationen in der gleichen Strukturierung angeboten, unabhängig vom individuellen Interesse. Die Transformation des Informationsangebots in einer elektronischen Version ermöglichte dem Nutzer unter Einsatz von Softwarewerkzeugen (z. B. Retrieval-Software, Suchmaschinen) gezielt und schneller einen Informationsraum zu durchsuchen. Ein wichtiges zukünftiges Merkmal von Multimedia wird die Personalisierung sein. Es werden „One-to-one-Beziehungen" neu entstehen, d. h. jeder bekommt die auf seinen Bedarf maßgeschneiderten Informationen, die ihn interessieren und das zu dem Zeitpunkt in der Form, in dem er die Informationen möchte. Die Nachrichten kommen dann nicht mehr in gleicher Abfolge für alle um 20 Uhr im Fernsehen, sondern der Nutzer hat sich ein Profil zusammengestellt, das seinen Interessen entspricht und das er dann entsprechend seiner persönlichen Zeitdisposition abruft. Die Individualisierung der Informationsversorgung wird durch Push-Technologien und intelligente Software-Agenten erfolgen (vgl. dazu Brenner et al. 1998).

Angepaßte, endgerätegerechte Informationspräsentation

Geräteunabhängigkeit

Das Leistungsspektrum von multimedialen Technologien geht aber noch weiter. Der Nutzer hat nicht nur die Entscheidungsfreiheit, welche Informationen er wann nutzt, sondern auf welchem Endgerät er diese Informationen erhält. Er kann sein Börsenportfolio sowohl auf dem PC als auch auf dem Fernsehgerät erhalten, aber auch auf seinem Handy. In Abhängigkeit vom jeweiligen Endgerät erhält er die entsprechende optimale Informationsdarstellung.

Das Internet als Basis für Multimedia

11 ▮ 03 | 04

HTML, URL und HTTP

Das Internet ist zur mächtigsten Triebkraft für Innovationen in der heutigen Zeit geworden und bildet die am meisten genutzte Kommunikationsplattform für Multimedia im geschäftlichen Bereich. Dennoch ist das Internet keine Erfindung der 90er Jahre, viele Ideen und Ansätze zum Internet gehen bis in die späten 60er Jahre zurück. In der jüngeren Zeit zeigt die Entwicklung des Internets eine hohe Dynamik. Das Jahr 1989 gilt als das Jahr der Erfindung des World Wide Web, mit der Tim Berners-Lee das akademische „schwarze Brett" in ein Medium verwandelte, das die Darstellung von multimedialen Inhalten und eine Interaktion auf Basis von Hypertext-Strukturen ermöglicht. 1991 wurden von Berners-Lee die 3 das World Wide Web tragenden Software-Module auf dem Internet zur Verfügung gestellt: HTML für die Erzeugung und die Formatierung von Dokumenten, URL-Adressierung zum Finden von Dokumenten und HTTP zum Transport von Dokumenten zwischen unterschiedlichen Typen von Computern und Netzwerken. HTML ermöglicht, Web-Seiten zu gestalten, die neben Texten auch Grafiken, Links, Audio, Video, Tabellen, Navigationselemente, Datenbank-

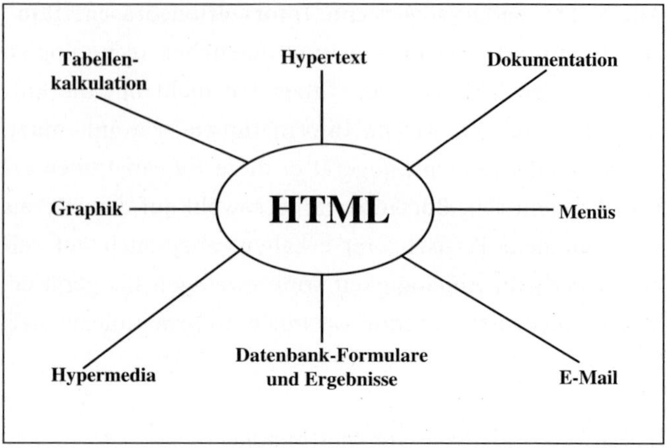

Abb. 3: HTML als Basis für Intergration von Multimedia im Internet

Anwendungen usw. enthalten. Damit ermöglicht HTML die Integration von Multimedia (Abb. 3).

Die Erfindung von Mosaic, einem multimedialen Web-Browser, im Jahr 1993 durch Marc Andreessen setzte den Startpunkt für eine exponentielle Verbreitung des Internets und seiner Nutzung und bildete die Basis für die Gründung des Unternehmens Netscape.

Viele Unternehmen sind aktuell dabei, das große Potential der Internet-Technologien zu entdecken und für ihre geschäftlichen Aktivitäten nutzbar zu machen. Die Transformation der Unternehmen unter dem Einfluß des Internets ist heute in Bereichen wie dem Einkauf, dem Marketing, dem Verkauf und dem Kundenmanagement zu beobachten (s. dazu Fetterman 1997), aber auch in der Art und Weise, wie Unternehmen miteinander und mit ihren Mitarbeitern in Intranets und Extranets kommunizieren (s. dazu Hinrichs 1997). Unter dem Einfluß des Internets ändern sich Branchenstrukturen und es entstehen eine Vielzahl von neuen Unternehmen mit innovativen

Strukturen und Prozessen, deren Geschäftsmodelle auf der Nutzbarmachung des Internets beruhen.

Transaktion, Information, Interaktion

Keen et al. (1998) bezeichnen die Wahl, die Gestaltung, den Aufbau und die Sicherstellung von geschäftlichen Beziehungen als die zentrale Herausforderung und Chance bei der geschäftlichen Nutzung des Internets. Drei Formen des Einsatzes von Technologien zeichnen sich dabei ab:

1. die **Transaktion**, insbesondere die elektronischen Bestellung von Gütern und Dienstleistungen, die Abwicklung der Bestellung und der Bezahlung,
2. die **Information**, die von der statischen Darstellung von Text bis hin zum dynamischen Einsatz von Multimedia für Produktkataloge, Nachrichten, Werbung, Demos, Unternehmungsinformationen, Ansprechpartnern und Videos reichen kann sowie
3. die **Interaktion** durch elektronische Verbindungen („Links") zwischen Unternehmen und Kunden, die von einer passiven einseitigen Kommunikation durch die elektronische Post bis hin zu wechselseitigen Informationsflüssen zur Mitwirkung (z. B. Rückkoppelungsmöglichkeiten über Produkte und Dienstleistungen) und zur Zusammenarbeit reichen kann.

Diese 3 Dimensionen eröffnen für die geschäftliche Nutzung des Internets einen Raum für den Aufbau von Kundenbeziehungen (vgl. Abb. 4).

Elektronische Märkte

Obwohl das Internet durch seine Entstehungsgeschichte in der Gesamtheit nicht top-down geplant wurde und daher als chaotisch und teilweise auch anarchistisch gilt, machen sich Unternehmen zunehmend die Eigenschaft des World Wide Web als universell zugreifbaren Informationsraum nutzbar. Konkrete Ausprägungen rei-

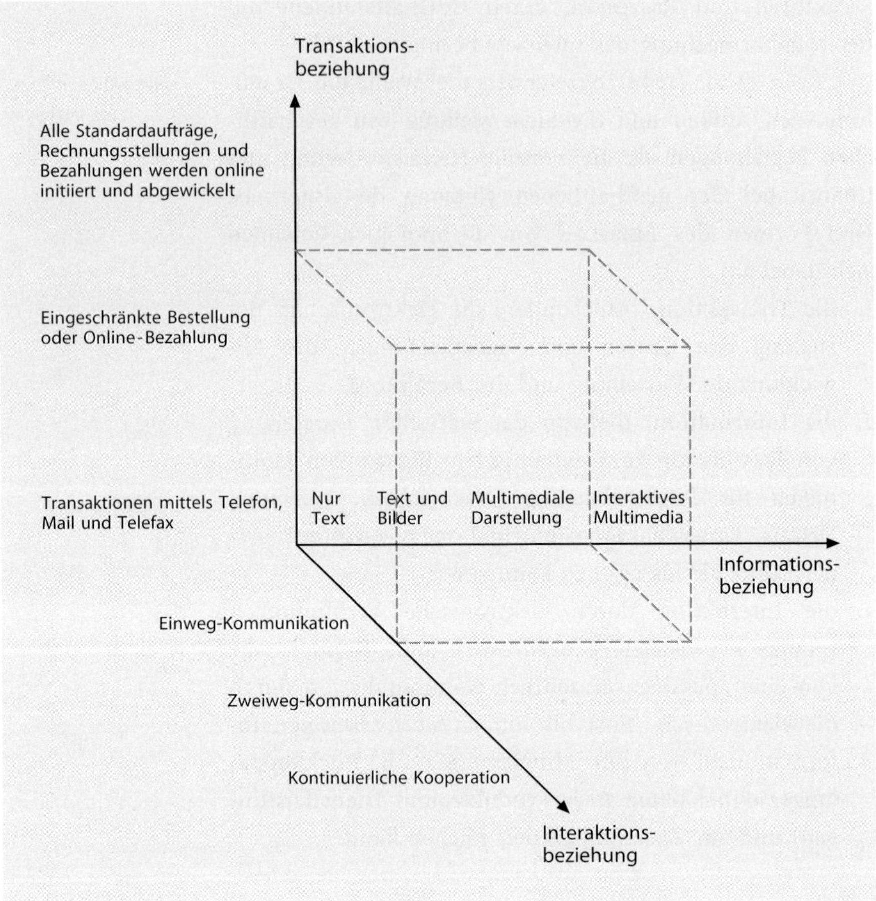

Abb. 4: Dimensionen der Kundenbeziehungen bei der geschäftlichen Nutzung des Internets. (Nach Keen et al. 1998)

chen von Web-Seiten mit Unternehmens- und Produktpräsentationen bis hin zu elektronischen Märkten. Elektronische Märkte sind ein gutes Beispiel für innovative digitale Geschäftsmodelle. Sie ermöglichen nicht nur Transaktionen wie den Kauf oder Verkauf von Gütern unabhängig von Zeit und Raum, sondern können sowohl zur Bedarfsweckung im Vorfeld als auch zur Kundenbetreuung nach Abschluß der eigentlichen Transaktion genutzt werden (s. Abb. 5).

Im folgenden wird ein modellhaftes Vorgehen vorgestellt, mit dem Unternehmen den Einsatz von Multimedia im Internet schrittweise planen können. Dazu sollen 5 Schritte unterschieden werden (vgl. Gascoyne u. Ozcubukcu 1997; Abb. 6):

1. Gemeinsame Nutzung von Informationen im Unternehmen.
2. Aufbau eine Online-Präsenz.
3. Beginn der Realisierung von Mehrwertdiensten.
4. Moderate Integration der Systeme mit Kunden und Partnern.
5. Volle Integration von Systemen, Dienstleistungen und Branchen.

Die unterschiedlichen Schritte unterscheiden sich wesentlich nach der Art der eingesetzten Technologien und der erzielbaren Wertschöpfung.

Gemeinsame Nutzung von Informationen im Unternehmen

Interner Informationsaustausch

Basis für die gemeinsame Nutzung von Informationen ist ein Intranet, das auf den gleichen Technologien wie das Internet beruht. Ziel ist es, einen effektiven und zeitgerechten Zugriff auf die relevanten Informationen sicherzustellen. Ein Internet entwickelt sich ausgehend von einem Basis-Intranet in Form eines Web-Auftritts mit maximal 100 Seiten, die Texte, Links und Grafiken beinhalten, über eine Web-Bibliothek mit allen unternehmensrelevanten Dokumenten und einer Vielzahl von Online-Ressourcen zu einem Intranet, das dann die unterschiedli-

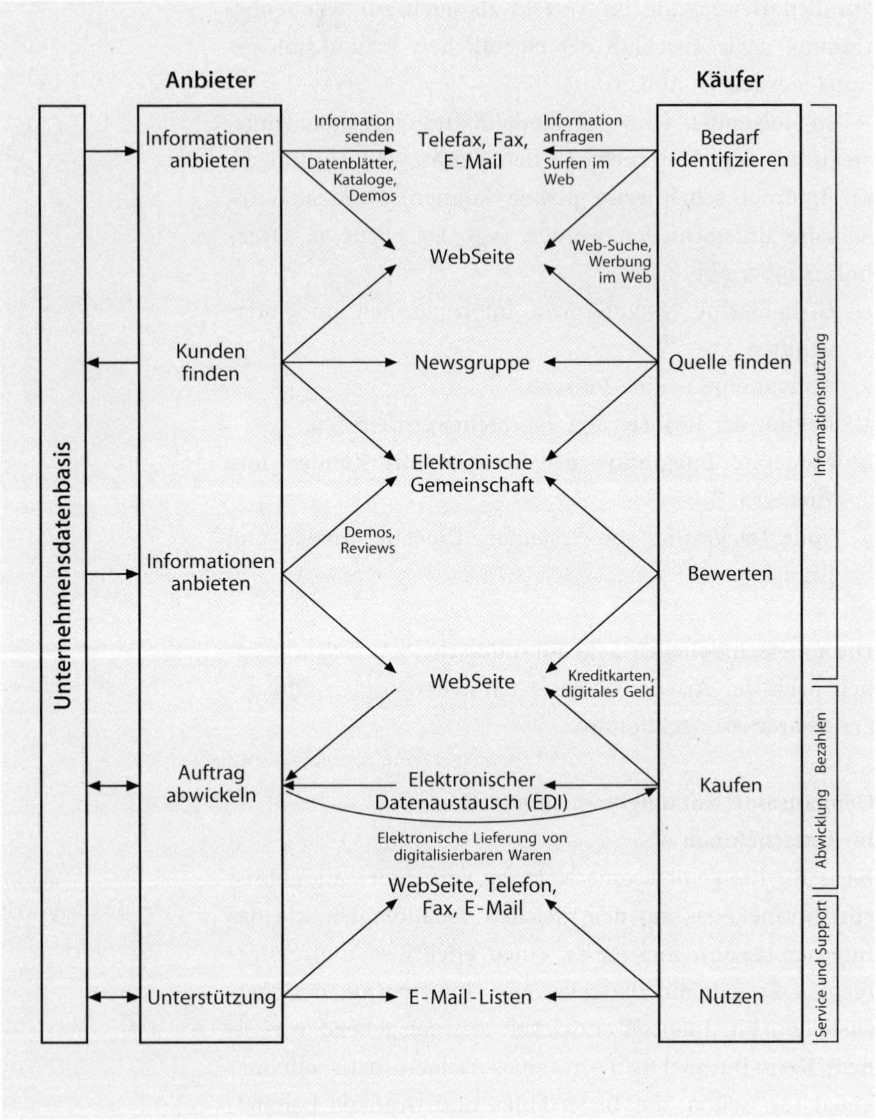

Abb. 5: Elektronischer Markt als digitales Geschäft. (Nach Kosiur 1997)

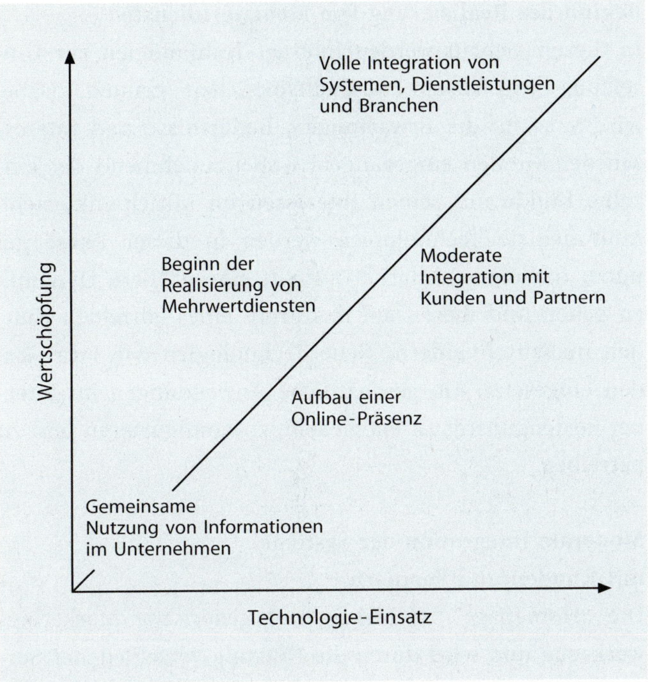

Abb. 6: Das Internet Strategie Kontinuum. (Nach Gascoyne u. Ozcubukcu 1997)

chen Formen der Zusammenarbeit und Transaktionen umfaßt (vgl. Hinrichs 1997).

Aufbau einer Online-Präsenz

Öffnung zum Markt

Die zunehmende Kommerzialisierung des Internets führt dazu, daß die Unternehmen zunächst Marketinginformationen, Geschäftsberichte und Pressemitteilungen ins Internet einstellen. Schwerpunkt wird dabei zunächst auf die Art der Präsentation gelegt, dabei spielen multimediale Elemente eine wichtige Rolle. Gezielt geplante Funktionalitäten zur Unterstützung der Geschäftsziele lösen dann die reinen Präsentationsfunktionen zunehmend ab.

Beginn der Realisierung von Mehrwertdiensten

Kundenfocussierung

In diesem Schritt werden Internet-Technologien zur Umsetzung von neuen Geschäftsmodellen genutzt. Dabei wird v. a. auf die Erwartungen, Bedürfnisse und Interessen der Kunden eingegangen, wobei zunehmend der einzelne Kunde mit seinen Interessen im Mittelpunkt steht. Multimediale Technologien werden in dieser Phase genutzt, um einem Internet-Auftritt eine größere Dynamik zu geben und diesen auf das Profil eines einzelnen Kunden maßzuschneidern. Neue Technologien wie Java werden eingesetzt, um geschäftliche Anwendungen im Internet kostengünstig zu entwickeln, zu konfigurieren und zu betreiben.

Moderate Integration der Systeme mit Kunden und Partnern

Network-Centric-Computing

Die „Homepage“ ist bislang das generische Marketingwerkzeug und wird durch die Nutzung verschiedener Server mit bestimmten Aufgaben abgelöst, die den Kunden direkt zu den Inhalten leiten, die für ihn von Interesse sind. Die Geschäftsprozesse werden angepaßt oder neu gestaltet und die Internet-Technologie wird dazu eingesetzt, die geschäftlichen Anwendungen auf Geschäftspartner, Kunden und weitere Mitarbeiter auszuweiten. Neue Informationssysteme werden nach dem Network-Centric-Computing (NCC)-Paradigma gestaltet (vgl. Abb. 7).

Volle Integration von Systemen, Dienstleistungen und Branchen

Innovationsorientierung

Neue Geschäftsfelder sowie Marketing- und Systemmodelle werden auf Basis des Internets entwickelt. Durch ein Netzwerk von virtuellen Unternehmen werden Werte für den Kunden wie Individualität und Transparenz realisiert. Die

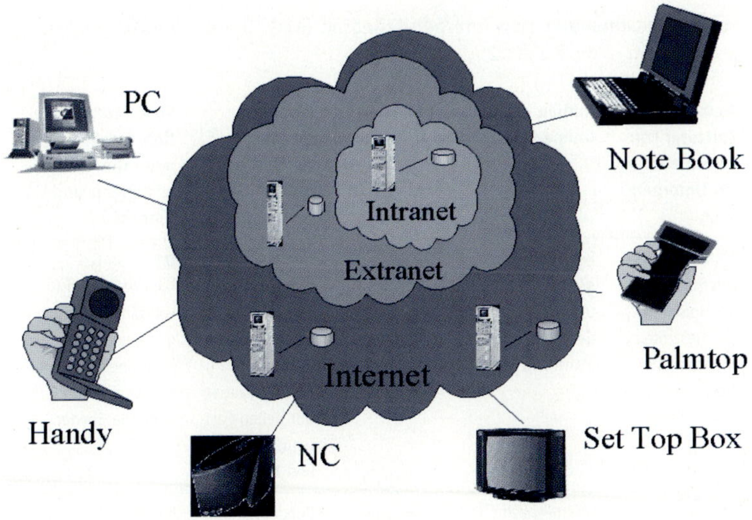

Abb. 7: Das Network-Centric-Computing-Paradigma

neuen Anwendungen sind netzwerkzentriert und die Softwarearchitekturen sind sehr flexibel, so daß sie schnelle Innovationen ermöglichen und unterstützen können.

Die folgende Tabelle 1 ermöglicht die Bestimmung des Internet-Reifegrads eines Unternehmens und darauf aufbauend die Planung der nächsten Schritte.

Zusammenfassung

11 03 | 05

Bei der häufig diskutierten These, daß nur jene Unternehmen, Volkswirtschaften und Gesellschaften im Zeichen der durch Kommunikationstechnologien vorangetriebenen Globalisierung überleben werden, die die Vorteile der Digitalisierung zu nutzen verstehen, nimmt das Thema „Multimedia" eine Schlüsselstellung ein. Multimedia-Angebote werden das Mediennutzungs- und Informationsnachfrageverhalten von privaten Haushalten und Un-

Tabelle 1: Positionsbestimmung zum Internet-Reifegrad (nach Gascoyne u. Ozcubukcu 1997)

Beschreibung	Gemeinsame Nutzung von Informationen im Unternehmen	Aufbau einer Online-Päsenz	Beginn der Realisierung von Mehrwertdiensten	Moderate Integration der Systeme mit Kunden und Partnern	Volle Integration von Systemen, Dienstleistungen und Branchen
Ziele	Nutzung des internen Wissens und der gesamten Informationsbasis	Bekanntheitsgrad steigern, Unterstützung der Marketingaktivitäten	Neue geschäftliche Möglichkeiten identifizieren	Reaktion auf wechselnde Kundenwünsche durch Intensivierung der Kommunikation mit neuen Partnern, Kunden und Mitarbeitern	Das neue Geschäftssystem ist vollständig integriert und ermöglicht eine Kommunikation über alle Ebenen
Dominierende Zielgruppe	Interne Mitarbeiter	Öffentlichkeit	Kunden und Mitarbeiter	Kunden, Geschäftspartner und Mitarbeiter	Kunden, Geschäftspartner und Mitarbeiter
Technologie und Standards	LAN, Ethernet	HTML, HTTP	CGI, SSL, Push-Technologie	Java, ActiveX, SSL 3.0, Microtransactions, Digital IDs, Intelligente Agenten	VRML, SET, Kabelmodems, ADSL
Ziele des IT-Einsatzes	Interne Zusammenarbeit	Beginnende Integration mit dem Internet	Netzwerkzentrierte Perspektive	Moderate Integration	Hohe Integration, Netzwerkzentrierte Anwendungen werden Standard
Grundsätzliche Risiken und Fragen	Technisch (Wird es funktionieren?)	Finanziell (Können wir damit Geld verdienen?)	Sicherheit (Wie sichern wir uns, wenn wir unsere Systeme öffnen?)	Geschäftspartner-Strategie (Habe ich die richtigen Partner für die Zusammenarbeit?)	Globaler Wettbewerb (Habe ich meine Nischen und meine Spezialisierung gefunden?)

ternehmen verändern. Nicht nur bei der Neugestaltung der Medienbranche spielt Multimedia eine wichtige Rolle, sondern es werden auch wichtige Potentiale für Unternehmen, Branchen und das Entstehen neuer Märkte eröffnet. Multimediale Produkte und Dienstleistungen verändern nicht nur den traditionellen Mediensektor, sondern verschieben auch die Grenzen zwischen Massen- und Individualkommunikation.

Multimediale Geschäftsprozesse

Durch Multimedia kann es zu wesentlichen Veränderungen in den Geschäftsprozessen eines Unternehmens kommen, so kann Multimedia als Basis für eine innovative Unternehmenskommunikation dienen, die auf folgenden Eigenschaften beruht:

- Kombination unterschiedlicher Medienformen,
- nutzerdominierte Navigation im Informationsraum,
- technologische Basis für zwischenmenschliche Kommunikation,
- Individualisierung der Informationsversorgung und
- angepaßte, endgerätegerechte Informationspräsentation.

Die am meisten genutzte Kommunikationsplattform für Multimedia im geschäftlichen Bereich bildet das Internet und ist somit zur mächtigsten Triebkraft für Innovationen in der heutigen Zeit geworden. Viele Unternehmen sind aktuell dabei, das große Potential der Internet-Technologien zu entdecken und für ihre geschäftlichen Aktivitäten nutzbar zu machen. Unter dem Einfluß des Internets ändern sich Branchenstrukturen und es entstehen eine Vielzahl von neuen Unternehmen mit innovativen Strukturen und Prozessen, deren Geschäftsmodelle auf der Nutzbarmachung des Internets beruhen.

Literatur

Brenner W, Zarnekow R, Wittig H (1998) Intelligente Softwareagenten. Heidelberg

Bruck PA, Selhofer H, Würfl L (1997) The content challenge. electronic publishing and the new content industries. Bericht für die European Commission DG XIII/E. Salzburg

Diebold Deutschland GmbH (Hrsg) (1996) Business digital. Eschborn

Fetterman R (1997) The interactive cooperation: Using interactive media and intranets to enhance business performance. New York

Gascoyne RJ, Ozcubukcu K (1997) Corporate internet planning guide. Aligning internet strategy with business goals. New York, pp 275–284

Hinrichs R J (1997) Intranets. What's the bottom line? Mountain View: 13 ff.

Keen, Mougayar, Torregrossa (1998) The business internet und intranets. A manager's guide to key terms and concepts. Harvard Business School Press, Boston, pp 2 ff.

Kosiur D (1997) Understanding electronic commerce. Microsoft Press, Redmon, p 11

Oosteron JUA van (1997) Interactive digital media. The impact of technology to 2003. Bericht für die European Commission DG XIII/E

Peppers D, Rogers M (1997) Enterprises one to one: Tools for competing the interactive age. New York

Tapscott D (1995) The digital economy. Promise and peril in the age of networked intelligence. New York

Thomas U (1995) Multimedia im ISDN-Zeitalter. Markt ohne Grenzen. Friedrich-Ebert-Stiftung, S 13

Hardwaregrundlagen und Entwicklungstrends — 11 ▮ 04

Aktuelle IuK-Technologien — 11 ▮ 04 | 01

Timo Baumann

INHALTSÜBERBLICK

Der Beitrag befaßt sich mit aktuellen IuK-Technologien, die für den Einsatz in mittelständischen Unternehmen relevant sind. Neben Prozessoren und anderen Rechnerbestandteilen wird auch das neue Medium DVD betrachtet. Des weiteren werden der Markt der mobilen Geräte und neue Kommunikationstechnologien beleuchtet.

Evolution oder Revolution?

Die Prozessoren arbeiten schneller als ihre Vorgänger, die Rechner können auf größere Festplatten zugreifen als letztes Jahr und neue Kommunikationsverbindungen bieten wesentlich höhere Bandbreiten. Das eröffnet neue Möglichkeiten für Anwendungen, gerade im grafischen Bereich und im Internet. Von der Hardwareseite aus betrachtet sind die Neuerungen aber mehr als Evolution denn als Revolution zu sehen. Wirklich innovativ ist nur die Datenübertragung über Stromleitungen.

Prozessoren

Taktfrequenzen bis 1 GHz

Neue Herstellungsverfahren mit geringerer Leiterbahnbreite erlauben bei den aktuellen CPUs für PCs Taktraten bis 600 MHz. Intel demonstrierte bereits den Betrieb einer Pentium-III-CPU mit über 1000 MHz.

Zu den Neuerungen abseits der Taktfrequenz gehören im wesentlichen Befehlserweiterungen der Prozessoren, auslesbare Seriennnummern sowie stromsparende Versionen der Rechenwerke für den mobilen Einsatz.

Befehlserweiterungen

Befehlserweiterungen für Multimedia und Netzanwendungen

Die zueinander inkompatiblen Befehlserweiterungen MMX, ISSE und 3Dnow! von AMD und Intel sind als Unterstützungen für Multimediaanwendungen und Spiele sowie für Netzapplikationen gedacht und erweitern die CPUs um komplexe Befehle, die von entsprechenden Anwendungen häufig benutzt werden. Die Idee dabei ist, daß ein komplexer Befehl schneller abgearbeitet werden kann als eine Reihe einfacherer Befehle, die die entsprechende Funktionalität liefern.

- MMX (Multimedia Extension) ist bereits seit einiger Zeit etabliert und findet sich in einigen PC-Prozessoren. Die MMX-Befehle finden für die Verarbeitung von Grafik-, Audio- und Videodaten Anwendung. MMX basiert auf dem Prinzip von Single Instruction Multiple Data (SIMD). Das heißt, ein Befehl wird gleichzeitig auf mehrere Daten angewendet. Speziell bei grafischen Anwendungen ist das häufig der Fall.
- 3Dnow! ist die inkompatible Konkurrenz von AMD zu MMX und ISSE und basiert im wesentlichen auf den gleichen Prinzipien. Wegen der Inkompatibilität der Befehlserweiterungen müssen Softwarehersteller für beide Standards Code erstellen, damit ein Programm auf Intel- und AMD-Plattformen läuft.
- ISSE (Internet Streaming SIMD Extension) ist z. Z. nur in den Pentium-III-Prozessoren von Intel zu finden. Obwohl es gerade auch für Spiele interessant ist, ist diese Erweiterung vorerst nur für den High-End-Bereich gedacht, Low-Cost-Prozessoren kommen noch nicht in den Genuß von ISSE. ISSE soll bei 3D-Spielen, bei der MPEG2-Kodierung, 3D-Beleuchtungsrechnungen und der Rotation von 3D-Darstellungen für mehr Leistung sorgen. Die neuen Befehle benötigen

eine entsprechende Unterstützung durch das Betriebssystem. Dies ist z. B. bei Windows 95 nicht der Fall und auch nicht geplant, hier können die neuen Features also nicht genutz werden. NT 4 benötigt einen Treiber von Intel und den Service-Pack 4, Windows 98 bietet von Haus aus volle Unterstützung, andere Betriebssysteme bis jetzt nicht.

Seriennummern

Gläserner Anwender?

Die neueste Intel-CPU enthält eine weltweit eindeutige, auslesbare Seriennummer, was zu großen Entrüstungen in der Computerwelt führte, obwohl solche IDs z. B. bei Sun seit einiger Zeit verwendet werden. Anwender befürchten, daß ihre Aktionen detailliert verfolgt werden können und sie zum gläsernen Benutzer werden. Auf der anderen Seite könnte eine solche Nummer im Rahmen einer digitalen Unterschrift auch sinnvoll verwendet werden.

Mobile Verwendung

Niedriger Stromverbrauch der CPUs

Für die mobile Verwendung ist ein geringer Stromverbrauch entscheidend. Ein wichtiger Aspekt für den Stromverbrauch ist die Frequenz der CPUs. Im Vergleich zu den Desktop-CPUs haben die mobilen Versionen daher etwas geringere Arbeitsgeschwindigkeiten. Eine weitere Möglichkeit, die Leistungsaufnahme gering zu halten, ist das Verwenden reduzierter Spannungen. Dadurch kann der Stromverbrauch ebenfalls stark gesenkt werden, was aber höhere Anforderungen an den Produktionsprozeß stellt.

Power-Management

Neben diesen statischen Maßnahmen spielt das Power-Management eine große Rolle. Dabei wird abhängig von der Nutzung des Rechners die Leistung der Komponenten reduziert, um Strom zu sparen. Während der Benutzer z. B. nachdenkt und nicht am Rechner arbeitet, wird die Helligkeit des Displays abgesenkt, die Festplatte angehalten und der Prozessor in einen Schlafzustand versetzt. Ein neuer Standard für das sog. Power-Management bei PCs ist die Advanced Configuration and Power Interface (ACPI)-Spezifikation. Diese Spezifikation umfaßt Richtlinien für die PC-Hardware, für Peripheriegeräte und für das Betriebssystem.

Markt

Intel, AMD, IBM/Cyrix, IDT, Rise und Co.

Der Markt für PC-Prozessoren ist breiter geworden. Zum ehemaligen Quasi-Monopolisten Intel, der im amerikanischen Markt beim Absatz in einigen Sparten bereits vom größten Konkurrenten AMD überholt wurde, und dem ebenfalls schon etablierten Hersteller IBM/Cyrix gesellen sich neue Konkurrenten wie IDT und Rise im Low-Cost-Bereich. Der High-End-Bereich für PC-Server ist aber nach wie vor fest in der Hand von Intel, die Konkurrenten bieten hier eigentlich keine entsprechenden CPUs an. Die steigende Konkurrenz wirkt sich gerade im Low-Cost-Bereich auch auf die Preise aus.

Merced

Intels High-End-Pläne

Die Markteinführung der Merced-CPUs ist für Mitte 2000 geplant. Diese neue Architekturlinie (IA-64) ist für den High-End-Server- und Workstation-Bereich gedacht und stellt dort eine Konkurrenz zu RISC-Prozessoren z. B. von HP und SUN dar. HP-PA-RISC-CPUs basieren auf einer reinen RISC-Architektur. HP plant aber für die Zukunft neben dem Ausbau der eigenen RISC-CPUs die Verwendung der IA-64-Chips, die binär und datenkompatibel zu den RISC- und den x86-Prozessoren von Intel sind.

Die Architektur der Pentium-Serie (IA-32) wird fortgesetzt, beide IA-Architekturen sind binärkompatibel, d. h. alte Programme laufen auch auf Merced, was einen Investitionsschutz für Unternehmen bedeutet. Hauptfeatures von IA-64 sind die parallele Ausführung verbunden mit neuen Strategien zur Verarbeitung von Verzweigungen und zum Einlesen von Daten aus dem Speicher im voraus. Die Erweiterung der CPUs um weitere Rechenwerke (Instruction Units) ist in der Architektur vorgesehen.

Weitere Prozessoren

Compaq/Digital will dem keineswegs nachstehen und präsentierte ihren Alpha 21364-Prozessor (EV7) als Alternative zu x86- und RISC-Plattformen von SUN und HP. Der Chip integriert auch einen Memory-Controller und ein Network-Interface. Seine geschätzten SPEC-Werte liegen bei 70 SPECint95 sowie 120 SPECfp95. Die entsprechenden Werte eines Pentium III mit 500 MHz liegen bei ca. 20 SPECint95 und ca. 15 SPECfp95. Compaq plant den Prozessor etwa zeitgleich mit Merced, also Mitte 2000, auf den Markt zu bringen.

SUN-UltraSparc-RISC-Prozessoren stehen in direkter Konkurrenz zu den PA-RISC von HP. Für das Jahr 2000 wird das Durchbrechen der 1 GHz-Schallmauer angestrebt, Frequenzen bis 1,5 GHz sind für 2002 angekündigt. IBM setzt in seinen RS/6000-Rechnern u. a. die eigenen Power3-Chips ein. Diese laufen bis jetzt noch mit relativ geringer Taktfrequenz von um die 200 MHz, überzeugen aber durch hohe Speichertransferraten. Umgestellt auf den Kupferprozeß soll Power3 im Jahre 2000/2001 die 1-GHz-Marke übertreffen.

Kupfer statt Aluminium

Die PowerPC-CPUs von Motorola/Apple sind vor allem in Apple-Rechnern und in IBMs RS/6000 zu finden.

Die aktuelle Version G3 (PPC-750) arbeitet mit 400 MHz und ist mit Kupferleiterbahnen statt solchen aus Aluminium ausgestattet. Diese Technik wird in vielen anderen Prozessoren künftig zu finden sein. Die nächste Ausgabe G4 soll 2 parallele AltiVec-Einheiten zur Unterstützung für Multimedia bieten. Dabei werden wesentlich mehr Register verwendet als bei Intels Pentium III mit dem AltiVec-Pendant ISSE. Erwähnenswert ist auch der niedrige Stromverbrauch von nur 8 Watt bei 400 MHz.

DVD

Nachfolge der CD?

Die der CD rein äußerlich betrachtet zum Verwechseln ähnliche Digital Versatile Disk (DVD) ist dabei, sich zu etablieren. Problematisch ist die Tatsache, daß es dem DVD-Forum, das sich mit der Verabschiedung der DVD-Standards befaßt und sich aus den 10 größten Herstellern von Unterhaltungselektronik zusammensetzt, noch nicht gelungen ist, einheitliche Standards zu verabschieden. Noch versuchen die Hersteller, ihre eigenen Vorstellungen als Standard zu realisieren.

Verwendung

Die Hauptanwendung der DVD ist z. Z. das Abspielen von DVD-Videos, also der Heimkinobereich. Computeranwendungen auf DVD-ROM gibt es noch sehr wenige. Da die Aufzeichnung von DVDs sich noch nicht richtig etablieren konnte, spielt die Verwendung als Massenspeicher für Computer oder als Videomedium ebenfalls z. Z. eine untergeordnete Rolle.

Formate

Eine DVD sieht einer CD zum Verwechseln ähnlich, da sie die gleichen Abmessungen hat. Während die CD aber

Mehrere Schichten ermöglichen bis zu 17 GB

nur 650 bis 700 MByte Daten aufnehmen kann, bewegt sich die Kapazität einer DVD-Scheibe zwischen 4,7 und 17 GByte. Die unterschiedlichen Kapazitäten ergeben sich aus der Verwendung einer oder 2 Schichten, die Informationen enthalten, auf nur einer oder beiden Seiten der Scheibe. Der Laser zum Abtasten der DVD kann die Scheibe sowohl von beiden Seiten abtasten als auch sich auf die beiden Informationsschichten auf jeder Seite fokussieren. Aus technischen Gründen können DVD-RAMs momentan allerdings nur 2,3 GByte pro Seite fassen, obwohl theoretisch mehr Platz auf den Scheiben ist. Die höhere Kapazität gegenüber der CD ergibt sich durch geringere Abstände zwischen den Datenspuren und durch Verkleinern der sog. Pits, die die eigentliche Information in Form von Nullen und Einsen speichern.

- DVD-ROM: In diesem Format ist die DVD als großvolumiges Nur-Lese-Speichermedium für Computer gedacht und stellt quasi die Nachfolge der CD-ROM dar. Eigentlich alle Geräte, die dieses Format unterstützen, unterstützen auch das Lesen von CD-ROMs.
- DVD-Video: Dieses DVD-Format unterstützt das interaktive Abspielen von Video-, Audio- und Grafikinhalten. Es zielt auf den Consumerbereich ab, indem es sowohl die Wiedergabe von Spielfilmen in voller Länge als auch interaktive Spiele erlaubt.

Der Regionalcode von Wiedergabegeräten und DVDs soll dazu dienen, die Verbreitung der Medien zu kontrollieren. Jede DVD trägt dazu einen Regionalcode, den das Abspielgerät mit dem eigenen überprüft. Nur bei Übereinstimmung wird die DVD wiedergegeben. Manche Geräte lassen einen mehrmaligen Wechsel des Codes zu, während andere dies generell nicht erlauben. Dem Hersteller der Video-DVD bleibt es allerdings überlassen, ob er den Code auf der DVD implementiert oder nicht. Für Hardwarehersteller ist dies vorgeschrieben.

DVD-Video bietet Unterstützung für Kinderschutzmechanismen. Die Tracks der DVD können dazu vom Hersteller klassifiziert werden und am Abspielgerät kann eine zulässige Klasse eingegeben werden.

Das DVD-Video-Format benutzt z. Z. Kopierschutzverfahren sowohl gegen analoges als auch digitales Kopieren. Diese Mechanismen müssen vom Hersteller der Disk nicht zwingend implementiert werden.

Da auch 4,7 Gbyte Speicherplatz auf einer DVD-Schicht für die unkomprinierten Video- und Audiodaten eines Spielfilms nicht ausreichen, wird das MPEG2-Verfahren verwendet. Daher wird zum Abspielen von Videos auf DVD ein MPEG2-Decoder zum Entpacken der Daten benötigt. Consumergeräte haben diese Funktionalität bereits integriert, für DVD-Laufwerke für PCs ist ein solcher Decoder in Form zusätzlicher Hardware oder als Softwarelösung erhältlich.

- DVD-Audio: Das Audio-Format der DVD unterstützt die Wiedergabe von Audiodaten in einer Qualität, die der CD-ROM überlegen ist. Das DVD Forum verkündete am 9. Februar 1999 die Version 1.0 der DVD-Audio-Spezifikation. Daher sind Audio-DVDs und entsprechende Abspielgeräte noch sehr wenig verbreitet, da die bereits recht gut am Markt eingeführten DVD-Video-Player die Audiodaten der DVD-Audio nicht auslesen können.

  DVD-Audio unterstützt die Wiedergabe von Musik mit Samplingraten von 48, 96, 192, 44.1, 88.2 und 176.4 kHz mit einer Auflösung von 16-, 20- oder 24-bit, während Audio-CDs lediglich eine Auflösung von

16-bit bei 44 kHz anbieten. Außerdem können auf der Disc nicht nur 2 Kanäle sondern für Surround-Ansprüche 6 Kanäle (sog. 5.1-Kanal) enthalten sein. Dazu kommen weitere Features wie Videosequenzen, Songtexte und Titel der Stücke sowie Links auf Web-Seiten.

- DVD-R: Dieser Standard ist gewissermaßen der Nachfolger der CD-Rs. Er erlaubt das einmalige Beschreiben einer DVD und eigenet sich damit gut als Backup-Medium für Computer.
  DVD-R Discs können auf jedem DVD-Video-Player und auf jedem PC mit DVD-ROM-Laufwerk wiedergegeben werden. Verwendet wird sowohl das UDF-Bridge- als auch das von beinahe allen Betriebssystemen unterstützte ISO-9660-File-System.
- DVD-RAM: Bei diesem wiederbeschreibbaren Format gibt es noch Standardisierungsproblem. Derzeit ist das DVD-RAM-Format mit 2,3 GByte pro Seite das einzig erhältliche. Dazu inkompatible Formate wie DVD+RW, DVD/RW und MMVF sind noch in der Entwicklung. Ein großer Vorteil sind die günstigen Medienpreise von ca. 20 DM/GByte bei doppelseitigen Medien, billiger sind z. Z. nur Bänder.

Weitere Features

Die Geschwindigkeit wird auch bei DVD-Laufwerken in Vielfachen einer Referenzgröße angegeben. Diese liegt bei 1,35 MByte/s. Aktuelle Laufwerke lesen die Daten der DVD mit 4- bis 6facher Geschwindigkeit aus, also mit bis zu 8,1 MByte/s. Im Vergleich dazu erreichen aktuelle CD-Laufwerke Transferraten von ungefähr 6 MByte/s.

Festplatten

Größer

Bis 50 GByte

Während bei Festplatten im 3,5″-Format 10 GByte aktuell sind, sind inzwischen auch Platten mit Kapazitäten von 20–50 GByte erhältlich. Die Preise für 10-GByte-Festplatten sind zudem auf dem Preisniveau von ungefähr 30 DM/GByte angelangt, was bedeutet, daß Plattenplatz kaum noch als Sparmöglichkeit bei der Beschaffung gilt.

Schneller

Höhere Umdrehungszahlen

Höhere Transferraten erzielen die Platten zum einen durch höhere Umdrehungen. Viele Modelle drehen mit 10000 U/min, während seither 5400 oder 7200 U/min den Standard markierten.

Neue Schnittstellen

Ebenfalls für höhere Geschwindigkeit soll die neue Schnittstelle Ultra-ATA/66 bringen. Im sog. Ultra-DMA-Modus 4 können die Laufwerke dann bis zu 66 MByte/s an Daten liefern. Mainboards mit entsprechenden Schnittstellen oder PCI-Hostadapter zum Nachrüsten sind allerdings noch kaum erhältlich. Zu bemerken ist, daß aktuelle Platten die derzeit maximale Transferrate von 33 MByte/s noch nicht voll ausnützen, weil sie die Daten langsamer lesen und schreiben.

Kleiner

Auch bei 2,5″-Platten, die bei Notebooks verwendet werden, sind große Kapazitäten von 10 GByte und mehr erhältlich. Die Durchsatzraten liegen allerdings etwas unter denen der größeren 3,5″-Modelle.

Microdrives

Noch kleiner sind die Microdrives von IBM im Compact-Flash-II-Formfaktor (42,8 × 36,4 × 5,0 mm). Sie sind für den Einsatz in mobilen Geräten mit hohem Speicherbedarf wie z. B. Digitalkameras gut zu verwenden. Microdrives bieten Dauertransferraten von über 3 MBytes/s bei einer Kapazität von momentan 340 MByte.

Monitore

Röhrenmonitore

Kompakt und ohne Wölbung

Bei den Röhrenmonitoren sind ebene Bildschirme und kompakte Bauweise, d. h eine geringe Tiefe, wichtige Neuerungen, was auch für die Konkurrenzfähigkeit gegenüber den Flachbildschirmen wichtig ist. Geringere Diagonalen als 17″ sind kaum noch anzutreffen, am Ende der Skala stehen Modelle mit bis zu 22″ Durchmesser. Entsprechend der großen Bildschirmdiagonalen bieten viele aktuelle Monitore hohe Auflösungen mit mehr als 1600 × 1200 Bildpunkten. Auch bei den höheren Auflösungen warten die Geräte mit ergonomischen Bildwiederholfrequenzen von 80 Hz und höher auf.

Flachbildschirme

Nach den z. Z. aktuellen Displays mit 15″ sichtbarer Bilddiagonale sind nun Geräte mit 17″- und 18″-Diagonale erhältlich. Auch Bildschirme mit mehr als 20″ werden angeboten, allerdings ist deren Preis noch sehr uninteressant. Auch die Flachbildschirme können mit Emissionszertifizierungen wie etwa TCO 99 aufwarten. Mit den Diagonalen jenseits der 15″-Grenze steigen auch die erzielbaren Auflösungen. Während 15″-Geräte nur 1024 × 768 Pixel anzeigen können, beherrschen die 17- und 18-Zöller 1280 × 1024 Pixel.

Digitale und analoge Monitore

Bei der Ansteuerung der Flachbildschirme gibt es 2 Varianten. Analoge Displays werden wie Röhrenmonitore von gewöhnlichen Grafikkarten mittels analoger Daten angesteuert. Digitale Geräte bekommen die Daten von der Grafikkarte digital übermittelt, womit die eigentlich unnötige Digital-Analog- und anschließende Analog-Digital-Wandlung wegfällt. Allerdings sind dafür Grafikkarten mit einem solchen Ausgang notwendig. Leider gibt es bei diesen Digitalausgängen noch konkurrierende Formate, ein Standard steht noch aus.

Mobil

Mobile Geräte sind nicht nur aus Prestigegründen immer häufiger anzutreffen. Mit der gebotenen Funktionalität sind die Windows-CE-Geräte sowie die der Konkurrenz von Palm und Psion für den geschäftlichen Einsatz sinnvoll zu verwenden. Im wesentlichen gibt es z. Z. 2 Klassen der mobilen Rechner, nämlich die Palm-Size-PCs und die Handheld-PCs.

Betriebssysteme

Im wesentlichen konkurrieren Windows CE und die Betriebssysteme von Palm und Psion um die Gunst der Käufer.

Windows mobil

- Windows CE 2.11
  Für Ende des Jahres hat Microsoft die Version 3.0 angekündigt, die zum einen die Pocketversionen der Office-Programme enthalten und zum anderen eine browserähnliche Oberfläche bekommen soll. Erst die Nachfolgeversion von 3.0 soll Windows CE echtzeitfähig machen. Dadurch würde es sich auch zum Einsatz in mobilen Geräten wie Handys eignen.
- Palm OS 3.0
  Neben der Referenzhardwarearchitektur, auf der die Pilotbaureihe von Palm aufsetzt, ist das Palm OS Hauptbestandteil der sog. Palm Computing Platform, zu der unter anderem auch die Programmierschnittstellen sowie die Schnittstellen zum Datenabgleich mit

PCs gehören. Palm OS ist derzeit nicht für den Einsatz in anderen Geräten wie Handys vorgesehen.

- EPOC
  Das von Psion für ihre mobilen Geräte verwendete Betriebssystem ist multitaskingfähig, hat eine 32-bit-Architektur und wurde generell für mobile drahtlose Geräte wie PDAs und Handys entwickelt. Die Handys von Ericsson enthalten z. B. EPOC.

Auch in Handys

Palmtops oder Palm-Size-PCs
Diese Rechner besitzen aus Gründen der Größe keine Tastatur und werden mit wenigen Funktionstasten und mittels eines Stifts über den Touchscreen bedient. Vorbild dieser Klasse ist der PalmPilot, der nach wie vor einen großen Marktanteil hat.

Handschrifterkennung vs. Softwaretastatur

Während die Geräte von Palm eine Handschrifterkennung bieten, besteht bei den Windows-CE-Geräten oft lediglich die Möglichkeit, über eine im Bildschirm eingeblendete Tastatur Eingaben zu machen. Beide Eingabemöglichkeiten sind begrenzt vernünftig einzusetzen, womit sich diese Geräteklasse mehr als mobiles Datensichtgerät für Termine und Aufgaben eignet.

Die Touchscreens sind meist TFT-Farbdisplays mit 256 Farben und Auflösungen bis zu 240 × 320 Pixeln. Trotz farbiger Darstellung beträgt die Laufzeit mit Li-Ionen-Akkus immerhin bis ca. 10 h, was im Vergleich zu aktuellen Notebooks ein sehr guter Wert ist.

Die neueren Geräte bieten auch Diktiergerätfunktionalitäten, wobei die Qualität der Aufzeichnung häufig noch zu wünschen übrig läßt.

Synchronisieren mit dem PC

Wichtigstes Feature dieser Geräte ist natürlich der Abgleich mit dem PC, um Daten wie Termine, Adressen, Mails, Aufgaben oder Dokumente zu synchronisieren. Dafür wird von den Herstellern entsprechende Software für den PC mitgeliefert. Die Übertragung erfolgt entweder über ein serielles Kabel oder auch über eine Infrarotschnittstelle.

Neuere Geräte bieten ca. 16–32 MByte RAM und eine meist ebenso große Menge an ROM an, was gerade bei Mitnahme von Office-Dokumenten wie Präsentationen nicht allzu üppig ist. Neu ist auch die Unterstützung der Wiedergabe von MP3-Dateien, womit der Mobilrechner zum Walkman umfunktioniert werden kann.

Handheld-PCs

Halbe VGA-Auflösung

Die Handheld-PCs sind durch die eingebaute Tastatur größer als die Palm-Size-PCs, unterscheiden sich von diesen sonst aber kaum in den Eigenschaften. Tastaturbedingt ist das Display im Querformat, während die Palm-Size-PCs Anzeigen im Hochformat haben. Die Auflösung beträgt 640 × 240 Pixel bei 256 Farben, was in vertikaler Richtung der halben und in horizontaler der ganzen Standard-VGA-Auflösung entspricht. Die Prozessoren arbeiten mit Frequenzen im Bereich von 100 MHz. Neben Anschlüssen zur Synchronisation mit dem PC bieten die Geräte auch die Möglichkeit, ein Modem anzuschließen (meist als PC-Card), oder besitzen bereits ein eingebautes. An manche mobile Rechner kann auch ein externer Monitor angeschlossen werden.

Konkurrenz zu Mininotebooks

Die genannten Eigenschaften bringen die Handheld-PCs in Konkurrenz zu Mininotebooks, die vollwertige PCs mit Festplatte sind. Der Vorteil der Handheld-PCs ist auf jeden Fall die längere Laufzeit der Batterien, die mit bis zu 20 Stunden die Laufzeit von Notebooks deutlich überschreitet.

Kommunikation

Neben den Möglichkeiten der Kommunikation mit einem PC unterstützen die meisten Geräte Modems, sowohl für den Betrieb an Festnetzanschlüssen als auch für den Betrieb über GSM. Die Palm-Size-PCs haben noch keine integrierten Modems, viele Handhelds dagegen bieten wie erwähnt Einschübe in PC-Card-Format oder haben sogar eingebaute Modems. Die Geräte bieten damit die Möglichkeit des Internet-Zugangs vom mobilen Gerät aus oder die Möglichkeit der Einwahl in ein Firmennetz, sofern dieses entsprechende Zugänge anbietet.

E-Books

Digitale Bücher

Eine naheliegende Verwendung mobiler Geräte ist auch das Mitnehmen von Dokumenten in digitaler Form. Digitale Bücher spinnen diesen Gedanken weiter. Während sich die oben beschriebenen Geräte natürlich alle zum Lesen digitaler Bücher eignen, gibt es auch spezielle E-Book-Hardware, sog. E-Books, die nur zum Anzeigen elektronischer Publikationen verwendet werden kann. Solche E-Books bestehen hauptsächlich aus dem Bildschirm und einigen Navigationstasten und erlauben manchmal auch das Bearbeiten der Bücher in Form von Markierungen oder Notizen. Die Buchsoftware, die aus Copyright- und Kopierschutzgründen meist in einem proprietären Format vorliegt, wird entweder über ein eingebautes Modem oder über die Verbindung zum PC geladen.

Große Rechner

Trotz Konkurrenz durch ebenfalls sehr leistungsfähige und in der Anschaffung weitaus preisgünstigere PC-Server werden von mittelständischen Unternehmen relativ häufig Workgroup- oder Midrange-Server von z. B. IBM,

SUN oder HP eingesetzt. Wichtige Einsatzgebiete sind E-Commerce und andere transaktionsorientierte Anwendungen oder rechenintensive Data-Warehouse- und Data-Mining-Applikationen.

Durch Prozessoren- und Speicherausbau sind solche Systeme gut skalierbar und bieten eine hohe Ausfallsicherheit durch redundante Bauteile oder Prüfsummen und spezielle Systemmanagement-Features. Hohe Performance bieten die Server v. a. im I/O-Bereich, was für Internet- oder Datenbankanwendungen wichtig ist. Zu den gefragtesten Modellen zählen die IBM-Modellreihen AS/400e und RS/6000, die Enterprise-Reihe von SUN und die 3000-Reihe von HP.

DFÜ

Fernsehkabel

In den USA sind die Coaxkabel als Übertragungsmedium für Daten schon länger im Einsatz, auch unter Verwendung des Rückkanals über Kabel. Erreicht werden bis zu 40 Mbit/s Übertragungsgeschwindigkeit.

Für den Zugriff auf das Fernsehkabel ist ein sog. Kabelmodem erforderlich, um parallel zu den Fernsehdaten Computerdaten zu übertragen oder zu empfangen.

Noch kein flächendeckender Betrieb

Seit 1997 läuft in München die Kabeltechnik im Normbetrieb, allerdings mit Rückkanal über ein gewöhnliches Modem. Technisch machbar ist auch der bidirektionale Betrieb über das Fernsehkabel. Dazu müssen bestimmte technische Anforderungen vom Kabelnetz erfüllt werden. In Deutschland lassen sich bei einem Großteil der Netze diese Anforderungen innerhalb weniger Wochen nachrüsten. Über die Kosten sind allerdings keine Angaben zu finden. Ansonsten ist die Übertragung via Fernsehkabel in Deutschland noch nicht verbreitet oder beschränkt sich auf Feldversuche. ELSA bietet ab Sommer 1999 ein Kabelmodem an, das auch für den Rückkanal das Coaxkabel verwendet. Damit werden downstream bis zu 43 Mbit/s und upstream bis 10 Mbit/s erreicht. Der Anschluß an den Rechner erfolgt über eine Netzwerkkarte, dadurch ist das Kabelmodem vollkommen transparent für Anwendungen und Benutzer.

Satellit

Hughes Olivetti Telekom bietet den Internet-Zugang via Satellit an. Ähnlich wie bei Kabelmodems funktioniert der Rückkanal zum Internet über Modem, downstream werden die Daten über den Eutelsat-Satelliten empfangen. Technisch denkbar wäre auch ein Rückkanal über Satellit, die Technik dazu ist aber viel zu teuer. Erreicht werden maximal 200 kbit/s downstream. Der Satellitenzugang erfordert eine Einbaukarte und spezielle Software, was die Benutzung nicht vollständig transparent macht.

Stromkabel

Die Übertragung von Daten und Sprache über Stromkabel steckt noch etwas in den Kinderschuhen. Die Vorteile sind aber gewaltig, da das Stromnetz z. B. sehr gut ausgebaut ist und sogar in abgelegenen Gebieten zur Verfügung steht.

Die Firma ke aus Hannover bietet eine auf Mittelspannung zwischen 10 und 20 kV basierende Lösung an, mit der bis zu 2 Mbit/s übertragen werden können. Wegen der Kosten ist diese Technik nur für Firmen interessant.

Für Endverbraucher eignen sich Technologien, die Niederspannung benutzen. Nor.Web (Tesion, EnBW und Nortel Dasa) betreiben einen Feldversuch in Stuttgart, bei dem Übertragungsraten von 1 Mbit/s erreicht werden.

Auch Siemens plant Feldversuche für eine konkurrierende Niederspannungstechnik mit ebenfalls 1-Mbit/s-Übertragungsrate. Des weiteren arbeiten Energiekonzerne wie RWE an diesen Technologien, da sie damit das Monopol der Telekom bei der letzten Meile brechen können.

Telefonnetz

Bisher standen im wesentlichen ISDN- und Standleitungen für die Datenübertragung über das Telefonnetz zur Verfügung.

Höhere Bandbreiten versprechen die xDSL-Technologien. Sie verwenden Kupferdoppeladern, die in den meisten Haushalten und Büros vom Telefon vorhanden sind. Durch Ausnutzen anderer Frequenzbereiche ist die Datenübertragung parallel zu einer Telefon- bzw. Faxverbindung über eine Leitung möglich.

Die xDSL-Technologien ermöglichen eine Datenübertragung zwischen 768 kbit/s und 52 Mbit/s. Sie arbeiten asymmetrisch, upstream ist die Übertragungsrate geringer als downstream, was aber normalerweise nicht die Performance beeinträchtigt, da upstream hauptsächlich kurze Anforderungen geschickt werden, wie etwa das Anfordern einer Web-Seite.

Für die Verbindung zum Rechner des Anwenders werden Standardschnittstellen wie beispielsweise Ethernet-Schnittstellenkarten eingesetzt. Das macht die xDSL-Technologien vollständig transparent.

Monopol der Telekom

Die Telekom ist im Besitz der letzten Meile und kann damit quasi als einziger Provider in Deutschland auftreten.

Details zu xDSL sind in Kap. 11.02.01 zu finden.

Funk

GSM bis 9,6 kbit/s

Für die mobile Datenübertragung existiert momentan eigentlich nur das „Global System for Mobile Communications“ (GSM). GSM unterstützt z. Z. nur 9,6 kbit/s, Erweiterungen sind mit dem GPRS (General Packet Radio Service) geplant, mit dem eine Übertragungsrate bis zu 115,2 kbit/s möglich ist. Damit soll es auch möglich sein, ständig per Handy in das Internet eingebucht zu sein, ohne einen teuren Sprachkanal zu belegen.

Die Entwicklung des künftigen terrestrischen Mobilfunkstandards „Universal Mobile Telecommunication System“ UMTS wird bis in 2 Jahren soweit sein, GSM im Bezug auf die Datenübertragung sinnvoll zu ergänzen. UMTS erreicht bis zu 2 Mbit/s.

Wireless-Application-Protocol

Bis die mobile DFÜ höhere Übertragungsraten liefern kann, muß auf dem Anwendungswege nach Löungen gesucht werden. Ein solcher Ansatz ist das Wireless-Application-Protocol (WAP). Es lehnt sich stark an die Internet-Standards HTTP, FTP, HTML und JavaScript an und ist für die Übertragung von Informationen zu mobilen Geräten wie Handys oder PDAs gedacht. Mit der Wireless-Markup-Language (WML) können wie mit HTML Seiten gestaltet werden. Für interaktive Seiten ist WMLScript gedacht, das mit JavaScript vergleichbar ist. Auf den niederen Ebenen des Protokolls gibt es entsprechende Pendants zum HTTP- und FTP-Protokoll für die Übertragung von Seiten bzw. Dateien. Wegen der geringen Bandbreiten, die im mobilen Bereich zur Verfügung stehen, werden auch Komprimierungsmöglichkeiten ausgenutzt.

Damit ein Gerät WAP nutzen kann, benötigt es einen sog. Micro-Browser, der WML und WMLScript verarbeiten kann. Solche Browser sind so klein, daß sie sogar in das ROM eines Handys passen.

Drahtlos

WLANs

Büro, Home-Office und privat

Nicht nur für den mobilen Bereich sondern auch für das Büro und den Home-Office-Bereich bzw. sogar für den privaten Anwender sind drahtlose Technologien zum Vernetzen der Geräte gefragt und auch zu vernünftigen Preisen erhältlich. Man spricht hier von Wireless-LAN (WLAN) oder Funk-LAN.

Die Einsatzgebiete sind sehr vielfältig. Das Vernetzen beliebig vieler Rechnern nur über Funknetzwerkkarten ohne weitere Netzkomponenten wie Hubs erlaubt z. B. Außendienstmitarbeiter, ihre mobilen Rechner bei Anwesenheit im Büro ohne Kabel ins LAN zu integrieren. Kabelgebundene LAN-Teile können über sog. WLAN-Access-Points mit den drahtlosen Komponenten verbunden werden. Über Richtfunk können auch verschiedene LANS in mehreren Firmengebäude vernetzt werden. Wenn das Büro flächendeckend funkversorgt ist, können sich Anwender mit mobilen Rechnern frei im Raum bewegen (Roaming).

Genehmigungs- und gebührenfrei

Generell ist der Betrieb genehmigungs- und gebührenfrei. Wenn der Betrieb über Grundstücksgrenzen hinweg erfolgt, muß der Betrieb dem Bundesamt für Post und Telekom (BAPT) schriftlich mitgeteilt werden, woraus sich aber keine weiteren Verpflichtungen oder Kosten ergeben.

Der wichtigste Standard für WLANs ist momentan IEEE 802.11, der Übertragungsraten von 1 und 2 Mbit/s ermöglicht. Erweiterungen des Standards stellen bis 20 Mbit/s in Aussicht. Die Reichweite der WLANs im 2,4-GHz-Bereich beträgt 30 m in Gebäuden, bis 300 m im Freien. Eine Reichweitenerhöhung ist durch Verwendung mehrerer Access-Points möglich.

WLANs sind transparent für den Anwender

Für die Funknetzwerkkarten sind immer spezielle Treiber notwendig, da es sich um spezielle Hardware handelt. OS/2 wird beispielsweise momentan von keinem Anbieter unterstützt, für Linux dagegen finden sich schon einige Treiber. Aus Anwendungssicht sind die WLANs aber vollständig transparent und unterstützen zahlreiche Protokolle wie TCP/IP, IPX, AppleTalk und andere.

Zukunft

Universalität vs. intuitive Bedienung

Der PC ist auf extreme Modularität, Erweiterbarkeit und damit auf universelle Verwendbarkeit ausgelegt. NCs sind das genaue Gegenteil dieser Philosophie, weil sie nichts anderes können, als auf die zentral angebotenen Dienste zuzugreifen. Bisher war der Erfolg dieses Konzepts nicht gerade berauschend, aber im Prinzip ist es das, was ande-

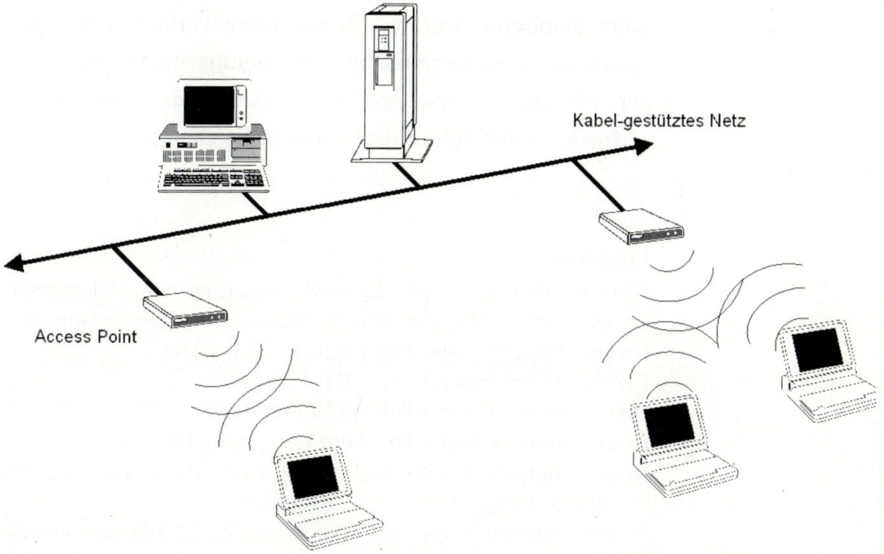

Abb. 1: Beispiel für ein Wireless LAN

11

re Geräte zu Konsumgütern machte. Videorecorder oder Telefone wurden zum Konsumgut, weil sie intuitiv zu bedienen sind und ihren Zweck damit erfüllen. Niemand erwartet von seinem Telefon Erweiterbarkeit z. B durch Einsetzen einer leistungsfähigeren Antenne. Niemand möchte mit seinem Telefon die Stereoanlage fernbedienen können. Deshalb hätte vielleicht auch ein Rechner, der nicht beliebig erweiterbar ist, aber seine Funktion als Bürowerkzeug erfüllt und dabei noch einfach zu bedienen ist, gute Chancen auf eine große Akzeptanz zu treffen.

Biometrische Verfahren

Ein wichtiger Trend sind auch die sog. biometrischen Verfahren zur Identifikation und Authentifizierung des Anwenders. Seit grauer IT-Vorzeit identifiziert sich der Benutzer mit seinem Namen und authentifiziert seine Identität durch Eingabe eines Paßworts. Eine erste Erweiterung dieses Konzepts war die Identifikation durch eine Chipkarte statt des Namens, was sich in der IT bis jetzt nicht etablieren konnte. Biometrische Verfahren dagegen benutzen charakteristische Personenmerkmale wie Fingerabdruck, Sprache oder Gesichtsmerkmale zur gleichzeitigen Identifikation und Authentifizierung.

Literatur

Diverse Autoren (1998) Internet-Zugangstechnik, Highspeed-DFÜ. In: c't-Magazin 16/1998, Verlag Heinz Heise, Hannover

Diverse Autoren (1999) Das EPOC Betriebsystem

Diverse Autoren (1999) Die AMD-Prozessoren

Diverse Autoren (1999) Die Intel-Prozessoren

Diverse Autoren (1999) Die Palm Computing Platform

Diverse Autoren (1999) Multimedia hoch III. In: c't-Magazin 5/1999. Verlag Heinz Heise, Hannover

Diverse Autoren (1999) PC-Trends 99. In: c't-Magazin 6/1999. Verlag Heinz Heise, Hannover

Diverse Autoren (1999) Windows CE Web-Sites

Kuri J (1999) Wellenlänge – Drahtlose Netze erobern den Massenmarkt. In: c't-Magazin 6/1999, Verlag Heinz Heise, Hannover

LaBarge R (1999) DVD-Today, Alphadvd LLC

Maßmann J (1999) Heiße Standleitung – Datenübertragung zwischen 10 und 20 kV. In: c't-Magazin 6/1999, Verlag Heinz Heise, Hannover

Software-Grundlagen und Entwicklungstrends

11 ▮ 05

Paulette Feller

INHALTSÜBERBLICK

Dieser Beitrag zeigt einen Überblick der Entwicklung der Netzwerkbetriebssysteme. Es werden Kriterien für die Beurteilung von Netzwerkbetriebssystemen und deren Eignung als Plattform für Internet- und Intranet-Anwendungen vorgestellt. Außerdem finden Sie Informationen zu den 3 Netzwerkbetriebssystemen, die derzeit weltweit die größten Marktanteile haben. Abschließend wird auf Entwicklungstrends eingegangen.

Überblick

11 ▮ 05 | 01

Mainframe

Bei den frühen Netzwerkbetriebssystemen handelte es sich um sog. „Mainframe-Umgebungen". Ein großer Zentralrechner erledigte sämtliche Rechenaufgaben. Die Anwender saßen an Terminals ohne eigene Rechenintelligenz, mit denen Anfragen formuliert und die Ergebnisse dargestellt wurden (s. auch Abb. 1). Die Verwaltung eines solchen Netzes war relativ einfach, da die Terminals aufgrund ihrer unkomplizierten Struktur praktisch keinerlei Verwaltung erforderten und nur auf dem Zentralrechner die Daten und Anwendungen gepflegt werden mußten. Fiel das Mainframe jedoch aus, war keine Arbeit im Netz mehr möglich.

Peer-to-Peer

Alternativ dazu verfügten kleinere Firmen häufig über ein sog. „Peer-to-Peer-Netzwerk". Diese Netze bestanden aus gleichartigen Rechnern, auf denen ein netzwerkfähiges Betriebssystem wie z. B. Windows für Workgroups oder eine der vielen UNIX-Varianten lief (s. auch Abb. 2). Ein Peer-to-Peer-Netzwerk ist relativ schnell eingerichtet und erfordert keine besonders leistungsfähige und damit

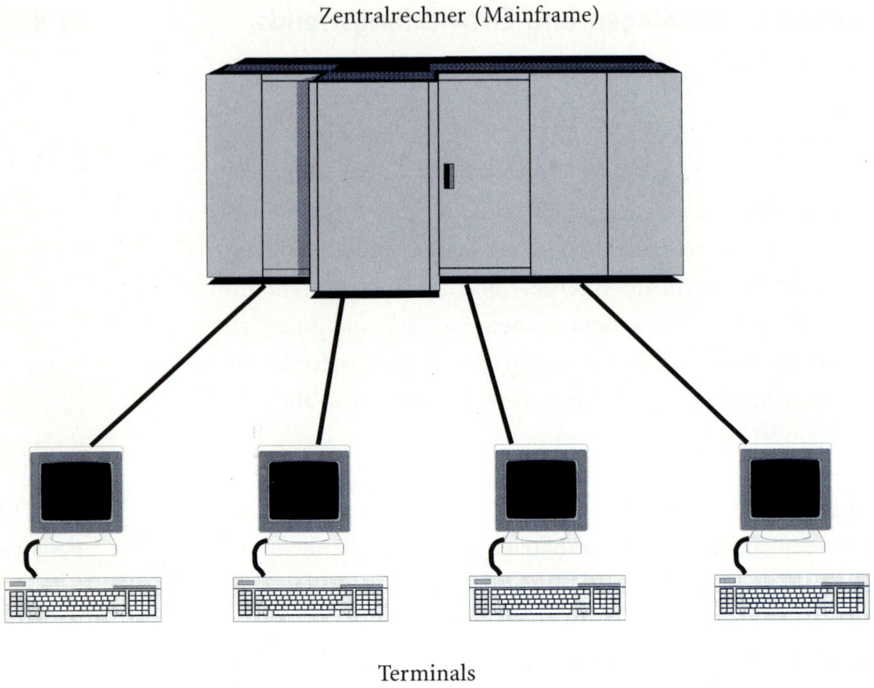

Abb. 1: Mainframe-Umgebungen

teure Hardware. Nachteil dieser Lösung ist die aufwendige Verwaltung, da jeder der Rechner separat konfiguriert werden muß. Die Datensicherung stellt ebenfalls eine Herausforderung dar, da auf jedem einzelnen Rechner Daten abgelegt wurden. Solche Systeme sind daher äußerst verwundbar bezüglich Datenausfall.

Client/Server

Anfang der 90er Jahre kam mit Novell NetWare 3.11 das erste bedeutende Client/Server-Netzwerkbetriebssystem auf den Markt. Bei dieser Art von Betriebssystemen gibt es – ähnlich wie bei der Mainframe-Umgebung – einen oder mehrere Zentralrechner, Server genannt, die die Daten und Anwendungen beherbergen und auf die von

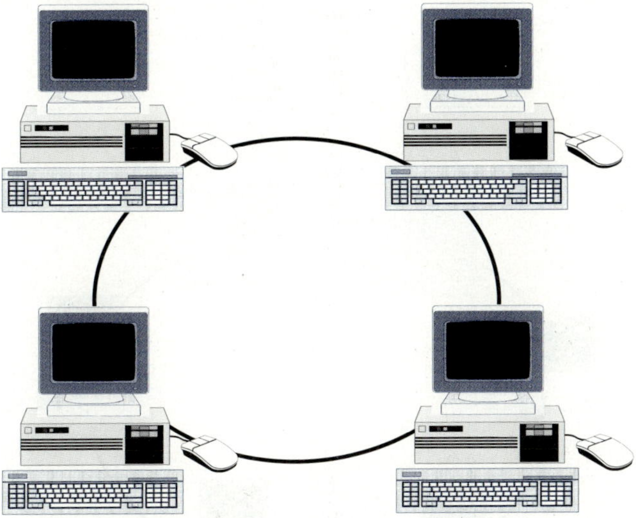

Abb. 2: Peer-to-Peer-Netzwerke

den Clients aus zugegriffen wird. Die Clients wiederum sind nicht einfache Terminals, sondern PCs mit vollwertigen Betriebssystemen wie beispielsweise Windows 3.x oder Windows 95, ergänzt um eine Softwarekomponente zum Zugriff auf das Netz, den sog. Netzwerk-Client (vgl. Abb. 3).

Vorteil dieser Art von Netzwerken ist die Speicherung aller Daten auf einem Server und die zentrale Verwaltung von Benutzerkonten, denn Anwender können nur dann auf die Daten zugreifen, wenn sie sich mit einer gültigen Benutzerkennung angemeldet haben. Dadurch kann sowohl die Datensicherung als auch die Steuerung des Datenzugriffs zentral erfolgen. Der entscheidende Nachteil liegt darin, daß die frühen Versionen der Client/Server-Betriebssysteme nur bedingt als Plattform für sog. verteilte Anwendungen geeignet waren.

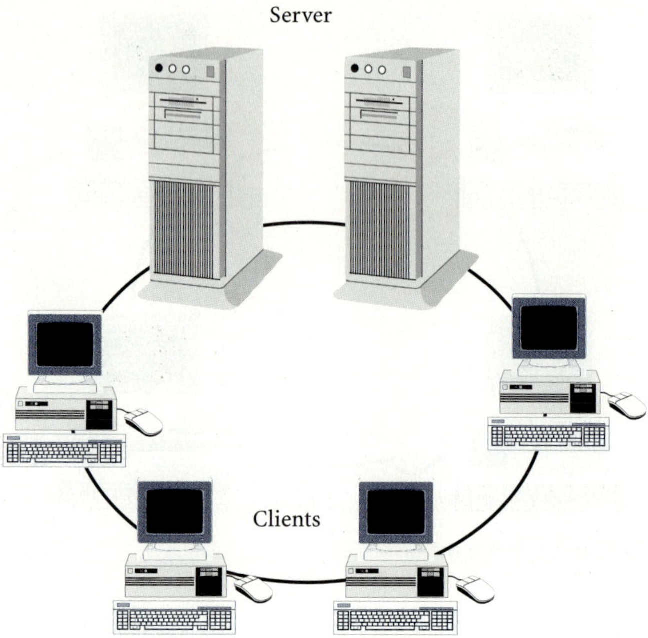

Abb. 3: Client/Server-Systeme

Verteilte Anwendungen

Unter „verteilten Anwendungen“ versteht man Softwarelösungen, bei denen der rechenintensive Teil auf einem leistungsfähigen Server ausgeführt wird, während auf dem Client ein sog. Front-End läuft, mit dem lediglich die Aufgaben definiert werden, die der Server auszuführen hat (s. auch Abb. 4). Beispiele für verteilte Anwendungen sind Mail-Server, Datenbankanwendungen, Fax-Server sowie Intranet- und Internet-Server.

Im folgenden Abschnitt werden zunächst grundsätzliche Kriterien für die Beurteilung von Netzwerkbetriebssystemen und deren Eignung als Plattform für Internet- und Intranet-Anwendungen diskutiert. Anschließend werden die 3 Netzwerkbetriebssysteme vorgestellt, die derzeit

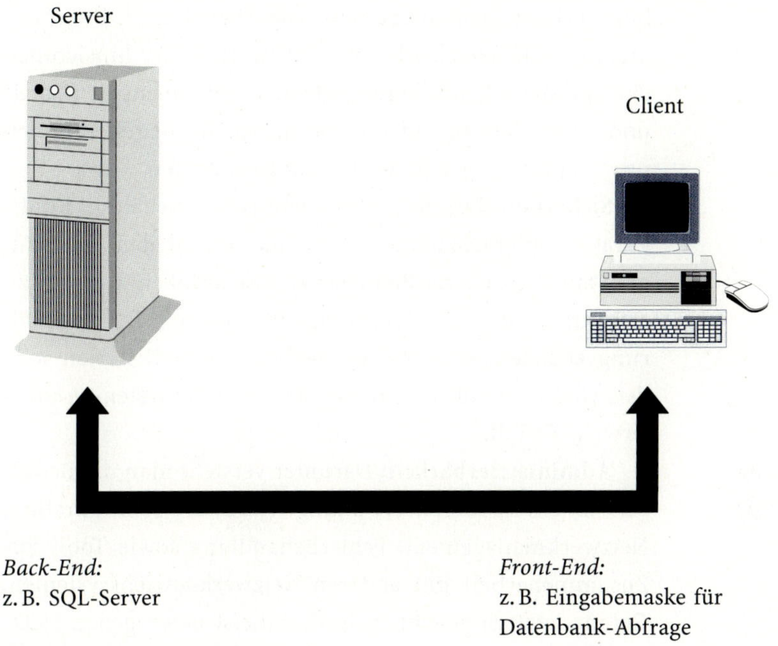

Abb. 4: Verteilte Anwendungen

im Marktsegment der Unternehmen mit eigenem Intranet/Internet die größten Marktanteile haben: UNIX, NovellNetWare und Windows NT. Im letzten Abschnitt schließlich wird auf Entwicklungstrends eingegangen.

Beurteilungskriterien

11 ■ 05 | 02

Stabilität und Zuverlässigkeit

Stabilität und Zuverlässigkeit: Unter Stabilität und Zuverlässigkeit ist nicht nur die Ausfallsicherheit des Servers zu verstehen, sondern auch die Gewährleistung einer sicheren Datenhaltung und -übertragung sowie Methoden zur Datensicherung und -wiederherstellung im Fehlerfall.

Geschwindigkeit

Geschwindigkeit: Bei der Angabe der Geschwindigkeit eines Systems muß man genau unterscheiden, auf welche Aufgabenstellung sich diese bezieht. Die Leistungsbeurteilung erfolgt heutzutage mit sog. Benchmark-Programmen, die die verschiedenen Systeme entweder hinsichtlich der für die Clients bereitgestellten Datenmengen (Datei- und Druckdienste) oder in bezug auf Rechenoperationen pro Sekunde (verteilte Anwendungen) prüfen.

Sicherheit

Sicherheit: Das Betriebssystem sollte vielfältige Konfigurationsmöglichkeiten bieten, um sowohl den Datenzugriff auf autorisierte Benutzer zu beschränken als auch zu gewährleisten, daß Hackerangriffe, die auf Datenzerstörung abzielen, wirkungslos bleiben. Diese Kriterien werden von allen führenden Netzwerkbetriebssystemen mittlerweile erfüllt.

Administrierbarkeit

Administrierbarkeit: Darunter versteht man die Benutzer- und Ressourcenverwaltung, Hardware-Konfiguration, Netzwerkmanagement, Fehlerbehandlung sowie Tools zur Zusammenarbeit mit anderen Netzwerkbetriebssystemen. Gerade letztere gewinnen in den meist heterogenen Netzwerken der Firmen immer größere Bedeutung.

Internet

Internet-Tools: Zu diesem Bereich zählen Web-Server, Browser, Multiprotokollrouter (zur Verbindung mit dem Internet), Proxy-Server (Zwischenspeicherung häufig aufgerufener Webseiten), Firewalls (Schutz vor Eindringlingen aus dem Internet). Wichtig ist auch die Unterstützung der Internet-Standards (TCP/IP, HTTP, FTP, DNS, JAVA, ActiveX usw.) sowie verschiedener WAN-Protokolle (ISDN, ATM, Frame Relay).

Verteilte Anwendungen

Unterstützung verteilter Anwendungen: Um effizienten Handel über das Internet treiben zu können, sollte das gewählte Betriebssystem verteilte Anwendungen wie Datenbank-Applikationen (Warehousing, Ordermanagement etc.), E-Mail- und Faxdienste unterstützen. Diese Anwendungen müssen in der Lage sein, mit dem Web-Server problemlos zusammenzuarbeiten.

Skalierbarkeit

Skalierbarkeit: Hierzu zählt man die Unterstützung von Mehrprozessormaschinen sowie sog. Clusterlösungen. Unter Clustern versteht man einen Pulk von Servern, auf die einerseits die einzelnen Prozesse einer Client/Server-Anwendung verteilt werden können und die andererseits den Ausfall eines der Mitglieder kompensieren, indem die verbliebenen Rechner dessen Aufgaben übernehmen (s. auch Abb. 5).

Investitionsschutz

Investitionsschutz: Dieser Punkt ist am schwierigsten zu beurteilen. Es sollte gewährleistet sein, daß der Hersteller bei Versionswechseln Rückwärtskompatibilität und Migrationsmöglichkeiten bereitstellt. Ein anderer wichtiger Aspekt ist die Frage, inwiefern Dritthersteller die gewählte Plattform durch Softwareentwicklungen für die verschiedensten Bereiche auch in Zukunft attraktiv machen.

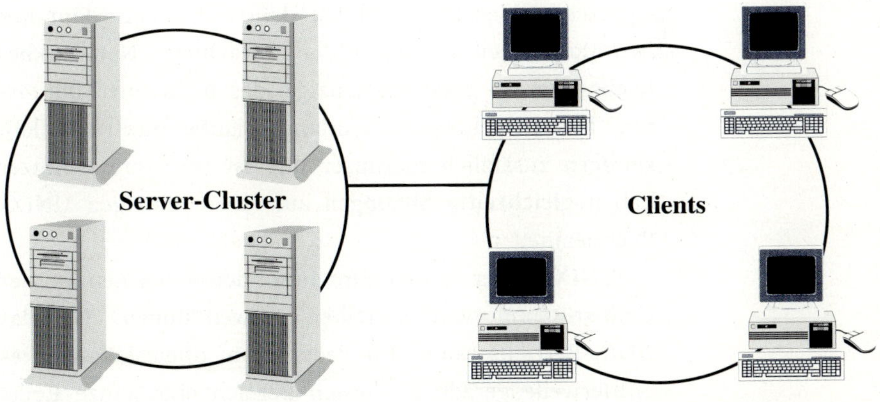

Abb. 5: Clusterlösungen

11 ▮ 05 | 03 UNIX

Entstehung von Unix

UNIX entstand bereits Anfang der 70er Jahre aus einer Zusammenarbeit der Firmen Bell (AT&T) und General Electric mit dem Massachusetts Institute of Technology (MIT). Mitte der 70er Jahre wurde das Betriebssystem einer Reihe von Universitäten kostenlos zur Verfügung gestellt. Dies hat zu einer sehr weiten Verbreitung und Unterstützung von UNIX und zur Entwicklung zahlloser Varianten geführt, die untereinander leider nicht immer vollständig kompatibel sind:

- Varianten für Großrechner wie IBM AIX oder HP-UX von Hewlett-Packard,
- Dialekte für Server mit RISC-Prozessoren von DEC oder SUN (Solaris),
- Intel-Versionen, allen voran SCO UnixWare und
- frei zugängliche Versionen wie LINUX (ebenfalls Intel-Plattform).

Stärken

UNIX ist das einzige Netzwerkbetriebssystem, das auf praktisch allen Hardware-Plattformen läuft, vom Mainframe bis zum Intel-PC und von der Single- bis zur Multiprozessor-Maschine und hat daher einen konstant hohen Marktanteil. Es ist von den betrachteten Netzwerkbetriebssystemen auch das einzige, das nicht nur Multitasking bietet (mehrere Anwendungen laufen quasi parallel), sondern zusätzlich multiuserfähig ist (mehrere Benutzer haben gleichzeitig Sitzungen auf einem einzigen UNIX-Rechner).

UNIX-Server haben ihre besonderen Stärken in der Unterstützung von verteilten Anwendungen. Da das UNIX-Betriebssystem für jedermann offen ist, gibt es mittlerweile gerade in diesem Bereich eine ganze Reihe von Lösungen. Dies hat auch Konsequenzen für die Wahl von UNIX als Plattform für Web-Server. Kommerzielle Systeme wie z. B. SCO UnixWare bieten integrierte Web-Server und E-Mail-Lösungen. Außerdem kann sich jedermann aus dem Internet Shareware-Web-Server herunterladen und aus diesem Grund finden sich in vielen Universitäten und Unternehmen UNIX-Server als Plattformen für Web-Server.

Schwächen

Datei- und Druckdienste hingegen gehören nicht zu den traditionellen Stärken von UNIX-Systemen, weil die Verwaltung der Datenverzeichnisse aufwendiger als bei NetWare und Windows NT ist und die Zugriffsberechtigungen auch nicht so abgestuft eingestellt werden können wie bei den beiden Hauptkonkurrenten.

Da für UNIX-Systeme keine Verzeichnisdatenbanken zur Verfügung stehen, sind sie auch weniger für große Unternehmen mit komplexen Organisationsstrukturen geeignet.

Obwohl es mittlerweile für die am weitesten verbreiteten UNIX-Systeme auch grafische Benutzeroberflächen gibt, muß der Administrator dennoch sehr tief in das Betriebssystem einsteigen, um dessen volle Möglichkeiten ausschöpfen zu können. UNIX gilt daher – möglicherweise nicht ganz zu Unrecht – nach wie vor als „Bastler"-Betriebssystem. Fairerweise muß jedoch erwähnt werden, daß sich auch in diesem Bereich viel getan hat. So beinhaltet beispielsweise die in den USA am weitesten verbreitete Variante SCO UnixWare mittlerweile die Möglichkeit, einen UnixWare-Server sowohl in eine Windows NT-Domäne als auch in die NDS von Novell NetWare zu integrieren. Windows-Clients können zudem auf UnixWare-Server zugreifen, ohne daß auf ihnen zusätzliche Software installiert werden muß. Bleibt noch zu erwähnen, daß UnixWare aufgrund der integrierten Clusterlösung ReliantHA eine ideale Plattform für verteilte Anwendungen darstellt.

> **FAZIT**
> UNIX ist äußerst stabil und zuverlässig und wird auch in der Zukunft seinen Platz als Plattform für komplexe Client/Server-Anwendungen behaupten.

11 ▮ 05 | 04 Novell NetWare

Entstehung von Novell NetWare

Novell NetWare, ursprünglich als Plattform für Datei- und Druckdienste entwickelt, verfügt seit der Version 4 (eingeführt 1995) über den Verzeichnisdienst NDS (Novell Directory Services). Die NDS ist zum X.500-Standard konform und derzeit eine der besten Möglichkeiten zur Verwaltung komplexer Unternehmensstrukturen. Neben den klassischen Instrumenten für Benutzer- und Gruppenverwaltung gibt es weitere Elemente zur Konfiguration praktisch aller Netzwerkressourcen, angefangen mit Druckerwarteschlangen über Windows NT-Workstation-Clients bis zur Verteilung von Anwendungen, um nur einige zu nennen.

IntranetWare

Ab Version 4.11 ist Novell NetWare auch in der Variante IntranetWare erhältlich. Unter IntranetWare ist ein Softwarepaket zu verstehen, das NetWare 4.11 mit dem Novell Web-Server, dem Internet-Browser Netscape-Navigator, dem Novell Multiprotokollrouter und einem IP/IPX-Gateway kombiniert. Der Multiprotokollrouter dient der Verbindung zum ISP (Internet Service Provider) und unterstützt neben analogen Telefonleitungen auch ISDN, ATM und Frame Relay. Das IP/IPX-Gateway wandelt die vom Internet kommenden IP-Pakete in IPX-Pakete um, so daß auf den Client-Rechnern kein TCP/IP-Protokoll installiert werden muß. Daneben bietet es Möglichkeiten zur Paketfilterung und kann daher gewisse Firewall-Funktionen übernehmen. Damit wird NetWare zu einer vollständigen Plattform für Intranets und Internets. Auch von Drittherstellern gibt es Web-Server für NetWare, beispielsweise den Web-Server Novonyx, der aus einem Joint Venture von Novell und Netscape entstand und ab der Version 5 fester Bestandteil der NetWare sein wird.

Stärken und Schwächen

Novell NetWare ist ein reines Server-Betriebssystem und nur für Intel-Plattformen erhältlich. NetWare verfügt zwar nicht über ein eigenes Client-Betriebssystem, stellt jedoch Netzwerksoftware zur Anbindung von MS-DOS/Windows 3.x, Windows 95 und Windows NT-Workstation als Clients zur Verfügung. Hervorzuheben ist die Fülle von Tools zur Konfiguration von Windows NT-Rechnern innerhalb der NDS. Mit dem Workstation-Manager lassen sich NT-Workstation-Clients von der NDS aus verwalten, der Novell Application Launcher (NAL) erlaubt nicht nur die Rechtevergabe zum Ausführen von Anwendungen, sondern installiert diese auch automatisch auf Client-Rechnern. Mit dem (derzeit noch recht teuren) Zusatztool NDS für NT kann der Administrator komplette Windows NT-Domänen von der NDS aus verwalten. Die NetWare-Version 5 schließlich wird eine Komponente namens Zenworks (Zero Effort Networks) enthalten, mit der zusätzlich komplette Windows NT-Workstation-Installationen auf komfortable Weise automatisierbar sind.

Für die Unterstützung von verteilten Anwendungen hat Novell ebenfalls eine Menge getan. Ab NetWare 5 werden Rechner mit bis zu 32 Prozessoren unterstützt. Die Novell-Clusterlösung „Wolfmountain“ wird unter dem Namen „Orion“ ebenfalls in das Betriebssystem integriert.

FAZIT

Auf der Habenseite stehen für NetWare neben den überlegenen Datei- und Druckdiensten v. a. der mittlerweile sehr stabile Verzeichnisdienst NDS. Auch für die Unterstützung von verteilten Anwendungen und die Integration mit Windows NT wurde sehr viel getan, so daß NetWare für große Unternehmen mit komplexen Strukturen nach wie vor erste Wahl ist.

11 ■ 05 | 05 Windows NT

Entstehung von Windows NT

Windows NT kam in der Version „Advanced Server" Anfang der 90er Jahre auf den Markt. Anfangs belächelt und gegenüber dem damaligen Marktführer Novell NetWare klar unterlegen, erlangte die 1996 eingeführte Version 4 mit jährlichen Zuwachsraten von mehr als 100% den endgültigen Durchbruch, so daß der weltweite Marktanteil bei Client/Server-Systemen 1998 auf 30–40% geschätzt wird.

Versionen

Bei Windows NT muß man zwischen 2 Versionen unterscheiden: Dem Client Windows NT-Workstation und der Server-Variante Windows NT-Server. Windows NT-Workstation ist ein sicheres und sehr stabiles Client-Betriebssystem und findet daher – unabhängig vom jeweils gewählten Server-Betriebssystem – in immer mehr Unternehmen Einzug.

Beiden NT-Varianten ist gemeinsam, daß sie sowohl auf Intel-PCs als auch auf DEC-Alpha-Rechnern laufen. NT-Workstation unterstützt bis zu 2 Prozessoren, NT-Server als „Enterprise Edition" bis zu 8, wobei einige Hardware-Hersteller auch Spezialversionen für Server mit bis zu 32 Prozessoren entwickelt haben.

Stärken und Schwächen

Datei- und Druckdienste sind nach wie vor eine Domäne von Novell NetWare, während die große Stärke von Windows NT-Server in der Unterstützung verteilter Anwendungen besteht. Hierzu trägt auch die Entwicklung einer Clusterlösung („Wolfpack") bei, die bereits für NT 4 als Zwei-Server-Cluster verfügbar ist.

Windows NT wird außerdem mit einer Fülle von Tools für das Intranet und Internet ausgeliefert (s. Tabelle 1).

Es steht mittlerweile auch ein Multiprotokollrouter namens „Routing and Remote Access Service Update" zur Verfügung, der unter dem Codenamen „Steelhead" entwickelt wurde. Alle hier aufgeführten Einzelkomponenten werden integraler Bestandteil von Windows NT 5 sein.

Mit Backoffice stellt Microsoft darüber hinaus ein sehr umfangreiches Paket von verteilten Anwendungen für Windows NT-Server zur Verfügung. Dazu gehören unter anderem Proxy-Server, Frontpage zur Entwicklung und Verwaltung von Web-Seiten, die Workflow-Anwendung Exchange-Server sowie die Datenbankapplikation

Tabelle 1: Internet-Tools von Windows NT

Tool	Beschreibung
Internet Information Server	Publizieren von Web-Seiten im Internet
Internet Explorer	Browser
Option Pack	
▪ Site Server	Verwaltung einer Internet-Site
▪ Transaction Server	Programmierung verteilter Internet-Anwendungen
▪ Message Queue Server	Management von E-Commerce-Anwendungen
▪ Index Server	Suchmaschine für die Internet-Seite
▪ Certificate Server	Erstellen digitaler Zertifikate

SQL-Server. Windows NT-Server bietet also beste Voraussetzungen zur Errichtung eines Intranets und v. a. eines leistungsfähigen und vielseitigen Internet-Auftritts.

Nachteile hat Windows NT4 in der Administration. Es gibt keine einheitlichen Verwaltungstools für die Ressourcen innerhalb einer Domäne und die Konfiguration der Benutzerumgebung ist sehr aufwendig. Daran hat auch die kostenlose Toolsammlung „Zero Administration Kit (ZAK)“, mit dem Microsoft die Betriebskosten eines NT-Netzes deutlich senken wollte, nicht viel geändert. Abhilfe wird hier ebenfalls für die Version 5 mit einem Toolkit namens „IntelliMirror“ versprochen. Damit soll ebenso wie mit Zenworks von Novell eine automatische Installation der NT-Workstation-Clients sowie weiterer Software-Pakete und eine komfortable Einrichtung der Benutzerumgebung möglich sein.

FAZIT

Das große Manko der NT-Version 4 ist die NT-Domäne. Die Domänendatenbank besitzt eine flache Struktur (nur Benutzer und Gruppen) und ist daher für die Verwaltung großer Unternehmen weniger geeignet. Ab NT5 wird es auch von Microsoft eine hierarchische X. 500-kompatible Verzeichnisdatenbank namens ADS (Active Directory Services) geben.

Es sollte hier auch nicht unerwähnt bleiben, daß es für Windows NT eine Fülle von Software-Paketen von Drittanbietern gibt, so daß von einer hohen Investitionssicherheit ausgegangen werden kann.

Bewertung

11 05 | 06
Kernfragen für die Bewertung

Für welches Betriebssystem sollte sich ein Unternehmen also entscheiden? Einige der Kernfragen hierbei sind:

- Welche Aufgaben sollen im Netz gelöst werden? Können diese Aufgaben mit Anwendungen für das vorhandene Betriebssystem erledigt werden oder müssen neue Applikationen eingeführt werden, die nur auf anderen Plattformen laufen?
- Welches Know-how ist bereits vorhanden, wo müßten Mitarbeiter geschult werden? Gibt es – je nach Betriebssystem – Unterschiede im Schulungsbedarf?
- Hat das Unternehmen eine komplexe Struktur, die im Netzverzeichnis abgebildet werden soll, oder reicht eine einfache Struktur mit Benutzern und Gruppen aus?
- Wie sind die Kosten für die eine oder andere Lösung?

Hierauf eine Antwort zu geben, ist gar nicht so einfach. Vielleicht liegt die Lösung darin, 2 oder vielleicht alle 3 der beschriebenen Systeme einzusetzen, um die jeweiligen Stärken miteinander zu kombinieren, wie es heutzutage sehr viele Unternehmen tun. Die Verwaltung des Netzwerks wird häufig mit Novell NetWare erledigt, wobei UNIX- und Windows NT-Server als Anwendungsserver eingesetzt werden. Andere Firmen haben beispielsweise eine komplette Migration auf Windows NT-Server als Netzwerkbetriebssystem und Windows NT-Workstation als Client durchgeführt, um Know-how nur noch für ein einziges Betriebssystem vorhalten und pflegen zu müssen.

Windows NT gilt gemeinhin als flexibler und zukunftsorientierter als NetWare. Es sollte auch nicht unerwähnt bleiben, daß Windows NT in bezug auf den Anschaffungspreis für die Software die mit Abstand preisgünstigste Lösung der 3 betrachteten Systeme darstellt.

Mit NetWare 5 scheint Novell jedoch ein nicht mehr für möglich gehaltenes Comeback zu gelingen. Ein gewichtiges Argument insbesondere für größere Unternehmen stellt der hierarchische Verzeichnisdienst NDS dar, der stabil und zuverlässig läuft, während das Pendant bei Windows NT 5 – ADS – dies erst noch unter Beweis stellen muß.

11 ▮ 05 | 07 Entwicklungstrends

Total Cost of Ownership

Leistungsfähige Netzwerkbetriebssysteme erfordern, wie die letzten Jahre gezeigt haben, immer mehr an administrativem Aufwand, anstatt die EDV-Abteilungen zu entlasten. Jeder der bedeutenden Anbieter versucht daher, seine Lösung als Königsweg zur Senkung der sog. „Total Cost of Ownership (TCO)" zu verkaufen. Unter TCO versteht man die Gesamtheit aller Kosten, die direkt einem Netzwerkbetriebssystem zuzuordnen sind, wobei leider gesagt werden muß, daß jede veröffentlichte Studie etwas unterschiedliche Meßgrößen anwendet, um nachzuweisen, daß entweder das eine oder das andere System vorne liegt.

Außer den klassischen Netzwerken Mainframe und Client/Server werden seit etwa Mitte der 90er Jahre neue Konzepte diskutiert: die „NCs (Network Computer)" und als Antwort darauf die sog. „Windows Terminals" und NetPCs. Hinter diesen Konzepten, die sich technisch stark unterscheiden, steckt eine gemeinsame Grundidee: Der Konfigurationsaufwand für die Client-Rechner soll (ähnlich wie bei den Mainframe-Netzen mit ihren „dummen" Terminals) sehr gering gehalten und damit die Gesamtkosten für das Netzwerk deutlich reduziert werden.

Literatur

Computer-Woche EXTRA (1998): Neue Technologien – Reif für die Praxis?

Derfler FJ, Pompili T (1997) Network Operating Systems: Editor's Choice. PC Magazine Online (http://search.zdnet.com/pcmag/features/nos/nosed.htm

LANline Spezial III (1998) Internet/Intranet SPEZIAL

Meuser P (1998) NT-Clients über die NDS verwalten. LANline 3: 208–212

Micosoft TechNet 5 (1998)

Tierling E (1998) Viele Wege führen nach Rom (NetWare-NT-Integration). LANline 3: 213–215

Mobile Kommunikation 11 ▮ 06

Detlef Klostermann

INHALTSÜBERBLICK

Dieser Beitrag gibt einen Überblick über die bestehenden Mobilfunknetze. Er befaßt sich mit der Darstellung der Einsatzmöglichkeiten und den technischen Charakterisierungen der verschiedenen Netze sowie deren Dienste.

Einleitung 11 ▮ 06 | 01

Die Deregulierung, d. h. der Abbau von Monopolen, hat in der Mobilkommunikation schon vor einigen Jahren stattgefunden. Das hat inzwischen zu einer Vielzahl von Mobilfunknetzen (Abb. 1) geführt, die für manchen Nutzer des Mobilfunks nur schwer zu überschauen ist. Um für dieses unübersichtliche Angebot Orientierungshilfen zu geben, werden in einer anwendungsorientierten Darstellung die Einsatzschwerpunkte der verschiedenen Netze bzw. ihrer Dienste beschrieben. Damit erhält der potentielle Anwender Entscheidungshilfen für die Auswahl nach seinen Bedürfnissen.

Terrestrische Mobilfunknetze 11 ▮ 06 | 02

Öffentliche zellulare Mobilfunknetze

Roaming

Die öffentlichen zellularen Funktelefonnetze stellen in Deutschland mit etwa 10 Mio. Teilnehmern (Stand Mitte 1998) und einem monatlichen Zuwachs von durchschnittlich 250.000 Teilnehmern mit Abstand die größte Netzgruppe dar. Sie besteht aus z. Z. 4 flächendeckenden Netzen, dem analogen Netz C der Telekomtochter DeTeMobil und den 3 digitalen (GSM/DCS) Netzen D1 (DeTeMobil), D2 (Mannesmann Mobilfunk) und E1 (E-Plus Mobilfunk). Das 4. digitale Netz E2 ist z. Z. in der Realisierungsphase.

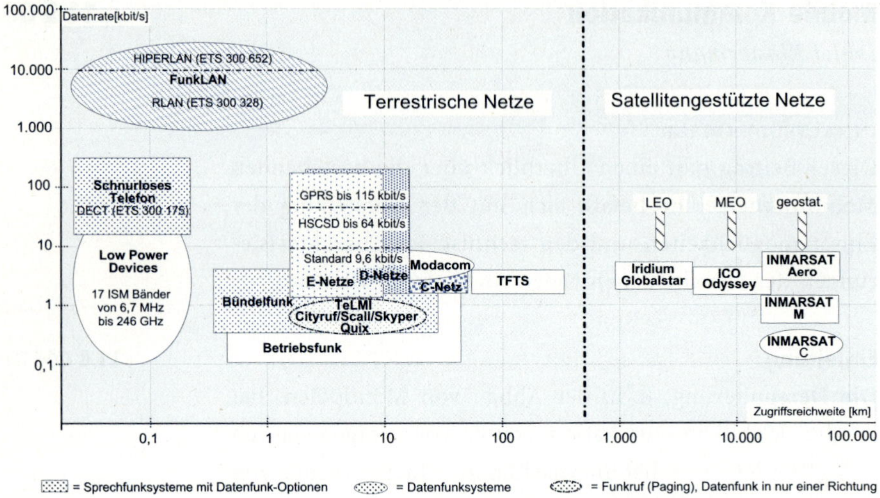

Abb. 1: Portfolio Mobilfunknetze mit Darstellung der Datenrate über der Zugriffsweite

Wer großen Wert auf beste landesweit flächendeckende Verfügbarkeit des Dienstes legt, ist mit dem Netz C am besten bedient, allerdings nur in Deutschland. Für international Reisende empfiehlt sich dagegen eines der D-Netze, da diese Netztechnik in allen europäischen Ländern und sogar in Asien und Australien eingeführt ist und über Roamingverträge international genutzt werden kann. Für die E-Netze gilt das z. Z. noch mit starken Einschränkungen, da die E-Netztechnik in vielen Ländern noch nicht verfügbar ist. Allerdings gibt es sog. Dual-mode-Geräte, die sowohl im 900 MHz Bereich der GSM-Netze als auch im 1800 MHz Bereich der DCS-Netze arbeiten. Mit diesen Geräten ist die Kommunikation über beide Netztypen hinweg (Roaming) möglich.

Dual-mode-Geräte

Zellulare Netzdienste

Neben dem reinen Telefondienst können die Zellularnetze auch Faxdienst und Datendienste anbieten. Anfangs gab es als Datendienst nur den Short Message Service

(SMS). Mit ihm können Nachrichten von maximal 160 Zeichen übertragen werden. Inzwischen sind in den GSM/DCS-Netzen Fax- und Datendienste eingeführt worden, die das mobile Büro im Auto ermöglichen. Damit ist eine vollwertige Datenkommunikation zwischen handelsüblichen Datenendgeräten mit Übertragungsraten von bis zu 9,6 kbit/s möglich. Der potentielle „Datenfunker“ ist allerdings gut beraten, eine Komplettlösung zu kaufen, da die Zusammenschaltung von beliebigen Einzelkomponenten Probleme macht.

GSM-Datendienste

Die Zukunft bringt noch weitere Verbesserungen der Datendienste. Durch Ergänzungen zum GSM Standard (GSM Phase 2+) wird es „General Packet Radio Service“ (GPRS) mit bis zu 115 kbit/s und „High-Speed Circuit Switched Data“ (HSCSD) mit bis zu 64 kbit/s geben. Die Einführung dieser Datendienste wäre ab dem Jahr 1999 möglich, sofern die Netzbetreiber mitziehen.

Öffentliche Funkrufnetze (Pagingnetze)

Die 2. große Netzgruppe mit etwa 1,7 Mio. Teilnehmern (Stand Mitte 1998) und einem monatlichen Zuwachs von 20.000 Teilnehmern sind die öffentlichen Funkruf- oder Pagingnetze. Hierzu zählen Cityruf, Scall und Skyper (DeTeMobil), Quix (Miniruf) und TeLMI (DFR). Derzeit im Aufbau sind europaweit ERMES-Netze, die mit einem einheitlichen digitalen Standard ein europaweites Roaming zulassen. In Deutschland haben die oben genannten Pagingnetzbetreiber auch ERMES-Netzlizenzen erworben.

ERMES-Netzstandard

Der Pagingdienst erlaubt Übertragungen in nur einer Richtung, und zwar vom Festnetzteilnehmer zum Mobilteilnehmer. Es gibt je nach Informationsinhalt und regionaler Verbreitung des Rufs gestaffelte Tarife. Eine Besonderheit stellt der Dienst „Scall“ dar; denn er ist für den mobilen Teilnehmer gebührenfrei, was die jugendlichen Nutzer ansprechen soll. Die Pagingempfänger gibt es in vielen Varianten vom Uhrengehäuse bis zum Taschengerät mit mehrzeiligem Großdisplay. Der Funkrufdienst ist die billigste Variante zur flächendeckenden Erreichbarkeit von Personen, allerdings mit der Einschränkung der „Einbahnstraße". Für Rückfragen und Antworten muß z. B. auf das normale Telefon zurückgegriffen werden.

Nichtöffentliche Mobilfunknetze, Betriebsfunk

Bündelfunk

Bei den bisher dargestellten Netzen handelt es sich um öffentliche Netze, die jedem Nutzer zur Verfügung stehen, natürlich auch Privatleuten. Im Gegensatz dazu gibt es Netze für geschlossene Benutzergruppen, die ausschließlich gewerblich genutzt werden. Sie werden mit dem Sammelbegriff „Betriebsfunk" bezeichnet. Es gibt in Deutschland etwa 1,2 Mio. Betriebsfunknutzer mit stagnierendem Bestand. Typische Nutzergruppen sind Polizei, Feuerwehr, öffentlicher Personennahverkehr, Energieversorgungsunternehmen, Taxibetriebe, Flughafenbetreiber, Fuhrunternehmen und Industrie. Die moderne Form des Betriebsfunks heißt Bündelfunk. Bündelfunknetze sind in der Regel an eine Betreiberlizenz gebunden, die im Gegensatz zum Betriebsfunk das Vermarkten der Dienstleistung und die Zusammenschaltung mit dem öffentlichen Telefonnetz erlaubt.

Größter Anbieter von Bündelfunk ist die DeTeMobil mit ihren Chekker-Netzen, die Deutschland zu mindestens 70% abdecken. Im Wettbewerb dazu stehen Quickfunk, RegioCall Mobilfunk, Regiocom, RegioKom, Regiotek Communications, Thüringer Mobilfunk. Zusätzlich gibt es noch weitere 12 kleinere Betreiber von Bündelfunknetzen. In der letzten Zeit hat ein starker Konzentrationsprozeß eingesetzt, an dessen Ende nur noch wenige Netzbetreiber stehen werden.

Typische Bündelfunknutzer sind Betriebe mit nur regionalem Einsatzbereich. Die Kommunikation wird meist zwischen einer Betriebszentrale und den Außendienstmitarbeitern abgewickelt. Für die Benutzung wird pro Endgerät eine monatliche Pauschalgebühr berechnet, die abhängig von der Größe des Einsatzbereichs und der Anzahl der Geräte pro Kunde ist. Zur Regulierung der Gesprächsdauer ist eine Gesprächszeitbegrenzung wirksam. Der Übergang in öffentliche Netze wird nach der Nutzungsdauer berechnet. In Bündelfunknetzen ist mit entsprechenden Zusatzgeräten auch Datenübertragung möglich, allerdings mit maximal nur 2,4 kbit/s. Der Bündelfunk ist in seinem Preis-/Leistungsverhältnis attraktiver, als es die Anzahl der etwa 200.000 Nutzer ausdrückt. Der Grund für die niedrigen Zahlen liegt an der unprofessionellen Vermarktung des Bündelfunks.

TETRA

Dem Bündelfunk steht nun auch die Digitalisierung bevor. Mit TETRA (Trans European Trunked Radio) kommt eine neue Generation von Bündelfunk mit deutlich verbesserten Leistungsmerkmalen auf den Markt. Wie bei GSM werden Sprach- und Datendienste unterstützt, wobei sogar beide Dienste zeitlich parallel verfügbar sind. Die Datenraten liegen zwischen 7,2 kbit/s und 28,8 kbit/s. In Deutschland ist nicht vor 1999 mit einem TETRA-Netz zu rechnen.

Nichtöffentliche Netze, Datenfunk

Modacom-Netz

Eine reine Datenfunkvariante des Bündelfunks ist das Modacom-Netz der DeTeMobil. Das Netz ist mit gewissen Einschränkungen in Deutschland flächendeckend aufgebaut und hat etwa 15.000 Teilnehmer. Das Modacom-Netz

Packetübertragung

arbeitet nach dem Prinzip der Paketübertragung und nutzt als Backbone das Datex-P-Netz der Telekom. Es läßt Datenübertragungen mit Übertragungsraten bis zu 9,6 kbit/s zu. Über einen Roamingvertrag ist sogar grenzüberschreitender Verkehr mit der Schweiz möglich. In allen anderen europäischen Ländern ist Modacom nicht verfügbar.

Ein typisches Anwendungsgebiet von Modacom stellen Außendienstmitarbeiter dar, die vom Kunden aus Zugriff auf ihre firmeninternen Dateien oder andere Datenbanken brauchen. Dazu dient ein handelsübliches Datenendgerät (Laptop oder Notebook) mit einem Modacom-Funkmodem oder ein spezielles Modacom-Endgerät. Die Gebühr für die Modacom-Nutzung setzt sich aus einer monatlichen Grundgebühr und einem Datentarif zusammen. Durch die neuen Datendienste in den GSM-Netzen kommt jedoch zunehmend Konkurrenz zu Modacom auf. Inzwischen können kaum noch Vorteile für Modacom gesehen werden. Nur bei bestimmten Nutzungsprofilen z. B. häufigen und kurzen Verbindungen sind die Kosten niedriger.

Öffentlicher Flugfunk

TFTS

Für die Luftfahrt wurde ein spezielles System standardisiert, das Terrestrial Flight Telephone System (TFTS). TFTS ist ein bodengestütztes Telekommunikationssystem für Flugzeuge im europäischen Luftraum. In Deutschland werden 5 Bodenstationen errichtet, die Flugzeuge ab einer Höhe von 4.500 m vollständig versorgen. Auch an Flughäfen sollen TFTS-Funkanlagen zur Ausleuchtung der Bodenbereiche installiert werden. TFTS wird europaweit aufgebaut und steht ab 1998 nicht nur für Sprachdienste, sondern auch für Daten- und Faxdienste bis 9,6 kbit/s zur Verfügung. Der Verbindungsaufbau geschieht grundsätzlich nur vom Flugzeug aus. Eine Verbindung vom Boden zum Flugzeug ist aus technischen Gründen nicht möglich. Der Übergang in die terrestrischen Festnetze erfolgt über TFTS-Bodenstationen.

Die größte Nutzergruppe des TFTS sind natürlich die Passagiere. Aber auch die Gruppe der Flugzeugbesatzungen stellen ein nicht unbeachtliches Teilnehmerpotential dar, wobei nicht nur Privatgespräche sondern auch Dienstgespräche mit den Airline Bodenstationen eine wichtige Rolle spielen.

Schnurlosnetze

Mobilisierung der Nebenstellen

Zur Abrundung der terrestrischen Netze soll noch der Bereich „Schnurlose Zugriffssysteme" betrachtet werden. Hier gibt es interessante Neuentwicklungen durch standardisierte Zugriffstechniken. Unter dem Schlagwort „Mobilisierung der Nebenstellen" kommt DECT, ein digitaler europäischer Standard für schnurlose Telekommunikation, immer stärker in die betriebliche Nutzung. Mit DECT lassen sich Funk-TK-Anlagen realisieren, die den Teilnehmer grundstücksweit unter seiner Nebenstellennummer kommunizieren lassen. Funkrufempfänger (Pager) oder Funktelefone (öffentliche GSM-Netze) werden beim Verlassen des Büros in einem bestimmten Versorgungsbereich nicht mehr benötigt. Das entlastet die Nutzer, die nur noch ein Gerät bedienen müssen, und spart Kosten.

Der DECT-Standard läßt auch Datenübertragung zu, und zwar von 32 kbit/s bis zu 384 kbit/s. Damit eröffnen sich integrierte Sprech- und Datenfunkanwendungen. Zur Zeit werden Dual-mode-Geräte entwickelt, die sowohl die DECT- als auch die GSM-Funktionalität besitzen. Diese Geräte schalten beim Verlassen des Grundstücks automatisch vom DECT-Netz auf das GSM-Netz um und umgekehrt. So kann mit einem Gerät innerhalb der Firma die gebührenfreie Nebenstellentechnik und quasi weltweit die GSM-Technik genutzt werden.

11 ▮ 06 | 03 Satellitengestützte Mobilfunknetze

LEO und MEO

Eine neue Generation von Kommunikationssatelliten wird den Markt der satellitengestützten Mobilkommunikation in den nächsten Jahren verändern (Abb. 2). Gemeint sind Satelliten auf niedrigen Umlaufbahnen, den Low Earth Orbits (LEO) und Medium Earth Orbits (MEO).

Handydirektempfang

Die niedrigen Umlaufbahnen ermöglichen den Direktempfang der Funksignale mit speziellen Handies und Fahrzeuggeräten. Die Umlaufbahnen liegen zwischen 1.000 und 10.000 km im Gegensatz zu den geostationären Bahnen mit 36.000 km.

Abb. 2: Satellitengestützter Mobilfunk über Satelliten auf niedrigen Umlaufbahnen

Dienste über geostationäre Satelliten

Zur Zeit wird der satellitengestützte Mobilfunk nur über geostationäre Satelliten bedient. Netzbetreiber ist Inmarsat, Diensteanbieter in Deutschland die DeTeMobil. Angeboten werden der Standard C für reinen Datendienst mit 600 bit/s unter Verwendung kleiner ungerichteter Antennen, der Standard M für Sprach-, Fax- und Datenübertragung mit 2,4 kbit/s unter Verwendung von Planarrichtantennen und der Standard Aero für Sprach-, Fax- und Datenübertragung mit 9,6 kbit/s unter Verwendung von am Flugzeugrumpf verteilten Planarrichtantennen. Der Standard M erlaubt nur eingeschränkte Mobilität, da die Antenne grob auf den Satelliten ausgerichtet werden muß, die Feinarbeit übernimmt eine elektronische Nachführung.

Dienste über umlaufende Satelliten

Dual-Mode & Multi-Mode

Gegen Ende des Jahrhunderts werden die LEO/MEO-Systeme neue Maßstäbe setzen. Abb. 2 zeigt in einer Übersicht die 4 aussichtsreichsten Netzbetreiber mit ihren Systemdaten. Der zukünftige Nutzer dieser Netze wird die Auswahl zwischen verschiedenen Endgerätetypen haben, den reinen LEO/MEO-Geräten, den Dual-mode-Geräten, die zusätzlich den heimischen terrestrischen Standard (z. B. GSM) beherrschen und den Multi-mode-Geräten, die zusätzlich mehrere terrestrische Weltstandards beherrschen.

Ausblick: Mobile Kommunikation

11 ▮ 06 | 04
Digitale Standards

Das Bild der zukünftigen Mobilkommunikation ist geprägt durch die vollständige Digitalisierung aller Systeme. Die GSM/DCS-Netze werden sich auch im Datenbereich voll durchsetzen, so daß kein Markt für spezielle Datenfunksysteme bleibt. Der Markt für Funkrufdienste wird sich auf den ERMES-Standard mit europaweiter Erreichbarkeit umstellen. Im Segment Betriebs- und Bündelfunk werden mit dem TETRA-Standard integrierte digitale Sprech- und Datenfunksysteme mit flexiblen Gestaltungsmöglichkeiten kommen, was besonders im Bereich der Behörden und Organisationen mit Sicherheitsaufgaben (BOS) die Kommunikation verbessern wird. Neue Endgeräte in Dual-mode- und Multi-mode-Technik werden die Erreichbarkeit der Nutzer verbessern, die Kosten senken und die Nutzung unterschiedlicher Netze erleichtern. Auch für den Weltreisenden ist in Zukunft die totale Kommunikation über die neuen satellitengestützten LEO/MEO-Systeme rund um den Globus gesichert und das unter seiner ganz persönlichen Rufnummer.

Mobile Computing: Grundlagen

11 ▮ 07

Detlef Klostermann

INHALTSÜBERBLICK

Ein neues Arbeitsgebiet (Mobile Computing), das mittels neuer Technik (FunkLAN) Informations- mit Kommunikationstechnik verbindet, wird vorgestellt. Sie erhalten in diesem Beitrag Informationen zu Eigenschaften, Leistungsmerkmalen und Anwendungsbeispielen der FunkLAN-Technik.

Einleitung

11 ▮ 07 | 01

FunkLAN

Zwischen Informations- und Kommunikationstechnik hat sich ein eigenständiges Arbeitsgebiet herangebildet, das „Mobile Computing". Es verknüpft gerätetechnisch die Informationstechnik mit der Kommunikationstechnik und erlaubt als schnurlose Technik volle Mobilität. Diese neue Technik heißt FunkLAN, wobei LAN für Local Area Network steht. Inzwischen ist FunkLAN durch einen Weltstandard des IEEE genormt, den IEEE 802.11. Damit ist die Basis für seine weltweite Verbreitung geschaffen. In Europa regelt der Standard ETS 300328 die Zulassung der FunkLAN-Geräte. Sie arbeiten im Frequenzbereich bei 2,4 GHz mit einer Sendeleistung von max. 100 mW. Beim Kauf der Geräte ist also unbedingt darauf zu achten, daß sie nach ETS 300328 zugelassen sind und dem IEEE Standard 802.11 vom 26. Juni 1997 entsprechen.

Allgemeines zu FunkLAN

11 ▮ 07 | 02

FunkLAN-Eigenschaften

11

Schnurlose Rechnervernetzung

Mit der FunkLAN-Technik kann der mobile Rechner bei voller Mobilität in das Rechnernetz des Unternehmens eingebunden werden. FunkLAN ist die schnurlose Rechnervernetzung über Funkfrequenzen, es ist das kabellose Gegenstück zum bekannten Ethernet (IEEE 802.3). Der Betrieb ist auf dem eigenen Grundstück anmelde- und gebührenfrei. Grundstücksüberschreitende Anwendungen sind zwar auch gebührenfrei, müssen jedoch bei der Regulierungsbehörde angemeldet werden. Die Übertragungsraten liegen derzeit bei 1–2 Mbit/s. Ab 1999 wird es Systeme sogar mit Übertragungsraten von 10 Mbit/s geben. Der Versorgungsbereich einer FunkLAN-Zelle beträgt etwa 15.000 m^2. Da sich die FunkLAN-Technik einer zellularen Netztechnik mit unterbrechungsfreiem Übergang zwischen den Zellen bedient, sind auch mehrzellige große Versorgungsflächen realisierbar.

IEEE-Standard 802.11

Das FunkLAN kann eine Alternative zum verkabelten LAN sein, zumal die Kosten der FunkLAN Komponenten drastisch gesunken sind und als Folge des IEEE-Standards 802.11 noch weiter sinken werden. Es ist jedoch viel mehr als nur eine Alternative, es ist eine Ergänzung und Erweiterung zum Kabel mit der Erschließung neuer Anwendungsbereiche und neuer Märkte. FunkLAN ist im Begriff, eine echte Konkurrenz zum lokalen Datenfunk zu werden. Da das FunkLAN ein integraler Bestandteil des Rechnernetzes ist, fügen sich die meisten Datenanwendungen nahtlos in diese Struktur ein. Aufgrund der zellularen Netztechnik können mit FunkLAN auch große Außenflächen wie Flug-/Seehäfen, Bahnhöfe, Industriegelände und Betriebshöfe flächendeckend versorgt werden.

Die Leistungsmerkmale (s. unten) der FunkLAN Technik weisen gegenüber der verkabelten Lösung kaum Nachteile auf. Übertragungssicherheit und Abhörsicherheit sind durch spezielle Verfahren sogar besser. Mit der Übertragungsrate von derzeit 2 Mbit/s kommen die meisten Anwendungen gut zurecht, und wenn das nicht reicht, kann die Übertragungskapazität einer FunkLAN Zelle durch Parallelbetrieb auf bis zu 6 Mbit/s erhöht werden.

Die Leistungsmerkmale der FunkLAN-Technik nach IEEE 802.11 können wie folgt zusammengefaßt werden:

- Standardisierte Luftschnittstelle erlaubt Gerätebeschaffung von beliebigen Herstellern.
- Definition mehrer physikalischer Kanäle zur Entkopplung von Funkzellen.
- Kollisionsverhinderung auch für verborgene Stationen verhindert netzinterne Störungen.
- Integrierte Bridge Funktion erspart zusätzliche Komponenten.
- Fragmentierung von langen Blöcken verbessert die Übertragungssicherheit.
- Automatisches Roaming über alle Kanäle erleichtert die Netzplanung.
- Power-Management (Sleep Mode) für batteriebetriebene Computer erhöht deren Betriebsdauer.
- Verschlüsselung der Funkübertragung verbessert die Abhörsicherheit.

Geräte der FunkLAN Technik

FunkLAN Produkte

Alle Hersteller werden zur Anbindung des FunkLAN an ein Backbone sog. „Access Points" mit einer Ethernet-Schnittstelle herausbringen. Wegen der geringen Nachfrage wird es nur wenige Hersteller geben, die auch den „Token Ring" unterstützen. Auf der Endgeräteseite wird die PC-Card im Vordergrund stehen. Einige Anbieter werden aber auch Einbaukarten für Desktops mit ISA-Bus und PCI-Bus anbieten. Wenn das Spektrum der Anbieter so bleibt wie bei den proprietären Produkten, werden auf dem deutschen Markt FunkLAN-Produkte von etwa 8 verschiedenen Herstellern angeboten. Da die Produkte beliebig austauschbar sind, steht einem offensiven Wettbewerb nichts mehr im Wege. Dabei ist zu beachten, daß IEEE 802.11 zwei unterschiedliche, inkompatible Funkstandards beinhaltet: „Direct Sequence (DS)“ und „Frequency Hopping (FH)“. Austauschbar sind Geräte nur innerhalb des entsprechenden Substandards DS bzw. FH.

Sicherheitsaspekte

Strahlungsrisiko

Im Zusammenhang mit Funk wird immer wieder die Frage nach der Gefährdung von Personen durch elektromagnetische Strahlung laut, so auch beim FunkLAN. Wie in vielen medizinischen Bereichen ist die Frage nach der Gefährdung eine Frage nach der Dosierung bzw. Intensität des gefährdenden Mittels. Genauso verhält es sich auch beim Funk. Wo die Gefährdung durch die elektromagnetische Strahlung tatsächlich anfängt, ist weiterhin stark umstritten. Unumstritten sind allerdings die Grenzen, für die nach heutigem Kenntnisstand sicher eine Gefährdung ausgeschlossen werden kann. Diese Grenzen sind frequenzabhängig und werden durch Kurven für die elektrische und die magnetische Feldstärke beschrieben. Hier gibt es zum einen die Grenzwerte nach DIN VDE 0848 Teil 2 und zum anderen die 26. Verordnung zum Bundesimmissionsschutzgesetz. Messungen an FunkLAN-Produkten haben gezeigt, daß sowohl für die elektrische als auch für die magnetische Feldstärke nicht nur die Grenzwerte eingehalten werden, sie werden sogar ganz erheblich unterschritten.

11 ▮ 07 | 03 Einsatzbeispiele für FunkLAN

Die biologische Sicherheit der FunkLANs wird so hoch eingeschätzt, daß sie selbst in Krankenhäusern ohne Einschränkung eingesetzt werden. Aber es gibt natürlich weitere Einsatzmöglichkeiten für FunkLAN.

Zellulare Netztechnik bei FunkLAN

Im industriellen Umfeld gibt es inzwischen viele Einsatzfälle für mobile Rechner, die trotz ihrer Mobilität einen Online-Zugang zum gemeinsamen Rechnernetz brauchen. In der Produktion können fließbandbegleitende Rechneranwendungen, z. B. Testsysteme bei der Autoproduktion oder mobile Disponenten- und Warenerfassungsplätze beim Warenumschlag (Abb. 1) realisiert werden. Die direkte Anbindung ans Rechnernetz mit Zugriff auf alle Dateien und Arbeitsplätze eliminiert medienbruchbedingte Wartezeiten und Fehlerquellen. Dabei stellt die auf etwa 80 m begrenzte Reichweite eines Access Points kein Problem dar. FunkLAN-Systeme verfügen über eine zellulare Netztechnik mit Roaming wie die öffentlichen Funk-

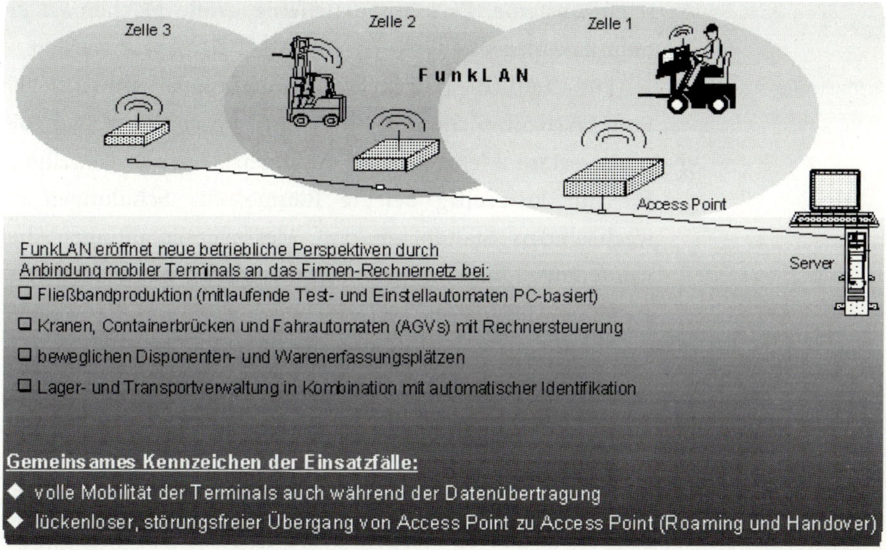

Abb. 1: Mobile FunkLAN-Anwendung beim Warenumschlag

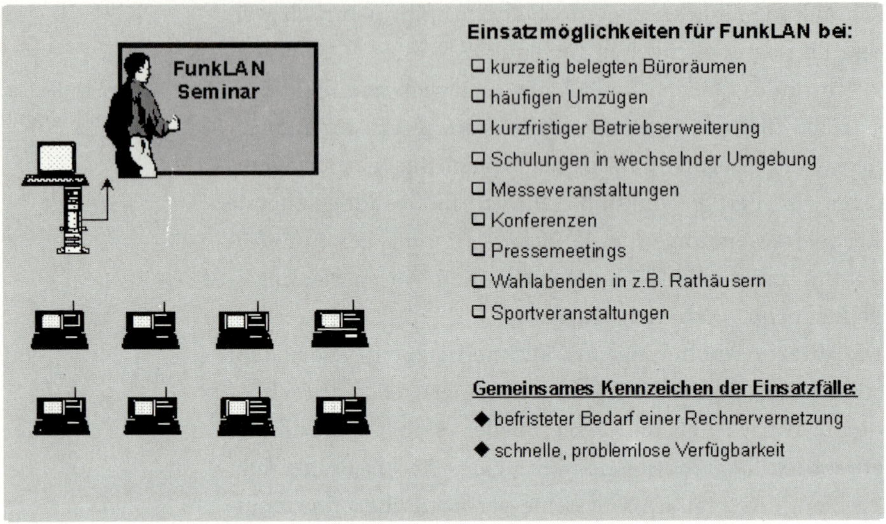

Abb. 2: FunkLAN-Anwendungen in befristeten Einsatzfällen

telefonsysteme. Es können beliebig große Flächen zu einem zusammenhängenden FunkLAN ausgebaut werden.

Befristete Vernetzung

Für zeitlich befristete Anwendungen (Abb. 2) ist FunkLAN oft nicht nur die schnellere sondern auch die preiswertere Methode. Bei häufigen internen Umzügen, für nur kurzzeitig belegte Räume, für Schulungen an wechselnden Standorten, auf Messeveranstaltungen, bei Konferenzen, auf Tagungen, immer dann, wenn nur befristet eine Vernetzung benötigt wird, kommen die Vorteile von FunkLAN voll zum Tragen.

Das schnurlose Rechnernetz löst auch die Vernetzungsprobleme in historischen und denkmalgeschützten Gebäuden, die aus repräsentativen Gründen gerne für Tagungen und Kongresse genutzt werden. Es muß nicht gebohrt werden, es werden keine Kabelkanäle verlegt, die Bausubstanz wird durch FunkLAN-Anwendungen nicht angerührt. Gerade hier können sogar Kostenvorteile für den Einsatz von FunkLAN entscheidend sein.

Disaster Recovery

Da die Zuverlässigkeit der Funkvernetzung inzwischen nicht mehr in Frage steht, werden FunkLANs auch schon als „Disaster-Recovery"-Systeme eingesetzt. Bei redundanter Anbindung der Access Points an das Backbone kann ein vom Kabelnetz weitgehend unabhängiges FunkLAN eine sichere Redundanz darstellen.

In so manchem Unternehmen haben sich ausgelagerte Datennetze entwickelt, weil aus bautechnischen Gründen eine Anbindung an das Hauptnetz nicht möglich war. Entweder standen bei getrennten Gebäuden teure Erdarbeiten im Wege oder gar ein öffentlicher Verkehrsweg, so daß eine Verkabelung wirtschaftlich nicht vertretbar war. Im Zuge der FunkLAN-Entwicklung wurden auch für diese Einsatzfälle (Abb. 3) kostengünstige Lösungen ge-

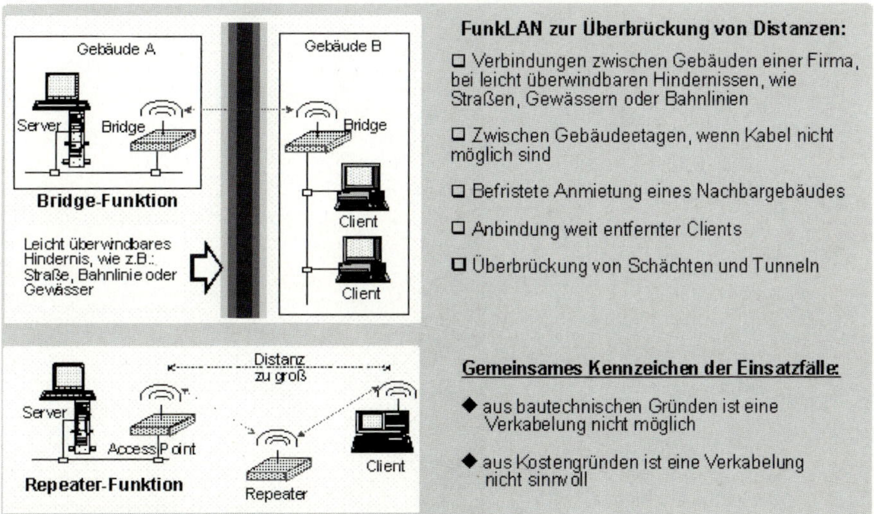

Abb. 3: FunkLAN zur Überbrückung von Distanzen

funden, die in Form von Funk-Repeatern und Funk-Bridges die Anbindung von Subnetzen an das Hauptnetz erlauben.

11 | 07 | 04 Ausblick: Mobile Computing

Höhere Übertragungsraten

Noch sind die Grenzen für die FunkLAN-Technik nicht erkennbar. Der Ausblick auf die nächste Generation, die unter den Namen HIPERLAN bzw. BRAN bei ETSI (European Telecommunications Standardisation Institute) standardisiert wird, zeigt eine mit 23,5 Mbit/s deutlich höhere Übertragungsrate. Für HIPERLAN und BRAN wird es exklusive Frequenzbereiche von 5,15–5,3 GHz und von 17,1–17,3 GHz geben. Auch andere Leistungsmerkmale werden verbessert, z. B. bekommt BRAN eine Schnittstelle zum ATM. Und das wird auch noch nicht das Ende der Entwicklung sein. Schon heute wird über eine Steigerung der Übertragungsrate bis 150 Mbit/s auf Frequenzen bei 60 GHz nachgedacht.

Digitales und interaktives Fernsehen

11 ▮ 09

Johannes E. Dürr

INHALTSÜBERBLICK

Dieser Beitrag informiert Sie über die Möglichkeiten, die digitales und interaktives Fernsehen Unternehmen bei der innerbetrieblichen Kommunikation eröffnet. Er gibt einen Einblick in die Funktionsweise des sog. Business-TV und zeigt dessen Chancen und Risiken auf.

Vorbemerkung

11 ▮ 09 | 01

Die Revolution in der Kommunikation steht erst am Anfang. Sie wird sich über einige Jahrzehnte erstrecken, neue Anwendungen und Märkte, von denen wir heute noch nichts wissen, werden sie vorantreiben und die Bedürfnisse befriedigen.

Daher erfordert die Globalisierung des Markts und die Beschleunigung der Innovationsprozesse zunehmend den Einsatz multimedialer, digitaler Technologien. Immer mehr Unternehmen optimieren deshalb ihre innerbetriebliche Kommunikation sowie ihre Aus- und Weiterbildung. Neben den bisher vorhandenen Kommunikationsmedien spielt digitales und interaktives Business-TV dabei eine immer bedeutendere Rolle. Dahinter verbirgt sich kein Fernsehen über Wirtschaftsunternehmen, sondern Fernsehen von Unternehmen für deren eigene Mitarbeiter.

Digitales und interaktives Fernsehen ist voller Möglichkeiten

11 ▮ 09 | 02

Bereits 1989 entwickelte der geschäftsführende Gesellschafter der SATCOM GEMINI GmbH Stuttgart/Frankfurt a. M. zusammen mit der Mercedes-Benz AG das Sendekonzept für das firmeninterne TV-Projekt AKUBIS (Automobil Kundenorientiertes Broadcast Informations System), das als Meilenstein und Pionierleistung im Bereich Business-TV in Deutschland gilt. Auch andere Unternehmen, wie beispielsweise die Adolf Würth GmbH & Co. KG, die Deutsche Bank AG oder Sony Deutschland realisieren heute mit dem Content Provider SATCOM GEMINI GmbH interaktives Business-TV oder auch „Management by TV".

So werden im Falle der Daimler-Benz AG z. B. Vertragshändler aus dem In- und Ausland mit den Besonderheiten der A-, M-, S-Klasse oder des SLKs zum Thema Karosserie, Fahrwerk, Motor etc. vertraut gemacht.

Die Übertragung erfolgt aus einem firmeneigenen Studio, einem Mietstudio oder mittels mobiler Technik auch aus einem Kongreßzentrum (vgl. Abb. 1).

Via Satellit werden so die Informationen an Dutzende von eigens eingerichteten Empfangsräumen übertragen. In der Regel werden Satelliten benutzt, die dem DVB-Standard (Digital-Video-Broadcasting) entsprechen und Deutschland beziehungsweise Europa ausleuchten (Astra, Eutelsat, Kopernikus, Intelsat, Panamsat). Der Sendeablauf wird hier von bis zu jeweils 20 Teilnehmern am Bildschirm live verfolgt. Der Clou dabei: Zum Empfang der digitalen Daten ist als Minimalkonfiguration eine Parabolantenne sowie ein Satellitenempfänger mit Digitaldecoder (Integrated Receiver Decoder, IRD), auch Set-Top-Box genannt, ein Monitor bzw. ein Multimedia-PC, Mikrofontechnik sowie eine Fragetaste notwendig. Bei auftauchenden Fragen genügt ein Tastendruck und Business-TV wird interaktiv. In der Regel werden die firmeninternen Daten verschlüsselt gesendet und erst beim zugelassenen Empfänger decodiert. Die Zuschauer können den Moderator oder Trainingsbeauftragten live ansprechen

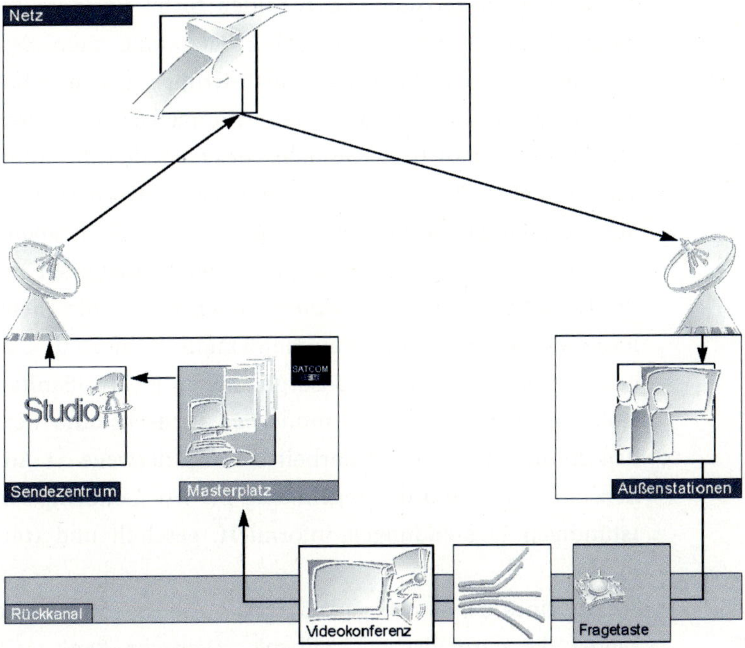

Abb. 1: Funktionsschema Digitales TV

und ihr Bild wird ins laufende Programm eingeblendet. Als etwa durch den sog. Elchtest Fahrwerksänderungen bei der A-Klasse (Daimler-Benz AG) vorgenommen werden mußten, wurden die Daimler-Benz-Manager aus ganz Europa via Business-TV über die technischen Verbesserungen auf dem laufenden gehalten. Mit Seminaren wäre dies nicht möglich gewesen. Dazu hat der Konzern mittlerweile 26 der insgesamt 43 Niederlassungen in Deutschland mit digitalen Empfangseinrichtungen ausgestattet. Insgesamt 4500 Mitarbeiter werden so innerhalb von 4 Wochen auf die Mercedes-Benz-Klassen geschult – früher wären all diese Mitarbeiter über mehrere Monate hinweg nach Stuttgart gereist.

Bei der Umsetzung dieser Fakten bietet Business-TV natürlich einen hervorragenden Ansatzpunkt. Zum Beispiel auch bei der Reinhold Würth-Gruppe aus dem hohenlohischen Künzelsau, deren Kompetenz auf dem Markt im Verkauf liegt. Deshalb entschied sich die Adolf Würth GmbH & Co. KG frühzeitig dafür, live und ohne Filter direkt mit ihren Außendienstmitarbeitern, begleitet von wichtigen Markt- und Brancheninformationen zu Produktschulungen und Unternehmensnews, die neue Form der Unternehmenskommunikation zu nutzen. Das betrifft die Bereiche Auto/Cargo, Metall/Elektro/Sanitär, Holz und Bau. Aus einem modernen Fernsehstudio werden somit bis zu 700 Mitarbeiter in mittlerweile 32 Außenstationen – und das regelmäßig im Wochenturnus- in 1stündigen Livesendungen informiert, geschult und trainiert.

Telelearning und Teleteaching

Als eines der ersten ganztägigen Business-TV-Projekte sendet die europäische Großbank „Deutsche Bank AG" via Satellit mit Beginn des 3. Quartals 1998 bundesweit in 1200 Filialen ihre Informationen rund um den Euro. Hier widmet man sich ausschließlich dem Kerngeschäft des Unternehmensbereichs Privat- und Geschäftskunden (UB P). Das Programmkonzept ist strukturiert in Telelearning und Teleteaching, Aus- und Weiterbildung mit vertriebsunterstützenden Aspekten (Journal P) sowie Managementtraining nach der Maxime „Business Television für die Mitarbeiter der Deutschen Bank AG heißt auch mehr Zufriedenheit bei den Kunden". Bei Live-Sendungen bietet ein sog. Call-In-Center die Chance, eine große Zahl von Anrufen, E-Mail- und Fax-Eingängen anzunehmen und für die Sendung aufzubereiten. Der Moderator im Studio erhält über einen Monitor ständig Informationen von außen und kann über entsprechende Technik und Ta-

Call-In-Center

Tabelle 1: Rückkanaltechniken für Dialoge/Interaktionen mit den Teilnehmern

Medium	Möglichkeiten/Eigenschaften
Audio/Video	Personen aus den Außenstellen sind im Studio zu sehen. Durch die Face-to-Face-Kommunikation via Bildschirm entsteht persönliche Nähe zum Teilnehmer und damit eine Identifikation mit dem Medium. Ein hohes Maß an Authentizität und Glaubwürdigkeit wird erreicht. Dokumente können übermittelt und visualisiert werden. Direkter Dialog findet statt
Telefon	In der Regel überall verfügbar Direkter Dialog Geläufiges Kommunikationsmedium Häufig ausreichende Lösung Kostengünstig
Fax	In der Regel überall verfügbar Direkter Dialog Geläufiges Kommunikationsmedium Häufig ausreichende Lösung Kostengünstig
E-Mail	Modernes Medium Unternehmensintern verfügbar Dokumente (Dateien) übermittelbar Kostengünstig
Intranet	Ergänzendes Medium Plattformübergreifend

staturen mit den Zuschauern live kommunizieren (s. Tabelle 1).

11 ▮ 09 | 03

Business-Multimedia

Die Symbiose des Mediums Business-TV

Die Möglichkeiten und die Symbiose des Mediums Business-TV mit allen anderen multimedialen Systemen ist bei weitem noch nicht ausgeschöpft. Durch den multimedialen technologischen Fortschritt verlagert sich der Fokus von der technischen Umsetzung hin zur konzeptionellen und organisatorischen Gestaltung intelligenter und überzeugender Business-TV-Komplettlösungen. Das Ziel dabei ist, wie wir es nennen, ein „Business-Learning-Network“ zu schaffen.

Network-learning im Medienverbund

Das Medien- und damit das Lernverhalten – insbesondere der Nachwuchskräfte – ändert sich fundamental. Hierzu tragen die grundlegenden Erfahrungen der heutigen Manager mit PC und Datennetzen sowie der hohen Akzeptanz des Mediums Fernsehen durch den erweiterten sofortigen Live-Dialog bei. In Anbetracht der Wichtigkeit der Inhalte ist ein sog. Medienverbund unumgänglich. Dieser Medienverbund definiert sich durch Schulung per Bildschirm, sei es in Form von Fernseh- oder PC-Monitor, die CD-ROM zur Nachbearbeitung und Ergänzung, Dokumentation und Vertiefung oder das gedruckte Buch als traditionelles Medium zur Wissensvermittlung. Internet, Intranet und Extranet dienen als weitere Möglichkeiten zur nachbearbeitenden Lernstoffaufnahme und -vertiefung. Wichtig ist, daß die Einsatzbereiche frühzeitig definiert werden und Redundanzen mit anderen Maßnahmen/Medien vermieden werden. Nur so lassen sich Kosten einsparen und der Wettbewerbsfaktor „Zeitgewinn“ effizient ausschöpfen.

Unternehmenschancen

Sehr viele Betriebe befinden sich z. Z. in der Entscheidungs- bzw. Vorbereitungsphase für Business-TV, deshalb standen für die Unternehmen folgende Chancen bei der Einführung von Business-TV im Vordergrund:

- generelle Verbesserung der Unternehmenskommunikation,
- Kosten- und Zeitersparnis,
- schneller und intensiver Dialog mit den Teilnehmern,
- Transparenz des Geschehens in der Zentrale fördern,
- Kritik und Anregungen der Mitarbeiter aus den Filialen in der Zentrale wahrnehmen und Probleme lösen,
- interaktiver, aktueller, zeitgleicher und flächendeckender Kommunikationsverteilerdienst,
- effektive, wirtschaftliche und gezielte Aus- und Weiterbildung – die Information kommt zum Teilnehmer, nicht umgekehrt,
- Transfer von Know-how direkt zum Arbeitsplatz,
- persönliche Einbeziehung der Teilnehmer in Sendungen durch Interaktion, dadurch Nähe zur Basis,
- geringer Zeitaufwand für die Informationsaufnahme und damit mehr Zeit für den Kunden,
- Face-to-Face-Kommunikation über große Entfernungen.

Risiken

Mitarbeiterakzeptanz

Business-TV ist kein Fernsehen im herkömmlichen Sinn. Aus diesem Grund birgt dieses Medium auch Risiken und zwar dann, wenn es nicht ziel- und bedarfsorientiert sowie rezipientengerecht konzipiert und eingesetzt wird. Mancher Mitarbeiter muß erst mühsam daran gewöhnt werden, seine Instruktionen via Monitor oder PC zu erhalten.

Diese Akzeptanz der Zuschauer zu schaffen, ist auch der wichtigste Erfolgsfaktor für Business-TV. Sie ist abhängig vom Erkenntnisgewinn und Nutzen, den die Mitarbeiter im Alltagsgeschäft umsetzen können und nicht vom Unterhaltungswert einer Sendung. Der persönliche Kontakt wird deshalb nie durch eine allzu technische Kommunikation ersetzt werden können. Auf ihm basiert schließlich auch ein großer Teil des Erfolgs der Konzerne und Unternehmensgruppen. Ohne diese Basis je aus den Augen zu verlieren, werden sich Banken, Versicherungen, Bausparkassen, Automobilkonzerne, Handelsunternehmen, Finanzdienstleister, Verbände usw. in zunehmendem Maße mit weiteren Formen der Interaktion beschäftigen, um mangelnde Transparenz und den langsamen Informationsfluß in ihren Unternehmen zu vermeiden.

Business-Learning-Network

Infomation-Sharing

Bisher liefen Projekte wie Business-TV oder Intranet als eigenständige Einheiten. Heute verschmelzen Computer-, Telekommunikations- und Medientechnologie zunehmend. Der Einsatz neuer Medien zur Verbesserung der Unternehmenskommunikation fordert einen ganzheitlichen Ansatz. Nur so lassen sich Synergieeffekte nutzen. Das Ziel ist ein Business-Learning-Network, d. h. dem Wunsch nach individuellem, interaktivem Lernen am PC gerecht zu werden. Die Gründe sind offensichtlich. Das Intranet, in Kombination mit Business-TV, hat für die Geschäftswelt einen deutlichen Nutzen: Zum einen wird die Kommunikation verbessert, zum anderen kann Information schneller zeit- und ortsunabhängig distribuiert werden und ist aktuell verfügbar. Dies gilt sowohl innerhalb des Unternehmens für Führungskräfte und Mitarbeiter als auch für ausgewählte Geschäftspartner. Diesen Prozeß bezeichnet man als „information sharing“. Der Einsatz des Business-Learning-Intranetworks wird aber nur dann erfolgreich sein, wenn die Kombinationsfunktionen gut durchdacht, die erforderlichen Sicherheitsaspekte berücksichtigt und die Intranet-Produkte sowie Intranet-Services zusammen mit Business-TV auf die spezifischen Anforderungen des Unternehmens zugeschnitten werden.

Multimedia-Services

Interaktivität

Neben einer firmeninternen Nutzung als Informationsmedium oder für computerbasierende Trainings (CBT), können die Informationen auch Bestandteil einer POI/POS (Point-of-Interest/Point-of-Sale) direkt dem Kunden eingespielt werden. Eine Besonderheit stellt die in dieser Kombination mögliche Interaktivität dar. So kann beispielsweise ein Anwender in eine Livesendung per Business-TV direkt eingreifen. Bei der Deutschen Bank übernimmt ein Call-In-Center die interaktive Zuschaltung eines Anrufers ins Studio. So können Fragen der Mitarbeiter vom Experten im Studio live beantwortet werden.

Services-on-demand

Aus technischer Sicht ist die Bereitstellung von multimedialen Informationen innerhalb eines Netzes bereits gelöst: Fullmotion-Video-on-demand und die Möglichkeit von interaktiven Telekonferenzen sind aktuelle Beispiele hierfür (s. auch Abb. 2).

IP-Multicasting

Die Nutzer können hochwertige Videodaten auf einem Media-Server speichern, der sich an beliebiger Stelle im Netz befindet, selbst wenn die Daten von Live-Events im Netz stammen. Per Web-Browser nehmen die Anwender an Live-Konferenzen teil oder sehen sich die gespeicherten Videodaten an. Alle Filmbeiträge und Grafiken sowie die recherchierten Hintergrundinformationen sind „verlinkt“ und fließen im Intranet zu einer sinnvollen Informationseinheit zusammen. So läßt sich die Archivierung und Content-Produktion sehr effektiv gestalten. Als Media-Server können neben UNIX- und LINUX-Systemen

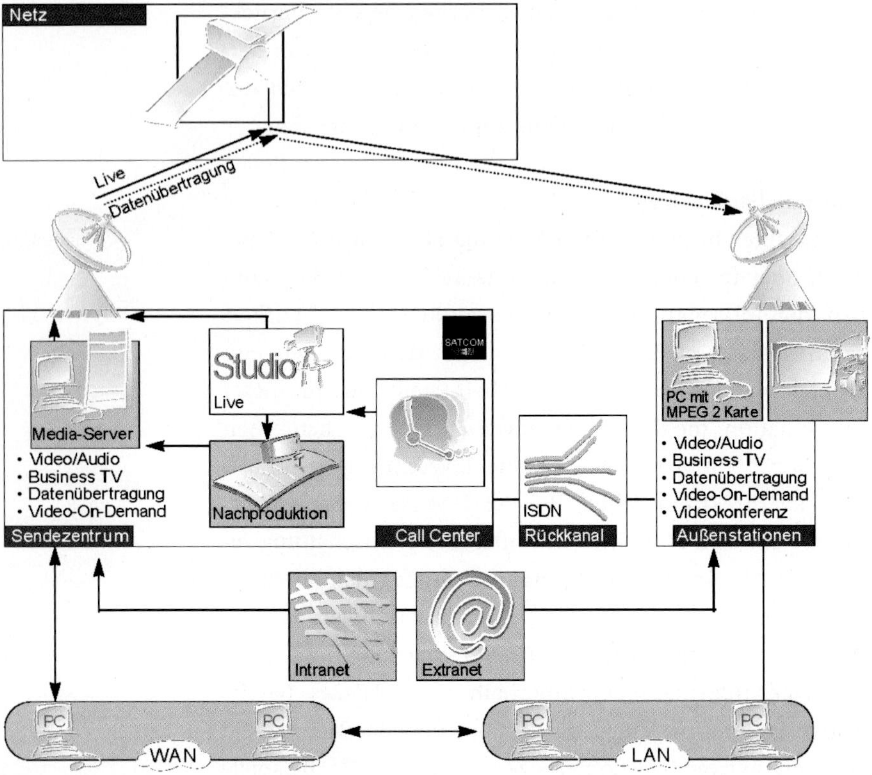

Abb. 2: Funktionsschema Multimediaplattform

auch Windows-Plattformen eingesetzt werden. Die Inhouse-Übertragung erfolgt über das vorhandene lokale IP-Netzwerk. Da sich das System der WEB-Technologie bedient, ist auf der Client-Seite am Arbeitsplatz nur ein Web-Browser mit Plug-In oder eine TV-Client-Software erforderlich. „IP-Multicasting" steckt hinter dieser Anwendung. Das bedeutet, daß es mehreren Empfängern gleichzeitig möglich ist, die Daten von einem Sender zu empfangen. Dadurch wird das Netz nur mit einem Videodatenstrom belastet. Die Skalierung von Clients bedeutet hierbei nicht gleichzeitig die Skalierung der Bandbreiten. Mit Echtzeit-Transport-Protokollen wie z. B. RTP (Real Time Protocol) und mit neuen, sehr effizienten fraktalen Bildkompressoren werden vorhandene Netze als Übertragungsmedium nutzbar gemacht und gleichzeitig Bandbreite geschont. Moderne Protokolle sind heute bereits in der Lage, selbständig die Bandbreite zu verändern (dynamische Bandbreitenadaption). Die Qualität wird so an die Echtzeitanforderungen des Systems angepaßt. Die Übertragung von Multicast-Videodaten via Satellit eröffnet auch dem klassischen Business-TV neue Perspektiven und völlig neue Funktionalitäten.

Fazit

11 09 04

Zukünftig werden sich sowohl das Intranet für die interne Kommunikation als auch Business-TV für die ortsunabhängige Informationsvermittlung durchsetzen. Was liegt also näher, als das mittelfristige Zusammenwachsen beider Ansätze. Das aktuelle Projekt der Daimler-Benz AG und der Deutschen Bank AG sind Vorboten dieser neuen Kommunikationslösung für Unternehmen und Konzerne.

Literatur

Babiel D, Dürr J (1998) Who is who in multimedia. In: Reinhard/Schmid (Hrsg) Bildung 98, S 290–292

Broßmann, Fieger (Hrsg) (1998) Business Multimedia – Innovative Geschäftsfelder strategisch nutzen. S 191–267

Dürr J (1997) cp-report spezial 12:21–22

Lindo W (1998) Business-TV und Intranet. Funkschau 10:40–42

Electronic Data Interchange (EDI) 11 ▮ 10

Kooperation durch Kommunikation per EDI 11 ▮ 10 | 01

Andreas Ehli

INHALTSÜBERBLICK
Dieser Beitrag beschreibt Konzepte zur Unterstützung der Kooperation zwischen Geschäftspartnern auf elektronischer Basis. Neben Auswirkungen und Entwicklungen des Einsatzes von EDI werden realisierbare Nutzenpotentiale aufgezeigt sowie notwendige Schritte zur Einführung dargestellt.

Einführung

Wenn man bedenkt, daß ein Großteil der Transaktionsdaten, die in einem EDV-System eines Unternehmens gespeichert sind, auch im EDV-System des Geschäftspartners benötigt werden, so ist die Notwendigkeit des elektronischen Datenaustausches (EDI) einleuchtend. Allein schon die Einsparungen, die sich aus dem Wegfall der Doppelerfassung dieser Daten realisieren lassen, rechtfertigen die Beschäftigung mit diesem Thema.

Wenn EDI weitgehend angewandt wird, so kann sich die Zusammenarbeit zwischen den Partnern auf Bereiche wie Logistik, Marketing und Organisation leichter ausdehnen.

ECR als Konzept zur Kooperation in der Wertschöpfungskette

Definition ECR

Übersetzt bedeutet ECR soviel wie „Effiziente Reaktion auf die Kundennachfrage" (vgl. Heydt 1997, S 38). Dabei soll durch eine ganzheitliche prozeß- und kundenorientierte Betrachtung die Wertschöpfungskette von ineffizi-

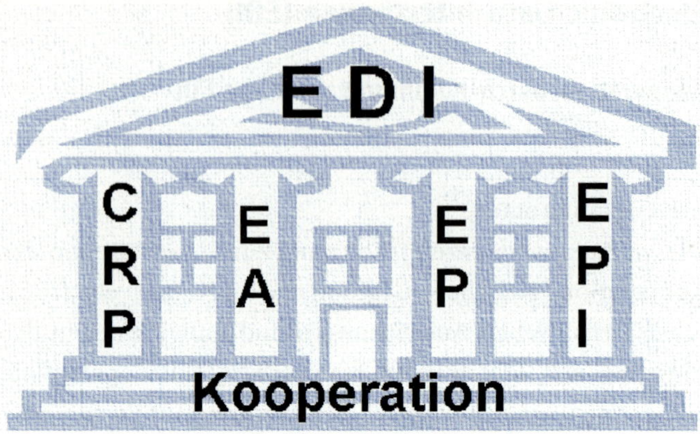

Abb. 1: Die ECR-Bestandteile in Anlehnung an Andreas von der Heydt „ECR“, 1997

enten Tätigkeiten, die keinen Nutzen für den Kunden bringen, bereinigt werden.

Kooperation statt Ausnutzung von Marktmacht

Voraussetzung für die einzelnen Instrumente des ECR ist die *Kooperation* der Partner in der Wertschöpfungskette. Sie bildet quasi das Fundament dieses Konzeptes (s. Abb. 1). Die einzelnen Säulen des ECR-Gebäudes sind die Instrumente kontinuierliche Nachbelieferung (Continuous Replenishment Program, CRP), Sortimentsoptimierung (Efficient Assortment, EA), effiziente Verkaufsförderung (Efficient Promotion, EP) und effiziente Einführung neuer Produkte (Efficient Product Introduction, EPI).

Instrumente des ECR

Das Dach, der Überbau, der die einzelnen Instrumente zusammenhält und durch ihr Zusammenwirken erst eine signifikante Effizienzsteigerung sowie Kosteneinsparung ermöglicht, wird durch Electronic Data Interchange (EDI) gebildet.

Keines dieser Instrumente ist in sich abgeschlossen, vielmehr sind sie mehr oder weniger miteinander verbunden. CRP stellt die logistische Komponente, EA, EP und EPI stellen zusammen die Marketingkomponente des ECR dar.

Mögliche Einsparpotentiale

Nachdem sich ECR in den USA in der Lebensmittelindustrie aus sog. Quick-Response-Systemen entwickelt hatte, wurden 1993 die Einsparpotentiale von der Unternehmensberatung Kurt Salmon Associates Inc. untersucht (vgl. Heydt 1997, S 42). Eine ähnliche Studie für die europäische Lebensmittelindustrie von der Coca-Cola Retailing Research Group relativierte die sehr großen Einsparpotentiale aus den USA. Diese resultierten vor allem aus zu hohen Lagerbeständen aufgrund von Praktiken wie Forward Buying und Diverting. Dennoch liegen die Einsparpotentiale in Europa immer noch über den Umsatzrenditen, die z. Z. im Handel erzielt werden, wie Tabelle 1 zeigt (vgl. Biehl 1995, S 48–50).

Tabelle 1: Vergleich der Einsparpotentiale durch ECR, USA vs. Europa

USA		**Europa**	
Strategie	**Einsparpotential [% vom Umsatz]**	**Strategie**	**Einsparpotential [% vom Umsatz]**
Efficient Replenishment (Lagerversorgung, EDI, automatische Disposition)	4,1	Operative Kooperation (Warenfluß, Bestandsführung, Verwaltung)	2,5
Efficient Assortment	1,5	Marketing-Kooperation (Effiziente Sortimente, Promotions, Produkteinführungen)	0,9
Efficient Promotion	4,3		
Efficient Product Introduction	0,9		
Gesamt	10,8	Gesamt	3,4

So hoch der Anreiz angesichts der genannten Einsparpotentiale, welche sich auf die Konsumgüterindustrie beziehen, auch sein mag, ist die Einführung der genannten Instrumente nicht zu unterschätzen. Die Einführung von ECR stellt einen Prozeß dar, der im allgemeinen mindestens 2–5 Jahre in Anspruch nimmt.

Die Einführung von ECR hängt zudem zu 80% von „weichen" Faktoren, also den Menschen, und zu 20% von „harten" Faktoren, also der Technologie, ab (Heydt 1997, S 140; Biehl 1995, S 50).

EDI als Instrument des ECR

Definition EDI

Electronic Data Interchange (EDI) ist am treffendsten mit „elektronischer Geschäftsdatenaustausch" zu übersetzen. Bei der Definition dieses Begriffes sind 4 Punkte wesentlich (Näheres zu dieser sehr schlüssigen Definition bei Weid 1995, S 8 ff.):

- Es handelt sich um einen unternehmensübergreifenden Datenaustausch.
- Es werden kaufmännische Geschäftsdaten ausgetauscht.
- Der Austausch erfolgt in einem standardisierten Format.
- Es handelt sich dabei um einen Computer-Computer-Dialog.

Bei der Definition ist der Dialog zwischen 2 Computersystemen besonders hervorzuheben, da nur so die Vorteile dieses Verfahrens, wie Einsparungen durch den Wegfall von Papier und der erneuten Datenerfassung, zu realisieren sind. Der elektronische Geschäftsdatenaustausch ist

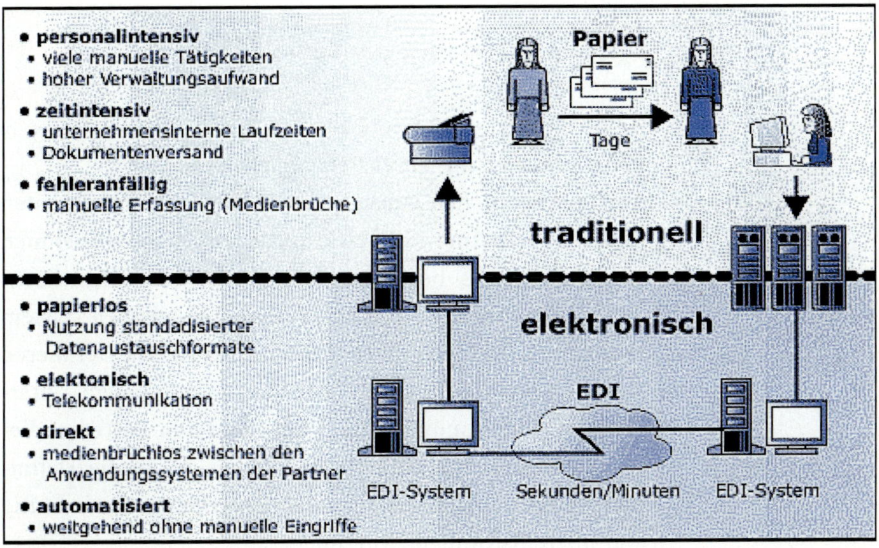

Abb. 2: EDI auf einen Blick

keine Weiterentwicklung des Telefax! Eine Übersicht über den Ablauf von EDI gibt Abb. 2.

Voraussetzungen

Die Voraussetzungen für einen Austausch von Geschäftsdaten wird zur besseren Übersichtlichkeit in 3 Gruppen unterteilt:

Voraussetzungen für EDI

- Koorganisatorische Voraussetzungen: Es müssen übergeordnete Vereinbarungen getroffen werden, die für alle Unternehmen gelten.
- Unternehmensinterne Voraussetzungen: In jedem Unternehmen müssen bestimmte interne Bedingungen erfüllt sein.
- Rechtliche Voraussetzungen: Um dem elektronischen Datenaustausch zum Durchbruch zu ver-

helfen, muß ein rechtliches Vakuum ausgefüllt werden.

Koorganisatorische Voraussetzungen

Um überhaupt den Austausch von Geschäftsdokumenten zwischen 2 Partnern auf elektronischem Wege vornehmen zu können, sind bestimmte Standards und Definitionen festzulegen. Wenn EDI nur in einem bilateralen System zwischen 2 Partnern betrieben wird, so ist das Definieren dieser Standards weniger aufwendig. Soll es einem Unternehmen jedoch möglich sein, mit mehreren Partnern diesen Austausch durchführen zu können, so ist die Definition dieser Standards für alle Unternehmen eindeutig und übereinstimmend vorzunehmen.

Definition von Standards

Die wichtigsten Definitionen sind dabei:

- Artikelnummern: Jede Artikelnummer jedes Unternehmens muß für alle Unternehmen eindeutig sein.
- Lokationsnummern: Produktionsstätten, Lager, Unternehmen, etc. sind eindeutig durch eine Nummer statt eines Textes zu beschreiben.
- Nachrichtenarten: Alle Unternehmen müssen für einen Geschäftsvorfall die identische Nachrichtenart benutzen.
- Übertragungsmodalitäten: Unternehmen müssen sich über den Weg einigen, auf dem die Nachrichten übertragen werden sollen.

Diese Normungsarbeit bezüglich der Nachrichtenarten wurde von einem Gremium der Vereinten Nationen vorgenommen (vgl. Centrale für Coorganisation 1997, S 14). Dabei entstand im Jahre 1987 der weltweit gültige Nachrichtenstandard EDIFACT (Electronic Data Interchange for Administration, Commerce and Transport) (vgl. Schmoll u. Nommensen 1996, S 52 ff.; Centrale für Coorganisation 1998, S 4). Die einzelnen Nachrichtenarten und der Aufbau dieses Standards wird in den 2 folgenden Abschnitten zum Stammdatenaustausch bzw. Geschäftsdatenaustausch beschrieben.

Die Vergabe der Artikel- und Lokationsnummern in Europa erfolgt für jedes Land von einer Organisation, welche im allgemeinen von Industrie- und Handelsunternehmen, die eine solche eindeutige Numerierung benötigen, getragen wird. Für Deutschland erfolgt diese Vergabe durch die Centrale für Coorganisation (CCG) in Köln. Diese Nummern werden mit den Kürzeln EAN (Europäische Artikelnummer) und ILN (Internationale Lokationsnummer) bezeichnet.

Unternehmensinterne Voraussetzungen

Will ein Unternehmen am elektronischen Datenaustausch teilnehmen, so muß es erst EDI-fähig werden. Es muß also eine EDI-Nachricht erzeugt und abgeschickt bzw. empfangen und sinnvoll weiterverarbeitet werden können. Hierbei sind jedoch nicht nur technische Voraussetzungen zu erfüllen, sondern vor allem organisatorische. „Überraschend ist immer noch die tief verwurzelte Tool-Gläubigkeit, obwohl selbstverständlich nicht allein der Kauf eines Autos bereits die Gewähr dafür bietet, von Hannover nach München fahren zu können.“ Dieses Zitat zeigt anschaulich, daß auch bei EDI das schon aus der Darstellung von ECR bekannte Verhältnis von 80% zu 20% eine Rolle spielt. Die organisatorischen Voraussetzungen machen 80% des Erfolges aus, die technischen nur 20% (vgl. Töpfer 1996, S 67; Schmoll u. Nommensen 1996, S 142).

Erforderliche Technik

An Technik ist erforderlich (vgl. ohne Verfasser 1998, S 1):

- Ein Anwendungssystem, das die Daten, wie z. B. eine Rechnung als Datei (Flat File), importieren und exportieren kann.
- Eine Software (diese wird im allgemeinen Konverter genannt), die diese Datei in ein Standardaustauschformat (EDIFACT-Nachricht) umwandelt.
- Hard- und Software, um diese Nachricht mittels eines Kommunikationsdienstes (z. B. Telebox 400) an den Partner zu übermitteln bzw. von ihm zu empfangen.

Weiche Faktoren

Die organisatorischen Voraussetzungen, häufig auch „weiche Faktoren" genannt, sind nicht so einfach zu nennen, es finden sich auch unterschiedliche Angaben und Umschreibungen dazu in der Literatur. Wichtigstes Kriterium, ohne das jedes EDI-Projekt zum Scheitern verurteilt ist, stellt die Unterstützung des Topmanagements dar (vgl. Centrale für Coorganisation 1997, S 31; Dörflein 1995, S 40; Weid 1995, S 177 ff.). Als weitere Voraussetzungen werden eine detaillierte Ist-Analyse sowie die Bildung eines abteilungsübergreifenden Teams, das die Planung vornimmt, genannt. Um einen sinnvollen Einsatz von EDI zu gewährleisten, sind Umstellungen in der Bearbeitungsweise von Geschäftsvorgängen nötig.

Rechtliche Voraussetzungen

Rechtliche Grundlage durch EDI-Rahmenvertrag

In jeder Geschäftsbeziehung sind zwischen den Partnern Verträge zu vereinbaren, die den rechtlichen Rahmen abstecken. Da der Gesetzgeber bisher keine speziellen Regelungen für den Austausch von Geschäftsdaten auf elektronischem Wege getroffen hat – und wohl auch erst treffen wird, wenn sich die Entwicklung in diesem Bereich bereits überholt hat – gilt das herkömmliche Handels- und Steuerrecht. Daraus folgen beispielsweise bestimmte Anforderungen an die Aufbewahrung der EDI-Nachrichten. Um übrige Aspekte, wie z. B. Haftung bei Lieferverspätung aufgrund von Versäumnissen beim Datenempfang, zu regeln, sollten Verträge zwischen den EDI-Partnern geschlossen werden. Als Vorlage dafür kann der „Deutsche EDI-Rahmenvertrag" (ausführlich dazu Kilian 1994) genutzt werden.

Stammdatenaustausch

Einmalige Übertragung von Stammdaten

Für eine Abwicklung von Geschäftsvorfällen per EDI sind aktuelle, fehlerfreie und vollständige Stammdaten die Voraussetzung. Diese Stammdaten müssen vor dem Austausch von Bewegungsdaten, also den eigentlichen Geschäftsvorfällen, wie Rechnung und Bestellung, beiden Partnern bekannt sein. Es entspricht dem Grundgedanken des elektronischen Datenaustausches, wenn diese Daten einmalig am Anfang jeder Geschäftsbeziehung übertragen werden, um nicht bei jedem Geschäftsvorfall unnötige, da schon bekannte Daten zu übermitteln (vgl. Abb. 3).

Will ein Unternehmen jedoch mit mehreren Partnern Daten austauschen und ändern sich seine Stammdaten im Laufe der Zeit, beispielsweise durch neue Artikel oder Adreßänderungen, so ergeben sich neue Probleme.

Bei häufigen Änderungen und vielen Partnern kann es schnell zum Verlust des Überblicks kommen, welcher Partner welche Daten kennt. Außerdem ergeben sich durch den jeweils bilateralen Transfer dieser Daten hohe Kosten.

Eine Lösung dieses Problems bietet der SINFOS-Stammdatenpool (ausführlich dazu: ohne Verfasser 1997).

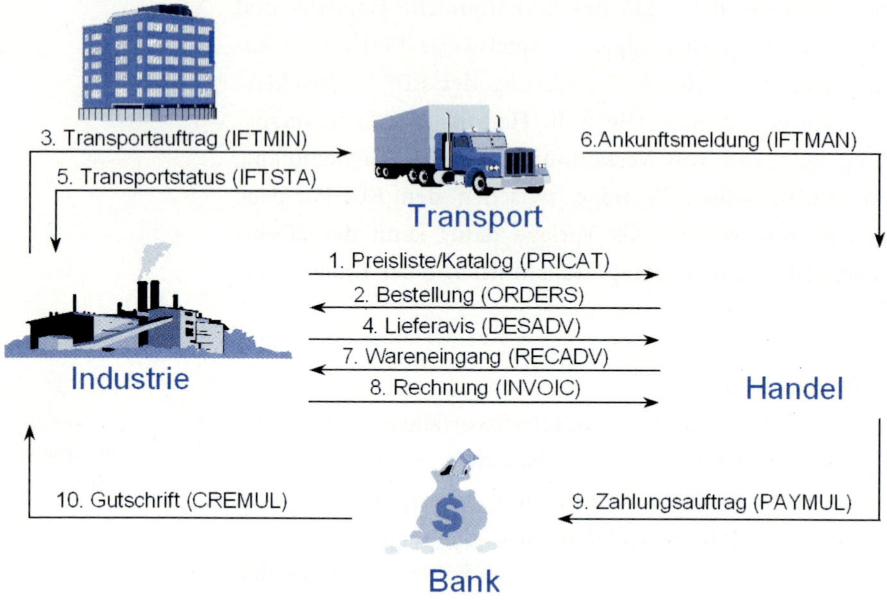

Abb. 3: Bilateraler Stammdatenaustausch. (Quelle: CCG)

Dieser Pool ist eine Datenbank, die von der CCG in Köln betrieben wird. Gegen eine im Vergleich zu den Kosten der bilateralen Abstimmung geringe Gebühr kann jeder Hersteller seine Stammdaten dort hinterlegen. Der Handel kann diese dann für alle Artikel gleichzeitig in bestimmten Abständen abrufen.

SINFOS-Pool der CCG

Die Vorteile sind ersichtlich. Allein schon die telefonische Abstimmung, wann an welchen Händler welche Stammdaten transferiert werden, ist teurer als die Beiträge für SINFOS. Man muß jedoch beachten, daß mit diesem System keine unterschiedlichen Preisinformationen für die verschiedenen Händler übertragen werden können. Außerdem macht ein solcher Pool nur dann Sinn, wenn er von der überwiegenden Mehrheit einer Branche genutzt wird (vgl. Abb. 4).

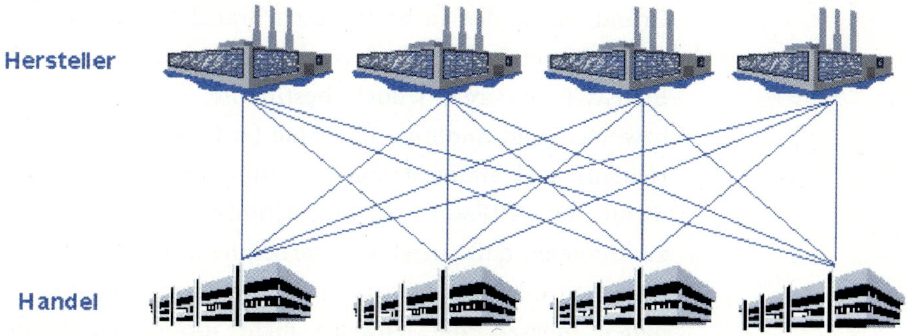

Abb. 4: Multilateraler Stammdatenaustausch mit SINFOS- Stammdatenpool. (Quelle: CCG)

Per SINFOS können selbstverständlich nur Stammdaten transferiert werden, die auf einer EAN-Nummer beruhen und diesem System der Artikelnumerierung voll entsprechen. Es ist also sinnvoll, die Stammdaten von Anfang an nicht mehr mit der hausinternen Numerierung zu versehen, sondern voll auf die EAN-Numerierung umzustellen. Dann gibt es beim Einstieg in die Nutzung des SINFOS-Pools weniger Startschwierigkeiten.

Stammdaten sind das Wichtigste bei der Einführung von EDI. Je genauer die Pflege der Stammdaten vorgenommen wird, um so problemloser geht der Austausch von Bewegungsdaten vor sich (vgl. Schläger 1997, S 26). Mag der Transfer einer Rechnung per EDI zu Beginn noch mit der alten, herkömmlichen Artikelnummer funktionieren, spätestens bei der Bestellung tauchen unüberwindliche Probleme auf.

Geschäftsdatenaustausch

Der von der UN geschaffene Standard EDIFACT ist zwar allgemeingültig, er versucht jedoch auf alle Besonderheiten in den verschiedenen Ländern einzugehen und ist daher relativ unübersichtlich und komplex. Aus diesem

Grund entstanden in bestimmten Branchen und Ländern sog. „Subsets". Dies sind Nachrichtenstandards, die auf EDIFACT basieren, jedoch bestimmte, für die Branche bzw. das Land unnötige Elemente (z. B. bestimmte Nachrichten) ausklammern sowie bestimmte fakultative Elemente von EDIFACT eindeutig definieren. So kann es dazu kommen, daß einzelne Unternehmen, die in mehreren Branchen oder Ländern tätig sind, mehrere Subsets vorhalten müssen, die teilweise nicht 100%ig kompatibel sind.

Dieser „Subsetwildwuchs" ging jedoch in den letzten Jahren zurück, es haben sich bestimmte Nachrichtenstandards durchgesetzt, so etwa der Standard EANCOM (vgl. Schläger 1997, S 26; Deutsch 1994, S 211; Schmoll u. Nommensen 1996, S 12). Diese Standards bieten auch den Vorteil einer geregelten Aktualisierung im Zeitabstand von 3 Jahren mit Abwärtskompatibilität, so daß eine gewisse Konstanz gegeben ist. Außerdem bieten sie bestimmten Benutzergruppen Profile an, die eine Einführung erleichtern.

EDIFACT-Nachrichtenarten

Welche Nachrichten (Bezeichnung jeweils in Klammern) der Nachrichtenart EDIFACT im Verlauf eines Geschäftsvorgangs herkömmliche Papierdokumente ersetzen können, zeigt Abb. 5.

Sämtliche Dokumente, die standardmäßig bei einem Geschäftsvorgang zwischen der Industrie, dem Handel, dem Spediteur und der Bank ausgetauscht werden, können durch EDI-Nachrichten abgebildet werden. Angefangen vom Katalog, der auch über den SINFOS-Stammdatenpool transferiert werden kann und mit der Nachricht PRICAT übertragen wird, bis hin zur Gutschrift der Bank an den Hersteller, die bei EDI als CREMUL bezeichnet wird.

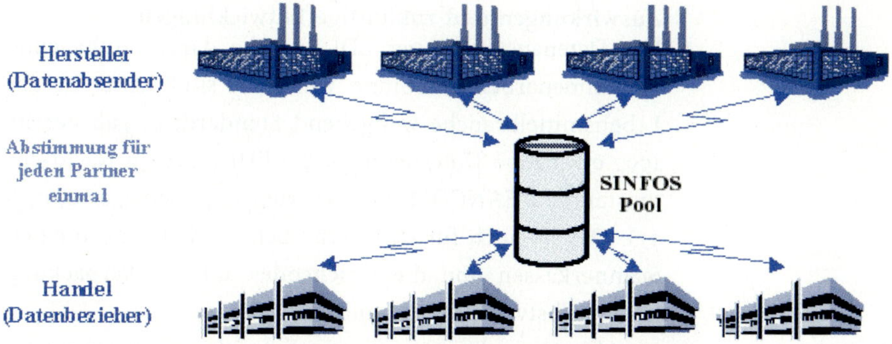

Abb. 5: Geschäftsdatenaustausch mit den Nachrichtenarten des Standards EDIFACT. (Quelle: CCG)

Kommunikationsweg

Hat sich ein Unternehmen nun mit seinem Partner auf einen Nachrichtenstandard geeinigt, so stellt sich die Frage des Kommunikationsweges. Prinzipiell ist EDI auch per Datenträgeraustausch möglich, es gehen jedoch wesentliche Vorteile bezüglich der Schnelligkeit verloren. Im allgemeinen kommuniziert man per Datenfernübertragung (DFÜ) über Modem und Telefonleitung.

Nutzung eines Mehrwertdienstes

Tauscht man mit mehreren Partnern Nachrichten aus und möchte man nicht jedesmal eine direkte Verbindung zum Partner aufbauen, so bietet sich die Nutzung eines Mehrwertdienstes (VAN – Value Added Network) an. Dieser Dienst stellt quasi ein elektronisches Postfach (Mailbox) dar und ermöglicht es, alle Nachrichten für alle Kommunikationspartner gleichzeitig und mit einem Verbindungsaufbau zu senden. Ebenso erfolgt der Empfang aller Nachrichten aller Partner gleichzeitig. Die Nutzung eines VAN zur Übertragung von EDI-Nachrichten hat sich etabliert.

11

Auswirkungen und zukünftige Entwicklungen

Der Datenaustausch per EDI und die darauf aufbauende Zusammenarbeit im Sinne von ECR sind heute in der Lebensmittelbranche weitgehend Standard; es gab bereits 1997 etwa 1000 Unternehmen, die EDI mit dem Nachrichtenstandard EANCOM durchführten (vgl. Schläger 1997, S 27). Das ist auch für den Verbraucher erkennbar, für den Scannerkassen und die Strichcodes auf der Verpackung heute selbstverständlich sind.

Auswirkungen

Als Auswirkungen dieser Entwicklung werden genannt:

- Verkleinerung der Sortimente (Konzentration auf die wenigen wirklich gewinnbringenden Produkte),
- steigende Wettbewerbsintensität (aufgrund der genaueren Erfolgsanalyse von Produkten und dadurch steigender Ähnlichkeit der Sortimente),
- Schutz vor Auslistung für EDI-fähige Anbieter und Probleme für außerhalb dieses Systems stehende Anbieter.

Alle diese Tendenzen werden zu weiterer Konzentration und einer Stärkung der Marktführer zu Lasten des Mittelstandes führen. In der Lebensmittelbranche und der Automobilzulieferindustrie sind diese Trends schon erkennbar.

Entwicklung Web-EDI

EDI im herkömmlichen Sinne hat mit dem Schlagwort Internet an sich wenig zu tun. Größe Unternehmen haben jedoch das Problem, daß ihre kleineren Partner die Investitionen für ein klassisches EDI-System nicht vornehmen können. Da jedoch ein Internet-Zugang auch für kleine Unternehmen zunehmend Standard wird, gibt es immer mehr EDI-Software, die eine Kommunikation per Internet unterstützt. So können auch kleinere Partner am elektronischen Geschäftsdatenaustausch teilnehmen.

Realisierbarer Nutzen von EDI

In der Literatur werden die positiven Effekte häufig in operative und strategische Effekte unterteilt (vgl. ohne Verfasser 1998, S. 2–3).

Übereinstimmend werden als operative Effekte genannt:

Operativer Nutzen

- Kosteneffekte:
  - Wegfall der Mehrfacherfassung von Daten: Weniger Personalkosten.
  - Reduktion der Übermittlungskosten.
  - Reduktion des administrativen Aufwands für das Sammeln, Verteilen und Archivieren von Papierdokumenten: Weniger Personalkosten.
- Zeiteffekte:
  - Beschleunigung des zwischenbetrieblichen Datenaustausches (besonders bei internationalen Beziehungen).
  - Beschleunigung interner Abläufe durch direkte Datenübernahme statt manueller Erfassung.
  - 24stündige Erreichbarkeit und Überwindung von Zeitzonen.
- Qualitätseffekte:
  - Keine Fehler durch manuelle Datenerfassung.
  - Aktuellere Daten.
  - Überwindung von Sprachbarrieren und Vermeidung von Mißverständnissen.

Als strategische Effekte werden genannt:

Strategischer Nutzen

- Innerbetriebliche Effekte:
  - Reduktion von Lagerbeständen und damit von gebundenem Kapital.
  - Steigerung der Planungs- und Dispositionssicherheit.
  - Entlastung des Personals von monotonen und lästigen Routinearbeiten.

  - Realisierung neuer Logistik- und Controllingkonzepte.
  - Schnellere Auftragsabwicklung.
  - Bessere Kontrolle der Materialbewegungen.
- Zwischenbetriebliche Effekte:
  - Beschleunigung der Geschäftsabwicklung.
  - Intensivierung des Kunden- bzw. Lieferantenkontaktes: Erhöhung der Bindung.
  - Neue Kooperationsformen zur effektiveren Zusammenarbeit.
  - Angebot neuer Leistungen.
  - Beschleunigung des Zahlungsverkehrs.
  - Entwicklung elektronischer Märkte.

Den genannten positiven Auswirkungen stehen jedoch Kosten gegenüber, die zur Ermittlung des Nettonutzens dividiert werden müssen. Betriebswirtschaftlich gesehen müßte eine Investitionsrechnung durchgeführt werden, da der größte Teil der Kosten in der Planungs- und Entwicklungsphase anfällt, während die Kosten in der Betriebsphase im Vergleich dazu geringer sind.

Kosten

Als Kosten der Einführungsphase werden genannt (besonders ausführlich zu den Kosten, aber auch Nutzenwirkungen, s. Weid 1995, S 59–141):

- Informationsbeschaffung sowie Inanspruchnahme von Beratungsleistungen,
- Beschaffung der Hard- und Software,
- Anpassung der Kommunikationssoftware an das Unternehmen sowie Anpassung der internen Software an die Kommunikationssoftware,
- Abstimmung mit den Partnern.

Als Laufende Kosten werden genannt:

- Pflege der Software,

- Kommunikationskosten,
- Parallelbetrieb des klassischen Systems.

Lösungsansätze für die EDI-Einführung

Integrationsstufen von EDI

Grundsätzlich kann der EDI-Betrieb in 3 verschiedene Einsatzformen, auch Integrationsstufen genannt, unterteilt werden (vgl. Weid 1995, S 41 ff.; Deutsch 1998, S 61 ff.).

- Door-to-Door-EDI (auch Faxersatz genannt),
- EDI (mit manuellen Eingriffen bzw. manuellen Startbefehlen),
- Application-to-Application-EDI (auch integrierte Lösung genannt).

Die integrierte Lösung stellt die beste und fortschrittlichste Einsatzform dar, mit der sich das größte Einsparpotential realisieren läßt. Ein EDI-System wird als integriert bezeichnet, wenn der Geschäftsdatenaustausch ohne jeglichen manuellen Eingriff durchgeführt wird. Man muß die im Unternehmen vorhandenen Möglichkeiten und Bedingungen analysieren und sollte sich nur dann für diesen Weg entscheiden, wenn sichergestellt ist, daß er auch wirklich konsequent realisiert werden kann.

Für einen Übergangszeitraum kann die Lösung mit manuellem Eingriff die sinnvollere sein, wenn bestimmte Bedingungen im Unternehmen nicht gegeben sind. Es ist dann der sicherere Weg, die kleineren Einsparpotentiale zu realisieren, als von den großen Möglichkeiten zu träumen, aber gleichzeitig eine „Bauchlandung" zu machen.

Auf keinen Fall sollte die erste Integrationsstufe – oft auch Integrationsstufe 0 genannt – realisiert werden. Hier werden die elektronisch übertragenen Nachrichten ausgedruckt und noch einmal neu erfaßt, EDI wird also nur von Tür zu Tür betrieben. Wird EDI in dieser Form betrieben, so werden keine Rationalisierungpotentiale realisiert, und aufgrund der in das System getätigten Investitionen stellt diese Form einen Barverlust dar.

Notwendige Schritte zur EDI-Einführung

Abteilungsübergreifendes Projektteam

In der Literatur wird die Bildung eines Projektteams zur EDI-Einführung vorgeschlagen (vgl. Weid 1995, S 179; Deutsch 1998, S 140 ff.). Bedenkt man, daß EDI viele Prozesse im Unternehmen beeinflußt, so leuchtet die Notwendigkeit eines abteilungsübergreifenden Teams ein. Die EDI-Einführung sollte nicht als eine Sache der EDV verstanden werden, sondern als ein Projekt, das weite Teile des Unternehmens betrifft. In diesem Team muß in der Anfangsphase auch die Geschäftsleitung mitwirken oder es zumindest ins Leben rufen und unterstützen.

Die erste Aufgabe eines solchen Teams sollte die Durchführung einer strategischen Planung sein. Die Vorgehensweise bei einer strategischen Planung könnte in folgende Punkte unterteilt werden (vgl. Brehm 1997, S 187–197):

Aufgaben des Projektteams

1. EDI-Umfeldanalyse: Zu untersuchen ist das technische, organisatorische und rechtliche Umfeld.
2. Definition der EDI-Strategie: Festzulegen ist, ob die Einführung eher defensiv oder intensiv betrieben werden sollte.
3. Festlegung der Ziele und Konkretisierung der Optionen: Nachdem die grundsätzliche Strategie festgelegt wurde, müssen Ziele definiert und über die Einsatzpartner und einzusetzenden Nachrichtenarten nachgedacht werden.
4. Bewertung und Priorisierung der Optionen: Auswahl der Partner und Nachrichtenarten.

Zu Punkt 1 bieten Organisationen wie die CCG (www.ccg.de) oder die DEDIG (www.dedig.de) Hilfestellungen an.

Die in Schritt 2 festzulegende EDI-Strategie könnte aus folgenden Kategorien ausgewählt werden (vgl. Brehm 1997, S 173 ff.).

EDI-Strategie

- Defensivstrategie: Versuchen, sich der EDI-Entwicklung zu entziehen.
- Stillstandstrategie: Beobachten der Entwicklung, nur Ersatzinvestitionen tätigen.
- Moderate Entwicklungsstrategie: „Reagieren" auf die Entwicklungen in der Branche, z. B. mit weiteren Pilotprojekten.
- Intensive Entwicklungsstrategie: „Agieren", offensives und konsequentes Vorgehen, initiieren neuer EDI-Projekte, die Entwicklung selbst gestalten.

Die auf der festgelegten Strategie basierenden Ziele müssen in Schritt 3 vom Topmanagement festgeschrieben werden, damit sie für alle Abteilungen verbindlich sind (vgl. Schmoll u. Nommensen 1996, S 149).

Die Auswahl der Partner und Nachrichtenarten in Schritt 4 könnte z. B. mit Hilfe von Umfragen unter den Kunden erfolgen.

Nach der strategischen Planung sollte das Projektteam noch weitere konkrete Aufgaben wahrnehmen. Es ist notwendig, EDI-Verträge nach dem Muster des EDI-Rahmenvertrages abzuschließen.

Information der betroffenen Mitarbeiter

Unkenntnis über Veränderungen führt zu Ängsten

Die Informationspolitik ist sowohl im Vorfeld als auch während der Durchführung eines EDI-Projektes eine der wichtigsten Aufgaben. Unzureichende Kenntnisse über

Veränderungen können beispielsweise Ängste über die Sicherheit des Arbeitsplatzes hervorrufen sowie die Motivation und Produktivität von direkt oder indirekt betroffenen Mitarbeitern negativ beeinflussen. Eine mangelhafte Unterstützung und fehlende Akzeptanz in den betroffenen Fachabteilungen verurteilt ein EDI-Projekt zum Scheitern. Informierte Mitarbeiter hingegen sind in der Lage, sich produktiv am Projekt zu beteiligen (s. hierzu Weid 1995, S 202 ff.; Schmoll u. Nommensen 1996, S 157 ff.). Die psychologische Komponente sollte nicht unterschätzt werden. Der Vertrauensverlust durch den Wegfall des Papiers muß aufgefangen werden.

Literatur

Biehl B (1995) Leichter gesagt als getan. Lebensmittelzeitung, 28. 04. 1995, S. 48–50

Brehm B (1997) Strategisches Management von Electronic Data Interchange (EDI), Göttingen

Centrale für Coorganisation (Hrsg) (1998) Die EAN-Codes in der Konsumgüterwirtschaft, Köln

Centrale für Coorganisation (Hrsg) (1997) Einführung in den Elektronischen Datenaustausch, Köln

Centrale für Coorganisation (Hrsg) (1998) Elektronischer Geschäftsverkehr, Köln

Centrale für Coorganisation (Hrsg) (1998) Die internationale Lokationsnummer, Köln

Dörflein M (1995) Die erfolgreiche EDI-Einführung. Beschaffung aktuell, Heft 10, S. 40–41

Deutsch M (1994) Unternehmenserfolg mit EDI – Strategie und Realisierung des elektronischen Datenaustausches, Braunschweig

Deutsch M (1998) Electronic Commerce, Wiesbaden

Heydt A v. d. (1997) Efficient Consumer Response (ECR), 2. Aufl., Frankfurt

Kilian W (1994) Deutscher EDI-Rahmenvertrag. AWV-Verlag, Eschborn

Lambracht T (1997) Laßt die Umsätze sprechen! Von der Nutzung der Scannerdaten des Handels. Coorganisation, Heft 1, S. 34–37

ohne Verfasser (1997) SINFOS SPEZIAL. Coorganisation, Heft 2, S. 9–29

ohne Verfasser (1998) Was ist EDI, in: http://www.dedig.de/dedig/00-was_ist_was/was_ist_edi.htm, 23. 02. 1998

Schläger D (1997) 1000 EDI-Anwender in Deutschland. Coorganisation, Heft 1, S. 22–27

Schmoll T; Nommensen O (1996) EDI: Wettbewerbsvorteile durch Electronic Business, Haar bei München

Töpfer A (1996) Efficient Consumer Response (ECR) – Wie realistisch sind die versprochenen Vorteile?, 1. CPC Trendforum, Mainz

Weid H (1995) Wettbewerbsvorteile durch Electronic Data Interchange (EDI), München

Videoconferencing

11 ▮ 11

Uwe Peters

INHALTSÜBERBLICK
Dieser Beitrag befaßt sich mit der Videokommunikation, einer der zukunftsträchtigen Technologien auf dem Kommunikationssektor. Es wird auf technische Aspekte eingegangen, aufgezeigt wie Videokonferenzen ablaufen und welche Vorteile sich dadurch für Unternehmen ergeben.

Einleitung

11 ▮ 11 | 01
Wachstumsmarkt Videokommunikation

Videoconferencing gilt als eine der wichtigsten Zukunftstechnologien der modernen Kommunikationstechnik. Immer mehr Hersteller drängen auf den Wachstumsmarkt Videokommunikation. Allein in Deutschland wird der Umsatz mit derartigen Systemen laut Andersen Consulting von etwa 50 Mio. auf etwa 600 Mio. Dollar im Jahr 2000 ansteigen. Deutschland ist auf dem besten Wege, seine Reserviertheit gegenüber neuen Technologien wie der Videokommunikation abzulegen. Themen wie Teleworking, Telemedizin, TeleEngineering, Business-TV etc. sind in aller Munde. Mit Hilfe der Videokommunikation werden daraus sinnvolle Applikationen, die dem Standort Deutschland neue Vorteile verschaffen und mit der Realisierung von virtuellen Arbeitsprozessen weitere Gestaltungsmöglichkeiten bieten (vgl. Abb. 1).

Der Vorteil, durch Videokonferenzsysteme Reisekosten zu sparen, tritt bei erfahrenen Nutzern dabei eher in den Hintergrund. Wichtiger noch als die finanziellen Einsparungen werden

- die deutlich bessere und globale Kommunikation,
- die daraus resultierende Entscheidungsbeschleunigung

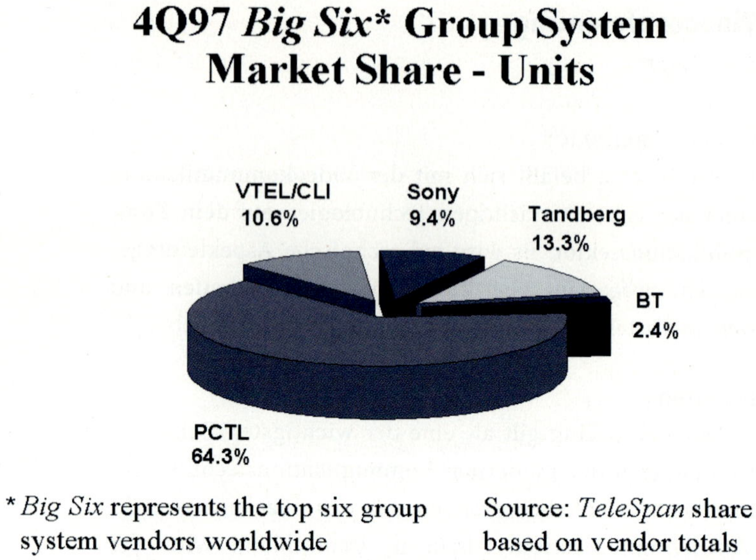

Abb. 1: Big Six Group System Market Share Units

- und die insgesamt effizientere/schnellere Prozeßdurchführung

im Unternehmen und zwischen Unternehmenstandorten eingeschätzt.

Wandel in der Kommunikationskultur:
Worin liegen die Gründe für diesen Wandel?

Neue Kommunikationsformen

In modernen Industriestaaten gibt es immer seltener Unternehmen, die an einem einzigen Ort ohne externe Hilfe Produkte entwickeln, produzieren, vermarkten und vertreiben. Räumliche Trennung, Outsourcing und Spezialisierung erfordern neue Organisationsstrukturen und damit auch dynamischere, flexiblere Kommunikationsformen. Ein schneller Zugriff auf die entscheidungskritischen Informationen sichert Wettbewerbsvorteile in den

Märkten, die zunehmend durch Dezentralisierung, industrielle und wirtschaftliche Verflechtung, vermehrte Arbeitsteilung und Kooperationen mit Partnern gekennzeichnet sind.

Flexible und interaktive Kommunikationsstrukturen sind gefragt. Neue Informations- und Kommunikationstechnologien müssen den Bedürfnissen und Anforderungen an einen beschleunigten, zuverlässigen und intensiven Informationsaustausch angepaßt werden.

Live-Kommunikation per Bildschirm

Anstatt per E-Mail, Fax, Telefon und Post eindimensional Daten und Informationen auszutauschen oder für kurze Abstimmungsmeetings zeitaufwendige Dienstreisen in Kauf zu nehmen, setzen viele Unternehmen, wie beispielsweise der Daimler-Benz-Konzern, auf die Live-Kommunikation per Bildschirm. Videokommunikation kann als einziges Medium Bewegtbild, Ton und Daten live austauschen. Sie verknüpft somit alle bisher üblichen Kommunikationsformen, unabhängig davon, ob sich die Partner im gleichen Gebäude oder 1000 km voneinander entfernt befinden (vgl. auch Abb. 2).

Anwendungen: ISDN war der Katalysator – jetzt folgt IP

11 ▮ 11 | 02

Netzunabhängige Videokonferenz

Noch vor einigen Jahren war es erforderlich, für Videokonferenzen speziell eingerichtete Studios aufzusuchen und kostspielige Leitungen im sog. VBN-Breitbandnetz langfristig zu reservieren. Mit der Einführung des ISDN-Netzes wurde Videoconferencing einfacher, flexibler und wirtschaftlicher. ISDN oder äquivalente Netze stehen heute in allen Industrienationen zur Verfügung, so daß jederzeit ohne Voranmeldung auch internationale Verbindungen im Selbstwählverfahren hergestellt werden können. Videoconferencing ist heute genauso einfach wie telefonieren und über ISDN weitaus kostengünstiger als

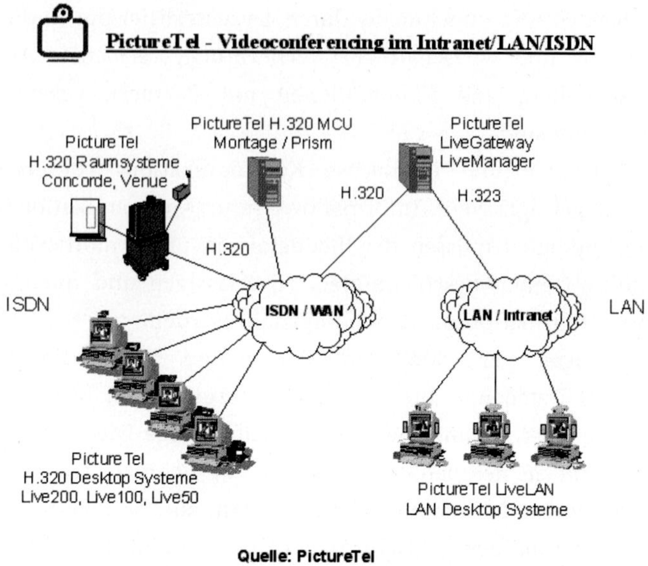

Abb. 2: Videoconferencing im Intranet/LAN/ISDN

über das VBN-Breitbandnetz. So betragen die Kosten eines Videogesprächs lediglich das 2fache einer Telefonverbindung. Videokommunikation wird nach dem ISDN auch neue Netze erobern und damit einen weiteren Wachstumsschub auslösen. In diesem Jahr wird die Videokonferenz nahezu netzunabhängig sein – ob Local Area Networks, ISDN, analoge Telefonleitungen, Internet oder Intranet – innerhalb und zwischen diesen Netzen entsteht eine übergreifende, kompatible Bildkommunikationswelt, die nach dem professionellen Anwender auch zunehmend den privaten Haushalt adressiert. Der Trend geht ganz eindeutig hin zu IP-basierten Netzen wie das Intranet, Internet und LANs. Hier besteht eine inzwischen sehr gute Netzwerkstruktur, die problemlos auch für Videokonferenzen genutzt werden kann.

Desktop-Videokommunikation vom Arbeitsplatz aus

Videokommunikation & Datenkonferenzfunktionen

Wer vor zwei Jahren beim Stichwort Videokonferenz noch an aufwendige Studios dachte, wird heute bereits mit den relativ kleinen Desktopsystemen konfrontiert. Einfache Erweiterungspakete wie das Live200 oder das LiveLAN von PictureTel machen aus jedem herkömmlichen PC ein Videoconferencing-Terminal. PC-gestützte Videokommunikation ist kein Science Fiction mehr - sie ist bereits tägliche Realität. Desktop-Videokommunikation wird in den kommenden Jahren einer der am stärksten wachsenden Märkte in der Informationstechnologie sein. Solche Systeme bieten sowohl Videokommunikation (Bewegtbild- und Tonübertragung) als auch Datenkonferenz-Funktionen. Sog. „Joint Working" durch Datenkonferenzen ermöglicht Anwendern, weltweit gleichzeitig dasselbe Dokument am PC zu bearbeiten - so als befänden sich die Partner in einem Raum. Über weite Entfernungen können so Projektpläne gemeinsam entwickelt, Präsentationen überarbeitet, Finanztabellen abgestimmt oder auch Texte korrigiert werden. Mit der Remote-Control-Funktion ist es möglich, sich beispielsweise von Zuhause oder von Geschäftsreisen aus in den PC des eigenen Unternehmens einzuwählen und aus der Ferne am Unternehmens-PC zu arbeiten, so als säße man im Büro. Alle Dokumente können z. B. in den Laptop auf dem Hotelzimmer oder in den PC der Geschäftspartner transferiert und dort gespeichert oder ausgedruckt werden. Parallel zur Videokommunikation am PC kann auf gemeinsamen Whiteboards interaktiv geschrieben oder gezeichnet, Filetransfers können durchgeführt und Programme des Konferenzpartners genutzt werden, ohne selbst das Programm auf dem PC installiert zu haben. Die Partner diskutieren dabei ihre Arbeit von Angesicht zu Angesicht

Abb. 3: NetConference Web-Center

über ein separates Fenster und die Freisprecheinrichtung (s. Abb. 3).

Tragbare Videokonferenz über Fernsehgeräte

SwiftSite

Seit kurzem gibt es erstmals Videoconferencing per TV. Das tragbare, kleine Kompaktsystem SwiftSite ermöglicht in Verbindung mit einem ISDN-Anschluß Videokonferenzen über jeden handelsüblichen Fernseher. Mit lediglich 4,5 kg Gewicht eröffnet SwiftSite die neue Kompaktklasse in der Videokonferenztechnologie. Dabei ist in dem System sowohl die Kamera als auch die Mikrofontechnik integriert. Solche Systeme können auf Reisen mitgenommen oder in Hotels gemietet werden und sind der ideale

Begleiter für wechselnde Arbeitseinsätze wie bei Unternehmensberatern oder dezentral eingesetzten Experten.

Videokonferenzen zwischen Gruppen

Gruppenkonferenzsystem

Bei allen Vorzügen dieser Desktoptechnologie – wie Face-to-Face-Kommunikation vom Schreibtisch aus, Filetransfer oder Datenkonferenzen – haben Desktopsysteme den Nachteil, daß sie aufgrund der Bildschirmgröße und der geringen Erweiterungsmöglichkeiten keine Gruppenbesprechungen ermöglichen. Gruppenbesprechungen sind aber die häufigste Form des Geschäftsmeetings. Wenn beispielsweise Vertriebsmanager mit ihren Zentralen regelmäßige Besprechungen führen, größere Auditorien einem Live-Vortrag per Videokonferenzsystem folgen, oder wenn räumlich getrennte Entwicklungsteams in Projekten zusammenarbeiten, werden höhere Ansprüche an die Technik gestellt. Bei den meisten Unternehmen setzt man deshalb auch auf Videokonferenzsysteme mit größeren Bildschirmen, flexiblen Kameras, Hochleistungsmikrofonen und mit der Möglichkeit der Einbindung diverser Peripherieeinrichtungen. Nur mit ihnen läuft eine Videokonferenz annähernd so natürlich wie eine persönliche Besprechung ab. Mit Systemen wie PictureTel's Concorde oder Venue wird eine Bildwiederholrate von 30 Bildern/s erreicht. Damit erhält man eine Bildqualität, die auch bei schnellen Bewegungen dem Fernsehbild entspricht. Eine wichtige Funktion kommt den Kameras der Videokonferenzsystemen zu. Kameras von Gruppenkonferenzsystemen können sowohl einen einzelnen Redner formatfüllend abbilden, als auch eine große Personengruppe oder eine Zeichnung auf einem Flipchart erfassen (s. Abb. 4). Durch Voreinstellungen sind einzelne Kamerapositionen speicherbar und jederzeit abrufbar. Automatisch

Abb. 4: Groupmeeting

schwenkt die Kamera durch die integrierte Sprachsteuerung in die gewünschte Position und bietet sofort die richtige Schärfe und Zoomeinstellung. Außerdem ist es möglich, daß ein Partner die Kamera der Gegenstelle fernbedient.

Meeting-Tools

Videokonferenzen sind nicht nur dazu da, den Partner zu sehen und mit ihm zu sprechen. Wichtiger Bestandteil einer Videokonferenz ist für die meisten Anwender eine für alle Teilnehmer gleichzeitige Visualisierung der zur Diskussion stehenden Overheadfolien, Präsentationen, Charts

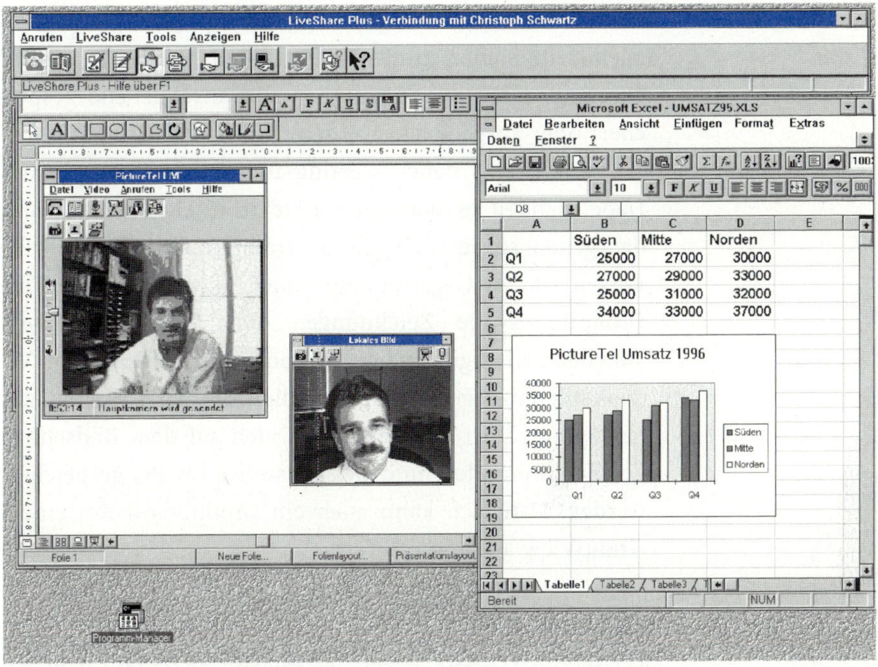

Abb. 5: LiveSharePlus-Verbindung

oder auch von 3dimensionalen Objekten (s. auch Abb. 5). Dies ermöglichen spezielle Dokumentenkameras, die auch kleinste Bauteile einer Leiterplatte detailgenau zeigen.

GroupView

Mit GroupView stellt PictureTel den ersten digitalen Overheadprojektor für Präsentationen in einer Videokonferenz vor. Zwei solche Systeme werden über das Videokonferenzsystem oder über einen analogen Telefonanschluß miteinander verbunden und ermöglichen dann die digitalisierte Übertragung von jeglichen Vorlagen wie Folien, Papierdokumenten oder auch 3dimensionalen Objekten. Die übertragenen Bilder oder Daten werden bei den Gegenstellen live auf der Präsentationsleinwand (nicht auf dem Videokonferenzbildschirm) gezeigt und können von allen Seiten über große Entfernungen bearbeitet, verändert oder mit Notizen versehen und anschließend gespeichert oder ausgedruckt werden.

GroupBoard

Ein weiteres neues Meeting-Tool ist das GroupBoard. Dabei handelt es sich um ein elektronisches Whiteboard, das genau so einfach wie ein traditionelles Flipchart zu nutzen ist. Im Gegensatz zu einem Flipchart werden bei GroupBoard die Zeichnungen oder Texte auf einem TouchScreen digitalisiert angezeigt und stehen allen Videokonferenzgegenstellen als digitale Datei sofort zur Verfügung. Dort können diese Daten auf dem Bildschirm gesehen, verändert und beispielsweise im PC gespeichert werden. Natürlich kann auch ein GroupBoard mit einem GroupView kommunizieren.

Standards

Letztendlich ausschlaggebend für die Akzeptanz von Videokommunikation ist die Erfüllung von Standards für herstellerübergreifende Videokonferenzen. Folgende Standards haben sich durchgesetzt: Der Standard H. 320 regelt die Übertragung der Video- und Audiosignale zwischen verschiedenen Systemen bei ISDN-Videokonferenzen. Seine Einhaltung wird in Deutschland von einem unabhängigen Testlabor geprüft und durch die Vergabe des „H. 320-conform-Siegels" dokumentiert. Videokonferenzen im Intranet, LAN oder Internet regelt der Standard H. 323, während bei Videokonferenzen zwischen analogen Systemen der Standard H. 324 ausschlaggebend ist. Durch entsprechende Gateways wird die Verbindung zwischen diesen verschiedenen Netztypen ermöglicht. Der neue Datenkonferenz-Standard T. 120 ist kürzlich ratifiziert worden. Er regelt den Datenaustausch sowie die Übertragung von grafischen Informationen - wie beim Application Sharing - zwischen Systemen unterschiedlicher Hersteller, egal ob die Videokonferenz über ISDN, Intranet, LAN oder analoge Leitungen läuft. Durch ihn können auch wichtige Peripherieeinrichtungen wie elektronische Whiteboards, Videokameras, Overheadprojektoren, Diaprojektoren oder Videorecorder in Videokonferenzen eingebunden werden. Außerdem ist durch T. 120 Application Sharing auch in Multpointkonferenzen möglich.

Schlußbemerkungen

11 ▮ 11 | 03

Die digitale Datenwelt wird durch die neuen Technologien vollkommen unabhängig von räumlichen Distanzen. Videokonferenzen ermöglichen an einem Tag die virtuelle Reise zu Arbeitsbesprechungen in Tokio, Sydney und New York einschließlich aller Besprechungsunterlagen und zusammen mit beliebig vielen Mitarbeitern. Und trotzdem ist jeder Mitarbeiter am Abend wieder zu Hause bei seiner Familie.

Sicherheitskonzepte 11 ▮ 12

Guido Gluschke

INHALTSÜBERBLICK

Das Internet schafft Verbindungen, d. h. auch Zugänge. Diese Zugänge können durch Angreifer benutzt werden, um zumindest Dateneinsicht zu nehmen, vielleicht aber auch irreparable Schäden im Unternehmensnetzwerk zu verursachen. Dieser Beitrag stellt Internet-Zugänge vor und die damit verbundene typische Kommunikations-Infrastruktur. Auf dieser Grundlage werden die notwendigen Sicherheitsmaßnahmen vorgestellt, die Bestandteile einer Sicherheitspolitik sind.

Einführung 11 ▮ 12 | 01

Die heute verwendeten Informationstechnologien haben zum Ziel, Daten für verschiedene Zielgruppen einfach und schnell bereitstellen zu können. Zu diesen Zielgruppen gehören typischerweise folgende Personenkreise:

- Kunden,
- Lieferanten,
- Geschäftsstellen,
- Außendienstler,
- Externe Mitarbeiter,
- Telearbeitsplätze.

Jede dieser Zielgruppen besitzt spezielle Kommunikationsbedürfnisse partizipierend und präsentierend. Hierfür bieten sich heute Internet-Technologien und speziell die Nutzung des Internets als allgemeine und universelle Kommunikationsplattform an.

Internet bedeutet immer Kommunikation mit anderen Systemen. Dazu werden klassische Kommunikationsmittel

Internet = Kommunikation

wie Router oder Access-Systeme verwendet. Diese Systeme verbinden das firmeneigene Netzwerk mit dem globalen Internet, machen das Internet also zu einem Teil des lokalen Netzes.

Neue Dienste und neue Protokolle

Die rasante Entwicklung des Internets hat eine Vielfalt neuer standardisierter Dienste für Geschäftsanwendungen hervorgebracht:

- Diverse TCP/IP-Übertragungsprotokolle im Netzwerk oder beim Hostzugang.
- Elektronische Post (E-Mail) mit den Internetprotokollen SMTP, POP3 oder IMAP4.
- Elektronische Diskussionsforen (Newsgroups) mit dem Internetprotokoll NNTP.
- Web-Informationsdienst WWW mit dem Internetprotokoll HTTP.
- Dateitransfer mit dem Internetprotokoll FTP.
- Verschlüsselungsprotokoll für vertrauliche Datenübertragung SSL.

All diese Protokolle dienen der Kommunikations- und Informationsübermittlung. Sie werden in Zukunft noch durch isochrone Protokolle zur Sprach- und Videoübertragung erweitert, wie es heute schon RealAudio zeigt.

So sind beispielsweise schnelle Informationsrecherchen zur Marktbeobachtung, zum Einholen von Informationen über Strömungen und Trends sowie über Vorgänge, Produkte etc. direkte Vorteile des Internets. Hinzu kommen Möglichkeiten wie elektronische Kommunikation, Teilnahme an Foren oder Datenüberspielung und Online-Datenabgleich, die sich bei Nutzung des Internet durch Mitarbeiter vorteilhaft auswirken können. Hier liegen enorme monetäre Einsparungspotentiale.

Die Nutzung von Internetdiensten zur Kommunikation mit externen Partnern und Kunden wird mittelfristig die Wettbewerbsfähigkeit jedes Unternehmens und jeder Organisation maßgeblich mitbestimmen und ist deshalb zwingend notwendig. Das vorhandene Netzwerk muß mit seiner Architektur und den eingesetzten Komponenten für die Nutzung von Internetdiensten und neuen Intranet-Lösungen vorbereitet sein.

Internet-Anschluß und Unternehmens-DV

Für die Integration der Internet-Dienste in die Unternehmens-DV müssen üblicherweise folgende Vorbedingungen erfüllt werden:

- Kontrollierter Internet-Zugang.
- Offizieller Internet-Name (Domain) für den Verbund wie „firma.de".
- Offizieller IP-Adreßraum für extern zugängliche Serverressourcen wie Mail-Server oder Web-Server.
- Sicherheitslösungen mit Firewall-Komponenten.

Internetzugänge

11 ▮ 12 | 02

Die Geschäftsstellen eines Unternehmens werden normalerweise als unternehmerische Einheit mit der Mutterorganisation angesehen. Sie sind oder werden über ein WAN-Backbone miteinander verbunden und gehören damit prinzipiell zum lokalen Netzwerk. Entsprechend der voraussichtlichen Nutzung unterschiedlicher Internet-Dienste ist ein zentraler Zugang am Hauptstandort üblich.

Abbildung 1 zeigt die typische Kommunikationsinfrastruktur, wie sie bei vielen Unternehmen gewachsen ist, nämlich ein WAN-Backbone, hier als Intranet bezeichnet, das z. B. auf DDV- oder ISDN-Strecken aufbaut und mit Routern verbunden ist, und ein zentraler Internet-Zugang.

einer Reihe von Wörtern besteht, die durch Punkte getrennt sind. Diese Wörter bilden eine hierarchische Verfeinerung eines Themenbereichs ab – vom allgemeinen zum speziellen, beispielsweise „comp.os.ms-windows.win95.misc" für die Newsgruppe zum Themengebiet „Computer.OperatingSystems.Microsoft-Windos.Windows95.Miscelaneous".

Newsgroups werden von DV-Experten, die sich über Hardware- und Softwareprobleme austauschen wollen, intensiv genutzt. Auch im Freizeit- und Hobbybereich werden nötige Informationsquellen aus unterschiedlichen Newsgroups gewonnen.

Gopher

Dokumenten-Retrievalsystem

Gopher stellt eine strukturierte Zugangsmöglichkeit zu den riesigen Mengen an Informationen im Internet dar. Da es als Dokumenten-Retrievalsystem konzipiert ist, ist seine Benutzung relativ einfach.

Der Zugang erfolgt jeweils über einen Gopher-Server, der Informationen in einer übersichtlich strukturierten, hierarchisch aufgebauten Liste präsentiert. Die Darstellungsform orientiert sich dabei am Inhaltsverzeichnis eines Buchs, was den Zugriff auf komplexe Inhalte vereinfacht.

Der Gopher-Dienst wurde an der University of Minnesota entwickelt und bezieht seinen eigenwilligen Namen von deren Maskottchen, einer in Nordamerika vorkommenden Rattenart.

Suchmaschinen und Agenten

11 ■ 31

Friedemann Reim

INHALTSÜBERBLICK

Dieser Beitrag gibt Hinweise darauf, wie für Sie interessante und wichtige Informationen im Internet aufgefunden werden können.

Suchmaschinen

11 ■ 31 | 01 Auffinden von Web-Dokumenten

Den mehreren Millionen Internet-Nutzern stehen die Informationsanbieter gegenüber. Sie stellen die Informationen zur Verfügung, die das Internet zu einer riesigen, sehr aktuellen Informationsquelle machen.

Mit dem stark zunehmenden Informationsangebot wird es allerdings immer schwieriger, relevante Informationen zu finden und zu selektieren. Die Standarddienste des Internets bieten in vielen Fällen keine umfassende Hilfe. Ein vollständiger Katalog aller Inhalte existiert nicht. Seine Erstellung wäre aufgrund der dezentralen Struktur des Internets auch kaum durchführbar.

Suchmaschinen stellen ein Hilfsmittel dar, um Informationen zu einem bestimmten Thema im Internet zu lokalisieren. Derzeit stehen eine Vielzahl von Suchmaschinen zur freien Benutzung zur Verfügung. Die meisten dieser Suchmaschinen speichern Informationen über Web-Dokumente in Datenbanken. Welche Information in der Datenbank gespeichert wird, unterscheidet sich von Suchmaschine zu Suchmaschine. Einige benutzen lediglich den Dokumententitel, andere speichern auch Überschriften, Schlagwörter etc.

Eine Suchanfrage an eine Suchmaschine wird über ein HTML-Formular erzeugt, in das die Suchkriterien eingegeben werden. Bei jeder Suchanfrage prüft die Suchmaschine dann den Inhalt ihrer Datenbank. Als Ergebnis liefert sie eine Liste von Adressen der Internet-Dokumente, auf die die Suchkriterien zutreffen. Die Dokumentenadresse wird als „Uniform Resource Locator" (URL) bezeichnet. Sie ist weltweit eindeutig, so daß auf das entsprechende Dokument direkt zugegriffen werden kann.

Beispiele für Suchmaschinen im World Wide Web:

- AltaVista http://www.altavista.digital.com
- Lycos http://www.lycos.com
- Yahoo http://www.yahoo com
- web.de http://www.web.de

11 ▮ 31 | 02

Präferierte Informationssuche

Agenten

Agenten, häufig auch als intelligente Agenten bezeichnet, sind Softwareprogramme, die Archive oder Informationsserver nach bestimmten, vom Nutzer vorgegebenen Informationen durchsuchen. Agenten werden im Internet meist eingesetzt, um Archive bestimmter Dienste zu durchsuchen. Häufig werden sie beispielsweise zum Durchsuchen von Diskussionsbeiträgen in Newsgroups eingesetzt.

Agenten, die im World Wide Web nach Dokumenten suchen, werden oftmals auch als „Spider" bezeichnet. Diese automatisierten Programme, man kann sie auch als Internet-Roboter verstehen, durchsuchen das Web ohne Unterbrechung nach neuen Dokumenten. Daher auch der Begriff Spider (Spinne). Die Adresse (URL) eines gefundenen Dokuments sowie Informationen über den Inhalt werden in einer Datenbank abgelegt. Spider stellen damit eine Kernkomponente der meisten Suchmaschinen dar.

Grundlagen zu Intranet und Extranet

11 ▮ 32

Friedemann Reim

INHALTSÜBERBLICK

Was unter Intranet und Extranet zu verstehen ist und wofür diese Einrichtungen genutzt werden können, stellt dieser Beitrag in übersichtlicher Form zusammen.

Internes/externes Kommunikationsnetz

Ein Intranet ist ein unternehmensinternes Netz. Es kann dabei prinzipiell alle Mechanismen und Dienste des Internet nutzen (vgl. Abb. 1). Genutzt werden in den Unternehmen insbesondere die Dienste des WWW, E-Mail, Mailing Lists und FTP. Alle Informationsressourcen befinden sich dabei unter der Kontrolle des Unternehmens. Ein Zugang von dritter Seite ist nicht möglich.

Intranet-Lösungen werden mittlerweile in vielen Unternehmen verwendet. Sie werden genutzt,

- um Dokumente innerhalb des Unternehmens zu verteilen oder zugänglich zu machen,

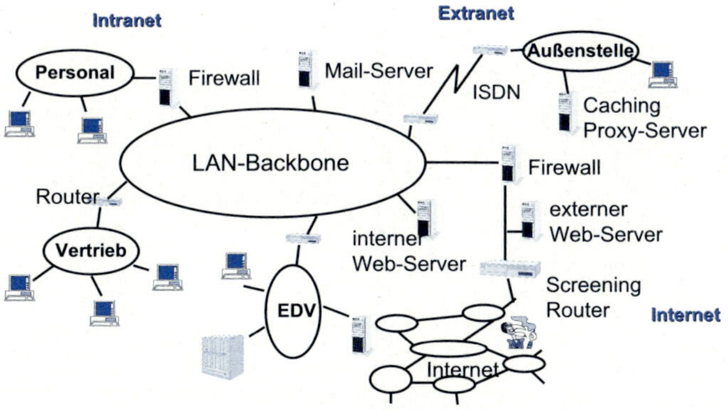

Abb. 1: Beispiel für eine Internet-Architektur

- um Datenbanken, in denen beispielsweise Telefonlisten oder Produktpreise gespeichert sind, zugänglich zu machen,
- um Standardsoftware (für PC) zu verteilen,
- um Firmeninformationen zu verbreiten,
- um Weiterbildung und Schulungen zu unterstützen.

Der Zugriff ist dabei stets auf Mitarbeiter des Unternehmens beschränkt.

Das Extranet ist die Erweiterung des firmeninternen Intranet. Auch hierbei werden die Mechanismen und Dienste des Internet genutzt.

Extranets werden aufgebaut, um Lieferanten und Kunden in die Informationsflüsse des Unternehmens zu integrieren. Es erlaubt ihnen einen begrenzten Zugang zum Intranet. Insofern kann ein Extranet als Intranet mit einem erweiterten Benutzerkreis verstanden werden.

Herausforderungen beim Ausbau eines Internet/Extranet sind in nachfolgender Übersicht zusammengefaßt.

Aktuelle technologische und organisatorische Herausforderungen

Intranet

- Ausreichende Bandbreite
- Geeignete Suchmechanismen
- Angebotslokation, Metamarketing, Zielgruppenpräsenz
- Sicherstellung von Erweiterung und Aktualisierung
- Angebot und zeitliche Weiterpflege
- Analyse des Nutzungsverhaltens Sicherheit
- Management geschlossener Benutzergruppen und Zugriffsbeschränkungen
- Online-Transaktionen (garantierte Performanz, Rechtsverbindlichkeit etc.)
- Online-Bezahlen
- Ausbau für Video und Telefonie

Extranet

- Interne Koordination
- Zugangsmöglichkeiten für interne und externe Nutzer
- Erweitertes Angebot für externe Nutzer
- Integration von Datenbanken und vorhandenen Systemen
- Registrierung von neuen Servern Aktualisierung von „Links"
- Management der verteilten Web-Server
- Zugriffsbeschränkungen (mehrere Server) Gesamtindex, Suchmaschinen,
- Roboter, intelligente Agenten Verläßliche Kosten-/ Nutzenbewertung
- Bandbreite
- Ausbau für Video und Telefonie

Zahlungssysteme und -standards

11 ▮ 33

Boris Anderer, Christian von Hammel

INHALTSÜBERBLICK

Dieser Beitrag stellt Zahlungsstandards vor, die entwickelt wurden, um Bankgeschäfte über elektronische Vertriebswege sicher abwickeln zu können. Des weiteren werden Zukunftsperspektiven verschiedener Zahlungssysteme und -standards näher betrachtet.

SET (Secure Electronic Transaction)

11 ▮ 33 | 01

Die Kreditkartenhersteller VISA (www.visa.com) und Mastercard (www.mastercard.com) haben das Übertragungsprotokoll Secure Electronic Transaction (SET) entwickelt, um im Internet einen sicheren Zahlungsverkehr zu gewährleisten. An der Entwicklung von SET waren auch die Marktführer im Browsergeschäft, Microsoft und Netscape, beteiligt gewesen. SET kann auf eine große Marktakzeptanz als Industriestandard verweisen. Seit einiger Zeit setzen sich auch American Express und die IT-Hersteller IBM und Compaq/Tandem für SET ein.

Trennung von Betreiber und Trust Center

Im Gegensatz zu den proprietären Zahlungssystemen CyberCash oder DigiCash war für VISA und MasterCard die Schaffung eines offenen Systems zur Online-Übertragung von Kreditkartendaten wichtig. Das CyberCash-System und SET ähneln sich sehr in den Hauptcharakteristika (Protokollablauf, Verschlüsselungsverfahren etc.) (s. Kapitel 3.04.02). Der Hauptunterschied besteht in der Trennung der Betreiber (Acquirer) und Trust Center; Rollen, die im CyberCash System bisher durch Cybercash oder andere lizensierte Banken selbst übernommen wurden. Die Übermittlung der Bestell- und Zahlungsdaten erfolgt bei SET nicht unabhängig voneinander. Bei einer

11

SET-Transaktion werden die Informationen unterschiedlich verschlüsselt. So kann der Anbieter zwar die Bestelldaten decodieren, nicht aber die Zahlungsinformationen, von denen er einen „digitalen Fingerabdruck" behält. Umgekehrt ist die Bank in der Lage, die Zahlungsinformationen zu entschlüsseln. Von den Bestelldaten erhält sie allerdings nur die digitale ID, mit der sich überprüfen läßt, ob Bestellung und Zahlungsanweisung zur gleichen Transaktion gehören.

Länder- und marktübergreifende Infrastruktur

Statt eines zentralen Trust Centers sieht SET den Aufbau einer unabhängigen länder- und markenübergreifenden Infrastruktur vor. Oberstes Trust Center dieser Infrastruktur, die sog. Root Certification Authority (CA), wird von SetCo betrieben. Die unterschiedlichen Kreditkartenunternehmen (Brands) VISA, MasterCard, JCP, American Express etc. müssen eigene Trust Center betreiben, die von der Root Certification Authority zertifiziert werden. Diese BrandCAs wiederum zertifizieren die Certificate Authorities, die im Auftrag der kartenherausgebenden Banken sowie den Karteninhabern, Händlern und Betreibern (Acquirern) Zertifikate ausstellen. Diese Nachweise werden beim Zahlungsvorgang dann zur gegenseitigen Authentifizierung eingesetzt. Inwiefern die einzelnen CA-Rollen im SET-Geschäftsmodell von unterschiedlichen Institutionen wahrgenommen werden müssen, ist von VISA und MasterCard noch nicht definitiv festgelegt worden.

Die mangelnde Verfügbarkeit von einsetzbaren SET-Lösungen am Markt und das noch offene Problem der Interoperabilität von SET-Komponenten unterschiedlicher Hersteller ist auf die hohe Komplexität der SET-Spezifikation zurückzuführen. Deshalb wurde ein SET-Compliance-Test erst ab Anfang 1998 zur Verfügung gestellt. Zur Zeit hat jedoch noch immer kein Hersteller den Test für alle Komponenten erfolgreich absolviert. Mit stabilen SET-Komponenten zu akzeptablen Preisen wird erst für Ende 1998 gerechnet.

Der entscheidende Durchbruch von SET hängt letztlich von der Akzeptanz durch die Konsumenten und Händler ab und damit auch von der Frage, wie schnell die notwendige SET-Software an die Konsumenten verteilt werden kann und von diesen akzeptiert wird. Offen ist auch, wann die kartenherausgebenden Banken SET-Zertifikate für ihre Händler und Endkunden ausstellen werden. Die Marktforscher von Forrester Research rechnen jedoch ab 1999 mit einem Boom von SET-basierten Zahlungssystemen.

HBCI (Homebanking Computer Interface)

11 ▮ 33 | 02

Die deutschen Kreditinstitute haben einen gemeinsamen Standard für das sichere Abwickeln von Bankgeschäften über elektronische Vertriebswege namens HBCI entwikkelt. Zur Zeit liegt er in der Version 2.01 vor. HBCI steht für „Homebanking Computer Interface“. Damit wird jedoch nur unzureichend beschrieben, wofür sich HBCI einsetzen läßt. Denn nicht nur Privatkunden, sondern auch Unternehmen können ihre Bankgeschäfte mittels HBCI abwickeln.

Personal Finance Manager & HBCI

Über den Multi-Banking-Standard HBCI erhalten Bankkunden und Hersteller von Online-Banking-Software eine einheitliche Schnittstelle für die Kommunikation mit allen Kreditinstituten. Banktransaktionen und deren sichere, verschlüsselte Übertragung lassen sich somit zwischen Banken und Kunden auf digitalem Wege regeln. Damit können Hersteller von endkundenorientierten „Personal Finance Managern (PFM)“ und Anbieter von HBCI-Banksystemen ihre Lösungen unabhängig voneinander entwickeln. Entwicklungskosten und -zeiten für die Online-Präsentation eines Unternehmen können dank HBCI erheblich reduziert werden, da nicht mehr alle institutsspezifischen Eingabemasken integriert werden müssen. Die großen Anbieter von PFMs wie Microsoft und Intuit haben angekündigt, diesen sog. Content Standard zu implementieren. Der führende deutsche Anbieter Starfinanz bietet mit der PFM-Software StarMoney bereits heute einen HBCI-Client an.

Ursprünglich ist HBCI noch für das klassische Homebanking von T-Online entwickelt worden. Bisher wird er allerdings noch nicht eingesetzt. Wenn sich HBCI jedoch als Standardschnittstelle zwischen den Kreditinstituten und ihren Kunden durchgesetzt hat, will T-Online auch beim Homebanking auf HBCI setzen. Die für den Btx-Dialog genutzten Banksysteme werden um eine HBCI-Schnittstelle erweitert, ohne daß das PIN/TAN-Verfahren davon betroffen wäre. Allerdings soll HBCI die jetzigen Authentifizierungsverfahren aufgrund seiner vielfältigen Vorteile mit der Zeit ablösen und das Handling für die Bankkunden wesentlich erleichtern.

Die meisten Onliner werden jedoch in Zukunft nicht über T-Online ihre Bankgeschäfte erledigen, sondern über das Internet. In den vergangenen Jahren hat das Internet-Banking einen enormen Zuwachs verzeichnen können. Von ihren Geldinstituten werden die Kunden dafür die entsprechende Software erhalten.

Digitale Signaturen

Nach dem heutigen Erkenntnisstand gelten die Verschlüsselungs- und Authentifizierungsverfahren des HBCI-Standards als sicher. Anstelle des aus dem BTX bekannten PIN/TAN-Verfahrens nutzt HBCI neben der Nachrichtenverschlüsselung zur Authentifizierung des Kunden sog. digitale Signaturen. Diese beruhen unter anderem auf dem asymmetrischen Verschlüsselungsverfahren RSA (nach deren Erfindern Rivest, Shamir, Adleman benannt). Damit „signiert" der Bankkunde seine Nachricht mit seinem privaten Schlüssel („Private Key"). Die digitale Signatur kann dann mit dem öffentlichen Schlüssel („Public Key") verifiziert werden. Selbst wenn der öffentliche Schlüssel bekannt ist, kann der private Schlüssel nicht decodiert werden. Dadurch entfällt für den Kunden das umständliche Eingeben der PIN- und TAN-Angaben.

Die meisten bereits heute in Europa verbreiteten Lösungen für Internet Banking ermöglichen es den Banken, ihren Online-Zugang über verschlüsselungsfähige Java-Applets individuell zu gestalten, die nur z. Z. ihrer Nutzung in eine Standard-Browser-Umgebung geladen werden. Eine Installation auf dem Kundensystem entfällt völlig. Das erleichtert es den Banken erheblich, ein Alleinstellungsmerkmal gegenüber ihrer Konkurrenz herauszuarbeiten. Diese Online-Banking-Technologie ist primär von dem deutschen Unternehmen BROKAT entwickelt und im Markt durchgesetzt worden. Zu den Kunden des Marktführers gehören die Deutsche Bank, Bank 24, Allianz, Fortis Bank Luxembourg, die Zürcher Kantonalbank und die Coop-Bank in Großbritannien.

Die browsergestützten Individual-Banking-Lösungen basieren auf der bewährten E-Services-Plattform BROKAT Twister, die verschiedene Online-Anwendungs- und Kommunikations-Standards unterstützt und eine einfache Anbindung an die existierenden Bankensysteme sicherstellt. Twister stellt auch ein HBCI-Gateway zur Verfügung.

Die deutschen Kreditinstitute bemühen sich darum, daß sich HBCI auch international als Standard durchsetzt. Damit tritt HBCI in den Wettbewerb mit anderen Standards ein.

11 ▮ 33 | 03 OFX (Open Financial Exchange) und Integrion Gold

Angesichts anderer Internet-Banking-Standards, die in den USA entwickelt wurden, wird es für HBCI schwierig sein, sich auch international durchzusetzen. In den USA spielen die Standards Open Financial Exchange (OFX) und Integrions Financial Networks Gold eine sehr wichtige Rolle.

Einsatzmöglichkeiten von OFX

OFX kann im digitalen Zahlungsverkehr auf vielfältige Weise eingesetzt werden. So soll es seinen Kunden einen umfangreichen Service in Bezug auf sicheres Internet-Banking, Bill Payment, Investment und Finanzplanung bieten. Gegenwärtig ist die Spezifikation nicht dafür gedacht, um E-Checks, Kreditkarten oder E-Money im Internet zu nutzen.

Austausch von Finanzdaten individuell gestaltbar

Checkfree, Intuit und Microsoft haben OFX zusammen mit anderen Technologie- und Finanzinstituten Anfang 1997 entwickelt und nutzen es bereits in ihren Produkten und E-Services für digitale Geldtransaktionen. Hervorgegangen ist dieser Standard aus bestehenden Spezifikationen: Microsofts Open Financial Connectivity, Intuits Open Exchange und Checkfrees Electronic-Banking- und Payment-Protokollen. Zum Zusammenschluß der konkurrierenden Firmen kam es, weil sie das gemeinsame Interesse daran haben, Finanzservices und den Electronic Commerce zu fördern. Damit reagierten sie außerdem direkt auf die Banken und Broker, die sich sehr stark für einen offenen Standard einsetzen, weil sie so besser auf die Kundenbedürfnisse reagieren können. Sie wollen den Einsatz proprietärer Lösungen vermeiden, die automatisch den Zugang für ihre Kunden beschränken würde, sobald sie nicht über die entsprechende Software verfügen. Dagegen vereinfacht OFX (www.fx.net) den Zahlungsverkehr zwischen Web-Usern und Unternehmen.

Unternehmen erhalten beispielweise die Möglichkeit, das Interface ihres Web-Angebots für den elektronischen Austausch von Finanzdaten über das Internet individuell zu gestalten.

Als offener Standard wird OFX heute sowohl von Web-Browsern wie auch von der Finanzsoftware Money, Quicken, Quickbooks, Microsoft Investor, Intuit Investor Insight und vielen anderen Produkten unterstützt.

Zusammenführung der Protokolle OFX und Financial Network Gold

In den USA gehen die Standardisierungsbemühungen inzwischen noch weiter. OFX wird noch 1998 zusammen mit Integrions Financial Networks Gold in einem neuen Standard aufgehen. Checkfree, Intuit und Microsoft sowie IBM und Integrion haben sich auf eine Zusammenführung von OFX und Integrion-Gold zu einem Standard geeinigt. Das Banking Industry Technology Secretariat (BITS) kündigte für August 1998 die Zusammenführung der Protokolle Gold und OFX zu einem offenen Standard an. BITS ist eine Abteilung der amerikanischen Bankers Roundtable Organisation, in der die 125 größten Banken des Landes vertreten sind. Damit nimmt BITS in etwa die gleiche Rolle ein wie in Deutschland der Zentrale Kreditausschuß (ZKA) bei HBCI. Die neue Spezifikation soll eine stabile und plattformunabhängige Basis für den Austausch von Finanzdaten bieten. Sie unterstützt vorhandene und neu entstehende Finanzangebote im Internet.

Integrion Financial Networks (www.integrion.net) ist von 17 Banken, IBM und Visa USA ins Leben gerufen worden. Das Unternehmen bietet interaktives Banking und E-Services für Geldinstitute an. Über die „Interactive Financial Services (IFS) Platform" erhalten Finanzinstitutionen ein Netzwerk, das digitale Transaktionen abwickelt. Gold erlaubt es den Usern, Einkäufe zu machen, Rechnungen zu bezahlen oder digitales Geld zu übertragen.

Im Gegensatz zu HBCI, das über eine eigene Sicherheitskomponente verfügt, nutzen OFX und Gold das im Internet als Standard anerkannte und in jedem Internet-Browser unterstützte SSL-Verfahren (Secure Sockets Layer).

11 | 33 | 04 Perspektiven für Zahlungssysteme und -standards

Die Zukunft schaut für den elektronischen Handel im World Wide Web und das Internet-Banking blendend aus. Zur Zeit gibt es in Deutschland 3,5 Mio. Konten, die die Kunden zum Online-Banking nutzen. Nach Einschätzung der Marktforscher von Booz, Allen & Hamilton wird das Internet in 10 Jahren der strategisch wichtigste Vertriebskanal für Bankdienstleistungen sein. Ähnliches wird auch für das Online-Payment erwartet.

Business-to-Business

Nach einer Studie des britischen Research-Hauses Datamonitor werden bis Ende des Jahres 2002 mehr als 245.000 Unternehmen in Europa und rund 640.000 Unternehmen in den USA ihre Geschäfte auf der Basis vollintegrierter Business-to-Business-E-Commerces abwikkeln. Ende 1997 waren es erst 385 europäische und 900 US-Firmen. Die Marktforscher glauben, daß in den kommenden Jahren weiterhin Value-added-Networks und etablierte EDI-Systeme die Grundlage für E-Commerce bleiben. Anders sieht die Entwicklung laut Datamonitor für den Business-to-Consumer-Bereich aus. Auf den europäischen Websites wurden 1997 rund 111 Mio. Dollar umgesetzt. Bis 2002 soll sich diese Zahl auf 5 Mrd. Dollar erhöhen. Die größten Zuwachsraten unter den E-Services erwartet Datamonitor für den Online-Reisemarkt. 35% aller Online-Verkäufe sollen sich dort abspielen.

Business-to-Consumer

Deshalb benötigen gerade die consumerorientierten Märkte dringend das digitale Geld. Es fehlt bislang noch immer an der wichtigsten Voraussetzung: Einem gemeinsamen Standard für Zahlungssysteme. Zur Zeit sind die unterschiedlichen Lösungen nicht ohne weiteres miteinander kompatibel. Das führt dazu, daß sich die Online-Kunden jeweils auf das vom Händler favorisierte Zahlungssystem einlassen müssen. Ggf. müssen sie selbst mit den verschiedenen Cyberwährungen zurechtkommen. Dies könnte sehr schnell zu einem großen Hemmnis für den E-Commerce werden.

Konsumenten sind es aus dem herkömmlichen Handel gewohnt, verschiedene Zahlungsmittel wie Münzgeld, die Kreditkarte, EC-Karte oder Geldkarte zur Bezahlung einzusetzen. Aufgrund der hohen Akzeptanz dieser Zahlungsmittel – durch Kunden und Händler – werden sich die Zahlungssysteme im Internet etablieren, die auf dieser breiten Akzeptanz, d. h. auf diesen Zahlungsmitteln aufbauen.

Ob sich digitales Geld wie E-Cash als elektronisches Äquivalent zum Münzgeld durchsetzen wird, scheint dagegen fraglich. Nicht technische Gründe, sondern die Entwicklung und Distribution von elektronischen Geldbörsen sprechen dagegen. Mit den Geldbörsensystemen hat sich ein Konkurrenzsystem zum digitalen Geld für den kritischen Bereich der Micropayments entwickelt. Für Kleinstbeträge ist ein Geldbörsensystem wie das der deutschen ZKA-Geldkarte jedoch zu kostenintensiv. Der Bedarf nach Zahlungssystemen, die für den Bereich der Micropayments eine kosteneffiziente Lösung anbieten, bietet Systemen wie E-Cash eine Nische.

Die Nutzung eines Online-Zahlungssystems wird von den Konsumenten nicht als Service betrachtet, dessen Nutzung direkte Vorteile bringt. Es ist entscheidend, daß die Nutzung der Online-Zahlung nur minimale Vorleistungen vom Konsumenten verlangt. Kein Konsument ist dazu bereit, aufwendige Vorleistungen (Softwarebestellung, -installation etc.) zu übernehmen, nur um online zahlen zu können. Denn mit Rechnung/Überweisung und Nachnahme stehen den Konsumenten bereits 2 bewährte Offline-Zahlungssysteme zur Verfügung. Erst wenn sich die E-Services etabliert haben und Händler auf die Nutzung der Online-Zahlung bestehen, werden auch die Konsumenten bereit sein, Vorleistungen zu übernehmen.

Zahlungssystembetreiber

Am Markt werden sich Zahlungssysteme durchsetzen, die Zahlungsmittel wie Kreditkarte, EC-Karte, Geldkarte und E-Cash sicher und flexibel in ein System integrieren und offen sind für zukünftige Entwicklungen. Händler im Internet müssen alle ihren Kunden zur Verfügung stehenden Zahlungsmethoden akzeptieren können. Daher benötigen sie Zahlungssystembetreiber, die ihnen die elektronische Abwicklung von Kredit-, Scheck- und Geldkartenzahlungen ermöglichen. Die schnelle und kostengünstige Integration in die vorhandene Systemwelt des Web-Händlers und Zahlungssystembetreibers stellt eine zusätzliche Anforderung dar, die von einem Zahlungssystem erfüllt werden muß.

Die weltweit erste SET-Zahlungsinfrastruktur, die neben SET-Kreditkartenzahlungen auf Basis der SET-Technologie verschiedenste Zahlungsmethoden unterstützt, ist die von BROKAT entwickelte Lösung BROKAT X·PAY Electronic Payment. Es ermöglicht die sichere, komfortable Ausführung von Zahlungstransaktionen vom Konsumenten über den Internet-Händler zum Zahlungssystembetreiber. Weltweit zum ersten Mal kommen hierbei serverkontrollierte Thin Java-Wallets zum Einsatz. Der innovative Ansatz der Thin Java-Wallets: Sie erfordern keine Installation auf dem Rechner des Kunden und können auf der ganzen Welt von jedem Internet-Zugangsterminal verwendet werden. Damit entfällt auch eine zwingende Interoperabilität der BROKAT-Wallets mit anderen SET-Zahlungssystemen, was eines der größten Akzeptanzhindernisse von SET-Lösungen heute darstellt. X·PAY ist ein twisterbasiertes Multi-Payment-System, das neben der Abwicklung von SET-Kreditkartenzahlungen auch Debitzahlungen wie die elektronische Lastschrift, Kundenkarten und Zahlungen mit Geldkarten unterstützt. Weitere Zahlungsmethoden lassen sich aufgrund der offenen und modularen X·PAY-Architektur schnell und flexibel integrieren. Dies ermöglicht dem Zahlungssystembetreiber, schnell und effizient auf neue Marktanforderungen der Händler zu reagieren.

Gemeinsame Protokolle für verschiedene Zahlungssysteme

Inzwischen strebt auch eine neue Arbeitsgruppe der Internet Engineering Task Force (IETF) die Vereinheitlichung der zahlreichen verschiedenen Protokolle für den E-Commerce an. Die Web-Experten wollen das ursprünglich vom Open Trading Protocol Consortium vorgeschlagene Internet Open Trading Protocol (IOTP) weiterentwickeln. Ziel des IOTP ist es, für verschiedene Zahlungssysteme wie SET, Cybercash, Geldkarte ein gemeinsames Protokoll zu entwickeln.

Die meisten Marktforscher geben SET die größte Chance, sich als neues Zahlungssystem durchzusetzen, weil es eine große Basis an Installationen aufweisen kann und von den großen SET-Unternehmen aktiv promoted wird. Microsoft hat bereits die Integration einer SET-konformen Geldbörse in den neuen Internet Explorer angekündigt, der bis Ende 1998 herausgeben werden soll. Trotz dieser Entwicklungen dürfte eines sicher bleiben: Bis zum Jahre 2002 führt kein Weg an dem altbekannten Zahlungssystem vorbei – der Kreditkarte.

Service

S

Teil S ▮ Service

Inhalt

S **Service**
Teresa Schlax

Innovative Unternehmenskommunikation – wir schreiben nicht nur darüber, wir praktizieren sie auch! Zusätzlich zu Ihrem IUK-Printwerk finden Sie deshalb zahlreiche Informationen auf der IUK-Web-Site. Unter www.springer.de/iuk erhalten Sie aktuelle Informationen im Newsletter, finden Sie – noch vor dem Drucktermin – die Erweiterungen und monatlichen Aktualisierungen des Serviceteils sowie eine Vorschau auf Ihre nächste Nachlieferung und können zahlreiche praxisrelevante Checklisten per Download abrufen.

www.springer.de/iuk/

Unsere Adresse:
Springer Verlag GmbH & Co, Tiergartenstraße 17, 69121 Heidelberg, E-Mail: iuk@springer.de

S ▮ 01 Internet-Zugang
01 | 01 Internet-Service-Provider
01 | 02 Überregionale Online-Dienste mit Internet-Zugang

S ▮ 02 Suchmaschinen
02 | 01 Die bekanntesten deutschen Suchmaschinen
02 | 02 Weitere deutsche Suchmaschinen
02 | 03 Internationale Suchmaschinen

S

02 | 04 Meta-Suchmaschinen
02 | 05 Suchmaschinen für bestimmte Themen
01 | 06 E-Mail-Adressen-Suchmaschinen

S ▮ 03 Organisationen und Verbände
03 | 01 Internet-Organisationen
03 | 02 Verbände und Interessengemeinschaften

S ▮ 04 Internet-Adressen zu ausgewählten Themenbereichen
04 | 01 Einführung
04 | 02 Nachrichten
04 | 03 Wirtschaftsnachrichten
04 | 04 Finanznachrichten
04 | 05 Marketing mit neuen Medien
04 | 06 Elektronischer Handel
04 | 07 Telelearning
04 | 08 Bürokommunikation/Reiseplanung

S ▮ 05 Nützliche Tools
05 | 01 Tools/Plattformen für Online-Lernen
05 | 02 Weitere Tools

S ▮ 06 Multimedia-Akademien

S ▮ 07 Gesetze
07 | 01 Websites
07 | 02 Gesetzestexte

S ▮ 08 E-Shop-Systeme

S ▮ 09 Digitale Zahlungssysteme
(nicht mehr im Print, sondern im Online-Service unter www.springer.de/iuk)

Internet-Zugang

S ▮ 01

Allgemeine Informationen zum Internet-Zugang mit Erläuterungen zu den verschiedenen Zugangsvarianten (private Vereine, kommerzielle Service-Provider, Online-Dienste, Public-Unix-Rechner, regionale Rechnerlisten, Universitäten, Fachhochschulen, Schulen) finden Sie einschließlich. Adressen und z. T. Preisen unter:

- www.rrzn.uni-hannover.de/inet-zu-de.html

Internet-Service-Provider (ISP)

S ▮ 01 | 01

Hier finden Sie – in alphabetischer Reihenfolge – eine Auswahl der wichtigsten überregionalen Provideradressen in Deutschland.

Neben diesen großen Providern gibt es eine (sich ständig erhöhende) Anzahl an kleineren, nur regional tätigen Anbietern. Diese können Sie über die folgenden 2 Providerverzeichnisse durch eine Suchabfrage leicht herausfinden.

Providerverzeichnisse (mit Regionalsuche)

- www-cache.rrzn.uni-hannover.de/such-prov.html
  (Gutes Verzeichnise des Rechenzentrums der Universität Hannover mit etwa 1000 Providereinträgen. Regional-Suche nach Ort, Postleitzahl oder Telefon-Vorwahl möglich.)
- www.rpv.net
  („Regionales Provider Verzeichnis": Regional-Suche nach Telefon-Vorwahlbereichen möglich.)

Überregionale kommerzielle Internet-Provider
(Einwählpunkte an mehr als 10 Orten)

- 1&1 Internet
  1&1 Internet GmbH & Co. KG, Elgendorfer Str. 57, 56410 Montabaur, Tel: 02602-16-00-06,

S

Fax: 02602-16-00-4-23, E-Mail: info@online.de, www.online.de

- callisto germany.net
  callisto germany.net GmbH, Kennedyallee 89, 60596 Frankfurt/Main, Tel: 069-63397-0, E-Mail: info@germany.net, www.germany.net
- CERFnet
  CERFnet Germany Inc., Stephanstr. 3, 60313 Frankfurt am Main, Tel: 069-29989-60, Fax: 069 - 29989-666, E-Mail: info@germany.cerf.net
- CKS Real-Net
  CKS Realtime Sales & Marketing Services GmbH, Postfach 701647, 22041 Hamburg, Tel: 0180-532-3661, Fax: 0180-5323662, E-Mail: info@real-net.de, www.cksreal-net.de
- CNT
  CNT Systeme und Netze AG, Pappelallee, 76744 Wörth, Tel: 06340-908-0, Fax: 06340-908-150, E-Mail: info@cnt.net, www.cnt.net
- Cybernet
  Cybernet AG, Stefan-George-Ring 19, 81929 München, Tel: 089-99315-200, Fax 089-99315-199, E-Mail: info@cybernet-ag.net, www.cybernet-ag.net
- DFN-WiNShuttle
  DFN-WiNShuttle, Pariser Strasse 44, 10707 Berlin, Tel: 030-884299-41, Fax: 030-884299-70, E-Mail: info@shuttle.de, www.shuttle.de
- DPN - Deutsches Provider Network
  DPN VERBUND-ZENTRALE, Bismarckstr. 120, 47057 Duisburg, Tel: 0203-3093-101, Fax: 0203-3093-112, E-Mail: info@dpn.de, www.dpn.de

- easynet
  easynet DV GmbH, Nägelsbachstr. 25, 91052 Erlangen,
  Tel: 09131–89670, Fax: 09131 – 89678,
  E-Mail: info@easynet.de, www.easynet.de/
- ECRC
  ECRC GmbH, Arabellastrasse 17, 81925 München,
  Tel: 089–92699–0, Fax: 089–92699–170,
  E-Mail: internet@ecrc.de, www.ecrc.de
- IS Internet Services
  IS Internet Services GmbH & Co (früher: MAZ-Net),
  Harburger Schlossstr. 6–12, 21079 Hamburg,
  Tel: 040 – 76629–1623, Fax: 040 – 76629–507,
  E-Mail: info@is-europe.net, www.is-europe
- IPF.net
  IPF.NET GmbH, Mainzer Landstr. 46, 60325 Frankfurt,
  Tel: 069–170840, Fax: 069–8433, E-Mail: info@ipf.net
- IPS
  IPS - Deutschland Zentrale, Rhinstr. 139, 10315 Berlin,
  Tel: 030–540055–0, Fax: 030–540055–3, E-Mail:
  ips@ak1.net
- ISPL
  ISPL GbR
  Bernard-Manegold-Str. 5, 33104 Paderborn,
  Tel: 05254–99893, Fax: 05254–99894,
  E-Mail: info@ispl.net, www.ispl.net
- mediaWays
  mediaWays GmbH (Bertelsmann/debis), Postfach 185,
  33311 Gütersloh, Tel: 05241–80–2223,
  Fax: 05241–80–6624, E-Mail: info@mediaways.net,
  www.mediaways.net

- Nacamar Data Communications
  Nacamar Data Communications GmbH,
  Postfach 102262, 63268 Dreieich, Tel: 06103–993–0,
  Fax: 06103–993–199, E-Mail: info@nacamar.net
- NTG/Xlink
  NTG/Xlink GmbH,Vincenz-Priessnitz-Str. 3,
  76131 Karlsruhe, Tel: 0721–96520, Fax: 0721–9652210,
  E-Mail: info@xlink.net, www.xlink.net
- One-2-One GmbH (früher: POINT-2-POINT)
  One-2-One advertising + telecommunications GmbH,
  Otto-Hahn-Str. 7, 50997 Köln, Tel: 02236–9455–0,
  Fax 02236–9455–220,
  E-Mail: info@one-2-one.net, www.one-2-one.net
- SpaceNet
  SpaceNet GmbH, Frankfurter Ring 193a,
  80807 München, Tel: 089–32356–0, Fax: 089–32356–299,
  E-Mail: info@Space.NET, www.space.net/
- Systematics
  Systematics, Ifflandstrasse 81–83, 22087 Hamburg,
  Tel: 040–22666–0, Fax: 040–222948,
  E-Mail: systematics@magicvillage.de,
  www.hh.magicvillage.de
- TCP/IP - Contrib. Net
  TCP/IP GmbH - Contrib. Net, Wörther Str. 16,
  10405 Berlin, Tel: 030–443366–0, Fax: 030–443366–15,
  E-Mail: info@contrib.com, www.contrib.com/
- topnet
  topnet EDV und Datenkommunikation AG,
  Elbestraße 25, 47800 Krefeld, Tel: 02151–49750,
  Fax: 02151–497553,
  E-Mail: info@topnet.de, www.topnet.de

- UUNET (früher: EUnet)
  UUNET Deutschland GmbH, Emil-Figge-Str. 80, 44227 Dortmund, Tel: 0231–97200, Fax: 0231–9721111, E-Mail: info@germany.eu.net
- Vossnet
  Voss Net Communications GmbH, Otto-Lilienthal-Str. 21, 28199 Bremen, Tel: 0421–5376–0, Fax: 0421–5376–111, E-Mail: staff@vossnet.de

Überregionale Online-Dienste mit Internet-Zugang S ▮ 01 | 02

- AOL
  AOL/Bertelsmann Online GmbH&CoKG, Baumwall 7, 20459 Hamburg, Tel.: 0180–55220, Fax: 0180–5313168, E-Mail: internetde@aol.com, http://germany.Web.aol.com/
- Compuserve
  Compuserve Deutschland GmbH, Postfach 1169, 82001 Unterhaching, Tel.: Info 0130–3732, Fax: 089–66535241, E-Mail: 70006.101@compuserve.com, www.compuserve.com
- T-Online
  Deutsche Telekom AG, Auftragsservice T-Online, 26119 Oldenburg, Tel: 0130–50 00, Fax: 0130–50 30, www.t-online.de

Suchmaschinen

S ▮ 02

Die bekanntesten deutschen Suchmaschinen

S ▮ 02 | 01

- www.dino-online.de
  (DINO gilt als der älteste deutschsprachige Internet-Katalog. Er durchsucht ausschließlich die angemeldeten Seiten.)
- www.fireball.de
  (Fireball: derzeit der größte deutschsprachige Web-Index.)
- www.lycos.de
  (LYCOS arbeitet mit Web.de zusammen. Es ist eine ideale Kombination von WWW-Suchmaschine und Internetkatalog und sehr komplex bzw. sehr funktional.)
- www.t-online.de
  (Der T-Online-Lotse: interessante Orientierungshilfe; die Web-Suche führt automatisch zu Fireball.)
- www.Web.de
  (WEB.DE: Suchmaschine mit redaktionell betreutem Umfeld und einem zusätzlichen Angebot von Servicefunktionen.)
- www.yahoo.de
  (Deutscher Ableger von YAHOO: in Themenbereiche gegliedert mit einer Vielzahl von Links.)

Weitere deutsche Suchmaschinen

S ▮ 02 | 02

Eine gute Übersicht deutschsprachiger Suchmaschinen, auch aus Österreich und der Schweiz, bietet z. B. die Universität Konstanz unter:

- http://www.uni-konstanz.de/ZE/Bib/dt-suchm.html
- www.aladin.de
  (Suchkatalog für deutschsprachige Dokumente; Suche unter allen Domains.)

- www.columbus-finder.de
  (Findet weltweit deutschsprachige Seiten in allen Domains.)
- www.crawler.de
  (Sucht im Katalog deutscher Seiten als auch in einem automatisch erfaßten Datenbestand.)
- www.entry.de
  (Sucht nach WWW-Servern in Deutschland.)
- www.eule.de
  (Sucht in einem deutschsprachigen Katalog als auch in einem automatisch erfaßten Datenbestand.)
- www.excite.de
  (Suchmaschine mit Index, d. h. Web-Katalog.)
- www.intersearch.net
  (Sucht auf deutschen und österreichischen Websites und bietet eine gute Hilfeseite.)
- www.kolibri.de
  (Bietet einen Suchassistenten, der einen Thesaurus benutzt.)
- www.lotse.de
  (Sucht auch nach Einträgen in Österreich und der Schweiz.)
- www.nathan.de
  (Suchmaschine und Internetkatalog.)
- www.netguide.de
  (Diese Suchmaschine ist ein Ableger von Focus-Online und sucht vorrangig deutsche Seiten; Zusammenarbeit mit Lycos.)
- www.search.de
  (Suchmaschine der FU Berlin; bietet interessante Links zu Datenbanken.)
- www.spider.de
  (Suchmaschine und Internetkatalog.)

- www.Webcrawler.de
  (Zusammenarbeit in Deutschland mit Excite.)

Internationale Suchmaschinen

S ▮ 02 | 03

- www.altavista.digital.com
  (Eine der weltweit größten Suchmaschinen mit eigenem Übersetzungsdienst. Sucht auch nach deutschen Suchworten und bietet Suche nach Firmen, Personen oder E-Mail-Adressen.)
- www.euroseek.net
  (Europäische Suchmaschine: kann sich auf deutsche Seiten beschränken, multilingual.)
- www.excite.com
  (Amerikanischer Kooperationspartner des DINO-Katalogs. Suche nach Firmenadressen bzw. nach deutschen Suchwörtern. Bewertung der Qualität der gefundenen Adressen.)
- www.filez.com
  (Englischsprachige Suchmaschine, die mit Hotbot zusammenarbeitet.)
- www.hotbot.com
  (Sucht auch nach deutschen Suchwörtern. Bei der Eingabefunktion gibt es eine einfache Möglichkeit der Einschränkung.)
- www.infoseek.com
  (Mit Hilfe dieses Dienstes kann man z. B. Paketverkehr von UPS verfolgen.)
- www.lycos.com
  (Lycos-Homepage: mit der deutschen Suchmaschine identisch.)
- www.Webcrawler.com
- www.yahoo.com

S ▮ 02 | 04

Meta-Suchmaschinen

Meta-Suchmaschinen bündeln die Ergebnisse mehrerer Suchmaschinen.

- www.apollo7.de
  (Apollo 7 ist eine neue Meta-Suchmaschine und sucht national oder international.)
- www.dogpile.com
  (Durchsucht zunächst Indizes, danach Suchmaschinen, WWW-Suche, Usenet-Suche, FTP-Suche.)
- www.highway61.com
  (Durchsucht Yahoo, AltaVista, Lycos, Infoseek, Excite und Hotbot.)
- www.mamma.com
  („Mutter aller Suchmaschinen"; Suche im Usenet möglich.)
- http://meta.rrzn.uni-hannover.de
  (MetaGer: Meta-Suchmaschine des „Regionalen Rechenzentrums für Niedersachsen".)

S ▮ 02 | 05

Suchmaschinen für bestimmte Themen

- www.paperball.de
  (Suchmaschine über deutschsprachige Tageszeitungen. Eingrenzung der Suche nach Rubriken ist möglich.)
- www.reference.com
  (Sucht Newsgroups und Mailing-Listen; englisch und deutsch.)
- www.uni-konstanz.de/ZE/Bib/dt-suchm.html
  (Angebot der Universität Konstanz mit Übersicht und Links zu deutschsprachigen und internationalen Suchmaschinen.)
- www.unix-ag.uni-siegen.de/search
  (CUSI [Configurable Unified Search Engine] erleichtert die Benutzung der verschiedenen WWW-Such-

möglichkeiten. Kategorien: WWW-Roboter-Indizes, WWW-Indizes, Multi-WWW-Suchsysteme und andere Internet-Indizes [Software, Personen, Dokumente, Wörterbücher, USENET-Suche].)

- www.verbaende.com/lobby.htm
  (Suchmaschine mit den Anschriften der bei der Bundesregierung akkreditierten Verbände in alphabetischer Reihenfolge und mit etwa 27.000 Einträgen zu Namen und Sitz nationaler und internationaler Verbände, Behörden und Organisationen.)
- www.vwd.de/navigator/D/finanznavigator.html
  (Finanznavigator mit über 800 Links zu deutschen und internationalen Dienstleistern und Institutionen aus dem Finanzbereich und mit Suchfunktionen.)
- www.yahoo.de/Handel_und_Wirtschaft/Organisationen/Berufsverbaende
  (Liste verschiedener Berufsverbände des deutschsprachigen Raums mit Suchfunktionen.)

E-Mail-Adressen-Suchmaschinen S ▮ 02 | 06

- www.bigfoot.de
  (Deutschsprachige E-Mail-Adressen-Suchmaschine.)
- www.four11.com
  (Sucht im amerikanischen E-Mail- und Telefonverzeichnis.)
- www.iaf.net/international/iaf_german.htm
  (Internet @dress Finder: deutschsprachige E-Mail-Adressen-Suchmaschine.)
- http://mesa.rrzn.uni-hannover.de
  (Meta-Suchmaschine des „Regionalen Rechenzentrums für Niedersachsen". Bündelt die Ergebnisse mehrerer Suchmaschinen für E-Mail-Adressen weltweit.)

S

- www.suchen.de
(Deutsche E-Mail-Adressen-Suchmaschine mit Branchensuchfunktion.)

Organisationen und Verbände

S ▮ 03

Internet-Organisationen

S ▮ 03 | 01

- Deutsches Forschungs Netz e. V.
  (Das Deutsche Forschungsnetz ist die Kommunikationsinfrastruktur für Wissenschaft, Forschung, Bildung und Kultur in Deutschland. Innovative Anwendungen sind vor allem im Bereich Multimedia zu finden. DFN bietet seinen Mitgliedern u. a. Netz-Dienste, Dienstleistungen und Anbindung an internationale Netze an.)
  DFN Geschäftsstelle Berlin, Pariser Str. 44,
  10707 Berlin, Tel: 030–884299–24, Fax: 030–884299–70,
  E-Mail: dfn-verein@dfn.de
  DFN Geschäftsstelle Stuttgart, Lindenspürstraße 32,
  70176 Stuttgart, Tel: 0711–63314–0, Fax: 0711–63314–133,
  E-Mail: noc@noc.dfn.de, www.dfn.de
- Deutsches Network Information Center DE-NIC
  (Betrieb des Primary-Nameservers für die Toplevel-Domain DE. Zuständig für die bundesweit zentrale Vergabe von Domains unterhalb der Toplevel-Domain DE. Zusätzlich Übernahme von Administrationsaufgaben im Internet und Angebot einer Domain-Suchmaschine.)
  Tel: 0190–87 4446, Fax: 0190–87 4447, www.nic.de
- EuroISPA
  (Europäischer Dachverband der Internet-Service-Provider, der im September 1997 unter Mitwirkung des Eco-Forums gegründet wurde.)
  www.euroispa.org
- RIPE-Network Coordination Centre (NCC)
  (Das RIPE-NCC betreut und organisiert Internet-Service-Provider (ISP) in Europa und bietet u. a. eine Domain-Suchmaschine.)

S

http://ftp.ripe.net/

- Internationales Network Information Center InterNIC (Domain-Registrierungen für die Toplevel-Domains .com, .net , .org und .edu.)
  http://nic.internic.net/
- Internet Society German Chapter ISOC
  (Ziele des ISOC sind u. a. die Förderung des Informationsaustausches zwischen Netzwerkbenutzern, die Sicherstellung der erforderlichen Administration des deutschen Internets und die Unterstützung der Koordination zwischen den Dienstanbietern. Das ISOC.DE-Büro ist Anlaufstelle für Informationen über Technik, Dienste, Administration und Ressourcen des Internets.)
  ISOC.DE e. V. Sekretariat, c/o GMD,
  z. H. Frau Renate Küllenberg, Birlinghoven Schloß,
  53754 Sankt Augustin, Tel: 02241–14–2911,
  Fax: 02241–14–2071,
  E-Mail: Sek@ISOC.DE, www.isoc.de

S ▮ 03 | 02 Verbände und Interessengemeinschaften

- Amma Austrian Multimedia Association
  Postfach 34, A-1072 Wien, Tel: +43 (1) 715 02 72,
  Fax: +43 (1) 715 02 27–99, E-Mail: Info@Amma.at
- Bundesverband der Deutschen Industrie e. V. (BDI)
  Gustav-Heinemann-Ufer 84–88, 50968 Köln,
  Tel: 0221 – 3708–00, Fax: 0221–3708–730, E-Mail-Anschriften: Mittelstandspolitik@bdi-online.de,
  Wettbewerbspolitik@bdi-online.de,
  Wirtschaftspolitik@bdi-online.de, www.bdi-online.de
- CommerceNet Deutschland e. V.
  („Mainfränkisches Electronic Commerce Kompetenzzentrum [MECK]“. Ziel von CommerceNet Deutsch-

land ist es, mit Hilfe des Interessen- und Informationsverbundes vor allem kleinen und mittleren Unternehmen Möglichkeiten zu eröffnen, die Chancen und Potentiale des Electronic Commerce zu nutzen sowie die bestehenden Risiken zu erkennen und zu vermeiden.)
Neubaustr. 66, 97070 Würzburg, Tel: 0931-31-2447, Fax: 0931-31-2955, E-Mail: ecguide@commercenet.de, www.commercenet.de

- Deutscher Direktmarketing Verband e. V.
  Hasengartenstraße 14, 65187 Wiesbaden,
  Tel: 0611-9779-340, Fax: 0611-9779-388,
  http://www.ddv.de
- DMMV Deutscher Multimedia Verband e. V.
  Kaistraße 14, 40221 Düsseldorf, Tel: 0221-85 286-0,
  Fax: 0221-85 286-15, E-Mail:
  Alexander.Felsenberg@dmmv.de, www.dmmv.de
- Eco e. V.
  Electronic Commerce Forum
  (Der Eco e. V. vertritt die Interessen der Internet-Wirtschaft, fördert die Geschäftsentwicklung der Mitglieder und unterstützt im Internet anbietende Unternehmen. Das 1995 gegründete Eco-Forum versteht sich als wettbewerbsübergreifende Informationsquelle, die Orientierungshilfen gibt im weltweiten Online-Geschehen und im Electronic Commerce. Dabei werden vor allem Trends, praktische Anwendungsfelder sowie technologische und soziologische Entwicklungen vorgestellt.)
  eco-Forum, c/o Harald A. Summa, Grasweg 2,
  50769 Köln, Tel: 0221-9 70 24 07, Fax: 0221-9 70 24 08,
  E-Mail: info@eco.de, www.eco.de
- Online Anbietervereinigung e. V.
  Postfach 70 10 40, 81310 München,
  Tel: 089-741 00-229, Fax: 089-741 00-239,

S

E-Mail: Patrick.Loringhoven@online-av.de, www.online-av.de, T-Online:*AV#

- SIMA Swiss Interactive Multimedia Association
  Utoquai 29, CH-8008 Zürich, Tel: +41 (1) 251 49 05, Fax: +41 (1) 251 84 09, E-Mail: admin@sima.ch, www.sima.ch
- Tekom e. V.
  Markelstraße 34, 70193 Stuttgart, Tel: 0711–65704–12, Fax: 0711–65704–99, E-Mail: Noack.Muc@sni.de, www.tekom.de
- ZIM Zentrum für Interaktive Medien e. V.
  (ZIM ist ein bundesweites gemeinnütziges, interessensneutrales Zentrum für interaktive, audiovisuelle Medien. Es wendet sich vor allem an klein- und mittelständische Unternehmen, die den Einsatz neuer interaktiver Medien planen, und unterstützt dabei v. a. mit fachkundigen Informationen und Bildungsangeboten.)
  Im MediaPark 5b, 50670 Köln, Tel: 0221–454 319–0, Fax: 0 221–454 319–9, Info-Fon: 0221–454 319–7, E-Mail: ZIM@zim.de, www.zim.de/

Internet-Adressen zu ausgewählten Themenbereichen

S ▮ 04

Einführung

S ▮ 04 | 01

Die folgenden Themenbereiche sind jeweils gruppiert nach Websites, Mailing-Listen und Newsgroup/Online-Foren. Die Adressen sind innerhalb dieser Gruppierungen alphabetisch geordnet.

Um Ihnen den Umgang speziell mit den Mailing-Listen zu erleichtern (Anmeldung/Abmeldung) finden Sie hier 2 hilfreiche Adressen:

- www.Webwunder.de/mailsurfer/listen.htm
  (Was Mailing-Listen sind und wie sie funktionieren.)
- http://people.iqWeb.de/fte/ml.html
  (Mailing-Listen und ihre Benutzung.)

Nachrichten

S ▮ 04 | 02

Websites

- www.br-online.de/news/aktuell
  (Aktuelle Schlagzeilen)
- www.cnn.com
  (Nachrichten-Agentur CNN, engl.)
- www.dino-online.de/seiten/goo6p.htm
  (Links zu Presseagenturen)
- www.dwelle.de/dw/extern/presse1/Welcome.html
  (Tagesaktuelle Pressemeldungen der Deutschen Welle zu unternehmens- und programmbezogenen Themen.)
- www.fho-emden.de/www/verlag.html
  (Online-Zugänge zu deutschsprachigen Zeitschriften. Außerdem Links zu Buch-, Zeitungs- und Zeitschriftenverlagen.)

- www.focus.de
  (Ständig aktualisierte Nachrichten der Focus-Redaktion.)
- www.gok.de
  (Zeitungen und Magazine)
- www.inesmedia.com/Cgi-bin/ines-geosites.cgi
  (Online-Zeitungen weltweit; suche nach Kontinent/Land möglich.)
- www.nzz.ch/online/03_archiv/archiv.htm
  (Tagesausgabe mit allen aktuellen Artikeln der „Neuen Zürcher Zeitung" und einem Monatsarchiv der letzten 30 Tage.)
- www.nzz.ch/online/11_nachrichten/wirt_frame.htm
  (Newsticker der „Neuen Zürcher Zeitung")
- www.reuters.com/news
  (Aktuelle Nachrichten von Reuters, engl.)
- www.spiegel.de
  (Aktuelle Pressemeldungen der „Spiegel"-Redaktion aus verschiedenen Themenbereichen, u. a. aktuelle Politik.)
- www.stern.de
  (Aktuelle Nachrichten der „Stern"-Redaktion)
- http://userpage.fu-berlin.de/~jpuls
  („Jankos Media Monster": Großes deutschsprachiges Medienverzeichnis mit dem Schwerpunkt auf Tagespresse. Beinhaltet außerdem eine Auswahlbibliographie zum Thema „Elektronisches Publizieren".)
- www.vgp.de/ticker/nachreu
  (Newsticker, aktuellste Nachrichten)
- www.wiwo.de
  („Wirtschaftswoche": u. a. Nachrichten, Politik)
- www.zeit.de
  (Nachrichten der „ZEIT"-Redaktion, u. a. zu Politik)

Mailing-Listen

- Deutsche Welle
  www.dwelle.de/today/nrdeu-mail.html
  (2mal täglich Nachrichten)
- „Focus"-Newsletter
  www.focus.de/L/l.htm
  (Erscheint wöchentlich)
- „Stern"-Newsletter
  www.stern.de/newsletter
  (Erscheint mittwochs)
- „ZEIT"-Newsletter
  http://www2.zeit.de/bda/int/zeit/tag/newsletter/zeit.html
  (Newsletter zu aktuellen Themen, erscheint mittwochs)

Newsgroups und Online-Foren

Derzeit keine Angaben

Wirtschaftsnachrichten S ▮ 04 | 03

Websites

- www.bch.de/bc/manager/
  („manager magazin online" mit aktuellen Texten zum Herunterladen.)
- www.blitzsuche.de/reuters/wirtschaft.htm
  (Aktuelle Wirtschaftsnachrichten der Agentur Reuters)
- www.bmwi.de/wirtschaftspol_info.html
  (Wirtschaftspolitische Informationen des Bundesminsisteriums für Wirtschaft zum Download oder auch Bestellung von Broschüren möglich.)
- www.br-online.de/news/wirtschaft/index.html
  (Aktuelle Wirtschaftsnachrichten)
- www.Dino-online.de/seiten/go02b.htm
  (Bibliotheken im deutschsprachigen Raum)

S

- www.dm-online.de
  (Wirtschaftsmagazin „DM“, darin u. a. Aktuelles)
- www.dwelle.de/today/wirtsch.htm
  (Aktuelle Wirschaftsnachrichten der Deutschen Welle)
- http://finanzen.yahoo.de/
  (Währungskurse, Wirtschafts- und Finanznachrichten)
- www.gok.de
  (Online-Kiosk: Online-Publikationen, Fachzeitschriften, Bücher nach Themenbereichen und Ländern sortiert, z. B. Wirtschaft/Business.)
- www.laum.uni-hannover.de/iln/bibliotheken/wirtschaft.html
  (Börse/Geld, statistische Daten, Institutionen, Arbeitsmarkt)
- www.Mfh-iserlohn.de/FHB/fint/fachinformation
  (Fachübergreifende Informationen z. B zu Online-Publikationen, Berufsverbänden, Firmen und Produkten, Internet-Einstieg.)
- www.nzz.ch/online/11_nachrichten/wirt_frame.htm
  (Wirtschaftsticker der „Neuen Zürcher Zeitung“)
- www.reuters.com/news
  (Aktuelle Nachrichten der Agentur Reuters, auch aus dem Businessbereich, in Englisch.)
- www.spiegel.de
  (Aktuelle Pressemitteilungen der „Spiegel“-Redaktion, u. a. aus dem Bereich Wirtschaft.)
- www.Springer.de/economics-de/index.html
  (Wirtschaftspublikationen, auch elektronische und Online-Medien des „Springer“-Verlags.)
- www.uni-karlsruhe.de/Outerspace/VirtualLibrary/33.de.html
  (Deutsche virtuelle Bibliothek, darin u. a. Wirtschaftswissenschaften.)

- http://vlib.stanford.edu/Overview.html
  (Internationale virtuelle Bibliothek, darin u. a. Business and Economics, Communications and Media.)
- www.wirtschaftsinformatik.de
  (Online-Zeitschrift)
- www.wirtschaft-online.de
  (Artikeldatenbank aus dem „Handelsblatt", nach Schwerpunkten geordnet, u. a. Wirtschaft, Steuern, Recht, Innovation.)
- www.wiwo.de
  („Wirtschaftswoche": Vorbörsenbericht, Anlagetips, Wirtschaftsnachrichten, Steuerinformationen.)
- www.zeit.de
  (Nachrichten der „ZEIT", u. a. aus dem Wirtschaftsbereich.)
- www.yahoo.de/schlagzeilen/wirtschaft
  (Ständig aktualisierte Wirtschaftsschlagzeilen)

Mailing-Listen

- Deutsche Welle
  (Mailing-Liste mit Wirtschaftsmeldungen und Börsenbericht)
  www.dwelle.de/today/markdeu-mail.html
- Paperboy
  (Informationssuchsystem für tagesaktuelle Nachrichten: Hier können Sie in den heutigen Meldungen von mehr als 240 der wichtigsten Nachrichtenanbietern suchen und Ihre persönliche Tageszeitung erstellen, die Ihnen jeden Morgen als E-Mail zugestellt wird.)
  www.paperboy.de

S

Newsgroups und Online-Foren

- News:cl.wirtschaft.geld
- www.forumone.com
  (Auswahl von englischsprachigen Online-Foren, u. a. zum Thema Wirtschaft und Finanzen.)

S ▮ 04 | 04

Finanznachrichten

Websites

- www.bank24.de/markt_info/links/index.html
  (Linkliste zu Markt- und Börseninfos)
- www.bank24.de/right/marktinfo.html
  (Kurse, Charts, Börsennews)
- http://www.bch.de/bc/manager/
  („manager magazin online" mit Links zu aktuellen Texten über Finanzen, auch zum Herunterladen.)
- www.boersenkurse.de
  (Deutsche Terminbörse: Futures und Optionen, Aktienkurse, Devisenkurse.)
- www.br-online.de/geld/boerse
  (Aktuelle Börsenmeldungen)
- www.dai.de
  (Links zu börsenotierten deutschen Unternehmen)
- www.datastream.com/services.htm
  (Aktienkurse und Marktindizes; englisch)
- www.deutsche-bank.de
  (Marktinformationen: Kursinformationen, Aktienportraits, Fondportraits)
- www.deutsche-bank.de/dbr
  (Deutsche Bank Research: Zins-/Devisentrends, Wirtschaftstrends international, Länderberichte, Kommentare)

- www.digital-investor.de
  (Finanzinformationen, Finanzliteratur, Finanzsoftware)
- www.dm-online.de
  (Börse, Geld, Steuern und weitere Themen des Wirtschaftsmagazins „DM")
- www.exchange.de
  (Homepage der „Gruppe Deutsche Börse" mit Links)
- http://finanzen.yahoo.de
  (Währungskurse, Wirtschafts- und Finanznachrichten)
- www.finanzplatz.de
  („Finanzplatz Deutschland" mit Informationen, Links, Terminen etc.)
- http://focus.de/D/DA/da.htm
  (Finanznachrichten von Focus-online)
- www.fnet.de
  (Kurse, Analysen und aktuelle Kommentare rund ums Geld.)
- www.hornblower.de
  (Realtime Aktienindex, Börsennachrichten, Kurslisten, Börsen- und Wirtschaftsberichte zum laufenden Jahr)
- www.Inet.de
  (Börsenberichte, Unternehmensmeldungen, deutsche Wertpapierkurse, Kurs-Charts, DAX-Aktien)
- http://quote.yahoo.com
  (Kurs- und Marktinformationen, englisch)
- www.vwd.de
  (Finanzindikatoren, aktuelle Finanznachrichten)
- www.wirtschaft-online.de
  (Artikeldatenbank aus dem „Handelsblatt", nach Schwerpunkten geordnet, u. a. Aktien, Fonds, Anlagen)

- www.wiwo.de
  („Wirtschaftswoche“: Vorbörsenbericht, Anlagetips, Wirtschaftsnachrichten, Steuerinformationen)

Mailing-Listen

- DM-Finanz-Newsletter
  www.dm-online.de/ad/ad_daily.html
  (Erscheint börsentäglich um 17 Uhr)
- Gruppe Deutsche Börse
  www.exchange.de/publications_d.html
  (Vierteljährliches Kundenmagazin und monatlicher Newsletter)
- Stern- Finanz-Newsletter
  www.stern.de/newsletter
  (Erscheint jeden Mittwoch)

Newsgroups und Online-Foren
Deutsche Newsgroups:

- News:de.etc.finanz.boerse
- News:de.etc.finanz.banken+broker
- News:fido.ger.boerse
- News:z-netz.alt.wirtschaft.boersen
- News:maus.etc.finanzen
- News:de.etc.finanz.misc
- News:de.etc.finanz.software

Internationale Newsgroups:

- News:misc.invest
- News:misc.invest.futures
- News:misc.invest.stocks
- www.forumone.com
  (Auswahl von englischsprachigen Online-Foren, u. a. zum Thema „Wirtschaft und Finanzen“)

Marketing mit neuen Medien

S ▮ 04 | 05

Websites

- www.bellnet.com/suchen/wirtschaft/dienst/marketing.html
  (Marketing-Web-Index für den deutschsprachigen Raum.)
- www.e-business.iao.fhg.de.
  (Electronic Business-Server des Fraunhofer-Instituts für Arbeitswirtschaft und Organisation mit Überblick zur kommerziellen Nutzung des Internets in Deutschland.)
- http://fimtastic.fh-reutlingen.de/GENERAL/www/onlinemarketing/Mminter net.dienste.html
  (Nach Branchen sortierte und kommentierte Websites aus Industrie, Handel und Behörden aus Baden-Württemberg)
- www.horizont.net/special/index.html
  (Von den Cyber Lyons ausgezeichnete Websites und Online-Kampagnen.)
- http://ourworld.compuserve.com/homepages/TMister/busiframe.htm
  (Das komplette Buch von Thomas Pelkmann & Reinhild Freitag zu „Business-Lösungen im Internet“ von 1996 als vollständige Online-Ausgabe.)
- www.ruhr-uni-bochum.de/bomi/newsxx.htm
  („Bochumer Marketing-Initiative e. V.“: Moderne Form der Verkaufsförderung durch Online-Marketing und deren Auswirkungen.)
- www.sims.berkeley.edu/resources/infoecon/Commerce.html
  (Viele englischsprachige Links der Universität Berkeley zu Internet Commerce, Marketing, Advertising usw.)

S

- www.uni-trier.de/uni/fb4/marketing/index.html
  Der MAJA-Marketing-Index: Wegweiser zu Marketing im Internet für Wissenschaftler und Praktiker mit interessanten Links.)
- www.werbeagentur.de
  (Ständig aktualisierter Online-Guide für die Landschaft der deutschen Werbeagenturen mit Referenzen.)
- www.wiso-schoch.ch/image.htm
  (Publikationen zu den Themenbereichen Marketing, Image, Medien, Kommunikation, Werbung.)

Mailing-Listen

- Netmarketing
  (Ein Forum für alle, die beruflich mit Marketing im Netz zu tun haben. Die Liste ist moderiert.)
  Beitritt unter: majordomo@inity.de Text: subscribe Netmarketing
- NETMARKETING
  (Mailing-Liste von Horizont und Netpromotions, die sich mit praktischen Aspekten des Net-Marketings befaßt.)
  Beitritt unter: majordomo@horizont.net Text: subscribe netmarketing
- Internet Sales Discussion List
  (Mailing-Liste mit sehr guten Beiträgen zum Thema „Internet Marketing“; außerdem nicht vollgestopft mit Werbemails.)
  Homepage der Liste:
  http://www.mmgco.com/isales.htmlm
  Beitritt unter: IS-SUB@mmgco.com
- Gir-L
  (Deutsche Mailing-Liste zum Thema Internet-Research)

Beitritt unter: Majordomo@rumms.uni-mannheim.de Text: subscribe gir-l

- IMARCOM
  The Internet Marketing Communications Mailing List
  Beitritt unter: listserv@internet.com Text: subscribe imarcom
- Internet-Promotion
  (Deutschsprachiger Newsletter: spezialisiert auf Internetmarketing, Consulting und Internet-Promotion, erscheint monatlich)
  www.internet-promotion.com/newsletter/index.html

Newsgroups und Online-Foren

- Misc.business.marketing
  (Englischsprachiges moderiertes Marketing-Forum mit Schwerpunkt auf Online-Marketing und Marketing für Mittelständler)
  News:misc.business.marketing.moderated
- JCMC Marketing Group – Internet Marketing Forum
  (Englischsprachiges Online-Forum für Internet-Marketing und Website-Promotion)
  www.jacmac.com/forum/index.cgi
- Web Marketing Forum
  (Englischsprachig, mit Unterforen zu speziellen Themen wie Strategie, Design, Trends)
  www.wilsoninet.com/hn/forum
- Cutting Edge Concepts – Internet Business Solutions, Internet Marketing Forum
  (Englischsprachiges Online-Forum mit Hilfestellungen für Internet-Marketing und Web-Promotion)
  www.cuttingedgeconcepts.com/bbs

S

S ▮ 04 | 06

Elektronischer Handel

Websites

- www.branchenbuch.com
  (Über 3 Mio. deutsche Firmenadressen. Suche über Firmenname/-adresse oder über Branchenindex möglich.)
- www.commercenet.de
  (Ziel des CommerceNet Deutschland e. V. ist es, Electronic-Commerce-Lösungen zu etablieren. Gerade den kleinen und mittleren Unternehmen sollen Möglichkeiten eröffnet werden, schnell und ohne vermeidbare Vorlaufkosten die Chancen und Potentiale des Electronic Commerce zu nutzen sowie die bestehenden Risiken zu erkennen und zu vermeiden.)
- www.e-business.iao.fhg.de./iebi.htm
  (Fraunhofer-Institut für Arbeitswirtschaft und Organisation: Internationale Studie „Electronic Commerce im Business-to-Business-Bereich" zur Analyse der aktuellen Entwicklungen im IT-Management.)
- www.electronic-commerce.org
  (Die Website des Dortmunder „Electronic Commerce Service Centers" [ECSC] mit Themen für mittelständische Unternehmen und Existenzgründer.)
- www.ibm.com/e-business
  (IBM-Website mit Tools, Business-Solutions, Online-Forum für elektronischen Handel)
- www.ihk.de/ihk-gfi/menue.htm
  (IHK – Gesellschaft für Informationsverarbeitung mbH: Ausgewählte Business-Links des System- und Softwarehauses der deutschen Industrie- und Handelskammerorganisation, u. a. zu Electronic Commerce)

- www.ispo.cec.be/Ecommerce/
  (Elektronischer Handel in der EU, Informations-Server mit europäischen Initiativen, englischsprachig)
- www.online-recht.de/
  vorlink.html?Electronic_Commerce
  (Links zu politischen und vertragsrechtlichen Fragestellungen bezüglich Electronic Commerce.)
- www.pcwebopaedia.com/electronic_commerce.htm
  (Electronic Commerce – PC-Webopaedia: gute englischsprachige Definition des Begriffs „Electronic Commerce" mit vielen englischsprachigen Links zum Thema.)
- www.selbstbedienung.de
  (KIOSK and MORE bietet einen Überblick der auf dem Markt befindlichen Self-Service-Terminals und Kiosk-Systeme mit Hard- und Softwarelösungen, Projektdarstellungen, News zum Thema „Elektronischer Handel" und „Kiosksysteme".)
- www.sims.berkeley.edu/resources/infoecon/
  Commerce.html
  (Viele englischsprachige Links der Universität Berkeley zu Digital Cash, Internet Commerce usw.)

Mailing-Listen

- EZI-N
  („Elektronische Zahlungssysteme im Internet": Newsletter, herausgegeben im Rahmen des „Projekts Elektronische Zahlungssysteme [PEZ]". Ein im Auftrag des Bundesministeriums für Bildung und Forschung [BMBF] durchgeführtes Projekt des Instituts für Technikfolgenabschätzung und Systemanalyse [ITAS] im Forschungszentrum Karlsruhe; erscheint 14tägig freitags)
  www.itas.fzk.de/deu/projekt/pez/ezin.htm

- Theorie und Praxis des Internet Commerce – Heute und Morgen
(Englischsprachiger Newsletter, erscheint 14tägig)
www.cyberm.com/CyberR.html

Newsgroups und Online-Foren

- Electronic commerce competence center
(Deutschsprachiges Online-Forum zum elektronischen Handel)
www.e3c.de
- EZI-L
(„Elektronische Zahlungssysteme im Internet": Newsgroup im Rahmen des „Projekts Elektronische Zahlungssysteme (PEZ)", ein im Auftrag des Bundesministeriums für Bildung und Forschung [BMBF] durchgeführtes Projekt des Instituts für Technikfolgenabschätzung und Systemanalyse [ITAS] im Forschungszentrum Karlsruhe; erscheint 14tägig freitags)
www.itas.fzk.de/deu/projekt/pez/ezin.htm
Beitritt unter majordomo@listserv.fzk.de Text: subscribe EZI-L
- IBM
(IBM-Website mit Online-Forum für elektronischen Handel, englischsprachig)
www.ibm.com/e-business
- ISPO
(Website mit Zugang zu mehreren englischsprachigen Online-Foren über Electronic Commerce)
www.ispo.cec.be/ispo/eleclist.html

Telelearning

S ▮ 04 | 07

Websites

- www.akademie.de/info/
  (Die „Internet-Akademie“: Internet-Praxis für Unternehmen, gefördert vom BM Arbeit/Soziales und der EU. Kostenlose Kurse für Mitarbeiter mittelständischer Unternehmen mittels E-Mail, Mailing-Listen und Online-Diskussionen. Darüber hinaus wird mit Chat, Internet-Telefonie und Telefonkonferenzen experimentiert.)
- www.bfz.de/cornelia2/einstieg.htm
  (Berufliche Fortbildungszentren der Bayerischen Arbeitgeberverbände: Cornelia-Projekt zu Online-Lernprogrammen als betrieblichen Weiterbildungsangeboten.)
- www.diff.uni-tuebingen.de
  (Deutsches Institut für Fernstudienforschung an der Universität Tübingen)
- www.erziehung.uni-giessen.de/FB04/ABWForschung.html
  (Die Universität Gießen forscht über WWW-basierte Lernumgebungen.)
- www.fsai.fh-trier.de/~holert/fernlernen/fernlernen.html
  (Gute Linksammlung der Fachhochschule Trier zum Thema Online-Lernen)
- www.glirarium.de/framed.html
  (Glirarium – „gnawledge online“ – ein Fortbildungssystem im Internet.)
- www.igd.fhg.de/www/igd-a3/a3home/projects/ttt-g.html
  (Fraunhofer-Institut für Graphische Datenverarbeitung IGD: Teleteaching- und -training-Projekt.)

S

- http://infix.emp.paed.uni-muenchen.de/lsmandl/forschung/projekte/tele.html
  (Universität München: Projekt über Telelernen und Teletutoring mit den Industriepartnern Siemens AG, Siemens Nixdorf Informationssysteme GmbH und der Bayerischen Vereinsbank AG.)
- www.informatik.uni-mannheim.de/informatik/pi4/projects/teleTeaching/
  (Teleteachingprojekt der Universitäten Mannheim und Heidelberg mit den Industriepartnern IBM und Springer-Verlag Heidelberg.)
- www.internet-academy.de
  (Siemens Nixdorf AG: Online-Lernen, Online Kurse, Online Training)
- www.iwtnet.de/teleworx/Homepage.html
  (Zeitschrift für Telearbeit und Telelearning)
- www.kka.de/ma
  (Internationale Multimedia-Akademie Karlsruhe: Ausbildung zum Teletrainer, Online-Lehrgänge zu den Themen „Online-Lernen", „Online-Marketing" und „Screen Design")
- www.tele-ak.fh-furtwangen.de
  (Teleakademie Furtwangen: Fachliche Weiterbildung und Aufbaustudium durch Internet-Seminare, Videokonferenzen und Multimedia v. a. für Ingenieure und Informatiker.)
- www.teleman.org
  (Die von der Europäischen Kommission geförderte Studie „Teleman/SME-Projekt" untersucht Anforderungen und Chancen einer europaweiten Telematik-Infrastruktur mit dem Ziel Teletraining und Teletutoring.)

- www.tk.tu-berlin.de/tubkom/info/virtualCollege.html (Projekt „Virtual College“: die virtuelle Universität Berlin und Potsdam.)
- www.uni-tuebingen.de/zdv/bi/bi97/bi9711sa-tiss.html (Projekt der Universität Tübingen mit einer zentralen technischen Plattform zur Durchführung von Internet-Konferenzen.)
- www.vereinsbank.de:443/vbtraining/indexvbt.htm (Virtuelles Lernen zur Aus- und Weiterbildung bei der Bayerischen Vereinsbank.)
- http://vu.fernuni-hagen.de (Fernuniversität Hagen: Virtuelle Universität)
- www.wh2.tu-dresden.de/telet/ (Technische Universitäten Dresden und Freiberg: Teleteaching-Projekt mit Videokonferenzen und WWW)

Mailing-Listen

Derzeit keine Angaben

Newsgroups und Online-Foren

- News:alt.education.distance (englischsprachig)

Bürokommunikation/Reiseplanung S ▮ 04 | 08

Websites

- www.adac.de (Für ADAC-Mitglieder: Verkehrsmeldungen, Reisewetter, Autovermietung)
- http://bahn.hafas.de (Fahrpläne der Deutschen Bahn AG)
- www.branchenbuch.de (Anbieter von Branchenbüchern, Adressbüchern und Anschriftensammlungen im Internet)

S

- www.europa.org/hotel/germany
  (Hotelführer Deutschland)
- www.falk-online.de
  (Routenplaner)
- http://focus.de/D/DR/dr.htm
  (Reiseplanung mit dem „Focus-Magazin": darin u. a. deutscher Hotelführer, Hotels weltweit, Online-Buchen von Flügen, Wechselkurse, Wetter.)
- www.frankfurt-airport.de
  (Flugzeiten des Frankfurter Flughafens)
- www.hacon.de
  (Fahrplanauskunft der Deutschen Bahn AG, der Schweizer Bundesbahnen, der Nederlandse Spoorwegen, der Berliner Verkehrsgemeinschaft.)
- www.lufthansa.com
  (Flugpläne der Lufthansa zum Herunterladen: Ankunftszeiten, Abflugzeiten etc.)
- www.munich-airport.de
  (Flugpläne, Verkehrsanbindung, Hotels, Autovermietung etc. des Münchner Flughafens.)
- www.telefonbuch.de
  (Telefonauskunft und Branchenbuch)
- www.tiss.com
  (Flugverbindungen)
- www.travelnow.com
  (Flüge, Hotels, Autovermietung, engl.)
- www.varta-guide.de
  (Restaurant- und Hotelführer für Deutschland, Österreich, Italien, Schweiz; auch Tagungsangebote)
- www.wetteronline.de
  (Weltweit aktuelle Wetterinformationen und Vorhersagen, Satellitenbilder, Schneeberichte [im Winter], Vorhersagekarten, Radarbilder)

Mailing-Listen
Derzeit keine Angaben

Newsgroups und Online-Foren
Derzeit keine Angaben

Nützliche Tools S ▮ 05

Tools/Plattformen für Online-Lernen S ▮ 05 | 01

- Berres & Partner Strategieberater
  Produkt/Plattform: IBT Server für Internet Based Training
  www.berres.de
- Centra Software Inc.
  Produkt/Plattform: Symposium
  www.centra.net
- Collaborative Systems Research Inc.
  Produkt/Plattform: Eventware Classroom
  www.eventware.com
- Deutsche Telekom AG
  Produkt/Plattform: Global Learning
  www.global-learning.de
- ets Verlag für didaktische Medien GmbH
  Produkt/Plattform: Teleschool
  www.ets-online.de
- IBIS ACAM
  Produkt/Plattform: Campus 2000
  www.ibisacam.com
- ILINC
  Produkt/Plattform: LearnLinc
  www.ilinc.com
- Lotus
  Produkt/Plattform: Learning Space
  www.lotus.com
- Magideas Corporation
  Produkt/Plattform: ClassWise
  www.magideas.com
- Medialine Berlin
  www.medialine-berlin.de

(Plattformen zur Schulung von Mitarbeitern: u. a. Telelearning, virtuelle Lernzentren)

- M. I. T.
  Produkt/Plattform: VQS (z. B. Columbus bei der Deutschen Bank)
  www.mit.de
- Oracle
  Produkt/Plattform: OLA
  www.oracle.com (Suchwort: OLA)
- Softarc
  Produkt/Plattform: FirstClass
  www.softarc.com
- SyberNet Inc.
  Produkt/Plattform: SyberWorks Learning Machine
  www.syberworks.com
- WBT SYSTEMS
  Produkt/Plattform: TopClass
  www.wbtsystems.com

S ▮ 05 | 02 Weitere Tools

- 1Kauf
  („Virtuelles Warenhaus“: Ready-to-Run-Online-System zur Präsentation und zum Verkauf von Waren aller Art im Inter- oder Intranet)
  http://1kauf.netz.org/
- DCI
  (Der Trade-Manager der Fa. DCI ist ein Internet-Vertriebs-und Bestellsystem, dient auch der Bedarfsermittlung und Neukundenwerbung.)
  www.dci.de/deutsch/tm7.html
- Digital
  (Software-Lösungen zum elektronischen Handel)
  www.digital.de/Internet/pages/handel2.htm

- IBM
  (IBM-Website mit Tools, Business-Solutions, Online-Forum für elektronischen Handel)
  www.ibm.com/e-business
- Microsoft
  (Microsoft Downloads: Beta-Versionen, Web-Browser & Viewer, Internet-Explorer Add-Ons, Conferencing & Chat, Interaktive Medien, Publishing Tools, Internet Development, Tools & SDKs, Server-Software, Support-Treiber, Patches & Service-Packs, Produkt Add-Ons, Updates & Trial-Version)
  http://www.eu.microsoft.com/germany/download
- SELBSTBEDIENUNG
  (Softwarelösungen und Tools verschiedener Hersteller für Selbstbedienungs-/Kiosksysteme)
  www.selbstbedienung.de/tools/tools.htm
- T&A-Software, „Trend und Analyse"
  (Börsensoftware, die viele Kurse aus dem Internet verarbeitet, kostenloser Download, hat auch Depotverwaltung)
  www.pecunia.de
- WRQ
  (Derzeit steht erst die englischsprachige Preview-Version zu Verfügung. Ermöglicht das Ausblenden von Werbebannern und das Ausblenden von Cookies)
  www.technologypreview.com

Multimedia-Akademien S ▮ 06

PLZ-Bereich 0

- Weiterbildungsakademie Dresden
  Multimedia Studio, Gustav-Adolf-Straße 2,
  01219 Dresden, Tel: 0351–471 56 70, Fax: 0351–471 56 75,
  E-Mail: info@wad.de, www.wad.de
- Hochschule für Grafik und Buchkunst Leipzig
  Wächterstr. 11, 04107 Leipzig, Tel: 0341 – 589 14 21,
  Fax: 0341 – 564 73 63, E-Mail: mark@thing.or.at
- mediadesign Bildungszentrum Dessau
  Albrechtstr. 11, 06844 Dessau, Tel: 0340 – 22 086–54,
  Fax: 0340 – 22 086–56, www.mediadesign.de

PLZ-Bereich 1

- Bildo-Akademie für Kunst und Medien
  Private Kunsthochschule, gemeinnützige GmbH,
  Drontheimer Str. 21, 13359 Berlin, Tel: 030 – 494 26 10,
  Fax: 030 – 493 96 80, E-Mail: born@bildo.b.cunet.de
- Dr. Galwelat CIMdata GmbH für Weiterbildung
  Windscheidstr. 18, 10627 Berlin, Tel: 030 – 327 991–0,
  Fax: 030 – 327 991–33,
  E-Mail: wb@cimdata.de, www.cimdata.de
- Frauen-Computer-Zentrum Berlin
  Cuvry-Str. 1, 10997 Berlin, Tel: 030 – 618 40 95,
  Fax: 030 – 618 40 97, E-Mail: mail@fczb.de, www.fczb.de
- L4 Institut für neue Medien GmbH
  Heinrich-Roller-Str. 16–17, 10405 Berlin,
  Tel: 030 – 443 583–03, Fax: 030 – 443 583–05,
  E-Mail: info@l-4.de, www.l-4.de
- mediadesign Akademie Berlin
  Alt-Moabit 96 B, 10559 Berlin, Tel: 030 – 399 266–0,
  Fax: 030 – 399 266–15,
  E-Mail: mma@mediadesign.de, www.mediadesign.de

- SAE Technology College Berlin
  Seestr. 64, 13347 Berlin, Tel: 030 – 456 51 37,
  Fax: 030 – 456 51 73,
  E-Mail: 101737.2162@compuserve.com,
  www.saecollege.edu.au
- Silicon Studio Berlin
  Rudower Chaussee 3, 12486 Berlin-Adlershof,
  Tel: 030 – 67 098–00, Fax: 030 – 671 95 13,
  E-Mail: 100434.1250@compuserve.com,
  www.siliconstudio.de

PLZ-Bereich 2

- AEP Akademie für elektronisches Publizieren GmbH
  Kieler Str. 105, 22769 Hamburg, Tel: 040 – 853 765–0,
  Fax: 040 – 853 765–50, E-Mail: info@aep.de
- AWGD Akademie Werbung Grafik Druck GmbH
  Heinrich-Grone-Stieg-4, 20097 Hamburg,
  Tel: 040 – 230 640, Fax: 040 – 231 15 33,
  E-Mail: info@awgd.de, www.awgd.de
- SAE Technology College Hamburg
  Heidenkampsweg 84, 20097 Hamburg,
  Tel: 040 – 233 676,
  Fax: 040 – 233 602, www.saecollege.edu.au

PLZ-Bereich 3

- Fachhochschule Lippe, PR und Hochschulmarketing
  Liebigstr. 87, 32657 Lemgo, Tel: 05261 – 702–281,
  Fax: 05261 – 702–222, E-Mail: berle@cc.fh-lippe.de
- Otto-von-Guernicke-Universität
  Institut für Simulation und Informatik, Postfach 4120,
  39016 Magdeburg, Tel: 091 – 67–18 772,
  Fax: 0391 – 67–11 164, E-Mail: cvcs@uni-magdeburg.de,
  http://isgwww.cs.uni-magdeburg.de

PLZ-Bereich 4

- camedien-colleg GmbH
  Kruppstr. 82 – 100, ETEC-Haus, 45145 Essen,
  Tel: 0201 – 812 73 91, Fax: 0201 – 812 71 34
- Deutsche Direktmarketing Akademie DDA
  Elisabeth-Str. 14, 40217 Düsseldorf,
  Tel: 0211 – 38 688–0, Fax: 0211 – 38 688–88
- UWP GmbH
  Unternehmensberatung, Weiterbildung,
  Personalentwicklung, Karlstr. 27, 40210 Düsseldorf,
  Tel: 0211 – 369 075–76, Fax: 0211 – 362 099
- Macronet Gesellschaft für angewandte Netzwerk-Technologie mbH
  Elisabethstr. 73, 40217 Düsseldorf, Tel: 0211 – 386 130,
  Fax: 0211 – 444 833, E-Mail: macronet@t-online.de

PLZ-Bereich 5

- Fortbildungsakademie der Wirtschaft (FAW)
  Gemeinnützige GmbH, Alexander-Diehl-Str. 2 A,
  55130 Mainz, Tel: 06131 – 891 271, Fax: 06131 – 891 273,
  E-Mail: arnt@faw.mz.shuttle.de, www.faw.de
- Mibeg Institut für berufliche Weiterbildung
  Sachsenring 37–39, 50677 Köln, Tel: 0221 – 33 604–0,
  Fax: 0221 – 33 604–44, E-Mail: arnt@faw.mz.shuttle.de,
  www.mibeg.de

PLZ-Bereich 6

- Fachhochschule Wiesbaden
  Fachbereich 09 Medienwirtschaft, Unter den Eichen 5,
  65195 Wiesbaden, Tel: 0611 – 95 282–0,
  Fax: 0611 – 95 282–42

S

PLZ-Bereich 7

- Akademie für Neue Medien
  Eastleighstr. 52, 70806 Kornwestheim,
  Tel: 07154 – 182 628, Fax: 07154 – 182 629,
  E-Mail: info@afnm.de,
  www.akademie-fuer-neue-medien.de
- Cosus Multimedia GmbH
  Leopoldstr. 1, 78112 St. Georgen, Tel: 07724 – 938 623,
  Fax: 07724 – 938 623
- Media GmbH
  Trainigszentrum für Multimedia und CAD,
  Staffelstr. 3, 70190 Stuttgart, Tel: 0711 – 92 543–0,
  Fax: 0711 – 92 543–25, www.media-gmbh.de
- Internationale Multimedia Akademie IMA
  Zeppelinstr. 2, 76185 Karlsruhe, Tel: 0721 – 9 59 56 77,
  Fax: 0721 – 9 59 56 66,
  E-Mail: info@berres.de, www.kka.de/ima
- Wildner Trainingssysteme GmbH
  Rosensteinstr. 22, 70191 Stuttgart, Tel: 0711 – 25 529–10,
  Fax: 0711 – 25 529–29, www.wildner.de

PLZ-Bereich 8

- Bayerische Akademie für Werbung und Marketing e. V.
  Orleansstr. 34, 81667 München, Tel: 089 – 480 909 15,
  Fax: 089 – 480 909–19
- CDI Deutsche Private Akademie für Wirtschaft GmbH
  Taunusstr. 38, 80807 München,
  Tel: 089–35 038–0, 089 – 35 038–111, www.cdi.de
- CT Computer Training GmbH
  Karl-Theodor-Str. 66, 80333 München,
  Tel: 089 – 307 99 40,
  Fax: 089 – 307 994 18, www.ct-info.de

- mediadesign Akademie GmbH
  Berg am Laim Str. 47, 81673 München,
  Tel: 089 – 450 605–0, Fax: 089 – 450 605–17,
  E-Mail: mediades@cube.net, www.mediadesign.de
- interACTIV GmbH
  Am Seemoser Horn 20, 88045 Friedrichshafen,
  Tel: 07541 – 3856–0, Fax: 07541 – 3856–99,
  E-Mail: inof@interActiv.de, www.interActiv.de
- Siemens Nixdorf Inf. AG
  OEC SP1-Trainingscenter, Otto-Hahn-Ring 6,
  81739 München, Tel: 089 – 636–46 346,
  Fax: 089 – 636–48020,
  E-Mail: sni.trainingscenter.qp.mch@t-online.de,
  www.sni.de
- SKILL GmbH
  Lerchenstr. 14, Haus 1, 80995 München,
  Tel: 089 – 354 4652, Fax: 089 – 345 5107
- Teleakademie Furtwangen
  Postfach 1152, 78113 Furtwangen, Tel: 07723–912–053,
  Fax: 07723–912–054, www.tele-ak.fh-furtwangen.de
- Wildner Trainingssysteme GmbH
  Waakirchner Str. 11, 81379 München,
  Tel: 089 – 723 87 67,
  Fax: 089 – 723 85 46, www.wildner.de

PLZ-Bereich 9

- Mediadesign Akademie
  Berufsfachschule, Beethovenstr. 1a, 97080 Würzburg,
  Tel: 0931 – 57 335–5, Fax: 0931 – 57 335–6

S

Gesetze

S ▮ 07

Teresa Schlax

Websites

S ▮ 07 | 01

- Informations- und Kommunikationsdienste-Gesetz (Gesetz zur Regelung der Rahmenbedingungen für Informations- und Kommunikationsdienste [IuKDG] – auch bekannt als „Multimedia-Gesetz"; Volltextausgabe) www.iid.de/rahmen/iukdg.html
- Signaturgesetz/Signaturverordnung (im Volltext) www.dtag.de/angebot/telesec/ref/index.htm
- Telekommunikationsgesetz (TKG, im Volltext) http://www.jura.uni-osnabrueck.de/ak-inet/TKG.htm
- German Online-Kiosk (Online-Publikationen, Fachzeitschriften, Bücher nach Themenbereichen und Staaten sortiert, z. B. Recht, Suche im Bundesgesetzblatt) www.gok.de
- Linksammlung Online-Recht (Gute, informative Links und Literaturverweise einschl. Gesetzestexten) www.online-recht.de/vorlink.html

Gesetzestexte

S ▮ 07 | 02

Gesetz zur Regelung der Rahmenbedingungen für Informations- und Kommunikationsdienste Informations- und Kommunikationsdienste-Gesetz – IuKDG vom 22. Juli 1997 (BGBl. I S. 1870)*

Der Bundestag hat das folgende Gesetz beschlossen:

Inhaltsübersicht

Artikel 1 Gesetz über die Nutzung von Telediensten (Teledienstegesetz – TDG)

---

* Artikel 7 dieses Gesetzes dient der Umsetzung der Richtlinie 96/9/EG des Europäischen Parlaments und des Rates vom 11. März 1996 über den rechtlichen Schutz von Datenbanken (ABl. EG Nr. L 77 S. 20).

S

Artikel 2 Gesetz über den Datenschutz bei Telediensten (Teledienstedatenschutzgesetz – TDDSG)
Artikel 3 Gesetz zur digitalen Signatur (Signaturgesetz – SigG)
Artikel 4 Änderung des Strafgesetzbuchs
Artikel 5 Änderung des Gesetzes über Ordnungswidrigkeiten
Artikel 6 Änderung des Gesetzes über die Verbreitung jugendgefährdender Schriften
Artikel 7 Änderung des Urheberrechtsgesetzes
Artikel 8 Änderung des Preisangabengesetzes
Artikel 9 Änderung der Preisangabenverordnung
Artikel 10 Rückkehr zum einheitlichen Verordnungsrang
Artikel 11 Inkrafttreten

Artikel 1 Gesetz über die Nutzung von Telediensten (Teledienstegesetz – TDG)

§ 1 Zweck des Gesetzes

Einheitliche Rahmenbedingungen für alle Teledienste

Zweck des Gesetzes ist es, einheitliche wirtschaftliche Rahmenbedingungen für die verschiedenen Nutzungsmöglichkeiten der elektronischen Informations- und Kommunikationsdienste zu schaffen.

§ 2 Geltungsbereich

Geltung für alle Teledienste

(1) Die nachfolgenden Vorschriften gelten für alle elektronischen Informations- und Kommunikationsdienste, die für eine individuelle Nutzung von kombinierbaren Daten wie Zeichen, Bilder oder Töne bestimmt sind und denen eine Übermittlung mittels Telekommunikation zugrunde liegt (Teledienste).

Definition der Teledienste

(2) Teledienste im Sinne von Absatz 1 sind insbesondere

1. Angebote im Bereich der Individualkommunikation (z. B. Telebanking, Datenaustausch),

2. Angebote zur Information oder Kommunikation, soweit nicht die redaktionelle Gestaltung zur Meinungsbildung für die Allgemeinheit im Vordergrund steht (Datendienste, z. B. Verkehrs-, Wetter-, Umwelt- und Börsendaten, Verbreitung von Informationen über Waren und Dienstleistungsangebote),
3. Angebote zur Nutzung des Internets oder weiterer Netze,
4. Angebote zur Nutzung von Telespielen,
5. Angebote von Waren und Dienstleistungen in elektronisch abrufbaren Datenbanken mit interaktivem Zugriff und unmittelbarer Bestellmöglichkeit.

Geltung auch bei nichtkommerzieller Nutzung

(3) Absatz 1 gilt unabhängig davon, ob die Nutzung der Teledienste ganz oder teilweise unentgeltlich oder gegen Entgelt möglich ist.

Ausnahmen von diesem Gesetz

(4) Dieses Gesetz gilt nicht für

1. Telekommunikationsdienstleistungen und das geschäftsmäßige Erbringen von Telekommunikationsdiensten nach § 3 des Telekommunikationsgesetzes vom 25. Juli 1996 (BGBl. I S. 1120),
2. Rundfunk im Sinne des § 2 des Rundfunkstaatsvertrags,
3. inhaltliche Angebote bei Verteildiensten und Abrufdiensten, soweit die redaktionelle Gestaltung zur Meinungsbildung für die Allgemeinheit im Vordergrund steht, nach § 2 des Mediendienste-Staatsvertrags in der Fassung vom 20. Januar bis 7. Februar 1997.

(5) Presserechtliche Vorschriften bleiben unberührt.

§ 3 Begriffsbestimmungen

Definition von Diensteanbietern und Nutzern

Im Sinne dieses Gesetzes sind

1. „Diensteanbieter“ natürliche oder juristische Personen oder Personenvereinigungen, die eigene oder fremde

Teledienste zur Nutzung bereithalten oder den Zugang zur Nutzung vermitteln,

2. „Nutzer“ natürliche oder juristische Personen oder Personenvereinigungen, die Teledienste nachfragen.

§ 4 Zugangsfreiheit

Teledienste sind im Rahmen der Gesetze zulassungs- und anmeldefrei.

§ 5 Verantwortlichkeit

Verantwortlichkeit der Diensteanbieter für die Inhalte

(1) Diensteanbieter sind für eigene Inhalte, die sie zur Nutzung bereithalten, nach den allgemeinen Gesetzen verantwortlich.

(2) Diensteanbieter sind für fremde Inhalte, die sie zur Nutzung bereithalten, nur dann verantwortlich, wenn sie von diesen Inhalten Kenntnis haben und es ihnen technisch möglich und zumutbar ist, deren Nutzung zu verhindern.

(3) Diensteanbieter sind für fremde Inhalte, zu denen sie lediglich den Zugang zur Nutzung vermitteln, nicht verantwortlich. Eine automatische und kurzzeitige Vorhaltung fremder Inhalte aufgrund Nutzerabfrage gilt als Zugangsvermittlung.

(4) Verpflichtungen zur Sperrung der Nutzung rechtswidriger Inhalte nach den allgemeinen Gesetzen bleiben unberührt, wenn der Diensteanbieter unter Wahrung des Fernmeldegeheimnisses gemäß § 85 des Telekommunikationsgesetzes von diesen Inhalten Kenntnis erlangt und eine Sperrung technisch möglich und zumutbar ist.

§ 6 Anbieterkennzeichnung

Diensteanbieter haben für ihre geschäftsmäßigen Angebote anzugeben

Verpflichtende Angaben der Diensteanbieter

1. Namen und Anschrift sowie
2. bei Personenvereinigungen und -gruppen auch Namen und Anschrift des Vertretungsberechtigten.

Artikel 2 Gesetz über den Datenschutz bei Telediensten (Teledienstedatenschutzgesetz – TDDSG)

§ 1 Geltungsbereich

Schutz personenbezogener Daten

(1) Die nachfolgenden Vorschriften gelten für den Schutz personenbezogener Daten bei Telediensten im Sinne des Teledienstegesetzes.

Allgemeine Schutzvorschriften

(2) Soweit in diesem Gesetz nichts anderes bestimmt ist, sind die jeweils geltenden Vorschriften für den Schutz personenbezogener Daten anzuwenden, auch wenn die Daten nicht in Dateien verarbeitet oder genutzt werden.

§ 2 Begriffsbestimmungen

Definition von Diensteanbieter und Nutzer

Im Sinne dieses Gesetzes sind

1. „Diensteanbieter" natürliche oder juristische Personen oder Personenvereinigungen, die Teledienste zur Nutzung bereithalten oder den Zugang zur Nutzung vermitteln,
2. „Nutzer" natürliche oder juristische Personen oder Personenvereinigungen, die Teledienste nachfragen.

§ 3 Grundsätze für die Verarbeitung personenbezogener Daten

Einschränkungen der Erhebung, Verarbeitung und Weiterverwendung

(1) Personenbezogene Daten dürfen vom Diensteanbieter zur Durchführung von Telediensten nur erhoben, verarbeitet und genutzt werden, soweit dieses Gesetz oder eine andere Rechtsvorschrift es erlaubt oder der Nutzer eingewilligt hat.

(2) Der Diensteanbieter darf für die Durchführung von Telediensten erhobene Daten für andere Zwecke nur ver-

wenden, soweit dieses Gesetz oder eine andere Rechtsvorschrift es erlaubt oder der Nutzer eingewilligt hat.

(3) Der Diensteanbieter darf die Erbringung von Telediensten nicht von einer Einwilligung des Nutzers in eine Verarbeitung oder Nutzung seiner Daten für andere Zwecke abhängig machen, wenn dem Nutzer ein anderer Zugang zu diesen Telediensten nicht oder in nicht zumutbarer Weise möglich ist.

So wenige Daten wie möglich

(4) Die Gestaltung und Auswahl technischer Einrichtungen für Teledienste hat sich an dem Ziel auszurichten, keine oder so wenige personenbezogene Daten wie möglich zu erheben, zu verarbeiten und zu nutzen.

Informationspflicht gegenüber dem Nutzer vor Erhebung

(5) Der Nutzer ist vor der Erhebung über Art, Umfang, Ort und Zwecke der Erhebung, Verarbeitung und Nutzung personenbezogener Daten zu unterrichten. Bei automatisierten Verfahren, die eine spätere Identifizierung des Nutzers ermöglichen und eine Erhebung, Verarbeitung oder Nutzung personenbezogener Daten vorbereiten, ist der Nutzer vor Beginn dieses Verfahrens zu unterrichten. Der Inhalt der Unterrichtung muß für den Nutzer jederzeit abrufbar sein. Der Nutzer kann auf die Unterrichtung verzichten. Die Unterrichtung und der Verzicht sind zu protokollieren. Der Verzicht gilt nicht als Einwilligung im Sinne der Absätze 1 und 2.

Recht auf Widerruf

(6) Der Nutzer ist vor Erklärung seiner Einwilligung auf sein Recht auf jederzeitigen Widerruf mit Wirkung für die Zukunft hinzuweisen. Absatz 5 Satz 3 gilt entsprechend.

Voraussetzungen für elektronische Einwilligung

(7) Die Einwilligung kann auch elektronisch erklärt werden, wenn der Diensteanbieter sicherstellt, daß

1. sie nur durch eine eindeutige und bewußte Handlung des Nutzers erfolgen kann,
2. sie nicht unerkennbar verändert werden kann,

3. ihr Urheber erkannt werden kann,
4. die Einwilligung protokolliert wird und
5. der Inhalt der Einwilligung jederzeit vom Nutzer abgerufen werden kann.

§ 4 Datenschutzrechtliche Pflichten des Diensteanbieters

(1) Der Diensteanbieter hat dem Nutzer die Inanspruchnahme von Telediensten und ihre Bezahlung anonym oder unter Pseudonym zu ermöglichen, soweit dies technisch möglich und zumutbar ist. Der Nutzer ist über diese Möglichkeiten zu informieren.

Recht auf Anonymität bzw. Pseudonym

(2) Der Diensteanbieter hat durch technische und organisatorische Vorkehrungen sicherzustellen, daß

1. der Nutzer seine Verbindung mit dem Diensteanbieter jederzeit abbrechen kann,
2. die anfallenden personenbezogenen Daten über den Ablauf des Abrufs oder Zugriffs oder der sonstigen Nutzung unmittelbar nach deren Beendigung gelöscht werden, soweit nicht eine längere Speicherung für Abrechnungszwecke erforderlich ist,
3. der Nutzer Teledienste gegen Kenntnisnahme Dritter geschützt in Anspruch nehmen kann,
4. die personenbezogenen Daten über die Inanspruchnahme verschiedener Teledienste durch einen Nutzer getrennt verarbeitet werden; eine Zusammenführung dieser Daten ist unzulässig, soweit dies nicht für Abrechnungszwecke erforderlich ist.

Möglichkeit des Abbruchs

Löschen der Daten nach Vertragsende

Schutz gegenüber Dritten

Getrennte Verarbeitung verschiedener Teledienste erforderlich

(3) Die Weitervermittlung zu einem anderen Diensteanbieter ist dem Nutzer anzuzeigen.

(4) Nutzungsprofile sind nur bei Verwendung von Pseudonymen zulässig. Unter einem Pseudonym erfaßte Nutzungsprofile dürfen nicht mit Daten über den Träger des Pseudonyms zusammengeführt werden.

Verwendung von Pseudonymen

§ 5 Bestandsdaten

Bestandsdaten für Vertragsverhältnis erlaubt

(1) Der Diensteanbieter darf personenbezogene Daten eines Nutzers erheben, verarbeiten und nutzen, soweit sie für die Begründung, inhaltliche Ausgestaltung oder Änderung eines Vertragsverhältnisses mit ihm über die Nutzung von Telediensten erforderlich sind (Bestandsdaten).

Weitergabe nur nach Einwilligung

(2) Eine Verarbeitung und Nutzung der Bestandsdaten für Zwecke der Beratung, der Werbung, der Marktforschung oder zur bedarfsgerechten Gestaltung der Teledienste ist nur zulässig, soweit der Nutzer in diese ausdrücklich eingewilligt hat.

§ 6 Nutzungs- und Abrechnungsdaten

Erlaubter Datenumfang

(1) Der Diensteanbieter darf personenbezogene Daten über die Inanspruchnahme von Telediensten nur erheben, verarbeiten und nutzen, soweit dies erforderlich ist,

1. um dem Nutzer die Inanspruchnahme von Telediensten zu ermöglichen (Nutzungsdaten) oder
2. um die Nutzung von Telediensten abzurechnen (Abrechnungsdaten).

Pflicht zur Löschung

(2) Zu löschen hat der Diensteanbieter

1. Nutzungsdaten frühestmöglich, spätestens unmittelbar nach Ende der jeweiligen Nutzung, soweit es sich nicht um Abrechnungsdaten handelt,
2. Abrechnungsdaten, sobald sie für Zwecke der Abrechnung nicht mehr erforderlich sind; nutzerbezogene Abrechnungsdaten, die für die Erstellung von Einzelnachweisen über die Inanspruchnahme bestimmter Angebote auf Verlangen des Nutzers gemäß Absatz 4 gespeichert werden, sind spätestens 80 Tage nach Versendung des Einzelnachweises zu löschen, es sei denn, die Entgeltforderung wird innerhalb dieser Frist be-

stritten oder trotz Zahlungsaufforderung nicht beglichen.

(3) Die Übermittlung von Nutzungs- oder Abrechnungsdaten an andere Diensteanbieter oder Dritte ist unzulässig. Die Befugnisse der Strafverfolgungsbehörden bleiben unberührt. Der Diensteanbieter, der den Zugang zur Nutzung von Telediensten vermittelt, darf anderen Diensteanbietern, deren Teledienste der Nutzer in Anspruch genommen hat, lediglich übermitteln

Verbot der Weitergabe der Nutzungsdaten

1. anonymisierte Nutzungsdaten zu Zwecken deren Marktforschung,
2. Abrechnungsdaten, soweit diese zum Zwecke der Einziehung einer Forderung erforderlich sind.

(4) Hat der Diensteanbieter mit einem Dritten einen Vertrag über die Abrechnung des Entgelts geschlossen, so darf er diesem Dritten Abrechnungsdaten übermitteln, soweit es für diesen Zweck erforderlich ist. Der Dritte ist zur Wahrung des Fernmeldegeheimnisses zu verpflichten.

Ausnahmen

(5) Die Abrechnung über die Inanspruchnahme von Telediensten darf Anbieter, Zeitpunkt, Dauer, Art, Inhalt und Häufigkeit bestimmter von einem Nutzer in Anspruch genommener Teledienste nicht erkennen lassen, es sei denn der Nutzer verlangt einen Einzelnachweis.

Einzelnutzungsangaben nur auf Verlangen

§ 7 Auskunftsrecht des Nutzers

Der Nutzer ist berechtigt, jederzeit die zu seiner Person oder zu seinem Pseudonym gespeicherten Daten unentgeltlich beim Diensteanbieter einzusehen. Die Auskunft ist auf Verlangen des Nutzers auch elektronisch zu erteilen. Das Auskunftsrecht ist im Falle einer kurzfristigen Speicherung im Sinne von § 33 Abs. 2 Nr. 5 des Bundesdatenschutzgesetzes nicht nach § 34 Abs. 4 des Bundesdatenschutzgesetzes ausgeschlossen.

Recht der Nutzer auf jederzeitiges Einsehen der Daten

S

§ 8 Datenschutzkontrolle

Überprüfung nach dem Datenschutzgesetz jederzeit möglich

(1) § 38 des Bundesdatenschutzgesetzes findet mit der Maßgabe Anwendung, daß die Überprüfung auch vorgenommen werden darf, wenn Anhaltspunkte für eine Verletzung von Datenschutzvorschriften nicht vorliegen.

(2) Der Bundesbeauftragte für den Datenschutz beobachtet die Entwicklung des Datenschutzes bei Telediensten und nimmt dazu im Rahmen seines Tätigkeitsberichtes nach § 26 Abs. 1 BDSG Stellung.

*Artikel 3 Gesetz zur digitalen Signatur (Signaturgesetz – SigG)**

§ 1 Zweck und Anwendungsbereich

Sichere Rahmenbedingungen für digitale Signatur

(1) Zweck des Gesetzes ist es, Rahmenbedingungen für digitale Signaturen zu schaffen, unter denen diese als sicher gelten und Fälschungen digitaler Signaturen oder Verfälschungen von signierten Daten zuverlässig festgestellt werden können.

(2) Die Anwendung anderer Verfahren für digitale Signaturen ist freigestellt, soweit nicht digitale Signaturen nach diesem Gesetz durch Rechtsvorschrift vorgeschrieben sind.

§ 2 Begriffsbestimmungen

Definition digitale Signatur

(1) Eine digitale Signatur im Sinne dieses Gesetzes ist ein mit einem privaten Signaturschlüssel erzeugtes Siegel zu digitalen Daten, das mit Hilfe eines zugehörigen öffentli-

---

* Die Mitteilungspflichten der Richtlinie 83/189/EWG des Rates vom 28. März 1983 über ein Informationsverfahren auf dem Gebiet der Normen und technischen Vorschriften (ABl. EG Nr. L 109 S. 8), zuletzt geändert durch die Richtlinie 94/10/EG des Europäischen Parlaments und des Rates vom 23. März 1994 (ABl. EG Nr. L 100 S. 30) sind beachtet worden.

chen Schlüssels, der mit einem Signaturschlüsselzertifikat einer Zertifizierungsstelle oder der Behörde nach § 3 versehen ist, den Inhaber des Signaturschlüssels und die Unverfälschtheit der Daten erkennen läßt.

(2) Eine Zertifizierungsstelle im Sinne dieses Gesetzes ist eine natürliche oder juristische Person, die die Zuordnung von öffentlichen Signaturschlüsseln zu natürlichen Personen bescheinigt und dafür eine Genehmigung gemäß § 4 besitzt.

Definition Zertifizierungsstelle

(3) Ein Zertifikat im Sinne dieses Gesetzes ist eine mit einer digitalen Signatur versehene digitale Bescheinigung über die Zuordnung eines öffentlichen Signaturschlüssels zu einer natürlichen Person (Signaturschlüsselzertifikat) oder eine gesonderte digitale Bescheinigung, die unter eindeutiger Bezugnahme auf ein Signaturschlüsselzertifikat weitere Angaben enthält (Attributzertifikat).

Definition Zertifikat

(4) Ein Zeitstempel im Sinne dieses Gesetzes ist eine mit einer digitalen Signatur versehene digitale Bescheinigung einer Zertifizierungsstelle, daß ihr bestimmte digitale Daten zu einem bestimmten Zeitpunkt vorgelegen haben.

Definition Zeitstempel

§ 3 Zuständige Behörde

Die Erteilung von Genehmigungen und die Ausstellung von Zertifikaten, die zum Signieren von Zertifikaten eingesetzt werden, sowie die Überwachung der Einhaltung dieses Gesetzes und der Rechtsverordnung nach § 16 obliegen der Behörde nach § 66 des Telekommunikationsgesetzes.

§ 4 Genehmigung von Zertifizierungsstellen

(1) Der Betrieb einer Zertifizierungsstelle bedarf einer Genehmigung der zuständigen Behörde. Diese ist auf Antrag zu erteilen.

Genehmigungsverfahren

S

Ablehnungsgründe

(2) Die Genehmigung ist zu versagen, wenn Tatsachen die Annahme rechtfertigen, daß der Antragsteller nicht die für den Betrieb einer Zertifizierungsstelle erforderliche Zuverlässigkeit besitzt, wenn der Antragsteller nicht nachweist, daß die für den Betrieb einer Zertifizierungsstelle erforderliche Fachkunde vorliegt, oder wenn zu erwarten ist, daß bei Aufnahme des Betriebs die übrigen Voraussetzungen für den Betrieb der Zertifizierungsstelle nach diesem Gesetz und der Rechtsverordnung nach § 16 nicht vorliegen werden.

Voraussetzungen für die Genehmigung

(3) Die erforderliche Zuverlässigkeit besitzt, wer die Gewähr dafür bietet, als Inhaber der Zertifizierungsstelle die für deren Betrieb maßgeblichen Rechtsvorschriften einzuhalten. Die erforderliche Fachkunde liegt vor, wenn die im Betrieb der Zertifizierungsstelle tätigen Personen über die dafür erforderlichen Kenntnisse, Erfahrungen und Fertigkeiten verfügen. Die übrigen Voraussetzungen für den Betrieb der Zertifizierungsstelle liegen vor, wenn die Maßnahmen zur Erfüllung der Sicherheitsanforderungen dieses Gesetzes und der Rechtsverordnung nach § 16 der zuständigen Behörde rechtzeitig in einem Sicherheitskonzept aufgezeigt und die Umsetzung durch eine von der zuständigen Behörde anerkannten Stelle geprüft und bestätigt worden ist.

Nebenbestimmungen

(4) Die Genehmigung kann mit Nebenbestimmungen versehen werden, soweit dies erforderlich ist um sicherzustellen, daß die Zertifizierungsstelle bei Aufnahme des Betriebs und im Betrieb die Voraussetzungen dieses Gesetzes und der Rechtsverordnung nach § 16 erfüllt.

Zertifikate für Signaturschlüssel

(5) Die zuständige Behörde stellt für Signaturschlüssel, die zum Signieren von Zertifikaten eingesetzt werden, die Zertifikate aus. Die Vorschriften für die Vergabe von Zertifikaten durch Zertifizierungsstellen gelten für die zu-

ständige Behörde entsprechend. Diese hat die von ihr ausgestellten Zertifikate jederzeit für jeden über öffentlich erreichbare Telekommunikationsverbindungen nachprüfbar und abrufbar zu halten. Dies gilt auch für Informationen über Anschriften und Rufnummern der Zertifizierungsstellen, die Sperrung von ihr ausgestellten Zertifikaten, die Einstellung und die Untersagung des Betriebs einer Zertifizierungsstelle sowie die Rücknahme oder den Widerruf von Genehmigungen.
(6) Für öffentliche Leistungen nach diesem Gesetz und der Rechtsverordnung nach § 16 werden Kosten (Gebühren und Auslagen) erhoben.

§ 5 Vergabe von Zertifikaten

Bedingungen für die Vergabe von Zertifikaten

(1) Die Zertifizierungsstelle hat Personen, die ein Zertifikat beantragen, zuverlässig zu identifizieren. Sie hat die Zuordnung eines öffentlichen Signaturschlüssels zu einer identifizierten Person durch ein Signaturschlüsselzertifikat zu bestätigen und dieses sowie Attributzertifikate jederzeit für jeden über öffentlich erreichbare Telekommunikationsverbindungen nachprüfbar und mit Zustimmung des Signaturschlüsselinhabers abrufbar zu halten.
(2) Die Zertifizierungsstelle hat auf Verlangen eines Antragstellers Angaben über seine Vertretungsmacht für eine dritte Person sowie zur berufsrechtlichen oder sonstigen Zulassung in das Signaturschlüsselzertifikat oder ein Attributzertifikat aufzunehmen, soweit ihr die Einwilligung des Dritten zur Aufnahme dieser Vertretungsmacht oder die Zulassung zuverlässig nachgewiesen wird.
(3) Die Zertifizierungsstelle hat auf Verlangen eines Antragstellers im Zertifikat anstelle seines Namens ein Pseudonym aufzuführen.

(4) Die Zertifizierungsstelle hat Vorkehrungen zu treffen, damit Daten für Zertifikate nicht unbemerkt gefälscht oder verfälscht werden können. Sie hat weiter Vorkehrungen zu treffen, um die Geheimhaltung der privaten Signaturschlüssel zu gewährleisten. Eine Speicherung privater Signaturschlüssel bei der Zertifizierungsstelle ist unzulässig.

(5) Die Zertifizierungsstelle hat für die Ausübung der Zertifizierungstätigkeit zuverlässiges Personal einzusetzen. Für das Bereitstellen von Signaturschlüsseln sowie das Erstellen von Zertifikaten hat sie technische Komponenten gemäß § 14 einzusetzen. Dies gilt auch für technische Komponenten, die ein Nachprüfen von Zertifikaten nach Absatz 1 Satz 2 ermöglichen.

§ 6 Unterrichtungspflicht

Informationspflicht der Zertifizierungsstelle über die erforderlichen Sicherheitsmaßnahmen

Die Zertifizierungsstelle hat die Antragsteller nach § 5 Abs. 1 über die Maßnahmen zu unterrichten, die erforderlich sind, um zu sicheren digitalen Signaturen und deren zuverlässiger Prüfung beizutragen. Sie hat die Antragsteller darüber zu unterrichten, welche technischen Komponenten die Anforderungen nach § 14 Abs. 1 und 2 erfüllen, sowie über die Zuordnung der mit einem privaten Signaturschlüssel erzeugten digitalen Signaturen. Sie hat die Antragsteller darauf hinzuweisen, daß Daten mit digitaler Signatur bei Bedarf neu zu signieren sind, bevor der Sicherheitswert der vorhandenen Signatur durch Zeitablauf geringer wird.

§ 7 Inhalt von Zertifikaten

(1) Das Signaturschlüsselzertifikat muß folgende Angaben enthalten:

Name des Inhabers

1. den Namen des Signaturschlüsselinhabers, der im Falle einer Verwechslungsmöglichkeit mit einem Zu-

satz zu versehen ist, oder ein dem Signaturschlüsselinhaber zugeordnetes unverwechselbares Pseudonym, das als solches kenntlich sein muß,

2. den zugeordneten öffentlichen Signaturschlüssel, Schlüssel
3. die Bezeichnung der Algorithmen, mit denen der öffentliche Schlüssel des Signaturschlüsselinhabers sowie der öffentliche Schlüssel der Zertifizierungsstelle benutzt werden kann, Algorithmenbezeichnung
4. die laufende Nummer des Zertifikates, Nummer
5. Beginn und Ende der Gültigkeit des Zertifikates, Dauer
6. den Namen der Zertifizierungsstelle und Zertifizierungsstelle
7. Angaben, ob die Nutzung des Signaturschlüssels auf bestimmte Anwendungen nach Art und Umfang beschränkt ist. Beschränkungen

(2) Angaben zur Vertretungsmacht für eine dritte Person sowie zur berufsrechtlichen oder sonstigen Zulassung können sowohl in das Signaturschlüsselzertifikat als auch in ein Attributzertifikat aufgenommen werden. Vertretung

(3) Weitere Angaben darf das Signaturschlüsselzertifikat nur mit Einwilligung der Betroffenen enthalten.

§ 8 Sperrung von Zertifikaten

Gründe für die Sperrung von Zertifikaten

(1) Die Zertifizierungsstelle hat ein Zertifikat zu sperren, wenn ein Signaturschlüsselinhaber oder sein Vertreter es verlangen, das Zertifikat aufgrund falscher Angaben zu § 7 erwirkt wurde, sie ihre Tätigkeit beendet haben und diese nicht von einer anderen Zertifizierungsstelle fortgeführt wird oder die zuständige Behörde gemäß § 13 Abs. 5 Satz 2 eine Sperrung anordnet. Die Sperrung muß den Zeitpunkt enthalten, von dem an sie gilt. Eine rückwirkende Sperrung ist unzulässig.

S

(2) Enthält ein Zertifikat Angaben einer dritten Person, so kann auch diese eine Sperrung dieses Zertifikates verlangen.

(3) Die zuständige Behörde sperrt von ihr nach § 4 Abs. 5 ausgestellte Zertifikate, wenn eine Zertifizierungsstelle ihre Tätigkeit einstellt oder wenn die Genehmigung zurückgenommen oder widerrufen wird.

§ 9 Zeitstempel

Zeitstempel auf Wunsch

Die Zertifizierungsstelle hat digitale Daten auf Verlangen mit einem Zeitstempel zu versehen. § 5 Abs. 5 Satz 1 und 2 gilt entsprechend.

§ 10 Dokumentation

Überprüfbare Dokumentation der Sicherheitsmaßnahmen

Die Zertifizierungsstelle hat die Sicherheitsmaßnahmen zur Einhaltung dieses Gesetzes und der Rechtsverordnung nach § 16 sowie die ausgestellten Zertifikate so zu dokumentieren, daß die Daten und ihre Unverfälschtheit jederzeit nachprüfbar sind.

§ 11 Einstellung der Tätigkeit

Rechtzeitige Bekanntgabe

(1) Die Zertifizierungsstelle hat, wenn sie ihre Tätigkeit einstellt, dies zum frühestmöglichen Zeitpunkt der zuständigen Behörde anzuzeigen und dafür zu sorgen, daß die bei Einstellung der Tätigkeit gültigen Zertifikate von einer anderen Zertifizierungsstelle übernommen werden, oder diese zu sperren.

Dokumentenübergabe

(2) Sie hat die Dokumentation nach § 10 an die Zertifizierungsstelle, welche die Zertifikate übernimmt, oder andernfalls an die zuständige Behörde zu übergeben.

Anzeigepflicht bei Konkurs oder Vergleich

(3) Sie hat einen Antrag auf Eröffnung eines Konkurs- oder Vergleichsverfahrens der zuständigen Behörde unverzüglich anzuzeigen.

§ 12 Datenschutz

(1) Die Zertifizierungsstelle darf personenbezogene Daten nur unmittelbar beim Betroffenen selbst und nur insoweit erheben, als dies für Zwecke eines Zertifikats erforderlich ist. Eine Datenerhebung bei Dritten ist nur mit Einwilligung des Betroffenen zulässig. Für andere als die in Satz 1 genannten Zwecke dürfen die Daten nur verwendet werden, wenn dieses Gesetz oder eine andere Rechtsvorschrift es erlaubt oder der Betroffene eingewilligt hat.

Personenbezogene Datenerhebung nur beim Betroffenen selbst

(2) Bei einem Signaturschlüsselinhaber mit Pseudonym hat die Zertifizierungsstelle die Daten über dessen Identität auf Ersuchen an die zuständigen Stellen zu übermitteln, soweit dies für die Verfolgung von Straftaten oder Ordnungswidrigkeiten, zur Abwehr von Gefahren für die öffentliche Sicherheit oder Ordnung oder für die Erfüllung der gesetzlichen Aufgaben der Verfassungsschutzbehörden des Bundes und der Länder, des Bundesnachrichtendienstes, des Militärischen Abschirmdienstes oder des Zollkriminalamtes erforderlich ist. Die Auskünfte sind zu dokumentieren. Die ersuchende Behörde hat den Signaturschlüsselinhaber über die Aufdeckung des Pseudonyms zu unterrichten, sobald dadurch die Wahrnehmung der gesetzlichen Aufgaben nicht mehr beeinträchtigt wird oder wenn das Interesse des Signaturschlüsselinhabers an der Unterrichtung überwiegt.

Besonderheiten bei Signaturschlüssel mit Pseudonym

(3) § 38 des Bundesdatenschutzgesetzes findet mit der Maßgabe Anwendung, daß die Überprüfung auch vorgenommen werden darf, wenn Anhaltspunkte für eine Verletzung von Datenschutzvorschriften nicht vorliegen.

Anwendung des Bundesdatenschutzgesetzes

§ 13 Kontrolle und Durchsetzung von Verpflichtungen

(1) Die zuständige Behörde kann gegenüber Zertifizierungsstellen Maßnahmen zur Sicherstellung der Einhal-

S

Behördliche Kontrolle der Zertifizierungsstelle

tung dieses Gesetzes und der Rechtsverordnung treffen. Dazu kann sie insbesondere die Benutzung ungeeigneter technischer Komponenten untersagen und den Betrieb der Zertifizierungsstelle vorübergehend ganz oder teilweise untersagen. Personen, die den Anschein erwecken, über eine Genehmigung nach § 4 zu verfügen, ohne daß dies der Fall ist, kann die Tätigkeit der Zertifizierung untersagt werden.

Überwachung der Zertifizierungsstellen durch Behörden

(2) Zum Zwecke der Überwachung nach Absatz 1 Satz 1 haben Zertifizierungsstellen der zuständigen Behörde das Betreten der Geschäfts- und Betriebsräume während der üblichen Betriebszeiten zu gestatten, auf Verlangen die in Betracht kommenden Bücher, Aufzeichnungen, Belege, Schriftstücke und sonstigen Unterlagen zur Einsicht vorzulegen, Auskunft zu erteilen und die erforderliche Unterstützung zu gewähren. Der zur Erteilung einer Auskunft Verpflichtete kann die Auskunft auf solche Fragen verweigern, deren Beantwortung ihn selbst oder einen der in § 383 Absatz 1 Nr. 1 bis 3 der Zivilprozeßordnung bezeichneten Angehörigen der Gefahr der Verfolgung wegen einer Straftat oder eines Verfahrens nach dem Gesetz über Ordnungswidrigkeiten aussetzen würde. Der zur Auskunft Verpflichtete ist auf dieses Recht hinzuweisen.

Entzug der behördlichen Genehmigung

(3) Bei Nichterfüllung der Pflichten aus diesem Gesetz oder der Rechtsverordnung oder bei Entstehen eines Versagungsgrundes für eine Genehmigung hat die zuständige Behörde die erteilte Genehmigung zu widerrufen, wenn Maßnahmen nach Absatz 1 Satz 2 keinen Erfolg versprechen.

Übergaberegelung bei Entzug

(4) Im Falle der Rücknahme oder des Widerrufs einer Genehmigung oder der Einstellung der Tätigkeit einer Zertifizierungsstelle hat die zuständige Behörde eine Übernahme der Tätigkeit durch eine andere Zertifizie-

rungsstelle oder die Abwicklung der Verträge mit den Signaturschlüsselinhabern sicherzustellen. Dies gilt auch bei Antrag auf Eröffnung eines Konkurs- oder Vergleichsverfahrens, wenn die genehmigte Tätigkeit nicht fortgesetzt wird.

(5) Die Gültigkeit der von einer Zertifizierungsstelle ausgestellten Zertifikate bleibt von der Rücknahme oder vom Widerruf einer Genehmigung unberührt. Die zuständige Behörde kann eine Sperrung von Zertifikaten anordnen, wenn Tatsachen die Annahme rechtfertigen, daß Zertifikate gefälscht oder nicht hinreichend fälschungssicher sind oder daß zur Anwendung der Signaturschlüssel eingesetzte technische Komponenten Sicherheitsmängel aufweisen, die eine unbemerkte Fälschung digitaler Signaturen oder eine unbemerkte Verfälschung signierter Daten zulassen.

Sperrung von Zertifikaten durch die Behörden bei Mißbrauch

§ 14 Technische Komponenten

(1) Für die Erzeugung und Speicherung von Signaturschlüsseln sowie die Erzeugung und Prüfung digitaler Signaturen sind technische Komponenten mit Sicherheitsvorkehrungen erforderlich, die Fälschungen digitaler Signaturen und Verfälschungen signierter Daten zuverlässig erkennbar machen und gegen unberechtigte Nutzung privater Signaturschlüssel schützen.

Technische Vorkehrungen zur Erkennung von gefälschten Signaturen

(2) Für die Darstellung zu signierender Daten sind technische Komponenten mit Sicherheitsvorkehrungen erforderlich, die die Erzeugung einer digitalen Signatur vorher eindeutig anzeigen und feststellen lassen, auf welche Daten sich die digitale Signatur bezieht. Für die Überprüfung signierter Daten sind technische Komponenten mit Sicherheitsvorkehrungen erforderlich, die feststellen lassen, ob die signierten Daten unverändert sind, auf welche

Sicherheitsstandards

Daten sich die digitale Signatur bezieht und welchem Signaturschlüsselinhaber die digitale Signatur zuzuordnen ist.

Schutz der Zertifikatverzeichnisse

(3) Bei technischen Komponenten, mit denen Signaturschlüsselzertifikate gemäß § 5 Abs. 1 Satz 2 nachprüfbar oder abrufbar gehalten werden, sind Vorkehrungen erforderlich, um die Zertifikatverzeichnisse vor unbefugter Veränderung und unbefugtem Abruf zu schützen.

Prüfung der Sicherheitskomponenten

(4) Bei technischen Komponenten nach den Absätzen 1 bis 3 ist es erforderlich, daß sie nach dem Stand der Technik hinreichend geprüft sind und die Erfüllung der Anforderungen durch eine von der zuständigen Behörde anerkannten Stelle bestätigt ist.

Besonderheiten bei Sicherheitskomponenten aus EU-Staaten

(5) Bei technischen Komponenten, die nach den in einem anderen Mitgliedstaat der Europäischen Union oder in einem anderen Vertragsstaat des Abkommens über den Europäischen Wirtschaftsraum geltenden Regelungen oder Anforderungen rechtmäßig hergestellt oder in den Verkehr gebracht werden und die gleiche Sicherheit gewährleisten, ist davon auszugehen, daß die sicherheitstechnische Beschaffenheit betreffenden Anforderungen nach den Absätzen 1 bis 3 erfüllt sind. In begründeten Einzelfällen ist auf Verlangen der zuständigen Behörde nachzuweisen, daß die Anforderungen nach Satz 1 erfüllt sind. Soweit zum Nachweis der die sicherheitstechnische Beschaffenheit betreffenden Anforderungen im Sinne der Absätze 1 bis 3 die Vorlage einer Bestätigung einer von der zuständigen Behörde anerkannten Stelle vorgesehen ist, werden auch Bestätigungen von in anderen Mitgliedstaaten der Europäischen Union oder in anderen Vertragsstaaten des Abkommens über den Europäischen Wirtschaftsraum zugelassenen Stellen berücksichtigt, wenn die den Prüfberichten dieser Stellen zugrundelie-

genden technischen Anforderungen, Prüfungen und Prüfverfahren denen der durch die zuständige Behörde anerkannten Stellen gleichwertig sind.

§ 15 Ausländische Zertifikate

Bedingungen für die Gleichstellung von Signaturschlüsseln mit ausländischen Zertifikaten

(1) Digitale Signaturen, die mit einem öffentlichen Signaturschlüssel überprüft werden können, für den ein ausländisches Zertifikat aus einem anderen Mitgliedstaat der Europäischen Union oder aus einem anderen Vertragsstaat des Abkommens über den Europäischen Wirtschaftsraum vorliegt, sind, soweit sie gleichwertige Sicherheit aufweisen, digitalen Signaturen nach diesem Gesetz gleichgestellt.
(2) Absatz 1 gilt auch für andere Staaten, soweit entsprechende überstaatliche oder zwischenstaatliche Vereinbarungen getroffen sind.

§ 16 Rechtsverordnung

Einzelheiten, die in den Durchführungsbestimmungen geregelt werden

Die Bundesregierung wird ermächtigt, durch Rechtsverordnung die zur Durchführung der §§ 3 bis 15 erforderlichen Rechtsvorschriften zu erlassen über

1. die näheren Einzelheiten des Verfahrens der Erteilung, Rücknahme und des Widerrufs einer Genehmigung sowie des Verfahrens bei Einstellung des Betriebs einer Zertifizierungsstelle,
2. die gebührenpflichtigen Tatbestände nach § 4 Abs. 6 und die Höhe der Gebühr,
3. die nähere Ausgestaltung der Pflichten der Zertifizierungsstellen,
4. die Gültigkeitsdauer von Signaturschlüsselzertifikaten,
5. die nähere Ausgestaltung der Kontrolle der Zertifizierungsstellen,
6. die näheren Anforderungen an die technischen Komponenten sowie die Prüfung technischer Komponenten-

S

ten und die Bestätigung, daß die Anforderungen erfüllt sind,

7. den Zeitraum sowie das Verfahren, nach dem eine neue digitale Signatur angebracht werden sollte.

Artikel 4 Änderung des Strafgesetzbuchs

Das Strafgesetzbuch in der Fassung der Bekanntmachung vom 10. März 1987 (BGBl. I S. 945, 1160), zuletzt geändert durch Artikel 1 des Gesetzes vom 01. Juli 1997 (BGBl. I S. 1607), wird wie folgt geändert:

1. § 11 Abs. 3 wird wie folgt gefaßt:
   „(3) Den Schriften stehen Ton- und Bildträger, Datenspeicher, Abbildungen und andere Darstellungen in denjenigen Vorschriften gleich, die auf diesen Absatz verweisen."
2. § 74d wird wie folgt geändert:
   a) In Absatz 3 wird nach dem Wort „Schriften" die Angabe „(§ 11 Abs. 3)" eingefügt.
   b) In Absatz 4 werden die Wörter „wenn mindestens ein Stück" durch die Wörter „wenn eine Schrift (§ 11 Abs. 3) oder mindestens ein Stück der Schrift" ersetzt.
3. In § 86 Abs. 1 werden nach dem Wort „ausführt" die Wörter „oder in Datenspeichern öffentlich zugänglich macht" eingefügt.
4. § 184 wird wie folgt geändert:
   a) In Absatz 4 werden nach dem Wort „tatsächliches" die Wörter „oder wirklichkeitsnahes" eingefügt,
   b) In Absatz 5 Satz 1 werden nach dem Wort „tatsächliches" die Wörter „oder wirklichkeitsnahes" eingefügt.

Artikel 5 Änderung des Gesetzes über Ordnungswidrigkeiten

Das Gesetz über Ordnungswidrigkeiten in der Fassung der Bekanntmachung vom 19. Februar 1987 (BGBl. I S. 602), zuletzt geändert durch Artikel 19 des Gesetzes vom 18. Juni 1997 (BGBl. I S. 1430), wird wie folgt geändert:

1. In § 116 Abs. 1, § 120 Abs. 1 Nr. 2 und § 123 Abs. 2 Satz 1 werden jeweils nach dem Wort „Bildträgern" ein Komma und das Wort „Datenspeichern" eingefügt.
2. § 119 wird wie folgt geändert:
   a) In Absatz 1 Nr. 2 werden nach dem Wort „Darstellungen" die Wörter „oder durch das öffentliche Zugänglichmachen von Datenspeichern" eingefügt.
   b) In Absatz 3 werden nach dem Wort „Bildträger" ein Komma und das Wort „Datenspeicher" eingefügt.

Artikel 6 Änderung des Gesetzes über die Verbreitung jugendgefährdender Schriften

Das Gesetz über die Verbreitung jugendgefährdender Schriften in der Fassung der Bekanntmachung vom 12. Juli 1985 (BGBl. I S. 1502), zuletzt geändert durch Artikel 16 Abs. 1 des Gesetzes vom 28. Oktober 1994 (BGBl. I S. 3186), wird wie folgt geändert:

1. Die Überschrift wird wie folgt gefaßt:
   „Gesetz über die Verbreitung jugendgefährdender Schriften und Medieninhalte".
2. § 1 Abs. 3 wird wie folgt gefaßt:
   „(3) Den Schriften stehen Ton- und Bildträger, Datenspeicher, Abbildungen und andere Darstellungen gleich. Schriften im Sinne dieses Gesetzes sind nicht Rundfunksendungen nach § 2 des Rundfunkstaatsver-

trags sowie inhaltliche Angebote bei Verteildiensten und Abrufdiensten, soweit die redaktionelle Gestaltung zur Meinungsbildung für die Allgemeinheit im Vordergrund steht, nach § 2 des Mediendienste-Staatsvertrags in der Fassung vom 20. Januar bis 7. Februar 1997."

3. § 3 wird wie folgt geändert:
   a) In Absatz 1 wird am Ende der Nummer 3 der Punkt durch ein Komma ersetzt und folgende Nummer 4 angefügt:
      „4. durch elektronische Informations- und Kommunikationsdienste verbreitet, bereitgehalten oder sonst zugänglich gemacht werden."
   b) Dem Absatz 2 wird folgender Satz angefügt:
      „Absatz 1 Nr. 4 gilt nicht, wenn durch technische Vorkehrungen Vorsorge getroffen ist, daß das Angebot oder die Verbreitung im Inland auf volljährige Nutzer beschränkt werden kann."
4. § 5 Abs. 3 wird wie folgt gefaßt:
   „(3) Absatz 2 gilt nicht,
   1. wenn die Handlung im Geschäftsverkehr mit dem einschlägigen Handel erfolgt,

   oder
   2. wenn durch technische Vorkehrungen oder in sonstiger Weise eine Übermittlung an oder Kenntnisnahme durch Kinder oder Jugendliche ausgeschlossen ist."
5. Nach § 7 wird folgender § 7 a eingefügt:
   „§ 7 a Jugendschutzbeauftragte
   Wer gewerbsmäßig elektronische Informations- und Kommunikationsdienste, denen eine Übermittlung mittels Telekommunikation zugrunde liegt, zur Nutzung bereithält, hat einen Jugendschutzbeauftragten

zu bestellen, wenn diese allgemein angeboten werden und jugendgefährdende Inhalte enthalten können. Er ist Ansprechpartner für Nutzer und berät den Diensteanbieter in Fragen des Jugendschutzes. Er ist von dem Diensteanbieter an der Angebotsplanung und der Gestaltung der Allgemeinen Nutzungsbedingungen zu beteiligen. Er kann dem Diensteanbieter eine Beschränkung von Angeboten vorschlagen. Die Verpflichtung des Diensteanbieters nach Satz 1 kann auch dadurch erfüllt werden, daß er eine Organisation der freiwilligen Selbstkontrolle zur Wahrnehmung der Aufgaben nach den Sätzen 2 bis 4 verpflichtet."

6. Nach § 21 Abs. 1 Nr. 3 wird folgende Nummer 3 a eingefügt:
   „3 a. entgegen § 3 Abs. 1 Nr. 4 verbreitet, bereithält oder sonst zugänglich macht, ...".
7. § 18 wird wie folgt gefaßt:
   „(1) Eine Schrift unterliegt den Beschränkungen der §§ 3 bis 5, ohne daß es einer Aufnahme in die Liste und einer Bekanntmachung bedarf, wenn sie ganz oder im wesentlichen inhaltsgleich mit einer in die Liste aufgenommenen Schrift ist. Das gleiche gilt, wenn ein Gericht in einer rechtskräftigen Entscheidung festgestellt hat, daß eine Schrift pornographisch ist oder den in § 130 Abs. 2 oder § 131 des Strafgesetzbuches bezeichneten Inhalt hat.
   (2) Ist es zweifelhaft, ob die Voraussetzungen des Absatzes 1 erfüllt sind, so führt der Vorsitzende eine Entscheidung der Bundesprüfstelle herbei. Eines Antrages (§ 11 Abs. 2 Satz 1) bedarf es nicht. § 12 gilt entsprechend.
   (3) Wird die Schrift in die Liste aufgenommen, so gilt § 19 entsprechend."

8. § 18 a wird gestrichen.
9. § 2 wird wie folgt geändert:
   a) Der bisherige Text wird Absatz 1.
   b) Es wird folgender Absatz 2 angefügt:
   „2) Kommt eine Listenaufnahme offensichtlich nicht in Betracht, so kann der Vorsitzende das Verfahren einstellen."
10. § 21 a Absatz 1 wird wie folgt gefaßt:
   „(1) Ordnungswidrig handelt, wer
   1. entgegen § 4 Abs. 2 Satz 2 einen Abnehmer nicht auf die Vertriebsbeschränkungen hinweist, oder
   2. entgegen § 7 a Abs. 1 Satz 1 einen Jugendschutzbeauftragten nicht bestellt oder eine Organisation der freiwilligen Selbstkontrolle zur Wahrnehmung dieser Aufgaben nicht verpflichtet."

Artikel 7 Änderung des Urheberrechtsgesetzes

Das Urheberrechtsgesetz vom 9. September 1965 (BGBl. I S. 1273), zuletzt geändert durch Artikel 5 des Gesetzes vom 19. Juli 1996 (BGBl. I S. 1014), wird wie folgt geändert:

1. § 4 wird wie folgt gefaßt:
   „§ 4 Sammelwerke und Datenbankwerke
   (1) Sammlungen von Werken, Daten oder anderen unabhängigen Elementen, die aufgrund der Auswahl oder Anordnung der Elemente eine persönliche geistige Schöpfung sind (Sammelwerke), werden, unbeschadet eines an den einzelnen Elementen ggf. bestehenden Urheberrechts oder verwandten Schutzrechts, wie selbständige Werke geschützt.
   (2) Datenbankwerk im Sinne dieses Gesetzes ist ein Sammelwerk, dessen Elemente systematisch oder methodisch angeordnet und einzeln mit Hilfe elektronischer Mittel oder auf andere Weise zugänglich sind.

Ein zur Schaffung des Datenbankwerkes oder zur Ermöglichung des Zugangs zu dessen Elementen verwendetes Computerprogramm (§ 69 a) ist nicht Bestandteil des Datenbankwerkes."

2. § 23 Satz 2 wird wie folgt geändert:

   a) Nach dem Wort „Künste" wird das Wort „oder" durch ein Komma ersetzt.

   b) Nach dem Wort „Baukunst" werden die Wörter „oder um die Bearbeitung oder Umgestaltung eines Datenbankwerkes" eingefügt.

3. § 53 wird wie folgt geändert:

   a) Nach Absatz 4 wird folgender Absatz 5 eingefügt: „Absatz 1 sowie Absatz 2 Nr. 2 bis 4 finden keine Anwendung auf Datenbankwerke, deren Elemente einzeln mit Hilfe elektronischer Mittel zugänglich sind. Absatz 2 Nr. 1 findet auf solche Datenbankwerke mit der Maßgabe Anwendung, daß der wissenschaftliche Gebrauch nicht zu gewerblichen Zwecken erfolgt."

   b) Die bisherigen Absätze 5 und 6 werden Absätze 6 und 7.

4. Nach § 55 wird folgender § 55 a eingefügt:

   „§ 55 a Benutzung eines Datenbankwerks

   Zulässig ist die Bearbeitung sowie die Vervielfältigung eines Datenbankwerks durch den Eigentümer eines mit Zustimmung des Urhebers durch Veräußerung in Verkehr gebrachten Vervielfältigungsstücks des Datenbankwerks, den in sonstiger Weise zu dessen Gebrauch Berechtigten oder denjenigen, dem ein Datenbankwerk aufgrund eines mit dem Urheber oder eines mit dessen Zustimmung mit einem Dritten geschlossenen Vertrags zugänglich gemacht wird, wenn und soweit die Bearbeitung oder Vervielfältigung für den Zugang zu den Elementen des Datenbankwerks und für dessen übliche Benutzung erforderlich ist. Wird aufgrund eines Vertrags nach Satz 1 nur ein Teil des Datenbankwerks zugänglich gemacht, so ist nur die Bearbeitung sowie die Vervielfältigung dieses Teils zulässig. Entgegenstehende vertragliche Vereinbarungen sind nichtig."

5. In § 63 Absatz 1 wird nach Satz 1 folgender Satz 2 eingefügt:
   a) „Das gleiche gilt in den Fällen des § 53 Abs. 2 Nr. 1 und Abs. 3 Nr. 1 für die Vervielfältigung eines Datenbankwerks."
   b) Die bisherigen Sätze 2 und 3 werden Sätze 3 und 4.
6. Nach § 87 wird folgender Abschnitt eingefügt:

   „Sechster Abschnitt

   Schutz des Datenbankherstellers

   § 87 a Begriffsbestimmungen

   (1) Datenbank im Sinne dieses Gesetzes ist eine Sammlung von Werken, Daten oder anderen unabhängigen Elementen, die systematisch oder methodisch angeordnet und einzeln mit Hilfe elektronischer Mittel oder auf andere Weise zugänglich sind und deren Beschaffung, Überprüfung oder Darstellung eine nach Art oder Umfang wesentliche Investition erfordert. Eine in ihrem Inhalt nach Art oder Umfang wesentlich geänderte Datenbank gilt als neue Datenbank, sofern die Änderung eine nach Art oder Umfang wesentliche Investition erfordert.

   (2) Datenbankhersteller im Sinne dieses Gesetzes ist derjenige, der die Investition im Sinne von Absatz 1 vorgenommen hat.

   § 87 b Rechte des Datenbankherstellers

   (1) Der Datenbankhersteller hat das ausschließliche Recht, die Datenbank insgesamt oder einen nach Art

oder Umfang wesentlichen Teil der Datenbank zu vervielfältigen, zu verbreiten und öffentlich wiederzugeben. Der Vervielfältigung, Verbreitung oder öffentlichen Wiedergabe eines nach Art oder Umfang wesentlichen Teils der Datenbank steht die wiederholte und systematische Vervielfältigung, Verbreitung oder öffentliche Wiedergabe von nach Art und Umfang unwesentlichen Teilen der Datenbank gleich, sofern diese Handlungen einer normalen Auswertung der Datenbank zuwiderlaufen oder die berechtigten Interessen des Datenbankherstellers unzumutbar beeinträchtigen.

(2) § 17 Abs. 2 und § 27 Abs. 2 und 3 sind entsprechend anzuwenden.

§ 87 c Schranken des Rechts des Datenbankherstellers

(1) Die Vervielfältigung eines nach Art oder Umfang wesentlichen Teils einer Datenbank ist zulässig

1. zum privaten Gebrauch; dies gilt nicht für eine Datenbank, deren Elemente einzeln mit Hilfe elektronischer Mittel zugänglich sind,
2. zum eigenen wissenschaftlichen Gebrauch, wenn und soweit die Vervielfältigung zu diesem Zweck geboten ist und der wissenschaftliche Gebrauch nicht zu gewerblichen Zwecken erfolgt,
3. zum eigenen Gebrauch im Schulunterricht, in nichtgewerblichen Einrichtungen der Aus- und Weiterbildung sowie in der Berufsbildung in der für eine Schulklasse erforderlichen Anzahl.

In den Fällen der Nummern 2 und 3 ist die Quelle deutlich anzugeben.

(2) Die Vervielfältigung, Verbreitung und öffentliche Wiedergabe eines nach Art oder Umfang wesentlichen Teils einer Datenbank ist zulässig zur Verwendung in Verfahren vor einem Gericht, einem Schiedsgericht

S

oder einer Behörde sowie für Zwecke der öffentlichen Sicherheit.

§ 87 d Dauer der Rechte

Die Rechte des Datenbankherstellers erlöschen 15 Jahre nach der Veröffentlichung der Datenbank, jedoch bereits 15 Jahre nach der Herstellung, wenn die Datenbank innerhalb dieser Frist nicht veröffentlicht worden ist. Die Frist ist nach § 69 zu berechnen.

§ 87 e Verträge über die Benutzung einer Datenbank

Eine vertragliche Vereinbarung, durch die sich der Eigentümer eines mit Zustimmung des Datenbankherstellers durch Veräußerung in Verkehr gebrachten Vervielfältigungsstücks der Datenbank, der in sonstiger Weise zu dessen Gebrauch Berechtigte oder derjenige, dem eine Datenbank aufgrund eines mit dem Datenbankhersteller oder eines mit dessen Zustimmung mit einem Dritten geschlossenen Vertrags zugänglich gemacht wird, gegenüber dem Datenbankhersteller verpflichtet, die Vervielfältigung, Verbreitung oder öffentliche Wiedergabe von nach Art und Umfang unwesentlichen Teilen der Datenbank zu unterlassen, ist insoweit unwirksam, als diese Handlungen weder einer normalen Auswertung der Datenbank zuwiderlaufen noch die berechtigten Interessen des Datenbankherstellers unzumutbar beeinträchtigen."

7. In § 108 Abs. 1 wird nach Nr. 7 folgende Nummer angefügt:

   „8. eine Datenbank entgegen § 87 b Abs. 2 verwertet,"

8. In § 119 Abs. 3 werden nach dem Wort „Lichtbilder" das Wort „und" durch ein Komma ersetzt und nach dem Wort „Tonträger" die Wörter „und die nach § 87 b Abs. 2 geschützten Datenbanken" eingefügt.

9. Nach § 127 wird folgender § 127 a eingefügt:
„§ 127 a Schutz des Datenbankherstellers
(1) Den nach § 87 b gewährten Schutz genießen deutsche Staatsangehörige sowie juristische Personen mit Sitz im Geltungsbereich dieses Gesetzes. § 120 Abs. 2 ist anzuwenden.
(2) Die nach deutschem Recht oder dem Recht eines der in § 120 Abs. 2 Nr. 2 bezeichneten Staaten gegründeten juristischen Personen ohne Sitz im Geltungsbereich dieses Gesetzes genießen den nach § 87 b gewährten Schutz, wenn
1. ihre Hauptverwaltung oder Hauptniederlassung sich im Gebiet eines der in § 120 Abs. 2 Nr. 2 bezeichneten Staaten befindet oder
2. ihr satzungsmäßiger Sitz sich im Gebiet eines dieser Staaten befindet und ihre Tätigkeit eine tatsächliche Verbindung zur deutschen Wirtschaft oder zur Wirtschaft eines dieser Staaten aufweist.
(3) Im übrigen genießen ausländische Staatsangehörige sowie juristische Personen den Schutz nach dem Inhalt von Staatsverträgen sowie von Vereinbarungen, die die Europäische Gemeinschaft mit dritten Staaten schließt; diese Vereinbarungen werden vom Bundesministerium der Justiz im Bundesgesetzblatt bekanntgemacht."

10. Nach § 137 f wird folgender § 137 g eingefügt:
„§ 137 g Übergangsregelung bei Umsetzung der Richtlinie 96/9/EG
(1) Die §§ 23 Satz 2, 53 Abs. 5, 55 a und 63 Abs. 1 Satz 2 sind auch auf Datenbankwerke anzuwenden, die vor dem 1. Januar 1998 geschaffen wurden.
(2) Die Vorschriften des sechsten Abschnitts des zweiten Teils sind auch auf Datenbanken anzuwenden, die

S

zwischen dem 1. Januar 1983 und dem 31. Dezember 1997 hergestellt worden sind. Die Schutzfrist beginnt in diesen Fällen am 1. Januar 1998.

(3) Die §§ 55 a und 87 e sind nicht auf Verträge anzuwenden, die vor dem 1. Januar 1998 abgeschlossen worden sind."

Artikel 8 Änderung des Preisangabengesetzes

Dem § 1 des Preisangabengesetzes vom 3. Dezember 1984 (BGBl. I S. 1429) wird folgender Satz angefügt:

„Bei Leistungen der elektronischen Informations- und Kommunikationsdienste können auch Bestimmungen über die Angabe des Preisstandes fortlaufender Leistungen getroffen werden."

Artikel 9 Änderung der Preisangabenverordnung

Die Preisangabenverordnung vom 14. März 1985 (BGBl. I S. 580), zuletzt geändert durch die Verordnung vom 14. Oktober 1992 (BGBl. I S. 1765), wird wie folgt geändert:

1. Dem § 3 Abs. 1 werden die folgenden Sätze angefügt:
   „Ort des Leistungsangebots ist auch die Bildschirmanzeige. Wird eine Leistung über Bildschirmanzeige erbracht und nach Einheiten berechnet, ist eine gesonderte Anzeige über den Preis der fortlaufenden Nutzung unentgeltlich anzubieten."
2. § 8 Abs. 2 Nr. 2 wird wie folgt gefaßt:
   „2. des § 3 Abs. 1 Satz 1, 2 oder 4 oder Abs. 2, jeweils auch in Verbindung mit § 2 Abs. 5, über das Aufstellen, das Anbringen oder das Bereithalten von Preisverzeichnissen oder über das Anbieten einer Anzeige des Preises, ...".

Artikel 10 Rückkehr zum einheitlichen Verordnungsrang

Die auf Artikel 8 beruhenden Teile der Preisangabenverordnung können aufgrund der Ermächtigung des § 1 des Preisangabengesetzes durch Rechtsverordnung geändert werden.

Artikel 11 Inkrafttreten

„Dieses Gesetz tritt mit Ausnahme des Artikels 7, der am 1. Januar 1998 in Kraft tritt, am 1. August 1997 in Kraft."

E-Shop-Systeme

S ▮ 08

Able Commerce Builder
Kaufsystem in unterschiedlichen Größen (AbleCommerceBuilder, AbleCommerceBuilder Pro, AbleCommerceBuilder Toolbox, AbleCommerceBuilder Developer)

- Demoshops auf Homepage
  Information: info@ablecommerce.de
  Homepage: www.ablecommerce.de/

Bolero
Softwareprogramm Bolero, mit dem Anwendungen für den elektronischen Handel geschrieben werden können

- Information: www.softwareag.com/bolero
  Homepage: www.software-ag.de oder
  www.softwareag.com

Cappuccino
Mietsystem in unterschiedlichen Größen (Cappuccino light, Cappuccino, auch als Mall)

- Demoshop: http://aphrodite.beansindustry.com/
  cappuccino/mallstart.html
  Information: info@beansindustry.com oder
  vertrieb@beansindustry.com
  Homepage: www.beansindustry.com

DCI-Onlineshop
Mietsystem

- Demoshops: www.edvshop.com/demoshop.cfm
  Referenzshop: „La cravate“ (1. Preis für Online-Lösungen auf der Cebit ’98): www.lacravate.com/
  Information: vertrieb@dci.de
  Homepage: www.dci.de

S

EasyOnline

Kaufsystem in unterschiedlichen Größen (EasyOnline, J EasyOnline, Katalog-EO)

- Demoshop auf Homepage
  Referenzshops auf Homepage
  Information: info@drmaier.com
  Homepage: www.drmaier.com oder
  www.drmaier.com/homepage/index.htm

ICat

Kaufsystem in unterschiedlichen Größen (Commerce Suite Standard Edition, Commerce Suite Professional Edition, Commerce Publisher Standard Edition, Commerce Publisher Professional Edition), mehrfach ausgezeichnet

- Referenzshops auf Homepage
  Information: sales_centraleurope@icat.co.uk oder
  www.infowan.de
  Homepage: www.icat.co.uk

Intershop

Kaufsystem in unterschiedlichen Größen (Merchant Edition, Hosting Edition für Malls, Developer Edition), mehrfach ausgezeichnete Software

- Demoshop: http://presentation.intershop.de/
  Referenzshop: www.intershop.de/products/showcase/
  oder www.intershop.de/services/proservices/is_ps_
  partner_referenzen.htm
  Information: info@intershop.de
  Homepage: www.intershop.de

Merchant Builder

Software zum Erstellen von Online-Shops oder Malls

- Demoshop: www.ifact.com/html/trial.html

Referenzshops:
www.ifact.com/html/successstories.html
Information: tech.sales@ifact.com
Homepage: www.ifact.com/html/merchantbuilder.html

MicroShop
Mietsystem

- Demoshops auf Homepage
  Referenzshops: www.microshop.de/beispiele.html
  Information: anfrage@deu.net
  Homepage: www.deu.net oder www.microshop.de/

Net.Commerce
E-Shop-System von IBM, als Einzelshop oder Mall zu verwenden, viele Auszeichnungen

- Demoshop:
  www.software.ibm.com/commerce/net.commerce/demos/
  Information: www.ibm.com/e-business/contact/
  Homepage (international):
  www.ibm.com/e-business/index.html
  Homepage (deutsch): www.ibm.de
  Homepage für Net. Commerce: http://www.software.ibm.com/commerce/net.commerce/

Net Store
Mietsystem in verschiedenen Größen (Advanced Store, Professionell Store)

- Referenzshops:
  www.netstore.convar.com/mall.asp?language=2
  Information über Tel: 0800/732 683 7 (gebührenfrei)
  Homepage: www.netstore.convar.com

OpenShop

Miet- und Kaufsystem in unterschiedlichen Größen (OpenShop Professional, OpenShop ClassicLine, auch als Mall)

- Demoshop: www.khk.openshop.com/os-cgi-bin/pg.exe
  Referenzshop: www.weltbild.de
  Information: egner@openshop.com
  Homepage: www.openshop.com oder www.coin.e

Profi-Shop

Kaufsystem

- Referenzshop: www.eurodienst.de/preise/preisliste.html
  Information: *Info@insel.com*
  Homepage: www.www-info.de/shop/ oder
  www.insel.com

Sales Cart

Sales Cart als eine Lösung für E-Shops in Verbindung mit Microsoft Frontpage

- Demoshop: www.salescart.com/shopdemo.htm
  Referenzshops: www.salescart.com/Demo.htm
  Information: webmaster@comcity.com
  Homepage: www salescart.com

Shopgate

(früher 1kauf)

Miet- und Kaufsystem in unterschiedlichen Größen

- Demoshops auf Homepage:
  www.shopgate.de/sframe.htm
  Information: roman@shopgate.com oder
  1kauf@online-service.com
  Homepage: www.shopgate.de

Shopmaker

Miet- und Kaufsystem in verschiedenen Größen (Light, Standard, Professional), E-Business-Award 1998

- Demoversion zum Download: www.shopmaker.de/d/02_prod/02_02_down/dq_down01.idc
  Referenzshops:
  www.shopmaker.de/d/03_kund/in_03_03.htm
  Information: hallo@shopmaker.de
  Homepage: www.shopmaker.de

Shopsite

System in unterschiedlichen Größen (ShopSite Manager, ShopSite Manager Pro, ShopSite Express)

Hersteller: Open Market

- Demoshop:
  www.einkaufsmarkt.com/demo_tour/index.html
  Information: feedback@einkaufsmarkt.com
  Homepage: www.einkaufsmarkt.com

SoftCart

Miet- und Kaufsystem in unterschiedlichen Größen (SoftCart StartUp, SoftCart Lite, SoftCart, SoftCart Suite)

- Demoshop: www.mercantec.com/demo/
  Referenzshop:
  www.mercantec.com/merchants/merchant.html
  Information: info@mercantec.com
  Homepage: www.mercantec.com/products/index.html

TLX-Shop

Miet- oder Kaufsystem, auch für Malls

- Referenzshops: www.tellux.de/leistungen/produkte/
  Information: online@tellux.de
  Homepage: www.tellux.de

S

V-Shop

Kaufsystem in verschiedenen Größen (VShop Light, VShop Professional German Edition, VShop Provider-Version)

- Demoshop: www.vshop.de/vshop/
  Referenzshops:
  www.3commerce.de, www.bahnshop.de,
  www.cargobull.de
  Information: www.intradat.de/cgi-bin/
  wwwde?HTML=door.htm
  Homepage: www.intradat.de oder www.vshop.de/

Web. Cash

Mietsystem

- Demoshop: http://shop.webcash.de/
  Information: www.webcash.de/kontakt.htm
  Homepage: www.webcash.de/

WebCat

Miet- und Kaufsystem in unterschiedlichen Größen

- Demoshop: www.webcat.de/html/anwendungen.html
  Referenzshop: www.baerebreiter.com
  Information: dr-voigt@t-online.de oder
  info@webcat.de
  Homepage: www.webcat.de/

Webmart

Mietsystem in unterschiedlichen Größen (MiniShop, Privat, Professional, Business, Commercial, Mega-Store)

- Referenzshop: www.megasolution de
  Information: support@webmart.de
  Homepage: www.webmart.de

Websale

Miet- oder Kaufsystem (QuickShop, EconomyShop, PremiumShop)

- Demoshops sowie Referenzshops auf Homepage: www.websale.net
  Information: infos@pns.de
  Homepage: www.pns.de oder www.websale.net